영단기
텝스

LISTENING

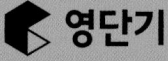

영단기 텝스 LISTENING

저자	마크 김
기획 총괄	조세원 김효신
기획·편집	박가은 정문영
마케팅·영업	김응재 남용석 손지한 이윤진 고은미
디자인 총괄	김지원
표지 디자인	황연주
내지 디자인	황연주
펴낸날	초판 1쇄 2017년 5월 15일
펴낸이	윤성혁 이정진
펴낸곳	㈜에스티유니타스
홈페이지	www.engdangi.com
고객센터	1600-1517
주소	서울시 강남구 영동대로 417 오토웨이타워 2F
등록번호	제2015-000186호

파본은 교환해 드립니다.
이 책에 실린 모든 글과 사진, 일러스트를 포함한 디자인 및 편집 형태, 배포에 대한 권리는 ㈜에스티유니타스에 있으므로 무단으로 전재하거나 복제, 배포할 수 없습니다.

저자의 말

TEPS 시험은 영어가 모국어가 아닌 사람의 영어 실력을 정확히 측정합니다. 즉, 한국어를 모국어로 사용하는 사람이 원어민의 기준에서 영어를 정확히 듣고, 읽고, 이해할 수 있는지 확인하는 시험입니다. 다른 영역도 마찬가지겠지만, 청해 영역은 TEPS를 준비하는 수험자들에게 매우 어려운 영역입니다. 문법, 어휘, 그리고 독해는 눈으로 보고 자주 연습을 해왔기 때문에 익숙하지만, 순전히 귀로 듣는 것만으로 60문항을 모두 푼다는 것은 충분한 연습이 없이는 절대 쉽지 않습니다. 따라서 점수를 올리기 위해 무엇을 어떻게 공부해야 하는지, 어떤 능력을 배양해야 하는지 등의 고민을 두고 어려움을 겪을 수 밖에 없습니다.

영어 강사로서 수험자들의 이러한 고민과 어려움을 이해하고 해결하기 위한 오랜 연구 끝에, <영단기 텝스 LISTENTING>을 통해 TEPS 청해 영역에서 좀 더 쉽고 빠르게 실력을 높일 수 있는 방법을 제시합니다. TEPS를 준비하는 누구나 활용할 수 있도록 자주 출제되는 문제유형에서부터 고난이도 문제까지 다루며 TEPS 청해에 최적화된 학습법을 제시합니다. 또한, 수험생들이 약점을 찾고 보완할 수 있도록 파트별 핵심 전략, 오답 유형, 출제 포인트 등 다양한 전략을 제시하는 방식으로 꼼꼼히 집필했습니다.

영어는 언어입니다. 언어는 누구나 시간만 투자한다면 습득할 수 있습니다. <영단기 텝스 LISTENTING>을 통해 TEPS 청해 공부법을 확실하게 정립하고 원하는 점수를 성공적으로 획득할 수 있으리라 믿습니다. 여러분의 TEPS 단기 졸업을 기원합니다.

끝으로, 이 자리를 빌려 몇몇 분들께 감사의 말씀을 전하고 싶습니다. 먼저, 집필의 기회를 주신 ST Unitas 윤성혁 대표님과 조세원 부대표님께 감사드립니다. 좋은 책이 될 수 있도록 아낌없는 조언을 해주신 장혜정 부장님과 단어 하나까지 세심하게 신경 쓰고 애써주신 박가은님께 많은 감사드립니다. 마지막으로 수험생의 입장에서 고민하고 책을 집필할 수 있도록 많은 도움을 준 김지연님께 감사를 전합니다. 사랑하는 가족과 TEPS 수험생들에게 이 책을 바칩니다.

저자 마크 김

목차

저자의 말 001
이 책의 구성 004
TEPS 소개 006
LISTENING 문제 유형 소개 008
점수로 이어지는 텝스 LISTENING 학습법 010
진단고사 016

PART 1&2

Overview 024

문제 유형별 학습
- Unit 01. 의문사 의문문 032
- Unit 02. 일반 의문문 052
- Unit 03. 평서문 066

대화 상황별 학습
- Unit 01. 수락·거절/동의·반대 086
- Unit 02. 긍정·부정/이유·방법 092
- Unit 03. 인사·안부/의견·상황 098
- Unit 04. 칭찬·축하/감사/인지·무지 104
- Unit 05. 사실/조치·행동 110
- Unit 06. 위로·공감/조언·제안 116
- Unit 07. 지시·명령/조건 122

Part Test 128

PART 3

Overview 132

문제 유형별 학습
- Unit 01. 중심 내용 문제 140
- Unit 02. 세부 내용 문제 150
- Unit 03. 추론 문제 160

대화 주제별 학습
- Unit 01. 일상 생활 172
- Unit 02. 여가 활동 178
- Unit 03. 주거/가정 184
- Unit 04. 여행/교통 190
- Unit 05. 회사/학교 196
- Unit 06. 건강/병원 202
- Unit 07. 쇼핑/식당 208

Part Test 214

PART 4

Overview 218

문제 유형별 학습
    Unit 01. 중심 내용 문제 226
    Unit 02. 세부 내용 문제 236
    Unit 03. 추론 문제 246

담화 유형별 학습
    Unit 01. 안내/공지 258
    Unit 02. 방송/뉴스/일기예보 264
    Unit 03. 광고 270
    Unit 04. 설명 276
    Unit 05. 의견/주장 282
    Unit 06. 강의 – 인문학/예술 288
    Unit 07. 강의 – 물리학/기술과학 294
    Unit 08. 강의 – 자연과학/의학/보건 300

Part Test 306

ACTUAL TEST 1 309

ACTUAL TEST 2 313

책속 책

스크립트/정답/해석/해설

이 책의 구성

파트별 Overview

· 각 파트별 특징과 문제를 푸는 **핵심 스킬, 오답 유형을 상세히 정리**하여 본격적인 학습 전에 해당 파트에 대해 충분히 파악할 수 있도록 하였습니다.

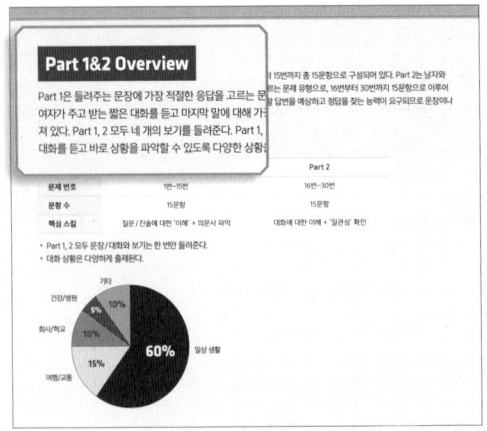

문제 유형별 학습

· 각 파트에서 출제되는 문제 유형을 세분화하여 **문제풀이 전략과 예제, 다양한 표현을 제공**하였습니다. Check-Up을 통해 바로 바로 문제를 풀어봄으로써 전략을 적용해 볼 수 있습니다.

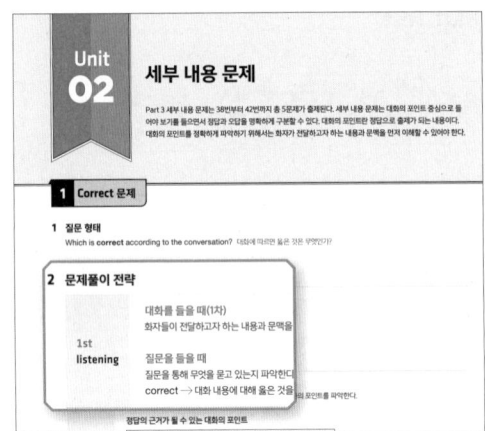

PART 1&2 대화 상황별 학습

· 파트 1과 파트 2에서 자주 출제되는 대화 상황을 분류하여 빈출 표현과 함께 학습할 수 있도록 하였습니다. 이를 통해 **시험에서 대화를 듣고 정답을 예측하는 능력을 키울 수 있습니다.**

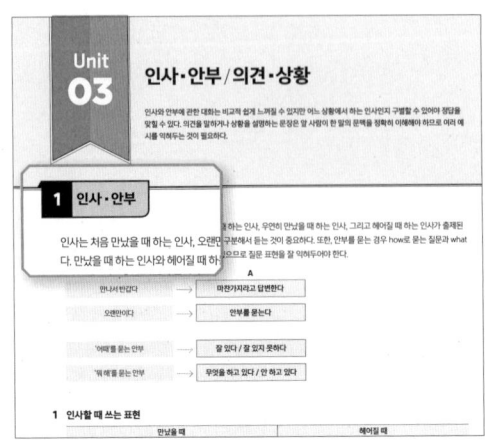

PART 3 대화 주제별 학습
PART 4 담화 유형별 학습

· 파트 3에서 자주 출제되는 대화 주제와 파트 4의 담화 유형을 분류하여 빈출 어휘와 함께 학습할 수 있도록 하였습니다. 빈출 대화·담화 내용도 수록하여 지문의 내용이 어떻게 문제로 출제되는지 확인할 수 있습니다.

ACTUAL TEST

· 실전보다 더 실전 같은 텝스 청해 실전모의고사 2회분을 수록하였습니다. **실제 텝스 정기 시험 성우의 목소리로 녹음된 MP3 파일**을 들으며 모의고사를 풀어봄으로써 실전에 완벽 대비할 수 있도록 하였습니다.

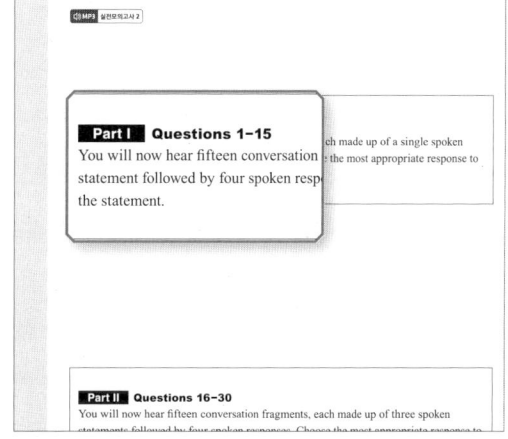

상세한 해설과 오답 분석

· 스크립트와 정확한 해석, 상세한 해설을 제공합니다. **모든 해설에 오답 보기에 대한 분석 설명을 제시**하여 학습자들이 자신이 틀린 문제에 대해 꼼꼼히 복습할 수 있도록 하였습니다.

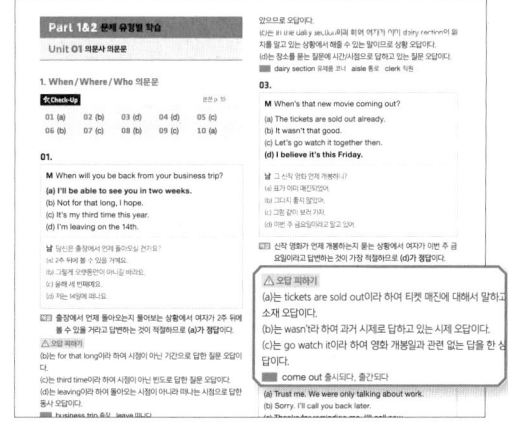

TEPS 소개

TEPS란?

1. Test of English Proficiency developed by Seoul National University의 약자로 서울대학교 언어교육원에서 개발하고, TEPS관리위원회에서 주관하는 국가 공인 영어 시험
2. 1999년 1월 처음 시행 이후 연 12~16회 실시
3. 정부 기관 및 기업의 직원 채용, 인사고과, 해외 파견 근무자 선발과 더불어 대학과 특목고 입학 및 졸업 자격 요건, 국가고시 및 자격 시험의 영어 대체 시험으로 활용
4. 100여 명의 국내외 유수 대학의 최고 수준 영어 전문가들이 출제하고, 언어 테스팅 분야의 세계적인 권위자인 Bachman 교수(미국UCLA)와 Oller 교수(미국 뉴멕시코대)로부터 타당성을 검증 받음
5. 말하기-쓰기 시험인 TEPS Speaking & Writing도 별도 실시 중이며, 2009년 10월부터 이를 통합한 i-TEPS 실시

TEPS 시험 구성

영역		Part별 내용	문항수	시간/배점
청해 Listening Comprehension	Part I	문장 하나를 듣고 이어질 대화 고르기	15	55분 400점
	Part II	짧은 대화를 듣고 이어질 대화 고르기	15	
	Part III	긴 대화를 듣고 질문에 해당하는 답 고르기	15	
	Part IV	담화문의 내용을 듣고 질문에 해당하는 답 고르기	15	
문법 Grammar	Part I	대화문의 빈칸에 적절한 표현 고르기	20	25분 100점
	Part II	문장의 빈칸에 적절한 표현 고르기	20	
	Part III	대화에서 어법상 틀리거나 어색한 부분 고르기	5	
	Part IV	단문에서 문법상 틀리거나 어색한 부분 고르기	5	
어휘 Vocabulary	Part I	대화문의 빈칸에 적절한 단어 고르기	25	15분 100점
	Part II	단문의 빈칸에 적절한 단어 고르기	25	
독해 Reading Comprehension	Part I	지문을 읽고 빈칸에 들어갈 내용 고르기	16	45분 400점
	Part II	지문을 읽고 질문에 가장 적절한 내용 고르기	21	
	Part III	지문을 읽고 문맥상 어색한 내용 고르기	3	
총계		13개 Parts	200	140분 990점

TEPS 시험 응시 정보

방문 접수
1. www.teps.or.kr에서 인근 접수처 확인
2. 준비물   응시료 39,000원(현금만 가능), 증명사진 1매(3x4cm)
   *2017년 4월 기준

인터넷 접수
1. 서울대학교 TEPS관리위원회 홈페이지 접속 www.teps.or.kr
2. 준비물   스캔한 사진 파일, 응시료 결제를 위한 신용 카드 및 은행 계좌
3. 응시료   39,000원(일반) / 19,500원(군인) / 42,000원(추가 접수)
   *2017년 4월 기준

TEPS 시험 당일 정보

1. 고사장 입실 완료   오전 9시 30분(일요일) / 오후 2시 30분(토요일)
2. 준비물   신분증, 컴퓨터용 사인펜, 수정테이프, 수험표, 손목시계(고사실 내 시계 비치되지 않으므로 수험자 본인 지참)
3. 유효한 신분증
   - **성인**   주민등록증, 운전면허증, 여권, 공무원증, 현역간부 신분증, 군무원증, 주민등록증 발급 신청 확인서, 외국인 등록증
   - **초·중고생**   학생증, 여권, 청소년증, 주민등록증(발급 신청 확인서), TEPS 신분확인 증명서
4. 시험 시간   2시간 20분 (중간에 쉬는 시간 없음, 각 영역별 제한시간 엄수)
5. 성적 확인   약 2주 후 TEPS 홈페이지에서 조회 가능

LISTENING 문제 유형 소개

PART I

1.
W: Can I treat you to dinner tonight?
M: _____

(a) That's really kind of you.
(b) I think I treated you last time.
(c) I had a wonderful time together.
(d) I thought we were going out tonight.

유형 분석	한 사람의 말을 듣고 이어질 가장 적절한 응답을 고르는 문제이다.
제시 방법	질문 혹은 진술과 보기를 한 번만 들려준다.
문항 수	15문항
측정 영역	문맥에 맞는 답변을 고를 수 있는 영어의 이해력을 측정한다.
빈출 토픽	일상 생활에서 자주 등장하는 대화 내용이 출제된다.

PART II

16.
W: Hello, I'm calling about your classified ad in the paper.
M: The one listing the car?
W: Yes, I was wondering if it's still for sale.
M: _____

(a) Yes, we're still interested in looking at your car.
(b) I would appreciate it if it were for sale.
(c) It was sold out a few hours ago.
(d) No, but the discount will end soon.

유형 분석	짧은 대화를 듣고 이어질 적절한 응답을 고르는 문제이다.
제시 방법	대화와 보기를 한 번만 들려준다.
문항 수	15문항
측정 영역	대화의 내용과 문맥 그리고 마지막에 나오는 질문/진술에 맞는 응답을 정확하게 고를 수 있는 영어의 이해력을 측정한다.
빈출 토픽	일상 생활에서 자주 등장하는 대화 내용이 출제된다.

PART III

31.
W: I apologize for not making it to your party.
M: Where were you? Everyone was expecting to see you.
W: My sister was in an accident, so I had to go to the hospital.
M: Oh, no. How is she?
W: It's nothing serious – just some brushes and cuts.
   M: That's a relief.

Q. What are the man and woman mainly discussing?
(a) The involvement of the woman's sister in an accident
(b) The woman's reason for missing a function
(c) The severity of the woman's sister's injuries
(d) The woman's reason for not holding a party

유형 분석	긴 대화를 듣고 질문에 적절한 답을 고르는 문제이다.
제시 방법	대화 → 질문 → 대화 → 질문 → 보기 순으로 들려준다.
문항 수	15문항
질문 유형	중심 내용 문제(7문항) → 세부 내용 문제(5문항) → 추론 문제(3문항) 순으로 나온다.
측정 영역	대의 파악 능력, 세부 내용 파악 능력, 추론 능력을 측정한다.
빈출 토픽	일상 생활, 여가 활동, 주거, 여행, 교통, 회사, 학교, 건강, 병원, 쇼핑, 식당 등의 주제가 출제된다.

PART IV

53.
After years of promises and lack of action, the city is finally taking steps to address the problems with Macy General Hospital. The hospital's aging building can no longer meet the hospital's needs. There is not enough space to handle public demand for care and the aging electrical system can no longer handle the electrical load required to run many of the new medical equipment used in today's hospitals. Construction on a new hospital building has recently begun and it is expected to be completed within three years.

Q. Which is correct about Macy General Hospital according to the talk?
(a) It is without modern medical equipment for high-quality patient care.
(b) It is facing financial difficulties due to the limited funds from the city.
(c) It is no longer operational because of issues with structural integrity.
(d) It is revamping its obsolete facilities to contend with inadequacies.

유형 분석	담화를 듣고 질문에 적절한 답을 고르는 문제이다.
제시 방법	담화 → 질문 → 담화 → 질문 → 보기 순으로 들려준다.
문항 수	15문항
질문 유형	중심 내용 문제(7문항) → 세부 내용 문제(5문항) → 추론 문제(3문항) 순으로 나온다.
측정 영역	대의 파악 능력, 세부 내용 파악 능력, 추론 능력을 측정한다.
빈출 토픽	안내, 공지, 방송, 뉴스, 광고, 설명, 의견, 인문학 강의, 물리학 강의, 기술과학 강의, 생명과학 강의, 환경과학 강의, 의학과 보건 등의 주제가 출제된다.

점수로 이어지는 텝스 LISTENING 학습법

텝스 청해 점수를 높이기 위해서는, 크게 다음의 세 가지 학습법을 따라 학습해야 한다.

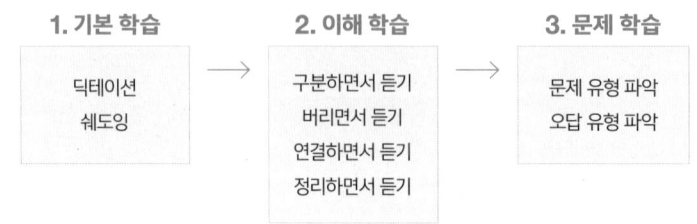

1. 기본 학습

(1) 딕테이션 : 단어를 정확히 듣기를 목표로 하는 학습자!
[How to] 음원을 여러 번 반복해가며 듣고 단어를 받아 적는다.
① 안 들리는 구간을 반복적으로 들으면서 모든 단어를 최대한 필기한다.
② 구간 안에서 잘 안 들리는 어휘나 구문은 여러 번 반복적으로 듣고 적는다.

(2) 쉐도잉(끊어 듣기 + 따라 말하기) : 직청직해를 목표로 하는 학습자!
[How to] 음원을 듣고, 의미 단위로 끊고, 따라 말한다.
① 문장 단위가 아니라 의미 단위로 정지하며 듣는다.
② 의미 단위를 2~3번 들어본다.
③ 잘 안 들릴 경우 발음, 연음, 억양, 어조 등을 최대한 똑같이 따라 말한다. 속도는 따라 하지 않아도 된다.
④ 다음 의미 단위를 듣고 멈춘 후 따라 말한다.
⑤ 이런 방식으로 잘 안 들리는 문장만 찾아서 연습을 한다.
  * 모든 문장을 쉐도잉 할 필요는 없다.

주의!
딕테이션과 쉐도잉 모두 스크립트를 보면서 하는 것이 아니다. 스크립트는 여러 번 들었는데도 잘 모를 경우 보고, 듣기 연습을 할 때는 다시 가리고 해야 한다. 눈과 귀는 다르기 때문에 아무리 눈으로 봤다고 해도 귀로 다시 듣고 이해하는 연습을 해야 한다. 스크립트를 보면서 듣기 연습을 하면 듣기 학습이 아니라 독해 학습이 되어버린다.

Check-Up 🔊 MP3 1_청해 학습법 1

다음 대화를 듣고 쉐도잉 연습을 해보세요. 의미단위로 ① 듣고, ② 멈추고, ③ 따라 말해보세요.
01.
02.
03.
04.

다음 문장을 듣고 쉐도잉 연습을 해보세요. 의미단위로 ① 듣고, ② 멈추고, ③ 따라 말해보세요.
05.
06.
07.
08.

스크립트 및 해석

01. W Have you seen | the new clubs | listed on the bulletin board? 너 게시판에 나열된 새로운 동아리들을 봤어?
    M Yes. | There's a hiking club | that I think | I will join. 응. 거기에는 내가 가입하고자 하는 등산 동아리가 있어.

02. M Did you transfer | branch offices | last month? 너 지난 달에 지점을 옮겼니?
    W Yes, | and I'm glad | I did. 응. 그리고 난 그래서 기뻐.

03. W Did the lunches | that you ordered | from the deli | arrive yet? 식품 판매점에서 주문한 점심이 아직 도착하지 않았니?
    M Yes, | the deliveryman | came about | 15 minutes ago. 도착했어. 배달원이 15분 전에 왔어.

04. M What do you want to do | for our vacation | this summer? 이번 여름 휴가 때 너는 무엇을 하고 싶니?
    W Let's just go | to the mountains again. 우리 또 등산하러 가자.

05. A recent study | has confirmed | several impressive health benefits | from sesame seeds, | the world's oldest condiment.
    최근 연구는 세계에서 가장 오래된 조미료인 참깨로부터 몇 가지 인상적인 건강에 좋은 점들을 확인하였습니다.

06. One third of those | living in India | do not have | an adequate | and consistent power source.
    인도에 사는 사람들의 약 3분의 1은 충분하고 지속적인 동력원을 갖고 있지 않습니다.

07. The collapse of the New York Stock Exchange | in October 1929 | led to the international financial crisis | known as the Great Depression.
    1929년 10월, 뉴욕 증권 거래소의 붕괴는 대공황으로 알려진 국제적인 금융 위기로 이어졌습니다.

08. A pilot program | is being implemented | throughout the state | that gives parents | up-to-date access | to their children's exam | and quiz scores.
    부모가 아이들의 시험과 퀴즈 성적에 최신식으로 접근할 수 있도록 하는 파일럿 프로그램이 주 전체에 거쳐 시행되고 있습니다.

2. 이해 학습: 단락 듣기

| 구분하기 | → | 버리기 | → | 연결하기 | → | 정리하기 |

진정한 이해력은 문장 듣기가 아니라 단락 듣기에서 필요하다. 이해라는 것이 무엇인가? 분명 해석만으로는 이해를 했다고 볼 수 없다. 다음 예문을 보자.

e.g. Teachers often ask the students to follow them, but students have trouble doing so.

위 문장을 해석을 하는 데 아무 문제가 없을 것이다. 하지만, 무슨 '뜻'인지 물을 경우 얘기가 다르다. 여기서 follow를 해석할 수는 있지만 '따라오라'는 뜻인지 아니면 '흉내를 내라'는 뜻인지 이해하기는 어렵다. 따라서 뒤이어 나오는 문장을 통해 문맥을 확인할 필요가 있다. 즉, 해석과 이해는 다른 개념이다. 우리가 풀고자 하는 텝스 문제들은 해석의 문제가 아니라 이해의 문제이다. 따라서, 우리는 들으면서 이해하는 것을 목표로 하고 필요시 해석을 해야 한다.

(1) 구분하면서 듣기
이해한다는 것은 마치 우선순위를 정하는 것과 같다. 따라서, 우리가 대화나 담화를 들으면서 가장 먼저 해야 할 것은 중요한 부분과 중요하지 않은 부분을 구분하는 것이다. 구분하기 위해서는 기준이 필요한데, 가장 중요한 기준은 중심 소재이고, 그 다음에는 대화/담화의 포인트이다. 중심 소재란 대화나 담화에서 전달하고자 하는 내용의 뼈대가 되는 부분이다. 대화/담화의 포인트는 정답으로 출제가 되는 내용이다. 우리는 문제를 맞추기 위해서 듣고 있는 것이므로, 출제가 될 가능성이 있는 내용만 잘 들으면 된다. 즉, 듣고 있는 것이 출제 포인트인지 아닌지를 구분하면서 들을 수 있어야 한다.

구분을 하기 위한 기준 = ①중심소재 + ②대화/담화의 포인트

(2) 버리면서 듣기
듣기를 하면서 중요하지 않다고 판단되는 내용은 과감하게 버릴 수 있어야 한다. 우리의 목표는 최대한 많은 정보를 기억하는 것이 아니라, 정말 필요한 정보만 파악하는 것이다. 딕테이션을 생각해보면 이해하기 쉽다. 딕테이션을 하면서 우리는 모든 단어를 하나도 빠짐없이 다 적는다. 하지만, 문장을 다 듣고 나면 어떤 내용이었는지 모르기 때문에 적은 문장을 읽어봐야 한다. 마찬가지로, 모든 정보를 기억하는 것이 중요한 게 아니라, 중요한 정보만 뽑아내고 불필요한 정보는 과감하게 버려야 화자가 정확하게 무엇을 설명하고자 하는지 알 수 있다.

(3) 연결하면서 듣기
불필요한 정보를 배제하고 필요한 정보들만 연결하여 이해할 수 있어야 한다. 이해력에서 가장 중요한 부분이 바로 이 부분이다.

(4) 정리하면서 듣기
마지막으로, 연결한 내용을 정리하여 키워드를 뽑을 수 있어야 한다. 즉, 한 단락을 듣고 화자가 전달하고자 하는 내용을 1~2 단어로 말할 수 있어야 한다. 그리고 바로 그 1~2 단어가 정답이 되는 것이다.

Check-Up 🔊 MP3 1_청해 학습법 2

다음 대화를 듣고 중요한 핵심어를 적어보세요.

01.
① _____ ② _____

02.
① _____ ② _____ ③ _____ ④ _____

다음 대화를 듣고 중요한 핵심어를 적어보세요.

03.
① _____ ② _____ ③ _____

04.
① _____ ② _____ ③ _____ ④ _____

* 스크립트 및 해석은 뒷장에 있습니다.

스크립트 및 해석

01. **M** Did you ever get your own place? 너 자취한 적이 있니?
W No, I'm still ① living with my parents. 아니. 난 아직도 부모님과 함께 살고 있어.
M Why? You can afford an apartment. 왜? 넌 아파트를 살 여유가 있잖아.
W Maybe, but it's a ② good situation for them and me. 아마도. 하지만 부모님과 나에게 이건 좋은 상황이야.
M Still, I wouldn't be able to live with my family. 그래도, 나는 내 가족들과 살 수 없을 것 같아.
W Well, it works for us. 글쎄. 우리는 괜찮아.

02. **W** I heard from Rob, and he ① doesn't like living in Rome. Rob에게서 소식을 들었는데, 그는 로마에서 사는 것이 싫대.
M But he just arrived last week! 하지만 그는 저번 주에 막 도착했잖아!
W He said his ② apartment is small, and ③ no one there is friendly. 그는 그의 아파트가 작고, 아무도 친절하지 않다고 했어.
M You know Rob; he will meet people. 너 Rob 알잖아. 그는 사람들과 친해질 거야.
W I'm afraid he'll give up and come home. 나는 그가 포기하고 집으로 돌아올까 걱정 돼.
M Then let's try to ④ persuade him to stick it out. 그럼 그가 붙어있을 수 있도록 설득해보자.

03. ① Food allergies are increasingly common in children. Yet surprisingly, over ninety percent of food allergies are caused by a short list of only eight foods. Peanuts, milk, and shellfish typically result in the most severe reactions. Most deaths can be prevented by careful ② allergen avoidance and ③ immediate injection of an adrenaline auto-injector. Obviously very concerning to parents, allergic reactions to food become symptomatic within a few hours and most within moments. The most common responses are tingling or itching in the mouth, hives, and itching or eczema.
음식 알레르기는 아이들 사이에서 점점 더 흔해지고 있습니다. 더욱 놀라운 것은, 90%가 넘는 음식 알레르기가 오직 8개의 음식들로 인해 발생한다는 것입니다. 땅콩, 우유, 그리고 조개가 대체로 심각한 반응을 야기합니다. 대부분의 죽음들은 알레르기 유발 항원을 조심스럽게 기피하고 아드레날린 자동 주입장치의 즉각적인 주입으로 예방될 수 있습니다. 부모들에게 당연히 매우 걱정스러운 음식에 대한 알레르기 반응들은 몇 시간, 대부분은 순간적으로 증상을 보이게 됩니다. 가장 흔한 반응들은 입 안이 간지럽거나 얼얼한 것, 두드러기 그리고, 가려움증 또는 습진이 있습니다.

04. After a lengthy search, Singapore Foreign School is pleased to announce the selection of a ① new principal. Dr. Betsy Robinson accepted the position and will bring her ② experience as headmaster of Bridgeport International School in London, where she served for 14 years. We are anxious for her to assume her new role in the fall and look forward to ③ unprecedented growth under her leadership. Dr. Robinson will be here at the end of the month to meet with each of the faculty individually.
오랜 조사 끝에, 싱가포르 외국인 학교는 새로운 총장의 취임을 선언하게 되어 기쁩니다. Betsy Robinson 박사는 총장의 자리를 받아들였고, 그녀가 14년 동안 있었던 런던의 Bridgeport 국제 학교 교장 선생님으로의 경험을 반영할 것입니다. 저희는 가을에 박사님께서 새로운 자리를 맡게 되시는 것을 갈망하고, 박사님의 리더십 하에 우리 학교의 전례 없는 성장을 기대합니다. Robinson 박사님께서는 이번 달 말에 오셔서 모든 교수들을 개인적으로 만나보실 겁니다.

3. 문제 학습

내용을 모두 알아듣고 이해했다고 해서 문제를 다 맞힐 수 있는 것은 아니다. 출제자가 의도하는 바에 맞게 문제를 풀 수 있는 것이 매우 중요하다. 출제자의 의도를 파악하기 위해서는 총 세 가지를 할 수 있어야 한다.
① 문제 유형 파악, ② 답으로 나올 수 있는 대화/담화의 포인트 파악, 그리고 ③ 오답 유형 파악이다.

(1) 문제 유형 파악

텝스 청해는 총 4개의 파트로 구성되어 있고 각각의 파트에서 측정하고자 하는 학습자의 능력이 다르므로 각 파트별 전략을 잘 숙지해두고 반복적으로 연습해야 한다. 출제자가 의도하는 문제풀이 방법을 활용하여 문제를 풀고 있는지 지속적으로 확인하고 숙지해야 빨리 점수를 올릴 수 있다.

(2) 대화/담화의 포인트 파악 (Part 3&4)

Part 3과 Part 4의 경우 대화문과 담화문을 듣고 주요 내용을 파악해야 하는데, 텝스 청해에서는 출제되는 부분이 정해져 있다.
각 파트별 출제 포인트는 우선 순위별로 각 Unit에 정리되어 있다. 출제자가 원하는 내용을 파악하는 연습을 꾸준히 함으로써 지문을 더 정확하게 듣고 문제를 맞힐 수 있다.

(3) 오답 유형 파악

텝스 청해에서 나오는 오답 유형은 정해져 있으며, 함정으로 등장하는 유형도 정해져 있다. 우리가 오답을 모두 소거할 수 있다면 남은 것이 정답이기 때문에 문제를 맞힐 수 있다. 즉, 오답의 유형을 통해 오답의 근거를 찾을 수 있다면 정답을 찾을 수 있다는 뜻이다.

진단고사

진단고사

교재 학습 전, 진단고사를 통해
자신의 실력을 알아보세요.

Part I Questions 1-10

You will now hear ten conversation fragments, each made up of a single spoken statement followed by four spoken responses. Choose the most appropriate response to the statement.

1. (a) (b) (c) (d)
2. (a) (b) (c) (d)
3. (a) (b) (c) (d)
4. (a) (b) (c) (d)
5. (a) (b) (c) (d)
6. (a) (b) (c) (d)
7. (a) (b) (c) (d)
8. (a) (b) (c) (d)
9. (a) (b) (c) (d)
10. (a) (b) (c) (d)

Part II Questions 11-20

You will now hear ten conversation fragments, each made up of three spoken statements followed by four spoken responses. Choose the most appropriate response to complete the conversation.

11. (a) (b) (c) (d)
12. (a) (b) (c) (d)
13. (a) (b) (c) (d)
14. (a) (b) (c) (d)
15. (a) (b) (c) (d)
16. (a) (b) (c) (d)
17. (a) (b) (c) (d)
18. (a) (b) (c) (d)
19. (a) (b) (c) (d)
20. (a) (b) (c) (d)

Part III **Questions 21-30**

You will now hear ten complete conversations. For each item, you will hear a conversation and its corresponding question, both of which will be read twice. Then you will hear four options which will be read only once. Choose the option that best answers the question.

21	(a)	(b)	(c)	(d)
22	(a)	(b)	(c)	(d)
23	(a)	(b)	(c)	(d)
24	(a)	(b)	(c)	(d)
25	(a)	(b)	(c)	(d)
26	(a)	(b)	(c)	(d)
27	(a)	(b)	(c)	(d)
28	(a)	(b)	(c)	(d)
29	(a)	(b)	(c)	(d)
30	(a)	(b)	(c)	(d)

Part IIII **Questions 31-40**

You will now hear ten spoken monologues. For each item, you will hear a monologue and its corresponding question, both of which will be read twice. Then you will hear four options which will be read only once. Choose the option that best answers the question.

31	(a)	(b)	(c)	(d)
32	(a)	(b)	(c)	(d)
33	(a)	(b)	(c)	(d)
34	(a)	(b)	(c)	(d)
35	(a)	(b)	(c)	(d)
36	(a)	(b)	(c)	(d)
37	(a)	(b)	(c)	(d)
38	(a)	(b)	(c)	(d)
39	(a)	(b)	(c)	(d)
40	(a)	(b)	(c)	(d)

정답 p.2

진단고사 환산표

맞은 개수	환산점수			
	Part 1	Part 2	Part 3	Part 4
1	8	8	12	12
2	16	16	24	24
3	24	24	36	36
4	32	32	48	48
5	40	40	60	60
6	48	48	72	72
7	56	56	84	84
8	64	64	96	96
9	72	72	108	108
10	80	80	120	120

* 환산점수는 실제 텝스 점수와 차이가 있을 수 있습니다.

학습 가이드

총 맞은 개수	Part 1	Part 2	Part 3	Part 4
0~10	어휘 학습과 듣기 학습 시간을 모두 늘려야 한다. 모든 파트를 공부하기보다는 Part 2와 Part 3에 집중한다. Part 1은 상황별 응답 중심으로 공부하며 Part 4는 주제 문제를 집중적으로 학습한다.			
11~20	Part 1과 2에서 대화와 보기를 잘 이해하지 못해 틀리는 경우가 많을 가능성이 크다. 듣기 학습 시간을 늘리고 질문/진술에 적절한 답을 예상하는 연습을 하는 것이 매우 효과적이다.		Part 3과 Part 4에서 상대적으로 더 많이 틀리고 있을 가능성이 크다. 모든 문제 유형을 완벽히 학습하려고 하기보다는 주제 문제 중심으로 학습하고 그 후에 나머지 유형을 공략하는 것이 더 효율적이다.	
21~30	Part 1과 Part 2는 질문/진술의 상황을 확인하고 응답을 예상하는 연습을 한다. Part 3는 의견, 이유, 문제점 등 정답의 근거가 되는 대화의 포인트를 들으면서 확인하는 연습을 충분히 한다.			상대적으로 Part 4에서 많은 문제를 틀리고 있을 가능성이 크다. Part 4는 문제 유형별 학습이 중요하다. 중심 내용 문제의 중심 소재 찾기와 세부 내용 문제에서 정답의 근거가 되는 담화의 포인트를 찾는 연습을 한다.
31~40	Part 1은 상황별 응답을 예상하는 연습과 표현을 학습한다.	Part 2와 Part 3은 실수일 가능성이 더 크다. 어디서 왜 실수를 하는지 반드시 짚고 넘어가야 한다.		대부분 Part 4 주제 문제와 세부 내용 문제에서 틀리고 있을 가능성이 크다. 따라서, 중심 소재와 담화의 포인트를 확인하면서 듣는 연습을 집중적으로 한다.

PART 1&2

Part 1
문장 하나를 듣고
이어질 대화 고르기

Part 2
짧은 대화를 듣고
이어질 대화 고르기

Part 1&2 Overview

Part 1은 들려주는 문장에 가장 적절한 응답을 고르는 문제 유형으로, 1번부터 15번까지 총 15문항으로 구성되어 있다. Part 2는 남자와 여자가 주고 받는 짧은 대화를 듣고 마지막 말에 대해 가장 적절한 응답을 고르는 문제 유형으로, 16번부터 30번까지 15문항으로 이루어져 있다. Part 1, 2 모두 네 개의 보기를 들려준다. Part 1, 2는 다음에 나와야 할 답변을 예상하고 정답을 찾는 능력이 요구되므로 문장이나 대화를 듣고 바로 상황을 파악할 수 있도록 다양한 상황을 익혀두어야 한다.

Part 1&2 한눈에 보기

	Part 1	Part 2
문제 번호	1번~15번	16번~30번
문항 수	15문항	15문항
핵심 스킬	질문 / 진술에 대한 '이해' + 의문사 파악	대화에 대한 이해 + '일관성' 확인

- Part 1, 2 모두 문장 / 대화와 보기는 한 번만 들려준다.
- 대화 상황은 다양하게 출제된다.

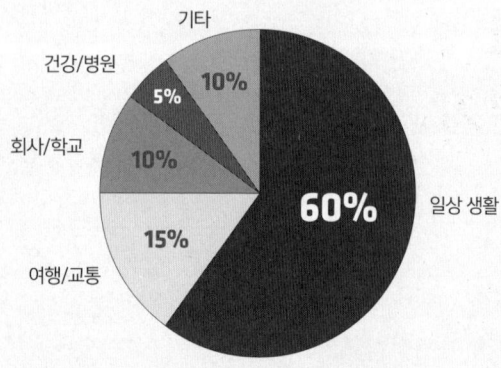

Part 1 핵심 스킬: '해석'이 아닌 '이해'하기
해석 vs. 이해

I lost my wallet on my way here.　**해석:** 나 여기 오는 길에 지갑을 잃어버렸어.
　　　　　　　　　　　　　　　　　vs.
　　　　　　　　　　　　　　　이해: 문제가 있었어.

위의 문장에서 화자의 말이 '문제가 생겼다'는 의도라는 것을 이해할 수 있어야 다음에 어떤 답변이 나올지 예상할 수 있다. 문제가 생겼다는 것을 언급하면 상대방은 위로, 격려, 공감, 해결 방법 제시, 제안 등을 할 수 있다. 즉, 해석을 목표로 듣는 것이 아니라 이해와 예상을 목표로 들어야 정답을 쉽게 고를 수 있다.

e.g.

> W　I'm having a hard time getting used to my work.　→ '문제가 있다'는 상황으로 이해
>
> (a) That's a great improvement I suppose.
> (b) We should get together sometimes.
> **(c) Me neither. It's never easy.** ← 공감
> (d) I have so much work to do as well.

여 내 일에 적응하는 데 어려움을 겪고 있어.

(a) 내가 생각하기에 그건 엄청난 발전이야.
(b) 우리 가끔씩 만나자.
(c) 나도야. 결코 쉽지 않네.
(d) 나도 해야 할 일이 너무 많아.

Part 2 핵심 스킬: 이해 + '일관성' 확인하기
일관성의 중요성

W What did you think of the new movie? 새 영화 어땠어?
M I thought it was **long and boring**. 길고 지루하다고 느꼈어.
W Really? Was it that bad? 정말? 그렇게 안 좋았어?

남자는 영화가 재미없었다고 했으므로 일관되게 부정적으로 답을 해야 한다. Part 2는 앞에서 문맥을 만들어 놓기 때문에, 뒤에서 앞 내용과 일관되게 말하는 답을 찾는 것이 중요하다.
→ 정답: M Yeah, it was one of the worst I've ever seen. 응, 내가 본 최악의 영화 중에 하나였어.

e.g.

W Have you seen Cindy around?
M She's away on a business trip.
W I need her help on something.

(a) She was in a bit of a hurry.
(b) I'm sure she'll be back soon.
(c) She knows what she's doing.
(d) Just go to her office now.   ← 일관성 오답

일관성 일치
논리 일치

여 Cindy를 보셨나요?
남 그녀는 출장 중이에요.
여 그녀의 도움이 필요해요.

(a) 그녀는 조금 바빴어요.
(b) 그녀는 곧 돌아올 거예요.
(c) 그녀는 스스로 무엇을 하고 있는지 알아요.
(d) 그냥 그녀의 사무실로 지금 가보세요.

Part 1&2 오답 유형 익히기

Part 1&2에서는 질문 또는 진술과 보기를 모두 듣고 이해를 했더라도 답을 틀리는 경우가 있다. 이는 보기 내용을 혼동했기 때문인데, 이러한 헷갈리는 보기를 소거하기 위해서는 오답 유형을 알아두어야 한다.

오답 유형 1. 대상 오답
질문/진술에 대한 답변이 상대방이 아닌 질문/진술을 한 사람이 할 수 있을 법한 말이 보기에 등장하는 유형이다. 예를 들어, 남자가 도움을 요청했는데 여자가 고맙다고 답변을 하는 경우이다(여자는 도움을 수락하거나 거절해야 함).

Part 1

M You left the air conditioner on all day again.   남 너 에어컨을 또 하루 종일 켜 놨더라.

(a) I swear I turned it off on my way out.   (a) 난 분명 나가면서 껐어.
(b) You should try to be more careful next time.   (b) 다음에는 좀 더 조심하도록 해.

(b)는 you라 하여 남자가 여자에게 할 수 있을 법한 말이므로 대상 오답이다.   **정답 (a)**

Part 2

M Do you still swim, Jenny?   남 Jenny, 너 아직도 수영하니?
W Yes, every morning before going to work. Why?   여 응, 매일 아침마다 출근 전에 해. 왜?
M Do you think I can join you?   남 나도 같이 할 수 있을까?

(a) I'd ask Jenny instead if I were you.   (a) 내가 너였다면 대신 Jenny한테 물어볼 것 같아.
(b) I doubt you'll be able to keep up.   (b) 네가 날 따라잡지는 못할 거야.

(a)는 I'd ask Jenny라 하여 마치 여자가 Jenny가 아닌 것처럼 말하기 때문에 대상 오답이다.   **정답 (b)**

오답 유형 2. 소재 오답
질문/진술에서 나오는 소재와 보기에서 나오는 소재가 다른 오답 유형이다. 즉, 질문/진술에서 나온 것과 다른 사실이나 사물에 대해서 답변하는 것이다. 예를 들어, 여자가 자동차의 상태에 대해서 말하는데 남자는 교통 상황에 대해서 답하는 경우이다.

Part 1

M I can't stand the crowd outside! Let's just go in.   남 밖에 인파가 너무 많아서 힘들어! 그냥 들어가자.

(a) But the line is short right now.   (a) 하지만 줄이 지금 짧은데.
(b) I was about to ask you the same thing.   (b) 나도 같은 말을 하려고 했어.

(a)는 line is short라 하여 인파와 아무런 관련이 없기 때문에 소재 오답이다.   **정답 (b)**

Part 2

W How did you sprain your ankle?   여 너 발목을 어쩌다 삐었어?
M Playing basketball yesterday.   남 어제 농구를 하다가 그랬어.
W Is it still hurting?   여 아직도 아파?

(a) Not as much as last night.   (a) 어젯밤보다는 괜찮아.
(b) That's how I got injured.   (b) 그렇게 하다가 다쳤어.

(b)는 how I got injured라 하여 통증에 대한 내용이 아니라 다친 원인에 대해서 말하고 있기 때문에 소재 오답이다.   **정답 (a)**

오답 유형 3. 시제 오답

질문/진술에서 나오는 시제와 보기에서 나오는 시제가 다른 오답 유형이다. 예를 들어, 질문/진술에서 과거 시제로 말하고 있는데 답변은 미래 시제로 하는 경우이다.

Part 1

M Is that a new sofa? It's nice.

(a) No, I just switched the cover.
(b) I'm considering that model myself.

남 그거 새로 산 소파야? 멋진데.

(a) 아니, 그냥 커버만 바꿨어.
(b) 난 그 모델을 고려 중이야.

(b)는 I'm considering이라 하여 아직 구매를 안 한 시점에서 말을 하므로 시제 오답이다. **정답 (a)**

Part 2

M How about joining me for a trip to Niagara Falls?
W For how long?
M Maybe two or three days tops.

(a) It must have been really fun.
(b) I don't have that much free time.

남 Niagara 폭포 여행에 나와 함께 가는 거 어때?
여 얼마 동안?
남 아마도 이틀 아니면 최대 3일.

(a) 정말 재미있었겠다.
(b) 난 그만큼 여유시간이 많지 않아.

(a)는 must have been이라 하여 이미 지난 시점에서 말을 하므로 시제 오답이다. **정답 (b)**

오답 유형 4. 동사 / 형용사 오답

보기에 나오는 동사/형용사가 질문/진술에서 언급된 것과 다른 오답 유형이다. 즉, 상황은 비슷한데 동사나 형용사가 맞지 않는 오답 유형이다. 예를 들어, 남자가 여자에게 전화해 달라고 했는데 답변으로 '전화를 하겠다'가 아니라 '전화를 옮겼다'고 하는 것과 같은 경우이다.

Part 1

M When you go home, avoid the freeway no matter what!

(a) Yeah, it can get really congested.
(b) I live pretty close to where I work.

남 너 집에 갈 때 무슨 일이 있어도 고속도로는 피해!

(a) 맞아, 많이 막힐 수 있어.
(b) 난 일하는 곳과 꽤 가까운 곳에 살아.

(b)는 live pretty close라 하여 avoid 동사와 맞지 않으므로 동사 오답이다. **정답 (a)**

Part 2

W Honey, are we sending John to summer camp?
M He's too young, don't you think?
W But he'll be with other kids, won't he?

(a) You're right. He'll be with friends most of the time.
(b) Yeah, he's somehow popular in school.

여 여보, 우리 John을 여름 캠프에 보낼 거예요?
남 너무 어리다고 생각하지 않아요?
여 하지만 다른 아이들과 같이 있을 거예요, 그렇지 않나요?

(a) 맞아요. 대부분 시간을 친구들과 있을 거예요.
(b) 맞아요, 그는 웬일인지 학교에서 인기가 많아요.

(b)는 popular라 하여 young, be with other kids와 맞지 않는 내용이므로 형용사 오답이다. **정답 (a)**

오답 유형 5. 질문/상황 오답

질문 오답은 질문에서 묻는 것에 대해서가 아니라 다른 것에 대해 답을 제시하는 오답이다. 주로 의문사 의문문에서 많이 나온다. 예를 들어, when으로 시간을 묻는 질문에서 how long에 해당하는 기간으로 답변을 하는 것이다. 상황 오답은 예를 들어, 실수를 한 상황에서 축하한다고 답변을 하는 것이다.

Part 1

M Are you still looking for your missing cat?

(a) I'm looking forward to getting a pet.
(b) Actually, I found her in the backyard.

남 너 아직도 잃어버린 고양이를 찾고 있어?

(a) 애완동물을 기르는 것이 기대돼.
(b) 사실, 고양이를 뒤뜰에서 발견했어.

(a)는 질문의 상황(missing cat)과 다른 것(getting a pet)에 대해 말하고 있으므로 상황 오답이다. **정답 (b)**

Part 2

W I'm surprised at your Japanese skills.
M Well, I lived in Japan for quite some time.
W Really? For how long?

(a) A total of about four years.
(b) At 10 a.m. sharp.

여 너의 일본어 실력에 놀랐어.
남 음, 나 일본에서 꽤 오랫동안 살았어.
여 정말? 얼마나 오랫동안?

(a) 총 4년 정도.
(b) 오전 10시 정각에.

(b)는 how long으로 묻는 질문에 시간으로 답하고 있으므로 질문 오답이다. **정답 (a)**

오답 유형 6. 앞뒤 문맥 불일치 오답

앞에서는 적절하게 답했지만 뒤에서 문맥과 맞지 않는 답을 하는 유형이다. 예를 들어, 어제 운동을 했냐고 물어봤을 때 답변을 no라고 시작하면서 그 뒤에서 한 시간 동안 뛰었다고 하는 경우이다.

Part 1

M Should we reserve a seat at Terrance's tonight?

(a) No, they don't take guests without reservations.
(b) I don't think it's necessary for a party our size.

남 오늘 저녁 Terrance's에 자리를 예약할까?

(a) 아니, 예약을 하지 않은 고객은 받지 않아.
(b) 우리 규모의 일행은 필요하지 않을 것 같아.

(a)는 앞에서 no라고 하고 뒤에서 예약 없이는 안 된다고 하여 앞뒤 문맥 불일치 오답이다. **정답 (b)**

Part 2

M You must be Penny Summers.
W No, I'm her colleague. She asked me to come instead.
M So, is Ms. Summers coming later?

(a) No, she'll be joining us this afternoon.
(b) She took the day off because of a personal matter.

남 당신이 Penny Summers이겠군요.
여 아니요, 저는 그녀의 동료입니다. 대신 참석해 달라고 부탁받았습니다.
남 그럼, Summers 씨는 나중에 참석하나요?

(a) 아니요, 그녀는 오늘 오후에 우리와 함께할 겁니다.
(b) 그녀는 개인적인 일 때문에 오늘 하루 휴가를 냈어요.

(a)는 앞에서는 no라고 하고 뒤에서 joining us라 하여 앞뒤 문맥 불일치 오답이다. **정답 (b)**

오답 유형 7. 일관성 오답
Part 2에만 해당되는 오답 유형이다. 대화에서 언급한 내용과 맞지 않는 내용이 보기에 나오는 경우이다.

Part 2

W How's your new project coming along?
M It's almost done. I just need to review it once more.
W Weren't you planning to finish it last weekend?

(a) That was another project I was working on.
(b) It's finished, and I like the result.

여 너의 새로운 과제는 어떻게 되어가고 있니?
남 거의 다 했어. 다시 한 번 검토하기만 하면 돼.
여 지난 주말에 끝내려고 계획하지 않았었어?

(a) 그건 내가 하고 있던 또 다른 과제였어.
(b) 끝났고, 결과도 마음에 들어.

(b)는 it's finished라 하여 앞에서 it's almost done이라고 한 것과 맞지 않기 때문에 일관성 오답이다.

정답 (a)

PART 1&2

문제 유형별 학습

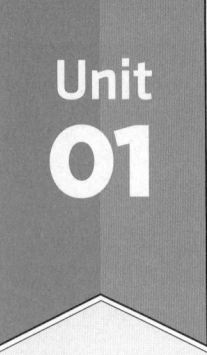

의문사 의문문

의문사 의문문은 특정 사실을 묻는 질문이다. 따라서 yes나 no로 답을 할 수 없다. 또한, 텝스에서는 '모르겠다'류의 답변이 잘 나오는 편은 아닌데, 나온다면 대부분 의문사 의문문에서 출제된다. 이 유형의 답변이 항상 답이 되는 것은 아니므로 주의해야 한다. e.g. I'm not sure. / Let me check. / Not that I know of. / I'll get back to you on that. 등

1 When / Where / Who 의문문

When / Where / Who 의문문은 각각 시간/장소/인물을 묻는 질문이다. Part 1, 2에서 총 1문제 정도 출제된다.

1 When 의문문
- 시간을 묻는 의문문이다. 구체적인 시간, 때, 기간 중 무엇을 묻는지 구분해서 들어야 한다.
- When은 Where와 발음이 비슷하기 때문에 혼동하지 않도록 주의해야 한다.
- 시간과 때는 When 의문문이 아닌 다른 의문사 의문문으로도 물을 수 있다. e.g. What time(몇 시에) / How soon(얼마나 빨리)

> Q **When** did you file a complaint? 언제 불만을 제기하셨나요?
> A I did it <u>the day before yesterday</u>. 그저께 했어요.
>   의문사 일치

2 Where 의문문
- 장소나 위치를 묻는 의문문이다.
- Where 의문문을 사용하여 어디에 있었는지 묻는 질문에 대한 답변으로 장소나 위치가 아닌 무언가를 하고 있다는 답이 나올 수도 있다. e.g. at a meeting(회의하고 있는) / has an appointment(약속이 있다) / with a client(고객과 함께 있는) / gone for the day(퇴근한)

> Q **Where** do you work? 어디서 일하세요?
> A <u>At the Finance Building downtown.</u> 시내에 있는 Finance 빌딩에서요.
>   의문사 일치

3 Who 의문문
- 인물에 대해서 묻는 의문문이다. 따라서 일반적으로는 사람 이름이 답으로 제시된다.
- 회사, 조직, 부서, 또는 직급/직책도 답으로 제시될 수 있다. e.g. the accounting department(회계부) / my supervisor(나의 상사)

> Q **Who** has the keys to the office? 사무실 열쇠를 누가 가지고 있나요?
> A I believe <u>Mr. Parker</u> has them. Parker 씨가 가지고 있을 거예요.
>   의문사 일치

- Who 의문문에서는 대상에 맞게 답을 고르는 것이 매우 중요하다. 예를 들어, 어제 누구를 만났는지 물어볼 경우, 제 3자가 등장을 해야 한다. 질문을 한 사람이나 질문을 받은 사람이 나올 경우 무조건 오답이다.

Case Study

🔊 MP3 P1_2_01

Part 1

W When's the next job interview?

(a) I'm looking forward to it.
(b) As far as I know, it's this Friday.
(c) Three days ago.
(d) For two weeks I suppose.

여 다음 면접은 언제야?

(a) 나는 그것을 기대하고 있어.
(b) 내가 아는 바로는 이번 주 금요일이야.
(c) 3일 전에.
(d) 아마 2주 동안일 거야.

해설 면접이 언제인지 묻는 질문에 this Friday라고 시점으로 답하는 것이 가장 적절하므로 **(b)가 정답**이다.

⚠ 오답 피하기

(a) looking forward to는 질문에서 묻는 것과 관련 없는 동사를 사용한 동사 오답이다.
(c)는 ago를 사용하여 과거 시제로 답하고 있으므로 시제 오답이다.
(d)는 시점을 묻는 질문에 for two weeks라 하여 기간으로 답하고 있으므로 질문 오답이다.

job interview 면접   look forward to 기대하다   as far as I know 내가 아는 바로는   suppose ~인 것 같다

Part 2

M How far is the Sejong Hotel from here?
W It's quite far. You'd better take a cab there.
M Oh, where can I catch one?

(a) You will catch one soon.
(b) You'd be better off taking a taxi.
(c) There're many over there at the corner.
(d) Don't worry. You're almost there.

남 Sejong 호텔이 여기서 얼마나 멀죠?
여 꽤 멉니다. 택시를 타는 게 나으실 거예요.
남 아, 어디에서 택시를 잡을 수 있을까요?

(a) 곧 잡으실 겁니다.
(b) 택시로 가는 게 더 나으실 거예요.
(c) 저쪽 모퉁이에 많이 있습니다.
(d) 걱정하지 마세요. 거의 다 왔습니다.

해설 호텔까지 가려는 남자가 어디에서 택시를 잡을 수 있는지 물어보는 상황에서 여자가 모퉁이에 택시가 많다고 답변하는 것이 가장 적절하므로 **(c)가 정답**이다.

⚠ 오답 피하기

(a)는 catch one soon이라 하여 where로 묻는 질문에 적절하지 않은 답변이므로 질문 오답이다.
(b)는 better off taking a taxi라 하여 마치 앞에서 택시가 아닌 다른 교통수단을 말한 것처럼 말하여 일관성 오답이다.
(d)는 you're almost there라 하여 택시를 탈 수 있는 위치가 아니라 거리로 답을 하고 있으므로 질문 오답이다.

cab 택시   catch 잡다   be better off ~하는 것이 더 낫다   at the corner 모퉁이에

빈출 질문 및 답변

1 When 의문문

Q When does the bakery close today?
A [시간] In about an hour or so.

Q 오늘 빵집이 언제 문을 닫나요?
A 한 시간 정도 후예요.

Q When are the visiting hours for visitors?
A [시간] They're between 3 and 6.

Q 방문객들의 면회 시간이 언제인가요?
A 3시에서 6시 사이입니다.

Q When are we having the school reunion?
A [상황] I have to check the school's online bulletin board.

Q 우리 동창회 언제 할 예정이야?
A 학교 온라인 게시판을 확인해 봐야 해.

Q When can I expect the report to be finished?
A [때] Not until we get all the data.

Q 보고서가 언제쯤 끝난다고 생각하면 될까요?
A 모든 자료를 얻기 전까지는 안 될 것 같습니다.

Q Excuse me. When is the deadline for the sales report?
A [때] I believe it's the last day of this month.

Q 실례합니다. 매출 보고서의 마감일은 언제인가요?
A 이번 달의 마지막 날인 것으로 알고 있습니다.

Q When do you leave for China?
A [상황] My business trip was canceled at the last minute.

Q 언제 중국으로 떠나나요?
A 제 출장이 막판에 취소되었어요.

Q When can we receive our concert tickets?
A [때] As soon as they are paid for.

Q 저희가 언제 콘서트 티켓을 받을 수 있나요?
A 티켓 비용을 지불하시면 바로요.

Q When did you last visit your doctor's office?
A [상황] It's been so long that I cannot remember.

Q 언제 병원을 마지막으로 갔나요?
A 너무 오래되어서 기억이 안 나요.

Q When do we have to check out from the hotel?
A [시간] No later than 2 p.m.

Q 우리 언제 호텔에서 체크아웃해야 하나요?
A 오후 2시 이내로요.

2 Where 의문문

Q Where have you been all day?
A [장소] I was in a meeting at work.

Q 하루 종일 어디 있었나요?
A 회사에서 회의하고 있었어요.

Q Where did you buy that necklace?
A [출처] I got it as a present from my mother.

Q 그 목걸이 어디서 샀니?
A 엄마에게 선물로 받았어.

Q Where should we meet tomorrow?
A [장소] The campus library would be the most convenient.

Q 우리 내일 어디서 만나야 할까?
A 학교 도서관이 가장 편할 것 같아.

Q Where can I leave my jacket?
A [장소] There should be a coat hanger by the entrance.

Q 제 외투를 어디에 놓으면 될까요?
A 입구에 옷걸이가 있을 겁니다.

Q Where's Marie's birthday party taking place?
A [출처] It should be written on the invitation.

Q Marie의 생일 축하 파티는 어디서 하니?
A 초대장에 쓰여 있을 거야.

Q Where can I catch bus number 201?
A [위치] Over there by the intersection.

Q 201번 버스를 어디에서 탈 수 있나요?
A 저기 교차로 옆에서요.

Q Where's the next conference being held?
A [상황] My supervisor said he'll email us the details.

Q 다음 회의는 어디에서 열리나요?
A 제 상사가 구체적인 사항을 이메일로 보낸다고 했어요.

Q Where do you keep reference books?	Q 참고 도서들은 어디에 보관하나요?
A [위치] Try the section next to the archives.	A 기록 보관소 옆에 있는 구역에 한번 가보세요.
Q Where's the café that just opened?	Q 새로 개업한 카페가 어디에 있어?
A [위치] It's located across the street from my office.	A 내 사무실 길 건너편에 있어.
Q Where's the best place to get my car serviced?	Q 제 자동차를 수리할 수 있는 가장 좋은 곳이 어디인가요?
A [상황] I'm sorry, but you're asking the wrong person.	A 죄송하지만, 저는 잘 몰라요.

3 Who 의문문

Q Who's bringing their cars with them?	Q 차를 가지고 오는 사람들은 누구인가요?
A [신원] Probably those with family.	A 아마도 가족들과 함께 오는 사람들일 거예요.
Q Who's that woman with the white dress?	Q 하얀 드레스를 입은 저 여자는 누구인가요?
A [신원] She's Charlie's cousin.	A 그녀는 Charlie의 사촌이에요.
Q Who do you recommend for car insurance?	Q 자동차 보험에 어떤 회사를 추천하니?
A [상황] I have a list of top companies.	A 내게 최고 회사들의 리스트가 있어.
Q Who will take over my position once I leave?	Q 제가 떠나면 누가 제 직위를 맡게 되나요?
A [성명, 직업] Most likely Angie, the newly hired analyst.	A 아마도 Angie일 거예요, 새로 고용된 분석가요.
Q Who taught you how to speak Spanish?	Q 누가 너에게 스페인어 말하는 법을 가르쳐 주었니?
A [상황] I picked it up while traveling Europe.	A 유럽을 여행하는 동안 배웠어.
Q Who is responsible for ordering office supplies?	Q 누가 사무용품을 주문하는 것을 담당하나요?
A [성명, 부서] That would be Mr. Pearson in the general affairs division.	A 총무부의 Pearson 씨일 겁니다.
Q Who should we hire for our intern position?	Q 우리 인턴 자리에 누구를 고용해야 할까요?
A [상황] I personally didn't like any of them.	A 저는 개인적으로 어느 누구도 마음에 들지 않았어요.
Q Who do you want to go to the seminar with?	Q 누구와 세미나에 가고 싶은가요?
A [조직] I'd prefer to go with my team.	A 제 팀과 같이 가고 싶습니다.

Check-Up 질문/진술에 맞는 가장 적절한 응답을 고르세요.   MP3 P1_2_03

Part 1

01 (a) (b) (c) (d)   02 (a) (b) (c) (d)   03 (a) (b) (c) (d)

04 (a) (b) (c) (d)   05 (a) (b) (c) (d)

Part 2

06 (a) (b) (c) (d)   07 (a) (b) (c) (d)   08 (a) (b) (c) (d)

09 (a) (b) (c) (d)   10 (a) (b) (c) (d)

정답 p.17

2　How 의문문

How 의문문은 대부분 방법이나 수단을 묻지만 여러가지 표현과 결합되어 다양한 질문을 만들 수 있다. Part 1, 2에서 총 1~2문제 정도 출제되며, 의문사 의문문 중에서는 가장 많이 출제되는 유형이다.

1　How 의문문

- How만 단독으로 쓰인 의문문은 방법, 수단, 의견 등을 묻는 질문이다. 방법을 묻는 경우 by, with, through를 이용하여 답을 할 수 있다.

   Q How do I get to the shopping mall from here?　여기서 쇼핑몰까지 어떻게 가나요?
   A By taking a bus over there.　저기서 버스를 타면 됩니다.
   　　　의문사 일치

- How do you like / How do you find / How do you feel about과 같은 질문은 상대방의 의견을 묻는 질문이다. 따라서 답으로 의견이 나와야 한다.

   Q How did you find the musical last night?　어젯밤 뮤지컬 어땠니?
   A I thought it was long and boring.　난 길고 지루하다고 생각했어.
   　　　　　　　　　의문사 일치

2　How long / How soon / How late 의문문

- How long(얼마나 오래)은 거리나 기간을 묻는 질문이며, for나 since와 같은 전치사나 접속사를 활용한 답이 많이 나온다.
- How soon(얼마나 빨리, 언제쯤)은 소요 시간을 묻는 질문이며, by, before, as soon as, no later than과 같은 표현을 이용한 답이 많이 등장한다.
- How late(언제까지, 얼마나 늦게까지)은 지속 시간을 묻는 질문이며, how soon과 마찬가지로 by, before, no later than을 이용한 답이 많이 나온다.

   Q How soon can you come to the party?　파티에 언제쯤 올 수 있나요?
   A As soon as I'm done here at the office.　여기 사무실에서 일을 끝내자마자요.
   　　　의문사 일치

3　How much / How many 의문문

- How much는 가격이나 양을 묻는 질문이며, a lot, little, dollars 등과 같은 표현이 정답으로 많이 등장한다.
- How many는 수량을 묻는 질문이며, 숫자가 정답으로 등장하지만 오답에도 숫자가 등장하기 때문에 소재가 일치하는지 주의 깊게 들어야 한다.

   Q How many days do we have left before the end of the course?　우리 수업이 끝나는 날까지 며칠 남았어?
   A According to my count, we have fifteen more days.　내 계산에 의하면, 우리는 15일이 더 남았어.
   　　　　　　　　　　　　　　　　의문사 일치　소재 일치

4 How far / How close 의문문

- How far(얼마나 멀리, 어디까지) / How close(얼마나 가까이)는 거리나 정도를 묻는 질문이다. 업무가 얼마나 남았는지, 거리가 얼마나 되는지 확인할 때 사용한다.

    Q **How far** are you from the airport now? 너 지금 공항에서 얼마나 멀리 있어?
    A I think I have about **20 more minutes** to go. 20분 정도 더 가야 할 것 같아.
    　　　　　　　　　　의문사 일치

5 How often 의문문

- How often(얼마나 자주)은 빈도를 묻는 질문이다. 따라서 정답으로 every day, on a daily basis, all the time, whenever와 같은 표현이 등장한다.

    Q **How often** do you go grocery shopping? 식료품 구매를 얼마나 자주 하니?
    A I just go **whenever I run out of food**. 난 그냥 음식이 떨어질 때마다 가.
    　　　　　　　　의문사 일치

6 How about 의문문

- How about은 제안을 할 때나 의견을 물어볼 때 사용한다. 따라서 수락이나 거절 혹은 의견이 답으로 나온다.

    Q **How about** throwing a surprise party for Sam this weekend?
    　　이번 주말에 Sam을 위해서 깜짝 파티를 열어주는 게 어떨까?
    A **That's a great idea!** I'll prepare some snacks. 좋은 생각이야! 내가 간식을 준비할게.
    　　의문사 일치

- 또한, How about은 what about와 같은 의미로 어떤 다른 사실을 물어볼 때도 쓴다.

    Q Do you have any electronics on you? **How[What] about** liquids? 전자기기를 소지하고 계신가요? 액체류는요?
    A **No, I'm not carrying** anything like that. 아니요, 저는 그런 것을 가지고 있지 않습니다.
    　　　　의문사 일치

    → 이 경우는 제안을 하거나 의견을 물어보는 것이 아니라, 액체류를 소지하고 있는지 사실을 묻는 경우이다.

- How about은 어떤 것에 대한 상태를 물어볼 때도 활용된다(= How is).

    Q **How about** your new business? 새로 시작한 사업은 잘 되고 있나요?
    A It's slowly **gaining momentum**. 서서히 탄력을 얻고 있어요.
    　　　　　　의문사 일치

    → 이 경우는 사업이 어떤지 묻고 있으므로 답변도 상태를 나타내는 표현으로 하고 있다.

7 How로 상태를 묻는 의문문

- How is[was]/are[were]로 상태를 물어볼 수 있다. 이때, 답변으로 행동을 나타내는 말이 나오면 오답이므로 주의해야 한다.

> Q How are you doing these days? 요즘 어떻게 지내니?
> A I'm doing fine, thanks. (O) 잘 지내고 있어. (물어봐 줘서) 고마워.
> A I've been studying for the TEPS exam. (X) 텝스 시험을 위해 공부하고 있었어.
> → 상태를 묻는 질문에 행동으로 답변을 했으므로 오답이라는 것을 파악할 수 있어야 한다.

> Q How was your trip to Tokyo? 도쿄 여행 어땠어?
> A It was <u>better than I expected</u>. 내가 기대했던 것보다 좋았어.
>   의문사 일치

- How have로도 상태를 물어볼 수 있다.

> Q How have you been lately? 요즘 어떻게 지내니?
> A Can't complain. 불평할 수가 없어(아주 잘 지내).

- How로 상태를 묻는 질문의 예

  How's it going?
  How is everything with you?
  How are you doing?
  How are you holding up?
  How are you hanging in there?
  How has it been so far?
  How have you been?

8 How come 의문문

- How come은 why와 마찬가지로 이유를 묻는 질문이며, 답으로는 질문에 맞는 이유가 등장해야 한다.

> Q How come you don't have a car? 당신은 왜 차가 없나요?
> A <u>I can't afford one.</u> 살 만한 여유가 없어요.
>   의문사 일치

- How come에는 뉘앙스에 따라 불만이 섞여 있는 경우도 있다. e.g. How come you are late? 너 왜 늦었니?

Case Study

Part 1

M How many library books am I allowed to check out?

(a) Our book collection is limited to fiction.
(b) You have to return them in five days.
(c) You're allowed a total of four at a time.
(d) I'm sorry. That's too many for you to borrow.

남 몇 권의 도서관 책을 빌릴 수 있나요?

(a) 저희 소장도서는 소설로 한정되어 있습니다.
(b) 5일 내로 반납하셔야 합니다.
(c) 한 번에 총 4권이 허용됩니다.
(d) 죄송합니다. 그건 빌리기에 너무 많습니다.

해설 도서관 책을 몇 권을 빌릴 수 있는지 물어보는 상황에서 한 번에 4권을 빌릴 수 있다고 답변하는 것이 가장 적절하므로 **(c)가 정답**이다.

⚠️ 오답 피하기

(a)는 몇 권의 책을 빌릴 수 있는지에 대한 답이 아니라 어떤 종류의 책이 있는지 설명하고 있으므로 질문 오답이다.
(b)는 return이라 하여 빌리는 것이 아니라 돌려주는 것에 대해서 설명하고 있으므로 동사 오답이다.
(d)는 that's too many라 하여 마치 앞에서 몇 권을 빌리려고 하는지 언급한 것처럼 말하여 상황 오답이다.

allow 허용하다   check out 대출하다

Part 2

W How about going to the beach this weekend?
M I think I've had enough of it.
W How often did you go so far?

(a) Not nearly as often as I had hoped.
(b) I was there a few days ago.
(c) It's only a walking distance from where I live.
(d) Just about every weekend.

여 이번 주말에 해변에 가는 거 어때?
남 난 충분히 간 것 같아.
여 지금까지 얼마나 자주 갔어?

(a) 내가 원했던 만큼 자주는 못 갔어.
(b) 며칠 전에 갔었어.
(c) 내가 사는 곳에서 걸어서 갈 수 있는 거리야.
(d) 거의 매 주말마다.

해설 지금까지 해변에 얼마나 자주 갔는지 물어보는 상황에서 남자가 매 주말마다 갔다고 답변하는 것이 가장 적절하므로 **(d)가 정답**이다.

⚠️ 오답 피하기

(a)는 앞에서 충분히 갔다고 한 것과 반대되는 말을 하고 있으므로 일관성 오답이다.
(b)는 a few days ago라 하여 언제 갔는지 시점으로 답하고 있어 질문 오답이다.
(c)는 walking distance라 하여 거리로 답하고 있어 질문 오답이다.

so far 지금까지   walking distance 걸어서 갈 수 있는 거리   just about 거의

빈출 질문 및 답변

🔊 MP3 P1_2_05

1 How 의문문

Q How should I file my tax return?
A [방법] You should get some help from an accountant.

Q 소득 신고를 어떻게 해야 하나요?
A 회계사로부터 도움을 받으세요.

Q How do you like your dinner?
A [의견] It's wonderful. Thanks for asking.

Q 저녁 식사는 어떠신가요?
A 훌륭합니다. 물어봐 주셔서 감사합니다.

Q How are we going to move all this stuff?
A [방법] We could just call the moving company.

Q 이 물건들을 모두 어떻게 옮기지?
A 이삿짐 센터에 연락하면 돼.

Q How do we know which booth is ours?
A [방법] It has a banner with our company logo.

Q 어떤 부스가 우리 것인지 어떻게 아나요?
A 우리 회사 로고가 있는 배너가 있습니다.

2 How long / How soon / How late 의문문

Q How long do I have to wait for a table to be ready?
A [기간] It'll be prepared in no time.

Q 자리가 준비되기까지 얼마나 기다려야 하나요?
A 곧 준비될 것입니다.

Q How long should we stay in Bangkok?
A [기간] I think two weeks should be sufficient.

Q 우리 방콕에 얼마 동안 머물까?
A 2주면 충분할 것 같아.

Q How soon can you complete the book?
A [소요 시간] In a month or so, I imagine.

Q 너 책을 언제쯤 다 읽을 수 있니?
A 내가 생각하기엔 한 달 정도면 될 것 같아.

Q How late are you open on weekends?
A [지속 시간] Until midnight, but orders must be in before 10.

Q 주말에는 얼마나 늦게까지 여나요?
A 자정까지 열지만, 주문은 10시 전에 들어가야 합니다.

3 How much / How many 의문문

Q How much are these leather gloves?
A [가격] They should be within your price range.

Q 이 가죽 장갑은 얼마인가요?
A 원하시는 가격대일 겁니다.

Q How much time do I have to register my car?
A [시간] You have a month, which is plenty.

Q 제 자동차를 등록하는 데 시간이 얼마나 있나요?
A 한 달이 주어지는데, 이거면 충분하죠.

Q How many people are attending the conference?
A [수량] Fewer than ten signed up, but more should show up.

Q 회의에 몇 명이 참석하나요?
A 10명 미만이 신청했지만, 더 많은 사람들이 올 거예요.

Q How many dishes should we order?
A [수량] Let's just get two. I'm not that hungry.

Q 요리는 몇 개 주문해야 할까?
A 2개만 주문하자. 난 별로 배고프지 않아.

4 How far / How close 의문문

Q How far is the gas station from here?
A [거리] It shouldn't take more than five minutes.

Q 여기서 주유소가 얼마나 멀리 있나요?
A 5분 이상은 안 걸릴 거예요.

Q How close do you live from the office?
A [거리] My place is only one block away.

Q 사무실에서 얼마나 가까이에 살아요?
A 제 집은 한 블록만 가면 돼요.

5 How often 의문문

Q How often do you visit your doctor?
A [빈도] I get regular checkups annually.

Q How often will I have to renew my subscription?
A [빈도] You don't have to once you've signed up.

Q 너 병원에 얼마나 자주 가니?
A 나는 매년 정기 건강검진을 받아.

Q 구독을 얼마나 자주 갱신해야 하나요?
A 한번 신청하면 그럴 필요가 없습니다.

6 How about 의문문

Q You said you like listening to music. How about watching movies?
A [의견] In fact, I enjoy both of them equally.

Q How about the food we just had?
A [의견] I thought it was pretty good.

Q 음악 듣는 것을 좋아한다고 했죠. 영화 보는 것은요?
A 사실 둘 다 똑같이 좋아해요.

Q 우리가 방금 먹은 음식 어때?
A 꽤 괜찮았던 것 같아.

7 How로 상태를 묻는 의문문

Q How's your bad knee?
A [상태] It's not feeling any better.

Q How is your home renovation coming along?
A [상태] It's almost done; it just needs some final touches.

Q 무릎 아픈 것은 어떠니?
A 전혀 좋아지지 않고 있어.

Q 집 보수 공사는 어떻게 되어가니?
A 거의 다 끝났어. 몇 군데 마무리 작업만 하면 돼.

8 How come 의문문

Q How come you're wearing a tuxedo?
A [이유] I'm performing at the City Center tonight.

Q How come you were invited to the party and not me?
A [이유] Maybe they forgot to send you an invitation.

Q 왜 턱시도를 입고 있는 거야?
A 오늘 밤에 City Center에서 공연을 하거든.

Q 왜 너만 파티에 초대되고 나는 안 됐지?
A 아마 너에게 초대장을 보내는 것을 잊어버렸나 봐.

Check-Up 질문/진술에 맞는 가장 적절한 응답을 고르세요.

MP3 P1_2_06

Part 1

01 (a) (b) (c) (d)   02 (a) (b) (c) (d)   03 (a) (b) (c) (d)

04 (a) (b) (c) (d)   05 (a) (b) (c) (d)

Part 2

06 (a) (b) (c) (d)   07 (a) (b) (c) (d)   08 (a) (b) (c) (d)

09 (a) (b) (c) (d)   10 (a) (b) (c) (d)

정답 p.19

3 Why 의문문

Why 의문문은 주로 이유를 묻는 질문이다. 하지만, why 의문사를 활용하여 제안과 조언을 할 수 있으므로 주의해서 들어야 한다. Part 1, 2에서 총 2문제 정도 출제된다.

1 Why 의문문
- Why 의문문은 이유를 묻는 질문이다. 따라서 because, for, to부정사로 답할 수 있지만 대부분 생략되고 이유만 답으로 나오는 경우가 많다.
- 답변으로 나오는 이유가 대화 상황과 어울리는지 파악해야 하며, 시제와 대상도 일치하는지 들을 수 있도록 충분히 연습을 해야 한다. 즉, 의문사만 잘 들었다고 답을 찾을 수 있도록 문제가 쉽게 나오지 않는다.

  Q **Why** did you come home so late? 왜 집에 이렇게 늦게 왔어?
  A I was stuck in traffic. 차가 막혔어요.
       대상 시제   의문사 일치

2 Why not 의문문
- Why not 의문문은 제안을 하는 질문이다. '~하는 게 어때'의 의미이므로 수락이나 거절이 답변으로 나와야 한다.
- 단, 'Why not?'이 단독으로 쓰이면 '좋고 말고,' '안 할 이유가 없지'라는 의미의 동의 표현이며, 누군가가 무엇을 제안했을 때 답변으로 주로 활용된다.

  Why not? = Sure. / No problem. / Of course. / Fair enough. / Yeah. / Okay.

  Q **Why not** hit the gym after work? 일 끝나고 운동하러 가는 게 어때?
  A I have other engagements. 나 다른 약속이 있어.
             의문사 일치

3 Why don't you[we, I] 의문문
- Why don't you[we, I] 의문문은 제안을 하는 질문이다. 따라서 수락과 거절 또는 긍정과 부정으로 답변해야 한다. 일반적인 의문사 의문문은 긍정과 부정으로 답을 못한다는 점을 감안할 때 충분히 혼동할 수 있으므로, 구분해서 듣는 연습을 충분히 해야 한다.
- Why didn't you(왜 안 했어)는 제안이 아니라 이유를 묻는 질문이므로 긍정이나 부정으로 답변을 할 수 없다.

  Q **Why don't you** pick up a hobby? 취미를 시작하는 게 어때?
  A I think I will! 그렇게 할 생각이야!
          의문사 일치

Case Study

🔊 MP3 P1_2_07

Part 1

W Why didn't you give me a call to say that you'd be late?

(a) Sorry, I'm going to be a little behind schedule.
(b) It's no problem. It could happen to anybody.
(c) I know. I should've gone home earlier.
(d) Well, I tried, but couldn't get through.

여 왜 늦는다고 나한테 전화해서 말하지 않았어?

(a) 미안, 예정보다 조금 늦을 것 같아.
(b) 괜찮아. 누구한테나 일어날 수 있는 일이야.
(c) 알아. 집에 더 일찍 갔어야 했는데.
(d) 음, 했는데, 연결이 안 되더라고.

해설 늦는 것에 대해 왜 전화하지 않았냐고 묻는 상황에서 남자는 했는데 연결이 안 되었다고 답변하는 것이 가장 적절하므로 **(d)가 정답**이다.

⚠️ 오답 피하기

(a)는 이유를 설명하고 있지 않고 이미 늦은 상태에서 늦을 것이라고 말하고 있으므로 시제 오답이다.
(b)는 no problem이라 하여 여자가 남자에게 할 법한 말이므로 대상 오답이다.
(c)는 gone home earlier라 하여 give me a call과 관련 없는 동사를 사용한 동사 오답이다.

behind schedule 예정보다 늦게   get through 연결하다

Part 2

M Have you received a letter of acceptance from the school?
W No, not yet. Maybe I didn't get in.
M Why don't you just give them a call and ask?

(a) You're right. I should send them a letter.
(b) I guess it wouldn't hurt to find out.
(c) But I already registered for some classes.
(d) I'll ask once I get that letter from the school.

남 학교로부터 합격 통지서를 받았어?
여 아니, 아직 안 받았어. 아마 합격하지 않았나 봐.
남 그냥 전화해서 물어보는 것이 어때?

(a) 네 말이 맞아. 편지를 보내야겠어.
(b) 알아봐서 나쁠 건 없을 것 같아.
(c) 하지만 수업 몇 개를 이미 등록했어.
(d) 학교로부터 통지서를 받으면 물어볼게.

해설 남자가 합격 통지서를 기다리는 여자에게 그냥 전화해서 물어보라고 제안하는 상황에서 여자는 수락하는 답변을 하는 것이 가장 적절하므로 **(b)가 정답**이다.

⚠️ 오답 피하기

(a)는 앞에서 you're right이라고 적절한 응답을 하지만 뒤에서 send a letter라 하여 문맥상 어색하므로 앞뒤 문맥 불일치 오답이다.
(c)는 already registered라 하여 합격이 안 된 상황에서는 불가능한 상황이므로 일관성 오답이다.
(d)는 once I get that letter라 하여 통지서를 받은 후에 통지서에 대해서 물어보는 것이 적절하지 않은 상황이다. 그리고 마치 합격 통지가 아닌 다른 것에 대해서 말하는 것처럼 답변하므로 소재 오답이다.

letter of acceptance 합격 통지서   it wouldn't hurt to ~해서 나쁠 것 없다   register 등록하다

빈출 질문 및 답변

1 Why 의문문

Q Why is the park closed today?
A [이유] There seems to be some sort of security issue.

Q 오늘 공원이 왜 닫았지?
A 무슨 보안 문제가 있는 것 같아.

Q Why isn't the Internet working?
A [제3의 응답] I don't know. I guess we'll have to call the service center again.

Q 왜 인터넷이 안 되지?
A 나도 몰라. 내 생각에는 서비스 센터에 다시 전화해 봐야 할 것 같아.

Q Why do you want to move to a new apartment?
A [이유] The one I'm living in now is too small.

Q 너는 왜 새로운 아파트로 이사하고 싶어 하니?
A 지금 살고 있는 곳은 너무 좁아.

Q Why haven't you sent me the contract yet?
A [이유] We're still reviewing some details.

Q 왜 아직도 제게 계약서를 안 보내셨나요?
A 저희는 아직 몇 가지 세부 사항을 검토하고 있습니다.

Q Why are you in a bad mood?
A [이유] I lost my wallet on my way here.

Q 너 왜 기분이 안 좋니?
A 여기 오는 길에 지갑을 잃어버렸어.

Q Why has the project been delayed?
A [이유] Some of the calculations had to be done over again.

Q 왜 프로젝트가 지연되었나요?
A 몇 개의 계산을 다시 해야 했습니다.

Q Why do you think we should hire you instead of someone else?
A [이유] I have good communication skills and extensive experience.

Q 왜 다른 사람 대신 당신을 고용해야 한다고 생각하나요?
A 저는 의사소통 능력이 뛰어나고 경험이 많습니다.

Q Why is the bus running late today?
A [이유] It follows a different schedule on weekends.

Q 왜 오늘 버스가 늦게 오나요?
A 주말에는 운행 시간표가 다릅니다.

Q Why can't you finish your meal?
A [이유] I had some snacks beforehand.

Q 왜 식사를 다 끝내지 못하는 거니?
A 좀 전에 간식을 좀 먹었어.

2 Why not 의문문

Q Why not try these pants on?
A [거절] They're not my style.

Q 이 바지 입어보는 게 어때?
A 그건 내 취향이 아니야.

Q Why not call John for help?
A [거절] I doubt he can be of assistance.

Q John에게 도움을 청하는 게 어때?
A 나는 그가 도움이 될지 의심스러워.

Q Why not bring others along?
A [수락] Some of my friends are already on their way.

Q 다른 사람들을 데리고 오는 게 어때?
A 내 친구 몇 명이 이미 오고 있어.

Q Why not switch to a different wireless carrier?
A [거절] I still have a little over a year on my contract.

Q 다른 무선 통신사로 옮기는 게 어때?
A 아직도 계약이 1년 조금 넘게 남았어.

Q Why not stay in a hotel while in Hong Kong?
A [거절] I don't think I can afford the entire week.

Q 홍콩에 있는 동안 호텔에 묵는 게 어때?
A 일주일 내내 묵을 여유가 없어.

3 Why don't you[we, I] 의문문

Q Why don't you take a day off? A [부정] I have too much work to do.	Q 하루 휴가를 내는 게 어때요? A 저는 해야 할 일이 너무 많아요.
Q Why don't we wrap things up for today? A [수락] Yeah, it's really getting late.	Q 오늘 일을 그만 마무리하는 게 어때요? A 그래요. 너무 늦어지고 있네요.
Q Why don't I get you some water? A [거절] That's okay. I'll help myself to some.	Q 내가 물을 좀 갖다 줄까? A 괜찮아. 내가 가져다 마실게.
Q Why don't you join my family for dinner? A [수락] Thanks, that's very kind of you.	Q 제 가족과 함께 저녁 식사를 하는 게 어때요? A 감사합니다. 매우 친절하시네요.
Q Why don't we ask the professor for an extension on our paper? A [부정] I highly doubt he'll give us one.	Q 교수님께 보고서 기한을 연장해 달라고 요청하는 게 어떨까? A 절대 연장해 주실 것 같지 않아.
Q Why don't I pick up the tab this time? A [수락] Okay. I'll treat you next time then.	Q 이번에는 내가 내는 게 어때? A 그래. 그럼 다음에는 내가 살게.
Q Why don't you move to a less expensive place? A [부정] But I like the convenience of living close to work.	Q 좀 덜 비싼 곳으로 이사하는 게 어때? A 하지만 회사에서 가까운 곳에서 사는 편리함이 좋아.
Q Why don't we take turns washing the dishes? A [수락] Sure. That's something I could get used to.	Q 설거지를 돌아가면서 하는 게 어때요? A 좋아요. 그건 익숙해질 수 있을 것 같아요.

Check-Up 질문/진술에 맞는 가장 적절한 응답을 고르세요.

Part 1

01 (a) (b) (c) (d)   02 (a) (b) (c) (d)   03 (a) (b) (c) (d)
04 (a) (b) (c) (d)   05 (a) (b) (c) (d)

Part 2

06 (a) (b) (c) (d)   07 (a) (b) (c) (d)   08 (a) (b) (c) (d)
09 (a) (b) (c) (d)   10 (a) (b) (c) (d)

정답 p.22

4 What / Which 의문문

What / Which 의문문은 많은 종류의 질문을 만들어낼 수 있다. '무엇'에서부터 '제안'까지 다양한 질문이 만들어지므로 의문사만 듣고 문제를 푸는 연습보다는 문맥을 듣고 일치하는 답을 고르는 연습을 해야 한다. Part 1, 2에서 총 1문제 정도 출제된다.

1 What 의문문
- What은 뒤에 이어지는 소재에 대해서 묻는다. 따라서 소재를 잘 듣고 파악할 수 있도록 연습을 해야 한다.

  Q What do you do for a living? 어떤 일을 하시나요?
  A Actually, I am <u>a full-time parent</u>. 사실, 전 집에서 아이를 돌봅니다.
  소재 일치

2 What about / What do you say to 의문문
- What about은 제안을 하는 질문이다. 따라서 수락이나 거절을 하는 답변이 나와야 한다.
  What about = How about, Let's, Why don't we
- What do you say to는 의견을 묻는 질문이다. 따라서 동의하거나 반대하는 답변이 나와야 한다.

  Q What about going out tonight? 오늘 저녁에 나가는 거 어때?
  A <u>Sure. Dinner and a movie would be nice.</u> 좋아. 저녁 식사를 하고 영화를 보면 좋을 것 같아.
  의문사,   소재,   시제 일치

3 What time 의문문
- What time은 when과 마찬가지로 구체적인 시간을 묻는 질문이다. 시간이 아니라 기간으로 답하는 오답을 주의해야 한다.

4 What reason / What makes / What brings / What is[are] ~ for 의문문
- What reason / What makes / What brings는 why와 마찬가지로 이유를 묻는 질문이다. 따라서 이유를 설명하는 답이 나와야 한다.
- What is[are] ~ for도 마찬가지로 이유를 묻는 질문으로 출제될 수 있다.
  e.g. What are we buying this for? = Why are we buying this? 우리 왜 이걸 사는 거야?

5 What kind of / What sort of / What type of 의문문
- What kind of / What sort of / What type of는 뒤에 이어지는 명사의 종류를 묻는 질문이므로 종류를 선택하는 답변이 주로 출제된다.

6 Which / Which one 의문문
- Which는 뒤에 이어지는 명사에 대해 묻는데, 대부분 선택 의문문으로 쓰인다. Which one은 무조건 선택 의문문이므로 선택에 관한 답변이 나오는 것이 가장 적절하다.

  Q Which shoes look better on me? 어떤 신발이 나한테 더 잘 어울리는 것 같아?
  A <u>The white ones</u> suit you. 흰색 신발이 너한테 잘 어울려.
  의문사 일치

Case Study

🔊 MP3 P1_2_10

Part 1

M   Which travel package offers the most value for the money?

(a) Take your time. We have a lot in store for you.
(b) To me, they're all more or less the same.
(c) We're offering discounts for paying in cash.
(d) Give me some time to choose.

남   어떤 여행 패키지가 가성비가 가장 좋나요?

(a) 천천히 하세요. 당신을 위해 준비해 둔 것이 많아요.
(b) 제가 보기에는, 모두가 거의 같습니다.
(c) 현금으로 내면 할인해 드립니다.
(d) 고를 시간을 좀 주세요.

해설   어떤 여행 패키지가 가장 가성비가 좋은지 물어보는 상황에서 여자는 모두 비슷하다고 답변하는 것이 가장 적절하므로 **(b)가 정답**이다.

⚠ 오답 피하기

(a)는 take your time이라 하여 남자가 조언을 구한 것이 아니라 시간을 더 달라고 한 것처럼 말하고 있기 때문에 동사 오답이다.
(c)는 we're offering discounts라 하여 할인에 대해 말하고 있으므로 소재 오답이다.
(d)는 give me some time이라 하여 남자가 할 수 있을 법한 말이므로 대상 오답이다.

the most value for the money 가성비가 가장 좋은   in store for ~를 위해 준비하여   more or less 거의

Part 2

W   It looks like I'll be working this Saturday.
M   Really? I guess we'll see each other then.
W   What are you coming in for?

(a) Probably no later than 8 p.m.
(b) I don't want to work on the weekends either.
(c) I have some last-minute preparations to do.
(d) You're not the only person working on Saturday.

여   저 이번 주 토요일에 일할 것 같아요.
남   정말요? 그럼 우리 서로 만날 것 같네요.
여   당신은 왜 출근하나요?

(a) 아마도 저녁 8시 전에요.
(b) 나도 주말에 일하고 싶지 않아요.
(c) 해야 할 막바지 준비 작업이 있어요.
(d) 당신이 토요일에 일하는 유일한 사람은 아니에요.

해설   토요일에 출근한다는 남자에게 왜 출근하는지 물어보는 상황에서 남자는 막바지 준비해야 할 것이 있다고 답변하는 것이 가장 적절하므로 **(c)가 정답**이다.

⚠ 오답 피하기

(a)는 no later than 8 p.m.이라 하여 시간으로 답하고 있으므로 질문 오답이다.
(b)는 이유를 묻는 질문에 의견으로 답하고 있어 질문 오답이다.
(d)는 not the only person이라 하여 앞에서 이미 토요일에 만날 것 같다고 한 말과 중복되는 말이므로 상황 오답이다.

come in 출근하다   probably 아마도   last-minute 막바지의   preparation 준비

빈출 질문 및 답변

🔊 MP3 P1_2_11

1 What 의문문

Q What should we have for lunch?
A [사물] I'm craving some Thai food.

Q 우리 점심 식사로 뭐 먹을까?
A 나 태국 음식이 너무 먹고 싶어.

Q What else do we need to bring for the trip?
A [행동] It looks like we've packed everything.

Q 여행에 또 무엇을 가져가야 할까?
A 우리 다 챙긴 것 같아.

Q What did you do last weekend?
A [행동] Nothing much. I pretty much stayed home.

Q 지난 주말에 뭐 했니?
A 별 것 안 했어. 거의 집에만 있었어.

Q What could I have done better in my paper?
A [행동] It would've been clearer if you had organized it differently.

Q 내 보고서에서 뭘 더 잘 했을 수 있었을까?
A 네가 다르게 전개를 했더라면 더 명확했을 수도 있어.

Q What is the next step in the application process?
A [행동] Once it's been filled out, you just need to send it in.

Q 지원 과정에서 다음 단계는 뭐죠?
A 다 작성하셨으면, 그냥 보내기만 하면 됩니다.

Q What was the cause of the fire?
A [제3의 응답] The police are still investigating it.

Q 화재의 원인이 뭐였죠?
A 경찰이 아직 조사 중입니다.

2 What about / What do you say to 의문문

Q What do you say to getting a pet?
A [제3의 응답] I don't know. It would require a lot of effort.

Q 애완동물을 키우는 것에 대해 어떻게 생각하니?
A 모르겠어. 많은 노력을 필요로 할 거야.

Q What about going to Japan for this vacation?
A [부정] I would rather go somewhere we haven't gone before.

Q 이번 휴가로 일본에 가는 게 어떨까?
A 난 우리가 전에 가보지 못한 곳을 가는 게 더 나을 것 같아.

Q What do you say to eating out tonight?
A [동의] I don't feel like cooking, so I'm all for it.

Q 오늘 저녁에 외식하는 게 어떨까?
A 요리할 기분이 아니라서 찬성이야.

Q What about getting some help from professionals?
A [부정] But that would cost an arm and a leg.

Q 전문가로부터 도움을 받는 게 어때요?
A 하지만 그건 비용이 어마어마할 거예요.

3 What time 의문문

Q What time should I pick you up?
A [제3의 응답] I'll give you a call and let you know.

Q 내가 너를 몇 시에 데리러 갈까?
A 내가 너한테 전화해서 알려줄게.

Q What time are you leaving tomorrow?
A [시간] My flight is at 8 in the morning.

Q 내일 몇 시에 떠나니?
A 내 비행기는 아침 8시야.

Q What time does the express train arrive?
A [제3의 응답] You may want to check the online schedule.

Q 급행 열차는 몇 시에 도착하나요?
A 인터넷에 있는 시간표를 확인해 보세요.

4 What reason / What makes / What brings / What is[are] ~ for 의문문

Q What made you choose our company?
A [이유] I'm interested in your recent ventures.

Q 우리 회사를 선택한 이유는 무엇인가요?
A 귀사의 최근 신규 개발 사업에 관심이 있습니다.

Q What brings you to Seoul?
A [이유] I was recently transferred to an office here.

Q 왜 서울에 왔니?
A 최근 이곳의 사무실로 전근 왔어.

5 What kind of / What sort of / What type of 의문문

Q What kind of car did you buy?
A [종류] A family minivan to drive my kids around in.

Q 너는 어떤 종류의 차를 샀니?
A 아이들을 태우고 다닐 수 있도록 패밀리 미니밴을 샀어.

Q What sort of training do I need?
A [종류] You'll need to learn everything related to your job.

Q 저는 어떤 종류의 훈련이 필요할까요?
A 직무와 관련된 모든 것을 배워야 할 거예요.

Q What sort of programs do you offer?
A [제3의 응답] Here's a list you can choose from.

Q 어떤 종류의 프로그램을 제공하나요?
A 여기 선택할 수 있는 목록이 있습니다.

6 Which / Which one 의문문

Q Which parking space can I use?
A [선택] The one behind the building.

Q 저는 어떤 주차 공간을 사용하면 될까요?
A 건물 뒤에 있는 곳이요.

Q Which way is the park?
A [선택] Go straight and take a left at the traffic light.

Q 공원은 어느 쪽인가요?
A 직진해서 신호등에서 왼쪽으로 꺾으세요.

Q Which one's better on me, the blue one or the gray one?
A [제3의 응답] Neither of them goes well on you.

Q 어떤 것이 나한테 더 나은 것 같아, 파란색 아니면 회색?
A 둘 다 어울리지 않아.

Q Which do you prefer, coffee or tea?
A [선택] I'd like a cup of coffee, please.

Q 무엇을 더 선호하나요, 커피 아니면 차요?
A 커피를 마시고 싶습니다.

Check-Up 질문/진술에 맞는 가장 적절한 응답을 고르세요.

MP3 P1_2_12

Part 1

01 (a) (b) (c) (d)   02 (a) (b) (c) (d)   03 (a) (b) (c) (d)
04 (a) (b) (c) (d)   05 (a) (b) (c) (d)

Part 2

06 (a) (b) (c) (d)   07 (a) (b) (c) (d)   08 (a) (b) (c) (d)
09 (a) (b) (c) (d)   10 (a) (b) (c) (d)

정답 p.25

Unit Test

🔊 MP3 P1_2_13

Part 1
Choose the most appropriate response to the statement.

01 (a) (b) (c) (d)

02 (a) (b) (c) (d)

03 (a) (b) (c) (d)

04 (a) (b) (c) (d)

05 (a) (b) (c) (d)

06 (a) (b) (c) (d)

07 (a) (b) (c) (d)

08 (a) (b) (c) (d)

09 (a) (b) (c) (d)

10 (a) (b) (c) (d)

Part 2
Choose the most appropriate response to complete each conversation.

11 (a) (b) (c) (d)

12 (a) (b) (c) (d)

13 (a) (b) (c) (d)

14 (a) (b) (c) (d)

15 (a) (b) (c) (d)

16 (a) (b) (c) (d)

17 (a) (b) (c) (d)

18 (a) (b) (c) (d)

19 (a) (b) (c) (d)

20 (a) (b) (c) (d)

정답 p.27

Unit 02 일반 의문문

일반 의문문에는 Be/Do/Have 의문문, Can[Could]/May/Will[Would]/Shall[Should] 의문문, 부가 의문문, 그리고 간접 의문문이 있다. 이들 모두 긍정 혹은 부정의 답을 요구하므로 yes나 no로 답변이 가능하지만, 시험에서는 생략되어 나오는 경우가 많다.

1 Be/Do/Have 의문문

Be/Do/Have 의문문은 Part 1, 2에서 총 4~5문제 정도 출제된다.

1 Be 의문문
- Be 의문문은 주로 특정 사실을 확인하기 위해 쓰이므로 정답으로는 그 사실이 맞다(긍정), 아니다(부정), 또는 잘 모르겠다는 내용이 나온다.
- Be 의문문으로는 의견을 물어볼 수 없으므로 동의나 반대하는 내용이 답으로 나올 수 없다.
- 일반 의문문 중 가장 많이 출제되는 유형이므로 잘 숙지해야 한다.

   Q Are these items on sale? 이 품목들은 할인 중인가요?
   A <u>They're 20% off the retail price.</u> 그것들은 판매가에서 20퍼센트 할인하고 있습니다.
       긍정 답변

2 Do 의문문
- Do 의문문은 요청, 부탁, 사실 확인, 의견 확인, 허락 등 다양한 것을 물을 수 있다.
- 요청하거나 부탁하는 질문에는 수락 혹은 거절하는 답변이 가장 이상적인 답이다.

   Q Do you have extra cash I can borrow? 내가 빌릴 수 있는 돈 좀 있어?
   A <u>Sorry</u>, but <u>I don't have any</u> on me. 미안한데, 나한테 돈이 하나도 없어.
       거절 답변

- Do 의문문에서는 동의나 반대가 답으로 나올 수 있다.

   Q Don't you think we should buy a new car? 우리 새 차를 사야 할 것 같지 않아?
   A <u>I couldn't agree with you more.</u> 전적으로 동의해.
       동의 답변

3 Have 의문문
- Have 의문문은 사실을 확인하는 질문으로 많이 출제된다. 단, 완료 시제로 묻는 것이므로 시제를 잘 들어야 한다.
- 수락과 거절, 동의나 반대는 답이 될 수 없다.

   Q Have you seen the new *Star Wars* movie? 새로 나온 <Star Wars> 영화 봤어?
   A <u>I plan to watch it this weekend.</u> (아니,) 이번 주말에 볼 계획이야.
       계획으로 답변

Case Study

🔊 MP3 P1_2_14

Part 1

M Does your brother go to college?

(a) Yes, he's a manager there.
(b) No, I don't have a degree.
(c) He will next year.
(d) You study too hard.

남 너의 남동생은 대학에 다니니?

(a) 응, 그는 거기서 관리자야.
(b) 아니, 난 학위가 없어.
(c) 그는 내년에 갈 거야.
(d) 넌 공부를 너무 열심히 해.

해설 여자의 남동생이 대학에 다니는지 물어보는 상황에서 여자는 그가 내년에 다닐 거라고 답변하는 것이 가장 적절하므로 **(c)가 정답**이다.

⚠ 오답 피하기

(a)는 앞에서 yes라 하여 적절하게 응답을 시작하지만 뒤에서 manager라 하여 대학교와 상관 없는 말을 하고 있으므로 앞뒤 문맥 불일치 오답이다.
(b)는 I라 하여 남동생이 아닌 자신에 대해 말하고 있으므로 대상 오답이다.
(d)는 you라 하여 남동생이 아닌 남자에 대해서 말하고 있으므로 대상 오답이다.

manager 관리자   degree 학위

Part 2

W I'm so happy the weekend is here.
M Tell me about it.
W So, are you coming to the party tonight?

(a) Sure, I'll be here.
(b) You bet.
(c) I think so, too.
(d) Don't mind the party.

여 이제 주말이라 너무 기쁘다.
남 나도야.
여 그래서 오늘 저녁에 파티에 올 거야?

(a) 응, 나는 여기에 있을 거야.
(b) 물론이지.
(c) 나도 그렇게 생각해.
(d) 파티에 신경 쓰지 마.

해설 파티에 참석될 것인지를 물어보는 상황에서 남자는 그럴 것이라고 답변하는 것이 가장 적절하므로 **(b)가 정답**이다.

⚠ 오답 피하기

(a)는 앞에서 sure라 하여 적절하게 응답을 시작하지만 뒤에서 here라 하여 질문에서 묻는 파티와 내용이 일치하지 않으므로 앞뒤 문맥 불일치 오답이다.
(c)는 think so라 하여 마치 여자가 의견을 제시하여 동의하는 것처럼 말하므로 질문 오답이다.
(d)는 마치 여자가 파티에 불필요한 신경을 쓰는 것처럼 말하고 있으므로 상황 오답이다.

tell me about it 동의해   you bet 물론이지

빈출 질문 및 답변

1 Be 의문문

Q Is this the only size you have?
A [긍정] Let me go and check in the back.

Q 이거 이 사이즈밖에 없나요?
A 가서 안쪽을 확인해 보겠습니다.

Q Am I blocking your view?
A [부정] No, I can see just fine.

Q 제가 시야를 방해하고 있나요?
A 아니요. 잘 보입니다.

Q Are you coming to the company retreat?
A [긍정] It's mandatory for everyone to attend.

Q 회사 야유회에 올 건가요?
A 모두가 의무적으로 참석해야 해요.

Q Were you able to finish your paper on time?
A [부정] No, but I got a two-day extension.

Q 제시간에 과제를 끝낼 수 있었니?
A 아니. 하지만 이틀 연장 받았어.

Q Is this the first time for you to visit Rome?
A [부정] Actually, this is my third time here.

Q 당신이 로마에 방문하는 것이 이번이 처음인가요?
A 사실, 저는 이번이 세 번째입니다.

Q I'm looking for Smith Building. Am I going the right way?
A [부정] You passed it. Go back down two blocks.

Q Smith 빌딩을 찾고 있습니다. 제가 맞게 가고 있나요?
A 지나쳤습니다. 뒤로 두 블록 돌아가세요.

Q Was it you I saw at the coffee shop this morning?
A [부정] I think you've mistaken me for someone else.

Q 오늘 아침에 내가 커피숍에서 본 게 너였니?
A 나를 다른 사람과 착각한 것 같아.

Q Isn't the new movie out yet?
A [부정] The release date has been pushed back to next week.

Q 새로운 영화가 아직 개봉되지 않았나요?
A 개봉 날짜가 다음 주로 미뤄졌어요.

2 Do 의문문

Q Does the name Shawn Bain ring a bell?
A [부정] It doesn't sound familiar at all.

Q Shawn Bain이란 이름 기억나니?
A 전혀 익숙하지 않은데.

Q Do you mind if I change the song?
A [수락] No, not at all. Go right ahead.

Q 제가 노래를 바꿔도 괜찮을까요?
A 네, 상관없습니다. 그렇게 하세요.

Q Do you think we have to recycle these items?
A [의견] Probably. You should put them in the blue bin.

Q 이 물건들을 재활용해야 한다고 생각하세요?
A 아마도요. 그것들을 파란색 상자에 넣으세요.

Q Do you think it's possible to cancel my order now?
A [부정] It's already been sent out, so I'm afraid not.

Q 제 주문을 지금 취소할 수 있나요?
A 이미 배송되어서 안 될 것 같습니다.

Q Does John know the way to your place?
A [긍정] He's been to my house a couple times before.

Q John은 너희 집으로 가는 길을 알아?
A 그는 전에 내 집에 여러 번 왔었어.

Q Didn't you fix the fax machine yesterday?
A [부정] I just changed the cartridge and filled in some paper.

Q 팩스를 어제 고치지 않았어?
A 난 그냥 카트리지를 바꾸고 종이만 채웠어.

3 Have 의문문

Q Have you ever been to South America?
A [경험] Not yet, but I've been meaning to go there.

Q 너 남미에 가봤어?
A 아직 안 가봤지만, 갈 계획이야.

Q Have we met before somewhere?
A [경험] You do look familiar. Maybe at the retreat.

Q 우리 전에 어디서 본 적 있나요?
A 당신 낯이 익네요. 아마도 야유회에서 봤나 봐요.

Q Have I told you about my girlfriend?
A [완료] No. I didn't even know you were seeing someone.

Q 내 여자친구에 대해 말해준 적 있었나?
A 아니. 나는 네가 누굴 사귀고 있는 것도 몰랐어.

Q Have you thought of switching careers?
A [경험] That's the last thing on my mind. I love my job.

Q 직업을 바꾸는 것에 관해 생각해 봤어?
A 그건 결코 생각하고 싶지 않아. 난 내 직업이 정말 좋아.

Q Has the company announced its plan to reduce overhead costs?
A [완료] Yeah, but I doubt it'll be effective.

Q 회사가 간접비를 줄일 계획에 관하여 공지했나요?
A 네. 하지만 그게 효과적일지는 모르겠네요.

Q Have you called the building maintenance?
A [완료] Three times this morning alone.

Q 건물 관리인에게 연락을 했나요?
A 오늘 아침에만 세 번 했습니다.

Q Have Chris and Jane been together for long?
A [계속] They've been dating for at least three years.

Q Chris와 Jane은 오랫동안 사귀었어?
A 그들은 적어도 3년은 사귀고 있어.

Q Haven't you paid your bills yet?
A [완료] I forgot. I'll do it first thing tomorrow morning.

Q 요금을 아직 내지 않았니?
A 잊고 있었어. 내일 아침에 제일 먼저 할게.

Q Haven't we been to this restaurant before?
A [경험] Yeah, a few years ago for our wedding anniversary.

Q 우리 전에 이 식당에 와 본 적 있지 않나?
A 응, 몇 년 전에 우리 결혼 기념일에 왔어.

Q Hasn't your phone warranty expired?
A [완료] It came with a two-year coverage, so I still have a year left.

Q 네 전화기 보증 기간이 만료되지 않았니?
A 2년 보장을 받았기 때문에 아직 1년 남았어.

Check-Up 질문/진술에 맞는 가장 적절한 응답을 고르세요.

MP3 P1_2_16

Part 1

01 (a) (b) (c) (d)   02 (a) (b) (c) (d)   03 (a) (b) (c) (d)
04 (a) (b) (c) (d)   05 (a) (b) (c) (d)

Part 2

06 (a) (b) (c) (d)   07 (a) (b) (c) (d)   08 (a) (b) (c) (d)
09 (a) (b) (c) (d)   10 (a) (b) (c) (d)

정답 p.33

2 Can[Could] / May / Will[Would] / Shall[Should] 의문문

Can[Could] / May / Will[Would] / Shall[Should] 의문문은 주로 요청이나 제안을 하는 질문이므로 수락하거나 거절하는 답변이 나와야 한다. Part 1, 2에서 총 2~3문제 정도 출제된다.

1 Can[Could] 의문문
- Can[Could] 의문문은 요청, 부탁, 허락, 가능성을 묻는 질문이다. 따라서 수락이나 거절 혹은 의견이 답변으로 나올 수 있다.

Q Can I help you find something? 뭐 찾는 것을 도와드릴까요?
A That's okay. I'm just browsing. 괜찮아요. 그냥 둘러보고 있어요.
    거절 답변

2 May 의문문
- May 의문문은 허가를 묻는 질문이다. 따라서 Can 의문문과 마찬가지로 수락, 거절, 긍정, 부정 등이 답변으로 제시된다.

Q May I speak to Joshua, please? Joshua와 통화할 수 있을까요?
A I'm sorry, but he just stepped out. 죄송합니다만, 그는 방금 나갔어요.
    거절 답변

3 Will[Would] 의문문
- Will[Would] 의문문은 요청, 제안, 권유 등을 묻는 질문이다. 따라서 수락, 거절, 긍정, 부정 등이 답변으로 제시된다.

Q Would you close the window for me? 창문을 닫아주시겠어요?
A But it's too hot in here. 하지만 여기 안은 너무 더워요.
    거절 답변

4 Shall[Should] 의문문
- Shall[Should] 의문문은 상대방의 의사를 묻는 질문이다. 따라서 의견이 답변으로 제시된다.

Q Shall we order more food? 우리 음식을 더 시킬까?
A If you think we can finish it. 우리가 다 먹을 수 있을 것 같다고 생각한다면.
    의견으로 답변

Case Study

Part 1

W Should I move back to the suburbs to save money?

(a) No, I decided to move back home.
(b) I'd look for other options first.
(c) I'll visit you sometime this week.
(d) That should be my last resort.

여 돈을 절약하기 위해서 다시 교외로 이사해야 할까?

(a) 아니, 난 집으로 다시 이사하기로 결정했어.
(b) 나라면 우선 다른 옵션들을 찾아볼 것 같아.
(c) 내가 이번 주 언젠가 널 방문할게.
(d) 그건 내 최후의 수단이어야 해.

해설 교외로 이사를 가야 할지 물어보는 상황에서 남자는 우선 다른 옵션을 찾아보라고 답변하는 것이 가장 적절하므로 **(b)가 정답**이다.

⚠️ 오답 피하기

(a)는 앞에서 no라고 하여 적절하게 응답을 시작하지만 뒤에서 다시 이사한다고 하여 문맥이 맞지 않고, 라고 했으므로 앞뒤 문맥 불일치 오답이자 대상 오답이다.
(c)는 visit라 하여 질문과 관련 없는 동사를 사용한 동사 오답이다.
(d)는 my last resort라 하여 이사를 고려하고 있는 여자가 할 수 있을 법한 말이므로 대상 오답이다.

suburbs 교외   look for 찾다   last resort 마지막 수단[방책]

Part 2

M Hello, I'd like to purchase this sweater.
W Oh. It appears to have a snag in it.
M Could you give me a discount then?

(a) I'll take 25 percent off.
(b) Sure, but I'll need your receipt.
(c) Only if you want a refund.
(d) The promotion ended last week.

남 안녕하세요, 전 이 스웨터를 구입하고 싶습니다.
여 이런, 걸려서 찢어진 곳이 있는 것 같군요.
남 그럼 저에게 할인을 해 줄 수 있나요?

(a) 제가 25퍼센트 할인해 드리겠습니다.
(b) 물론이죠, 하지만 영수증이 필요합니다.
(c) 당신이 환불을 원할 경우에만요.
(d) 프로모션은 지난 주에 끝났습니다.

해설 찢어진 곳이 있는 스웨디를 할인해 줄 수 있는지 물어보는 상황에서 여자가 25퍼센트 할인해 주겠다고 답변하는 것이 가장 적절하므로 **(a)가 정답**이다.

⚠️ 오답 피하기

(b)는 앞에서 sure라고 하여 적절하게 응답을 시작하지만 뒤에서 할인과 관련 없는 영수증을 언급하여 앞뒤 문맥 불일치 오답이다.
(c)는 refund라 하여 할인과 관련 없는 소재 오답이다.
(d)는 promotion ended라 하여 옷의 하자에 의한 할인이 아닌 판촉 행사에 대한 내용이기 때문에 소재 오답이다.

purchase 구매하다   appear ~인 것 같다   snag 걸려서 찢어진 곳   receipt 영수증   promotion 프로모션, 판촉

빈출 질문 및 답변

1 Can[Could] 의문문

Q Can I take your order, please?
A [수락] Sure. I'll have a turkey breast sandwich.

Q 주문하시겠어요?
A 네. 칠면조 가슴살 샌드위치 주세요.

Q Can I see you later today?
A [거절] Sorry, I have other engagements.

Q 오늘 이따가 좀 볼 수 있을까?
A 미안해. 나 다른 약속이 있어.

Q Could I have another piece of cake?
A [수락] Of course. Have as much as you want.

Q 케이크 한 조각 더 먹어도 돼?
A 당연하지. 원하는 만큼 먹어.

Q Could you cover my shift tomorrow?
A [거절] I would, but I have a doctor's appointment.

Q 내일 나 대신 근무해 줄 수 있니?
A 그러고 싶지만, 병원 예약이 되어 있어.

Q Can you hold the door for me while I move these boxes?
A [수락] Sure, no problem. That's the least I can do.

Q 제가 이 상자들을 옮기는 동안 문을 잡아 줄 수 있나요?
A 물론이죠. 문제없습니다. 이 정도는 해 드려야죠.

Q Could you forward the message from the HR department?
A [수락] I'll send it right away.

Q 인사부에서 온 메시지를 전달해 줄 수 있나요?
A 바로 보내드리겠습니다.

Q Can we stop by the convenience store?
A [수락] I was thinking of picking up something, too.

Q 우리 편의점에 들를 수 있을까?
A 나도 뭐 좀 사려고 생각하고 있었어.

Q Could I get another copy of the schedule?
A [거절] Sorry, we ran out of them.

Q 일정표를 한 부 더 받을 수 있을까요?
A 죄송하지만, 다 떨어졌습니다.

Q Can I get a refund for this item?
A [제3의 응답] I'd have to check the receipt first.

Q 이 물건을 환불받을 수 있을까요?
A 제가 영수증을 먼저 확인해봐야 합니다.

2 May 의문문

Q May I have your name and phone number, please?
A [수락] Sure. It's James Lee, and my number is 523-1102.

Q 성함과 전화번호를 알려 주시겠습니까?
A 네. James Lee이고요, 전화번호는 523-1102입니다.

Q May I ask you a favor to fill out the survey?
A [거절] I'm sorry, but I'm in a hurry.

Q 설문 조사를 작성하는 것을 부탁해도 될까요?
A 죄송한데, 지금 좀 바빠서요.

Q May I have a ribeye steak with a baked potato, please?
A [수락] We'll have your order ready right away.

Q 꽃등심 스테이크와 구운 감자를 주시겠어요?
A 주문하신 음식을 바로 준비해 드리겠습니다.

3 Will[Would] 의문문

Q Will the company banquet have a buffet?
A [제3의 응답] Let me get back to you on that.

Q 회사 연회에서 뷔페를 열까요?
A 알아보고 알려줄게요.

Q Would you quit your job to start a family?
A [부정] Probably not. My career's too important.

Q 아기를 키우기 위해서 직장을 그만둘 거니?
A 아마도 아닐 것 같아. 내 직업은 너무 중요해.

Q Would you pick up some bread on your way home?
A [수락] Okay, unless the bakery's closed.

Q 집에 오는 길에 빵 좀 사올래요?
A 네, 빵집이 닫지 않았다면요.

Q Would you mind lowering your voice a bit? A [수락] I'm sorry. I'll keep it down.	Q 목소리 좀 줄여 주시겠어요? A 죄송합니다. 작게 말할게요.
Q Would you like another cup of coffee? A [거절] I think I've had enough. Thanks.	Q 커피 한 잔 더 하시겠습니까? A 전 충분히 마셨습니다. 감사합니다.
Q Would you be kind enough to move your belongings? A [수락] Oh, I apologize for obstructing the path.	Q 당신의 소지품을 옮겨 주실 수 있나요? A 아, 길을 막아서 죄송합니다.
Q Will there be enough food for the guests? A [긍정] By the looks of it, I think we have enough.	Q 손님을 위한 음식이 충분할까요? A 보기에는 충분할 것 같아요.

4 Shall[Should] 의문문

Q Shall we order some Chinese food tonight? A [부정] But that's what we had last night.	Q 오늘 밤에 중국 음식 시켜 먹을까? A 하지만 우리 어젯밤에 그걸 먹었잖아.
Q Should I go see a doctor about this rash? A [긍정] That might be a good idea.	Q 이 발진에 관해서 병원에 가 봐야 할까? A 좋은 생각인 것 같아.
Q Should we pack some food for the trip? A [부정] No. I heard there are many restaurants where we're going.	Q 여행을 위해서 먹을 것 좀 싸야 할까? A 아니. 우리가 가는 곳에 음식점이 많다고 들었어.
Q Shall we take a look at the new apartment again? A [부정] I think I've seen everything I need to see.	Q 우리 그 새 아파트를 다시 살펴볼까? A 내가 봐야 할 부분은 다 본 것 같아.

Check-Up 질문/진술에 맞는 가장 적절한 응답을 고르세요.   MP3 P1_2_19

Part 1

01 (a) (b) (c) (d)   02 (a) (b) (c) (d)   03 (a) (b) (c) (d)

04 (a) (b) (c) (d)   05 (a) (b) (c) (d)

Part 2

06 (a) (b) (c) (d)   07 (a) (b) (c) (d)   08 (a) (b) (c) (d)

09 (a) (b) (c) (d)   10 (a) (b) (c) (d)

정답 p.36

3 부가/간접 의문문

부가 의문문은 상대방의 동의나 확인을 구하기 위해 평서문 끝에 의문문을 붙이는 질문이다. 간접 의문문은 의문사가 중간에 들어가 있으므로 의문사를 잘 듣고 답을 골라야 한다. Part 1, 2에서 총 1문제 정도가 출제된다.

1 부가 의문문
- 부가 의문문은 일반 의문문에 해당하므로 긍정 혹은 부정으로 답변을 해야 한다.
- 부가되는 부분(끝에 붙는 의문문)과 무관하게 긍정의 대답은 긍정으로, 부정의 대답은 부정으로 해야 한다.
- 답변에서 Yes, No가 생략되는 경우도 있으므로 적절한 응답인지 주의 깊게 들어야 한다.

Q The movie was boring, **wasn't it**? 그 영화는 지루했어, 그렇지 않니?
A **Yeah**, it was pretty uninteresting. 응, 그다지 재미가 없었어.
　　긍정 답변

2 간접 의문문
- 간접 의문문은 일반 의문문 안에 의문사 의문문이 들어있는 의문문이다.

e.g. **Do you know** **where we are going**? 우리가 어디로 가고 있는지 아시나요?
　　　Do 의문문　　　의문사 의문문

- 일반 의문문에 해당하므로 긍정이나 부정으로 답변이 가능하다.
- 의문사를 잘 들어 해당 의문사에 일치하는 답변을 하는지 파악해야 한다.

Q Do you know who is in charge of the project? 프로젝트를 책임지고 있는 사람이 누군지 아시나요?
A **Yes**, it's **Mr. Park** from headquarters. 네, 본사의 Park 씨입니다.
　　긍정 답변　　의문사 일치

Case Study

🔊 MP3 P1_2_20

Part 1

W You know that Kevin has been hospitalized, don't you?

(a) Really? He should go see a doctor.
(b) We shouldn't be too hasty in judging him.
(c) I had no clue how serious his condition was.
(d) Thank goodness he's recovering quickly.

여 Kevin이 병원에 입원한 거 알고 있지, 그렇지 않니?

(a) 정말? 그는 의사한테 가봐야 할 것 같아.
(b) 우리는 그를 너무 성급하게 판단해서는 안 돼.
(c) 난 그의 상태가 얼마나 심각한지 전혀 몰랐어.
(d) 그가 빠르게 회복하고 있다니 다행이다.

해설 Kevin이 병원에 입원한 것을 알고 있는지 물어보는 상황에서 남자는 몰랐다고 답변하는 것이 적절하므로 **(c)가 정답**이다.

⚠️ 오답 피하기

(a)는 should go see a doctor라 하여 마치 병원에 아직 가지 않은 것처럼 말하여 동사 오답이다.
(b)는 in judging him이라 하여 Kevin이 처한 상황을 아는지 모르는지에 대한 내용이 아닌 Kevin에 대해서 개인적인 판단을 하는 것에 대한 내용이기 때문에 질문 오답이다.
(d)는 recovering이라 하여 병원에 입원한 것을 아는지 묻는 질문에 적절한 답이 아니므로 상황 오답이다.

hospitalize 입원시키다   hasty 성급한   judge 판단하다   have no clue 전혀 모르다   recover 회복하다

Part 2

W Hey Ben, nice to see you here.
M You too. I didn't expect to see you at this exhibit.
W Likewise. By the way, do you know who the artist is?

(a) Yes, his name is Ray Parker.
(b) In fact, I just took up painting a year ago.
(c) Okay. Let me introduce you to the artist.
(d) Actually, this is my first exhibit.

여 어머나 Ben, 널 여기서 보다니 기쁘다.
남 나도. 이 전시회에서 널 볼 거라고 예상 못했어.
여 마찬가지야. 그나저나, 너 화가가 누군지 알아?

(a) 응, 그의 이름은 Ray Parker야.
(b) 사실, 나는 일년 전에 그림 그리는 것에 취미를 붙였어.
(c) 그래. 너를 화가에게 소개시켜줄게.
(d) 사실, 이것은 나의 첫 번째 전시회야.

해설 전시회에서 만난 남자에게 여자가 화가가 누군지 아냐고 물어보는 상황에서 남자는 안다고 하며 화가의 이름을 말해주는 답변을 하는 것이 가장 적절하므로 **(a)가 정답**이다.

⚠️ 오답 피하기

(b)는 took up painting이라 하여 자신의 취미에 대해 말하고 있으므로 소재 오답이다.
(c)는 introduce you라 하여 화가를 알고 있는지를 물어보는 상황에서 부적절한 동사를 사용했기 때문에 동사 오답이다.
(d)는 first exhibit이라 하여 전시회를 연 사람이 할 수 있을 법한 말이므로 대상 오답이다.

expect 기대하다   exhibit 전시회   likewise 마찬가지야   take up (취미로) 시작하다, 배우다

빈출 질문 및 답변

1 부가 의문문

Q You can speak Japanese, can't you?
A [긍정] Yeah, I took two years of it in high school.

Q 당신은 일본어를 할 수 있죠, 그렇지 않나요?
A 네, 고등학교에서 2년 동안 배웠어요.

Q There were a lot of people at the mall, weren't there?
A [부정] Not as many as last weekend.

Q 쇼핑몰에 많은 사람이 있었지, 그렇지 않았니?
A 지난 주말만큼 많지는 않았어.

Q Derik has a good sense of humor, doesn't he?
A [긍정] He knows how to make people laugh.

Q Derik은 유머 감각이 좋지, 그렇지 않아?
A 그는 사람들을 웃게 하는 방법을 알고 있어.

Q You finished your homework, didn't you?
A [긍정] I'm almost done; I just have a few more questions.

Q 너 숙제 끝냈지, 그렇지 않니?
A 거의 다 끝났어. 문제 몇 개만 남았어.

Q It's cold outside, isn't it?
A [긍정] Yeah, you had better bundle up.

Q 밖에 춥지, 그렇지 않니?
A 응, 넌 옷을 껴입는 게 좋을 거야.

Q John called you to tell you that he's running late, didn't he?
A [부정] I haven't received any calls from him so far.

Q John이 늦는다고 네게 전화했지, 그렇지 않아?
A 아직까지 그에게 어떠한 전화도 받지 못했어.

Q The menu here is quite limited, isn't it?
A [부정] But that's what makes this place special.

Q 여기 메뉴가 아주 많지는 않네, 그렇지 않아?
A 하지만 그게 이곳을 특별하게 만드는 거야.

Q You're going to take Goldsborough Road, right?
A [긍정] That's exactly what I had in mind.

Q Goldsborough 도로로 갈 거지, 그렇지?
A 그게 바로 내가 생각하고 있던 거야.

Q You're checking in two pieces of luggage, correct?
A [부정] No, that one's a carry-on.

Q 두 개의 수하물을 부치시는 거죠, 맞죠?
A 아니요, 저건 기내용 가방입니다.

Q You have two younger brothers, don't you?
A [긍정] I also have a younger sister between them.

Q 너 남동생이 두 명 있지, 그렇지 않니?
A 그들 사이에 여동생도 한 명 있어.

Q The tennis match was unfair, wasn't it?
A [부정] I thought it was an evenly contested game.

Q 테니스 경기가 불공평했어, 그렇지 않아?
A 난 대등하게 겨룬 경기라고 생각했어.

Q You didn't order any dessert, did you?
A [긍정] I'm trying hard to stay away from sweets.

Q 너는 디저트를 주문하지 않았지, 그렇지?
A 난 단것을 먹지 않으려고 노력 중이야.

Q The new laptop model hasn't been released, has it?
A [부정] There was a problem with the battery life, so it's going to take more time.

Q 새로운 노트북 모델이 출시되지 않았죠, 그렇죠?
A 배터리 수명에 문제가 있어서 시간이 더 걸릴 것 같습니다.

Q We haven't seen each other for more than a year, have we?
A [긍정] I know. It's so nice to see you again.

Q 우리는 1년 넘게 보지 못했지, 그렇지?
A 알아. 다시 보게 되어서 너무 좋다.

Q The financial market is doing great, isn't it?
A [긍정] Yeah, I made quite a bit of money myself.

Q 금융 시장이 좋은 상태이죠, 그렇지 않나요?
A 네, 전 꽤 많은 돈을 벌었습니다.

Q I need to attach more stamps, don't I?
A [부정] Not unless you're sending the package overseas.

Q 우표를 더 붙여야 하죠, 그렇지 않나요?
A 해외로 소포를 보내는 게 아니라면 안 붙이셔도 됩니다.

2 간접 의문문

Q Do you know who's going to speak at the conference?
A [사람] Alex Pearson, a prominent investor.

Q 누가 회의에서 발표할지 알고 있나요?
A 저명한 투자자인 Alex Pearson이요.

Q Can you show me how to get to the Geo Building?
A [방법] Go straight two blocks and make a left at the light.

Q Geo 빌딩에 어떻게 가는지 가르쳐 줄 수 있나요?
A 두 블록 직진한 다음 신호등에서 좌회전하세요.

Q Do you know why Jesse got off early today?
A [이유] I heard he wasn't feeling well.

Q Jesse가 오늘 왜 일찍 퇴근했는지 아세요?
A 몸이 안 좋다고 들었어요.

Q Do you know how to operate this copier?
A [방법] Press the green button.

Q 이 복사기를 어떻게 작동하는지 아세요?
A 녹색 버튼을 누르세요.

Q Can you tell me when the sales meeting will begin?
A [시간] It will commence at 2 in the afternoon sharp.

Q 영업 회의가 언제 시작하는지 말해줄 수 있나요?
A 오후 2시 정각에 시작할 겁니다.

Q Do you know why the store is closed today?
A [이유] It's the anniversary of its founding.

Q 그 가게가 오늘 왜 문을 닫았는지 아니?
A 오늘은 그곳의 개업 기념일이야.

Q Can you tell me how to apply for a scholarship?
A [방법] Fill out this application form and send it in by this Friday.

Q 장학금을 어떻게 신청하는지 알려줄 수 있나요?
A 이 지원서를 작성해서 이번 주 금요일까지 보내세요.

Q Can you show me where you keep non-fiction books?
A [위치] They're on the second floor in section E.

Q 비소설 책이 어디에 있는지 가르쳐 줄 수 있나요?
A 2층의 E 구역에 있습니다.

Q Do you know who the new marketing director is?
A [부정] No, but I'm anxious to meet him in person.

Q 새로운 마케팅 이사가 누구인지 아시나요?
A 아니요, 하지만 그를 직접 만나기를 바라고 있어요.

Q Can you tell me what I should wear to the banquet?
A [정보] It's a formal gathering, so definitely a suit.

Q 연회에 뭘 입고 가야 하는지 알려 줄 수 있나요?
A 공식적인 자리이기 때문에 정장을 필히 입어야 해요.

Q Do you know when the last train leaves?
A [시간] It departs at quarter after nine in the evening.

Q 마지막 기차가 언제 떠나는지 아시나요?
A 저녁 9시 15분에 떠납니다.

Check-Up 질문/진술에 맞는 가장 적절한 응답을 고르세요. MP3 P1_2_22

Part 1

01 (a) (b) (c) (d)   02 (a) (b) (c) (d)   03 (a) (b) (c) (d)
04 (a) (b) (c) (d)   05 (a) (b) (c) (d)

Part 2

06 (a) (b) (c) (d)   07 (a) (b) (c) (d)   08 (a) (b) (c) (d)
09 (a) (b) (c) (d)   10 (a) (b) (c) (d)

정답 p.39

Unit Test

MP3 P1_2_23

Part 1
Choose the most appropriate response to the statement.

01 (a) (b) (c) (d)

02 (a) (b) (c) (d)

03 (a) (b) (c) (d)

04 (a) (b) (c) (d)

05 (a) (b) (c) (d)

06 (a) (b) (c) (d)

07 (a) (b) (c) (d)

08 (a) (b) (c) (d)

09 (a) (b) (c) (d)

10 (a) (b) (c) (d)

Part 2
Choose the most appropriate response to complete each conversation.

11 (a) (b) (c) (d)

12 (a) (b) (c) (d)

13 (a) (b) (c) (d)

14 (a) (b) (c) (d)

15 (a) (b) (c) (d)

16 (a) (b) (c) (d)

17 (a) (b) (c) (d)

18 (a) (b) (c) (d)

19 (a) (b) (c) (d)

20 (a) (b) (c) (d)

정답 p.41

평서문

평서문은 Part 1, 2에서 가장 많이 출제된다. 평서문은 의문문과 달리 다양한 내용을 전달할 수 있기 때문에 문맥을 통해서 답을 파악해야 한다. 즉, 어떤 상황에서 무엇을 전달하고자 하는지 파악하여 그 전달하고자 하는 내용과 상황에 맞는 답을 찾아야 한다.

1 의견

의견을 나타내는 평서문은 특정 상황에서 자신의 의견을 전달하는 경우와 상대방의 의견을 듣고자 의견을 요구하는 경우로 나눌 수 있다. 따라서 의견 관련 평서문에서 어떠한 답변이 가능한지 미리 숙지해 두면 답을 쉽게 고를 수 있다. 의견을 표현하는 평서문 문제는 Part 1, 2에서 총 2~3문제 정도 출제된다.

1 의견 전달

- 의견을 전달할 경우 그 의견에 대해 동의 또는 반대하거나 새로운 의견을 제시하는 답변을 할 수 있다.

    Q I don't like the way John talks to me. 나는 John이 나에게 말하는 방식이 마음에 안 들어.
    A <u>He doesn't mean</u> to be <u>disrespectful</u>, though. 하지만 그는 무례하게 하려는 의도가 아니야.
    　　　반대하는 답변

- 또는, 의견이 아닌 특정 사실을 답변으로 제시할 수 있다.

    Q I love what you did with your room. 네가 네 방에 한 것이 마음에 들어.
    A I just <u>changed the wall paper</u>. 나는 그냥 벽지만 바꿨을 뿐이야.
    　　　사실로 답변

2 의견 요구

- 의견을 요구할 경우 상대방은 자신의 의견을 답변으로 제시할 수 있다.
- 특정 사실을 말하더라도 상대방은 그 사실에 대한 의견을 답변으로 줄 수 있다.

    Q I paid 2,000 dollars for this new laptop computer. 나는 이 새 노트북 컴퓨터를 2,000달러를 주고 샀어.
    A <u>That's too much</u> for what you're getting. 네가 사는 것에 대해 너무 많이 지불했어.
    　　　의견으로 답변

- 의견을 요구하는 상황에서 상대방은 '잘 모르겠다'류의 답변을 할 수도 있다.

    Q Tell me what you think about Sam. Sam에 대해서 어떻게 생각하는지 말해줘.
    A Sorry, I <u>don't think I know him</u> enough. 미안한데, 나는 그를 충분히 안다고 생각하지 않아.
    　　　'잘 모르겠다'류의 답변

Case Study

Part 1

W Martin's story seemed quite embellished.

(a) Yes, his facts were all very precise.
(b) I'm embarrassed, to say the least.
(c) Yeah, he's notorious for making things up.
(d) But he needs to get his facts straight.

여 Martin의 이야기는 꽤 꾸며낸 것 같았어.

(a) 응, 그가 주장하는 사실은 모두 매우 정확했어.
(b) 난 적어도 부끄러워하고 있어.
(c) 응, 그는 거짓을 말하는 것으로 악명이 자자해.
(d) 하지만 그는 사실을 정확히 이해해야 해.

해설 Martin이 이야기를 꾸며낸 것 같다고 말하는 상황에서 남자는 그는 거짓을 말하는 것으로 악명이 자자하다고 동의하는 답변을 하는 것이 가장 적절하므로 **(c)가 정답**이다.

⚠ **오답 피하기**

(a)는 앞에서 yes라고 적절하게 응답했지만 뒤에서 very precise라 하여 내용이 서로 일치하지 않는 앞뒤 문맥 불일치 오답이다.
(b)는 I'm이라 하여 Martin에 대한 내용이 아닌 남자에 대한 말을 하고 있기 때문에 대상 오답이다.
(d)는 앞에서 but라 하고 뒤에서 get his facts straight라 하여 반대되는 내용이 아닌 같은 내용을 말한 앞뒤 문맥 불일치 오답이다.

quite 꽤   embellish 꾸미다   precise 정확한   embarrassed 부끄러운   to say the least 적어도, 아무리 줄잡아 말해도   notorious 유명한, 악명 높은   make things up 거짓을 말하다   get straight (정확히) 이해하다, 분명히 하다

Part 2

W Is hiking in this area at night safe?
M It depends on the trails you choose.
W I was thinking of going to the state park nearby.

(a) If you take a friend along, you'll be fine.
(b) You should avoid hiking on any trails at night.
(c) I appreciate the invitation, but I don't like hiking.
(d) I know the state park is closer and safer than there.

여 이 지역에서 밤에 하이킹하는 것이 안전한가요?
남 당신이 선택하는 길에 따라 달라요.
여 저는 근처에 있는 주립 공원에 가는 것을 생각하고 있었어요.

(a) 친구를 데리고 가면 괜찮을 거예요.
(b) 그 어떤 길이라도 밤에 하이킹하는 것은 피해야 해요.
(c) 초대해줘서 고맙지만 저는 하이킹을 좋아하지 않아요.
(d) 저는 주립 공원이 그곳보다는 더 가깝고 안전하다는 것을 알아요.

해설 여자가 밤에 하이킹하는 것이 위험한지에 대해 묻고 주립 공원에 가는 길을 택할 것이라고 말하는 상황에서 남자는 친구와 함께 가면 괜찮을 거라고 답변하는 것이 가장 적절하므로 **(a)가 정답**이다.

⚠ **오답 피하기**

(b)는 앞에서 it depends와 일치하지 않는 내용을 말하고 있기 때문에 일관성 오답이다.
(c)는 appreciate the invitation이라 하여 마치 앞에서 초대를 한 것처럼 말하기 때문에 소재 오답이다.
(d)는 safer than there라 하여 state park가 아닌 다른 장소를 가려고 한 것처럼 말하고 있기 때문에 일관성 오답이다.

depend on ~에 따라 다르다   trail 길   nearby 가까운   take A along A를 데리고 가다

빈출 질문 및 답변

1 의견 전달

Q It looks like it's going to rain tonight.
A [의견] Let's bring our umbrellas then.

Q 오늘 밤에 비가 올 것 같아.
A 그러면 우산을 가지고 가자.

Q You look much younger than your actual age.
A [동의] I get that a lot from people.

Q 당신은 실제 나이보다 훨씬 젊어 보입니다.
A 저는 그런 말을 사람들로부터 많이 듣습니다.

Q The movie we saw isn't just for children.
A [동의] I know. Even I enjoyed the story.

Q 우리가 본 영화는 어린이들을 위한 것만은 아닌 것 같아.
A 맞아. 심지어 나도 그 이야기를 즐겼어.

Q I think I need to go on a diet.
A [반대] That's ridiculous! You look quite fit to me.

Q 나는 내가 다이어트를 할 필요가 있다고 생각해.
A 말도 안 돼! 내가 보기에 너는 꽤 건강해 보여.

Q I was fond of the poem you wrote. It was amazing!
A [의견] I'm glad to hear someone liked it.

Q 저는 당신이 쓴 시가 좋았어요. 그것은 아주 멋졌습니다!
A 누군가가 그것을 좋아했다니 기쁩니다.

Q The speech was incoherent.
A [동의] Yeah, it could have been delivered better.

Q 그 연설은 일관되지 않았어요.
A 네, 더 잘 전달되었을 수도 있었을 텐데요.

Q That jacket fits you very well!
A [의견] That's why I got it.

Q 그 재킷은 당신과 아주 잘 어울립니다!
A 그래서 구매한 거예요.

Q You did a great job furnishing your room.
A [사실] My parents did most of it.

Q 너 네 방을 정말 잘 꾸몄다.
A 부모님이 대부분 하셨어.

Q Janet's new hairdo looks fabulous.
A [동의] It does go well with her.

Q Janet의 새로운 머리 스타일은 정말 멋진 것 같아.
A 그녀와 정말 잘 어울려.

Q I can't believe how ridiculous the show was.
A [동의] I know. It left a lot to be desired.

Q 그 쇼가 얼마나 엉터리였는지 믿을 수가 없어.
A 맞아. 아쉬운 점이 많았어.

Q John looks like he is in pain.
A [의견] He should go see a professional or something.

Q John이 아픈 것 같아.
A 그는 전문가한테라도 가봐야 할 것 같아.

Q Your presentation was better than I hoped for!
A [의견] I'm glad you liked it.

Q 당신의 발표는 제가 기대한 것보다 더 좋았습니다!
A 좋았다니 기쁩니다.

Q This math problem is too difficult for me.
A [동의] I can't solve it myself either.

Q 이 수학 문제는 나한테 너무 어려워.
A 나도 그것을 못 풀겠어.

Q You paid too much for your car!
A [사실] It was worth every penny.

Q 너는 네 자동차에 너무 많은 돈을 썼어!
A 그만한 가치가 있었어.

2 의견 요구

Q I wonder where Sarah is right now.
A [의견] She may be at the gym working out.

Q I got a free flight upgrade to first class.
A [의견] Those upgrades are hard to get.

Q Tell me what you think about this shirt.
A [의견] I think it becomes you.

Q I just bought this laptop computer.
A [의견] I would've waited for the next model.

Q I would imagine that you were unhappy with the test results.
A [의견] Actually, I deserve it.

Q The subway is always crowded with people.
A [의견] I wish there were other means of getting to work.

Q Fill me in on your thoughts about the movie.
A [의견] I thought it was way better than the preview.

Q Someone stole my wallet in the supermarket.
A [의견] You may have just left it at the checkout counter.

Q This cup of coffee costs more than the meal.
A [의견] I'll say. I may have to make my own from now on.

Q You look quite pleased with the sales figures.
A [의견] There is room for improvement, but so far so good.

Q Sarah가 지금 어디에 있는지 궁금해.
A 그녀는 지금 헬스장에서 운동하고 있을 수도 있어.

Q 나는 1등석으로 무료 항공편 업그레이드를 받았어.
A 그런 업그레이드는 받기가 힘든데.

Q 이 셔츠에 대해서 어떻게 생각하는지 말해줘.
A 너랑 잘 어울린다고 생각해.

Q 나 방금 이 노트북 컴퓨터를 샀어.
A 나였더라면 다음 모델을 기다렸을 것 같아.

Q 저는 당신이 시험 결과에 대해서 만족하지 않았을 거라고 생각해요.
A 사실, 그것은 당연한 결과입니다.

Q 지하철은 항상 사람들로 가득 차 있어.
A 회사에 출근하는 다른 수단이 있었으면 좋겠어.

Q 그 영화에 대해서 네 생각을 알려줘.
A 나는 예고편보다 훨씬 더 좋았다고 생각했어.

Q 누군가 슈퍼마켓에서 내 지갑을 훔쳐갔어.
A 그냥 계산대에 놔두고 온 것일 수도 있어.

Q 이 커피 한 잔이 식사보다 더 많은 비용이 듭니다.
A 맞아요. 이제부터 제가 스스로 타 먹어야 할 것 같아요.

Q 당신은 매출액에 꽤 만족하는 것처럼 보입니다.
A 개선의 여지가 있지만 지금까지는 좋습니다.

Check-Up 질문/진술에 맞는 가장 적절한 응답을 고르세요.

MP3 P1_2_26

Part 1

01 (a) (b) (c) (d)   02 (a) (b) (c) (d)   03 (a) (b) (c) (d)
04 (a) (b) (c) (d)   05 (a) (b) (c) (d)

Part 2

06 (a) (b) (c) (d)   07 (a) (b) (c) (d)   08 (a) (b) (c) (d)
09 (a) (b) (c) (d)   10 (a) (b) (c) (d)

정답 p.47

2 사실

평서문에는 특정 사실을 전달하거나 사실을 확인하는 유형이 있다. 특정 사실을 전달할 경우, 상대방은 그 사실에 대해서 자신의 의견을 전달하거나 칭찬, 감사, 이유 등을 답변으로 제시한다. 따라서 어떤 사실을 전달하고 있는지 정확히 인식하고 그에 적절한 답변을 신속하게 예상할 수 있도록 연습해야 한다. Part 1, 2에서 총 1~2문제 정도 출제된다.

1 사실 전달

· 사실을 전달할 경우 상대방은 그 사실에 대해서 자신의 의견으로 답할 수 있다. 하지만, 동의나 반대는 답변으로 나올 수 없다.

Q   The annual sales meeting will be held in Cancun this year.   연례 영업 회의가 올해는 칸쿤에서 개최될 것입니다.
A   <u>I find it odd</u> that we change the location every year.   저는 장소를 매해 변경하는 것이 이상하다고 생각합니다.
     의견으로 답변

· 사실을 전달할 경우 상대방은 그 사실에 대한 추가적인 내용을 덧붙이는 답변을 할 수 있다.

Q   The copier is out of order again.   복사기가 또 고장 났어요.
A   That machine is <u>more than 10 years old</u>.   그 기계는 10년 이상 되었어요.
                     추가적인 내용

· 사실을 전달할 경우 상대방은 그 사실에 대한 축하, 감사, 이유를 답변으로 제시할 수 있다.

Q   I won the first prize for a drawing competition.   내가 그림 그리기 대회에서 1등상을 탔어.
A   <u>Congratulations!</u> I'm so happy for you.   축하해! 너무 기쁘다.
     축하

2 사실 확인

· 사실을 확인하기 위해서 어떤 사건, 상황, 정황 등을 제시할 수 있다. 이 경우 상대방은 그 사건, 상황, 정황에 대한 사실을 답변으로 제시할 수 있다.

Q   This is strange. My chair is missing.   이상한데. 내 의자가 없어.
A   Oh, <u>I borrowed it</u>. Let me get it for you.   아, 내가 빌려갔었어. 내가 가서 가져올게.
            사실로 답변

Case Study

🔊 MP3 P1_2_27

Part 1

W Hello, I'm calling for Peter Jenkins.

(a) You're right. He's not easy to reach.
(b) It's a pleasure to meet you, Mr. Jenkins.
(c) A phone number will suffice.
(d) He's with a client at the moment.

여 여보세요. Peter Jenkins와 통화하고 싶습니다.

(a) 당신이 맞습니다. 그는 통화하기 쉽지 않습니다.
(b) Jenkins 씨, 만나서 반갑습니다.
(c) 전화번호면 충분할 것입니다.
(d) 그는 현재 고객과 같이 있습니다.

해설 여자가 Peter Jenkins와 통화하고 싶어 하는 상황에서 남자는 그가 고객과 있다고 답변하는 것이 가장 적절하므로 **(d)가 정답**이다.

⚠️ **오답 피하기**

(a)는 앞에서 동의를 하고 뒤에서는 not easy to reach라 하지만 여자는 Peter Jenkins와 통화를 하기 위해 전화를 했다는 사실만 말하고 있기 때문에 상황 오답이다.
(b)는 누군가를 만났을 때 할 수 있는 인사말이므로 상황 오답이다.
(c)는 phone number will suffice라고 하여 마치 남자가 Peter Jenkins를 찾는 것처럼 말하기 때문에 대상 오답이다.

---

suffice 충분하다   client 고객   at the moment 현재

Part 2

M Good job finishing the race!
W Thanks, but I'm not really happy with my result.
M Still, it's your personal best!

(a) Yes, I'm very proud of myself!
(b) Come on. It's not the end of the world.
(c) No, there were others who ran faster than me.
(d) Even so, it falls a few seconds short of my goal.

남 완주를 하다니 정말 잘했어!
여 고마워. 하지만 나는 결과가 그렇게 기쁘진 않아.
남 그래도, 그건 너의 개인 최고 기록이잖아!

(a) 맞아. 나는 내가 정말 자랑스러워!
(b) 힘내. 세상이 끝난 게 아니야.
(c) 아니. 나보다 더 빨리 달리는 사람들이 있었어.
(d) 그럴지라도, 내 목표에 몇 초 모자라.

해설 경주 결과에 만족해 하지 **않는** 여자에게 남자는 최고 기록이 아니냐고 말하는 상황에서 여자는 목표에 못 미친다고 답변하는 것이 가장 적절하므로 **(d)가 정답**이다.

⚠️ **오답 피하기**

(a)는 very proud of myself라고 하여 앞에서 만족하지 않다고 말한 내용과 일치하지 않는 일관성 오답이다.
(b)는 남자가 여자를 위로하며 할 수 있을 법한 말이므로 대상 오답이다.
(c)는 앞에서 no라고 적절하게 응답했지만 뒤에서 others who ran faster라 하여 개인 최고 기록과 관련 없는 말을 하고 있으므로 앞뒤 문맥 불일치 오답이다.

---

race 경주   personal best 개인 최고 기록   proud 자랑스러운   fall short 모자라다, 미치지 못하다

빈출 질문 및 답변

🔊 MP3 P1_2_28

1 사실 전달

Q The report cards were sent out this morning.
A [의견] Then I guess I'll get mine within a couple of days.

Q Hi, Sarah. I didn't see you in class today.
A [이유] I had a doctor's appointment.

Q John's undecided about moving to Japan.
A [의견] He may just need more time to make up his mind.

Q The speaker cannot make it, so we'll need to change the date.
A [정보 추가] Just make sure that everyone agrees with the new date.

Q Hi, I'm James, the new engineer here.
A [축하] Welcome to the team.

Q I was offered a free flight upgrade to first class.
A [축하] It must have felt great.

Q It is freezing in here.
A [의견] Looks like we need to turn up the heater.

Q You were absent four days in row this week!
A [사과] I'm sorry. It won't happen again.

Q I have a huge headache.
A [의견] Take some pain relievers.

Q It's been more than 30 minutes since the last bus!
A [이유] It must be the heavy traffic.

Q My physics teacher gives assignments every single day.
A [의견] Try asking him to lighten the workload.

Q I got you something small for your birthday.
A [감사] That's really sweet of you.

Q Believe it or not, we went to the same college.
A [의견] No wonder you looked familiar.

Q The concentration of fine dust in the air is at dangerous levels.
A [의견] That's why you should wear a mask if you ever go out.

Q I haven't seen Sam around for weeks now.
A [이유] He's away visiting clients in Southeast Asia.

Q 성적표는 오늘 아침에 발송되었습니다.
A 그럼 제 것을 며칠 안에 받겠네요.

Q 안녕, Sarah. 오늘 수업에서 널 보지 못했어.
A 나 병원 예약이 있었어.

Q John은 일본으로 이사하는 것에 대해 결정하지 못했어.
A 그는 결정하는 데 단지 시간이 더 필요한 것일 수도 있어.

Q 연설자가 올 수 없다고 하니 우리는 날짜를 변경해야 합니다.
A 모두가 새로운 날짜에 동의하는지 확인해 주세요.

Q 안녕하세요, 저는 새로 온 엔지니어인 James입니다.
A 팀에 합류한 것을 환영합니다.

Q 나는 일등석으로 무료 항공편 업그레이드를 받았어.
A 기분 정말 좋았겠다.

Q 여기 너무 춥다.
A 난방기 온도를 높여야 할 것 같아.

Q 당신은 이번 주에 4일 연속으로 결근했어요!
A 죄송합니다. 다시는 그런 일이 생기지 않을 겁니다.

Q 나는 두통이 너무 심해.
A 진통제 좀 먹어.

Q 아까 지나간 버스 이후로 30분이 지났어!
A 교통 체증 때문일 거야.

Q 우리 물리학 선생님은 매일 과제를 내 주셔.
A 과제를 줄여 달라고 요청해봐.

Q 내가 너의 생일을 위해서 작은 선물을 준비했어.
A 정말 친절하구나.

Q 믿기 어렵겠지만, 우리는 같은 대학에 다녔어요.
A 어쩐지 당신 낯이 익었어요.

Q 공기 중 미세 먼지의 농도가 위험 수준이야.
A 그래서 밖으로 나갈 거면 마스크를 착용해야 해.

Q 저는 Sam을 몇 주 동안 보지 못했습니다.
A 그는 동남아시아에서 고객을 만나고 있어요.

2 사실 확인

Q I didn't know you knew how to play the flute.
A [사실 정정] Actually, I've been playing since I was a child.

Q 나는 네가 플루트를 연주하는 방법을 아는 줄 몰랐어.
A 사실, 나는 어렸을 때부터 계속 연주해왔어.

Q You must be done registering for classes.
A [사실 전달] Hardly, but I did sign up for all the requisite courses.

Q 너 수강 신청을 다 했겠구나.
A 거의 못했지만, 필수 강의는 다 신청했어.

Q I'd better pack these books before the end of the day.
A [사실 전달] We hired some workers to do it.

Q 저는 오늘이 가기 전에 이 책들을 포장해야겠어요.
A 그 일을 해 줄 근로자들을 몇 명 고용했어요.

Q I'm looking for a restaurant called Solo's.
A [사실 전달] It's past the next light on your right.

Q 저는 Solo's라는 식당을 찾고 있습니다.
A 그것은 다음 신호등을 지나서 오른쪽에 있습니다.

Q I thought the bus would take me to the airport faster.
A [사실 전달] Usually, but not in the morning hours.

Q 저는 버스를 타면 공항에 더 빨리 도착할 줄 알았어요.
A 일반적으로 그렇지만, 아침 시간에는 그렇지 않아요.

Q I was thinking of joining the debate club.
A [사실 전달] There's a small fee when you sign up.

Q 나는 토론 클럽을 가입하는 것을 생각 중이었어.
A 그곳은 가입할 때 비용을 조금 내야 해.

Q I'd like to try on these pants, please.
A [사실 전달] You can use the fitting room over there.

Q 이 바지를 입어 보고 싶습니다.
A 저기에 있는 탈의실을 이용하시면 됩니다.

Q This store does not look like it's doing well.
A [사실 전달] That's because of the nearby competitors.

Q 이 가게는 잘되고 있는 것처럼 보이지 않아.
A 인근에 있는 경쟁 업체들 때문이야.

Q I heard you're from Chicago.
A [사실 정정] I'm from Pittsburg, actually.

Q 당신이 시카고에서 왔다고 들었습니다.
A 사실 저는 피츠버그에서 왔어요.

Q I'm worried my essay might need some drastic revisions.
A [사실 전달] Only some minor changes.

Q 저는 제 에세이가 과감한 수정이 필요할 것 같아 걱정됩니다.
A 몇 가지 작은 수정만 하면 돼요.

Check-Up 질문/진술에 맞는 가장 적절한 응답을 고르세요.

MP3 P1_2_29

Part 1

01 (a) (b) (c) (d)   02 (a) (b) (c) (d)   03 (a) (b) (c) (d)

04 (a) (b) (c) (d)   05 (a) (b) (c) (d)

Part 2

06 (a) (b) (c) (d)   07 (a) (b) (c) (d)   08 (a) (b) (c) (d)

09 (a) (b) (c) (d)   10 (a) (b) (c) (d)

정답 p.50

3 가능성/가정

가능성에 대해 말하거나 어떤 상황을 가정하여 말하는 것은 진술로 나올 수도 있고 답변으로 나올 수도 있다. 보통 가능성은 기대, 희망, 꿈 등에 대한 내용이 출제되고, 가정은 부정적인 상황에서 무언가를 했으면 좋았을 것 같다는 내용이 출제된다. 따라서 각 상황에 맞는 내용과 답변을 미리 숙지하여 정확하고 빠른 답변을 예상할 수 있도록 하는 것이 중요하다. 가능성/가정에 관한 문제는 Part 1, 2에서 총 1문제 정도 출제된다.

1 가능성

· 가능성을 제시할 경우 상대방은 그 가능성에 대한 자신의 의견이나 사실을 답변으로 제시할 수 있다.

Q **I think** the milk could be bad. 내 생각에는 우유가 상했을 수도 있을 것 같아.
A I bought it this morning, so <u>it should be okay</u>. 오늘 아침에 샀으니까 괜찮을 거야.
　　　　　　　　　　　　　　　　의견

· 무언가를 희망하거나 기대한다고 말할 경우 상대방은 그것이 가능성이 있는지에 대해 답해줄 수 있다. 대부분 긍정적인 가능성을 답변으로 제시하지만, 부정적인 가능성도 나오는 경우가 있다.

Q **I wish I could** get into this graduate school program. 이 대학원 프로그램에 들어갈 수 있으면 좋겠어.
A I'm sure you'll get accepted. 넌 분명 합격할 거야. [긍정적 가능성]

Q **I hope** you know where you're going. 네가 어디로 가고 있는 건지 아는 거였으면 좋겠는데.
A I don't know if I'm headed the right direction. 내가 맞는 방향으로 가고 있는 건지 모르겠어. [부정적 가능성]

2 가정

· 진술에서 어떤 상황에 대해 가정하는 경우는 주로 안 좋은 상황에 처해있어서 다른 선택을 했더라면 좋았을 것 같다고 말을 한다. 이 경우, 상대방은 위로를 하거나 예견되었던 일이라고 답변하는 경우가 많다.

Q **If only I had known** the risks of trading stocks. 내가 주식 거래의 위험성을 알았더라면 좋았을 텐데.
A <u>Don't worry.</u> I'm sure the market will rebound. 걱정 마. 시장이 다시 살아날 거야.
　　위로

· 가정하는 문장이 답변으로 제시되는 경우도 있다. 보통 앞에서 이미 일어난 부정적인 일에 대해서 말을 하고, 그 답변으로 가정을 제시하는 것이다.

Q The traffic on this highway is awful. 이 고속도로의 교통 상황은 정말 나쁘구나.
A <u>I would've taken another road</u> if I had known. 내가 알았더라면 나는 다른 길로 갔을 거야.
　　　　가정

Case Study

Part 1

W If only I hadn't sung so much last night.

(a) I think you're a great dancer, too.
(b) Drink some lemon tea for your throat.
(c) Maybe I'll get my throat looked at.
(d) We can sing together next time.

여 어젯밤에 너무 많이 노래를 부르지 않았더라면.

(a) 나는 네가 또한 훌륭한 댄서라고 생각해.
(b) 네 목을 위해서 레몬차를 마셔.
(c) 어쩌면 나는 내 목을 진찰 받아봐야 할 것 같아.
(d) 우리는 다음에 함께 노래하면 돼.

해설 목이 아픈 여자가 어제 노래를 너무 많이 부른 것 같다고 후회하는 상황에서 남자는 목을 위해서 레몬차를 마시라고 답변하는 것이 가장 적절하므로 **(b)가 정답**이다.

⚠ 오답 피하기

(a)는 노래를 많이 부른 것을 후회하고 있는 여자에게 해줄 수 있는 말이 아니므로 상황 오답이다.
(c)는 목이 아픈 여자가 할 수 있을 법한 말이므로 대상 오답이다.
(d)는 여자가 노래한 것이 좋았다고 한 것처럼 말하고 있기 때문에 상황 오답이다.

throat 목(구멍)

Part 2

M Let's go to the film festival this weekend.
W Won't there be a lot of people there?
M Yeah, but I bet it'll be fun.

(a) I'm not a big fan of crowds.
(b) But it wasn't all that fun.
(c) Only if there are a lot of people.
(d) I'd prefer going to the film festival.

남 이번 주말에 영화 축제에 가자.
여 거기 사람이 많지 않을까?
남 응, 하지만 재미있을 거야.

(a) 나는 사람이 많은 것을 좋아하지 않아.
(b) 하지만 그건 그렇게 재미있지는 않았어.
(c) 사람이 많은 경우에만.
(d) 나는 영화 축제에 가고 싶어.

해설 남자가 영화 축제에 가자고 하며 사람이 많겠지만 재미있을 것이라고 말하는 상황에서 여자는 사람이 많은 것을 좋아하지 않는다고 답변하는 것이 가장 적절하므로 **(a)가 정답**이다.

⚠ 오답 피하기

(b)는 wasn't all that fun이라 하여 마치 이미 갔다 온 것처럼 과거 시제로 말하고 있으므로 시제 오답이다.
(c)는 앞에서 여자는 사람이 많은 것에 대해 우려를 나타냈으므로 일관성 오답이다.
(d)는 앞에서 다른 장소에 가는 것에 대해 말하고 있을 때 가능한 답변이므로 상황 오답이다.

be a big fan of ~을 좋아하다

빈출 질문 및 답변

1 가능성

Q With all that vacation time, you can probably go to the U.S.
A [부정] Unlikely. I don't have enough saved up.

Q People might not be aware of the new policy.
A [의견] I'll inform them of it via email.

Q I wonder if they serve vegetarian food.
A [긍정] It's possible with their extensive menu.

Q I might break up with Jason.
A [부정] But you guys are compatible with each other.

Q I think Chris is going to propose to me.
A [긍정] It's about time he made a move.

Q Maybe the waitress misplaced your order.
A [의견] That thought never crossed my mind.

Q Downtown might be full of tourists at this hour!
A [의견] Maybe, but I told Henry to meet me there.

Q Jonathan's presentation was too exhaustive.
A [가능성] I know. It could have been more concise.

Q You left the lights on all night again.
A [가능성] I might have forgotten to turn them off.

Q I may not be able to finish my paper by the due date.
A [가능성] Then you could end up receiving a low grade.

Q It'll only take a few minutes to prepare dinner.
A [가능성] That's if you have all the ingredients prepared.

Q I'm a little skeptical about the benefits of this product.
A [가능성] I guess you'll never know until you use it.

Q We can make it to the airport if we hurry.
A [부정] But traffic could be bumper-to-bumper at this hour.

Q Apply for the position. You might get it.
A [부정] I'd rather go for a job with a better chance.

Q I should be done with the books by tomorrow.
A [의견] I hope so, because we cannot accept any more delays.

Q 그만한 휴가 기간이면, 너는 아마 미국에 갈 수 있을 것 같아.
A 그럴 것 같지 않아. 저축한 돈이 충분하지 않아.

Q 사람들은 새로운 정책에 대해서 모를 수도 있습니다.
A 제가 그것에 대해서 이메일로 알릴게요.

Q 나는 그들이 채식주의 요리를 제공하는지 궁금해.
A 그들의 다양한 메뉴를 볼 때 있을 것 같아.

Q 나 Jason과 헤어질 수도 있어.
A 하지만 너희들은 서로 잘 맞잖아.

Q 나는 Chris가 나한테 청혼할 거라고 생각해.
A 그가 행동을 취할 때가 되었지.

Q 어쩌면 종업원이 너의 주문을 잘못 받았을 수도 있어.
A 그건 전혀 생각하지 못했는데.

Q 시내는 이 시간에 관광객으로 붐빌 수도 있어!
A 그럴지도 모르지, 하지만 나는 Henry에게 거기서 만나자고 말했어.

Q Jonathan의 발표는 너무 포괄적이었어.
A 맞아. 그것은 더 간결할 수도 있었어.

Q 너는 또 밤새 불을 켜 놓았구나.
A 내가 불을 끄는 것을 잊어버렸을 수도 있어.

Q 저는 논문을 마감일까지 완료하지 못할 수도 있습니다.
A 그럼 당신은 낮은 성적을 받을 수도 있어요.

Q 저녁 식사를 준비하는 데 몇 분이면 될 거예요.
A 당신이 모든 재료를 준비해 놓았다면요.

Q 저는 이 제품의 이점에 대해 조금 회의적입니다.
A 당신이 그것을 사용하기 전까지는 모르는 거겠죠.

Q 우리는 서두르면 공항에 도착할 수 있어.
A 하지만 이 시간에는 차가 밀릴 수도 있어.

Q 그 일자리에 지원해 봐. 합격할 수도 있어.
A 가능성이 더 있는 회사에 지원하는 것이 나을 것 같아.

Q 저는 내일까지 책을 다 읽을 수 있을 거예요.
A 그러기를 바랍니다. 더 이상의 지연은 허용할 수 없으니까요.

2 가정

Q I shouldn't have said I wanted to work in Seoul.
A [위로] It's always best to be honest.

Q If only I had studied another foreign language.
A [조언] I told you. You should've listened to me.

Q The party would've been better with music.
A [의견] I'm just glad it's over.

Q We would've missed our flight if we had left a minute later.
A [동의] I know. We were lucky.

Q I could've gotten an autograph from my favorite singer.
A [위로] It's a shame, but at least you saw him.

Q I wish I had made it to the interview on time.
A [위로] Don't worry. You'll have another chance.

Q It would've been fun if we had sung together.
A [제안] Yeah, we should try that next year.

Q You'd think that the company would compensate you for overtime.
A [의견] I'd assume it'd be against the law not to.

Q I wouldn't be this upset if you had apologized sooner.
A [제안] I'm really sorry. Let me make it up to you.

Q Peter Collins would've lost the election without his core supporters.
A [사실] I know. He sure does have loyal followers.

Q 나는 서울에서 일하고 싶다고 말하지 말았어야 했어.
A 항상 정직한 것이 최고야.

Q 내가 다른 외국어 공부를 했더라면.
A 내가 말했잖아. 너는 내 말을 들었어야 했어.

Q 그 파티는 음악이 있었더라면 더 좋았을 거야.
A 나는 그냥 파티가 끝나서 기뻐.

Q 만약 우리가 1분이라도 늦게 출발했더라면 비행기를 놓쳤을 거야.
A 알고 있어. 우리는 운이 좋았어.

Q 내가 제일 좋아하는 가수의 사인을 받을 수 있었는데.
A 안타깝지만 적어도 너는 그를 보았잖아.

Q 제시간에 인터뷰에 갔었으면 좋았을 텐데.
A 걱정하지 마. 너는 또 다른 기회가 있을 거야.

Q 우리가 함께 노래를 했더라면 재미있었을 것 같은데.
A 그래, 내년에 그렇게 해 보자.

Q 당신은 회사가 초과 근무에 대한 보상을 할 것이라고 생각할 겁니다.
A 안 하는 것은 법을 어기는 거라고 생각합니다.

Q 나는 네가 더 빨리 사과했더라면 이 정도로 화가 안 났을 거야.
A 정말 미안해. 내가 다 보상할게.

Q Peter Collins는 그의 핵심 지지자들이 없었더라면 선거에서 졌을 겁니다.
A 알고 있습니다. 그는 확실히 충성하는 추종자들이 있습니다.

Check-Up 질문/진술에 맞는 가장 적절한 응답을 고르세요.

Part 1

01 (a) (b) (c) (d)   02 (a) (b) (c) (d)   03 (a) (b) (c) (d)
04 (a) (b) (c) (d)   05 (a) (b) (c) (d)

Part 2

06 (a) (b) (c) (d)   07 (a) (b) (c) (d)   08 (a) (b) (c) (d)
09 (a) (b) (c) (d)   10 (a) (b) (c) (d)

정답 p.53

4 제안 / 조언 / 요청

제안이나 조언, 요청을 하는 것에 대해 답변으로 수락이나 거절 혹은 동의나 반대가 나오거나, 앞에서 어떤 사실을 말하고 뒤에서 답변으로 제안, 조언, 요청을 제시하는 형태로 출제된다. 이 유형의 평서문은 Part 1, 2에서 총 2~3문제 정도 출제된다.

1 제안

- 앞에서 제안을 하는 경우 상대방이 답변으로 수락이나 거절을 할 수 있다. 평서문으로 제안을 할 때 쓰는 표현으로는 Let's ~, I suggest that ~, You should ~ 등이 있다.

    Q **Let's** have Chinese food tonight. 오늘 밤에 중국 음식 먹자.
    A **Okay. Sounds good** to me. 그래. 난 좋아.
         　　수락

- 앞에서 부정적인 상황이나 문제를 언급했을 때 상대방이 답변으로 제안을 하는 경우도 있다.

    Q I think my car's been towed away. 내 차가 견인된 것 같아.
    A **You should check** with the police. 경찰에게 확인해 봐.
         　　제안

2 조언

- 앞에서 조언을 할 경우에는 상대방이 답변으로 그 조언을 수락하거나 거절을 할 수 있다. 평서문으로 조언을 할 때 쓰는 표현으로는 My advice is that ~, I recommend that ~, You may/might want to ~ 등이 있다.

    Q **You might want to** have that wound checked out. 너 그 상처 검사 받아보는 것이 좋겠어.
    A I **already made an appointment** for tomorrow. 이미 내일 예약을 해놨어.
         　　수락

- 제안과 마찬가지로 부정적인 상황이나 문제를 말했을 때 상대방이 답변으로 조언을 해 줄 수 있다.

3 요청

- 앞에서 무언가를 요청하는 경우 상대방이 답변으로 수락이나 거절을 할 수 있다. 평서문으로 요청을 할 때 쓰는 표현으로는 I'd appreciate it if you could ~, I was wondering if you could ~, I would like you to ~ 등이 있다.

    Q **I'd appreciate it if you could** help me fill out these forms. 이 양식을 작성하는 것을 도와주시면 고맙겠습니다.
    A **Sure. Ask me anything.** 물론이죠. 무엇이든지 물어보세요.
         　　수락

- 답변으로 요청이 나오는 경우는 앞에서 어떤 사실을 전달했을 때 그 사실과 관련하여 상대방이 요청을 하는 것이다.

    Q You'll be required to wear a badge when entering the building. 건물에 들어오실 때 배지를 착용하셔야 합니다.
    A **Tell me** when that's going to be put into effect. 그게 언제부터 시행되는지 말해주세요.
         　　요청

Case Study

🔊 MP3 P1_2_33

Part 1

M Sarah, we should save more money just in case.

(a) Fine. I'll close my bank account tomorrow.
(b) I know, but it's not as easy as it sounds.
(c) It wasn't much to start with.
(d) Just pay me back when you can.

남 Sarah, 우리는 만약의 경우를 대비해 돈을 더 저축해야 해.

(a) 좋아. 내일 내 은행 계좌를 해지할게.
(b) 알아. 하지만 그게 들리는 것만큼 쉽지는 않아.
(c) 시작하기에는 많지 않았어.
(d) 그냥 네가 가능할 때 갚아줘.

해설 남자가 돈을 저축해야 한다고 제안하는 상황에서 여자는 알지만 말처럼 쉽지 않다고 답변하는 것이 가장 적절하므로 **(b)가 정답**이다.

⚠️ 오답 피하기

(a)는 앞에서 fine이라고 하여 적절한 응답을 하지만 뒤에서 close my bank account라고 하여 내용이 서로 맞지 않기 때문에 앞뒤 문맥 불일치 오답이다.
(c)는 it wasn't much라 하여 앞으로 더 저축해야 한다는 말과 맞지 않는 시제 오답이다.
(d)는 pay me back이라 하여 저축해야 한다는 내용과 일치하지 않는 동사 오답이다.

save 저축하다   just in case 만약을 위해   bank account 은행 계좌   pay back 돈을 갚다

Part 2

W Let's take the bus to work today.
M I'd rather take the subway.
W But the bus is faster.

(a) Usually, but not at this time of the day.
(b) I'm used to taking the bus though.
(c) Okay. We'll take the subway then.
(d) But the subway doesn't go where I need to go.

여 오늘은 버스를 타고 출근하자.
남 나는 지하철을 탈래.
여 하지만 버스가 더 빠르잖아.

(a) 보통 그렇지만 이 시간대에는 그렇지 않아.
(b) 그렇지만 나는 버스를 타는 것이 익숙해.
(c) 그래. 그럼 지하철을 타자.
(d) 하지만 지하철은 내가 가야 하는 곳을 가지 않아.

해설 여자가 버스를 타고 출근하자고 제안하는 상황에서 남자는 출근 시간대에는 버스가 빠르지 않다고 거절하는 답변을 하는 것이 가장 적절하므로 **(a)가 정답**이다.

⚠️ 오답 피하기

(b)는 앞에서 지하철을 타겠다고 말한 내용과 일치하지 않기 때문에 일관성 오답이다.
(c)는 앞에서 okay라고 동의하면서 뒤에서는 지하철을 타자고 했으므로 앞뒤 문맥 불일치 오답이다.
(d)는 but the subway라 하여 앞에서 지하철을 타고 싶다고 한 내용과 일치하지 않는 일관성 오답이다.

be used to ~에 익숙하다

빈출 질문 및 답변

🔊 MP3 P1_2_34

1 제안

Q It'll take hours to finish this. We should continue tomorrow.
A I suppose it wouldn't hurt to push it back.

Q 이것을 끝내는 데 몇 시간은 걸릴 거야. 내일 이어서 하자.
A 미루는 것이 나쁜 생각은 아닌 것 같아.

Q Let's head out to dinner now.
A Let me wrap things up here first.

Q 이제 저녁 먹으러 가자.
A 여기에 있는 것 좀 먼저 마무리할게.

Q We've spent too much eating out lately.
A All right, let's prepare more at home then.

Q 우리 최근에 외식에 돈을 너무 많이 썼어.
A 맞아. 그럼 집에서 더 많이 준비하자.

Q I suggest that you use public transportation. There's no parking.
A Thanks for the advice. I'll take the subway.

Q 대중교통을 이용하는 것을 제안합니다. 주차 공간이 없습니다.
A 조언해 주셔서 감사합니다. 지하철을 탈게요.

Q We should go celebrate your birthday.
A I don't know. I'm a little worn out.

Q 우리 너의 생일을 축하하러 가자.
A 잘 모르겠어. 나는 지금 피곤해.

Q You might be better off changing the curtains.
A You're right. These are too thin for the winter.

Q 커튼을 교체하는 것이 더 나을 것 같아.
A 맞아. 이것들은 겨울에 쓰기에는 너무 얇지.

Q You should visit me when you come to Seoul.
A Thanks. I'll give you a call if I go.

Q 서울에 오면 나를 보러 와.
A 고마워. 가게 되면 전화할게.

Q It might be better to take the bus home.
A But you could get stuck in traffic.

Q 버스 타고 집에 가는 게 나을 거야.
A 하지만 교통 체증에 갇힐 수도 있잖아.

Q Let's watch the street performance going on downtown.
A I'd prefer to watch it on TV.

Q 시내에서 하는 길거리 공연을 보자.
A 나는 TV로 보는 게 더 좋아.

Q You may want to practice your presentation in advance.
A Yeah, it's better safe than sorry.

Q 발표를 미리 연습하는 게 나을 거야.
A 맞아. 후회하는 것보단 안전한 게 낫지.

Q You should bring some food for the tour.
A I'd rather buy something to eat on the way.

Q 여행을 위해 음식을 좀 가져와야 해.
A 나는 가면서 먹을 것을 사 갈래.

2 조언

Q It's raining. You'd better bring an umbrella.
A Thanks for letting me know.

Q 비가 와. 우산을 가져오는 게 좋을 것 같아.
A 알려줘서 고마워.

Q I wouldn't leave your luggage unattended.
A Right, it could go missing if I don't have my eyes on it.

Q 나라면 짐을 방치해 두지 않을 거야.
A 맞아. 내가 보고 있지 않으면 잃어버릴 수도 있어.

Q It's important that you rehearse your speech.
A I already have every single word in my head.

Q 너의 연설을 리허설하는 것은 중요해.
A 이미 모든 단어가 내 머릿속에 있어.

Q You shouldn't associate with Karen.
A You'll like her once you get to know her better.

Q Karen과 어울리지 마.
A 그녀를 더 잘 알게 되면 너는 그녀를 좋아할 거야.

Q Be careful of pedestrians when you're driving in the city. A Sure, I'll watch out for them.	Q 시내에서 운전할 때는 보행자들을 조심해. A 물론이지, 그들을 조심할게.
Q Just use the methods you learned in class. A It's not as easy as it sounds.	Q 교실에서 배운 방법들을 사용하기만 하면 돼. A 들리는 것처럼 쉽지 않아.
Q I really can't handle the stress at work. A Stay put until you find a less demanding job.	Q 직장에서 받는 스트레스를 정말 감당하기 힘들어. A 조금 덜 힘든 직장을 찾기 전까지는 참아.
Q I was thinking of going to the mall on the weekend. A Head out early, or you won't be able to set foot inside.	Q 주말에 쇼핑몰에 갈까 생각 중이야. A 일찍 출발해, 그렇지 않으면 안에 들어가지도 못할 거야.

3 요청

Q I'm calling to reserve a table for 7 tonight. A I apologize. We're fully booked.	Q 오늘 밤 7명을 위한 테이블을 예약하려고 전화했습니다. A 죄송합니다. 예약이 다 찼습니다.
Q This is Jason returning Ms. Patterson's call. A Let me get her for you.	Q Patterson 씨의 전화를 받고 전화 드리는 Jason인데요. A 그녀를 바꿔드리겠습니다.
Q I'd like you to come to the office early on Monday. A No problem. I'll try to make it there by 7.	Q 월요일에 출근을 일찍 해 주셨으면 합니다. A 문제없습니다. 7시까지 가도록 하겠습니다.
Q I'd appreciate it if you would give me a confirmation letter. A Of course. It'll be sent to you via email.	Q 확인서를 주시면 감사하겠습니다. A 물론이죠. 당신에게 이메일로 보내질 것입니다.
Q I'm calling to speak with David. A He's out for lunch right now.	Q David과 통화하고 싶습니다. A 그는 지금 점심 식사를 하러 나갔습니다.
Q I'd like to try on these pants, please. A Sure. Let me show you to the fitting room.	Q 이 바지를 입어 보고 싶습니다. A 그러세요. 탈의실로 안내해 드리겠습니다.
Q I was wondering if you could take a picture of us. A Certainly. Tell me when you're ready.	Q 저희 사진을 찍어 주실 수 있을까요? A 물론이죠. 준비되면 말씀하세요.

Check-Up 질문/진술에 맞는 가장 적절한 응답을 고르세요.   MP3 P1_2_35

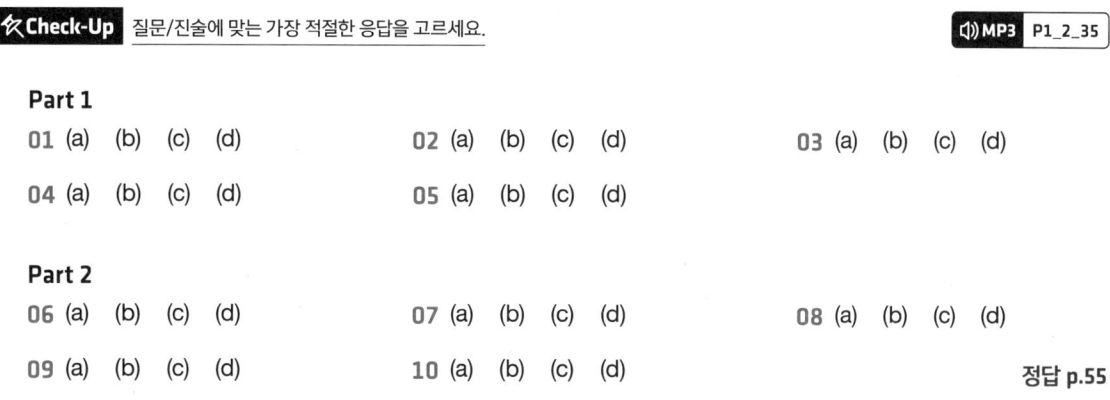

Unit Test

🔊 MP3 P1_2_36

Part 1
Choose the most appropriate response to the statement.

01 (a) (b) (c) (d)

02 (a) (b) (c) (d)

03 (a) (b) (c) (d)

04 (a) (b) (c) (d)

05 (a) (b) (c) (d)

06 (a) (b) (c) (d)

07 (a) (b) (c) (d)

08 (a) (b) (c) (d)

09 (a) (b) (c) (d)

10 (a) (b) (c) (d)

Part 2
Choose the most appropriate response to complete each conversation.

11 (a)   (b)   (c)   (d)

12 (a)   (b)   (c)   (d)

13 (a)   (b)   (c)   (d)

14 (a)   (b)   (c)   (d)

15 (a)   (b)   (c)   (d)

16 (a)   (b)   (c)   (d)

17 (a)   (b)   (c)   (d)

18 (a)   (b)   (c)   (d)

19 (a)   (b)   (c)   (d)

20 (a)   (b)   (c)   (d)

정답 p.58

PART 1&2

대화 상황별 학습

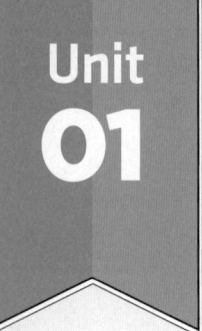

Unit 01 수락·거절 / 동의·반대

수락·거절과 동의·반대하는 상황은 Part 1, 2에서 가장 자주 출제되는 대화 상황 중 하나이다. 제안이나 부탁이 나올 경우 수락·거절의 답변을 하고, 의견이나 상황에 대해 말할 때는 동의·반대로 답변할 수 있다.

1 수락·거절

앞에서 제안이나 조언을 할 때 수락 또는 거절하는 답변을 할 수 있다. 따라서 제안, 조언, 요청, 부탁이 나올 경우 수락이나 거절을 예상하고 듣는 것이 중요하다. 수락과 거절 둘 다 비슷하게 자주 출제되며, 거절의 경우 대부분 바쁘다거나 선약이 있다는 이유를 제시한다.

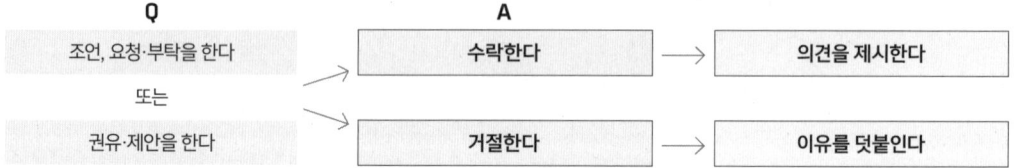

1 수락할 때 쓰는 표현

All right. 그래.
Go ahead. 그렇게 해.
Of course. 물론이지.
No problem. 그럼[전혀 문제되지 않아].
Why not? 왜 아니겠어? [그거 좋지]
Suit yourself. 좋을 대로 해.
Be my guest. 그래[그렇게 해].
I'd be glad to. 기꺼이 그렇게 할게.
By all means. 아무렴[좋고말고].
That's a good idea. 좋은 생각이야.
Sure. / Sure thing. 물론이지. / 그렇고 말고.
No sweat! 뭘 그건 걸 갖고 그래[별 거 아냐].

2 거절할 때 쓰는 표현

I'd rather not. 나는 안 할래.
By no means. 안 돼[절대 아니야].
Maybe not. 아닐 거야[아닌 것 같아].
No, thanks. 고맙지만 사양할게.
I'm sorry. 미안해[죄송해요].
I'm afraid I can't. 나는 안 될 것 같아.
Might as well~ ~하는 편이 나을 것 같아.

* 일반적으로, 거절할 경우에는 뒤에 거절하는 이유를 덧붙이는데, 그 이유가 앞에서 말한 질문 혹은 진술과 논리가 일치하는지 확인하는 것이 매우 중요하다.

빈출 질문 및 답변

MP3 P1_2_37

1 수락하는 상황

Q Let's eat out at a Korean restaurant tonight.
A That's a good idea.

Q 오늘 밤에 한국 식당에서 외식하자.
A 좋은 생각이야.

Q Could I have another piece of pie?
A Go ahead. Be my guest.

Q 파이 한 조각 더 먹어도 되나요?
A 그러세요. 마음껏 드세요.

Q Do you mind if I turn off the radio?
A No. Suit yourself.

Q 라디오를 꺼도 될까?
A 물론이지. 편한 대로 해.

Q You should allow Tim to go after me.
A Okay. That was my intention anyway.

Q 넌 Tim이 내 뒤를 따라오도록 해야 해.
A 그래. 그게 어쨌든 내 의도였어.

Q Can I treat you to dinner this Saturday?
A Why not? I wouldn't refuse a free meal.

Q 이번 토요일에 당신에게 저녁을 대접해도 될까요?
A 좋죠! 공짜 식사를 거절하지 않겠어요.

Q We should make adjustments to brochures.
A Okay. Let's brainstorm ways to make them better.

Q 안내 책자를 좀 수정해야 해.
A 그래. 어떻게 개선할지 생각해 보자.

Q How about we meet at 4 p.m.?
A Agreed. I'll bring some snacks.

Q 우리 오후 4시에 만나는 게 어때?
A 그래. 과자 좀 가져갈게.

Q Could you give us extra shower robes for room 418?
A Our housekeeping will bring you some.

Q 418호에 샤워 가운 좀 더 가져다주실 수 있나요?
A 객실 관리 직원이 몇 개 가져다 드리도록 하겠습니다.

2 거절하는 상황

Q Why don't you take a leave of absence?
A I'd rather not. It's a busy week.

Q 하루 휴가를 내는 게 어때?
A 그러지 않으려고. 이번 주는 바쁘잖아.

Q Maybe it's time for you to switch jobs.
A Maybe not. The job market is grim now.

Q 아마도 네가 직장을 바꿔야 할 때인 것 같아.
A 아닌 것 같아. 지금은 인력 시장 상황이 좋지 않아.

Q Do you think you can help me move these boxes?
A I'm afraid I can't. I have a doctor's appointment.

Q 이 박스들을 옮기는 것을 좀 도와줄래?
A 미안. 나는 병원 예약이 있어.

Q What do you say to going shopping on Friday?
A I'm sorry. I have some work to do.

Q 금요일에 쇼핑 가는 거 어때?
A 미안. 할 일이 좀 있어.

Q Why not order some more dishes?
A Might as well get some desserts.

Q 음식을 더 시키는 게 어때요?
A 디저트를 주문하는 게 나을 것 같아요.

Q Why don't you call in sick today?
A I would rather tough it out.

Q 오늘 아파서 못 나간다고 전화하지 그래?
A 조금 견뎌 볼래.

Q Let's meet up for a game of pool after work today.
A Sorry, I'm going to have to take a rain check.

Q 오늘 퇴근 후에 모여서 당구 한 게임 하자.
A 미안. 나는 다음으로 미뤄야 할 거 같아.

Q Can I check in for my flight to Shanghai?
A Sorry, but it's still early.

Q 상하이로 가는 비행기의 탑승 수속을 할 수 있나요?
A 죄송하지만, 아직 이릅니다.

Unit 01 수락·거절/동의·반대

2 동의·반대

동의나 반대는 Part 1&2에서 답변으로 자주 출제된다. 따라서 어떤 상황에서 동의나 반대가 나올 수 있는지 빈출 상황을 학습하는 것이 중요하다. 앞에서 의견, 사실, 현상, 또는 상황에 대해 말할 때 뒤에서 동의하거나 반대할 수 있다. 물론, 특정 사안에 대해 동의하는지 또는 반대하는지 직접적으로 묻는 경우도 출제된다.

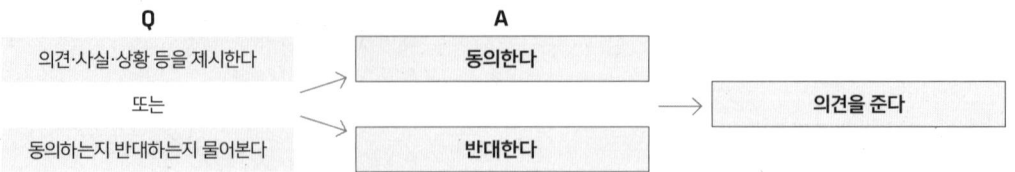

1 동의할 때 쓰는 표현

I'll say. 그렇지요[물론이죠].
Agreed. 동의해.
You and me both. 우리 둘 다.
Tell me about it. 무슨 말인지 잘 알아.
You can say that again. 전적으로 동의해.
I couldn't agree with you more. 더 이상 동의할 수가 없어[전적으로 동의해].
That makes two of us. 나도 마찬가지야[같은 생각이야].
You and I see eye to eye. 우리 의견이 일치해.
You took the words right out of my mouth. 당신 의견에 동의합니다.

2 반대할 때 쓰는 표현

No way. 말도 안 돼.
I don't think so. 난 그렇게 생각하지 않아.
I doubt that's right. 난 그게 옳다고 생각하지 않아.
I couldn't disagree with you more. 더 반대할 수 없을 것 같아[전적으로 반대해].
I have a different opinion. 난 다르게 생각해.
I wouldn't go that far. 난 그렇게까지는 생각하지 않아.
That's not what I heard. 내가 들은 건 그게 아니야.
That doesn't sound right. 그건 잘못된 것 같아.
I'm not with you on that. 난 그것에 동의하지 않아.

빈출 질문 및 답변

1 동의하는 상황

Q I thought the midterm exam was fairly easy.
A You can say that again.

Q 나는 중간고사가 꽤 쉬웠다고 생각했어.
A 네 말이 맞아.

Q Pete and Jane are always arguing with each other.
A I know. It almost looks like they take pleasure in it.

Q Pete와 Jane은 항상 서로 싸워.
A 맞아. 그들은 그것을 즐기는 것 같아.

Q I don't think Kate has good leadership skills.
A Agreed. Nancy is better as a manager.

Q Kate의 리더십이 뛰어나다고 생각하지 않아.
A 동의해. 매니저로서는 Nancy가 더 나아.

Q I don't see why everyone likes Josh so much.
A Admittedly, he's everyone's favorite.

Q 왜 모두가 Josh를 그렇게 많이 좋아하는지 모르겠어.
A 인정하건대, 그는 모두가 좋아해.

Q It wasn't worth driving all the way out here.
A I know. What a waste of time!

Q 여기까지 운전할 가치가 없었던 것 같아.
A 맞아. 정말 시간 낭비야!

Q Sarah overpromises and underdelivers.
A Yeah, she's mostly talk and no action.

Q Sarah는 말로만 하고 행동으로 실천을 하지 않아.
A 맞아. 그녀는 주로 말만 하지 행동은 안 해.

Q The movie we saw is unsuited for young students.
A I know. It had some gruesome scenes.

Q 우리가 본 영화는 어린 학생들에게는 부적합해.
A 맞아. 좀 섬뜩한 장면들이 있었어.

Q I guess all your hard work had paid off.
A Yeah, it was worth the effort.

Q 네가 그렇게 열심히 한 보람이 있었던 것 같아.
A 맞아. 노력할 만한 가치가 있었지.

2 반대하는 상황

Q I really like the view from your apartment.
A Well, not me.

Q 나 너의 아파트 경관이 정말 좋아.
A 음, 난 아니야.

Q Mark is a real genius in science!
A I wouldn't go that far.

Q Mark는 진짜 과학 천재야!
A 그렇게까지는 아닌 것 같아.

Q Should I move back to the suburbs to save money?
A I'd try reducing my spending first.

Q 돈을 절약하기 위해 다시 교외로 이사해야 할까?
A 나라면 먼저 지출을 줄이겠어.

Q You should focus on your work.
A I need a break from time to time, though.

Q 일에 좀 더 집중해.
A 그래도 때때로 쉬는 시간이 필요해.

Q You can try applying for a student loan.
A I'm already deeply indebted.

Q 학자금 대출을 신청해 볼 수 있잖아.
A 난 이미 대출을 많이 받았어.

Q Isn't your workload rather excessive?
A I don't think so. It's what I have to do to fulfill my goals.

Q 너의 업무량이 너무 많지 않아?
A 그렇게 생각하지 않아. 내 목표를 달성하기 위해서 해야 하는 일이야.

Q I think I need to go on a diet for this summer.
A Nonsense! You have a great look.

Q 이번 여름을 위해 다이어트를 시작해야겠어.
A 말도 안 돼! 넌 이미 보기 좋아.

Q I'm confident Harry Peirce will win this election.
A Don't disregard his opponent just yet.

Q Harry Peirce가 이번 선거에서 뽑힐 거라고 확신해.
A 아직 그의 상대를 무시하진 마.

Unit Test

Part 1
Choose the most appropriate response to the statement.

01   (a)   (b)   (c)   (d)

02   (a)   (b)   (c)   (d)

03   (a)   (b)   (c)   (d)

04   (a)   (b)   (c)   (d)

05   (a)   (b)   (c)   (d)

06   (a)   (b)   (c)   (d)

07   (a)   (b)   (c)   (d)

08   (a)   (b)   (c)   (d)

Part 2
Choose the most appropriate response to complete each conversation.

09　(a)　(b)　(c)　(d)

10　(a)　(b)　(c)　(d)

11　(a)　(b)　(c)　(d)

12　(a)　(b)　(c)　(d)

13　(a)　(b)　(c)　(d)

14　(a)　(b)　(c)　(d)

15　(a)　(b)　(c)　(d)

16　(a)　(b)　(c)　(d)

정답 p.64

Unit 02 긍정·부정/이유·방법

긍정이나 부정의 답변은 대부분은 일반 의문문으로 묻는 질문에 대한 답변으로 등장한다. 또는 의견이나 사실을 진술로 제시하는 경우에도 나올 수 있다. 이유나 방법을 설명하는 상황은 다양한 문맥에서 출제될 수 있으므로 여러 예시를 통해 학습해 두도록 하자.

1 긍정·부정

긍정의 답변 뒤에는 긍정적인 내용이 나와야 하고 부정의 답변 뒤에는 부정적인 내용이 나와야 한다. 텝스에서는 no 뒤에 부정이 아닌 긍정으로 답하는 보기를 출제하여 오답으로 제시하므로 반드시 끝까지 잘 듣고 답을 선택해야 한다.

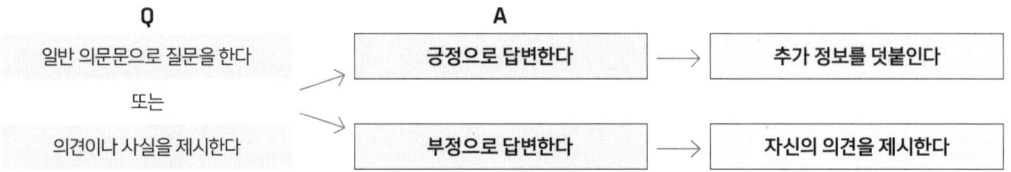

1 긍정으로 답할 때 쓰는 표현
Right. / That's right. 맞아.
All right. 그래.
Why not? 왜 아니겠어?[그거 좋지.]
For sure. 맞아[물론이지].
Certainly. 물론이지.
Of course. 물론이지.
Fair enough. 좋아.
Sure. / Sure thing. 물론이지.

2 부정으로 답할 때 쓰는 표현
No way. 절대로 안 돼.
Not even. 전혀 아니야.
Not at all. 전혀 아니야.
Actually, 사실은(상대방의 말을 정중히 거절할 때),
By no means. 아니.
Not the least bit. 전혀 아니야.
Absolutely not. 절대로 아니야.

* 부정, 반대, 거절을 서로 혼동하지 않도록 주의해야 한다.
 부정 – 앞에서 한 말에 대해 '아니'라는 의도를 전달하는 것
 반대 – 앞에서 한 말에 대해 반대하는 의견을 나타내는 것(사실이 아닌 의견 전달)
 거절 – 제안 등을 수락하지 않는 것(사실이나 의견을 전달하는 것이 아니라 단순히 하지 않겠다는 의사를 표시하는 것)

빈출 질문 및 답변

MP3 P1_2_40

1 긍정으로 답변하는 상황

Q Do you offer complimentary breakfast for hotel guests?
A Yes, it's free for anyone staying here.

Q 호텔 투숙객에게 무료 조식을 제공하나요?
A 네. 이곳에서 머무는 모든 분들에게 무료입니다.

Q Can you come to my wedding? I'll send you an invitation.
A For sure. I wouldn't miss it for the world!

Q 내 결혼식에 올 수 있니? 초대장을 보낼게.
A 물론이지. 무슨 일이 있어도 꼭 갈게!

Q I need a tennis partner. Do you know how to play?
A Of course. Count me in.

Q 테니스를 같이 칠 사람이 필요해. 너 테니스 칠 줄 아니?
A 당연하지. 나랑 같이 하자.

Q Are you friends with the keynote speaker?
A Yes, since we were in college actually.

Q 기조 연설자와 아는 사이니?
A 응. 사실 대학교 때부터 알고 지내.

Q Hi, I'm Kathy, the new intern. Are you Mr. Conaway?
A That's right. Nice to meet you.

Q 안녕하세요. 저는 신입 인턴 Kathy입니다. 당신이 Conaway 씨인가요?
A 맞습니다. 만나서 반가워요.

Q Your coat looks great. Is it new?
A Yeah. I recently got it.

Q 네 코트 멋지다. 새 것이니?
A 응. 최근에 샀어.

Q Do you get along with your colleagues?
A Yeah. I think we're quite attuned.

Q 너는 동료들과 잘 어울리니?
A 응. 우린 꽤 잘 맞는 것 같아.

Q Would you like to join the city's advisory committee?
A Why not? I'd love to contribute.

Q 시의 자문위원회에 참여하시겠습니까?
A 좋습니다. 기여하고 싶습니다.

2 부정으로 답변하는 상황

Q Is professor Cameron's grading system fair?
A Absolutely not. I consider it to be very partial.

Q Cameron 교수님의 성적 매기는 방식이 공정하니?
A 절대 아니야. 내 생각에는 매우 편파적인 것 같아.

Q Didn't you replace the printer toner yesterday?
A Actually, I didn't have time.

Q 어제 당신이 프린터의 토너를 교체하지 않았나요?
A 사실, 제가 시간이 없었어요.

Q Do you know where the electrical outlet is?
A Sorry, you'll have to ask someone else.

Q 전기 콘센트가 어디에 있는지 아시나요?
A 죄송해요. 다른 사람에게 물어보셔야 할 것 같네요.

Q Is Mr. Parker available? It's an urgent matter.
A No, he's participating in an important meeting.

Q Parker 씨와 만날 수 있나요? 매우 급한 일이에요.
A 아니요. 그는 중요한 회의에 참석하고 있습니다.

Q Have you finished looking over my essay?
A You'll have to give me a few more days.

Q 제 논문을 다 보셨나요?
A 며칠 더 주셔야 할 것 같아요.

Q Did the concert live up to your expectations?
A Not at all. I found it rather lackluster.

Q 콘서트가 너의 기대를 충족시켰니?
A 전혀 아니었어. 나는 아주 재미없었어.

Q Do you have a spare room in your apartment?
A All of them are occupied right now.

Q 네 아파트에 남는 방 있어?
A 지금 모두 다 사용 중이야.

2 이유·방법

이유와 방법은 우회 답변으로 자주 출제되므로 어떤 상황/문맥에서 나올 수 있는지 예시를 통해 익혀두는 것이 중요하다.

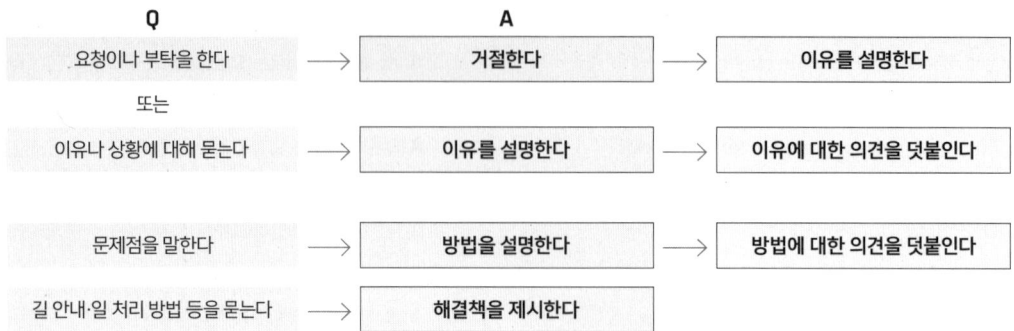

1 이유를 설명할 때 쓰는 표현

That's because I have a meeting the day after. 내가 다음 날 회의가 있기 때문이야. (다음 날 약속을 잡을 수 없는 이유를 말하는 상황)
I haven't played tennis for a long time. 난 테니스를 안 친 지 오래됐어. (테니스를 치지 않으려는 이유를 말하는 상황)
My colleagues are waiting for me at the office. 내 동료들이 사무실에서 나를 기다리고 있어. (사무실로 돌아가야 하는 이유를 말하는 상황)
I've already had enough to eat. 난 이미 충분히 먹었어. (그만 먹으려는 이유를 말하는 상황)
It helps you to stay healthy and energized. 그것은 너를 건강하고 활기 넘치게 해줘. (운동을 해야 하는 이유를 말하는 상황)
I'm too tired to finish it tonight. 난 오늘 밤 그것을 마무리하기에 너무나 피곤해. (오늘까지 끝내지 못하는 이유를 말하는 상황)
My computer broke down on me yesterday. 내 컴퓨터가 어제 고장 났었어. (어제 일을 하지 못한 이유를 말하는 상황)
I have other engagements. 난 다른 약속이 있어. (약속을 거절하는 이유를 말하는 상황)

2 방법을 설명할 때 쓰는 표현

We can carpool if you want. 네가 원한다면 우리는 카풀을 할 수 있어.
You can always take out a loan from the bank. 너는 은행에서 언제나 대출을 받을 수 있어.
Go exchange it if it doesn't fit you. 맞지 않는다면 가서 교환해.
There's a payment system you can take advantage of. 네가 이용할 수 있는 납부 방법이 있어.
Just give him a call after work. 그냥 근무 후에 그에게 전화해봐.
Write an outline before starting your essay. 글을 쓰기 전에 개요를 써봐.
Call them and ask if it has been sent. 그것을 발송했는지 그들에게 전화해서 물어봐.
Try the convenience store around the corner. 모퉁이에 있는 편의점에 가 봐.

빈출 질문 및 답변

MP3 P1_2_41

1 이유로 답변하는 상황

Q Don't be so harsh on Jean for turning in her work late.
A But she needs to know what she did wrong.

Q Jean이 그녀의 결과물을 늦게 제출한 것에 대해서 너무 혼내지 마세요.
A 하지만 그녀는 자신이 뭘 잘못했는지 알아야 해요.

Q Are you having this year's Thanksgiving dinner at home?
A All the cooking and cleaning is too much work.

Q 올해 추수감사절 저녁 식사를 집에서 할 거니?
A 요리와 청소하는 것은 너무 많은 일이야.

Q I didn't expect to see you at the office on a weekend!
A I'm trying to finish up a report with Matt.

Q 주말에 사무실에서 널 볼 거라고 생각 못했어!
A Matt와 보고서를 마무리 지으려고 해.

Q Don't you recognize me from our history class?
A I'm really bad with faces.

Q 역사 수업을 같이 듣던 저를 못 알아보시겠어요?
A 제가 얼굴을 잘 기억하지 못해요.

Q Don't you still have your sunglasses from last year?
A They were stolen when I was in the dressing room.

Q 작년에 쓰던 너의 선글라스 아직 가지고 있지 않니?
A 내가 탈의실에 있을 때 도난당했어.

Q Why didn't you let me know you were coming late? You could've called.
A I was caught up with work in the office.

Q 왜 내게 늦는다고 알려 주지 않았어? 전화할 수 있었잖아.
A 사무실에서 일 때문에 정신이 없었어.

Q Mind if I take the seat next to you?
A I'm expecting my friend.

Q 옆자리에 앉아도 될까요?
A 제 친구가 올 거예요.

Q Why did you come home so late yesterday?
A I took the subway instead of a cab.

Q 어제 왜 그렇게 늦게 집에 왔니?
A 택시 대신 전철을 탔어.

2 방법으로 답변하는 상황

Q How can I remove the stain from my tie?
A The only way is to take it to the drycleaner.

Q 내 넥타이의 얼룩을 어떻게 없앨 수 있지?
A 드라이클리닝을 맡기는 것이 유일한 방법이야.

Q You might not have my phone number.
A I'll jot it down then.

Q 너한테 내 전화번호가 없을 수도 있어.
A 그럼 받아 적을게.

Q I don't even know where to start the project.
A You can go online and read about your topic first.

Q 프로젝트를 어디서부터 시작해야 할지조차 모르겠어.
A 인터넷에서 너의 주제에 대해 먼저 읽어봐.

Q This swimming pool is more than 2 meters deep.
A Just use the floatation devices if you can't swim well.

Q 이 수영장은 2미터보다 더 깊어.
A 수영을 잘 못하면 물에 뜨는 기구들을 사용해.

Q Should I just use the new form to report my taxes myself?
A It's better to hire a professional to do it.

Q 세금 신고를 내가 직접 하려면 새 양식을 사용하기만 하면 될까?
A 전문가를 고용하는 것이 나을 거야.

Q How did you injure your arm?
A I fell while skateboarding on the street.

Q 팔을 어쩌다 다쳤니?
A 길에서 스케이트보드를 타다가 넘어졌어.

Q Do you have any tips for writing a research paper?
A Having a good outline is always a good start.

Q 연구 보고서를 쓰는 팁이 있나요?
A 개요를 잘 잡는 것이 항상 좋은 시작이죠.

Q How did you know I would be here?
A My friend Sarah told me that you would.

Q 내가 여기 올 것이라는 걸 어떻게 알았어?
A 내 친구 Sarah가 네가 올 거라고 말해줬어.

Unit Test

🔊 MP3 P1_2_42

Part 1
Choose the most appropriate response to the statement.

01   (a)   (b)   (c)   (d)

02   (a)   (b)   (c)   (d)

03   (a)   (b)   (c)   (d)

04   (a)   (b)   (c)   (d)

05   (a)   (b)   (c)   (d)

06   (a)   (b)   (c)   (d)

07   (a)   (b)   (c)   (d)

08   (a)   (b)   (c)   (d)

Part 2
Choose the most appropriate response to complete each conversation.

09   (a)   (b)   (c)   (d)

10   (a)   (b)   (c)   (d)

11   (a)   (b)   (c)   (d)

12   (a)   (b)   (c)   (d)

13   (a)   (b)   (c)   (d)

14   (a)   (b)   (c)   (d)

15   (a)   (b)   (c)   (d)

16   (a)   (b)   (c)   (d)

정답 p.69

Unit 03 인사·안부 / 의견·상황

인사와 안부에 관한 대화는 비교적 쉽게 느껴질 수 있지만 어느 상황에서 하는 인사인지 구별할 수 있어야 정답을 맞힐 수 있다. 의견을 말하거나 상황을 설명하는 문장은 앞 사람이 한 말의 문맥을 정확히 이해해야 하므로 여러 예시를 익혀두는 것이 필요하다.

1 인사·안부

인사는 처음 만났을 때 하는 인사, 오랜만에 만났을 때 하는 인사, 우연히 만났을 때 하는 인사, 그리고 헤어질 때 하는 인사가 출제된다. 만났을 때 하는 인사와 헤어질 때 하는 인사를 잘 구분해서 듣는 것이 중요하다. 또한, 안부를 묻는 경우 how로 묻는 질문과 what으로 묻는 질문을 구분해서 들어야 오답을 피할 수 있으므로 질문 표현을 잘 익혀두어야 한다.

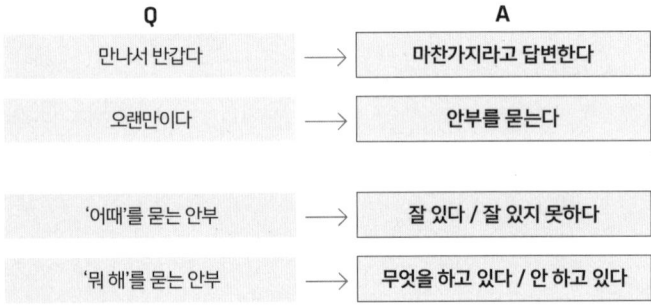

1 인사할 때 쓰는 표현

만났을 때	헤어질 때
Nice[Good] to see[meet] you. 만나서 반갑습니다. Long time no see. 오랜만이다. It's been ages! 정말 오랜만이다! I'm glad to finally meet you. 마침내 만나서 반갑습니다. I didn't expect to see you here. 여기서 만날 거라 예상을 못했어. It's nice to finally put a face to the name. 이름만 듣다가 드디어 만나게 되어 기쁩니다.	Later. 다음에 보자. Take care. 잘 지내. Nice seeing you. 만나서 반가웠어요. It was good seeing you. 만나서 반가웠어요. Nice meeting you. 만나서 반가웠어요. See you again (soon). 다음에 또 보자. See you around (again). 다음에 보자.

2 안부를 물을 때 쓰는 표현

'어때(How)' 안부	'뭐 해(What)' 안부
How are you (doing)? 어떻게 지내? How's it going? 어떻게 지내? How's everything? 어떻게 지내? How's life? 어떻게 지내? How have you been doing? 어떻게 지냈어요? How do you find your work? 일은 어때요?	What's up? 뭐 하고 지내? What's going on? 뭐 해? What's happening? 뭐 하고 지내? What have you been up to? 뭐 하고 지냈어? What are you doing these days? 요즘 뭐 하고 지내? What are you doing lately? 요즘 뭐 하고 지내?

* How로 묻는 안부와 What으로 묻는 안부에 대한 답변은 전혀 다르기 때문에 정확히 구분해서 알아두어야 한다. How로 물어보는 안부에서 '무엇을 하고 있다'고 답하는 것은 오답이다.

빈출 질문 및 답변

1 인사하는 상황

Q Nice seeing you, John.
A Yeah, it was good meeting you, too. Take care.

Q John, 만나서 반가웠어.
A 그래, 나도 널 만나서 좋았어. 잘 지내.

Q Long time no see. What brings you here?
A I'm in town to visit my parents.

Q 오랜만이네요. 여기는 무슨 일로 왔나요?
A 시내에 부모님을 뵈러 왔어요.

Q Thanks for having me. I had a good time.
A I'm glad you did. Drive safely.

Q 초대해줘서 고마워. 좋은 시간을 보냈어.
A 좋았다고 하니 기쁘다. 안전 운전해.

Q Sam, it's been ages!
A Sorry, you must be confused.

Q Sam, 정말 오랜만이다!
A 죄송하지만, 사람을 착각하신 것 같아요.

Q Dan, hi. You look as good as ever.
A The same goes for you, too.

Q 안녕, Dan. 언제나처럼 좋아 보이는구나.
A 너도 그래.

Q Hi, I'm Julie. I don't think we've met before.
A It's a pleasure to meet you. I'm John.

Q 안녕하세요. 저는 Julie예요. 전에 만난 것 같진 않군요.
A 만나서 반가워요. 저는 John이에요.

Q Hi, Matt. Nice to see you.
A You too. I didn't think you'd be here.

Q 안녕, Matt. 만나서 반가워.
A 반가워. 네가 여기 있을 줄 몰랐어.

Q Hi, I'm Monica, the new programmer here.
A Welcome aboard to the company.

Q 안녕하세요. 저는 새로 온 프로그래머인 Monica입니다.
A 이 회사에 오신 걸 환영합니다.

2 안부를 묻는 상황

Q What's up?
A I've been studying for the midterm exam.

Q 뭐 하고 지내?
A 중간고사를 위해 공부하고 있어.

Q How's the wedding preparation coming along?
A It's going pretty well. Thanks for asking.

Q 결혼식 준비는 어떻게 되어 가니?
A 꽤 잘 되어 가고 있어. 물어봐 줘서 고마워.

Q How are you holding up after the breakup?
A Frankly, not as good as I expected.

Q 헤어진 뒤에 잘 견디고 있어?
A 솔직히 말해서, 내가 생각했던 것만큼 잘 지내지는 않아.

Q How's your sore throat doing?
A It's recovering fairly slowly.

Q 목 아픈 것은 좀 어때?
A 꽤 천천히 나아지고 있어.

Q How's your new novel coming along?
A It's almost done. It just needs some final touches.

Q 당신의 새로운 소설은 어떻게 되어 가나요?
A 거의 다 썼습니다. 최종 검수만 필요해요.

Q How do you find your work?
A It's great so far.

Q 일은 어때요?
A 아직까지는 아주 좋아요.

Q Josh, what have you been up to these days?
A Nothing much. Just studying and working.

Q Josh, 요즘 뭐 하면서 지내?
A 별일 없어. 그냥 공부하고 일하고 있어.

Q How are you settling in your new home?
A It's going to take some time getting used to.

Q 새로운 집에 잘 적응하고 있니?
A 익숙해지는 데 시간이 좀 걸릴 것 같아.

2 의견·상황

앞에서 특정 사실이나 현상에 대해 말하거나 의견을 묻는 대화 상황이다. 중요한 것은 진술 또는 질문의 주제와 문맥이 일치하는 답변을 하는지 확인하는 것이다. 따라서 빈출 상황을 미리 학습하고 음원을 들으면서 답변을 예상하는 연습을 해야 한다.

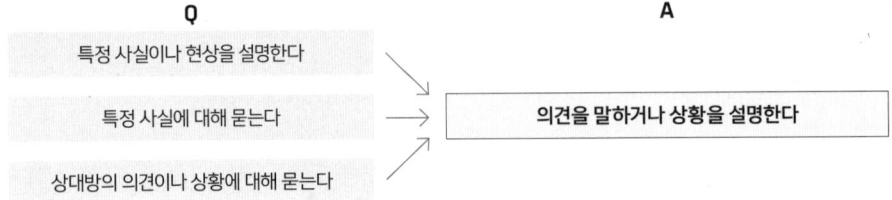

1 의견을 말할 때 쓰는 표현

That's too much for my budget. 그건 제 예산을 많이 벗어나네요.
I don't think I'm qualified for the work. 저는 그 일에 적임이 아닌 것 같아요.
I'm sure they'd be happy to have you. 그들은 분명 너를 고용한 것을 기뻐할 거야.
I doubt you can park your car there. 저기에 주차를 할 수 없을 것 같은데.
It shouldn't take that long to come here. 여기 오는 데 그렇게 오래 걸리지 않을 거야.
It looks really good on you. 그거 너에게 정말 잘 어울리는 것 같아.
This computer is too slow for me to do my work. 이 컴퓨터는 제 업무를 하기에 너무 느립니다.
I thought their service was disappointing. 나는 그들의 서비스가 실망스러웠어.
I think we should talk to a professional about it. 내 생각에는 우리가 전문가와 얘기를 하는 것이 좋을 것 같아.
I'd prefer to take the earliest train if possible. 가능하다면 가장 빠른 기차를 타는 것을 선호합니다.

2 상황을 설명할 때 쓰는 표현

We're missing some pages from this file. 이 파일에서 몇 페이지가 없어.
The traffic is backed up for miles. 교통이 길게 정체되어 있어.
It's already a quarter to six. 지금 벌써 5시 45분이야.
The sink is leaking water again. 싱크대에서 물이 또 새고 있어.
I can't find my wallet anywhere. 내 지갑을 어디에서도 찾을 수가 없어.
I haven't received my grades from Professor Smith yet. 나는 아직 Smith 교수님으로부터 성적을 받지 못했어.
We're running short on drinks and snacks. 우리는 음료수와 간식이 떨어져가고 있어.
Most of the clothes from last season are on sale. 지난 시즌 옷들을 대부분 할인하고 있습니다.
There were minor altercations between the two. 둘 사이에 사소한 언쟁이 있었어.
I'm sorry. We're all out of seafood. 죄송합니다. 저희는 해산물이 다 떨어졌습니다.

빈출 질문 및 답변

1 의견을 말하는 상황

Q Which looks better on me, the white or pink?
A The pink makes you look much younger.

Q 어떤 것이 내게 더 잘 어울려, 흰색 아니면 분홍색?
A 분홍색이 널 훨씬 더 어려 보이게 해.

Q Would you give up your career to pursue your hobby?
A I'd try to do both if I could.

Q 취미를 위해 너의 직장을 그만두겠니?
A 할 수 있다면 둘 다 병행해볼 거야.

Q Let's watch the parade live downtown.
A I'd prefer to watch it on TV.

Q 시내에 나가서 퍼레이드를 직접 보자.
A TV로 보는 것이 나을 것 같아.

Q Can't we just give Sam one more chance?
A There's no point in prolonging the process.

Q Sam에게 그냥 한 번 더 기회를 주면 안 될까?
A 과정을 연장시킬 이유가 없어.

Q What dish do you recommend here?
A I personally like the steaks and pastas.

Q 여기 어떤 음식을 추천하나요?
A 저는 개인적으로 스테이크와 파스타를 좋아해요.

Q Can I discuss my essay with you later today?
A I think it's better that we go over it right now.

Q 오늘 이따가 논문에 관하여 이야기할 수 있을까요?
A 지금 바로 보는 것이 나을 거 같아요.

Q Do you think her laziness was the reason for her bad grades?
A I'm positive that there's more to it than that.

Q 너는 그녀의 성적이 나쁜 게 게으름 때문이라고 생각하니?
A 그것보다 더 많은 이유가 있을 거라고 확신해.

Q Jason sounds like an amateur to me.
A Well, it doesn't matter. I like him.

Q 내게 Jason은 아마추어가 말하는 것처럼 들려.
A 음, 상관없어. 나는 그가 좋아.

2 상황을 설명하는 상황

Q How's your school project coming along?
A I'm actually close to getting it done.

Q 학교 프로젝트는 어떻게 되어 가고 있어?
A 사실 거의 다 끝났어.

Q Were any important items stolen?
A The scope of the robbery is still being investigated.

Q 중요한 물품이 도난당한 게 있나요?
A 절도의 범위를 아직 조사 중입니다.

Q Have you read the book you borrowed yet?
A Just a few pages, which were difficult to understand.

Q 네가 빌린 책을 벌써 읽었니?
A 몇 페이지만 읽었는데, 이해하기 어려웠어.

Q Who are you voting for in the presidential election?
A I'm leaning towards the Democratic candidate.

Q 대통령 선거에서 누구에게 투표할 거니?
A 민주당 후보로 마음이 기울고 있어.

Q Did you accept the offer from the university?
A I'm waiting to hear the offers from other schools.

Q 대학교의 제의를 수락했니?
A 나는 다른 학교들의 제의를 기다리고 있어.

Q I was wondering if you carry electric stoves.
A We don't specialize in household appliances.

Q 전기 레인지를 판매하는지 궁금합니다.
A 저희는 가전제품들을 전문적으로 취급하지 않습니다.

Q Excuse me, are these pants on sale?
A Everything in stock is 30% off.

Q 실례합니다. 이 바지들은 할인 중인가요?
A 재고가 있는 모든 제품들은 30퍼센트 할인합니다.

Q I was worried my paper might need significant revisions.
A Some minor corrections will do.

Q 나는 내 보고서가 상당한 수정이 필요할까봐 걱정했어.
A 약간의 소소한 수정만 하면 될 거야.

Unit Test

🔊 MP3 P1_2_45

Part 1
Choose the most appropriate response to the statement.

01   (a)   (b)   (c)   (d)

02   (a)   (b)   (c)   (d)

03   (a)   (b)   (c)   (d)

04   (a)   (b)   (c)   (d)

05   (a)   (b)   (c)   (d)

06   (a)   (b)   (c)   (d)

07   (a)   (b)   (c)   (d)

08   (a)   (b)   (c)   (d)

Part 2
Choose the most appropriate response to complete each conversation.

09 (a) (b) (c) (d)

10 (a) (b) (c) (d)

11 (a) (b) (c) (d)

12 (a) (b) (c) (d)

13 (a) (b) (c) (d)

14 (a) (b) (c) (d)

15 (a) (b) (c) (d)

16 (a) (b) (c) (d)

정답 p.73

Unit 04 칭찬·축하·감사 / 인지·무지

칭찬과 축하는 단순해 보일 수 있지만 칭찬에 대해 할 수 있는 답변과 축하에 대해 할 수 있는 답변을 잘 구분해 두어야 한다. 알고 있거나 모른다고 답하는 경우는 의문문과 평서문에 모두 답변으로 나올 수 있으므로 자주 나오는 상황을 익혀두는 것이 좋다.

1 칭찬·축하·감사

칭찬과 축하는 앞에서 좋은 소식이 나왔을 때 할 수 있는 답변이다. 일반적으로는 어떤 일을 잘 마무리 한 상황이나 우연히 좋은 일이 일어났을 때 칭찬과 축하를 해준다. 제안과 조언을 할 경우 뒤에서 감사의 답변이 나올 수 있다.

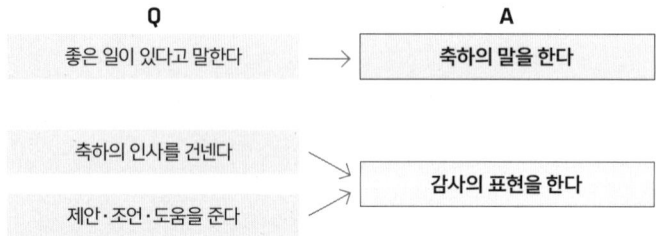

* Part 2의 경우 칭찬과 축하를 한 것에 대해 감사의 인사를 전하고, 그 감사 인사에 대한 답변으로 '천만에'가 나올 수 있다는 것을 알아두어야 한다. 주의해야 할 점은 칭찬이나 축하의 말에 대해서는 '천만에' 답변을 할 수 없다는 것이다.

1 칭찬할 때 쓰는 표현

Well done! 잘했어!
Way to go! 잘했어!
Good for you! 잘했어!
You deserve it. 넌 그것을 받을 만해.
You did a good job. 잘했어.
You're a natural! 넌 타고났어!
I couldn't be happier. 너무 기쁘다.
I'm so proud of you. 난 네가 아주 자랑스러워.

2 감사를 표현할 때 쓰는 표현

Thank you (so much). (정말) 고마워.
I couldn't thank you enough. 정말 고마워.
I really appreciate it. 정말 감사합니다.
I owe you one. 네게 신세 졌어.
You shouldn't have. 안 그래도 되는데.
I'm grateful to you. 네게 감사해.
That's really kind[sweet] of you. 정말 친절하시네요.
I don't think I can thank you enough. 정말 고마워.

빈출 질문 및 답변

1 칭찬이나 축하를 하는 상황

Q Your hat looks great. When did you get it?
A Thanks, I got it the other day.

Q 모자 예쁘다. 언제 샀니?
A 고마워. 며칠 전에 샀어.

Q You did a great job on your presentation yesterday.
A I'm just glad everything's done and over with.

Q 너 어제 발표 정말 잘했어.
A 모든 것이 끝났다는 것이 그냥 기뻐.

Q Looks like your business is finally taking off.
A Yeah, I know. It's about time.

Q 너의 사업이 드디어 잘 되어 가는 것 같구나.
A 응 맞아. 이제 때가 됐지.

Q Well, the new sports car really suits you.
A I'm glad! I was a little worried it might be too extravagant.

Q 음, 새로운 스포츠카가 너와 잘 어울려.
A 고마워! 너무 사치스러워 보일까봐 조금 걱정했어.

Q How did you get into hang gliding? You're a natural!
A Thanks, I picked it up by chance.

Q 행글라이딩을 어떻게 시작하게 됐니? 넌 정말 타고났다!
A 고마워. 어쩌다 하게 됐어.

Q I love your painting! It's amazing!
A I'm glad to hear that you like it.

Q 너의 그림이 정말 좋아! 정말 훌륭해!
A 네가 좋아한다니 정말 기쁘다.

Q Your graduation party was awesome!
A I'm relieved that you enjoyed it.

Q 너의 졸업 파티는 정말 좋았어!
A 네가 즐겼다니 다행이야.

Q I heard you won the sweepstakes! Good for you!
A Thanks. I never expected to win!

Q 복권에 당첨되었다고 들었어! 잘됐다!
A 고마워. 당첨될 거라고 전혀 예상하지 못했어!

2 감사를 하는 상황

Q Watch your head going inside the storage room.
A Thanks. I'll try to be careful.

Q 창고 안으로 들어갈 때 머리 조심하세요.
A 감사합니다. 조심할게요.

Q I got your mail for you while you were out.
A That's really kind of you.

Q 당신이 없는 동안 제가 우편물을 받아 놨습니다.
A 당신은 참 친절하군요.

Q Congratulations on your promotion!
A Thanks, it was a long time coming.

Q 승진 축하해요!
A 고마워요. 정말 오래 걸렸어요.

Q I'll pick up the groceries if you can't go.
A Thanks. That would save me a lot of trouble.

Q 만약 네가 못 가면 내가 식료품을 사올게.
A 고마워. 그렇게 해주면 나로선 많은 수고를 덜게 될 거야.

Q I'm so grateful you came out tonight.
A My pleasure. Thanks for having me.

Q 오늘 밤에 와 줘서 정말 고마워요.
A 뭘요. 초대해 주어서 고마워요.

Q Thanks for inviting me to your family gathering.
A You're more than welcome. Make yourself at home.

Q 당신의 가족 모임에 저를 초대해 주셔서 감사합니다.
A 정말 환영합니다. 편하게 있어요.

Q Thanks for helping me out. I owe you one.
A You're more than welcome.

Q 도와줘서 고마워. 내가 신세 졌네.
A 천만에.

Q I appreciate you helping me revise my essay.
A It was no big deal.

Q 제 논문을 수정하는 것을 도와주셔서 감사합니다.
A 별일도 아니었어요.

2 인지·무지

앞에서 어떤 사실이나 현상에 대해서 말하거나 특정 사실을 물어보는 의문문이 나왔을 때 '알고 있다' 또는 '모르겠다'고 답변할 수 있다. 일반적으로는 앞에서 사실을 제시할 경우 '누구로부터 들어서 이미 잘 알고 있다'가 답으로 나오며, 의문문으로 특정 사실을 물어봤을 때는 '전혀 모른다' 혹은 '알아보겠다' 등의 답변이 나온다.

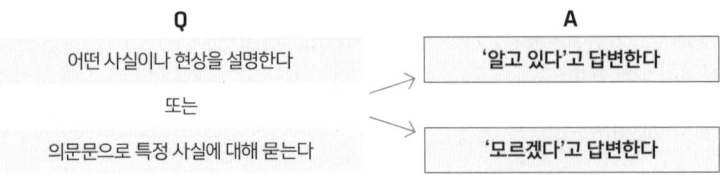

1 인지했음을 표현할 때 쓰는 표현

I know. 알아.
It's obvious. 그것은 명백해.
I'm not surprised. 난 놀랍지 않아.
That's what I heard. 나도 그렇게 들었어.
I knew that would happen. 난 그럴 줄 알았어.
I'm well aware of that. 나도 잘 알고 있어.
I was told[heard] the same. 나도 같은 이야기를 들었어.
Everyone knows about it. 모두가 그것에 대해서 알고 있어.
That much I already know. 그만큼은 나도 알고 있어.
It's not really news to me. 그것은 나한테 새로운 소식이 아니야.

2 무지(잘 모른다)를 표현할 때 쓰는 표현

I'm not sure. 난 확실하지 않아.
I don't know. 난 모르겠어.
I don't have a clue. 난 전혀 모르겠어.
It's news to me. 나한테는 새로운 소식인데.
Not that I know of. 잘 모르겠어.
I didn't realize it. 난 몰랐었어.
It's hard[difficult] to tell. 구별하기 어렵네요.
You're asking the wrong person. 난 모르겠어[나한테 물어보지 마].
Nobody knows at this point. 이 시점에서는 아무도 몰라.
You should ask someone else. 다른 사람한테 물어봐.
That's not what I heard. 내가 들은 건 그게 아니야.
That's what I wanted to know[ask you], too. 나도 그것에 대해서 알고[너에게 물어보고] 싶었어.

빈출 질문 및 답변

1 인지

Q Did you hear about the burglar who was caught red-handed?
A Yeah, I saw it on the news last night.

Q 너 현행범으로 잡힌 그 절도범에 대해서 들었어?
A 응. 어젯밤에 뉴스에서 봤어.

Q Make sure you're prepared for the competition tomorrow.
A I've already gone over everything I need to know.

Q 내일 대회 준비가 다 되었는지 확인해 봐.
A 내가 알아야 할 것들은 모두 확인했어.

Q I'm looking for a café called Silo's.
A It's actually right next to the bank over there.

Q Silo's 라는 카페를 찾고 있는데요.
A 저기 있는 은행 바로 옆에 있어요.

Q Hi, I'm Henry. Do you remember me?
A Oh yeah – we met last time.

Q 안녕하세요. 전 Henry입니다. 저를 기억하세요?
A 아 네. 우리 저번에 만났죠.

Q Don't forget to bring some snacks to eat at the pool.
A I packed some in my bag already.

Q 수영장에서 먹을 과자를 좀 가져오는 거 잊지 마.
A 내 가방에 이미 몇 개 챙겼어.

Q The company offered you a really good opportunity.
A I realized how good it was, so I grabbed it at once.

Q 회사가 너한테 정말 좋은 기회를 제공했어.
A 그것이 얼마나 좋은지 깨달아서, 바로 잡았지.

Q Ken completed all these drawings in a month!
A I know. He worked every day with little rest.

Q Ken이 한 달 만에 이 모든 그림을 완성했어!
A 알고 있어. 그는 거의 쉬지 않고 매일 작업했어.

2 무지

Q Is your company hiring web designers?
A I can ask HR on your behalf.

Q 너희 회사에서 웹디자이너를 고용하고 있니?
A 너를 대신해서 인사부에 물어볼 수 있어.

Q Do you know how I can alter pictures on my PC?
A You'll have to ask someone else.

Q 내 PC에서 그림을 어떻게 바꿀 수 있는지 알아?
A 다른 사람한테 물어봐.

Q How long will it take you to get here?
A It's hard to give you an estimate.

Q 네가 여기까지 오는 데 얼마나 걸릴까?
A 예상 시간을 알려 주기가 어려워.

Q Are there discounts for children under 10?
A I'd have to call the office to find out.

Q 10세 미만의 아이들을 위한 할인이 있나요?
A 사무실에 전화해서 알아봐야 할 것 같아요.

Q How many library books am I allowed to check out?
A I don't have the slightest idea.

Q 도서관 책을 내가 몇 권까지 대출하는 게 가능하지?
A 난 전혀 몰라.

Q When is the last day to withdraw from class?
A I don't have a clue.

Q 수업을 철회할 수 있는 마지막 날이 언제입니까?
A 전혀 모르겠습니다.

Q When was the last time you visited a museum?
A I'm not sure of the specific date.

Q 박물관을 마지막으로 간 게 언제니?
A 구체적인 날짜는 잘 모르겠어.

Q Do you think someone might cancel their reservation?
A We'll have to wait and see.

Q 너는 누군가 예약을 취소할 거라고 생각하니?
A 기다려 봐야 할 것 같아.

Q There's a rumor that Charles is quitting his job.
A Really? That's news to me.

Q Charles가 직장을 그만둘 것이라는 소문이 있어.
A 정말? 난 처음 들어.

Unit Test

MP3 P1_2_48

Part 1
Choose the most appropriate response to the statement.

01 (a) (b) (c) (d)

02 (a) (b) (c) (d)

03 (a) (b) (c) (d)

04 (a) (b) (c) (d)

05 (a) (b) (c) (d)

06 (a) (b) (c) (d)

07 (a) (b) (c) (d)

08 (a) (b) (c) (d)

Part 2
Choose the most appropriate response to complete each conversation.

09 (a) (b) (c) (d)

10 (a) (b) (c) (d)

11 (a) (b) (c) (d)

12 (a) (b) (c) (d)

13 (a) (b) (c) (d)

14 (a) (b) (c) (d)

15 (a) (b) (c) (d)

16 (a) (b) (c) (d)

정답 p.77

Unit 05 사실 / 조치·행동

사실을 물을 때는 의문사 의문문을 주로 사용한다. 따라서 의문사에 맞는 사실로 답하고 있는지 확인해야 한다.
조치나 행동은 대부분 문제점이 있거나 무언가를 해야 하는 상황이 나올 때 답변으로 많이 나온다.

1 사실

특정 사실은 의문사 의문문으로 주로 묻는다. 따라서 의문사에 맞는 사실로 답하고 있는지 각 보기를 들으며 확인해야 한다. 하지만, 때로는 일반적인 통념이나 관점을 말하고 뒤에서 그 내용과 다른 사실을 답변으로 제시하는 경우도 있다.

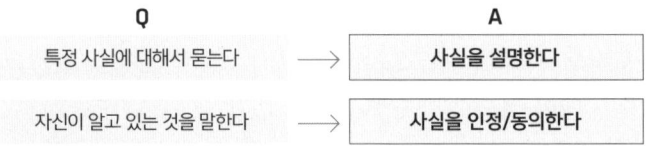

- **사실을 설명할 때 쓰는 표현**

In fact, the course is more than 4 weeks long. 사실, 그 과정은 4주 넘게 진행 돼.
Actually, we only have two more seats available. 사실, 저희는 2자리 밖에 남지 않았습니다.
There's actually a surcharge of $40 for each additional bag. 사실, 각 추가 가방마다 추가 요금 40달러가 있습니다.
I was late this morning for the meeting. 저는 오늘 아침 회의에 늦었습니다.
As a matter of fact, we're getting a new manager next week. 사실, 우리는 다음 주에 새로운 매니저가 옵니다.
We'll be discussing the pros and cons of our new policy. 우리는 새로운 정책에 대한 장단점을 의논할 것입니다.
I couldn't reach you because your phone was busy. 당신의 전화가 통화 중이어서 통화를 할 수가 없었습니다.
The school is closed today due to heavy snow. 오늘 눈이 많이 와서 휴교입니다.
Four people were injured in the accident. 그 사고로 4명이 다쳤습니다.
I just bought these pants from the store across the street. 나는 이 바지를 길 건너 가게에서 지금 막 샀어.
All the items on display are 50% off their original price. 모든 진열품은 원래 가격에서 50퍼센트 할인합니다.
To be honest, I'm only taking three classes this semester. 솔직히, 나는 이번 학기에 3개의 수업만 들어.
I'll be away on a business trip the entire next week. 저는 다음 주 내내 출장을 갈 것입니다.
In truth, there are only two tables left now. 사실, 지금 2개의 테이블만 남았습니다.
I'm sorry, but we don't have any vacancies. 죄송하지만, 저희는 빈방이 전혀 없습니다.
The flight is 30 minutes behind schedule. 그 항공기는 30분 지연되었습니다.
My salary got bumped up to $80,000 a year. 제 봉급이 연 8만 달러로 올랐습니다.
Actually, I'm waiting opposite the post office. 사실, 난 우체국 건너편에서 기다리고 있어.

빈출 질문 및 답변

1 사실을 설명하는 상황

Q You were late for work every week this month.
A I apologize. It won't happen again.

Q 당신은 이번 달에 매주 늦게 출근했군요.
A 죄송합니다. 다시는 그러지 않을 겁니다.

Q We came all this way to Canada, and it's raining nonstop.
A I know. What a waste of time!

Q 이렇게 멀리 캐나다까지 왔는데, 비가 그치질 않고 내리네.
A 알아. 정말 시간 낭비야!

Q We're also supposed to discuss next year's budget.
A Looks like we've got a lot on our hands.

Q 우리는 내년 예산에 대해서도 논의해야 합니다.
A 우리에게 일이 너무 많은 것 같군요.

Q I called you yesterday, but no one answered.
A I must have been in a meeting or something.

Q 어제 너에게 전화했었는데, 아무도 받지 않았어.
A 회의를 하고 있거나 그랬나 보다.

Q I got a free flight upgrade to first class.
A It must have been your lucky day.

Q 나는 일등석으로 무료 항공권 업그레이드를 받았어.
A 네가 오늘 운이 좋은가 봐.

Q Your phone plan includes unlimited calls and data.
A That's good to know. I use the Internet a lot.

Q 당신의 전화 요금제는 무제한 통화와 데이터가 포함되어 있습니다.
A 알게 되어 좋네요. 저는 인터넷을 많이 사용합니다.

Q The city tour has been postponed to 2 o'clock.
A I guess I have no choice but to wait.

Q 도시 투어가 2시로 연기되었습니다.
A 기다릴 수밖에 없는 것 같네요.

Q John hasn't shown up. He said he's stuck in traffic.
A We should start the discussion without him then.

Q John이 아직 오지 않았습니다. 그는 교통 체증으로 꼼짝도 못한다고 했어요.
A 그럼 그가 없이 토론을 시작해야 할 것 같네요.

2 사실로 답변하는 상황

Q I've never seen you wear that sweater. Is it new?
A I got it yesterday.

Q 네가 그 스웨터를 입은 걸 본 적이 없어. 새 거니?
A 어제 샀어.

Q I'd like a table for four outside, please.
A We only have one indoors.

Q 야외로 네 명 자리 주세요.
A 실내에 한 자리밖에 없습니다.

Q It looks like Ben and Carry have some history.
A They used to go out many years ago.

Q Ben과 Carry 사이에 뭔가 있는 것 같아.
A 그들은 몇 년 전에 사귀었어.

Q Was there an accident on highway 95?
A Yeah, it was backed up for several hours.

Q 95번 고속도로에서 사고가 있었나요?
A 네, 몇 시간 동안 길이 막혀 있었어요.

Q How long does it take for you to come here?
A Two to three hours at the most.

Q 네가 여기까지 오는 데 얼마나 걸리니?
A 두 시간에서 최대 세 시간까지 걸려.

Q Is this sofa set on sale?
A It's 40% off in fact.

Q 이 소파는 할인 중인가요?
A 사실 40퍼센트 할인하고 있습니다.

Q Excuse me, is the university bookstore nearby?
A It's actually been relocated outside the campus.

Q 실례합니다. 대학교 서점이 근처에 있나요?
A 사실은 캠퍼스 밖으로 이전했습니다.

Q What's the extra charge for additional baggage?
A It'll cost you $60 per piece of luggage.

Q 추가 수하물에 대한 추가 비용은 얼마인가요?
A 수하물 하나당 60달러입니다.

2 조치·행동

조치나 행동은 대부분 문제점이 있거나 무언가를 해야 하는 상황이 나올 때 답변으로 많이 나온다. 따라서 문제점을 언급할 경우 조치나 행동을 제시하는 답변을 예상할 수 있어야 한다. 예를 들어, 자동차가 도난 당했을 경우, 경찰에 연락하라는 조치가 답변으로 나올 수 있다. 또한, 회의실이 변경되었을 경우, 변경사항을 모두에게 연락하겠다는 행동을 말할 수 있다.

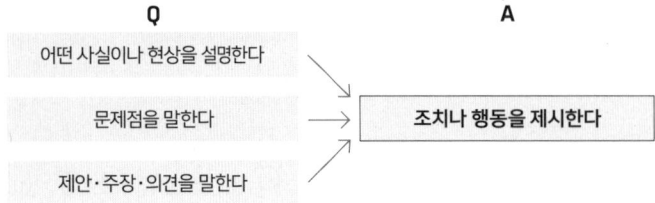

- **조치나 행동을 취할 때 쓰는 표현**

I'll give you a call later this afternoon then. 그럼 이따 오후에 전화 드리겠습니다.
We can pick up some snacks on the way. 우리는 가는 길에 간식을 사가면 돼.
Call and see if they have any rooms left. 남은 방이 있는지 전화해서 알아봐.
I'll go home and bring my receipt. 제가 집에 가서 영수증을 가져오겠습니다.
Just take it to the laundry for dry cleaning. 그것을 그냥 세탁소에 가져가서 드라이클리닝 맡겨.
We can grab a cab there. It's much quicker. 우리 거기서 택시를 타고 가면 돼. 그게 훨씬 더 빨라.
I can finish the report for you. Take a break. 내가 보고서를 대신 끝내 줄 수 있어. 잠깐 쉬어.
I'm going to request a pay raise. 저는 급여인상을 요구할 것입니다.
I'll return the book I borrowed tomorrow. 빌린 책을 내일 돌려드리겠습니다.
I can take care of those boxes. 제가 그 상자들을 처리할 수 있어요.
I'll talk to the manager on your behalf. 제가 당신을 대신해서 매니저와 얘기하겠습니다.
Close the curtains. It'll make the room warmer. 커튼을 닫아. 방을 더 따뜻하게 만들어줄 거야.
Let me get you some clothes. 내가 옷을 좀 가져다 줄게.
We'll stop at the next gas station we come across. 우리는 다음에 보이는 주유소에 들를 거야.
I'll have a technician come and take a look at it. 내가 기술자를 불러서 그것을 한번 보도록 할게.
Boxes should be in the back. I'll go get them. 상자들은 안쪽에 있을 거예요. 제가 가서 가져올게요.
Sorry, I'll turn down the volume. 죄송합니다, 소리를 낮추도록 하겠습니다.
Then notify the authorities about the issue. 그럼 당국에 그 문제에 대해서 알려.

빈출 질문 및 답변

🔊 MP3 **P1_2_50**

▪ 조치 및 행동

Q I don't have my receipt. Can I still return this? A Then, we can only offer in-store credit.	Q 저는 영수증이 없어요. 그래도 반품이 될까요? A 그럼, 저희 매장에서만 사용 가능한 상품권만 드릴 수 있습니다.
Q We should make changes to our yearly budget. A Okay, let's get together and discuss it this afternoon.	Q 우리의 연간 예산을 변경해야 할 것 같아요. A 그래요. 오늘 오후에 모여서 같이 이야기해 봐요.
Q Sorry, but Kristen is not in right now. A Then, I'll call back again later.	Q 죄송하지만, Kristen은 지금 없습니다. A 그럼, 다음에 다시 전화하겠습니다.
Q Oh no, we forgot to pick up eggs. A Good thing the grocery store is nearby.	Q 앗 이런. 계란 사는 것을 잊었네. A 식료품점이 가까워서 다행이야.
Q I think I'm coming down with a cold. A Go home and get some rest then.	Q 나 감기에 걸릴 것 같아. A 그럼 집에 가서 좀 쉬어.
Q I regret having bought these socks yesterday. A Then return them before it's too late.	Q 어제 이 양말들을 산 것을 후회해. A 그럼, 너무 늦기 전에 그것들을 반품해.
Q I missed my flight. Is there any seat on the next one? A Unfortunately, we'll have to put you on standby.	Q 제 비행기를 놓쳤어요. 다음 편에 자리가 있을까요? A 죄송하지만, 대기 명단에 올려야 할 것 같습니다.
Q It's hot outside. You'd better put on lighter clothes. A I'll change into something different.	Q 밖이 더워. 더 가벼운 옷을 입는 게 나아. A 다른 걸로 갈아입을게.
Q Can you come by around 2 p.m.? A Sure. I'll bring refreshments for us.	Q 오후 2시 정도에 올 수 있니? A 당연하지. 가볍게 먹을 걸 가져갈게.
Q Hi, this is Mark returning Mr. Johnson's call. A Okay. Let me get him for you.	Q 안녕하세요. Johnson 씨의 전화를 받고 전화 드리는 Mark입니다. A 알겠습니다. 그를 바꿔 드리겠습니다.
Q Someone's at the door. Can you get it? A Okay, I'll go see who it is.	Q 밖에 누가 온 것 같아. 나가 볼 수 있어? A 그래. 내가 가서 누군지 볼게.
Q What line of work are you in? A I'm in the process of changing careers.	Q 당신은 어떤 일을 하나요? A 지금 직업을 바꾸는 중이에요.
Q We should remind our colleagues about the office party. A I'll send an email to everyone this afternoon.	Q 우리는 동료들에게 사무실 파티에 관하여 상기시켜야 해. A 내가 오늘 오후에 모두에게 이메일을 보낼게.
Q My friends say the new restaurant downtown is amazing. A Then we should try it out when we get the time.	Q 내 친구들은 시내에 새로 생긴 식당이 정말 좋대. A 그럼 우리 시간 나면 가서 먹어 봐야겠어.
Q You can't sell your car if you have outstanding fines. A I'm going to get them all cleared on Friday.	Q 미지불된 벌금이 있으면 자동차를 팔 수 없어. A 금요일에 벌금을 다 납부할 계획이야.
Q Thanks for going out of your way to get me the job. A All I did was ask that your résumé be given to HR.	Q 내가 직장을 구하는 데 애를 써 줘서 고마워. A 내가 한 것은 인사부에 이력서가 들어가도록 부탁한 것뿐이야.

Unit Test

🔊 MP3 **P1_2_51**

Part 1
Choose the most appropriate response to the statement.

01 (a) (b) (c) (d)

02 (a) (b) (c) (d)

03 (a) (b) (c) (d)

04 (a) (b) (c) (d)

05 (a) (b) (c) (d)

06 (a) (b) (c) (d)

07 (a) (b) (c) (d)

08 (a) (b) (c) (d)

Part 2
Choose the most appropriate response to complete each conversation.

09	(a)	(b)	(c)	(d)
10	(a)	(b)	(c)	(d)
11	(a)	(b)	(c)	(d)
12	(a)	(b)	(c)	(d)
13	(a)	(b)	(c)	(d)
14	(a)	(b)	(c)	(d)
15	(a)	(b)	(c)	(d)
16	(a)	(b)	(c)	(d)

정답 p.82

Unit 06 위로·공감 / 조언·제안

위로나 공감하는 상황은 말의 뉘앙스나 문맥을 정확히 파악해야 정답을 맞힐 수 있다. 조언과 제안의 경우 상대방이 문제점에 대해 말할 때 자주 답변으로 등장한다.

1 위로·공감

앞에서 좋지 않은 상황이나 고민에 대해 말할 때 위로하거나 공감하는 답변을 할 수 있다. 아래 패턴을 미리 숙지하여 정답을 정확하게 예상할 수 있도록 준비하는 것이 좋다.

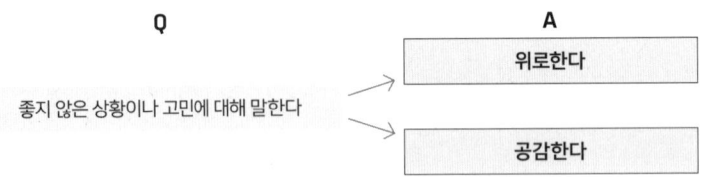

만약 문제점이나 부정적인 상황이 나왔을 때 답변으로 위로나 공감이 나오지 않을 경우에는 제안하거나 조언하는 말 또는 조치를 취하는 말이 답변으로 나올 수도 있다.

1 위로할 때 쓰는 표현

I'm sure you'll do fine. 넌 분명 잘할 거야.
Don't worry. 걱정하지 마.
Take it easy. 걱정하지 마.
You'll be fine. 넌 괜찮을 거야.
It'll eventually turn around. 결국에는 잘될 거야.
Look on the bright side. 긍정적으로 생각해.
There's always a second chance. 다음 기회는 항상 있어.
Everything's going to be okay. 모든 게 잘될 거야.
It's not the end of the world. 세상이 끝난 게 아니야.
You still have one more chance. 아직 한 번 더 기회가 있어.

2 공감할 때 쓰는 표현

It's a shame[pity]. 참 안됐다.
I'm sorry to hear that. 참 안됐다.
You must feel helpless. 속수무책이었겠다.
I feel for you. 네가 어떤 기분인지 알 것 같아.
You must be devastated[sad, tired, busy 등]. 정말 힘들겠다[슬프겠다, 피곤하겠다, 바쁘겠다 등].
That must have been really difficult[hard] for you. 정말 힘들었겠구나.

빈출 질문 및 답변

1 위로를 하는 상황

Q I just found out my little brother is unwell.
A I'm sure he'll get better soon.
Q 내 남동생이 아프다는 것을 지금 막 알았어.
A 그가 곧 나아질 거라고 확신해.

Q I missed so many classes that I'll never pass this course.
A Look on the bright side. You can retake it next year.
Q 수업을 너무 많이 결석해서 이 과정은 절대 통과하지 못할 거야.
A 긍정적으로 생각해. 다음 해에 재수강할 수 있어.

Q I had to cancel my trip to Italy because of work.
A At least you got your entire deposit back.
Q 일 때문에 이탈리아 여행을 취소해야만 했어.
A 최소한 너는 예약금을 전액 환불받았잖아.

Q I worry my grades are lower than my classmates'.
A Don't. You've received many awards to be proud of.
Q 같은 반 학생들보다 내 점수가 낮아서 걱정이야.
A 그러지 마. 넌 자랑스러울 만한 상들을 많이 받았잖아.

Q We're going to miss the start of the movie.
A Take it easy. We'll get there just in time.
Q 우리는 영화의 시작 부분을 놓칠 거야.
A 걱정하지 마. 제시간에 도착할 거야.

Q We're not going have enough food for everyone to go around.
A Trust me – We have plenty.
Q 모두에게 돌아갈 만큼 음식이 충분하지 않을 것 같아.
A 나를 믿어. 충분히 있어.

Q I can't afford to pay next semester's tuition.
A Don't worry. Your parents will help you out.
Q 다음 학기의 학비를 낼 형편이 안 돼.
A 걱정하지 마. 너의 부모님께서 너를 도와주실 거야.

2 공감을 하는 상황

Q I'm taking my doctor's advice to drink less soda.
A That's something we should all listen to.
Q 나는 탄산 음료를 적게 마시라는 의사 선생님의 충고를 따르고 있어.
A 그건 우리 모두가 귀담아 들어야 하는 부분이야.

Q What are the chances of bumping into each other here?
A I know – It's an incredible coincidence!
Q 여기서 이렇게 마주칠 확률이 얼마나 될까?
A 그러니까. 정말 엄청난 우연이다!

Q I can't stand my job, but I really need the money.
A I can imagine what you're going through right now.
Q 내 일을 견딜 수가 없지만, 돈이 정말 필요해.
A 지금 네가 얼마나 힘든지 알 것 같아.

Q It's nearly impossible to buy a present for Jean.
A She does have a peculiar taste.
Q Jean을 위한 선물을 사는 것은 거의 불가능해.
A 그녀가 까다롭긴 하지.

Q The service at the repair shop was appalling.
A You must be really disappointed.
Q 수리 센터의 서비스가 너무 안 좋았어.
A 정말 실망스러웠겠다.

Q It's odd that John's leaving the company after all these years.
A I don't think anyone expected it.
Q 이 오랜 시간 끝에 John이 회사를 떠난다는 것이 뜻밖이야.
A 아무도 예상하지 못했을 거라고 생각해.

Q I lost the files I was working on.
A That can be really frustrating.
Q 내가 작업하고 있던 파일이 없어졌어.
A 정말 절망적이겠구나.

2 조언·제안

조언이나 제안은 앞에서 문제가 있다고 말하거나 조언/제안을 요구할 때 주로 등장하는 답변이다. 대부분 앞에서 문제가 나올 경우 위로나 공감을 하지만 조언과 제안을 해주기도 하기 때문에 둘 다 예상을 하고 듣는 것이 좋다. 또한, 조언이나 제안은 계획이나 절차 등을 말하고 나서 뒤에서 답변으로 나오는 경우도 있다. 따라서 어떤 상황에서 조언과 제안이 답변으로 나올 수 있는지 빈출 상황을 학습하는 것이 중요하다.

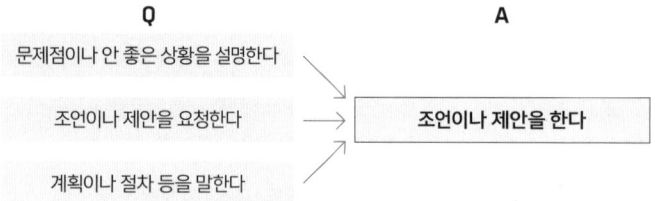

- **조언이나 제안을 할 때 쓰는 표현**

  You should avoid taking the morning train. 아침 기차를 타는 것은 피하는 것이 좋을 것 같아.
  I wouldn't buy that if I were you. 내가 너라면 그것을 사지 않을 거야.
  Why don't we just go there now? 그냥 거기에 지금 가는 것이 어때?
  Maybe you ought to change your clothes. 네 옷을 갈아입는 것이 좋을 것 같아.
  You might as well file a complaint to the school. 학교에 항의를 제기하는 편이 좋겠어.
  You had better talk to the supervisor. 상사에게 말하는 것이 좋겠어.
  You can always reserve a ticket online. 표는 항상 온라인으로 예약할 수 있잖아.
  You may be better off replacing the old parts. 오래된 부품을 교체하는 편이 좋을 것 같아.
  You may want to get a new pair of running shoes. 새 운동화를 구매하는 것이 좋을 것 같아.
  You should move to the suburbs. 교외 지역으로 이사하는 것이 좋을 것 같아.
  Let's watch the movie this weekend. 그 영화를 이번 주말에 보자.
  Maybe we ought to get a membership. 회원권을 구매하는 것이 좋을 것 같아.
  Maybe you can have a yard sale. 마당 판매를 할 수도 있어.
  You had better apply to more companies. 너는 더 많은 회사에 지원하는 것이 좋겠어.
  You could always borrow money from me. 나한테서 항상 돈을 빌릴 수 있잖아.
  You may be better off fixing it by yourself. 그것을 너 혼자서 고치는 편이 낫을 것 같아.
  We should just pay for our own meals. 우리는 각자 식사비용을 내는 것이 좋겠어.
  I'm tired. Let's just order in tonight. 나 피곤해. 그냥 오늘 저녁 식사는 주문하자.
  I guess it's better to postpone the meeting to this Friday. 회의를 이번 주 금요일로 미루는 것이 좋을 것 같다고 생각해.
  You may want to give the treadmill a try. 러닝머신을 한번 사용해보는 것이 좋을 것 같아.
  You had better submit your report on time. 네 보고서를 시간을 어기지 않고 제출하는 것이 좋을 것 같아.
  I can always give you a hand if you want. 필요하다면 내가 항상 도와줄 수 있어.
  You may be better off staying with your parents. 너는 네 부모님과 지내는 편이 나을 것 같아.

빈출 질문 및 답변

1 조언을 하는 상황

Q I should leave my job. I haven't had a raise in years.
A Even so, I wouldn't make any hasty decisions.

Q 직장을 그만둬야겠어. 몇 년 동안 임금 인상이 안 되었어.
A 그렇더라도, 나라면 성급한 결정을 하지 않겠어.

Q I've had no appetite since the car accident.
A You should still eat something light at least.

Q 교통사고 이후로 입맛이 없어.
A 그래도 가볍게라도 먹어야 해.

Q My friends and I are heading to the beach this afternoon.
A You should apply enough sunblock to avoid sunburns.

Q 내 친구들과 나는 오늘 오후에 해변에 갈 거야.
A 타지 않도록 자외선 차단제를 충분히 발라야 해.

Q You're better off working with an agency.
A It's probably less risky that way.

Q 대행사와 함께 일하는 것이 더 나을 거야.
A 그게 아마도 덜 위험할 것 같아.

Q Should I take out a loan to buy a new apartment?
A If that's the only option you have.

Q 새로운 아파트를 사기 위해 대출을 받아야 할까?
A 그것이 네가 가진 유일한 선택권이라면.

Q This medication isn't making me feel any better.
A I guess it's time to switch to a different one, then.

Q 이 약을 먹어도 내가 더 좋아지지가 않아.
A 그럼 다른 것으로 바꿔야 할 때인 것 같아.

Q What should I do with my old books?
A Maybe you can donate them to a local library.

Q 오래된 책들을 어떻게 해야 할까?
A 지역 도서관에 기부할 수도 있어.

Q I'm trying to build up muscles these days.
A You should take it easy because you're overdoing it.

Q 요즘 내 근육을 키우기 위해 노력하고 있어.
A 너는 너무 무리하게 하고 있기 때문에 좀 적당히 할 필요가 있어.

2 제안을 하는 상황

Q Would you like to try out our latest boat excursion?
A Sure, I'm always up for a new adventure.

Q 저희의 최신 보트 투어를 한번 해보시겠습니까?
A 물론이죠. 저는 항상 새로운 모험을 기꺼이 하려고 해요.

Q I can do the dishes if you want me to.
A That would help me clean the house more quickly.

Q 만약 네가 원한다면 내가 설거지를 할게.
A 그렇게 하면 내가 집을 더 빨리 청소하는 데 도움이 될 거야.

Q Let's have dinner together tonight.
A Sorry, I've got previous engagements.

Q 오늘 저녁에 식사를 함께 하자.
A 미안해. 나는 선약이 있어.

Q I can't stand this noise in the city! Let's move.
A It was also getting to me as well.

Q 도시의 소음을 못 참겠어! 이사 가자.
A 나도 그거 때문에 시달리고 있었어.

Q Do you want me to bump up your seat to business class?
A Only if it doesn't cost me extra.

Q 당신의 좌석을 비즈니스석으로 업그레이드해 드릴까요?
A 제가 추가 비용을 낼 필요가 없다면요.

Q How about we work on the project together?
A Good idea. We can split up the work among us.

Q 우리 프로젝트를 함께 하는 거 어때?
A 좋은 생각이야. 우리는 일을 나누어 할 수 있겠다.

Q I should go back home to get an umbrella.
A Use mine – I have an extra one.

Q 나 우산을 가지러 집에 돌아가야 해.
A 내 것을 써. 나 하나 더 있어.

Q Why don't we volunteer to help at the orphanage?
A I'm all for it.

Q 고아원에서 돕는 일에 자원봉사하는 거 어때?
A 대찬성이야.

Unit Test

🔊 MP3 P1_2_54

Part 1
Choose the most appropriate response to the statement.

01 (a) (b) (c) (d)

02 (a) (b) (c) (d)

03 (a) (b) (c) (d)

04 (a) (b) (c) (d)

05 (a) (b) (c) (d)

06 (a) (b) (c) (d)

07 (a) (b) (c) (d)

08 (a) (b) (c) (d)

Part 2
Choose the most appropriate response to complete each conversation.

09 (a) (b) (c) (d)

10 (a) (b) (c) (d)

11 (a) (b) (c) (d)

12 (a) (b) (c) (d)

13 (a) (b) (c) (d)

14 (a) (b) (c) (d)

15 (a) (b) (c) (d)

16 (a) (b) (c) (d)

정답 p.86

Unit 07 지시·명령 / 조건

지시나 명령의 경우 명령문으로 말을 하며 그에 대해 수락하거나 거절하는 답변을 할 수 있다. 조건은 대부분 앞에서 어떤 요청이나 부탁을 할 경우에 수락에 대한 조건을 제시하는 경우로 출제된다.

1 지시·명령

지시나 명령에 대해 상대방은 수락 또는 거절을 한다. 대부분은 수락하거나 수긍하는 것이 정답으로 많이 나오지만 때로는 앞에서 문제, 고민, 임무에 대해서 말하고, 뒤에서 답변으로 지시나 명령이 나오기도 한다. 예를 들어, 앞에서 거실 청소를 다 했다고 하고 뒤에서 답변으로 그럼 방 청소를 하라고 지시하는 것이다.

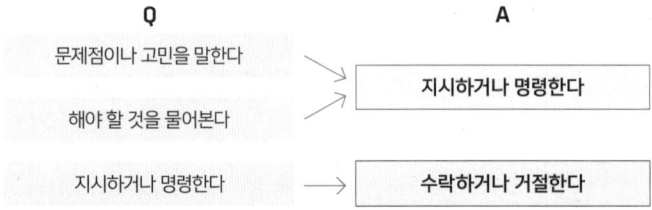

- **지시 또는 명령을 할 때 쓰는 표현**
  Pick up some eggs on your way home. 집에 오는 길에 계란 좀 사오세요.
  Show me your ID with a bank statement. 신분증과 입출금 내역서를 보여주세요.
  Turn off the lights when you leave. 나갈 때 불을 끄세요.
  Take off your shoes in the house. 집 안에서는 신발을 벗어주세요.
  Go to your room and do your homework. 방에 들어가서 숙제 해.
  Change your password every three months. 매 3개월마다 암호를 변경하세요.
  Turn left at the stop sign. 정지 표지판에서 왼쪽으로 가세요.
  Throw away the old newspapers. 오래된 신문을 버려.
  Come and pick me up at 7. 7시에 날 데리러 와.
  Tidy up your room. It's messy. 네 방을 청소해. 지저분해.
  Keep the widows shut. The air is bad outside. 창문을 닫아 놔. 밖의 공기가 안 좋아.
  Bring me an umbrella when you leave the house. 집을 나올 때 나를 위해서 우산을 가져와 줘.
  Watch over my stuff while I use the restroom. 화장실을 다녀오는 동안 내 물건을 지키고 있어.
  Call me when you get home. 집에 도착하면 연락해.
  Don't order any dessert. I'm stuffed. 디저트는 주문하지 마. 난 배불러.
  Make sure you update everyone about the annual meeting. 연례 회의에 대해서 모두에게 꼭 알려주세요.
  Don't drive too fast in this neighborhood. 이 동네에서는 너무 빨리 운전하지 마세요.
  Please wait until it's your turn. 당신 차례까지 기다려주세요.
  Have your tickets ready at the door. 입구에서 표를 준비하세요.

빈출 질문 및 답변

🔊 MP3 P1_2_55

- ### 지시 또는 명령을 하는 상황

Q Use the exits on the right in case of an emergency.
A Hopefully it doesn't come to that.

Q 비상시에는 오른편에 있는 출구를 이용하세요.
A 그런 일이 생기지 않기를 바랍니다.

Q You cannot have any liquids in your luggage.
A Give me a minute. I'll get rid of them.

Q 가방에 액체를 소지하시면 안 됩니다.
A 잠시만 시간을 주세요. 그것들을 버리겠습니다.

Q Be quiet. Everyone's asleep now.
A I'm sorry. I'll be careful not to wake anyone.

Q 조용히 해 주세요. 지금 모두가 잠들었어요.
A 죄송합니다. 아무도 깨우지 않도록 조심할게요.

Q Lock the door behind you.
A I forgot. I'll go and do that.

Q 들어오면서 문 잠가.
A 까먹었어. 가서 잠글게.

Q Show the new marketing director to his office when he gets here.
A Sure, I'll make a mental note of that.

Q 새로운 마케팅 부장이 오면 그의 사무실로 안내해 주세요.
A 네, 명심하겠습니다.

Q Call the pizza place and ask when they'll be delivering our order.
A Let's give it a few more minutes.

Q 피자 가게에 전화를 해서 우리가 주문한 것을 언제 배달할지 물어봐.
A 조금만 더 기다려 보자.

Q You have a flat tire! Don't drive until you change it.
A Okay. I'll have someone come and fix it.

Q 너 타이어에 바람이 빠졌어! 교체할 때까지 운전하지 마.
A 알았어. 사람을 불러서 고치라고 할게.

Q Finish the budget report by this Friday.
A I'll try my best to have it done by then.

Q 이번 주 금요일까지 예산 보고서를 완료하세요.
A 그때까지 마무리하도록 최선을 다하겠습니다.

Q Be home by four so that we can go to the party together.
A I'll probably be home before then.

Q 우리가 파티에 함께 갈 수 있도록 4시까지 집에 와.
A 아마 그 전에 집에 올 거야.

Q Go and take the dog for a walk.
A Let me find the leash first.

Q 나가서 개를 산책시키고 와.
A 목줄부터 찾을게.

Q Wait until John finishes his speech before you go up.
A I'll be sure to do that.

Q 당신이 올라가기 전에 John이 연설을 마치길 기다리세요.
A 꼭 그러도록 할게요.

Q Leave the bread in the oven for 10 more minutes.
A I think 5 more minutes should be enough.

Q 빵을 오븐에 10분 더 놔둬.
A 내 생각엔 5분 더 하면 충분할 것 같아.

Q Everyone must read and sign the nondisclosure agreement prior to taking the test.
A Okay. I'll do that right away.

Q 시험을 보기 전에 모두 비공개 동의서를 읽고 서명해야 합니다.
A 네. 지금 바로 하겠습니다.

Q Give me the copies of the articles you used in your paper.
A I don't have them on me. I'll get them to you tomorrow.

Q 너의 보고서에 사용한 기사들의 복사본을 줘.
A 지금 나한테 없어. 내일 가져다 줄게.

Q You need to wash your hands before your meal.
A Of course. I'll be right back.

Q 넌 식사를 하기 전에 손을 씻어야 해.
A 당연하지. 씻고 바로 올게.

Q Go out and help John load the boxes.
A He should be able to do it by himself.

Q 나가서 John이 상자들을 싣는 것을 도와줘.
A 그는 혼자 할 수 있을 거야.

2 조건

조건은 대부분 앞에서 어떤 요청이나 부탁을 할 경우에 수락의 조건으로 등장한다. 또한, 부정적인 상황에서 어떤 조건에서는 괜찮았을 것 같다는 답변으로 조건이 등장하는 경우도 있다. 예를 들어, 앞에서 컴퓨터가 작동을 하지 않는다고 하고 뒤에서 답변으로 돈을 주면 고쳐주겠다고 말하는 것이다. 어떤 상황에서 조건이 나올 수 있는지 빈출 상황을 학습하여 정답을 신속하고 정확하게 예측할 수 있도록 준비하는 것이 중요하다.

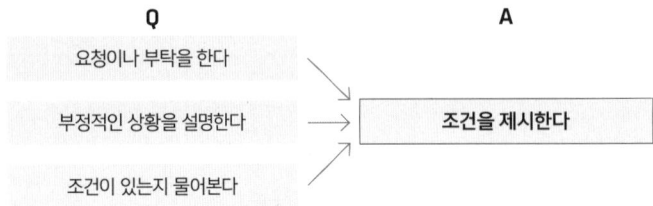

- **조건을 제시할 때 쓰는 표현**

I can go there if it is nearby. 가까우면 나는 거기에 갈 수 있어.
Only if it is on sale. 그것이 할인 중인 경우에만.
As long as there are seats available. 남은 자리가 있다면야.
So long as you order before 9:30. 9시 30분 이전에 주문을 한다면.
I'll start my paper as soon as I have all the data. 모든 자료가 준비되는 대로 즉시 논문을 시작하겠습니다.
You should send out the invitation only after everything's set. 모든 것이 준비되고 나서야 초대장을 보내야 합니다.
If you don't mind the crowd at the mall. 쇼핑몰에 있는 사람들을 신경 쓰지 않는다면요.
It's mandatory that everyone participates in the presentation. 모두가 발표에 참여하는 것은 의무입니다.
Only if you want to go there. 네가 거기에 가고 싶을 경우에만.
We're not actually allowed to use that floor. 사실 우리는 그 층을 쓰는 것이 허용되지 않습니다.
As long as the train arrives on schedule. 기차가 예정대로 도착하는 한.
We can start as soon as John gets here. John이 여기에 도착하는 즉시 시작할 수 있습니다.
I need both you and your wife's signatures. 저는 당신과 당신 부인의 서명이 둘 다 필요합니다.
You're supposed to go to use the form over there. 당신은 저기에 있는 양식을 사용해야 합니다.
The position is only eligible for experienced individuals. 그 자리는 경험이 있는 사람들에게만 자격이 있습니다.
Not if the weather lets up. 날씨가 누그러진다면 아닐 겁니다.
If you don't mind her bringing a friend. 그녀가 친구를 초대하는 것을 신경 쓰지 않는다면.
Only when I get up early in the morning. 내가 아침에 일찍 일어날 때만.
I would've been there if it had been this week. 이번 주였다면 나는 거기에 갔었을 거야.
As long as we have a venue for it. 우리가 그것을 위한 장소가 있는 한.

빈출 질문 및 답변

🔊 MP3 P1_2_56

1 조건을 물어보는 상황

Q Do I need a safety seat for my child?
A It's illegal to drive your kid without one in this state.

Q 아이를 위해서 안전 의자가 필요할까요?
A 이 주에선 그것 없이 아이를 태우고 운전하는 것은 불법입니다.

Q Is it necessary to bring my own sportswear to use the facility?
A No, we provide clothes to our guests.

Q 시설을 사용하기 위해서는 제 운동복을 가져와야 하나요?
A 아니요. 저희는 손님들께 옷을 제공합니다.

Q Professor, do I have to make an appointment to talk to you?
A No, you can come any time during my office hours.

Q 교수님, 교수님과 면담을 하기 위해서는 약속을 잡아야 하나요?
A 아니. 내가 사무실에 있는 동안 아무 때나 와도 돼.

Q What do I need to do to get good grades like you?
A All you have to do is work hard.

Q 너처럼 좋은 성적을 받기 위해선 어떻게 해야 할까?
A 네가 해야 할 것은 그저 노력하는 것뿐이야.

Q Do you think I should take my car to the workshop?
A Only if you live far from the venue.

Q 워크숍에 내 차를 가져가야 한다고 생각하니?
A 네가 그 장소에서 멀리 떨어진 곳에 산다면.

Q Can you give me extra credit work for this semester?
A That's only for when there are legitimate reasons.

Q 이번 학기에 추가 학점을 받을 수 있는 과제를 주실 수 있나요?
A 합리적인 이유가 있을 때만 가능하단다.

Q Is it possible for me to get off work early today?
A After you're done with your work.

Q 오늘 일찍 퇴근해도 될까요?
A 일을 마치셨으면요.

2 조건을 말하는 상황

Q My car just broke down. Can you give me a ride?
A Sure, if you don't mind waiting a couple of minutes.

Q 제 차가 방금 고장 났어요. 저 좀 태워줄 수 있나요?
A 물론이죠. 몇 분을 기다리는 것이 상관없다면요.

Q What happens if my bag is over the weight limit?
A You'll have to remove a few things.

Q 제 가방이 무게 제한을 초과하면 어떻게 되나요?
A 몇 개를 빼셔야 할 거예요.

Q There are seat numbers in this theater.
A You're supposed to sit in designated seats.

Q 이 극장에는 좌석 번호가 있네요.
A 지정된 좌석에 앉으셔야 해요.

Q Children above 120 cm tall are the only ones allowed on this ride.
A I guess it's dangerous for those who're smaller.

Q 이 기구는 키가 120cm가 넘는 아이들만 탑승이 허용됩니다.
A 더 작은 아이들에게는 위험한가 봅니다.

Q I didn't know you still swam.
A Only when I get off from work before 5 p.m.

Q 네가 여전히 수영을 하는지 몰랐어.
A 내가 5시 전에 퇴근하는 경우에만 해.

Q Finding a parking space is difficult here.
A Not if we come early in the morning.

Q 여기서 주차 공간을 찾는 것은 어려워.
A 아침에 일찍 온다면 어렵지 않아.

Q Teachers are not allowed to accept late assignments.
A But I was out sick all of last week.

Q 선생님들은 기한이 지난 과제들을 받는 것이 금지되어 있어.
A 하지만 저는 지난주 내내 아파서 결석했어요.

Unit Test

🔊 MP3　P1_2_57

Part 1
Choose the most appropriate response to the statement.

01　(a)　(b)　(c)　(d)

02　(a)　(b)　(c)　(d)

03　(a)　(b)　(c)　(d)

04　(a)　(b)　(c)　(d)

05　(a)　(b)　(c)　(d)

06　(a)　(b)　(c)　(d)

07　(a)　(b)　(c)　(d)

08　(a)　(b)　(c)　(d)

Part 2
Choose the most appropriate response to complete each conversation.

09   (a)   (b)   (c)   (d)

10   (a)   (b)   (c)   (d)

11   (a)   (b)   (c)   (d)

12   (a)   (b)   (c)   (d)

13   (a)   (b)   (c)   (d)

14   (a)   (b)   (c)   (d)

15   (a)   (b)   (c)   (d)

16   (a)   (b)   (c)   (d)

정답 p.91

Part Test

MP3 P1_2_58

Part I
You will now hear fifteen conversation fragments, each made up of a single spoken statement followed by four spoken responses. Choose the most appropriate response to the statement.

01 (a) (b) (c) (d)
02 (a) (b) (c) (d)
03 (a) (b) (c) (d)
04 (a) (b) (c) (d)
05 (a) (b) (c) (d)
06 (a) (b) (c) (d)
07 (a) (b) (c) (d)
08 (a) (b) (c) (d)
09 (a) (b) (c) (d)
10 (a) (b) (c) (d)
11 (a) (b) (c) (d)
12 (a) (b) (c) (d)
13 (a) (b) (c) (d)
14 (a) (b) (c) (d)
15 (a) (b) (c) (d)

Part II
You will now hear fifteen conversation fragments, each made up of three spoken statements followed by four spoken responses. Choose the most appropriate response to complete the conversation.

16	(a)	(b)	(c)	(d)
17	(a)	(b)	(c)	(d)
18	(a)	(b)	(c)	(d)
19	(a)	(b)	(c)	(d)
20	(a)	(b)	(c)	(d)
21	(a)	(b)	(c)	(d)
22	(a)	(b)	(c)	(d)
23	(a)	(b)	(c)	(d)
24	(a)	(b)	(c)	(d)
25	(a)	(b)	(c)	(d)
26	(a)	(b)	(c)	(d)
27	(a)	(b)	(c)	(d)
28	(a)	(b)	(c)	(d)
29	(a)	(b)	(c)	(d)
30	(a)	(b)	(c)	(d)

정답 p.95

PART 3

Part 3
대화를 듣고 질문에 해당하는 답 고르기

Part 3 Overview

Part 3는 남자와 여자가 세 번씩 주고 받는 대화를 듣고 질문에 가장 적절한 답을 고르는 문제 유형으로, 31번부터 45번까지 총 15문항으로 구성되어 있다. 하지만, 대화의 길이가 긴 것뿐만 아니라 문제풀이 방법이나 측정 요소가 Part 1&2와는 매우 다르다. Part 1 & 2는 듣고 다음에 나와야 할 답변을 예상하고 정답을 찾는 능력이 요구되는 반면, Part 3는 대화의 핵심 정보를 요약하는 능력이 요구된다.

Part 3 한눈에 보기

문제 유형	중심 내용 문제	세부 내용 문제	추론 문제
문제 번호	31번~37번	38번~42번	43번~45번
문항 수	7 문항	5 문항	3 문항
핵심 스킬	목적 + 주제 확인	대화의 포인트 확인	대화의 포인트 확인 + 추론

- 대화와 질문은 두 번씩, 보기는 한 번만 들려준다.
- 정답에는 대화에 나온 말이 패러프레이징 되어 나오는 경우가 많다.
- 대화 주제는 일상 생활 주제에서 비즈니스 주제까지 다양하게 출제된다.

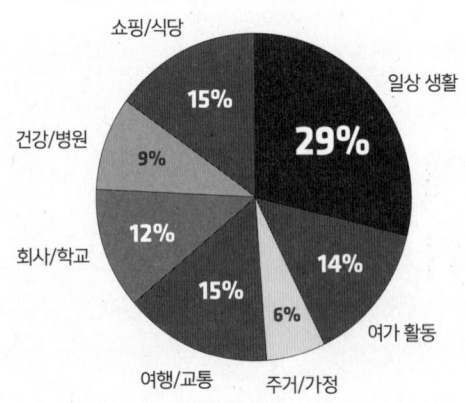

Part 3 핵심 스킬

중심 내용 문제 (31~37번) | 대화의 목적을 확인하는 것이 매우 중요하다.
남자나 여자가 어떤 의도를 가지고 말을 하는지 파악하면 주제를 쉽게 이해할 수 있다.

세부 내용 문제 (38~42번) | 답으로 나오는 대화의 포인트를 파악하는 것이 중요하다. 따라서, 출제될 수 있는 여러 가지 대화의 포인트를 미리 숙지하고, 시험장에서 대화를 들으면서 확인할 수 있는 능력을 갖춰야 한다.

추론 문제 (43~45번) | 반드시 근거를 통해 추론해야 하므로 대화의 포인트를 들으면서 추론하는 것이 중요하다. 주의할 점은, 대화를 들으면서 추론을 해야 한다는 것이다. 대화가 끝난 뒤 보기를 들으면서 추론을 하면 정보가 기억에 없기 때문에 추론을 하기 어렵다.

패러프레이징 이해하기

Part 3에서는 대화에 나왔던 말이 다른 말로 바뀌어 보기에 나오는 경우가 많다. 따라서 패러프레이징이 되는 방식을 이해하고 이를 염두에 두고 보기를 들어야 한다.

W Are you sure this is the right place?
M Yeah, it matches the address Bill and Diane gave me.
W But there's no car in the driveway. It looks like nobody's home.
M They sold their car last week.
W And the toys on the lawn? They don't have kids.
M I guess the only way to find out is to knock on the door.

Q. What are the man and woman mainly trying to do?
(a) Figure out who lives in the house they pulled in front of
(b) Match the description of the house given by their friends
(c) Locate the correct home address of a house
(d) Contact Bill and Diane to confirm their home address

여 이 곳이 맞아?
남 응. Bill과 Diane이 내게 준 주소와 일치해.
여 하지만 차도에 차가 없어. 집에 아무도 없는 것 같아.
남 그들은 저번 주에 그들의 차를 팔았어.
여 잔디밭에 있는 장난감은? 그들은 아이가 없잖아.
남 알 수 있는 유일한 방법은 문을 두드리는 것 밖에 없을 것 같아.

Q. 남자와 여자가 주로 하려는 것은?
(a) 그들이 차를 세운 집에 누가 사는지 알아내는 것
(b) 그들의 친구가 제공한 집의 묘사와 일치시키는 것
(c) 집의 정확한 주소를 찾는 것
(d) Bill과 Diane에게 연락하여 집 주소를 확인하는 것

대화의 right place가 correct home address로, find out이 locate로 패러프레이징 되었다.

match 일치하다   driveway 차도   lawn 잔디밭   knock on the door 문을 두드리다   figure out 확인하다

Case 1. 단어, 구를 바꾸어 표현하는 경우

W Can you pick up Josh from the daycare? Josh를 탁아소에서 데리고 올 수 있어요?
M Sure. I'll go around four and look after him. 물론이죠. 4시쯤에 가서 그를 돌볼게요.
→ Their son will be looked after by the man in the afternoon. 그들의 아들은 오후에 남자에 의해 돌보아질 것이다.
* Josh, daycare는 son으로, around four는 in the afternoon으로 패러프레이징 되었다.
  전체적인 문장은 능동태에서 수동태로 패러프레이징 되었다.

Case 2. 품사를 바꾸어 표현하는 경우

W We should take some pictures here together! 우리 여기서 사진 몇 장 찍어야겠다!
M Not me. It's too windy. My hair's blowing all over the place. 나는 안 찍을래. 바람이 너무 불어. 내 머리가 마구 휘날리고 있어.
→ The woman dislikes the idea of photographing with the man. 여자는 남자와 사진을 찍고 싶어 하지 않는다.
* 동사구인 take some pictures가 동명사구인 photographing으로 패러프레이징 되었다.

Case 3. 의미를 다르게 표현하는 경우

W I love this juicer. I think I'm going to use it every day. 나 이 주스기가 좋아. 매일 사용할 것 같아.
M That's what you said about the coffee machine at home. 집에 있는 커피 머신에 대해서도 그렇게 말했었지.
→ The woman bought the coffee machine prior to the juicer. 여자는 주스기를 사기 전에 커피 머신을 샀다.
* said about the coffee machine이 prior to the juicer로 패러프레이징 되었다.

Part 3 오답 유형 익히기

대화 내용을 모두 이해했다고 하더라고 문제를 틀릴 수 있다. 바로 함정으로 출제되는 오답 때문이다. 텝스는 타 시험에 비해 오답 유형이 다양하고 매우 헷갈리게 출제되는 것이 많으므로 오답 유형을 철저하게 이해하고 적용할 수 있어야 문제를 맞힐 수 있다.

오답 유형 1. 키워드 오답

대화에 언급되지 않은 키워드가 보기에 등장하는 오답이다. 대화에 언급된 어휘와 관련된 어휘를 보기에 사용하거나 발음이 비슷한 어휘를 사용하여 혼동하게 하는 오답이다.

W Have you visited the new sculpture garden in town?
M I did, but the experience wasn't that great.
W I'm surprised to hear that. I really liked it.
M I mean, it was really hot. I would've enjoyed it if it was cooler.
W But most of the garden is shaded, so it should've been okay.
M It didn't help because of the high humidity.

Q. What can be inferred from the conversation?
(a) The woman finds gardening interesting.
(b) The man thinks it is worth seeing the sculpture garden.

여 시내에 새로 생긴 조각공원에 가 봤어?
남 응. 그런데 그다지 좋지 않았어.
여 네 반응이 놀라운데. 난 정말 좋았거든.
남 내 말은, 정말 더웠어. 더 시원했더라면 난 그곳을 즐겼을 거야.
여 하지만, 공원의 대부분이 그늘이라서 괜찮았을 것 같은데.
남 습도가 높아서 도움이 되지 않았어.

Q. 대화에서 추론할 수 있는 것은?
(a) 여자는 정원을 가꾸는 것을 흥미롭게 생각한다.
(b) 남자는 조각공원을 보는 것에 가치가 있다고 생각한다.

(a)는 gardening이라는 잘못된 키워드를 제시하므로 키워드 오답이다.

정답 (b)

오답 유형 2. 반대 오답

대화에 언급된 내용과 반대되는 내용이 보기에 등장하는 오답이다.

W Mark, it's me, Grace. Where are you now? It's already 9.
M I just got off the bus and I'm walking towards the coffee shop. Sorry to keep you waiting.
W It's okay. I'll order you a coffee and scone now then.
M Sounds great. Just make sure it's a large latte with an extra shot.
W Yeah, and with more milk, right?
M Yeah, thanks so much. See you in a few minutes.

Q. Which is correct according to the conversation?
(a) The man is on time to the meeting location.
(b) The woman is familiar with the man's order.

여 Mark, 나 Grace야. 지금 어디야? 벌써 9시야.
남 지금 막 버스에서 내려서 커피숍으로 걸어가는 중이야. 기다리게 해서 미안해.
여 괜찮아. 그럼 내가 커피와 스콘을 주문할게.
남 좋아. 샷 추가한 큰 라떼 주문해줘.
여 응, 그리고 우유 많이, 맞지?
남 응, 정말 고마워. 몇 분 후에 보자.

Q. 대화에 따르면 옳은 것은?
(a) 남자는 만날 장소에 제시간에 왔다.
(b) 여자는 남자의 주문에 대해서 익숙하다.

(a)는 on time이라고 하여 남자가 늦은 상황에서 반대되는 내용이므로 반대 오답이다.

정답 (b)

오답 유형 3. 과장 오답
대화에 언급된 내용을 과장시켜 표현하는 오답이다.

M Can you join me for a mountain hike on Saturday?
W I would like to, but unfortunately I have to work.
M Well, I've never hiked Green Mountain alone.
W You'll be fine, the trail is well marked.
M How long do you think it will take me?
W I'd say up and back in less than three hours.

Q. What can be inferred from the conversation?
(a) The woman has been on Green Mountain before.
(b) The man has never gone hiking alone before.

남 토요일에 나와 함께 등산 갈 수 있니?
여 가고 싶은데 안타깝게도 나는 일 해야 해.
남 나는 Green Mountain을 혼자 등반해 본 적이 없어.
여 괜찮을 거야. 등산로가 잘 표시되어 있어.
남 내가 얼마나 걸릴 거 같아?
여 등반하고 내려오는 것까지 3시간이 안 걸릴 거야.

Q. 대화에서 추론할 수 있는 것은?
(a) 여자는 Green Mountain에 오른 적이 있다.
(b) 남자는 혼자서 등산을 한 적이 없다.

(b)는 never gone hiking alone이라고 하여 과장 오답이다. Green Mountain을 혼자 올라간 적이 없다고 했지 등산 자체를 혼자 해 본 적이 없다는 것은 아니다.

정답 (a)

오답 유형 4. 질문 오답
질문에서 묻는 것과 맞지 않는 내용이 보기에 등장하는 오답이다. 주로 중심 내용을 묻는 질문에 세부적인 내용이 보기로 들어간 경우 이 유형에 해당한다.

W Good day, how many bags are you checking in today?
M I have three bags.
W We only allow two free checked bags. The third one will cost you extra $30.
M I always check in three bags. Is it a new policy?
W It's been put in place last month.
M I guess I don't have a choice then.

Q. What are the man and woman mainly discussing?
(a) The new policy for checking in luggage
(b) The additional fees for checking in an extra bag

여 안녕하세요. 오늘 몇 개의 가방을 부치실 건가요?
남 가방 세 개요.
여 저희는 무료로 두 개의 가방만을 체크인 해드립니다. 세 번째 가방은 추가 비용 30 달러가 들어요.
남 저는 항상 가방 세 개를 체크인 했어요. 새로운 정책인가요?
여 지난 달에 새로 정해졌습니다.
남 그럼 뭐 선택권이 없겠네요.

Q. 남자와 여자는 주로 무엇에 대해 이야기하는가?
(a) 짐을 부치는 것에 대한 새로운 정책
(b) 추가적인 짐을 부치는 것에 대한 추가적인 비용

(b)는 additional fees라 하여 질문에서 묻고 있는 전반적인 내용이 아닌 세부 내용을 말하고 있으므로 오답이다.

정답 (a)

오답 유형 5. 관계 오답
언급된 키워드끼리 서로 맞지 않는 관계가 보기에 등장하는 오답이다.

M Let's go to Beanies for Chinese noodles.
W It's not open. They're fixing the place up, remember?
M Oh – Right, I forgot about that. When are they supposed to reopen?
W The last time I went, the sign said last week but apparently, they're not done fixing the place.
M Well, I guess we could go to Sorge's Burger again then.
W That place is too far! We'll have to spend the entire night in the car.

Q. Which is correct according to the conversation?
(a) Beanies is currently closed for renovations.
(b) Beanies is far from where the man and woman live.

남 우리 중국 면요리 먹으러 Beanies에 가자.
여 안 열었어. 지금 인테리어 공사를 하고 있어, 기억나?
남 아, 맞다. 잊고 있었어. 언제 다시 문을 열어?
여 내가 마지막으로 갔을 때, 표지판에 저번 주라고 되어 있었는데, 보다시피 그들은 아직 공사 중이야.
남 음, 그럼 또 Sorge's Burger를 가야겠다.
여 거기는 너무 멀어! 우리는 차에서 온 밤을 지내야 할 거야.

Q. 대화에 따르면 옳은 것은?
(a) Beanies는 현재 개조 공사로 문을 닫은 상태이다.
(b) Beanies는 남자와 여자가 사는 곳으로부터 멀다.

(b)는 Beanies is far이라 하여 Sorge's가 멀다는 내용과 맞지 않는 오답이다. Beanies도 언급을 했고 far도 언급을 했지만 서로 맞지 않는 관계로 표현한 오답이다.   **정답 (a)**

오답 유형 6. 사실 오답
가능성이나 가정이 사실로 바뀌어 보기에 등장하는 오답이다.

M Hi, I'm Matt. You must be Sarah?
W Hi, Matt. How did you spot me in this crowd?
M Tim gave me a detailed description of you.
W Well, we've known each other since we were toddlers. So, how do you know Tim?
M We went to Timbertin High together.
W Really? I almost went to the same school.

Q. What can be inferred from the conversation?
(a) Tim has known Sarah longer than he has Matt.
(b) Sarah and Tim went to the same school.

남 안녕하세요, 저는 Matt인데요. 당신이 Sarah 맞죠?
여 안녕하세요, Matt. 이 관중 속에서 저를 어떻게 찾으셨어요?
남 Tim이 당신의 구체적인 묘사를 해주었어요.
여 음, 우리는 갓난 아기일 때부터 알아왔어요. 그래서, Tim을 어떻게 아세요?
남 Timbertin 고등학교를 같이 다녔어요.
여 정말요? 저도 그 고등학교 갈 뻔했는데.

Q. 대화로부터 유추할 수 있는 것은?
(a) Tim은 Matt보다 Sarah를 더 오래 알았다.
(b) Sarah와 Tim은 같은 학교를 다녔다.

(b)는 went to the same school이라 하여 Timbertin 고등학교에 갈 뻔했다는 가능성을 사실인 것처럼 표현하여 오답이다.   **정답 (a)**

오답 유형 7. 시제 오답
시제가 대화에서 언급된 것과 다르게 표현되어 등장하는 오답이다.

W What do you need all the lumber for?
M I've finally decided to build my garage. I'm tired of parking my car in the rain.
W Do you have enough space for a garage.
M I had to do some landscaping and cut down a few trees, but there's enough room now.
W You did what? All those trees for a garage?
M They needed to be cut down anyway; they were dying.

Q. Which is correct about the man?
(a) He plans to cut down some trees around his garage.
(b) He does not have a garage to park his car yet.

여 이 목재들은 다 뭐야?
남 나는 드디어 내 차고를 짓기로 결정했어. 나는 비가 올 때 짐들을 내 차에 싣는 것에 지쳤어.
여 차고를 위한 충분한 공간이 있어?
남 나는 정원을 좀 바꾸고, 나무 몇 그루를 베어야 했지만 이제 충분한 공간이 있어.
여 뭘 했다고? 차고를 위해 그 모든 나무를?
남 어차피 잘라야 했었어. 나무가 죽어가고 있었어.

Q. 남자에 관하여 옳은 것은?
(a) 그의 차고 주변의 나무를 좀 자를 계획이다.
(b) 그의 차를 댈 차고가 아직 없다.

(a)는 plans to라 하지만 이미 나무를 자른 상태이기 때문에 시제가 틀린 오답이다. **정답 (b)**

오답 유형 8. 수 오답
대화에서 언급된 명사의 단수–복수가 다르게 표현되어 등장하는 오답이다.

M Did you see Billy's new tattoo? That makes it his third.
W He has a thing for tattoos.
M I know. This one is his new girlfriend's name, Chloe.
W You're kidding. What if the relationship doesn't work out?
M I don't think he's thinking that far.
W I guess can always go out with girls with the same name.

Q. What are the man and woman mainly discussing?
(a) Billy's decision to have the tattoos
(b) Their concerns over Billy's new tattoo

남 너 Billy의 새로운 문신을 봤어? 그게 그의 세 번째야.
여 그는 문신을 정말 좋아하나 봐.
남 알아. 이번엔 Chloe라고 그의 새로운 여자친구 이름을 했대.
여 농담하지마. 만약 헤어지면 어쩌려고?
남 그가 거기까지 생각하는 것 같지 않아.
여 그가 항상 같은 이름의 여자를 사귀면 되겠다.

Q. 남자와 여자가 주로 이야기하는 것은?
(a) Billy가 문신들을 하려는 결정
(b) Billy의 새로운 문신에 대한 그들의 걱정

(a)는 tattoos라 하여 여러 개의 문신을 말하고 있기 때문에 수가 틀린 수 오답이다. **정답 (b)**

PART 3

문제 유형별 학습

Unit 01 중심 내용 문제

Part 3 중심 내용 문제는 31번부터 37번까지 총 7문제가 출제된다. 중심 내용 문제는 남자와 여자가 대화를 하는 목적과 중심 소재를 파악하는 것이 포인트이다. 가장 많은 수의 문제가 출제되는 유형인만큼 확실하게 정답을 맞힐 수 있도록 연습해야 한다.

1 전체 상황 문제

1 질문 형태
What is the **main topic** of the conversation? 대화의 주제는 무엇인가?
What are the man and woman **mainly discussing**? 남자와 여자는 주로 무엇을 논의하고 있는가?
What are the man and woman **mainly talking about**? 남자와 여자는 주로 무엇에 대해 이야기하고 있는가?

2 문제풀이 전략

1st listening	대화를 들을 때(1차) 남자와 여자가 왜 대화를 하는지(목적, 의도)를 전반적으로 파악한다. 질문을 들을 때 질문을 통해 무엇을 묻고 있는지 파악한다. main topic, mainly discussing, mainly talking about → 대화의 전체 상황에 대해 묻고 있음을 파악
2nd listening	대화를 들을 때(2차) 세부적인 내용을 자세히 파악하려고 하기보다 대화의 목적과 중심 소재를 재확인하며 듣는다. 질문과 보기를 들을 때 오답을 소거해 나가며 정답을 파악한다. **Quick check!** 전체 상황 문제에 자주 등장하는 오답 유형 **질문 오답** 중심 내용을 묻는 질문에 세부 내용이 등장한 보기 **반대 오답** 대화의 내용과 반대되는 내용을 말한 보기 **키워드 오답** 언급되지 않은 키워드가 등장한 보기

Case Study

🔊 MP3　P3_01

1st listening

W What are you doing for **New Year's Day**?
M I don't have any **plans** yet. What about you?
W I may go to the party we went to last year.
M But it wasn't much fun. I doubt it will be fun this year.
W I know. Maybe I should organize one at my place.
M No, that would be too much for you to prepare.

Q What are the man and woman **mainly discussing**?

| 대화의 목적과 중심 소재 파악 |
| 1월 1일 계획에 대해 말함 |

| 질문 확인 |
| 대화 전체 상황을 묻는 문제 |

2nd listening

W **What are you doing for New Year's Day?**
M I don't have **any plans yet**. What about you?
W **I may go to the party** we went to last year.
M But it wasn't much fun. I doubt it will be fun this year.
W I know. **Maybe I should organize one** at my place.
M No, that would be too much for you to prepare.

Q What are the man and woman mainly discussing?

(a) Where they went for the New Year's party last year
(b) What they should do for New Year's Day
(c) How to organize an event at home
(d) Why they are hesitant to go to the same party as last year

| 대화의 목적과 중심 소재 재확인 |
| 1월 1일에 무엇을 할지 논의 |

| 오답 소거해 나가며 정답 확인 |
| (a) 질문 오답 (세부내용) |
| (b) 목적과 중심 소재를 표현한 정답 |
| (c) 키워드 오답 (how to X) |
| (d) 질문 오답 (세부내용) |

해석
여 너 1월 1일에 무엇을 할 거니?
남 아직 계획이 없어. 너는?
여 난 우리가 작년에 갔던 파티에 갈 수도 있어.
남 하지만 재미가 없었는데. 올해도 재미있을 거라고 생각하지 않아.
여 맞아. 내 집에서 한번 준비해볼까 봐.
남 아니, 네가 준비해야 할 것이 너무 많을 거야.

Q. 남자와 여자는 주로 무엇에 대해 이야기하고 있는가?
(a) 작년 새해 파티를 어디로 갔는지
(b) 1월 1일에 무엇을 해야 할지
(c) 집에서 어떻게 행사를 준비할지
(d) 왜 그들이 작년과 같은 파티에 가는 것을 망설이는지

---

doubt 의심하다　　organize 준비하다　　prepare 준비하다

Check-Up

🔊 MP3 P3_02

1 다음을 듣고 질문에 맞는 답을 고르세요.

01 (a)   (b)   (c)   (d)
02 (a)   (b)   (c)   (d)
03 (a)   (b)   (c)   (d)
04 (a)   (b)   (c)   (d)
05 (a)   (b)   (c)   (d)

2 문제를 다시 들으며 노트테이킹 해보세요. (*위 문제에서 자신이 틀린 문제만 해 보는 것도 좋습니다.)

1st listening   중심 소재를 파악하여 적어보자. (영어, 한글 무방)
2nd listening   중심 소재에 구체적인 내용을 덧붙여 보자. (영어, 한글 무방)
              보기를 들으며 키워드를 적어보면서 정답/오답을 확인해보자.

01.

1st listening	
2nd listening	(a) responsibility ✗
	(b) hostile attitude ✗
	(c)
	(d)

02.

1st listening	
2nd listening	move to 베이징, 건축가 기회
	(a)
	(b)
	(c)
	(d) booming construction industry ✗

03.

1st listening	
2nd listening	(a)
	(b) follow-up appointment ✗
	(c) eating habits ✗
	(d)

04.

1st listening	
2nd listening	interviewees, nervous
	(a)
	(b) desirable qualities ✗
	(c)
	(d)

05.

1st listening	
2nd listening	(a)
	(b) agenda ✗
	(c)
	(d) adjusting, schedule ✗

정답 p.104

2 남자 또는 여자에 대해 묻는 문제

1 질문 형태

What is the **woman[man] mainly doing** in the conversation? 대화에서 여자[남자]가 주로 하고 있는 것은 무엇인가?
What is the **woman's[man's] main point**? 여자[남자]의 요지는 무엇인가?
What is the **woman[man] mainly trying to do**? 여자[남자]가 주로 하려고 하는 것은 무엇인가?

2 문제풀이 전략

1st listening	**대화를 들을 때(1차)** 남자와 여자가 왜 대화를 하는지(목적, 의도)를 전반적으로 파악한다. **질문을 들을 때** 질문을 통해 무엇을 묻고 있는지 파악한다. man[woman] mainly doing, man's[woman's] main point → 남자 또는 여자에 대해 묻고 있음을 파악
2nd listening	**대화를 들을 때(2차)** 남자 또는 여자에 대해 묻는 질문에 맞추어 그 사람에 대한 말을 더욱 주의 깊게 듣는다. ※ 질문에서 묻는 사람뿐만 아니라 상대방의 답변도 잘 들어야 정답을 파악할 수 있다. 예를 들어, 여자가 남자에게 회사 상사가 까다롭지 않은지 물어보는 상황에서 남자가 그렇다고 답하는 경우이다. 이 경우, 남자가 회사 상사를 싫어한다는 내용을 여자의 말을 통해 파악할 수 있다. **질문과 보기를 들을 때** 오답을 소거해 나가며 정답을 파악한다. **Quick check!** 남자 또는 여자에 대해 묻는 문제에 자주 등장하는 오답 유형 **관계 오답** 남자와 여자를 바꾸어 쓴 보기 **질문 오답** 중심 내용을 묻는 질문에 세부 내용이 등장한 보기 **반대 오답** 대화의 내용과 반대되는 내용을 말한 보기 **키워드 오답** 언급되지 않은 키워드가 등장한 보기

Case Study

🔊 MP3 **P3_03**

1st listening

M Hi, we need to **rent a car**. Do you have a compact size?
W Yeah, but we need to ask you **how many passengers** you'll be traveling with.
M Three adults and an infant. And we'll have some luggage.
W I don't think a compact car will be suitable for you then.
M Really? Then, **what size do you recommend**?
W One of our minivans is **probably your best option**.

Q What is the **woman mainly trying to do**?

대화의 목적과 중심 소재 파악
남자가 자동차를 렌트하려고 함

질문 확인
여자에 대해서 묻는 문제

2nd listening

M Hi, we need to rent a car. Do you have a compact size?
W Yeah, but we need to ask you **how many passengers you'll be traveling with**.
M Three adults and an infant. And we'll have some luggage.
W **I don't think a compact car will be suitable for you then.**
M Really? Then, what size do you recommend?
W **One of our minivans is probably your best option.**

Q What is the woman mainly trying to do?

(a) Check the man's preferred car choice
(b) Inform the man of car models offered by the company
(c) Advise the man to choose a smaller car
(d) Help the man select an appropriate car for rent

여자 중심으로 내용 재확인
탑승 인원을 바탕으로 자동차 크기를 추천함

오답 소거해 나가며 정답 확인
(a) 키워드 오답 (preferred X)
(b) 키워드 오답 (offered by X)
(c) 반대 오답 (smaller X)
(d) 여자가 하고 있는 것을 알맞게 표현한 정답

해석
남 안녕하세요. 차를 대여하고 싶은데요. 소형차가 있나요?
여 네. 하지만 탑승자가 몇 명인지를 저희가 알아야 해요.
남 어른 3명과, 유아 한 명이요. 그리고 짐이 좀 있어요.
여 그럼 소형차가 적절하지 않을 것 같네요.
남 정말요? 그럼 어떤 크기를 추천하시나요?
여 저희의 미니밴이 최고의 선택일 것 같아요.

Q. 여자가 주로 하려고 하는 것은 무엇인가?
(a) 남자가 선호하는 자동차를 확인하는 것
(b) 회사에서 제공하는 자동차 모델에 대해서 남자에게 알려주는 것
(c) 남자에게 더 작은 자동차를 선택하라고 조언하는 것
(d) 남자가 대여를 위한 적절한 자동차를 선택하도록 도와주는 것

---

rent 빌리다, 대여하다   compact size 소형 크기   passenger 탑승자   infant 유아   luggage 짐, 가방   suitable 적절한
minivan 미니밴   appropriate 적절한

Check-Up

MP3 P3_04

1 다음을 듣고 질문에 맞는 답을 고르세요.

01 (a) (b) (c) (d)
02 (a) (b) (c) (d)
03 (a) (b) (c) (d)
04 (a) (b) (c) (d)
05 (a) (b) (c) (d)

2 문제를 다시 들으며 노트테이킹 해보세요. (*위 문제에서 자신이 틀린 문제만 해 보는 것도 좋습니다.)

1st listening 중심 소재를 파악하여 적어보자. (영어, 한글 무방)
2nd listening 중심 소재에 구체적인 내용을 덧붙여 보자. (영어, 한글 무방)
보기를 들으며 키워드를 적어보면서 정답/오답을 확인해보자.

01.

1st listening	
2nd listening	(a) participate X
	(b)
	(c)
	(d) information about the concert X

02.

1st listening	먹으러 가자, 비, fine, umbrella
2nd listening	(a) update, changes in the forecast X
	(b)
	(c)
	(d)

03.

1st listening	
2nd listening	(a) take her father to the hospital ✗
	(b)
	(c)
	(d) notifying ✗

04.

1st listening	
2nd listening	(a) showing how to remove ✗
	(b)
	(c)
	(d)

05.

1st listening	moving to suburbs, 렌트 ↑, savings 깨야 함
2nd listening	(a)
	(b)
	(c) benefits, suburbs ✗
	(d)

정답 p.106

Unit Test

MP3 P3_05

Part 3
Choose the option that best answers the question.

01 (a) (b) (c) (d)

02 (a) (b) (c) (d)

03 (a) (b) (c) (d)

04 (a) (b) (c) (d)

05 (a) (b) (c) (d)

06 (a) (b) (c) (d)

07 (a) (b) (c) (d)

08 (a) (b) (c) (d)

09   (a)   (b)   (c)   (d)

10   (a)   (b)   (c)   (d)

11   (a)   (b)   (c)   (d)

12   (a)   (b)   (c)   (d)

13   (a)   (b)   (c)   (d)

14   (a)   (b)   (c)   (d)

15   (a)   (b)   (c)   (d)

정답 p.109

세부 내용 문제

Part 3 세부 내용 문제는 38번부터 42번까지 총 5문제가 출제된다. 세부 내용 문제는 대화의 포인트 중심으로 들어야 보기를 들으면서 정답과 오답을 명확하게 구분할 수 있다. 대화의 포인트란 정답으로 출제가 되는 내용이다. 대화의 포인트를 정확하게 파악하기 위해서는 화자가 전달하고자 하는 내용과 문맥을 먼저 이해할 수 있어야 한다.

1 Correct 문제

1 질문 형태

Which is **correct** according to the conversation? 대화에 따르면 옳은 것은 무엇인가?

2 문제풀이 전략

1st listening

대화를 들을 때(1차)
화자들이 전달하고자 하는 내용과 문맥을 파악한다.

질문을 들을 때
질문을 통해 무엇을 묻고 있는지 파악한다.
correct → 대화 내용에 대해 옳은 것을 묻는 문제임을 파악

2nd listening

대화를 들을 때(2차)
세부적인 내용에 집중하여 들으면서 정답으로 나올 수 있는 대화의 포인트를 파악한다.

정답의 근거가 될 수 있는 대화의 포인트

화자의 의견	의무·지시	장점	단점
제안·조언	방법	이유	문제점
요청·부탁	공통점	차이점	순서·과정
수락·거절	조건	원인	결과

질문과 보기를 들을 때
오답을 소거해 나가며 정답을 선택한다.

Quick check! correct 문제에 자주 등장하는 오답 유형
관계 오답 남자와 여자를 바꿔 쓴 보기, 인과 관계가 잘못된 보기
시제 오답 대화에서 언급한 시제와 다른 보기

Case Study

🔊 MP3 P3_06

1st listening

M Guess who I'm seeing tomorrow? **Bill Watson**.
W Really, it's been ages. Why is he **coming to town**?
M **His mother's ill**, so he's coming to visit her.
W Oh, I see. Do you know how long he's staying?
M **Just two weeks**, but it'll be good to see him again.
W Yeah, after twelve years, we have so much to catch up.

Q Which is **correct** according to the conversation?

전반적 내용과 문맥 파악
Bill이 편찮으신 어머니를 뵈러 동네에 와서 2주 간 있을 것임

질문 확인
correct 문제

2nd listening

M Guess who I'm seeing tomorrow? Bill Watson.
W Really, it's been ages. Why is he coming to town?
M [이유] **His mother's ill, so he's coming to visit her.**
W Oh, I see. Do you know how long he's staying?
M Just two weeks, but it'll be good to see him again.
W Yeah, after twelve years, we have so much to catch up.

Q Which is correct according to the conversation?

(a) Bill will be in town to see one of his parents.
(b) The man met Bill two weeks ago.
(c) Bill is getting together with the woman tomorrow.
(d) The woman has been away for twelve years.

대화의 포인트 확인 → 이유
편찮으신 어머니를 뵈러 온다는 내용이 정답으로 출제될 수 있음을 파악

오답 소거해 나가며 정답 확인
(a) Bill이 오는 이유를 알맞게 표현한 정답
(b) 시제 오답 (met X)
(c) 관계 오답 (woman X)
(d) 관계 오답 (woman X)

해석 남 내가 내일 누구를 만나는지 맞춰볼래? Bill Watson이야.
여 정말, 오랜만이네. 그가 동네에 왜 오는 거야?
남 어머니가 편찮으셔서 뵈러 오는 거라고 하더라.
여 그렇구나. 그가 얼마나 머무를지 알아?
남 2주 동안만이래, 하지만 그를 다시 보게 되니까 좋을 것 같아.
여 응, 12년이 지났으니까 우리는 나눌 얘기가 정말 많을 거야.

Q. 대화에 따르면 옳은 것은 무엇인가?
(a) Bill은 부모님 중 한 분을 뵈러 올 것이다.
(b) 남자는 2주 전에 Bill을 만났다.
(c) Bill은 내일 여자를 만날 것이다.
(d) 여자는 12년 동안 떠나 있었다.

ill 아픈, 병든   catch up 밀린 일을 하다, 따라잡다, 대화하다   get together with ~와 만나다

Check-Up

🔊 MP3 P3_07

1 다음을 듣고 질문에 맞는 답을 고르세요.

01 (a)   (b)   (c)   (d)
02 (a)   (b)   (c)   (d)
03 (a)   (b)   (c)   (d)
04 (a)   (b)   (c)   (d)
05 (a)   (b)   (c)   (d)

2 문제를 다시 들으며 노트테이킹 해보세요. (*위 문제에서 자신이 틀린 문제만 해 보는 것도 좋습니다.)

1st listening 중심 소재를 파악하여 적어보자. (영어, 한글 무방)
2nd listening 중심 소재에 구체적인 내용을 덧붙여 보자. (영어, 한글 무방)
              보기를 들으며 키워드를 적어보면서 정답/오답을 확인해보자.

01.

1st listening	보일러 X, 작년 점검, 전화하자
2nd listening	(a)
	(b) not turn on X
	(c)
	(d)

02.

1st listening	
2nd listening	(a)
	(b)
	(c) w, worked, Cambridge X
	(d) m, case, innovative X

03.

1st listening	
2nd listening	(a)
	(b) m, calling the client ✗
	(c)
	(d) w, told the manager ✗

04.

1st listening	outing, food, blanket, drink 사라
2nd listening	(a)
	(b) m, forgot, basket ✗
	(c)
	(d)

05.

1st listening	
2nd listening	(a) m, cheaper ✗
	(b) drinks, juice, 애의 아침 ✗
	(c)
	(d)

정답 p.115

2 Correct about 문제

1 질문 형태

Which is **correct about the man[woman]** according to the conversation? 대화에 따르면 남자[여자]에 대해 옳은 것은 무엇인가?
Which is **correct about** 대화의 소재 according to the conversation? 대화에 따르면 '대화의 소재'에 대해 옳은 것은 무엇인가?

2 문제풀이 전략

1st listening	대화를 들을 때(1차) 화자들이 전달하고자 하는 내용과 문맥을 먼저 파악한다. 질문을 들을 때 질문을 통해 무엇을 묻고 있는지 파악한다. • correct about the man[woman] → 남자[여자]에 대해 옳은 것을 묻는 문제임을 파악 • correct about 대화의 소재 → '대화의 소재'에 대해 옳은 것을 묻는 문제임을 파악 ※ '대화의 소재'는 대화상에서 언급되는 특정 장소(레스토랑, 박물관 등), 특정 사물(지갑 등), 특정 인물(Elli와 같은 사람의 이름)이 주로 출제된다.
2nd listening	대화를 들을 때(2차) 앞서 파악한 질문의 내용에 초점을 맞추어 답으로 나올 수 있는 대화의 포인트를 파악한다. **정답의 근거가 될 수 있는 대화의 포인트** <table><tr><td>화자의 의견</td><td>의무·지시</td><td>장점</td><td>단점</td></tr><tr><td>제안·조언</td><td>방법</td><td>이유</td><td>문제점</td></tr><tr><td>요청·부탁</td><td>공통점</td><td>차이점</td><td>순서·과정</td></tr><tr><td>수락·거절</td><td>조건</td><td>원인</td><td>결과</td></tr></table> 질문과 보기를 들을 때 오답을 소거해 나가며 정답을 선택한다. **Quick check!** correct about 문제에 자주 등장하는 오답 유형 **반대 오답** not, un-, in-, dis- 등을 이용하여 대화 내용과 반대로 표현한 보기 **키워드 오답** 대화에 전혀 언급되지 않은 키워드가 등장한 보기

Case Study

🔊 MP3 P3_08

1st listening

W The tour company called saying that our **travel package has been modified**.
M Oh – really? Does it still work for us?
W They switched us to a **luxury hotel** that provides **airport pickups**.
M What's the additional cost?
W **The price is the same** since they're the ones who changed it.
M That's wonderful! There's nothing to complain about then.

Q Which is **correct about the travel package** according to the conversation?

> 전반적 내용과 문맥 파악
> 여행 패키지가 고급 호텔과 픽업 서비스를 제공하는 것으로 변경됨

> 질문 확인
> correct about 문제

2nd listening

W The tour company called saying that our travel package has been modified.
M Oh – really? Does it still work for us?
W [비교] **They switched us to a luxury hotel that provides airport pickups.**
M What's the additional cost?
W The price is the same since they're the ones who changed it.
M That's wonderful! There's nothing to complain about then.

Q Which is correct about the travel package according to the conversation?

(a) It offers a better accommodation for customers.
(b) Its schedule has changed slightly.
(c) It did not include accommodations before.
(d) Its price has remained the same because of complaints.

> 대화의 포인트 확인 → 비교
> 이전과 비교해 호텔과 픽업 서비스가 변경됨

> 오답 소거해 나가며 정답 확인
> (a) 차이점을 알맞게 표현한 정답
> (b) 키워드 오답 (schedule X)
> (c) 반대 오답 (not X)
> (d) 관계 오답 (complaints X)

해석
여 관광 회사가 전화해서 우리의 여행 패키지가 변경되었다고 했어.
남 오, 정말? 여전히 우리에게 괜찮은 거야?
여 그들이 공항에서 데려오는 서비스를 제공하는 고급 호텔로 바꿔줬어.
남 추가적인 비용은?
여 바꾼 것은 그들이니까 가격은 똑같아.
남 잘 됐다! 그럼 불평할 게 없네.

Q. 대화에 따르면 여행 패키지에 대해서 옳은 것은?
(a) 고객에게 더 좋은 숙박을 제공한다.
(b) 스케줄이 약간 변경되었다.
(c) 전에는 숙박을 포함하지 않았다.
(d) 가격은 불만 때문에 동일하게 유지되었다.

modify 변경하다   switch 변경하다   airport pickup 공항에서 데려오는 서비스   additional cost 추가 비용
accommodation 숙박   slightly 조금, 약간   include 포함하다

Check-Up

MP3 P3_09

1 다음을 듣고 질문에 맞는 답을 고르세요.

01 (a) (b) (c) (d)
02 (a) (b) (c) (d)
03 (a) (b) (c) (d)
04 (a) (b) (c) (d)
05 (a) (b) (c) (d)

2 문제를 다시 들으며 노트테이킹 해보세요. (*위 문제에서 자신이 틀린 문제만 해 보는 것도 좋습니다.)

1st listening 중심 소재를 파악하여 적어보자. (영어, 한글 무방)
2nd listening 중심 소재에 구체적인 내용을 덧붙여 보자. (영어, 한글 무방)
보기를 들으며 키워드를 적어보면서 정답/오답을 확인해보자.

01.

1st listening	
2nd listening	(a) does not have ✕
	(b)
	(c)
	(d) delayed ✕

02.

1st listening	
2nd listening	(a) just graduated ✕
	(b) forgot to bring ✕
	(c)
	(d)

03.

1st listening	신청서, green 폴더, 1시간 전에 봄, 다시 써
2nd listening	(a)
	(b)
	(c)
	(d) on top of a green folder ✗

04.

1st listening	complain, next room, 소음
2nd listening	(a)
	(b) hotel service ✗
	(c)
	(d)

05.

1st listening	
2nd listening	(a)
	(b)
	(c) misplaced ✗
	(d) denied ✗

정답 p.117

Unit Test

MP3 P3_10

Part 3
Choose the option that best answers the question.

01 (a) (b) (c) (d)

02 (a) (b) (c) (d)

03 (a) (b) (c) (d)

04 (a) (b) (c) (d)

05 (a) (b) (c) (d)

06 (a) (b) (c) (d)

07 (a) (b) (c) (d)

08 (a) (b) (c) (d)

09	(a)	(b)	(c)	(d)
10	(a)	(b)	(c)	(d)
11	(a)	(b)	(c)	(d)
12	(a)	(b)	(c)	(d)
13	(a)	(b)	(c)	(d)
14	(a)	(b)	(c)	(d)
15	(a)	(b)	(c)	(d)

정답 p.120

추론 문제

Part 3 추론 문제는 43번부터 45번까지 총 3문제가 출제된다. 추론 문제는 대화의 포인트를 통해서 근거를 잡고, 그 근거를 토대로 유추를 하는 문제이다. 즉, 세부 내용 문제보다 유추를 하는 단계를 더 거쳐야 문제를 정확하게 풀 수 있다.

1 Infer 문제

1 질문 형태
What can be **inferred** from the conversation? 대화에서 유추할 수 있는 것은 무엇인가?

2 문제풀이 전략

1st listening

대화를 들을 때(1차)
화자들이 전달하고자 하는 내용과 문맥을 먼저 파악한다.

질문을 들을 때
질문을 통해 무엇을 묻고 있는지 파악한다.
inferred → 바르게 추론한 것을 고르는 문제임을 파악

2nd listening

대화를 들을 때(2차)
앞서 파악한 질문의 내용에 초점을 맞추어 답으로 나올 수 있는 대화의 포인트를 파악한다.

1. 정답의 근거가 될 수 있는 대화의 포인트

화자의 의견	의무·지시	장점	단점	원인	결과
제안·조언	방법	이유	문제점	조건	수락·거절
요청·부탁	공통점	차이점	순서·과정		

2. 올바른 유추를 위한 추론 방식
추론이란 언급된 근거를 가지고 언급되지 않은 새로운 사실을 확인하는 능력이다.
※ 추론은 보기를 들으면서 하는 것이 아니라 대화를 들으면서 해야 하기 때문에 추론하는 방식을 잘 숙지해야 한다.

(1) 비율 추론   <근거> 대부분의 사람들이 서쪽으로 갔다. → <추론> **일부는** 서쪽으로 가지 않았다.
(2) 시제 추론   <근거> 과거에는 지진이 많았다. → <추론> **지금은** 지진이 많지 않다.
(3) 가능성 추론   가능성은 사실이 아니기 때문에 단정지을 수 없다.
                   <근거> 공부하면 만점을 **받을 수 있다.** → <추론> 공부해도 만점을 **못 받을 수 있다.**
(4) 정보결합 추론   여러가지 포인트를 결합하여 추론을 하는 것이다.
                   <근거> 주말에는 버스가 무료다. + 오늘은 일요일이다. → <추론> 오늘은 버스가 무료다.

질문과 보기를 들을 때
오답을 소거해 나가며 정답을 선택한다.

Quick check! infer 문제에 자주 등장하는 오답 유형
과장 오답   only, never 등을 사용하여 내용을 과장되게 표현한 보기
사실 오답   가능성이나 가정을 사실로 단정지어 제시한 보기

Case Study

1st listening

W Let's go ahead and book a trip abroad this summer.
M I'd love to go, but how can we manage that on our salaries?
W Well, I just got a substantial raise last month.
M Really? Did you get your sales bonus?
W Yes, and it was twice what I was expecting.
M Congratulations! I guess we can go to Thailand after all.

Q What can be **inferred** from the conversation?

전반적 내용과 문맥 파악
해외 여행 비용에 관한 내용

질문 확인
infer 문제

2nd listening

W Let's go ahead and book a trip abroad this summer.
M I'd love to go, but how can we manage that on our salaries?
W Well, I just got a substantial raise last month.
M Really? [결과] **Did you get your sales bonus?**
W Yes, and it was twice what I was expecting.
M Congratulations! [의견] **I guess we can go to Thailand after all.**

Q What can be inferred from the conversation?

(a) The couple has never been abroad before.
(b) The man is currently out of work.
(c) The couple looked forward to going to Thailand.
(d) The woman will receive a pay raise later this month.

대화의 포인트 확인 → 1. 결과 2. 의견
보너스를 받아서 태국으로 여름 해외 여행을 갈 수 있게 됨

오답 소거해 나가며 정답 확인
(a) 과장 오답 (never X)
(b) 반대 오답 (out of work X)
(c) 보너스를 받아 결국 갈 수 있게 되었다고 한 것에서 유추할 수 있는 정답
(d) 시제 오답 (will receive X)

해석
여 우리 미리 앞서 이번 여름 해외 여행을 예약하자.
남 그러고 싶지만 우리의 월급으로 그걸 어떻게 감당하지?
여 음, 나 지난 달에 상당한 임금 인상을 받았어.
남 정말? 판매실적 보너스를 받았어?
여 응. 그리고 내가 예상했던 것의 두 배였어.
남 축하해! 우리는 결국에 태국에 갈 수 있을 것 같아!

Q. 대화에서 유추할 수 있는 것은 무엇인가?
(a) 커플은 한 번도 해외에 나간 적이 없다.
(b) 남자는 현재 실직 중이다.
(c) 커플은 태국에 가는 것을 기대했다.
(d) 여자는 이번 달 말에 급여 인상을 받을 것이다.

go ahead 진행하다   book 예약하다   abroad 해외   salary 급여   substantial 상당한, 많은   raise 인상
sales bonus 판매실적 보너스   after all 결국에   out of work 실직한   anticipate 예상하다   pay raise 급여 인상

Check-Up

1 다음을 듣고 질문에 맞는 답을 고르세요.

- **01** (a) (b) (c) (d)
- **02** (a) (b) (c) (d)
- **03** (a) (b) (c) (d)
- **04** (a) (b) (c) (d)
- **05** (a) (b) (c) (d)

2 문제를 다시 들으며 노트테이킹 해보세요. (*위 문제에서 자신이 틀린 문제만 해 보는 것도 좋습니다.)

1st listening 중심 소재를 파악하여 적어보자. (영어, 한글 무방)
2nd listening 중심 소재에 구체적인 내용을 덧붙여 보자. (영어, 한글 무방)
보기를 들으며 키워드를 적어보면서 정답/오답을 확인해보자.

01.

1st listening

2nd listening
(a) run up a lot of bills ✗
(b)
(c)
(d) m. mismanaging budget ✗

02.

1st listening

2nd listening
(a) see together ✗
(b)
(c)
(d)

03.

1st listening

(a)

2nd listening (b) employee X

(c) w. has a map X

(d)

04.

1st listening   여자 teaching 별로, artist 되고 싶어, teach art

(a)

2nd listening (b)

(c)

(d) m. encourages X

05.

1st listening

(a)

2nd listening (b)

(c) m. could not take the bus X

(d) w. little understanding X

2 Infer about 문제

1 질문 형태

What can be **inferred about the man[woman]** (from to the conversation)?
(대화에서) 남자[여자]에 대해 유추할 수 있는 것은 무엇인가?

2 문제풀이 전략

1st listening

대화를 들을 때(1차)
화자들이 전달하고자 하는 내용과 문맥을 먼저 파악한다.

질문을 들을 때
질문을 통해 무엇을 묻고 있는지 파악한다.
inferred about the man[woman] → 남자[여자]에 대해 바르게 추론한 것을 고르는 문제임을 파악

2nd listening

대화를 들을 때(2차)
앞서 파악한 질문의 내용에 초점을 맞추어 답으로 나올 수 있는 대화의 포인트를 파악한다.

정답의 근거가 될 수 있는 대화의 포인트

화자의 의견	의무·지시	장점	단점	원인	결과
제안·조언	방법	이유	문제점	조건	수락·거절
요청·부탁	공통점	차이점	순서·과정		

※ 남자에 대해 묻는 질문의 경우 여자의 말에서, 여자에 대해 묻는 경우 남자의 말을 통해 정답을 추론할 수 있다.
e.g.
W I'm a dollar short. 나 1달러가 부족해.
M Sorry, but not this time. 미안하지만, 이번에는 안 돼.
Q What can be inferred about the woman? 여자에 대해 유추할 수 있는 것은 무엇인가?
→ 남자의 답변을 통해 전에도 여자가 남자에게 돈을 빌린 적이 있다는 것을 유추할 수 있다. 따라서, 여자에 대해서 물어보는 질문이지만 남자의 답변을 통해서 여자에 대한 사실을 파악할 수 있어야 한다.

질문과 보기를 들을 때
오답을 소거해 나가며 정답을 선택한다.

Quick check! infer about 문제에 자주 등장하는 오답 유형
반대 오답 not, un-, in-, dis- 등을 이용하여 대화 내용과 반대로 표현한 보기
관계 오답 남자와 여자를 바꿔 쓴 보기, 인과 관계가 잘못된 보기
사실 오답 가능성이나 가정을 사실로 단정지어 제시한 보기

Case Study

🔊 MP3 **P3_13**

1st listening

M Have you been **reimbursed** by your insurance company?
W No, not yet. They said that my plan **doesn't cover car rentals**.
M But didn't you sign up for comprehensive coverage?
W Yeah, that's what I thought, but now they're telling me something else.
M You do have your **copy of your policy**, right?
W It **should be somewhere under the pile** of papers on my desk.

Q What can be **inferred about the woman**?

> 전반적 내용과 문맥 파악
> 여자가 보험 회사로부터 배상을 못 받고 있음

> 질문 확인
> infer about 문제

2nd listening

M Have you been reimbursed by your insurance company?
W No, not yet. They said that my plan doesn't cover car rentals.
M But didn't you sign up for comprehensive coverage?
W Yeah, that's what I thought, but now they're telling me something else.
M **You do have your copy of your policy, right?**
W [문제점] **It should be somewhere under the pile of papers on my desk.**

Q What can be inferred about the woman?

(a) She has been driving without any insurance.
(b) She got into an accident on a rented car.
(c) She rented a car without checking her policy.
(d) She has recently changed her policy.

> 대화의 포인트 확인 → 문제점
> 보험 증권 사본이 어디에 있는지 모름

> 오답 소거해 나가며 정답 확인
> (a) 반대 오답 (without X)
> (b) 관계 오답 (accident X)
> (c) 여자의 문제점을 알맞게 표현한 정답
> (d) 키워드 오답 (changed X)

해석
남 너 보험 회사로부터 배상 받았어?
여 아니, 아직. 내 보험이 차량 대여는 포함하지 않는대.
남 하지만 완전보상에 가입하지 않았어?
여 응, 난 그렇게 알고 있었는데, 이제 와서 다른 얘기를 하고 있어.
남 네 보험 증권 사본 가지고 있지, 그렇지?
여 내 책상 위에 있는 종이 더미 아래 어딘가에 있을 거야.

Q. 여자에 대해서 유추할 수 있는 것은 무엇인가?
(a) 그녀는 보험 없이 운전을 해왔다.
(b) 그녀는 대여한 차량으로 사고를 냈다.
(c) 그녀는 그녀의 보험을 확인하지 않고 차량을 대여했다.
(d) 그녀는 그녀의 보험을 최근에 바꿨다.

reimburse 배상하다   **insurance** 보험   **cover** 포함하다   **sign up** 가입하다, 신청하다   **comprehensive coverage** 완전보상
pile 더미   **policy** 보험 증권

Check-Up

1 다음을 듣고 질문에 맞는 답을 고르세요.

01 (a)   (b)   (c)   (d)
02 (a)   (b)   (c)   (d)
03 (a)   (b)   (c)   (d)
04 (a)   (b)   (c)   (d)
05 (a)   (b)   (c)   (d)

2 문제를 다시 들으며 노트테이킹 해보세요. (*위 문제에서 자신이 틀린 문제만 해 보는 것도 좋습니다.)

1st listening 중심 소재를 파악하여 적어보자. (영어, 한글 무방)
2nd listening 중심 소재에 구체적인 내용을 덧붙여 보자. (영어, 한글 무방)
               보기를 들으며 키워드를 적어보면서 정답/오답을 확인해보자.

01.

1st listening	
2nd listening	(a)
	(b) driving within the speed limit X
	(c) willing to 보상 X
	(d)

02.

1st listening	
2nd listening	(a)
	(b) wait, separate 테이블 X
	(c) has waited X
	(d)

03.

1st listening

m: 악아는 사람 X, amazing 사람은 intimated

(a)

2nd listening (b)

(c)

(d) plans, 버사 하위 X

04.

1st listening m: 식 숙에 trouble, final essay 제시간에 X 해야돼

(a)

2nd listening (b) will submit late X

(c)

(d)

05.

1st listening

(a)

2nd listening (b) man's posts X

(c) attempts to join X

(d)

정답 p.129

Unit Test

MP3 P3_15

Part 3
Choose the option that best answers the question.

01 (a) (b) (c) (d)

02 (a) (b) (c) (d)

03 (a) (b) (c) (d)

04 (a) (b) (c) (d)

05 (a) (b) (c) (d)

06 (a) (b) (c) (d)

07 (a) (b) (c) (d)

08 (a) (b) (c) (d)

09 (a) (b) (c) (d)

10 (a) (b) (c) (d)

11 (a) (b) (c) (d)

12 (a) (b) (c) (d)

13 (a) (b) (c) (d)

14 (a) (b) (c) (d)

15 (a) (b) (c) (d)

정답 p.132

PART 3

대화 주제별 학습

Unit 01 일상 생활

일상 생활 관련 주제는 Part 3에서 가장 많이 출제된다. 안부를 물어보는 대화, 새로 구입한 물건에 대한 대화, 문제 상황, 앞으로 무엇을 할지에 대한 계획과 진행, 최근 경험에 대한 의견 공유 등이 출제된다. 일상 생활 문제들은 우리가 공감하는 부분이 많기 때문에 듣고 이해하는 데 큰 어려움이 없다. 단, 텝스에서 자주 활용하는 전개방식이나 어휘를 미리 학습하여, 들으면서 핵심 내용을 정확하게 잡아내는 훈련을 해야 한다.

Case Study

🔊 MP3 P3_16

M When is your house guest arriving?
W Next week on Wednesday.
M So soon! Did you get an extra bed?
W No, and I didn't have time to shop for one.
M Check online. There are many places that offer free delivery.
W Okay. Thanks for the tip!

대화의 목적
→ 묵을 손님을 위한 추가 침대 마련

세부 내용
→ 인터넷에서 구매하면 무료 배송 가능

Q. What are the man and woman mainly discussing?
(a) Purchasing an extra bed online for a friend
(b) The benefits of using online stores for quick purchases
(c) Preparing the house for a visitor on short notice
(d) The different online venues that offer free delivery

해설 다음 주에 오는 손님을 위해 침대를 마련하는 것에 대해 말하고 있으므로 **(c)**가 정답이다.

⚠️ 오답 피하기
(a)는 for a friend라 하여 오답이다. 친구를 위해 구매하는 것이 아니다.
(b)는 benefits, online stores라 하여 오답이다. 온라인에서 무료 배송을 해주는 곳이 많다는 것은 세부 내용이다.
(d)는 different online venues라 하여 오답이다. 다양한 온라인 업체들에 대한 내용은 언급되지 않았다.

해석
남 집에서 묵을 손님은 언제 오셔?
여 다음 주 수요일에.
남 얼마 안 남았네! 추가 침대를 챙겨 놓았어?
여 아니, 살 시간이 없었어.
남 온라인을 확인해봐. 무료 배송을 해주는 곳이 많아.
여 알겠어. 알려줘서 고마워!

Q. 남자와 여자가 주로 논의하는 것은 무엇인가?
(a) 친구를 위해 추가 침대를 온라인에서 구매하는 것
(b) 빠른 구매를 위해 온라인 상점을 이용하는 것의 장점
(c) 갑자기 오는 방문객을 위해서 집을 준비하는 것
(d) 무료 배송을 제공하는 다양한 온라인 업체들

---

house guest (단기간에 남의 집에 머무는) 묵을 손님   **free delivery** 무료 배송   **benefit** 장점   **purchase** 구매하다; 구매   **on short notice** 갑자기   **venue** 장소(업체)   **offer** 제공하다

Words and Phrases — 일상 생활

look after	~을 돌보다, 맡다	lend	빌려주다
take after	~을 닮다	attempt	시도하다, 애쓰다
get away with	~을 모면하다, ~을 잘 해내다	regret	후회하다
verified	확인된, 검증된	advisable	권할 만한, 바람직한
clearance	재고 정리 세일	maintain	유지하다
frustrated	좌절감을 느끼는, 불만스러워 하는	realize	깨닫다, 알아차리다
get rid of	~을 없애다, 제거하다	root for	응원하다
look into	~을 조사하다, 주의 깊게 살피다	distract	주의를 산만하게 하다
be in charge of	~을 담당하다	unnecessary	불필요한
carry on	~을 계속하다	as usual	평소대로
real estate property	부동산	solve	해결하다
move on to	~로 옮기다, ~로 넘어가다	praise	칭찬; 칭찬하다
tight budget	빠듯한 예산	specific	구체적인
pass up	거절하다	ask for	요구하다
encourage	권장하다, 격려하다	way to	~로 가는 길인
swing by[drop by]	~에 잠깐 들르다	day by day	나날이
put up with	참고 견디다	thankfully	다행히도
have faith in	~을 믿고 있다	feel like	~하고 싶다
pick up	~을 찾아오다, ~을 태우러 가다	thanks to	~덕분에
try out	~을 사용해보다	in a good mood	기분이 좋은
take up	(취미로) ~을 배우다, 시작하다	generally	일반적으로
malfunction	고장, 불량	rather than	~보다, ~대신에
affordable	가격이 알맞은	in favor of	~에 찬성하는
compelling	설득력이 있는, 강력한	on one's own	스스로, 혼자서
consolation	위안	catch on	이해하다, 파악하다
lethargic	무기력한	interested in	~에 관심을 갖다
nonchalant	태연한	look on the bright side	낙관적으로 보다
hectic	정신없이 바쁜	accustomed to [familiar with]	~에 익숙한
tendency	경향	split the cost	비용을 각자 내다
routine	일상	come down with something	(병에) 걸리다

빈출 대화 내용

1 새로 구매한 물건에 대한 내용

W Is that your new truck?
M Yes, **I got tired of driving my compact car.**
W But doesn't it guzzle much gas?
M That's what I thought, but **it's actually more gas efficient.**
W I don't believe it!
M Really. Let me show you the mileage.

Q. What is the man mainly doing in the conversation?
(a) Showing the gas mileage of his car
(b) Explaining the reason for buying his new vehicle
(c) Comparing the efficiency of his cars
(d) Helping the woman with her broken car

여 그거 너의 새로운 트럭이야?
남 응. 소형차를 운전하는 것이 지겨워졌어.
여 하지만 연료를 많이 먹지 않아?
남 그렇게 생각했는데, 오히려 연료 효율이 좋아.
여 크게 믿기지 않는데.
남 진짜야. 연료소비율을 보여줄게.

Q. 대화에서 남자가 주로 하는 것은?
(a) 그의 자동차의 연료소비율을 보여주는 것
(b) 새 자동차를 구매한 이유를 설명하는 것
(c) 그의 자동차들의 효율성을 비교하는 것
(d) 여자의 망가진 차와 관련해 도와주는 것

get tired of 지겨워지다   compact car 소형차   guzzle 마구 먹어 대다   mileage 연료소비율   efficiency 효율성

2 영화나 공연 관람에 대한 내용

W Did you attend the musical on Saturday?
M Yes, my wife loved it.
W But what about you?
M **I'm not a musical type of guy. I'd rather watch a movie.**
W Oh, then it must have been really dreadful for you to sit through the musical.
M No, not really. I was just happy to see my wife enjoy it.

Q. Which is correct according to the conversation?
(a) The man prefers watching a movie to going to a musical.
(b) The woman finds it taxing to sit through a musical.
(c) The man purchased his tickets at the last minute.
(d) The woman and man watched the musical on different dates.

여 너 토요일에 뮤지컬 갔었어?
남 응, 아내가 좋아했어.
여 그런데 너는 어땠어?
남 나는 뮤지컬 별로 안 좋아해. 차라리 영화를 보지.
여 오, 그럼 뮤지컬 하는 동안 앉아있는 것이 너한텐 정말 끔찍했겠다.
남 아니, 그렇진 않아. 아내가 좋아하는 것을 보니 기뻤어.

Q. 대화에 따르면 옳은 것은?
(a) 남자는 뮤지컬을 보러 가는 것보다 영화를 보는 것을 선호한다.
(b) 여자는 뮤지컬 하는 동안 앉아있는 것을 아주 힘들어 한다.
(c) 남자는 마지막 순간에 표를 구매했다.
(d) 여자와 남자는 서로 다른 날에 뮤지컬을 관람했다.

dreadful 끔찍한   taxing 아주 힘든   at the last minute 마지막 순간에

3 물건을 사용하는 것에 대한 내용

M I don't have any space on my phone for more photos.
W **Why don't you add more memory?**
M I checked on that, but those memory cards aren't bargain prices.
W **What about transferring some longstanding pictures to your computer?**
M But I don't know how to do that.
W All you have to do is connect the phone to the computer.

Q. What is the woman mainly trying to do?
(a) Propose buying memory cards with a larger capacity
(b) Recommend deleting old photos on the phone
(c) Explain how to transfer data from a phone to a computer
(d) Suggest ways to acquire more space on a phone

memory 용량   bargain price 저렴한 가격   transfer 이동시키다   longstanding 오래된   propose 제안하다   capacity 용량   acquire 확보하다

4 새로운 장소를 소개하는 내용

M Have you ever had a meal at City Diner?
W Yeah, I frequent there on weekends.
M Great. Do you recommend any menu from there?
W **Their steaks are fantastic, but slightly steeper than other places.**
M What about the portions?
W Don't worry. They're definitely enough to fill you up.

Q. What can be inferred from the conversation?
(a) The man prefers restaurants that serve large portions.
(b) The woman visits City Diner every weekend.
(c) Most people go to City Diner because of their steaks.
(d) The woman has tried steaks in other venues.

meal 식사   frequent 자주 다니다   steep 아주 비싼   portion 양   fill up 배가 부르다   venue 장소

Unit Test

MP3 P3_17

Part 3
Choose the option that best answers the question.

01   (a)   (b)   (c)   (d)

02   (a)   (b)   (c)   (d)

03   (a)   (b)   (c)   (d)

04   (a)   (b)   (c)   (d)

05   (a)   (b)   (c)   (d)

06   (a)   (b)   (c)   (d)

07   (a)   (b)   (c)   (d)

08   (a)   (b)   (c)   (d)

정답 p.139

Unit 02 여가 활동

여가 활동에서 출제되는 내용은 주로 운동, 취미 생활, 문화 활동 등에 관련된 것이다. 여가 활동 문제 역시 일상 생활 문제와 마찬가지로 우리에게 친숙한 주제이므로 듣고 이해하는 데 큰 어려움이 없다. 단, 텝스에서 자주 활용하는 전개방식이나 어휘를 미리 학습하여, 들으면서 핵심 내용을 정확하게 잡아내는 훈련을 해야 한다.

Case Study

🔊 MP3 P3_18

M Where will you take your sister when she visits you?
W I haven't decided yet. Maybe the Modern Art Museum.
M What about something more interactive?
W Do you have any suggestions?
M I have free passes for the new golf course. You can have them.
W That may be just the thing. My sister is an avid golfer.

대화의 목적
→ 여자가 동생을 어디에 데려갈지 의논

세부 내용
→ 동생이 골프를 좋아하므로 골프장에 가라는 제안을 수락함

Q. Which is correct about the woman according to the conversation?
(a) Her sister has visited her on many occasions.
(b) She already purchased tickets to the museum.
(c) Her sister particularly enjoys playing golf.
(d) She wants her sister to decide where to go.

해설 여자가 대화 마지막에서 그녀의 동생이 골프를 좋아한다고 했으므로 **(c)가 정답**이다.

⚠ 오답 피하기

(a)는 visited her on many occasions라 하여 오답이다. 동생이 여러 번 방문했었는지는 알 수 없다.
(b)는 already purchased라 하여 오답이다. 아직 어디 갈지 결정 못했다고 했고 함께 골프를 치러 갈 가능성이 더 높다.
(d)는 wants her sister to decide라 하여 오답이다. 여자는 그녀가 직접 여동생을 위해 결정하고 있다.

해석
남 너의 여동생이 오면 너는 그녀를 어디로 데려갈 거니?
여 아직 결정하지 못했어. 아마도 현대 미술관.
남 더 서로 같이 할 수 있는 무언가는 어때?
여 제안할 만한 것이 있니?
남 새로운 골프장 무료 입장권이 있어. 너 가져도 돼.
여 그거 안성맞춤이다. 내 여동생이 골프를 정말 좋아해.

Q. 대화에 따르면 여자에 대해 옳은 것은?
(a) 그녀의 여동생은 그녀를 여러 번 방문했다.
(b) 그녀는 박물관 표를 이미 구매했다.
(c) 그녀의 여동생은 특히 골프 치는 것을 즐긴다.
(d) 그녀는 그녀의 여동생이 어디를 갈지 결정하기를 원한다.

---

interactive 상호작용하는   avid 열렬한   on many occasions 자주

Words and Phrases | 여가 활동

outdoor	야외의	time off	휴식
conduct	(특정한 활동을) 하다	intriguing	호기심을 자극하는
basic	기본적인	distinctive	독특한
turnout	참가자의 수	encounter	맞닥뜨리다
pastime	취미	unsure	잘 알지 못하는
customary	관례적인, 습관적인	escort	바래다 주다
actively	적극적으로	overwhelm	압도하다
occasionally	가끔	acknowledge	인정하다
calorie intake	칼로리 섭취량	unfamiliar	낯선
register[sign up]	~을 등록하다	upcoming	다가오는, 곧 있을
private	혼자 있기 좋아하는	setback	문제, 걸림돌
doable	할 수 있는	potential	잠재력; 잠재적인
strenuous	힘이 많이 드는	combination	조합
regimen	식이 요법	underway	진행 중인
humdrum	단조로운, 따분한	hustle up	서두르다
be strapped	돈에 쪼들리다	excuse	변명; 변명하다
take a toll	~에 큰 타격을 주다	promptly	지체없이, 즉시
unwind	긴장을 풀다	reputable	평판이 좋은
uncanny	이상한, 묘한	in turn	결과적으로
alleviate stress	스트레스를 풀다	up in the air	미정의
avid	열심인	show up	참석하다
conducive to	~에 도움이 되는	stay on	남아 있다
muster	(용기·힘을) 모으다	throw a party	파티를 열다
understatement	절제된 표현	in the middle of	~의 도중에
reluctant	꺼리는, 주저하는	run a marathon	마라톤을 뛰다
far from easy	전혀 쉽지 않은	take pleasure in	~을 즐기다
reminiscence	연상시키는 것, 추억	on a daily basis	매일
be fond of	~을 좋아하다	get a discount	할인을 받다
sympathetic	공감하는	get one's hopes up	크게 기대하다
conversation	대화	get the hang of	~을 할 줄 알게 되다, ~을 이해하다
go out	외출하다	stick around	떠나지 않고 남아있다
oversleep	늦잠을 자다	on one's own volition	자신의 자유의사로

빈출 대화 내용

1 여가 활동을 함께 하는 내용

M Can you meet me for a run in the park?
W I wish, but I need to go to the grocery store.
M Go later. Don't you think it's a little early for grocery shopping?
W My shift changed and I need to work tonight.
M Oh, okay. How about tomorrow then?
W I'm free tomorrow afternoon. We can go running then.

Q. What is the conversation mainly about?
(a) Going on an errand to a grocery store
(b) Making compromises to avoid conflicts
(c) Changing shifts to make time for workouts
(d) Making plans to exercise together

남 너 나랑 공원에서 만나서 달리기 할래?
여 그러고 싶지만 식료품점에 가야 해.
남 나중에 가. 식료품을 사기에는 조금 이른 것 같지 않아?
여 내 근무 시간이 바뀌어서 오늘 밤에 일해야 해.
남 아, 알겠어. 그럼 내일은 어때?
여 내일 오후에는 시간이 비어. 그때 뛰러 가자.

Q. 대화는 주로 무엇에 관한 것인가?
(a) 식료품점에 심부름을 가는 것
(b) 갈등을 피하기 위해 타협하는 것
(c) 운동할 시간을 내기 위해 근무시간을 변경하는 것
(d) 함께 운동할 계획을 세우는 것

grocery store 식료품점   shift 근무시간   errand 심부름   make a compromise 타협하다   workout 운동   conflict 갈등

2 특정 장소를 방문하는 것에 관한 내용

W What should we do today?
M I've never been to the art museum. Maybe we could go there.
W Sure. I've been there twice, but it's always nice to go there.
M Are there many nice things to see?
W The modern art gallery has some amazing exhibits.
M I'm already excited. Let me go get ready.

Q. Which is correct according to the conversation?
(a) The man is familiar with the art museum.
(b) The woman has been to the art museum with the man.
(c) The man has never gone to the modern art gallery.
(d) The woman will not join the man to the art museum.

여 우리 오늘 뭐할까?
남 나 미술관에 가본 적이 없어. 거기에 가면 좋을 것 같아.
여 그래. 난 두 번 가봤는데, 거기 가는 건 항상 좋아.
남 볼 만한 좋은 작품들이 많아?
여 현대 미술관에 멋진 전시품이 많아.
남 벌써 기대된다. 가서 준비할게.

Q. 대화에 따르면 옳은 것은?
(a) 남자는 미술관에 친숙하다.
(b) 여자는 남자와 함께 미술관에 가본 적이 있다.
(c) 남자는 현대 미술관에 가본 적이 없다.
(d) 여자는 남자와 함께 미술관에 가지 않을 것이다.

twice 두 번, 두 배로   familiar 친숙한   join 같이 가다

3 취미활동에 대한 내용

W What are you reading so intensely about?
M It's one of those do-it-yourself magazines. **I'm thinking of making a tea table.**
W Oh, that's nice. Did you make the dining table, too?
M No, I bought it. It's handmade, though.
W **Do you think you can make me one? I'll pay you.**
M **Tell you what – I can lend you the magazine.**

Q. What can be inferred about the man from the conversation?
(a) He intends to buy a new table for his dining room.
(b) He subscribes a home decoration magazine for his home.
(c) He will make a tea table for the woman.
(d) He wants to build his own furniture for his own use.

여 뭘 그렇게 열심히 읽고 있니?
남 손수 만드는 취미에 관한 잡지 중 하나야. 차 탁자를 만들어 볼 생각이야.
여 오, 좋은데. 식탁도 네가 만들었어?
남 아니, 그건 샀어. 핸드메이드이긴 하지만.
여 내게도 하나 만들어 줄 수 있니? 돈 줄게.
남 이렇게 하면 어떨까, 내가 잡지를 빌려줄게.

Q. 대화로부터 남자에 대해 추론할 수 있는 것은?
(a) 식사공간을 위해서 새로운 테이블을 구매하려 한다.
(b) 그의 집을 위해 홈 장식 잡지를 구독한다.
(c) 여자를 위해 차 탁자를 만들 것이다.
(d) 자신이 사용하기 위한 자신만의 가구를 만들고 싶어 한다.

intensely 열심히   do-it-yourself 혼자서 하는, 손수 만드는 취미(DIY)   tea table 차 탁자   dining table 식탁   lend 빌려주다
intend 의도하다

4 여가시간을 활용하는 것에 대한 내용

M I heard you're now growing your very own garden.
W Yeah, since last Saturday.
M So, what did you plant in the garden?
W Nothing fancy. **Just some cherry tomatoes, which easy to raise.**
M I heard the soil needs to be moist all the time.
W Yeah, or they'll develop cracks. That's about the only downside to growing tomatoes.

Q. Which is correct about the woman according to the conversation?
(a) She planted tomatoes for their resistance to cracking.
(b) She chose to grow tomatoes because they require little effort.
(c) She thinks growing tomatoes is far from easy.
(d) She planted both cherries and tomatoes in her garden.

남 네가 이제 너만의 정원을 가꾼다고 들었어.
여 응, 지난 토요일부터.
남 그래서, 정원에 무엇을 심었어?
여 별거 아니야. 그냥 쉽게 기를 수 있는 방울토마토 조금.
남 땅이 항상 촉촉해야 한다고 들었어.
여 응, 그렇지 않으면 금이 생길 거야. 그게 토마토를 재배하는 유일한 단점이지.

Q. 대화에 따르면 여자에 대해서 옳은 것은?
(a) 금이 생기려는 것에 대한 저항력 때문에 토마토를 심었다.
(b) 적은 노력이 필요하기 때문에 토마토를 기르기로 결정했다.
(c) 토마토를 기르는 것이 쉽지 않다고 생각한다.
(d) 그녀의 정원에 체리와 토마토를 둘 다 심었다.

nothing fancy 엄청나지 않은, 별거 아닌   cherry tomato 방울토마토   raise 기르다   soil 땅, 토지   crack 금   downside 단점   resistance 저항력   little effort 적은 노력   far from easy 쉽지 않은

Unit Test

Part 3
Choose the option that best answers the question.

01   (a)   (b)   (c)   (d)

02   (a)   (b)   (c)   (d)

03   (a)   (b)   (c)   (d)

04   (a)   (b)   (c)   (d)

05 (a)   (b)   (c)   (d)

06 (a)   (b)   (c)   (d)

07 (a)   (b)   (c)   (d)

08 (a)   (b)   (c)   (d)

정답 p.142

Unit 03 주거/가정

Part 3에서 자주 출제되는 내용 중 하나가 주거와 가정 관련 대화이다. 주거와 가정 주제에서는 집안에 있는 가전이나 시설, 가계 상황에 대한 내용이나 집 주위의 동네 환경 등에 관한 내용이 출제된다.

Case Study

🔊 MP3 P3_20

W How did you afford the down payment on your house?
M My parents gave me a loan with no interest.
W Good for you. When do you need to pay them back?
M Actually, I just gave them the last payment yesterday.
W Already? You must be making a fortune.
M To tell you the truth, I took a second job to cover it.

대화의 목적
→ 집을 어떻게 구매할 수 있었는지 확인

세부 내용
→ 부모님께 돈을 빌리고 부업을 했음

Q. Which is correct about the man according to the conversation?
(a) He mortgaged his house to pay back the loan.
(b) He had to work two jobs to pay off his loan.
(c) He has one last payment to make.
(d) He has no interest in repaying his parents' money.

해설 남자가 돈을 갚기 위해 부업을 했다고 했으므로 **(b)가 정답**이다.

⚠️ 오답 피하기

(a)는 mortgaged his house라 하여 오답이다. 남자는 대출을 받아서가 아니라 일을 해서 갚았다고 한다.
(c)는 has one last payment라 하여 오답이다. 어제 부모님에게 마지막 납입금을 드렸다고 한다.
(d)는 no interest라 하여 오답이다. 남자는 관심이 없는 것이 아니라 이미 다 갚았다.

해석
여 너는 너희 집의 계약금을 어떻게 감당했니?
남 우리 부모님이 이자 없이 돈을 빌려주셨어.
여 좋겠다. 그분들께 언제 갚아야 해?
남 사실, 어제 마지막 납입금을 드렸어.
여 이미? 돈을 좀 벌고 있었구나.
남 사실대로 말하자면, 돈을 갚기 위해 부업을 했어.

Q. 대화에 따르면 남자에 대해 옳은 것은?
(a) 그는 그의 집을 담보로 대출을 받아 대출금을 갚았다.
(b) 그는 대출을 갚기 위해 두 직장에서 일을 해야 했다.
(c) 그는 마지막 한 번의 납부금이 남아 있다.
(d) 그는 그의 부모님의 돈을 갚을 생각이 없다.

down payment 계약금   loan 대출   interest 이자   last payment 마지막 납부금   make a fortune 많은 돈을 벌다
to tell you the truth 사실은   second job 부업   mortgage 담보대출을 받다   pay back 갚다   pay off 갚다

Words and Phrases — 주거/가정

landlord	집주인	remote control	리모컨
switch	바꾸다	firsthand	직접
house chores	가사, 집안일	cater	출장 요리를 하다
grocery	식료품	measure	측정하다
produce	농작물	substitute	대신하다
leaky faucet	새는 수도꼭지	stock	(물건 등을) 채우다
home[household] appliances	가전 제품	lightly	살짝, 가볍게
delivery	고려하다	out of order	고장 난
contemplate	고려하다	equipment	장치
cut back on	~을 줄이다	plumber	배관공
household expense	가계비	original	원래의
overhaul	점검하다, 수리하다	properly	적절히
patronize	애용하다	residence	거주지
down payment	계약금, 착수금	rent	임대료; 임대하다
take out a loan	대출하다	carry	운반하다
estimate	견적서, 추산	resemble	닮다
renovation [home improvement]	개조	polish	광택제; 윤을 내다
inclination	성향, 경향	connection	연결, 관계
hassle	귀찮은 상황	handy with	~을 잘 다루는
plumbing	배관	definite	명확한, 한정된
worthwhile	가치가 있는	predict	예측하다
ask a favor of	~에게 부탁을 하다	roomy	(공간이) 넓은
lawn mower	잔디 깎는 기계	organize	조직하다, 정리하다
take out the trash	쓰레기를 버리다	format	형태, 형식
make the best of	나름대로 최선을 다하다	sort out	해결하다
electrical outlet	콘센트	picture frame	액자
grow weary	피로해지다	make arrangements	준비하다
inadvertently	무심코, 우연히	take turns	~을 교대로 하다
sedentary lifestyle	앉아서 지내는 생활방식	make ends meet	겨우 먹고 살 만큼 벌다
insatiable	만족할 줄 모르는	under one's belt	이미 경험한, 경력이 있는
run short on	~이 부족해지고 있다, 떨어지고 있다	feel free to do	마음대로 ~해도 좋다
state-of-the-art	최신의	get down to	~에 착수하다

빈출 대화 내용

1 집안 수리에 대한 내용

M Are the improvements on your garage finished yet?
W After several months of hard work, it's finally satisfied.
M Great! So, did you do most of it yourself?
W A few friends with construction experience helped out.
M You must have saved a bundle.
W Yeah, I spent only half of what a contractor estimated.

Q. Which is correct about the woman according to the conversation?
(a) She has some construction experience under her belt.
(b) She ended up spending more money fixing her friends' lapses.
(c) She spent less than the estimate given by a professional.
(d) She had her friends help renovate her garage for free.

남 너희 차고 개조 공사 끝났어?
여 몇 달의 힘든 일 끝에 만족스럽게 끝났어.
남 잘 됐다! 그럼, 네 스스로 거의 다 했어?
여 공사 경험이 있는 친구들 몇 명이 도와줬어.
남 많은 돈을 절약했겠네.
여 응, 업자가 견적을 준 것의 반 밖에 안 썼어.

Q. 대화에 따르면 여자에 대해서 옳은 것은?
(a) 그녀는 이미 건설 경험을 가지고 있다.
(b) 그녀는 그녀의 친구들의 실수를 해결하는 데 결국 더 많은 돈을 썼다.
(c) 그녀는 전문가로부터 받은 견적보다 돈을 덜 썼다.
(d) 그녀는 친구들에게 차고 수리하는 것을 무료로 돕게 했다.

improvement 개조 (공사) garage 차고 satisfied 만족하는 construction experience 건설 경험 bundle 많은 돈
contractor 업자 estimate 견적을 주다 under one's belt 이미 경험한 end up 결국 ~이 되다 lapse 실수

2 동네에서 일어나는 일에 관한 내용

W Have you seen the new housing development that's taking place?
M You mean with the huge Mediterranean mansions?
W Yeah, aren't they a bit much?
M I guess the owners like that look and size.
W But they don't look like they really fit in here.
M You're right. They do look different from other homes in the area.

Q. What is the woman mainly doing in the conversation?
(a) Objecting to the style of the new houses being built
(b) Criticizing the enormous size of the new houses
(c) Complaining about the noise coming from the construction site
(d) Downplaying the ongoing housing development

여 너 새로운 주택 단지 개발이 진행되고 있는 거 봤어?
남 그 큰 Mediterranean 대저택 말하는 거야?
여 응, 너무 크지 않아?
남 주인이 그런 크기와 모양을 좋아하나 보지.
여 하지만 여기에 정말 어울리는 것 같진 않아.
남 맞아. 이 지역의 다른 집들과 달라 보이긴 해.

Q. 대화에서 여자가 주로 하는 것은?
(a) 새롭게 지어지는 집의 스타일에 대해 반대하는 것
(b) 새로운 집들의 엄청난 크기에 대해 비판하는 것
(c) 건설 현장에서 오는 소음에 대해 불평하는 것
(d) 진행되고 있는 주택 단지 개발을 대단치 않게 생각하는 것

housing development 주택 단지 개발 huge 큰 mansion 대저택 fit 어울리다 object 반대하다 enormous 막대한, 거대한 construction site 건설 현장 downplay 대단치 않게 생각하다 ongoing 진행 중인

3 이웃과 관련된 내용

M I appreciate you picking up my mail for me while I was out of town.
W No problem, your mailbox is right above mine, so it wasn't a hassle.
M I noticed there wasn't as much as I expected though.
W Really? Let me see if some of your mail got mixed up with mine.
M I'm looking for a mail from an attorney's office.
W Okay. I'll go and look through my mail.

Q. What is the man mainly doing in the conversation?
(a) Justifying his absence from town
(b) Helping the woman find her mail in the mailbox
(c) Complaining about the modest amount of mail
(d) Asking the woman to check for a mail

남 내가 동네에 없는 동안 우편물을 수집해줘서 고마워.
여 아니야, 네 우편함이 내 것 바로 위에 있어서 고생도 아니었어.
남 그런데 내가 생각했던 것보단 별로 없더라.
여 정말? 내 것과 네 우편물이 섞였는지 한 번 볼게.
남 변호사 사무실로부터 온 우편물을 찾고 있어.
여 그래. 가서 내 우편들을 살펴볼게.

Q. 대화에서 남자가 주로 하는 것은?
(a) 동네에서 그가 없었던 것을 정당화하는 것
(b) 여자가 우편함에서 그녀의 우편물을 찾는 것을 도와주는 것
(c) 우편물의 적은 양에 대해서 불평하는 것
(d) 여자에게 우편물을 확인할 것을 요청하는 것

appreciate 고마워하다   pick up 가지고 가다   mailbox 우편함   hassle 고생   mix up 섞이다   attorney 변호사
look through 살펴보다   modest amount 적은 양

4 애완동물에 관한 내용

W Honey, what do you say to getting a pet dog?
M Pets are not really my thing.
W But they're so adorable. It'll be nice to have one.
M You know that they're high maintenance.
W I'll take care of them. It's worth the extra work.
M Well, then, suit yourself.

Q. What can be inferred from the conversation?
(a) The woman does not have much work to do at home.
(b) The man is aware of what is involved in raising a pet dog.
(c) The woman has some experience raising a pet before.
(d) The man had been planning to get a pet dog for the woman.

여 여보, 애완견을 기르는 것에 대해서 어떻게 생각해요?
남 애완동물은 나랑 잘 안 맞아요.
여 하지만 정말 사랑스러워요. 한 마리 있으면 좋을 것 같아요.
남 그들은 많은 관리가 필요해요.
여 내가 돌볼게요. 추가로 일할 가치가 있어요.
남 음, 그럼 좋을 대로 해요.

Q. 대화에서 유추할 수 있는 것은?
(a) 여자는 집에서 해야 할 일이 많지 않다.
(b) 남자는 애완견을 키우는 데 수반되는 것에 대해 알고 있다.
(c) 여자는 전에 애완동물을 키운 경험이 있다.
(d) 남자는 여자를 위해 애완견을 얻을 계획을 해왔다.

adorable 사랑스러운   high maintenance 많은 관리가 필요한   suit oneself 좋을 대로 하다   aware 알고 있는
involve 수반하다   raise 키우다

Unit Test

Part 3
Choose the option that best answers the question.

01   (a)   (b)   (c)   (d)

02   (a)   (b)   (c)   (d)

03   (a)   (b)   (c)   (d)

04   (a)   (b)   (c)   (d)

05   (a)   (b)   (c)   (d)

06   (a)   (b)   (c)   (d)

07   (a)   (b)   (c)   (d)

08   (a)   (b)   (c)   (d)

정답 p.146

Unit 04 여행 / 교통

여행과 교통 주제에서는 여행 계획 논의, 비행기 표 예약 및 확인, 여행 투어 상품과 관련한 장단점, 다녀온 여행에 대한 의견, 교통 상황 등에 관한 대화가 주로 출제된다.

Case Study

MP3 P3_22

W Check out this new resort brochure. It's perfect for our vacation.
M Looks nice, but isn't it pricey?
W A little, but the package includes breakfast and dinner.
M I'd rather eat at local spots as opposed to the hotel restaurant.
W So, would you rather stick to our original plan, then?
M Yeah, if that's okay with you.

대화의 목적
→ 안내책자에 나오는 여행에 대한 의견

세부 내용
→ 호텔 식당보다는 현지 식당에서의 식사를 선호

Q. What is the main topic of the conversation?
(a) Why the man dislikes eating at a hotel
(b) Where the woman got the resort brochure
(c) How they should manage their expenses
(d) What they should do for their vacation

해설 대화의 목적은 여행을 어떻게 보내야 할지에 대한 것이기 때문에 **(d)가 정답**이다.

⚠️ 오답 피하기

(a)는 why, dislikes eating at a hotel이라 하여 오답이다. 남자가 현지 식당에서 먹자고는 했지만 호텔에서 식사하는 것을 싫어하는 것인지는 알 수 없고 주요 내용도 아니다.
(b)는 where, got the resort brochure라 하여 오답이다. 리조트 안내 책자를 어디에서 받았는지 언급하지 않았다.
(c)는 manage, expenses라 하여 오답이다. 비용에 대해 언급한 것은 세부 내용이다.

해석
여 이 새로운 리조트 안내 책자를 봐. 우리 여행으로 완벽해.
남 좋아 보이긴 하지만, 비싸지 않아?
여 약간. 하지만 패키지에 조식과 석식이 포함되어 있어.
남 나라면 호텔 식당에서 먹는 것보다 현지 식당에서 먹을래.
여 그럼 우리 원래 계획했던 대로 할까?
남 그래. 네가 괜찮다면.

Q. 대화의 주제는?
(a) 남자가 왜 호텔에서 먹는 것을 싫어하는지
(b) 여자가 어디서 리조트 안내서를 받았는지
(c) 그들이 어떻게 비용을 관리해야 하는지
(d) 그들이 여행을 위해 무엇을 해야 하는지

resort brochure 리조트 안내서   pricey 비싼   local spot 현지 장소   stick to ~을 (바꾸지 않고) 고수하다   manage one's expense ~의 비용을 관리하다

Words and Phrases — 여행/교통

traffic signal	교통 신호	carousel	수하물 컨베이어 벨트
bumper-to-bumper	자동차가 꼬리를 문	miss	놓치다
traffic congestion	교통 정체	free shuttle	무료 셔틀
detour	우회로; 우회하다	relocate to	~로 이주하다, 이전하다
route	길	make time for	~을 위해 시간을 내다
vacancy	빈방	go on a business trip	출장 가다
layover[stopover]	도중하차	odd	이상한
book[reserve, arrange]	예약하다	suitcase	여행 가방
amenities	편의 시설	suspend	중단하다
complimentary	무료의	for now	현재로서는
nonstop flight	직항 항공편	terminate	끝나다
compensation	보상	bright and early	아침 일찍, 새벽부터
housekeeping	(건물의) 시설 관리과	make it	시간에 맞춰 가다
highly praised	높이 평가받는	on average	평균적으로
look forward to	~을 기대하다	dealership	대리점
claim	요구하다, 청구하다	flat tire	바람 빠진 타이어
look back on	~을 되돌아보다	join	합류하다
file a complaint	불만을 제기하다	in time	늦지 않게
beforehand [in advance]	미리	at the moment	지금, 현재
shortcut	지름길	go through	거치다, 겪다
make haste	바삐 서두르다, 빨리 하다	long weekend	긴 연휴
come out of	~에서 나오다	be about to do	막 ~하려고 하다
airfare	항공 요금	incorrectly	부정확하게, 틀리게
gratifying	만족스러운	across the street	길 건너편에
off limits	출입 금지의	a block away	한 블록 더 떨어진
appealing	매력적인, 흥미로운	not far from	~에서 멀지 않은
impassable	무감각한	at the wheel	운전대를 잡은
pristine	자연 그대로의, 오염되지 않은	run behind schedule	뒤처지다
impulsively	충동적으로	once in a while	가끔
prominent	중요한, 유명한	wait in line	줄 서서 기다리다
capacious	넓은	tourist attraction	관광 명소
perilous	위험한	keep on one's way	가던 길을 계속 가다

빈출 대화 내용

1 교통수단과 관련된 내용

M If we don't hurry, we will have to take a taxi to the airport.
W I'm almost ready. I think we can still catch the bus.
M But it leaves in five minutes.
W Don't worry. The bus stop is right in front of our house.
M Yeah, I know, but it's raining, so we can't run.
W The bus is probably running slightly behind schedule then.

Q. What is the man mainly trying to do?
(a) **Pressing the woman to hasten to catch the bus**
(b) Convincing the woman to take a taxi instead of a bus
(c) Complaining about the wet ground because of the rain
(d) Assuring the woman that they will make it to the airport

남 우리가 서두르지 않으면, 공항에 택시를 타고 가야 할 거야.
여 난 준비가 거의 다 됐어. 우리 아직 버스를 탈 수 있을 것 같아.
남 하지만 버스는 5분 뒤면 떠나.
여 걱정 마. 버스 정류장은 우리 집 바로 앞이야.
남 알아. 하지만 비가 와서, 우리는 뛸 수 없어.
여 그럼 버스가 일정보다 조금 늦게 올거야.

Q. 남자가 주로 하려는 것은?
(a) 버스를 타기 위해 여자가 서두르도록 재촉하는 것
(b) 여자가 버스 대신 택시를 타도록 설득하는 것
(c) 비 때문에 젖은 바닥에 대해 불평하는 것
(d) 공항에 시간에 맞춰 갈 수 있다고 여자에게 확신을 주는 것

catch (버스·기차 등을 시간 맞춰) 타다   probably 아마도   run behind schedule 일정보다 뒤처지다   press 재촉하다
hasten 서둘러 하다   convince 설득하다   wet 젖은   ground 바닥   assure 확신을 주다   make it 시간에 맞춰 가다

2 여행 비용에 대한 내용

W How do you afford to travel so frequently?
M Well, I have flexible working hours, and I tend to shop around for the best airfare prices.
W So, do you use a specific travel agency?
M In the past, I did, but the Internet has more competitive pricing.
W Which sites do you frequent?
M I can send you a list of my favorite ones via email.

Q. Which is correct according to the conversation?
(a) The man spends less money on travel than before.
(b) The woman travels more often than the man.
(c) **The man does not use a travel agency anymore.**
(d) The woman wants a list of travel agencies from the man.

여 너는 어떻게 그렇게 자주 여행할 여건이 되니?
남 음, 나는 근무 시간이 유연하고 가장 좋은 항공 가격을 알아보는 편이야.
여 그럼, 너는 특정 여행사를 이용하니?
남 예전에는 그랬지만 인터넷이 더욱 경쟁력 있는 가격 책정을 해.
여 어떤 인터넷 사이트를 자주 보니?
남 이메일로 내가 좋아하는 사이트들을 보내줄게.

Q. 대화에 따르면 옳은 것은?
(a) 남자는 예전보다 여행에 돈을 덜 쓴다.
(b) 여자는 남자보다 여행을 더 자주 다닌다.
(c) 남자는 더 이상 여행사를 이용하지 않는다.
(d) 여자는 남자로부터 여행사 목록을 원한다.

afford ~할 여유가 있다   flexible 유연한   airfare price 항공료 가격   travel agency 여행사   competitive pricing 경쟁력 있는 가격 책정   frequent 자주 다니다   via ~을 통해서

3 비행기에서 자리를 바꾸는 것에 대한 내용

W Will you trade seats with me?
M Sure, I prefer the window anyway.
W Really? That's great. I get more airsick when I'm next to the window.
M I'm not bothered at all. Besides, I rarely leave my seat during flight.
W That's even better. I was hoping to take a long, peaceful nap.
M That goes for me, too.

Q. What is the main topic of the conversation?
(a) The seating arrangement for the airplane
(b) The significance of exchanging seats
(c) The privilege of sitting in the aisle seat
(d) The health risks of sitting next to the window

여 저와 자리 바꾸시겠어요?
남 네, 저는 창문 쪽을 더 좋아해요.
여 정말요? 잘 됐네요. 저는 창문 옆에 있으면 비행기 멀미를 더 하거든요.
남 저는 정말 괜찮아요. 게다가, 저는 비행 동안 자리를 거의 뜨지 않아요.
여 더 좋네요. 저는 길고 평화로운 낮잠을 좀 자고 싶었거든요.
남 저도요.

Q. 대화의 주제는?
(a) 비행기의 좌석 배치
(b) 자리를 바꾸는 것의 취지
(c) 통로 자리에 앉는 것의 특권
(d) 창문 옆에 앉는 것의 건강상의 위험

trade 바꾸다   airsick 비행기 멀미   bother 방해하다   rarely 좀처럼 ~하지 않는   nap 낮잠   seating arrangement 좌석 배치   significance 의미, 취지   privilege 특권   aisle seat 통로 자리   health risk 건강상의 위험

4 시설 이용에 대한 내용

M Hello, I have a reservation for the weekend. I'm Paul Jones.
W Your room is 615 on the sixth floor.
M Thanks. And I was wondering where the gym is located?
W It's on the third floor. It's open from 7 a.m to 11 p.m.
M That's good to know. I guess I can get a workout in tonight.
W Also, the morning buffet is open from 8 to 9:30.

Q. Which is correct according to the conversation?
(a) The man can have breakfast after 7 a.m.
(b) The buffet opens later than the gym.
(c) The hotel gym closes at 9:30 p.m.
(d) The man has no time to exercise tonight.

남 안녕하세요. 저는 주말에 예약했는데요. Paul Jones입니다.
여 손님의 객실은 6층의 615호입니다.
남 고마워요. 그리고 헬스장이 어디에 있죠?
여 3층에 있습니다. 아침 7시부터 밤 11시까지 운영합니다.
남 알려줘서 고마워요. 오늘 밤에 운동할 수 있겠네요.
여 또한, 조식 뷔페는 8시부터 9시 30분까지입니다.

Q. 대화에 따르면 옳은 것은?
(a) 남자는 오전 7시 이후에 아침식사를 할 수 있다.
(b) 뷔페는 헬스장보다 늦게 연다.
(c) 호텔 헬스장은 밤 9시 30분에 닫는다.
(d) 남자는 오늘 저녁에 운동할 시간이 없다.

reservation 예약   gym 헬스장   workout 운동   buffet 뷔페

Unit Test

Part 3
Choose the option that best answers the question.

01   (a)   (b)   (c)   (d)

02   (a)   (b)   (c)   (d)

03   (a)   (b)   (c)   (d)

04   (a)   (b)   (c)   (d)

05 (a)   (b)   (c)   (d)

06 (a)   (b)   (c)   (d)

07 (a)   (b)   (c)   (d)

08 (a)   (b)   (c)   (d)

정답 **p.149**

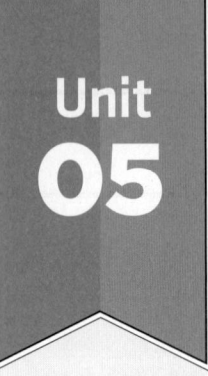

Unit 05 회사 / 학교

회사와 학교 관련 주제는 종종 익숙하지 않은 상황과 표현이 등장하기 때문에 특별히 관심을 가지고 학습해야 한다. 회사와 학교 주제에서 출제되는 내용은 주로 취업과 면접, 회사 업무, 동료, 학교 수업, 교수와 학생 간의 대화, 시설 관련 내용이다.

Case Study

M How did your annual evaluation go?
W Pretty good, I think.
M So, do you think you'll get a promotion?
W I'm not sure. But I did get a raise with extra responsibilities.
M That's still good. It seems like you have a good relationship with your manager.
W Yeah, but he still expects a lot from me.

대화의 목적
→ 연말 평가 결과에 대해 논의

세부 내용
→ 연말 평가의 결과

Q. Which is correct about the woman according to the conversation?
(a) She was given more responsibilities but lower pay.
(b) She received a promotion after the annual evaluation.
(c) She wants to improve her relationship with the manager.
(d) She was offered a higher salary for taking on more tasks.

해설 여자가 추가 업무가 생기면서 급여 인상을 받았다고 했으므로 **(d)가 정답**이다.

⚠️ 오답 피하기

(a)는 but lower pay라 하여 오답이다. 여자는 급여 인상을 받았다고 한다.
(b)는 received a promotion이라 하여 오답이다. 승진을 했는지는 모른다고 한다.
(c)는 wants to improve라 하여 오답이다. 여자는 이미 상사와의 관계가 좋다고 한다.

해석
남 너의 연말 평가는 어땠어?
여 내 생각에는 꽤 좋았던 것 같아.
남 그래서, 승진할 것 같아?
여 모르겠어. 하지만 추가 업무가 생기면서 급여 인상을 받긴 했어.
남 그래도 잘 됐네. 너의 상사와 좋은 관계를 유지하나 보다.
여 응, 하지만 그는 여전히 내게 많은 걸 바래.

Q. 대화에 따르면 여자에 대해 옳은 것은?
(a) 더 많은 업무를 받았지만 급여는 덜 받았다.
(b) 연말 평가 후에 승진이 되었다.
(c) 그녀의 상사와의 관계를 개선하고 싶어 한다.
(d) 더 많은 업무를 맡음으로써 더 높은 급여를 제안 받았다.

---

annual evaluation 연말 평가   promotion 승진   get a raise 급여 인상을 받다   take on 맡다

Words and Phrases — 회사/학교

merge	합병하다	interaction	사회적 상호 작용
budget report	예산 보고(서)	pursue	추구하다
lay off	~을 정리 해고하다	public school	공립학교
land a job	직장을 구하다	major	전공
follow-up meeting	후속 회의	capable of	~할 수 있는
in person	직접	ultimate	궁극적인
shift change	작업 교대	competent	만족할 만한
biannual	연 2회의	enroll	등록하다
conference	회의	scholarship	장학금
carry out[perform]	~을 수행하다	candidate	지원자
engage in	~에 관여하다, 참여하다	corporation	기업
submit[hand in]	제출하다	retire	은퇴하다
call in sick	전화로 병결을 알리다	tight	(예산 등이) 빠듯한
resign	물러나다, 사직하다	start up	시작하다, 창업하다
colleague[coworker]	동료	access	접근하다
feasible	실현 가능한	reimburse	변제하다
reorganize	개편하다	instructor	강사
acquire	인수하다	persuade	설득하다
keep up with	~에 뒤지지 않다	prompt	즉각적인
be on good terms	사이 좋게 지내다	aim	목표로 하다
deficit	적자	manageable	감당할 수 있는
facility	시설	catchy	귀에 맴도는
fraudulent	사기를 치는	trivial	사소한
prerogative	특권	experiment	실험
boon	이익	agenda	계획, 안건
surge	급격한 상승	office hours	근무 시간
assimilate	동화시키다	drop out of	~에서 중도하차하다
prevalent	널리 퍼진	transfer to another branch	다른 지사로 전근하다
educational	교육적인	undertake a task	임무를 착수하다
blame	탓하다	take on responsibility	책임을 떠맡다
take action	조치를 취하다	extensive prior experience	많은 사전 경험
determine	결정하다	climb the corporate ladder	승진하다

빈출 대화 내용

1 발표를 하는 것에 대한 내용

W Are you ready for your presentation tomorrow?
M I think so, but I'm a little tense.
W But you have lots of experience giving presentations, don't you?
M True, but I feel uneasy in front of crowds.
W It doesn't show. You always seem very comfortable to me.
M Thanks. That's because I practice a lot at home.

Q. What is the man mainly talking about?
(a) The reason behind giving a presentation
(b) The state of his emotion in giving a presentation
(c) The courage of standing in front of people
(d) The skills for making a presentation

여 내일 발표를 위해 준비가 됐어?
남 그런 것 같은데, 좀 긴장 돼.
여 하지만 너는 발표 경험이 많잖아. 그렇지 않니?
남 응, 하지만 나는 많은 사람들 앞에 있으면 불안해.
여 그렇게 보이지 않아. 내가 보기에 너는 항상 편해 보여.
남 고마워. 집에서 많이 연습해서 그럴 거야.

Q. 남자는 주로 무엇에 대해 말하고 있는가?
(a) 발표를 하는 이유
(b) 발표를 하는 것에 대한 그의 감정 상태
(c) 사람들 앞에 서는 용기
(d) 발표를 하는 것에 대한 스킬

uneasy 불안한   crowd 사람들, 군중   comfortable 편한   practice 연습   courage 용기

2 회의 관련 내용

M I regret raising my voice during the board meeting.
W You certainly made it clear where you stand on the issue.
M I should've handled myself with more composure.
W I didn't think you were over the line.
M Still, I shouldn't have been belligerent like that.
W Everybody was stirred up, so it wasn't all that noticeable.

Q. Which is correct according to the conversation?
(a) The board meeting was held on a short notice.
(b) The woman shows no sympathy for the man's conduct.
(c) The man is vigilant about what he says in meetings.
(d) The man expresses disappointment in his behavior.

남 제가 중역 회의에서 언성을 높인 것이 후회돼요.
여 당신은 그 사안에서 어떤 입장에 있는지를 확실히 했어요.
남 저는 조금 더 평정심을 유지했어야 해요.
여 저는 당신이 도를 넘었다고 생각하지 않아요.
남 그래도, 저는 그렇게 호전적이지 말았어야 했어요.
여 모두가 감정이 고조된 상태여서 그렇게 눈에 띄진 않았어요.

Q. 대화에 따르면 옳은 것은?
(a) 중역 회의는 갑작스럽게 열렸다.
(b) 여자는 남자의 행동에 대해서 공감을 하지 않는다.
(c) 남자는 그가 회의에서 말한 것에 대해 조심한다.
(d) 남자는 자신의 행동에 대해 실망감을 표현한다.

regret 후회하다   raise one's voice 언성을 높이다   composure 평정심   over the line 도를 넘은   belligerent 호전적인
stir up (강한 감정을) 불러일으키다   on a short notice 갑작스럽게   sympathy 공감, 동정   conduct 행동   vigilant 조심하는

3 정책 관련 내용

M I'm perturbed by the government's latest budget cuts.
W Many parents count on the schools to provide free breakfast.
M How can they do away with such a valuable program?
W Obviously, it was a cost-driven decision.
M I know. All because the state wants to cut more taxes.
W But this seems to be a poor way to go about it.

Q. What are the man and woman mainly complaining about?
(a) The state's decision to cut more taxes for the people
(b) The government's attempt to provide free meals in school
(c) The abrupt termination of a free meal program
(d) The way a free meal program was managed

남 정부의 최근 예산 삭감이 나를 심란하게 해.
여 많은 부모들이 학교가 무료 아침식사를 제공하는 것에 의지하고 있는데.
남 그렇게 가치 있는 프로그램을 어떻게 없앨 수 있지?
여 명백하게, 그건 비용 문제와 관련한 결정이었어.
남 맞아. 이게 다 주에서 세금을 삭감하고 싶어 해서야.
여 하지만 이건 좋지 않은 방법인 것 같아.

Q. 남자와 여자는 주로 무엇에 대해 불평하는가?
(a) 사람들을 위해서 감세하려는 주의 결정
(b) 학교에서 무료 급식을 제공하려는 정부의 시도
(c) 무료 급식 프로그램의 갑작스러운 중단
(d) 무료 급식 프로그램이 운영된 방식

perturb 심란하게 하다   budget cut 예산 삭감   count on ~에 의지하다, 기대다   do away with 제거하다   cost-driven 비용에 의한   poor way 좋지 않은 방법   abrupt 갑작스러운   termination 중단

4 학교 프로그램 관련 내용

W Did you enjoy your exchange program in Spain?
M Yes, but it wasn't easy.
W Why? Was all your coursework in Spanish?
M It was, so my Spanish improved quickly.
W I'm on the same program. I hope I improve as quickly as you.
M Be sure to stay with a local family. That really helps.

Q. What can be inferred from the conversation?
(a) The woman has no choice but to take classes in Spanish.
(b) The man found the exchange program to be humdrum.
(c) The woman does not know how to speak Spanish.
(d) The man did not live with locals during his exchange program.

여 스페인에서 교환학생 프로그램은 좋았어?
남 응, 하지만 쉽지 않았어.
여 왜? 모든 수업 활동이 스페인어로 진행됐어?
남 그랬어. 그래서 내 스페인어가 빨리 향상되었어.
여 나도 똑같은 프로그램이야. 나도 너처럼 빨리 늘었으면 좋겠다.
남 현지인 가족들과 꼭 같이 살아. 그게 정말 도움이 돼.

Q. 대화에서 유추할 수 있는 것은?
(a) 여자는 스페인어로 수업을 들을 수밖에 없다.
(b) 남자는 교환학생 프로그램이 지루하다고 생각했다.
(c) 여자는 스페인어를 할 줄 모른다.
(d) 남자는 교환학생 프로그램 동안 현지인들과 살지 않았다.

exchange program 교환학생 프로그램   coursework 수업 활동   improve 향상시키다   local 현지의   no choice but to ~할 수밖에 없다   humdrum 지루한

Unit Test

MP3 P3_25

Part 3
Choose the option that best answers the question.

01   (a)   (b)   (c)   (d)

02   (a)   (b)   (c)   (d)

03   (a)   (b)   (c)   (d)

04   (a)   (b)   (c)   (d)

05   (a)   (b)   (c)   (d)

06   (a)   (b)   (c)   (d)

07   (a)   (b)   (c)   (d)

08   (a)   (b)   (c)   (d)

정답 p.153

Unit 06 건강 / 병원

Part 3에서 건강과 병원 관련 내용은 출제 빈도는 높지 않지만 익숙하지 않은 상황과 표현이 등장하기 때문에 내용과 표현을 미리 학습해 놓는 것이 중요하다. 주로 출제되는 내용은 부상과 병 관련 내용, 식습관과 다이어트 관련 내용, 병원 예약 및 진찰 관련 내용, 검사 결과 관련 내용, 병원 입원 관련 내용 등이다.

Case Study

🔊 MP3 P3_26

W Let's see. So, what happened to your wrist?
M I fell on ice while getting off from work yesterday.
W By looking at the x-ray image, it doesn't seem broken.
M That's a relief, but it still hurts when I move.
W A splint should help. Have it on for a week.
M Thanks. I guess I won't be able to use the computer for a while then.

대화의 목적
→ 팔목 부상에 대한 내용

세부 내용
→ 치료 방법 제시

Q. What can be inferred about the man from the conversation?
(a) He has to take a week-long sick leave from work.
(b) He fractured his wrist when he fell down.
(c) He lost mobility to one of his arms.
(d) He will probably get better in a week.

해설 깁스를 일주일 동안 하라고 했으므로 아마도 일주일 후에는 더 나아질 것이라는 것을 추론할 수 있다. 따라서 **(d)가 정답**이다.

⚠️ 오답 피하기

(a)는 a week-long sick leave라 하여 오답이다. 남자는 팔목을 다치긴 했지만 병가를 낼지는 알 수 없다.
(b)는 fractured라 하여 오답이다. 남자가 팔목을 다치긴 했지만 금이 가거나 부러졌다고 하지는 않는다.
(c)는 lost mobility라 하여 오답이다. 남자는 움직일 때 아프다고는 하지만 못 움직이는 것은 아니다.

해석
여 어디 봅시다. 팔목에 무슨 일이 있었죠?
남 어제 퇴근하다가 얼음에 미끄러졌어요.
여 엑스레이 사진을 보아하니, 부러진 것 같지는 않네요.
남 다행이네요. 그런데 움직이면 아파요.
여 깁스를 하면 도움이 될 거예요. 일주일 동안 하고 있으세요.
남 감사합니다. 그럼 한동안 컴퓨터를 사용할 수 없겠군요.

Q. 대화에서 남자에 대해 추론할 수 있는 것은?
(a) 그는 회사에 일주일 동안 병가를 내야 한다.
(b) 그는 넘어질 때 팔목을 골절했다.
(c) 그는 한쪽 팔을 움직일 수 없다.
(d) 그는 아마도 일주일 내로 좋아질 것이다.

wrist 팔목   fall 넘어지다   relief 안도, 안심   splint 부목   sick leave 병가   fracture 골절하다   mobility 움직임

Words and Phrases — 건강/병원

recover	회복하다	vegetarian	채식주의자
daily dose	하루 복용량	medicate	약으로 치료하다
pharmacy	약국	discharge	퇴원시키다
early diagnosis	조기 진단	home remedy	가정 치료약
recurrent symptom	반복되는 증상	paralysis	마비
acute pain	심한 통증	sprain	삐다
chronic ailment	만성 질환	fatal	치명적인
severe disorder	심각한 장애[병]	weary	지친
hospitalization	입원	dermatitis	피부염
allergic reaction	알레르기 반응	adjust	적응하다
rash	발진	fairly	꽤, 상당히
get checked	진단을 받다	swelling	부기
physical	신체의	veterinarian	수의사
prescription drug	처방약	rest	휴식
over-the-counter medication	처방전 없이 살 수 있는 약	nutrition	영양
injury	부상	surgery	수술
excessive	과다한, 지나친	heal	낫다
wound	상처	physician	의사
keep in shape	체력 관리를 잘하다	blood pressure	혈압
out of shape	몸매가 엉망인	concerned	걱정하는
unfit for	~에 부적당한	vision	시야, 시력
mild cough	가벼운 기침	immobile	움직일 수 없는
chest pain	가슴 통증	sodium	염분
tablet	알약	depression	우울증
seek expert consultation	전문가의 상담을 구하다	go down	가라앉다
well-balanced diet	균형 잡힌 식사	minor	경미한
take note of	~에 주목하다	act up	(병이) 재발하다
complication	합병증	wear off	차츰 사라지다
terminally ill	위독한	second opinion	다른 의사의 진단
persistent	끊임없는	under the weather	몸 상태가 좋지 않은
conspicuous sign	뚜렷한 징후	shortness of breath	호흡 곤란
efficacy	효능	come down with a fever	열이 나다

빈출 대화 내용

1 운동을 통한 건강 관리에 대한 내용

M You look like you've trimmed down.
W I've lost two dress sizes.
M That's a huge difference. Who's your trainer?
W Craig. He's demanding, but he's helped me reach my goals.
M I've heard great things about him.
W If you want, I can ask him to spare some time for you.

Q. Which is correct about the woman according to the conversation?
(a) She wants to lose more weight.
(b) She has less time to work out now.
(c) **She is still training with Craig.**
(d) She thinks Craig is easygoing.

남 너 살 빠진 것 같아.
여 옷 사이즈를 두 단계나 줄였어.
남 정말 큰 차이다. 트레이너가 누구야?
여 Craig야. 그는 힘들게 시키지만 내 목표를 달성하도록 도와줬어.
남 그에 관해 좋은 얘기들을 들었어.
여 네가 원한다면, 너에게 시간 좀 내달라고 부탁해볼게.

Q. 대화에 따르면 여자에 대해 옳은 것은?
(a) 그녀는 몸무게를 더 빼고 싶어 한다.
(b) 그녀는 지금은 운동할 시간이 더 없다.
(c) **그녀는 여전히 Craig와 운동을 하고 있다.**
(d) 그녀는 Craig가 느긋하다고 생각한다.

trim down (사이즈가) 줄어들다   demanding 힘든   spare 시간을 내주다   work out 운동하다   easygoing 느긋한

2 의료보험 관련 내용

W Hi, Mr. Jones. I'm calling to remind you of an appointment tomorrow with Dr. Ross.
M Thanks. Do I need to bring my insurance card with me?
W It depends. Has it changed since your last visit?
M I switched jobs, so I'm not with Met Health anymore.
W In that case, you should bring your card.
M Okay. I'll be there at 2 p.m. with my new card.

Q. What can be inferred about the man from the conversation?
(a) His new employer offers insurance through Met Health.
(b) **His previous insurance card is no longer valid.**
(c) He cannot use his new insurance at the hospital.
(d) He needs to bring his insurance card every time.

여 안녕하세요, Jones 씨. 내일 Ross 의사 선생님과의 약속을 상기시켜 드리려고 전화했습니다.
남 감사합니다. 저의 보험 카드를 가지고 가야 하나요?
여 상황에 따라 다른데요. 마지막 방문 이후에 변경되었나요?
남 직업을 바꿔서 Met Health에 더 이상 가입되어 있지 않아요.
여 그럴 경우, 카드를 가지고 오셔야 합니다.
남 알았어요. 새로운 카드를 가지고 2시에 가겠습니다.

Q. 대화에서 남자에 대해 유추할 수 있는 것은?
(a) 그의 새로운 고용주는 Met Health를 통해서 보험을 제공한다.
(b) **그의 전 보험 카드는 더 이상 유효하지 않다.**
(c) 그는 병원에서 새로운 보험을 사용할 수 없다.
(d) 그는 매번 보험 카드를 가지고 와야 한다.

remind 상기시키다   insurance card 보험 카드   it depends 상황에 따라 다르다   switch 바꾸다   in that case 그럴 경우   employer 고용주   valid 유효한

3 진찰 관련 내용

M Can you stand up straight?
W No, my lower back hurts really bad.
M How did you injure yourself?
W Playing basketball after school yesterday.
M Let me see if the doctor has an opening today. Why don't you take a seat?
W Thanks. I hope she's available today.

Q. What is the man mainly doing in the conversation?
(a) Confirming the woman's appointment with the doctor
(b) Checking the woman's medical history
(c) Finding out whether the doctor is available
(d) Identifying the severity of the woman's injury

남 똑바로 설 수 있으시겠어요?
여 아니요. 등의 아래 쪽이 많이 아픕니다.
남 어떻게 다치셨나요?
여 어제 학교 끝나고 농구하다가 다쳤습니다.
남 오늘 의사 선생님께서 빈 시간이 있는지 볼게요. 앉아 있는 게 어때요?
여 감사합니다. 오늘 의사 선생님을 뵐 수 있었으면 좋겠네요.

Q. 대화에서 남자가 주로 하고 있는 것은?
(a) 여자의 예약을 의사와 확인하는 것
(b) 여자의 병력을 확인하는 것
(c) 의사가 시간이 되는지 확인하는 것
(d) 여자의 부상의 심각성을 확인하는 것

stand up 서다, 서 있다   lower back 등 아래 쪽   injure 부상당하다, 다치다   opening 빈 시간   medical history 병력
severity 심각성   injury 부상

4 응급상황 관련 내용

W Thank you for calling Baker's Eye Clinic.
M Hi, what time does your office close today?
W It's 4:30 now and we see the last patient at 4:45.
M A baseball hit my son's eye and it's badly swollen.
W That sounds like an emergency. I suggest you go directly to a nearby hospital.
M Okay, I'll do that now. Thank you.

Q. What is the conversation mainly about?
(a) The office hours of Baker's Eye Clinic
(b) The appropriate response to a medical emergency
(c) The nature of the woman's son's injury
(d) The emergency measures provided by a local hospital

여 Baker's 안과에 전화주셔서 감사합니다.
남 안녕하세요. 오늘 병원이 몇 시에 닫나요?
여 지금 4시 반이고, 저희는 마지막 환자를 4시 45분에 받습니다.
남 야구공이 제 아들의 눈을 쳐서 심각하게 부었어요.
여 응급상황인 것 같네요. 바로 가까운 병원으로 가시는 게 좋겠어요.
남 네. 지금 그렇게 하겠습니다. 감사합니다.

Q. 대화의 주제는?
(a) Baker's 안과의 진료 시간
(b) 응급상황에 대한 적절한 대응
(c) 여자의 아들의 부상의 종류
(d) 지역 병원이 제공하는 응급 조치

patient 환자   badly 심각하게   swollen 부은   appropriate 적절한   response 대응, 반응   nature 종류   measures 조치

Unit Test

MP3 P3_27

Part 3
Choose the option that best answers the question.

01   (a)   (b)   (c)   (d)

02   (a)   (b)   (c)   (d)

03   (a)   (b)   (c)   (d)

04   (a)   (b)   (c)   (d)

05 (a)   (b)   (c)   (d)

06 (a)   (b)   (c)   (d)

07 (a)   (b)   (c)   (d)

08 (a)   (b)   (c)   (d)

정답 p.157

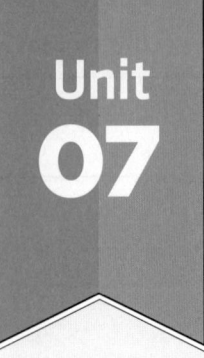

Unit 07 쇼핑 / 식당

쇼핑과 식당 관련 주제에서 출제되는 내용은 주로 새로 구매한 물건에 대한 의견, 필요한 물건이나 선물을 구매하는 내용, 상품의 환불과 교환에 대한 내용, 상점이나 식당 서비스에 대한 내용, 음식에 대한 의견, 외식을 결정하는 내용 등이다.

Case Study

MP3 P3_28

M Honey, will you return this belt to Dillard's for me?
W Is the receipt also in the bag?
M Yes, but it was on sale, so they will only issue store credit.
W I can try exchanging it, if you like.
M That would be great. I need one size larger.
W If they don't have one, I'll see if they can order it in.

대화의 목적
→ 남자의 벨트를 반품하는 것

세부 내용
→ 할인할 때 구매해서 store credit으로만 돌려받을 수 있음

Q. Which is correct about the man according to the conversation?
(a) He wants his money back for the belt.
(b) He lost the receipt for the belt.
(c) He wants a smaller sized belt.
(d) He bought the belt at a reduced price.

해설 남자는 벨트를 할인할 때 구매했다고 했으므로 (d)가 정답이다.

⚠ 오답 피하기
(a)는 wants his money back이라 하여 오답이다. 남자는 교환하는 것도 좋다고 했다.
(b)는 lost the receipt이라 하여 오답이다. 남자는 영수증이 봉투에 있다고 한다.
(c)는 smaller sized belt라 하여 오답이다. 남자는 더 큰 사이즈를 원한다고 한다.

해석
남 여보, 이 벨트를 Dillard's에 반품해줄 수 있어요?
여 봉투에 영수증도 있어요?
남 네, 하지만 할인하던 거라 그들은 상점 크레딧으로만 돌려줄 거예요.
여 당신이 좋다면 교환해보려고는 할게요.
남 그럼 좋겠네요. 나는 한 사이즈 큰 게 필요해요.
여 그게 없으면 주문할 수 있는지 한번 볼게요.

Q. 대화에 따르면 남자에 대해서 옳은 것은?
(a) 그는 벨트를 돈으로 돌려 받고 싶어한다.
(b) 그는 벨트를 구매한 영수증을 잃어버렸다.
(c) 그는 더 작은 사이즈의 벨트를 원한다.
(d) 그는 벨트를 할인된 가격에 구매했다.

---

return 반품하다　　receipt 영수증　　on sale 할인 중인　　issue 내주다　　store credit 상점 크레딧　　exchange 교환하다
reduced price 할인된 가격

Words and Phrases 쇼핑/식당

voucher	상품권, 쿠폰	dine	식사를 하다
at a bargain	싸게	packed	붐비는
a party of four	4명 일행	latest	최신의
welcoming atmosphere	환영해주는 분위기	stick to	계속하다
go well with	~와 잘 어울리다	overcooked	너무 익힌
steep[exorbitant]	과도한, 지나친, 터무니없는	overdue	(지불·반납 등의) 기한이 지난
commonplace	아주 흔한	full refund	전액 환불
secluded	외딴	viable	실행 가능한
pick up the tab	돈을 지불하다	drop off	가져다 주다
monthly installments	월납	give out	나누어주다, 지급하다
gratuity	팁, 봉사료	restoration	복원
patron	고객	under warranty	품질 보증 기간이 남은
disgruntled customer	불만스러워 하는 고객	ingredient	재료
inattentive staff	신경쓰지 않는 직원	fulfill	충족시키다
impolite	무례한	consume	소비하다
delicate	맛있는	assure	보장하다
out of stock	재고가 떨어진	capacity	용량, 능력
pick out	~을 고르다	foster	키우다
revenue	수입	evident	명백한, 분명한
starving	매우 배고픈	utilize	이용하다
business hours	영업시간	get a refund	환불 받다
a new line of products	새로운 제품	reimburse	변상하다, 갚다
second helping	두 번째 그릇 (한 그릇 더 먹는 것)	store credit	가게 신용 (반환하는 물건값이 적힌 표)
pass up desserts	후식을 거절하다	ran out of	~이 다 떨어지다
takeout[takeaway]	집에 사가지고 가는 음식	enhance	높이다, 향상시키다
beverage	음료수	footwear	신발
steer clear of	~에 가까이 가지 않다	match	일치하다
opt for	~을 선택하다	irregular	불규칙한
unsanitary	비위생적인	be invited to	~할 것을 안내받다
lackluster	좋지 않은	demand	요구하다
suffice	~으로 충분하다	dough	밀가루 반죽
scrumptious	음식이 아주 맛있는	preheat	예열하다

빈출 대화 내용

1 외식을 하는 것에 대한 내용

M We haven't been to the Spring Brook brunch buffet in a while.
W You're right. It's been a few weeks.
M It used to be your favorite restaurant. We should go there this weekend.
W Actually, I rather not.
M Why not? You don't like it anymore?
W Well, their selection seems to never change. I'm tired of it.

Q. Which is correct according to the conversation?
(a) The woman is too tired to eat out.
(b) Spring Brook is the man's favorite restaurant.
(c) The food choice at Spring Brook is always the same.
(d) The man had brunch buffet alone recently.

남 우리 한동안 Spring Brook 브런치 뷔페에 가지 않았네.
여 맞아. 몇 주 됐네.
남 네가 가장 좋아하는 식당이었잖아. 이번 주말에 가자.
여 사실, 가고 싶지 않아.
남 왜? 이제 거길 좋아하지 않아?
여 음, 그들의 메뉴가 변하질 않아. 질렸어.

Q. 대화에 따르면 옳은 것은?
(a) 여자는 나가서 먹기에 너무 피곤하다.
(b) Spring Brook은 남자가 가장 좋아하는 식당이다.
(c) Spring Brook의 음식 종류는 항상 같다.
(d) 남자는 최근에 브런치 뷔페를 혼자 먹었다.

selection 종류   be tired of ~에 질리다   eat out 외식하다

---

2 새로운 물건을 살 계획에 대한 내용

W Honey, **maybe we should buy a minivan.**
M And spend all our money on gas?
W **It's bigger, but we would have room for our bikes and your sporting equipment.**
M That's certainly an advantage, but what do we do with our old car?
W We can sell it to the dealership. They're offering to buy used cars.
M Okay, then lets test drive the minivan this weekend.

Q. What are the man and woman mainly discussing?
(a) Test driving a car to check its performance
(b) Trading in an old car to a dealership
(c) Purchasing a new car for convenience
(d) Carrying around more items in a car

여 여보, 우리 미니밴을 사는 건 어때요.
남 그리고 우리의 모든 돈을 연료에 쓰고요?
여 돈이 더 들긴 하겠지만, 자전거를 놓을 공간과 당신의 운동 장비들을 놓을 공간이 생길 거예요.
남 그건 분명히 장점이긴 하지만, 우리가 쓰던 차는 어떻게 하고요?
여 대리점에 팔면 되죠. 그들은 중고차도 사요.
남 그래요. 그럼 이번 주말에 미니밴을 한번 시승해봅시다.

Q. 남자와 여자가 주로 논의하는 것은?
(a) 자동차의 성능을 확인하기 위해 시운전하는 것
(b) 자동차 대리점에 중고차를 보상 판매하는 것
(c) 편리함을 위해 새로운 자동차를 구매하는 것
(d) 자동차에 더 많은 물건을 싣고 다니는 것

equipment 장비   certainly 분명히   dealership 자동차 대리점   test drive 시운전하다, 시승하다   trade in 보상 판매를 하다

3 물건을 추천하는 내용

M My bookshelves are crammed full of books.
W **You need to get an electronic book reader.**
M Is it any good? I'm not familiar with it.
W Well, **you won't have to worry about spaces for books anymore.**
M Oh, that's something I could get used to.
W Also, **you can order the latest titles and download them instantly.**

남 내 책장에 책들이 가득 찼어.
여 전자책 단말기를 사.
남 그거 좋아? 난 그것에 익숙하지 않아.
여 음, 더 이상 책을 위한 공간에 대해 걱정할 필요가 없을 거야.
남 오, 그거 내가 익숙해질 수 있는 하나의 방법이겠다.
여 또, 너는 신간 책들을 주문해서 즉시 다운받을 수 있어.

Q. What are the man and woman mainly discussing?
(a) The extensive electronic book titles to choose from
(b) The advantages of using an electronic book reader
(c) The convenience of downloading electronic books
(d) The growing popularity of electronic book readers

Q. 남자와 여자가 주로 논의하는 것은?
(a) 선택할 수 있는 폭넓은 전자책들
(b) 전자책 단말기를 이용하는 것의 장점
(c) 전자책을 다운로드하는 것의 편리함
(d) 전자책 단말기의 커져가는 인기

bookshelf 책장   crammed 가득 찬, 잔뜩 들어있는   electronic book reader 전자책 단말기   familiar with ~에 익숙한, 친숙한   latest titles 최근 책들[신간]   instantly 즉시, 바로   extensive 폭넓은   convenience 편리함   popularity 인기

4 쇼핑을 갈 계획에 대한 내용

W Did you get the barbeque meat for tomorrow's party yet?
M I ran out of time and didn't make it to the supermarket last time.
W **I want to pick up some vegetables to make some salad.**
M Okay. We can go to the store together after work today.
W Sounds great. I'll meet you there at 5:30.
M Wait, I won't be off until 6, so 7:30 is better.

여 내일 파티를 위한 바비큐 고기를 아직 안 샀니?
남 시간이 없어서 저번에 슈퍼에 갈 수 없었어.
여 나는 샐러드를 만들기 위해 야채를 사고 싶어.
남 그래. 오늘 퇴근하고 같이 가게에 가자.
여 좋아. 거기에서 5시 30분에 보자.
남 잠깐, 나는 6시까지 퇴근하지 않을 거라 7시 30분이 더 좋을 것 같아.

Q. Which is correct according to the conversation?
(a) The woman wants to buy ingredients for some salad.
(b) The man forgot to buy some meat for the party.
(c) The woman wants to meet with the man at 7:30.
(d) The man cannot go to the supermarket because of work.

Q. 대화에 따르면 옳은 것은?
(a) 여자는 샐러드를 위한 재료를 구매하고 싶어 한다.
(b) 남자는 파티를 위한 고기를 사는 것을 잊어버렸다.
(c) 여자는 7시 반에 남자를 만나고 싶어 한다.
(d) 남자는 일 때문에 슈퍼에 갈 수 없다.

pick up 구매하다, 사다   be off 퇴근하다   ingredient 재료

Unit Test

MP3 P3_29

Part 3
Choose the option that best answers the question.

01   (a)   (b)   (c)   (d)

02   (a)   (b)   (c)   (d)

03   (a)   (b)   (c)   (d)

04   (a)   (b)   (c)   (d)

05 (a) (b) (c) (d)

06 (a) (b) (c) (d)

07 (a) (b) (c) (d)

08 (a) (b) (c) (d)

정답 p.160

Part Test

Part III
You will now hear fifteen complete conversations. For each item, you will hear a conversation and its corresponding question, both of which will be read twice. Then you will hear four options which will be read only once. Choose the option that best answers the question.

01 (a) (b) (c) (d)

02 (a) (b) (c) (d)

03 (a) (b) (c) (d)

04 (a) (b) (c) (d)

05 (a) (b) (c) (d)

06 (a) (b) (c) (d)

07 (a) (b) (c) (d)

08 (a) (b) (c) (d)

09 (a) (b) (c) (d)

10 (a) (b) (c) (d)

11 (a) (b) (c) (d)

12 (a) (b) (c) (d)

13 (a) (b) (c) (d)

14 (a) (b) (c) (d)

15 (a) (b) (c) (d)

정답 p.164

PART 4

Part 4
담화를 듣고 질문에
해당하는 답 고르기

Part 4 Overview

Part 4는 담화를 듣고 질문에 가장 적절한 답을 고르는 문제 유형으로, 46번부터 60번까지 총 15문항으로 구성되어 있다. 다른 파트보다 점수 배점이 높기 때문에 가장 충분히 연습을 해야 하는 파트이다.

Part 4 한눈에 보기

문제 유형	중심 내용 문제	세부 내용 문제	추론 문제
문제 번호	46번~52번	53번~57번	58번~60번
문항 수	7 문항	5 문항	3 문항
핵심 스킬	주제 확인	담화의 포인트 확인	담화의 포인트 확인 + 추론

- 담화와 질문은 두 번씩, 보기는 한 번만 들려준다.
- 정답에는 담화에 나온 말이 패러프레이징 되어 나오는 경우가 많다.
- 공지, 광고, 방송 보도, 강의 등 다양한 담화가 출제된다.

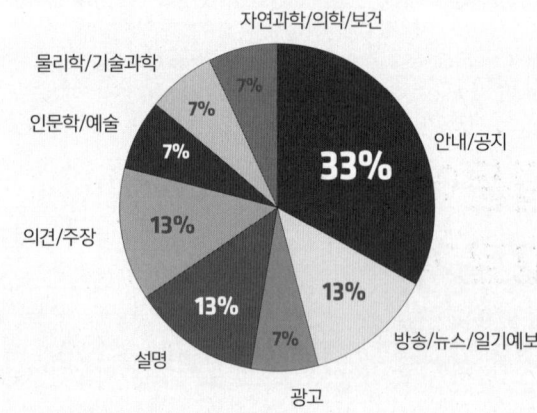

Part 4 핵심 스킬

중심 내용 문제 (46~52번) | 담화의 중심 소재와 소주제를 통해 주제를 파악한다.

세부 내용 문제 (53~57번) | 답으로 나오는 담화의 포인트를 중심으로 듣는 것이 중요하다. 따라서, 출제될 수 있는 여러 가지 담화의 포인트를 미리 숙지하고, 시험장에서 담화를 들으면서 확인할 수 있는 능력을 갖춰야 한다.

추론 문제 (58~60번) | 반드시 근거를 통해 추론해야 하므로 담화의 포인트를 들으면서 추론하는 것이 중요하다. 주의할 점은, 담화를 들으면서 추론을 해야 한다는 것이다. 담화가 끝난 뒤 보기를 들으면서 추론을 하면 정보가 기억에 없기 때문에 추론을 하기 어렵다.

패러프레이징 이해하기

Part 4에서는 담화에 나왔던 말이 다른 말로 바뀌어 보기에 나오는 경우가 많다. 따라서 패러프레이징이 되는 방식을 이해하고 이를 염두에 두고 보기를 들어야 한다.

New studies prove that babies fed cow's milk, eggs and peanuts before their first birthdays are less likely to develop food allergies later in life. Early introduction of eggs seems to be the most beneficial, not only in **preventing allergies** to eggs but to other foods as well. Experts urge that even if a child appears to have a mild sensitivity to a food, it is important not to remove it from the diet as it is unlikely that it will develop into a full-blown allergy.

새로운 연구들은 돌이 지나기 전에 소의 우유, 달걀, 그리고 땅콩을 먹은 아기들이 나중에 음식 알레르기가 발생할 가능성이 적다고 증명합니다. 달걀을 아주 어렸을 때부터 먹여주면, 달걀 알레르기를 막을 수 있을 뿐만 아니라 다른 음식에 대한 알레르기도 막는 데 가장 좋습니다. 전문가들은 아이들이 음식에 가벼운 민감한 반응을 보일지라도, 완전한 발달된 알레르기가 되지 않게 하기 위해서는 식단에서 그 음식을 없애지 않아야 한다고 충고합니다.

Q. What is the talk mainly about?
(a) The common misconceptions about food allergies
(b) Latest findings about how to stop allergies from developing
(c) The nutritional benefits of eating certain kinds of food
(d) New treatment methods of suppressing allergic reactions

Q. 담화는 주로 무엇에 관한 것인가?
(a) 음식 알레르기에 대한 흔한 오해
(b) 알레르기가 생기는 것을 막는 것에 대한 최근 연구 결과
(c) 특정 음식을 먹는 것의 영양상의 혜택
(d) 알레르기 반응을 억제하는 새로운 치료 방법

담화의 New studies가 latest findings로, preventing allergies가 stop allergies로 패러프레이징 되었다.

urge 강력히 주장하다   full-blown 완전히 발달된   contradictory 모순이 되는   misconception 오해   suppress 억제하다

Case 1. 단어, 구를 바꾸어 표현하는 경우
The Granville Elementary School is in desperate need of new classrooms and equipment and yet the city government refuses to allocate money for these renovations.
→ The funding for the school must be ameliorated to overhaul its facilities.
* Money는 funding으로, new classrooms and equipment, renovations는 overhaul its facilities로 패러프레이징 되었다.

Case 2. 품사를 바꾸어 표현하는 경우
We need to begin measuring indicators of success other than financial ones, such as employee satisfaction and client satisfaction, to uncover what can be improved to our work environment.
→ The current indicators are inadequate at determining customer satisfaction.
* Need to begin measuring, to uncover가 are inadequate으로 패러프레이징 되었다.

Case 3. 의미를 다르게 표현하는 경우
The attempt by traditional carmakers to manufacture electric cars of their own is doomed to failure because there is no way that they can compete with the financial resources and technological expertise of the top electric car manufacturers.
→ Traditional carmakers are better off shunning competing head-to-head with electric car makers.
* The attempt, is doomed to failure, because는 better off shunning competing head-to-head로 패러프레이징 되었다.

Part 4 오답 유형 익히기

담화 내용을 모두 이해했다고 하더라고 문제를 틀릴 수 있다. 바로 함정으로 출제되는 오답 때문이다. 텝스는 타 시험에 비해 오답 유형이 다양하고 매우 헷갈리게 출제되는 것이 많으므로 오답 유형을 철저하게 이해하고 적용할 수 있어야 문제를 맞힐 수 있다.

오답 유형 1. 키워드 오답
담화에 언급되지 않은 키워드가 보기에 등장한 오답이다. 담화의 소재와 관련되어 보이는 듯한 어휘이지만 담화에서는 언급되지 않은 키워드를 보기에 포함시켜 혼동하게 하는 오답이다.

Anxious to lose weight? Tiny Sips Tea can help you slim down and become the shape of your dreams. Tiny Sips contains a special medley of Oriental teas formulated after years of study to boost your metabolism and help you burn fat longer. Its unique antioxidants combine with caffeine to increase the body's fat burning capacity and raise your metabolism for two hours after drinking it. Call today for a free sample!

Q. Which is correct about Tiny Sips Tea according to the advertisement?
(a) It helps to lose weight by increasing the metabolic rate.
(b) It contains essential vitamins and minerals for the body.

살을 빼는 것이 걱정인가요? Tiny Sips 차가 여러분이 날씬해지고 이상적인 몸매가 되도록 도와드릴 수 있습니다. Tiny Sips는 여러분의 신진대사를 증진시키고 지방을 더 오래 태우는 것을 도울 수 있도록 수년의 연구 끝에 완성된 동양차의 특별함의 혼합물이 함유되어 있습니다. 이 차의 독특한 산화방지제는 카페인과 결합하여 차를 마신 뒤 2시간 동안 신체의 지방 연소를 돕고 신진대사를 돕습니다. 무료 시음을 원하시면 오늘 전화주세요!

Q. 광고에 따르면 Tiny Sips Tea에 관하여 옳은 것은?
(a) 신진대사율을 높임으로써 살을 빼는 데 도움을 준다.
(b) 신체를 위한 필수 비타민과 미네랄을 포함하고 있다.

(b)는 담화에서 언급되지 않은 essential vitamins와 minerals를 포함한 키워드 오답이다.   정답 (a)

오답 유형 2. 반대 오답
담화에 언급된 내용과 반대되는 내용이 보기에 등장하는 오답이다.

Melatonin is an over-the-counter supplement that helps regulate sleep. Most medical practitioners agree it's safe for adults to take for short or long-term periods. For melatonin to be helpful though, the correct dosage, method, and time of day it is taken must be appropriate for the sleep problem. Taking melatonin at an inappropriate time, for example during the day, may set the brain's internal biological clock in an undesirable direction. The FDA does not monitor melatonin, and toxicity has never been reported.

Q. Which is correct according to the talk?
(a) Melatonin should not be taken without consulting a doctor.
(b) It is unadvisable to take Melatonin for an extended period.

멜라토닌은 수면을 조절하는 것을 돕는 일반 의약품입니다. 대부분의 약사들은 성인이 이것을 단기간 또는 장기간 동안 복용해도 안전하다는 것에 동의합니다. 그럴지라도, 멜라토닌의 효과를 보기 위해서는 정확한 복용량, 방법, 그리고 복용 시간이 수면 장애에 적합해야 합니다. 예를 들어, 멜라토닌을 낮과 같은 적절하지 않은 시간에 복용하는 것은 뇌의 내부 생체 시계를 바람직하지 않은 방향으로 설정할 수도 있습니다. 미국 식품의약국은 멜라토닌을 감시하지 않으며 독성은 보고된 적이 없습니다.

Q. 담화에 따르면 옳은 것은?
(a) 멜라토닌은 의사와 상담하지 않고서는 복용하지 말아야 한다.
(b) 멜라토닌을 장기간 복용하는 것은 권장되지 않는다.

(a)는 not be taken without consulting이라 하여 처방전 없이 먹어도 된다는 내용과 반대되는 반대 오답이다.   정답 (b)

오답 유형 3. 과장 오답
담화에 언급된 내용을 과장시켜 표현하는 오답이다.

Today's children are spending an average of seven hours per day on entertainment media. This includes televisions, phones, computers, and other electronic devices. Parents need to monitor and help select the media their children are viewing. By making use of ratings information, parents can be more informed and direct their children away from unsuitable content. Limiting screen time is important as well as providing non-electronic options of entertainment, like books and board games.

Q. What can be inferred from the talk?
(a) Parents should restrict their children's access to entertainment media.
(b) Some entertainment media can have a positive effect on children.

오늘날 아이들은 오락 매체에 하루에 평균 7시간을 소비합니다. 이것은 텔레비전, 전화, 컴퓨터 그리고 다른 전자 기기들을 포함합니다. 부모들은 이것을 감시하고 자녀들이 보는 매체를 고르는 것을 도와주어야 합니다. 등급 정보를 사용하여 부모들은 더 많은 정보를 얻고 그들의 자녀들이 적절하지 않은 내용을 보는 것을 감독할 수 있습니다. 화면을 보는 시간을 제한하는 것은 책과 보드게임처럼 전자기기 없는 오락을 제공하는 것만큼 중요합니다.

Q. 담화에서 추론할 수 있는 것은?
(a) 부모들은 오락 미디어에 아이들의 접근을 제한해야 한다.
(b) 어떤 오락 매체는 아이들에게 긍정적인 효과를 줄 수 있다.

(a)는 should restrict라 하여 부분적으로가 아니라 전부 제한하라고 말하고 있기 때문에 과장 오답이다.

정답 (b)

오답 유형 4. 질문 오답
질문에서 묻는 것과 맞지 않는 내용이 보기에 등장하는 오답이다. 주로 중심 내용을 묻는 질문에 세부적인 내용이 보기로 들어간 경우 이 유형에 해당한다.

Today Lord Byron's poems and letters are some of the most analyzed and respected works of English literature. During his life, however, he was not highly esteemed. At age 36, he died of a fever contracted while fighting in Greece for their independence from the Ottomans, but not before building a sordid reputation. Notorious stubbornness, huge debts and innumerable love affairs followed him to an early grave, without any literary fame.

Q. What is mainly being discussed about Lord Byron?
(a) A stark contrast between his achievements and personal life
(b) His poor health that contributed to his early death

오늘날 Lord Byron의 시들과 편지들은 영문학에서 가장 많이 분석되고 존경받는 작품들입니다. 그러나 그의 인생 동안 그는 크게 존경 받지 못했습니다. 36세의 나이에, Ottomans로부터의 독립을 위해 Greece에서 싸울 때 열병에 걸려 죽었습니다. 하지만 그가 추악한 명성을 쌓기 전은 아니었죠. 문학적 명성은 온데간데없이, 악명 높은 고집, 큰 빚과 엄청난 스캔들이 그가 요절한 직후 그를 따라다녔습니다.

Q. Lord Byron에 대해 주로 논의되고 있는 것은?
(a) 그의 성취와 개인적인 삶의 뚜렷한 대조
(b) 그의 이른 죽음에 기여한 허약한 건강

(b)는 poor health, early death라 하여 주제를 묻고 있는 질문에 안 맞는 세부 내용이기 때문에 질문 오답이다.

정답 (a)

오답 유형 5. 관계 오답
언급된 키워드끼리 서로 맞지 않는 관계가 보기에 등장하는 오답이다.

As Korean dramas increase in popularity, international visitors to the sites depicted in the shows do as well. One location is Jangsado, which is known for its picturesque camellia tunnel that was featured in a recent episode of *My Love from a Star*. Visits to the island have risen dramatically since the actors made it more famous. In fact, prior to January the island averaged 300 visitors per month, but in March 41,000 visited, mostly from China.

Q. Which is correct according to the talk?
(a) *My Love from a Star* garnered high ratings due to the camellia tunnel.
(b) *My Love from a Star* has boosted the tourism industry in an island in Korea.

한국 드라마가 인기가 증가함에 따라 해외 관광객들 사이에 드라마에 나온 배경 장소 또한 인기를 끌고 있다. 그 중 한 곳은 <별에서 온 그대>의 최근 방송분에 나온 장사도인데, 그림 같은 동백꽃 터널이 있는 곳이다. 배우들이 섬을 유명하게 한 이후로 이 섬으로 오는 방문은 급격히 증가하였다. 실제로 관광객의 수는 1월 전에는 월간 300명에 그쳤지만 3월에는 41,000명에 달했으며 대부분은 중국인이었다.

Q. 담화에 따르면 옳은 것은?
(a) <별에서 온 그대>는 동백꽃 터널 때문에 높은 시청률을 얻었다.
(b) <별에서 온 그대>는 한국에 있는 한 섬의 관광 산업을 성장시켰다.

(a)는 due to the camellia tunnel이라 하여 드라마가 장소를 유명하게 했다는 내용과 인과 관계가 틀린 관계 오답이다. **정답 (b)**

오답 유형 6. 사실 오답
가능성이나 가정이 사실로 바뀌어 보기에 등장하는 오답이다.

Earlier this year, one ivy league college announced that it had accepted only 5.9 percent of its nearly 35,000 applicants. But the numbers don't tell the whole story. The application submissions are up thanks in part to the ease of online submission. So, the long shots and the dreamers apply, knowing full well their chance of admission is nonexistent. But this elitism benefits the prestigious schools; it's actually in their best interest. The more who apply, the more they reject, making them appear even more selective than they actually are.

Q. What can be inferred about ivy league schools from the talk?
(a) Their acceptance rate was higher before the online application process.
(b) They will reject more students in the future to remain prestigious.

올해 초, 한 아이비리그 대학은 약 3만 5천 명의 지원자들 중 약 5.9 퍼센트만 받아들였다고 공지하였습니다. 하지만 숫자가 모든 것을 말해주지는 않습니다. 지원서 접수가 증가한 것은 어느 정도는 온라인 제출이 쉬워진 덕분입니다. 그러므로 그들의 입학이 불가능할 것을 잘 아는 승산 없는 사람들이나 꿈을 꾸는 사람들이 지원하게 되는 것입니다. 하지만 이러한 엘리트주의는 일류 학교들에 이득을 줍니다. 이것이 사실 그들의 최대 관심사입니다. 더 많은 사람들이 지원할 수록 더 많은 사람들을 거절하게 되고, 이는 그들이 실제로 그런 것 보다 더 까다로워 보이도록 합니다.

Q. 담화로부터 아이비리그 학교들에 관하여 유추할 수 있는 것은?
(a) 그들의 경쟁률은 온라인 지원 절차 전에는 더 높았다.
(b) 그들은 명성을 유지하기 위해서 미래에 더 많은 학생을 거부할 것이다.

(b)는 will reject more, future라 하여 가능성을 사실로 단정지어 표현한 사실 오답이다. **정답 (a)**

오답 유형 7. 시제 오답

시제가 담화에서 언급된 것과 다르게 표현되어 등장하는 오답이다.

The Chronicles of Narnia is a best-selling series of seven novels written by English scholar C.S. Lewis shortly after World War II. To entice young readers, the books all feature children as the protagonists, who are magically transported to the fantastical world of Narnia, where with the help of the lion Aslan, they protect Narnia and restore peace and tranquility to the land. Lewis draws numerous sophisticated themes from the bible as well as Greek and Roman mythology into these books.

Q. Which is correct about *The Chronicles of Narnia* according to the lecture?
(a) It was published shortly before World War II.
(b) It was written with children readers in mind.

<나니아 연대기>는 영국 학자인 C.S Lewis 가 세계2차대전 이후 쓴 총 7부작의 베스트셀러입니다. 어린 독자들을 유도하기 위해 책의 주인공들은 모두 아이들이며, 이들은 마법적으로 Narnia라는 환상의 세계로 빨려들어가고, 그곳에서 사자 Aslan 의 도움으로 Narnia를 수호하고 평화와 평온을 되찾습니다. Lewis는 그리스 로마 신화뿐만 아니라 성경에서도 정교한 테마를 착안하여 책에 담았습니다.

Q. 강의에 따르면 <나니아 연대기>에 대해 옳은 것은?
(a) 세계 2차대전 바로 전에 출판되었다.
(b) 아이들 독자를 고려하여 쓰여졌다.

(a)는 before라 하여 시점이 틀린 시제 오답이다.

정답 (b)

오답 유형 8. 수 오답

담화에서 언급된 명사의 단수-복수가 다르게 표현되어 등장하는 오답이다.

This simple health trick may save you a costly visit to the doctor. Occasionally, after showering or swimming a drop of water enters into the ear canal. This causes a hearing blockage and potentially an ear infection. To dislodge the trapped water, simply turn your head so that the affected ear is pointed towards the ceiling, then dribble clean water into the canal. Gently shake your head and the water will dislodge and hearing will be restored.

Q. What is the talk mainly about?
(a) A simple step to eliminate water that has entered the ear
(b) Various ways to remove unwanted water in the ear

이 간단한 건강 습관이 비싼 병원 진료를 하지 않게 해줄 수 있습니다. 때때로, 샤워나 수영 후 물 한 방울이 외이도로 들어갈 때가 있죠. 이는 청력을 막고 어쩌면 귀를 감염시킬 수 있습니다. 막힌 물을 빼기 위해, 고개를 돌려 물이 들어간 귀가 천장을 향하게 하고, 깨끗한 물을 귓속으로 조금씩 부으세요. 고개를 살살 흔들면 물이 빠지고 청력이 회복될 것입니다.

Q. 담화는 주로 무엇에 관한 것인가?
(a) 귀에 들어간 물을 제거하는 간단한 단계
(b) 귀에 있는 원치 않는 물을 제거하는 다양한 방법들

(b)는 various ways라 하여 방법 하나만 설명한 상황에서 수가 맞지 않는 수 오답이다.

정답 (a)

PART 4

문제 유형별 학습

중심 내용 문제

Part 4 중심 내용 문제는 46번부터 52번까지 총 7문제가 출제된다. 문제의 난이도는 뒤로 갈수록 어려워지며 담화의 앞부분뿐만 아니라 뒷부분까지 잘 들어야 정답을 맞힐 수 있는 문제들이 많이 출제된다.

1 주제 문제

1 질문 형태

What is the **main topic** of the talk? 담화의 주제는 무엇인가?
What is **mainly being stated** about 소재? '소재'에 대한 주된 내용은 무엇인가?
What is the announcement **mainly about**? 안내는 주로 무엇에 대한 것인가?
What is the speaker **mainly talking about**? 화자는 주로 무엇에 대해 이야기하고 있는가?
What is the speaker's **main point (about 소재)**? ('소재'에 대한) 화자의 요지는 무엇인가?

2 문제풀이 전략

1st listening	**담화를 들을 때(1차)** 큰 주제와 전체적인 흐름을 파악한다. **질문을 들을 때** 질문을 통해 무엇을 묻고 있는지 파악한다. main topic, main point, mainly being stated 등 → 주제를 묻고 있음을 파악
2nd listening	**담화를 들을 때(2차)** 중심 소재와 소주제를 확인하면서 듣는다. **질문과 보기를 들을 때** 오답을 소거해 나가며 정답을 파악한다. **Quick check!** 주제 문제에 자주 등장하는 오답 유형 **질문 오답** 주제가 아닌 세부 내용에 중점을 둔 보기 **반대 오답** 담화의 내용과 반대되는 내용의 보기 **키워드 오답** 언급되지 않은 키워드가 등장한 보기 **수 오답** 중심 소재의 단수/복수가 잘못 표현된 보기

Case Study

🔊 MP3 P4_01

1st listening

Students, **after grading the exams** from the last unit, it is clear that the majority of you did not grasp even the key themes presented in the material. While I am **disappointed with your performance**, I am determined for you to excel. An **optional Saturday class** will be held for the next three weeks to review the chapters covered. A **retest** will be offered for those who attend all three classes; otherwise your current grade will stand.

담화의 전체적인 흐름 파악
시험 성적에 실망, 토요일 수업, 재시험

Q. What is the announcement **mainly about**?

질문 확인
담화의 주제를 묻는 문제

2nd listening

Students, **after grading the exams** from the last unit, it is clear that the majority of you **did not grasp even the key themes** presented in the material. While I am **disappointed with your performance**, I am determined for you to excel. An **optional Saturday class** will be held for the next three weeks **to review the chapters covered**. A **retest** will be offered for those who attend three classes; otherwise your current grade will stand.

담화의 중심 소재와 소주제 확인
교수가 성적이 안 좋은 학생들에게 보충 수업과 재시험 기회를 제안함

Q. What is the announcement mainly about?

(a) The disparity of grades between students in class
(b) The exceptional performance by a few students
(c) How to offset poor grades on the exam
(d) How to prepare well for the next exam

오답 소거해 나가며 정답 확인
(a) 키워드 오답 (disparity X)
(b) 반대 오답 (exceptional X)
(c) 중심 소재와 소주제를 표현한 정답
(d) 질문 오답 (세부적인 내용)

해석 학생 여러분들, 마지막 단원의 시험을 채점한 후 여러분이 수업 자료의 주요 주제까지도 이해하지 못했다는 것을 명백히 알았습니다. 여러분의 성적에 실망하긴 했지만, 저는 여러분들을 뛰어나게 하기 위해 다짐했습니다. 토요일의 선택적인 수업은 앞으로 3주동안 진행될 것이며, 지금까지 다룬 단원들을 복습할 것입니다. 재시험은 그 모든 3번의 수업에 오는 사람들에게만 제공될 것입니다. 그렇지 않으면, 여러분의 현재 점수가 유지될 것입니다.

Q. 안내는 주로 무엇에 관한 것인가?
(a) 수업에 있는 학생들 사이의 성적 격차
(b) 몇몇 학생들의 우수한 성적
(c) 시험의 안 좋은 성적을 어떻게 상쇄할지
(d) 다음 시험을 어떻게 잘 준비할지

grade 채점하다　majority 대부분　grasp 이해하다　material 자료　determine 다짐하다　excel 뛰어나다　cover 다루다　retest 재시험　otherwise 그렇지 않으면　stand 유지하다　disparity 격차　exceptional 우수한, 특출한　offset 상쇄시키다

Check-Up

🔊 MP3 P4_02

1 다음을 듣고 질문에 맞는 답을 고르세요.

01 (a)   (b)   (c)   (d)
02 (a)   (b)   (c)   (d)
03 (a)   (b)   (c)   (d)
04 (a)   (b)   (c)   (d)
05 (a)   (b)   (c)   (d)

2 문제를 다시 들으며 노트테이킹 해보세요. (*위 문제에서 자신이 틀린 문제만 해 보는 것도 좋습니다.)

1st listening 중심 소재를 파악하여 적어보자. (영어, 한글 무방)
2nd listening 중심 소재에 구체적인 내용을 덧붙여 보자. (영어, 한글 무방)
　　　　　　　　 보기를 들으며 키워드를 적어보면서 정답/오답을 확인해보자.

01.

1st listening	
2nd listening	(a)
	(b) avoid, all together X
	(c)
	(d) prefer X

02.

1st listening	
2nd listening	(a)
	(b) solicit funds X
	(c) building a new X
	(d)

03.

1st listening	sales↑, update 포장 디자인, competitor 같은 가격, 포장 더 좋음
2nd listening	(a)
	(b)
	(c) analysts are evaluating X
	(d)

04.

1st listening	
2nd listening	(a)
	(b) limited, offer X
	(c)
	(d) predecessors X

05.

1st listening	
2nd listening	(a) excellent service X
	(b)
	(c)
	(d)

정답 p.170

2 목적 문제

1 질문 형태
What is the **main purpose** of the talk? 담화의 주된 목적은 무엇인가?

2 문제풀이 전략

1st listening	**담화를 들을 때(1차)** 큰 주제와 전체적인 흐름을 파악한다. **질문을 들을 때** 질문을 통해 무엇을 묻고 있는지 파악한다. main purpose → 담화의 목적을 묻고 있음을 파악 ※ 담화의 목적이 주제를 전하는 것이 아니라 어떤 행동을 취하거나 생각을 갖도록 하기 위한 경우도 있다. 이럴 경우에는 주로 담화 앞부분이나 뒷부분에서 근거를 찾을 수 있다. 따라서, 목적을 물어보는 문제는 집중해서 들어야 할 부분이 더 많다.
2nd listening	**담화를 들을 때(2차)** 담화의 목적과 주제를 확인하면서 듣는다. **질문과 보기를 들을 때** 오답을 소거해 나가며 정답을 파악한다. **Quick check!** 목적 문제에 자주 등장하는 오답 유형 **질문 오답** 주제가 아닌 세부 내용에 중점을 둔 보기 **반대 오답** 담화의 내용과 반대되는 내용의 보기 **키워드 오답** 언급되지 않은 키워드가 등장한 보기 **수 오답** 중심 소재의 단수/복수가 잘못 표현된 보기

Case Study

🔊 MP3 **P4_03**

1st listening

Hello, prospective students. We are delighted to have you **visit our campus** today. After our university president officially welcomes you, we will begin the **two-hour tour**. But first take one of these bags that include a detailed map, university application, and a t-shirt for you to take home. **Current university students** will be available to **answer your questions** throughout the tour and during lunchtime at the campus cafeteria.

Q. What is the **main purpose** of the talk?

> 담화의 전체적인 흐름 파악
> 신입생들의 캠퍼스 투어에 관한 내용

> 질문 확인
> 담화의 목적을 묻는 문제

2nd listening

Hello, prospective students. We are delighted to have you **visit our campus** today. **After our university president officially welcomes you, we will begin the two-hour tour.** But first take one of these bags that include a detailed map, university application, and a t-shirt for you to take home. **Current university students will be available to answer your questions throughout the tour** and during lunchtime at the campus cafeteria.

Q. What is the main purpose of the talk?

(a) To ask students to follow the student tour guides
(b) To welcome students to the campus cafeteria
(c) To provide information about the tour
(d) To offer answers to students' questions

> 담화의 목적과 주제 확인
> 투어가 어떻게 진행될지 설명하는 것

> 오답 소거해 나가며 정답 확인
> (a) 키워드 오답 (ask, to follow X)
> (b) 질문 오답 (세부적인 내용)
> (c) 담화의 목적을 알맞게 표현한 정답
> (d) 질문 오답 (세부적인 내용)

해석 안녕하세요, 미래의 학생 여러분. 오늘 우리의 캠퍼스에 여러분이 방문하게 되어 매우 기쁩니다. 학장님이 공식적으로 여러분을 환영한 뒤에, 우리는 2시간 동안의 학교 투어를 시작할 것입니다. 하지만 먼저 자세한 지도, 지원서, 그리고 집에 가져갈 티셔츠가 들어 있는 이 가방을 하나씩 가져가세요. 재학생들은 투어를 하는 동안 내내 그리고 학생 식당에서 점심을 먹는 동안 여러분의 질문에 답할 수 있을 것입니다.

Q. 담화의 주된 목적은 무엇인가?
(a) 학생들에게 학생 투어 가이드를 따라 가라고 요청하기 위해
(b) 학생들이 캠퍼스 식당에 온 것을 환영하기 위해
(c) 투어에 대한 정보를 제공하기 위해
(d) 학생들의 질문에 답을 하기 위해

prospective 미래의   president (학교의) 학장   officially 공식적으로   application 지원서   throughout ~하는 동안 내내

Check-Up

🔊 MP3 P4_04

1 다음을 듣고 질문에 맞는 답을 고르세요.

01   (a)   (b)   (c)   (d)
02   (a)   (b)   (c)   (d)
03   (a)   (b)   (c)   (d)
04   (a)   (b)   (c)   (d)
05   (a)   (b)   (c)   (d)

2 문제를 다시 들으며 노트테이킹 해보세요. (*위 문제에서 자신이 틀린 문제만 해 보는 것도 좋습니다.)

1st listening   중심 소재를 파악하여 적어보자. (영어, 한글 무방)
2nd listening   중심 소재에 구체적인 내용을 덧붙여 보자. (영어, 한글 무방)
               보기를 들으며 키워드를 적어보면서 정답/오답을 확인해보자.

01.

1st listening	education at home, disturbs, untrained, 같은 수준 X
2nd listening	(a)
	(b) emphasize, benefits X
	(c)
	(d)

02.

1st listening	
2nd listening	(a) different terrains X
	(b) service, Internet access X
	(c)
	(d)

03.

1st listening	
2nd listening	(a) conduct a survey X
	(b)
	(c)
	(d) expenses X

04.

1st listening	
2nd listening	(a)
	(b) social changes contribute to increased immigration X
	(c) how difficult, reforms X
	(d)

05.

1st listening	
2nd listening	(a)
	(b) California X
	(c)
	(d)

정답 p.173

Unit Test

MP3 P4_05

Part 4
Choose the option that best answers the question.

01 (a) (b) (c) (d)

02 (a) (b) (c) (d)

03 (a) (b) (c) (d)

04 (a) (b) (c) (d)

05 (a) (b) (c) (d)

06 (a) (b) (c) (d)

07 (a) (b) (c) (d)

08 (a) (b) (c) (d)

09　(a)　　(b)　　(c)　　(d)

10　(a)　　(b)　　(c)　　(d)

11　(a)　　(b)　　(c)　　(d)

12　(a)　　(b)　　(c)　　(d)

13　(a)　　(b)　　(c)　　(d)

14　(a)　　(b)　　(c)　　(d)

15　(a)　　(b)　　(c)　　(d)

Unit 02 세부 내용 문제

Part 4 세부 내용 문제는 53번부터 57번까지 총 5문제가 출제된다. 세부 내용 문제는 중심 내용 문제와 달리 정답으로 나올 수 있는 담화의 포인트가 있으며 이 포인트를 중심으로 듣고 문제를 풀어야 한다.

1 Correct 문제

1 질문 형태
Which is **correct** according to the talk? 담화에 따르면 옳은 것은 무엇인가?

2 문제풀이 전략

1st listening

담화를 들을 때(1차)
담화의 중심 소재와 소주제를 먼저 파악한다. 중심 소재를 통해서 무엇이 중요하고 무엇이 중요하지 않은지 파악할 수 있다.

질문을 들을 때
질문을 통해 무엇을 묻고 있는지 파악한다.
correct → 담화 전체적으로 옳은 것을 묻는 문제임을 파악

2nd listening

담화를 들을 때(2차)
세부적인 내용에 집중하여 들으면서 정답으로 나올 수 있는 담화의 포인트를 파악한다.

정답의 근거가 될 수 있는 담화의 포인트

이유	연구·입증	근원	평가	인과	의견
과정	이론·증거	비교	문제점	용어	목적
장단점	방법	오해·반전	역할	조건	예시

질문과 보기를 들을 때
오답을 소거해 나가며 정답을 선택한다.

Quick check! correct 문제에 자주 등장하는 오답 유형
키워드 오답 담화에 언급되지 않은 키워드가 등장한 보기
반대 오답 not, un-, in-, dis- 등을 이용하여 반대되는 내용을 제시한 보기
과장 오답 담화에 언급된 특정 사실을 과장시킨 보기
관계 오답 담화에 언급된 내용 간의 인과 관계, 비교 대상 등이 잘못된 보기
사실 오답 가능성이나 가정을 사실로 제시한 보기

Case Study

🔊 MP3 P4_06

1st listening

Thank you for joining us this evening to listen to **Dr. Stephen Oliver's experiences** as an overseas oral health director. Serving in Uganda, Nepal, and Laos for over a dozen years, Dr. Oliver will **offer insights** into the challenges of his position and opportunities for you to contribute to his work. Dr. Oliver is completely self-funded and **met the dental needs** of over 15,500 children and adults in impoverished places during his tenure. Please welcome Dr. Stephen Oliver.

Q. Which is **correct** according to the talk?

담화의 중심 소재와 소주제 파악
Dr. Stephen Oliver의 경험과 생각, dental needs 충족

질문 확인
correct 문제

2nd listening

Thank you for joining us this evening to listen to Dr. Stephen Oliver's experiences as an overseas oral health director. **[목적] Serving in Uganda, Nepal, and Laos for over a dozen years, Dr. Oliver will offer insights into the challenges of his position and opportunities for you to contribute to his work.** Dr. Oliver is completely self-funded and met the dental needs of over 15,500 children and adults in impoverished places during his tenure. Please welcome Dr. Stephen Oliver.

Q. Which is correct according to the talk?

(a) Listeners are asked to make financial donations to Dr. Oliver.
(b) Dr. Oliver will discuss the difficulties he faced while working abroad.
(c) Some countries are void of any kind of dental care.
(d) More than 15,500 people have attended to listen to Dr. Oliver.

담화의 포인트 확인 → 목적
Dr. Oliver가 연설에서 무슨 말을 할지가 정답으로 출제될 수 있음을 파악

오답 소거해 나가며 정답 확인
(a) 키워드 오답 (make donations X)
(b) Dr. Oliver의 목적을 알맞게 표현한 정답
(c) 과장 오답 (void X)
(d) 관계 오답 (15,500, attended X)

해석 오늘 저녁 국제적인 구강 보건 관장으로서의 Stephen Oliver 박사의 경험들을 듣기 위해 자리해 주신 분들께 감사드립니다. 12년 이상을 우간다, 네팔, 라오스에서 복무한 경험을 바탕으로, Oliver 박사는 그의 지위의 어려움에 대한 생각과 여러분이 그의 일에 기여할 수 있는 기회를 제공할 것입니다. Oliver 박사는 개인 자비로 재임 기간 동안 가난한 지역에서 15,500명의 아이들과 성인들의 구강 보건 수요를 충족시켜 주었습니다. Stephen Oliver 박사님을 환영해주세요.

Q. 담화에 따르면 옳은 것은 무엇인가?
(a) 청자들은 Oliver 박사에게 기부하라고 요청받는다.
(b) Oliver 박사는 해외에서 일하면서 처했던 어려움에 대해서 말할 것이다.
(c) 어떤 나라들은 치아 관리와 같은 것이 전혀 없다.
(d) 15,500명 이상이 사람들이 Oliver 박사의 말을 듣기 위해 참석했다.

overseas 해외의   oral health 구강 보건   insight 생각, 통찰   self-funded 스스로 자금을 조달한   impoverished 가난한, 빈곤한   tenure 재임 기간   void ~이 전혀 없는

Check-Up

◁))) MP3 **P4_07**

1 다음을 듣고 질문에 맞는 답을 고르세요.

01 (a) (b) (c) (d)
02 (a) (b) (c) (d)
03 (a) (b) (c) (d)
04 (a) (b) (c) (d)
05 (a) (b) (c) (d)

2 문제를 다시 들으며 노트테이킹 해보세요. (*위 문제에서 자신이 틀린 문제만 해 보는 것도 좋습니다.)

1st listening   중심 소재를 파악하여 적어보자. (영어, 한글 무방)
2nd listening   중심 소재에 구체적인 내용을 덧붙여 보자. (영어, 한글 무방)
　　　　　　　　　보기를 들으며 키워드를 적어보면서 정답/오답을 확인해보자.

01.

1st listening	
2nd listening	(a) under high temperature X
	(b) result, low X
	(c)
	(d)

02.

1st listening	
2nd listening	(a) hiring X
	(b)
	(c)
	(d) several X

03.

1st listening	고혈압, force↑ → hypertension, strain, cause: smoking, stress, genetics
2nd listening	(a)
	(b)
	(c)
	(d) unequivocally identified X

04.

1st listening	
2nd listening	(a) strictly, for sun protection X
	(b)
	(c)
	(d) beauty, not a motivation X

05.

1st listening	reporter accusing 운동선수, recanted, admitted falsifying, athletes denied
2nd listening	(a)
	(b) admitted X
	(c)
	(d)

정답 p.183

2 Correct about 문제

1 질문 형태

Which is **correct about** 담화의 소재 (according to the talk)? (담화에 따르면) '담화의 소재'에 대해서 옳은 것은 무엇인가?

2 문제풀이 전략

1st listening

담화를 들을 때(1차)
담화의 중심 소재와 소주제를 먼저 파악한다. 중심 소재를 통해서 무엇이 중요하고 무엇이 중요하지 않은지 파악할 수 있다.

질문을 들을 때
질문을 통해 무엇을 묻고 있는지 파악한다.
correct about → about 뒤에 나오는 대상에 대해 옳은 것을 묻는 문제임을 파악
* about 뒤에 나오는 '담화의 소재'는 담화의 중심 소재나 담화에서 언급되는 고유명사인 경우가 많다.

2nd listening

담화를 들을 때(2차)
about 뒤에 나오는 대상에 관련된 내용 중심으로 듣고 답으로 나올 수 있는 담화의 포인트를 파악한다.

정답의 근거가 될 수 있는 담화의 포인트

이유	연구·입증	근원	평가	인과	의견
과정	이론·증거	비교	문제점	용어	목적
장단점	방법	오해·반전	역할	조건	예시

질문과 보기를 들을 때
오답을 소거해 나가며 정답을 선택한다.

Quick check! correct about 문제에 자주 등장하는 오답 유형
키워드 오답 담화에 언급되지 않은 키워드가 등장한 보기
반대 오답 not, un-, in-, dis- 등을 이용하여 반대되는 내용을 제시한 보기
과장 오답 담화에 언급된 특정 사실을 과장시킨 보기
사실 오답 가능성이나 가정을 사실로 제시한 보기
시제 오답 담화에서 언급된 시제와 다르게 제시한 보기

Case Study

1st listening

This afternoon **Suzy Yang clinched her second LPGA title** of the year at the Australian Open in Sydney. After a disappointing opening shot off the first tee that landed her in the sand bunker, Yang quickly fell behind by three strokes. She didn't pull ahead of reigning champion, Lisa Thomas, until the twelfth hole. Thomas was favored to win the tournament Down Under, but instead the **relative newcomer broke her three-year winning streak**.

Q. Which is **correct about Suzy Yang**?

> 담화의 중심 소재와 소주제 파악
> Suzy Yang이 Lisa Thomas를 제치고 두 번째로 우승을 함

> 질문 확인
> correct about 문제

2nd listening

This afternoon Suzy Yang clinched her second LPGA title of the year at the Australian Open in Sydney. After a disappointing opening shot off the first tee that landed her in the sand bunker, Yang quickly fell behind by three strokes. She didn't pull ahead of reigning champion Lisa Thomas, until the twelfth hole. [비교] **Thomas was favored to win the tournament Down Under, but instead the relative newcomer broke her three-year winning streak.**

Q. Which is correct about Suzy Yang?

(a) She was favored to win the tournament by many people.
(b) She won the LPGA title for the third time in a row.
(c) She has less experience than Lisa Thomas.
(d) She was ahead of Lisa Thomas until the twelfth hole.

> 담화의 포인트 확인 → 비교
> Thomas는 현재 챔피언이고 Suzy Yang은 신참임

> 오답 소거해 나가며 정답 확인
> (a) 관계 오답 (She X)
> (b) 키워드 오답 (in a row X)
> (c) Lisa Thomas와 비교되는 포인트를 알맞게 표현한 정답
> (d) 관계 오답 (ahead of X)

해석 오늘 오후 Suzy Yang은 시드니에서 열린 호주 LPGA 대회에서 두 번째로 우승을 거머쥐었습니다. 모래 벙커에 안착한 실망스러운 첫 번째 티 이후, Yang은 빠르게 3샷이나 뒤처졌습니다. 그녀는 챔피언 자리에 있는 Lisa Thomas를 12번째 홀까지 따라잡지 못했습니다. Thomas는 호주 토너먼트에서 우승이 예상되었지만 그녀의 3연승이 상대적인 신참에 의해 무너졌습니다.

Q. Suzy Yang에 대해서 옳은 것은 무엇인가?
(a) 많은 사람들로부터 시합에서 우승할거라 예상되었다.
(b) LPGA 우승을 3번 연속으로 했다.
(c) Lisa Thomas보다 경험이 부족하다.
(d) 12번째 홀 전까지는 Lisa Thomas보다 선두에 있었다.

---

clinch 거머쥐다   sand bunker 모래 벙커   fall behind 뒤처지다   pull ahead 따라잡다   reigning 챔피언 자리에 있는   favored to win 우승이 예상되다, 우승으로 선호하다   Down Under 호주에서   relative 상대적인   newcomer 신참   winning streak 연승

Check-Up

MP3 P4_09

1 다음을 듣고 질문에 맞는 답을 고르세요.

01   (a)   (b)   (c)   (d)
02   (a)   (b)   (c)   (d)
03   (a)   (b)   (c)   (d)
04   (a)   (b)   (c)   (d)
05   (a)   (b)   (c)   (d)

2 문제를 다시 들으며 노트테이킹 해보세요. (*위 문제에서 자신이 틀린 문제만 해 보는 것도 좋습니다.)

   1st listening   중심 소재를 파악하여 적어보자. (영어, 한글 무방)
   2nd listening   중심 소재에 구체적인 내용을 덧붙여 보자. (영어, 한글 무방)
                                 보기를 들으며 키워드를 적어보면서 정답/오답을 확인해보자.

01.

1st listening	
2nd listening	(a)
	(b) investigate, changes in price X
	(c) should wait X
	(d)

02.

1st listening	
2nd listening	(a) upscale X
	(b) includes exercise section X
	(c)
	(d)

03.

1st listening	
2nd listening	(a) how tech has progressed O
	(b) once hosted X
	(c)
	(d)

04.

1st listening	silk road, trans 유라시아, numerous → 1개물, set the stage for present
2nd listening	(a) connected china, Americas X
	(b)
	(c)
	(d)

05.

1st listening	
2nd listening	(a)
	(b) one-way ticket X
	(c) of his/her choice X
	(d)

정답 p.186

Unit Test

MP3 P4_10

Part 4
Choose the option that best answers the question.

01 (a) (b) (c) (d)

02 (a) (b) (c) (d)

03 (a) (b) (c) (d)

04 (a) (b) (c) (d)

05 (a) (b) (c) (d)

06 (a) (b) (c) (d)

07 (a) (b) (c) (d)

08 (a) (b) (c) (d)

09	(a)	(b)	(c)	(d)
10	(a)	(b)	(c)	(d)
11	(a)	(b)	(c)	(d)
12	(a)	(b)	(c)	(d)
13	(a)	(b)	(c)	(d)
14	(a)	(b)	(c)	(d)
15	(a)	(b)	(c)	(d)

정답 p.189

추론 문제

청해 57번부터 60번까지는 추론 문제로, 총 3문항이 출제된다. 추론 문제는 출제 포인트를 통해서 근거를 잡고, 그 근거를 토대로 유추를 해야 한다. 즉, 세부 내용 문제보다 유추를 하는 단계를 더 거쳐야 문제를 정확하게 풀 수 있다.

1 Infer (about) 문제

1 질문 형태

What can be **inferred** from the report? 보도로부터 유추할 수 있는 것은 무엇인가?
What can be **inferred about** 소재 from the talk? 담화로부터 '소재'에 대해 유추할 수 있는 것은 무엇인가?

2 문제풀이 전략

1st listening	**담화를 들을 때(1차)** 담화의 전체 흐름을 파악한다. **질문을 들을 때** 질문을 통해 무엇을 묻고 있는지 파악한다. · inferred → 담화 전체에 대해 바르게 추론한 것을 고르는 문제임을 파악 · inferred about 소재 → '소재'에 대해 바르게 추론한 것을 고르는 문제임을 파악
2nd listening	**담화를 들을 때(2차)** 앞서 파악한 질문의 내용에 초점을 맞추어 답으로 나올 수 있는 담화의 포인트를 파악한다. **1. 정답의 근거가 될 수 있는 담화의 포인트** | 이유 | 연구·입증 | 근원 | 평가 | 인과 | 의견 | |---|---|---|---|---|---| | 과정 | 이론·증거 | 비교 | 문제점 | 용어 | 목적 | | 장단점 | 방법 | 오해·반전 | 역할 | 조건 | 예시 | **2. 올바른 유추를 위한 추론 방식** (1) 비율 추론 <근거> 대부분 사람은 음반을 구매하지 않았다. → <추론> 몇몇 사람은 음반을 가지고 있다. (2) 지식과 경험 <근거> 약을 먹으면 증상이 완화될 것이다. → <추론> 약을 먹고 나아졌었다. (3) 순서와 수준 <근거> 생물 수업 상급반을 등록할 수 있다. → <추론> 상급반이 아닌 생물 수업이 존재한다. **질문과 보기를 들을 때** 오답을 소거해 나가며 정답을 선택한다. **Quick check!** Infer 문제에 자주 등장하는 오답 유형 **과장 오답** only, never 등을 사용하여 내용을 과장되게 표현한 보기 **사실 오답** 가능성이나 가정을 사실로 제시한 보기

Case Study

🔊 MP3 P4_11

1st listening

During the late 15th century, **arts and literature began to flourish in Spain**. Known as the El Siglo de Oro, or the **Golden Century** it actually endured much longer than a hundred years. Influenced politically by the partial unification of Spain around 1500, all **realms of art peaked**, reflecting the Renaissance, **affecting** neighboring countries, particularly **Italy**. Cultured Spaniards **traveled and invited Italian scholars** and artists to visit Spain.

Q. What can be **inferred** from the lecture?

> 담화의 전체 흐름 파악
> 스페인의 Golden Century-이탈리아의 학자와 예술가들과 교류하면서 영향을 주고 받음

> 질문 확인
> infer 문제

2nd listening

During the late 15th century, arts and literature began to flourish in Spain. Known as the El Siglo de Oro, or the Golden Century it actually endured much longer than a hundred years. [인과] Influenced politically by the partial unification of Spain around 1500, all realms of art peaked, reflecting the Renaissance, affecting neighboring countries, particularly Italy. Cultured Spaniards traveled and invited Italian scholars and artists to visit Spain.

Q. What can be inferred from the lecture?

(a) Italian scholars had influenced Spanish literature in the 1500s.
(b) Italian artists were especially interested in Spanish arts.
(c) The revival of arts and literature helped the unification of Spain.
(d) Italians were the first to recognize Spain as a sovereign country.

> 담화의 포인트 확인 → 인과
> 스페인의 영향을 받아 이탈리아의 예술이 발전함

> 오답 소거해 나가며 정답 확인
> (a) 관계 오답
> (b) 인과관계를 정확하게 표현한 정답
> (c) 관계 오답
> (d) 키워드 오답 (sovereign X)

해석 15세기 후반 동안, 예술과 문학은 스페인에서 번영하기 시작하였습니다. El Siglo de Oro 또는 Golden Century라고 알려진 이 시기는 백 년 넘게 지속되었습니다. 1500년대 스페인의 부분적인 통합에 의해 정치적으로 영향을 받아 예술의 모든 영역은 절정을 이루었는데, 르네상스를 반영했고, 특히 이웃 국가인 이탈리아에 영향을 주었습니다. 문화적 교양이 있는 스페인 사람들은 이탈리아로 여행했고, 이탈리아 학자들과 예술가들을 스페인을 방문하도록 초대하였습니다.

Q. 강의로부터 유추할 수 있는 것은 무엇인가?
(a) 이탈리아 학자들은 1500년대에 스페인 문학에 영향을 미쳤다.
(b) 이탈리아 예술가들은 스페인의 예술에 특별히 관심을 가졌었다.
(c) 예술과 문학의 부활이 스페인의 통일을 도왔다.
(d) 스페인을 주권 국가로 처음 인정한 사람들은 이탈리아인들이었다.

flourish 번영하다   endure 지속되다   partial 부분적인   unification 통합, 통일   realm 영역   peak 절정을 이루다
cultured 문화적 교양이 있는   scholar 학자   revival 부활   sovereign 자주적인, 독립된

Check-Up

MP3 P4_12

1 다음을 듣고 질문에 맞는 답을 고르세요.

01 (a) (b) (c) (d)
02 (a) (b) (c) (d)
03 (a) (b) (c) (d)
04 (a) (b) (c) (d)
05 (a) (b) (c) (d)

2 문제를 다시 들으며 노트테이킹 해보세요. (*위 문제에서 자신이 틀린 문제만 해 보는 것도 좋습니다.)

1st listening 중심 소재를 파악하여 적어보자. (영어, 한글 무방)
2nd listening 중심 소재에 구체적인 내용을 덧붙여 보자. (영어, 한글 무방)
보기를 들으며 키워드를 적어보면서 정답/오답을 확인해보자.

01.

1st listening	
2nd listening	(a)
	(b) English, limited ✗
	(c) most of his life ✗
	(d)

02.

1st listening	concern, 유전자 변형 maize, chronic kidney 결함, tumor 증가-암컷 쥐
2nd listening	(a)
	(b) within a year ✗
	(c)
	(d)

03.

1st listening	
2nd listening	(a) not legally protected X
	(b)
	(c)
	(d) pay for protection services X

04.

1st listening	특정 드레스 코드 X, contact w/clients → professional look, 공식적 변화 soon
2nd listening	(a)
	(b)
	(c)
	(d) lift X

05.

1st listening	
2nd listening	(a) nonchalant X
	(b) more effective X
	(c)
	(d)

정답 p.196

2 Agree 문제

1 질문 형태
Which statement would the speaker **most likely agree with**? 화자가 가장 동의할 법한 진술은 무엇인가?

2 문제풀이 전략

1st listening

담화를 들을 때(1차)
담화의 전체 흐름을 파악한다.

질문을 들을 때
질문을 통해 무엇을 묻고 있는지 파악한다.
most likely agree with → 화자의 의견을 고르는 문제임을 파악

2nd listening

담화를 들을 때(2차)
앞서 파악한 질문의 내용에 초점을 맞추어 답으로 나올 수 있는 담화의 포인트를 파악한다.

1. 정답의 근거가 될 수 있는 담화의 포인트

이유	연구·입증	근원	평가	인과	의견
과정	이론·증거	비교	문제점	용어	목적
장단점	방법	오해·반전	역할	조건	예시

2. 올바른 유추를 위한 추론 방식
어휘보다는 문맥적으로 추론해야 정답을 고를 수 있다.

(1) 의도 추론
화자는 항상 특정 의도를 가지고 말한다. 단순하게 주제를 전달하는 것도 의도이다. 따라서, 직접적으로 말하지 않더라도 담화 혹은 포인트의 의도를 생각하면서 담화를 들어야 한다.
<근거> 회사는 직원의 말에 민감하다. → <추론> 회사에 의견을 제시하라.

(2) 의미 추론
단어 그대로의 해석보다는 문맥적인 의미를 확인하면서 담화를 들어야 한다.
<근거> It has a complex road system. 복잡한 도로 체계를 갖추고 있다.
→ <추론> The road is extensive. 도로가 넓은 범위에 거쳐 있다.
　　<오답> It is difficult to follow the road. 도로를 따라가기 어렵다.

질문과 보기를 들을 때
오답을 소거해 나가며 정답을 선택한다.

Quick check! agree 문제에 자주 등장하는 오답 유형
관계 오답 관계가 맞지 않는 키워드끼리 나오는 보기
과장 오답 only, never 등을 사용하여 내용을 과장되게 표현한 보기
사실 오답 가능성이나 가정을 사실로 제시한 보기

Case Study

🔊 MP3 P4_13

1st listening

Solitary confinement should be abolished from the correctional system immediately. To keep anyone segregated from human contact for 23 hours a day is **unconscionable, no matter the crime**. But this is not a new observation. The U.S. Supreme Court found that solitary confinement reduced mental and physical capabilities in a court case in 1890. Yet more than a hundred years later an estimated 100,000 prisoners are currently confined alone and some for decades. **How can these prisoners be expected to assimilate into society once their terms are served?**

Q. Which statement would the speaker **most likely agree with**?

> 담화의 전체 흐름 파악
> 독방 감금은 폐지되어야 한다.

> 질문 확인
> agree 문제

2nd listening

[의견] **Solitary confinement should be abolished from the correctional system immediately.** To keep anyone segregated from human contact for 23 hours a day is unconscionable, no matter the crime. But this is not a new observation. The U.S. Supreme Court found that solitary confinement reduced mental and physical capabilities in a court case in 1890. Yet more than a hundred years later an estimated 100,000 prisoners are currently confined alone and some for decades. [의견] **How can these prisoners be expected to assimilate into society once their terms are served?**

Q. Which statement would the speaker most likely agree with?

(a) Solitary confinement results in higher incidence of crime.
(b) Prisoners should be able to integrate back into society.
(c) The U.S. Supreme Court ruling in 1890 was inhumane.
(d) There are too many prisoners in the United States.

> 담화의 포인트 확인 → 의견
> 독방 감금은 폐지되어야 한다.

> 오답 소거해 나가며 정답 확인
> (a) 키워드 오답 (higher incidence X)
> (b) 화자의 의견을 정확하게 반영한 정답
> (c) 반대 오답 (inhumane X)
> (d) 키워드 오답 (too many X)

해석 독방 감금은 처벌 체계에서 즉시 폐지되어야 합니다. 그 어떠한 죄를 저질러도 하루 23시간 동안 사람으로부터 격리되는 것은 부도덕합니다. 하지만 이것은 새롭게 주목 받는 것이 아닙니다. 1890년에 미국 대법원은 독방 감금이 정신적, 육체적 능력을 감퇴시키는 것을 발견했습니다. 그럼에도 백 년이 지난 현재까지 약 100,000여명의 수감자들이 독방 감금되어 있는 것으로 추측됩니다. 이 수감자들이 형기를 다하면 사회에 어떻게 동화될 수 있겠습니까?

Q. 화자가 가장 동의할 법한 진술은 무엇인가?
(a) 독방 감금은 더 많은 범죄의 발생으로 이어진다.
(b) 죄수는 사회에 다시 통합되어질 수 있어야 한다.
(c) 1890년 미국 대법원의 판결은 비인간적이었다.
(d) 미국에는 너무 많은 죄수들이 있다.

solitary confinement 독방 감금   abolish 폐지하다   correctional system 처벌 체계   segregate 격리시키다
unconscionable 부도덕한   observation 주목   physical capability 육체적 능력   assimilate 동화되다   term 형기

Check-Up

🔊 MP3 P4_14

1 다음을 듣고 질문에 맞는 답을 고르세요.

01 (a)   (b)   (c)   (d)
02 (a)   (b)   (c)   (d)
03 (a)   (b)   (c)   (d)
04 (a)   (b)   (c)   (d)
05 (a)   (b)   (c)   (d)

2 문제를 다시 들으며 노트테이킹 해보세요. (*위 문제에서 자신이 틀린 문제만 해 보는 것도 좋습니다.)

1st listening 중심 소재를 파악하여 적어보자. (영어, 한글 무방)
2nd listening 중심 소재에 구체적인 내용을 덧붙여 보자. (영어, 한글 무방)
                   보기를 들으며 키워드를 적어보면서 정답/오답을 확인해보자.

01.

1st listening	optional 백신 → reckless 부모 행동, 의사들은 safe and effective, 부작용 rare
2nd listening	(a) resulted in autism ✗
	(b)
	(c)
	(d)

02.

1st listening	
2nd listening	(a)
	(b)
	(c) found between noninvasive organisms ✗
	(d)

03.

1st listening	
2nd listening	(a) skewed, lower economic students ✗
	(b)
	(c)
	(d) little financial support ✗

04.

1st listening	telescope, history of the name, 미국인 Hubble galaxy 발견, 우주 expanding, speed 측정
2nd listening	(a)
	(b)
	(c) mostly used, Milky Way Galaxy ✗
	(d)

05.

1st listening	
2nd listening	(a) vandalized ✗
	(b) stolen ✗
	(c)
	(d)

정답 p.199

Unit Test

🔊 MP3 P4_15

Part 4
Choose the option that best answers the question.

01 (a) (b) (c) (d)

02 (a) (b) (c) (d)

03 (a) (b) (c) (d)

04 (a) (b) (c) (d)

05 (a) (b) (c) (d)

06 (a) (b) (c) (d)

07 (a) (b) (c) (d)

08 (a) (b) (c) (d)

09 (a)   (b)   (c)   (d)

10 (a)   (b)   (c)   (d)

11 (a)   (b)   (c)   (d)

12 (a)   (b)   (c)   (d)

13 (a)   (b)   (c)   (d)

14 (a)   (b)   (c)   (d)

15 (a)   (b)   (c)   (d)

정답 p.202

PART 4

담화 유형별 학습

Unit 01 안내/공지

안내와 공지는 주로 회사나 업무 관련 공지, 상품이나 행사 관련 안내, 정책이나 변경된 규정에 대한 공지 등이 출제된다. 일반적으로 안내와 공지는 앞에서 중심 소재가 나오고 뒤에서는 중심 소재와 관련된 세부 내용을 제시한다. 이러한 전개방식을 이해하고 내용을 들으면 훨씬 수월하게 핵심 정보를 파악할 수 있기 때문에 미리 숙지하고 시험에 임하는 것이 좋다.

Case Study

◁)) MP3 P4_16

Today's health advice is about muscle aches. If you experience sore muscles, one of the first steps is to apply a muscle relaxant cream. Rub the cream into the muscles. After applying the cream, gently stretch the sore muscles for five minutes. This procedure should be repeated every few hours. Also, try to identify the reason behind the muscle soreness and take steps so that it doesn't happen again. If the soreness continues for more than a week, consult a doctor.

담화의 중심 소재
→ 근육통

세부 내용
→ 조언과 방법 안내

Q. Which is correct according to the talk?
(a) The cause of muscle soreness is mostly avoidable.
(b) Medical assistance is needed when muscle pains last for seven days.
(c) The initial response to muscle pains should be stretching.
(d) A muscle relaxant cream should only be applied once.

해설 통증이 일주일 이상 지속되면 의사와 상담하라고 했으므로 **(b)가 정답**이다.

⚠ 오답 피하기

(a)는 mostly avoidable이라 하여 오답이다. 근육통의 원인을 피하는 것에 대해서는 언급되지 않았다.
(c)는 stretching이라 하여 오답이다. 첫 단계로 근육 이완제를 바르라고 했다.
(d)는 once라 하여 오답이다. 한 번만 바르는 것이 아니라 몇 시간에 한 번씩 바르라고 설명한다.

해석
오늘의 건강 조언은 근육통에 관한 것입니다. 만약 당신이 근육통을 앓고 있다면, 첫 번째 단계 중 하나는 근육 이완제 크림을 바르는 것입니다. 근육에 크림을 바르세요. 크림을 바른 후에 5분 동안 뭉친 근육을 풀어주세요. 이 절차는 몇 시간마다 반복되어야 합니다. 또한 근육통의 원인을 확인하시고 다시 발생하지 않도록 조치를 취하세요. 만약 통증이 일주일 이상 계속된다면 의사와 상담하세요.

Q. 담화에 따르면 옳은 것은?
(a) 근육통의 원인은 대부분 피할 수 있다.
(b) 근육통이 7일 동안 지속될 경우 의료지원을 받아야 한다.
(c) 근육통에 대한 첫 대응은 스트레칭이어야 한다.
(d) 근육 이완제 크림은 한 번만 발라야 한다.

muscle ache 근육통 sore 아픈 apply 바르다 muscle relaxant cream 근육 이완제 크림 rub 바르다 procedure 절차 identify 확인하다 soreness 통증 take steps 조치를 취하다 consult 상담하다 avoidable 피할 수 있는 medical assistance 의료지원 initial response 첫 반응

Words and Phrases — 안내/공지

reminder	다시 상기시켜주는 것	intent	의도
ensure	~을 확실히 하다	seize	붙잡다
bear[keep] in mind	명심하다	a series of	일련의
take into account	~을 고려하다	properly	제대로
exemplify	전형적인 예가 되다	opt	선택하다
make contributions to	~에 기여하다	restructuring	구조조정, 재구성
ongoing	계속 진행 중인	occurrence	사건
specify	명시하다	defining	결정적인
keep an eye out for	~을 위해 지켜보다, 살펴보다	signify	의미하다
overview	개론, 개관	strive for	~을 위해 노력하다
seemingly	겉보기에는	precedent	전례
dominant	주요한	deem	~라고 생각하다
keep A at bay	A를 멀리하다, 저지하다	on a daily basis	매일
conceive	구상하다, 생각하다	meaningful	의미 있는
anticipate	예상하다, 기대하다	phase	단계
moderate	적당한	clear	명확한
restrain from	~하는 것을 금하다	forbid	금지하다
set up[put up]	~을 설치하다, 세우다	effortless	수월한
identify	알아내다	operation	운영
present	소개하다	seek	구하다
apply to	~에 적용하다	solely	오직, 단독으로
constitute	~을 구성하다	patron	고객
refer to	~을 보다, ~에게 문의하다	in place	제자리에 있는
strive	노력하다	quality	질 좋은, 양질의
outreach	봉사 활동, 지원 활동	turn to	~에 의존하다
principal	주요한, 주된	quote	견적을 내다
circumvent	피하다, 피해 가다	be to blame	책임이 있다
commence	시작하다	of no use	소용 없는
on behalf of	~을 대신[대표]하여	exceed	초과하다
pending	임박한	unofficial	비공식적인
needlessly	불필요하게	meager	불충분한
extend one's gratitude	감사를 전하다	take necessary steps	필요한 조치를 취하다

빈출 담화 내용

1 쇼핑몰과 슈퍼마켓에서 안내

Attention shoppers. The store will be closing in thirty minutes. Please take any purchases to the cashier now. No sales will be processed fifteen minutes before closing. If you have made a purchase, please retain your receipt to receive three hours free parking. Also, I would like to remind people of the new holiday hours. Information regarding the new hours is posted throughout the store.

Q. Which is correct according to the announcement?
(a) A parking permit will be issued to customers with receipts.
(b) Store hours will be different during the holiday season.
(c) The store will be closing in fifteen minutes.
(d) Customers are unable to buy products at present.

손님 여러분께 알려드립니다. 매장이 30분 후에 문을 닫을 것입니다. 현재 가지고 계신 물품은 계산대에 가져가 주시기 바랍니다. 문을 닫기 15분 전에는 아무 판매도 처리되지 않을 것입니다. 물품을 구매하신 분들은 여러분의 영수증을 가지고 3시간의 무료 주차증을 받으시길 바랍니다. 또한 여러분께 새로운 휴무 시간을 다시 알려드리도록 하겠습니다. 새로운 휴무 시간에 관한 정보는 매장 도처에 게시되어 있습니다.

Q. 공지에 따르면 옳은 것은?
(a) 주차 허가증은 영수증을 가지고 있는 고객들에게 발행될 것이다.
(b) 영업시간은 휴가철 동안은 다를 것이다.
(c) 매장은 15분 후에 문을 닫을 것이다.
(d) 고객들은 지금은 물건을 구매할 수 없다.

cashier 계산대   process 처리하다   retain 보유하다   receipt 영수증   remind 다시 알려주다   regarding ~에 관한   throughout 도처에, ~의 전체에 걸쳐   parking permit 주차 허가증   at present 현재는, 지금은

2 기자회견을 통한 공지

Today's press conference is to address the issue of the latest beached whale here in Huntington. We know from experience that beached whales face a near-impossible battle to get back into the sea due to the suction produced by the sand. Efforts are being made by the university marine rescue squad to free the mammal, but they warn that its chances of survival are very low. Please stay completely clear of the area until further notice.

Q. What can be inferred from the announcement?
(a) Whale carcasses often wash up on shore in Huntington.
(b) Huntington has very little sand on its beaches.
(c) Whales had been beached in Huntington in the past.
(d) The university marine rescue squad is a nonprofit organization.

오늘의 기자회견은 여기 Huntington에서의 최근 고래 표류 현상에 관한 문제를 해결하기 위하여 개최되었습니다. 우리는 모래에 의해 형성되는 흡인력으로 인해 해변으로 쓸려 온 고래는 다시 바다로 가기 위해 거의 불가능한 혈투를 한다는 것을 경험을 통해 알고 있습니다. 대학 해상 구조단에서 그 포유동물을 놓아줄 노력을 하고 있지만 그들이 살아 남을 확률은 매우 낮다고 경고합니다. 이후의 공지가 있기 전까지는 그 지역에서 떨어져 있어 주시기를 바랍니다.

Q. 안내로부터 유추할 수 있는 것은?
(a) 고래 시체는 Huntington에 있는 해안에 자주 밀려 올라온다.
(b) Huntington은 바닷가에 모래가 아주 적다.
(c) 과거에 Huntington에서 고래가 해변으로 쓸려 온 적이 있다.
(d) 대학 해상 구조단은 비영리단체이다.

press conference 기자회견   beached whale 해변으로 쓸려 온 고래   battle 혈투, 싸움   suction 흡인력   university marine rescue squad 대학 해상 구조단   chances of survival 생존 가능성   carcass 시체   shore 해안   nonprofit organization 비영리단체

3 행사 안내

This weekend is the grand opening of the fifth annual Blues Fest on the Water. The waterfront will host a number of attractions, including booths set up by local artisans selling food, crafts, and a whole lot more. There will be bands playing throughout the day on three separate stages. Tickets for the festival are available from local stores around town. **Tickets bought before Wednesday will receive a 25 percent discount as well as a coupon for a free drink.**

Q. What can be inferred from the talk?
(a) A total of three bands will put on a show.
(b) The last festival was held a week ago.
(c) Drinks are free for all participants.
(d) Tickets will be sold at regular prices on Thursday.

이번 주말이 5번째 연례 Blue Fest on the Water의 개장입니다. 해안가는 음식, 공예품, 그리고 훨씬 더 많은 것을 판매하는 장인들이 설치한 부스를 포함하여 많은 볼거리를 개최할 것입니다. 3개의 개별 무대에서 낮 동안 밴드가 연주할 것입니다. 축제를 위한 표는 마을 여기저기의 지역 상점에서 살 수 있습니다. 수요일 이전에 표를 사시면 무료 음료를 위한 쿠폰뿐만 아니라 25퍼센트 할인도 받으실 수 있습니다.

Q. 담화로부터 유추할 수 있는 것은?
(a) 총 세 밴드가 공연을 할 것이다.
(b) 마지막 축제는 일주일 전에 열렸다.
(c) 음료수는 모든 참여자들에게 무료이다.
(d) 표는 목요일에 정가로 판매될 것이다.

grand opening 개장   host 개최하다   attraction 볼거리   booth 부스   set up 설치하다   artisan 장인   put on 공연하다

4 사내 공지

Good morning, everyone. As you are all aware, Randy Hampton was involved in a serious traffic accident Monday and is hospitalized. While the prognosis for Randy is good, **we will need to pool our staff resources to handle his accounts until he is able to return to the office. Each sales team manager will be given four accounts to disperse to team members.** I will take care of the contracts Randy had pending. On behalf of Randy and his family, thank you for all your help.

Q. What is mainly being announced?
(a) The steps required to compensate for a colleague's absence
(b) The severity of Randy Hampton's injury from a car accident
(c) The great progress made by the sales team managers
(d) The involvement of Randy Hampton in various business deals

좋은 아침입니다, 여러분. 여러분 모두 알고 계시다시피, Randy Hampton은 월요일에 심각한 교통사고를 당하여 병원에 입원했습니다. Randy에 관한 예후는 좋지만, 우리는 그가 사무실로 돌아올 때까지 그의 일을 처리할 인적 자원들을 모아야 할 것입니다. 모든 판매부 팀장들은 팀원들에게 분산시킬 4개의 거래를 받게 될 것입니다. 저는 Randy가 진행 중이던 거래들을 처리하겠습니다. Randy와 그의 가족을 대표하여, 여러분 모두의 도움에 감사드립니다.

Q. 주로 공지되고 있는 것은?
(a) 동료의 부재를 메우기 위한 필요한 조치
(b) 자동차 사고를 당한 Randy Hampton의 부상의 심각성
(c) 판매부 팀장이 만들어낸 큰 진척
(d) Randy Hampton의 다양한 사업 협상에 대한 관여

aware 알고 있는   involve in ~에 연루시키다   hospitalize 입원하다   prognosis 예후   pool 모으다   handle 다루다   account 거래   disperse 분산하다   pending 현안중의   on behalf of ~을 대신하여   compensate 메우다   absence 부재   severity 심각성   injury 부상   progress 진척   involvement 관여

Unit Test

Part 4
Choose the option that best answers the question.

01 (a) (b) (c) (d)

02 (a) (b) (c) (d)

03 (a) (b) (c) (d)

04 (a) (b) (c) (d)

05 (a)   (b)   (c)   (d)

06 (a)   (b)   (c)   (d)

07 (a)   (b)   (c)   (d)

08 (a)   (b)   (c)   (d)

정답 p.211

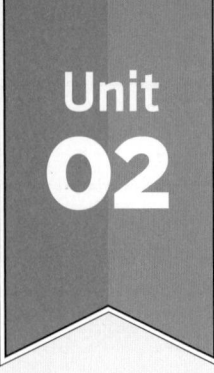

Unit 02 방송 / 뉴스 / 일기예보

Part 4에서 방송과 뉴스는 주로 새로운 비즈니스나 지역의 변화 관련 보도, 지역 행사 관련 뉴스, 정책 보도, 사건 사고 관련 뉴스, 교통 방송 등이 출제된다. 일기예보는 날씨와 온도의 변화나 대처에 대한 내용이 출제된다. 일반적으로 방송, 뉴스, 일기예보 모두 중심 소재가 앞에서 나오고 뒤에서는 관련된 세부 내용이 제시된다.

Case Study

🔊 MP3 P4_18

As the autoworker's strike continues into its third week, automotive executives and union officials are searching for ways to bring the strike to a close. The major point of contention is centered around wage increases. The union is demanding a 5 percent increase but the automotive companies are claiming any increase at all will result in layoffs and plant closures, a point the union disputes. A mediator has been brought in to attempt to bring the two sides closer to a solution.

담화의 중심 소재
→ 자동차 업체의 근로자 파업

세부 내용
→ 급여 인상이 원인이다

Q. Which is correct according to the report?
(a) The union officials refused the offer of a 5% wage increase.
(b) Wage dispute is the cause of the continuing strike.
(c) The strike ceased after a mediator was nominated.
(d) Most workers are demanding a better working environment.

해설 도입부에서 파업의 요점이 임금 인상에 관한 것이라고 원인을 설명했으므로 **(b)가 정답**이다.

⚠ 오답 피하기
(a)는 5퍼센트 인상을 요구하는 것이지 거절한 것이 아니므로 반대 오답이다.
(c)는 노사관계를 개선하기 위해 중재자를 개입시켰다고 했지만 중재자가 지명된 후에 파업이 중단되었는지는 알 수 없으므로 사실 오답이다.
(d)는 근무 환경에 관한 내용은 언급되지 않았으므로 키워드 오답이다.

해석
자동차 업체 근로자들의 파업이 3주차로 접어들면서 자동차 업체의 임원들과 노동조합 위원들은 파업을 끝낼 방안을 찾고 있습니다. 논쟁의 요점은 임금 인상에 관한 것입니다. 노동조합은 5퍼센트의 인상을 요구하지만 업체는 그 어떤 인상이라도 해고와 공장 폐쇄를 초래할 것이라고 주장했습니다. 이것이 노동조합이 이의를 제기하는 부분입니다. 양측을 해결점으로 더 가까이 이끌기 위한 시도로 중재인이 개입되었습니다.

Q. 보도에 따르면 옳은 것은?
(a) 노동조합 위원들은 5퍼센트의 임금 인상 제안을 거절했다.
(b) 임금 분쟁이 지속되는 파업의 원인이다.
(c) 파업은 중재인이 지명된 후에 끝났다.
(d) 대부분의 근로자들은 더 좋은 근무환경을 요구하고 있다.

autoworker 자동차 업체 근로자   strike 파업   union official 노동조합 위원   contention 논쟁   center around ~에 관하다
wage 임금, 급여   demand 요구하다   result in ~을 초래하다   layoff 해고   closure 폐쇄   dispute 이의를 제기하다
mediator 중재인, 조정자   attempt 시도하다   nominate 임명하다   cease 끝나다

Words and Phrases — 방송/뉴스/일기예보

approaching storm	다가오는 폭풍	region	지역
pileup	연쇄 충돌	temperate	온화한
ascent	상승	sole	유일한
overcast	흐린, 구름이 뒤덮인	relevant	관계있는
roundabout route	우회 도로	seasonally	계절별로
intersection	교차로	cost-cutting	비용을 절감하는
ramp	경사로	tax credit	세금 공제
allegedly	전해진 바에 의하면	incorporate	통합하다
accusation	혐의	current issue	현재의 사안
economic downturn	경기 침체	ominous	불길한
tacit	암묵적인	daylight hours	일조 시간
hazy	안개가 낀, 흐린	rematch	재경기
precipitation	강우(량)	exchange rate	환율
light breeze	산들바람	noticeable	뚜렷한, 현저한
plummet	급락하다	be about to	막 ~할 참이다
in turn	결국, 결과적으로	unforeseen	예상하지 못한
be suspected of	~을 의심받다	lightning storm	천둥 번개를 동반한 폭풍
thief	도둑	clinical study	임상 연구
authorities	정부당국	heighten	높이다
upset the stability	균형을 깨다	depiction	묘사
dwindle	줄어들다	hinder	저해하다, ~을 못하게 하다
convey	전달하다, 운반하다	source of income	수입원
bar from	~을 금지하다	get over	극복하다
masquerade	가장하다	advance payment	선불
unhinged	불안정한, 혼란한	vastly	대단히
novel	새로운	dramatic	극적인
onerous	아주 힘든, 부담되는	extent	정도
backed up for miles	교통이 길게 정체된	lament	탄식하다
cost of living	생활비	prospect	전망
struggle	고군분투하다	lender	대출 기관
apparently	분명히	opponent	상대편
correlation	상관 관계	spot	발견하다

빈출 담화 내용

1 일기예보

And now for today's weather report, expect the hot and sunny weather to continue. The high pressure system that is causing the hot, sunny days will remain in place until the weekend. Unfortunately, **it looks like the weekend will be characterized by showers and high winds.** The temperature is expected to drop 10 degrees with Saturday's temperature only reaching a high of 21.

Q. Which is correct according to the weather report?
(a) The high pressure system is causing high winds.
(b) The area will be rainy on the weekend.
(c) The weather will let up on the weekend.
(d) The temperature will begin to drop after the weekend.

이제 오늘의 일기예보인데요, 덥고 화창한 날씨가 지속될 것을 기대하세요. 덥고 맑은 날을 가져오는 고기압이 주말까지 머물러 있을 예정입니다. 안타깝게도, 주말은 소나기와 강한 바람으로 특징지을 것입니다. 토요일의 기온은 최고 21도까지 밖에 도달하지 못하면서 기온이 10도 떨어질 것으로 예상됩니다.

Q. 일기예보에 따르면 옳은 것은?
(a) 고기압이 강한 바람을 초래하고 있다.
(b) 지역은 주말에 비가 올 것이다.
(c) 날씨는 주말에 누그러질 것이다.
(d) 기온은 주말 이후에 떨어지기 시작할 것이다.

high pressure system 고기압　　remain 지속되다　　characterized by ~로 특징짓다　　reach 도달하다　　shower 소나기　　let up 누그러지다

2 자연재해 보도

The forest fire that is raging in Northern Ontario has forced the evacuation of residents from the nearby town of Canton. Police are going door to door in an effort to get people to leave. The police reported that although most people have left, some are refusing to leave their property. The province has issued a warning that anyone who stays is in danger and the province will not attempt rescue efforts for anyone who does not leave within twenty-four hours.

Q. What is correct according to the news report?
(a) The fire has stopped spreading to residential areas.
(b) Most citizens are refusing to evacuate their homes.
(c) The evacuation will go into effect in twenty-four hours.
(d) Canton is yet to be engulfed by the forest fire.

북부 온타리오에서 급속히 번지고 있는 산불은 인근 마을인 Canton에서 거주자들이 대피하게 했습니다. 경찰들은 집집마다 찾아가 사람들이 대피하도록 하고 있습니다. 경찰은 대부분의 사람들이 떠나긴 했지만, 몇몇 사람들은 그들의 집을 떠나는 것을 거부하고 있다고 발표하였습니다. 주는 머무는 사람은 위험에 처한 것이라고 경고했고 24시간 이내에 떠나지 않는 사람에게는 구조 노력을 하지 않을 것이라고 말했습니다.

Q. 뉴스 보도에 따르면 옳은 것은?
(a) 화재가 주택가로 퍼지는 것이 멈췄다.
(b) 대부분의 시민들은 그들의 집에서 떠나는 것을 거부하고 있다.
(c) 대피는 24시간 안에 실시될 것이다.
(d) Canton은 아직 산불에 완전히 뒤덮이지 않았다.

forest fire 산불　　rage 급속히 번지다　　evacuation 대피　　resident 주민　　go door to door 집집마다 찾아가다　　report 발표하다　　property 집, 부동산　　province 주　　rescue 구조　　residential area 주택가　　go into effect 실시하다　　engulf 완전히 뒤덮다

3 교통 상황이나 사고 보도

In overnight news, a truck carrying live chickens overturned on Highway 12 after midnight. The two dozen crates of chickens from the truck fell off and covered the road for several hours, causing traffic to be delayed in the morning hours until emergency personnel could clear the far two left lanes. **The driver of the truck evidently had fallen asleep at the wheel, causing the accident.** Due to the late hour, no other cars were involved and the driver only suffered minor scrapes.

Q. Which is correct according to the report?
(a) Only two roads were affected by the accident.
(b) The truck driver dozed off at the wheel.
(c) Two trucks were involved in the accident.
(d) The truck driver was seriously injured.

지난밤 소식으로, 살아 있는 닭을 운반하던 트럭이 자정 넘어 12번 국도에서 전복하였습니다. 트럭에서 닭 24상자가 떨어져 몇 시간 동안 길을 뒤덮었고, 긴급대원이 맨 가장자리의 왼쪽 차선 2개를 비우기 전까지 아침시간에 교통이 지체되게 하였습니다. 트럭 운전자는 명백히 졸음 운전을 하여 사고를 낸 것으로 보입니다. 늦은 시간이었기 때문에 다른 차들이 사고가 나지 않았고, 운전자만이 경미한 찰과상을 입었습니다.

Q. 보도에 따르면 옳은 것은?
(a) 두 차로만 사고로 인해 영향을 받았다.
(b) 트럭 운전자는 운전대를 잡고 졸았다.
(c) 두 대의 트럭이 사고에 연루되었다.
(d) 트럭 운전자는 심각하게 부상당했다.

overturn 전복되다　　emergency personnel 긴급대원　　evidently 분명히　　asleep 잠들다　　at the wheel 운전하고 있는
minor 경미한　　scrape 찰과상, 긁힌 상처　　doze off 졸다

4 스포츠 뉴스 보도

Chris Winfield, the manager of the baseball team Tornadoes, has been dismissed as head coach. The team has not won a game since the season started and many critics point to Winfield's authoritative coaching style as failing to motivate the athletes. **Winfield has complained that the players these days were more concerned with themselves than with the team as a whole and that they needed to give more effort.** Winfield has already been picked up by the Rangers to be their new head coach.

Q. What can be inferred about the head coach?
(a) He accepts his fault in failing to motivate the players.
(b) Tornadoes players were the worst he has ever coached.
(c) He thinks players in the past put in more effort.
(d) He resigned from the head coach position to join another team.

야구팀 Tornadoes의 매니저인 Chris Winfield가 수석 코치에서 해고되었습니다. 그 팀은 시즌이 시작된 뒤로 한 번도 경기에 이기지 못했으며 많은 비평가들은 Winfield의 권위적인 코칭 스타일을 운동 선수들의 동기 부여 실패 요인으로 지적했습니다. Winfield는 요즘 선수들이 팀 전체보다 자기 자신만을 걱정하는 것을 불만스러워 하였고 그들이 더욱 노력해야 한다고 불평하였습니다. Winfield는 이미 Rangers에 의하여 그들의 수석 코치로 임명되었습니다.

Q. 수석 코치에 관하여 유추할 수 있는 것은?
(a) 그는 선수들을 동기 부여하는 것을 실패한 잘못을 인정한다.
(b) Tornadoes 선수들은 그가 지금까지 코칭했던 사람들 중 최악이었다.
(c) 그는 과거의 선수들이 더 많은 노력을 했다고 생각한다.
(d) 그는 다른 팀에 합류하기 위해서 수석 코치 직위를 사임했다.

dismiss 해고하다　　authoritative 권위적인　　whole 전체의　　draw comparison 비교하다　　fault 잘못　　resign 사임하다

Unit Test

🔊 MP3 P4_19

Part 4
Choose the option that best answers the question.

01 (a) (b) (c) (d)

02 (a) (b) (c) (d)

03 (a) (b) (c) (d)

04 (a) (b) (c) (d)

05   (a)   (b)   (c)   (d)

06   (a)   (b)   (c)   (d)

07   (a)   (b)   (c)   (d)

08   (a)   (b)   (c)   (d)

정답 p.214

Unit 03 광고

광고는 매번 빠짐없이 출제된다. 상품이나 서비스 광고가 주로 출제되며, 세부 내용 문제나 추론 문제로 나오는 경우에는 상품이나 서비스의 장단점, 차이점, 공통점 등이 출제된다. 주제 문제로 출제될 경우에는 어떤 상품이나 서비스를 광고하고 있는지 파악하는 것이 중요하다. 또한, 광고는 앞에서 주로 질문으로 시작하고 뒤에 중심 소재가 나오고 세부 내용이 짧게 언급된 뒤 끝나므로 끝까지 주의 깊게 들어야 한다.

Case Study

🔊 MP3 P4_20

Make this holiday your best yet; book with Crimson Tours. After over 35 years of experience in the travel industry, Crimson offers more destinations than our competitors with pricing they simply cannot touch. Our staff beats all the rest and can recommend the perfect vacation to fit your travel needs. So come by today and chat with the premier agents in town at Crimson Tours!

― 담화의 중심 소재
→ Crimson 투어

― 담화의 세부 내용
→ 더 많은 여행지를 제공하고 직원이 장소를 고르는 것을 도와줌

Q. Which is correct according to the advertisement?
(a) Crimson Tours has more staff members than its competitors.
(b) Some of the destinations offered can be booked online.
(c) Agents help customers make their travel decisions.
(d) The price for travel packages is not open to negotiation.

해설 Crimson Tours의 직원은 여행을 추천해 줄 수 있다고 했으므로 **(c)가 정답**이다.

⚠ 오답 피하기

(a)는 more staff members라 하여 오답이다. 더 많은 여행상품을 제공한다고는 하지만 더 많은 직원이 있는지는 언급하지 않는다.
(b)는 booked online이라 하여 오답이다. 온라인으로 예약이 가능한지 설명하지 않는다.
(d)는 not open to negotiation이라 하여 오답이다. 경쟁력 있는 가격을 제공한다고 하지만 정해져 있다고 설명하지 않는다.

해석

Crimson Tours와 예약하시고 이번 휴가를 지금까지 당신의 최고의 휴가로 만들어보세요. 35년간의 여행 산업 경험으로, Crimson은 우리의 경쟁사들과 비교할 수 없는 가격책정으로 더 많은 관광지를 제공합니다. 우리 직원들은 다른 모두를 앞서고, 여러분의 관광요구에 맞는 완벽한 휴가를 추천할 수 있습니다. 그러니 오늘 Crimson Tours에 오셔서 마을 최고의 직원과 이야기를 나누세요.

Q. 광고에 따르면 옳은 것은?
(a) Crimson Tours는 경쟁사보다 직원들이 더 많다.
(b) 제공되는 몇 개의 여행지는 온라인으로 예약할 수 있다.
(c) 직원들은 고객이 그들의 여행 결정을 내리는 것을 도와준다.
(d) 여행 패키지의 가격은 협상이 가능하지 않다.

book 예약하다   travel industry 여행 산업   destination 여행지   competitor 경쟁사   pricing 가격책정   beat 앞서다
premier 최고의   negotiation 협상

Words and Phrases — 광고

special offer	특가 판매	well-known	유명한
grant	~을 승인하다, ~을 주다	pricey	값비싼
venue	장소	recruit	모집하다
blast	아주 즐거운 것	indeed	정말로
trade in	보상 판매를 하다	obtain	얻다
full refund	전액 환불	suggest	제안하다
exclusive	독점적인, 고가의	somewhat	다소
inventory	재고품, 물품 목록	various	다양한
be a great deal	저렴하다	overlook	간과하다
substitute	대용품; 대신하다	picky	까다로운
top-of-the-line	최신식의, 최고품의	critical	비판적인, 중대한
pricing	가격책정	delicate	섬세한, 민감한
non-negotiable	협상할 수 없는	intrigue	~의 흥미를 돋우다
fixed price	정가	react	반응하다
state-of-the-art	최신식의, 최첨단의	function	기능, 목적, 행사
fall for	~에 속아 넘어가다	on site	현장에서
limited time only	제한된 시간 동안만	simultaneously	동시에
custom-tailored	특별 주문된	alleviate	완화시키다
pick out	~을 선택하다	below	아래에; 아래로
adaptable	적응할 수 있는	tendency	경향, 성향
a record sale	기록적인 판매	broaden	넓히다
extended warranty	(기간이) 연장된 품질 보증서	feasibility	실현 가능성
financial burden	재정상의 부담	roomy	넓은
consumer watchdog	소비자 감시 단체	cutting-edge	최신식의
picturesque	그림 같은, 고풍스러운	up-to-date	최신의
spacious	넓은	combination	결합, 조합
outperform	능가하다	efficiency	효율
staggering	엄청난, 막대한	authentic	믿을 만한, 진품의
expedient	편리한, 시기 적절한	lottery	복권
comply with	순응하다, 따르다	conveniently located	편리하게 위치한

빈출 담화 내용

1 여행 상품 광고

To experience the wonders of the ocean, take a tour from Whale Watchers. We guarantee that you will see a pod of whales during the tour. If we can't find any whales, we will refund your ticket price. Each boat tour lasts for three hours and you will have at least an hour to view the whales. **All tour participants are expected to wear life jackets at all times** and we are not responsible for damage to any personal items participants bring with them on the boat.

Q. What is correct according to the advertisement?
(a) Tourists are responsible for bringing their own life jackets.
(b) A refund of the ticket is only possible before boarding the boat.
(c) Participants are forbidden to take their safety gear off.
(d) All unnecessary personal items are not permitted on the boat.

바다의 경이로움을 경험하기 위해, Whale Watchers에서 투어를 해보세요. 저희는 여러분이 투어 동안 고래 떼를 볼 것을 장담합니다. 만약 고래를 보지 못한다면, 티켓값을 환불해드릴 것입니다. 각각의 보트 투어는 3시간 동안 진행될 것이고, 여러분은 적어도 한 시간 동안 고래를 보게 될 것입니다. 모든 투어 참가자들은 항상 구명조끼를 입어야 하며, 저희는 관광객 분들이 배에 가지고 오신 개인 물품의 손상에 관하여 책임지지 않습니다.

Q. 광고에 따르면 옳은 것은?
(a) 관광객들은 자신의 구명조끼를 가져와야 한다.
(b) 표의 환불은 배를 탑승하기 전에만 가능하다.
(c) 참여자들은 그들의 안전장비를 벗는 것이 금지되어 있다.
(d) 모든 불필요한 개인 소지품은 배에 허용이 안 된다.

wonder 경이로움　guarantee 장담하다　pod of whales 고래의 무리　refund 환불하다　at least 적어도, 최소한　life jacket 구명조끼　board 탑승하다　forbidden 금지되어 있는　safety gear 안전장비

2 서비스 광고

Thinking of eating healthier, but not sure how to get started? Sign up for a Community Supported Agriculture or CSA box today and **have fresh vegetables and fruits delivered to your door weekly.** All farms are located within 30 miles of your home and a selection of seasonal produce is gathered and packaged for you. Recipes are included in each box and you can cancel anytime. Save yourself time and effort while eating better than ever with a CSA box!

Q. What is mainly being advertised about Community Supported Agriculture?
(a) The generous support it provides for the local growers
(b) The convenience of having healthy food delivered
(c) The health benefits of consuming seasonal produce
(d) The process involved in preparing fresh vegetables and fruits

건강하게 먹고자 하지만 어떻게 시작해야 할지 모르시겠다고요? Community Supported Agriculture 또는 CSA 도시락에 오늘 등록하시고, 신선한 야채와 과일들을 매주 여러분의 집으로 배달받으세요. 모든 농장들은 당신의 집에서 30마일 내에 위치하고 있으며 계절 농산물이 여러분을 위해 수확되고 포장됩니다. 조리법은 각각의 도시락에 들어있으며 여러분은 언제든 취소할 수 있습니다. CSA 도시락으로 더 잘 먹으면서 시간과 노력을 절약하세요!

Q. Community Supported Agriculture에 관하여 주로 광고되는 것은?
(a) 지역 재배자들에게 제공하는 후한 지원
(b) 건강한 음식을 배달받는 것의 편리함
(c) 제철 농산물을 먹는 것의 건강상의 이익
(d) 신선한 야채와 과일을 준비하는 것에 관련된 과정

sign up 등록하다　seasonal produce 제철 농산물　recipe 조리법　generous support 후한 지원　convenience 편리함
consume 먹다, 섭취하다　prepare 준비하다

3 시설(헬스장, 놀이공원 등) 광고

Is winter weather keeping you from exercising? Try Spin Fit Gym for free any week this month. Indoor cycling classes burn between 400 and 600 calories per hour and the fun atmosphere of spinning with a group keeps you motivated. Our instructors design stimulating classes to keep you challenged and having fun. So drop by Spin Fit Gym and take a class. You'll be glad you did!

Q. Which is correct according to the advertisement?
(a) The indoor cycling classes are free with membership.
(b) Every member will be assigned an instructor for the classes.
(c) Cycling burns more calories than running on a treadmill.
(d) Classes are developed by instructors to increase motivation.

겨울 날씨가 여러분이 운동을 하지 못하게 하나요? Spin Fit 체육관을 이번 달에 어느 때나 무료로 이용해보세요. 실내 사이클링 수업은 한 시간에 400에서 600칼로리를 소모시키고 단체로 하는 스피닝의 즐거운 분위기는 여러분이 지속적으로 의욕을 갖게 합니다. 우리 강사들은 여러분이 계속 도전하고 재미를 갖도록 자극이 되는 수업을 고안합니다. 그러므로 Spin Fit 체육관에 들러서 수업을 들어보세요. 후회하지 않을 것입니다!

Q. 광고에 따르면 옳은 것은?
(a) 실내 사이클링 수업은 회원권이 있으면 무료이다.
(b) 수업을 위해서 모든 회원들에게 강사가 배정될 것이다.
(c) 사이클링은 러닝머신에서 뛰는 것보다 더 많은 칼로리를 태운다.
(d) 수업은 의욕을 높이기 위해서 강사들에 의해 개발되었다.

burn 소비하다   stimulating 자극이 되는   challenging 도전이 되는   assign 배정하다   treadmill 러닝머신   motivation 의욕, 동기 부여

4 축제 및 공연 광고

Attend the 15th annual Batesville Jazz Festival beginning on Friday, June 6th. Come and listen to a record number of live jazz artists from around the world and enjoy the street performance in Bryant Park. No tickets are required and food stalls will be set up by local restaurants to satisfy all appetites. Music will begin around noon and play until midnight each night. Come join the fun!

Q. Which is correct according to the advertisement?
(a) People can choose from a variety of food at the festival.
(b) The festival will continue for five consecutive days.
(c) The food is free for people with admission tickets.
(d) All the performers are internationally recognized artists.

6월 6일 금요일에 시작하는 15번째 연례 행사인 Batesville 재즈 축제에 참가하세요. 오셔서 전 세계에서 온 기록적으로 많은 라이브 재즈 아티스트들의 음악을 듣고 Byrant 공원에서 거리 공연을 즐기세요. 표는 필요하지 않으며, 모든 사람의 입맛을 만족시키기 위하여 지역 식당들이 음식을 파는 노점을 설치할 것입니다. 음악은 정오에 시작해서 매일 밤 자정까지 진행될 것입니다. 오셔서 즐기세요!

Q. 광고에 따르면 옳은 것은?
(a) 사람들은 축제에서 다양한 음식을 고를 수 있다.
(b) 축제는 5일 내내 계속될 것이다.
(c) 입장권을 가지고 있는 사람에게는 음식이 무료이다.
(d) 모든 연주자는 국제적으로 알려진 예술가들이다.

a record number of 기록적으로 많은   food stall 음식을 파는 노점   be set up 설치되다   appetite 입맛   consecutive 연속적인   internationally recognized 국제적으로 알려진

Unit Test

Part 4
Choose the option that best answers the question.

01 (a) (b) (c) (d)

02 (a) (b) (c) (d)

03 (a) (b) (c) (d)

04 (a) (b) (c) (d)

05　(a)　(b)　(c)　(d)

06　(a)　(b)　(c)　(d)

07　(a)　(b)　(c)　(d)

08　(a)　(b)　(c)　(d)

정답 p.218

Unit 04 설명

설명을 하는 담화에서는 주로 역사적 인물과 사건, 문제 및 해결 방법, 특정 현상이 일어나는 원인, 정책과 상황 설명, 또는 대책과 행동을 요구하는 담화 등이 출제된다. 일반적으로 설명은 도입부에서 중심 소재가 나오는 경우가 많다. 세부 내용으로는 인물의 역할과 업적, 사건의 인과 관계, 예시, 문제, 방법 등이 자주 출제된다.

Case Study

🔊 MP3 P4_22

Diplomacy is definitely important when it comes to our relations with other countries, but we can't afford to neglect our military power. Our military power backs up our diplomatic efforts. No one will believe our diplomats when we warn a country about unacceptable behavior if we can't back up our threats. Not only will a strong military keep us safe, it will keep the world safe by ensuring that our diplomatic negotiations are supported by force. A strong military ensures that our country's diplomatic efforts will not be ignored and that the world pays attention to what we say.

― 담화의 중심 소재
→ 외교

― 담화의 소주제
→ 강한 군사력이 중요하다

Q. What is the speaker mainly saying about diplomacy?
(a) Its influence on military superiority
(b) Its relationship with military superiority
(c) Its capacity to disrupt international peace
(d) Its implications for future negotiations

해설 담화의 중심 소재는 diplomacy이고 소주제는 외교에 있어서 강한 군사력의 중요성이므로 **(b)가 정답**이다.

⚠ 오답 피하기

(a)는 influence라 하여 오답이다. 외교가 군사력에 미치는 영향에 대해서 설명하고 있지 않다.
(c)는 disrupt, peace라 하여 오답이다. 외교가 평화에 방해가 된다고 부정적으로 설명하지 않는다.
(d)는 future negotiations라 하여 오답이다. 외교가 앞으로 있을 협상에 미치는 영향이 아니라 군사력이 외교에 미치는 영향이 주제이다.

해석

외교는 다른 국가와의 관계에 있어서 명백히 중요하지만 우리의 군사력을 방치할 수는 없습니다. 우리의 군사력은 우리의 외교적 노력을 뒷받침합니다. 만약 우리가 허용할 수 없는 행동과 관련해 한 나라에 경고를 했을 때 그 위협을 뒷받침할 수 없다면 아무도 우리의 외교관들을 믿지 않을 것입니다. 강한 군사력은 우리를 안전하게 할 뿐 아니라, 그것은 군사적 힘에 의해 외교적 협상이 무력으로 지지를 받는 것을 확실히 하며 세계를 안전하게 유지시킬 것입니다. 강한 군사력은 우리 국가의 외교적 노력이 무시 받지 않고 세계가 우리가 말하는 것에 집중하도록 확실히 할 것입니다.

Q. 화자가 외교에 관해 주로 말하고 있는 것은?
(a) 군사적 우위에 미치는 외교의 영향력
(b) 군사적 우위와 외교 간의 관계
(c) 세계 평화를 분열시킬 수 있는 외교의 잠재력
(d) 추후의 협상에 있어 외교의 영향

---

diplomacy 외교　　neglect 방치하다　　military power 군사력　　back up 뒷받침하다, 지지하다　　diplomat 외교관
by force 무력으로　　superiority 우위　　capacity 능력　　disrupt 분열시키다　　implication 영향

Words and Phrases 설명

issue	문제, 사안	administer	(정부·단체 등을) 관리하다
measure	조치	advocacy	지지, 옹호
procedure	절차	congress	의회, 국회
pertaining to	~에 관계된	institution	제도, 관습
pros and cons	장단점	confer	부여하다, 주다
measure up to	~에 달하다, 충분하다	ban	금지하다; 금지
notorious for	~로 악명 높은	association	제휴, 연합, 협회
acclaimed	호평을 받고 있는	complement	보충하다, 보완하다
unconfirmed	확인되지 않은	board	이사회, 위원회
tell-tale sign	조짐	deprive	빼앗다
as it turns out	알고 보니	dependent	의존하는
consequently	따라서	conceal	숨기다, 감추다
effectiveness	효과	clientele	고객, 소송 의뢰인
consistent with	~와 일치하는	compatible	양립할 수 있는, 호환 가능한
comparable to	~에 맞먹는	compensate	보상하다, 보완하다
dissent	반대; 반대하다	appraisal	평가
gloomy	우울한	residence	거처, 주소
conjure up	~을 상기시키다	gratis	무료의
manifest	나타나다	subscription	정기 구독
encompass	많은 것을 포함하다	setup	조직, 구성, 배치
deduce	추론하다	amend	개정하다, 수정하다
in lieu of	~ 대신에	come by	잠시 들르다
proceed	진행하다	expense account	소요 경비
confounded	어리둥절한	discrimination	차별
explicitly	명쾌하게	merchandise	상품
hold A accountable for	~에 대해 A의 책임을 묻다	levy	(세금을) 부과하다
far-reaching	지대한 영향을 가져올	multiply	증가하다, 곱하다
far-fetched	믿기지 않는	nationalize	국유화하다
pose	가하다, 일으키다	outlay	지출(액), 경비
detractor	비방하는 사람	insolvent	(빚진 돈을) 갚을 능력이 없는

빈출 담화 내용

1 시[나라]가 처한 상황 설명

The continuing drought in Southern California has led to a number of cities instituting stricter regulations regarding water usage. The city of Dunham has decreased water usage by 10 percent but still wants to decrease consumption by a further 5 percent. To meet this goal, violators of the new water restrictions will now be fined $1,000 for every instance of excessive water usage.

Q. What is the main topic of the talk?
(a) The effect of a drought on water levels in Southern California
(b) The changes in state policy in response to repeated violations
(c) **The inception of a new action to abate water consumption**
(d) The effort by the government to raise tax revenue from fines

남부 캘리포니아의 계속되는 가뭄은 많은 도시들이 물 사용과 관련하여 더 엄격한 규제를 시행하도록 하였습니다. Dunham 시는 물 사용을 10 퍼센트 감소시켰지만 여전히 5퍼센트 더 감소시키고자 합니다. 이 목표를 이루기 위해 새로운 물 소비 제한의 위반자들은 이제 지나친 물 사용의 경우마다 1,000달러의 벌금을 물게 될 것입니다.

Q. 담화의 주제는?
(a) 남부 캘리포니아에 수위에 가뭄이 미치는 영향
(b) 반복되는 위반에 대응하는 주 방침의 변화
(c) **물 사용을 줄이기 위한 새로운 조치의 시작**
(d) 벌금으로 세수를 올리기 위한 정부의 노력

drought 가뭄   institute 시행하다   consumption 소비   violator 위반자   fine 벌금을 물다   every instance 경우마다
excessive 지나친   severe 심각한   water level 수위   in response to ~에 대응하여   inception 시작   abate 줄이다

2 역사적 사건 설명

The United States never used to place historical figures on their coins. The ban on historical figures on coinage can be traced back to George Washington, who felt that the practice was too similar to the practice used by monarchies in Europe. But this changed in 1909. Theodore Roosevelt supported the idea of honoring Abraham Lincoln by placing his image on the one cent coin. Roosevelt felt the practice would help foster national pride. The public threw their support behind the idea and the new coin was minted in time for the commemoration of Lincoln's 100th birthday.

Q. Which is correct according to the talk?
(a) People were critical of putting the image of Abraham Lincoln on a coin.
(b) Roosevelt vehemently dissented from the practice of having historical figures on coins.
(c) **George Washington disliked the idea of printing important figures on coins.**
(d) The United States minted coins with historical figures even before 1909.

미국은 그들의 동전에 역사적 인물을 새기지 않았습니다. 동전에 역사적 인물을 새기는 것의 금지는 그것이 유럽의 군주제에 사용된 관습과 너무 비슷하다고 느낀 조지 워싱턴 때로 거슬러 올라갑니다. 하지만 이것은 1909년에 변화하였습니다. 테오도어 루즈벨트는 아브라함 링컨의 이미지를 1센트 동전에 새김으로써 그를 예우하는 생각을 지지했습니다. 루즈벨트는 이러한 관습이 국민적 자부심을 촉진할 것이라고 느꼈습니다. 대중들은 그 생각을 지지했고, 링컨의 100번째 생일을 기념하여 새로운 동전이 주조되었습니다.

Q. 담화에 따르면 옳은 것은?
(a) 사람들은 동전에 아브라함 링컨의 이미지를 넣는 것에 비판적이었다.
(b) 루즈벨트는 동전에 역사적 인물을 넣는 관행을 격렬하게 반대했다.
(c) **조지 워싱턴은 동전에 중요한 인물을 찍는 발상을 싫어했다.**
(d) 미국은 1909년 전에도 역사적 인물을 동전에 넣어 화폐를 주조했다.

figure 인물   coinage 동전들   trace back to ~로 거슬러 올라가다   practice 관습   monarchy 군주제   foster 촉진하다
mint 화폐를 주조하다   commemoration 기념   vehemently 격렬하게   dissent 반대하다

3 역사적 인물 설명

Germany became unified under the leadership of Otto Van Bismarck, who was known as the Iron Chancellor. Beginning in 1862, he first ruled Prussia and later all of Germany. But he knew that unification would come at a price and predicted it would take two wars to bring together the separate city-states. He was correct and wars with Denmark and Austria ensued. Van Bismarck instigated rivalries between European nations that later led to the World Wars.

Q. Which is correct about Otto Van Bismarck?
(a) He is credited with unifying Denmark and Austria.
(b) He predicted the World Wars before its inception.
(c) He is recognized as Iron Chancellor for his callousness.
(d) **He engaged in wars to realize the amalgamated Germany.**

독일은 철혈 재상이라고 알려진 Otto Van Bismarck의 지도 아래 통일되었습니다. 1862년에 시작하여 그는 처음으로 프로이센을 통치하였고 후에 독일 전체를 통치하였습니다. 하지만 그는 통일에는 비용이 들 것이고 이것이 두 개의 다른 도시를 통합하기 위해서는 두 번의 전쟁이 있을 것이라고 예측하였습니다. 그는 맞았고, 덴마크와 오스트리아와의 전쟁이 뒤따랐습니다. Van Bismarck는 후에 세계대전으로 이어진, 유럽 국가들 간의 경쟁을 일으켰습니다.

Q. Otto Van Bismarck에 대해 옳은 것은?
(a) 덴마크와 오스트리아를 통합시키는 것에 대한 공적이 인정되고 있다.
(b) 세계대전이 일어나기 전에 그것을 예측했다.
(c) 그의 냉담함 때문에 철혈 재상으로 인정받고 있다.
(d) **통합된 독일을 실현시키기 위해 전쟁에 참여했다.**

unify 통일시키다　　rule 통치하다　　ensue 뒤따르다　　instigate 유발시키다　　lead to ~을 야기하다　　credit 공적이 인정되다
callousness 냉담함　　engage in ~에 참여하다　　amalgamate 통합하다

4 문제 해결 방법 설명

Today's forum is about workplace disruptors. When working with numerous people in one office, it is common to have an employee that consistently interrupts work. While you may try to be polite, it is usually necessary to be more direct. Explain that you are in the middle of a project that requires concentration. If your attempts at peaceful negotiation are not effective, you will need to speak with a supervisor who can address the issue.

Q. Which is correct about workplace disruptors according to the talk?
(a) Company reputation is tarnished because of their incompetency.
(b) Their intention is to help others with their work.
(c) **The last resort should be reporting them to a manager.**
(d) They are usually impolite to other employees.

오늘의 포럼은 직장의 방해자에 관한 것입니다. 한 사무실에서 많은 사람들과 일을 할 때, 일을 지속적으로 방해하는 사람들이 있는 것은 흔한 일입니다. 예의 바르게 하려고 노력할지 모르겠지만, 더 직접적으로 말하는 것이 필요합니다. 여러분이 집중을 요하는 프로젝트의 한 가운데에 있음을 설명하세요. 만약 여러분의 평화로운 협의의 시도가 효과적이지 않다면 여러분은 이 문제를 다룰 수 있는 상사에게 가서 말해야 합니다.

Q. 담화에 따르면 직장의 방해자에 대해서 옳은 것은?
(a) 그들의 무능력함 때문에 회사의 명성이 손상된다.
(b) 그들의 의도는 다른 사람들의 일을 돕는 것이다.
(c) **최후의 수단은 상사에게 그들을 보고하는 것이다.**
(d) 그들은 보통 다른 직원들에게 무례하다.

disruptor 방해자　　consistently 지속적으로　　interrupt 방해하다　　concentration 집중　　supervisor 상사　　address 다루다　　reputation 명성　　tarnish 손상시키다　　incompetency 무능력함　　intention 의도　　last resort 최후의 수단
impolite 무례한

Unit Test

🔊 MP3 P4_23

Part 4
Choose the option that best answers the question.

01   (a)   (b)   (c)   (d)

02   (a)   (b)   (c)   (d)

03   (a)   (b)   (c)   (d)

04   (a)   (b)   (c)   (d)

05 (a)   (b)   (c)   (d)

06 (a)   (b)   (c)   (d)

07 (a)   (b)   (c)   (d)

08 (a)   (b)   (c)   (d)

정답 p.222

Unit 05 의견 / 주장

의견을 드러내거나 주장을 하는 담화는 특정 사회 현상, 관행, 그리고 이슈에 대한 화자의 의견과 주장이 제시된다. 주로 인간관계·환경오염과 같은 사회 문제, 자원, 개발, 기술 혁신, 지역사회 문제 등과 같은 내용이 출제된다. 일반적으로 앞에서 어떤 문제점을 제시하면서 중심 소재를 제시하고 뒤에서는 세부 내용으로 인과, 예시, 해결 방법, 장단점, 공통점과 차이점 등이 출제된다.

Case Study

🔊 MP3 P4_24

There is no such thing as a victimless crime. Gambling can destroy a person's life just as easily as more violent crimes. And the person gambling is not the only one affected; their family and society as a whole are also affected. Our actions, including gambling, have an effect on the people around us. Gambling is not a victimless crime. It can cause a lot of damage to the people around us as well as to society.

담화의 중심 소재
→ 도박

세부 내용
→ 가족과 사회에 악영향을 미칠 수 있다

Q. Which is correct about gambling according to the talk?
(a) It should be avoided at all costs because it is contagious.
(b) It can cause people to think and behave irrationally.
(c) It often leads to more serious crimes involving many victims.
(d) It can have an adverse effect on friends and relatives.

해설 도박을 하는 당사자뿐만 아니라 주변 사람들도 안 좋은 영향을 받는다고 했으므로 **(d)가 정답**이다.

⚠ 오답 피하기

(a)는 contagious라 하여 오답이다. 다른 사람들에게 전염된다는 것이 아니라 악영향을 줄 수 있다는 것이다.
(b)는 behave irrationally라 하여 오답이다. 사람의 삶을 범죄처럼 망칠 수 있다고 했지만 비이성적으로 행동하게 한다는 말은 하지 않았다.
(c)는 leads to more serious crimes라 하여 오답이다. 주변 사람들에게 미치는 안 좋은 영향이 있다고 했지만 더 심각한 범죄로 이어진다고 설명하지는 않았다.

해석
피해자가 없는 범죄 같은 것은 없습니다. 도박은 폭력적인 범죄만큼 쉽게 한 사람의 인생을 파괴할 수 있습니다. 그리고 도박을 하는 사람은 그 사람만 영향을 받는 것이 아닙니다. 그들의 가족과 사회가 통틀어서 영향을 받습니다. 도박을 포함한 우리의 행동은 우리 주변의 사람들에게 영향을 끼칩니다. 도박은 피해자가 없는 범죄가 아닙니다. 이것은 사회뿐 아니라 우리 주변의 사람들에게 피해를 입힐 수 있습니다.

Q. 담화에 따르면 도박에 관해 옳은 것은?
(a) 전염성이 있기 때문에 어떻게 해서든지 피해야 한다.
(b) 사람들로 하여금 비이성적으로 생각하고 행동하게끔 한다.
(c) 많은 피해자가 연루되는 더 심각한 범죄로 종종 이어진다.
(d) 친구와 친척들에게 부정적인 영향을 미칠 수 있다.

victimless crime 피해자 없는 범죄　　gambling 도박　　violent 폭력적인　　at all costs 어떻게 해서든지　　contagious 전염되는, 전염성의　　irrationally 비이성적으로　　lead to 이어지다　　adverse 부정적인　　relative 친척

Words and Phrases — 의견/주장

imperative	필수의	stick to	~에 집착하다, 고집하다
appalling	무서운, 질색인	make suit to	~에게 청원하다
detrimental	해로운	stabilize	안정시키다
discard	버리다	lucrative	돈벌이가 되는, 수지 맞는
press ahead (on)	밀고 나가다	assert	주장하다, 단언하다
conform to	~에 따르다, 순응하다	coherent	논리 정연한, 일관성 있는
corroborate	~을 제공하다, 확증하다	irrelevant	무관한, 상관없는
ignorance	무지, 무식	unanimous	만장일치의
dubious	수상쩍은, 모호한	premise	전제
fabricated	허구의	relieve	완화시키다
trivial	사소한	coverage	범위
decry	~을 헐뜯다, 비난하다	welfare	복지, 후생
optimistic	낙관적인, 낙천적인	worthwhile	가치 있는, 보람 있는
pessimistic	비관적인	loan	대출, 대여; 빌려주다
tantamount to	~에 버금가는	attorney	변호사
deal with	~을 다루다, 처리하다	temporal	시간의
withstand	견디다	permissive	관대한
take precedence	우선권을 얻다	praise	칭찬하다
impose	~을 강요하다, 도입하다	pointless	의미가 없는
prospective	장래의, 곧 있을	waive	(권리·주장 등을) 포기하다
sought-after	수요가 많은	doubt	의구심, 의심
aloof	냉담한	on guard	경계하는, 조심히는
formidable	어마어마한, 만만찮은	go through	~를 겪다
unheeded	무시된	cast a ballot	투표를 하다
marginal	미미한, 주변부의	by the same token	같은 이유로
veracity	진실성	get nowhere	효과가 없다, 잘 안 되다
defect	결함	on a mass scale	대규모로
facet	측면	irreplaceable	대체가 불가능한
be critical of	~을 비판하다	unconsciously	무의식적으로
discretion	재량, 신중함	initiative	계획

빈출 담화 내용

1 신기술 활용에 대한 의견

Social media has opened a number of opportunities for readers to connect with likeminded people. **Readers can now reach out to online forums to discuss an author's new book or even to set up a book-reading club.** The reader can also use these sites to recommend and find recommendations for new authors of a similar vein. This will result in readers being exposed to new authors that they may have never noticed.

소셜 미디어는 마음이 맞는 사람들끼리 연락할 많은 기회를 열어주었습니다. 독자들은 이제 작가의 신간에 대해 토의할 온라인 토론회에 접근할 수 있고, 심지어 독서 모임을 개설할 수도 있습니다. 독자들은 또한 이러한 공간들을 비슷한 기질의 새로운 작가를 추천하거나 추천을 찾는 데에 사용할 수 있습니다. 이것은 독자들이 그들이 알지 못했을 새로운 작가들에게 노출되도록 할 것입니다.

Q. What is the speaker mainly saying about social media?
(a) **The intriguing progresses for booklovers**
(b) A novel approach to procuring new books
(c) Its decrease in popularity
(d) A fundamental change in readership

Q. 소셜 미디어에 대해 화자는 주로 무엇을 말하는가?
(a) 책을 좋아하는 사람들을 위한 흥미로운 진척
(b) 신간 도서를 확보하는 새로운 방법
(c) 소셜 미디어의 인기의 감소
(d) 독자층의 근본적인 변화

likeminded 마음이 맞는　　reach out 접근하다　　set up 개설하다　　vein 기질, 특질　　intriguing 흥미로운　　novel 새로운　　procure 확보하다　　fundamental 근본적인　　readership 독자층

2 부동산 관행에 대한 의견

The city needs to begin enforcing its bylaws to ensure that the people residing in low-income housing still have access to all necessary amenities and are not treated unfairly by landlords. Some landlords, in an effort to force tenants to move, have taken to cutting off access to water and electricity. **This must stop and the city is the only entity that can stop it by fining and jailing these landlords.** Just because these tenants are not wealthy landowners is no reason for them to not receive the same treatment as everyone else.

이 시는 저소득층 주택에 사는 사람들이 여전히 모든 필수적인 생활 편의 시설에 접근할 수 있고, 임대주들에게 불공평하게 취급 받지 않는 것을 확실히 하기 위해서 규약을 집행하는 것을 시작할 필요가 있습니다. 어떤 임대주들은 거주자들을 쫓아내기 위해 물과 전기의 사용을 끊기 시작하였습니다. 이것은 멈춰져야 하며 시는 이에 대한 벌금을 물고 이러한 임대주들을 감옥에 넣을 수 있는 유일한 존재입니다. 이러한 거주자들이 부유한 지주가 아니라는 이유만으로 임대주들에게 그들이 다른 사람과 동등한 대우를 받지 못할 이유가 없습니다.

Q. Which statement would the speaker most likely agree with?
(a) Forced eviction should never render people homeless.
(b) **Tenants should be protected from forced eviction by law.**
(c) Landowners are justified in using whatever means possible.
(d) The city is turning a blind eye on the perennial problem between landlords and tenants.

Q. 화자가 가장 동의할 법한 진술은 무엇인가?
(a) 강제 축출은 사람들을 노숙자로 만들어서는 안 된다.
(b) 거주자들은 강제 축출로부터 법적으로 보호를 받아야 한다.
(c) 지주들은 그 어떤 방법을 사용하는 데 있어서도 정당화된다.
(d) 시는 임대주와 임대인 사이에 지속되는 문제에 모르는 체하고 있다.

enforce 집행하다　　bylaw 규약　　ensure 확실히 하다　　reside 살다　　unfairly 불공평하게　　landlord 임대주　　tenant 거주자, 세입자　　take to ~하기 시작하다　　entity 존재　　jail 감옥에 넣다　　forced eviction 강제 축출　　render 만들다　　justify 정당화하다　　turn a blind eye on 모르는 체하다　　perennial 지속되는

3 스포츠 관행에 대한 의견

Athletes continue to play in games even after suffering a concussion. Although doctors examine a player after an injury, the doctors are hesitant to take players out of a game for fear of angering both the coach and the players. They know that coaches will be upset if they lose their star players. In addition, players are eager to continue playing for fear that they lessen their chances for future play. A new system needs to be put in place so that athletes are properly assessed and taken out of a game if necessary.

Q. Which is correct according to the talk?
(a) **Injured athletes often continue playing on their own volition.**
(b) Players are under contract to play even if they are injured.
(c) Coaches and players often disregard the recommendations of doctors.
(d) Athletes are fearful of alienating themselves from teammates.

운동선수들은 뇌진탕을 겪은 후에 조차 계속해서 경기를 뜁니다. 의사들이 부상 이후에 선수를 진찰하기는 하지만, 의사들은 코치와 선수들을 화나게 하는 것에 대한 두려움 때문에 그들을 경기에서 빼내는 것을 주저합니다. 그들은 코치들이 그들의 유망한 선수를 잃으면 얼마나 속상해할지 압니다. 또한 선수들은 미래에 경기를 뛸 기회를 감소시키는 것에 대한 두려움으로 경기를 뛰려고 합니다. 만약 필요하다면 운동선수들이 적절히 가늠되어 경기에서 제외될 수 있도록 새로운 제도가 시행되어야 합니다.

Q. 담화에 따르면 옳은 것은?
(a) **부상당한 운동선수들은 자신의 자유의사로 계속해서 경기에 참여한다.**
(b) 선수들은 그들이 부상을 당했어도 경기를 하도록 계약되어 있다.
(c) 코치와 선수들은 의사들의 권고를 종종 무시한다.
(d) 운동선수들은 팀 동료로부터 멀어지는 것을 두려워한다.

concussion 뇌진탕　　hesitant 주저하는　　anger 화나게 하다　　put in place 시행하다　　assess 가늠하다　　volition 자유의사
under contract 계약되어 있는　　disregard 무시하다　　fearful 두려워하는　　alienate 멀어지다

4 사법제도에 대한 의견

A change needs to occur in the way the country conducts sentencing after a person is convicted of a crime. In an effort to be tough on crime, the justice system established mandatory sentencing for all convictions. However, this has not resulted in a lessening of crime levels but has caused a dramatic increase in the incarceration rate of the country. Even people convicted of relatively minor charges are being sent to jail even though they pose no threat to society. We need to move away from mandatory sentences and give judges the ability to utilize their discretion.

Q. Which statement would the speaker most likely agree with?
(a) The incarceration rate and crime levels are inversely related.
(b) **Mandatory sentences should only be given to serious offenders.**
(c) Longer jail time is more effective for violent criminals.
(d) Judges should abstain from passing prison sentences.

한 사람이 유죄로 선고된 이후에 국가가 판결을 집행하는 방식에 있어서 변화가 필요합니다. 범죄에 엄격하기 위하여 정의 체계는 모든 유죄 판결에 의무적인 형벌을 설정했습니다. 하지만, 이는 결과적으로 범죄의 감소로 이어지지 않고, 나라의 감금 비율의 극적인 증가를 야기했습니다. 심지어 상대적으로 경범죄를 저지른 사람들도 사회에 어떠한 위협을 제기하지 않더라도 감옥에 보내집니다. 우리는 의무적인 형벌을 내리는 것을 그만하고, 판사들에게 그들의 재량을 활용할 능력을 주어야 합니다.

Q. 화자가 가장 동의할 법한 주장은 무엇인가?
(a) 감금 비율과 범죄율은 반비례 관계이다.
(b) **의무적인 형벌은 중범죄자들에게만 주어져야 한다.**
(c) 더 긴 복역은 강력 범죄자들에게 더 효과적이다.
(d) 판사는 징역형을 주는 것을 자제해야 한다.

conduct 집행하다　　sentence (형을) 선고하다; 형벌　　convict 유죄를 선고하다　　conviction 유죄 판결　　lessen 감소하다
incarceration 감금　　relatively 상대적으로　　minor charge 경범죄　　pose 제기하다　　threat 위협　　discretion 재량
inversely related 반비례 관계인　　serious offender 중범죄자　　abstain 자제하다

Unit Test

MP3 P4_25

Part 4
Choose the option that best answers the question.

01 (a) (b) (c) (d)

02 (a) (b) (c) (d)

03 (a) (b) (c) (d)

04 (a) (b) (c) (d)

05 (a) (b) (c) (d)

06 (a) (b) (c) (d)

07 (a) (b) (c) (d)

08 (a) (b) (c) (d)

정답 p.226

Unit 06 강의-인문학/예술

Part 4에서 인문학과 예술은 항상 출제되는 주제이다. 인문학은 주로 심리학, 정치학, 경영, 경제, 교육, 역사 등 다양한 주제가 출제된다. 미술과 음악과 같은 예술은 유명한 예술가 혹은 예술 작품의 역사 혹은 두드러지는 특징에 대해서 출제된다. 일반적으로 인문학과 예술은 중심 소재가 앞에서 나오고 뒤에서는 관련된 세부 내용이 제시된다. 세부 내용으로는 인과, 공통점과 차이점, 역할과 업적, 조건, 의견 등 다양하게 출제된다.

Case Study

🔊 MP3 P4_26

Emily Carr is a Canadian painter who is best known for her work on the native cultures found in British Columbia. Carr began painting indigenous subjects both in the United States and in England but she was not satisfied with her work. This changed after moving to France where she came into contact with the painting style of the Fauvists. She utilized the Fauvist techniques when she returned to British Columbia to paint traditional totem poles. Carr's work was ignored for a number of years and she even quit painting, but only to take it up again when she gained recognition later in life.

담화의 중심 소재
→ Emily Carr라는 화가

세부 내용
→ Carr가 그림을 그만두고 다시 시작한 원인과 결과

Q. Which is correct about Emily Carr according to the lecture?
(a) She is considered to be the founder of Fauvism.
(b) Her works are a combination of various painting styles.
(c) She had once stopped painting until people appreciated her works.
(d) Her Fauvist style was primarily influenced by native cultures.

해설 그림 그리는 것을 그만두었다가 후에 사람들에게 인정을 받았을 때 다시 그리기 시작했다고 하였으므로 **(c)가 정답**이다.

⚠ 오답 피하기

(a)는 founder라 하여 오답이다. 창시자가 아니라 Fauvism의 영향을 받은 것이다.
(b)는 combination, various라 하여 오답이다. 다양한 스타일을 섞은 것이 아니라 Fauvism의 영향을 받아 Fauvism 기술로 그림을 그렸다고 했다.
(d)는 influenced by native cultures라 하여 오답이다. Native cultures의 영향을 받은 것이 아니라 Fauvism의 영향을 받았다고 했다.

해석

Emily Carr는 브리티시 컬럼비아 주에서 발견되는 토착문화에 관한 작품으로 가장 잘 알려진 캐나다의 화가입니다. Carr는 미국과 영국에서 그 지역 고유의 소재를 그리기 시작했으나 그녀는 그녀의 작품에 만족하지 못했습니다. 이는 그녀가 프랑스로 이주하여 야수파의 화풍을 접한 후에 바뀌었습니다. 그녀는 전통적인 토템폴을 그리기 위해 브리티시 컬럼비아 주에 돌아왔을 때 야수파 기술을 활용했습니다. Carr의 작품은 몇 년 동안 무시당했고 그녀는 심지어 그림 그리는 일을 그만두기도 하였지만, 그녀가 나중에 사람들에게 인정을 받았을 때 결국 다시 그리기 시작했습니다.

Q. 강의에 따르면 Emily Carr에 관하여 옳은 것은?
(a) 그녀는 Fauvism의 창시자로 여겨지고 있다.
(b) 그녀의 작품은 다양한 화풍의 조합이다.
(c) 그녀는 한때 사람들이 그녀의 작품의 진가를 인정할 때까지 그림 그리는 것을 중단했었다.
(d) 그녀의 Fauvist 스타일은 토착 문화의 영향을 주로 받았다.

---

native culture 토착문화   indigenous 토착의, 그 지역 고유의   totem pole 토템폴(전통적으로 아메리카 원주민 사회에서 토템의 상을 그리거나 조각한 기둥)   take up again 다시 시작하다   gain recognition 인정을 받다

Words and Phrases — 인문학/예술

novelist	소설가	concede	인정하다
penned	펜으로 쓰여진	sentiment	정서
mull over	곰곰이 생각하다	openly	공개적으로, 드러내 놓고
provoke	유발하다, 화나게 하다	repetitive	반복적인
undeserved reputation	부당한 명성	concern	주요 관심사
eminent	저명한	censorship	검열
hostile	적대적인	adhere to	~을 고수하다
humble	초라한	unintended	의도하지 않은
adept at	~에 능숙한	theoretical	이론적인
be at odds with	~와 불화하다	profound	심오한, 엄청난
contradiction	모순	cope with	~에 대처하다
backlash	반발	tragic	비극적인
embody	상징하다, 포함하다	overemphasize	지나치게 강조하다
resemble	닮다	prominence	중요성
versatile	다재 다능한	legal case	법적 소송
revamp	개편하다, 개정하다	harbinger	조짐, 징후
pupil	제자, 학생	imitate	모방하다
reconcile	(두 가지 이상의 생각 등을) ~을 조화시키다, 일치시키다	love interest	(영화나 소설에서 주인공의) 애정 상대
embark on	~에 착수하다	outdo	~보다 잘하다
make great strides	장족의 발전을 이루다	choreography	안무
turmoil	혼란	unwarranted	부당한
ramification	영향	reconstruct	복원하다
peculiar	특유한, 이상한	one-sided	편파적인
unparalleled	비할 데 없는	so-called	소위, 이른바
secular	세속적인	adversity	역경
overcome	극복하다	gemstone	보석
sheet music	악보	tactic	기법, 기교
composition	구성 요소	distort	왜곡하다
pretentious	가식적인	stem from	~로부터 기인하다
stanza	4행 이상의 각운이 있는 시구	prove wrong	잘못된 것을 증명하다

빈출 담화 내용

1 역사적 의미가 있는 구조물에 관한 내용

At a cost of three hundred million dollars, the city of Changsha, China installed an enormous statue of Mao Zedong in 2009. The statue is 32 meters tall and only depicts Mao's head and shoulders. The statue was placed in Changsha to commemorate the spot where Mao was inspired to begin writing poetry. **This statue, in contrast to previous statues throughout China, does not depict him in his later years but instead shows him as he was in his youth.** Although the statue was initially controversial, the citizens now view it with a sense of pride.

Q. Which is correct about the Changsha statue?
(a) It depicts Mao Zedong writing a piece of literature.
(b) It is the largest statue of Mao Zedong in China.
(c) It shows Mao Zedong in his early years.
(d) It is heavily criticized by the citizens of Changsha.

3억 달러의 비용으로 중국의 Changsha 시는 2009년에 거대한 마오쩌둥의 동상을 세웠습니다. 동상은 높이가 32미터이며 마오쩌둥의 머리와 어깨만 묘사합니다. 동상은 마오쩌둥이 영감을 받고 시를 쓰기 시작한 장소를 기념하기 위해 Changsha에 설치되었습니다. 이 동상은 이전의 중국에 있던 동상과는 다르게 그의 노후를 묘사하지 않았고 대신에 그의 젊은 시절을 묘사합니다. 비록 이 동상은 처음에는 논란이 많았지만 시민들은 그 동상을 이제는 자부심을 가지고 보고 있습니다.

Q. Changsha 동상에 관하여 옳은 것은?
(a) 마오쩌둥이 문학 작품을 쓰고 있는 것을 묘사한다.
(b) 중국에서 가장 큰 마오쩌둥의 동상이다.
(c) 마오쩌둥의 젊은 시절을 보여준다.
(d) Changsha의 시민들로부터 거센 비난을 받고 있다.

install 세우다, 설치하다　　statue 동상　　depict 묘사하다　　place 놓다, 설치하다　　commemorate 기념하다
controversial 논란이 많은

2 건축적 특징에 관한 내용

Although many people just enjoy looking at the statues of gargoyles that can be found on many medieval buildings, they actually have a function that goes beyond simply adding a feature to a building. **The gargoyles work as water spouts to move rainwater away from the building in an effort to limit any damage to the building from excess water.** Gargoyles were frequently placed on buildings during the early 1700s but with the advent of drainpipes and gutters, their use declined.

Q. Which is correct according to the lecture?
(a) Most medieval buildings were damaged by heavy rainfall.
(b) Gargoyle statues served as water outlets in old structures.
(c) Gutters were often placed next to the statues of gargoyles.
(d) Gargoyle statues were frequently used in place of water fountains.

많은 사람들이 많은 중세 건물에서 볼 수 있는 괴물 석상들을 보는 것만 즐길지라도, 그것들은 사실 건물에 특성을 더하는 것 이상의 기능을 갖고 있습니다. 괴물 석상들은 넘치는 물에 의해 건물에 어떠한 손상이라도 가해지는 것을 막기 위해 건물에서 빗물을 내보내기 위한 물 배수구의 역할을 합니다. 괴물 석상들은 1700년대 초반에는 건물 위에 자주 지어졌지만 배수관과 배수로의 출현으로 그것들의 사용은 감소하였습니다.

Q. 강의에 따르면 옳은 것은?
(a) 대부분의 중세 건물은 많은 비에 의해 손상되었다.
(b) 괴물 석상은 옛날 건축물에서 물 배출구의 역할을 했다.
(c) 배수로는 주로 괴물 석상 옆에 설치되었다.
(d) 괴물 석상은 분수식 식수대 대신에 자주 사용되었다.

gargoyle 괴물 석상　　medieval 중세의　　feature 특성　　water spout 배수구　　rainwater 빗물　　excess 많은, 넘치는
advent 출현　　drainpipe 배수관　　gutter 배수로　　serve as ~의 역할을 하다　　outlet 배출구

3 예술 작품에 관한 내용

The new exhibit showing some of the later works by Sawyer Wallace is aimed at highlighting the fact that contrary to popular opinion, **Wallace's later works are equally as important as his more popular earlier works.** The art director of the Thompson Gallery, when discussing his reasons for focusing on Wallace's later works, stated that **he felt Wallace's later works were underappreciated and hoped that the new exhibit would allow Wallace's later works to take their rightful place within the art world.**

Q. Which statement about Sawyer Wallace would the art director agree with?
(a) He is currently underrated as an artist.
(b) His reputation will be scathed by the new exhibition.
(c) He has more later works than earlier works.
(d) His later work was received significantly differently from his earlier work.

Sawyer Wallace의 몇몇 후기 작품들을 보여주는 새로운 전시는 여론과는 반대로 그의 후기 작품이 그의 유명한 초기 작품만큼 중요하다는 사실을 강조하는 것을 목표로 합니다. Thompson Gallery의 예술 감독은 Wallace의 후기 작품들에 초점을 맞추는 이유를 논의할 때 그는 그의 후기 작품들이 과소평가되었다고 느꼈으며 새로운 전시가 Wallace의 후기 작품들을 예술 세계에서 올바른 자리에 이르게 하기를 바란다고 말하였습니다.

Q. 예술 감독이 Sawyer Wallace에 대해 동의할 만한 주장은?
(a) 그는 현재 예술가로서 과소평가되고 있다.
(b) 그의 명성은 새로운 전시에 의해 손상될 것이다.
(c) 그는 초기 작품보다 후기 작품이 더 많다.
(d) 그의 후기 작품은 그의 초기 작품과 상당히 다르게 받아들여졌다.

exhibit 전시　aim at ~을 목표로 하다　highlight 강조하다　popular opinion 여론　underappreciate 과소평가하다
rightful place 올바른 자리　underrate 과소평가하다　scathe ~에 손상을 입히다　significantly 상당히

4 역사적 인물에 관한 내용

Today let's look at the life of the sultan or king of the Mali Empire, Mansa Musa. He ruled over present-day Ghana, Mauritania and Mali, conquering at least 24 cities during his 14th century reign. Musa was a devout Muslim and fostered the growth of the religion across his empire. In 1325, he made a pilgrimage to Mecca in Arabia with reportedly 60,000 men, including 12,000 slaves. Each slave carried gold bars, while 80 camels carried huge bags of gold dust. **Musa gave generously and spent lavishly, actually negatively affecting economies by devaluing gold for a full decade after his visit.**

Q. Which is correct about Mansa Musa?
(a) He was a reigning sultan of Mecca for a decade.
(b) His contributions briefly disrupted Mecca's economy.
(c) He made pilgrimages to Mecca every ten years.
(d) His policies supported secular ideas in his empire.

오늘은 Mansa Musa라는 Mali 제국의 술탄(이슬람교국의 군주) 혹은 왕의 인생에 관하여 알아봅시다. 그는 14세기 그의 통치 기간 동안 최소 24개의 도시를 정복하며 현재의 가나, 모리타니아 그리고 말리를 통치했습니다. Musa는 독실한 이슬람교도였고 그의 제국을 통틀어 그 종교의 성장을 촉진하였습니다. 1325년에, 그는 아랍의 메카에 1만 2천 명의 노예를 포함한 6만 명의 사람들과 성지 순례를 다녀왔습니다. 각각의 노예들은 금색 막대를 운반했고, 80마리의 낙타들은 사금이 들어있는 큰 가방을 운반하였습니다. Musa는 관대하게 주고 사치스럽게 씀으로써, 그의 방문 이후에 10년 동안 금의 가치를 하락시켜 사실상 경제에 부정적으로 영향을 끼쳤습니다.

Q. Mansa Musa에 관하여 옳은 것은?
(a) 그는 아랍의 메카를 10년동안 통치하는 술탄이었다.
(b) 그의 기부금은 메카의 경제를 일시적으로 붕괴시켰다.
(c) 그는 매 10년마다 메카로 성지 순례를 갔다.
(d) 그의 정책은 그의 제국의 세속적인 사상을 지지했다.

sultan 술탄　conquer 정복하다　reign 통치 기간　devout 독실한　foster 촉진하다　pilgrimage 순례　slave 노예
camel 낙타　lavishly 사치스럽게　devalue 가치를 하락시키다　disrupt 붕괴시키다　secular 세속적인

Unit Test

🔊 MP3 P4_27

Part 4
Choose the option that best answers the question.

01 (a) (b) (c) (d)

02 (a) (b) (c) (d)

03 (a) (b) (c) (d)

04 (a) (b) (c) (d)

05 (a) (b) (c) (d)

06 (a) (b) (c) (d)

07 (a) (b) (c) (d)

08 (a) (b) (c) (d)

강의–물리학 / 기술과학

물리학과 기술과학은 주로 우주와 우주탐사, 물리적 원리, 최근 개발된 과학 기술, 실험과 현상의 원인 등과 관련된 내용이 출제된다. 깊은 배경지식은 없어도 되지만 기본적인 어휘와 표현은 알아야 내용을 이해할 수 있다. 세부 내용으로는 인과, 조건, 장단점, 예시, 의견 등이 자주 출제되므로 출제 포인트 위주로 듣는 연습을 하는 것이 중요하다.

Case Study

In an effort to come up with a solution to reduce greenhouse gases, researchers have developed a sponge-like material that can be used to soak up carbon dioxide. When placed under pressure, the material increases in size as it captures carbon dioxide. When the pressure decreases, the collected carbon dioxide can be used for other purposes. The material is cheap to produce and works better than any other material on the market today. For example, other absorbents absorb water vapor as well as carbon dioxide, which results in less carbon dioxide being collected.

담화의 중심 소재
→ 온실 가스를 줄일 수 있는 소재 개발

세부 내용 [비교]
→ 경쟁 제품보다 이산화탄소 흡수력이 좋음

Q. Which is correct about the new absorbent according to the lecture?
(a) It absorbs carbon dioxide better than its competing products.
(b) It helps to remove water as well as carbon dioxide.
(c) It soaks up more carbon dioxide when pressure decreases.
(d) It is less expensive than other products of its kind.

해설 시중에 나와 있는 다른 흡착제들은 수증기까지 흡수하는 데 반해, 새로 개발된 흡착제는 훨씬 효과가 좋다고 했으므로 **(a)가 정답**이다.

⚠ 오답 피하기

(b)는 remove water라 하여 오답이다. 이 제품이 아니라 다른 경쟁 제품이 물을 흡수한다고 설명했다.
(c)는 more carbon dioxide, pressure decreases라 하여 오답이다. 압력이 올라가면 더 많은 이산화탄소를 흡수한다고 했다.
(d)는 less expensive라 하여 오답이다. 생산하는 데 저렴하다고 했지 실제로 저렴하게 팔린다고 설명하지 않았다.

해석

온실 가스를 줄이기 위한 해결책을 강구하기 위한 노력으로, 연구자들은 이산화탄소를 흡수하는 데 쓰일 수 있는 스펀지 같은 소재를 개발하였습니다. 압력이 있는 곳에 있을 때는, 그 물질은 이산화탄소를 포집하면서 크기가 커집니다. 압력이 줄어들면 모아진 이산화탄소는 다른 목적으로 사용될 수 있습니다. 이 물질은 생산하기에 저렴하고, 오늘날 시중에 나와 있는 다른 어떤 물질보다 효과가 더 좋습니다. 예를 들어, 다른 흡착제들은 이산화탄소뿐만 아니라 수증기도 흡수해서, 이산화탄소가 덜 모아지게 합니다.

Q. 강의에 따르면 새로운 흡착제에 관하여 옳은 것은?
(a) 경쟁 제품보다 이산화탄소를 더 잘 흡수한다.
(b) 이산화탄소뿐만 아니라 물을 제거하는 데도 도움이 된다.
(c) 압력이 줄어들 때 더 많은 이산화탄소를 빨아들인다.
(d) 같은 종류의 다른 제품들보다 더 저렴하다.

come up with 생각해내다, 창안하다 greenhouse gas 온실 가스 sponge-like material 스펀지 같은 소재 soak up 흡수하다 carbon dioxide 이산화탄소 pressure 압력 capture 붙잡다, 포획하다 absorbent 흡착제 water vapor 수증기 competing product 경쟁 제품

Words and Phrases — 물리학/기술과학

proficiency	능숙, 숙달	exorbitant	과도한
convection	대류	shipwreck	난파, 난파선
potential energy	위치에너지	gigantic	거대한
hypothesize	가설을 세우다	measurement	측정, 측량
conduction	전도	corridor	통로
in practice	실제로는	vary	다르다
devise	창안하다	abundant	풍성한
conceive	생각해내다	dynamics	역학
gauge	측정하다	harness	이용하다, 활용하다
augment	늘리다, 증가시키다	arrange for	~을 준비하다
assemble	모으다, 조립하다	capture	붙잡다
detect	발견하다, 탐지하다	come off	~에서 떨어지다
scrutinize	세심히 살피다, 조사하다	notion	개념, 생각
celestial object	천체	property	토지, 부동산
elaborate	정교한; 더 자세히 말하다	transform	변형시키다
ingeniously	영리하게, 교묘하게	spill	흘리다, 쏟다
be apt at	~의 재주가 있다	contingent on	~에 따르는, ~여하에 달린
chemical composition	화학적 조성	underground	지하의
malleable	펴 늘일 수 있는, 잘 변하는	ruin	망치다
erroneous	잘못된	downside	단점
ascertain	알아내다, 확인하다	make progress	진행하다, 진전을 이루다
orbit	궤도; 궤도를 돌다	pervasive	만연한
trajectory	탄도, 궤적	scale back	축소하다
terminal	최종적인	distinction	구분
proliferation	증식, 확산	indiscernible	분간하기 어려운
capacity	수용력, 능력	fluctuation	변동
accumulate	축적하다, 모으다	drive up	끌어 올리다
impediment	장애물	intensify	증폭시키다
obsolete	쇠퇴한, 시대에 뒤진	strew	흩뿌리다
replete	~이 풍부한, 가득한	fungus	균류, 곰팡이류

빈출 담화 내용

1 태양계 밖의 행성 관련 내용

Approximately 2,000 exoplanets have been found to date. An exoplanet is a planet that orbits a star other than our Sun. **Although we have identified these planets, most of them have not been observed directly. This is because the massive amount of light emitted by the parent star that the planet orbits obscures the planet from our telescopes.** As a result, most exoplanets need to be discovered through the use of indirect methods, such as radial velocity, transit photometry, pulsar timing, and so on.

Q. What is the lecture mainly about?
(a) The number of exoplanets found so far
(b) The methods used to detect exoplanets
(c) The difficulty of finding a bright parent star
(d) The broad definition of planets

약 2,000개의 태양계 밖에 있는 행성들이 지금까지 발견되었습니다. 태양계 밖에 있는 행성은 태양이 아닌 다른 별의 궤도를 도는 행성입니다. 이러한 행성들을 확인했음에도 불구하고 대부분은 직접적으로 관찰되지 못했습니다. 이것은 행성이 궤도를 도는 부모 별에서 엄청난 양의 빛이 뿜어져 나와 망원경으로 행성이 보이지 않게 하기 때문입니다. 결과적으로 대부분의 태양계 밖에 있는 행성들은 시선 속도, 이행 광도 측정법, 펄서 일정 등과 같은 간접적인 방법을 사용하여 발견되어야만 합니다.

Q. 강의는 주로 무엇에 관한 것인가?
(a) 지금까지 발견된 태양계 밖에 있는 행성의 수
(b) 태양계 밖의 행성을 발견하기 위해 사용되는 방법
(c) 밝은 부모 별을 찾는 어려움
(d) 행성의 폭넓은 정의

exoplanet 태양계 밖에 있는 행성   orbit 궤도를 돌다   emit 뿜어져 나오다   parent star 부모 별   obscure 보이지 않도록 하다   telescope 망원경   indirect 간접적인   radial velocity 시선 속도(천체가 관측자의 시선 방향에 가까워지거나 멀어지는 속도)   transit photometry 이행 광도 측정법   pulsar timing 펄서 관측법(펄서: 눈에 보이지는 않지만 주기적으로 빠른 전파나 방사선을 방출하는 천체)   detect 발견하다

2 은하계의 행성 관련 내용

Most of the stars in the Milky Way Galaxy orbit a black hole that is found at the center of the galaxy. The few stars that are not orbiting the black hole have, for the most part, been flung out of the galaxy by the power of the black hole. The star that is leaving the galaxy the fastest is what is called US 708, which is a unique case. It was originally larger than the Earth's sun until a white dwarf star absorbed most of US 708's helium. **This helium fueled a thermonuclear supernova of the white dwarf star and the force of the blast sent US 708 hurling through the galaxy.**

Q. Which is correct according to the talk?
(a) The explosion of US 708 has sent nearby stars flying away.
(b) US 708 is the first star to be leaving the galaxy.
(c) A massive explosion propelled US 708 away from the center of the galaxy.
(d) US 708 is being flung out of the galaxy by a black hole.

은하수의 대부분의 항성들은 은하계의 중심에서 발견되는 블랙홀의 궤도를 돕니다. 블랙홀의 궤도를 돌지 않는 적은 수의 별들은 대부분 블랙홀의 힘에 의해 은하계에서 쫓겨납니다. 은하계를 가장 빨리 떠나는 별은 US 708이라 불리는 것이고, 이는 특이한 경우입니다. 그것은 백색왜성이 US 708의 대부분의 헬륨을 흡수하기까지는 원래 지구의 태양보다 더 컸습니다. 이 헬륨은 백색왜성의 원자핵 융합 반응 초신성을 촉발시켰고, 그 폭발력은 US 708이 은하계에서 내던져지도록 하였습니다.

Q. 담화에 따르면 옳은 것은?
(a) US 708의 폭발이 주변의 별들을 날려보냈다.
(b) US 708은 은하계를 떠나는 첫 번째 별이다.
(c) 거대한 폭발이 US 708을 은하계의 중심에서 멀어지게 했다.
(d) US 708은 블랙홀에 의해 은하계 밖으로 쫓겨나고 있다.

galaxy 은하계   fling out 쫓아내다   white dwarf 백색왜성   absorb 흡수하다   helium 헬륨   thermonuclear supernova 원자핵 융합 반응 초신성   blast 폭발   hurl 내던지다   propel 나가게 하다

3 빙하기 관련 내용

Various types of evidence prove the existence of ice ages. Glacial moraines and valley cuttings are the primary forms of geological corroboration, though successive glaciations make them difficult to date. **Chemical evidence comes primarily in the form of isotopes present in fossils and allows for a temperature timeline to be constructed.** Geographical distribution of fossils provides paleontological proof that animals transferred location throughout glacial and interglacial spans of time.

Q. Which is correct according to the talk?
(a) Geological corroboration is the primary method of dating ice ages.
(b) Fossil evidence coincides with the existence of ice ages in the past.
(c) Some forms of isotopes provide scientists with evidence of glacial moraines.
(d) The isolation of fossils is proof of an extended interglacial period.

다양한 증거들이 빙하기의 존재를 증명합니다. 빙원 빙퇴석과 골짜기가 초기 형태의 지질학적 확증이지만 연이은 빙하작용이 정확한 시기를 추측하는 것을 어렵게 합니다. 주로 화석에 있는 동위 원소들이 화학적 증거가 되며 이는 기온의 연대표가 구성될 수 있게 합니다. 화석의 지리학적 분포는 동물들이 빙하기와 간빙기에 장소를 옮겨다녔다는 고생물학적 증거가 됩니다.

Q. 담화에 따르면 옳은 것은?
(a) 지질학적 확정이 빙하기 시기를 측정하는 주된 방법이다.
(b) 화석 증거는 과거에 빙하기가 존재했다는 것과 맞아떨어진다.
(c) 어떤 형태의 동위 원소는 과학자들에게 빙원 빙퇴석의 증거를 제공한다.
(d) 화석의 고립은 길어진 빙하기의 증거이다.

ice age 빙하기　　glacial moraine 빙원 빙퇴석　　geological corroboration 지질학적 확증　　successive 연이은, 잇따른
isotope 동위 원소　　distribution 분포　　paleontological 고생물학적인　　interglacial span 간빙기 기간　　corroboration 확증　　coincide with ~와 일치하다　　isolation 고립

4 지진 관련 내용

Earthquake lights are another natural phenomenon that you should know about. These lights occur at the onset of an earthquake or just after, with a lifetime of between a few seconds and several minutes. **They appear as flashes of white and blue light.** It was first sighted and recorded in 373 BC. Based on the current model, **the high stress during an earthquake ionizes the oxygen in certain rocks, which travels up through the cracks. When it reaches the surface, the ionized oxygen ionizes the air, thereby forming plasma, the source of light.**

Q. What is the lecture mainly about?
(a) Recorded sightings of earthquake light in the past
(b) The common occurrence of earthquake lights
(c) The description and creation of earthquake lights
(d) The process in which earthquake lights are formed

지진발광은 여러분이 알아야 할 또 다른 자연 현상입니다. 이 빛은 지진이 시작할 때와 직후에 발생하고, 몇 초부터 몇 분까지 일어납니다. 그것은 하얀색과 파란색의 섬광으로 나타납니다. 그것은 기원전 373년에 처음으로 목격되고 기록되었습니다. 현재 모델에 의하면 지진이 일어나는 동안의 높은 압력이 특정 돌에 있는 산소를 이온화시키고, 그것이 틈을 타고 올라갑니다. 표면에 도달하면 이온화된 산소가 공기를 이온화시키고, 그에 따라 빛의 원천인 플라즈마가 형성됩니다.

Q. 강의는 주로 무엇에 관한 것인가?
(a) 과거에 기록된 지진발광의 목격
(b) 지진발광의 흔한 발생
(c) 지진발광에 대한 묘사와 형성
(d) 지진발광이 형성되는 과정

earthquake light 지진발광　　natural phenomenon 자연 현상　　onset 시작　　sight 목격하다　　ionize 이온화 시키다
crack 틈　　thereby 그렇게 함으로써　　plasma 플라즈마　　common occurrence 일반적인 발생　　description 묘사, 설명

Unit Test

🔊 MP3 P4_29

Part 4
Choose the option that best answers the question.

01 (a) (b) (c) (d)

02 (a) (b) (c) (d)

03 (a) (b) (c) (d)

04 (a) (b) (c) (d)

05 (a)   (b)   (c)   (d)

06 (a)   (b)   (c)   (d)

07 (a)   (b)   (c)   (d)

08 (a)   (b)   (c)   (d)

정답 p.234

Unit 08 강의-자연과학 / 의학 / 보건

Part 4에서 자연과학, 의학, 보건 관련 주제가 매번 나오지는 않지만 출제 범위에 있으므로 숙지를 해야 한다. 자연과학, 의학, 보건은 주로 질병과 그에 대한 대처, 자연현상, 인체, 동식물, 새로운 의약품 및 의학 기기, 환경 문제 및 오염과 관련된 내용 등이 출제된다.

Case Study

🔊 MP3 P4_30

The Atlantic puffins' breeding pattern is unique among other birds. An Atlantic puffin typically spends the winter separated from its mate, but every year, the puffin return to the same breeding ground and connect with the same mate. After mating, the female, using the same burrow every season, lays an egg. Both the male and female birds take care of the egg until it hatches.

담화의 중심 소재
→ 대서양 퍼핀의 번식 패턴

세부 내용
→ 매년 같은 장소로 이동하여 번식

Q. Which is correct about Atlantic puffins according to the talk?
(a) They spend the winter with their mate and the summer alone.
(b) They journey to the same location for propagation.
(c) They usually mate with the same mate every other year.
(d) They lay only one egg, which is looked after only by the female.

해설 매년 동일한 번식지로 돌아와서 짝짓기를 한다고 했으므로 **(b)가 정답**이다.

⚠ 오답 피하기

(a)는 spend the winter with their mate라 하여 오답이다. 겨울은 따로 보내고 여름에 함께 보낸다고 한다.
(c)는 every other year라 하여 오답이다. 한 해 걸러 같은 짝과 교미하는 것이 아니라 매해 같은 짝과 교미한다고 한다.
(d)는 only by the female이라 하여 오답이다. 수컷과 암컷이 함께 알을 돌본다고 한다.

해석

대서양 퍼핀들의 번식 패턴은 다른 새들 중에서도 독특합니다. 대서양 퍼핀은 보통 짝으로부터 따로 떨어져 겨울을 지내지만 매년 퍼핀은 동일한 번식지로 돌아와서 동일한 짝과 함께합니다. 짝짓기 이후에 암컷은 매년 똑같은 굴에 알을 낳습니다. 수컷과 암컷 새 모두 알이 부화할 때까지 돌봅니다.

Q. 담화에 따르면 대서양 퍼핀에 관하여 옳은 것은?
(a) 그들의 짝과 겨울을 지내고 여름에는 혼자서 지낸다.
(b) 번식을 위해 같은 장소로 이동한다.
(c) 대개 한 해 걸러 같은 짝과 교미한다.
(d) 오직 한 개의 알만 낳고, 암컷만 그것을 돌본다.

Atlantic puffins 대서양 퍼핀(바다오리과의 일종)   breeding pattern 번식 패턴   typically 보통   separated 따로 떨어져
mate 짝   breeding ground 번식지   burrow 굴   take care of ~을 돌보다   hatch 부화하다   journey 이동하다
propagation 번식

Words and Phrases — 자연과학/의학/보건

flora	식물군		corporal	신체의
fauna	동물상		hibernation	동면
erosion	침식; 부식		devour	게걸스럽게 먹다
contamination	오염		enumerate	열거하다
exploit	(부당하게) 이용하다, 착취하다, 개발하다		dormant	잠자는; (화산이) 활동을 중단한
atmosphere	대기		thrive	번성하다
bleak	황량한, 음산한		detrimental	해로운
catastrophic	큰 재앙의, 비극적인		inceptive	처음의, 개시의
conservation	보호, 보존		glimpse	잠깐 봄
sanitation	공중 위생, 위생 설비		noteworthy	주목할 만한
drought	가뭄		sluggish	부진한
starvation	기아, 굶주림		elevate	올리다
malnutrition	영양실조		redundant	불필요한
evacuate	대피시키다, 피난하다		antecedent	이전의
inhabit	서식하다		torpid	무기력한
flourish	번성하다		predilection	매우 좋아함
gradually	서서히, 점차적으로		luminous	어둠에서 빛나는
wildlife	야생 동물		translucent	반투명한
anesthetic	마취의, 마취제		adept	능숙한
arthritis	관절염		sturdy	강건한
contagious	전염성의, 전염병에 걸린		filthy	아주 더러운
crippled	불구의, 무능력한		trespass	침입하다, 침해하다
dispensary	조제실, 진료소		sporadic	때때로 일어나는
epidemic	유행병, (나쁜 것의) 급속한 확산		yield	수확물
chronic fatigue	만성 피로		skyrocket	치솟다
hereditary	유전적인, 세습되는		reproach	비난, 책망
hygiene	위생		spoilage	부패
sterilize	살균하다		beneficiary	수혜자
inoculate	접종하다, 예방 주사를 놓다		expound	자세히 설명하다
nausea	메스꺼움		crave	갈망하다

빈출 담화 내용

1 질환의 원인과 대처 방법에 관한 내용

Ingrown toenails are a fairly common occurrence. They are caused by the nail growing into the skin. This happens as a result of improperly cutting toenails or wearing footwear that is too tight. Severe cases may require surgery while minor cases can be dealt with at home by soaking the foot and then moving the toenail. One form of treatment that is not very common is the use of a brace over the toenail for twelve to eighteen months.

Q. Which is correct about ingrown toenails according to the talk?
(a) They tend to occur more in women than in men.
(b) They can be prevented by soaking the foot in warm water.
(c) **They can develop when people clip their toenails incorrectly.**
(d) They usually go away naturally after twelve to eighteen months.

내향성 발톱은 꽤 흔히 발생합니다. 그것은 피부 속으로 자라는 발톱에 의해 유발됩니다. 이는 발톱을 적절하지 않게 깎거나 너무 꽉 끼는 신발을 신었을 때 발생합니다. 심각한 경우 수술을 필요로 할 수 있지만 경미한 경우에는 발을 물에 담그고 발톱을 움직여서 집에서 해결할 수 있습니다. 그다지 흔치 않은 치료 중 한 형태는 발톱에 12개월에서 18개월 동안 보조기를 사용하는 것입니다.

Q. 담화에 따르면 내향성 발톱에 관하여 옳은 것은?
(a) 남성보다 여성에게 더 많이 발생하는 경향이 있다.
(b) 따뜻한 물에 발을 담금으로써 예방할 수 있다.
(c) 발톱을 잘못 잘랐을 때 생길 수 있다.
(d) 보통 12개월에서 18개월 후에 자연적으로 사라진다.

ingrown toenail 내향성 발톱   occurrence 발생   improperly 적절하지 않게   soak 담그다   brace 보조기

2 과학적 구조에 대한 개념 설명

Nanoparticles are the new frontier when it comes to promising medical research. They are extremely small objects that can be programmed to target specific molecules. Nanoparticles combine with other nanoparticles to surround the targeted molecule and transport it to specific cells where it is deposited. Researchers hope that the nanoparticles will one day be able to increase drug effectiveness by delivering drug molecules to specific cells. Nanoparticles have been shown to be effective in cell cultures but their effectiveness operating in the human bloodstream has not been determined.

Q. Which is correct about nanoparticles according to the talk?
(a) They hold great potential but are far from being practical.
(b) **They are used to assist in delivering medicine to targeted cells.**
(c) They usually degrade when they enter the human bloodstream.
(d) They can be programmed to take on virtually any form.

나노입자들은 유망한 의학 연구에 관련된 한 새로운 미개척 분야입니다. 그것들은 특정 분자를 표적으로 삼도록 설정될 수 있는 아주 작은 물질입니다. 나노입자들은 표적으로 설정된 분자를 둘러싸기 위해 다른 나노입자들과 결합하여 그것이 놓여야 할 특정한 세포로 이동시킵니다. 연구자들은 언젠가 나노입자들이 특정 세포로 약물 분자를 운반하여 약효를 상승시킬 수 있기를 바라고 있습니다. 나노입자들은 세포 배양에 효과적인 것으로 입증되었지만 인간의 혈관 내에서 작용하는 그것들의 효과는 아직 밝혀지지 않았습니다.

Q. 담화에 따르면 나노입자에 대해 옳은 것은?
(a) 많은 잠재가능성이 있지만 실용성과는 거리가 멀다.
(b) 표적 세포에 약물을 전달하는 것을 돕는 데 사용된다.
(c) 대개는 인간의 혈류에 들어왔을 때 분해된다.
(d) 사실상 어떤 형태를 취하게든 설정될 수 있다.

nanoparticle 나노입자   frontier 미개척 분야   promising 유망한   molecule 분자   surround 둘러싸다   bloodstream 혈류   determine 알아내다, 밝히다   degrade 분해되다

3 특정 동물의 특징에 관한 내용

We have all watched geckos climb up a dry or wet surface and wondered how they manage to do this. This superpower of theirs has a lot to do with their physiology. A gecko's toes have hair-like structures which create a molecular attraction between the hair and the surface the gecko is walking on. The amazing thing about this is that **geckos do not use the traction system all the time. For example, when researchers placed geckos on a ten-degree incline, they found that some geckos used their adhesive system and some did not.**

Q. Which is correct about geckos?
(a) Not all of them have the hair-like structures to climb walls.
(b) They can regulate the adhesiveness of their toes.
(c) They rarely need to use the adhesive system in their everyday life.
(d) Their toes create magnetic attraction to metallic surfaces.

우리는 모두 도마뱀붙이가 건조하거나 축축한 표면을 올라가는 것을 보고는 그들이 어떻게 이것을 하는지 궁금해 했습니다. 그들의 이 초능력은 생리와 관계가 있습니다. 도마뱀붙이의 발가락에는 도마뱀붙이가 걷고 있는 표면과의 분자 인력을 만들어내는 털 같은 구조가 있습니다. 이것에 관하여 놀라운 것은 도마뱀붙이들이 이런 이동법을 항상 사용하지는 않는다는 것입니다. 예를 들어, 연구자들이 도마뱀붙이들을 10도의 경사에 놓았을 때, 몇몇 도마뱀붙이들은 그들의 점착 기제를 사용하였고 몇몇은 사용하지 않은 것을 발견하였습니다.

Q. 도마뱀붙이에 관하여 옳은 것은?
(a) 모두가 벽을 타게 해주는 털 같은 구조를 가지고 있지는 않다.
(b) 그들의 발가락의 점착성을 조절할 수 있다.
(c) 일상에서는 좀처럼 점착 기제를 활용할 필요가 없다.
(d) 그들의 발가락은 금속 표면에 붙도록 자력을 만든다.

gecko 도마뱀붙이   superpower 초능력   do with ~와 관계가 있다   physiology 생리, 생리학   molecular attraction 분자 인력   traction system 견인력 장치   incline 경사면   adhesive 들러붙는   magnetic attraction 자력

4 전염병의 원인에 관한 내용

The impact of the Ebola virus on West Africa has been devastating. Human disregard for the environment may bear some of the blame. Increased deforestation has resulted in animals encroaching on human-occupied areas. **This puts people at more risk of coming into contact with infected wildlife.** Even though deforestation has been identified as a potential cause for the spread of Ebola, **governments continue to protect the interests of loggers through little oversight.**

Q. Which statement would the speaker most likely agree with?
(a) Deforestation is the reason for the proliferation of Ebola.
(b) Loggers are the first to be infected with new diseases.
(c) Government corruption is rampant throughout West Africa.
(d) Contact with unknown deadly diseases will likely continue to occur.

에볼라 바이러스가 서아프리카에 끼친 영향은 아주 치명적이었습니다. 환경에 대한 인간의 무관심에 어느 정도 책임이 있죠. 증가한 삼림 벌채는 동물들이 사람이 거주하는 지역으로 침범하는 결과를 낳았습니다. 이것은 사람들이 감염된 야생 동물과 접촉하는 위험을 더욱 높입니다. 삼림 벌채가 에볼라 확산의 잠재적인 원인으로 밝혀졌음에도 불구하고, 정부는 가벼운 단속을 통해 계속해서 벌목꾼들의 이득을 지켜주고 있습니다.

Q. 화자가 가장 동의할 만한 진술은 어느 것인가?
(a) 삼림 벌채는 에볼라 확산의 이유이다.
(b) 벌목꾼은 새로운 질병에 걸리는 첫 번째 사람들이다.
(c) 정부 부패는 서아프리카 전역에 걷잡을 수 없이 퍼져 있다.
(d) 알려지지 않은 치명적인 질병 감염이 계속해서 발생할 가능성이 높다.

devastating 치명적인   disregard 무관심   bear (비난을) 받다   deforestation 벌채   encroach 침범하다   infected 감염된   logger 벌목꾼   oversight 단속, 관리   proliferation 확산   corruption 부패   rampant 걷잡을 수 없이 퍼져 있는

Unit Test

🔊 MP3 P4_31

Part 4
Choose the option that best answers the question.

01 (a) (b) (c) (d)

02 (a) (b) (c) (d)

03 (a) (b) (c) (d)

04 (a) (b) (c) (d)

05   (a)   (b)   (c)   (d)

06   (a)   (b)   (c)   (d)

07   (a)   (b)   (c)   (d)

08   (a)   (b)   (c)   (d)

정답 p.238

Part Test

Part IV
You will now hear fifteen spoken monologues. For each item, you will hear a monologue and its corresponding question, both of which will be read twice. Then you will hear four options which will be read only once. Choose the option that best answers the question.

01   (a)   (b)   (c)   (d)

02   (a)   (b)   (c)   (d)

03   (a)   (b)   (c)   (d)

04   (a)   (b)   (c)   (d)

05   (a)   (b)   (c)   (d)

06   (a)   (b)   (c)   (d)

07   (a)   (b)   (c)   (d)

08   (a)   (b)   (c)   (d)

09 (a) (b) (c) (d)

10 (a) (b) (c) (d)

11 (a) (b) (c) (d)

12 (a) (b) (c) (d)

13 (a) (b) (c) (d)

14 (a) (b) (c) (d)

15 (a) (b) (c) (d)

정답 p.242

Actual Test 1

LISTENING COMPREHENSION

DIRECTIONS

1. In the Listening Comprehension section, all content will be presented orally rather than in written form.

2. This section contains four parts. In part 1 and 2, each passage will be read only once. In part 3 and 4, each passage and its corresponding question will be read twice. But in all sections, the options will be read only once. After listening to the passage and question, listen to the options and choose the best answer.

Part I Questions 1–15
You will now hear fifteen conversation fragments, each made up of a single spoken statement followed by four spoken responses. Choose the most appropriate response to the statement.

Part II Questions 16–30
You will now hear fifteen conversation fragments, each made up of three spoken statements followed by four spoken responses. Choose the most appropriate response to complete the conversation.

Part III **Questions 31-45**

You will now hear fifteen complete conversations. For each item, you will hear a conversation and its corresponding question, both of which will be read twice. Then you will hear four options which will be read only once. Choose the option that best answers the question.

Part IV **Questions 46-60**

You will now hear fifteen spoken monologues. For each item, you will hear a monologue and its corresponding question, both of which will be read twice. Then you will hear four options which will be read only once. Choose the option that best answers the question.

정답 p.250

Actual Test 2

LISTENING COMPREHENSION

DIRECTIONS

1. In the Listening Comprehension section, all content will be presented orally rather than in written form.

2. This section contains four parts. In part 1 and 2, each passage will be read only once. In part 3 and 4, each passage and its corresponding question will be read twice. But in all sections, the options will be read only once. After listening to the passage and question, listen to the options and choose the best answer.

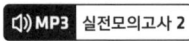

Part I Questions 1-15

You will now hear fifteen conversation fragments, each made up of a single spoken statement followed by four spoken responses. Choose the most appropriate response to the statement.

Part II Questions 16-30

You will now hear fifteen conversation fragments, each made up of three spoken statements followed by four spoken responses. Choose the most appropriate response to complete the conversation.

Part III Questions 31-45

You will now hear fifteen complete conversations. For each item, you will hear a conversation and its corresponding question, both of which will be read twice. Then you will hear four options which will be read only once. Choose the option that best answers the question.

Part IV Questions 46-60

You will now hear fifteen spoken monologues. For each item, you will hear a monologue and its corresponding question, both of which will be read twice. Then you will hear four options which will be read only once. Choose the option that best answers the question.

정답 p.272

영단기 TEPS

Test of English Proficiency
developed by
Seoul National University

앞면(Side1)

수험번호 Registration No.		
성명 Name	한글	
	한자	

문제지번호 Test Booklet No.

감독관확인란

청해 Listening Comprehension (1–60)

문법 Grammar (1–50)

어휘 Vocabulary (1–50)

독해 Reading Comprehension (1–40)

주민등록번호 National ID No.

수험번호 Registration No.

비밀번호 Password

고사실란 Room No.

좌석번호 Seat No.

본인은 필기구 및 기재오류와 답안지 훼손으로 인한 책임을 지고, 부정행위 처단규정을 준수할 것을 서약합니다.

서 약

답안작성시 유의사항

1. 답안 작성은 반드시 **컴퓨터용 싸인펜**을 사용해야 합니다.
2. 답안을 정정할 경우 수정테이프(수정액 불가)를 사용해야 합니다.
3. 본 답안지는 컴퓨터로 처리되므로 훼손해서는 안되며, 답안지 하단의 타이밍마크(┃┃┃)를 찢거나, 낙서 등으로 인한 훼손시 불이익이 발생할 수 있습니다.
4. 답안은 문항당 정답을 1개만 골라 아래의 예시처럼 정확히 기재해야 하며, 필기구 오류나 본인의 부주의(잘못 표기한 경우에는 당 관리위원회의 OMR판독기의 판독결과에 따르며, 그 결과는 본인이 책임집니다.

   정답 표기 Good ● Bad ◐ ◑ ○ ✗ ✓

5. 감독관의 확인이 없는 답안지는 무효처리됩니다.

✂ 자르는선

영단기 TEPS

Test of English Proficiency developed by Seoul National University

뒷면 (Side2)

응시일자 : 20   년   월   일

<부정행위 및 규정위반 처리규정>

1. 모든 부정행위 및 규정 위반 적발 및 이에 대한 조치는 TEPS 관리 위원회의 처리 규정에 따라 이루어집니다.

2. 부정행위 및 규정 위반 행위는 현장 적발뿐만 아니라 사후에도 적발될 수 있으며 모두 동일한 조치가 취해집니다.

3. 부정행위 적발 시 당해 성적은 무효화 되며 사안에 따라 최대 5년까지 TEPS 관리 위원회가 주관하는 모든 시험의 응시 자격이 제한됩니다.

4. 문제지 이외에 메모를 하는 행위나 시험 문제의 일부 또는 전부를 유출하거나 공개하는 경우 부정행위로 처리됩니다.

5. 각 파트별 시간을 준수하지 않거나, 시험 종료 후 답안 작성을 계속할 경우 규정위반 으로 처리됩니다.

성명: HONG GIL DONG

단체구분: 학생 / 일반

질문란

1. 귀하의 TEPS 응시목적은?
   a) 입사지원 b) 인사정책
   c) 개인실력측정 d) 입시
   e) 국가고시지원 f) 기타

2. 귀하 영어권 체류 경험은?
   a) 없다 b) 6개월 미만
   c) 6개월 이상 1년 미만 d) 1년 이상 3년 미만
   e) 3년 이상 5년 미만 f) 5년 이상

3. 귀하께서 응시하고 계신 고사장에 대한 만족도는?
   a) 0점 b) 1점
   c) 2점 d) 3점
   e) 4점 f) 5점

4. 최근 2년내 TEPS 응시횟수는?
   a) 없다 b) 1회
   c) 2회 d) 3회
   e) 4회 f) 5회 이상

성별/학력/전공/직업/직책/업종 기입란 (생략)

자르는 선

영단기 TEPS

Test of English Proficiency
developed by
Seoul National University

뒷면(Side2)

응시일자 : 20   년   월   일

<부정행위 및 규정위반 처리규정>

1. 모든 부정행위 및 규정 위반 적발 및 이에 대한 조치는 TEPS 관리 위원회의 처리 규정에 따라 이루어집니다.

2. 부정행위 및 규정 위반 행위는 현장 적발 뿐만 아니라 사후에도 적발될 수 있으며 모두 동일한 조치가 취해집니다.

3. 부정행위 적발 시 당해 성적은 무효화 되며 사안에 따라 최대 5년까지 TEPS 관리 위원회에서 주관하는 모든 시험의 응시 자격이 제한됩니다.

4. 문제지 이외에 메모를 하는 행위와 시험 문제의 일부 또는 전부를 유출하거나 공개 하는 경우 부정행위로 처리됩니다.

5. 각 파트별 시간을 준수하지 않거나, 시험 종료 후 답안 작성을 계속할 경우 규정 위반 으로 처리됩니다.

TEPS FREE PASS

텝스 단기졸업을 위한 가장 확실한 선택

만만치 않은 TEPS, 전략과 기술이 있다면 빠르게 완성됩니다.

영단기 텝스를 찾을 수 밖에 없는 이유 3가지!

01 청해·문법·독해·어휘
텝스 전문강사가 진행하는 영단기 텝스 강의!

02 개념학습부터 문제 적용훈련까지
전략적 학습!

03 2010-2016 최신 기출 유형이 담긴
선생님들의 비법 자료 제공!

TEPS FREE PASS 구매 시,

텝스 유형을 가장 잘 아는 국내 저자,
현직 강사가 참여!

실제 텝스 유형을 그대로 구현한
TEPS 200제 무료 증정!

TEPS 200 제 재고 소진에 따라 별도의 공지 없이 행사는 종료될 수 있습니다.

전략과 기술로 완성하는 텝스 기본서

영단기 텝스

영단기 연구소

해설집

LISTENING

실전 난이도와 최신 경향 완벽 반영
텝스 정기 시험 성우 목소리의 MP3 무료 제공
실전모의고사 2회분 수록

TEPS 최신 경향 반영

전략과 기술로 완성하는 텝스 기본서

영단기 텝스

영단기 연구소

해설집

LISTENING

진단고사

01 (a)	02 (b)	03 (d)	04 (b)	05 (c)
06 (c)	07 (a)	08 (c)	09 (b)	10 (a)
11 (d)	12 (b)	13 (b)	14 (b)	15 (d)
16 (c)	17 (c)	18 (a)	19 (c)	20 (b)
21 (b)	22 (b)	23 (c)	24 (c)	25 (a)
26 (b)	27 (d)	28 (c)	29 (c)	30 (c)
31 (c)	32 (a)	33 (b)	34 (d)	35 (b)
36 (b)	37 (b)	38 (b)	39 (d)	40 (d)

01.

W Wish me luck on my job interview today.
(a) I'm sure you'll do fine.
(b) I'll do my best. Thanks.
(c) That's okay. I understand.
(d) Sorry. Better luck next time.

여 오늘 내 취업 면접에 행운을 빌어줘.
(a) 네가 잘할 거라 확신해.
(b) 난 최선을 다할 거야. 고마워.
(c) 괜찮아. 이해해.
(d) 미안해. 다음에 잘 되길 바랄게.

해설 여자가 면접에서 잘할 수 있도록 행운을 빌어달라고 한 상황에서 남자가 잘할 거라고 격려하는 답변을 하는 것이 가장 적절하므로 **(a)가 정답**이다.

⚠ 오답 피하기
(b)는 I'll do라 하여 여자가 할 수 있을 법한 말이므로 대상 오답이다.
(c)는 that's okay라 하여 상대방이 사과할 때 답할 수 있는 말이므로 상황 오답이다.
(d)는 next time이라 하여 시제 오답이다.
■ job interview 취업 면접

02.

M I really enjoyed dancing with you.
(a) I'm looking forward to it.
(b) Same here. Let's do it more often.
(c) Sure, I'll meet you there.
(d) That sounds like fun.

남 나는 너와 춤추는 것이 정말 즐거웠어.
(a) 나는 기대하고 있어.
(b) 나도야. 종종 그렇게 하도록 하자.
(c) 물론이지. 거기서 만나자.
(d) 그거 재미있겠다.

해설 남자가 함께 춤춰서 즐거웠다고 말하는 상황에서 여자는 동의하는 답변을 하는 것이 가장 적절하므로 **(b)가 정답**이다.

⚠ 오답 피하기
(a)는 looking forward to라 하여 시제 오답이다.
(c)는 will meet you라 하여 시제 오답이며 there에 해당하는 장소도 언급되지 않았으므로 오답이다.
(d)는 춤을 춘 것은 과거의 일이므로 시제 오답이다.
■ look forward to 기대하다

03.

W Mark, are you coming to the recital?
(a) Let me ask him if he can join us.
(b) I thought it was fantastic.
(c) No, I'll be there at seven.
(d) I'm sorry. I don't think I can make it.

여 Mark, 너 독주회에 올 거니?
(a) 그가 우리와 함께 할 수 있을지 물어볼게.
(b) 나는 그것이 정말 멋졌다고 생각했어.
(c) 아니, 나 거기에 7시까지 갈 거야.
(d) 미안해. 나는 못 갈 것 같아.

해설 여자가 독주회에 참석할 것인지 물어보는 상황에서 남자는 못 간다고 답변하는 것이 적절하므로 **(d)가 정답**이다.

⚠ 오답 피하기
(a)는 him이 누구인지 알 수 없으므로 대상 오답이다.
(b)는 미래 계획[일정]을 묻는 질문에 과거 시제 thought로 답하여 시제 오답이다.
(c)는 앞에서 no라 하고 뒤에서 갈 거라고 하여 앞뒤 문맥 불일치 오답이다.
■ recital 독주회 make it 시간에 맞춰 가다

04.

M I'm glad to see you finally made partner.
(a) Yeah. You deserve it.
(b) It was a long time coming.
(c) Let's wait and see what happens to us.
(d) We should celebrate our partnership.

남 나는 네가 드디어 애인이 생긴 것을 보아 기쁘다.
(a) 맞아. 넌 그럴 가치가 있어.
(b) 이루어지는 데 정말 오랜 시간이 걸렸어.
(c) 우리에게 무슨 일이 일어날지 한번 기다려보자.
(d) 우리는 우리의 동업을 축하해야 해.

해설 남자가 여자의 상황을 축하해주는 상황에서 여자는 오랜 시간 기다렸다고 답변하는 것이 적절하므로 **(b)가 정답**이다.

⚠ 오답 피하기
(a)는 you라고 하여 남자가 할 수 있을 법한 말이므로 대상 오답이다.
(c)는 wait and see라 하여 시제 오답이며, us라고 하여 대상 오답이다.
(d)는 partnership이라 하여 소재 오답이다.
■ deserve ~할 가치가 있다 partnership 동업자 관계

05.

W Have you been playing the violin for very long?
(a) It's not that hard to pick it up.
(b) Maybe once a week.
(c) Ever since I was a boy.
(d) I'm sure you can be a great player.

여 너 오랫동안 바이올린을 켜왔니?
(a) 그것을 배우는 것은 그렇게 어렵지 않아.
(b) 아마도 일주일에 한 번.
(c) 내가 소년일 때부터 계속해왔어.
(d) 나는 네가 좋은 연주자가 될 수 있을 거라고 확신해.

해설 여자가 남자에게 오랫동안 바이올린을 켜왔는지 물어보는 상황에서 남자는 어렸을 때부터 해왔다고 답변하는 것이 가장 적절하므로 **(c)가 정답**이다.

⚠ 오답 피하기
(a)는 it's not that hard라고 하여 playing the violin for very long과 맞지 않는 동사 오답이다.
(b)는 once a week라고 하여 기간이 아닌 빈도로 답변하므로 질문 오답이다.
(d)는 you라고 하여 여자가 남자에게 할 수 있을 법한 말이므로 대상 오답이다.

■ pick up 배우다, 익히다

06.

M You must be Grace. I'm Joseph.
(a) It was nice meeting you the other day.
(b) Of course. I've known him for a long time.
(c) You look familiar. Have we met before?
(d) No problem. You can just call me Anna.

남 당신이 Grace이겠군요. 저는 Joseph입니다.
(a) 지난번에 만났을 때 기뻤습니다.
(b) 당연하죠. 저는 그를 오랫동안 알았습니다.
(c) 당신은 낯이 익네요. 우리 전에 만났었나요?
(d) 괜찮아요. 저를 그냥 Anna라고 부르셔도 됩니다.

해설 남자가 자신을 소개하는 상황에서 여자는 낯이 익다며 본 적이 있는지를 물어보는 답변을 하는 것이 적절하므로 **(c)가 정답**이다.

⚠ 오답 피하기
(a)는 was라고 하여 시제 오답이다.
(b)는 him이라고 하여 제3자에 대해 말하므로 대상 오답이다.
(d)는 no problem이라고 하여 사과에 적절한 답변이므로 상황 오답이다.

■ must be ~임에 틀림없다 the other day 지난번에 familiar 낯익은, 익숙한

07.

W I missed my flight. Is there an available seat on the next one?
(a) Let me check for you.
(b) No, the next one is a direct flight.
(c) I can do that. Let me put you on hold.
(d) I'm sorry, but your flight has just departed.

여 제가 비행기를 놓쳤어요. 다음 비행기에 좌석이 있나요?
(a) 제가 확인해보겠습니다.
(b) 아니요. 다음 비행기는 직항입니다.
(c) 제가 해 드릴게요. 당신을 대기시켜 놓겠습니다.
(d) 죄송하지만, 고객님의 비행기는 방금 이륙했습니다.

해설 여자가 비행기를 놓쳐서 다음 비행기에 좌석이 있는지 묻는 상황에서 남자는 확인해보겠다고 답변하는 것이 가장 적절하므로 **(a)가 정답**이다.

⚠ 오답 피하기
(b)는 빈 좌석 여부를 묻는 질문에 no라고 적절하게 대답했지만 이어지는 설명에서 direct flight라고 하여 앞뒤 문맥 불일치 오답이다.
(c)는 앞에서 할 수 있다고 하고 뒤에서 대기시키겠다고 하여 앞뒤 문맥 불일치 오답이다.
(d)는 여자가 이미 비행기를 놓쳐서 온 상황이므로 상황이 맞지 않는 오답이다.

■ miss 놓치다 available seat 남아 있는 자리 direct flight 직항 항공편 put A on hold A를 대기시켜 놓다 depart 출발하다

08.

M Have your parents visited you since you moved out here?
(a) No, they just visited last month.
(b) It's tough for us to get used to living here.
(c) No, but we might get together next weekend.
(d) I feel fine living out here by myself.

남 네가 여기로 이사온 뒤로 너희 부모님께서는 너의 집에 오셨니?
(a) 아니, 그들은 바로 지난 달에 방문하셨어.
(b) 여기 사는 것에 익숙해지는 것은 우리에게 힘들어.
(c) 아니, 하지만 아마 다음 주쯤에 만날 거야.
(d) 나는 여기서 나 혼자 사는 것이 괜찮아.

해설 이사온 뒤로 부모님이 여자를 방문한 적이 있는지를 물어보는 상황에서 여자는 다음 주에 만날 것 같다고 답변하는 것이 가장 적절하므로 **(c)가 정답**이다.

⚠ 오답 피하기
(a)는 앞에서 no라고 하고 뒤에서 visited라고 하여 앞뒤 문맥 불일치 오답이다.
(b)는 get used to living here라고 하여 부모님의 방문 여부를 묻는 질문에 맞지 않는 오답이다.
(d)는 feel fine이라고 하여 질문에서 visited로 묻는 것과 맞지 않는 동사 오답이다.

■ tough 힘든 get used to ~에 익숙해지다 get together 모이다

09.

> W Did you accept the executive position at Delphi, Inc.?
> (a) Well, you shouldn't hold out for too long.
> **(b) I'm still mulling it over.**
> (c) Yes, I decided to turn it down.
> (d) Only if they give me the executive position.
>
> 여 너 Delphi 사의 경영 간부직 요청을 수락했니?
> (a) 음, 너 너무 오랫동안 버티면 안 돼.
> (b) 나는 아직 그것에 대해 고민 중이야.
> (c) 응. 거절하기로 결정했어.
> (d) 그들이 내게 간부직을 주기만 한다면 그럴 거야.

해설 여자가 남자에게 간부직을 받아들였는지 물어보는 상황에서 남자는 아직 고민 중이라고 답변하는 것이 가장 적절하므로 **(b)가 정답**이다.

⚠ 오답 피하기
(a)는 you라고 하여 여자가 남자에게 할 수 있을 법한 말이므로 대상 오답이다.
(c)는 앞에서 yes라고 하고 뒤에서 turn it down이라고 하여 앞뒤 문맥 불일치 오답이다.
(d)는 executive position을 이미 제안한 상황이므로 상황 오답이다.

■ accept 수락하다 executive position 간부직 hold out 버티다
  mull over 고민하다 turn down 거절하다

10.

> M The incumbent mayor certainly has a way with words.
> **(a) True, but nothing he says becomes a reality.**
> (b) I know. He does know his way around the city.
> (c) Yeah, but he's all action and no talk.
> (d) He did seem to be under stress.
>
> 남 현직 시장은 말솜씨가 좋은 것 같아.
> (a) 사실이야. 하지만 그가 말하는 것은 아무 것도 현실이 되질 않아.
> (b) 맞아. 그는 확실히 도시의 지리를 잘 알아.
> (c) 응. 하지만 그는 행동만 하고 말하질 않아.
> (d) 그는 확실히 스트레스를 받는 것 같았어.

해설 남자가 현 시장이 말을 잘한다고 하는 상황에서 여자는 그는 말만 하고 실천은 하지 않는다는 의미의 답변을 하는 것이 적절하므로 **(a)가 정답**이다.

⚠ 오답 피하기
(b)는 know his way around the city라 하여 has a way with words와 맞지 않는 동사 오답이다.
(c)는 앞에서 yeah라고 적절하게 응답하지만 뒤에서 no talk라 하여 앞뒤 문맥 불일치 오답이다.
(d)는 be under stress라 하여 has a way with words와 맞지 않는 동사 오답이다.

■ incumbent 현직의 mayor 시장 have a way with words 말솜씨가 좋다

11.

> M Here's my driver's license application form.
> W I can't accept this without a photo.
> M Oh, I'm sorry. Is there a place I can have one taken around here?
> (a) You need two for each application.
> (b) You should attach it here.
> (c) Why don't you bring it back tomorrow?
> **(d) Yes. There's a photographer downstairs.**
>
> 남 여기 제 운전면허증 신청 양식입니다.
> 여 사진 없이는 이것을 받을 수 없어요.
> 남 아, 죄송합니다. 이 주변에서 사진 찍을 수 있는 곳이 있나요?
> (a) 각 신청서마다 두 개가 필요해요.
> (b) 여기에 붙이셔야 해요.
> (c) 내일 다시 가져오시는 게 어떤가요?
> (d) 네. 아래층에 사진 기사가 있어요.

해설 남자가 사진을 바로 찍을 곳이 있는지 물어보는 상황에서 여자는 아래층에 있다고 답변하는 것이 가장 적절하므로 **(d)가 정답**이다.

⚠ 오답 피하기
(a)는 need two라고 하여 place와 일치하지 않는 소재 오답이다.
(b)는 attach라고 하여 taken과 일치하지 않는 동사 오답이다.
(c)는 bring it back이라고 하여 장소를 묻는 질문에 적절한 답변이 아니므로 오답이다.

■ driver's license 운전면허증 application form 신청 양식
  attach 붙이다 downstairs 아래층

12.

> W Hi! I'm glad you made it to the party.
> M Thanks for inviting me.
> W So, did you just arrive?
> (a) Don't worry. I'll make it on time.
> **(b) Yeah, a couple of minutes ago.**
> (c) Okay. I'll wait a few more minutes.
> (d) No, but I'm on my way.
>
> 여 안녕! 네가 파티에 올 수 있게 되어 정말 기뻐.
> 남 초대해줘서 고마워.
> 여 방금 막 도착한 거야?
> (a) 걱정 마. 제시간에 갈게.
> (b) 응. 몇 분 전에.
> (c) 그래. 조금 더 기다릴게.
> (d) 아니. 하지만 지금 가고 있어.

해설 파티에 참석한 남자에게 방금 도착했는지 물어보는 상황에서 남자는 몇 분 전에 왔다고 답변하는 것이 가장 적절하므로 **(b)가**

정답이다.

⚠️ **오답 피하기**

(a)는 I'll make it이라고 하여 시제 오답이다.
(c)는 did you로 묻는 질문에 yes/no가 아닌 수락을 의미하는 okay로 답하여 질문 오답이다.
(d)는 on my way라 하여 이미 도착한 상황에 맞지 않는 동사 오답이다.

■ **on time** 제시간에   **on one's way** ~로 가는 중인

13.

> M Let's watch that movie *Summer Dreams* tonight.
> W I already saw it on opening night.
> M Oh, really? I guess we should watch something else, then.
> (a) Just make up your mind.
> **(b) I'll find out what else is showing in theaters.**
> (c) No, thanks. I didn't like it very much.
> (d) But I've seen it already. Let's watch something else.

남 오늘 <Summer Dreams>라는 그 영화 보자.
여 나 개봉하는 날 이미 봤어.
남 아, 정말? 그럼 다른 것을 봐야겠네.
(a) 그냥 결정을 해.
(b) 극장에서 상영하는 다른 영화가 뭐가 있는지 찾아볼게.
(c) 아니, 괜찮아. 나는 그것을 별로 좋아하지 않았어.
(d) 하지만 나는 이미 그것을 봤어. 다른 거 보자.

📝 남자가 제안하는 영화를 여자가 이미 보았다고 하자, 남자가 다른 영화를 봐야 할 것 같다고 말하는 상황에서 여자는 어떤 다른 영화가 있는지 확인하겠다고 답변하는 것이 적절하므로 **(b)가 정답이다.**

⚠️ **오답 피하기**

(a)는 make up your mind라고 하여 남자가 무언가를 고민하고 있을 때 할 수 있는 말이므로 상황 오답이다.
(c)는 I didn't like it이라고 하여 something else와 일치하지 않기 때문에 소재 오답이다.
(d)는 seen it already라 하여 it이 가리키는 것이 앞의 남자의 말에 나오지 않으므로 오답이다.

■ **make up one's mind** 결정하다

14.

> W I'm traveling to Canada this summer.
> M Really? I went there last year.
> W How was it?
> (a) I went there to meet my friends.
> **(b) I had a really good time there.**
> (c) Just relax and have fun.
> (d) I'm thinking of going there next year.

여 난 이번 여름에 캐나다로 여행 가.
남 정말? 난 작년에 갔었어.

여 어땠어?
(a) 친구들을 만나기 위해 갔었어.
(b) 거기서 정말 좋은 시간을 보냈어.
(c) 편히 쉬고 좋은 시간 보내.
(d) 나는 내년에 가려고 생각 중이야.

📝 작년에 캐나다로 여행을 갔었다는 남자에게 여자가 어땠는지 묻는 상황에서 남자는 정말 좋았다고 답변하는 것이 적절하므로 **(b)가 정답이다.**

⚠️ **오답 피하기**

(a)는 to meet my friends라고 하여 how로 묻는 질문에 맞지 않는 답변이므로 질문 오답이다.
(c)는 just relax and have fun이라 하여 미래 시점으로 말하고 있으므로 시제 오답이다.
(d)는 next year라 하여 시제 오답이다.

■ **relax** 편히 쉬다

15.

> M Guess what? I'm getting married!
> W What a surprise! Congratulations!
> M The wedding will be Saturday, July 17th. Can you come?
> (a) Of course! We should go together.
> (b) I already stopped by yesterday afternoon.
> (c) No, I haven't received the invitation yet.
> **(d) I wouldn't miss it for the world.**

남 그거 알아? 나 결혼해!
여 웬일이야! 축하해!
남 결혼식은 7월 17일 토요일이야. 너 올 수 있어?
(a) 당연하지! 우리 같이 가자.
(b) 나는 이미 어제 오후에 들렀어.
(c) 아니. 나는 아직 초대장을 받지 못했어.
(d) 나는 절대로 놓치지 않을 거야.

📝 남자가 자신의 결혼식에 올 수 있는지 물어보는 상황에서 여자는 꼭 참석할 거라고 답변하는 것이 가장 적절하므로 **(d)가 정답이다.**

⚠️ **오답 피하기**

(a)는 앞에서 of course라고 적절하게 응답하지만 뒤에서 we라 하여 주어가 적절하지 않은 오답이다.
(b)는 yesterday라 하여 시제 오답이다.
(c)는 앞에서 no라고 적절하게 응답하지만 뒤에서 invitation이라 하여 남자가 결혼 소식을 알리는 상황에서 적절하지 않은 오답이다.

■ **stop by** 들르다   **invitation** 초대장   **not ~ for the world** 결코[절대로] ~하지 않을 것이다

16.

> W My company is looking for an accountant.
> M Again? Haven't they gone through three this year alone?
> W Yeah. So, are you interested?

(a) No, just put in a good word for me.
(b) Only if they are willing to hire an accountant.
(c) **Maybe not, considering the high turnover rate.**
(d) I don't think they need more than three accountants at once.

여 우리 회사는 회계사를 모집하고 있어.
남 또? 올해에만 세 명이 거쳐가지 않았니?
여 응. 그래서 너 관심 있어?
(a) 아니, 그냥 나에 대해 좋은 말을 해줘.
(b) 그들이 회계사를 모집하고 싶어 하기만 한다면.
(c) 아니, 높은 이직률을 고려한다면 말이야.
(d) 나는 그들이 한 번에 세 명 이상의 회계사를 필요로 할 것이라 생각하지 않아.

해설 여자가 남자에게 자신의 회사에서 회계사를 모집하고 있는데 지원해 볼 생각이 있는지 묻는 상황에서 남자는 이직률이 높아 관심이 없다고 거절하는 답변을 하는 것이 적절하므로 **(c)가 정답**이다.

⚠ 오답 피하기
(a)는 앞에서 no라고 하고 뒤에서 put in a good word라 하여 앞뒤 문맥 불일치 오답이다.
(b)는 only if라고 하여 회계사를 고용하는지 모르는 것처럼 말하기 때문에 상황 오답이다.
(d)는 more than three accountants라 하여 앞에서 설명한 내용과 맞지 않는 일관성 오답이다.

■ accountant 회계사 go through 거치다 put in 말하다, 제출하다 a good word 좋은 말 willing 기꺼이 하는 turnover rate 이직률 at once 한 번에

17.

M Are you thinking of going back to school for another degree?
W Yes, that's what I've been saving up for.
M But do you think it's worth the time and money?
(a) No, I don't think there's a better time.
(b) I'm just glad I stuck with my major.
(c) **I'm willing to try anything at this point.**
(d) Sure, time and money are not on my side.

남 너 다른 학위를 받기 위해 학교로 돌아갈 생각이니?
여 응. 그게 내가 저축을 계속 해왔던 이유야.
남 하지만 그것이 시간과 돈의 가치가 있다고 생각하니?
(a) 아니. 나는 더 좋은 때는 없다고 생각해.
(b) 나는 내가 내 전공을 고수했었다는 게 기뻐.
(c) 나는 지금 시점에서 그 어떤 것이라도 시도할 생각이야.
(d) 당연하지. 시간과 돈은 내 편이 아니야.

해설 남자가 여자에게 다른 학위를 받기 위해 학교로 다시 가는 게 가치가 있는지 물어보는 상황에서 여자는 시도해 볼 생각이라고 답변하는 것이 적절하므로 **(c)가 정답**이다.

⚠ 오답 피하기
(a)는 앞에서 no라고 하고 뒤에서 better time이라 하여 앞뒤 문맥 불일치 오답이다.
(b)는 stuck with라 하여 과거 시점으로 답한 시제 오답이다.
(d)는 앞에서 sure라 하고 뒤에서 not이라 하여 앞뒤 문맥 불일치 오답이다.

■ degree 학위 save up 저축하다 worth 가치가 있는 stick with ~을 고수하다

18.

W I really like our new manager.
M Why? It's only been two weeks, and he hasn't done much yet.
W That's true, but at least he tries to sympathize with us.
(a) **Still, I would give him more time before forming an opinion.**
(b) You should give him the benefit of the doubt.
(c) He really shouldn't treat us that way.
(d) Only a few of us are interested in becoming a manager.

여 나는 우리의 새로운 매니저가 정말 좋아.
남 왜? 2주 밖에 안 됐잖아. 그리고 그는 아직 별로 해낸 성과도 없잖아.
여 맞아, 하지만 최소한 그는 우리와 공감하려고 노력해.
(a) 그래도 나는 그를 평가하기 전에 조금 더 두고 봐야겠어.
(b) 너는 그의 말을 믿어 주어야 해.
(c) 그는 정말로 우리를 그렇게 대한면 안 돼.
(d) 우리 중 몇 명만 매니저가 되는 것에 관심이 있어.

해설 여자가 새 매니저가 공감을 하려고 노력하기 때문에 좋다고 하는 상황에서 남자는 더 지켜보겠다고 답변하는 것이 적절하므로 **(a)가 정답**이다.

⚠ 오답 피하기
(b)는 give him the benefit of the doubt라 하여 여자가 매니저를 믿지 않는 것처럼 말하여 일관성 오답이다.
(c)는 앞서 여자가 매니저가 공감하려고 한다는 긍정적인 측면에 대해 말했으므로 일관성 오답이다.
(d)는 us, becoming a manager라 하여 새 매니저가 온 것과 맞지 않는 상황 오답이다.

■ sympathize 공감하다 form an opinion 의견을 형성하다 give somebody the benefit of the doubt ~의 말을 믿어 주다 treat 대하다, 다루다

19.

M Did the Broncos trade Jeff Parco for another player?
W I think so. It looked like he was having a tough season.
M But I thought he was their top player.

(a) Yes, the Broncos kept him on despite his performance.
(b) Yeah, he had little experience under his belt.
(c) **Up until he was caught in a drug scandal.**
(d) But you have to admit – he is their top player.

남 Broncos가 Jeff Parco를 다른 선수와 교체했어?
여 그런 것 같아. 그가 힘든 시즌을 보내고 있는 것 같아서.
남 하지만 나는 그가 그 팀의 가장 잘 하는 선수라고 생각했어.
(a) 응. Broncos는 그의 실적에도 불구하고 그를 데리고 있었어.
(b) 맞아. 그는 아직 경험이 충분치 않아.
(c) 그의 약물 복용 사건이 터지기 전까진 그랬지.
(d) 하지만 넌 인정해야 하는 것이, 그는 그 팀의 가장 잘 하는 선수야.

해설 Jeff Parco가 가장 잘 하는 선수라고 생각했다는 남자의 말에 여자는 약물 복용 사건이 터지기 전까지는 그랬다고 답변하는 것이 적절하므로 **(c)**가 정답이다.

⚠ 오답 피하기
(a)는 kept라 하여 앞에서 다른 선수와 교체했다고 한 것과 맞지 않는 일관성 오답이다.
(b)는 앞에서 yeah라 하고 뒤에서 little experience라 하여 앞뒤 문맥 불일치 오답이다.
(d)는 앞에서 but이라 하고 뒤에서 top player라 하여 앞뒤 문맥 불일치 오답이다.

■ tough 힘든 despite ~에도 불구하고 performance 실적 under one's belt 이미 경험이 있는 admit 인정하다

20.

W Would you be kind enough to take part in a survey?
M Sure. What's it about?
W The study habits of college students based on their majors.
(a) Well, I wouldn't mind conducting the survey for you.
(b) **That's an interesting topic. I would love to take part.**
(c) Please fill out the form as honestly and accurately as possible.
(d) Most students have fixed habits when it comes to studying.

여 설문조사에 참여하실 의향이 있으신가요?
남 그럼요. 무엇에 대한 것인가요?
여 전공에 기반한 대학교 학생들의 공부 습관에 관한 것이에요.
(a) 음, 당신을 위해서 설문조사를 진행하는 것은 개의치 않아요.
(b) 흥미로운 주제네요. 참여하고 싶어요.
(c) 가능한 한 솔직하고 정확하게 설문조사를 작성해주세요.
(d) 대부분의 학생들은 공부하는 것에 있어서 굳어진 습관을 가지고 있어요.

해설 여자가 설문조사에 대해 설명하며 참여를 권장하는 상황에서 남자는 참여하고자 하는 의사를 전달하는 것이 가장 적절하므로 **(b)**가 정답이다.

⚠ 오답 피하기
(a)는 I, conducting이라 하여 설문조사를 진행하는 것은 여자이므로 대상과 동사 오답이다.
(c)는 please fill out the form이라 하여 여자가 할 수 있을 법한 말이므로 대상 오답이다.
(d)는 설문조사에 참여할 여부에 대해 말하지 않고 있으므로 상황 오답이다.

■ take part in ~에 참여하다 fixed 확립된, 불변의 habit 습관 major 전공 conduct 진행하다 fill out 작성하다 form 양식

21.

W Do you have a particular reason for leaving your current job?
M I'm discouraged by the decreasing fringe benefits.
W The entire manufacturing industry's been hit hard by the recent economic downturn.
M Yes, I know. That's why I'm here.
W So, what is it about our company that you like?
M Well, I'm drawn to this organization because of its innovation and creativity.

Q. What is the man mainly explaining to the woman?
(a) How important fringe benefits are in choosing a job
(b) **Why he has applied for a position at the company**
(c) How he intends to be a committed employee
(d) Why he wants to leave the company

여 당신의 현재 직장을 떠나는 특정한 이유가 있습니까?
남 저는 줄어드는 복리후생비에 의해 낙담하였습니다.
여 모든 제조 산업이 최근의 경제 침체에 의해 타격을 받았습니다.
남 네, 압니다. 그것이 제가 여기에 있는 이유입니다.
여 그래서 당신이 이 회사에 대해 좋아하는 점은 무엇입니까?
남 음, 저는 이 회사의 혁신과 창의성에 끌렸습니다.

Q. 남자가 여자에게 주로 설명하는 것은?
(a) 직업을 고르는 데 있어서 복리후생비가 얼마나 중요한지
(b) 그가 회사의 자리에 지원한 이유
(c) 그가 어떻게 헌신적인 직원이 되려고 하는지
(d) 그가 회사를 떠나고 싶어 하는 이유

해설 남자의 목적은 전 회사를 떠나 새로운 회사에 입사하려는 이유를 설명하는 것이므로 **(b)**가 정답이다.

⚠ 오답 피하기
(a)는 fringe benefits라 하여 오답이다. 복리후생비에 관한 것은 세부 내용이다.
(c)는 committed employee라 하여 오답이다. 언급되지 않은 내용이다.
(d)는 why he wants to leave라 하여 오답이다. 현재 직장을 떠나려고 하는 이유는 세부 내용이다.

■ discourage 실망시키다 fringe benefit 복리후생비 be hit hard

타격 받다   economic downturn 경기 침체   be drawn to ~에 끌리다

22.

M Do you work out?
W Not often. I don't really have time for it.
M Still, it's important. I wouldn't neglect it if I were you.
W Yeah, I know. I'm just so tired after work.
M I'm sure you can find a couple of hours here and there.
W I guess you're right. My health is important.

Q. What is the conversation mainly about?
(a) The benefits of a healthy diet
(b) The importance of physical activity
(c) The arrangement of a sports event
(d) The interest in personal training

남 너 운동하니?
여 자주는 안 해. 나는 운동할 시간이 정말 없어.
남 그래도, 그것은 중요해. 내가 너라면 소홀히 하지 않을 거야.
여 응, 나도 알아. 나는 퇴근하면 그저 너무 피곤해.
남 나는 네가 어디서든지 한 두 시간 정도 할 수 있을 것이라 확신해.
여 네가 맞는 것 같아. 내 건강은 중요하지.

Q. 대화는 주로 무엇에 관한 것인가?
(a) 건강한 식단의 이점
(b) 신체 활동의 중요성
(c) 스포츠 행사의 준비
(d) 개인적으로 운동 지도를 받는 것에 대한 관심

해설 대화의 목적은 운동을 하는 것의 중요성을 전달하는 것이므로 **(b)가 정답**이다.

⚠ 오답 피하기
(a)는 healthy diet라 하여 오답이다. 음식이 아니라 운동에 대한 내용이다.
(c)는 arrangement, sports event라 하여 오답이다. 행사에 대한 내용이 아니라 운동을 하는 것에 대한 내용이다.
(d)는 personal training이라 하여 오답이다. 퍼스널 트레이닝에 대해서는 언급되지 않았다.

■ work out 운동하다   neglect 등한시 하다, 소홀히 하다   personal training 개인적으로 운동 지도를 받는 것

23.

W I love the new coffee shop that just opened.
M What do you like about it?
W It's got comfortable chairs, and the baristas are really friendly.
M Yeah, but their coffee is unnecessarily expensive compared to other shops'.
W Well, I don't mind paying more for better service.
M I would rather pay less for a coffee at a shop with mediocre service.

Q. What is the woman mainly doing?
(a) Making a comparison between coffee shops
(b) Complimenting the baristas for speedy service
(c) Providing the reasons for her preference for a coffee shop
(d) Describing the various services offered at a coffee shop

여 나는 새로 생긴 그 커피숍이 정말 좋아.
남 그 커피숍의 무엇이 좋아?
여 편안한 의자가 있고, 바리스타들이 정말 친근해.
남 응, 하지만 그들의 커피는 다른 커피숍의 커피에 비해 불필요하게 비싸.
여 음, 나는 더 좋은 서비스를 위해서는 더 많이 지불해도 괜찮아.
남 나는 차라리 평범한 서비스를 받더라도 커피숍에서 커피값을 조금 덜 내겠어.

Q. 여자가 주로 하는 것은?
(a) 커피숍들을 비교하는 것
(b) 바리스타들의 빠른 서비스를 칭찬하는 것
(c) 그녀가 한 커피숍을 선호하는 이유를 말하는 것
(d) 커피숍에서 제공되는 다양한 서비스를 설명하는 것

해설 여자의 목적은 새로운 커피숍이 마음에 드는 이유를 설명하는 것이므로 **(c)가 정답**이다.

⚠ 오답 피하기
(a)는 comparison이라 하여 오답이다. 커피 가격을 비교하고 있는 사람은 남자이다.
(b)는 speedy service라 하여 오답이다. 서비스 속도에 대해서는 언급하지 않았다.
(d)는 various services라 하여 오답이다. 다양한 서비스 종류에 대해서 언급하지 않았다.

■ unnecessarily 불필요하게   mediocre 평범한   compliment 칭찬하다   preference 선호

24.

M Have you made hotel reservations for our trip?
W No, not yet. I was thinking of doing that after we arrive.
M Wouldn't it be cheaper to do it in advance?
W You're right, but only if we reserve a room by tonight. So, we should hurry.
M Besides, what if there are no vacancies by the time we get there?
W Yeah, it's better to be safe than sorry.

Q. What is the main topic of the conversation?
(a) The reasons why there are no vacancies at a hotel
(b) What to do after arriving at a destination

(c) The reasons to reserve a hotel room ahead of time
(d) How to reserve a hotel at discounted prices

남 너는 우리의 여행을 위해서 호텔 예약을 했니?
여 아니, 아직 안 했어. 나는 우리가 도착한 후에 하려고 생각하고 있었어.
남 미리 하면 더 싸지 않을까?
여 네가 맞아. 하지만 오늘까지 예약을 하는 경우에만이야. 그래서 우리는 서둘러야 해.
남 게다가 우리가 도착했을 때 빈 방이 없으면 어쩌지?
여 응. 후회하는 것보다 미리 대비하는 것이 낫지.

Q. 대화의 주제는 무엇인가?
(a) 호텔에 빈 방이 없는 이유
(b) 목적지 도착 후 무엇을 할지
(c) 미리 호텔 방을 예약해야 하는 이유
(d) 할인된 가격에 호텔을 예약하는 방법

해설 대화의 목적은 호텔 예약을 미리 해야 하는 이유를 말하는 것이므로 (c)가 정답이다.

⚠ 오답 피하기
(a)는 why there are no vacancies라 하여 오답이다. 언급되지 않은 내용이다.
(b)는 what to do, destination이라 하여 오답이다. 언급되지 않은 내용이다.
(d)는 how라 하여 오답이다. 할인받을 수 있는 방법을 말하지 않는다.

■ in advance 미리   better to be safe than sorry 나중에 후회하는 것보다 미리 대비하는 것이 낫다   destination 목적지   ahead of time 미리

25.

W Honey, I don't think it was a good idea to buy this car.
M Why? I like it. It runs better than our previous one.
W Yeah, [단점] but it guzzles so much gasoline.
M Well, it was the most affordable one at the dealership.
W We should've taken our time and checked out other dealerships.
M It's too late for that now.

Q. Which is correct according to the conversation?
(a) The couple's car gets bad gas mileage.
(b) The man is unsatisfied with the new car.
(c) The couple visited other dealerships for price comparisons.
(d) The man plans to trade in the vehicle for another one.

여 여보, 나는 이 차를 사는 것이 좋은 생각이었던 것 같지 않아요.
남 왜요? 나는 좋아요. 우리의 이전 차보다 더 잘 달려요.
여 맞아요, 하지만 휘발유를 너무 많이 먹어요.
남 음. 대리점에서 가장 저렴한 것이었어요.
여 우리는 시간을 가지고 다른 대리점을 둘러봤어야 했어요.
남 지금은 너무 늦었네요.

Q. 대화에 따르면 옳은 것은?
(a) 부부의 차는 연비가 좋지 않다.
(b) 남자는 새 차에 만족하지 못한다.
(c) 부부는 가격 비교를 위해 다른 대리점을 방문했다.
(d) 남자는 자동차를 다른 것으로 교환할 계획이다.

해설 여자는 새 차가 휘발유를 너무 많이 먹는다고 했으므로 (a)가 정답이다.

⚠ 오답 피하기
(b)는 unsatisfied라 하여 오답이다. 남자는 새로 구입한 차가 좋다고 했다.
(c)는 visited other라 하여 오답이다. 다른 지점을 둘러보지 않았다는 것을 알 수 있다.
(d)는 trade in이라 하여 오답이다. 다른 차로 교환할지 알 수 없다.

■ guzzle 많이 잡아먹다   affordable 저렴한   dealership 판매점   gas mileage 연비   unsatisfied 불만족한   price comparison 가격 비교   trade in A for B A를 B로 교환하다   vehicle 자동차

26.

M Are you still up for climbing this Saturday?
W You bet. I have to buy a new pair of climbing shoes though.
M You should go to Carl's Equipment. They're having a sale. So, what time should we meet?
W How about at 6 a.m. at our usual place next to Knight's Pond?
M Actually, [제안] I was thinking of meeting up at Burrow's Creek if that's okay with you.
W [수락] No problem. [이유] It's actually more convenient for me, considering where I'm coming from.

Q. Which is correct about the man and woman?
(a) They will meet at Carl's Equipment to go climbing.
(b) They are both familiar with the new meeting location.
(c) They are both coming from the same direction.
(d) They typically meet at Burrow's Creek to go climbing.

남 너 여전히 이번 토요일에 등산 가는 것에 관심 있니?
여 당연하지. 그런데 나는 새로운 등산화를 사야 해.
남 Carl's Equipment에 가도록 해. 그들은 할인을 하고 있어. 그럼, 우리 몇 시에 만날까?
여 Knight's Pond 옆에 있는 우리가 자주 가는 장소에서 오전 6시에 어때?
남 사실, 나는 네가 괜찮다면 Burrow's Creek에서 만나는 것을 생각했어.

여 문제 없어. 내가 오는 곳의 방향을 고려했을 때 나에게는 사실 그게 더 편해.

Q. 남자와 여자에 관하여 옳은 것은 무엇인가?
(a) 그들은 등산에 가기 위해 Carl's Equipment에서 만날 것이다.
(b) 그들 둘 다 새로운 만날 장소에 익숙하다.
(c) 그들은 둘 다 같은 방향에서 온다.
(d) 그들은 등산가기 위해 Burrow's Creek에서 보통 만난다.

해설 남자가 Burrow's Creek에서 만나자고 했고 여자도 괜찮다고 했으므로 둘 다 알고 있는 장소라는 것을 알 수 있다. 따라서 (b)가 정답이다.

⚠ 오답 피하기
(a)는 meet at Carl's Equipment라 하여 오답이다. Burrow's Creek에서 만나기로 했다.
(c)는 same direction이라 하여 오답이다. 정황상 각자 다른 방향에서 올 것이라는 점을 파악할 수 있다.
(d)는 Burrow's Creek이라 하여 오답이다. 일반적으로는 Knight's Pond 옆에 있는 장소에서 만난다고 말한다.

■ be up for (어떤 활동을) 기꺼이 하려고 하다 usual place 자주 가는 장소 meet up (약속 후에) 만나다 typically 일상적으로

27.

W I just filed my tax return the other day. What about you?
M Not yet, but I'm going to finish it before the end of this week.
W What's taking you so long? Tax returns must be filed no later than next Wednesday.
M I know, [이유, 문제점] but I don't know where to begin.
W You know, you can always take advantage of online resources.
M That's right! I'll get started right away then.

Q. Which is correct according to the conversation?
(a) The woman has yet to complete her tax return.
(b) The man plans to file his tax return after next Wednesday.
(c) The woman will show the man how to use online resources.
(d) The man has little knowledge about filing tax returns.

여 나는 며칠 전에 납세 신고를 막 마쳤어. 너는?
남 아직. 하지만 나는 이번 주가 끝나기 전에 끝낼 예정이야.
여 왜 그렇게 시간이 많이 걸려? 납세 신고는 늦어도 다음 주 수요일까지 해야 돼.
남 알아. 하지만 어디서부터 시작해야 할지 모르겠어.
여 너도 알잖아. 넌 언제나 인터넷 자료를 활용할 수 있어.
남 맞아! 그럼 지금 바로 시작해야겠다.

Q. 대화에 따르면 옳은 것은?
(a) 여자는 납세 신고를 끝내지 못했다.
(b) 남자는 다음 주 수요일 이후에 납세 신고를 할 계획이다.
(c) 여자는 인터넷 자료를 어떻게 쓸 지 남자에게 보여줄 것이다.
(d) 남자는 납세 신고 방법을 잘 모른다.

해설 아직 납세 신고를 마치지 못한 남자가 어디서부터 시작해야 할지 모르겠다고 하고 있으므로 (d)가 정답이다.

⚠ 오답 피하기
(a)는 woman이라 하여 오답이다. 여자는 끝냈다고 했다.
(b)는 after next Wednesday라 하여 오답이다. 여자가 늦어도 수요일까지 신고해야 한다고 했고 남자는 마감일을 알고 있다고 답했으므로 내용이 맞지 않는 오답이다.
(c)는 show라 하여 오답이다. 보여준다고 하지 않았다.

■ file 제출하다 tax return 납세 신고 take advantage of ~을 활용하다 right away 즉시 have yet to do 아직 ~하지 않고 있다

28.

M I had dinner at Parle Garden last night with my clients.
W Really? That must have been nice.
M Not in the least. The food wasn't as good as when we went before.
W Did they hire a new chef or something?
M It didn't seem like it. What's worse is that everything was more expensive.
W [의견] Well, I doubt they'll be attracting any foodies then.

Q. Which is correct about Parle Garden according to the conversation?
(a) The man was discontent with their new menu.
(b) The restaurant recently underwent a complete renovation.
(c) The woman thinks gourmets will avoid the restaurant.
(d) The prices of some menu items remained the same.

남 나는 나의 고객들과 어제 Parle Garden에서 저녁을 먹었어.
여 정말? 그거 좋았겠다.
남 전혀 그렇지 않았어. 음식이 우리가 전에 갔을 때에 비해 좋지 않았어.
여 새로운 요리사를 고용했거나 뭐 그러니?
남 그렇게 보이진 않았어. 더 안 좋았던 것은 모든 것이 더 비쌌다는 거야.
여 음, 그럼 그들이 미식가들을 더 이상 끌지 못하겠다.

Q. 대화에 따르면 Parle Garden에 관하여 옳은 것은?
(a) 남자는 그들의 새로운 메뉴에 만족하지 못했다.
(b) 그 식당은 최근에 완전히 개조를 했다.
(c) 여자는 미식가들이 식당에 오지 않을 것이라고 생각한다.
(d) 몇몇의 메뉴의 가격이 똑같이 유지되었다.

해설 남자가 식당의 음식이 맛이 없어졌고 가격도 비싸졌다고 하자 여자가 미식가들이 더 이상 그곳에 가지 않을 것이라고 했으므로 **(c)가 정답**이다.

⚠️ 오답 피하기
(a)는 discontent, new menu라 하여 오답이다. 새 메뉴가 있는지 언급되지 않았다.
(b)는 complete renovation이라 하여 오답이다. 개조를 했는지 언급되지 않았다.
(d)는 prices, remained the same이라 하여 오답이다. 모든 것이 더 비싸졌다고 한다.

■ not in the least 전혀 그렇지 않다 foodie 미식가 discontent 만족스럽지 않은 undergo 진행하다 gourmet 미식가

29.

W John, are you close with your cousins?
M Yeah. I keep in touch with most of them. Why?
W [문제점] I'm not close with my cousins, especially those on my mother's side.
M Really? But you're close with your cousins on your father's side, right?
W Yeah, but there are only two of them. [이유] I sometimes wish my mother got along with her sisters.
M I know. It takes effort to keep a good rapport with relatives.

Q. What can be inferred about the woman?
(a) She is not on good terms with her sisters.
(b) She has more cousins on her father's side than on her mother's side.
(c) She blames her mother for her distance from the cousins on her mother's side.
(d) She does not like her cousins on her mother's side.

여 John, 너는 너희 사촌들과 친하니?
남 응. 대부분의 친척들과 계속 연락해. 왜?
여 나는 나의 사촌들과 친하지 않아. 특히 우리 외가 쪽의 사람들과는.
남 정말? 하지만 너는 너의 친가 쪽 사촌들과 친하지. 그렇지?
여 응. 하지만 그쪽은 두 명뿐이야. 나는 가끔 우리 어머니께서 이모들과 잘 지내시면 좋겠다고 생각해.
남 알아. 친척들과 좋은 관계를 유지하는 것은 노력이 필요하지.

Q. 여자에 관하여 유추할 수 있는 것은?
(a) 그녀의 자매들과 좋은 관계에 있지 않다.
(b) 그녀의 외가 쪽 사촌들보다 아버지 쪽 사촌들이 더 많다.
(c) 그녀의 외가 쪽 사촌들과 거리가 있는 것에 대해 어머니를 탓한다.
(d) 그녀의 외가 쪽 사촌들을 좋아하지 않는다.

해설 여자가 외가 쪽 사촌들과 친하지 않다고 했고, 어머니가 이모들과 잘 지내면 좋겠다고 했으므로 **(c)가 정답**이다.

⚠️ 오답 피하기
(a)는 sisters라 하여 오답이다. 자매들이 아니라 사촌과 사이가 안 좋은

것이다.
(b)는 more cousins on her father's side라 하여 오답이다. 어느 쪽에 사촌이 더 많은지는 알 수 없다.
(d)는 does not like라 하여 오답이다. 싫어한다고 하지 않는다.

■ close with ~와 친한 cousin 사촌 get along with ~와 잘 지내는 take effort 노력이 필요하다 rapport 관계 relative 친인척 be on good terms with ~와 좋은 관계에 있다 blame 탓하다 distance 거리

30.

M I think I should participate in the rally downtown tonight.
W Do you think it'd make a difference?
M Probably not, but I feel that I should voice my opinion one way or another.
W I understand. But with the recent rise in violent clashes between protesters and the police, I'm a little bit worried.
M Don't worry. [방법] I'll be with the group holding the candlelight demonstration in the back.
W If that's all, I guess you can go. Just be careful.

Q. What can be inferred from the conversation?
(a) The man is concerned about a recent rise in police brutality.
(b) The woman will accompany the man in the rally downtown.
(c) The man prefers to be involved in non-violent protests.
(d) The man had been involved in violent protests before.

남 나는 오늘 밤 시내에서 열리는 집회에 참여해야 할 것 같아.
여 너는 그것이 변화를 만들 거라고 생각하니?
남 아마도 아니겠지, 하지만 나는 어떻게 해서든 나의 의견을 내야 할 것 같아.
여 이해해. 하지만 시위대와 경찰 사이의 폭력적인 충돌이 최근 증가하고 있어서 나는 약간 걱정돼.
남 걱정 마. 나는 뒤에 촛불 시위대 그룹에 있을 거야.
여 그렇다면, 가도 될 것 같아. 조심해.

Q. 대화로부터 유추할 수 있는 것은?
(a) 남자는 경찰의 만행이 최근 증가하여 걱정한다.
(b) 여자는 시내의 집회에 남자와 동행할 것이다.
(c) 남자는 반폭력 시위에 참여하는 것을 선호한다.
(d) 남자는 이전에 폭력적인 시위에 참여한 적이 있다.

해설 남자가 촛불 시위대와 함께 있을 것이라고 했으므로 폭력적인 집회를 선호하지 않는 것을 유추할 수 있다. 따라서 **(c)가 정답**이다.

⚠️ 오답 피하기
(a)는 concerned, police brutality라 하여 오답이다. 경찰의 행동에

대해 걱정하는 것은 여자이다.
(b)는 accompany라 하여 오답이다. 여자는 남자가 가는 것에 대해 우려하고 있으므로 아마도 가지 않을 것이다.
(d)는 involved in violent protests before라 하여 오답이다. 남자가 전에도 시위에 참여한 적이 있는지는 알 수 없다.

■ rally 집회 voice one's opinion 의견을 내다 violent clash 폭력적인 충돌 protester 시위자 candlelight demonstration 촛불 시위 be concerned about ~을 걱정하다 police brutality 경찰의 만행 accompany 동행하다 be involved in ~에 참여하다 non-violent protest 반폭력적 시위

31.

Telecommuting can be an excellent method for employees to meet their needs, but in order for it to work, a company not only has to organize the work properly, it also needs to hire the correct people. The company will need people who can work with minimal supervision and who are willing to take all steps necessary to secure sensitive data. Excellent reading and writing skills are also necessary since the main form of communication with a worker who is working at home would be through emails.

Q. What is the main topic of the talk?
(a) The high productivity of employees working from home
(b) The requirements for managing a telecommuting company
(c) The necessary attributes of employees who telecommute
(d) The employee productivity under intense supervision

재택근무를 하는 것은 직원들이 그들의 필요 요건을 충족시키기 위한 좋은 방법일 수 있지만, 그것이 효과적이기 위해서는 회사는 업무를 제대로 조율해야 할 뿐 아니라, 적합한 사람을 고용해야 합니다. 회사는 최소한의 관리감독으로 일할 수 있는 사람들과 중요 자료들을 안전하게 하기 위해 모든 절차를 흔쾌히 밟을 수 있는 사람들이 필요할 것입니다. 직원과의 커뮤니케이션의 주된 방식이 이메일을 통한 것이 될 것이므로 훌륭한 읽기와 쓰기 능력 또한 필요합니다.

Q. 담화의 주제는?
(a) 집에서 일하는 직원의 높은 생산성
(b) 재택 근무하는 회사를 운영하기 위한 필요조건
(c) 재택 근무를 하는 직원에게 필요한 자질
(d) 극심한 관리감독하에서의 직원 생산성

해설 중심 소재는 telecommuting이고 소주제는 재택 근무를 할 직원이 갖춰야 할 조건들에 대해 말하는 것이므로 **(c)가 정답**이다.

⚠ 오답 피하기
(a)는 high productivity, working from home이라 하여 오답이다. 재택 근무를 할 경우 생산성이 올라간다는 내용이 아니라 생산성이 높은

사람이 재택 근무에 적절하다는 내용이다.
(b)는 managing a telecommuting company라 하여 오답이다. 회사를 운영하는 것에 관한 내용이 아니다.
(d)는 intense supervision이라 하여 오답이다. 관리감독 없이도 일할 수 있는 직원을 고용해야 한다는 내용이다.

■ telecommuting 재택근무 properly 제대로, 적절히 supervision 관리감독 secure 안전하게 하다 sensitive data 중요한 자료 productivity 생산성 attribute 자질, 특징 intense 극심한

32.

Bonding is the intense attachment between infants and their parents that develops naturally. It's what causes parents to love their new babies and want to protect them from all harm and danger. Soundly sleeping parents awake to attend to their baby's needs all because of bonding. For the baby's part, healthy bonding promotes a sense of security and leads to positive self-esteem later in life.

Q. What is the talk mainly about?
(a) The features of parental-infant bonding
(b) How to promote bonding between parents and infants
(c) The consequences of not bonding with infants
(d) How healthy bonding affects future relationships

유대감 형성은 아이와 그들의 부모 사이에서 자연스럽게 발전되는 강한 애착입니다. 이것이 부모들이 그들의 아기를 사랑하고 모든 해와 위험으로부터 아이를 지키게 하게 하는 원인이 됩니다. 곤히 자는 부모들은 아기가 원하는 것을 해주기 위해 깨게 되는데 모두 유대감 형성 때문입니다. 아이의 입장에서는, 건강한 유대감 형성은 안정감을 촉진시키고 후에 인생에서 긍정적인 자존감을 갖게 합니다.

Q. 담화는 주로 무엇에 관한 것인가?
(a) 부모와 아이 간의 유대감 형성의 특징
(b) 부모와 아이 간의 유대감을 어떻게 촉진하는지
(c) 아이와의 유대감 부재의 결과
(d) 건강한 유대감 형성이 어떻게 미래의 관계에 영향을 미치는지

해설 중심 소재는 bonding이고 소주제는 부모와 자녀 간 유대감을 형성하는 것에 대한 설명이므로 **(a)가 정답**이다.

⚠ 오답 피하기
(b)는 how to promote라 하여 오답이다. 유대감 형성을 촉진시키는 방법에 대해서 말하지 않는다.
(c)는 consequences라 하여 오답이다. 유대감 부재로 인한 영향에 대해 말하지 않는다.
(d)는 healthy bonding affects라 하여 오답이다. 아이가 후에 긍정적인 자존감을 갖게 한다고는 했지만 이는 세부 내용이다.

■ bonding 유대감 형성 attachment 애착 soundly 깊이, 곤히 self-esteem 자존감 consequence 결과

33.

Robin's Company, the largest supplier of LCD monitors, is preparing for a worldwide expansion. It plans to combine its existing line of products with those from the recently acquired Marine Electronics in order to meet customer demand at every level. As soon as the merger process is completed, the company will stop using the name Marine Electronics and manufacture all their products under their own brand name, Robin's.

Q. What is mainly being announced about Robin's Company?
(a) It is merging with other electronics companies to increase its market presence.
(b) It is combining its product line with that of a newly acquired company.
(c) It is planning to offer a new line of products that are not LCD monitors.
(d) It is trying to improve its product quality by taking over Marine Electronics.

가장 큰 LCD 모니터 제공사인 Robin's 사는 세계적 확장을 위해 준비하고 있습니다. 이 회사는 모든 수준의 고객의 수요를 충족시키기 위해서 현재 존재하는 제품을 최근에 인수한 Marine Electronics의 기술과 결합시키는 것을 계획하고 있습니다. 합병 절차가 완료되는 대로, 회사는 Marine Electronics라는 회사명의 사용을 중단하고 모든 그들의 제품을 Robin's 라는 회사명으로 제조할 것입니다.

Q. Robin's 사에 관하여 주로 보도되는 것은?
(a) 시장에서의 존재감을 증가시키기 위해 다른 전자기기 회사들과 합병하고 있다.
(b) 제품 라인을 새로 합병된 회사의 제품 라인과 결합시킬 것이다.
(c) LCD 모니터가 아닌 새로운 제품을 제공할 계획이다.
(d) Marine Electronics를 인수하여 제품의 질을 향상시키려고 하고 있다.

해설 중심 소재는 Robin's Company이고 소주제는 합병 이후 진행되는 제품 군 결합에 대한 것이므로 **(b)가 정답**이다.

⚠️ **오답 피하기**
(a)는 other electronics companies라 하여 오답이다. 합병하는 회사는 하나이기 때문에 수 오답이다.
(c)는 new line of products, not LCD monitors라 하여 오답이다. 새로운 제품을 만든다는 근거가 없다.
(d)는 product quality라 하여 오답이다. 품질에 대해서는 언급되지 않았다.

■ supplier 공급자 expansion 확장 presence 있음, 존재
   combine 결합하다 acquire 인수하다 merger 합병

34.

Thomas Hardy was one of the greatest novelists in the United Kingdom. Born in the small town of Dorset in 1840, Hardy wrote about the tragedy of characters in unfavorable social circumstances. While some critics consider Hardy to have been a nihilist, his novels simply reflected the harsh realities of Victorian society. Moreover, his novels are thought to reveal key human values in light of the crucial issues of the unstable era. Even after Hardy's death his prolific works affected many writers, including D. H. Lawrence and Philip Larkin.

Q. What is the main topic of the talk?
(a) The life of a writer in the Victorian era
(b) The influence of Lawrence and Larkin on Hardy
(c) The social upheaval during the Victorian era
(d) The content of a famous novelist's writings

Thomas Hardy는 영국에서 가장 훌륭한 소설가들 중 한 명이었습니다. 1840년에 Dorset의 작은 마을에서 태어난 Hardy는 열악한 사회적 환경 속 등장인물들의 비극에 대하여 글을 썼습니다. 몇몇 비평가들은 Hardy를 허무주의자라고 여기지만, 그의 소설들은 그저 빅토리아 사회의 혹독한 현실을 반영하였습니다. 게다가, 그의 소설들은 불안정한 시대의 중요한 문제를 고려하여 주요한 인간의 가치를 드러냈다고 여겨지고 있습니다. Hardy의 죽음 이후에도 그의 많은 작품들은 D. H. Lawrence와 Philip Larkin을 포함한 많은 작가들에 영향을 주었습니다.

Q. 담화의 주제는 무엇인가?
(a) 빅토리아 시대의 한 작가의 인생
(b) Hardy에게 끼친 Lawrence와 Larkin의 영향
(c) 빅토리아 시대의 사회적 대변동
(d) 유명한 소설가의 작품의 내용

해설 중심 소재는 Thomas Hardy의 글이고 소주제는 그의 작품의 내용에 관한 것이므로 **(d)가 정답**이다.

⚠️ **오답 피하기**
(a)는 life라 하여 오답이다. 삶에 대한 내용이 아니다.
(b)는 Lawrence and Larkin on Hardy라 하여 오답이다. Lawrence와 Larkin이 Hardy의 영향을 받았다고 했다.
(c)는 social upheaval이라 하여 오답이다. 전혀 언급되지 않은 내용이다.

■ novelist 소설가 tragedy 비극 unfavorable 열악한 nihilist 허무주의자 reflect 반영하다 harsh 혹독한 in light of ~에 비추어 unstable 불안정한 era 시대 prolific 풍부한 social upheaval 사회적 대변동 content 내용

35.

Flight B117, which was scheduled to fly to Seoul from New York, made an emergency landing in Anchorage last night. [원인] Sue Park, one of the passengers on board, began experiencing labor pains soon after taking off. Although a licensed physician was on board, [결과] due to potential complications when delivering the baby, the captain decided to make an emergency landing. Upon landing, Ms. Park was sent to the local hospital, where she is now recovering after giving birth to a baby girl.

Q. Which is correct according to the report?
(a) Ms. Park gave birth to a baby girl on a plane.
(b) The airplane diverted its course due to a medical issue.
(c) There were life-threatening complications with the birth.
(d) The physician urged the captain to land the airplane.

뉴욕에서 서울로 비행이 예정되었던 항공기 B117은 지난 밤 앵커리지에 비상 착륙하였습니다. 항공기에 탑승한 승객 중 한 명인 Sue Park은 착륙 직후에 진통을 겪기 시작했습니다. 비행기 안에 면허를 가진 의사가 있긴 했지만 아이를 출산할 때의 잠재적인 합병증을 우려하여 조종사는 비상 착륙을 하기로 결정했습니다. 착륙하자마자 Park 씨는 지역의 병원으로 보내졌고 여자 아이를 낳고 회복 중입니다.

Q. 보도에 따르면 옳은 것은?
(a) Park 씨는 항공기에서 여자 아이를 낳았다.
(b) 항공기는 의학적인 문제로 인해 선로를 바꾸었다.
(c) 목숨을 잃을 수도 있었던 위급한 출산 합병증이 있었다.
(d) 의사는 조종사가 항공기를 착륙시키도록 강력히 권고하였다.

[해설] 항공기에 탑승한 산모가 진통을 겪기 시작하여 긴급 착륙을 했다고 했으므로 (b)가 정답이다.

⚠ 오답 피하기
(a)는 gave birth, on a plane이라 하여 오답이다. 병원으로 옮겨져 아이를 낳았다고 했다.
(c)는 were life-threatening complications이라 하여 오답이다. 가능성이 있다고 했지 사실은 아니다.
(d)는 urged라 하여 오답이다. 의사가 조종사에게 착륙을 지시했다는 근거가 없다.

■ emergency landing 비상 착륙 labor pain 출산 진통 take off 이륙하다 deliver a baby 아이를 출산하다 recover 회복하다 divert 방향을 바꾸다, 우회하다 life-threatening 생명을 위협하는 urge 권고하다

36.

The first escalator was invented in 1859 by a man named Nathan Ames. [역할, 근원] However, Ames never developed an actual working model. That recognition actually went to Jesse W. Reno, who patented his idea in 1892 and eventually put together a working model in 1896. His escalator was first installed at the Old Iron Pier at Coney Island and later at the Brooklyn Bridge. Soon after, Reno began working with Elisha Otis, who founded the Otis Elevator Company, one of the largest escalator companies in the world, which eventually bought Reno's design.

Q. Which is correct according to the talk?
(a) Elisha Otis built the first working escalator in 1859.
(b) Escalator designs were around before Reno patented his.
(c) Nathan Ames developed his escalator from Reno's design.
(d) The first escalator was used to bridge Brooklyn and Coney Island.

최초의 에스컬레이터는 Nathan Ames라는 남자에 의해 1859년에 발명되었습니다. 그러나 Ames는 실제 작동하는 모형을 개발한 적은 없습니다. 그 공로는 그의 아이디어를 1892년에 특허낸 후 마침내 1896년에 이동 모형과 결합시킨 Jesse W. Reno에게 돌아갔습니다. 그의 에스컬레이터는 Coney 섬의 Old Iron Pier에 처음으로 설치되었고 이후에 Brooklyn 다리에 설치되었습니다. 얼마 되지 않아, Reno는 세계에서 가장 큰 에스컬레이터 회사인 Otis 엘리베이터 회사를 설립한 Elisha Otis와 함께 일하기 시작했고, 그 회사는 결국 Reno의 디자인을 샀습니다.

Q. 담화에 따르면 옳은 것은?
(a) Elisha Otis는 1859년 최초의 작동하는 에스컬레이터를 제작했다.
(b) 에스컬레이터 디자인은 Reno가 그의 것을 특허 받기 전에 디자인되어 있었다.
(c) Nathan Ames는 Reno의 디자인으로부터 그의 에스컬레이터를 발전시켰다.
(d) 최초의 에스컬레이터는 Brooklyn과 Coney Island를 연결하기 위해 사용되었다.

[해설] Nathan Ames가 발명한 것을 Reno가 특허받아 작동하는 모형으로 개발시켰다고 했으므로 (b)가 정답이다.
(a)는 first라 하여 오답이다. Working escalator를 처음으로 만든 사람은 Jesse W. Reno이다.
(c)는 Nathan Ames developed라 하여 오답이다. Reno가 이동 모형에 결합시켜 발전시킨 것이다.
(d)는 to bridge라 하여 오답이다. 두 지역을 연결하는 데 활용되었다고 하지 않는다.

■ invent 발명하다 recognition 인정 patent 특허를 받다

37.

Want to look healthy and toned? Lossfree can help you achieve your goal quickly and economically. Made with nutrients extracted from all natural herbs grown in the United States, it is 100% safe and effective. All you have to do is take Lossfree once a day in the evening after you come home from work. Not only will you feel full, but [장점] you'll also get most of your necessary daily vitamins and minerals in a single pill. Give us a call right now. We guarantee you'll be satisfied, or we'll give you a full refund!

Q. Which is correct about Lossfree according to the advertisement?
(a) It can only be purchased in the United States.
(b) It contains many important dietary nutrients.
(c) It is made with local and imported herbs.
(d) It should be taken twice a day.

건강하고 탄력 있게 보이고 싶으신가요? Lossfree가 당신의 목표를 빨리, 그리고 경제적으로 달성할 수 있도록 도울 수 있습니다. 미국에서 재배한 모든 천연 허브에서 추출한 영양분들로 만들어져서 100% 안전하고 효과적입니다. 여러분이 해야 하는 것은 퇴근 후 집으로 돌아와 하루 한 번 매일 저녁에 Lossfree를 복용하기만 하면 됩니다. 배부르게 느낄 뿐 아니라, 당신은 필수적으로 매일 섭취해야 하는 비타민과 미네랄을 하나의 약으로 얻을 수 있을 것입니다. 지금 바로 전화주세요. 우리는 여러분이 만족할 것을 보장합니다. 아니면, 전액 환불을 해드리겠습니다!

Q. 광고에 따르면 Lossfree에 대해 옳은 것은?
(a) 미국에서만 구입할 수 있다.
(b) 많은 중요한 음식 영양분을 포함하고 있다.
(c) 현지의 허브와 수입한 허브로 만들어졌다.
(d) 하루에 두 번 복용해야 한다.

해설 매일 섭취해야 하는 비타민과 미네랄이 약에 포함되어 있다고 했으므로 **(b)가 정답**이다.

⚠️ 오답 피하기
(a)는 only라 하여 오답이다. 미국에서 재배한 허브를 활용한다고 했지만 미국에서만 판매된다는 근거가 없다.
(c)는 imported라 하여 오답이다. 근거가 없다.
(d)는 twice라 하여 오답이다. 하루에 한 알만 먹으면 된다고 한다.

▪ achieve 달성하다 economically 경제적으로 extract 추출하다 guarantee 보장하다 full refund 전액 환불

38.

Joseph Grimaldi was an English actor and comedian whose name became synonymous with the word "clown." [인과] In the early 1800s, his trademark whiteface make-up design was so popular that other clowns of his day began to follow suit. Grimaldi is also well-known for his original catchphrases like, "Here we go again!" But what most people do not know about Grimaldi is that his acting left him with poor health, requiring extreme physical exertion and giving him severe rheumatoid pain and gastric spasms.

Q. Which is correct according to the lecture?
(a) Joseph Grimaldi was suffering from injuries before he began acting.
(b) Clowns wore whiteface because of Joseph Grimaldi.
(c) Joseph Grimaldi was the first clown in the entertainment business.
(d) Popular catchphrases were adopted by Joseph Grimaldi.

Joseph Grimaldi는 그 이름이 "광대"라는 단어와 거의 같은 뜻을 갖게 된 영국의 배우이자 코미디언이었습니다. 1800년대 초에, 그의 트레이드 마크인 하얀 얼굴 화장을 그의 시대의 다른 광대들이 따르기 시작할 정도로 매우 유명했습니다. Grimaldi는 그의 "여기, 우리가 간다!"라는 원조 유명 문구로도 잘 알려져 있습니다. 하지만 대부분의 사람들이 Grimaldi에 관해 모르는 것은 그의 연기가 극도의 육체적 노력을 요구하고 심각한 류머티즘 고통과 위 경련을 남기며 그의 건강이 심각하게 나빠지도록 하였다는 것입니다.

Q. 강의에 따르면 옳은 것은?
(a) Joseph Grimaldi는 연기를 시작하기 전에 부상으로 고통 받았다.
(b) 광대들은 Joseph Grimaldi로 인해 하얀 얼굴 화장을 했다.
(c) Joseph Grimaldi는 엔터테인먼트 사업에서 첫 광대였다.
(d) 인기 있는 유명 문구들을 Joseph Grimaldi가 사용했었다.

해설 Grimaldi의 하얀 얼굴 화장을 그 시대의 다른 광대들이 따랐다고 했으므로 **(b)가 정답**이다.

⚠️ 오답 피하기
(a)는 before라 하여 오답이다. 연기를 하면서 문제가 되었다고 말한다.
(c)는 first clown이라 하여 오답이다. 그가 첫 번째였는지는 알 수 없다.
(d)는 were adopted by라 하여 오답이다. Joseph Grimaldi의 한 유명 문구가 유명하다고는 했지만 그가 여러 유명 문구들을 사용했는지는 알 수 없다.

▪ synonymous 같은 뜻을 갖는 clown 광대 follow suit 선례를 따르다 catchphrase 유명 문구 physical exertion 격심한 육체적 활동 rheumatoid pain 류머티즘 통증 gastric spasm 위 경련 adopt 쓰다, 채택하다

39.

May I have your attention, please? We have just been informed by the Icelandic Meteorological Office that [문제점, 방법] a subglacial volcano is currently erupting, causing a significant emission of ash into the atmosphere. As a precautionary measure, air traffic has been banned in the affected area. Flights inbound from Europe will be rerouted to avoid any potential problems. We expect delays of upwards of three hours on most flights. We apologize for the inconvenience, but safety is our primary concern.

Q. What can be inferred from the announcement?
(a) Flights from Europe usually do not fly directly over Iceland.
(b) An erupting volcano can disrupt airplane engines.
(c) Air traffic is overwhelmed by rerouting inbound planes.
(d) Flying through volcanic ash can be hazardous.

잠시 집중해주시겠습니까? 아이슬란드 기상청이 전한 보고에 따르면 현재 빙하 밑 화산이 분출하는 상황으로 대기에 상당한 재를 흩뿌린다고 합니다. 예방의 차원에서 영향을 받는 지역에서는 항공 교통이 금지되었습니다. 유럽으로부터 귀항하는 항공들은 혹시 있을 문제를 피하기 위해 경로를 변경할 것입니다. 저희는 대부분의 항공기들이 세 시간 남짓 지연될 것으로 예상하고 있습니다. 불편함을 드려 죄송합니다만, 안전이 저희의 우선적인 관심사입니다.

Q. 안내로부터 유추할 수 있는 것은?
(a) 유럽에서 오는 항공기들은 보통 아이슬란드로 직접 오지 않는다.
(b) 폭발하는 화산은 항공기 엔진에 지장을 줄 수 있다.
(c) 항공 교통은 경로를 변경하는 귀항 항공기로 인해 압도되었다.
(d) 화산재를 통과해서 항공기를 운항하는 것은 위험할 수 있다.

해설 화산재가 비행에 문제를 일으킬 수 있다는 것을 유추할 수 있으므로 **(d)가 정답**이다.

⚠ 오답 피하기
(a)는 usually do not fly directly over Iceland라 하여 오답이다. 현재 화산 때문에 가지 못하는 것이지 평소에도 그러한지는 알 수 없다.
(b)는 volcano, disrupt airplane engines라 하여 오답이다. 구체적으로 어떻게 문제가 되는지는 언급되지 않았다.
(c)는 overwhelmed라 하여 오답이다. 압도되었다는 근거가 없다.

■ subglacial 빙하 밑 erupt 분출하다 emission 방출 ash 재 atmosphere 대기 precautionary measure 예방 조치 inbound 귀항하는 reroute 코스를 변경하다 upwards of ~보다 이상 disrupt 지장을 주다 overwhelm 압도하다 hazardous 위험한

40.

On the outermost area of our solar system—about three times farther away from the Sun than Pluto, there exists a dwarf planet named Eris. It was originally believed to be much bigger than the dwarf planet Pluto but measurements now show that it is approximately the same size but much denser. Eris has an icy surface which reflects light. [이유] This makes it bright enough to be seen even by amateur astronomers. Even though it can easily be seen, the strange path Eris follows through space meant it was not discovered until scientists noticed its movement in 2005.

Q. What can be inferred about Eris from the lecture?
(a) It is brighter than Pluto because of its icy surface.
(b) It has only been in orbit of the Sun since 2005.
(c) It is three times denser than the dwarf planet Pluto.
(d) It does not require professional equipment to observe it.

우리의 태양계 지역의 가장 바깥 지역(태양에서 명왕성까지의 거리의 약 3배)에는 Eris라고 불리는 왜소 행성이 존재합니다. 이는 왜소 행성인 명왕성보다 더 크다고 믿어졌지만, 현재의 측정은 이것이 비슷한 크기이지만 더 밀도가 높다는 것을 보여줍니다. Eris는 빛을 반사하는 얼음 표면으로 이루어져 있습니다. 이는 매우 밝아 아마추어 천문학자들도 쉽게 볼 수 있습니다. 쉽게 볼 수 있긴 하지만, Eris가 우주를 따라 가는 이상한 경로는 과학자들이 그것의 움직임을 2005년까지 알아채지 못했다는 것을 의미했습니다.

Q. 강의에서 Eris에 대해 유추할 수 있는 것은?
(a) 얼음 표면 때문에 명왕성보다 더 밝다.
(b) 2005년에서부터야 태양의 궤도를 돌기 시작했다.
(c) 왜소 행성인 명왕성보다 3배 더 밀도가 높다.
(d) 관찰하기 위해서 전문적인 장비가 필요 없다.

해설 아마추어 천문학자들도 쉽게 볼 수 있다고 했으므로 전문적인 장비가 없어도 된다는 것을 유추할 수 있다. 따라서 **(d)가 정답**이다.

⚠ 오답 피하기
(a)는 brighter라 하여 오답이다. 더 밝은 것이 아니라 크기가 비슷하다고 말한다.
(b)는 been in orbit, since 2005라 하여 오답이다. 2005년에 발견되었다고 하는 것이지 2005년부터 태양의 궤도를 돌기 시작했다는 것이 아니다.
(c)는 three times denser라 하여 오답이다. 밀도가 높다고 하지만 3배라고 하지 않는다.

■ outermost 가장 바깥쪽의 dwarf planet 왜소 행성 dense 밀도가 높은 icy surface 얼음 표면 reflect 반사하다 amateur 아마추어 path 경로 observe 관찰하다

Part 1&2 문제 유형별 학습

Unit 01 의문사 의문문

1. When / Where / Who 의문문

Check-Up 본문 p. 35

01 (a) 02 (b) 03 (d) 04 (d) 05 (c)
06 (b) 07 (c) 08 (b) 09 (c) 10 (a)

01.

M When will you be back from your business trip?
(a) I'll be able to see you in two weeks.
(b) Not for that long, I hope.
(c) It's my third time this year.
(d) I'm leaving on the 14th.

남 당신은 출장에서 언제 돌아오실 건가요?
(a) 2주 뒤에 볼 수 있을 거예요.
(b) 그렇게 오랫동안이 아니길 바라요.
(c) 올해 세 번째예요.
(d) 저는 14일에 떠나요.

해설 출장에서 언제 돌아오는지 물어보는 상황에서 여자가 2주 뒤에 볼 수 있을 거라고 답변하는 것이 적절하므로 **(a)가 정답**이다.

⚠ **오답 피하기**
(b)는 for that long이라 하여 시점이 아닌 기간으로 답한 질문 오답이다.
(c)는 third time이라 하여 시점이 아닌 빈도로 답한 질문 오답이다.
(d)는 leaving이라 하여 돌아오는 시점이 아니라 떠나는 시점으로 답한 동사 오답이다.

■ business trip 출장 leave 떠나다

02.

W Excuse me, but where's the dairy section?
(a) It should be next to it.
(b) It's in aisle 7 over there.
(c) Ask a clerk in the dairy section.
(d) Whenever you're ready.

여 실례합니다만, 유제품 코너는 어디인가요?
(a) 그거 옆에 있을 거예요.
(b) 저쪽 7번 통로에 있습니다.
(c) 유제품 코너에 있는 직원에게 물어보세요.
(d) 당신이 준비되었다면 언제든지요.

해설 유제품 코너가 어디인지 묻는 상황에서 남자가 7번 통로라고 정확한 위치를 말해주는 것이 가장 적절하므로 **(b)가 정답**이다.

⚠ **오답 피하기**
(a)는 next to it이라 하여 it이 가리키는 것을 구체적으로 언급하지 않았으므로 오답이다.
(c)는 in the dairy section이라 하여 여자가 이미 dairy section의 위치를 알고 있는 상황에서 해줄 수 있는 말이므로 상황 오답이다.
(d)는 장소를 묻는 질문에 시간/시점으로 답하고 있는 질문 오답이다.

■ dairy section 유제품 코너 aisle 통로 clerk 직원

03.

M When's that new movie coming out?
(a) The tickets are sold out already.
(b) It wasn't that good.
(c) Let's go watch it together then.
(d) I believe it's this Friday.

남 그 신작 영화 언제 개봉하니?
(a) 표가 이미 매진되었어.
(b) 그다지 좋지 않았어.
(c) 그럼 같이 보러 가자.
(d) 이번 주 금요일이라고 알고 있어.

해설 신작 영화가 언제 개봉하는지 묻는 상황에서 여자가 이번 주 금요일이라고 답변하는 것이 가장 적절하므로 **(d)가 정답**이다.

⚠ **오답 피하기**
(a)는 tickets are sold out이라 하여 티켓 매진에 대해서 말하고 있는 소재 오답이다.
(b)는 wasn't라 하여 과거 시제로 답하고 있는 시제 오답이다.
(c)는 go watch it이라 하여 영화 개봉일과 관련 없는 답을 한 상황 오답이다.

■ come out 출시되다, 출간되다

04.

W Who were you talking to on the phone all day?
(a) Trust me. We were only talking about work.
(b) Sorry. I'll call you back later.
(c) Thanks for reminding me. I'll call now.
(d) It was my childhood friend in Canada.

여 너 하루 종일 누구와 전화하고 있었니?
(a) 나를 믿어줘. 우리는 일에 대해서만 이야기했어.
(b) 미안해. 나중에 너에게 전화할게.
(c) 상기시켜줘서 고마워. 내가 지금 전화할게.
(d) 캐나다에 있는 내 어릴 적 친구야.

해설 누구와 통화를 했냐고 물어보는 상황에서 남자가 친구였다고 답변하는 것이 가장 적절하므로 **(d)가 정답**이다.

⚠ **오답 피하기**
(a)는 talking about work라 하여 누구인지가 아니라 무엇에 대해 답변한 질문 오답이다.
(b)는 call you back이라 하여 누구와 통화를 했는지 설명하지 않고 나중에 전화한다고 하여 동사가 맞지 않는 동사 오답이다.
(c)는 call now라 하여 어딘가에 전화를 하겠다고 엉뚱한 대답을 하는 상황 오답이다.

■ remind 상기시키다   childhood friend 어릴 적 친구

05.

M When would you like to receive your wake-up call?
(a) Before I check in.
(b) I'll be down at 9 a.m.
(c) At 7 a.m. sharp.
(d) Even so, I'd appreciate a wake-up call.

남 언제 모닝콜을 받길 원하세요?
(a) 제가 체크인 하기 전에요.
(b) 오전 9시에 내려오겠습니다.
(c) 오전 7시 정각에요.
(d) 그럴지라도, 저는 모닝콜을 해주시면 감사하겠습니다.

해설 언제 모닝콜을 받기를 원하는지 묻는 상황에서 7시 정각이라고 시간으로 답변하는 것이 가장 적절하므로 **(c)가 정답**이다.

⚠ 오답 피하기
(a)는 check in이라 하여 체크인을 하기 전에 모닝콜을 받을 수는 없으므로 상황이 맞지 않는 상황 오답이다.
(b)는 be down이라 하여 모닝콜과 관련 없는 동사를 사용한 동사 오답이다.
(d)는 앞에서 even so라 하고 뒤에서 appreciate라 하여 남자가 마치 모닝콜을 안 해줄 것처럼 말했을 때 가능한 답을 하고 있으므로 상황 오답이다.

■ receive 받다   wake-up call 모닝콜   sharp 정각   even so 그럴지라도   appreciate 감사하다

06.

W Hello, this is Carl's. How can I help you?
M Hi. I'd like to book a table for four.
W Sure. When is this for?
(a) 15 minutes sounds reasonable. Thanks.
(b) For Saturday at 6.
(c) There'll be four people in total.
(d) A table by the window, please.

여 여보세요, Carl's입니다. 어떻게 도와드릴까요?
남 안녕하세요, 4명 자리 예약을 하려고 합니다.
여 알겠습니다. 언제로 예약을 원하십니까?
(a) 15분이 합리적인 것 같네요. 감사합니다.
(b) 토요일 6시로요.
(c) 총 4명입니다.
(d) 창가 자리로 부탁드립니다.

해설 식당 예약을 하려는 남자에게 여자가 언제로 예약을 원하는지 물어보는 상황에서 토요일 6시라고 답변하는 것이 가장 적절하므로 **(b)가 정답**이다.

⚠ 오답 피하기
(a)는 15 minutes라 하여 기간으로 답한 질문 오답이다.
(c)는 four people이라 하여 인원 수로 답한 질문 오답이다.

(d)는 by the window라 하여 예약하고자 하는 자리의 위치로 답한 질문 오답이다.

■ book 예약하다   reasonable 합리적인   in total 모두 합해서

07.

M Could you put my name down on the waiting list?
W Sorry, I don't work here.
M Oh, I'm sorry. Who should I be talking to then?
(a) But the waiting list is quite long.
(b) Chris is on his way here to join us.
(c) The person standing over there, maybe.
(d) I have your name down here.

남 대기자 명단에 제 이름을 올려주실 수 있나요?
여 죄송합니다. 전 여기서 일하지 않아요.
남 아, 죄송합니다. 그럼 누구에게 말해야 하나요?
(a) 하지만 대기자 명단이 꽤 기네요.
(b) Chris는 우리와 합류하기 위해 여기로 오고 있어요.
(c) 아마도 저기에 서 있는 사람한테요.
(d) 여기에 당신의 이름이 적혀 있네요.

해설 여자가 직원이 아니라는 것을 확인하고 남자는 누구에게 말해야 하는지 물어보는 상황에서 저기 서 있는 사람일 거라고 답변하는 것이 가장 적절하므로 **(c)가 정답**이다.

⚠ 오답 피하기
(a)는 quite long이라 하여 사람이 아닌 대기자 명단에 대해서 말하고 있는 질문 오답이다.
(b)는 담당자가 아닌 일행에 대해서 말하고 있으므로 상황 오답이다.
(d)는 여자가 앞에서 직원이 아니라고 했는데 I have your name이라 하여 일관성 오답이다.

■ put one's name down ~의 이름을 적다   waiting list 대기자 명단

08.

W Have you been to Italy before?
M As a matter of fact, I was there a month ago.
W Really? Where else have you gone?
(a) We should go there together next time.
(b) A number of European countries.
(c) Well, it's already been a month.
(d) I travel to Italy every year.

여 너 전에 이탈리아에 가본 적 있니?
남 사실, 나는 한 달 전에 거기에 있었어.
여 정말? 너 또 어디 갔었니?
(a) 다음에 우리 같이 가야겠다.
(b) 많은 유럽 국가들.
(c) 음, 벌써 한 달이 되었네.
(d) 나는 매해 이탈리아로 여행을 가.

해설 이탈리아를 한 달 전에 갔었다고 말하는 남자에게 또 어디를 갔었냐고 묻는 상황에서 남자는 유럽 여러 나라를 가봤다고 답변하는 것이 가장 적절하므로 **(b)가 정답**이다.

⚠ 오답 피하기
(a)는 there라 하여 마치 여자가 장소를 언급한 것처럼 말하여 오답이다.
(c)는 been a month라 하여 장소가 아닌 기간으로 답한 질문 오답이다.
(d)는 Italy라 하여 또 다른 곳을 묻는 질문에 대한 답을 하지 않은 상황 오답이다.
■ as a matter of fact 사실은

09.

W Hi, can I talk to Jason please?
M I'm sorry, but he's out at the moment.
W Okay. Then, when should I call back?

(a) When he returns to the office.
(b) I'll tell him to come back later.
(c) He'll be back in about half an hour.
(d) You can call and ask Jason directly.

여 여보세요. Jason과 통화할 수 있나요?
남 죄송하지만 지금 안 계십니다.
여 그렇군요. 그렇다면 언제 다시 전화해야 할까요?
(a) 그분께서 사무실에 돌아오실 때요.
(b) 제가 그에게 나중에 다시 오라고 말씀 드리겠습니다.
(c) 그분은 30분 안에 돌아오실 겁니다.
(d) 직접 Jason에게 전화해서 여쭤보셔도 됩니다.

해설 Jason과 통화하려면 언제 다시 전화를 해야 할지 물어보는 상황에서 남자는 Jason이 30분 내로 돌아올 것이라고 답변하는 것이 가장 적절하므로 **(c)가 정답**이다.

⚠ 오답 피하기
(a)는 when he returns라 하여 마치 여자가 언제 돌아올지를 알고 있는 것처럼 말하여 상황 오답이다.
(b)는 come back이라 하여 마치 Jason이 방문한 것처럼 말하여 동사 오답이다.
(d)는 ask Jason directly라 하여 여자가 전화해야 하는 시점에 답하지 않았으므로 질문 오답이다.
■ at the moment 현재 return 돌아오다 directly 직접

10.

M Hello, National Cable. How can I help you?
W Hi, I'm calling to see if I can suspend my subscription temporarily.
M No problem. So, when do you want us to stop the service?

(a) At the end of this month, please.
(b) It's been almost three months.
(c) As long as I can suspend it.
(d) After I renew my subscription.

남 안녕하세요. National Cable입니다. 무엇을 도와드릴까요?
여 안녕하세요. 제 구독을 일시적으로 중단할 수 있는지 알아보기 위해 전화 드렸어요.
남 문제 없습니다. 그럼, 서비스를 언제 중단해 드리길 원하시나요?
(a) 이번 달 말로 부탁드립니다.
(b) 거의 3달이 되었네요.
(c) 최대한 중단할 수 있는 만큼이요.
(d) 제가 구독을 갱신한 후에요.

해설 여자가 구독을 일시 중지할 수 있는지 물어봤고 이에 대해 남자가 언제 중지하기를 원하는지 묻는 상황에서 이번 달 말이라고 답변하는 것이 가장 적절하므로 **(a)가 정답**이다.

⚠ 오답 피하기
(b)는 been almost three months라 하여 시점이 아닌 기간으로 답하여 질문 오답이다.
(c)는 as long as라 하여 시점이 아닌 기간으로 답하여 질문 오답이다.
(d)는 renew라 하여 일시적 중단과 관련 없는 동사를 사용한 동사 오답이다.
■ suspend 중지하다 subscription 구독 temporarily 일시적으로 as long as ~하는 한 renew 갱신하다

2. How 의문문

Check-Up   본문 p. 41

| 01 (a) | 02 (d) | 03 (b) | 04 (b) | 05 (a) |
| 06 (c) | 07 (b) | 08 (d) | 09 (c) | 10 (c) |

01.

M How did the passenger-side door get scratched?

(a) I just noticed it myself now.
(b) Just be careful next time.
(c) You can still exit from the driver's side.
(d) It's a pretty obvious scratch.

남 조수석 문이 어쩌다 흠집이 났어?
(a) 나도 지금 알았어.
(b) 다음에는 조심하도록 해.
(c) 여전히 운전석 쪽으로 내릴 수 있어.
(d) 그것은 꽤 잘 보이는 흠집이야.

해설 어떻게 차 문에 흠집이 났는지 물어보는 상황에서 여자가 자신도 이제 알았다고 답변하는 것이 가장 적절하므로 **(a)가 정답**이다.

⚠ 오답 피하기
(b)는 be careful이라 하여 남자가 여자에게 할 수 있을 법한 말이므로 대상 오답이다.
(c)는 still exit이라 하여 흠집과 상관 없이 내릴 수 있다고 관련 없는 답을 한 동사 오답이다.
(d)는 obvious scratch라 하여 흠집에 대해서 이야기는 하지만 질문(How)에 답변하지 않았으므로 상황 오답이다.
■ passenger-side door 조수석 문 scratch 흠집을 내다; 흠집, 긁힌 자국 obvious 눈에 잘 보이는

02.

W How do you like your new apartment?
(a) It's got four bedrooms.
(b) I'll be moving in soon.
(c) I like mine better.
(d) It's comfortable so far.

여 새 아파트는 어떠니?
(a) 4개의 침실이 있어.
(b) 나는 곧 이사할 거야.
(c) 나는 내 것이 더 좋아.
(d) 지금까지는 편해.

해설 새 아파트가 어떠냐고 묻는 상황에서 남자가 지금까지는 편하다고 답변하는 것이 가장 적절하므로 **(d)가 정답**이다.

⚠ 오답 피하기
(a)는 four bedrooms라 하여 how many로 묻는 질문에 할 수 있을 법한 말이므로 질문 오답이다.
(b)는 I'll be moving in이라 하여 아직 이사를 안 한 것처럼 말하므로 시점이 틀린 시제 오답이다.
(c)는 like mine better라 하여 비교를 하는 상황이 아니므로 상황 오답이다.

■ comfortable 편한, 편안한 so far 지금까지, 여태까지

03.

M How about going to tonight's rock concert with me?
(a) Only if you want to go.
(b) It sounds like fun.
(c) Sure. I'll pick you up tomorrow.
(d) I think we're almost there.

남 오늘 밤 록 콘서트에 나와 함께 가는 거 어때?
(a) 네가 가고 싶은 경우에만.
(b) 그거 재미있을 것 같아.
(c) 좋아. 내일 너를 데리러 갈게.
(d) 내 생각에 우리 거의 다 온 것 같아.

해설 오늘 밤에 록 콘서트에 같이 가자고 제안하는 상황에서 여자가 재미있을 것 같다고 답변하는 것이 가장 적절하므로 **(b)가 정답**이다.

⚠ 오답 피하기
(a)는 only if you want라 하여 남자가 가고 싶은지 아닌지를 모르는 것처럼 말하여 동사 오답이다.
(c)는 tomorrow라 하여 tonight과 시점이 달라 시제 오답이다.
(d)는 we're almost there라 하여 가고 싶은지에 대한 답이 없이 거의 다 왔다고 하여 상황 오답이다.

■ pick up (차로) 데리러 가다 almost 거의

04.

W How are you holding up after breaking up with your girlfriend?
(a) I don't have that much to hold.
(b) Better than I thought.
(c) I think she's doing great.
(d) We were together for more than a year.

여 여자친구와 헤어진 뒤에 어떻게 견디고 있니?
(a) 잡고 있을 것이 별로 없어.
(b) 내가 생각했던 것보다 나아.
(c) 그녀는 잘 하고 있는 것 같아.
(d) 우리는 1년 이상 사귀었어.

해설 여자친구와 헤어진 남자에게 잘 견디고 있는지 물어보는 상황에서 남자가 생각했던 것보다는 잘 지내고 있다고 답변하는 것이 가장 적절하므로 **(b)가 정답**이다.

⚠ 오답 피하기
(a)는 헤어진 것과 무관한 것에 대해 말하는 소재 오답이다.
(c)는 she's라 하여 남자가 아닌 헤어진 여자친구에 대해 말하고 있으므로 소재 오답이다.
(d)는 for more than a year라 하여 기간으로 답한 질문 오답이다.

■ hold up 견디다 break up 헤어지다 hold 들다, 잡다

05.

M How soon do you think the new phones will be in stock?
(a) They're going to be shipped in next week at the earliest.
(b) We can make more orders when we run out of units.
(c) I think we have about twenty phones in the back.
(d) The release date is sometime in November.

남 언제쯤 신형 전화기가 들어올 거라고 생각하세요?
(a) 빠르면 다음 주에 들어올 겁니다.
(b) 우리는 제품이 떨어지면 더 주문하면 됩니다.
(c) 안쪽에 대략 20개의 전화기가 있는 것 같습니다.
(d) 출시일은 11월 중일 겁니다.

해설 신형 전화기가 언제 들어오는지 묻는 상황에서 빠르면 다음 주에 들어올 거라고 답하는 것이 적절하므로 **(a)가 정답**이다.

⚠ 오답 피하기
(b)는 마치 지금 전화기가 재고로 있고 추가로 주문하는 것에 대해서 말하고 있으므로 상황 오답이다.
(c)는 about twenty phones라 하여 수량에 대해 말하고 있으므로 질문 오답이다.
(d)는 release date라 하여 출시일에 대해 말하고 있으므로 소재가 틀린 소재 오답이다.

■ in stock 재고로 at the earliest 빠르면 run out ~이 다 떨어지다 release date 출시일

06.

W Do you know if James is okay?
M I heard he's still in the hospital.

W Really? How much longer does he need to stay there?

(a) He'll be awake in a couple of hours.
(b) The doctor said he's getting better.
(c) **He wasn't given any specific dates.**
(d) Well, it's only been two weeks.

여 너 James가 괜찮은지 혹시 아니?
남 그가 아직 병원에 있다고 들었어.
여 정말? 병원에 얼마나 더 있어야 하는 거야?
(a) 그는 몇 시간 뒤에 일어날 거야.
(b) 의사가 그의 상태가 점점 좋아지고 있다고 했어.
(c) 구체적인 날짜를 듣지는 못했대.
(d) 음, 2주 밖에 되지 않았어.

해설 James가 병원에 얼마나 더 있어야 하는지 물어보는 상황에서 남자가 구체적인 날짜는 안 나왔다고 답변하는 것이 가장 적절하므로 **(c)가 정답**이다.

⚠ 오답 피하기
(a)는 be awake라 하여 입원해 있어야 하는 것과 상관 없는 동사를 사용한 동사 오답이다.
(b)는 getting better라 하여 회복하고 있다고 하지만 기간을 말하지 않기 때문에 동사 오답이다.
(d)는 been two weeks라 하여 앞으로 얼마나 더 있어야 하는지가 아니라 병원에 지금까지 있었던 기간에 대해 말하고 있으므로 시제 오답이다.

■ awake 깨어 있는   get better 상태가 좋아지다   specific 특정한

07.

M Let's go watch a Shakespeare play next week.
W Okay. When exactly do you want to go?
M How about Saturday afternoon?

(a) Thanks for having me. I really enjoyed it.
(b) **Sure. Then we can have lunch beforehand.**
(c) Saturday afternoon is better for me.
(d) Sorry, I'll have to take a rain check.

남 우리 다음 주에 셰익스피어 연극을 보러 가자.
여 그래. 너 정확히 언제 가고 싶니?
남 토요일 오후 어때?
(a) 나를 초대해줘서 고마워. 정말 즐거웠어.
(b) 좋아. 그럼 우리 그 전에 점심을 먹으면 되겠다.
(c) 나는 토요일 오후가 더 나을 것 같아.
(d) 미안해. 다음 기회로 미뤄야 할 것 같아.

해설 연극을 토요일 오후에 보러 가는 것이 어떤지 물어보는 상황에서 여자가 좋다고 하고 그 전에 점심을 먹으면 될 것 같다고 답변하는 것이 가장 적절하므로 **(b)가 정답**이다.

⚠ 오답 피하기
(a)는 enjoyed it이라 하여 이미 연극을 본 것처럼 말하고 있으므로 시점이 틀린 시제 오답이다.

(c)는 남자가 토요일이 아닌 다른 날을 제안한 것처럼 말하고 있으므로 일관성 오답이다.
(d)는 take a rain check라 하여 앞서 okay라고 한 것과 일치하지 않으므로 일관성 오답이다.

■ beforehand 미리   take a rain check 다음 기회로 미루다

08.

M Is the Internet working?
W It is now. It's lagging a bit though.
M How did you make it work?

(a) I was barely able to connect.
(b) It's so slow that you can't download anything.
(c) I'll send someone to look at it.
(d) **All I did was push the reset button.**

남 인터넷 되고 있니?
여 지금은 돼. 조금 느리기는 하지만.
남 어떻게 작동하게 했어?
(a) 나는 거의 연결할 수가 없었어.
(b) 너무 느려서 아무것도 다운로드 받을 수 없을 정도야.
(c) 내가 그것을 봐줄 사람을 보내줄게.
(d) 난 재시작 버튼을 누르기만 했을 뿐이야.

해설 남자가 어떻게 인터넷이 작동되게 했는지 물어보는 상황에서 여자가 재시작 버튼을 누르기만 했다고 답변하는 것이 가장 적절하므로 **(d)가 정답**이다.

⚠ 오답 피하기
(a)는 앞에서 여자는 인터넷이 되고 있다고 했으므로 일관성이 맞지 않는 일관성 오답이다.
(b)는 so slow라 하여 작동을 시키는 것과 상관이 없는 형용사 오답이다.
(c)는 I'll send someone이라 하여 미래 시제로 답하여 시제가 일치하지 않는 시제 오답이다.

■ lagging 느린   a bit 약간, 조금   barely 거의 ~않다

09.

W You look exhausted today.
M I just drove nonstop from Silver Spring.
W How long did it take you?

(a) Tell me about it. It was no fun at all.
(b) I don't think I'm that late.
(c) **More than four hours.**
(d) I got here late last night.

여 너 오늘 지쳐 보인다.
남 Silver Spring에서부터 멈추지 않고 운전했어.
여 얼마나 걸렸니?
(a) 무슨 말인지 알아. 정말 재미없었어.
(b) 나는 내가 그렇게 늦었다고 생각하지 않아.
(c) 네 시간 이상 걸렸어.
(d) 어젯밤 늦게 여기 도착했어.

해설 운전으로 지친 남자에게 여자가 얼마나 걸렸는지 물어보는 상황에서 남자는 4시간이 걸렸다고 답변하는 것이 가장 적절하므로 **(c)가 정답**이다.

⚠️ **오답 피하기**
(a)는 tell me about it이라 하여 동의할 수 있는 상황이 아니므로 상황 오답이다.
(b)는 기간을 묻는 질문에 의견으로 답하고 있어 질문 오답이다.
(d)는 late last night이라 하여 도착한 시점으로 답하고 있으므로 질문 오답이다.

■ exhausted 지친, 피곤한   drive nonstop 멈추지 않고 운전하다
  tell me about it 무슨 말인지 알아

10.

M I really enjoyed seeing you tonight.
W Likewise. Let's do this again soon.
M How about going to an amusement park next Saturday?
(a) I'm positive it's open on weekends.
(b) I don't remember going there with you.
(c) Sounds great. Let's do it.
(d) No, I don't have any plans.

남 오늘밤에 너를 봐서 정말 즐거웠어.
여 나도 마찬가지야. 우리 조만간 또 이렇게 하자.
남 다음 주 토요일에 놀이공원 가는 것은 어떠니?
(a) 주말에 연다고 내가 확신해.
(b) 너와 그곳을 간 게 기억나지 않아.
(c) 좋아. 그러자.
(d) 아니. 나는 아무런 계획이 없어.

해설 다음 주 토요일에 놀이공원을 가자고 제안하는 상황에서 여자가 수락하는 것이 가장 적절하므로 **(c)가 정답**이다.

⚠️ **오답 피하기**
(a)는 it's open이라 하여 제안에 수락 또는 거절하지 않고 문을 열 것이라는 사실로 답하고 있으므로 질문 오답이다.
(b)는 don't remember라 하여 놀이공원에 갈 것인지와 무관한 동사를 사용한 동사 오답이다.
(d)는 don't have any plans라 하여 계획을 물어본 것처럼 말하고 있으므로 동사 오답이다.

■ likewise 마찬가지로   amusement park 놀이공원

3. Why 의문문

✎ Check-Up   본문 p. 45

| 01 (b) | 02 (a) | 03 (d) | 04 (c) | 05 (b) |
| 06 (d) | 07 (c) | 08 (a) | 09 (a) | 10 (b) |

01.

W Why was your flight delayed?
(a) Because everyone boarded the plane quickly.
(b) There were some technical issues.
(c) The weather will let up soon.
(d) A lot of passengers were upset.

여 왜 너의 항공편이 지연되었니?
(a) 왜냐하면 모두가 비행기에 빨리 탑승했기 때문이야.
(b) 기술적인 문제가 있었어.
(c) 날씨가 금방 누그러질 거야.
(d) 많은 승객들이 화가 났었어.

해설 왜 비행기가 지연되었는지 물어보는 상황에서 남자는 기술적 문제가 있었다고 답변하는 것이 가장 적절하므로 **(b)가 정답**이다.

⚠️ **오답 피하기**
(a)는 boarded, quickly라 하여 delayed와 무관한 동사를 이용한 동사 오답이다.
(c)는 will let up이라 하여 미래 시점으로 말하고 있으므로 시제 오답이다.
(d)는 passengers were upset이라 하여 지연의 이유를 설명하지 않고 결과를 설명하고 있으므로 상황 오답이다.

■ delay 지연시키다   board 탑승하다   technical issue 기술적 문제
  let up 누그러지다   passenger 승객   upset 화난

02.

M Why are you so late?
(a) I got caught up in a meeting.
(b) Well, try not to be late next time.
(c) Not really. I'm always on time.
(d) At least you were on time.

남 왜 그렇게 늦었나요?
(a) 회의에 묶여 있었어요.
(b) 음, 다음 번엔 늦지 않도록 하세요.
(c) 그렇진 않아요. 저는 항상 제시간에 와요.
(d) 최소한 당신은 시간 안에 왔잖아요.

해설 왜 늦었는지 물어보는 상황에서 여자는 회의를 하느라 늦었다고 답변하는 것이 가장 적절하므로 **(a)가 정답**이다.

⚠️ **오답 피하기**
(b)는 try not to be late라 하여 남자가 여자에게 할 법한 말이므로 대상 오답이다.
(c)는 늦은 이유를 설명하지 않고 현재 시제로 답하고 있으므로 질문 오답이다.
(d)는 you were on time이라 하여 질문에 대한 답을 하지 않으므로 질문 오답이다.

■ get caught up in ~에 휘말리다, 몰입하다   make sure 확실하게 하다   on time 제시간에   at least 최소한, 적어도

03.

W Why did you turn down the job offer?
(a) It wasn't right for you anyway.
(b) I still have one final interview.
(c) I think I'm qualified for the position.

(d) It didn't fit my long-term interests.

여 왜 일자리 제의를 거절했니?
(a) 어쨌든 너에게 맞지 않았어.
(b) 아직 최종 면접이 한 개 남았어.
(c) 나는 내가 그 자리에 적격이라고 생각해.
(d) 내 장기적인 관심 분야와 맞지 않았어.

해설 일자리 제의를 왜 거절했는지 물어보는 상황에서 남자는 자신의 장기적 관심과 맞지 않았다고 답변하는 것이 가장 적절하므로 (d)가 정답이다.

⚠ 오답 피하기
(a)는 for you라고 하여 대상이 바뀐 대상 오답이다. for me라고 할 경우 답이 될 수 있다.
(b)는 거절했다는 문맥과 맞지 않으므로 상황 오답이다.
(c)는 I'm qualified라 하여 거절한 내용과 관련이 없으므로 상황 오답이다.

■ turn down 거절하다 job offer 일자리 제의 qualified 자질이 있는 fit 꼭 맞다, 적합하다 long-term 장기적인 interest 관심사

04.

M Why haven't you emailed me your résumé?
(a) Someone sent it to me by accident.
(b) Let me check my inbox for emails.
(c) My computer is not working.
(d) There's nothing wrong with my email.

남 당신의 이력서를 왜 내게 이메일로 보내지 않았나요?
(a) 어떤 사람이 실수로 제게 보냈어요.
(b) 받은 메일함을 확인해 볼게요.
(c) 제 컴퓨터가 작동하지 않아요.
(d) 제 이메일에는 아무런 문제가 없습니다.

해설 남자가 왜 이력서를 이메일로 보내지 않았는지 물어보는 상황에서 여자는 컴퓨터가 작동하지 않아서 못 보냈다고 답변하는 것이 가장 적절하므로 (c)가 정답이다.

⚠ 오답 피하기
(a)는 이유로 답하지 않고 someone sent로 답했으므로 질문 오답이다.
(b)는 check my inbox라 하여 이메일을 보냈어야 할 여자가 할 수 있는 말이 아니므로 대상 오답이다.
(d)는 nothing wrong이라 하여 이메일을 보내는 것과 아무 관련이 없는 형용사 오답이다.

■ résumé 이력서 by accident 실수로 inbox 받은 메일함

05.

W Why did you cancel your car insurance?
(a) You shouldn't drive without insurance.
(b) Because I got rid of my car.
(c) At least I'm fully covered.
(d) Because I spend a lot on public transportation.

여 너 자동차 보험을 왜 해약했니?
(a) 보험 없이 운전을 해서는 안 돼.
(b) 왜냐하면 차를 없앴기 때문이야.
(c) 최소한 나는 완전히 보장 받았어.
(d) 왜냐하면 대중 교통에 돈을 많이 쓰기 때문이야.

해설 자동차 보험을 왜 해약했는지 물어보는 상황에서 남자는 차를 없앴기 때문이라고 답변하는 것이 가장 적절하므로 (b)가 정답이다.

⚠ 오답 피하기
(a)는 여자가 남자에게 할 법한 말이므로 대상 오답이다.
(c)는 I'm fully covered라 하여 cancel과 관련 없으므로 동사 오답이다.
(d)는 spend a lot on public transportation이라 하여 자동차 보험과 관련이 없는 소재 오답이다.

■ insurance 보험 get rid of ~을 없애다 be fully covered 완전히 보장받다 public transportation 대중교통

06.

M Were you able to find a good mechanic?
W Actually, no.
M Why not just search the Internet?
(a) You come highly recommended by my friends.
(b) I already found someone to hire.
(c) I'd rather stay with my current mechanic.
(d) I figured it's better to ask around first.

남 괜찮은 수리공을 찾을 수 있었니?
여 실은 못 찾았어.
남 그냥 인터넷으로 찾아보는 게 어때?
(a) 내 친구들이 너를 많이 추천하더라.
(b) 이미 고용할 사람을 찾았어.
(c) 현재 수리공이랑 계속 하는 게 나을 것 같아.
(d) 주변에 먼저 물어보는 것이 나을 것 같다고 생각했어.

해설 남자가 인터넷으로 수리공을 찾아보라고 제안하는 상황에서 여자는 주변에 먼저 물어보는 것이 좋을 것 같다고 답변하는 것이 가장 적절하므로 (d)가 정답이다.

⚠ 오답 피하기
(a)는 you라 하여 마치 남자를 찾아온 것처럼 말하고 있어 대상 오답이다.
(b)는 found라고 하여 앞에서 못 찾았다고 한 내용과 일치하지 않는 일관성 오답이다.
(c)는 앞에서 여자가 괜찮은 수리공을 찾지 못했다고 했으므로 대화 흐름과 맞지 않는 일관성 오답이다.

■ mechanic 수리공 come highly recommended 많은 추천을 받다 current 현재의 figure 생각하다, 판단하다 ask around 주변에 물어보다

07.

W How was your stay at the Grand Hotel?
M It was awful. I couldn't get any sleep.

W Then, why don't you stay at my place while you're in town next time?
(a) I'd feel more comfortable staying with you though.
(b) Because I'm visiting my parents next week.
(c) **I'll give you a call when I have to come back.**
(d) I have a guest room for you.

여 Grand 호텔에서의 숙박은 어땠어?
남 끔찍했어. 잠을 한숨도 못 잤어.
여 그럼 다음에 시내에 올 때는 우리 집에서 묵는 게 어때?
(a) 하지만 난 너랑 같이 있는 것이 더 편할 것 같아.
(b) 왜냐하면 다음 주에 우리 부모님을 만나러 가거든.
(c) 내가 다시 와야 할 때 네게 전화할게.
(d) 너를 위한 손님방이 있어.

해설 호텔에서 잠을 잘 자지 못한 남자에게 여자가 다음 번에는 자신의 집에서 묵는 것을 제안하는 상황에서 남자는 그렇게 하겠다고 답변하는 것이 가장 적절하므로 **(c)가 정답**이다.

⚠ 오답 피하기
(a)는 staying with you though라 하여 마치 여자가 다른 곳에서 숙박하라고 제안한 것처럼 말하기 때문에 상황 오답이다.
(b)는 because라 하여 제안을 하는 질문에 대한 답으로 부적절하기 때문에 질문 오답이다.
(d)는 여자가 남자에게 할 수 있을 법한 말이므로 대상 오답이다.

■ awful 끔찍한, 무시무시한 comfortable 편안한

08.

M You should get some sleep.
W I want to finish this report tonight.
M Why are you in such a rush?
(a) **Everything's due tomorrow.**
(b) You should avoid rushing into things.
(c) Sorry, my hands are tied now.
(d) Because I've had enough sleep.

남 너 잠 좀 자야 할 것 같아.
여 오늘 밤에 이 보고서를 끝내고 싶어.
남 왜 그렇게 서두르니?
(a) 내일까지 전부 제출해야 돼.
(b) 무언가를 급하게 하면 안 돼.
(c) 미안해. 나는 지금 도울 손이 없어.
(d) 왜냐하면 나는 잠을 충분히 잤기 때문이야.

해설 보고서를 오늘 밤에 끝내려고 하는 여자에게 남자는 왜 그렇게 급하게 하는지 물어보는 상황에서 여자는 내일이 마감이라고 답변하는 것이 가장 적절하므로 **(a)가 정답**이다.

⚠ 오답 피하기
(b)는 you라 하여 남자가 할 수 있을 법한 말이므로 대상 오답이다.
(c)는 my hands are tied라 하여 마치 남자가 도움을 요청한 것처럼 말한 상황 오답이다.
(d)는 because로 적절하게 답변을 시작했지만 뒤에 이어 나오는 내용이 문맥과 맞지 않으므로 앞뒤 문맥 불일치 오답이다.

■ due ~까지 해야 하는 in such a rush 매우 서두르는 hands are tied 바쁘다

09.

W Have you seen Mark and Kate recently?
M They broke up the other day.
W Really? Why did they break up?
(a) **They weren't a good fit.**
(b) It came as a surprise to me too.
(c) Because they were happy.
(d) I heard they are back together.

여 Mark와 Kate를 최근에 봤니?
남 그들은 며칠 전에 헤어졌어.
여 정말? 그들은 왜 헤어졌니?
(a) 그들은 서로 잘 맞지 않았어.
(b) 나한테도 너무 놀라웠어.
(c) 왜냐하면 그들은 기뻤기 때문이야.
(d) 나는 그들이 다시 사귄다고 들었어.

해설 Mark와 Kate가 왜 헤어졌는지 물어보는 상황에서 남자는 그들이 서로 잘 맞지 않았다고 답변하는 것이 가장 적절하므로 **(a)가 정답**이다.

⚠ 오답 피하기
(b)는 surprise to me too라고 하여 이유를 답하지 않고 놀랐다고만 말하고 있으므로 상황 오답이다.
(c)는 because로 적절하게 답변을 시작했지만 뒤에 이어 나오는 내용이 문맥과 맞지 않으므로 앞뒤 문맥 불일치 오답이다.
(d)는 back together라 하여 앞에서 헤어졌다고 말한 내용과 일치하지 않는 일관성 오답이다.

■ break up 헤어지다 fit ~와 맞는 것 be back together 다시 사귀다

10.

M Do you work out at a gym?
W No, but I'm planning to join at the beginning of next month.
M Why don't you just sign up right now?
(a) I've been working out for less than a year.
(b) **They still charge you for the entire month.**
(c) Because I paid for the first month.
(d) It's not worth it to go to a gym.

남 너 헬스장에서 운동하니?
여 아니. 하지만 나는 다음 달 초에 등록할 예정이야.
남 그냥 지금 등록하는 게 어때?
(a) 나는 1년이 좀 안 되는 시간 동안 운동을 해오고 있어.
(b) 그래도 한 달치 비용을 청구할 거야.
(c) 왜냐하면 나는 첫 달의 비용을 지불했으니까.
(d) 헬스장에 가는 건 그럴만한 가치가 없어.

해설 남자가 여자에게 지금 바로 헬스장에 등록하는 것을 제안하는 상황에서 여자는 그러면 한 달치 회비를 다 내야 한다고 답변하는 것이 가장 적절하므로 (b)가 정답이다.

⚠️ 오답 피하기

(a)는 working out for less than a year라 하여 아직 운동을 시작하지 않았다고 한 것과 일치하지 않는 일관성 오답이다.
(c)는 paid for라 하여 이미 등록한 것처럼 말하기 때문에 앞의 내용과 일치하지 않는 일관성 오답이다.
(d)는 not worth it이라 하여 앞에서 등록할 것이라고 한 것과 일치하지 않는 일관성 오답이다.

■ work out 운동하다 sign up 등록하다 charge 청구하다

4. What / Which 의문문

Check-Up 본문 p. 49

| 01 (b) | 02 (d) | 03 (c) | 04 (b) | 05 (d) |
| 06 (a) | 07 (a) | 08 (b) | 09 (c) | 10 (b) |

01.

M Which is the fastest way to the bus terminal from here?

(a) This will take you to freeway number 2.
(b) **Cannington Road is the most direct route.**
(c) It's located right behind the City Hall.
(d) My bus departs in 30 minutes, so I have to get there quickly.

남 여기서 버스 터미널까지 가장 빠른 길이 어떤 것인가요?
(a) 이 길은 당신을 제 2 고속도로로 데려다 줄 겁니다.
(b) Cannington 도로가 가장 직선로입니다.
(c) 시청 바로 뒤에 위치하고 있습니다.
(d) 제 버스가 30분 후에 출발하기 때문에 빨리 거기에 가야 합니다.

해설 버스 터미널까지 가는 가장 빠른 길을 물어보는 상황에서 여자는 Cannington Road가 가장 직선로라고 답변하는 것이 적절하므로 (b)가 정답이다.

⚠️ 오답 피하기

(a)는 to freeway number 2라 하여 목적지가 버스 터미널이 아니라 고속도로이기 때문에 소재 오답이다.
(c)는 located right behind라 하여 가는 방법이 아닌 위치를 말하고 있기 때문에 질문 오답이다.
(d)는 버스 터미널을 가려고 하는 남자가 할 수 있을 법한 말이므로 대상 오답이다.

■ direct route 직선로

02.

W What do you say to Thai cuisine tonight?

(a) I didn't know they like Thai food.
(b) Only if you want something else.
(c) No, I'd rather go out for dinner tonight.
(d) I'm all for anything spicy.

여 오늘 저녁에 태국 요리 어때?
(a) 그들이 태국 음식을 좋아하는지 몰랐어.
(b) 네가 다른 것을 원하는 경우에만.
(c) 아니, 나는 오늘 밤 밖에서 저녁을 먹고 싶어.
(d) 난 매운 것이라면 아무거나 찬성이야.

해설 여자가 태국 음식을 먹자고 제안하는 상황에서 남자는 매운 음식이라면 다 좋다고 답변하는 것이 가장 적절하므로 (d)가 정답이다.

⚠️ 오답 피하기

(a)는 I didn't know they like라 하여 여자의 제안에 대해 남자가 아닌 제 3자(they)에 관해 언급하고 있으므로 대상 오답이다.
(b)는 something else라 하여 여자가 태국 음식을 제안하지 않은 것처럼 말하고 있기 때문에 상황 오답이다.
(c)는 앞에서 no라 하고 뒤에서 rather go out이라 하여 앞뒤가 맞지 않기 때문에 앞뒤 문맥 불일치 오답이다.

■ cuisine 요리 all for ~에 찬성하는

03.

M What are the odds of winning first prize?

(a) Something feels strange about this.
(b) You should keep your chin up.
(c) **It's not looking promising.**
(d) You should keep going until you get it.

남 일등상을 받을 가능성이 어떻게 되나요?
(a) 이거 좀 이상한 것 같아요.
(b) 기운 내세요.
(c) 가망이 있어 보이지 않아요.
(d) 당신은 그것을 받을 때까지 노력해야 해요.

해설 일등상을 받을 확률이 어떻게 되는지 물어보는 상황에서 여자는 가망이 있어 보이지 않는다고 답변하는 것이 적절하므로 (c)가 정답이다.

⚠️ 오답 피하기

(a)는 feels strange라 하여 확률이 아니라 느낌에 대해서 설명하고, this가 무엇인지 알 수 없으므로 질문과 소재 오답이다.
(b)는 keep your chin up이라 하여 질문과 무관하게 기운을 내라고 하고 있기 때문에 질문 오답이다.
(d)는 keep going이라 하여 질문에 답을 하지 않고 조언을 주고 있기 때문에 질문 오답이다.

■ odds 가능성, 확률 keep your chin up 기운 내 promising 조짐이 좋은

04.

W What is a prominent landmark near Penny's house?

(a) Her house is fairly close though.
(b) **A water fountain, as I recall.**
(c) I can see it clearly from here.

(d) It's best that we start from there.

여 Penny의 집 주변에 눈에 띄는 랜드마크가 무엇이지?
(a) 그녀의 집은 그래도 꽤 가까워.
(b) 내가 기억하기로는, 분수대야.
(c) 여기서 그것을 뚜렷하게 볼 수 있어.
(d) 거기서 시작하는 것이 우리에게 제일 좋아.

해설 여자가 랜드마크가 무엇인지 물어보는 상황에서 남자는 분수대라고 답변하는 것이 가장 적절하므로 **(b)가 정답**이다.

⚠️ 오답 피하기
(a)는 her house라 하여 랜드마크에 대한 내용이 아니기 때문에 소재 오답이다.
(c)는 see it이라 하여 What에 대한 대답을 하지 않고 있으므로 질문 오답이다.
(d)는 start from there라 하여 랜드마크가 아니라 출발 장소를 설명하고 있기 때문에 소재 오답이다.

▪ prominent 눈에 띄는   water fountain 분수   recall 기억해 내다

05.

M What are you planning to bring to the potluck party tonight?
(a) No, thanks. I've had enough for dinner.
(b) There were only a few people.
(c) I brought some spring rolls for everyone.
(d) Just some traditional Korean dishes.

남 오늘 밤 포트럭 파티에 무엇을 가져올 예정이니?
(a) 괜찮아. 저녁을 충분히 먹었어.
(b) 사람들이 많지 않았어.
(c) 모두를 위해 내가 스프링 롤을 가져왔어.
(d) 전통 한국 음식을 좀 가져갈 거야.

해설 파티에 어떤 음식을 가지고 올 것인지 물어보는 상황에서 여자는 전통 한식이라고 답변하는 것이 가장 적절하므로 **(d)가 정답**이다.

⚠️ 오답 피하기
(a)는 음식을 거절하는 답변이기 때문에 질문 오답이다.
(b)는 were라 하여 시점이 과거이기 때문에 시제 오답이다.
(c)는 brought라 하여 시점이 과거이기 때문에 시제 오답이다.

▪ potluck party 포트럭 파티(음식을 각자 준비해오는 파티)

06.

W Have you made up your mind about adopting a dog?
M Yes. I'm actually picking one up today.
W That's awesome! What kind?
(a) I settled on a golden retriever.
(b) Either one is fine by me.
(c) It depends on what it is.
(d) I chose a dog instead of a cat.

여 개를 입양하는 것에 관하여 마음을 굳혔니?
남 응. 실은 오늘 데리고 오려고 해.
여 멋있다! 어떤 품종?
(a) 골든리트리버로 정했어.
(b) 나는 둘 다 괜찮아.
(c) 무엇이냐에 따라 달라.
(d) 나는 고양이 대신 개를 선택했어.

해설 개를 입양하려는 남자에게 여자가 품종을 물어보는 상황에서 남자는 골든리트리버로 정했다고 답변하는 것이 가장 적절하므로 **(a)가 정답**이다.

⚠️ 오답 피하기
(b)는 either one이라 하여 마치 여자가 종류를 제안한 것처럼 말하고 있기 때문에 질문 오답이다.
(c)는 what it is라 하여 종류를 고를 수 없는 것처럼 말하고 있기 때문에 소재 오답이다.
(d)는 앞서 남자가 이미 개를 입양할 것이라고 했으므로 일관성 오답이다.

▪ make up one's mind 결정을 내리다   adopt 입양하다   settle on (생각 끝에) ~을 정하다

07.

M It's time to get rid of some old clothes.
W Don't just throw them away.
M What should I do with them then?
(a) Donate them to charity.
(b) Just buy more new clothes then.
(c) Check for holes and discoloring.
(d) Clean out your old wardrobe.

남 헌 옷들을 좀 버려야 할 때야.
여 그것들을 그냥 막 버리지마.
남 그럼 그것들을 가지고 어떻게 해야 하니?
(a) 자선 단체에 기부해.
(b) 그럼 새 옷을 더 사.
(c) 구멍이랑 변색된 곳이 있는지 확인해.
(d) 너의 오래된 옷장을 정리해.

해설 남자가 헌 옷들을 어떻게 할지 물어보는 상황에서 여자는 자선 단체에 기부하라고 답변하는 것이 가장 적절하므로 **(a)가 정답**이다.

⚠️ 오답 피하기
(b)는 buy more new clothes라 하여 헌 옷에 대한 내용이 아니기 때문에 소재 오답이다.
(c)는 check for holes and discoloring이라 하여 헌 옷을 버리지 않고 뭘 해야 하는지에 대한 적절한 행동이 아니기 때문에 동사 오답이다.
(d)는 clean out이라 하여 앞에서 버리지 말라고 한 내용과 일치하지 않기 때문에 일관성 오답이다.

▪ get rid of 없애다   throw away 버리다   donate 기부하다   charity 자선 단체   discoloring 변색   wardrobe 옷장

08.

W I'm not sure which dress to buy.
M Okay. Let me help you choose.
W Here. Which one do you think will look better on me?
(a) Let me try the white one on first.
(b) The one you're holding becomes you very well.
(c) They are both on sale for a limited time.
(d) I think you should get a full refund for both.

여 난 어떤 드레스를 구매해야 할지 모르겠어.
남 알았어. 내가 선택하는 것을 도와줄게.
여 여기. 네 생각에는 어떤 것이 나한테 더 잘 어울릴 것 같아?
(a) 내가 하얀색을 먼저 입어볼게.
(b) 네가 들고 있는 것이 너한테 잘 어울려.
(c) 그것들 둘 다 한시적으로 할인 중이야.
(d) 너 둘 다 전액 환불을 받아야 할 것 같아.

해설 여자가 어떤 드레스가 더 잘 어울리는지 물어보는 상황에서 남자는 들고 있는 것이라고 하나를 택하여 답변하는 것이 가장 적절하므로 **(b)가 정답**이다.

⚠ 오답 피하기
(a)는 여자가 할 수 있을 법한 말이므로 대상 오답이다.
(c)는 on sale이라 하여 잘 어울리는 것이 아니라 할인에 대해서 말하고 있기 때문에 소재 오답이다.
(d)는 get a full refund라 하여 아직 구매를 하지 않은 상태에서 할 수 없는 말이기 때문에 일관성 오답이다.

▪ full refund 전액 환불

09.

M Hi, I'm here for my flight to Seoul.
W Sure. How many bags are you checking in?
M A total of four. What's the fee for additional luggage?
(a) You can check in two bags for free.
(b) It's $100 for each person.
(c) That'll be $40 per bag.
(d) I'll have to see them first.

남 안녕하세요. 저는 서울행 비행기를 타려고 왔어요.
여 네. 몇 개의 가방을 부치시나요?
남 총 4개요. 추가 수하물에 대한 비용은 어떻게 되나요?
(a) 가방 두 개는 무료로 부치실 수 있습니다.
(b) 한 사람당 100달러입니다.
(c) 가방 하나당 40달러입니다.
(d) 그것들을 먼저 봐야 할 것 같아요.

해설 남자가 추가 수하물에 대한 비용을 물어보는 상황에서 여자는 가방 하나당 40달러라고 답변하는 것이 가장 적절하므로 **(c)가 정답**이다.

⚠ 오답 피하기
(a)는 two bags for free라 하여 앞에서 4개의 가방이 있다고 한 것과 일치하지 않기 때문에 일관성 오답이다.
(b)는 person이라 하여 가방이 아닌 사람에 대해서 말하고 있기 때문에 소재 오답이다.
(d)는 see them first라 하여 추가 수하물 요금과 관련이 없는 동사를 사용하고 있기 때문에 동사 오답이다.

▪ luggage 수하물

10.

W Excuse me. Is there a post office nearby?
M Follow this street for about a half a block.
W Thanks, and which side is it on?
(a) A little farther down, I think.
(b) You'll see it on your right.
(c) You just missed it.
(d) It's right next to the post office.

여 실례합니다. 주변에 우체국이 있나요?
남 이 길을 따라 반 블록 정도 계속 걸어가세요.
여 고맙습니다. 그런데 우체국은 어느 쪽에 있나요?
(a) 제 생각엔 조금 더 멀리 가요.
(b) 오른쪽에 보일 거예요.
(c) 방금 지나치셨어요.
(d) 우체국 바로 옆에 있습니다.

해설 우체국이 어느 쪽에 있는지 물어보는 상황에서 남자는 오른쪽에 있을 거라고 답변하는 것이 가장 적절하므로 **(b)가 정답**이다.

⚠ 오답 피하기
(a)는 father down이라 하여 어느 쪽에 있는지 설명하지 않기 때문에 질문 오답이다.
(c)는 missed it이라 하여 앞에서 반 블록 더 가야 한다는 내용과 일치하지 않기 때문에 일관성 오답이다.
(d)는 next to the post office라 하여 마치 여자가 우체국이 아니라 다른 건물의 위치를 물어본 것처럼 말하고 있기 때문에 소재 오답이다.

▪ nearby 주변에

Unit Test   본문 p. 50

01 (b)	02 (c)	03 (a)	04 (c)	05 (d)
06 (b)	07 (a)	08 (c)	09 (d)	10 (c)
11 (c)	12 (b)	13 (d)	14 (c)	15 (d)
16 (c)	17 (d)	18 (a)	19 (d)	20 (c)

01.

W How's your home renovation coming along?
(a) The housewarming party's tonight.
(b) It's taking longer than I'd hoped.
(c) Let me see what yours looks like.

(d) The estimate is quite reasonable.

여 집 보수공사는 어떻게 되어 가고 있니?
(a) 집들이는 오늘 밤이야.
(b) 내가 바랐던 것보다 더 오래 걸리고 있어.
(c) 너희 집은 어떤지 보여줘.
(d) 견적이 꽤 적당해(비싸지 않아).

해설 집 보수공사가 어떻게 되어 가고 있는지 물어보는 상황에서 남자는 생각보다 오래 걸리고 있다고 답변하는 것이 가장 적절하므로 **(b)가 정답**이다.

⚠ 오답 피하기
(a)는 housewarming party라 하여 집 보수공사와 관련이 없으므로 소재 오답이다.
(c)는 yours라 하여 여자가 집 보수공사를 한 남자에게 할 법한 말이므로 대상 오답이다.
(d)는 estimate이라 하여 보수공사가 아니라 견적에 대해서 말하고 있으므로 소재 오답이다.

■ housewarming party 집들이 estimate 견적 reasonable 적당한, 비싸지 않은

02.

M I didn't see you at the movie premiere. What happened?
(a) I'll let everybody know.
(b) Okay, thanks for the reminder.
(c) Sorry, I wasn't feeling well.
(d) I'm on my way now.

남 영화 시사회에서 너를 못 봤어. 무슨 일 있었니?
(a) 모두에게 알릴게.
(b) 알겠어, 상기시켜줘서 고마워.
(c) 미안해. 몸이 좀 안 좋았어.
(d) 지금 가고 있어.

해설 시사회에 왜 오지 않았는지 물어보는 상황에서 여자는 몸이 안 좋았다고 답변하는 것이 가장 적절하므로 **(c)가 정답**이다.

⚠ 오답 피하기
(a)는 let everybody know라 하여 상황과 전혀 관련 없는 말을 하고 있으므로 상황 오답이다.
(b)는 What으로 묻는 질문에 Okay로 답하여 질문 오답이다.
(d)는 on my way now라 하여 현재 진행 중인 것처럼 말하고 있으므로 시제 오답이다.

■ movie premiere 영화 시사회 on one's way 가는 길에, 도중에

03.

W Why are you purchasing these fabrics?
(a) They are too cheap to pass up.
(b) Because they're not there.
(c) You don't need that many fabrics.
(d) I'm trying to furnish my apartment.

여 이 천을 왜 사는 거니?
(a) 놓치기에는 너무 싸.
(b) 왜냐하면 그건 거기에 없기 때문이야.
(c) 너는 그렇게 많은 천이 필요하지 않아.
(d) 나는 우리 집에 가구를 들여놓으려고 해.

해설 천을 왜 구매하는지 물어보는 상황에서 남자는 안 사기에는 너무 싸기 때문이라고 답변하는 것이 가장 적절하므로 **(a)가 정답**이다.

⚠ 오답 피하기
(b)는 because로 답을 시작하여 적절해 보이지만 뒤에 나오는 내용이 문맥과 전혀 관련 없으므로 앞뒤 문맥 불일치 오답이다.
(c)는 you라 하여 여자가 천을 사려는 남자에게 할 법한 말이므로 대상 오답이다.
(d)는 furnish라 하여 천과 관련 없는 내용이므로 소재 오답이다.

■ fabric 천 pass up (기회를) 놓치다 furnish 가구를 들여놓다

04.

M What was your favorite part of the show?
(a) It consisted of two parts.
(b) I saw it from start to finish.
(c) Nothing was particularly impressive.
(d) I especially liked that part.

남 공연에서 네가 제일 좋아하는 부분은 뭐였니?
(a) 두 개의 부분으로 이루어져 있었어.
(b) 처음부터 끝까지 다 봤어.
(c) 특별히 인상적인 것은 없었어.
(d) 나는 특히 그 부분이 좋았어.

해설 공연에서 가장 마음에 든 부분을 물어보는 상황에서 여자는 특별히 인상적인 부분이 없었다고 답변하는 것이 가장 적절하므로 **(c)가 정답**이다.

⚠ 오답 피하기
(a)는 two parts라 하여 가장 좋았던 부분이 아니라 구성을 말하고 있으므로 질문 오답이다.
(b)는 saw it from start to finish라 하여 공연을 좋아했을 때 할 수 있는 말이므로 상황 오답이다.
(d)는 that part라 하여 질문에 특정 부분이 언급된 것처럼 말하고 있으므로 소재 오답이다.

■ consist of ~로 구성되다 particularly 특별히 impressive 인상적인

05.

W How did you get into fencing? You're a natural!
(a) But it's natural to be afraid at first.
(b) I try to stand behind my fence.
(c) Well, I'll try to practice more often.
(d) Thanks. I came across it purely by chance.

여 펜싱을 어떻게 시작하게 되었니? 너 타고났다!
(a) 하지만 처음에는 두려운 게 당연한 거야.
(b) 나는 되도록 내 울타리 뒤에 서 있으려고 해.

(c) 음. 더 자주 연습하도록 노력할게.
(d) 고마워. 순전히 우연히 접하게 되었어.

해설 펜싱에 소질이 있다며 어떻게 시작하게 되었는지 물어보는 상황에서 남자는 고맙다고 하고 우연히 접하게 되었다고 답하는 것이 가장 적절하므로 **(d)가 정답**이다.

⚠️ 오답 피하기
(a)는 afraid라 하여 마치 여자가 펜싱을 무서워하는 것처럼 말하고 있으므로 형용사 오답이다.
(b)는 my fence라 하여 소재가 다르기 때문에 소재 오답이다.
(c)는 I'll try to라 하여 시제가 맞지 않는 시제 오답이다.

get into 시작하다, 들어가다 fencing 펜싱 fence 울타리 come across 우연히 접하다 purely 순전히 by chance 우연히

06.

M Excuse me, but where is the nearest ATM?
(a) I just withdrew some money, too.
(b) It's located across the street.
(c) You can get some from the machine.
(d) Follow your steps back to the car.

남 실례합니다만, 가장 가까운 ATM은 어디에 있나요?
(a) 저도 지금 막 돈을 좀 인출했어요.
(b) 길 건너편에 있어요.
(c) 자판기에서 몇 개 사실 수 있을 거예요.
(d) 왔던 길을 가서 차로 돌아가세요.

해설 가장 가까운 ATM이 어디 있는지 물어보는 상황에서 길 건너편에 있다고 답변하는 것이 가장 적절하므로 **(b)가 정답**이다.

⚠️ 오답 피하기
(a)는 withdrew some money라 하여 위치를 말하지 않고 ATM과 관련된 행동을 말하고 있으므로 상황 오답이다.
(c)는 get some이라 하여 마치 질문에서 돈을 언급한 것처럼 말하고 있으므로 소재 오답이다.
(d)는 follow your steps라 하여 적절하게 응답을 시작하는 것 같지만 back to the car는 질문과 관련 없는 내용이므로 앞뒤 문맥 불일치 오답이다.

withdraw 인출하다

07.

W How do you unwind after getting off work?
(a) Watching a movie helps me relax.
(b) I usually get up early for work.
(c) Around 6 p.m., when I'm done at the office.
(d) I go on vacations to foreign countries.

여 퇴근 후에 어떻게 휴식을 취하니?
(a) 영화를 보는 것이 내가 쉬는 데 도움이 돼.
(b) 나는 회사에 가기 위해 보통 일찍 일어나.
(c) 회사 일이 끝나는 오후 6시 즈음에.
(d) 나는 외국으로 휴가를 가.

해설 퇴근하고 어떻게 쉬는지 물어보는 상황에서 영화를 보는 것이 쉬는 데 도움이 된다고 답변하는 것이 가장 적절하므로 **(a)가 정답**이다.

⚠️ 오답 피하기
(b)는 get up early for work라 하여 퇴근 후에 대해 묻는 질문에 출근하기 전의 상황으로 대답한 상황 오답이다.
(c)는 6 p.m.이라 하여 방법을 묻는 질문에 시간으로 대답한 질문 오답이다.
(d)는 vacations to foreign countries라 하여 퇴근 후에 할 수 있는 일이 아니므로 소재 오답이다.

unwind 긴장을 풀다, 쉬다 get off work 퇴근하다

08.

M How are your colleagues at the new branch?
(a) Some of them are working night shifts.
(b) People are still being appointed.
(c) Most are quite welcoming.
(d) I've spoken to all of them already.

남 새로운 지점의 동료들은 어때요?
(a) 어떤 사람들은 야간 근무를 해요.
(b) 사람들이 아직 임명되고 있어요.
(c) 대부분의 사람들이 꽤 환영해주고 있어요.
(d) 나는 이미 그들 모두와 이야기해보았어요.

해설 새 지점의 동료들이 어떤지 물어보는 상황에서 여자는 대부분 환영해준다고 답변하는 것이 가장 적절하므로 **(c)가 정답**이다.

⚠️ 오답 피하기
(a)는 working night shifts라 하여 동료가 어떤지와 관련 없는 동사를 사용한 동사 오답이다.
(b)는 being appointed라 하여 회사가 하고 있는 일(직원 임명)에 대해 말하고 있으므로 소재 오답이다.
(d)는 I've spoken to라 하여 자신이 행한 행동을 말하고 있으므로 동사 오답이다.

colleague 동료 branch 지점 night shift 야간 근무 appoint 임명하다

09.

W How much do you pay for electricity each month?
(a) We try to keep our rooms bright.
(b) The bill comes on the last day of the month.
(c) See if you were overcharged.
(d) I'd have to check with my wife.

여 매달 전기세를 얼마나 내니?
(a) 우리는 방을 밝게 유지하려고 해.
(b) 월 말에 고지서가 나와.
(c) 금액이 너무 많이 청구된 건지 확인해봐.
(d) 아내에게 확인해봐야 해.

해설 전기세가 매달 얼마가 나오는지 물어보는 상황에서 남자는 아내

에게 확인해봐야 한다고 답변하는 것이 가장 적절하므로 **(d)가 정답**이다.

⚠️ 오답 피하기
(a)는 keep our rooms bright라 하여 방에 대해 말하고 있으므로 소재 오답이다.
(b)는 last day of the month라 하여 요금이 얼마인지가 아니라 언제 고지서가 나오는지를 말하고 있으므로 질문 오답이다.
(c)는 여자가 남자에게 할 수 있을 법한 말이므로 대상 오답이다.
■ electricity 전기 bill 고지서 overcharge 과잉 청구하다

10.

> **M** Who are you going to cast your vote for in the coming election?
> (a) I think Dexter has cast his vote already.
> (b) My bet is on a local candidate.
> **(c) I'm still vacillating between O'Brian and Millar.**
> (d) Whoever garners the most votes.
>
> 남 다가오는 선거에서 너는 누구에게 투표할 거니?
> (a) 내 생각에 Dexter는 이미 투표를 한 것 같아.
> (b) 나는 지역 후보에 돈을 걸었어.
> (c) 나는 O'Brian과 Millar 사이에서 아직 고민하고 있어.
> (d) 가장 많은 표를 얻는 사람 누구든지.

해설 선거에서 누구에게 투표할 것인지를 물어보는 상황에서 여자는 두 명 중에 고민하고 있다고 답변하는 것이 가장 적절하므로 **(c)가 정답**이다.

⚠️ 오답 피하기
(a)는 Dexter has cast라 하여 누구에게 투표를 한다고 설명하는 것이 아니라 누가 투표를 했는지 설명하고 있기 때문에 대상 오답이다.
(b)는 my bet이라 하여 내기 대상에 관해 말하고 있으므로 소재 오답이다.
(d)는 whoever로 시작하여 적절한 응답 같지만 garners the most votes가 투표 결과에 관한 내용이므로 앞뒤 문맥 불일치 오답이다.
■ cast one's vote 투표하다 coming 다가오는 election 선거 bet 내기 local candidate 지역 후보 vacillate 결정을 못하다 garner 얻다, 획득하다

11.

> **M** Are you excited to move to a new apartment?
> **W** Not really. I've grown used to the apartment I'm in now.
> **M** Well, how long have you lived there?
> (a) Since I've moved to the new apartment.
> (b) Within a month or so.
> **(c) It's been almost ten years.**
> (d) I don't know exactly, but decades ago.
>
> 남 새로운 아파트로 이사하는 것이 기대되니?
> 여 별로. 나는 내가 지금 살고 있는 아파트에 익숙해져 있어.
> 남 음. 거기서 얼마나 살았니?

(a) 새로운 아파트로 이사 갔을 때부터.
(b) 한 달쯤 안에.
(c) 거의 10년이 되었어.
(d) 정확히는 모르지만, 수십 년 전에.

해설 지금 아파트에서 얼마나 살았는지 물어보는 상황에서 10년 정도 되었다고 답변하는 것이 가장 적절하므로 **(c)가 정답**이다.

⚠️ 오답 피하기
(a)는 since라 하여 적절하게 응답을 시작하는 것 같지만 새 아파트로 아직 이사 가지 않았으므로 앞뒤 문맥 불일치 오답이다.
(b)는 within이라 하여 기간을 묻는 질문에 때(시기)로 답한 질문 오답이다.
(d)는 decades ago라 하여 기간을 묻는 질문에 때(시기)로 답한 질문 오답이다.
■ grow used to ~에 익숙해지다

12.

> **W** Excuse me. I'm looking for the Burch Building. Am I at the right place?
> **M** It seems like you've walked past it.
> **W** Really? How far back do I need to go?
> (a) The name of the building sounds familiar.
> **(b) About two blocks the opposite way.**
> (c) Go a few blocks from the building.
> (d) Sorry, I'm not sure where it is.
>
> 여 실례합니다. Burch 빌딩을 찾고 있어요. 제가 제대로 왔나요?
> 남 그 빌딩을 지나쳐 오신 것 같네요.
> 여 정말요? 제가 얼마나 더 돌아가야 할까요?
> (a) 빌딩 이름이 익숙하네요.
> (b) 반대 방향으로 두 블록 정도요.
> (c) 빌딩으로부터 몇 블록 더 가세요.
> (d) 죄송합니다. 그것이 어디 있는지 확실히 모르겠어요.

해설 여자가 찾고 있는 빌딩을 지나쳐 왔다는 말에 얼마나 더 돌아가야 하는지 물어보는 상황에서 남자는 반대 방향으로 두 블록 정도라고 답변하는 것이 가장 적절하므로 **(b)가 정답**이다.

⚠️ 오답 피하기
(a)는 앞에서 이미 빌딩을 지나쳐 왔다고 말한 것과 문맥상 일관성이 떨어지므로 일관성 오답이다.
(c)는 from the building이라 하여 아직 도착하지 않은 빌딩에서 더 가라고 했으므로 상황 오답이다.
(d)는 not sure라 하여 앞에서 남자가 이미 Burch 빌딩을 알고 있고 그것을 지나쳐 왔다고 말한 것과 일치하지 않으므로 일관성 오답이다.
■ familiar 익숙한 opposite way 반대 방향

13.

> **M** Hi, I'm calling to speak to Mr. Brooks.
> **W** I'm sorry, but he's not in at the moment.
> **M** What time should I call back then?

(a) Mr. Brooks just left the building.
(b) Well, I'll tell him to call back.
(c) Whenever you want me to do so.
(d) Around four in the afternoon.

남 안녕하세요. Brooks 씨와 통화하려고 전화했습니다.
여 죄송하지만, 그는 현재 자리에 없으십니다.
남 그럼 몇 시에 전화를 다시 해야 할까요?
(a) Brooks 씨는 방금 건물을 나가셨습니다.
(b) 음. 그에게 다시 전화 드리라고 말할게요.
(c) 제가 하기를 원하시는 언제든지요.
(d) 오후 4시쯤 하시면 됩니다.

해설 Mr. Brooks와 통화하려면 몇 시에 다시 전화를 하면 좋을지 물어보는 상황에서 여자는 오후 4시쯤에 하라고 답변하는 것이 가장 적절하므로 (d)가 정답이다.

⚠ 오답 피하기
(a)는 left라 하여 앞에서 Brooks 씨가 자리에 없다고 한 말과 같은 맥락의 말을 또 하고 있으므로 상황 오답이다.
(b)는 tell him to call back이라 하여 시간으로 답하지 않고 Brooks 씨에게 전달하겠다고 하여 동사 오답이다.
(c)는 want me to do so라 하여 전화를 건 남자가 할 수 있을 법한 말이므로 대상 오답이다.

■ at the moment 현재

14.

W Were you able to find a place to take piano lessons?
M No, and I couldn't find a decent tutor either.
W Why don't I teach you then?
(a) I would love to share what I know.
(b) There are several places to choose from.
(c) I'd appreciate that. Let's start right away.
(d) I don't mind learning the piano instead.

여 피아노 수업을 받을 수 있는 곳을 찾았니?
남 아니, 그리고 제대로 된 과외 선생님도 못 찾았어.
여 그럼 내가 가르쳐주는 건 어때?
(a) 난 내가 알고 있는 것을 공유하고 싶어.
(b) 선택할 수 있는 장소가 여러 곳이 있어.
(c) 그럼 고맙지. 바로 시작하자.
(d) 난 대신 피아노를 배우는 것은 상관 없어.

해설 피아노 선생님을 찾지 못한 남자에게 여자가 자신이 가르쳐 주겠다고 제안하는 상황에서 남자는 고맙다고 하고 제안을 수락하는 것이 가장 적절하므로 (c)가 정답이다.

⚠ 오답 피하기
(a)는 share what I know라 하여 피아노를 가르쳐주고자 하는 여자가 할 수 있을 법한 말이므로 대상 오답이다.
(b)는 there are several places라 하여 앞에서 레슨을 받을 곳이 없다고 말한 내용과 일치하지 않으므로 일관성 오답이다.

(d)는 learning the piano instead라 하여 마치 다른 것을 배우려고 했는데 피아노로 바꾸는 것처럼 말하여 일관성 오답이다.

■ decent 제대로 된, 괜찮은   tutor 과외 선생님   share 공유하다

15.

M Is your husband aware of your dismissal from work?
W Yeah. I told him this morning.
M How did he handle the news?
(a) He didn't take his layoff very well.
(b) He's used to hearing tragic news on TV.
(c) He has been thinking of changing his career.
(d) He only had encouraging words to say.

남 너희 남편은 네가 직장에서 해고된 것을 아니?
여 응. 오늘 아침에 말했어.
남 그는 그 소식을 어떻게 감당했어?
(a) 그는 자신의 해고를 잘 받아들이지 못했어.
(b) 그는 TV에서 비극적인 뉴스를 듣는 것에 익숙해.
(c) 그는 직장을 바꿀 생각을 하고 있어.
(d) 그는 격려의 말만 해주었어.

해설 여자의 해고에 대한 남편의 반응에 대해서 물어보는 상황에서 여자는 그가 격려의 말을 해주었다고 답변하는 것이 가장 적절하므로 (d)가 정답이다.

⚠ 오답 피하기
(a)는 his layoff라 하여 마치 여자가 아니라 남편이 해고된 것처럼 말하고 있으므로 대상 오답이다.
(b)는 tragic news on TV라 하여 여자의 소식이 아니라 TV 뉴스에 대해서 말하고 있으므로 소재 오답이다.
(c)는 changing his career라 하여 질문과 관련 없는 대답을 한 상황 오답이다.

■ dismissal 해고   handle 감당하다   layoff 해고   tragic 비극적인   encouraging words 격려의 말

16.

W Sorry for arriving late. How can I make it up to you?
M It's no big deal. Besides, it wasn't your fault.
W Still... How about I treat you to dinner tonight?
(a) It's really unnecessary. You made it on time.
(b) Okay, then we can have dinner instead.
(c) If you insist. But you really don't have to.
(d) All right. I'll meet you there in an hour.

여 늦게 도착해서 미안해. 어떻게 보상할 수 있을까?
남 괜찮아. 그리고 네 잘못도 아니었잖아.
여 그래도… 오늘 밤에 내가 저녁 식사를 사면 어때?
(a) 정말 필요 없어. 너 제시간에 왔잖아.
(b) 그래, 그럼 대신 저녁을 먹자.
(c) 네가 정 그러겠다면. 하지만 정말 그럴 필요 없어.
(d) 그래. 한 시간 후에 거기서 만나자.

[해설] 여자가 약속에 늦은 것에 대해 저녁 식사를 사주는 것을 제안하는 상황에서 남자가 정 그렇게 하고 싶다면 그래도 되지만 그럴 필요 없다고 답변하는 것이 가장 적절하므로 **(c)가 정답**이다.

⚠️ 오답 피하기

(a)는 made it on time이라 하여 앞에서 여자가 늦었다고 한 내용과 일치하지 않는 일관성 오답이다.
(b)는 앞에서 okay라 하여 적절한 응답으로 시작하지만 뒤에서 대신 저녁을 먹자고 하여 대화의 내용과 맞지 않으므로 앞뒤 문맥 불일치 오답이다.
(d)는 앞에서 All right이라 하여 적절한 응답으로 시작하지만 뒤에서 말하는 there가 어디인지 알 수 없으므로 앞뒤 문맥 불일치 오답이다.

■ make up 만회하다, (손해를) 보상하다 no big deal 별일 아니다
fault 잘못 if you insist 네가 정 그러겠다면

17.

M Are you doing anything special for Thanksgiving?
W My family lives abroad, so no.
M Why not join my family for dinner then?

(a) Thanks for having me. We should do this often.
(b) No, I already had dinner with my family.
(c) I don't mind having you over on Thanksgiving.
(d) I wouldn't want to be a bother.

남 추수감사절에 특별한 무언가를 할 거니?
여 우리 가족은 해외에 살아서, 안 할 것 같아.
남 그럼 우리 가족 저녁 식사에 함께 하는 거 어때?
(a) 나를 초대해줘서 고마워. 우리는 이것을 자주 해야겠다.
(b) 아니야. 나는 이미 우리 가족과 저녁을 먹었어.
(c) 추수감사절에 네가 오는 것은 괜찮아.
(d) 나는 폐를 끼치고 싶지 않아.

[해설] 추수감사절에 남자가 여자를 가족 저녁 식사에 초대하는 상황에서 여자는 폐를 끼치고 싶지 않다고 거절하는 것이 가장 적절하므로 **(d)가 정답**이다.

⚠️ 오답 피하기

(a)는 여자가 남자의 가족과 식사를 한 후에 할 수 있을 법한 말이므로 상황 오답이다.
(b)는 already had dinner라 하여 미래 시점이 아닌 과거 시점에 대해 말하고 있으므로 시제 오답이다.
(c)는 having you over라 하여 남자가 여자에게 할 수 있을 법한 말이므로 대상 오답이다.

■ abroad 해외에 bother 성가심

18.

W Were you able to register for classes for next semester?
M Yeah, I had no problems.
W How many did you register for in total?

(a) As many as I could possibly sign up for.
(b) I'll probably know next semester or so.
(c) I'll have to try again tonight after my classes.
(d) Three of them are going to be quite demanding.

여 다음 학기 수업을 신청할 수 있었니?
남 응. 문제 없었어.
여 총 몇 개의 강의를 신청했니?
(a) 신청할 수 있는 한 최대한 많이.
(b) 다음 학기 즈음에 알 것 같아.
(c) 수업 끝나고 오늘 밤에 다시 해봐야 할 것 같아.
(d) 그 중 세 개는 꽤 벅찰 거야.

[해설] 몇 개의 수업을 등록했는지 물어보는 상황에서 남자는 등록할 수 있는 만큼 최대한 등록했다고 답변하는 것이 가장 적절하므로 **(a)가 정답**이다.

⚠️ 오답 피하기

(b)는 know next semester라 하여 앞에서 문제 없이 수업 신청을 했다고 한 것과 맞지 않는 일관성 오답이다.
(c)는 try again이라 하여 앞에서 문제가 없었다고 한 내용과 일치하지 않으므로 일관성 오답이다.
(d)는 three라 하여 적절한 응답으로 시작하지만 등록한 수업의 수가 아니라 어려운 수업의 수를 설명하고 있으므로 앞뒤 문맥 불일치 오답이다.

■ register 등록하다 in total 총 sign up 등록하다 or so ~쯤, 정도
demanding 노력이 많이 필요한

19.

M Congratulations on getting your first convertible.
W Thanks! It gives me something to do on weekends.
M So, when can you show me your prized possession?

(a) I don't know what took me so long to buy one.
(b) You should take me on a test drive.
(c) Once I save enough to afford one.
(d) It's in the garage if you're willing to go there now.

남 첫 컨버터블 자동차를 산 거 축하해.
여 고마워! 주말에 할 것이 생겼어.
남 그래서 너는 언제 너의 소중한 소유물을 내게 보여줄 거니?
(a) 하나 사는 데 왜 이렇게 오래 걸렸는지 모르겠어.
(b) 시험 운전에 날 데려가야 해.
(c) 하나 살만큼 돈을 모으면.
(d) 네가 지금 갈 의향이 있다면 차가 차고에 있어.

[해설] 남자가 여자에게 새로 산 자동차를 언제 보여줄 것인지 물어보는 상황에서 여자는 지금 차고에 있으므로 보여주겠다는 의도로 답변하는 것이 가장 적절하므로 **(d)가 정답**이다.

⚠️ 오답 피하기

(a)는 때, 시기를 묻는 질문에 맞지 않는 답을 하고 있으므로 질문 오답이다.
(b)는 you라 하여 남자가 차를 산 여자에게 할 수 있을 법한 말이므로 대상 오답이다.

(c)는 save enough라 하여 아직 구매를 하지 않은 것처럼 말하기 때문에 대화 내용과 일치하지 않는 일관성 오답이다.

■ convertible 컨버터블 자동차(지붕이 열리는 차) prized 소중한 possession 소유물 test drive 시험 운전 afford 살 여유가 있다 garage 차고 be willing to ~할 의향이 있다

20.

W What did you think about the second debate last night?
M It was ridiculous! I mean, it had no real substance.
W Well, what about the first one then?
(a) It was hard to continue watching the second debate.
(b) The first debate was held early last month.
(c) It dealt with more real issues and policies.
(d) I completely understand where you're coming from.

여 어젯밤 2차 토론회에 대해서 어떻게 생각했어?
남 웃겼어! 내 말은, 정말로 내용이 없었어.
여 음, 그럼 1차 토론회는 어땠어?
(a) 2차 토론회를 계속 보는 것은 힘들었어.
(b) 1차 토론회는 지난달 초에 열렸어.
(c) 더 많은 쟁점과 정책에 대해서 다루었어.
(d) 왜 네가 그런 생각을 하는지 난 전적으로 이해해.

해설 2차 토론회에 대해 부정적으로 말하는 남자에게 여자가 1차 토론회는 어땠었는지 물어보는 상황에서 남자는 그게 더 많은 쟁점과 정책을 다루었다고 답변하는 것이 가장 적절하므로 **(c)가 정답**이다.

⚠ 오답 피하기

(a)는 second debate라 하여 1차 토론이 아닌 2차 토론에 대해서 말하고 있으므로 소재 오답이다.
(b)는 held early last month라 하여 언제 토론회가 열렸는지를 설명하고 있으므로 질문 오답이다.
(d)는 마치 앞에서 여자가 자신의 의견을 주고 남자는 그 의견에 동의하는 것처럼 말하고 있으므로 상황 오답이다.

■ debate 토론 ridiculous 웃기는, 터무니없는 substance 내용 deal with 다루다 policy 정책

Unit 02 일반 의문문

1. Be / Do / Have 의문문

✓ Check-Up   본문 p. 55

01 (a)   02 (a)   03 (c)   04 (c)   05 (d)
06 (a)   07 (b)   08 (c)   09 (d)   10 (b)

01.

M Excuse me. Do you carry ties with any other patterns besides stripes?
(a) Sorry, we don't have any in stock.
(b) They're too dark for me.
(c) We don't have stripes now.
(d) No, they're not on sale.

남 실례합니다. 줄무늬 외에 다른 무늬의 넥타이가 있나요?
(a) 죄송하지만, 재고가 하나도 없습니다.
(b) 저에게 너무 어두운 것 같아요.
(c) 저희는 지금 줄무늬가 없습니다.
(d) 아니요, 그것들은 할인하고 있지 않습니다.

해설 줄무늬가 아닌 다른 무늬의 넥타이를 취급하는지 물어보는 상황에서 여자는 재고가 없다고 답변하는 것이 가장 적절하므로 **(a)가 정답**이다.

⚠ 오답 피하기

(b)는 for me라 하여 고객인 남자가 할 수 있을 법한 말이므로 대상 오답이다.
(c)는 don't have stripes라 하여 줄무늬가 아닌 다른 것이 있냐고 묻는 질문에 적절하지 않은 상황 오답이다.
(d)는 not on sale이라 하여 넥타이의 종류가 아니라 할인에 대해서 말하고 있으므로 소재 오답이다.

■ carry 취급하다 besides ~외에 in stock 재고로

02.

W Have you read the negative online reviews about this product?
(a) Yes, they were quite discouraging.
(b) Well, I haven't used it to write a review.
(c) Yeah, I'm thinking of buying one for myself.
(d) No, they were too critical for me to pass over.

여 이 제품에 대한 부정적인 온라인 후기를 읽어봤나요?
(a) 네, 꽤 실망스럽더군요.
(b) 글쎄요, 후기를 쓰기 위해 그걸 써보진 않았어요.
(c) 네, 제 것 하나를 구매하려고 생각 중입니다.
(d) 아니요, 그것들은 무시하기에는 너무 비판적이었어요.

해설 제품에 대한 부정적인 후기를 봤는지 물어보는 상황에서 남자는 봤다고 하며 실망스러웠다고 답변하는 것이 가장 적절하므로 **(a)가 정답**이다.

⚠ 오답 피하기

(b)는 used it이라 하여 읽어봤냐고 묻는 질문과 맞지 않는 동사이기 때문에 동사 오답이다.
(c)는 앞에서 yeah라고 하여 적절한 응답으로 시작하지만 뒤에서 구매를 하겠다고 하여 앞뒤 문맥 불일치 오답이다.
(d)는 앞에서 no라고 하여 적절한 응답으로 시작하지만 뒤에서 읽을 수밖에 없었다고 하여 내용이 서로 맞지 않기 때문에 앞뒤 문맥 불일치 오

답이다.
- discouraging 실망스러운, 낙담시키는   critical 비판적인
  pass over 무시하다, 피하다

03.

> M Do you get scolded by the manager as much as I do?
> (a) Yeah, it's been a while since I've talked to him.
> (b) No one else complains about my behavior.
> **(c) You wouldn't believe the extent.**
> (d) You should treat your employees with respect.
>
> 남 당신은 상사에게 저만큼 많이 혼나나요?
> (a) 네, 그와 얘기를 한 지 한참 되었어요.
> (b) 제 행동에 대해서 불평을 하는 사람은 아무도 없어요.
> (c) 어느 정도인지 믿지지 않을 거예요.
> (d) 당신은 직원들을 존중해주어야 해요.

[해설] 상사에게 자신처럼 많이 혼나는지 물어보는 상황에서 여자는 많이 혼난다는 의미로 답변하는 것이 가장 적절하므로 **(c)가 정답**이다.

⚠ 오답 피하기
(a)는 앞에서 yeah라고 하여 적절한 응답으로 시작하지만 뒤에서 혼나는 것과 관련 없이 talked라 하여 앞뒤 문맥 불일치 및 동사 오답이다.
(b)는 complains라 하여 혼나는 것이 아닌 불평에 대해서 말하고 있기 때문에 동사 오답이다.
(d)는 상사에게 할 수 있을 법한 말이므로 대상 오답이다.

- get scolded 잔소리를 듣다, 꾸지람을 받다   behavior 행동   extent 정도   treat 대하다   respect 존중

04.

> W Is the company really downsizing its workforce by half by the end of the year?
> (a) Yeah, the economy is slowly gaining momentum.
> (b) Maybe it's a sign of a healthy balance sheet.
> **(c) That's the rumor that has been going around lately.**
> (d) I'm sorry to hear that. I'm sure you'll find a better job.
>
> 여 회사가 정말 올해 말까지 인력을 반으로 줄일 건가요?
> (a) 네, 경기가 서서히 탄력을 얻는 것 같아요.
> (b) 어쩌면 그것은 건전한 대차 대조표의 신호일 수 있어요.
> (c) 그것이 요즘 돌고 있는 소문이에요.
> (d) 안됐네요. 분명 더 좋은 직업을 찾을 거예요.

[해설] 회사에서 인력 감축이 있을지 물어보는 상황에서 남자는 소문이 그렇다고 답변하는 것이 가장 적절하므로 **(c)가 정답**이다.

⚠ 오답 피하기
(a)는 앞에서 yeah라 하여 적절한 응답으로 시작하지만 뒤에서 gaining momentum이라 하여 문맥이 일치하지 않기 때문에 앞뒤 문 맥 불일치 오답이다.
(b)는 sign of a healthy balance sheet라 하여 오히려 인력 감축과 반대인 상황에 대해 말하고 있으므로 상황 오답이다.
(d)는 사실 여부를 묻는 질문에 위로하는 답을 하여 오답이다.

- downsize 축소하다   workforce 인력   gain momentum 탄력을 얻다   healthy 건전한   balance sheet 대차 대조표

05.

> W Do you need help finding anything other than these items?
> (a) I appreciated that.
> (b) Call me if you need any help.
> (c) Yes, I got everything I need.
> **(d) I think I'm all set.**
>
> 여 이 물건들 말고 다른 것을 찾는 데 도움이 필요하나요?
> (a) 감사했습니다.
> (b) 도움이 필요하면 저를 부르세요.
> (c) 네, 제가 필요한 것은 다 찾았습니다.
> (d) 다 된 것 같아요.

[해설] 다른 물건을 찾는 데 도움이 필요한지 물어보는 상황에서 남자는 괜찮다는 의미로 다 되었다고 답변하는 것이 가장 적절하므로 **(d)가 정답**이다.

⚠ 오답 피하기
(a)는 appreciated라 하여 이미 도움을 받은 것처럼 과거 시점에서 답하므로 시제 오답이다.
(b)는 if you need any help라 하여 여자가 할 수 있을 법한 말이므로 대상 오답이다.
(c)는 앞에서 yes라 하여 적절한 응답으로 시작하지만 뒤에서 got everything I need라 하여 앞뒤가 맞지 않으므로 앞뒤 문맥 불일치 오답이다.

- I'm all set 다 된 것 같아요, 모두 준비가 되었어요

06.

> W Nice to see you again, Kevin.
> M Yeah. How long has it been? Three years?
> W Yes. Wasn't it at Sam's place that we last met?
> **(a) Well, it might well have been.**
> (b) Sam and I go way back.
> (c) Of course. You should come, too.
> (d) No, I've known Kevin longer than that.
>
> 여 Kevin, 다시 만나게 되어 좋네요.
> 남 네. 얼마나 되었지요? 3년?
> 여 네. 마지막으로 만난 게 Sam의 집 아니었나요?
> (a) 음, 그랬던 것 같아요.
> (b) Sam과 저는 오래 전부터 알던 사이입니다.
> (c) 물론이죠. 당신도 오셔야 해요.
> (d) 아니요, 전 Kevin을 그것보다 더 오래 알아왔어요.

해설 오랜만에 만난 남자에게 여자가 Sam의 집에서 만나지 않았었냐고 물어보는 상황에서 남자는 그런 것 같다고 답변하는 것이 가장 적절하므로 **(a)가 정답**이다.

⚠ 오답 피하기

(b)는 만난 장소가 아니라 Sam과의 관계를 말하고 있으므로 소재 오답이다.
(c)는 you should come이라 하여 미래에 만나는 것에 대해 말하고 있으므로 시제 오답이다.
(d)는 앞에서 no라고 적절하게 응답하지만 뒤에서 다른 장소를 말하지 않고 기간을 말하고 있으므로 앞뒤 문맥 불일치 오답이다.

■ place 집

07.

M Do you have an indoor pool in the hotel?
W Yes, on the third floor.
M Is it free for hotel guests?
(a) It'll open again in the morning at 9 a.m.
(b) Anyone staying with us can use it without paying.
(c) I'm afraid only guests can use the pool in our facility.
(d) Only a few people seem to enjoy the indoor pool.

남 호텔에 실내 수영장이 있나요?
여 네, 3층에 있습니다.
남 호텔 투숙객들에게는 무료인가요?
(a) 아침 9시에 다시 문을 열 것입니다.
(b) 여기에 묵는 분들은 무료로 사용할 수 있습니다.
(c) 죄송하지만 투숙객들만 우리 시설 내에 있는 수영장을 이용할 수 있습니다.
(d) 몇 사람만 실내 수영장을 즐기는 것 같습니다.

해설 남자가 호텔 투숙객들에게는 수영장이 무료인지를 물어보는 상황에서 여자는 무료로 사용할 수 있다고 답변하는 것이 가장 적절하므로 **(b)가 정답**이다.

⚠ 오답 피하기

(a)는 open again이라 하여 문을 여는 것에 대해 말하고 있으므로 동사 오답이다.
(c)는 only guests라 하여 마치 투숙객이 아닌 사람들도 수영장을 사용할 수 있는지 물어본 것처럼 말하여 상황 오답이다.
(d)는 enjoy라 하여 무료인지 물어보는 질문과 무관한 동사로 답변을 하고 있으므로 동사 오답이다.

■ indoor 실내의 facility 시설

08.

W What kind of equipment do you use at the gym?
M I use all the machines.
W Do you have any recommendations for an upper body workout?
(a) Sure, let's start with the lower body first.
(b) We can go there when you're ready.
(c) It's complicated. I'll just email you my regimen.
(d) I tend to stay away from older equipment though.

여 너는 헬스장에서 어떤 종류의 기구를 이용하니?
남 나는 모든 기구를 사용해.
여 상체 운동을 위해서 추천해줄 만한 것이 있어?
(a) 응, 우선 하체부터 시작하자.
(b) 네가 준비가 되면 우리는 그곳에 갈 수 있어.
(c) 그건 복잡해. 그냥 내 방법을 이메일로 보내줄게.
(d) 그렇지만 난 오래된 기구는 피하려고 해.

해설 헬스장에서 사용하는 기구에 대해서 말하고 있고, 여자가 상체 운동에 좋은 기구를 추천해 달라고 하는 상황에서 남자는 이메일로 설명하겠다고 답변하는 것이 가장 적절하므로 **(c)가 정답**이다.

⚠ 오답 피하기

(a)는 start with the lower body라 하여 추천과 상관 없고 상체가 아닌 하체에 대해서 말하고 있으므로 동사와 소재 오답이다.
(b)는 go there라 하여 추천 기구가 아니라 장소에 대해서 말하고 있으므로 소재 오답이다.
(d)는 stay away from older equipment라 하여 앞에서 모든 기구를 사용한다는 내용과 일치하지 않는 일관성 오답이다.

■ equipment 기구 upper body workout 상체 운동 lower body 하체 complicated 복잡한 regimen 식이 요법, 운동 요법 stay away from 멀리하다, 피하다

09.

M I want to learn to make pottery.
W There's a studio on the second floor of this building.
M Does it offer classes?
(a) You do have to pay for the studio.
(b) I'm sure there are others like you.
(c) Of course. I would know if there were classes.
(d) Three times a week. Go online for more information.

남 나 도자기를 만드는 것을 배우고 싶어.
여 이 건물 2층에 작업실이 있어.
남 그곳에서 수업도 제공해?
(a) 작업실 비용을 내기는 해야 해.
(b) 너와 같은 사람들이 분명 있을 거야.
(c) 물론이지. 수업이 있다면 내가 알고 있을 거야.
(d) 일주일에 세 번. 더 많은 정보는 인터넷을 봐.

해설 작업실에서 도자기 수업을 제공하는지 물어보는 상황에서 여자는 일주일에 세 번 있다고 답하고 추가 정보를 알려주는 것이 가장 적절하므로 **(d)가 정답**이다.

⚠ 오답 피하기

(a)는 pay for the studio라 하여 수업 제공 여부와 관련 없는 말을 하고 있으므로 소재 오답이다.
(b)는 there are others라 하여 수업에 대한 내용이 아닌 다른 사람들

에 대해 말하고 있으므로 소재 오답이다.
(c)는 앞에서 of course라 하여 적절한 응답으로 시작하지만 뒤에서 하는 말이 문맥상 일치하지 않으므로 앞뒤 문맥 불일치 오답이다.
■ pottery 도자기

10.

> **W** Did you get a student loan?
> **M** Yes, I got enough to get through four years of college.
> **W** Have you taken other expenses into account?
> (a) No, I decided to go to school from home.
> **(b) I considered everything I could think of.**
> (c) I maxed out my credit before coming to college.
> (d) Yeah, I've been saving my money in a savings account.

여 학자금 대출 받았니?
남 응, 대학 4년을 버틸 수 있을 정도로 받았어.
여 다른 비용도 고려했니?
(a) 아니, 집에서 학교를 다니기로 결정했어.
(b) 내가 생각할 수 있는 것은 다 고려했어.
(c) 나는 대학에 오기 전에 대출 금액 한도에 달했어.
(d) 응, 난 저축 계좌에 저축을 해왔어.

해설 대출 받을 때 다른 모든 비용을 고려했는지 물어보는 상황에서 남자가 생각나는 것은 다 고려했다고 답변하는 것이 가장 적절하므로 (b)가 정답이다.

⚠ 오답 피하기
(a)는 앞에서 no라고 하여 적절한 응답으로 시작하지만 뒤에서 비용 고려와 관련 없는 말을 하고 있으므로 앞뒤 문맥 불일치 오답이다.
(c)는 maxed out my credit이라 하여 앞에서 대출을 받았다는 내용과 일치하지 않기 때문에 일관성 오답이다.
(d)는 앞에서 yeah라고 하여 적절한 응답으로 시작하지만 뒤에서 저축에 대해 말하고 있으므로 앞뒤 문맥 불일치 오답이다.
■ student loan 학자금 대출 take A into account A를 고려하다 max out 최대 한도에 달하다 credit 대출금 savings account 저축 계좌

2. Can[Could] / May / Will[Would] / Shall[Should] 의문문

Check-Up 본문 p. 59

| 01 (b) | 02 (c) | 03 (b) | 04 (b) | 05 (b) |
| 06 (a) | 07 (c) | 08 (a) | 09 (d) | 10 (b) |

01.

> **M** Will the conference be over around 6 p.m.?
> (a) That's what I'm planning to do.
> **(b) No, it's going to end way before that.**
> (c) Relax. I understand your frustration.
> (d) If 6 is better for you, then so be it.

남 회의가 오후 6시쯤에 끝나요?
(a) 전 그렇게 할 계획입니다.
(b) 아니요, 그보다 훨씬 전에 끝날 겁니다.
(c) 진정하세요. 전 당신의 실망을 이해합니다.
(d) 당신이 6시가 더 좋다면, 할 수 없죠.

해설 회의가 6시쯤에 끝날지 물어보는 상황에서 여자는 그것보다 훨씬 전에 끝날 거라고 답변하는 것이 가장 적절하므로 (b)가 정답이다.

⚠ 오답 피하기
(a)는 I'm planning이라 하여 회의가 아니라 자신에 대한 얘기를 하기 때문에 소재 오답이다.
(c)는 relax, frustration이라 하여 마치 남자가 불평을 하고 있는 것처럼 말하기 때문에 상황 오답이다.
(d)는 better for you, so be it이라 하여 남자가 무언가를 요청하는 것처럼 말하기 때문에 상황 오답이다.
■ way 훨씬, 아주 frustration 실망, 좌절 so be it 그렇다면 할 수 없지, 될 대로 되어라

02.

> **W** May I ask about your availability for this Friday?
> (a) Sure, you can check in on that day.
> (b) But you have plenty of available time.
> **(c) I will be out of town for the entire week.**
> (d) You may want to confirm it beforehand.

여 이번 주 금요일에 시간이 되시는지 여쭤봐도 될까요?
(a) 물론이죠, 그날 체크인 하실 수 있습니다.
(b) 하지만 당신은 가능한 시간이 많습니다.
(c) 저는 꼬박 한 주 동안 여기 없을 겁니다.
(d) 당신은 그것을 미리 확인하는 것이 좋을 겁니다.

해설 남자에게 금요일에 시간이 되는지 물어보는 상황에서 남자는 이번 주 내내 없을 거라고 답변하는 것이 가장 적절하므로 (c)가 정답이다.

⚠ 오답 피하기
(a)는 check in이라 하여 투숙 혹은 탑승에 대한 말을 하여 동사 오답이다.
(b)는 시간을 확인하고 있는 여자가 할 수 있을 법한 말이므로 대상 오답이다.
(d)는 may want to confirm이라 하여 마치 여자가 확인을 안 하는 것처럼 말하고 있으므로 상황 오답이다.
■ plenty of 많은 entire 전체의 confirm 확인하다 beforehand 사전에, 미리

03.

> **M** Will your manager approve the business proposal you gave him yesterday?
> (a) I'm sure. You put a lot of work into it.
> **(b) I don't see any reason not to.**

(c) I gave him my permission already.
(d) Not until I see what's in it.

남 당신 상사가 당신이 어제 제출한 사업 계획서를 승인할까요?
(a) 확신합니다. 당신이 노력을 많이 했잖아요.
(b) 안 그럴 이유가 전혀 없어요.
(c) 제가 그에게 이미 허락을 했습니다.
(d) 제가 안에 무엇이 있는지 보기 전까지는 안 됩니다.

해설 남자가 여자의 사업 계획서가 승인이 될 물어보는 상황에서 여자는 그렇지 않을 이유가 없다고 답변하는 것이 가장 적절하므로 **(b)가 정답**이다.

⚠ 오답 피하기
(a)는 you put이라 하여 마치 남자가 제안서를 작성한 것처럼 말하기 때문에 대상 오답이다.
(c)는 gave him my permission이라 하여 마치 여자가 상사인 것처럼 말하기 때문에 대상 오답이다.
(d)는 I see what's in it이라 하여 마치 여자가 승인을 하는 사람인 것처럼 말하기 때문에 대상 오답이다.

■ approve 승인하다 proposal 제안서 permission 허락

04.

W Someone's calling. Can you pick up the phone?
(a) Sorry, but my phone can only receive calls.
(b) My hands are wet. I'm washing the dishes.
(c) Just give me the number so I can dial it.
(d) But it's probably for me.

여 전화가 오고 있어. 전화 좀 받아줄 수 있어?
(a) 미안하지만, 내 전화는 수신 밖에 안 돼.
(b) 나 손이 젖었어. 설거지 중이야.
(c) 그냥 내가 전화할 수 있게 나한테 번호를 줘.
(d) 하지만 아마도 나한테 온 전화일 텐데.

해설 여자가 전화를 받으라고 요청하는 상황에서 남자는 설거지를 하고 있기 때문에 손이 젖었다고 답변하는 것이 가장 적절하므로 **(b)가 정답**이다.

⚠ 오답 피하기
(a)는 앞에서 sorry라 하여 적절하게 응답하지만 뒤에서 only receive라 하여 전화를 받을 수 없는 이유가 될 수 없으므로 앞뒤 문맥 불일치 오답이다.
(c)는 I can dial it이라 하여 전화를 받는 것과 상관없는 동사로 말하고 있으므로 동사 오답이다.
(d)는 앞에서 but이라 하고 뒤에서 for me라 하여 앞뒤 문맥 불일치 오답이다. for you라고 할 경우 답이 될 수 있다.

■ pick up the phone 전화를 받다 wash the dishes 설거지하다 dial 전화를 걸다 probably 아마도

05.

M Will it be expensive to take a cab home from here?
(a) No, that's why I always take the public bus.
(b) No worries. Most drivers here are polite to passengers.
(c) It depends on the traffic conditions.
(d) Either way, I don't mind paying extra.

남 여기서 택시를 타고 집에 가면 비쌀까요?
(a) 아니요, 그래서 전 항상 대중 버스를 탑니다.
(b) 걱정하지 마세요. 여기 대부분의 운전자는 승객에게 친절합니다.
(c) 교통 상황에 따라 다릅니다.
(d) 어느 쪽이든, 전 추가 비용을 내는 것에 신경을 쓰지 않습니다.

해설 택시를 타고 집에 가는 것이 비쌀지 물어보는 상황에서 여자는 교통 상황에 따라 다르다고 답변하는 것이 가장 적절하므로 **(c)가 정답**이다.

⚠ 오답 피하기
(a)는 앞에서 no라 하고 뒤에서 take the public bus라 하여 내용이 맞지 않기 때문에 앞뒤 문맥 불일치 오답이다.
(b)는 polite라 하여 요금과 관련이 없기 때문에 형용사 오답이다.
(d)는 either way라 하여 마치 두 가지 옵션이 언급된 것처럼 말하고, 라 하여 대상이 바뀌어 소재 대상 오답이다.

■ cab 택시 polite 친절한 traffic condition 교통 상황

06.

M I made a reservation under the name Mike Jackson.
W We have your name down for a double room for two nights.
M That's right, but could you move me to a single?
(a) We could, but we cannot refund the difference.
(b) A double room will cost you $50 extra.
(c) Sure, we can shorten your stay to a single night.
(d) Sorry, but we cannot find your name for a single room.

남 Mike Jackson이라는 이름으로 예약을 했습니다.
여 당신 이름이 더블룸 2박으로 예약되어 있습니다.
남 맞습니다. 하지만 싱글룸으로 옮겨줄 수 있나요?
(a) 가능하지만, 차액은 환불해드릴 수 없습니다.
(b) 더블룸으로 하시면 50달러 추가 비용이 발생합니다.
(c) 네, 저희가 1박을 묶는 것으로 줄여드릴 수 있습니다.
(d) 죄송하지만, 싱글룸에서 당신 이름을 찾을 수가 없습니다.

해설 더블룸을 예약한 남자가 싱글룸으로 변경해 달라고 요청하는 상황에서 여자는 가능하지만 차액은 환불이 안 된다고 답변하는 것이 가장 적절하므로 **(a)가 정답**이다.

⚠ 오답 피하기
(b)는 double room이라 하여 앞에서 싱글룸으로 변경해 달라고 한 것과 맞지 않으므로 소재 오답이다.
(c)는 앞에서 sure라고 적절하게 응답했지만 뒤에서 shorten이라 하여 숙박 기간에 대해서 말하고 있기 때문에 앞뒤 문맥 불일치 오답이다.
(d)는 앞에서 sorry라고 적절하게 응답했지만 뒤에서 cannot find your name이라 하여 앞뒤 문맥 불일치 오답이다.

■ have one's name down for ~로 이름이 적혀 있다 difference 차액 shorten 줄이다

07.

W I heard you're on the fence about quitting school.
M Yeah. It's tough to work and study at the same time.
W But wouldn't that just be a waste of all those years in school?

(a) Not if I take more courses this year.
(b) That's why I'm going to juggle school and work.
(c) Not unless I never go back to school.
(d) I know. Going to school is such a waste of time.

여 네가 학교를 그만둘지 고민 중이라고 들었어.
남 응. 일하면서 공부를 같이 하기가 힘들어.
여 하지만 그러면 학교에서 보낸 그 모든 시간들을 헛되이 쓴 게 되지 않을까?
(a) 내가 올해 더 많은 수업을 들으면 안 그럴 거야.
(b) 그래서 난 학교 생활과 일을 모두 잘 할 거야.
(c) 내가 학교에 다시 안 돌아가는 게 아니라면 안 그래.
(d) 알아. 학교 다니는 것은 정말 시간 낭비야.

■ 해설 학교를 그만두는 것을 고민하는 남자에게 여자는 그러면 학교를 다녔던 시간이 아깝지 않을지 물어보는 상황에서 남자는 학교로 다시 안 돌아가는 게 아니라면 안 그렇다고 답변하는 것이 적절하므로 **(c)가 정답**이다.

⚠ 오답 피하기
(a)는 take more courses this year라 하여 앞에서 학교를 그만둔다는 내용과 일치하지 않기 때문에 일관성 오답이다.
(b)는 going to juggle school and work라 하여 마치 학교를 그만두지 않을 것처럼 말하기 때문에 일관성 오답이다.
(d)는 앞에서 I know라고 적절히 응답했지만 뒤에서 학교 다니는 것이 시간 낭비라고 하여 앞뒤 문맥 불일치 오답이다.

■ be on the fence 중립적인 태도를 갖다, 고민하다 at the same time 동시에 waste 낭비 juggle (두 가지 이상의 일을 동시에) 곡예하듯 하다

08.

M Excuse me, but which way is Pyle High School?
W Take a right at the stop sign and go straight for two blocks.
M Will I be able to spot it after driving for two blocks?

(a) Well, it's quite hard to miss.
(b) I've been driving in circles for the past ten minutes.
(c) It's easier to drive there than to walk.
(d) You're right. It has got to be a small building.

남 실례하지만, Pyle 고등학교가 어느 쪽이죠?
여 정지 표지에서 오른쪽으로 돈 다음에 두 블록 직진하세요.
남 제가 두 블록 운전하면 학교가 보일까요?
(a) 음, 놓치기가 쉽지 않습니다.
(b) 10분째 같은 길을 돌고 있습니다.
(c) 거기까지 운전하는 것이 걷는 것보다 쉽습니다.
(d) 맞아요. 그것은 작은 건물이 틀림없어요.

■ 해설 Pyle 고등학교로 가는 길을 묻는 남자가 두 블록을 가면 보일지 물어보는 상황에서 여자는 놓치기 힘들다(잘 보일 것이다)고 답변하는 것이 가장 적절하므로 **(a)가 정답**이다.

⚠ 오답 피하기
(b)는 학교를 찾고 있는 남자가 할 수 있을 법한 말이므로 대상 오답이다.
(c)는 easier to drive라 하여 운전하는 것에 대해 말하고 있기 때문에 동사 오답이다.
(d)는 앞에서 you're right라 하고 뒤에서 small building이라 하여 마치 남자가 작은 건물인지 물어본 것처럼 말하여 질문 오답이다.

■ spot 발견하다 drive in circles 같은 길을 돌다

09.

W Hello, sales department.
M This is James Lee calling for Amy Park.
W May I ask what it's about?

(a) Yes, I'm calling on behalf of Amy Park.
(b) Sure, just stay on the line and I'll transfer your call.
(c) Okay, I'll ask her directly when I see her.
(d) There's been a problem with a shipment.

여 안녕하세요. 영업부입니다.
남 저는 Amy Park에게 전화를 건 James Lee입니다.
여 무엇 때문인지 여쭤봐도 될까요?
(a) 네, 저는 Amy Park을 대신해서 연락 드립니다.
(b) 물론이죠, 잠시 기다리시면 전화를 돌려드리겠습니다.
(c) 알겠습니다. 그녀를 만나면 직접 물어보겠습니다.
(d) 선적에 문제가 발생했습니다.

■ 해설 Amy Park와 통화하고자 하는 남자에게 무엇 때문에 연락을 했는지 물어보는 상황에서 남자는 선적에 문제가 발생했다고 답변하는 것이 가장 적절하므로 **(d)가 정답**이다.

⚠ 오답 피하기
(a)는 on behalf of Amy Park이라 하여 Amy Park와 통화를 원하는 상황에서 그녀 대신에 연락했다고 말하기 때문에 질문 오답이다.
(b)는 앞에서 sure라고 적절하게 응답했지만 뒤에서 stay on the line이라 하여 마치 여자가 전화를 하는 것처럼 말하여 대상 오답이자 앞뒤 문맥 불일치 오답이다.
(c)는 I'll ask her라 하여 전화를 한 이유를 설명하지 않기 때문에 질문 오답이다.

■ sales department 영업부 on behalf of ~대신에 directly 직접 shipment 선적

10.

W How about a movie tonight?
M Sure! I like going to the cinema.
W So, should we head out now?

(a) I wouldn't mind staying home though.
(b) Let me just check the times first.
(c) It'll probably take us less than an hour.
(d) Immediately after I get off work tomorrow.

여 오늘밤에 영화 보는 거 어떠니?
남 좋아! 나는 영화 보러 가는 것이 좋아.
여 그럼, 우리 지금 나갈까?
(a) 하지만 나는 집에 있는 것이 괜찮아.
(b) 내가 시간을 먼저 확인할게.
(c) 우리에게 한 시간도 안 걸릴 거야.
(d) 내일 내가 퇴근한 후에 바로.

해설 여자가 영화를 보러 지금 나갈지 물어보는 상황에서 남자는 영화 시간을 먼저 확인하겠다고 답변하는 것이 가장 적절하므로 **(b)가 정답**이다.

⚠ 오답 피하기
(a)는 staying home이라 하여 앞에서 극장에 가는 것에 동의한 것과 내용이 일치하지 않기 때문에 일관성 오답이다.
(c)는 less than an hour라 하여 제안하는 질문에 기간으로 답하고 있기 때문에 질문 오답이다.
(d)는 tomorrow라 하여 시점이 다르기 때문에 시제 오답이다.
■ head out 출발하다

3. 부가/간접 의문문

Check-Up 본문 p. 63

| 01 (a) | 02 (b) | 03 (d) | 04 (a) | 05 (b) |
| 06 (b) | 07 (d) | 08 (b) | 09 (d) | 10 (b) |

01.

W John's too shy in front of people, isn't he?
(a) I know. He could be more assertive.
(b) I wish he would be more honest.
(c) He was never good at giving presentations.
(d) Yeah, he talks too much behind people's backs.

여 John은 사람들 앞에서 너무 부끄럼을 타지, 그렇지 않니?
(a) 맞아. 그는 더 적극적으로 행동할 수도 있잖아.
(b) 나는 그가 더 솔직했으면 좋겠어.
(c) 그는 발표하는 것을 잘 한 적이 없어.
(d) 응, 그는 뒷담화를 너무 많이 해.

해설 John이 사람들 앞에서 너무 부끄러움을 타지 않냐고 물어보는 상황에서 남자는 그렇다고 하고 더 적극적이면 좋을 것 같다고 답변하는 것이 가장 적절하므로 **(a)가 정답**이다.

⚠ 오답 피하기
(b)는 honest라 하여 shy와 관련이 없는 형용사 오답이다.
(c)는 presentations라 하여 발표에 대해서 말하므로 소재 오답이다.
(d)는 앞에서 yeah라 하여 적절하게 응답하지만 뒤에서 관련 없는 말을 하고 있어 앞뒤 문맥 불일치 오답이다.
■ shy 부끄러움을 타는 assertive 적극적인 honest 솔직한
talk behind one's back ~의 뒷담화를 하다

02.

W The waitress was quite impolite, wasn't she?
(a) Yeah, the food was below standard.
(b) She was definitely ill-mannered.
(c) Oh no! She looked unhappy with her job.
(d) Maybe she was having a pleasant day.

여 그 종업원은 꽤 무례했어, 그렇지 않니?
(a) 응, 음식이 표준 이하였어.
(b) 그녀는 확실히 예의가 없었어.
(c) 전혀! 그녀는 자신의 일에 불만족스러워 보였어.
(d) 아마도 그녀는 좋은 하루를 보내고 있었나 봐.

해설 종업원이 무례하지 않았는지 물어보는 상황에서 남자는 그랬었다고 동의하며 답변하는 것이 가장 적절하므로 **(b)가 정답**이다.

⚠ 오답 피하기
(a)는 the food라 하여 waitress에 대한 내용이 아니므로 소재 오답이다.
(c)는 앞에서 Oh no라 하여 적절한 응답을 하지만 뒤에서 looked unhappy라 하여 반대되는 말을 하고 있으므로 앞뒤 문맥 불일치 오답이다.
(d)는 pleasant day라 하여 종업원이 무례했다는 것과 맞지 않는 형용사 오답이다.
■ impolite 무례한 standard 표준, 기준 definitely 확실히
ill-mannered 예의 없는 pleasant 즐거운

03.

M Do you know how we're supposed to apply for membership?
(a) That's precisely how I applied for mine.
(b) Yeah, we're eligible for a membership.
(c) I was able to apply for it last week.
(d) I'm not sure of the details of the process.

남 우리가 회원 가입을 어떻게 신청해야 하는지 아니?
(a) 정확히 그게 내가 지원했던 방법이야.
(b) 응, 우리는 회원 자격이 있어.
(c) 나는 지난주에 신청할 수 있었어.
(d) 그 과정의 구체적인 것에 대해서는 잘 모르겠어.

해설 회원 가입을 어떻게 신청해야 하는지 물어보는 상황에서 여자는 잘 모른다고 답변하는 것이 가장 적절하므로 **(d)가 정답**이다.

⚠ 오답 피하기
(a)는 that's라 하여 마치 앞에서 방법을 설명한 것처럼 말하기 때문에 상황 오답이다.
(b)는 앞에서 yeah라 하여 적절하게 응답하지만 뒤에서 eligible이라 하여 방법이 아닌 자격에 대해서 말하기 때문에 앞뒤 문맥 불일치 오답이다.
(c)는 지원을 언제 했는지를 물어봤을 때 적합한 답을 하고 있으므로 질문 오답이다.
■ apply for ~을 신청하다 precisely 정확하게 eligible 자격이 있는

04.

M Hi, I think we've met before. You're Grace, right?

(a) Wow! I'm amazed by your memory.
(b) No, I'm Grace. You must be Jake.
(c) I'm happy to introduce her to you.
(d) Yeah, she's a colleague of mine.

남 안녕하세요. 우리 전에 만난 적이 있는 것 같아요. Grace이죠, 맞죠?
(a) 와! 당신의 기억력에 놀랐어요.
(b) 아니요, 전 Grace입니다. 당신은 Jake이겠군요.
(c) 기꺼이 그녀를 소개해 드리겠습니다.
(d) 네, 그녀는 제 동료입니다.

해설 여자에게 Grace가 맞는지 물어보는 상황에서 여자는 기억력이 좋다고 하며 긍정의 답변을 하는 것이 가장 적절하므로 (a)가 정답이다.

⚠ 오답 피하기
(b)는 앞에서 no라고 했지만 뒤에서 자신이 Grace라 하여 내용이 일치하지 않는 앞뒤 문맥 불일치 오답이다.
(c)는 introduce her라 하여 제 3자에 대해서 말하고 있으므로 상황 오답이다.
(d)는 앞에서 yeah라 하여 적절한 응답으로 시작하지만 뒤에서 she라 하여 제3자에 대해 말하므로 앞뒤 문맥 불일치 오답이다.

■ amaze 놀라게 하다 colleague 동료

05.

M Professor Thomson speaks too softly, doesn't he?

(a) Maybe, I can barely see him.
(b) It'd be better if his voice were clearer.
(c) I took his class last year.
(d) I'm having trouble following the class material too.

남 Thomson 교수님은 너무 조용히 말씀하시는 것 같아, 그렇지 않니?
(a) 아마도, 그를 거의 볼 수가 없어.
(b) 교수님 목소리가 더 또렷하면 더 좋을 것 같아.
(c) 나는 작년에 그의 수업을 들었어.
(d) 나도 수업 자료를 이해하는 데 어려움을 느끼고 있어.

해설 교수님의 목소리가 너무 작은 것 같지 않냐고 물어보는 상황에서 여자가 동의하며 목소리가 더 또렷했으면 좋겠다고 답변하는 것이 가장 적절하므로 (b)가 정답이다.

⚠ 오답 피하기
(a)는 see라 하여 speaks라는 동사와 일치하지 않기 때문에 동사 오답이다.
(c)는 took his class라 하여 교수의 목소리에 대한 내용과 일치하지 않는 소재 오답이다.
(d)는 class material이라 하여 교수의 목소리에 대한 내용과 일치하지 않는 소재 오답이다.

■ softly 조용히, 부드럽게 barely 거의 ~않는

06.

M How's the coffee maker? Is it any good?
W It's actually pretty decent for a no-name brand.
M Do you know where I can get one for myself?

(a) There are other brands you can choose from.
(b) Yeah, but I think they're out of stock.
(c) Sorry, I don't need another coffee maker.
(d) It's not worth the exorbitant price.

남 커피 머신 어때? 좋은 것 같아?
여 사실 브랜드가 없는 제품 치고는 꽤 괜찮아.
남 내가 어디에서 그걸 살 수 있는지 아니?
(a) 선택할 수 있는 다른 브랜드도 있어.
(b) 응, 하지만 재고가 없을 것 같아.
(c) 미안해, 나는 또 다른 커피 머신이 필요하지 않아.
(d) 터무니없이 비싼 가격을 지불할 만큼의 가치가 없어.

해설 여자가 구매한 커피 머신을 어디에서 살 수 있는지 아냐고 물어보는 상황에서 여자는 알지만 재고가 없을 거라고 답변하는 것이 가장 적절하므로 (b)가 정답이다.

⚠ 오답 피하기
(a)는 there are other brands라 하여 브랜드에 대해 말하고 있으므로 소재 오답이다.
(c)는 앞에서 sorry라 하여 적절하게 응답을 시작하지만 뒤에서 구입 장소와 관련 없는 말을 하기 때문에 앞뒤 문맥 불일치 오답이다.
(d)는 not worth라 하여 앞에서 좋다고 말한 내용과 일치하지 않는 일관성 오답이다.

■ decent 괜찮은, 적당한 no-name brand 무명 브랜드 out of stock 재고가 없는 worth 가치가 있는 exorbitant 과도한, 지나친

07.

W Didn't we meet at last week's fundraiser?
M You do look familiar. I'm Patrick Son.
W Oh, you were the host, right?

(a) Yes, I know the host personally.
(b) Right. I'll be hosting next week's fundraiser.
(c) I was impressed by your contribution.
(d) No, I just gave a short welcoming speech.

여 우리 지난주 모금 행사에서 만나지 않았나요?
남 낯이 익네요. 저는 Patrick Son입니다.
여 아, 당신이 주최자였죠, 맞죠?
(a) 네, 저는 주최자를 개인적으로 잘 알아요.
(b) 맞아요. 제가 다음 주 모금 운동을 주최할 것입니다.
(c) 당신의 기부에 감명받았습니다.
(d) 아니요, 저는 그냥 짧은 환영사만 했습니다.

해설 여자가 남자에게 모금 행사의 주최자였는지 물어보는 상황에서 남자는 아니라고 하고 환영사만 했다고 답변하는 것이 가장 적절하므로 (d)가 정답이다.

⚠ 오답 피하기
(a)는 앞에서 yes라 하여 적절하게 응답을 시작하지만 뒤에서 I know the host라고 하기 때문에 내용이 일치하지 않는 앞뒤 문맥 불일치 오답이다.
(b)는 next week라 하여 미래 시제로 답하여 시제 오답이다.
(c)는 contribution이라 하여 fundraiser와 관련 있는 단어이긴 하지만 여자가 묻는 말과는 상관없으므로 상황 오답이다.

■ fundraiser 모금 행사 host 주최자 impress 감동을 주다 contribution 기부 welcoming speech 환영사

08.

M I can't follow Jerry Bright's new book.
W The first few pages are confusing.
M So, it does get better later on, right?

(a) Yeah, you can borrow it after I finish it.
(b) A bit, but it's still a difficult read.
(c) Of course. You can pick one up at a bookstore.
(d) I read it several times.

남 Jerry Bright의 새로운 책을 이해하지 못하겠어.
여 첫 몇 장이 헷갈려.
남 그럼, 뒤로 갈수록 나아지는 거지, 그렇지?
(a) 응, 내가 다 읽고 나서 빌려가도 돼.
(b) 조금. 하지만 그래도 읽기 어려운 책이야.
(c) 물론이지. 서점에서 살 수 있어.
(d) 난 그것을 여러 번 읽었어.

해설 책 내용이 뒤로 갈수록 괜찮아지는지 물어보는 상황에서 여자는 조금 좋아지지만 그래도 읽기 어렵다고 답변하는 것이 가장 적절하므로 **(b)가 정답**이다.

⚠ 오답 피하기
(a)는 앞에서 yeah라 하여 적절하게 응답을 시작하지만 뒤에서 borrow라 하여 관련 없는 말을 한 앞뒤 문맥 불일치 오답이다.
(c)는 앞에서 of course라 하여 적절하게 응답을 시작하지만 뒤에서 pick one up이라 하여 관련 없는 말을 한 앞뒤 문맥 불일치 오답이다.
(d)는 질문과 무관한 답변을 하는 상황 오답이다.

■ follow 이해하다 borrow 빌리다 pick up 사다

09.

W Did you go to the new cafe I told you about?
M Yes, I went there with my girlfriend yesterday.
W The view is stunning, isn't it?

(a) I'm not exaggerating.
(b) Yeah, you really amazed me.
(c) Not everyone agreed with me.
(d) I couldn't believe my eyes.

여 내가 얘기한 그 새로 생긴 카페에 갔었어?
남 응, 어제 여자친구와 함께 갔었어.
여 전망이 멋지지, 그렇지 않아?
(a) 난 과장하는 것이 아니야.
(b) 응, 넌 정말 나를 놀라게 했어.
(c) 모두가 내게 동의하지는 않았어.
(d) 내 눈을 믿을 수가 없었어.

해설 여자가 자신이 얘기한 카페의 전망이 멋지지 않은지 물어보는 상황에서 남자는 눈을 믿을 수 없었다고 긍정의 답변을 하는 것이 가장 적절하므로 **(d)가 정답**이다.

⚠ 오답 피하기
(a)는 카페를 추천해 준 여자가 할 수 있을 법한 말이므로 대상 오답이다.
(b)는 you라 하여 view에 대한 내용이 아니기 때문에 소재 오답이다.
(c)는 남자가 본인의 의견을 말하는 상황이 아니므로 상황 오답이다.

■ view 전망, 경치 stunning 멋진 exaggerate 과장하다

10.

M Did you eventually find your phone?
W No, I'm still looking for it.
M Do you at least know where you last put it?

(a) No, I've already checked all my pockets.
(b) There are a few possible places.
(c) It's not even a brand-new phone.
(d) I would suggest calling the phone company.

남 네 전화기를 결국 찾았니?
여 아니, 아직 찾고 있는 중이야.
남 그래도 어디에 마지막으로 놔뒀는지는 아니?
(a) 아니, 내 모든 주머니를 이미 확인했어.
(b) 몇 군데 가능성 높은 곳이 있어.
(c) 심지어 새 전화기도 아니야.
(d) 전화 회사에 연락해 봐.

해설 분실한 전화기를 어디에 마지막으로 두었는지 아냐고 물어보는 상황에서 여자는 몇 군데 가능성 높은 곳이 있다고 답변하는 것이 가장 적절하므로 **(b)가 정답**이다.

⚠ 오답 피하기
(a)는 앞에서 no라 하여 적절하게 응답하지만 뒤에서 checked라 하여 앞뒤 문맥 불일치 오답이다.
(c)는 not even a brand-new라 하여 장소가 아닌 전화기 자체에 대해서 말하고 있기 때문에 소재 오답이다.
(d)는 남자가 전화를 잃어버린 여자에게 할 수 있을 법한 말이므로 대상 오답이다.

■ eventually 결국 look for 찾다 brand-new 새로운

Unit Test

본문 p. 64

01 (d)	02 (c)	03 (d)	04 (c)	05 (a)
06 (d)	07 (b)	08 (a)	09 (d)	10 (a)
11 (a)	12 (c)	13 (d)	14 (d)	15 (a)
16 (d)	17 (a)	18 (d)	19 (c)	20 (b)

01.

W Have you known your girlfriend long?
(a) We're still on good terms.
(b) We hope to develop our relationship further.
(c) We've been on and off for years.
(d) I first met her in high school.

여 당신의 여자친구를 오랫동안 알고 지냈나요?
(a) 우리는 여전히 사이가 좋아요.
(b) 앞으로 우리의 관계를 더욱 발전시키고 싶어요.
(c) 우리는 몇 년 동안 사귀다 안 사귀다 하면서 지냈어요.
(d) 고등학교 때 그녀를 처음 만났어요.

해설 남자에게 여자친구를 오랫동안 알고 지냈는지 물어보는 상황에서 남자는 고등학교 때부터 알았다고 답변하는 것이 가장 적절하므로 **(d)가 정답**이다.

⚠ 오답 피하기
(a)는 on good terms라 하여 둘의 사이가 어떤지에 대해 말하고 있으므로 질문 오답이다.
(b)는 develop our relationship further라 하여 얼마나 알고 지냈는지가 아니라 관계를 발전시킨다고 하여 동사 오답이다.
(c)는 on and off라 하여 어떤 사이로 지냈는지 말하고 있으므로 상황 오답이다.

■ be on good terms 사이가 좋다   on and off ~하다가 말다가 (하다)

02.

M Would you like a hand with moving those boxes?
(a) I could use more boxes for packing.
(b) Yeah, I'm done moving them.
(c) There are only a few, so I can manage.
(d) Don't worry. Just tell me where they are.

남 그 상자들을 옮기는 데 도움이 필요하니?
(a) 포장하는 데 상자를 몇 개 더 사용할 수도 있어.
(b) 응, 옮기는 것을 다 끝냈어.
(c) 몇 개 없어서 내가 할 수 있어.
(d) 걱정하지 마. 어디에 있는지만 말해줘.

해설 상자를 옮기는 데 도움이 필요한지 물어보는 상황에서 여자는 몇 개 없어서 괜찮다고 답변하는 것이 가장 적절하므로 **(c)가 정답**이다.

⚠ 오답 피하기
(a)는 use more boxes라 하여 옮기는 것과 관련 없는 동사로 말하고 있으므로 동사 오답이다.
(b)는 앞에서 yeah라 하여 적절하게 응답을 시작하지만 뒤에서 다 옮겼다고 하여 앞뒤 문맥 불일치 오답이다.
(d)는 도와주려고 하는 남자가 할 수 있을 법한 말이므로 대상 오답이다.

■ hand 도움   manage (어떻게든) ~하다

03.

W Hello. This is Maria. May I speak to Jake?
(a) Sorry, I'll just call back later.
(b) Sure, come on in.
(c) You may want to ask him about it.
(d) It looks like you have the wrong number.

여 안녕하세요. 저는 Maria입니다. Jake와 통화할 수 있을까요?
(a) 죄송해요. 제가 나중에 다시 전화하겠습니다.
(b) 물론이죠, 들어오세요.
(c) 당신이 그에게 그것에 대해 물어보는 것이 좋을 것 같아요.
(d) 전화를 잘못 거신 것 같네요.

해설 여자가 Jake와 통화할 수 있는지 물어보는 상황에서 남자는 전화를 잘못 건 것 같다고 답변하는 것이 가장 적절하므로 **(d)가 정답**이다.

⚠ 오답 피하기
(a)는 전화를 건 여자가 할 수 있을 법한 말이므로 대상 오답이다.
(b)는 앞에서 sure라 하여 적절하게 응답을 시작하지만 뒤에서 들어오라고 하여 전화 통화와 관련이 없는 말을 하고 있으므로 앞뒤 문맥 불일치 오답이다.
(c)는 통화할 수 있는지 여부에 대해 답하고 있지 않으므로 상황 오답이다.

■ have the wrong number 전화를 잘못 걸다

04.

M Do you know where I can get my car fixed?
(a) I think you should get your car fixed first.
(b) I got mine fixed there, too.
(c) There are several places on this road.
(d) Wait, you're going the wrong direction.

남 내 자동차를 어디서 수리할 수 있는지 아니?
(a) 먼저 네 자동차를 수리해야 할 것 같아.
(b) 나도 거기서 내 차를 수리했어.
(c) 이 길에 몇 군데 있어.
(d) 잠깐, 너 잘못된 방향으로 가고 있어.

해설 차를 어디서 수리할 수 있는지 물어보는 상황에서 여자는 이 길에 여러 군데가 있다고 답변하는 것이 가장 적절하므로 **(c)가 정답**이다.

⚠ 오답 피하기
(a)는 get your car fixed first라 하여 남자가 차를 수리하지 않겠다고 했을 때 답할 수 있는 말이므로 상황 오답이다.
(b)는 there라 하여 마치 남자가 수리할 수 있는 곳을 언급한 것처럼 말하여 상황 오답이다.
(d)는 going the wrong direction이라 하여 장소를 묻는 질문에 적절하지 않은 답이므로 질문 오답이다.

■ fix 수리하다

05.

W Could you give me some additional blankets?
(a) I'll have the housekeeping staff bring some.
(b) No problem. You can leave them with us.
(c) It is a double room after all.
(d) Sure, we'll pick them up right away.

여 추가 담요를 주실 수 있나요?
(a) 객실 관리과 직원에게 가져오도록 요청하겠습니다.
(b) 문제 없습니다. 저희에게 맡기셔도 됩니다.
(c) 결국 더블룸이네요.
(d) 네, 바로 가지러 가도록 하겠습니다.

해설 여자가 추가 담요를 줄 수 있는지 물어보는 상황에서 남자는 객실 관리과 직원에게 요청하겠다고 답변하는 것이 가장 적절하므로 **(a)가 정답**이다.

⚠ **오답 피하기**
(b)는 leave them이라 하여 give와 맞지 않는 동사로 답하고 있으므로 동사 오답이다.
(c)는 double room이라 하여 blankets와 관련이 없기 때문에 소재 오답이다.
(d)는 앞에서 sure라 하여 적절하게 응답하지만 뒤에서 we'll pick them up이라 하여 관련 없는 말을 하고 있으므로 앞뒤 문맥 불일치 오답이다.

▪ additional 추가의   blanket 담요   housekeeping staff 객실 관리과 직원   after all 결국   right away 즉시

06.

M This computer model is on sale, isn't it?
(a) I don't really know the specs.
(b) Yes, it is no longer in stock.
(c) It was an offer I couldn't refuse.
(d) It's 10 percent off this week only.

남 이 컴퓨터 모델은 할인 중이죠, 그렇지 않나요?
(a) 사양은 정확하게 모르겠습니다.
(b) 네, 그것은 더 이상 재고가 없습니다.
(c) 거절할 수 없는 제안이었습니다.
(d) 이번 주만 10퍼센트 할인합니다.

해설 컴퓨터가 할인을 하는지 물어보는 상황에서 여자는 이번 주만 10퍼센트 할인한다고 답변하는 것이 가장 적절하므로 **(d)가 정답**이다.

⚠ **오답 피하기**
(a)는 the specs라 하여 할인이 아닌 사양에 대해 말하므로 소재 오답이다.
(b)는 앞에서 yes라 하여 적절하게 응답을 시작하지만 뒤에서 재고에 관련된 답을 하고 있어 앞뒤 문맥 불일치 오답이다.
(c)는 과거 시제로 답하여 시점이 맞지 않는 시제 오답이다.

▪ spec 사양   be in stock 재고가 있다   refuse 거절하다

07.

W Do you believe Jane's excuse for not repaying you?
(a) No, I want to give her the benefit of the doubt.
(b) I prefer not to pass judgment without facts.
(c) No, she said she'll lend me more money.
(d) She has to repay the full amount.

여 당신은 당신에게 돈을 갚지 않는 Jane의 변명을 믿나요?
(a) 아니요, 전 그녀의 말을 믿어주고 싶어요.
(b) 저는 근거 없이 판단하고 싶지 않아요.
(c) 아니요, 그녀는 제게 돈을 더 빌려줄 거라고 말했어요.
(d) 그녀는 전액을 갚아야 해요.

해설 여자가 Jane의 변명을 믿는지 물어보는 상황에서 남자는 근거 없이 판단하기 싫다고 답변하는 것이 가장 적절하므로 **(b)가 정답**이다.

⚠ **오답 피하기**
(a)는 앞에서 no라 하고 뒤에서 give her the benefit of the doubt라 하여 내용이 일치하지 않는 앞뒤 문맥 불일치 오답이다.
(c)는 she'll lend me라 하여 마치 남자가 돈을 빌리는 것처럼 말하기 때문에 대상 오답이다.
(d)는 repay the full amount라 하여 Jane이 갚아야 할 액수에 대해 말하므로 상황 오답이다.

▪ excuse 변명   give A the benefit of the doubt A의 말을 믿어주다   pass judgment 판단을 내리다   lend 빌려주다   repay (돈을) 갚다, 상환하다   full amount 전액

08.

W Shall we take the kids to the park after school?
(a) They have to finish their homework first.
(b) But they'll be waiting at the park for us.
(c) Let's wait until they're done with school.
(d) No, it should be safe to go there in the afternoon.

여 우리 방과 후에 아이들을 공원에 데리고 갈까요?
(a) 그들은 먼저 숙제를 다 끝내야 해요.
(b) 하지만 그들은 우리를 공원에서 기다리고 있을 거예요.
(c) 학교가 끝날 때까지 기다려보죠.
(d) 아니요, 오후에 거기에 가는 것은 안전할 거예요.

해설 방과 후에 아이들을 공원에 데리고 갈지 물어보는 상황에서 남자는 아이들이 숙제를 먼저 끝내야 한다고 답변하는 것이 가장 적절하므로 **(a)가 정답**이다.

⚠ **오답 피하기**
(b)는 앞에서 but이라 하고 뒤에서 waiting at the park라 하여 앞뒤 문맥 불일치 오답이다.
(c)는 let's wait이라 하여 마치 여자가 학교 끝나기 전에 가자고 한 것처럼 말하기 때문에 상황 오답이다.
(d)는 앞에서 no라고 적절하게 응답하지만 뒤에서 in the afternoon이라 하여 앞뒤 문맥 불일치 오답이다.

▪ take 데리고 가다

09.

M Is the special edition carrying case back in stock?
(a) None of the stores around this area have it.
(b) It has been sold out for a couple of days.
(c) Yes, it has been discontinued for some time now.
(d) It'll take another two weeks for them to arrive.

남 그 특별판 휴대용 케이스 재고가 다시 들어왔나요?
(a) 이 주변 가게에는 없습니다.
(b) 며칠 동안 매진이었습니다.
(c) 네, 한동안 생산이 중단되었습니다.
(d) 들어올 때까지 앞으로 2주 더 걸릴 것입니다.

해설 특별판 휴대용 케이스가 다시 들어왔는지 물어보는 상황에서 여자는 2주 더 있어야 한다고 답변하는 것이 가장 적절하므로 **(d)가 정답**이다.

⚠ 오답 피하기
(a)는 none of the stores라 하여 남자의 가게가 아닌 다른 가게에 대해서 말하기 때문에 소재 오답이다.
(b)는 been sold out이라 하여 앞에서 상품이 들어왔는지 물어보는 질문에 적절하지 않는 답이므로 질문 오답이다.
(c)는 앞에서 yes라 하고 뒤에서 discontinued라 하여 내용이 일치하지 않는 앞뒤 문맥 불일치 오답이다.

■ carrying case 휴대용 케이스 discontinue (생산을) 중단하다

10.

W Can you help me finish my term paper?
(a) It should be your own work.
(b) Wait, let me finish it first.
(c) You had better turn it in on time.
(d) Sure, I can help you look for it.

여 내 학기말 리포트를 끝내는 것을 도와줄 수 있니?
(a) 그건 네 스스로 해야 하는 일이야.
(b) 기다려, 나 그것을 먼저 끝낼게.
(c) 너 제시간에 그걸 제출하는 게 좋을 거야.
(d) 물론이지, 그걸 찾는 것을 도와줄게.

해설 여자가 리포트를 끝내는 것을 도와줄 수 있는지 물어보는 상황에서 남자는 스스로 해야 한다고 답변하는 것이 가장 적절하므로 **(a)가 정답**이다.

⚠ 오답 피하기
(b)는 앞에서 wait이라 하여 적절하게 응답을 시작하지만 뒤에서 let me finish it이라 하여 관련 없는 말을 한 앞뒤 문맥 불일치 오답이다.
(c)는 turn it in이라 하여 앞에서 도움을 요청한 것과 관련 없는 동사로 답한 동사 오답이다.
(d)는 앞에서 sure라 하여 그럴듯하게 응답을 시작하지만 뒤에서 look for it이라 하여 help me finish와 상관 없는 말을 한 앞뒤 문맥 불일치 오답이다.

■ term paper 학기말 리포트 turn in 제출하다 look for 찾다

11.

M Hi, Janice. What brings you to the thrift shop?
W I'm just browsing.
M Did your parents come, too?
(a) They're looking at the used books.
(b) No, they're over at the checkout counter.
(c) They shop here pretty often.
(d) I didn't expect to see you here either.

남 안녕, Janice. 중고품 할인점에 무슨 일이야?
여 그냥 구경하고 있어.
남 부모님도 오셨니?
(a) 중고 책을 둘러보고 계셔.
(b) 아니, 저기 계산대에 계셔.
(c) 그들은 여기서 꽤 자주 쇼핑을 하셔.
(d) 나도 널 여기서 만날 거라고 기대하지 않았어.

해설 중고품 할인점에서 여자와 만난 남자가 부모님도 오셨는지 물어보는 상황에서 여자는 부모님이 중고 책을 둘러보고 있다고 답변하는 것이 가장 적절하므로 **(a)가 정답**이다.

⚠ 오답 피하기
(b)는 앞에서 no라 하고 뒤에서 계산대에 있다고 하여 내용이 맞지 않는 앞뒤 문맥 불일치 오답이다.
(c)는 shop here pretty often이라 하여 같이 왔는지에 대한 내용이 아니라 빈도를 말하고 있으므로 질문 오답이다.
(d)는 see you라 하여 대상이 질문과 일치하지 않는 대상 오답이다.

■ thrift shop 중고품 할인점 browse 구경하다 used book 중고 책 checkout counter 계산대 expect 기대하다

12.

W Hi, I'm calling for Mr. Watanabe.
M Sorry, he doesn't work here anymore.
W Really? Do you have his new contact information?
(a) Sorry, but you may have the names mixed up.
(b) Okay. I don't mind giving him a call myself.
(c) I'm sorry, but I'm not at liberty to share it.
(d) Maybe I can give you his contact information instead.

여 안녕하세요. Watanabe 씨와 통화하고 싶습니다.
남 죄송합니다. 그는 여기서 더 이상 일하지 않습니다.
여 정말요? 그의 새로운 연락처를 갖고 계신가요?
(a) 죄송하지만, 이름을 혼동하신 것 같습니다.
(b) 알겠습니다. 제가 그에게 전화해도 상관 없습니다.
(c) 죄송하지만, 제가 마음대로 그것을 공유할 수 없습니다.
(d) 대신 아마도 제가 그의 연락처를 줄 수 있을 것 같아요.

해설 Watanabe 씨의 연락처를 알려 달라고 요청하는 상황에서 남자는 줄 수 없다고 답변하는 것이 적절하므로 **(c)가 정답**이다.

⚠ 오답 피하기
(a)는 names mixed up이라 하여 앞에서 그가 이 회사에 없다고 한 것

과 일치하지 않는 일관성 오답이다.
(b)는 전화를 해달라고 요청하는 말에 할 수 있는 답변이므로 질문 오답이다.
(d)는 instead라 하여 마치 여자가 연락처를 달라고 하지 않은 것처럼 말하기 때문에 상황 오답이다.

■ contact information 연락처   mix up 혼동하다   at liberty 자유롭게   share 공유하다   instead 대신에

13.

M Have you ever taken the overnight train to Shanghai?
W Yeah, and you should, too. It's terrific.
M I don't know. Isn't the train crowded?
(a) That's why I avoid it at all costs.
(b) But it's not really worth the price.
(c) It wasn't as bad as you said it would be.
(d) Mainly on weekends and holidays.

남 상해까지 야간열차를 타고 가본 적 있어?
여 응, 그리고 너도 해 봐야 해. 훌륭해.
남 모르겠어. 기차에 사람이 너무 많지 않아?
(a) 그래서 무슨 수를 써서라도 내가 그것을 피하려는 거야.
(b) 하지만 그 가격만큼의 가치가 없어.
(c) 네가 말한 것처럼 나쁘지는 않았어.
(d) 주로 주말과 공휴일에.

해설 야간열차에 사람이 너무 많지 않은지 물어보는 상황에서 여자는 주말과 공휴일에 주로 그렇다고 답변하는 것이 가장 적절하므로 **(d)가 정답**이다.

⚠ 오답 피하기
(a)는 I avoid it이라 하여 앞에서 terrific이라고 한 것과 일치하지 않는 일관성 오답이다.
(b)는 not really worth라 하여 앞에서 terrific이라고 한 것과 일치하지 않는 일관성 오답이다.
(c)는 you said라 하여 마치 남자가 이미 기차를 탄 것처럼 말하기 때문에 상황 오답이다.

■ overnight train 야간열차   terrific 훌륭한   crowded 사람이 많은   at all cost 무슨 수를 써서라도   not worth the price 그 가격만큼의 가치가 없는

14.

W Why didn't you answer my calls last night?
M My phone didn't ring for some reason.
W Have you tried turning it off and on again?
(a) I tried that, but I couldn't hear your voice at all.
(b) Every time I call you it just turns off and back on.
(c) Of course. It's been off since last night.
(d) I'm pretty sure that won't solve the problem.

여 왜 어젯밤에 내 전화를 받지 않았어?
남 어떤 이유에서인지 내 전화기가 울리지 않았어.
여 전원을 껐다 다시 켜보는 걸 시도해 봤어?
(a) 시도해 봤는데, 네 목소리가 전혀 들리지 않았어.
(b) 너한테 전화할 때마다 전화기가 꺼졌다 켜져.
(c) 물론이지. 어젯밤부터 꺼져있었어.
(d) 내가 확신하는데 그렇게 한다고 문제가 해결되지 않을 거야.

해설 남자의 전화가 울리지 않는 것에 대해 여자는 껐다 켜보는 것을 제안하는 상황에서 남자는 도움이 안 될 것 같다고 자신의 의견을 말하는 것이 가장 적절하므로 **(d)가 정답**이다.

⚠ 오답 피하기
(a)는 couldn't hear your voice라 하여 didn't ring과 관련이 없는 동사로 답변하기 때문에 동사 오답이다.
(b)는 call you라 하여 didn't ring과 관련이 없는 동사 오답이다.
(c)는 앞에서 of course라 하여 적절하게 응답하지만 뒤에서 been off라 하여 내용이 맞지 않는 앞뒤 문맥 불일치 오답이다.

■ (not) at all 전혀

15.

M I love the new look of our restaurant.
W The renovations seem a bit unfinished though.
M The exterior needs more work. But have you seen the new kitchen?
(a) Only the part that was finished last week.
(b) It'll be fun to work on the interior.
(c) Yeah, I read about it in the magazine.
(d) Way before anyone started to fix it.

남 난 우리 식당의 새로운 외관이 정말 마음에 들어요.
여 그렇지만 수리가 덜 끝난 것처럼 보여요.
남 외부는 손을 더 봐야 해요. 하지만 새 주방을 봤어요?
(a) 지난주에 끝난 부분만요.
(b) 내부를 수리하는 것은 재미있을 거예요.
(c) 네, 잡지에서 읽었어요.
(d) 누군가가 고치는 것을 시작하기 훨씬 전에요.

해설 식당을 수리한 남자가 새롭게 단장한 주방을 봤는지 물어보는 상황에서 여자는 지난주에 마무리 한 부분만 봤다고 답변하는 것이 가장 적절하므로 **(a)가 정답**이다.

⚠ 오답 피하기
(b)는 It'll be fun이라 하여 시제 오답이다.
(c)는 앞에서 yeah라고 적절하게 응답하지만 뒤에서 read about it이라 하여 관련 없는 말을 하는 앞뒤 문맥 불일치 오답이다.
(d)는 way before라 하여 시점/때로 답하고 있으므로 질문 오답이다.

■ renovation 수리   exterior 외부   interior 내부   way 훨씬

16.

M Hello, Matt speaking.
W Could I speak to Joanna, please?
M May I ask who's calling?
(a) Yes, I'd like to talk to Joanna.
(b) You must have misdialed.
(c) Actually, she just stepped out.

(d) It's Cindy. I told her I'd call.

남 여보세요. Matt입니다.
여 Joanna와 통화할 수 있을까요?
남 전화하신 분이 누구신지 물어봐도 될까요?
(a) 네, Joanna와 통화하고 싶습니다.
(b) 전화를 잘못 거셨습니다.
(c) 사실, 그녀는 방금 전에 나갔습니다.
(d) Cindy입니다. 그녀에게 제가 전화할 거라고 얘기했어요.

해설 여자가 Joanna와 통화가 가능한지 물어봤고, 이에 대해 남자가 여자에게 누구인지 물어보는 상황에서 여자는 자신의 이름으로 답변하는 것이 가장 적절하므로 **(d)가 정답**이다.

⚠ 오답 피하기
(a)는 전화를 한 사람의 이름을 물어본 질문에 맞지 않기 때문에 질문 오답이다.
(b)는 전화를 받은 남자가 할 수 있을 법한 말이므로 대상 오답이다.
(c)는 전화를 받은 남자가 할 수 있을 법한 말이므로 대상 오답이다.

■ misdial 전화를 잘못 걸다 step out 나가다

17.

W Isn't that your second cup of coffee this morning?
M It's actually my third.
W Don't you think you're drinking too much?
(a) I need the caffeine to keep me awake.
(b) Yeah, I guess I can have another cup then.
(c) That's why I've cut back to two cups a day.
(d) You should consider the possibility that you're addicted to coffee.

여 그게 오늘 아침 두 번째 커피 아니니?
남 사실 세 번째야.
여 너무 많이 마신다고 생각하지 않아?
(a) 내가 깨어 있기 위해서는 카페인이 필요해.
(b) 응, 그러면 한 잔 더 할 수도 있을 것 같아.
(c) 그래서 하루에 두 잔으로 줄인 거야.
(d) 네가 커피에 중독되었을 가능성을 고려해야 할 것 같아.

해설 여자가 남자에게 커피를 너무 많이 마시는 것이 아닌지 물어보는 상황에서 남자는 깨어 있기 위해서는 카페인이 필요하다고 답변하는 것이 가장 적절하므로 **(a)가 정답**이다.

⚠ 오답 피하기
(b)는 앞에서 yeah라 하여 적절한 응답을 하지만 뒤에서 have another cup이라 하여 문맥이 맞지 않는 앞뒤 문맥 불일치 오답이다.
(c)는 cut back to two cups라 하여 앞에서 third라고 말한 내용과 일치하지 않는 일관성 오답이다.
(d)는 you're addicted라 하여 여자가 남자에게 할 수 있을 법한 말이므로 대상 오답이다.

■ awake 깨어 있는 cut back 줄이다 consider 고려하다
  possibility 가능성 addicted 중독된

18.

M Hi, I'm your neighbor from upstairs.
W Oh, hi. Can I help you with something?
M Yeah, would you mind keeping it down a little?
(a) Well, I don't mind going down a couple of stairs.
(b) I know. They're being obnoxiously noisy.
(c) I may have a word with our neighbor upstairs.
(d) Okay. We'll try not to be so loud.

남 안녕하세요. 위층에 사는 이웃입니다.
여 아, 안녕하세요. 뭘 도와 드릴까요?
남 네, 조금만 조용히 해 주실 수 있을까요?
(a) 글쎄요, 계단 몇 개 내려가는 것은 크게 상관 없어요.
(b) 알아요. 그들은 불쾌할 정도로 시끄럽네요.
(c) 제가 위층 이웃과 얘기해야 할 것 같네요.
(d) 네. 너무 시끄럽지 않도록 노력할게요.

해설 위층에 사는 남자가 찾아와 조용히 해 달라고 말하는 상황에서 여자는 알겠다고 답변하는 것이 가장 적절하므로 **(d)가 정답**이다.

⚠ 오답 피하기
(a)는 going down a couple of stairs라 하여 소음이 아닌 계단을 내려가는 것에 대한 내용이기 때문에 소재 오답이다.
(b)는 they're이라 하여 여자가 아닌 다른 사람들에 대해서 말하고 있기 때문에 대상 오답이다.
(c)는 our neighbor라 하여 여자가 아닌 다른 이웃이 시끄러운 것처럼 말하여 대상 오답이다.

■ neighbor 이웃 upstairs 위층 keep it down 소리를 줄이다
  obnoxiously 불쾌하게 have a word with ~와 잠깐 이야기를 하다

19.

W Did you go whitewater rafting in Peru like I suggested?
M Yeah, with a group of friends.
W It was worth it, wasn't it?
(a) Yeah, I'll try it when I have the time.
(b) That's on our agenda for next weekend.
(c) I'll say. It was something completely novel.
(d) Well, as you know, we were on a tight budget.

여 내가 제안했던 것처럼 페루에서 급류 래프팅 타러 갔었어?
남 응, 친구들이랑.
여 할만한 가치가 있었지, 그렇지 않니?
(a) 응, 내가 시간이 있을 때 그것을 해볼게.
(b) 그건 우리의 다음 주말 계획에 있어.
(c) 맞아. 완전히 신기한 경험이었어.
(d) 글쎄, 알다시피, 우리는 예산이 빠듯했어.

해설 래프팅이 할 만한 가치가 있지 않았냐고 확인하는 상황에서 남자는 그렇다고 답변하는 것이 가장 적절하므로 **(c)가 정답**이다.

⚠ **오답 피하기**

(a)는 I'll try it이라 하여 아직 가지 않은 것처럼 말하여 시제 오답이다.
(b)는 next weekend라 하여 시점이 미래 시점이기 때문에 시제 오답이다.
(d)는 tight budget이라 하여 가치가 있었는지 묻는 질문에 예산에 대해 말하고 있기 때문에 질문 오답이다.

　　whitewater rafting 급류 래프팅　worth 가치가 있는　agenda 안건, 계획　novel 새로운　tight budget 빠듯한 예산

20.

M Hi, I have a reservation under Marcus.
W That's for a single room, correct?
M Yes, but is it too late to switch to a double?
(a) Luckily, your reservation has been confirmed.
(b) I'm afraid there are no more vacancies at the moment.
(c) Sorry, all of our single rooms have been booked.
(d) No, you can check out as late as 3 in the afternoon.

남 안녕하세요. Marcus로 예약되어 있습니다.
여 싱글룸으로 하셨죠, 맞나요?
남 네, 하지만 더블룸으로 변경하기에는 너무 늦었나요?
(a) 다행히도, 당신의 예약은 확정되었습니다.
(b) 아쉽게도 현재 더 이상 빈 방이 없습니다.
(c) 죄송하지만, 모든 싱글룸이 예약되어 있습니다.
(d) 아니요, 체크아웃은 최대로 오후 3시까지 가능합니다.

해설 자신이 예약한 싱글룸을 더블룸으로 변경할 수 있는지 물어보는 상황에서 여자는 빈 방이 없다고 답변하는 것이 가장 적절하므로 **(b)가 정답**이다.

⚠ **오답 피하기**

(a)는 앞에서 luckily라고 적절하게 응답했지만 뒤에서 confirmed라 하여 더블룸으로 변경할 수 있는지에 대해 말하고 있지 않으므로 앞뒤 문맥 불일치 오답이다.
(c)는 double을 물어보는 상황에서 single rooms에 대해서 말하고 있기 때문에 일관성 오답이다.
(d)는 앞에서 no라 하여 적절하게 응답했지만 뒤에서 check out에 대해서 말하고 있기 때문에 앞뒤 문맥 불일치 오답이다.

　　switch 변경하다　vacancy 빈 방　at the moment 현재

Unit 03 평서문

1. 의견

Check-Up　　　　　　　　　　　　　본문 p. 69

01 (d)　02 (c)　03 (d)　04 (a)　05 (c)
06 (b)　07 (a)　08 (c)　09 (d)　10 (b)

01.

M I can't believe you're riding around on a motorcycle!
(a) It's a moment I can't wait for.
(b) It must have been absolutely amazing.
(c) Well, I'm happy for you.
(d) I'm enjoying every second of it.

남 네가 오토바이를 타고 돌아다니고 있는 것이 믿을 수가 없어!
(a) 그건 기대되는 순간이야.
(b) 정말 놀라웠겠구나.
(c) 음, 잘 됐다.
(d) 난 매 순간을 즐기고 있어.

해설 남자가 여자에게 오토바이를 타고 돌아다니는 것에 대해 믿을 수 없다고 하는 상황에서 여자는 즐기고 있다고 답변하는 것이 적절하므로 **(d)가 정답**이다.

⚠ **오답 피하기**

(a)는 can't wait for라 하여 미래 시점에 대해 말하고 있어 시제 오답이다.
(b)는 must have been이라 하며 남자가 여자에게 할 수 있을 법한 말이므로 대상 오답이다.
(c)는 잘 된 일을 축하할 때 할 수 있는 말이므로 상황 오답이다.

　　ride around 타고 돌아다니다　motorcycle 오토바이　absolutely 정말　every second 매 순간

02.

W I loved the book you recommended! I couldn't put it down.
(a) The library closes at 5 p.m.
(b) I'll probably be done by next week.
(c) I'm glad you liked it.
(d) Sorry, I haven't finished it yet.

여 네가 추천해준 책 너무 좋았어! 책을 내려 놓을 수가 없었어.
(a) 도서관은 오후 5시에 닫아.
(b) 나는 다음 주까지 다 읽을 것 같아.
(c) 네가 좋았다니 기쁘다.
(d) 미안해, 나 아직 다 못 읽었어.

해설 추천해준 책이 마음에 든다고 말하는 상황에서 남자는 좋았다니 기쁘다고 답변하는 것이 가장 적절하므로 **(c)가 정답**이다.

⚠ **오답 피하기**

(a)는 the library closes라 하여 도서관에 대해 말하고 있어 소재 오답이다.
(b)는 여자가 할 수 있을 법한 말이므로 대상 오답이다.
(d)는 누군가에게 책을 빌렸을 법한 상황에서 할 수 있는 말이므로 상황 오답이다.

　　put A down A를 내려 놓다　probably 아마도

03.

M Your online store is doing pretty well.
(a) I ordered some interesting merchandise.
(b) Only if things start getting better.
(c) Yeah, these tough times will pass.
(d) It's because of our marketing.

남 당신의 온라인 상점이 꽤 잘 되고 있군요.
(a) 저는 몇 가지 흥미로운 상품을 주문했어요.
(b) 상황이 호전되기 시작하는 경우에만요.
(c) 네, 이 힘든 시기는 지나갈 거예요.
(d) 우리의 마케팅 덕분이죠.

해설 온라인 상점이 잘 되고 있는 것 같다고 말하는 상황에서 여자는 마케팅 때문이라고 답변하는 것이 가장 적절하므로 **(d)가 정답**이다.

⚠ 오답 피하기
(a)는 ordered라 하여 여자의 온라인 상점이 아닌 상품에 대한 내용이기 때문에 소재 오답이다.
(b)는 things start getting better라 하여 상점이 잘 되고 있는 것과 관련이 없는 소재 오답이다.
(c)는 앞에서 yeah라 하고 뒤에서 tough times라 하여 앞뒤 문맥 불일치 오답이다.

■ order 주문하다 merchandise 상품 tough 힘든

04.

W I'm so glad you could join us tonight.
(a) It's a pleasure. Thanks for inviting me.
(b) Sorry, I couldn't make it.
(c) Please help yourself.
(d) Thanks. Let me show you how to join.

여 저는 당신이 오늘 밤에 저희와 함께 하실 수 있어서 기뻐요.
(a) 제가 기쁩니다. 초대해주셔서 감사합니다.
(b) 죄송합니다. 저는 갈 수가 없었어요.
(c) 마음껏 드세요.
(d) 감사합니다. 가입하는 방법을 보여드릴게요.

해설 여자가 남자에게 참석해줘서 기쁘다고 말하는 상황에서 남자는 초대해줘서 감사하다고 답변하는 것이 가장 적절하므로 **(a)가 정답**이다.

⚠ 오답 피하기
(b)는 couldn't make it이라 하여 와줘서 고맙다고 하는 상황에 맞지 않기 때문에 상황 오답이다.
(c)는 여자가 할 수 있을 법한 말이므로 대상 오답이다.
(d)는 앞에서 Thanks라고 하여 적절하게 응답을 시작하지만 뒤에서 가입 방법에 대해 말하고 있어 앞뒤 문맥 불일치 오답이다.

■ join 함께 하다 make it 가다, 참석하다

05.

M I caught a glimpse of the robber as he was running away.
(a) No, he was gone before the police came.
(b) You're lucky you didn't get caught.
(c) It would've been great if you had taken a picture of him.
(d) I hope you saw him running away.

남 제가 도둑이 도망가는 것을 얼핏 봤습니다.
(a) 아니요, 그는 경찰이 오기 전에 사라졌습니다.
(b) 당신은 잡히지 않았다니 다행이에요.
(c) 당신이 그의 사진을 찍었더라면 좋았을 텐데요.
(d) 당신이 그가 도망가는 것을 봤기를 바랍니다.

해설 남자가 도망가는 도둑을 봤다고 말하는 상황에서 여자는 사진을 찍었더라면 좋았을 거라고 답변하는 것이 가장 적절하므로 **(c)가 정답**이다.

⚠ 오답 피하기
(a)는 he was gone이라 하여 도둑을 봤다고 말한 내용과 일치하지 않는 동사 오답이다.
(b)는 you라 하여 마치 남자가 도둑인 것처럼 말하기 때문에 대상 오답이다.
(d)는 hope you saw him이라 하여 앞에서 남자가 봤다는 내용과 일치하지 않기 때문에 상황 오답이다.

■ catch a glimpse 얼핏 보다 robber 도둑 run away 도망치다

06.

M How did your team members respond to your idea?
W They weren't really into it.
M Take it to your supervisor and see what he thinks.
(a) That's what he said he'll do.
(b) I'd rather not force the issue.
(c) But his ideas aren't impressive.
(d) Not until I discuss my idea with my team members.

남 당신의 아이디어에 대해 팀원들이 어떻게 반응했나요?
여 그들은 별로 관심이 없었어요.
남 당신의 상사에게 가지고 가서 그가 어떻게 생각하는지 보세요.
(a) 그가 그렇게 할 거라고 말했어요.
(b) 저는 이 사안을 밀어붙이고 싶지 않아요.
(c) 하지만 그의 아이디어는 인상적이지 않아요.
(d) 제 아이디어를 팀원들과 의논하기 전까지는 안 할래요.

해설 여자의 아이디어를 상사에게 가지고 가보라고 조언해주는 상황에서 여자는 그러고 싶지 않다고 답변하는 것이 가장 적절하므로 **(b)가 정답**이다.

⚠ 오답 피하기
(a)는 he said라 하여 여자가 아니라 제 3자에 대한 내용이기 때문에 대상 오답이다.
(c)는 his ideas라 하여 대상이 일치하지 않는 대상 오답이다.

(d)는 앞에서 팀원들의 반응은 이미 확인한 상태이므로 대화 흐름과 맞지 않는 일관성 오답이다.

■ respond 반응하다   supervisor 상사   force 강요하다
  impressive 인상적인   discuss 의논하다

07.

> M Did you catch last night's football game?
> W I fell asleep before the halftime show.
> M You missed all the good parts.
> **(a) I just couldn't stay awake that late.**
> (b) It was one of the best games of the year.
> (c) I was watching the new comedy instead.
> (d) I know. I'm really looking forward to it.
>
> 남 어젯밤 미식축구 경기를 봤어?
> 여 나는 중간 휴식 공연 전에 잠이 들었어.
> 남 좋은 부분을 다 놓쳤구나.
> (a) 나는 그렇게 늦게까지 깨어 있을 수가 없었어.
> (b) 그건 올해 최고의 경기 중 하나였어.
> (c) 나는 대신에 새 코미디를 보고 있었어.
> (d) 알아. 나는 그것을 정말 기대하고 있어.

해설 지난 밤 경기 중 잠든 여자에게 좋은 부분을 놓쳤다고 말하는 상황에서 여자는 늦게까지 깨어 있을 수가 없었다고 답변하는 것이 가장 적절하므로 **(a)가 정답**이다.

⚠ 오답 피하기
(b)는 경기를 다 본 남자가 할 수 있을 법한 말이므로 대상 오답이다.
(c)는 잠들었다는 내용과 맞지 않는 일관성 오답이다.
(d)는 looking forward to it이라 하여 시제가 틀린 시제 오답이다.

■ catch 보다   fall asleep 잠들다   halftime 중간 휴식, 하프타임
  stay awake 깨어 있다

08.

> W Congratulations on your promotion.
> M Thanks. It was a long time coming.
> W All your efforts seem to have paid off.
> (a) No, I wasn't compensated adequately.
> (b) People are talking about your contribution.
> **(c) Yeah, but I made great sacrifices.**
> (d) I know. I'm this close to finishing it.
>
> 여 당신의 승진을 축하합니다.
> 남 감사합니다. 오는 데 오래 걸렸네요.
> 여 당신의 모든 노력이 결실을 맺은 것 같습니다.
> (a) 아니요, 저는 충분히 보상받지 못했습니다.
> (b) 사람들은 당신의 기여에 대해 얘기하고 있어요.
> (c) 네, 하지만 큰 희생이 따랐습니다.
> (d) 압니다. 저는 거의 끝나갑니다.

해설 남자의 승진을 축하하며 노력 끝에 결실을 맺은 거라고 말하는 상황에서 남자는 희생도 따랐다고 답변하는 것이 가장 적절하므로 **(c)가 정답**이다.

⚠ 오답 피하기
(a)는 wasn't compensated라 하여 승진을 한 내용과 맞지 않는 일관성 오답이다.
(b)는 your contribution이라 하여 여자가 남자에게 할 수 있을 법한 말이므로 대상 오답이다.
(d)는 앞에서 I know라 하여 적절한 응답을 하지만 뒤에서 마치 업무를 끝내고 있는 것처럼 말하여 앞뒤 문맥 불일치 오답이다.

■ promotion 승진   effort 노력   pay off 결실을 맺다   compensate 보상하다   adequately 충분히, 적절하게   contribution 기여   sacrifice 희생

09.

> M I was just asked to model for a magazine.
> W Really? Well, you do have the looks.
> M But I've never done it before.
> (a) I don't really mind the challenge.
> (b) I'm positive they'll hire you.
> (c) Just pretend that you know how to take photos.
> **(d) Don't sweat it. I'm sure they'll teach you the ropes.**
>
> 남 나 방금 전에 잡지 모델을 요청 받았어.
> 여 정말? 음, 네가 외모는 되지.
> 남 하지만 난 그걸 해 본 적이 없어.
> (a) 나는 도전하는 것을 개의치 않아.
> (b) 나는 그들이 널 고용할 거라고 확신해.
> (c) 그냥 사진을 찍는 방법을 아는 척해.
> (d) 걱정하지 마. 너에게 분명 요령을 가르쳐줄 거야.

해설 모델을 해 줄 것을 요청 받은 남자가 그것을 해 본 적이 없다며 걱정하는 상황에서 여자는 방법을 가르쳐줄 것이라고 답변하는 것이 가장 적절하므로 **(d)가 정답**이다.

⚠ 오답 피하기
(a)는 오히려 새로운 일을 해보려는 남자가 할 수 있을 법한 말이므로 대상 오답이다.
(b)는 positive they'll hire you라 하여 이미 모델을 해 줄 것을 요청 받은 상태이므로 내용이 맞지 않기 때문에 일관성 오답이다.
(c)는 take photos라 하여 모델이 되는 것과 관련 없으므로 소재 오답이다.

■ challenge 도전   positive 확신하는   pretend ~인 척하다   don't sweat it 걱정하지 마   rope 요령, 비결

10.

> W Let's order a bucket of chicken from Dos Chicken.
> M I heard Papa's Kitchen is running a special. Let's order from there instead.
> W Only if they have spicy chicken strips.
> (a) I'm pretty sure they're not that spicy.
> **(b) Let me call and check their menu.**
> (c) But you have to understand that they only have chicken.

(d) All right. I'll just order from Papa's Kitchen then.

여 Dos Chicken에서 치킨 한 통 주문하자.
남 Papa's Kitchen이 특별 행사를 진행하고 있다고 들었어. 거기서 대신 주문하자.
여 그들이 매운 치킨 스트립을 팔기만 한다면.
(a) 그렇게 맵지 않을 거라고 확신해.
(b) 내가 전화해서 메뉴를 확인해볼게.
(c) 하지만 그들은 치킨만 판다는 것을 이해해야 해.
(d) 알겠어. 그럼 그냥 Papa's Kitchen에서 주문할게.

해설 Papa's Kitchen에서 치킨을 주문하자는 남자에게 여자는 그곳이 매운 치킨을 판매하기만 한다면 그렇게 하자고 말하는 상황에서 남자는 전화해서 확인해보겠다고 답변하는 것이 가장 적절하므로 **(b)가 정답**이다.

⚠ 오답 피하기
(a)는 not that spicy라 하여 매운 치킨을 파는지 여부가 아닌 매운 정도에 대해서 말하고 있기 때문에 소재 오답이다.
(c)는 only have chicken이라 하여 매운 치킨의 존재 여부와 무관한 내용이기 때문에 소재 오답이다.
(d)는 여자가 할 수 있을 법한 말이므로 대상 오답이다.

■ bucket 버킷, 통   run a special 특별 행사를 진행하다   chicken strip 치킨 스트립(닭을 길고 가느다란 조각으로 잘라서 튀긴 것)

2. 사실

★ Check-Up   본문 p. 73

| 01 (b) | 02 (d) | 03 (b) | 04 (b) | 05 (c) |
| 06 (c) | 07 (d) | 08 (c) | 09 (a) | 10 (a) |

01.

M I think it's time for me to join a gym.
(a) Yeah, I can't wait to start.
(b) Sign me up, too. I've gained weight.
(c) My membership's still valid.
(d) When you have the time.

남 내가 헬스장에 가입할 때가 된 것 같아.
(a) 그래, 어서 빨리 시작하고 싶어.
(b) 나도 가입시켜줘. 체중이 늘었어.
(c) 내 회원권은 여전히 유효해.
(d) 네가 시간이 있을 때.

해설 남자가 헬스장에 가입하겠다고 말하는 상황에서 여자는 자신도 가입을 시켜 달라고 답변하는 것이 가장 적절하므로 **(b)가 정답**이다.

⚠ 오답 피하기
(a)는 I can't wait라 하여 남자가 할 수 있을 법한 말이므로 대상 오답이다.
(c)는 my membership이라 하여 멤버십에 대해 말하고 있으므로 소재 오답이다.
(d)는 when you have the time이라 하여 남자가 시간이 없는 것처럼 말하고 있기 때문에 상황 오답이다.

■ sign up 가입하다   gain weight 체중이 늘다   valid 유효한

02.

W I've had no appetite since getting the flu.
(a) I appreciate the offer, but no thanks.
(b) Dieting can have that effect.
(c) I'll just prepare some more food then.
(d) Eat a little something at least.

여 독감에 걸린 후에 식욕이 하나도 없었어.
(a) 제안은 고맙지만 괜찮아.
(b) 다이어트는 그런 결과를 가져올 수 있어.
(c) 그럼 난 그냥 음식을 더 준비할게.
(d) 최소한 뭐라도 조금 먹어.

해설 여자가 식욕이 없다고 하는 상황에서 남자는 그래도 조금 먹으라고 답변하는 것이 가장 적절하므로 **(d)가 정답**이다.

⚠ 오답 피하기
(a)는 여자가 제안을 하고 있는 상황이 아니므로 상황 오답이다.
(b)는 dieting이라 하여 독감에 걸려 식욕이 없는 것과 맞지 않는 소재 오답이다.
(c)는 식욕이 없다고 말하는 상황과 맞지 않는 상황 오답이다.

■ appetite 식욕   flu 독감   offer 제안

03.

M Hi, I'm Jeff, the new intern here.
(a) Nice meeting you. Take care.
(b) Good to have you on board.
(c) I haven't seen you around for a while.
(d) My new job starts tomorrow.

남 안녕하세요, 저는 Jeff이고, 여기 새로 온 인턴입니다.
(a) 만나서 반가웠어요. 잘 지내세요.
(b) 합류한 것을 환영합니다.
(c) 당신을 한동안 못 봤네요.
(d) 저는 내일부터 새 직장에서 근무합니다.

해설 새로 온 인턴이라고 남자가 스스로를 소개하는 상황에서 여자는 합류한 것을 환영한다고 답변하는 것이 가장 적절하므로 **(b)가 정답**이다.

⚠ 오답 피하기
(a)는 nice meeting you라 하여 헤어질 때 쓰는 표현이기 때문에 상황 오답이다.
(c)는 haven't seen you around라 하여 처음 만난 상황에서 부적절한 동사 오답이다.
(d)는 new job이라 하여 서로 소개를 하는 상황에서 적절하지 않은 상황 오답이다.

■ on board 합류한, 탑승한   for a while 한동안, 당분간

04.

W Sarah and Winston are constantly arguing.

(a) It's not worth fighting for.
(b) I know. It's as if they have a grudge against each other.
(c) I've known them for more than a year now.
(d) You may want to make your point directly.

여 Sarah와 Winston은 끊임없이 다투고 있어.
(a) 그것은 싸울 가치가 없어.
(b) 알아. 그들은 마치 서로에 대한 원한이 있는 것 같아.
(c) 난 그들을 알고 지낸 지 이제 1년이 넘었어.
(d) 넌 네 의견을 직접적으로 전달하는 것이 좋겠어.

해설 Sarah와 Winston이 항상 다툰다고 말하는 상황에서 남자는 서로 원한이 있는 것 같다고 답변하는 것이 가장 적절하므로 **(b)가 정답**이다.

⚠ 오답 피하기
(a)는 무엇에 대해 다투는지는 말해주지 않았으므로 상황 오답이다.
(c)는 known them이라 하여 다툰다는 내용과 맞지 않는 동사 오답이다.
(d)는 make your point directly라 하여 arguing하고 있다는 사실이 아닌 의견을 전달하는 것에 대해서 말하고 있기 때문에 소재 오답이다.

■ constantly 끊임없이 argue 다투다 grudge 원한 make one's point ~의 의견을 전달하다

05.

M I got a free flight upgrade to a business-class seat.

(a) I knew you'd get a promotion.
(b) But it's unnecessarily expensive.
(c) It must have been your lucky day.
(d) Same here. I was there for business, too.

남 나 무료로 비즈니스석으로 업그레이드를 받았어.
(a) 난 네가 승진이 될 줄 알았어.
(b) 하지만 그건 불필요하게 비싸.
(c) 운이 좋은 날이었나 보다.
(d) 마찬가지야. 나도 사업차 거기에 갔었어.

해설 남자가 무료로 비즈니스석으로 업그레이드 되었다고 말하는 상황에서 여자는 운이 좋았다고 답변하는 것이 가장 적절하므로 **(c)가 정답**이다.

⚠ 오답 피하기
(a)는 promotion이라 하여 업그레이드와 관련이 없는 내용이기 때문에 소재 오답이다.
(b)는 expensive라 하여 무료라고 한 내용과 일치하지 않는 상황 오답이다.
(d)는 앞에서 same here라 하여 적절하게 응답하지만 뒤에서 좌석이 아닌 출장에 대해 말하고 있으므로 앞뒤 문맥 불일치 오답이다.

■ seat 좌석 promotion 승진 unnecessarily 불필요하게

06.

M Why are you so down?
W You can tell?
M Yeah, it's written all over your face.

(a) Let me help you in any way I can.
(b) I just heard I'll be receiving my inheritance.
(c) A close friend of mine is not well.
(d) Talking about it made me feel much better.

남 너 왜 그렇게 기분이 안 좋아?
여 티가 나니?
남 응, 네 얼굴에 다 쓰여 있어.
(a) 내가 어떤 식으로든 널 도와줄게.
(b) 내가 유산을 상속 받을 거라고 지금 막 들었어.
(c) 내 친한 친구가 아파.
(d) 그것에 대해 얘기하니 기분이 훨씬 더 나아졌어.

해설 기분이 안 좋아 보이는 여자에게 티가 난다고 말하는 상황에서 여자는 친한 친구가 아프다고 답변하는 것이 가장 적절하므로 **(c)가 정답**이다.

⚠ 오답 피하기
(a)는 남자가 기분이 좋지 않은 여자에게 할 수 있을 법한 말이므로 대상 오답이다.
(b)는 receiving my inheritance라 하여 기분이 안 좋은 내용과 맞지 않는 일관성 오답이다.
(d)는 it이 가리키는 것이 대화에 언급되지 않았고 feel much better라 하여 일관성 오답이다.

■ down 기분이 안 좋은 inheritance 유산

07.

W What are you doing this weekend?
M My friends and I are going to the Fairfax Country Club.
W I didn't know you knew how to play golf.

(a) But this is your first time.
(b) It was a lot of fun. We should do this often.
(c) Sure, I can lend you my clubs.
(d) I've actually never played before.

여 이번 주말에 뭐 해?
남 내 친구들과 Fairfax 컨트리클럽에 갈 거야.
여 난 네가 골프를 칠 줄 아는지 몰랐는데.
(a) 하지만 이번이 너의 첫 번째잖아.
(b) 재미있었어. 우리 이거 자주 하자.
(c) 물론이지, 내가 나의 골프채를 빌려줄 수 있어.
(d) 난 사실 한 번도 해본 적이 없어.

해설 주말에 남자가 컨트리클럽에 간다고 말하고 여자는 남자가 골프를 칠 줄 아는지 몰랐다고 말하는 상황에서 남자는 한 번도 해 본 적이 없다고 답변하는 것이 적절하므로 **(d)가 정답**이다.

⚠ **오답 피하기**
(a)는 your first time이 아니라 my first time이 되어야 답으로 가능하므로 대상 오답이다.
(b)는 was a lot of fun이라 하여 과거에 대해 말하고 있으므로 시제 오답이다.
(c)는 sure, lend you라 하여 여자가 빌려 달라고 말했을 때 할 수 있는 답변이므로 동사 오답이다.
■ country club 컨트리클럽(운동을 하면서 사교 모임을 갖는 장소)
　lend 빌려주다

08.

M Are you still working on your application essays?
W Yeah, they're taking more time than planned.
M They must be really long.
(a) At least I got an extension.
(b) Yeah, immediately after I completed it.
(c) Not really, but it was a hectic week.
(d) Yes, I don't know what time it started.

남 지원 에세이를 아직도 작성하고 있니?
여 응, 계획했던 것보다 시간이 더 걸리고 있어.
남 정말 길게 썼나 보구나.
(a) 적어도 난 연장을 받았어.
(b) 응, 그것을 완료한 후에 바로.
(c) 그렇진 않아, 하지만 바쁜 한 주였어.
(d) 응, 그것이 몇 시에 시작했는지 모르겠어.

■ 해설 ■ 에세이 쓰는 데 계획했던 것보다 시간이 더 걸린다고 말하는 여자에게 남자가 길게 썼겠다고 확인하는 상황에서 여자는 그렇지는 않지만 바쁜 한 주였다고 답변하는 것이 가장 적절하므로 **(c)가 정답**이다.

⚠ **오답 피하기**
(a)는 got an extension이라 하여 에세이의 길이가 아니라 마감일 연장에 대해서 말하고 있기 때문에 소재 오답이다.
(b)는 앞에서 yeah라고 적절하게 응답하지만 뒤에서 대화 내용과 관련 없는 말을 한 앞뒤 문맥 불일치 오답이다.
(d)는 앞에서 yes라고 적절하게 응답하지만 뒤에서 대화 내용과 관련 없는 말을 한 앞뒤 문맥 불일치 오답이다.
■ extension 연장　hectic 바쁜

09.

W Honey, I got a call from school today.
M Really? Was it about our son?
W Yeah. The teacher told me that he often acts up in class.
(a) I'll have a word with him when he gets home.
(b) It'll most likely be more stimulating as the year passes.
(c) We should at least appreciate the effort he made in class.
(d) Perhaps the teacher was flabbergasted by his dexterity.

여 여보, 나 오늘 학교에서 전화 받았어요.
남 정말요? 우리 아들에 대한 거였어요?
여 네. 선생님이 그 애가 수업시간에 종종 말을 안 듣는다고 했어요.
(a) 그 애가 집에 오면 내가 얘기 해볼게요.
(b) 그것은 아마 해가 지나면서 더 흥미진진해질 거예요.
(c) 우리는 적어도 그가 수업 시간에 노력한 것은 인정해야 해요.
(d) 아마도 선생님이 그의 재주에 깜짝 놀랐을 거예요.

■ 해설 ■ 학교 선생님이 아들이 말을 안 듣는다고 했다는 사실을 전하는 여자에게 남자는 아들이 오면 얘기를 해보겠다고 답변하는 것이 가장 적절하므로 **(a)가 정답**이다.

⚠ **오답 피하기**
(b)는 수업 시간에 태도가 좋지 않은 것과 관련 없는 내용을 말하고 있기 때문에 소재 오답이다.
(c)는 appreciate the effort라 하여 수업 시간에 태도가 좋지 않은 것과 관련이 없는 내용이기 때문에 소재 오답이다.
(d)는 앞에서 태도가 좋지 않다고 했으므로 일관성 오답이다.
■ act up 말을 안 듣다, 버릇없이 굴다　stimulating 흥미진진한
　appreciate 인정하다　effort 노력　flabbergast 깜짝 놀라게 하다
　dexterity 재주

10.

M Welcome to Pete's Tavern.
W Can I get a table for a party of four?
M There'll be a 40-minute wait. We're busy on weekends.
(a) We don't have a choice but to go somewhere else then.
(b) But we've been waiting for 40 minutes.
(c) Okay. We'll see you this weekend then.
(d) We apologize for the wait. I'll show you to your table.

남 Pete's Tavern에 오신 것을 환영합니다.
여 4명이 앉을 자리가 있을까요?
남 40분 대기 시간이 있을 겁니다. 저희는 주말에 붐빕니다.
(a) 그럼 우리는 다른 곳에 갈 수 밖에 없겠네요.
(b) 하지만 우리는 40분 동안 기다렸어요.
(c) 알겠습니다. 그럼 이번 주말에 뵙겠습니다.
(d) 기다리시게 해서 죄송합니다. 자리로 안내해 드리겠습니다.

■ 해설 ■ 식당에 온 여자에게 남자가 40분 대기해야 한다고 한 상황에서 여자는 그럼 다른 곳에 가야겠다고 답변을 하는 것이 가장 적절하므로 **(a)가 정답**이다.

⚠ **오답 피하기**
(b)는 여자가 이미 대기를 하고 있었던 상태에서 할 수 있을 법한 말이므로 상황 오답이다.
(c)는 앞에서 okay라고 적절하게 응답하지만 뒤에서 전혀 관련 없는 말을 하고 있으므로 앞뒤 문맥 불일치 오답이다.
(d)는 남자가 할 수 있을 법한 말이므로 대상 오답이다.

■ party 일행　don't have a choice but to ~할 수 밖에 없다

3. 가능성/가정

Check-Up　　　　　　　　　　　본문 p. 77

| 01 (a) | 02 (d) | 03 (c) | 04 (a) | 05 (b) |
| 06 (c) | 07 (a) | 08 (d) | 09 (c) | 10 (a) |

01.

M You could get a ticket if you park there.
(a) You might be right. I should move my car.
(b) You had better move your car then.
(c) No, I don't have a parking permit.
(d) But all the stores are closed at this time.

남 거기에다 주차를 하면 딱지를 떼일 수 있어.
(a) 네 말이 맞을 수도 있겠네. 차를 옮겨야겠다.
(b) 그럼 네 차를 옮기는 편이 낫겠어.
(c) 아니, 나는 주차증이 없어.
(d) 하지만 이 시간에는 모든 가게가 문을 닫았어.

해설 거기에 주차하면 딱지를 떼일 수도 있다는 말에 대해 여자는 차를 옮기겠다고 답변하는 것이 가장 적절하므로 **(a)가 정답**이다.

⚠ 오답 피하기

(b)는 남자가 여자에게 해줄 법한 말이므로 대상 오답이다.
(c)는 앞에서 no라고 했는데 뒤에 딱지를 받지 않을 이유가 나오지 않고 주차증에 대해 말하므로 앞뒤 문맥 불일치 오답이다.
(d)는 stores are closed라 하여 주차와 관련이 없으므로 소재 오답이다.

■ parking permit 주차증

02.

W I bet I could beat you in a game of chess.
(a) I beat you fair and square.
(b) I hope you're keeping score.
(c) I doubt it. I don't have a chance.
(d) Okay. I accept the challenge.

여 난 너를 체스 게임에서 이길 수 있을 거라 확신해.
(a) 난 널 정정당당하게 이겼어.
(b) 난 네가 점수를 기록하고 있기를 바라.
(c) 아닌 것 같은데. 난 가능성이 없어.
(d) 알겠어. 도전을 받아들일게.

해설 여자가 체스 게임에서 자신이 이길 것 같다고 말하는 상황에서 남자는 도전을 받아들이겠다고 답변하는 것이 가장 적절하므로 **(d)가 정답**이다.

⚠ 오답 피하기

(a)는 beat you라 하여 이미 게임을 한 것처럼 말하여 시제 오답이다.
(b)는 keeping score라 하여 beat와 내용이 맞지 않기 때문에 동사 오답이다.

(c)는 앞에서 I doubt it이라고 적절한 응답을 하지만 뒤에서 I don't have a chance라 하여 내용이 맞지 않는 앞뒤 문맥 불일치 오답이다.
■ beat 이기다　fair and square 정정당당하게　doubt 의심하다
accept 받아들이다　challenge 도전

03.

M I heard Jane is struggling at her new job.
(a) She shouldn't put up with her boss.
(b) Yeah, I told her all about it.
(c) I hope she sticks it out.
(d) You should hang in there.

남 난 Jane이 그녀의 새로운 직장에서 어려움을 겪고 있다고 들었어.
(a) 그녀는 그녀의 상사를 참고 견뎌서는 안 돼.
(b) 응, 난 그녀에게 그것에 대한 모든 것을 말했어.
(c) 난 그녀가 견디기를 바라.
(d) 넌 거기서 견뎌야 해.

해설 남자가 Jane이 새로운 직장에서 힘들어 한다고 말하는 상황에서 여자는 그녀가 견디기를 바란다고 답변하는 것이 가장 적절하므로 **(c)가 정답**이다.

⚠ 오답 피하기

(a)는 with her boss라 하여 상사 때문에 힘들어 할 때 해 줄 수 있는 말인데, Jane이 상사 때문에 어려움을 겪는지는 알 수 없으므로 상황 오답이다.
(b)는 I told her라 하여 Jane에게 무엇을 말했는지 파악할 수 없으므로 상황 오답이다.
(d)는 you라 하여 남자가 문제를 겪고 있는 것처럼 말하여 대상 오답이다.

■ struggle 어려움을 겪다　put up with 참고 견디다　boss 상사
stick it out 견디다, 참다　hang in there 견디다

04.

W If only I hadn't quit my part-time job at the library.
(a) I knew you'd regret it.
(b) That does sound like a terrific idea.
(c) Now that I think back, I should've quit sooner.
(d) So long as you can get a temporary job, I suppose.

여 내가 도서관 아르바이트를 그만두지 않았더라면.
(a) 난 네가 후회할 걸 알고 있었어.
(b) 그건 아주 좋은 아이디어 같아.
(c) 지금 내가 다시 생각해보니, 난 더 빨리 그만뒀어야 했어.
(d) 네가 임시직을 구할 수만 있다면.

해설 여자가 도서관 일을 그만두지 말았어야 했다고 말하는 상황에서 남자는 후회할 것을 알고 있었다고 답변하는 것이 가장 적절하므로 **(a)가 정답**이다.

⚠ 오답 피하기

(b)는 terrific idea라 하여 앞에서 여자가 말한 부정적인 뉘앙스의 내용과 일치하지 않기 때문에 상황 오답이다.
(c)는 여자가 할 수 있을 법한 말이므로 대상 오답이다.

(d)는 get a temporary job이라 하여 이미 그만둔 상태와 일치하지 않는 시제 오답이다.

■ part-time job 아르바이트 regret 후회하다 terrific 아주 좋은 temporary job 임시직

05.

> M I'm convinced Paul Jenkins will win the upcoming election.
> (a) I wouldn't count him out yet.
> **(b) His opponent shouldn't be underestimated.**
> (c) But the polls suggest that he's ahead of the others.
> (d) Not unless he loses the next debate.
>
> 남 난 Paul Jenkins가 다가오는 선거에서 이길 거라고 확신해.
> (a) 난 그를 아직 배제하지는 않을 거야.
> (b) 그의 상대를 과소평가해서는 안 돼.
> (c) 하지만 여론조사는 그가 다른 사람들을 앞서고 있다고 하는데.
> (d) 그가 다음 토론에서 지지 않는 한 그럴 거야.

해설 남자가 Paul Jenkins가 선거에서 이길 거라고 말하는 상황에서 여자는 그의 상대를 과소평가하지 말라고 답변하는 것이 적절하므로 (b)가 정답이다.

⚠ 오답 피하기

(a)는 count him out이라 하여 앞에서 이길 것 같다는 내용과 일치하지 않는 동사 오답이다.
(c)는 앞에서 but이라 하고 뒤에서 ahead of the others라 하여 내용이 서로 맞지 않는 앞뒤 문맥 불일치 오답이다.
(d)는 not unless he loses라 하여 이길 것 같다고 한 것과 맞지 않는 상황 오답이다.

■ convince 설득시키다 upcoming 다가오는 election 선거 count out 배제하다 opponent 상대 underestimate 과소평가하다 poll 여론조사 debate 토론

06.

> M Why don't you come skiing with me?
> W Well, I want to go, but it's been years.
> M I'm sure you'll pick it back up in no time.
> (a) I know. I couldn't believe myself.
> (b) Yeah, I appreciate your picking me up on short notice.
> **(c) Most likely not. I'm not an athlete.**
> (d) I doubt it. I consider myself a fast learner.
>
> 남 나와 함께 스키 타러 안 갈래?
> 여 음, 가고 싶은데, 오래 되어서.
> 남 난 네가 금방 다시 배울 거라고 확신해.
> (a) 알아. 난 내 자신을 믿을 수가 없었어.
> (b) 그래, 급하게 연락했는데 나를 데리러 와줘서 고맙게 생각해.
> (c) 그럴 가능성이 없어. 난 운동선수가 아니야.
> (d) 아닐 것 같아. 난 내 자신을 빨리 배우는 사람이라고 여겨.

해설 남자가 여자에게 스키를 오랜만에 타도 바로 잘 타게 될 거라고 말하는 상황에서 여자는 운동선수가 아니기 때문에 그러지 않을 거라고 답변하는 것이 가장 적절하므로 (c)가 정답이다.

⚠ 오답 피하기

(a)는 couldn't believe myself라 하여 이미 스키를 타러 갔다 온 것처럼 말하여 시제 오답이다.
(b)는 picking me up이라 하여 대화의 내용과 맞지 않는 동사 오답이다.
(d)는 앞에서 I doubt it이라 하고 뒤에서 fast learner라 하여 내용이 서로 맞지 않는 앞뒤 문맥 불일치 오답이다.

■ pick up 배우다, (차로) 데리러 가다 in no time 바로 on short notice 충분한 예고 없이 athlete 운동선수 doubt 의심하다 fast learner 빨리 배우는 사람

07.

> W How are the jeans you ordered online?
> M They're tighter than I thought.
> W Maybe you were sent the wrong size by mistake.
> **(a) That thought never crossed my mind!**
> (b) No, they have a large selection of jeans to choose from.
> (c) But I thought they would have them in a different color.
> (d) So, I checked the jeans prior to mailing them.
>
> 여 네가 인터넷에서 주문한 청바지 어때?
> 남 내가 생각했던 것보다 더 꽉 끼어.
> 여 어쩌면 실수로 너한테 잘못된 사이즈가 배송되었을 수도 있어.
> (a) 그런 생각은 전혀 못했는데!
> (b) 아니, 선택할 수 있는 청바지가 아주 다양해.
> (c) 하지만 그들이 다른 색상이 있을 거라고 생각했어.
> (d) 그래서 난 우편으로 보내기 전에 청바지를 확인했어.

해설 남자가 인터넷으로 주문한 청바지가 생각보다 꽉 낀다고 말했고, 여자는 사이즈가 잘못 배송되었을 수도 있다고 말하는 상황에서 남자는 그 생각을 하지 못했다고 답변하는 것이 가장 적절하므로 (a)가 정답이다.

⚠ 오답 피하기

(b)는 앞에서 no라고 적절하게 응답했지만 뒤에서 청바지 종류의 다양성에 대해 말하고 있어 앞뒤 문맥 불일치 오답이다.
(c)는 different color라 하여 사이즈와 관련 없는 내용이기 때문에 소재 오답이다.
(d)는 마치 남자가 받은 것이 아니라 보낸 것처럼 말하기 때문에 대상 오답이다.

■ by mistake 실수로 cross one's mind 생각이 나다 a large selection of 아주 다양한 prior to ~전에 mail (우편으로) 보내다

08.

> M I'd never want to live the life of a celebrity.
> W Why not? It would be nice to be recognized by others.

M Yeah, but you'd have no privacy.

(a) That's a compromise I cannot accept.
(b) I know. It drains so much out of you.
(c) I think I could live with complete privacy.
(d) I wouldn't mind enjoying some attention.

남 난 결코 유명인의 인생을 살고 싶지 않아.
여 왜? 다른 사람들이 알아봐주면 좋을 것 같아.
남 응, 하지만 사생활이 없을 거야.
(a) 그건 내가 받아들일 수 없는 타협이야.
(b) 알아. 그것은 너에게서 너무 많은 것을 빼앗아가.
(c) 난 완전한 사생활을 누리고 살 수 있을 것 같아.
(d) 난 주위의 관심을 좀 즐기는 것을 개의치 않을 거야.

▶ 해설 유명인의 인생을 사는 것에 대해서 말하면서 남자는 사생활이 없어서 유명인이 되고 싶지 않다고 말하는 상황에서 여자는 자신은 주위의 관심을 즐기겠다고 답변하는 것이 가장 적절하므로 **(d)가 정답**이다.

⚠ 오답 피하기
(a)는 앞에서 사람들이 알아봐주는 게 좋을 것 같다고 긍정적으로 말한 내용과 맞지 않기 때문에 일관성 오답이다.
(b)는 앞에서 사람들이 알아봐주는 게 좋을 것 같다고 긍정적으로 말한 내용과 맞지 않기 때문에 일관성 오답이다.
(c)는 could live with complete privacy라 하여 앞에서 여자가 nice to be recognized by others라 말한 것과 일치하지 않는 일관성 오답이다.

▪ celebrity 유명인 recognize 알아보다 compromise 타협 accept 받아들이다 drain 빼내다, 빼앗다 complete 완전한 attention 관심

09.

W My acne problem is getting worse.
M Have you gotten it checked out?
W No, not yet. I thought it would subside over time.

(a) But doctors aren't right all the time.
(b) That said, I'd better see a specialist.
(c) I'd visit a dermatologist if I were you.
(d) I agree. You have a fair complexion already.

여 내 여드름 문제가 점점 더 심각해지고 있어.
남 검사 받아 봤어?
여 아니, 아직. 난 시간이 지나면 가라앉을 거라 생각했어.
(a) 하지만 의사들이 항상 맞는 것은 아니야.
(b) 그렇긴 하지만, 난 전문가를 만나봐야 할 것 같아.
(c) 내가 너라면 피부과 의사에게 가 볼 거야.
(d) 동의해. 넌 이미 흰 피부를 갖고 있어.

▶ 해설 여자가 여드름이 시간이 지나면 가라앉을 거라고 생각했다고 말하는 상황에서 남자는 자신이었다면 피부과 의사에게 가 봤을 거라고 답변하는 것이 가장 적절하므로 **(c)가 정답**이다.

⚠ 오답 피하기
(a)는 앞에서 검사를 받아 보라고 한 것과 문맥이 일치하지 않기 때문에

일관성 오답이다.
(b)는 여드름으로 고민하는 여자가 할 수 있을 법한 말이므로 대상 오답이다.
(d)는 fair complexion이라 하여 여드름이 아니라 피부에 대해 말하므로 소재 오답이다.

▪ acne 여드름 subside 가라앉다 all the time 항상 dermatologist 피부과 의사 fair 흰 피부의 complexion 얼굴 피부, 안색

10.

M I'm having trouble staying awake these days.
W Try eating less carbohydrates.
M I doubt that'll work.

(a) You never know. It's worth a try.
(b) Bear in mind that they're essential to our health.
(c) But that's the only thing I haven't tried.
(d) You should keep your opinions to yourself.

남 전 요즘 깨어 있는 것이 힘들어요.
여 탄수화물을 덜 먹어보세요.
남 그것이 효과적일지 의심스러워요.
(a) 그건 모르는 거에요. 시도해 볼 가치가 있어요.
(b) 그것은 우리의 건강에 필수적이라는 것을 명심하세요.
(c) 하지만 그게 제가 시도해보지 않은 유일한 거에요.
(d) 당신은 당신의 의견을 속으로만 생각해야 해요.

▶ 해설 피곤해 하는 남자에게 탄수화물을 덜 먹어보라고 했고, 남자는 그것이 효과적일지 의심하는 상황에서 여자는 시도해 보는 것이 좋을 것 같다고 답변하는 것이 가장 적절하므로 **(a)가 정답**이다.

⚠ 오답 피하기
(b)는 앞에서 탄수화물을 덜 먹어보라고 했으므로 일관성 오답이다.
(c)는 남자가 할 수 있을 법한 말이므로 대상 오답이다.
(d)는 탄수화물을 덜 먹는 것의 효과를 의심하는 남자에게 할 수 있는 말로 적절하지 않으므로 상황 오답이다.

▪ carbohydrate 탄수화물

4. 제안 / 조언 / 요청

Check-Up 본문 p. 81

01 (b)   02 (a)   03 (c)   04 (c)   05 (a)
06 (b)   07 (d)   08 (b)   09 (a)   10 (c)

01.

M Let's meet up for a game of squash after work today.

(a) If so, I'll go straight home.
(b) I'm going to have to take a raincheck.
(c) Sign me up for happy hour then.
(d) Only if we're playing a game of squash.

남 오늘 업무 끝나고 스쿼시 게임을 하러 만나자.
(a) 그렇다면, 난 집으로 곧장 갈게.
(b) 난 다음을 기약해야 할 것 같아.
(c) 나를 특별 할인 시간대에 등록 시켜줘.
(d) 우리가 스쿼시 게임을 하는 경우에만.

해설 남자가 스쿼시 게임을 하자고 제안하는 상황에서 여자는 (오늘 안 되니) 다음에 하자고 답변하는 것이 가장 적절하므로 **(b)가 정답**이다.

⚠ 오답 피하기
(a)는 if so라 하여 남자가 제안이 아닌 조건을 제시한 것처럼 답변을 하기 때문에 상황 오답이다.
(c)는 happy hour라 하여 스쿼시 게임을 하는 것과 관련이 없는 소재 오답이다.
(d)는 only if 뒤에 스쿼시 게임이 아닌 다른 조건이 나와야 하는데 조건이 제안하는 것과 동일하여 상황 오답이다.

■ meet up 만나다   take a raincheck 다음을 기약하다   happy hour 특별 할인 시간대

02.

W I'm calling to reserve a table for six people for tonight.
(a) We apologize, but all the tables are booked.
(b) But we only have four tables left.
(c) Our staff will direct you to your seat.
(d) Honestly, I don't mind the wait.

여 저는 오늘 저녁 6명을 위한 테이블을 예약하기 위해서 전화했습니다.
(a) 죄송하지만, 모든 테이블이 예약되었습니다.
(b) 하지만 저희는 4개의 테이블만 남았습니다.
(c) 저희 직원이 자리로 안내해 줄 겁니다.
(d) 정말로, 기다리는 것은 상관없습니다.

해설 여자가 자리를 예약하기 위해서 전화했다고 말하는 상황에서 남자는 모든 자리가 예약되었다고 답변하는 것이 가장 적절하므로 **(a)가 정답**이다.

⚠ 오답 피하기
(b)는 앞에서 but이라 했는데 뒤에서 테이블이 남았다고 하여 앞뒤 문맥이 맞지 않으므로 앞뒤 문맥 불일치 오답이다.
(c)는 direct you라 하여 앞에서 calling to reserve와 맞지 않는 동사 오답이다.
(d)는 여자가 할 수 있을 법한 말이므로 대상 오답이다.

■ direct 안내해주다   honestly 정말로(사실임을 강조)

03.

M Your room needs some serious cleaning.
(a) Yeah, it was well received.
(b) I'd be happy to pitch in.
(c) Don't worry. Nobody's going to see it anyway.
(d) Sure, the room is quite spacious.

남 네 방은 심각한 청소가 필요해.
(a) 맞아, 그것은 호평을 받았어.
(b) 내가 기꺼이 도와줄게.
(c) 걱정하지 마. 어쨌든 아무도 보지 않을 거야.
(d) 맞아, 방이 꽤 넓어.

해설 남자가 여자의 방이 청소가 필요하다고 말하는 상황에서 여자는 아무도 보지 않기 때문에 괜찮다고 답변하는 것이 적절하므로 **(c)가 정답**이다.

⚠ 오답 피하기
(a)는 앞에서 yeah라 하고 뒤에서 well received라 하여 내용이 맞지 않는 앞뒤 문맥 불일치 오답이다.
(b)는 남자가 여자에게 할 수 있을 법한 말이므로 대상 오답이다.
(d)는 quite spacious라 하여 크기에 대해서 말하고 있기 때문에 소재 오답이다.

■ well received 호평을 받는   pitch in 도와주다, 협동하다   spacious 넓은

04.

W It's freezing outside. You'd better bundle up.
(a) But it's supposed to be cold.
(b) I wouldn't go out wearing that.
(c) I'll just grab a thicker coat.
(d) I guess I should drive there then.

여 밖이 매우 추워. 너 옷을 껴입는 게 좋을 거야.
(a) 하지만 추울 거라고 했어.
(b) 나라면 그걸 입고 외출하지 않을 거야.
(c) 그냥 더 두꺼운 코트를 가지고 갈게.
(d) 그럼 거기까지 운전해서 가야겠네.

해설 여자가 남자에게 추우니까 옷을 껴입으라고 말하는 상황에서 남자는 그냥 더 두꺼운 코트를 챙기겠다고 답변하는 것이 가장 적절하므로 **(c)가 정답**이다.

⚠ 오답 피하기
(a)는 앞에서 but이라 하고 뒤에서 cold라 하여 앞뒤가 맞지 않는 앞뒤 문맥 불일치 오답이다.
(b)는 여자가 남자에게 할 수 있을 법한 말이므로 대상 오답이다.
(d)는 drive there라 하여 마치 장소가 앞에서 나온 것처럼 말하고 껴입는 것과 관련이 없는 drive가 나와 소재와 동사 오답이다.

■ freezing 매우 추운   bundle up 옷을 껴입다   grab 재빨리 손에 넣다

05.

M I wouldn't leave your bags unattended if I were you.
(a) You're right. They could go missing.
(b) Yeah, I'll pick them up later.
(c) I'm sorry, but I can't. I have to go now.
(d) That's why I left them in the baggage claim area.

남 내가 너라면 네 가방을 방치해두지 않을 거야.
(a) 네 말이 맞아. 그것들이 없어질 수도 있어.
(b) 응, 나중에 가지러 갈게.

(c) 미안하지만, 난 못해. 난 지금 가봐야 해.
(d) 그래서 수하물 찾는 곳에 놔뒀어.

해설 남자가 자신이라면 가방을 방치해두지 않을 것이라고 말하는 상황에서 여자는 동의하며 가방이 없어질 수도 있다고 답변하는 것이 가장 적절하므로 **(a)가 정답**이다.

⚠️ 오답 피하기
(b)는 앞에서 yeah라 하고 뒤에서 pick them up later라 하여 내용이 서로 맞지 않는 앞뒤 문맥 불일치 오답이다.
(c)는 I'm sorry라 하여 사과를 하고 있으므로 상황에 맞지 않는 상황 오답이다.
(d)는 baggage claim area라 하여 앞에서 가방을 챙기라는 내용과 맞지 않는 상황 오답이다.

■ unattended 방치된, 돌보지 않는 go missing 없어지다
   baggage claim area 수하물 찾는 곳

06.

W Let's go and get coffee after lunch.
M We don't have much time today.
W We'll hurry back.

(a) I'd rather have coffee instead.
(b) I'd prefer not to rush.
(c) Okay, we'll have something else then.
(d) But there's no need to be hasty.

여 점심 식사 후에 커피 마시러 가죠.
남 우리는 오늘 시간이 많이 없어요.
여 우리는 빨리 돌아올 거예요.
(a) 저는 대신에 커피를 마실래요.
(b) 저는 서두르는 것을 좋아하지 않아요.
(c) 알겠어요, 그럼 우리 다른 거 마셔요.
(d) 하지만 급할 필요가 없어요.

해설 커피 마시러 갈 시간이 없다는 것에 대해 여자는 빨리 돌아올 거라고 말하는 상황에서 남자는 서두르고 싶지 않다고 답변하는 것이 가장 적절하므로 **(b)가 정답**이다.

⚠️ 오답 피하기
(a)는 coffee instead라 하여 마치 앞에서 다른 음료에 대해서 말한 것처럼 말하여 일관성 오답이다.
(c)는 앞에서 okay라 하여 적절하게 응답했지만 뒤에서 have something else라 하여 빨리 돌아오는 것과 관련 없는 말을 하고 있으므로 앞뒤 문맥 불일치 오답이다.
(d)는 no need to be hasty라 하여 앞에서 시간이 없다고 말한 내용과 일치하지 않는 일관성 오답이다.

■ rush 서두르다 hasty 급한

07.

W I just bought *Casablanca* on DVD.
M That's a great classic movie.
W I can lend it to you if you want to watch it.

(a) All right. Feel free to ask me anytime.

(b) That would be a great buy for me.
(c) Actually, I don't like to listen to old albums.
(d) I'll take you up on that.

여 내가 이번에 <Casablanca>를 DVD로 구매했어.
남 그건 훌륭한 고전 영화지.
여 네가 보고 싶다면 내가 빌려줄 수 있어.
(a) 알았어. 언제든지 내게 편하게 물어봐.
(b) 나한테는 아주 좋은 가격일 거야.
(c) 사실, 나는 옛날 앨범을 듣는 것을 좋아하지 않아.
(d) 너의 제안을 받아들일게.

해설 여자가 새로 산 DVD를 남자에게 빌려줄 수 있다고 말하는 상황에서 남자는 좋다는 의도로 답변하는 것이 가장 적절하므로 **(d)가 정답**이다.

⚠️ 오답 피하기
(a)는 여자가 할 수 있을 법한 말이므로 대상 오답이다.
(b)는 great buy라 하여 앞에서 빌려준다는 내용과 맞지 않는 상황 오답이다.
(c)는 listen to old albums라 하여 영화와 관련이 없는 동사 오답이다.

■ lend 빌려주다 great buy 좋은 가격에 산 것 take A up on B B에 대해 A의 제안을 받아들이다

08.

M Let's go get something to eat. I'm starving.
W We still need to label these boxes though.
M That's going to take forever. Let's just do it after lunch.

(a) Yeah, you're right. Let's just call it a day.
(b) I guess it wouldn't hurt to take a brief lunch break.
(c) Unless we take a nice, long break.
(d) I suppose we can finish it after putting on the labels.

남 뭐 먹으러 가자. 나 너무 배고파.
여 하지만 아직도 이 상자들에 라벨을 부착해야 해.
남 그건 너무나 오래 걸릴 거야. 그냥 점심 식사 후에 하자.
(a) 그래, 네 말이 맞아. 오늘은 마무리 하자.
(b) 짧은 점심 휴식을 취한다고 문제가 될 것 같지는 않아.
(c) 우리가 충분한 휴식을 취하지 않는 한.
(d) 우리가 라벨을 부착하고 난 후에 그것을 마무리 할 수 있을 것 같아.

해설 남자가 점심 식사 후에 일을 계속 하자고 제안을 상황에서 여자는 휴식을 취하는 게 문제가 되지 않을 것 같다고 수락하는 답변을 하는 것이 가장 적절하므로 **(b)가 정답**이다.

⚠️ 오답 피하기
(a)는 앞에서 yeah라 하고 뒤에서 call it a day라 하여 내용이 서로 맞지 않는 앞뒤 문맥 불일치 오답이다.
(c)는 unless, break라 하여 마치 앞에서 남자가 휴식을 반대한 것처럼 말하기 때문에 일관성 오답이다.
(d)는 finish it after, labels라 하여 이미 라벨을 붙이고 있는 상황에서

이와 같이 말하여 상황 오답이다.
■ starve 몹시 배고프다 take forever 오래 걸리다 call it a day 마무리 하다 it wouldn't hurt to do ~해서 나쁠 것이 없다(지장을 주지 않을 것이다) brief 짧은 put on 부착하다

09.

W The pranks you pull on me are getting on my nerves.
M Oh, come on. They're just jokes.
W I don't care. Just stop.
(a) If you think they're excessive, I'll stop.
(b) I'm not accepting any apologies from you.
(c) Sorry, but I'm not trying to be funny.
(d) I'm offended by your insincere pranks.

여 네 장난이 내 신경을 건드리고 있어.
남 왜 그래. 그냥 농담이야.
여 상관없어. 그냥 그만해.
(a) 너무 지나치다고 생각하면, 그만할게.
(b) 나는 네게 어떠한 사과도 받지 않을 거야.
(c) 미안하지만, 난 웃기려고 하는 것이 아니야.
(d) 난 너의 배려 없는 장난에 불쾌해.

해설 남자의 장난에 대해 여자가 그만하라고 하는 상황에서 남자는 지나치다고 생각하면 그만하겠다고 답변하는 것이 가장 적절하므로 **(a)가 정답**이다.

⚠ 오답 피하기
(b)는 apologies from you라 하여 마치 여자가 잘못한 것처럼 말하기 때문에 대상 오답이다.
(c)는 not trying to be funny라 하여 앞에서 jokes라 말한 내용과 일치하지 않기 때문에 일관성 오답이다.
(d)는 기분이 상한 여자가 할 수 있을 법한 말이므로 대상 오답이다.
■ pull pranks on ~에게 장난을 치다 get on one's nerves ~의 신경을 건드리다 excessive 지나친 offended 불쾌한 insincere 배려 없는

10.

M Do you own a mini drone?
W Actually, I'm against owning them. They're quite intrusive.
M I know. We should lodge a petition or something.
(a) An owner's manual should be included in the box.
(b) That's one reason why I got one for myself.
(c) I know for a fact that many have done that.
(d) Unfortunately, I don't see the government using mini drones.

남 너 소형 드론을 가지고 있니?
여 사실, 나는 그것을 소유하는 것에 반대해. 그것은 꽤 사생활 침해가 심각해.
남 맞아. 우리 탄원서나 뭔가를 제출해야겠어.
(a) 상자에 설명서가 포함되어 있을 거야.
(b) 그게 내가 그것을 구매한 하나의 이유야.
(c) 이미 많은 사람들이 했다는 것을 난 확실히 알고 있어.
(d) 안타깝게도, 난 정부가 소형 드론을 사용하는 것을 이해할 수가 없어.

해설 남자가 소형 드론의 사생활 침해에 대해 탄원서 같은 것을 제출해야겠다고 말하는 상황에서 여자는 이미 사람들이 제출했다고 답변하는 것이 가장 적절하므로 **(c)가 정답**이다.

⚠ 오답 피하기
(a)는 owner's manual이라 하여 탄원서 제출과 관련 없는 것을 말하고 있기 때문에 소재 오답이다.
(b)는 one reason, I got이라 하여 앞에서 intrusive라 말한 내용과 일치하지 않기 때문에 일관성 오답이다.
(d)는 the government using mini drones라 하여 탄원서 제출과 관련 없는 것을 말하고 있기 때문에 소재 오답이다.
■ mini drone 소형 드론 own 소유하다 intrusive 침해하는 lodge 제기하다, 제출하다 owner's manual 설명서

Unit Test
본문 p. 82

01 (c)	02 (a)	03 (b)	04 (d)	05 (d)
06 (a)	07 (a)	08 (c)	09 (c)	10 (a)
11 (b)	12 (c)	13 (c)	14 (d)	15 (a)
16 (c)	17 (c)	18 (a)	19 (c)	20 (b)

01.

W I'm afraid I can't guarantee you a raise next year.
(a) I'm sorry about your poor performance.
(b) I won't accept anything lower than that.
(c) I think I deserve better compensation.
(d) Then promise to increase my salary instead.

여 유감스럽지만 내년 봉급 인상을 보장할 수 없을 것 같습니다.
(a) 당신의 부진한 성과에 대해 안타깝게 생각합니다.
(b) 저는 그것보다 낮은 것은 수락하지 않겠습니다.
(c) 저는 더 나은 보상을 받을 자격이 있다고 생각합니다.
(d) 그럼 대신 제 급여를 올려주겠다고 약속해주세요.

해설 여자가 남자에게 봉급 인상이 안 될 수도 있다고 말하는 상황에서 남자는 자신이 더 나은 보상을 받을 자격이 있다고 답변하는 것이 적절하므로 **(c)가 정답**이다.

⚠ 오답 피하기
(a)는 your poor performance라 하여 마치 여자가 할 수 있을 법한 말이므로 대상 오답이다.
(b)는 lower than that이라 하여 앞에서 금액이 언급된 것처럼 말하여 소재 오답이다.
(d)는 increase my salary instead라 하여 마치 앞에서 급여에 관해 언급하지 않은 것처럼 말하여 상황 오답이다.
■ guarantee 보장하다 raise 봉급 인상 poor performance 부진한 성과 accept 수락하다 deserve 자격이 있다 compensation 보상 salary 급여

02.

M The grades for our physics class are available online now.

(a) **I already logged in and checked.**
(b) You may want to talk to the professor about it.
(c) Enter your password to register.
(d) Yeah, I finished it on Monday.

남 우리 물리학 수업 성적을 온라인에서 지금 확인할 수 있어.
(a) 난 이미 로그인해서 확인했어.
(b) 그것에 대해서 교수님과 얘기하는 게 좋을 것 같아.
(c) 등록하기 위해서는 네 비밀번호를 입력해.
(d) 응, 난 월요일에 끝냈어.

해설 남자가 물리학 수업 성적이 인터넷에 올라와 있다고 말하는 상황에서 여자는 이미 확인했다고 답변하는 것이 가장 적절하므로 **(a)가 정답**이다.

⚠️ 오답 피하기
(b)는 talk to the professor라 하여 성적을 확인한 후 할 수 있을 법한 말이므로 상황 오답이다.
(c)는 register라 하여 성적을 확인하는 것과 관련 없으므로 상황 오답이다.
(d)는 앞에서 yeah라고 적절하게 응답하지만 뒤에서 무언가를 끝냈다고 관련 없는 말을 하고 있으므로 앞뒤 문맥 불일치 오답이다.

■ grade 성적   physics 물리학   enter 입력하다   register 등록하다

03.

W I need help filling out this insurance claim form.

(a) Here's a pen for you to write with.
(b) **I'll be with you in a second.**
(c) You can find the form over there.
(d) You've actually done a great job filling it out.

여 이 보험 청구 양식을 작성하는 데 도움이 필요합니다.
(a) 여기에 당신이 쓸 수 있는 펜이 있습니다.
(b) 곧 제가 당신을 도와 드리겠습니다.
(c) 저기에 양식을 찾을 수 있습니다.
(d) 당신은 사실 그것을 훌륭하게 작성하였습니다.

해설 여자가 양식을 작성하는 것을 도와 달라고 요청하는 상황에서 남자는 곧 도와주겠다고 답변하는 것이 가장 적절하므로 **(b)가 정답**이다.

⚠️ 오답 피하기
(a)는 here's a pen이라 하여 마치 여자가 양식 작성에 필요한 펜을 요청한 것처럼 말하여 상황 오답이다.
(c)는 find the form이라 하여 작성하는 것과 관련 없는 동사 오답이다.
(d)는 done a great job이라 하여 과거로 말한 시제 오답이다.

■ fill out 작성하다   insurance claim form 보험 청구 양식   in a second 곧

04.

M Excuse me for one second. I have to take this phone call.

(a) All right. Just put it through to me.
(b) No, I don't recall calling you.
(c) Just give me a minute or two, and I'll be with you.
(d) **Okay, let me give you some privacy.**

남 잠시 실례하겠습니다. 이 전화를 받아야 합니다.
(a) 알겠습니다. 그냥 제게 연결해주세요.
(b) 아니요, 제가 당신에게 전화를 한 게 기억이 나지 않습니다.
(c) 제게 잠시만 시간을 주시면 제가 도와 드리겠습니다.
(d) 알겠습니다, 제가 피해 드릴게요.

해설 남자가 전화를 받아야 할 것 같다고 말하는 상황에서 여자는 알겠다고 하며 자리를 비켜주려는 의도를 전달하는 것이 가장 적절하므로 **(d)가 정답**이다.

⚠️ 오답 피하기
(a)는 앞에서 all right이라 하여 적절하게 응답하지만 뒤에서 자신이 전화를 받겠다고 하여 내용이 맞지 않으므로 앞뒤 문맥 불일치 오답이다.
(b)는 don't recall calling you라 하여 앞에서 남자가 전화를 받아야 한다는 것과 일치하지 않는 동사 오답이다.
(c)는 I'll be with you라 하여 마치 남자가 도움을 요청한 것처럼 말하기 때문에 상황 오답이다.

■ put A through to B (전화로) A를 B에게 연결해 주다   recall 기억하다

05.

W I heard from Chris that you and Betty split up.

(a) I swear I had nothing to do with it.
(b) Yeah, I think splitting the cost will work for everyone.
(c) I know. They're meant for each other.
(d) **It was probably for the best.**

여 난 Chris로부터 너와 Betty가 헤어졌다고 들었어.
(a) 나는 그것과 아무 상관이 없다고 맹세해.
(b) 응, 비용을 각자 부담하는 것이 모두에게 좋을 것 같아.
(c) 맞아. 그들은 천생연분이야.
(d) 아마도 그게 최선이었을 거야.

해설 남자와 Betty가 헤어졌다는 것을 들었다고 말하는 상황에서 남자는 그게 최선이었다고 답변하는 것이 적절하므로 **(d)가 정답**이다.

⚠️ 오답 피하기
(a)는 I had nothing to do with it이라 하여 앞에서 헤어진다는 내용과 관련 없는 소재 오답이다.
(b)는 splitting the cost라 하여 앞에서 헤어진다는 내용과 일치하지 않는 소재 오답이다.
(c)는 they're meant for each other라 하여 헤어진 상황과 맞지 않는 상황 오답이다.

■ split up 헤어지다   split the cost 비용을 각자 부담하다
  be meant for each other 천생연분이다

06.

M Sorry for the delay, ma'am. Your table's almost ready.
(a) **That's okay. It's not a big deal.**
(b) I'll have to double-check my reservation.
(c) No, I don't mind switching tables.
(d) But I didn't order this particular dish.

남 지연 때문에 죄송합니다, 손님. 테이블이 거의 준비되었습니다.
(a) 괜찮아요. 별로 문제되지 않습니다.
(b) 제 예약을 다시 확인해야겠어요.
(c) 아니요, 저는 테이블을 바꿔도 상관 없어요.
(d) 하지만 저는 이 특정 요리를 주문하지 않았어요.

해설 기다리고 있는 여자에게 남자가 좌석이 거의 준비되었다고 말해 주는 상황에서 여자는 괜찮다고 답변하는 것이 가장 적절하므로 **(a)가 정답**이다.

⚠ 오답 피하기
(b)는 my reservation이라 하여 자리를 안내해주는 상황에서 예약에 대해 말하고 있기 때문에 소재 오답이다.
(c)는 switching이라 하여 자리 안내와 관련이 없는 동사 오답이다.
(d)는 didn't order라 하여 자리가 아닌 주문한 요리에 대해 말하고 있기 때문에 소재 오답이다.

■ It's not a big deal 별일 아니다   double-check 다시 확인하다
  switch 바꾸다   particular 특정한   dish 요리

07.

W I'm calling to cancel my appointment with Dr. Goldberg at 2 p.m.
(a) **Okay, I'll let her know.**
(b) Just reschedule the appointment for her.
(c) I don't think you can fit me in today.
(d) Sure, 2 p.m. it is then.

여 Goldberg 박사와의 오후 2시 약속을 취소하려고 전화했습니다.
(a) 알겠습니다, 제가 그녀에게 알려드리겠습니다.
(b) 그녀를 위해서 약속 일정을 재조정 해주세요.
(c) 오늘 저를 만날 시간이 되실 것 같지 않군요.
(d) 물론이죠, 그럼 오후 2시로 하겠습니다.

해설 여자가 예약을 취소하기 위해 전화했다고 하는 상황에서 남자는 Dr. Goldberg에게 알려주겠다고 답변하는 것이 가장 적절하므로 **(a)가 정답**이다.

⚠ 오답 피하기
(b)는 reschedule이라 하여 취소한다는 것과 일치하지 않는 동사 오답이다.
(c)는 you can fit me in이라 하여 마치 여자가 남자와의 약속을 취소하는 것처럼 말하여 상황 오답이다.
(d)는 앞에서 sure라 하여 적절하게 응답하지만 뒤에서 2시로 하겠다

고 하여 내용이 맞지 않는 앞뒤 문맥 불일치 오답이다.
■ reschedule 일정을 재조정하다   fit A in 시간을 내어 A를 만나다

08.

M I can't see why people like kimchi so much.
(a) Me neither! It's scrumptious.
(b) I told you, I already tried it.
(c) **It must be its distinctive flavor.**
(d) Of course I do. I'm a fan of kimchi.

남 나는 왜 사람들이 김치를 그렇게 좋아하는지 모르겠어.
(a) 나도! 그건 아주 맛있어.
(b) 내가 말했잖아, 나는 이미 먹어봤어.
(c) 그것의 독특한 풍미 때문일 거야.
(d) 물론 나도 그래. 나는 김치 애호가야.

해설 남자가 사람들이 김치를 왜 좋아하는지 모르겠다고 말하는 상황에서 여자는 독특한 풍미 때문일 거라고 답변하는 것이 가장 적절하므로 **(c)가 정답**이다.

⚠ 오답 피하기
(a)는 앞에서 me neither라 하고 뒤에서 scrumptious라 하여 내용이 서로 맞지 않기 때문에 앞뒤 문맥 불일치 오답이다.
(b)는 I already tried it이라 하여 앞에서 사람들이 좋아한다는 내용과 맞지 않는 동사 오답이다.
(d)는 김치를 좋아하는지 물어봤을 때 할 수 있는 답변이므로 질문 오답이다.

■ scrumptious 아주 맛있는   distinctive 독특한   flavor 풍미
  a fan of ~의 애호가

09.

W I was really worried when I thought I had lost my credit card.
(a) I know. I don't know how I should thank you.
(b) I'd call the credit card company and suspend all transactions.
(c) **I'm glad it was in your possession all this time.**
(d) Don't worry. It couldn't have disappeared into thin air.

여 제 신용카드를 분실한 줄 알고 정말 걱정했었어요.
(a) 맞아요. 제가 어떻게 감사 드려야 할지 모르겠습니다.
(b) 저라면 신용카드 회사에 연락하여 모든 거래를 중지시킬 거예요.
(c) 지금까지 당신이 가지고 있었다니 다행입니다.
(d) 걱정하지 마세요. 흔적도 없이 사라질 수는 없었을 겁니다.

해설 여자가 신용카드를 잃어버렸다고 생각해서 걱정을 했었다고 말하는 상황에서 남자는 여자가 가지고 있어서 다행이라고 답변하는 것이 가장 적절하므로 **(c)가 정답**이다.

⚠ 오답 피하기
(a)는 how I should thank you라 하여 신용카드를 잃어버린 여자가 할 수 있을 법한 말이므로 대상 오답이다.
(b)는 suspend all transactions라 하여 아직 신용카드를 찾지 못한 것

처럼 말하여 상황 오답이다.
(d)는 couldn't have disappeared라 하여 아직 신용카드를 찾지 못한 것처럼 말하여 상황 오답이다.

■ suspend 중지시키다 transaction 거래 in one's possession ~가 가지고 있는 disappear 사라지다 into thin air 흔적도 없이

10.

M The roller-coaster ride certainly isn't for the faint of heart.
(a) I know. I was petrified to say the least.
(b) No wonder people looked nonchalant before the ride.
(c) Yeah, it's more exhilarating than anything else.
(d) That's right. It's perfect for the whole family.

남 롤러코스터 놀이기구는 확실히 겁쟁이는 탈 수 없겠다.
(a) 맞아. 조금도 과장하지 않고 나도 너무 무서웠어.
(b) 어쩐지 사람들이 타기 전에 무관심해 보이더라.
(c) 응, 그것은 그 어떤 것보다 재미있어.
(d) 맞아. 온 가족을 위해 완벽하지.

해설 남자가 롤러코스터는 겁쟁이들이 탈 수 없겠다고 말하는 상황에서 여자는 자신도 무서웠다고 답변하는 것이 가장 적절하므로 (a)가 정답이다.

⚠ 오답 피하기
(b)는 nonchalant라 하여 앞에서 롤러코스터가 무섭다는 의도를 내비친 것과 관련 없는 형용사 오답이다.
(c)는 앞에서 yeah라 하고 뒤에서 more exhilarating이라 하여 내용이 서로 일치하지 않는 앞뒤 문맥 불일치 오답이다.
(d)는 앞에서 that's right라 하고 뒤에서 perfect for the whole family라 하여 내용이 서로 일치하지 않는 앞뒤 문맥 불일치 오답이다.

■ faint of heart 겁쟁이 petrified 극도로 무서워하는, 겁에 질린 to say the least 조금도 과장하지 않고 no wonder (that) ~은 당연하다 nonchalant 무관심한 exhilarating 재미있는

11.

W Hello, this is the Johnson's residence.
M Hi, may I speak to Tina, please?
W Sorry, but she's not home now.
(a) You can leave a message with me.
(b) Okay, I'll call back tomorrow.
(c) I'll tell her that you called.
(d) But she was here a minute ago.

여 여보세요, Johnson의 집입니다.
남 안녕하세요, Tina와 통화할 수 있을까요?
여 죄송합니다만, 그녀는 지금 집에 없습니다.
(a) 제게 메시지를 남기셔도 됩니다.
(b) 네, 내일 다시 전화하겠습니다.
(c) 당신이 전화했다고 그녀에게 말할게요.
(d) 하지만 그녀는 방금 전에 여기 있었습니다.

해설 Tina와 통화를 요청하는 남자에게 여자는 그녀가 집에 없다고 말하는 상황에서 남자는 내일 다시 전화하겠다고 답변하는 것이 가장 적절하므로 (b)가 정답이다.

⚠ 오답 피하기
(a)는 leave a message with me라 하여 여자가 할 수 있을 법한 말이므로 대상 오답이다.
(c)는 tell her that you called라 하여 여자가 할 수 있을 법한 말이므로 대상 오답이다.
(d)는 she was here라 하여 마치 여자가 Tina의 행방을 알고 싶어하는 것처럼 말하여 상황 오답이다.

■ leave a message 메시지를 남기다 a minute ago 방금 전에

12.

M You look nice. Did you change something?
W Yes. Can you guess what it is?
M Maybe it has something to do with your hair.
(a) Right. I'm getting a perm.
(b) Yeah, your hair looks nice today.
(c) Correct! I got it highlighted.
(d) Maybe it's time for a new hairdo.

남 너 멋있어 보인다. 뭐 바꾼 거 있어?
여 응. 무엇인지 맞힐 수 있겠어?
남 네 머리랑 뭔가 관련 있는 것 같은데.
(a) 맞아. 나 파마할 거야.
(b) 응, 네 헤어스타일 오늘 좋아 보인다.
(c) 맞아! 부분 염색을 했어.
(d) 새로운 헤어스타일을 할 때가 된 것 같아.

해설 남자가 여자에게 머리(헤어스타일)가 바뀐 것 같다고 말하는 상황에서 여자는 맞다고 하고 부분 염색을 했다고 답변하는 것이 적절하므로 (c)가 정답이다.

⚠ 오답 피하기
(a)는 getting a perm이라 하여 미래 시제로 말하고 있어 시점이 일치하지 않는 시제 오답이다.
(b)는 your hair라 하여 마치 남자가 머리를 한 것처럼 말하기 때문에 대상 오답이다.
(d)는 it's time for a new hairdo라 하여 아직 머리를 하지 않은 것처럼 말하여 시제 오답이다.

■ perm 파마 highlight 부분 염색을 하다 hairdo 머리 모양(헤어스타일)

13.

W Thanks for calling Globe Liberty Insurance.
M Hi, I'm wondering if my insurance covers floods.
W That depends. Let me have your policy number.
(a) We have a comprehensive policy.
(b) The last four digits of my social security number are 7030.
(c) I should have it here somewhere.
(d) I don't have any dependents though.

여 Globe Liberty 보험사에 전화 주셔서 감사합니다.
남 안녕하세요, 제 보험이 홍수 피해도 보장하는지 궁금합니다.
여 그건 보험에 따라 다릅니다. 보험증권 번호를 알려주세요.
(a) 저희는 종합 보험을 제공합니다.
(b) 제 사회보장번호의 마지막 네 자리는 7030입니다.
(c) 여기 어딘가에 있을 것입니다.
(d) 하지만 저는 부양 가족이 전혀 없습니다.

해설 남자가 자신이 든 보험이 홍수 피해도 보장하는지에 대해 물었고, 여자가 이에 대해 보험증권 번호를 요청하는 상황에서 남자는 어딘에 있을 것이라고 답변하는 것이 적절하므로 (c)가 정답이다.

⚠ 오답 피하기
(a)는 보험사 직원인 여자가 할 수 있을 법한 말이므로 대상 오답이다.
(b)는 social security number라 하여 앞에서 policy number를 요구한 것과 맞지 않는 소재 오답이다.
(d)는 dependents라 하여 보험증권 번호를 요청한 상황에서 맞지 않는 소재 오답이다.

■ insurance 보험 cover 보장하다 flood 홍수 policy number 보험증권 번호 comprehensive 포괄적인, 종합적인 policy 보험증권 digit 자리, 숫자 social security number 사회보장번호 dependent 부양 가족

14.

M Legislators are voting on the trade agreement today.
W I hope they reach a consensus this time.
M They're supposed to vote on the annual budget, too.

(a) I know. They did get a lot done.
(b) The trade agreement has been ratified once again.
(c) If not, they'll vote on the annual budget.
(d) It sounds like they've got a busy day ahead.

남 국회의원들이 오늘 무역협정에 투표할 거래.
여 그들이 이번에는 합의에 도달했으면 좋겠어.
남 그들은 연간 예산도 투표한다고 했는데.
(a) 알아. 그들은 많은 일을 해냈어.
(b) 무역협정은 또 다시 비준되었어.
(c) 그게 아니라면, 그들은 연간 예산에 투표할 거야.
(d) 그들이 바쁜 날을 앞두고 있는 것 같아.

해설 여자가 무역협정의 합의가 이루어질지에 대해서 말하고 남자는 연간 예산도 투표할 것이라고 말하는 상황에서 여자는 국회의원들이 바쁠 것 같다고 답변하는 것이 가장 적절하므로 (d)가 정답이다.

⚠ 오답 피하기
(a)는 they did get a lot done이라 하여 앞으로 투표할 것이라는 시점과 일치하지 않는 시제 오답이다.
(b)는 has been ratified라 하여 아직 투표를 하지 않은 상황이므로 상황 오답이다.
(c)는 if not이라 하여 앞에서 trade agreement와 annual budget을 동시에 투표할 것이라는 내용과 일치하지 않는 일관성 오답이다.

■ legislator 국회의원 vote 투표하다 trade agreement 무역협정 reach 도달하다 consensus 합의 annual budget 연간 예산 ratify 비준하다

15.

W I like your new outfit.
M Thanks. I'm trying out new styles to see which one fits me best.
W The one you have on now is perfect.

(a) Thanks! I wasn't sure if it looked good.
(b) I had no idea what you were going for.
(c) Not until I change my wardrobe.
(d) Sorry, this is not what I had in mind.

여 난 너의 새로운 의상이 마음에 들어.
남 고마워. 어느 스타일이 내게 가장 잘 어울리는지 보기 위해 새로운 스타일을 시도하고 있어.
여 지금 입고 있는 게 완벽해.
(a) 고마워! 괜찮아 보이는지 확신이 들지 않았어.
(b) 네가 어떤 것을 선택하려고 했는지 몰랐어.
(c) 내 옷장을 바꾸기 전까지는 안 돼.
(d) 미안해, 이건 내가 생각했던 게 아니야.

해설 여자가 남자에게 지금 입고 있는 옷이 괜찮다고 말해주는 상황에서 남자는 고맙다고 하며 확신이 없었다고 답변하는 것이 적절하므로 (a)가 정답이다.

⚠ 오답 피하기
(b)는 what you were라 하여 여자가 할 수 있을 법한 말이므로 대상 오답이다.
(c)는 change my wardrobe이라 하여 옷장에 대해 말하고 있으므로 소재 오답이다.
(d)는 sorry라고 하여 칭찬에 대한 답변으로 적절하지 않으므로 상황 오답이다.

■ outfit 의상 fit 어울리다 go for 선택하다 wardrobe 옷장

16.

W Let's go see a movie tonight.
M Okay. What do you have in mind?
W I was thinking maybe we could watch *Once Upon a Time*.

(a) Okay. Our seats are at the back of the room.
(b) You should at least find out if you can go.
(c) I don't want to. It got poor reviews.
(d) It's too bad you saw the movie already.

여 오늘 밤에 영화 보러 가자.
남 좋아. 어떤 영화를 생각하고 있니?
여 <Once Upon a Time>을 보면 좋겠다고 생각하고 있었어.
(a) 좋아. 우리의 좌석은 극장 뒤쪽에 있어.
(b) 적어도 네가 갈 수 있는지 확인해 봐.
(c) 난 싫어. 그 영화는 좋지 않은 평가를 받았어.
(d) 네가 이미 그 영화를 봤다니 안타깝다.

해설 여자가 <Once Upon a Time>이라는 영화를 보면 좋겠다고 말하는 상황에서 남자는 그 영화가 좋지 않은 평가를 받아서 보고 싶지 않다고 답변하는 것이 가장 적절하므로 **(c)가 정답**이다.

⚠️ 오답 피하기
(a)는 our seats are in the back이라 하여 이미 극장에 온 것처럼 말하기 때문에 시제 오답이다.
(b)는 find out if you can go라 하여 앞에서 남자가 영화 보러 가는 것을 수락한 것과 맞지 않는 내용이기 때문에 일관성 오답이다.
(d)는 you saw the movie라 하여 마치 앞에서 영화를 봤다고 말한 것처럼 말하기 때문에 동사 오답이다.

■ **at least** 적어도 **find out** 확인하다 **poor review** 안 좋은 평가

17.

W Did you allow your daughter to star in a movie?
M Yeah, but on the condition that we accompany her on the set.
W You look uneasy though.
(a) I'm not very good at acting.
(b) Yeah, the movie takes a nostalgic look at the 1960s.
(c) I'd rather she didn't get involved in the film industry.
(d) True, I'm still convincing her to do the movie.

여 당신 딸이 영화에 주연으로 출연하는 것을 허락했나요?
남 네, 하지만 우리가 영화 촬영장에 그녀와 함께 간다는 조건으로요.
여 그래도 당신은 불안해 보이네요.
(a) 저는 연기를 그다지 잘하지 않아요.
(b) 네, 그 영화는 1960년대의 향수를 불러일으키죠.
(c) 저는 그 애가 영화 산업에 관여하지 않았으면 해요.
(d) 맞아요, 저는 아직도 그 애가 영화를 찍도록 설득하고 있어요.

해설 여자가 남자에게 딸을 영화에 출연시키는 것이 불안해 보인다고 말하는 상황에서 남자는 딸이 영화 산업에 진출하지 않았으면 한다고 답변하는 것이 적절하므로 **(c)가 정답**이다.

⚠️ 오답 피하기
(a)는 I'm not very good at이라 하여 남자가 영화에 출연하는 것처럼 말하므로 대상 오답이다.
(b)는 the movie, nostalgic look이라 하여 딸이 아닌 영화에 대해서 말하고 있기 때문에 소재 오답이다.
(d)는 still convincing her라 하여 앞의 대화 내용과 일치하지 않는 일관성 오답이다.

■ **star in** ~에서 주연을 맡다 **condition** 조건 **accompany** 동반하다 **uneasy** 불안한 **nostalgic** 향수를 불러일으키는 **get involve in** ~에 관여하다 **convince** 설득시키다

18.

M I decided not to vote in the election.
W You're not concerned about who wins?
M None of the candidates meet my expectations.
(a) There's got to be one whose policies are better than the rest.
(b) Okay. Give me one reason why I should vote in this election.
(c) Even so, it's not mandatory for everyone to vote.
(d) But you can't expect me to be thrilled about it.

남 나는 선거에서 투표하지 않기로 결정했어.
여 누가 이길지 관심 없어?
남 후보자들 중 그 누구도 나의 기대에 부응하지 않아.
(a) 분명 나머지 후보들보다 정책이 더 나은 한 명이 있을 거야.
(b) 알았어. 내가 이번 선거에서 투표를 해야 하는 이유 한 가지를 말해줘.
(c) 그렇다고 하더라도, 모두가 투표를 해야 할 의무는 없어.
(d) 하지만 내가 그것에 대해 열광할 거라 기대하지 마.

해설 투표를 하지 않으려는 남자가 후보자들 중 누구도 마음에 들지 않는다고 말하는 상황에서 여자는 그래도 정책이 더 나은 누군가가 있을 거라고 답변하는 것이 가장 적절하므로 **(a)가 정답**이다.

⚠️ 오답 피하기
(b)는 선거를 하지 않으려는 남자가 할 수 있을 법한 말이므로 대상 오답이다.
(c)는 앞에서 even so라 하여 적절하게 응답하지만 뒤에서 투표를 하지 않아도 된다고 하여 말이 맞지 않는 앞뒤 문맥 불일치 오답이다.
(d)는 can't expect me to be thrilled라고 하여 마치 여자가 투표에 관심이 없는 것처럼 말하여 대상 오답이다.

■ **be concerned about** ~에 관심을 가지다 **candidate** 후보자 **expectation** 기대 **policy** 정책 **rest** 나머지 **mandatory** 의무적인 **thrilled** 열광하는

19.

W Did you get off early yesterday?
M Yeah, at four. Why?
W I called your office, but no one picked up the phone.
(a) That's strange. I was in the office until five.
(b) Really? I'll avoid calling you early in the afternoon next time.
(c) My colleagues could have been in a meeting with a client at that time.
(d) I have to work late today.

여 어제 일찍 퇴근했어?
남 응, 4시에. 왜?
여 네 사무실에 전화했었는데, 아무도 전화를 받지 않았어.
(a) 그거 이상하다. 난 5시까지 사무실에 있었는데.
(b) 정말? 다음에는 이른 오후에 전화하는 것을 피할게.
(c) 내 동료들이 그 시간에 고객과 회의 중이었을 수도 있어.
(d) 나 오늘 늦게까지 일해야 해.

해설 여자가 남자의 사무실에 전화를 했는데 아무도 받지 않았다고 말하는 상황에서 남자는 동료들이 회의 중이었을 거라고 답변하는 것이 가장 적절하므로 **(c)가 정답**이다.

⚠ 오답 피하기
(a)는 in the office until five라 하여 앞에서 4시에 퇴근했다는 내용과 맞지 않는 일관성 오답이다.
(b)는 I'll avoid calling you라 하여 마치 남자가 여자에게 전화한 것처럼 말하여 대상 오답이다.
(d)는 어제의 일에 대해 말하는 대화의 시제와 맞지 않으므로 시제 오답이다.
■ pick up (전화를) 받다

20.

M Are you going to join the school track team?
W No, I'm not trying out this season. I have to get a job.
M But you've never missed a season before.
(a) That's why I'm taking the opportunity to join the team.
(b) **Yeah, it wasn't an easy decision for me.**
(c) My commitment is only as good as my performance.
(d) That's right. And this season is going to be no exception.

남 너 학교 육상팀에 가입할 거야?
여 아니, 이번 시즌에는 지원하지 않으려고. 취업을 해야 해.
남 하지만 이전까지 시즌을 놓친 적이 없잖아.
(a) 그래서 이 기회에 팀에 합류하려고.
(b) 응, 그것은 내게 쉬운 결정은 아니었어.
(c) 내가 전력을 다해도 좋은 성적을 못 내면 소용없어.
(d) 맞아. 그리고 이번 시즌도 예외는 아닐 거야.

[해설] 이번 시즌에 학교 육상팀에 참가하지 않으려는 여자에게 남자가 한 번도 시즌을 놓친 적이 없지 않냐고 말하는 상황에서 여자는 쉬운 결정이 아니었다고 답변하는 것이 가장 적절하므로 **(b)가 정답**이다.

⚠ 오답 피하기
(a)는 join the team이라 하여 이번에는 참가하지 않겠다고 한 내용과 맞지 않는 일관성 오답이다.
(c)는 only as good as my performance라 하여 앞에서 취업 때문에 참가하지 않겠다는 내용과 맞지 않는 일관성 오답이다.
(d)는 앞에서 that's right이라고 했지만 뒤에서 이번 시즌에 참가하겠다는 말을 하여 앞뒤 문맥 불일치 오답이다.
■ track team 육상팀 opportunity 기회 commitment 책임, 헌신 performance 성과 exception 예외

Part 1&2 대화 상황별 학습

Unit 01 수락·거절 / 동의·반대

Unit Test
본문 p. 90

01 (c)	02 (c)	03 (d)	04 (a)	05 (b)
06 (c)	07 (d)	08 (b)	09 (a)	10 (d)
11 (c)	12 (a)	13 (c)	14 (d)	15 (a)
16 (a)				

01.

W Isn't your commute too far to walk?
(a) No, it's quite far from home.
(b) I've been meaning to do that.
(c) **Yeah, but I don't like the bus.**
(d) Yes, it only takes ten minutes.

여 당신의 통근 거리가 걷기에는 너무 멀지 않나요?
(a) 아니요, 집에서 꽤 멀어요.
(b) 전 그렇게 할 작정이었어요.
(c) 네, 하지만 전 버스를 좋아하지 않아요.
(d) 네, 10분밖에 안 걸려요.

[해설] 통근 거리가 걷기에는 너무 멀지 않은지 물어보는 상황에서 남자는 그렇기는 하지만 버스 타는 것을 좋아하지 않는다고 답변하는 것이 가장 적절하므로 **(c)가 정답**이다.

⚠ 오답 피하기
(a)는 앞에서 no라 하고 뒤에서 quite far라 하여 내용이 맞지 않기 때문에 앞뒤 문맥 불일치 오답이다.
(b)는 do that이라 하여 상황을 설명하는 것이 아니라 어떤 행동을 하겠다고 말하고 있기 때문에 동사 오답이다.
(d)는 앞에서 yes라 하고 뒤에서 only takes ten minutes라 하여 내용이 맞지 않기 때문에 앞뒤 문맥 불일치 오답이다.
■ commute 통근 (거리) quite 꽤 mean to do ~을 할 의도가 있다, ~하려고 하다

02.

M Should I trim my hair shorter?
(a) I had it done yesterday.
(b) No, it's a little long as it is.
(c) **I say do it. You'll look great.**
(d) I noticed you got a haircut.

남 내 머리를 더 짧게 잘라야 할까?
(a) 난 어제 잘랐어.
(b) 아니, 지금 상태는 조금 길어.
(c) 난 하라고 말할래. 멋져 보일 거야.
(d) 난 네가 머리 자른 것을 알아봤어.

해설 남자가 머리를 더 짧게 자를지 물어보는 상황에서 여자가 그렇게 하라고 동의하는 답변을 하는 것이 가장 적절하므로 (c)가 정답이다.

⚠️ 오답 피하기
(a)는 남자가 할 수 있을 법한 말이므로 대상 오답이다.
(b)는 앞에서 no라 하고 뒤에서 a little long이라 하여 내용이 맞지 않기 때문에 앞뒤 문맥 불일치 오답이다.
(d)는 이미 남자가 머리를 자른 것처럼 말하고 있기 때문에 시제 오답이다.

▪ trim 잘라 내다, 다듬다   notice 알아보다

03.

M I can't believe you're the only one in charge of interviewing prospective employees.
(a) The interview will take place over two days.
(b) Most of them are overqualified for the job.
(c) I can assist you if you need any help.
(d) The actual interview will be conducted by several of us.

남 당신이 예비 직원 인터뷰를 담당하고 있는 유일한 사람이라는 것을 믿을 수 없어요.
(a) 인터뷰는 이틀 동안 진행될 예정입니다.
(b) 그들 대부분은 그 직책에서 요구되는 것 이상의 자격을 갖추고 있습니다.
(c) 도움이 필요하시다면 제가 도와드릴 수 있습니다.
(d) 실제 인터뷰는 여러 명이 실시할 겁니다.

해설 여자가 유일한 인터뷰 담당자인지를 물어보는 상황에서 여자는 실제 인터뷰는 여럿이 같이 진행할 것이라고 답변하는 것이 가장 적절하므로 (d)가 정답이다.

⚠️ 오답 피하기
(a)는 take place over two days라 하여 기간으로 답하고 있으므로 질문 오답이다.
(b)는 overqualified라 하여 예비 직원들에 대해 말하고 있으므로 질문 오답이다.
(c)는 assist you라 하여 남자가 할 수 있을 법한 말이므로 대상 오답이다.

▪ in charge of ~을 담당하는   prospective 장래의   take place 발생하다, 일어나다   overqualified 필요 이상의 자격을 갖춘   assist 돕다   conduct 실시하다

04.

M Could you check and see if I got the facts straight in my paper?
(a) Sure thing. I'll take a quick look at it.
(b) You should correct the errors first.
(c) Thanks. I really appreciate your offer.
(d) That's fine. Mistakes are bound to be made.

남 제 보고서의 정보가 정확한지 확인해줄 수 있나요?
(a) 물론이죠. 제가 빨리 검토하겠습니다.
(b) 오류를 먼저 수정해야 합니다.
(c) 감사합니다. 저는 당신의 제안을 감사히 여깁니다.
(d) 괜찮아요. 실수는 생기기 마련이에요.

해설 남자가 자신의 보고서에 쓰인 사실이 정확한지 확인해 달라고 하는 상황에서 여자는 빨리 검토해주겠다고 답변하는 것이 가장 적절하므로 (a)가 정답이다.

⚠️ 오답 피하기
(b)는 correct the errors first라 하여 남자가 이미 무엇이 틀렸는지 알고 있는 듯이 말하고 있기 때문에 동사 오답이다.
(c)는 남자가 여자에게 할 수 있을 법한 말이므로 대상 오답이다.
(d)는 요청에 대한 답변으로 적절하지 않으므로 질문 오답이다.

▪ get A straight A를 정확히 이해하다   be bound to ~하게 마련이다

05.

W Hello, I'd like a single room for this Friday.
(a) You can leave your belongings in your room.
(b) Lucky for you. We do have one available.
(c) That's okay. I'll take the double instead.
(d) You're more than welcome to stay until then.

여 안녕하세요, 이번 주 금요일에 싱글룸 하나 부탁 드립니다.
(a) 당신의 객실에 소지품을 놔두셔도 됩니다.
(b) 운이 좋네요. 가능한 방이 하나 있습니다.
(c) 괜찮습니다. 대신 더블룸으로 하겠습니다.
(d) 당신이 그때까지 머무는 것을 환영합니다.

해설 여자가 방을 예약하는 상황에서 남자는 싱글룸이 하나 남았다고 답변하는 것이 가장 적절하므로 (b)가 정답이다.

⚠️ 오답 피하기
(a)는 leave your belongings라 하여 방을 원한다는 내용과 일치하지 않기 때문에 동사 오답이다.
(c)는 I'll take the double이라 하여 여자가 할 수 있을 법한 말이므로 대상 오답이다.
(d)는 stay until then이라 하여 방을 예약하는 것과 관련이 없기 때문에 동사 오답이다.

▪ belongings 소지품   instead 대신에   stay 머물다

06.

M Can you head up the next fundraiser?
(a) There's no need to worry. You'll be fine.
(b) Sure, I'd be delighted to donate money.
(c) I doubt it. I'd be lost from the start.
(d) Oh, of course I'll be attending.

남 당신이 다음 기금 모금 행사를 책임지고 이끌 수 있습니까?
(a) 걱정할 필요가 없습니다. 당신은 잘할 겁니다.
(b) 물론이죠, 저는 돈을 기부해서 기쁩니다.
(c) 모르겠네요. 처음부터 뭘 해야 할지 모를 겁니다.
(d) 오, 저는 물론 참석할 겁니다.

해설 남자가 여자에게 행사를 책임지고 이끌 수 있는지 묻는 상황에서 여자는 잘 모르겠다고 하며 거절하는 의도로 답변을 하는 것이 가장 적절하므로 (c)가 정답이다.

⚠️ 오답 피하기
(a)는 남자가 여자에게 할 수 있을 법한 격려의 말이므로 대상 오답이다.
(b)는 donate라 하여 head up과 맞지 않는 동사 오답이다.
(d)는 attending이라 하여 head up과 맞지 않는 동사 오답이다.

▪ head up 책임지고 이끌다 fundraiser 기금 모금 행사 delighted 기쁜 donate 기부하다 be lost 무엇을 해야 할지 모르다

07.

W Hi, this is Sarah Thomson calling for Ms. Goleman.
(a) I have a message for her.
(b) Ms. Thomson is on the other line.
(c) Sorry, she's currently seeing Sarah Thomson.
(d) Let me put you through to Ms. Goleman.

여 안녕하세요, 저는 Goleman 씨에게 전화한 Sarah Thomson입니다.
(a) 그녀에게 전할 메시지가 있습니다.
(b) Thomson 씨는 다른 전화를 받고 있습니다.
(c) 죄송하지만, 그녀는 현재 Sarah Thomson을 만나고 있습니다.
(d) Goleman 씨께 전화를 연결해 드리겠습니다.

해설 여자가 Goleman 씨와 통화하기 위해 전화한 상황에서 남자가 전화를 연결해주겠다고 답변하는 것이 가장 적절하므로 (d)가 정답이다.

⚠️ 오답 피하기
(a)는 전화를 건 여자가 할 수 있을 법한 말이므로 대상 오답이다.
(b)는 Goleman 씨에게 전화했다고 했으므로 대상 오답이다.
(c)는 seeing Sarah Thomson이라 하여 마치 전화한 사람이 Sarah Thomson이 아닌 것처럼 말하고 있기 때문에 대상 오답이다.

▪ on the other line 다른 전화를 받고 있는 currently 현재 put through 전화를 연결하다

08.

M It's difficult to follow our philosophy professor's lectures.
(a) Yeah, he's so coherent.
(b) I agree. I'm in the dark, too.
(c) I know. He walks a little too fast.
(d) In that case, you can help me understand them.

남 우리 철학 교수님의 강의는 따라가기 어려워.
(a) 응, 그는 매우 조리 있게 말해.
(b) 동의해. 나도 아무 것도 모르겠어.
(c) 알아. 그는 다소 빨리 걸어.
(d) 그럴 경우에는, 내가 그것들을 이해하도록 네가 도와줘.

해설 남자가 철학 교수의 강의를 따라가는 것이 어렵다고 말하는 상황에서 여자는 자신도 그렇다고 동의하는 답변을 하는 것이 가장 적절하므로 (b)가 정답이다.

⚠️ 오답 피하기
(a)는 앞에서 Yeah라 하여 동의하는 답을 하지만 뒤에서 coherent라 하여 문맥이 맞지 않으므로 앞뒤 문맥 불일치 오답이다.
(c)는 walks라 하여 강의를 이해하는 것과 관련이 없으므로 동사 오답이다.
(d)는 앞에서 in that case라 하고 뒤에서 help me understand라 하여 내용이 맞지 않는 앞뒤 문맥 불일치 오답이다.

▪ follow 이해하다 coherent 조리 있게 말하는, 일관된 in the dark 아무것도 모르는 in that case 그럴 경우

09.

M Could you do me a favor?
W Sure. What do you need?
M Can you save me a place in line?
(a) Sure, you can count on me.
(b) No, just leave your stuff here.
(c) I'd really appreciate that.
(d) Of course. I have a couple extra ones.

남 부탁 하나 해도 될까요?
여 물론이죠. 뭐가 필요하세요?
남 줄에서 제 자리를 맡아주실 수 있나요?
(a) 물론이죠, 절 믿으세요.
(b) 아니요, 그냥 여기에 당신의 물건을 놔두세요.
(c) 정말 감사합니다.
(d) 물론이죠. 몇 개의 여분이 제게 있습니다.

해설 남자가 자리를 맡아줄 수 있냐고 부탁하는 상황에서 여자는 그렇게 해주겠다고 답변하는 것이 가장 적절하므로 (a)가 정답이다.

⚠️ 오답 피하기
(b)는 앞에서 no라 하고 뒤에서 leave your stuff라 하여 내용이 맞지 않는 앞뒤 문맥 불일치 오답이다.
(c)는 남자가 할 수 있을 법한 말이므로 대상 오답이다.
(d)는 앞에서 of course라고 적절하게 응답하지만 뒤에서 have a couple extra ones라 하여 자리에 대해 말하지 않고 있으므로 앞뒤 문맥 불일치 오답이다.

▪ do A a favor A의 부탁을 들어주다 save A a place A의 자리를 맡아두다 stuff 물건 appreciate 감사하다

10.

M Hello, a friend of mine referred me to you.
W I'm afraid I don't have any openings until next month.
M It's an emergency. Is there any chance for me to see you sooner?
(a) Not unless you come early next month.
(b) Only if you make time in your schedule.
(c) It's not that difficult if you know what to do.
(d) There's not much I can do unless someone cancels.

남 안녕하세요, 제 친구가 당신을 만나보라고 보냈습니다.
여 저는 다음 달까지 비는 시간이 전혀 없습니다.
남 급한 일입니다. 제가 당신을 더 빨리 볼 수 있는 가능성이 있나요?
(a) 당신이 다음 달 일찍 오지 않는다면요.
(b) 당신의 일정에 시간을 낼 수 있다면요.
(c) 당신이 무엇을 해야 할지 알고 있다면 그것은 그렇게 어렵지 않아요.
(d) 누군가 취소하지 않는 한 제가 할 수 있는 것이 많지 않습니다.

해설 남자가 여자를 만나러 왔다고 했고 여자가 비는 시간이 없다고 하자 더 빨리 만날 수 있는 가능성이 있는지 물어보는 상황에서 여자는 누가 취소하지 않는 한 어렵다고 답변하는 것이 가장 적절하므로 **(d)가 정답**이다.

오답 피하기
(a)는 not unless라 하여 적절한 응답을 하지만 뒤에서 next month라 하여 내용이 맞지 않는 앞뒤 문맥 불일치 오답이다.
(b)는 in your schedule이라 하여 여자가 남자를 만나기를 원하는 것처럼 말하고 있기 때문에 대상 오답이다.
(c)는 not that difficult, what to do라 하여 만나는 것이 아닌 무언가를 하는 것에 대해 말하고 있기 때문에 동사 오답이다.

■ refer A to B A를 B에게 보내다   opening 빈 시간

11.

M Have you tried the new deli on 5th Street?
W Not yet, but I heard it's good.
M It is. Why don't you check it out?
(a) All I have to say is that their subs are amazing!
(b) I'm certain you'll practically be in awe.
(c) I never seem to find myself going that direction.
(d) Well, I've had better before.

남 5번가에 새로 생긴 델리에 가봤어?
여 아직 안 가봤어, 하지만 그곳이 좋다고 들었어.
남 거기 좋아. 한번 가보는 게 어때?
(a) 내가 말하고 싶은 건 그곳의 서브머린 샌드위치가 훌륭해!
(b) 네가 사실상 놀라워할 거라고 확신해.
(c) 나는 그 방향으로 안 가게 되더라고.
(d) 글쎄, 난 더 좋은 것을 먹어봤어.

해설 새로 생긴 델리에 가보라고 제안하는 상황에서 여자는 그쪽 방향으로 안 가게 된다고 돌려서 거절하는 답변을 하는 것이 가장 적절하므로 **(c)가 정답**이다.

오답 피하기
(a)는 their subs are amazing이라 하여 앞에서 가보지 않았다는 말과 일치하지 않기 때문에 일관성 오답이다.
(b)는 남자가 여자에게 할 수 있을 법한 말이므로 대상 오답이다.
(d)는 I've had better라 하여 이미 그 델리에서 음식을 먹어본 것처럼 말하고 있기 때문에 일관성 오답이다.

■ deli 델리(조리된 육류나 치즈, 흔하지 않은 수입 식품 등을 파는 가게)
sub 서브머린 샌드위치   practically 거의, 사실상   in awe 경외하는
direction 방향

12.

W Let's go to the pancake shop downtown.
M But there's no parking area there.
W Then why don't we take the bus?
(a) Might as well go somewhere with less hassle.
(b) Because I can't park my car anywhere.
(c) I'd rather take the public transit.
(d) Okay. I have extra space in my car.

여 시내에 있는 팬케이크 가게에 가자.
남 하지만 거기에는 주차장이 없어.
여 그럼 버스를 타는 게 어때?
(a) 차라리 덜 번거로운 곳에 가는 게 나을 것 같아.
(b) 왜냐하면 내 차를 어디에도 주차할 수가 없기 때문이야.
(c) 난 차라리 대중교통을 이용할래.
(d) 알았어. 내 차에 남는 자리가 있어.

해설 주차장이 없는 팬케이크 가게에 버스를 타고 가는 것이 어떨지 제안하는 상황에서 남자는 차라리 덜 번거로운 곳에 가는 것이 좋겠다고 답변하는 것이 가장 적절하므로 **(a)가 정답**이다.

오답 피하기
(b)는 because라 하여 제안을 하는 질문에 적절한 답변이 아니므로 질문 오답이다.
(c)는 rather, pubic transit이라 하여 여자가 버스를 타자고 제안하는 것과 문맥이 맞지 않는 앞뒤 문맥 불일치 오답이다.
(d)는 앞에서 okay라 하고 뒤에서 차를 타고 가는 것에 대해 말하고 있어 내용이 맞지 않는 앞뒤 문맥 불일치 오답이다.

■ might as well ~하는 게 낫다   hassle 귀찮은[번거로운] 상황
public transit 대중교통

13.

M Hello. Would you be interested in participating in a survey?
W I'm actually in the middle of something.
M It'll only take a few minutes of your time.
(a) I just have a few more inquiries for you.
(b) I believe it's my turn now.
(c) I don't think I can even give you that.
(d) Sorry, I misspelled your name.

남 안녕하세요. 설문조사에 참여하는 것에 관심이 있나요?
여 사실 전 지금 무언가를 하고 있는 중이에요.
남 몇 분 정도밖에 걸리지 않을 겁니다.
(a) 저는 당신에게 몇 가지 더 질문이 있습니다.
(b) 이제 제 차례라고 생각합니다.
(c) 저는 그 시간조차 없어요.
(d) 죄송해요, 당신의 이름 철자를 잘못 썼네요.

해설 설문조사를 하려는 남자가 몇 분 정도밖에 걸리지 않을 거라고 요청하는 상황에서 여자는 시간이 없다고 거절하는 답변을 하는 것이 가장 적절하므로 **(c)가 정답**이다.

⚠ 오답 피하기

(a)는 inquiries for you라 하여 남자가 할 수 있을 법한 말이므로 대상 오답이다.
(b)는 대화와 전혀 관련 없는 내용이므로 상황 오답이다.
(d)는 앞에서 sorry라 하여 거절하는 응답을 적절하게 하지만 뒤에서 이름 철자에 대해 말하므로 앞뒤 문맥 불일치 오답이다.

▪ survey 설문조사   in the middle of ~을 하는 중인   inquiry 질문
turn 차례   misspell 철자를 잘못 쓰다

14.

W I'm calling to speak with Ms. Burton.
M She's in a meeting now. Would you like to leave a message?
W It's something that requires her immediate attention.
(a) You can call her and find out.
(b) Unfortunately, she's not taking any messages.
(c) Okay. I'll take care of it first thing tomorrow morning.
(d) **I'm not permitted to put anyone through.**

여 저는 Burton 씨와 통화하기 위해 전화했습니다.
남 그녀는 지금 회의 중입니다. 메시지를 남기시겠습니까?
여 그녀의 즉각적인 주의를 요하는 일입니다.
(a) 당신이 그녀에게 전화해서 확인하시면 됩니다.
(b) 안타깝게도, 그녀는 어떤 메시지도 받지 않고 있습니다.
(c) 알겠습니다. 제가 내일 아침에 그 일부터 처리하도록 하겠습니다.
(d) 저는 그 누구와도 연결하지 못하게 되어 있습니다.

해설 Burton 씨와 급하게 통화해야 한다고 말하는 상황에서 남자는 Burton 씨와 전화 연결을 하지 못하게 되어 있다고 거절하는 답변을 하는 것이 가장 적절하므로 **(d)가 정답**이다.

⚠ 오답 피하기

(a)는 call her라 하여 이미 여자가 Ms. Burton에게 전화를 한 상황이므로 일관성 오답이다.
(b)는 여자가 메시지를 남기는 게 아니라 통화하고 싶다고 했으므로 일관성 오답이다.
(c)는 앞에서 okay라 하고 뒤에서 tomorrow morning이라 하여 앞뒤 문맥 불일치 오답이다.

▪ immediate 즉각적인   attention 주의   take care 처리하다
permit 허락하다   put A through A와 (전화로) 연결해주다

15.

M What are you doing this coming Friday?
W Nothing much. What do you have in mind?
M My favorite band is going to be in town.
(a) **I'd be delighted to accompany you.**
(b) I'll be back in town by then.
(c) I missed the entire performance.
(d) That's why I already bought two tickets.

남 다가오는 금요일에 뭐 할 거야?
여 별일 없어. 넌 무엇을 할 생각이니?
남 내가 제일 좋아하는 밴드가 이 동네에 올 거야.
(a) 난 너와 동행하면 기쁠 것 같아.
(b) 난 그때까지 돌아올 거야.
(c) 난 공연 전체를 놓쳤어.
(d) 그래서 내가 이미 티켓을 두 장 구입한 거야.

해설 금요일 계획에 대해 남자는 자신이 좋아하는 밴드가 온다고 하는 상황에서 여자는 같이 가고 싶다고 답변하는 것이 가장 적절하므로 **(a)가 정답**이다.

⚠ 오답 피하기

(b)는 대화 내용과 전혀 관련 없는 내용이므로 상황 오답이다.
(c)는 missed라 하여 마치 공연이 끝난 것처럼 말하고 있기 때문에 동사 오답이다.
(d)는 I already bought라 하여 앞에서 별 계획이 없다는 말과 맞지 않는 일관성 오답이다.

▪ nothing much 별일 없는   delighted 기쁜   accompany 동행하다   miss 놓치다   performance 공연

16.

W Hello Robert, this is Casey.
M Where are you? Are you almost here?
W Yes. Sorry I'm late, but could you wait a bit longer?
(a) **Of course. Take your time.**
(b) It's not at all like that.
(c) I've already moved past it.
(d) Thanks. I really appreciate the offer.

여 안녕 Robert, 나 Casey야.
남 너 어디야? 거의 다 왔어?
여 응. 늦어서 미안하지만 조금만 더 기다릴 수 있어?
(a) 물론이지. 천천히 와.
(b) 그것은 전혀 그렇지 않아.
(c) 난 벌써 그곳을 지나쳤어.
(d) 고마워. 그 제안에 정말 감사해.

해설 약속에 늦은 여자가 조금만 더 기다려 달라고 부탁하는 상황에서 남자는 천천히 오라고 답변하는 것이 가장 적절하므로 **(a)가 정답**이다.

⚠ 오답 피하기

(b)는 not at all like that이라 하여 기다리는 것과 관련이 없기 때문에 상황 오답이다.
(c)는 moved past it이라 하여 기다리는 것과 관련 없는 동사 오답이다.
(d)는 thanks라 하여 감사의 인사를 하고 있으므로 여자의 질문과 맞지 않는 질문 오답이다.

▪ take one's time 천천히 하다   not at all 전혀

Unit 02 긍정·부정 / 이유·방법

Unit Test
본문 p. 96

01 (b)	02 (a)	03 (b)	04 (c)	05 (b)
06 (a)	07 (a)	08 (d)	09 (b)	10 (b)
11 (d)	12 (d)	13 (a)	14 (b)	15 (c)
16 (b)				

01.

W Is your sprained ankle feeling better now?
(a) You should be careful walking down the stairs.
(b) No, it's still a little bit painful.
(c) I'm not worried about the injury.
(d) Still, it looks fine to me.

여 발목 삔 데는 괜찮니?
(a) 너 계단 내려갈 때 조심해야 해.
(b) 아니, 아직도 조금 아파.
(c) 나는 다친 것에 대해 걱정되지 않아.
(d) 그래도 내가 보기에 괜찮아.

해설 삔 발목이 괜찮은지 묻고 있는 상황에서 남자는 아직 아프다고 답변하는 것이 가장 적절하므로 **(b)가 정답**이다.

⚠ 오답 피하기
(a)는 여자가 발목을 삔 남자에게 할 수 있을 법한 말이므로 대상 오답이다.
(c)는 worried라고 하여 feeling better와 맞지 않는 동사 오답이다.
(d)는 looks fine이라고 하여 feeling과 맞지 않는 동사 오답이다.

■ sprain (팔목·발목을) 삐다, 접지르다 ankle 발목 stairs 계단 painful 아픈 injury 부상

02.

M Hi, it's Frank calling. I've been trying to reach you all day.
(a) I was out grocery shopping.
(b) Okay, I'll call you back soon.
(c) You should never give up.
(d) I guess Frank is out again.

남 안녕, 나 Frank야. 오늘 하루 종일 네게 전화했었어.
(a) 나 식료품 사러 나갔었어.
(b) 그래, 내가 곧바로 전화할게.
(c) 넌 절대로 포기하지 마.
(d) Frank가 또 나간 것 같아.

해설 남자가 하루 종일 전화했었다고 말하는 상황에서 여자는 식료품을 사러 나갔다고 답변하는 것이 가장 적절하므로 **(a)가 정답**이다.

⚠ 오답 피하기
(b)는 okay라 하여 요청이나 제안에 적절한 답변이므로 상황 오답이다.
(c)는 never give up이라 하여 격려할 때 해 줄 수 있는 말이므로 상황 오답이다.
(d)는 Frank is out이라 하여 마치 남자가 Frank가 아닌 것처럼 말하고 있기 때문에 대상 오답이다.

■ reach 연락하다 grocery 식료품 give up 포기하다

03.

W How are you able to manage both work and your personal life?
(a) They both require a lot of my time.
(b) By practicing good time management skills.
(c) No wonder you're always busy.
(d) So I can be more financially independent.

여 너는 어떻게 일과 너의 개인 생활 모두 잘 해낼 수 있니?
(a) 그것들은 둘 다 많은 시간을 필요로 해.
(b) 시간 관리 기술을 잘 연습해서야.
(c) 네가 항상 바쁜 게 조금도 놀랍지 않아.
(d) 내가 더 경제적으로 독립하려고.

해설 일과 개인 생활을 둘 다 어떻게 잘 해내는지 물어보는 상황에서 시간 관리 기술을 연습함으로써 잘 할 수 있다고 답변하는 것이 가장 적절하므로 **(b)가 정답**이다.

⚠ 오답 피하기
(a)는 방법을 묻는 질문에 적절하지 않은 답변이므로 질문 오답이다.
(c)는 여자가 남자에게 할 수 있을 법한 말이므로 대상 오답이다.
(d)는 so I can be라 하여 방법이 아닌 목적을 말하고 있기 때문에 질문 오답이다.

■ manage ~을 잘 해내다 personal life 개인 생활 no wonder 조금도 놀랍지 않다 financially 경제적으로 independent 독립적인

04.

M Did you buy a winter coat yesterday?
(a) You look more attractive in dark colors.
(b) I will be at the shopping mall for an hour.
(c) No, I couldn't find one in my size.
(d) Yeah, I think I'd better try them on.

남 너 어제 겨울 코트를 샀니?
(a) 너는 어두운 색상을 입었을 때 더 매력적으로 보여.
(b) 난 쇼핑몰에서 한 시간 동안 있을 거야.
(c) 아니, 내 사이즈의 코트를 찾을 수 없었어.
(d) 응, 내 생각에는 그것들을 입어보는 게 좋을 것 같아.

해설 남자가 여자에게 코트를 구매했는지 물어보는 상황에서 여자는 자신에게 맞는 사이즈를 못 찾았다고 답변하는 것이 가장 적절하므로 **(c)가 정답**이다.

⚠ 오답 피하기
(a)는 남자가 여자에게 할 수 있을 법한 말이므로 대상 오답이다.
(b)는 I will be라 하여 미래 시제로 답변하고 있기 때문에 시제 오답이다.
(d)는 try them on이라 하여 coat가 아닌 복수의 다른 것을 말하고 있기 때문에 소재 오답이다.
■ attractive 매력적인, 멋진

05.

W Let's hope the rain lets up by tonight.
(a) Maybe we should bring our umbrellas tomorrow.
(b) Yeah, some blue skies would be nice at this point.
(c) I hope so. It's been dry as tinder around here.
(d) I know. Some rain will develop overnight.

여 오늘 밤에는 비가 그치기를 기대하자.
(a) 어쩌면 우리는 내일 우산을 챙겨와야 할 거야.
(b) 응, 푸른 하늘이 이 시점에서는 좋을 것 같아.
(c) 나도 그렇기를 바라. 여기는 불쏘시개처럼 건조했었어.
(d) 알아. 비가 밤사이에 내릴 거야.

해설 비가 멎었으면 좋겠다고 말하는 상황에서 남자는 푸른 하늘이 나오면 좋을 것 같다고 답변하는 것이 가장 적절하므로 **(b)가 정답**이다.

⚠ 오답 피하기
(a)는 tonight이 아닌 tomorrow에 대해서 말하고 있기 때문에 상황 오답이다.
(c)는 been dry라 하여 마치 비가 안 오는 것처럼 말하고 있기 때문에 상황 오답이다.
(d)는 앞에서 I know라 하고 뒤에서 rain will develop이라 하여 내용이 맞지 않는 앞뒤 문맥 불일치 오답이다.
■ let up 그치다, 약해지다 · tinder 불쏘시개 overnight 밤사이에

06.

M I can't believe you went through my wallet without my permission.
(a) I didn't think you'd mind.
(b) It never occurred to me that you'd do that.
(c) I'm terribly sorry that I wasn't there.
(d) That's not what I'm upset about.

남 네가 내 허락 없이 내 지갑을 뒤졌다는 것을 믿을 수 없어.
(a) 난 네가 신경을 쓸지 몰랐어.
(b) 난 네가 그렇게 할 거라고 전혀 생각도 못했어.
(c) 내가 거기에 없어서 정말 미안해.
(d) 내가 화난 건 그것 때문이 아니야.

해설 남자가 여자에게 허락 없이 자신의 지갑을 뒤진 것을 믿을 수 없다고 말하는 상황에서 여자는 신경을 쓰지 않을 줄 알았다고 답변하는 것이 가장 적절하므로 **(a)가 정답**이다.

⚠ 오답 피하기
(b)는 남자가 여자에게 할 수 있을 법한 말이므로 대상 오답이다.
(c)는 앞에서 I'm terribly sorry라 하여 적절한 답변으로 시작하지만 뒤에서 전혀 관련 없는 말을 하고 있으므로 앞뒤 문맥 불일치 오답이다.
(d)는 남자가 무언가를 잘못했을 때 여자가 할 수 있을 법한 말이므로 대상 오답이다.
■ go through 뒤지다 wallet 지갑 permission 허락

07.

W Do you find Sam difficult to talk to?
(a) He does tend to digress from the point.
(b) I hope to talk to him in person.
(c) Actually, it turns out I was calling the wrong number.
(d) Yeah, he's one of the savviest people I know.

여 너는 Sam과 대화하기가 어렵니?
(a) 그는 요점에서 벗어나는 경향이 있긴 해.
(b) 난 그와 직접 이야기하고 싶어.
(c) 사실, 내가 잘못된 번호로 전화했던 거였어.
(d) 응, 그는 내가 아는 가장 영리한 사람 중 하나야.

해설 여자가 남자에게 Sam과 대화하는 것이 어려운지 물어보는 상황에서 남자는 Sam이 요점에서 벗어나서 대화하기 어렵다고 답변하는 것이 가장 적절하므로 **(a)가 정답**이다.

⚠ 오답 피하기
(b)는 talk to him in person이라 하여 아직 Sam과 대화를 해보지 않은 것처럼 말하므로 상황 오답이다.
(c)는 calling the wrong number라 하여 대화하기 힘든 것이 아니라 통화가 안 된 것에 대해서 말하고 있기 때문에 동사 오답이다.
(d)는 앞에서 yeah라 하고 뒤에서 savviest people이라 하여 관련 없는 말을 하고 있으므로 앞뒤 문맥 불일치 오답이다.
■ tend to ~하는 경향이 있다 digress 주제에서 벗어나다 in person 직접 savvy 영리한, 잘 아는

08.

M Hi, did you just move here to Ashville?
(a) Thanks for having me.
(b) Yes, that's where I'll be next.
(c) No, I arrived here last Monday.
(d) Yes, I'm originally from Rockville.

남 안녕하세요, 여기 Ashville로 이제 막 이사 오셨나요?
(a) 초대해 주셔서 감사합니다.
(b) 네, 그곳이 제가 다음에 가려는 곳입니다.
(c) 아니요, 저는 지난 월요일에 여기 도착했습니다.
(d) 네, 저는 원래 Rockville 출신입니다.

해설 남자가 여자에게 Ashville로 막 이사 왔는지 물어보는 상황에서 여자는 그렇다고 하며 자신은 Rockville에서 왔다고 답변하는 것이 가장 적절하므로 **(d)가 정답**이다.

⚠ 오답 피하기
(a)는 thanks for having me라 하여 이사와 관련 없는 말을 하고 있으므로 상황 오답이다.
(b)는 앞에서 yes라 하여 적절한 응답을 하지만 뒤에서 다음에 갈 곳이라 하여 앞뒤 문맥 불일치 및 시제 오답이다.
(c)는 앞에서 no라 하여 적절한 응답을 하지만 뒤에서 arrived last Monday라 하여 내용이 서로 맞지 않는 앞뒤 문맥 불일치 오답이다.

■ originally 원래

09.

W I think I should get a flu shot.
M Do you really need it?
W Of course. It helps. Are you going to get yours?
(a) I doubt you can get one at this hour.
(b) No, I don't believe flu vaccines are effective.
(c) No thanks. You can have mine instead.
(d) They usually help boost your immune system.

여 나는 독감 예방 주사를 맞아야 할 것 같아.
남 너 정말 그게 필요하니?
여 당연하지. 도움이 돼. 너도 주사를 맞을 거야?
(a) 네가 이 시간에 맞을 수 있을지 모르겠다.
(b) 아니, 나는 독감 예방 주사가 효과적이라고 믿지 않아.
(c) 괜찮아. 대신 내 것을 가져.
(d) 그것들은 보통 면역 체계를 끌어올리는 것을 도와줘.

■해설 독감 예방접종에 대해서 얘기하고 있고 여자가 남자에게 예방 주사를 맞을 것인지 묻는 상황에서 남자는 안 맞을 거라고 답변하는 것이 가장 적절하므로 **(b)가 정답**이다.

⚠ 오답 피하기
(a)는 여자가 할 수 있을 법한 말이므로 대상 오답이다.
(c)는 you can have mine이라 하여 물건과 관련된 말을 하기 때문에 소재 오답이다.
(d)는 예방 주사를 맞으려는 여자가 할 수 있을 법한 말이므로 대상 오답이다.

■ flu shot 독감 예방 주사   doubt 의심하다   flu vaccine 독감 백신   effective 효과적인   boost 끌어올리다   immune system 면역 체계

10.

M You watch too much TV.
W I don't watch that much.
M Yes, you do. Aren't you worried about your eyesight?
(a) Maybe you should try to take it easy.
(b) My vision is still practically perfect.
(c) No, it's been deteriorating at a rapid pace.
(d) If you're worried, consult a doctor.

남 넌 TV를 너무 많이 봐.
여 난 그렇게 많이 보지 않아.
남 아니, 너 많이 봐. 네 시력이 걱정되지 않아?
(a) 어쩌면 네가 그것을 느긋하게 해야 할 것 같아.
(b) 내 시력은 여전히 거의 완벽해.
(c) 아니, 아주 빠른 속도로 악화되어가고 있어.
(d) 걱정되면, 의사와 상담해봐.

■해설 TV를 많이 보는 여자에게 남자는 시력이 걱정되지 않는지 물어보는 상황에서 여전히 자신의 시력이 좋다고 답변하는 것이 가장 적절하므로 **(b)가 정답**이다.

⚠ 오답 피하기
(a)는 TV를 많이 보는 것이나 시력과 전혀 관련 없는 내용이므로 상황 오답이다.
(c)는 앞에서 no라 하고 뒤에서 deteriorating이라 하여 내용이 일치하지 않는 앞뒤 문맥 불일치 오답이다.
(d)는 남자가 여자에게 할 수 있을 법한 말이므로 대상 오답이다.

■ eyesight 시력   take it easy 느긋하게 하다   vision 시력   practically 거의   deteriorate 악화되다   pace 속도   consult 상담하다

11.

W I was pleased with the service at Jeanie's Hair.
M The one by the theater?
W No, that's Joy Salon.
(a) But that one's far from the theater.
(b) You should go to Jeanie's Hair instead.
(c) Personally, either one's fine by me.
(d) That's right. I always get those two confused.

여 난 Jeanie's Hair의 서비스가 마음에 들었어.
남 극장 옆에 있는 거?
여 아니, 그건 Joy Salon이야.
(a) 하지만 그건 극장에서 멀리 있어.
(b) 넌 대신 Jeanie's Hair를 가야 해.
(c) 개인적으로, 둘 중 뭐든 난 좋아.
(d) 맞아. 난 항상 그 두 곳을 혼동해.

■해설 Jeanie's Hair의 위치를 Joy Salon의 위치로 잘못 알고 있다고 말하는 상황에서 남자는 두 곳을 항상 혼동한다고 답변하는 것이 가장 적절하므로 **(d)가 정답**이다.

⚠ 오답 피하기
(a)는 Joy Salon은 극장 옆에 있다고 했으므로 상황 오답이다.
(b)는 should go to Jeanie's Hair instead라 하여 마치 여자가 다른 곳을 간 것처럼 말하고 있기 때문에 상황 오답이다.
(c)는 either one's fine by me라 하여 마치 남자가 선호하는 미용실에 대해서 말하고 있는 것처럼 답변하기 때문에 형용사 오답이다.

■ be pleased with 마음에 들다   personally 개인적으로   confuse 혼동하다

12.

M I have two bags that need to be checked.
W There's a fee for the second bag.
M Can I pay with my frequent flyer miles?
(a) Yes, we accept both cash and credit.

(b) It's too heavy for carry-on luggage.
(c) You're allowed to check two bags free of charge.
(d) Only if you have enough in your account.

남 전 부쳐야 할 가방이 두 개가 있습니다.
여 두 번째 가방은 수수료가 있습니다.
남 제 항공 마일리지로 결제할 수 있나요?
(a) 네, 저희는 현금과 신용카드 둘 다 받습니다.
(b) 그것은 기내용 수하물로는 너무 무겁습니다.
(c) 당신은 가방 두 개를 무료로 부치도록 허용되어 있습니다.
(d) 마일리지가 당신 계정에 충분히 있는 경우에만요.

해설 마일리지로 추가 수하물 비용을 낼 수 있는지 물어보는 상황에서 여자는 마일리지가 충분히 있으면 가능하다고 답변하는 것이 가장 적절하므로 **(d)가 정답**이다.

⚠ 오답 피하기
(a)는 앞에서 yes라 하고 뒤에서 cash and credit이라 하여 앞뒤 문맥 불일치 오답이다.
(b)는 too heavy라 하여 마일리지 결제와 관련이 없기 때문에 형용사 오답이다.
(c)는 two bags free of charge라 하여 앞에서 fee를 내야 한다는 것과 일치하지 않기 때문에 일관성 오답이다.

■ fee 수수료　frequent flyer mile 항공 마일리지　accept 받다　carry-on luggage (기내에 가지고 탈 수 있는) 휴대 가능 수하물　free of charge 무료로　account 계정

13.

W Why don't you wear the sweater I bought you?
M Actually, I had it exchanged for another one.
W Really? Was there something wrong with it?
(a) It didn't go well with my shirts.
(b) I wanted a sweater instead.
(c) I'll be wearing it more often.
(d) Yeah, it is quite warm and soft.

여 내가 사준 스웨터 왜 안 입어?
남 사실, 난 그것을 다른 것으로 교환했어.
여 정말? 그것에 뭐 잘못된 게 있었어?
(a) 그것은 내 셔츠와 잘 어울리지 않았어.
(b) 나는 대신 스웨터를 원했었어.
(c) 난 그걸 더 자주 입을 거야.
(d) 응, 그것은 매우 따뜻하고 부드러워.

해설 여자가 사준 스웨터를 다른 것으로 교환했다고 말하는 남자에게 여자는 무슨 문제가 있었는지 물어보는 상황에서 남자는 자신의 셔츠와 잘 어울리지 않았다고 답변하는 것이 가장 적절하므로 **(a)가 정답**이다.

⚠ 오답 피하기
(b)는 a sweater instead라 하여 마치 여자가 준 것이 스웨터가 아닌 것처럼 말하고 있기 때문에 상황 오답이다.
(c)는 wearing it more often이라 하여 앞에서 exchanged라고 말한 것과 일치하지 않는 일관성 오답이다.

(d)는 앞에서 yeah라고 적절한 응답을 했지만 뒤에서 잘못된 것과 관련 없는 말을 하고 있으므로 앞뒤 문맥 불일치 오답이다.

■ exchange 교환하다　quite 꽤

14.

M Do you drive to work?
W Yeah, but I'm thinking of taking the bus.
M It's more convenient to drive, isn't it?
(a) Still, the bus stop is far from my place.
(b) Yeah, but the traffic is horrendous.
(c) Yeah, that's why I stopped driving.
(d) It runs frequently during rush hour.

남 운전해서 출근을 하시나요?
여 네, 하지만 버스를 이용할까 생각 중이에요.
남 운전하는 것이 더 편하잖아요, 그렇지 않아요?
(a) 하지만, 버스 정류장이 집에서 멀어요.
(b) 그래요, 하지만 교통이 끔찍해요.
(c) 그래요, 그래서 제가 운전을 그만둔 거예요.
(d) 그것은 출퇴근 시간에 자주 운행해요.

해설 버스를 타고 출근하는 것을 고려 중이라는 여자에게 남자가 운전하는 것이 편하지 않은지 물어보는 상황에서 여자는 그렇지만 교통이 끔찍하다고 답변하는 것이 가장 적절하므로 **(b)가 정답**이다.

⚠ 오답 피하기
(a)는 앞에서 still이라 하고 뒤에서 bus stop is far라 하여 내용이 일치하지 않는 앞뒤 문맥 불일치 오답이다.
(c)는 앞에서 yeah라 하고 뒤에서 stopped driving이라 하여 내용이 일치하지 않는 앞뒤 문맥 불일치 오답이다.
(d)는 runs frequently라 하여 운전하는 것에 대한 내용이 아니라 버스 운행에 대한 말을 하고 있기 때문에 소재 오답이다.

■ convenient 편리한　horrendous 끔찍한　frequently 자주

15.

W Have you seen Tom since the car accident?
M We actually bumped into each other yesterday.
W Really? Has he regained his full mobility that quickly?
(a) He sure does know his way around town.
(b) Probably right after injuring his legs.
(c) In a way, but he still needs assistance.
(d) No, I don't think it's that serious.

여 자동차 사고 이후 Tom을 봤나요?
남 사실 우리는 어제 우연히 마주쳤어요.
여 정말이요? 그가 그렇게 빨리 기동성을 완전히 되찾았나요?
(a) 그는 확실히 시내 길을 잘 알고 있어요.
(b) 아마도 그의 다리를 다친 바로 직후에요.
(c) 어느 정도는요, 하지만 그는 아직도 도움이 필요해요.
(d) 아니요, 그렇게 심각하다고 생각하지 않아요.

해설 자동차 사고 이후 Tom과 우연히 마주쳤다고 하는 남자에게 여자는 그가 완전히 움직일 수 있는지 물어보는 상황에서 남자는 움직일 수는 있지만 도움이 필요하다고 답변하는 것이 가장 적절하므로 (c)가 정답이다.

⚠️ 오답 피하기

(a)는 know his way around라 하여 회복에 대한 내용이 아니라 길을 아는 것에 대한 내용이기 때문에 동사 오답이다.
(b)는 시간(시점)을 묻는 질문에 적절한 답변이므로 질문 오답이다.
(d)는 앞에서 no라 하고 뒤에서 심각하지 않은 것 같다고 하여 앞뒤 문맥 불일치 오답이다.

■ bump into each other 서로 우연히 만나다   regain 회복하다   mobility 이동성, 기동성   injure 부상을 입히다   assistance 도움   serious 심각한

16.

M Did you win the house auction you bid on?
W No, someone else placed a higher bid.
M Couldn't you submit a competing bid?
(a) I'll do that right away.
(b) I wasn't swift enough.
(c) It wasn't easy to win the bid.
(d) I believe I placed the highest bid.

남 네가 입찰한 집 경매에서 낙찰을 받았니?
여 아니, 다른 사람이 더 높은 입찰가를 넣었어.
남 경쟁 입찰을 제출할 수가 없었어?
(a) 지금 당장 그것을 할게.
(b) 내가 충분히 빠르지 않았어.
(c) 그 입찰을 따내는 것이 쉽지 않았어.
(d) 내가 제일 높은 입찰가를 넣은 것 같아.

해설 남자가 집 경매에서 낙찰을 받지 못한 여자에게 경쟁 입찰을 할 수 없었는지 물어보는 상황에서 여자는 자신이 충분히 빠르지 못했다고 답변하는 것이 가장 적절하므로 (b)가 정답이다.

⚠️ 오답 피하기

(a)는 do that right away라 하여 경매가 아직 진행중인 것처럼 말하고 있기 때문에 시제 오답이다.
(c)는 wasn't easy to win이라 하여 입찰을 제출하는 것에 대한 내용이 아닌 입찰을 따내는 것에 대해서 말하고 있기 때문에 동사 오답이다.
(d)는 placed the highest bid라 하여 다른 사람이 더 높은 입찰가를 넣었다는 내용과 일치하지 않는 일관성 오답이다.

■ auction 경매   bid 입찰하다; 입찰가   submit 제출하다   swift 빠른

Unit 03 인사·안부 / 의견·상황

Unit Test
본문 p. 102

01 (c)   02 (b)   03 (a)   04 (b)   05 (b)
06 (c)   07 (d)   08 (b)   09 (b)   10 (b)
11 (b)   12 (d)   13 (c)   14 (c)   15 (c)
16 (a)

01.

M Did the chocolate mousse live up to your expectations?
(a) The store was full of people.
(b) You cannot find it there anymore.
(c) I found it rather bland.
(d) I had one serving.

남 그 초콜릿 무스가 당신의 기대에 부응했나요?
(a) 그 가게는 사람들이 가득 차 있었어요.
(b) 당신은 거기서 그것을 더 이상 찾을 수 없습니다.
(c) 저는 그것이 자극적이지 않았던 것 같아요.
(d) 저는 1인분을 먹었습니다.

해설 남자가 초콜릿 무스가 맛있었는지 물어보는 상황에서 여자는 자극적이지 않았다고 답변하는 것이 가장 적절하므로 (c)가 정답이다.

⚠️ 오답 피하기

(a)는 the store라 하여 chocolate mousse가 아닌 가게에 대해서 말하고 있기 때문에 소재 오답이다.
(b)는 cannot find it이라 하여 기대에 부응했는지에 대한 질문과 관련 없는 내용이므로 동사 오답이다.
(d)는 one serving이라 하여 기대에 부응했는지에 대한 질문과 관련 없는 내용이므로 질문 오답이다.

■ live up to ~에 부응하다   expectation 기대   bland 자극적이지 않은   serving 1인분

02.

W Pleasure to meet you. You look familiar.
(a) Sure. I'll introduce you to her.
(b) Actually, we met several years ago.
(c) I believe it's been several years.
(d) Sorry, her name doesn't ring a bell.

여 만나서 반갑습니다. 당신은 낯이 익네요.
(a) 물론이죠. 제가 당신을 그녀에게 소개시켜 드리겠습니다.
(b) 사실, 우리는 몇 년 전에 만난 적이 있습니다.
(c) 몇 년 된 것 같습니다.
(d) 죄송합니다. 그녀의 이름이 생각나지 않습니다.

해설 여자가 남자에게 낯이 익다고 말하는 상황에서 남자는 전에 만났었다고 답변하는 것이 가장 적절하므로 (b)가 정답이다.

⚠️ 오답 피하기

(a)는 다른 사람을 소개시켜줄 때 할 수 있는 말이므로 상황 오답이다.
(c)는 been several years라 하여 인사를 하는 상황에서 기간을 말하고 있기 때문에 상황 오답이다.

(d)는 이름을 묻는 질문에 할 수 있는 답변이므로 질문 오답이다.
■ introduce 소개하다   ring a bell 생각이 나다

03.

> **M** Tom seems rather cranky today, don't you think?
> **(a) Yeah, he looks like he could use a vacation.**
> (b) No, I don't think he's okay.
> (c) I've known Tom for a long time.
> (d) Yeah, you should lighten up a little.
>
> 남 Tom이 오늘 꽤 화를 잘 내는 것 같아, 그렇지 않니?
> (a) 응, 그는 휴가가 필요한 것처럼 보여.
> (b) 아니, 나는 그가 괜찮다고 생각하지 않아.
> (c) 나는 Tom을 오랜 시간 동안 알고 지냈어.
> (d) 응, 너는 기분을 좀 풀어야 할 것 같아.

해설 남자가 Tom이 오늘 화를 잘 내는 것 같다고 말하는 상황에서 여자는 그가 휴가가 필요한 것 같다고 답변하는 것이 가장 적절하므로 **(a)가 정답**이다.

⚠ 오답 피하기
(b)는 앞에서 no라 하고 뒤에서 don't think he's okay라 하여 앞뒤 문맥 불일치 오답이다.
(c)는 known Tom for a long time이라 하여 cranky한 것 같다고 말한 내용과 맞지 않는 동사 오답이다.
(d)는 you should lighten up이라 하여 마치 남자가 Tom인 것처럼 말하고 있기 때문에 대상 오답이다.
■ rather 꽤   cranky 화를 잘 내는   could use ~이 필요하다   lighten up 기분을 풀다

04.

> **W** Are you enjoying your school life?
> (a) I'm attending a different school.
> **(b) For the most part, I guess.**
> (c) I'm very excited for school to start.
> (d) It comes to mind from time to time.
>
> 여 너 학교 생활을 즐기고 있니?
> (a) 난 다른 학교를 다니고 있어.
> (b) 전반적으로 그런 것 같아.
> (c) 나는 학교를 다니는 것이 너무 기대돼.
> (d) 그것은 때때로 생각나.

해설 학교 생활을 즐기고 있는지 물어보는 상황에서 여자는 전반적으로 그렇다고 답변하는 것이 가장 적절하므로 **(b)가 정답**이다.

⚠ 오답 피하기
(a)는 attending a different school이라 하여 enjoy하고 있는지 말하고 있지 않기 때문에 동사 오답이다.
(c)는 excited for school to start라 하여 아직 학교가 시작하지 않은 것처럼 말하고 있기 때문에 시제 오답이다.
(d)는 comes to mind라 하여 즐기고 있는지 설명하고 있지 않기 때문에 동사 오답이다.

■ come to mind 생각나다   from time to time 때때로

05.

> **M** Hi, Sophie. You look as attractive as ever.
> (a) Thanks. I've had it for a while now.
> **(b) The same goes for you, too.**
> (c) I know. It's not as hilarious as it looks.
> (d) It's fine. I'm just glad you liked it.
>
> 남 안녕, Sophie. 넌 여전히 매력적으로 보이네.
> (a) 고마워. 난 그것을 오랫동안 갖고 있었어.
> (b) 너도 마찬가지야.
> (c) 나도 알아. 그것은 보이는 것만큼 유쾌하지 않아.
> (d) 괜찮아. 네가 좋았다니 기쁠 뿐이야.

해설 여자에게 매력적으로 보인다고 말하는 상황에서 여자는 남자도 그렇다고 답변하는 것이 가장 적절하므로 **(b)가 정답**이다.

⚠ 오답 피하기
(a)는 앞에서 thanks라 하여 적절하게 응답하지만 뒤에서 관련 없는 말을 한 앞뒤 문맥 불일치 오답이다.
(c)는 not as hilarious라 하여 attractive와 관련이 없는 형용사 오답이다.
(d)는 It's fine이라고 하여 칭찬하는 말에 대한 적절한 응답이 아니므로 상황 오답이다.
■ attractive 매력적인   hilarious 유쾌한, 아주 재미있는

06.

> **W** Hi, I'm Carol. I don't think we've met.
> (a) Tell me more about her if you can.
> (b) That's where I'm headed, too.
> **(c) Pleased to meet you. I'm Jerry.**
> (d) It was a pleasure to meet you.
>
> 여 안녕하세요, 저는 Carol입니다. 우리는 만난 적이 없는 것 같네요.
> (a) 가능하시면 그녀에 대해 더 말해주세요.
> (b) 저도 거기로 가는 중이에요.
> (c) 만나서 반갑습니다. 저는 Jerry입니다.
> (d) 당신을 만나서 반가웠습니다.

해설 여자가 서로 만난 적이 없는 것 같다고 말하는 상황에서 남자는 만나서 반갑다고 답변하는 것이 가장 적절하므로 **(c)가 정답**이다.

⚠ 오답 피하기
(a)는 제3자에 대해 말하고 있기 때문에 대상 오답이다.
(b)는 where I'm headed라 하여 앞에서 장소가 나온 것처럼 말하고 있기 때문에 소재 오답이다.
(d)는 was a pleasure라 하여 헤어질 때 하는 인사를 하고 있기 때문에 상황 오답이다.
■ head ~쪽으로 향하다

07.

M I haven't seen you around for a while.
(a) Yeah, I just moved here a week ago.
(b) I wouldn't say it's that old.
(c) Only when I'm away on a business trip.
(d) I've been away visiting friends.

남 너를 한동안 못 봤네.
(a) 응, 난 일주일 전에 여기로 이사했어.
(b) 나는 그게 그렇게 오래되었다고 말하지 않겠어.
(c) 내가 출장을 떠날 때만.
(d) 난 친구를 만나러 가느라 여기 없었어.

해설 남자가 여자에게 한동안 못 본 것 같다고 말하는 상황에서 여자는 친구를 방문하러 가느라 여기 없었다고 답변하는 것이 가장 적절하므로 (d)가 정답이다.

⚠ 오답 피하기
(a)는 앞에서 yeah라 하여 적절하게 응답하지만 뒤에서 just moved here라 하여 이사와 관련된 말을 하고 있으므로 앞뒤 문맥 불일치 오답이다.
(b)는 it's that old라 하여 어떤 사물이 오래되었다고 말하고 있으므로 소재 오답이다.
(c)는 안부 인사에 대한 적절한 답변이 아니므로 상황 오답이다.
■ for a while 한동안   business trip 출장

08.

W I'm surprised Sarah got such a high-paying job right out of college.
(a) But that's all she knows about her work.
(b) She'll get one pretty soon, I'm sure.
(c) Yeah, she knows what she wants to major in.
(d) She sure has had her share of good luck.

여 나는 Sarah가 대학을 졸업하고 바로 그렇게 높은 급여를 주는 직장을 구한 것이 놀라워.
(a) 하지만 그녀가 일에 대해 알고 있는 건 그게 전부야.
(b) 그녀는 곧 직장을 구할 거야. 난 확신해.
(c) 응, 그녀는 자신이 무엇을 전공하고 싶은지 알아.
(d) 그녀는 확실히 운이 따라 주었어.

해설 여자가 Sarah가 졸업 후에 바로 높은 급여를 주는 직장을 잡은 것이 놀랍다고 말하는 상황에서 남자는 Sarah에게 운이 따라 주었다고 답변하는 것이 가장 적절하므로 (d)가 정답이다.

⚠ 오답 피하기
(a)는 all she knows about her work라 하여 높은 급여의 직장에 대한 내용이 아니라 업무에 대한 말을 하고 있기 때문에 소재 오답이다.
(b)는 get one pretty soon이라 하여 아직 취직이 안 된 것처럼 말하고 있기 때문에 시제 오답이다.
(c)는 앞에서 yeah라고 적절하게 응답했지만 뒤에서 전공에 대해 말하고 있으므로 앞뒤 문맥 불일치 오답이다.
■ high-paying job 높은 급여를 주는 직장   major in ~을 전공하다

09.

M I can't stand the constant noise from the construction site.
W It's bothersome, but there's not much we can do.
M We should file a complaint.
(a) I doubt we're that much of an inconvenience.
(b) It'll hardly make a difference.
(c) That's what I thought was the problem, too.
(d) We should make an official complaint first.

남 난 건설 현장에서 발생하는 지속적인 소음을 참을 수가 없어.
여 그것은 성가시지만 우리가 할 수 있는 것이 별로 없어.
남 우리는 항의를 제기해야 해.
(a) 나는 우리가 그렇게 불편을 주는 것 같지 않아.
(b) 그렇게 해도 거의 달라지는 게 없을 거야.
(c) 나도 그게 문제라고 생각했었어.
(d) 우리는 공식적인 항의를 먼저 해야 해.

해설 공사 현장에서 발생하는 소음에 대해 남자는 항의를 해야 한다고 말하는 상황에서 여자는 그렇게 해도 달라지는 게 없을 거라고 답변하는 것이 가장 적절하므로 (b)가 정답이다.

⚠ 오답 피하기
(a)는 we're, inconvenience라 하여 마치 화자들이 불편을 주는 것처럼 말하고 있기 때문에 대상 오답이다.
(c)는 that's, the problem이라 하여 항의하는 것이 아니라 소음에 관해 말하고 있기 때문에 소재 오답이다.
(d)는 make an official complaint first라 하여 앞에서 우리가 할 수 있는 것이 많지 않다는 것과 일치하지 않으므로 일관성 오답이다.
■ constant 지속적인   construction site 공사 현장   bothersome 성가신   file a complaint 항의를 제기하다   inconvenience 불편함   hardly 거의 ~않는   official 공식적인

10.

W I need two tickets to Jeju Island.
M When would you like to depart?
W This Friday, the 14th.
(a) That's great. I'm available on that day.
(b) Lucky for you. We still have seats.
(c) I'd like a layover on Jeju Island, please.
(d) I'm sorry. We only have two seats available.

여 저는 제주도행 티켓 두 장이 필요합니다.
남 언제 출발하시겠습니까?
여 이번 금요일, 14일이요.
(a) 좋습니다. 저는 그날 가능합니다.
(b) 운이 좋으시네요. 아직 좌석이 있습니다.
(c) 저는 제주도에 경유하고자 합니다.
(d) 죄송합니다. 저희는 2개의 좌석만 남아있습니다.

해설 여자가 제주도행 티켓을 구입하려고 하는 상황에서 남자는 남은 자리가 있다고 답변하는 것이 가장 적절하므로 (b)가 정답이다.

⚠ 오답 피하기
(a)는 I'm available이라 하여 여자가 할 수 있을 법한 말이므로 대상 오답이다.
(c)는 I'd like a layover라 하여 여자가 할 수 있을 법한 말이므로 대상 오답이다.
(d)는 앞에서 I'm sorry라 하여 적절하게 응답하지만 뒤에서 티켓 두 장이 남아있다고 하여 앞뒤 문맥 불일치 오답이다.
■ depart 출발하다   seat 좌석   layover 경유

11.

W I heard Sam was let go from his company last week.
M Yeah, but he's doing okay now.
W I'm relieved to hear that he's taking it well.
(a) But he's taking it really hard right now.
(b) **He seems to have gotten over it rather quickly.**
(c) Yeah, it's fortunate he was able to keep his job.
(d) I know. He's not nonchalant about it.

여 저는 Sam이 지난주에 회사에서 해고되었다고 들었습니다.
남 네, 하지만 그는 지금은 괜찮게 지내고 있습니다.
여 그가 잘 받아들이고 있다니 안심이 됩니다.
(a) 하지만 그는 지금 그것을 아주 힘들게 받아들이고 있습니다.
(b) 그는 꽤 빨리 그것을 극복한 것 같습니다.
(c) 네, 그의 직업을 유지할 수 있어서 다행입니다.
(d) 알아요. 그는 그것에 대해서 태연하지 않습니다.

해설 Sam의 해고에 대해 여자가 Sam이 잘 받아들이고 있어서 안심이 된다고 말하는 상황에서 남자는 빨리 극복했다고 답변하는 것이 가장 적절하므로 (b)가 정답이다.

⚠ 오답 피하기
(a)는 taking it really hard라 하여 앞에서 잘 지내고 있다는 말과 맞지 않는 일관성 오답이다.
(c)는 keep his job이라 하여 앞에서 해고되었다는 내용과 맞지 않기 때문에 일관성 오답이다.
(d)는 앞에서 I know라 하고 뒤에서 not nonchalant라 하여 앞뒤 문맥 불일치 오답이다.
■ relieved 안심하는   get over 극복하다   nonchalant 태연한

12.

M Hello, Mrs. Shipley. Allow me to introduce myself.
W Wait. You're David Cooper, right?
M That's right! How did you know?
(a) Because Mrs. Shipley told me a lot about you.
(b) I've always wanted to meet you.
(c) I have many acquaintances by the name of David.
(d) **A friend of mine has mentioned you before.**

남 안녕하세요, Shipley 씨. 저를 소개하겠습니다.
여 잠시만요. 당신이 David Cooper시죠, 그렇죠?
남 맞습니다! 어떻게 아셨나요?
(a) 왜냐하면 Shipley 씨가 당신에 대해서 제게 많이 말해줬거든요.
(b) 저는 항상 당신을 만나고 싶었어요.
(c) 저는 David이라는 이름의 아는 사람이 많습니다.
(d) 제 친구가 당신에 대해서 전에 언급한 적이 있습니다.

해설 여자가 남자의 이름을 아는 것에 대해 남자가 이름을 어떻게 알았는지 물어보는 상황에서 여자는 친구가 말해줬다고 답변하는 것이 가장 적절하므로 (d)가 정답이다.

⚠ 오답 피하기
(a)는 because Mrs. Shipley told라 하여 How 의문문에 부적절한 because를 쓰고 있기도 하지만 마치 Mrs. Shipley가 다른 사람인 것처럼 말하고 있기 때문에 질문과 대상 오답이다.
(b)는 always wanted to meet you라 하여 남자가 한 질문에 적절하지 않은 답변을 주고 있기 때문에 질문 오답이다.
(c)는 어떻게 이름을 알았는지에 대한 답이 아니라 그냥 David라는 이름을 가진 사람이 많다고 말하고 있기 때문에 상황 오답이다.
■ acquaintance 아는 사람

13.

W Have you been keeping in touch with Mr. Jenkins?
M The last time I talked to him was a few months ago.
W I wonder how he's doing these days.
(a) Yeah, I've known him for more than a year.
(b) But he just phoned here a moment ago.
(c) **Maybe we should give him a call today.**
(d) No, that won't be necessary.

여 Jenkins 씨와 계속 연락하고 지내나요?
남 그와 마지막으로 연락을 한 게 몇 달 전이었어요.
여 요즘 그가 어떻게 지내는지 궁금하네요.
(a) 네, 저는 그를 1년 넘게 알고 지내왔어요.
(b) 하지만 그가 방금 여기로 전화했었어요.
(c) 어쩌면 오늘 우리가 그에게 전화를 해야겠어요.
(d) 아뇨, 그건 필요하지 않을 것 같아요.

해설 Jenkins 씨의 안부에 대해 말하는 상황에서 남자가 오늘 전화를 해보자고 말하는 것이 가장 적절하므로 (c)가 정답이다.

⚠ 오답 피하기
(a)는 앞에서 yeah라고 적절하게 응답했지만 뒤에서 안부와 상관 없는 말을 하고 있으므로 앞뒤 문맥 불일치 오답이다.
(b)는 just phoned라 하여 앞에서 몇 달 동안 연락을 하지 않았다는 내용과 일치하지 않는 일관성 오답이다.
(d)는 안부와 관련 없는 말을 하고 있으므로 상황 오답이다.
■ keep in touch 연락을 하고 지내다

14.

M I don't see a significant difference between the two policies.
W Have you looked at them carefully?
M Yes, but they're practically the same.

(a) No, that can't be. They should be the same.
(b) Don't bother to look for a difference.
(c) **I'm sure there's a slight improvement in the new one.**
(d) I know. Some of the provisions have been drastically changed.

남 저는 두 정책 간의 큰 차이를 모르겠습니다.
여 그것들을 신중하게 살펴보신 건가요?
남 네, 하지만 그들은 사실상 동일해요.
(a) 아니에요, 그럴 수가 없습니다. 그것들은 동일해야 해요.
(b) 일부러 차이를 찾으려고 하지 마세요.
(c) 새로운 정책에 분명히 약간의 개선이 있습니다.
(d) 알고 있습니다. 일부 규정은 대폭 변경되었습니다.

해설 두 정책이 거의 동일하다고 말하는 남자에게 여자는 분명 새로운 정책이 약간 개선되었다고 답변하는 것이 적절하므로 (c)가 정답이다.

⚠ 오답 피하기
(a)는 앞에서 no라 하여 적절하게 응답하지만 뒤에서 should be the same이라 하여 내용이 서로 일치하지 않는 앞뒤 문맥 불일치 오답이다.
(b)는 don't bother to look for라 하여 앞에서 신중하게 살펴보았는지 묻는 것과 맞지 않는 일관성 오답이다.
(d)는 앞에서 I know라 하고 뒤에서는 drastically changed라 하여 내용이 일치하지 않는 앞뒤 문맥 불일치 오답이다.

■ significant 상당한　policy 정책　practically 사실상, 거의　slight 약간의　improvement 개선　provision 조항, 규정　drastically 대폭

15.

W Even with the air conditioner on, it's unbearable in here.
M I know. They should turn it up a little more.
W I'm calling maintenance if there's no change in five minutes.
(a) Stay put. I'm sure they'll turn it off.
(b) I guess old habits die hard.
(c) **Good idea. It's worth a shot.**
(d) Sure, you can change it if you want to.

여 에어컨을 켜 놓아도 여기는 견딜 수가 없어.
남 알아. 그들은 조금 더 세게 틀어야 해.
여 5분 후에 변화가 없으면 유지 보수과에 전화를 할 거야.
(a) 그대로 있어. 그들이 분명 곧 끌 거야.
(b) 오래된 습관은 없어지기 힘들어.
(c) 좋은 생각이야. 시도해 볼만해.
(d) 그래, 네가 원한다면 그걸 바꿔도 돼.

해설 에어컨을 켜도 더운 것에 대해 여자는 변화가 없으면 유지 보수과에 연락하겠다고 말하는 상황에서 남자는 좋은 생각이라고 답변하는 것이 가장 적절하므로 (c)가 정답이다.

⚠ 오답 피하기
(a)는 turn it off라 하여 더 세게 켜기를 원하는 것과 맞지 않는 일관성 오답이다.
(b)는 habits라 하여 에어컨이 아니라 습관에 대해서 말하고 있기 때문에 소재 오답이다.
(d)는 change it이라 하여 여자가 calling the maintenance라고 한 것과 맞지 않는 동사 오답이다.

■ unbearable 견딜 수 없는　maintenance 유지 보수　old habits die hard 오래된 습관은 없어지기 힘들다　shot 시도

16.

M Why wasn't Tim invited to your birthday party?
W I don't really care for him.
M But I thought you guys had a close rapport.
(a) **At work, but not in our personal lives.**
(b) It just goes to show you that we're close.
(c) Yeah, because we have been together for several years now.
(d) No, I can hardly imagine what he must have thought.

남 Tim은 왜 네 생일 파티에 초대되지 않았어?
여 난 그를 그다지 좋아하지 않아.
남 하지만 난 너희들이 친밀한 관계라고 생각했어.
(a) 직장에서는 그렇지만 우리의 사생활에서는 아니야.
(b) 그것은 우리가 가까운 사이라는 것을 보여주는 거야.
(c) 그래, 왜냐하면 우리는 몇 년 동안 함께 해왔거든.
(d) 아니야, 나는 그가 뭐라고 생각했을지 상상이 안 돼.

해설 Tim이 파티에 초대되지 않은 것에 대해 남자는 여자와 Tim이 친밀한 관계인 줄 알았다고 말하는 상황에서 여자는 회사에서는 그렇지만 사생활에서는 그렇지 않다고 답변하는 것이 적절하므로 (a)가 정답이다.

⚠ 오답 피하기
(b)는 앞에서 친한 사이라고 말한 것처럼 말하고 있기 때문에 일관성 오답이다.
(c)는 앞에서 don't really care for him과 일치하지 않는 일관성 오답이다.
(d)는 대화 내용과 관련 없는 소재 오답이다.

■ close rapport 친밀한 관계　personal life 사생활

Unit 04 칭찬·축하·감사 / 인지·무지

Unit Test
본문 p. 108

| 01 (d) | 02 (d) | 03 (c) | 04 (b) | 05 (c) |
| 06 (a) | 07 (c) | 08 (a) | 09 (b) | 10 (c) |

11 (b)   12 (a)   13 (c)   14 (b)   15 (c)
16 (c)

01.

M I just received a full scholarship to graduate school!
(a) I can't believe it's so expensive!
(b) I'm sure you'll have your chance.
(c) Thanks. I'm really excited about it.
(d) Congratulations! You deserve it.

남 방금 대학원 전액 장학금을 받았어!
(a) 그렇게 비싸다는 것을 믿을 수가 없어!
(b) 분명 다음 번에 기회가 있을 거야.
(c) 고마워. 나는 정말 흥분돼.
(d) 축하해! 너는 그것을 받을 자격이 있어.

해설 남자가 전액 장학금을 받았다고 말하는 상황에서 여자는 축하한다고 답변하는 것이 가장 적절하므로 **(d)가 정답**이다.

⚠ 오답 피하기
(a)는 it's so expensive라 하여 마치 비용에 대해서 말한 것처럼 답변을 하기 때문에 소재 오답이다.
(b)는 you'll have your chance라 하여 남자가 장학금을 받지 못한 것처럼 말하기 때문에 상황 오답이다.
(c)는 장학금을 받은 남자가 할 수 있을 법한 말이므로 대상 오답이다.

■ full scholarship 전액 장학금   graduate school 대학원

02.

W I'll pick Joey up if you can't make it.
(a) Don't worry. I'm sure you can do it.
(b) Thanks. That was really nice of you.
(c) No problem. It's my pleasure.
(d) That would help me a great deal.

여 당신이 갈 수 없다면 내가 Joey를 데리러 갈게요.
(a) 걱정하지 마요. 나는 당신이 그것을 할 수 있을 거라고 확신해요.
(b) 고마워요. 당신은 정말 친절했어요.
(c) 문제 없어요. 제가 좋아서 한 일이에요.
(d) 그럼 제게 도움이 많이 되겠네요.

해설 여자가 Joey를 자신이 데리러 가겠다고 말하는 상황에서 남자는 감사의 인사를 하는 답변을 하는 것이 가장 적절하므로 **(d)가 정답**이다.

⚠ 오답 피하기
(a)는 앞에서 don't worry라 하고 뒤에서 you can do it이라 하여 내용이 서로 일치하지 않기 때문에 앞뒤 문맥 불일치 오답이다.
(b)는 was really nice of you라 하여 마치 이미 데리러 갔다 온 것처럼 말하고 있기 때문에 시제 오답이다.
(c)는 it's my pleasure라 하여 마치 여자가 남자한테 요청한 것처럼 말하고 있기 때문에 대상 오답이다.

■ a great deal 많이

03.

M Your presentation was really informative.
(a) I really appreciate your concern.
(b) Congratulations on your new role.
(c) I really appreciate that. I'm glad it was helpful.
(d) Thanks for the presentation.

남 당신의 발표는 정말 유익했습니다.
(a) 걱정해주셔서 정말 감사합니다.
(b) 새로 맡으신 역할을 축하합니다.
(c) 정말 감사합니다. 도움이 되었다니 기쁩니다.
(d) 발표 감사합니다.

해설 남자가 여자에게 발표가 유익했다고 말하는 상황에서 여자는 감사의 인사를 하는 것이 적절하므로 **(c)가 정답**이다.

⚠ 오답 피하기
(a)는 concern이라 하여 발표와 관련 없으므로 소재 오답이다.
(b)는 your new role이라 하여 발표와 관련 없으므로 소재 오답이다.
(d)는 남자가 할 수 있을 법한 말이므로 대상 오답이다.

■ informative 유익한   concern 관심   role 역할

04.

W Thank you for coming to our housewarming party.
(a) Sorry, I'm almost there.
(b) Well, thanks for having me.
(c) Yeah, it was nice of you to come.
(d) I'd love to go, but my hands are tied.

여 저희 집들이 파티에 와주셔서 감사해요.
(a) 죄송해요. 거의 다 왔어요.
(b) 음, 저를 불러주셔서 감사합니다.
(c) 네, 당신이 와줘서 좋았어요.
(d) 가고 싶지만, 일이 너무 많습니다.

해설 여자가 집들이에 참석해서 고맙다고 말하는 상황에서 남자는 초대해줘서 고맙다고 답변하는 것이 가장 적절하므로 **(b)가 정답**이다.

⚠ 오답 피하기
(a)는 almost there라 하여 마치 남자가 아직 도착하지 않은 것처럼 말하고 있기 때문에 시제 오답이다.
(c)는 nice of you to come이라 하여 여자가 할 수 있을 법한 말이므로 대상 오답이다.
(d)는 I'd love to go라 하여 집들이 초대를 받은 것처럼 말하고 있기 때문에 상황 오답이다.

■ hands are tied 일이 많다

05.

M So, how did you like my dance recital?
(a) I wouldn't miss it for the world.
(b) I'm so glad you liked it.
(c) I'm at a loss for words! It was simply wonderful!

(d) I couldn't thank you enough.

남 그래서 나의 춤 발표회는 어땠어?
(a) 난 무슨 일이 있어도 놓치지 않을 거야.
(b) 네가 좋아해서 난 너무 기뻐.
(c) 뭐라고 해야 할지 모르겠어! 그건 정말 멋졌어!
(d) 더 이상 어떻게 고마워 해야 할지 모르겠어.

해설 남자가 자신의 춤 발표회가 어땠는지 물어보는 상황에서 여자는 멋졌다고 답변하는 것이 가장 적절하므로 **(c)가 정답**이다.

⚠ 오답 피하기
(a)는 wouldn't miss it이라 하여 의견이 아닌 참석에 대해서 말하고 있기 때문에 질문 오답이다.
(b)는 남자가 할 수 있을 법한 말이므로 대상 오답이다.
(d)는 couldn't thank you enough라 하여 마치 남자가 무엇을 도와준 것처럼 말하고 있기 때문에 상황 오답이다.

■ **not for the world** 무슨 일이 있어도 ~하지 않다 **recital** 발표회
be at a loss for words 무슨 말을 해야 할지 모르다

06.

W I missed my flight. Is there an available seat on the next one?

(a) I'm not sure. Let me check for you.
(b) No, the next one is a direct flight.
(c) I can do that. Let me put you on hold.
(d) I'm sorry, but your flight has just departed.

여 제 비행기를 놓쳤습니다. 다음 비행기에 남은 자리가 있나요?
(a) 잘 모르겠네요. 확인해 보겠습니다.
(b) 아니요, 다음 비행기는 직항편입니다.
(c) 제가 해 드리겠습니다. 잠시만 기다려 주세요.
(d) 죄송하지만, 당신의 항공편은 지금 막 출발했습니다.

해설 여자가 비행기를 놓쳐서 다음 편에 자리가 있는지 묻는 상황에서 남자는 확인해보겠다고 답변하는 것이 가장 적절하므로 **(a)가 정답**이다.

⚠ 오답 피하기
(b)는 앞에서 no라 하여 적절하게 응답하지만 뒤에서 남은 자리가 아닌 직항에 대해 말하고 있으므로 앞뒤 문맥 불일치 오답이다.
(c)는 여자가 무엇을 해 달라는 것이 아니라 정보를 묻고 있으므로 질문 오답이다.
(d)는 앞에서 I'm sorry라 하여 적절하게 응답하지만 뒤에서 자리와 관련 없는 말을 하므로 앞뒤 문맥 불일치 오답이다.

■ **direct flight** 직항편 **put A on hold** A를 기다리게 하다 **depart** 떠나다

07.

M You're 36? You could pass for a college student!

(a) Yeah, I never failed a class in college.
(b) I know. I'm curious as to what your secret is.
(c) I'll take that as a compliment.
(d) Yeah, I'm much younger than that.

남 당신이 36살이에요? 대학생이라고 해도 믿겠는데요!
(a) 맞아요, 저는 대학에서 수업을 낙제해 본 적이 없어요.
(b) 알아요. 당신의 비결이 무엇인지 궁금해요.
(c) 칭찬으로 받아들일게요.
(d) 네, 저는 그것보다 훨씬 젊어요.

해설 남자가 36세의 여자에게 대학생처럼 보인다고 말하는 상황에서 여자는 칭찬으로 받아들이겠다고 답변하는 것이 가장 적절하므로 **(c)가 정답**이다.

⚠ 오답 피하기
(a)는 failed a class라 하여 성적에 대해서 말하고 있기 때문에 소재 오답이다.
(b)는 your secret이라 하여 남자가 여자에게 할 수 있을 법한 말이므로 대상 오답이다.
(d)는 앞에서 yeah라 하고 뒤에서 much younger라 하여 마치 36살이 아닌 것처럼 말하기 때문에 앞뒤 문맥 불일치 오답이다.

■ **pass for** (가짜가) ~로 통하다 **fail** 낙제하다 **curious** 궁금한 **compliment** 칭찬

08.

W Have you heard about the new student loan program?

(a) Yeah, I already applied for it.
(b) I know. It's a great new course.
(c) I'm against taking out loans.
(d) I doubt students know about it.

여 새로운 학자금 대출 프로그램에 대해서 들어봤어?
(a) 응, 나는 이미 그것을 신청했어.
(b) 나도 알아. 그건 훌륭한 새 강의야.
(c) 나는 대출받는 것을 반대해.
(d) 나는 학생들이 그것에 대해서 알고 있는지 모르겠어.

해설 남자가 새로운 학자금 대출 프로그램을 들어봤는지 물어보는 상황에서 여자는 그렇다고 하며 이미 신청했다고 답변하는 것이 적절하므로 **(a)가 정답**이다.

⚠ 오답 피하기
(b)는 great new course라 하여 대출 프로그램이 아니라 과정에 대해 말하고 있으므로 소재 오답이다.
(c)는 사실 여부를 묻는 질문에 동의/반대로 답하고 있으므로 질문 오답이다.
(d)는 doubt students know라 하여 남자가 아니라 학생들이 아는지에 관해 말하고 있기 때문에 대상 오답이다.

■ **student loan** 학자금 대출 **apply for** 신청하다, 지원하다 **course** 강의, 강좌 **take out loans** 대출받다 **doubt** 의심하다

09.

M I thought the meeting was scheduled for now.
W Well, I guess it's been pushed back to a different time.
M I wasn't informed of any changes.
(a) Thanks for telling me.

(b) **Neither was I.**
(c) No wonder it was changed.
(d) That's all I know.

남 저는 회의가 지금으로 예정된 줄 알았어요.
여 음, 회의가 다른 시간으로 미뤄진 것 같아요.
남 저는 어떠한 변경에 대해서도 통지받지 못했어요.
(a) 제게 말해주셔서 고마워요.
(b) 저도 그래요.
(c) 변경되는 게 당연해요.
(d) 그것이 제가 아는 모든 거예요.

해설 회의 시간이 변경된 것에 대해 남자는 들은 바가 없다고 말하는 상황에서 여자는 자신도 듣지 못했다고 답변하는 것이 가장 적절하므로 (b)가 정답이다.

⚠ 오답 피하기
(a)는 thanks for telling me라 하여 마치 남자가 여자한테 알려주고 있는 것처럼 말하고 있기 때문에 상황 오답이다.
(c)는 no wonder라 하여 마치 남자가 바뀐 이유를 말한 것처럼 말하고 있기 때문에 상황 오답이다.
(d)는 여자가 마치 특정 정보를 알고 있는 것처럼 말하고 있으므로 상황 오답이다.

■ push A back A를 미루다

10.

W Did you make these chairs in the living room?
M Yeah, I thought I would give it a try.
W So, it's your first time? They are amazing!
(a) You're more than welcome.
(b) I appreciate your suggestion.
(c) I'm glad you like them.
(d) Great! I'll get them started then.

여 네가 거실에 있는 이 의자들을 만들었어?
남 응, 내가 한 번 시도해 봤어.
여 그래서 이번이 처음 만든 거야? 멋지다!
(a) 천만에.
(b) 너의 제안에 고마워.
(c) 네가 좋다고 하니 기쁘다.
(d) 좋아! 그럼 그것들을 시작할게.

해설 남자가 처음 만든 의자에 대해 여자는 훌륭하다고 말하는 상황에서 남자는 좋다고 하니 기쁘다고 답변하는 것이 적절하므로 (c)가 정답이다.

⚠ 오답 피하기
(a)는 you're more than welcome이라 하여 마치 앞에서 감사하다고 말한 것처럼 말하고 있기 때문에 상황 오답이다.
(b)는 your suggestion이라 하여 마치 앞에서 칭찬이 아니라 제안을 한 것처럼 말하고 있기 때문에 상황 오답이다.
(d)는 get them started라 하여 의자에 대해 말하는 것과 전혀 관련 없는 상황 오답이다.

■ appreciate 감사히 여기다

11.

M Excuse me, did you attend Boston University?
W Yes. I graduated in 2010.
M Really? I was in the class of '11. I think we took a class together.
(a) But that's not the same class as mine.
(b) Come to think of it, you do look familiar.
(c) Yeah, the classes were spread across campus.
(d) I've been with the same company ever since I graduated.

남 실례합니다, 당신은 보스턴 대학을 다녔나요?
여 네. 저는 2010년에 졸업했습니다.
남 정말요? 저는 11년 졸업반이었어요. 제 생각에는 우리가 같은 수업을 들은 것 같습니다.
(a) 하지만 그것은 저와 같은 수업이 아닙니다.
(b) 생각해 보니, 당신이 낯이 익네요.
(c) 네, 수업들이 캠퍼스 전역에 분산되어 있었어요.
(d) 저는 졸업 후에 줄곧 같은 회사에 다니고 있습니다.

해설 보스턴 대학에서 같은 수업을 들은 것 같다고 말하는 남자에게 여자는 낯이 익은 것 같다고 답변하는 것이 가장 적절하므로 (b)가 정답이다.

⚠ 오답 피하기
(a)는 that's not the same class라 하여 마치 앞에서 수업이 언급된 것처럼 말하고 있기 때문에 소재 오답이다.
(c)는 classes were spread across라 하여 같은 수업을 들은 것 같다는 내용과 관련 없는 상황 오답이다.
(d)는 the same company라 하여 학교에 대한 내용이 아니기 때문에 소재 오답이다.

■ come to think of it 생각해 보니 look familiar 낯이 익다

12.

W What's your take on Professor Simmons?
M He comes across as a fun person, but his class was difficult.
W Did you know it was going to be hard?
(a) I didn't realize how little I knew.
(b) Luckily, it was the only class available.
(c) But there are so many things to memorize.
(d) Certainly! He's an easy person to approach.

여 Simmons 교수님에 대해서 어떻게 생각해?
남 그는 재미있는 분처럼 보이지만, 그의 수업은 어려웠어.
여 너는 그것이 어려울 거라는 걸 알았어?
(a) 내가 얼마나 아는 게 없었는지 깨닫지 못했지.
(b) 운 좋게도, 그것은 들을 수 있는 유일한 수업이었어.
(c) 하지만 외워야 할 것이 너무나 많아.
(d) 물론이지! 그는 다가가기 쉬운 사람이야.

해설 여자가 Simmons 교수님의 수업이 어려울 것을 알고 있었는지

물어보는 상황에서 남자는 자신이 얼마나 아는 게 없었는지 깨닫지 못했었다고 무지를 나타내는 답변을 하는 것이 적절하므로 **(a)가 정답**이다.

⚠️ 오답 피하기

(b)는 the only class available이라 하여 어려웠는지 물어보는 질문과 무관한 말을 하고 있기 때문에 질문 오답이다.
(c)는 앞에서 but이라 하고 뒤에서 so many things to memorize라 하여 반전이 없이 같은 말을 하고 있기 때문에 앞뒤 문맥 불일치 오답이다.
(d)는 앞에서 certainly라 하고 뒤에서 easy person이라 하여 수업이 아닌 사람에 대해서 말하고 있기 때문에 소재 오답이다.

■ **take on A** A에 대한 생각[의견]   **come across** 인상을 주다   **approach** 다가가다

13.

M Maybe you should have taken that job offer.
W It wasn't a perfect fit though.
M Well, I thought it was.
(a) I know. I've been kicking myself for rejecting it.
(b) It was a good opportunity, you know.
(c) Now that I look back, I made a mistake.
(d) I thought you could do better than that.

남 네가 그 일자리 제의를 받아들였어야 했나 봐.
여 하지만 완벽하게 맞지 않았어.
남 음, 난 맞았다고 생각했어.
(a) 알아. 그걸 거절한 것 때문에 내가 땅을 쳤지.
(b) 알잖아, 그것은 좋은 기회였어.
(c) 지금 돌이켜보니, 내가 실수를 했어.
(d) 난 네가 그것보다 더 잘할 수 있을 거라고 생각했어.

해설 여자가 일자리 제의를 거절한 것에 대해 남자는 일자리가 잘 맞았던 것 같다고 말하는 상황에서 여자는 실수한 것 같다고 답변하는 것이 적절하므로 **(c)가 정답**이다.

⚠️ 오답 피하기

(a)는 일자리가 자신과 맞지 않았다고 한 것과 내용이 맞지 않는 일관성 오답이다.
(b)는 남자가 여자에게 할 수 있을 법한 말이므로 대상 오답이다.
(d)는 you could do better라 하여 마치 남자가 일자리 제의를 받아들인 것처럼 말하고 있기 때문에 대상과 상황 오답이다.

■ **job offer** 일자리 제의   **fit** 꼭 맞는 것   **kick oneself** (어리석은 짓을 하거나 기회를 놓치거나 한 경우 스스로에게 화가 나서) 땅을 치다

14.

W Do you think I've gained weight over the break?
M The thought never crossed my mind.
W But this shirt feels tight on me.
(a) Yeah, it does make you look slimmer.
(b) I can barely tell the difference.
(c) But it's your favorite shirt.
(d) That's why I seldom wear it.

여 내가 방학 동안 몸무게가 늘었다고 생각해?
남 그 생각은 전혀 든 적이 없어.
여 하지만 이 셔츠가 꽉 끼는 느낌이 들어.
(a) 그래, 그것은 너를 더 날씬하게 보이게 해.
(b) 나는 차이를 거의 모르겠어.
(c) 하지만 그것은 네가 가장 좋아하는 셔츠잖아.
(d) 그래서 내가 좀처럼 그 옷을 입지 않는 거야.

해설 여자가 자신의 셔츠가 꽉 끼는 느낌이라고 말하는 상황에서 남자는 차이를 모르겠다고 답변하는 것이 적절하므로 **(b)가 정답**이다.

⚠️ 오답 피하기

(a)는 앞에서 yeah라 하고 뒤에서 look slimmer라 하여 내용이 서로 맞지 않기 때문에 앞뒤 문맥 불일치 오답이다.
(c)는 your favorite shirt라 하여 앞에서 셔츠가 꽉 낀다는 말과 관련이 없는 말을 하고 있기 때문에 상황 오답이다.
(d)는 I seldom wear it이라 하여 여자가 할 수 있을 법한 말이므로 대상 오답이다.

■ **gain weight** 몸무게가 늘다   **break** 방학, 휴가   **cross one's mind** 생각이 들다   **seldom** 드물게

15.

M You should open a bakery. Your fruit tarts are delicious!
W I don't know. It's just a hobby.
M But you're a natural!
(a) Yeah, it has no artificial flavoring.
(b) Why not? You have the right recipe.
(c) I just can't see myself as a business person.
(d) It shouldn't be that hard to open a bakery.

남 너는 빵집을 열어야 해. 너의 과일 타르트는 맛있어!
여 모르겠어. 그냥 취미일 뿐이야.
남 하지만 너는 타고났어!
(a) 응, 그건 인공 조미료가 안 들어갔어.
(b) 왜 아니겠어? 너는 제대로 된 조리법을 갖고 있잖아.
(c) 나는 단지 내 자신을 사업가로 생각할 수 없을 뿐이야.
(d) 빵집을 여는 게 그렇게 힘들지는 않을 거야.

해설 여자의 베이킹 솜씨가 타고났다고 말하며 빵집을 열라고 제안하는 상황에서 여자는 자신이 사업가는 아닌 것 같다고 답변하는 것이 적절하므로 **(c)가 정답**이다.

⚠️ 오답 피하기

(a)는 no artificial flavoring이라 하여 여자의 재능이 아닌 재료에 대해서 말하고 있기 때문에 소재 오답이다.
(c)는 you have the right recipe라 하여 남자가 여자에게 할 수 있을 법한 말이므로 대상 오답이다.
(d)는 shouldn't be that hard to open a bakery라 하여 남자가 여자에게 할 수 있을 법한 말이므로 대상 오답이다.

■ **you're a natural** 너는 타고났어   **artificial flavoring** 인공 조미료   **recipe** 조리법

16.

W Honey, are you going to stay home again tonight?
M Yeah, I have a pile of papers to grade.
W You're just always up to your ears!

(a) You need to take things easy.
(b) There's little I can do at home.
(c) I know. I never seem to have enough time.
(d) Okay. I'll try to listen to you more carefully.

여 여보, 오늘 밤에도 집에 있을 거예요?
남 네, 채점해야 하는 논문이 쌓여 있어요.
여 당신은 항상 처리해야 할 일이 목까지 차 있네요!
(a) 당신은 일을 쉬엄쉬엄할 필요가 있어요.
(b) 집에서 할 수 있는 것이 거의 없어요.
(c) 나도 알아요. 나는 충분한 시간이 있는 적이 결코 없는 것 같네요.
(d) 알았어요. 내가 당신의 말을 더 신중히 들으려고 노력할게요.

해설 남자가 집에서 일해야 하는 것에 대해 여자는 남자가 항상 일이 많다고 말하는 상황에서 남자는 그런 것 같다고 답변하는 것이 적절하므로 (c)가 정답이다.

⚠ 오답 피하기
(a)는 you, take things easy라 하여 여자가 남자에게 할 수 있을 법한 말이므로 대상 오답이다.
(b)는 little I can do at home이라 하여 마치 남자가 나갈 것처럼 말하고 있기 때문에 앞에서 말한 내용과 맞지 않는 일관성 오답이다.
(d)는 try to listen to you라 하여 남자가 여자의 말을 잘 듣지 않는 것처럼 말하고 있기 때문에 상황 오답이다.

■ pile 더미 be up to one's ears 일이 목까지 차 있다

Unit 05 사실 / 조치·행동

Unit Test   본문 p. 114

01 (c)	02 (d)	03 (c)	04 (d)	05 (a)
06 (c)	07 (b)	08 (b)	09 (b)	10 (c)
11 (c)	12 (a)	13 (d)	14 (a)	15 (c)
16 (a)

01.

W How long can I hold on to these library books?

(a) You're allowed to take out up to five books at a time.
(b) Thanks for holding on to them. I'll be right back.
(c) It depends on what kind of books you're borrowing.
(d) I believe it's been only three days though.

여 제가 이 도서관 책을 얼마나 오랫동안 가지고 있을 수 있나요?
(a) 당신은 한 번에 최대 5권을 빌리는 것이 허용됩니다.
(b) 그것들을 가지고 있어 주셔서 감사합니다. 제가 곧 돌아오겠습니다.
(c) 당신이 어떤 종류의 책을 빌리는지에 따라 다릅니다.
(d) 하지만 3일밖에 안 되었다고 생각합니다.

해설 도서관 책을 얼마 동안 빌릴 수 있는지 물어보는 상황에서 어떤 책을 빌리는지에 따라 다르다고 답변하는 것이 가장 적절하므로 (c)가 정답이다.

⚠ 오답 피하기
(a)는 up to five books라 하여 기간이 아닌 수량을 말하고 있기 때문에 질문 오답이다.
(b)는 thanks for라 하여 기간을 묻는 질문에 대한 적절한 답변이 아니므로 질문 오답이다.
(d)는 been only three days라 하여 앞으로 빌릴 수 있는 기간이 아닌 이미 빌린 기간을 말하고 있기 때문에 시제 오답이다.

■ hold on to 계속 가지고 있다 take out 빌리다 at a time 한 번에 depend on ~에 따라 다르다 borrow 빌리다

02.

M My girlfriend says the new restaurant on campus is terrific.

(a) I'm not surprised. I've seen some negative reviews.
(b) No thanks. I'm rarely on campus.
(c) I know. It's outright terrible.
(d) Then I'd better go and check it out.

남 내 여자친구가 캠퍼스에 새로 생긴 레스토랑이 훌륭하다고 그러더라.
(a) 놀랍지 않아. 나는 몇 개의 부정적인 후기를 봤어.
(b) 괜찮아. 나는 캠퍼스에 거의 없어.
(c) 알아. 그곳은 아주 끔찍해.
(d) 그럼 가서 확인해 봐야겠다.

해설 남자가 새로운 식당이 훌륭하다고 들었다고 말하는 상황에서 여자는 가 보겠다고 답변하는 것이 가장 적절하므로 (d)가 정답이다.

⚠ 오답 피하기
(a)는 앞에서 not surprised라 하고 뒤에서는 negative reviews라 하여 내용이 서로 맞지 않기 때문에 앞뒤 문맥 불일치 오답이다.
(b)는 no thanks라 하여 마치 남자가 제안을 한 것처럼 말하고 있기 때문에 상황 오답이다.
(c)는 앞에서 I know라 하고 뒤에서 terrible이라 하여 내용이 서로 맞지 않는 앞뒤 문맥 불일치 오답이다.

■ terrific 훌륭한 rarely 거의 ~하지 않는 outright 아주, 완전히

03.

W The processing time for the application form is five business days.

(a) I just got mine approved.
(b) Sorry, we don't have the form here.
(c) Actually, it takes two full weeks.
(d) Yeah, you should submit it by then.

여 지원서 양식의 처리 기간은 5영업일입니다.
(a) 제 것을 방금 승인받았습니다.
(b) 죄송하지만, 저희는 여기에 양식을 가지고 있지 않습니다.
(c) 사실, 꼬박 2주일이 걸립니다.
(d) 네, 그때까지 제출해 주세요.

해설 여자가 지원서 처리 기간이 5영업일이라고 말하는 상황에서 남자는 2주라고 하며 사실을 정정하는 답변을 하는 것이 가장 적절하므로 **(c)가 정답**이다.

⚠️ 오답 피하기
(a)는 just, approved라 하여 처리 기간이 아닌 승인에 대해서 말하고 있으므로 소재 오답이다.
(b)는 don't have the form이라 하여 처리 기간이 아닌 양식이 없다는 말을 하고 있으므로 동사 오답이다.
(d)는 앞에서 yeah라 하고 뒤에서는 submit it by then이라 하여 내용이 맞지 않기 때문에 앞뒤 문맥 불일치 오답이다.

■ processing time 처리 기간 application form 지원서 양식
business day 영업일 approve 승인하다 submit 제출하다

04.

M Do you know how I can transfer files from my phone to my computer?
(a) Here, let me help you take a picture first.
(b) Sorry, I didn't bring my laptop.
(c) All the files should be on your phone.
(d) You should refer to the manual.

남 파일을 제 휴대전화에서 컴퓨터로 어떻게 이동할 수 있는지 아시나요?
(a) 제가 먼저 사진 찍는 것을 도와 드리겠습니다.
(b) 죄송합니다. 저는 제 노트북을 가지고 오지 않았습니다.
(c) 모든 파일은 당신 휴대전화에 있을 겁니다.
(d) 설명서를 참고하세요.

해설 남자가 파일을 어떻게 옮기는지 물어보는 상황에서 여자는 설명서를 참고하라고 답변하는 것이 가장 적절하므로 **(d)가 정답**이다.

⚠️ 오답 피하기
(a)는 take a picture라 하여 앞에서 transfer라고 한 것과 관련 없는 동사 오답이다.
(b)는 앞에서 sorry라고 하여 적절하게 응답하지만 뒤에서 파일을 옮기는 것과 관련 없는 말을 하고 있으므로 앞뒤 문맥 불일치 오답이다.
(c)는 should be on your phone이라 하여 이동 방법이 아닌 파일이 있는 곳에 대해 말하고 있기 때문에 상황 오답이다.

■ transfer 옮기다 refer to 참고하다 manual 설명서

05.

W Have you finished reading the book you borrowed?
(a) Just a few chapters. It's taking longer than I expected.
(b) No, but take your time. I don't need it right away.
(c) I have another book you might want to borrow.
(d) Yeah, I guess I'll have time to read the rest tomorrow.

여 네가 빌린 책 다 읽었어?
(a) 그냥 몇 챕터만. 내가 예상했던 것보다 더 오래 걸리고 있어.
(b) 아니, 하지만 천천히 봐. 난 그것이 당장 필요하지 않아.
(c) 난 네가 빌리고 싶어할 만한 책이 한 권 더 있어.
(d) 응, 내일 나머지를 읽을 시간이 있을 것 같아.

해설 빌린 책을 다 읽었는지 물어보는 상황에서 남자는 아직 남았다고 답변하는 것이 가장 적절하므로 **(a)가 정답**이다.

⚠️ 오답 피하기
(b)는 take your time이라 하여 여자가 할 수 있을 법한 말이므로 대상 오답이다.
(c)는 you might want to borrow라 하여 여자가 할 수 있을 법한 말이므로 대상 오답이다.
(d)는 앞에서 yeah라 하고 뒤에서 read the rest tomorrow라 하여 내용이 맞지 않는 앞뒤 문맥 불일치 오답이다.

■ right away 당장, 즉시 rest 나머지

06.

W Excuse me, are there any vacant rooms at your hotel?
(a) A room for two nights, please.
(b) Yes, we're fully booked this weekend.
(c) Sorry, but not for tonight.
(d) You should vacate your room by 11 in the morning.

여 실례합니다, 호텔에 빈 객실이 있나요?
(a) 2박을 위한 방 하나 부탁 드립니다.
(b) 네, 저희는 이번 주말에 예약이 완전히 찼습니다.
(c) 죄송하지만, 오늘 밤에는 없습니다.
(d) 당신은 방을 오전 11시까지 비워야 합니다.

해설 여자가 빈 방이 있는지 물어보는 상황에서 남자는 없다고 답변하는 것이 가장 적절하므로 **(c)가 정답**이다.

⚠️ 오답 피하기
(a)는 방을 구하는 여자가 할 수 있을 법한 말이므로 대상 오답이다.
(b)는 앞에서 yes라 하여 적절한 응답을 하지만 뒤에서 fully booked this weekend라 하여 내용이 맞지 않는 앞뒤 문맥 불일치 오답이다.
(d)는 vacate your room이라 하여 이미 방을 예약한 상황에서 할 수 있을 법한 말이므로 동사 오답이다.

■ vacant room 빈 방 fully booked 예약이 다 참 vacate 비우다

07.

M Excuse me. Has the 7 a.m. train to Seoul departed already?
(a) The platform shouldn't be far from here.
(b) If you rush, you might be able to catch it.
(c) It's five after seven.

(d) The next train arrives in about an hour.

남 실례합니다. 서울행 아침 7시 열차가 이미 출발했나요?
(a) 승강장은 여기서 멀지 않을 겁니다.
(b) 당신이 서두르면 기차를 탈 수 있을 겁니다.
(c) 7시 5분입니다.
(d) 다음 열차는 한 시간 정도 후에 도착합니다.

해설 기차가 떠났는지 물어보는 상황에서 여자는 서두르면 탈 수 있을 것이라고 답변하는 것이 가장 적절하므로 **(b)가 정답**이다.

⚠ 오답 피하기
(a)는 far라 하여 거리에 대해 답변하고 있기 때문에 형용사 오답이다.
(c)는 it's five after seven이라 하여 출발 여부가 아닌 현재 시각으로 답하고 있기 때문에 소재 오답이다.
(d)는 next train이라 하여 7시 열차가 아닌 다른 열차에 대해 말하기 때문에 소재 오답이다.

■ platform 승강장 catch 잡다

08.

W Is the tentative agreement ready for my review?
(a) In the top left corner of the first page.
(b) No, we still need to make a few tweaks.
(c) Yes, submit it tonight so that I can approve it.
(d) I assume you've received the review.

여 임시 계약서가 저의 검토를 위한 준비가 되었나요?
(a) 첫 번째 장의 좌측 상단 모서리에 있습니다.
(b) 아니요, 여전히 몇 가지 수정을 해야 합니다.
(c) 네, 제가 승인을 할 수 있도록 오늘 저녁에 제출해 주세요.
(d) 저는 당신이 평가를 받았다고 생각합니다.

해설 계약서가 준비되었는지 물어보는 상황에서 남자는 수정해야 할 부분이 남았다고 답변하는 것이 가장 적절하므로 **(b)가 정답**이다.

⚠ 오답 피하기
(a)는 top left corner라 하여 준비 여부가 아닌 위치에 대해서 말하고 있기 때문에 질문 오답이다.
(c)는 계약서를 검토하려는 여자가 할 수 있을 법한 말이므로 대상 오답이다.
(d)는 received the review라 하여 앞에서 준비가 되었는지를 물어보는 내용과 일치하지 않는 동사 오답이다.

■ tentative 임시의 tweak 수정 submit 제출하다 approve 승인하다 assume 생각하다

09.

M I'm Samuel, the new hire.
W Hi, I'm Pam. I'm new here, too.
M What do you do here?
(a) I was an intern here before I got hired.
(b) I work in Tech Support.
(c) Well, it's only been a week.
(d) It was really nice to meet you, too.

남 저는 신입 사원인 Samuel입니다.
여 안녕하세요, 저는 Pam입니다. 저도 새로 왔습니다.
남 당신은 여기서 무슨 일을 하나요?
(a) 저는 고용되기 전에 여기서 인턴이었습니다.
(b) 저는 기술 지원 부서에서 일합니다.
(c) 음, 일주일밖에 안 되었습니다.
(d) 저도 당신을 만나서 정말 반가웠습니다.

해설 서로 인사를 하고 남자가 여자에게 어떤 일을 하는지 물어보는 상황에서 여자는 기술 지원 부서에 있다고 답변하는 것이 가장 적절하므로 **(b)가 정답**이다.

⚠ 오답 피하기
(a)는 was an intern이라 하여 지금 무엇을 하고 있는지 말하고 있지 않기 때문에 시제 오답이다.
(c)는 been a week라 하여 what으로 묻는 질문에 시간으로 답하고 있으므로 질문 오답이다.
(d)는 nice to meet you라 하여 질문에 맞지 않는 답변을 하고 있으므로 질문 오답이다.

■ new hire 신입 사원

10.

W It's so cold in here. We should turn on the heater.
M I'm not sure where the switch is.
W Call the maintenance office, then.
(a) Yeah, they checked it yesterday.
(b) Okay, I'll go out and take a look at it.
(c) I'll just go down and talk to them directly.
(d) I'll just switch it on manually.

여 여기 안이 너무 춥다. 히터를 켜야겠어.
남 스위치가 어디에 있는지 잘 모르겠어.
여 그럼 유지 보수 사무실에 연락해.
(a) 응, 그들이 어제 확인했어.
(b) 알겠어, 내가 나가서 그걸 한번 봐 볼게.
(c) 내가 그냥 내려가서 그들과 직접 얘기할게.
(d) 내가 그것을 그냥 수동으로 켤게.

해설 여자가 유지 보수 사무실에 연락을 하라고 하는 상황에서 남자는 직접 가서 얘기하겠다고 답변하는 것이 가장 적절하므로 **(c)가 정답**이다.

⚠ 오답 피하기
(a)는 앞에서 yeah라 하고 뒤에서는 they checked it이라 하여 내용이 맞지 않으므로 앞뒤 문맥 불일치 오답이다.
(b)는 앞에서 okay라 하고 뒤에서는 go out and take a look이라 하여 내용이 맞지 않으므로 앞뒤 문맥 불일치 오답이다.
(d)는 switch it on manually라 하여 앞에서 스위치가 어디에 있는지 모른다는 내용과 일치하지 않는 일관성 오답이다.

■ switch 스위치 maintenance office 유지 보수 사무실 take a look 보다 directly 직접 manually 수동으로

11.

M Your laptop computer seems too heavy to carry around.
W It is. I should've gotten something lighter.
M So, are you going to do something about it?

(a) No, thanks. I can carry it everywhere.
(b) I can lend it to you for your next assignment.
(c) I'm going to see if I can exchange this one for another.
(d) Then you should buy a smaller laptop.

남 네 노트북 컴퓨터는 가지고 다니기에 너무 무거워 보여.
여 그렇긴 해. 더 가벼운 것을 샀어야 했어.
남 그래서 그것에 대해서 어떤 조치를 취할 거야?
(a) 아니, 괜찮아. 그것을 어디든지 가지고 다닐 수 있어.
(b) 너의 다음 과제를 위해 그걸 빌려줄게.
(c) 나는 이것을 다른 것과 교체할 수 있는지 알아볼 거야.
(d) 그럼 너는 더 작은 노트북 컴퓨터를 사야 할 것 같아.

해설 남자가 무거운 노트북과 관련해 어떻게 할 것인지 물어보는 상황에서 여자는 교체할 수 있는지 알아보겠다고 답변하는 것이 가장 적절하므로 (c)가 정답이다.

⚠ 오답 피하기
(a)는 No, thanks라 하여 제안을 거절할 때 할 수 있는 말이므로 상황 오답이다.
(b)는 lend라 하여 상황과 맞지 않는 동사 오답이다.
(d)는 남자가 할 수 있을 법한 말이므로 대상 오답이다.
■ carry around 가지고 다니다 assignment 과제

12.

W Nice mittens! Did you buy them at the mall?
M No. I actually knit them myself.
W What? When did you learn how to do that?

(a) I picked it up from my grandmother.
(b) I learned it in a couple of hours.
(c) This is actually my third one.
(d) I only wear them when it snows.

여 벙어리장갑 예쁘다! 쇼핑몰에서 샀니?
남 아니. 사실 내가 직접 떴어.
여 뭐라고? 어떻게 하는지 언제 배웠니?
(a) 우리 할머니한테서 배웠어.
(b) 몇 시간 만에 배웠어.
(c) 이게 사실 내 세 번째야.
(d) 나는 눈이 올 때만 장갑을 껴.

해설 직접 장갑을 떴다는 남자에게 그것을 언제 배웠는지 물어보는 상황에서 남자는 할머니한테 배웠다고 답변하는 것이 가장 적절하므로 (a)가 정답이다.

⚠ 오답 피하기
(b)는 in a couple of hours라 하여 언제 배운 것이 아니라 배우는 데 얼마나 걸렸는지를 설명하기 때문에 질문 오답이다.
(c)는 third one이라 하여 언제 배운 것이 아니라 몇 번째 장갑인지를 설명하기 때문에 질문 오답이다.
(d)는 wear라 하여 언제 배운 것이 아니라 언제 착용하는지를 설명하기 때문에 동사 오답이다.
■ mitten 벙어리장갑 knit (털실 등으로) 짜다 pick up 배우다

13.

M I heard the school was broken into.
W Yeah, I know there are a lot of worried parents.
M Was anything valuable stolen?

(a) The school's tightening up its security now.
(b) At least everything happened at night.
(c) It only took a minute to pick the lock.
(d) The police are still investigating the matter.

남 나는 학교에 도둑이 들었다고 들었어.
여 응, 걱정하고 있는 학부모들이 많아.
남 귀중한 것이 도난당한 것이 있어?
(a) 지금 학교는 보안을 강화하고 있어.
(b) 적어도 모든 것이 밤에 일어났어.
(c) 자물쇠를 따는 데 1분밖에 안 걸렸어.
(d) 경찰이 아직 그 사건을 조사하고 있어.

해설 학교에 도둑이 든 것에 대해 남자는 도난당한 귀중품이 있는지 물어보는 상황에서 여자는 경찰이 조사 중이라고 답변하는 것이 가장 적절하므로 (d)가 정답이다.

⚠ 오답 피하기
(a)는 tightening up its security라 하여 귀중품의 도난에 대해서 말하고 있지 않기 때문에 질문 오답이다.
(b)는 at night이라 하여 도난당한 물건이 아닌 시간에 대해서 말하고 있기 때문에 질문 오답이다.
(c)는 took a minute to pick the lock이라 하여 도난당한 물건이 아닌 얼마나 빨리 자물쇠를 땄는지 말하고 있기 때문에 질문 오답이다.
■ valuable 귀중한, 소중한 stolen 도난당한 tighten up 강화하다 pick a lock (열쇠가 아닌 다른 기구로) 자물쇠를 따다 investigate 조사하다 matter 사안, 문제

14.

W My car's air conditioning isn't working.
M I see. Do you have any other problems?
W Yeah. I hear a loud squeaking sound when I press on the brakes.

(a) I'll see what I can do for you.
(b) It sounds like you're coming down with something.
(c) Yeah. Everything's in perfect working condition.
(d) Actually, that's not a problem for me.

여 제 자동차의 에어컨이 작동하지 않습니다.

남 알겠습니다. 다른 문제도 있나요?
여 네. 브레이크를 밟을 때 삐걱거리는 소리가 크게 들립니다.
(a) 제가 무엇을 할 수 있는지 보겠습니다.
(b) 당신이 병에 걸린 것처럼 들립니다.
(c) 맞아요. 모든 것이 완벽하게 작동하는 상태입니다.
(d) 사실, 그것은 저에게 문제가 아닙니다.

해설 여자가 자신의 자동차의 문제에 대해서 설명하는 상황에서 남자는 확인해 보겠다고 답변하는 것이 가장 적절하므로 **(a)가 정답**이다.

⚠ 오답 피하기
(b)는 you're coming down with something이라 하여 자동차가 아니라 여자가 몸이 안 좋은 것처럼 말하여 소재 오답이다.
(c)는 앞에서 yeah라고 하고 뒤에서 perfect working condition이라 하여 내용이 맞지 않는 앞뒤 문맥 불일치 오답이다.
(d)는 not a problem for me라 하여 여자가 할 수 있을 법한 말이므로 대상 오답이다.

■ squeaking sound 삐걱거리는 소리   come down with (병에) 걸리다   working condition 작동하는 상태

15.

M Here, I got some baking soda for you.
W I thought I asked for some baking flour.
M I must've gotten the two confused. I'll just go back.
(a) I guess I didn't check the labels carefully.
(b) That's why you bought both of them for me.
(c) Don't bother. I'll just get it on my way home tomorrow.
(d) Okay. You can leave them with me for now.

남 여기, 베이킹 소다를 사왔어.
여 나는 제빵용 밀가루를 부탁했던 것 같은데.
남 둘을 혼동했나 봐. 내가 그냥 다시 갈게.
(a) 내가 라벨을 제대로 확인하지 않았나 봐.
(b) 그래서 네가 나를 위해 둘 다 사왔구나.
(c) 일부러 그러지 않아도 돼. 내가 내일 집에 오는 길에 사올게.
(d) 알았어. 당분간은 나한테 맡겨도 돼.

해설 남자가 물건을 잘못 사와서 다시 가겠다고 하는 상황에서 여자는 그럴 필요가 없고 자신이 다음 날 사오겠다고 답변하는 것이 가장 적절하므로 **(c)가 정답**이다.

⚠ 오답 피하기
(a)는 물건을 잘못 사온 남자가 할 수 있을 법한 말이므로 대상 오답이다.
(b)는 both of them이라 하여 베이킹 소다만 구매한 내용과 맞지 않는 일관성 오답이다.
(d)는 앞에서 okay라고 하고 뒤에서는 leave them with me라 하여 관련 없는 말을 한 앞뒤 문맥 불일치 오답이다.

■ baking flour 제빵용 밀가루

16.

W Did you hear that the baseball game was canceled?
M Yes, we'll have to reschedule our outing.
W Should I call everyone to let them know?
(a) No need. I'll send out a quick email.
(b) Only if they haven't come after the game.
(c) They already have tickets to the game.
(d) Yes, make sure you remind them to arrive on time.

여 야구 경기가 취소되었다는 것을 들었어?
남 응, 우리는 야유회 일정을 변경해야 할 것 같아.
여 내가 전화해서 모두에게 알려야 할까?
(a) 그럴 필요 없어. 내가 빨리 이메일을 보낼게.
(b) 그들이 경기 후에 오지 않을 경우에만.
(c) 그들은 이미 그 경기 입장권이 있어.
(d) 응, 네가 그들이 제시간에 도착하도록 상기시켜 줘.

해설 여자가 야구 경기의 취소에 대해서 말하며 일정 변경에 대해서 다른 사람들에게 전화해야 할지 물어보는 상황에서 남자는 자신이 이메일을 보내겠다고 답변하는 것이 가장 적절하므로 **(a)가 정답**이다.

⚠ 오답 피하기
(b)는 after the game이라 하여 마치 경기가 취소되지 않은 것처럼 말하고 있기 때문에 일관성 오답이다.
(c)는 have tickets라 하여 남자가 연락하는 것과 관련이 없는 말을 하고 있기 때문에 동사 오답이다.
(d)는 arrive on time이라 하여 아직 시간을 다시 정한 것이 아니므로 상황 오답이다.

■ reschedule 일정을 변경하다   outing 나들이   on time 제시간에

Unit 06 위로·공감 / 조언·제안

Unit Test

본문 p. 120

01 (b)	02 (c)	03 (c)	04 (c)	05 (b)
06 (a)	07 (d)	08 (b)	09 (c)	10 (a)
11 (c)	12 (b)	13 (c)	14 (d)	15 (c)
16 (a)				

01.

M My nose is running so much after being outside!
(a) Yeah, you're sweating quite a lot.
(b) You might want to take some allergy medicine.
(c) You should just enjoy the sun.
(d) I think I caught a cold or something.

남 밖에 나갔다 온 후에 콧물이 너무 많이 나와!
(a) 그래, 너는 땀을 꽤 많이 흘리고 있구나.
(b) 알레르기 약을 먹는 게 좋을 거야.
(c) 너는 그냥 햇빛을 즐겨야 해.
(d) 나 감기나 뭐에 걸린 것 같아.

해설 밖에 나갔다 왔더니 콧물이 난다고 말하는 상황에서 여자는 약을 먹으라고 답변하는 것이 가장 적절하므로 **(b)가 정답**이다.

⚠ 오답 피하기
(a)는 sweating이라 하여 콧물이 난다는 내용과 맞지 않기 때문에 소재 오답이다.
(c)는 enjoy the sun이라 하여 콧물이 난다는 것에 대한 적절한 조언이 아니므로 상황 오답이다.
(d)는 남자가 할 수 있을 법한 말이므로 대상 오답이다.

■ sweat 땀을 흘리다   catch a cold 감기에 걸리다

02.

W I'm nervous about my blind date tonight.
(a) At least you tried to get to know him.
(b) Don't worry unless he asks you out.
(c) All you have to do is be yourself.
(d) Yeah, I was nervous to see him too.

여 난 오늘 밤 소개팅 때문에 긴장돼.
(a) 넌 적어도 그를 알려고 노력했잖아.
(b) 그가 데이트를 신청하지 않는 한 걱정하지 마.
(c) 넌 그냥 평소의 너처럼 하면 돼.
(d) 응, 나도 그를 보는 것이 긴장되었어.

해설 여자가 소개팅이 긴장된다고 말하는 상황에서 남자는 평소처럼 하라고 답변하는 것이 가장 적절하므로 **(c)가 정답**이다.

⚠ 오답 피하기
(a)는 tried라 하여 이미 만난 것처럼 말하고 있기 때문에 시제 오답이다.
(b)는 앞에서 don't worry라고 적절하게 응답했지만 뒤에서 사귀는 것에 대해 말하고 있으므로 앞뒤 문맥 불일치 오답이다.
(d)는 과거 시제로 말하고 있으므로 시제 오답이다.

■ nervous 긴장된   blind date 소개팅   at least 적어도   ask A out A에게 데이트 신청하다   be oneself 평소의 자신처럼 하다

03.

M Can you give me any tips to improve my presentation?
(a) I think you're up next.
(b) Well, you'll be done with yours eventually.
(c) It'd be better if you put in more visuals.
(d) I know. Thanks for the pointers.

남 제가 제 발표를 더 잘할 수 있도록 조언을 해 줄 수 있습니까?
(a) 제 생각에는 당신이 다음 차례인 것 같습니다.
(b) 음, 결국은 당신 발표를 끝내겠군요.
(c) 시각 자료를 더 넣으면 더 좋을 거예요.
(d) 알아요. 충고해 줘서 감사합니다.

해설 남자가 발표와 관련하여 여자의 조언을 구하는 상황에서 여자는 시각 자료를 더 넣으라고 답변하는 것이 가장 적절하므로 **(c)가 정답**이다.

⚠ 오답 피하기
(a)는 up next라 하여 조언을 부탁한 상황에서 적절하지 않은 답변이기 때문에 질문 오답이다.
(b)는 you'll be done이라 하여 조언을 주는 것과 상관 없는 말을 하기 때문에 동사 오답이다.
(d)는 남자가 할 수 있을 법한 말이므로 대상 오답이다.

■ visual 시각 자료   pointer 충고

04.

W I was stuck on the last exam question.
(a) I guess you're ready for the exam then.
(b) Here, let me give you a hand.
(c) Yeah, I had a hard time with it too.
(d) That's thoughtful of you.

여 난 마지막 시험 문제에서 막혔어.
(a) 그럼 넌 시험 볼 준비가 된 것 같아.
(b) 여기, 내가 도와줄게.
(c) 응, 나도 그게 어려웠어.
(d) 넌 사려 깊구나.

해설 여자가 마지막 시험 문제에서 막혔다고 말하는 상황에서 남자는 자신도 어려웠다고 공감하는 답변을 하는 것이 가장 적절하므로 **(c)가 정답**이다.

⚠ 오답 피하기
(a)는 ready for the exam이라 하여 마치 시험을 아직 보지 않은 것처럼 말하고 있기 때문에 시제 오답이다.
(b)는 give you a hand라 하여 마치 시험을 아직 보고 있는 중이어서 시험 문제를 푸는 것을 도와줄 수 있는 것처럼 말하고 있기 때문에 시제 오답이다.
(d)는 that's thoughtful이라 하여 감사를 전할 때 할 수 있는 말이므로 상황 오답이다.

■ give A a hand A에게 도움을 주다   thoughtful 사려 깊은

05.

M I didn't do well on my first assignment.
(a) I'm going to resubmit it this week.
(b) You'll do fine on the next one.
(c) I just got mine back, too.
(d) Yeah, the deadline is just around the corner.

남 내 첫 과제를 잘하지 못했어.
(a) 나는 이번 주에 다시 제출할 거야.
(b) 다음 것은 잘할 거야.
(c) 나도 방금 내 것을 돌려받았어.
(d) 응, 마감일이 임박해 있어.

해설 남자가 과제를 잘하지 못했다고 말하는 상황에서 여자는 다음에 잘할 것이라고 위로하는 답변을 하는 것이 가장 적절하므로 (b)가 정답이다.

⚠ 오답 피하기
(a)는 남자가 할 수 있을 법한 말이므로 대상 오답이다.
(c)는 I just got mine이라 하여 돌려받은 것에 대해 말하고 있기 때문에 동사 오답이다.
(d)는 deadline이라 하여 마감일에 대해 말하고 있으므로 소재 오답이다.

■ assignment 과제 resubmit 다시 제출하다 deadline 마감일 just around the corner 임박한

06.

W I'm getting my wisdom teeth removed.
(a) Be sure to take painkillers afterward.
(b) They'll heal before you know it.
(c) Don't worry. You'll enjoy learning about it.
(d) I think they did a decent job.

여 나는 사랑니를 발치할 거야.
(a) 이후에 진통제를 꼭 먹도록 해.
(b) 그것들은 네가 알기도 전에 치유될 거야.
(c) 걱정하지 마. 그것에 대해서 배우는 게 즐거울 거야.
(d) 내 생각에는 그들이 일을 제대로 한 것 같아.

해설 여자가 사랑니를 발치할 것이라고 말하는 상황에서 남자는 이후에 진통제를 먹으라고 답변하는 것이 가장 적절하므로 (a)가 정답이다.

⚠ 오답 피하기
(b)는 사랑니 발치와 관련 없는 내용이므로 소재 및 상황 오답이다.
(c)는 앞에서 don't worry라 하여 적절하게 응답하지만 뒤에서 learning에 대해 말하고 있어 앞뒤 문맥 불일치 오답이다.
(d)는 did a decent job이라 하여 과거 시제로 말하고 있으므로 시제 오답이다.

■ wisdom tooth 사랑니 painkiller 진통제 afterward 이후에 decent 제대로 된, 괜찮은

07.

W I'm so exhausted. My coach makes me practice for three whole hours every day.
(a) I thought you practiced yesterday too.
(b) Try suggesting a more rigorous schedule.
(c) Well, I'm not complaining about the workout.
(d) Ask if he can take it down a notch.

여 난 너무 지쳤어. 코치님이 나를 매일 꼬박 세 시간 동안 훈련시켜.
(a) 나는 네가 어제도 연습을 한 줄 알았어.
(b) 더 엄격한 스케줄을 제안해 봐.
(c) 음, 나는 훈련에 대해서 불평하는 게 아니야.
(d) 혹시 그가 한 단계 낮출 수 있는지 물어봐.

해설 코치가 매일 세 시간씩 훈련시켜서 지쳤다고 말하는 상황에서 남자는 한 단계 낮출 수 있는지 물어보라고 답변하는 것이 가장 적절하므로 (d)가 정답이다.

⚠ 오답 피하기
(a)는 thought you practiced yesterday라 하여 마치 어제는 연습을 안 한 것처럼 말하고 있기 때문에 상황 오답이다.
(b)는 a more rigorous schedule이라 하여 앞에서 힘들다고 한 내용과 맞지 않으므로 형용사 오답이다.
(c)는 여자가 할 수 있을 법한 말이므로 대상 오답이다.

■ exhausted 기진 맥진한 practice 연습하다 rigorous 엄격한 workout 훈련 a notch 한 단계

08.

W I bumped into my ex-boyfriend at a shopping mall the other day.
(a) I thought you guys broke up a long time ago.
(b) It must have been difficult to see him there.
(c) Sorry, I didn't go because I had other engagements.
(d) Yeah, it's not easy to remain friends after that.

여 나 최근에 쇼핑몰에서 전 남자친구와 우연히 마주쳤어.
(a) 난 너희들이 오래전에 헤어진 줄 알았어.
(b) 그를 거기서 본 것이 힘들었겠다.
(c) 미안해, 나는 다른 약속이 있어서 가지 못했어.
(d) 그래, 그 이후로 친구로 남는 것이 쉽지 않지.

해설 여자가 전 남자친구를 우연히 만났다고 말하고 있는 상황에서 남자는 힘들었겠다고 답변하는 것이 가장 적절하므로 (b)가 정답이다.

⚠ 오답 피하기
(a)는 여자가 남자친구와 헤어지지 않았을 때 할 수 있을 법한 말이므로 상황 오답이다.
(c)는 여자의 말과 전혀 관련 없는 내용이므로 상황 오답이다.
(d)는 remain friends after that이라 하여 앞에서 여자가 전 남자친구와 헤어진 상황에 대해 말한 것처럼 말하고 있기 때문에 동사 오답이다.

■ bump into 우연히 마주치다 break up 헤어지다 engagement 약속 remain 남아 있다

09.

M I'm under so much pressure from work these days.
W But you've been doing so well.
M My boss is giving me more work because I do well.
(a) Congratulations! I'm so proud of you.
(b) You deserve it. You've fallen behind so much lately.
(c) You should have a chat with your supervisor.
(d) Don't worry. It's something I'm used to.

남 나 요즘 회사에서 너무 많은 압박을 받고 있어.
여 하지만 너는 아주 잘하고 있잖아.
남 내가 일을 잘해서 상사가 나한테 일을 더 많이 주고 있어.
(a) 축하해! 난 네가 자랑스러워.

(b) 너는 그럴 만해. 최근에 너무 많이 뒤처졌었어.
(c) 네 상사와 대화를 하는 것이 좋을 것 같아.
(d) 걱정하지 마. 난 그것에 익숙해.

해설 남자가 일이 많아서 힘들다고 하는 상황에서 여자는 상사와 대화를 하라고 말하는 것이 가장 적절하므로 **(c)가 정답**이다.

⚠ 오답 피하기
(a)는 축하할 때 할 수 있는 말이므로 상황 오답이다.
(b)는 fallen behind so much라 하여 앞에서 잘하고 있다고 한 것과 일치하지 않는 일관성 오답이다.
(d)는 남자가 할 수 있을 법한 말이므로 대상 오답이다.
　■ have a chat 대화를 하다　supervisor 상사

10.

W I'm afraid I blew the interview I had yesterday.
M I'm sure it went just fine.
W I shouldn't have said I like administrative work better than sales.
(a) It's good that you told them your preferences.
(b) You did a great job talking to the customers.
(c) Even so, you look pretty well prepared.
(d) The result will depend on how well you do your job.

여 나 어제 인터뷰를 망친 것 같아.
남 분명 잘했을 거라고 확신해.
여 영업보다 행정 업무를 더 선호한다고 말하지 말았어야 했어.
(a) 네가 그들에게 너의 선호를 말해 준 건 잘한 거야.
(b) 고객들과 얘기한 건 아주 잘했어.
(c) 그렇다 해도, 넌 꽤 잘 준비된 것 같아.
(d) 결과는 네가 일을 얼마나 잘하는지에 따라 다를 거야.

해설 여자가 영업보다 행정 업무를 더 좋아한다고 말한 것을 걱정하는 상황에서 남자는 업무에 대한 선호를 얘기한 것은 잘한 것이라고 격려의 답변을 하는 것이 가장 적절하므로 **(a)가 정답**이다.

⚠ 오답 피하기
(b)는 talking to the customers라 하여 앞에서 인터뷰를 했다고 한 것과 일치하지 않기 때문에 일관성 오답이다.
(c)는 well prepared라 하여 마치 아직 인터뷰를 하지 않은 것처럼 말하고 있기 때문에 시제 오답이다.
(d)는 depend on, do your job이라 하여 마치 인터뷰가 아닌 업무 평가를 한 것처럼 말하고 있기 때문에 소재 오답이다.
　■ blow (기회를) 날리다, 망치다　administrative work 행정 업무
　sales 영업　preference 선호

11.

M I'm searching for *Social Interaction* by William Space.
W Well, we don't have that book in our school library's collection.
M What should I do then?
(a) You must be taking Professor Gerald's class.
(b) You might have a better chance at the school library.
(c) My advice is that you try the city library.
(d) The library hours are from 9 a.m. to 6 p.m.

남 저는 William Space가 쓴 <Social Interaction>이라는 책을 찾고 있습니다.
여 음, 그 책은 우리 학교 도서관 장서에 없습니다.
남 그럼 전 어떻게 해야 하죠?
(a) 당신은 Gerald 교수님의 수업을 듣고 있군요.
(b) 학교 도서관에서 찾을 가능성이 더 높을 수 있습니다.
(c) 시 도서관에서 찾아보시길 조언합니다.
(d) 도서관 운영 시간은 아침 9시부터 오후 6시까지입니다.

해설 남자가 찾고 있는 책이 학교 도서관에 없어서 어떻게 해야 하는지 묻고 있는 상황에서 여자는 시 도서관에 가보라고 조언하는 것이 가장 적절하므로 **(c)가 정답**이다.

⚠ 오답 피하기
(a)는 taking Professor Gerald's class라 하여 책을 어떻게 구해야 하는지에 대한 내용이 아닌 어떤 수업을 듣고 있는지에 대해서 말하고 있기 때문에 동사와 소재 오답이다.
(b)는 at the school library라 하여 앞에서 학교 도서관에는 없다고 한 것과 내용이 맞지 않는 일관성 오답이다.
(d)는 library hours라 하여 책이 아닌 도서관 운영 시간에 대해서 말하고 있기 때문에 소재 오답이다.
　■ search for 찾다　collection 장서, 소장품　have a better chance 가능성이 더 높다

12.

W I'm worried about joining the softball team.
M Why? Softball is such a fun sport!
W But I've had shoulder injuries before.
(a) Then I'll teach you the rules of the game.
(b) Just be extra careful when you play.
(c) I never really liked sports anyway.
(d) Still, I've never been seriously injured.

여 난 소프트볼 팀에 들어가는 것이 걱정돼.
남 왜? 소프트볼은 정말 재미있는 스포츠인데!
여 하지만 난 전에 어깨 부상을 당한 적이 있어.
(a) 그럼 내가 게임의 규칙을 가르쳐 줄게.
(b) 그냥 경기를 할 때 특별히 주의하도록 해.
(c) 어쨌든 난 스포츠를 정말 좋아했던 적이 없어.
(d) 그런데도, 난 심각하게 부상을 입은 적이 없어.

해설 여자가 어깨 부상을 당한 적이 있어서 소프트볼 팀에 들어가는 것이 걱정된다고 말하는 상황에서 남자는 경기할 때 특별히 조심하라고 조언하는 것이 가장 적절하므로 **(b)가 정답**이다.

⚠ 오답 피하기
(a)는 teach you the rules라 하여 부상이 아니라 규칙에 대해서 말하고 있기 때문에 소재 오답이다.

(c)는 never really liked sports라 하여 앞에서 재미있다고 말한 내용과 맞지 않기 때문에 일관성 오답이다.
(d)는 still이라 하여 앞의 여자의 말과 이어지지 않는 접속사로 말하고 있으므로 상황 오답이다.

■ injury 부상 seriously 심각하게 injure 부상을 입히다

13.

M How was your trip to San Francisco?
W Great! I loved riding the cable cars.
M Do you think a timid person like me would enjoy that?
(a) I know, even I didn't feel it was all that exciting.
(b) I'll let you know as soon as I get back.
(c) No, but you can visit nearby parks instead.
(d) I think you owe me an apology.

남 샌프란시스코 여행 어땠어?
여 훌륭했어! 케이블카를 타는 것이 너무 좋았어.
남 나처럼 소심한 사람도 그것을 즐길 것 같니?
(a) 맞아, 심지어 나도 그것이 그렇게 재미있다고 생각 안 했어.
(b) 내가 돌아오자마자 너한테 알려줄게.
(c) 아니, 하지만 너는 대신에 주변 공원에 가면 돼.
(d) 난 네가 나한테 사과해야 한다고 생각해.

해설 샌프란시스코에서 케이블카가 재미있었다고 하는 것에 대해 남자는 자신처럼 소심한 사람도 케이블카를 즐길 수 있을지 물어보는 상황에서 여자는 케이블카를 타는 대신 공원에 가라고 답변하는 것이 가장 적절하므로 (c)가 정답이다.

⚠ 오답 피하기
(a)는 I didn't feel, exciting이라 하여 앞에서 좋았다고 말한 내용과 맞지 않기 때문에 일관성 오답이다.
(b)는 I'll let you know라 하여 마치 아직 돌아오지 않은 것처럼 말하고 있기 때문에 시제 오답이다.
(d)는 남자가 여자에게 뭔가를 잘못했을 때 할 수 있는 말이므로 상황 오답이다.

■ timid 소심한 owe A an apology A에게 사과를 해야 한다

14.

W The price of train tickets from Osaka to Tokyo is quite steep.
M But wouldn't it cost more to fly?
W Not really. We might be better off taking a plane.
(a) But I bet it's quite affordable now.
(b) Not all flights offer quality service.
(c) Still, I'd rather take a plane instead of a train.
(d) Alright, but we need to book our seats soon.

여 오사카에서 도쿄까지 가는 기차표의 가격은 꽤 비싸.
남 하지만 비행기를 타는 것이 더 비싸지 않을까?
여 그렇진 않아. 비행기를 타는 것이 더 나을 것 같아.
(a) 하지만 그것은 지금 틀림없이 꽤 저렴할 거야.
(b) 모든 항공편이 양질의 서비스를 제공하지는 않아.
(c) 그래도, 나는 기차보다는 비행기를 탈래.
(d) 알았어, 하지만 빨리 자리를 예약해야 해.

해설 여자가 기차를 타는 것보다는 비행기를 타는 것이 더 저렴할 것이라고 말하는 상황에서 남자는 빨리 자리를 예약해야 한다고 답변하는 것이 가장 적절하므로 (d)가 정답이다.

⚠ 오답 피하기
(a)는 앞에서 but이라 하고 뒤에서 affordable이라 하여 내용이 맞지 않는 앞뒤 문맥 불일치 오답이다.
(b)는 quality service라 하여 앞에서 비용에 대해서 말하는 것과 관련 없으므로 소재 오답이다.
(c)는 rather take a plane이라 하여 마치 앞에서 기차를 타자고 한 것처럼 말하기 때문에 일관성 오답이다.

■ steep 비싼 be better off ~하는 것이 더 낫다 affordable 저렴한 offer 제공하다 book 예약하다

15.

M Could you extend the deadline for the project?
W I don't think it's possible for me to push it back.
M But I only had a week to complete it.
(a) I think we'll be done ahead of schedule.
(b) A week is okay, but I won't be so lenient next time.
(c) I understand, but I'd advise you to make the best of it.
(d) Don't worry, I promise I can have everything done by then.

남 프로젝트의 마감일을 연장해 주실 수 있나요?
여 저는 그것을 뒤로 미루는 것이 가능하다고 생각하지 않습니다.
남 하지만 완료하는 데 일주일밖에 안 남았어요.
(a) 우리는 일정보다 더 빨리 완료할 것 같습니다.
(b) 일주일이면 괜찮아요. 하지만 다음에는 그렇게 관대하지 않을 겁니다.
(c) 이해합니다. 하지만 최선을 다하는 것을 조언합니다.
(d) 걱정하지 마세요. 저는 그때까지 모든 것을 완료할 수 있다고 약속합니다.

해설 남자가 프로젝트 마감이 일주일밖에 안 남았다고 하며 마감일을 연장해 달라고 말하는 상황에서 여자는 그 기간 내에 최선을 다하라고 답변하는 것이 가장 적절하므로 (c)가 정답이다.

⚠ 오답 피하기
(a)는 done ahead of schedule이라 하여 앞에서 시간이 별로 없었다는 내용과 일치하지 않기 때문에 일관성 오답이다.
(b)는 okay라 하여 마치 연장을 해준 것처럼 말하고 있기 때문에 일관성 오답이다.
(d)는 남자가 할 수 있을 법한 말이므로 대상 오답이다.

■ extend 연장하다 deadline 마감일 lenient 관대한 make the best of it 최선을 다하다

16.

M I was asked to fill in for Jake at the sales convention next week in Argentina.

W That's wonderful! You've always wanted to attend a large convention.

M Yeah, but not somewhere far away. It's going to be a 20-hour flight!

(a) **Well, the silver lining is that you'll have plenty of time to catch up on your reading.**
(b) I know. I'll try to make the most of it by getting some much-needed sleep.
(c) Fortunately, there's no sales meeting for the next couple of weeks for us.
(d) The meeting was probably scheduled way back in January.

남 아르헨티나에서 다음 주에 열리는 영업 회의에 Jake 대신에 참석해 달라고 요청받았어.
여 잘됐네! 너는 항상 큰 회의에 참석하고 싶어 했잖아.
남 응, 하지만 먼 곳은 싫어. 20시간 비행이 될 거야!
(a) 음, 긍정적인 측면은 그 동안 밀린 책을 읽을 수 있는 충분한 시간을 갖게 될 거라는 거야.
(b) 알아. 몹시 필요했던 수면을 취함으로써 그것을 최대한 이용하려고 노력할 거야.
(c) 다행히도, 우리는 다음 몇 주 동안 영업 회의가 없어.
(d) 회의는 아마도 훨씬 전인 1월에 계획되었던 것일 거야.

해설 남자가 장시간 비행에 대해서 불만을 말하는 상황에서 여자는 긍정적인 측면은 그 시간에 책을 읽을 수 있다고 답변하는 것이 가장 적절하므로 **(a)가 정답**이다.

⚠ 오답 피하기
(b)는 남자가 할 수 있을 법한 말이므로 대상 오답이다.
(c)는 weeks for us라 하여 몇 주 동안 회의가 없다고 말하고 있기 때문에 앞에서 다음 주 회의가 있다는 내용과 일치하지 않는 일관성 오답이다.
(d)는 scheduled way back in January라 하여 비행이 아닌 스케줄에 대해서 말하고 있기 때문에 소재 오답이다.

■ fill in for ~를 대신하다   silver lining 긍정적인 측면

Unit 07 지시·명령/조건

Unit Test
본문 p. 126

01 (c)   02 (c)   03 (d)   04 (a)   05 (c)
06 (a)   07 (d)   08 (d)   09 (c)   10 (d)
11 (b)   12 (c)   13 (c)   14 (a)   15 (d)
16 (d)

01.

M You arrived late to class every day this week. Be sure to be on time!

(a) At least I know you were here every single day.
(b) I really don't mind the wait.
(c) **I won't be late again.**
(d) You don't have to apologize to me.

남 너 이번 주 매일 수업에 늦었네. 제시간에 오도록 해!
(a) 적어도 난 네가 여기에 매일 있었다는 것을 알아.
(b) 난 기다리는 것을 정말 상관하지 않아.
(c) 다시는 늦지 않을게.
(d) 넌 나한테 사과할 필요가 없어.

해설 남자가 여자에게 수업에 늦지 말라고 하는 상황에서 여자는 다시는 늦지 않겠다고 답변하는 것이 가장 적절하므로 **(c)가 정답**이다.

⚠ 오답 피하기
(a)는 제시간에 오라고 한 말과 관련 없는 말을 하고 있으므로 상황 오답이다.
(b)는 남자가 수업에 늦은 여자를 기다리는 경우에 할 수 있을 법한 말이므로 대상 오답이다.
(d)는 don't have to apologize라 하여 오히려 여자가 사과를 해야 하는 상황이므로 상황 오답이다.

■ on time 제시간에   don't mind 상관하지 않다   apologize 사과하다

02.

W We require that you leave a photo ID with us if you want to enter.

(a) Sure, I don't mind taking a photo.
(b) Thanks for showing me the way.
(c) **I have my passport on me.**
(d) Your driver's license will suffice.

여 입장하기 위해서는 사진이 있는 신분증을 저희에게 맡겨야 합니다.
(a) 물론이죠. 저는 사진 찍는 것을 마다하지 않습니다.
(b) 길을 가르쳐 주셔서 감사합니다.
(c) 저는 여권을 소지하고 있습니다.
(d) 당신의 운전면허증은 충분합니다.

해설 입장하려면 사진이 있는 신분증을 맡겨야 한다고 말하는 상황에서 남자는 여권을 가지고 있다고 답변하는 것이 가장 적절하므로 **(c)가 정답**이다.

⚠ 오답 피하기
(a)는 앞에서 sure라 하여 적절하게 응답하지만 뒤에서 taking a photo라 하여 신분증을 제출하는 것과 무관한 말을 하고 있으므로 앞뒤 문맥 불일치 오답이다.
(b)는 showing me the way라 하여 신분증이 아닌 길 안내에 대해서 말하고 있기 때문에 소재 오답이다.
(d)는 신분증을 요구하는 여자가 할 수 있을 법한 말이므로 대상 오답

이다.
■ photo ID 사진이 있는 신분증   suffice 충분하다

03.

> M What's taking you so long to get ready? Hurry up!
> (a) I'm going to have to go without you.
> (b) I hope that's not what you're going to wear.
> (c) You should hurry up and get ready.
> **(d) We still have plenty of time left.**
>
> 남 무엇 때문에 준비하는 데 이렇게 오래 걸리는 거니? 서둘러!
> (a) 난 너 없이 가야 할 것 같아.
> (b) 설마 그것을 입고 가려는 것은 아니라고 믿고 싶어.
> (c) 너는 서둘러서 준비해야 해.
> (d) 아직 시간이 많이 남았어.

해설 남자가 여자에게 서두르라고 말하는 상황에서 여자는 시간이 충분하다고 답변하는 것이 가장 적절하므로 **(d)가 정답**이다.

⚠ 오답 피하기
(a)는 go without you라 하여 남자가 할 수 있을 법한 말이므로 대상 오답이다.
(b)는 what you're going to wear라 하여 옷차림에 대해서 말하고 있기 때문에 소재 오답이다.
(c)는 you should hurry up이라 하여 남자가 할 수 있을 법한 말이므로 대상 오답이다.

■ plenty of 많은

04.

> W We won't have enough food tomorrow if we don't go grocery shopping.
> **(a) We can head out after dinner.**
> (b) Thanks, but you shouldn't have.
> (c) I tried to find it, but I couldn't.
> (d) I don't remember going either.
>
> 여 식료품을 사러 가지 않으면 우리는 내일 먹을 것이 충분하지 않을 거예요.
> (a) 저녁 식사 후에 나갑시다.
> (b) 고마워요, 그런데 뭘 이런 것까지 주세요.
> (c) 난 그것을 찾으려고 했는데, 찾을 수가 없었어요.
> (d) 나도 갔던 기억이 없어요.

해설 여자가 식료품을 사러 가자고 말하는 상황에서 남자는 저녁 식사 후에 가자고 답변하는 것이 가장 적절하므로 **(a)가 정답**이다.

⚠ 오답 피하기
(b)는 you shouldn't have라 하여 마치 여자가 선물을 준 것처럼 말하고 있기 때문에 상황 오답이다.
(c)는 tried to find it이라 하여 식료품 쇼핑을 가는 것과 관련이 없는 말을 하고 있기 때문에 동사 오답이다.
(d)는 don't remember라 하여 식료품 쇼핑을 가는 것과 무관한 내용의 말을 하고 있기 때문에 동사 오답이다.

■ grocery 식료품   head out 나가다

05.

> M You should remind everyone about the emergency meeting tonight.
> (a) I wouldn't go if I were you.
> (b) Of course. I'm happy to be here.
> **(c) I'll give each and every one a call.**
> (d) I was never informed of it.
>
> 남 당신이 오늘 밤의 긴급 회의에 대해 모두에게 상기시켜 주셔야 합니다.
> (a) 제가 당신이라면 안 갈 것 같습니다.
> (b) 물론이죠. 저는 여기 오게 되어 행복합니다.
> (c) 제가 한 사람도 빠짐없이 전화를 하겠습니다.
> (d) 저는 그것에 대해서 통보를 받지 못했습니다.

해설 오늘 밤에 있을 긴급 회의에 대해서 모두에게 상기시켜 주라고 말하는 상황에서 여자는 모두에게 전화를 하겠다고 답변하는 것이 가장 적절하므로 **(c)가 정답**이다.

⚠ 오답 피하기
(a)는 wouldn't go라 하여 상기시켜주는 것과 관련 없는 말을 하고 있기 때문에 동사 오답이다.
(b)는 앞에서 of course라 하여 적절하게 응답하지만 뒤에서 happy to be here라 하여 상기시켜주는 것과 무관한 말을 하므로 앞뒤 문맥 불일치 오답이다.
(d)는 I was never informed라 하여 상기시켜주는 것과 관련이 없기 때문에 동사 오답이다.

■ remind 상기시키다   emergency 비상   inform 통보하다

06.

> W Jason's upset with you. You need to go talk to him.
> **(a) It's not going to make him feel any better.**
> (b) Trust me, it's for your own sake.
> (c) Never mind about what I said.
> (d) Even so, you should accept his apology.
>
> 여 Jason은 네게 화가 나 있어. 네가 가서 그와 이야기를 해야 해.
> (a) 그것은 그의 기분을 전혀 나아지게 하지 않을 거야.
> (b) 날 믿어, 그것은 너를 위한 거야.
> (c) 내가 말한 것에 대해 신경 쓰지 마.
> (d) 그렇기는 해도, 너는 그의 사과를 받아줘야 해.

해설 화가 나 있는 Jason에게 가서 이야기를 해 보라고 말하는 상황에서 남자는 그것이 그의 기분을 좋게 하지 않을 거라고 답변하는 것이 적절하므로 **(a)가 정답**이다.

⚠ 오답 피하기
(b)는 여자가 남자에게 할 수 있을 법한 말이므로 대상 오답이다.
(c)는 about what I said라 하여 마치 남자가 이미 말한 것처럼 말하고 있기 때문에 시제 오답이다.
(d)는 accept his apology라 하여 마치 Jason이 여자에게 잘못을 한

것처럼 말하고 있기 때문에 대상 오답이다.
■ upset 화난 for one's own sake ~을 위해서 accept 받아들이다 apology 사과

07.

> M You need to check your facts because they don't sound right.
> (a) Yes, there are subtle differences between them.
> (b) That's okay. You don't have to rush.
> (c) You can find more of them in the back.
> **(d) Sorry, I'll go over the details again.**
>
> 남 당신이 말한 사실이 맞는 것처럼 들리지 않기 때문에 사실 확인을 해야 할 것 같아요.
> (a) 네, 그것들 사이에 미묘한 차이가 있습니다.
> (b) 괜찮습니다. 당신은 서두를 필요가 없습니다.
> (c) 안쪽에 그게 더 있을 겁니다.
> (d) 죄송합니다. 제가 세부 정보를 다시 검토하겠습니다.

해설 남자가 여자에게 사실 확인을 해야 한다고 말하는 상황에서 여자는 세부 정보를 검토하겠다고 답변하는 것이 가장 적절하므로 **(d)가 정답**이다.

⚠ 오답 피하기

(a)는 앞에서 yes라 하고 뒤에서 subtle differences라 하여 내용이 서로 맞지 않기 때문에 앞뒤 문맥 불일치 오답이다.
(b)는 you don't have to rush라 하여 사실 확인을 해야 하는 여자에게 해줄 법한 말이므로 대상 오답이다.
(c)는 사실 확인과 관련 없는 상황이므로 상황 오답이다.
■ subtle 미묘한 rush 서두르다 go over 검토하다

08.

> W If you don't practice your speech, you will end up making mistakes.
> (a) Some of the mistakes were fairly obvious.
> (b) I thought you did a superb job.
> (c) I don't have time to give the whole speech.
> **(d) I've already rehearsed it numerous times.**
>
> 여 당신이 연설 연습을 하지 않는다면 결국 실수를 하게 될 거예요.
> (a) 몇몇 실수는 꽤 두드러졌어요.
> (b) 저는 당신이 훌륭하게 해냈다고 생각합니다.
> (c) 저는 연설 전체를 할 시간이 없습니다.
> (d) 저는 그것을 이미 여러 번 예행연습을 했습니다.

해설 여자가 남자에게 연습을 하지 않을 경우 실수를 하게 될 거라고 말하는 상황에서 남자는 여러 번 예행연습을 했다고 답변하는 것이 가장 적절하므로 **(d)가 정답**이다.

⚠ 오답 피하기

(a)는 mistakes were fairly obvious라 하여 이미 실수를 한 것처럼 말하고 있기 때문에 시제 오답이다.
(b)는 did a superb job이라 하여 이미 연설을 한 것처럼 말하고 있기 때문에 시제 오답이다.

(c)는 don't have time to give라 하여 연습이 아닌 실제 연설을 하는 것에 대해서 말하고 있기 때문에 소재 오답이다.
■ fairly 꽤 obvious 명백한 superb 훌륭한 rehearse 예행연습을 하다

09.

> M Were you able to reach Audrie at home?
> W She's not there.
> M Call her on her cellphone, then.
> (a) Sure, I'll transfer your call.
> (b) Thanks. I have a cellphone, too.
> **(c) I already did, but she's not picking up.**
> (d) Okay. I'll have her call you then.
>
> 남 집에 있는 Audrie와 통화할 수 있었어?
> 여 그녀는 집에 없던데.
> 남 그럼 휴대전화에 전화해 봐.
> (a) 알겠어, 내가 네 전화를 연결해 줄 게.
> (b) 고마워. 나도 휴대전화가 있어.
> (c) 내가 이미 했는데 그녀는 받지 않아.
> (d) 알겠어. 그럼 그녀가 너에게 전화하도록 할게.

해설 집에서 전화를 받지 않는 Audrie에게 휴대전화로 연락을 해 보라고 하는 상황에서 여자는 이미 해 봤지만 전화를 받지 않는다고 답변하는 것이 가장 적절하므로 **(c)가 정답**이다.

⚠ 오답 피하기

(a)는 앞에서 sure라 하고 뒤에서 transfer라 하여 내용이 서로 맞지 않기 때문에 앞뒤 문맥 불일치 오답이다.
(b)는 thanks라 하여 연락을 하라는 상황에서 고맙다고 말하고 있기 때문에 동사 오답이다.
(d)는 앞에서 okay라고 했지만 뒤에서 have her call you라 하여 대화 내용과 맞지 않는 앞뒤 문맥 불일치 오답이다.
■ reach 연락하다 cellphone 휴대전화 transfer (전화를) 돌려 주다

10.

> W Can I help you, sir?
> M I was wondering if this hotel offers free Wi-Fi for guests.
> W That's for members only.
> (a) That's too expensive for just one night.
> (b) I can help you sign up right now if you want.
> (c) You can put the tab on my room. It's 212.
> **(d) I've been a long-term patron of this hotel, though.**
>
> 여 손님, 무엇을 도와드릴까요?
> 남 이 호텔에서 투숙객을 위해 무료 와이파이를 제공하는지 궁금합니다.
> 여 그것은 회원에게만 제공됩니다.
> (a) 그것은 고작 하룻밤 치고는 너무 비쌉니다.
> (b) 원하신다면 제가 지금 바로 등록을 시켜 드리겠습니다.
> (c) 제 방으로 계산서를 달아 주세요. 212호입니다.
> (d) 하지만 전 이 호텔의 오랜 고객이었습니다.

해설 호텔 직원인 여자가 무료 와이파이는 회원에게만 제공된다고 말하는 상황에서 남자는 호텔의 오랜 고객이었다고 답변하는 것이 가장 적절하므로 **(d)가 정답**이다.

⚠ 오답 피하기
(a)는 that's too expensive라 하여 마치 앞에서 가격이 언급된 것처럼 말하기 때문에 일관성 오답이다.
(b)는 I can help you라 하여 여자가 할 수 있을 법한 말이므로 대상 오답이다.
(c)는 put the tab on my room이라 하여 회원권이나 무료 와이파이가 아닌 계산서에 대해서 말하고 있기 때문에 소재 오답이다.

■ sign up 등록하다 put the tab on ~으로 계산서를 달다 patron 고객

11.

M Can I have your literature paper?
W Sorry, I haven't had the time to start it.
M You might not be able to pass the class if you keep this up.

(a) All I have to do is hand it in.
(b) I'll try to get it to you no later than next Monday.
(c) I'm sure you'll come up with an interesting topic.
(d) Sorry, but I haven't gotten mine back yet.

남 네 문학 보고서를 주겠니?
여 죄송합니다. 시작할 시간이 없었습니다.
남 계속 이러면 수업에 통과하지 못할 수도 있어.
(a) 저는 그것을 제출하기만 하면 됩니다.
(b) 늦어도 다음 주 월요일까지는 제출하도록 하겠습니다.
(c) 저는 당신이 흥미로운 주제를 생각해낼 거라 확신해요.
(d) 죄송하지만 저는 제 것을 아직 돌려받지 못했어요.

해설 문학 보고서를 제출하지 않을 경우 수업에 통과하지 못할 수 있다고 말하는 상황에서 여자는 월요일까지 제출하겠다고 답변하는 것이 가장 적절하므로 **(b)가 정답**이다.

⚠ 오답 피하기
(a)는 앞에서 시작도 못했다는 말과 일치하지 않기 때문에 일관성 오답이다.
(c)는 남자가 보고서를 쓰려는 여자에게 할 수 있을 법한 말이므로 대상 오답이다.
(d)는 haven't gotten mine back이라 하여 앞에서 제출하지 않은 내용과 일치하지 않기 때문에 일관성 오답이다.

■ literature 문학 hand A in A를 제출하다 no later than 늦어도 ~까지는 come up with ~을 생각해내다

12.

W After beating the eggs for a while, you should put some sugar in.
M I'm already past that stage.
W Then, keep it under constant heat while stirring.

(a) It turned out far better than I had anticipated.
(b) Good. Continue until it turns thick.
(c) Okay. I'll place the bowl on the burner.
(d) I'd appreciate it if you could give me some tips.

여 얼마 동안 계란을 휘저은 다음에 설탕을 조금 넣어야 해.
남 그 단계는 이미 지났어.
여 그럼, 일정한 열을 가하면서 휘저어.
(a) 내가 예상했던 것보다 훨씬 더 좋게 되었어.
(b) 좋아. 걸쭉하게 될 때까지 계속해.
(c) 알겠어. 그릇을 버너 위에 올릴게.
(d) 네가 나에게 조언을 줄 수 있다면 고마울 것 같아.

해설 여자가 열을 가하면서 휘저으라고 말하는 상황에서 남자는 버너 위에 그릇을 올리겠다고 답변하는 것이 가장 적절하므로 **(c)가 정답**이다.

⚠ 오답 피하기
(a)는 it turned out이라 하여 마치 이미 요리가 다 끝난 것처럼 말하기 때문에 시제 오답이다.
(b)는 continue until이라 하여 요리를 가르쳐 주고 있는 여자가 할 수 있을 법한 말이므로 대상 오답이다.
(d)는 if you could give me some tips라 하여 마치 도움을 주지 않은 것처럼 말하고 있기 때문에 일관성 오답이다.

■ beat 휘젓다 stage 단계 constant 변함 없는, 일정한 stir 휘젓다 turn out ~이 되다 thick 걸쭉한 burner 버너

13.

M Do you have any items to declare in your carry-on?
W I don't think so.
M Please open your bag. I need to inspect it.

(a) Okay, I don't have anything in my pockets.
(b) But I checked it thoroughly.
(c) You're free to have a look.
(d) You still need to go through customs.

남 기내 휴대 가방 안에 신고해야 할 물건이 있습니까?
여 없습니다.
남 가방을 열어주세요. 가방을 조사해야 합니다.
(a) 알겠습니다. 제 주머니에는 아무것도 없습니다.
(b) 하지만 저는 철저하게 확인했습니다.
(c) 얼마든지 보셔도 됩니다.
(d) 당신은 그래도 세관을 통과해야 합니다.

해설 남자가 신고해야 할 물건이 있는지에 대해서 묻고 나서 여자의 가방을 검사해야 한다고 말하는 상황에서 여자는 보라고 답변하는 것이 가장 적절하므로 **(c)가 정답**이다.

⚠ 오답 피하기
(a)는 앞에서 okay라고 했지만 뒤에서 in my pockets라 하여 carry-on과 관련 없는 말을 하고 있으므로 앞뒤 문맥 불일치 오답이다.
(b)는 I checked it이라 하여 남자가 아닌 여자가 확인을 했다고 말하고 있기 때문에 대상 오답이다.
(d)는 you still need to라 하여 남자가 할 수 있을 법한 말이므로 대상

오답이다.
- declare 신고하다   carry-on 기내 휴대 가방   inspect 검사하다   thoroughly 철저하게   customs 세관

14.

W Look outside! The visibility is really low.
M I know. The air pollution is pretty bad today.
W We should wear a mask if we go outside.

(a) I'd rather stay in. A health warning could be in effect.
(b) I know. Let's wait until the fog clears up.
(c) I think you're just being overly sensitive.
(d) Right. It may be better to ventilate the room.

여 밖을 봐! 시야가 정말 낮아.
남 알아. 대기 오염이 오늘 꽤 심해.
여 우리는 나가려면 마스크를 써야 할 거야.
(a) 차라리 집에 있을래. 건강 주의 경보가 발효 중일 수 있어.
(b) 알아. 안개가 걷힐 때까지 기다리자.
(c) 내 생각에는 네가 지나치게 민감한 것 같아.
(d) 맞아. 방을 환기시키는 것이 더 좋을 것 같아.

해설 밖에 나가려면 마스크를 써야 할 것이라고 말하는 상황에서 남자는 건강 주의 경보가 발효 중일 수도 있기 때문에 집에 있겠다고 답변하는 것이 가장 적절하므로 **(a)가 정답**이다.

⚠ 오답 피하기
(b)는 fog라 하여 대기 오염과 관련이 없기 때문에 소재 오답이다.
(c)는 being overly sensitive라 하여 앞에서 대기 오염이 꽤 심하다고 말한 것과 내용이 맞지 않기 때문에 일관성 오답이다.
(d)는 앞에서 right이라고 적절하게 응답하지만 뒤에서 환기에 관한 말을 하고 있으므로 앞뒤 문맥 불일치 오답이다.

- visibility 시야   health warning 건강 주의 경보   in effect 시행 중인   fog 안개   overly 지나치게   sensitive 민감한   ventilate 환기시키다

15.

M Would I be penalized for not showing up to class?
W Attendance accounts for 30% of the grade.
M What if I submit a doctor's note?

(a) Your assignments must be submitted on time.
(b) Then you'll be eligible to take the course.
(c) You'll forfeit your entire grade for the semester.
(d) In that case, you'll be exempt.

남 제가 수업에 출석하지 않으면 불이익을 받나요?
여 출석이 성적의 30퍼센트를 차지해요.
남 만일 제가 의사의 진단서를 제출하면요?
(a) 과제는 제시간에 제출되어야 합니다.
(b) 그러면 당신은 그 수업을 들을 수 있는 자격이 될 겁니다.
(c) 당신은 해당 학기의 모든 성적을 잃게 됩니다.
(d) 그럴 경우에는, 면제될 거예요.

해설 결석했을 때 의사의 진단서를 제출하는 경우를 물어보는 상황에서 여자는 그럴 경우에는 면제된다고 답변하는 것이 가장 적절하므로 **(d)가 정답**이다.

⚠ 오답 피하기
(a)는 your assignments라 하여 진단서가 아닌 과제에 대해서 말하고 있기 때문에 소재 오답이다.
(b)는 eligible to take the course라 하여 수업 출석이 아닌 등록에 대해서 말하고 있기 때문에 소재 오답이다.
(c)는 forfeit your entire grade라 하여 앞에서 출석은 30퍼센트 차지한다고 말한 내용과 일치하지 않기 때문에 일관성 오답이다.

- penalize 불이익을 주다   attendance 출석   account for 차지하다   doctor's note 의사의 진단서   eligible 자격이 있는   forfeit 잃다   exempt 면제되는

16.

W Did you bring the final version of your essay?
M I'm sorry, but I need more time.
W Just get it to me by the end of the week.

(a) Write about whatever you want.
(b) It'd be my pleasure to look at it.
(c) Okay. I'll come back next week.
(d) You can count on me.

여 당신 에세이의 최종본을 가지고 왔나요?
남 죄송하지만, 저는 시간이 더 필요합니다.
여 그냥 이번 주가 끝나기 전까지 제게 주세요.
(a) 뭐든 당신이 원하는 것에 대해서 쓰세요.
(b) 그것을 보면 전 기쁠 거예요.
(c) 알겠습니다. 다음 주에 다시 오겠습니다.
(d) 저를 믿으세요.

해설 에세이 최종본을 가지고 오지 않은 남자에게 이번 주까지 제출하라고 하는 상황에서 남자는 자신을 믿어도 된다고 답변하는 것이 가장 적절하므로 **(d)가 정답**이다.

⚠ 오답 피하기
(a)는 whatever you want라 하여 여자가 할 수 있을 법한 말이므로 대상 오답이다.
(b)는 to look at it이라 하여 마치 남자가 여자의 에세이를 기다리는 것처럼 말하고 있기 때문에 대상 오답이다.
(c)는 앞에서 okay라 하여 적절하게 응답하지만 뒤에서 next week라 하여 앞에서 이번 주까지 제출하라고 한 내용과 일치하지 않기 때문에 앞뒤 문맥 불일치 오답이자 일관성 오답이다.

- final version 최종본   count on A A를 믿다

Part Test
본문 p. 128

01 (a)	02 (b)	03 (d)	04 (a)	05 (a)
06 (d)	07 (c)	08 (c)	09 (a)	10 (b)
11 (d)	12 (b)	13 (a)	14 (d)	15 (b)

16 (a)	17 (c)	18 (c)	19 (b)	20 (a)
21 (c)	22 (b)	23 (b)	24 (d)	25 (d)
26 (a)	27 (d)	28 (b)	29 (c)	30 (d)

01.

W How do these sunglasses look on me?

(a) They fit you wonderfully.
(b) Okay. Let me try them on.
(c) I have the exact same pair.
(d) But those are brand-name sunglasses.

여 이 선글라스 나한테 어때?
(a) 너한테 정말 잘 어울려.
(b) 그래. 그거 내가 한번 써볼게.
(c) 나는 그거랑 완전히 똑같은 게 있어.
(d) 하지만 그것들은 유명한 선글라스야.

해설 선글라스가 어울리는지 물어보는 상황에서 남자는 잘 어울린다고 답변하는 것이 가장 적절하므로 **(a)가 정답**이다.

⚠ 오답 피하기
(b)는 의견을 묻는 질문에 적절하지 않은 답변이므로 질문 오답이다.
(c)는 have the exact same pair라 하여 여자한테 어떻게 보이는지가 아닌 같은 것을 갖고 있다고 하고 있기 때문에 동사 오답이다.
(d)는 의견을 묻는 질문에 적절하지 않은 답변이므로 질문 오답이다.

■ fit 맞다; 어울리다 brand-name 유명한, 상표가 붙은

02.

M Hi, I'm trying to reach Dr. Hughes.

(a) Sure, I'll let you know.
(b) Sorry, but he's with a patient now.
(c) He should be able to see you in a little while.
(d) Thanks for calling, Dr. Hughes.

남 안녕하세요. 저는 Hughes 박사님과 통화하고 싶습니다.
(a) 물론이죠. 제가 당신께 알려 드리겠습니다.
(b) 죄송합니다만, 박사님께서는 지금 환자를 보고 계십니다.
(c) 그는 잠시 뒤에 당신을 볼 수 있을 것입니다.
(d) Hughes 박사님, 전화 주셔서 감사합니다.

해설 남자가 Hughes 박사와 통화를 하려는 상황에서 여자는 그가 환자와 있다고 답변하는 것이 가장 적절하므로 **(b)가 정답**이다.

⚠ 오답 피하기
(a)는 앞에서 sure라 하고 뒤에서 let you know라고 하여 앞뒤 문맥 불일치 오답이다.
(c)는 see you라 하여 전화 통화 상황에 적절하지 않은 상황 오답이다.
(d) Dr. Hughes와 통화를 하고자 하는 것이지 남자가 Dr. Hughes는 아니므로 대상 오답이다.

■ reach 통화하다 patient 환자

03.

W You should take your umbrella with you in case it rains.

(a) There's only enough for one person.
(b) You're right. I'll borrow yours.
(c) No thanks. It's already raining.
(d) I doubt I'll be needing one.

여 비가 올지도 모르니 너는 우산을 챙겨야 해.
(a) 한 사람분만 있어.
(b) 네가 맞아. 너의 것을 빌릴게.
(c) 괜찮아. 이미 비가 오고 있어.
(d) 우산이 필요할 것 같지 않은데.

해설 여자가 남자에게 우산을 챙기라고 말하는 상황에서 남자는 필요 없을 것 같다고 답변하는 것이 적절하므로 **(d)가 정답**이다.

⚠ 오답 피하기
(a)는 enough for one person이라 하여 수량으로 답변하고 있으므로 질문 오답이다.
(b)는 앞에서 you're right이라고 적절하게 응답하지만 뒤에서 빌리겠다고 하여 앞뒤 문맥 불일치 오답이다.
(c)는 no thanks라 하여 무언가를 주거나 제안할 때 할 수 있는 답변이므로 질문 오답이다.

■ in case (~할) 경우에 대비해서 borrow 빌리다 doubt 의심스럽다

04.

M Where did you leave your coat?

(a) I thought it was hanging in the closet.
(b) I can't find your coat anywhere.
(c) Try not to lose your personal belongings.
(d) It's supposed to be cold outside today.

남 네 코트를 어디에 두었니?
(a) 나는 옷장에 걸려 있을 거라고 생각했어.
(b) 나는 네 외투를 어디에서도 찾을 수 없어.
(c) 개인 소지품들을 잃어버리지 않도록 해.
(d) 오늘 바깥 날씨가 추울 거라고 했어.

해설 남자가 여자에게 코트를 어디에 두었는지 묻는 상황에서 여자는 옷장에 있는 줄 알았다고 답변하는 것이 가장 적절하므로 **(a)가 정답**이다.

⚠ 오답 피하기
(b)는 남자가 할 수 있을 법한 말이므로 대상 오답이다.
(c)는 남자가 할 수 있을 법한 말이므로 대상 오답이다.
(d)는 cold outside라 하여 장소를 묻는 질문에 장소를 말하고 있지 않기 때문에 질문 오답이다.

■ personal belonging 개인 소지품

05.

W Are you coming over for dinner this weekend?

(a) I need to take a rain check. Something urgent

came up.
(b) Sure! My door is always open.
(c) No, maybe this weekend is better.
(d) I really enjoyed the dinner. It was delicious.

여 이번 주말에 저녁을 먹으러 올 거니?
(a) 다음을 기약해야 할 것 같아. 급한 일이 생겼어.
(b) 물론이지! 우리 집 문은 항상 열려 있어.
(c) 아니. 이번 주말이 나을 것 같아.
(d) 저녁 식사 즐거웠어. 맛있었어.

해설 여자가 남자에게 주말에 저녁을 먹으러 오는지 묻는 상황에서 남자는 급한 일이 생겨서 미뤄야 할 것 같다고 답변하는 것이 가장 적절하므로 **(a)가 정답**이다.

⚠ 오답 피하기
(b)는 앞에서 sure라고 적절히 응답했지만 뒤에서 my door라 하여 앞뒤 문맥 불일치 오답이자 대상 오답이다.
(c)는 앞에서 no라고 적절히 응답했지만 뒤에서 this weekend is better라 하여 앞뒤 문맥 불일치 오답이다.
(d)는 enjoyed the dinner라 하여 이미 저녁 식사를 한 것처럼 말하기 때문에 시제 오답이다.
■ take a rain check 다음으로 미루다   urgent 급한

06.

M How did you finish writing an entire book in just a month?
(a) It's in the process of final editing.
(b) But you've sold more books than me.
(c) You can find it in the bookstores now.
(d) I didn't do anything else all month.

남 불과 한 달 만에 어떻게 책 한 권 전체를 쓰는 것을 끝낼 수 있었니?
(a) 최종 편집 중이야.
(b) 하지만 너는 나보다 책을 더 많이 팔았잖아.
(c) 이제 서점에서 찾을 수 있어.
(d) 나는 한 달 내내 다른 아무것도 하지 않았어.

해설 어떻게 책을 한 달 만에 다 썼는지 물어보는 상황에서 여자는 다른 아무것도 하지 않았다고 답변하는 것이 가장 적절하므로 **(d)가 정답**이다.

⚠ 오답 피하기
(a)는 final editing은 책이 나오기 전에 하는 일이므로 상황에 맞지 않는 상황 오답이다.
(b)는 sold라 하여 책을 끝낸 것과 관련 없는 동사 오답이다.
(c)는 find it이라 하여 책을 끝낸 것과 관련 없는 동사 오답이다.
■ entire 전체의   in the process of ~하는 중인

07.

W Can you grab me a cup from the top of the cabinet?
(a) Yes, please. A couple of them will do.
(b) Okay, I have several of them here.
(c) I don't think I'm tall enough.
(d) Sure, I'll give you a refill.

여 진열장 맨 위에 있는 컵 좀 가져다줄래?
(a) 응. 부탁할게. 두 개 정도면 괜찮을 것 같아.
(b) 알았어, 여기에 몇 개가 있어.
(c) 내 생각에 나는 충분히 크지 않은 것 같아.
(d) 물론이지. 리필해 줄게.

해설 여자가 남자에게 진열장 맨 위에 있는 컵을 가져다 달라고 부탁하는 상황에서 남자는 자신의 키가 충분히 크지 않다고 답변하는 것이 가장 적절하므로 **(c)가 정답**이다.

⚠ 오답 피하기
(a)는 여자가 할 수 있을 법한 말이므로 대상 오답이다.
(b)는 앞에서 ok라고 적절하게 응답하지만 뒤에서 have several이라 하여 앞뒤 문맥 불일치 오답이다.
(d)는 앞에서 sure라고 적절하게 응답하지만 뒤에서 refill이라 하여 앞뒤 문맥 불일치 오답이다.
■ grab 가져다주다   cabinet 진열장

08.

M Could you pick up my dry cleaning?
(a) I only have one on me.
(b) I can pick you up at seven.
(c) Sure, I'll swing by on the way home.
(d) I'll give you a call when I get home.

남 내가 맡긴 세탁물 좀 찾아올 수 있니?
(a) 나한테 한 개밖에 없어.
(b) 7시에 널 데리러 갈 수 있어.
(c) 그래. 집에 오는 길에 들를게.
(d) 내가 집에 도착하면 너에게 전화할게.

해설 남자가 세탁물을 찾아오라고 요청하는 상황에서 여자는 집에 오는 길에 들르겠다고 답변하는 것이 가장 적절하므로 **(c)가 정답**이다.

⚠ 오답 피하기
(a)는 have one이라 하여 pick up과 관련 없는 동사 오답이다.
(b)는 pick you up이라 하여 세탁물이 아니라 남자를 데리러 간다고 하여 대상 오답이다.
(d)는 give you a call이라 하여 pick up과 관련 없는 동사 오답이다.
■ pick up 찾아오다, (차로) 데리러 가다   swing by 들르다

09.

W Sorry for keeping you waiting.
(a) No problem. It's no big deal.
(b) I'm so sorry I'm late!
(c) I have your contact information here.
(d) Have a seat! You're early.

여 기다리시게 하여 죄송합니다.
(a) 괜찮아요. 별일 아닌 걸요.
(b) 늦어서 정말 죄송합니다!

(c) 당신의 연락처를 여기 가지고 있습니다.
(d) 앉으세요! 일찍 오셨네요.

해설 여자가 기다리게 해서 죄송하다고 말하는 상황에서 남자는 괜찮다고 답변하는 것이 가장 적절하므로 **(a)가 정답**이다.

⚠️ **오답 피하기**
(b)는 늦은 여자가 할 수 있을 법한 말이므로 대상 오답이다.
(c)는 contact information이라 하여 소재 오답이다.
(d)는 앞에서 have a seat이라고 적절하게 응답하지만 뒤에서 early라고 하여 앞뒤 문맥 불일치 오답이다.

■ It's no big deal 별일 아니다   contact information 연락처

10.

M Do you know where to buy our textbooks?
(a) New textbooks are pricier than used ones.
(b) There's a shop next to the library.
(c) You could just lend me yours.
(d) They're on the shelf in your room.

남 우리 교과서를 어디서 사는지 아니?
(a) 새 교과서는 중고보다 더 비싸.
(b) 도서관 옆에 서점이 있어.
(c) 그냥 너의 것을 내게 빌려주면 돼.
(d) 그것들은 네 방 책장에 있어.

해설 교과서를 어디서 사는지 아냐고 묻는 상황에서 여자는 위치를 가르쳐 주며 답변하는 것이 가장 적절하므로 **(b)가 정답**이다.

⚠️ **오답 피하기**
(a)는 pricier라 하여 위치나 장소로 답하고 있지 않으므로 질문 오답이다.
(c)는 교과서가 없는 남자가 할 수 있을 법한 말이므로 대상 오답이다.
(d)는 in your room이라 하여 구입 장소가 아니므로 질문 오답이다.

■ textbook 교과서   pricey 비싼   lend 빌려주다   shelf 선반, 책꽂이

11.

W Be sure to stretch before exercising so that you don't injure yourself.
(a) Yes, I feel much better after running on a treadmill.
(b) No, I've never hurt myself while exercising before.
(c) Don't worry, I'm not hurt.
(d) Okay. I'll keep that in mind.

여 네가 다치지 않도록 운동하기 전에 꼭 스트레칭을 해.
(a) 응. 러닝머신에서 뛰고 나면 기분이 훨씬 나아.
(b) 아니야. 나는 운동하는 도중에 다친 적이 한 번도 없어.
(c) 걱정하지 마. 난 다치지 않았어.
(d) 알았어. 명심하도록 할게.

해설 운동하기 전에 스트레칭을 하라고 말하는 상황에서 남자는 알겠다고 답변하는 것이 가장 적절하므로 **(d)가 정답**이다.

⚠️ **오답 피하기**
(a)는 running on a treadmill이라 하여 동사 오답이다.
(b)는 조언하는 말에 대해 no라고 답하여 질문 오답이다.
(c)는 앞에서 don't worry라고 하여 적절하게 응답하지만 뒤에서 I'm not hurt라 하여 시제 오답이다.

■ injure 부상시키다   treadmill 러닝머신

12.

M I'd like to have this gift wrapped, please.
(a) Of course. Let me show you how to do it.
(b) Sure, but that will be an extra $3.
(c) I'd like a ribbon on it as a decoration.
(d) Sorry, we're not accepting donations.

남 이것을 선물용으로 포장해 주세요.
(a) 당연하죠. 어떻게 하는지 보여 드릴게요.
(b) 네, 하지만 그러면 3달러가 추가될 것입니다.
(c) 그 위에 장식으로 리본을 달아 주세요.
(d) 죄송합니다. 저희는 기부를 받고 있지 않습니다.

해설 남자가 포장해 달라고 요청하는 상황에서 여자는 추가 비용이 있다고 답변하는 것이 가장 적절하므로 **(b)가 정답**이다.

⚠️ **오답 피하기**
(a)는 앞에서 of course라고 하고 뒤에서 show you how라고 하여 앞뒤 문맥 불일치 오답이다.
(c)는 선물 포장을 원하는 남자가 할 수 있을 법한 말이므로 대상 오답이다.
(d)는 donations라 하여 소재 오답이다.

■ gift wrap 선물용으로 포장하다   decoration 장식   donation 기부

13.

W Excuse me, but this isn't the drink I ordered.
(a) Sorry, I'll make you a new one right away.
(b) I'm sorry, we are out of cups at the moment.
(c) Sure, we'll have that right out for you.
(d) Really? I thought you ordered one already.

여 실례합니다만, 이 음료는 제가 주문한 것이 아닌데요.
(a) 죄송합니다. 새로운 것을 지금 바로 만들어 드리겠습니다.
(b) 죄송합니다. 현재 컵이 소진되었습니다.
(c) 물론이죠. 당신을 위해 바로 내놓도록 하겠습니다.
(d) 정말요? 저는 당신이 이미 주문한 줄 알았습니다.

해설 여자가 음료가 잘못 나왔다고 말하는 상황에서 남자는 새로 만들어 주겠다고 답변하는 것이 가장 적절하므로 **(a)가 정답**이다.

⚠️ **오답 피하기**
(b)는 앞에서 I'm sorry라고 적절하게 응답하지만 뒤에서 out of cups라 하여 앞뒤 문맥 불일치 오답이다.
(c)는 Sure라 하여 제안이나 부탁에 대한 수락의 답으로 적절한 말이므로 질문 오답이다.
(d)는 앞에서 Really?라고 적절하게 응답하지만 뒤에서 ordered one

이라 하여 앞뒤 문맥 불일치 오답이다.
■ right away 즉시

14.

> M Hey Sandy, how about asking Chris to help us move our stuff?
> (a) No, I don't think he has much to do today.
> (b) I doubt I'll be much of a help.
> (c) That's a good idea. He really needs a hand.
> **(d) You have to give me his number.**

> 남 Sandy야, Chris에게 우리 물건을 옮기는 것을 도와달라고 하는 게 어때?
> (a) 아니야. 그는 오늘 할 일이 많지 않을 거야.
> (b) 내가 그다지 도움이 될 것 같지 않아.
> (c) 좋은 생각이야. 그는 정말 도움이 좀 필요해.
> (d) 나한테 그의 전화번호를 줘 봐.

해설 Chris에게 도움을 요청하자고 제안하는 상황에서 여자는 그의 전화번호를 달라고 답변하는 것이 가장 적절하므로 **(d)가 정답**이다.

⚠ 오답 피하기
(a)는 앞에서 no라고 하고 뒤에서는 Chris가 할 일이 많지 않을 거라고 하여 앞뒤 문맥 불일치 오답이다. 다른 일로 바쁠 것이라고 해야 맞다.
(b)는 Chris가 할 수 있을 법한 말이므로 대상 오답이다.
(c)는 앞에서 that's a good idea라고 적절하게 응답하지만 뒤에서 Chris가 도움이 필요하다고 하여 앞뒤 문맥 불일치 오답이다.
■ stuff 물건   hand 도움

15.

> W Has your transfer request been approved by HR?
> (a) I'm taking a leave of absence next week.
> **(b) I think it's still being processed.**
> (c) I should fill out a request form soon.
> (d) Thanks for reminding me what I should do.

> 여 당신의 전근 요청이 인사부에 의해 승인되었나요?
> (a) 저는 다음 주에 휴가입니다.
> (b) 아직 처리 중인 것 같아요.
> (c) 저는 곧 신청서를 작성해야 해요.
> (d) 제가 해야 할 것을 상기시켜줘서 고마워요.

해설 전근 요청이 승인되었는지 물어보는 상황에서 남자는 아직 처리 중인 것 같다고 답변하는 것이 가장 적절하므로 **(b)가 정답**이다.

⚠ 오답 피하기
(a)는 a leave of absence라 하여 전근 요청이 아닌 휴가에 대해 말하고 있으므로 소재 오답이다.
(c)는 should fill out이라 하여 시제 오답이다.
(d)는 사실 여부를 묻는 질문에 감사의 답변을 하여 질문 오답이다.
■ transfer 전근   remind 상기시키다

16.

> M Hello. May I speak with Sarah Muller, please?
> W Yes, this is she. What can I do for you?
> M I'm calling to ask about the open position in your department.
> **(a) I'm afraid it has been filled.**
> (b) I'll send you my application right away.
> (c) We're closed right now, but you can come tomorrow.
> (d) We're waiting for your response.

> 남 여보세요. Sarah Muller와 통화할 수 있을까요?
> 여 네. 접니다. 무엇을 도와드릴까요?
> 남 당신의 부서에 자리가 난 것에 관하여 여쭤어 보기 위해 전화하였습니다.
> (a) 죄송하지만 이미 충원했습니다.
> (b) 지금 바로 제 지원서를 보내드리겠습니다.
> (c) 현재 업무가 끝났습니다만, 내일 오시면 됩니다.
> (d) 저희는 당신의 답변을 기다리고 있습니다.

해설 남자가 공석에 대해서 물어보는 상황에서 여자는 이미 충원했다고 답변하는 것이 가장 적절하므로 **(a)가 정답**이다.

⚠ 오답 피하기
(b)는 공석이 있을 경우 남자가 할 수 있을 법한 말이므로 대상 오답이다.
(c)는 방문하는 것에 관련된 내용이므로 소재 오답이다.
(d)는 waiting for your response라 하여 동사 오답이다.
■ application 지원서   response 반응

17.

> W I hope the company will extend my contract.
> M Don't worry. I don't think they can find a replacement for you.
> W But what if they do?
> (a) There's nothing to worry about: they're foolish if they don't.
> (b) Then I guess you can always ask for a raise.
> **(c) They'll have a hard time finding someone with your expertise.**
> (d) I trust that you'll get things done on time, as usual.

> 여 나는 회사가 나의 계약을 연장해 주길 희망해.
> 남 걱정하지 마. 그들은 너를 대신할 사람을 찾지 못할 거야.
> 여 하지만 만약 그들이 찾는다면?
> (a) 걱정할 필요 없어. 그들이 찾지 못한다면 그들은 어리석은 거야.
> (b) 그럼 네가 언제라도 인상을 요구할 수 있을 것 같아.
> (c) 그들은 너의 전문 지식을 가지고 있는 사람을 찾는 것이 힘들 거야.
> (d) 나는 네가 평소처럼 제시간에 일을 마칠 거라고 믿어.

해설 계약 연장에 대해 걱정하는 여자가 회사에서 자신을 대체할 수 있는 사람을 찾으면 어떻게 할지 묻는 상황에서 남자는 그건 힘

들 거라고 위로하는 답변을 하는 것이 가장 적절하므로 (c)가 정답이다.

⚠️ 오답 피하기
(a)는 앞에서는 걱정하지 말라고 하고 뒤에서 foolish if they don't라고 하여 앞뒤 문맥 불일치 오답이다.
(b)는 ask for a raise라고 하여 소재 오답이다.
(d)는 get things done on time이라 하여 주제와 관련 없는 소재 오답이다.

▪ extend 연장하다 replacement 대신할 사람, 후임자 foolish 어리석은 raise 인상 expertise 전문 지식[기술]

18.

M Are you still keeping in touch with George?
W George O'Neill? I haven't talked to him since the end of college.
M Weren't you two close, though?

(a) Yeah. We had dinner together the other day.
(b) Tell him I said hi when you see him.
(c) We used to be, but we lost contact after graduation.
(d) No, he lives a few hundred miles away from me.

남 너 George와 계속 연락하니?
여 George O'Neill? 나는 대학을 졸업하고 나서 그와 이야기해 본 적이 없어.
남 그래도 너희 둘은 친하지 않았니?
(a) 응. 얼마 전에 저녁 식사를 함께 했어.
(b) 그를 보면 안부를 전해줘.
(c) 그랬었는데, 졸업하고 나서 연락이 끊겼어.
(d) 아니. 그는 나와 아주 멀리 떨어진 곳에 살아.

해설 George와 연락하지 않는다는 여자에게 남자는 친하지 않았었냐고 묻는 상황에서 여자는 졸업 후 연락이 끊겼다고 답변하는 것이 가장 적절하므로 (c)가 정답이다.

⚠️ 오답 피하기
(a)는 앞에서 대학 졸업 후 연락하지 않았다는 것과 맞지 않는 일관성 오답이다
(b)는 tell him I said hi라 하여 질문에 맞지 않는 질문 오답이다.
(d)는 lives라 하여 동사 오답이다.

▪ keep in touch 연락하다 lost contact 연락이 끊어지다

19.

W I heard from Tom that you needed my help.
M Yes. Could you help me go through these files?
W Sure. What exactly should I do?

(a) The files are in the cabinet.
(b) I don't need much; just sort them by date.
(c) I've been trying to do it all by myself.
(d) Don't worry about it. Tom's helping me out.

여 Tom에게서 네가 나의 도움을 필요로 한다는 것을 들었어.

남 응. 이 파일들을 검토하는 것을 도와줄래?
여 물론이지. 정확히 내가 무엇을 하면 돼?
(a) 파일들은 보관함 안에 있어.
(b) 많은 것은 필요 없어. 그것들을 날짜별로 분류만 해줘.
(c) 나 혼자서 모든 것을 하려고 노력해왔어.
(d) 그건 걱정하지 마. Tom이 나를 도와주고 있어.

해설 남자를 도와주려는 여자가 무엇을 도와줄지를 물어보는 상황에서 남자는 파일을 날짜별로 분류해 달라고 답변하는 것이 가장 적절하므로 (b)가 정답이다.

⚠️ 오답 피하기
(a)는 are in the cabinet이라고 하며 위치를 설명하고 있기 때문에 질문 오답이다.
(c)는 do it all by myself라 하여 질문과 상관 없는 질문 오답이다.
(d)는 don't worry about it이라 하여 what으로 묻는 질문에 적절하지 않은 질문 오답이다.

▪ cabinet 캐비닛, 보관함 sort 분류하다

20.

M How's the job search going, Marissa?
W It's going nowhere so far.
M Have you tried getting help from headhunters?

(a) No, but that sounds promising.
(b) I have plenty of employers inviting me to interview.
(c) Actually, I'm not interested in working there.
(d) I'm seriously considering that position.

남 Marissa, 구직은 어떻게 되어가고 있니?
여 아직까지 아무런 진전이 없어.
남 헤드헌터로부터 도움을 받는 것을 시도해 봤니?
(a) 아니, 하지만 그거 괜찮을 것 같아.
(b) 내게 면접 보러 오라고 하는 고용주들이 정말 많아.
(c) 사실, 나는 그곳에서 일하는 것에 관심 없어.
(d) 나는 진지하게 그 자리를 고려하고 있어.

해설 구직 중인 여자에게 남자가 헤드헌터에게 도움 받는 것을 시도해 봤냐고 묻는 상황에서 여자는 고려해 볼 것을 긍정적으로 답하는 것이 적절하므로 (a)가 정답이다.

⚠️ 오답 피하기
(b)는 employers inviting me라 하여 앞에서 구직에 진전이 없다고 한 것과 맞지 않는 일관성 오답이다.
(c)는 there라 하며 회사가 언급된 것처럼 말하므로 상황 오답이다.
(d)는 that position이라 하여 앞에서 구직에 진전이 없다고 한 것과 맞지 않는 일관성 오답이다.

▪ go nowhere 아무런 진전이 없다 headhunter 헤드헌터(인재 스카우트 담당자) promising 유망한, 기대되는

21.

W You look calm. Aren't you worried about the upcoming exam?
M Why would I be? I never missed a class.

W Yeah, but it's going to be on every single chapter we've covered.

(a) No wonder you look so confident.
(b) Sorry, but I wouldn't recommend doing that.
(c) **Still, I paid attention in class and did my homework.**
(d) Trust me. You didn't miss much.

여 너 차분해 보인다. 다가오는 시험이 걱정되지 않니?
남 내가 왜 그러겠니? 난 수업을 한 번도 안 빠졌어.
여 그래. 하지만 우리가 배웠던 모든 챕터에서 나올 거야.
(a) 네가 그렇게 자신감 있어 보이는 것이 당연하구나.
(b) 미안하지만, 나는 그것을 하는 것을 추천하지 않아.
(c) 그래도. 나는 수업 때 집중했고 숙제를 했어.
(d) 나를 믿어. 너 그렇게 빠지지 않았어.

해설 여자가 시험이 어려울 것 같다는 의도로 말하는 상황에서 남자는 준비가 되었다고 답변하는 것이 가장 적절하므로 (c)가 정답이다.

⚠ 오답 피하기
(a)는 여자가 남자에게 할 수 있을 법한 말이므로 대상 오답이다.
(b)는 recommend doing that이라 하여 관련 없는 말을 하고 있으므로 상황 오답이다.
(d)는 didn't miss much라 하여 동사 오답이다.

■ upcoming 다가오는 confident 자신 있는 pay attention 집중하다

22.

M I can't seem to block all these spam emails.
W You know, there's a feature that filters spam messages.
M Really? Can you show me how to use it?

(a) Don't sweat it. I'm just glad I could be of help.
(b) **Just click on the tab at the top left corner.**
(c) It shouldn't take that long to send an email.
(d) Follow me; I'll lead the way.

남 이 모든 스팸 메일들을 차단할 수 없는 것 같아.
여 있잖아, 스팸 메시지를 거르는 기능이 있어.
남 정말? 그걸 어떻게 사용하는지 나에게 보여줄 수 있니?
(a) 걱정하지 마. 나는 그저 도와줄 수 있다는 것이 기뻐.
(b) 왼쪽 상단 코너에 있는 탭을 누르기만 하면 돼.
(c) 이메일을 보내는 데 그렇게 오래 걸리지 않을 거야.
(d) 나를 따라와. 내가 앞장 설게.

해설 스팸 메일을 거르는 기능을 어떻게 사용하는지 설명해 달라고 하는 상황에서 여자는 방법을 설명하는 답변을 하는 것이 적절하므로 (b)가 정답이다.

⚠ 오답 피하기
(a)는 방법을 묻는 질문에 적절한 답변을 하지 않아 질문 오답이다.
(c)는 take that long이라 하여 방법을 묻는 질문에 기간으로 답하고 있으므로 질문 오답이다.

(d)는 follow me라 하여 스팸 거르는 기능 사용 방법이 아니라 길 안내를 하는 상황 오답이다.

■ spam message 스팸 메일 don't sweat it 애태우지 마, 걱정하지 마 lead the way 앞장 서다

23.

W Excuse me. Is there a ticket to Almaty for today?
M There are several, but they're all business class.
W What about economy class?

(a) Yes, it's much more affordable than business class.
(b) **Not today, but there's one on tomorrow's flight.**
(c) Oh, my seat is in economy class too!
(d) There're only a few left, so you should buy while you can.

여 실례합니다. 오늘 Almaty행 티켓이 있나요?
남 몇 장 있습니다만, 모두 비즈니스석이에요.
여 이코노미석은요?
(a) 네. 그것은 비즈니스석보다 훨씬 쌉니다.
(b) 오늘은 없습니다만, 내일 비행기에 하나 있습니다.
(c) 오, 제 좌석도 이코노미석이군요!
(d) 몇 장밖에 안 남았으니, 사실 수 있을 때 빨리 사세요.

해설 여자가 Almaty행 이코노미석이 있는지 물어보는 상황에서 남자는 오늘은 없고 내일은 있다고 답변하는 것이 가장 적절하므로 (b)가 정답이다.

⚠ 오답 피하기
(a)는 more affordable이라 하여 좌석 여부가 아닌 가격에 대해서 설명하고 있기 때문에 형용사 오답이다.
(c)는 my seat라 하여 여자가 할 수 있을 법한 말이므로 대상 오답이다.
(d)는 이코노미 좌석이 있다고 하여 앞에서 모두 비즈니스석이라고 한 것과 맞지 않는 일관성 오답이다.

■ affordable 가격이 알맞은

24.

M Could you help me pick out a present for my girlfriend?
W Sure. What's it for?
M It's to commemorate our one year together.

(a) Congratulations! You deserve it.
(b) Sorry, but I'll be out of town that weekend.
(c) It's tricky to choose birthday gifts for your girlfriend.
(d) **Wow! I didn't realize it had already been a year.**

남 내 여자친구를 위한 선물을 고르는 것을 도와줄 수 있니?
여 물론이야. 무엇을 위해서 사는 거니?
남 우리의 1주년을 같이 기념하기 위해서야.
(a) 축하해! 너는 그걸 받을 자격이 있어.
(b) 미안하지만, 나는 그 주말에 동네에 없을 거야.

(c) 너의 여자친구를 위한 생일 선물을 고르는 것은 어려워.
(d) 와! 나는 벌써 1년이 된 것을 알지 못했어.

해설 여자가 남자에게 무엇을 위한 선물인지 물어봤고 남자는 여자친구와의 1주년 기념을 위해서 산다고 설명하는 상황에서 여자는 벌써 1년이 되었는지 몰랐다고 답변하는 것이 가장 적절하므로 **(d)가 정답**이다.

⚠️ **오답 피하기**
(a)는 you deserve it이라 하여 상황 오답이다.
(b)는 sorry라 하여 앞에서 미안해 할 만한 상황이 나오지 않았으므로 상황 오답이다.
(c)는 birthday gifts라 하여 소재 오답이다.
■ commemorate 기념하다   deserve 자격이 있다   tricky 힘든, 까다로운   realize 알아차리다

25.

W Dan, do you need anything from the supermarket?
M Yes. Could you pick up some milk and eggs?
W How much do you need?

(a) I think $25 should be enough to buy them both.
(b) You can have them delivered to our address.
(c) We ran out of both this morning.
(d) Just a carton of milk and a dozen eggs.

여 Grace, 너 슈퍼마켓에서 필요한 거 있니?
남 응. 우유와 달걀 좀 사다 줄 수 있겠니?
여 얼마나 필요해?
(a) 그 두 개를 사는 데 25달러면 충분할 거야.
(b) 우리 주소로 그것들을 배달시키면 돼.
(c) 오늘 아침에 그 두 개가 다 떨어졌어.
(d) 우유 한 통이랑 달걀 12개면 돼.

해설 우유와 계란을 사다 달라는 남자에게 여자는 얼마나 필요한지 물어보는 상황에서 남자는 수량을 설명하는 말로 답변하는 것이 가장 적절하므로 **(d)가 정답**이다.

⚠️ **오답 피하기**
(a)는 25달러라 하여 수량을 묻는 질문에 금액으로 답변하고 있어 질문 오답이다.
(b)는 delivered라 하여 앞에서 사오겠다고 한 것과 맞지 않는 일관성 오답이다.
(c)는 남자가 할 수 있을 법한 말이므로 대상 오답이다.
■ carton 한 통   dozen 12개

26.

M These ties all look good. I don't know which one to buy.
W Pick the one you think you'll wear most often.
M I think I'll wear them equally a lot.

(a) We can't afford all of them, so make up your mind.
(b) Okay, let's get it then.

(c) Sure, I'm happy with that decision.
(d) Here, let's pick out a tuxedo to buy.

남 이 넥타이들은 모두 좋아 보인다. 어떤 걸 사야 할지 모르겠어.
여 네가 가장 자주 맬 것 같은 것을 골라.
남 나는 그것들을 똑같이 많이 맬 것 같아.
(a) 우리는 그것들을 다 살 수 없으니 결정을 해.
(b) 그래. 그럼 그것을 사자.
(c) 당연하지. 나는 그 결정에 만족해.
(d) 여기. 이제 살 턱시도를 고르자.

해설 어떤 넥타이를 살지 결정을 못하고 있는 남자에게 여자는 결정하라고 답변하는 것이 가장 적절하므로 **(a)가 정답**이다.

⚠️ **오답 피하기**
(b)는 get it이라 하여 아직 'it'이 무엇인지 남자가 정하지 못했으므로 상황 오답이다.
(c)는 that decision이라 하여 아직 결정을 내리지 않았으므로 상황 오답이다.
(d)는 tuxedo라 하여 소재 오답이다.
■ afford ~을 살 여유가 되다   make up one's mind 결정하다

27.

W Are you still on the event planning committee?
M No, I stepped down from my position last month.
W Who replaced you?

(a) The decision has already been finalized.
(b) I wasn't qualified for the position anyway.
(c) You were right about the job all along.
(d) Actually, it's still up in the air.

여 너 아직도 행사 기획 위원회에 있니?
남 아니, 나 지난달에 내 자리에서 물러났어.
여 누가 후임이니?
(a) 결정은 이미 마무리 지어졌어.
(b) 나는 어차피 그 자리에 적임이 아니었어.
(c) 네가 그 직업에 관해서 처음부터 옳았어.
(d) 사실, 아직 미정이야.

해설 행사 기획 위원회에서 물러났다는 남자에게 여자는 누가 후임으로 왔는지 물어보는 상황에서 남자는 아직 정해지지 않았다고 답변하는 것이 가장 적절하므로 **(d)가 정답**이다.

⚠️ **오답 피하기**
(a)는 who로 묻는 질문에 답을 하지 않고 있기 때문에 질문 오답이다.
(b)는 I wasn't qualified라 하여 who로 묻는 질문에 답을 하지 않고 있기 때문에 질문 오답이다.
(c)는 right about the job이라 하여 who로 묻는 질문에 답을 하지 않고 있기 때문에 질문 오답이다.
■ committee 위원회   step down 사임하다, 물러나다   replace 대신하다, 후임으로 오다   up in the air 미정인

28.

M I'm thinking of going to Barcelona for my vacation.
W I traveled there once. It's a beautiful city.
M Yeah. That's what I heard from other people.
(a) Tell me what I should visit while I'm there.
(b) It's quite a popular tourist destination.
(c) I've always wanted to go there, but I'm too busy.
(d) Don't just believe everything others say.

남 나는 방학 때 바르셀로나에 가려고 생각 중이야.
여 나는 거기에 한 번 갔었어. 그곳은 아름다운 도시야.
남 응. 다른 사람들한테 그렇게 들었어.
(a) 내가 거기에 있는 동안 방문해야 할 곳들을 알려줘.
(b) 꽤 인기 있는 관광지이지.
(c) 나는 항상 그곳에 가고 싶었지만 너무 바빠.
(d) 다른 사람들이 말하는 모든 것을 마냥 믿지 마.

해설 바르셀로나에 가려는 남자가 사람들로부터 그곳이 아름답다고 들었다고 하는 상황에서 여자는 인기 있는 관광지라고 답변하는 것이 가장 적절하므로 (b)가 정답이다.

⚠ **오답 피하기**
(a)는 남자가 할 수 있을 법한 말이므로 대상 오답이다.
(c)는 I've always wanted to go there라 하여 앞에서 traveled once there라 한 것과 맞지 않는 일관성 오답이다.
(d)는 don't just believe라 하여 일관성 오답이다.

▪ tourist destination 관광지

29.

W Hello. My name is Jane Taylor, and I'm calling about my phone bill for last month.
M Hello, Ms. Taylor. What seems to be the problem?
W I thought text messages were free, but I've been charged extra for them.
(a) We take cash, personal checks, or credit cards.
(b) You're not signed up as a member.
(c) That's because you went over your monthly message allowance.
(d) Have a seat over here, Ms. Taylor, and we'll review your bill.

여 여보세요. 제 이름은 Jane Taylor이고, 지난달 제 휴대전화 요금 청구서 때문에 전화했습니다.
남 안녕하세요, Taylor 씨. 무엇이 문제이신가요?
여 저는 문자메시지가 무료라고 생각했는데, 요금이 청구되었어요.
(a) 저희는 현금, 개인 수표 또는 신용 카드를 받습니다.
(b) 고객님은 회원으로 가입이 안 되어 있으십니다.
(c) 그것은 고객님께서 월 문자메시지 허용량을 초과하셨기 때문입니다.
(d) Taylor 씨, 여기에 앉으시면 저희가 고객님의 청구서를 검토해보겠습니다.

해설 여자가 지난달 휴대전화 요금에 문자메시지 비용이 청구되었다고 하는 상황에서 남자는 문자메시지 허용량을 초과했기 때문이라고 답변하는 것이 가장 적절하므로 (c)가 정답이다.

⚠ **오답 피하기**
(a)는 결제 방법을 설명하기 때문에 상황 오답이다.
(b)는 not signed up as a member라 하여 회원 가입에 대해 말하고 있으므로 소재 오답이다.
(d)는 have a seat라 하여 전화 통화상에서 부적절한 답변이므로 상황 오답이다.

▪ bill 청구서 personal check 개인 수표

30.

M Nowadays, too many additives and preservatives are used in foods.
W Yeah, it's hard to find anything without them.
M Well, there are organic foods available in stores.
(a) Let's just order more from the store then.
(b) I use an all-natural skin cleanser that works wonders.
(c) Sure, I'll go to the grocery store with you.
(d) But even organic foods have additives and preservatives.

남 요즘, 너무 많은 첨가물과 방부제가 음식에 사용돼.
여 맞아. 그것들이 없는 것을 찾는 것이 매우 어려워.
남 음, 상점에서 유기농 식품들을 구입할 수 있어.
(a) 그럼 그냥 가게에서 더 주문하자.
(b) 나는 기적을 낳는 천연 원료 스킨 클렌저를 사용해.
(c) 물론이지. 너와 함께 식료품점에 갈 거야.
(d) 하지만 유기농 식품들조차 첨가물과 방부제가 들어 있어.

해설 첨가물과 방부제가 없는 음식을 찾는 것이 어렵다고 하는 여자에게 남자는 유기농 식품을 구입할 수 있다고 설명하는 상황에서 여자는 유기농 식품에도 첨가물과 방부제가 들어 있다고 답변하는 것이 적절하므로 (d)가 정답이다.

⚠ **오답 피하기**
(a)는 order more라 하여 이미 주문한 것처럼 말하고 있기 때문에 동사 오답이다.
(b)는 skin cleanser라 하여 유기농 식품과 관련 없는 소재 오답이다.
(c)는 sure라 하여 제안이나 요청에 수락하는 표현을 사용하고 있으므로 질문 오답이다.

▪ additive 첨가물 preservative 방부제 organic 유기농의
grocery store 식료품 가게

Part 3 문제 유형별 학습

Unit 01 중심 내용 문제

1. 전체 상황 문제

Check-Up 본문 p. 142

01 (c) 02 (b) 03 (d) 04 (a) 05 (c)

01.

1st	여자, 친구와 불편함
	asking me to, lend her money, afraid
2nd	(a) responsibility ✗
	(b) hostile attitude ✗
	(c) uneasy 관계 ○
	(d) disappointment ✗

W It has become rather uncomfortable seeing Stephanie.
M What's wrong? You two are longtime friends, aren't you?
W Yeah, but she is constantly asking me to lend her money.
M You don't have to if you don't want to.
W I know, but I'm afraid she might take it the wrong way.
M Don't stress out over it. She'll understand.

Q. What is the main topic of the conversation?
(a) The woman's responsibility to lend her friend money
(b) Stephanie's hostile attitude toward the woman
(c) The woman's uneasy relationship with her friend
(d) Stephanie's disappointment over the woman's refusal

여 Stephanie를 보기가 되려 불편해졌어.
남 무슨 일이 있니? 너희 둘은 오랜 친구잖아, 그렇지 않니?
여 응. 하지만 그녀가 자꾸 나에게 돈을 빌려달라고 부탁해.
남 네가 원하지 않으면 안 해주면 되잖아.
여 나도 알아. 하지만 나는 그녀가 오해할까봐 염려스러워.
남 그걸로 스트레스 받지 마. 그녀는 이해할 거야.

Q. 대화의 주제는 무엇인가?
(a) 여자가 그녀의 친구에게 돈을 빌려줘야 할 의무감
(b) 여자를 향한 Stephanie의 적대적인 태도
(c) 여자와 그녀의 친구 간의 불편한 관계
(d) 여자의 거절로 인한 Stephanie의 실망

해설 대화의 목적은 여자가 그녀의 친구인 Stephanie와의 우정 관계가 불편해진 이유에 대해서 얘기하는 것이기 때문에 (c)가 정답이다.

⚠ 오답 피하기
(a)는 responsibility라 하여 오답이다. 돈을 빌려줘야 한다고 말하지 않는다.
(b)는 hostile attitude라 하여 오답이다. Stephanie의 태도에 대해서 언급하지 않는다.
(d)는 disappointment라 하여 오답이다. 친구가 실망했다고 언급하지 않는다.

■ constantly 지속적으로 lend 빌려주다 take it the wrong way 오해하다 hostile 비우호적으로, 적대적으로 uneasy 불편한

02.

1st	여자, 베이징, architect, 3년
	move to 베이징, 건축가 기회
	(a) construction projects ✗
2nd	(b) purpose, moving ○
	(c) hardships ✗
	(d) booming construction industry ✗

M May I ask why you chose to move to Beijing?
W There are a lot of opportunities in China for architects.
M I heard about that too. Is it true?
W It is. I'll be tied up for at least three years.
M But wouldn't you miss home?
W Yeah, but I can travel back every now and then.

Q. What is the conversation mainly about?
(a) Construction projects in other countries
(b) The purpose of the woman moving to China
(c) The hardships involved in living in China
(d) The booming construction industry in China

남 왜 베이징으로 이사할 결정을 하셨는지 물어봐도 될까요?
여 중국에는 건축가를 위한 기회가 많아요.
남 저도 들었어요. 정말인가요?
여 맞아요. 최소한 3년 동안은 바쁠 거예요.
남 하지만 집이 그립지는 않을까요?
여 그렇겠죠, 하지만 가끔 한번씩 돌아올 수 있어요.

Q. 대화는 주로 무엇에 관한 것인가?
(a) 다른 나라에서 진행되는 건축 프로젝트들
(b) 여자가 중국으로 이사하는 목적
(c) 중국에서 사는 것과 관련한 어려움
(d) 급속히 발전하는 중국의 건설 산업

해설 대화의 목적은 여자가 중국으로 이사하는 이유를 말하는 것이므로 (b)가 정답이다.

⚠ 오답 피하기
(a)는 construction projects라 하여 오답이다. 건축가를 위한 기회가

언급되긴 했지만 세부 내용이다.
(c)는 hardships라 하여 오답이다. 여자는 어려움에 대해서 언급하지 않았다.
(d)는 booming construction industry라 하여 오답이다. 건설 산업에 대해서 말하고 있는 것이 아니라 여자의 이사에 대해서 말한다.

■ opportunity 기회   architect 건축가   purpose 목적   hardship 어려움   booming 급속히 발전하는   industry 산업

03.

1st	result, 콜레스테롤↑, 음식 주의
	test result, 콜레스테롤↑, 음식, 운동
	(a) problems, high cholesterol level ×
2nd	(b) follow-up appointment ×
	(c) eating habits ×
	(d) result, 건강 검진 O

W Hi, Mr. Robinson. Please have a seat.
M Hello, Dr. Jones. Is everything okay with me?
W Yes. Just that the test results show a slightly elevated cholesterol level.
M Is it something I should be worried about?
W Not really. It's close to the normal range. Just watch what you're eating.
M I will, and I promise to exercise regularly too.

Q. What is the conversation mainly about?
(a) The health problems related to high cholesterol level
(b) The arrangement of a follow-up appointment
(c) The man's concern about his eating habits
(d) The result of the man's health report

여 안녕하세요, Robinson 씨. 앉으세요.
남 안녕하세요, Jones 박사님. 다 괜찮은 건가요?
여 네. 단지 검사 결과 콜레스테롤 수치가 약간 높습니다.
남 제가 걱정해야 할 정도인가요?
여 꼭 그렇지는 않아요. 정상 범주에 가깝습니다. 먹는 것만 조심하세요.
남 그럴게요, 그리고 운동도 주기적으로 할게요.

Q. 대화는 주로 무엇에 관한 것인가?
(a) 높은 콜레스테롤 수치로 인한 문제
(b) 다음 진료 예약
(c) 남자의 식습관에 대한 걱정
(d) 남자의 건강 검진 결과

해설 대화의 목적은 의사로부터 검사 결과를 듣는 것이기 때문에 정답은 (d)이다.

⚠ 오답 피하기
(a)는 problems, high cholesterol level이라 하여 오답이다. 높은 콜레스테롤로 인한 건강상 문제가 있다고 언급하지 않는다.
(b)는 follow-up appointment라 하여 오답이다. 다음 예약을 하고 있는 것이 아니라 검사 결과를 듣는 것이 대화의 주제이다.

(c)는 eating habit이라 하여 오답이다. 남자의 식습관에 대해서만 말하는 것이 아니라 검사 결과 전반에 관해 이야기한다.

■ have a seat 자리에 앉다   slightly 약간   elevated 높은   normal range 정상 범위   regularly 주기적으로   arrangement 일정   follow-up appointment 다음 예약

04.

1st	interviewees, nervous, 여 second, 남 first
	interviewees, last X, first shined through
	(a) opinion, 지원자 O
2nd	(b) desirable qualities ×
	(c) they just hired ×
	(d) best way ×

M So, what did you think of the interviewees?
W It's not easy, but the last candidate didn't carry himself well.
M You're right. He seemed too nervous and inexperienced.
W Well, if it were up to me, I'd go for the second applicant.
M For me, the first one shined through the most.
W Actually, come to think of it, you might be right.

Q. What are the man and woman mainly discussing?
(a) Their opinions of the job applicants
(b) Desirable qualities for the given position
(c) Their thoughts on the new employee they just hired
(d) The best way to carry oneself in an interview

남 그래서 면접 대상자들은 어떤 것 같아요?
여 쉽지 않네요. 하지만 마지막 지원자는 처신이 단정하지 않았어요.
남 맞아요. 그는 너무 긴장했고 경험이 없어 보였어요.
여 음, 저에게 선택권이 있다면 두 번째 지원자를 선택하겠어요.
남 저는 첫 번째 지원자가 가장 눈에 띄었어요.
여 사실, 생각해보니 당신이 맞는 것 같네요.

Q. 남자와 여자가 주로 논의하고 있는 것은?
(a) 구직자들에 대한 그들의 의견
(b) 주어진 자리를 위한 필요한 능력들
(c) 방금 고용한 새로운 직원에 대한 그들의 생각
(d) 면접에서 처신하는 가장 좋은 방법

해설 대화의 목적은 면접 대상자들에 대한 의견을 나누는 것이기 때문에 (a)가 정답이다.

⚠ 오답 피하기
(b)는 desirable qualities라 하여 오답이다. 지원자들에 대해서 말하고 있지 요구되는 능력에 대해서 말하지는 않는다.
(c)는 they just hired라 하여 오답이다. 아직 고용은 하지 않았다.
(d)는 best way라 하여 오답이다. 지원자들에 대한 의견을 나누고 있다.

■ interviewee 면접 대상자   candidate 지원자   carry oneself 행동하다, 처신하다   inexperienced 경험이 없는   if it were up to me 나에게 선택권이 있다면   shine through 눈에 띄다   come to think of it 생각해보니

appointment 약속   stay overnight 하루 밤을 지내다   agenda 의제   adjust 변경하다

05.

1st	남자, 내일 2개 일정-lunch 미팅, 2시
	내일, 남자, lunch 미팅, 2시, 마지막 취소됨
2nd	(a) scheduling multiple appointments ✕
	(b) agenda ✕
	(c) man's schedule ○
	(d) adjusting, schedule ✕

W Honey, do you have any appointments tomorrow?
M Yes, I have two. I'm taking the train down at nine in the morning.
W Will you be staying overnight?
M It won't be necessary. I will have one lunch meeting and another at 2 o'clock.
W I see. But I thought you had three meetings.
M You're right, I did. But the last one got cancelled.

Q. What is the main topic of the conversation?
(a) Scheduling multiple appointments in one day
(b) The agenda of the man's lunch meeting tomorrow
(c) **The man's schedule for several meetings the next day**
(d) Adjusting the man's schedule due to a cancelled meeting

여 여보, 내일 일정 있어요?
남 응, 2개 있어요. 아침 9시에 기차를 타고 갈 거예요.
여 하루 밤 자고 돌아올 건가요?
남 그럴 필요는 없을 거 같아요. 점심 미팅이 있고, 2시에 미팅이 하나 더 있어요.
여 알겠어요. 그런데 저는 미팅이 3개 있는 줄 알았어요.
남 맞아요, 그랬죠. 그런데 하나는 취소되었어요.

Q. 대화의 주제는 무엇인가?
(a) 하루에 여러 개의 약속을 계획하는 것
(b) 남자의 내일 점심 미팅의 의제
(c) 다음 날의 여러 미팅을 위한 남자의 스케줄
(d) 취소된 미팅으로 인한 남자의 스케줄 변경

해설 대화의 목적은 남자의 미팅 스케줄에 대해서 말하는 것이기 때문에 **(c)가 정답**이다.

⚠ 오답 피하기
(a)는 scheduling multiple appointments라 하여 오답이다. 남자의 스케줄이 어떤지 말하는 것이지 하루에 많은 스케줄을 짜는 것에 대해서 설명하지는 않는다.
(b)는 agenda라 하여 오답이다. 의제는 언급하지 않는다.
(d)는 adjusting, schedule이라 하여 오답이다. 주로 말한 것은 남자의 전반적인 스케줄이지 미팅 취소로 인한 스케줄 변경이 아니다.

2. 남자 또는 여자에 대해 묻는 문제

★ Check-Up   본문 p. 146

01 (b)   02 (c)   03 (b)   04 (c)   05 (d)

01.

1st	plans, 연주회 티켓, 같이 가자
	plans, symphony, go with me, excited
2nd	(a) participate ✕
	(b) inviting ○
	(c) man's reaction to the symphony ✕
	(d) information about the concert ✕

W Do you have any plans for Wednesday evening, Sam?
M Not really. What did you have in mind?
W Someone just gave me tickets to the symphony.
M I love classical music.
W I remembered that, so I thought of asking you to go with me.
M I'm so excited. I'll be ready for it.

Q. What is the woman mainly doing in the conversation?
(a) She is asking the man to participate in a symphony.
(b) **She is inviting the man to a concert.**
(c) She is gauging the man's reaction to the symphony.
(d) She is requesting information about the concert from the man.

여 수요일 저녁에 무슨 계획 있니, Sam?
남 아니. 염두에 둔 거라도 있어?
여 누가 교향악단 티켓을 방금 내게 주었어.
남 난 클래식 음악을 정말 좋아해
여 그게 기억나서 너한테 같이 가자고 하려고 한 거야.
남 정말 신난다. 준비하고 있을게.

Q. 대화에서 여자가 주로 하고 있는 것은?
(a) 남자가 교향악단에 참여할 것을 부탁하고 있다.
(b) 남자를 콘서트에 초대하고 있다.
(c) 교향악단에 대한 남자의 반응을 판단하고 있다.
(d) 콘서트에 대한 정보를 남자에게 요구하고 있다.

해설 여자의 목적은 남자에게 교향악단 콘서트에 같이 가자고 하려는 것이므로 **(b)가 정답**이다.

⚠ 오답 피하기
(a)는 participate in이라 하여 오답이다. 같이 가자고 하는 것이지 공연을 하라고 요청하는 것이 아니다.

(c)는 man's reaction to the symphony라 하여 오답이다. 아직 콘서트를 보기 전이므로 '반응'이 있을 수 없다.
(d)는 information about the concert라 하여 오답이다. 남자가 갈 수 있는지를 물어보는 것이지 콘서트에 대해서 물어보는 것이 아니다.

■ have in mind ~을 염두에 두다, 생각하다 symphony 교향악단 gauge 판단하다, 측정하다

02.

1st	먹으러 가자, 비, fine, umbrella	
	grab a bite, w-rain X, m-fine	
2nd	(a) update, changes in the forecast	✗
	(b) encourage, bring umbrella	✗
	(c) eat outside	○
	(d) consider another restaurant	✗

M Let's go grab a bite on the patio at Danny's Burgers.
W But it looks like it's going to rain.
M It's a bit cloudy, but I doubt it'll rain.
W I just don't want to get wet, that's all.
M Don't worry. We should be fine.
W Okay. But let me get my umbrella just in case.

Q. What is the man mainly trying to do?
(a) Update the woman of changes in the forecast
(b) Encourage the woman to bring her umbrella
(c) Convince the woman to eat outside
(d) Persuade the woman to consider another restaurant

남 Danny's Burgers의 테라스에서 뭘 좀 간단히 먹자.
여 하지만 비가 내릴 것 같아.
남 구름이 조금 끼긴 했지만 비가 올 것 같지 않아.
여 나는 그저 젖고 싶지 않아. 그게 다야.
남 걱정 마. 우리는 괜찮을 거야.
여 좋아. 하지만 만약의 경우를 대비해 우산을 챙길게.

Q. 남자가 주로 하려고 하는 것은?
(a) 일기 예보의 변화를 여자에게 알려주는 것
(b) 여자가 우산을 가져오도록 하는 것
(c) 외식하도록 여자를 설득하는 것
(d) 여자가 다른 식당을 생각해보도록 설득하는 것

해설 남자의 목적은 여자에게 외식을 제안한 후 비가 와도 괜찮을 거라고 하며 설득하는 것이기 때문에 **(c)가 정답**이다.

⚠ 오답 피하기
(a)는 update, changes in the forecast라 하여 오답이다. 날씨가 언급되긴 하지만 일기 예보 변화를 알려주려는 목적은 아니다.
(b)는 encourage, bring her umbrella라 하여 오답이다. 여자가 자발적으로 우산을 챙기겠다고 했다.
(d)는 consider another restaurant라 하여 오답이다. 다른 식당을 고

르도록 설득하고 있지 않다.

■ grab a bite 간단히 먹다 patio 테라스 doubt 의심하다 just in case 만약을 대비해서 forecast (날씨의) 예보 convince 설득하다 persuade 설득하다

03.

1st	아빠, 병원, 여자를 보고 싶어 함	
	see dad, make time, ask for 여자	
	(a) take her father to the hospital	✗
2nd	**(b) suggesting, visit, family**	○
	(c) go see a doctor	✗
	(d) notifying	✗

M Why haven't you gone to see Dad in the hospital?
W Well, it's been hectic at work these days.
M Still, you should make time on the weekend or something.
W Why? Has his health been getting worse?
M No, but he did ask for you.
W Oh, really? Then, I'll try to visit him next week.

Q. What is the man mainly doing?
(a) Advising the woman to take her father to the hospital
(b) Suggesting the woman visit her ill family member
(c) Encouraging the woman to go see a doctor
(d) Notifying the woman of her father's deteriorating health

남 왜 너는 병원으로 아버지를 뵈러 가지 않았니?
여 음, 요즘 회사에서 너무 바빴어.
남 그래도, 너는 주말이나 언제 시간을 내야 해.
여 왜? 아버지의 건강이 더 안 좋아지고 있어?
남 아니, 하지만 너를 찾으셨어.
여 아, 정말? 그럼 다음주에 뵈러 가도록 해볼게.

Q. 남자가 주로 하고 있는 것은?
(a) 여자에게 그녀의 아버지를 병원에 모시고 가도록 조언하는 것
(b) 여자가 그녀의 아픈 가족 구성원을 방문하도록 제안하는 것
(c) 여자가 병원에 가도록 권장하는 것
(d) 여자에게 그녀의 아버지의 악화되는 건강을 알려주는 것

해설 남자의 목적은 여자에게 병원에 있는 아버지를 만나러 가라고 말하는 것이므로 **(b)가 정답**이다.

⚠ 오답 피하기
(a)는 take her father to the hospital이라 하여 오답이다. 모시고 가는 것이 아니라 병문안을 가라고 조언하고 있다.
(c)는 go see a doctor라 하여 오답이다. 여자가 의사를 만나러 가야 하는 것이 아니다.
(d)는 notifying이라 하여 오답이다. 병원에 있는 아버지를 보러 가라고 하고 있지 건강이 악화되었다는 것을 알려주려는 것이 주 목적은 아

니다.

■ hectic 바쁜 make time 시간을 내다 get worse 악화되다 ill 아픈 encourage 격려하다 notify 알리다 deteriorate 악화되다

04.

1st	랩탑 slow, 바이러스, 많은 프로그램, delete	
	m-랩탑 slow, w-바이러스, try deleting	
2nd	(a) showing how to remove	×
	(b) upgrading	×
	(c) proposing ways, 컴퓨터 문제	O
	(d) explaining why	×

M My laptop is really slow for some reason.
W Your computer might be infected with a virus.
M But I have an anti-virus program installed.
W It could be that it's running too many programs all at once.
M I shut down idle software programs, but it's still slow.
W Maybe you should try deleting them completely.

Q. What is the woman mainly doing?
(a) Showing how to remove idle software programs
(b) Providing tips for upgrading the man's computer
(c) Proposing ways to fix the man's computer problem
(d) Explaining why the man's computer is slowing down

남 내 노트북이 어떤 이유 때문인지 정말 느려.
여 너의 컴퓨터는 바이러스에 걸렸을 수도 있어.
남 하지만 나는 바이러스 방어 프로그램을 깔아놨는 걸.
여 한 번에 너무 많은 창을 켜서 그럴 수 있어.
남 아무 것도 하지 않고 돌아가는 소프트웨어 프로그램을 닫았지만 여전히 느려.
여 그것들을 완전히 삭제해보도록 해.

Q. 여자가 주로 하고 있는 것은?
(a) 아무 것도 하지 않고 돌아가는 소프트웨어 프로그램을 제거하는 법을 보여주는 것
(b) 남자의 컴퓨터를 업그레이드 할 수 있도록 조언해주는 것
(c) 남자의 컴퓨터 문제를 해결하기 위한 방법들을 제안하는 것
(d) 남자의 컴퓨터가 느려지고 있는 이유를 설명하는 것

해설 여자의 목적은 남자의 컴퓨터 문제를 어떻게 해결할 수 있는지에 대한 몇 가지 방안들을 설명해주는 것이므로 **(c)가 정답**이다.

⚠ 오답 피하기
(a)는 showing how to remove라 하여 오답이다. 삭제하라고 제안했지만 그 방법을 알려주지는 않았다.
(b)는 upgrading이라 하여 오답이다. 여자는 업그레이드에 대해서 언급하지 않는다.

(d)는 explaining why라 하여 오답이다. 남자의 컴퓨터가 느려진 정확한 이유를 설명하는 것이 아니라 해결할 수 있는 방법을 제안하는 것이다.

■ infect 감염시키다 at once 한 번에 shut down 끄다, 닫다 idle software program 아무것도 하지 않고 돌아가는 프로그램

05.

1st	moving to suburbs, 렌트 ↑, savings 깨야 함	
	w-can't afford rent, savings	
	(a) influx of people, suburbs	×
2nd	(b) decreasing, housing	×
	(c) benefits, suburbs	×
	(d) exorbitant cost, city	O

W I'm thinking of moving to the suburbs.
M Why? Don't you like the downtown location you're in now?
W Well, I do, but I can't afford the rising rent.
M I know what you mean. Prices have spiked in the past few months.
W Unless my parents help me out, I'll have to pull from my savings.
M I guess it's better to move then.

Q. What is the woman's main point?
(a) The huge influx of people into the suburbs
(b) The decreasing amount of housing in the city
(c) The benefits of living in the suburbs
(d) The exorbitant cost of living in the city

여 나는 교외 지역으로 이사 갈까 생각 중이야.
남 왜? 네가 지금 살고 있는 시내 위치가 좋지 않니?
여 음, 좋아. 하지만 올라가는 방세를 감당할 수 없어.
남 나도 무슨 말인지 알아. 지난 몇 달 동안 가격이 급격하게 올랐어.
여 우리 부모님이 도와주지 않을 경우에는 나는 내가 저금했던 돈을 뽑아야 해.
남 그렇다면 이사하는 것이 낫겠다.

Q. 여자의 요점은?
(a) 교외 지역으로의 사람들의 많은 유입
(b) 도시 주택의 감소하는 양
(c) 교외 지역에서 사는 것의 장점
(d) 도시에서 사는 것의 엄청난 생활비

해설 여자의 목적은 도시에서 사는 것이 너무 비싸다는 것을 설명하는 것이기 때문에 **(d)가 정답**이다.

⚠ 오답 피하기
(a)는 influx of people, suburbs라 하여 오답이다. 사람들의 유입에 대해서 설명하는 것이 목적이 아니다.
(b)는 decreasing, housing이라 하여 오답이다. 주택 공급량에 대해서는 전혀 언급되지 않았다.

(c)는 benefits, suburbs라 하여 오답이다. 교외에서 사는 것의 장점보다는 도시에서 떠날 수밖에 없는 이유를 설명하고 있다.
■ suburbs 교외 afford ~할 여유가 있다 spike 급격하게 오르다 savings 저축한 돈 influx 유입 exorbitant 터무니 없는, 엄청난

Unit Test
본문 p. 148

01 (a)	02 (c)	03 (b)	04 (b)	05 (a)
06 (a)	07 (c)	08 (b)	09 (a)	10 (d)
11 (b)	12 (c)	13 (d)	14 (c)	15 (b)

01.

W Max, last night was your first solo, right?
M Yes, but I don't think I performed well.
W Didn't you practice for weeks?
M Yeah, but I froze once I got on stage.
W All that practice won't matter if you fail to perform.
M I know. It was embarrassing.

Q. What are the woman and man mainly discussing?
(a) The man's disappointing performance
(b) The man's practice schedule
(c) How the man should prepare for his debut
(d) Why the man could not perform on stage

여 Max, 어젯밤이 처음으로 하는 솔로였지?
남 응, 근데 난 별로 공연을 잘하지 못했어.
여 몇 주 동안 연습하지 않았어?
남 응, 하지만 무대에 선 순간 얼어버렸어.
여 공연을 못하면 그 많은 연습은 의미가 없어.
남 알아. 아주 창피했어.

Q. 여자와 남자가 주로 논의하는 것은?
(a) 남자의 실망스러운 공연
(b) 남자의 연습 스케줄
(c) 남자가 어떻게 데뷔를 준비해야 하는지
(d) 왜 남자가 무대에서 공연을 할 수 없었는지

해설 대화의 목적은 남자의 잘 하지 못한 공연에 대해서 말하는 것이기 때문에 (a)가 정답이다.
⚠ 오답 피하기
(b)는 practice schedule이라 하여 오답이다. 연습은 많이 했다고는 했지만 세부 내용이다.
(c)는 prepare for his debut라 하여 오답이다. 남자는 이미 처음으로 하는 솔로 공연을 마친 상태이다.
(d)는 why, could not perform이라 하여 오답이다. 남자는 이미 공연을 했다고 했다.
■ freeze (긴장감으로) 얼어붙다 embarrassing 창피한 debut 데뷔, 첫 출연

02.

M Excuse me. This isn't the salad I ordered.
W Really? Which one did you order?
M The one with the tomatoes and basil.
W Oh, the caprese salad. That's what you have there.
M But I don't like cheese, and this has cheese.
W Okay, let me make you one without cheese then.

Q. What is the conversation mainly about?
(a) The ingredients in a caprese salad
(b) The mistake in the man's order
(c) The man's request for a change to his salad
(d) The man's dislike of cheese

남 실례합니다. 이건 제가 시킨 샐러드가 아니에요.
여 정말요? 어떤 것을 주문하셨나요?
남 토마토와 바질이 있는 것을 주문했어요.
여 아, 카프레제 샐러드네요. 그게 주문하신 음식 맞습니다.
남 하지만 저는 치즈를 좋아하지 않는데 여기에 치즈가 있어요.
여 네, 그럼 치즈가 없는 것으로 만들어 드리겠습니다.

Q. 대화의 주제는 무엇인가?
(a) 카프레제 샐러드에 들어가는 재료
(b) 남자의 주문 실수
(c) 남자의 샐러드 변경 요청
(d) 남자가 치즈를 싫어함

해설 대화의 목적은 남자의 샐러드에서 치즈를 빼 달라고 요청하는 것이기 때문에 (c)가 정답이다.
⚠ 오답 피하기
(a)는 ingredients라 하여 오답이다. 샐러드에 들어가는 재료에 대해서 말하고 있는 것이 아니라 자신이 주문한 샐러드에서 치즈를 빼 달라고 요청하는 것이다.
(b)는 mistake라 하여 오답이다. 주문에 실수가 있었던 것은 아니다.
(d)는 dislike of cheese라 하여 오답이다. 치즈를 싫어하는 것은 맞지만 대화의 세부 내용이다.
■ ingredient 재료

03.

W Do you like to travel by train in Europe, Bill?
M Yes, I prefer it. You can see so much more.
W Which countries have you been to by train?
M Italy, France, Germany, and Switzerland.
W What about Spain?
M I've been there as well. I especially liked Barcelona.

Q. What are the woman and man mainly talking about?
(a) Why traveling by train is more convenient
(b) The countries the man has visited by train in Europe
(c) The countries the man recommends visiting

(d) The man's preference for the European train system

여 Bill, 유럽에서 기차로 여행하는 거 좋아해?
남 응, 그걸 선호해. 훨씬 더 많은 것을 볼 수 있어.
여 기차로 어느 나라들을 가봤어?
남 이탈리아, 프랑스, 독일과 스위스에 가봤어.
여 스페인은?
남 거기도 가봤어. 나는 특히 바르셀로나가 좋았어.

Q. 여자와 남자가 주로 말하고 있는 것은?
(a) 왜 기차로 여행하는 것이 더 편리한지
(b) 남자가 기차로 방문한 국가들
(c) 남자가 방문을 추천하는 국가들
(d) 유럽의 기차 시스템에 대한 남자의 선호

해설 대화의 목적은 남자가 기차로 유럽의 어느 나라들을 다녔는지 말하는 것이기 때문에 (b)가 정답이다.

⚠ 오답 피하기
(a)는 more convenient라 하여 오답이다. 기차 여행이 더 편하다고 언급하지는 않았다.
(c)는 recommends visiting이라 하여 오답이다. 남자가 여행했던 유럽 국가들을 언급하는 것이지 여행지를 추천하고 있는 것은 아니다.
(d)는 preference라 하여 오답이다. 유럽 기차 시스템이 아니라 기차로 어디를 다녔는지 말하고 있다.

■ especially 특히   preference 선호

04.

M I knew when I bought that birthday gift for my dad, he wouldn't like it.
W Well, were you right?
M Unfortunately, yes. He said it's too fancy.
W Oh, so what are you going to do with it?
M I like it, so I'm going to keep it for myself.
W Good thinking. Might as well use it.

Q. What is the man mainly talking about in the conversation?
(a) The gift the man's father gave him for his birthday
(b) How his father did not appreciate the gift he got
(c) His decision to keep the gift for himself
(d) How difficult it is to buy birthday gifts for others

남 난 아버지 생일 선물을 살 때 그가 좋아하지 않을 것이라는 걸 알았어.
여 네 느낌이 맞았던 거야?
남 안타깝게도 그랬어. 아버지는 그게 너무 화려하다고 했어.
여 아, 그럼 그것을 어떻게 할 거야?
남 난 그게 좋아, 그래서 내가 가질 거야.
여 좋은 생각이다. 그것을 쓰는 편이 낫겠다.

Q. 대화에서 남자가 주로 말하고 있는 것은?
(a) 생일에 아버지가 그에게 준 선물
(b) 그가 산 선물을 그의 아버지가 얼마나 좋아하지 않았는지
(c) 선물을 그가 간직하기로 한 결정
(d) 타인에게 줄 선물 구매가 얼마나 어려운지

해설 대화의 목적은 남자의 아버지가 남자가 사준 선물에 대해서 좋아하지 않았다고 말하는 것이므로 (b)가 정답이다.

⚠ 오답 피하기
(a)는 the man's father gave him이라 하여 오답이다. 남자가 아버지에게 선물을 한 것이다.
(c)는 decision, keep the gift라 하여 오답이다. 남자가 가지겠다고 언급을 하긴 하지만 내용의 일부이고 주로 말한 내용은 아버지에게 사준 선물에 대한 전반적인 내용이다.
(d)는 difficult, buy for others라 하여 오답이다. 남들을 위해서 선물을 사주는 것이 힘들다는 것이 아니라 아버지가 선물을 좋아하지 않았다는 것이다.

■ fancy 화려한, 값비싼   for oneself 스스로를 위해서   might as well ~하는 편이 낫다

05.

W Todd's work anniversary is next week.
M That's right. It's this Thursday to be exact. Let's get him something to celebrate.
W What should we get him?
M What about a company trophy and a souvenir?
W Good idea. I'll make a request for a custom engraved trophy.
M Okay. I'll order a golf club with a company logo on it since he likes golf.

Q. What are the woman and the man mainly discussing?
(a) Preparing for a colleague's retirement party
(b) Planning for an upcoming company anniversary event
(c) Celebrating a special occasion for a coworker
(d) Selecting anniversary gifts for company employees

여 Todd의 입사 기념일이 다음 주에요.
남 맞아요. 정확히 목요일입니다. 축하할 뭔가를 사줍시다.
여 무엇을 사줄까요?
남 회사 트로피와 기념품은 어떨까요?
여 좋은 생각이에요. 제가 맞춤 조각한 트로피를 요청할게요.
남 좋아요. 그가 골프를 좋아하니까 저는 회사 로고가 있는 골프채를 주문할게요.

Q. 대화에서 여자와 남자가 주로 논의하고 있는 것은?
(a) 동료의 은퇴 파티를 준비하는 것
(b) 다가오는 회사 기념일 행사를 준비하는 것
(c) 동료를 위해서 특별한 날을 축하하는 것
(d) 회사 직원들을 위한 기념일 선물을 선택하는 것

해설 대화의 목적은 Todd의 입사 기념일에 무엇을 해줄지 말하는 것이기 때문에 **(c)가 정답**이다.

⚠️ 오답 피하기

(a)는 retirement party라 하여 오답이다. 입사 기념일에 대해서 말하는 것이지 은퇴 파티에 대해서 말하는 것이 아니다.
(b)는 company anniversary라 하여 오답이다. 동료의 입사 기념일이지 회사 기념일이 아니다.
(d)는 company employees라 하여 오답이다. Todd를 위한 것이지 직원 모두를 위한 것이 아니다.

■ work anniversary 입사 기념일 souvenir 기념품 a custom engraved 맞춤 조각한 retirement 은퇴 upcoming 다가오는

06.

M Hey, I'm moving to the city next week.
W Really? Why the move all of a sudden?
M I found a job. It's not much, but it's better than nothing.
W How are you going to pay for rent? Everything's steep there.
M It's going to be tight, but I'm sure I can get by.
W Well, keep in touch and let me know how you're doing.

Q. What are the man and woman discussing?
(a) The man's reason to live in the city
(b) The high cost of living in the city
(c) The man's transfer to another branch office
(d) The employment opportunities in the city

남 있잖아, 나 다음 주에 도시로 이사가.
여 정말? 갑자기 왜 이사가?
남 직장을 구했어. 별거 아니지만 없는 것보다는 낫지.
여 집세는 어떻게 내려고? 거기는 모든 것이 터무니없이 비싸잖아.
남 빡빡할 것 같지만 버틸 수 있을 거라 확신해.
여 그래. 연락을 주고받고 네가 어떻게 지내는지 알려줘.

Q. 남자와 여자가 논의하는 것은?
(a) 도시에서 살려고 하는 남자의 이유
(b) 도시에서의 높은 생활비
(c) 남자의 다른 지점으로의 전근
(d) 도시에서의 고용 기회

해설 대화의 목적은 남자가 취업을 해서 도시에서 살기로 결정한 것에 대해 말하는 것이기 때문에 **(a)가 정답**이다.

⚠️ 오답 피하기

(b)는 high cost of living이라 하여 오답이다. 도시에서 살기 비싸다고 말하지만 세부 내용이다.
(c)는 another branch office라 하여 오답이다. 취업했다고 했지 다른 지점으로 전근 간다고 하지 않았다.
(d)는 employment opportunity라 하여 오답이다. 취업이 되었다고 말하지만 고용 기회 자체에 대해서는 언급이 없다.

■ all of a sudden 갑자기 steep 터무니없이 비싼 keep in touch 연락을 주고받다 cost of living 생활비 transfer 전근 employment opportunity 고용 기회

07.

W Will the Smiths be joining the neighborhood picnic?
M Well, I invited Mr. Smith, but he said he needed to check with his wife.
W I hope they come so that they can meet everyone.
M Yeah. Everyone's so busy that it's hard to connect.
W That's why we're having these events.
M Yeah, it sure helped us when we were new to the neighborhood.

Q. What are the woman and man mainly doing?
(a) Mingling with neighbors at a picnic
(b) Planning to attend a picnic at a neighboring town
(c) Discussing the importance of attending social events
(d) Organizing a special event for the Smiths

여 마을주민 야외행사에 Smith 가족이 오나요?
남 음, 제가 Smith 씨를 초대했지만 그는 아내와 얘기해봐야 한다고 했어요.
여 그들이 와서 모든 사람들을 만날 수 있으면 좋겠네요.
남 네, 모두들 너무 바빠서 서로 교류하기가 힘들어요.
여 그래서 우리가 이런 행사들을 하는 거죠.
남 맞아요, 우리가 처음 이 동네로 이사 왔을 때 많은 도움이 됐어요.

Q. 대화에서 여자와 남자가 주로 하고 있는 것은?
(a) 피크닉에서 이웃들과 어울리기
(b) 이웃 동네에서 열리는 행사의 참여를 계획하기
(c) 사교 행사에 참여하는 것의 중요성 논의하기
(d) Smith 가족을 위한 특별한 행사 준비하기

해설 대화의 목적은 마을주민 야외행사에 참여하는 것의 좋은 점에 대해서 말하는 것이기 때문에 **(c)가 정답**이다.

⚠️ 오답 피하기

(a)는 mingling with neighbors라 하여 오답이다. 여자와 남자는 이웃과 어울리고 있는 것이 아니라 어울릴 수 있도록 행사를 개최하는 것에 대해서 의논하고 있는 것이다.
(b)는 attend, neighboring town이라 하여 오답이다. 다른 마을의 행사에 참여하는 것이 아니라 자신들의 동네에서 행사를 개최하는 것에 대해서 말하고 있다.
(d)는 for the Smiths라 하여 오답이다. Smith 가족만을 위한 행사가 아니다.

■ neighborhood picnic 마을주민 야외행사 organize 준비하다 mingle 어울리다 neighboring town 이웃 마을 social event 사교 행사

08.

M Ms. Lee, your new eyeglasses just arrived for you to pick up.
W Good. I can barely see with these old ones.

M I'm not surprised. You've had those for over three years.
W Yeah. How often should I get a new prescription?
M Well, you should have an annual checkup to assess any changes.
W I'll do that from now on.

Q. What is the conversation mainly about?
(a) Ways to improve the woman's impaired vision
(b) How the woman should take care of her vision
(c) Scheduling an annual eye checkup
(d) When to pick up the woman's glasses

남 Lee 씨, 당신의 안경이 방금 입고되었으니 가져가셔도 됩니다.
여 좋아요. 이 오래된 안경으로는 거의 안 보이네요.
남 그 안경을 3년이나 쓰셨으니 놀라운 일도 아니죠.
여 네, 얼마나 자주 안경을 바꿔야 하나요?
남 시력 변화가 있는지 알아보기 위해서 1년에 한 번씩 검사는 필요하죠.
여 지금부터는 그렇게 할게요.

Q. 대화의 주제는?
(a) 여자의 손상된 시력을 개선시킬 수 있는 방법들
(b) 여자가 어떻게 그녀의 시력을 관리해야 하는지
(c) 연례 눈 검사 일정을 잡는 것
(d) 언제 여자의 안경을 가지러 갈지

해설 대화의 목적은 여자가 어떻게 시력을 관리해야 하는지에 대해서 말하는 것이므로 **(b)가 정답**이다.

⚠ 오답 피하기
(a)는 impaired vision이라 하여 오답이다. 여자는 시력에 손상이 있는 것이 아니다.
(c)는 scheduling, eye checkup이라 하여 오답이다. 일정을 잡는 것에 대해서 말하고 있는 것이 아니라 시력을 어떻게 관리해야 하는지에 대해서 말한다.
(d)는 when to pick up이라 하여 오답이다. 안경을 가지러 가는 시점에 대해서는 말하고 있지 않다.

barely 거의 ~않는 prescription 처방전 assess 확인하다 from now on 지금부터 impaired 손상된 vision 시력 improve 개선하다 take care of 관리하다 checkup 검사

09.

W I understand you want to change apartments.
M I do, because my rent is just too high.
W The rents in my building are reasonable. Why don't you stop by?
M Is that right? Maybe I should check out the units there.
W It's on Maple Street. There are several vacancies.
M Thanks for the information. I'll go by there this Saturday.

Q. What is the woman mainly doing in the conversation?
(a) Suggesting a place to have a look at to the man
(b) Asking for help with her upcoming move
(c) Comparing rent prices with that of the man's apartment
(d) Complaining about the soaring rent

여 당신의 아파트를 바꾸고 싶으시다는 것을 들었어요.
남 네, 집세가 너무 비싸요.
여 제 빌딩의 집세는 합리적이에요. 한번 들르시는 게 어때요?
남 그런가요? 거기에 있는 집을 알아봐야겠네요.
여 건물은 Maple 가에 있어요. 몇 채의 빈집이 있어요.
남 고마워요. 이번 주 토요일에 가볼게요.

Q. 대화에서 여자가 주로 하고 있는 것은?
(a) 남자에게 봐야 할 집을 제안하는 것
(b) 곧 있을 그녀의 이사에 도움을 요청하는 것
(c) 남자의 아파트의 집세와 다른 집세 가격을 비교하는 것
(d) 집세 인상에 대해서 불평하는 것

해설 여자의 목적은 남자에게 자신의 건물을 보러 오라고 제안하는 것이므로 **(a)가 정답**이다.

⚠ 오답 피하기
(b)는 asking for help, move라 하여 오답이다. 여자는 이사를 하려고 하는 게 아니다.
(c)는 comparing rent prices라 하여 오답이다. 여자는 집세를 비교하는 것이 아니라 자신의 빌딩의 집세가 합리적이라고 말하고 있다.
(d)는 complaining이라 하여 오답이다. 여자가 아닌 남자가 불평을 하고 있는 것이다.

reasonable 합리적인 unit 주상복합의 한 집 vacancy 빈방 upcoming 다가오는, 곧 있을 soar 오르다, 상승하다

10.

M How do you manage to save money for emergencies?
W My bank offers separate accounts.
M How does that help you?
W Well, I have one account just for daily life and another for emergencies.
M So you make monthly deposits to each?
W Yeah, but not the same amounts every month.

Q. What is the conversation mainly about?
(a) Opening two types of bank accounts
(b) How to live on a limited budget
(c) Adjusting monthly savings amounts
(d) A strategy to allocate money for a crisis

남 넌 어떻게 긴급 상황을 위한 돈을 모으니?
여 내 은행이 별도의 계좌를 개설해줘.
남 그게 어떻게 도움이 돼?
여 음, 일상 생활을 위한 계좌가 하나 있고 긴급 상황을 위한 계좌가 하나 있어.

남 그럼 매달 각 계좌에 예금하는 거야?
여 응, 하지만 매달 같은 금액은 아니야.

Q. 대화의 주제는 무엇인가?
(a) 두 종류의 은행 계좌를 개설하는 것
(b) 한정된 예산으로 사는 방법
(c) 월별 예금 금액을 조정하는 것
(d) 위기를 위해 돈을 배분하는 전략

해설 대화의 목적은 긴급 상황을 위해 돈을 모으는 좋은 방법에 대해서 말하는 것이기 때문에 **(d)가 정답**이다.

⚠ 오답 피하기
(a)는 opening이라 하여 오답이다. 두 개의 계좌를 개설하는 것은 세부 내용이고 그것을 통해서 돈을 어떻게 모을 수 있는지 말하는 것이 주제이다.
(b)는 live on a limited budget이라 하여 오답이다. 한정된 예산으로 살아가는 방법을 설명하는 것이 아니라 돈을 모으는 것에 대해서 말하는 것이다.
(c)는 adjusting이라 하여 오답이다. 금액 조정은 언급을 했지만 세부 내용이고 결국 돈을 모으는 방법에 대해서 말하는 것이 주제이다.

manage 관리하다   account 은행 계좌   deposit 예금   budget 예산   adjust 조정하다   strategy 전략   allocate 배분하다   crisis 위기

11.

W You're not allowed to carry that bottle past security.
M But it's just mineral water.
W Well, you'll have to drink it here or throw it away.
M It hasn't been opened though.
W The regulation clearly stipulates that all liquids more than 100mL cannot be permitted.
M Okay. I'll just drink it then.

Q. What is the woman mainly doing in the conversation?
(a) Instructing the man about the updated airport policy
(b) Requesting the man to get rid of a prohibited item
(c) Conducting a thorough search of the man's belongings
(d) Demanding the man to present her the regulation

여 그 병을 가지고 보안을 통과할 수 없습니다.
남 그저 생수일 뿐인데요.
여 음. 여기서 드시거나 버리셔야 합니다.
남 그렇지만 개봉하지도 않았어요.
여 보안 정책상 모든 100mL 이상 되는 음료는 허용되지 않는다고 명시하고 있습니다.
남 알겠어요. 그럼 그냥 마실게요.

Q. 대화에서 여자가 주로 하는 것은?
(a) 새로운 공항 정책에 대해서 남자에게 가르쳐주는 것
(b) 남자에게 금지된 물건을 버릴 것을 요청하는 것
(c) 남자의 소지품을 철저하게 검사하는 것
(d) 규정을 보여줄 것을 남자에게 요구하는 것

해설 대화의 목적은 남자가 소지하고 있는 물이 보안상 소지할 수 없는 품목이라고 말하는 것이기 때문에 **(b)가 정답**이다.

⚠ 오답 피하기
(a)는 updated airport policy라 하여 오답이다. 새로운 정책에 대한 언급이 없었고 정책에 대해서 말하는 것이 아니라 물건에 대해서 말하고 있다.
(c)는 thorough search라 하여 오답이다. 여자는 남자의 물건을 검사하는 것이 아니라 소지하고 있는 물을 마시거나 버리라고 하고 있다.
(d)는 present the regulation이라 하여 오답이다. 여자는 남자에게 규정을 보여 달라고 하지 않는다.

carry 휴대하다   throw away 버리다   regulation 규정   stipulate 명시하다   liquid 액체   permit 허용하다   policy 정책   get rid of 버리다   prohibit 금지하다   thorough 철저한   belongings 소지품   demand 요구하다   present 보여주다, 제시하다

12.

M The printer doesn't seem to be working.
W Let me take a look.
M These three red lights are blinking.
W I see that. If I open this tray, I think I can find out why.
M Can you restore it?
W Sure. It's just a paper jam, that's all.

Q. What is the main topic of the conversation?
(a) Issues with a new printer
(b) Reasons for a paper jam
(c) Malfunctioning office equipment
(d) A dysfunctional workplace

남 프린터가 작동하지 않는 것 같아요.
여 제가 한번 볼게요.
남 이 3개의 빨간 불이 깜박거려요.
여 그러네요. 이 뚜껑을 열면 무슨 문제인지 알 수 있을 거 같아요.
남 고칠 수 있나요?
여 그럼요. 그냥 종이가 낀 거 뿐이에요.

Q. 대화의 주제는 무엇인가?
(a) 새 프린터와 관련된 문제들
(b) 종이가 걸린 이유들
(c) 오작동하는 사무실 장비
(d) 상태가 좋지 않은 작업공간

해설 오작동 프린터의 고장 원인과 해결 방법에 대해서 말하고 있으므로 **(c)가 정답**이다.

⚠ 오답 피하기
(a)는 new printer라 하여 오답이다. 새로운 프린터라고 설명하지 않는다.

(b)는 reasons라 하여 오답이다. 왜 종이가 걸렸는지 언급하지 않는다.
(d)는 workplace라 하여 오답이다. 작업공간이 아니라 프린터의 문제이다.

■ take a look 한번 보다, 확인하다 blink 깜박거리다 restore 복구하다, 고치다 paper jam 종이가 걸린 것 malfunction 오작동하다 dysfunctional 상태가 좋지 않은

13.

W Honey, could you drop off the laundry for me?
M Sure. I can do that on my way to work tomorrow.
W Oh, and make sure you use Cloud Laundry, not Joe's Laundry.
M Is there a particular reason?
W They offer discounts for regulars. Here's my membership card.
M I didn't know you could sign up for a membership.

Q. What is the conversation mainly about?
(a) How to be a registered member at Cloud Laundry
(b) What the man needs to bring to receive discounts
(c) Why Joe's Laundry is less steep than Cloud Laundry
(d) Where the woman wants the man to entrust her laundry

여 여보, 나를 위해 세탁물 좀 맡겨줄래요?
남 물론이죠. 내일 출근하면서 맡길게요.
여 아, 그리고 Cloud 세탁소에 꼭 맡겨줘요. Joe's 세탁소 말고요.
남 특정한 이유가 있어요?
여 그들은 단골들에게 할인해줘요. 여기 회원카드 있어요.
남 회원 가입을 할 수 있는 지 몰랐네요.

Q. 대화는 주로 무엇에 관한 것인가?
(a) 어떻게 Cloud Laundry에 등록된 회원이 될 수 있는지
(b) 할인을 받기 위해서 남자가 가지고 와야 하는 것
(c) 왜 Joe's Laundry가 Cloud Laundry보다 덜 비싼지
(d) 여자는 남자가 어디로 세탁물을 맡기기를 원하는지

해설 대화의 목적은 여자가 남자에게 특정한 세탁소에 세탁물을 맡기라고 부탁한 후 그 이유를 말해주는 것이기 때문에 **(d)가 정답**이다.

⚠ 오답 피하기
(a)는 how to be라 하여 오답이다. 어떻게 회원이 되는지에 대해서 말하고 있는 것이 아니라 세탁물을 어디에 맡기기를 원하는지 말하는 것이다.
(b)는 to receive discounts라 하여 오답이다. 회원카드를 소지할 경우 할인을 받을 수 있다고 하지만 그것은 세부 내용이고 주제는 Cloud Laundry에 남자의 세탁물을 맡기는 것이다.
(c)는 less steep이라 하여 오답이다. 두 군데의 세탁소의 가격 비교를 하고 있지 않다.

■ drop off 갖다 놓다 laundry 세탁물 sign up 가입하다 steep 비싼 entrust 맡기다

14.

M Let's go to Phil's party tomorrow night.
W I'm not sure if it'll be enjoyable.
M What do you mean?
W At the last party, people hardly showed up.
M That was on a weekday, that's why. It's going to be fun this time.
W Yeah, maybe you're right. I'll go this time then.

Q. What is the man mainly doing in the conversation?
(a) Asking the woman to take him to Phil's party
(b) Requesting information about a party tomorrow night
(c) Persuading the woman to join him in an evening event
(d) Complaining about the low attendance at the last party

남 내일 밤에 Phil의 파티에 가자.
여 재미있을지 모르겠어.
남 무슨 뜻이니?
여 저번 파티 때, 사람들이 거의 안 왔어.
남 그건 평일이어서 그런 거였어. 이번에는 재미있을 거야.
여 응. 네가 맞을 수도 있어. 그럼 이번에 한번 가볼게.

Q. 대화에서 남자가 주로 하는 것은?
(a) 여자에게 자신을 Phil의 파티에 데리고 갈 것을 부탁하는 것
(b) 내일 밤에 예정된 파티에 대한 정보를 요청하는 것
(c) 저녁 행사에 여자가 참여하도록 설득하는 것
(d) 지난 파티에서 저조한 참석률에 대해서 불평하는 것

해설 남자의 목적은 여자가 Phil의 파티에 가도록 설득하는 것이기 때문에 **(c)가 정답**이다.

⚠ 오답 피하기
(a)는 take him to Phil's party라 하여 오답이다. 남자의 의도는 자신을 데리고 가달라는 것이 아니라 같이 가자는 것이다.
(b)는 requesting information이라 하여 오답이다. 여자에게 파티에 대해서 물어보는 것이 아니다.
(d)는 last party이다. 지난 파티는 세부 내용이고 주로 대화한 것은 내일 밤에 예정된 Phil's party이다.

■ show up 나타나다, 참석하다 attendance 참석률

15.

W Jane Parker's chance of becoming the mayor seems dismal.
M I know. Her policies aren't detailed enough.
W Yeah. And she doesn't seem to have much conviction either.
M It's a shame because she seems to only have the big picture.
W She does need to refine her policies more.
M I hope she prepares more for her next debate.

Q. What is the conversation mainly about?
(a) The confidence Jane Parker has for her duty as a mayor
(b) The likelihood of Jane Parker becoming an elected official
(c) The inconsistent policies proposed by Jane Parker
(d) The odds in favor of Jane Parker winning the next debate

여 Jane Parker가 시장이 될 기회는 없을 것 같아.
남 맞아. 그녀의 정책들은 별로 구체적이지 않아.
여 응. 그리고 그녀는 강한 신념이 있어 보이지도 않아.
남 그녀가 큰 그림만 가지고 있는 것 같아 안타깝다.
여 그녀는 정책들을 더 다듬을 필요가 있어.
남 그녀가 다음 토론회에는 더 많은 준비를 하길 바라.

Q. 대화의 주제는?
(a) Jane Parker가 시장으로서 자신의 업무에 가지고 있는 자신감
(b) Jane Parker가 선출된 공무원이 될 가능성
(c) Jane Parker가 제안한 일관성이 없는 정책
(d) Jane Parker가 다음 토론을 이길 수 있는 가능성

해설 대화의 목적은 Jake Parker가 시장이 될 가능성에 대해서 말하는 것이기 때문에 **(b)**가 정답이다.

⚠ 오답 피하기
(a)는 confidence라 하여 오답이다. Jake Parker가 시장으로서 얼마나 자신감이 있는지는 언급하지 않는다.
(c)는 inconsistent policies라 하여 오답이다. 정책이 미흡하다고 했지만 일관성이 없다고 하지 않으며, 정책은 세부 내용이다.
(d)는 winning the next debate라 하여 오답이다. 선거를 이길 가능성에 대해서 말하는 것이지 토론을 이길 가능성을 말하는 것은 아니다.

■ mayor 시장 dismal 비참한, 형편없는 conviction 신념 refine 개선하다 debate 토론 duty 업무 likelihood 가능성 elected 선출된 official 공무원 inconsistent 일관성 없는 propose 제안하다 odds 가능성

Unit 02 세부 내용 문제

1. Correct 문제

✓ Check-Up   본문 p. 152

| 01 (c) | 02 (b) | 03 (c) | 04 (d) | 05 (d) |

01.

1st	보일러 X, 작년 점검, 전화하자
	furnace shut down, 매해 점검, sth wrong
2nd	(a) had not fixed ✗
	(b) not turn on ✗

2nd	(c) serviced, 1년 전 ○
	(d) will buy ✗

M The furnace keeps shutting down and it ends up freezing in here.
W [문제점] Didn't we just get it looked at last year?
M [문제점] Yeah, it seems like we're getting it serviced every year.
W The repairman said it'll work fine for several years.
M Then, it could be that we're doing something wrong.
W Let's give him a call and ask.

Q. Which is correct according to the conversation?
(a) The repairman had not fixed the problem.
(b) The furnace does not turn on.
(c) The furnace was serviced a year ago.
(d) The man and woman will buy a new furnace.

남 보일러가 자꾸 꺼져서 안이 추워져.
여 작년에 점검받지 않았니?
남 응. 매년 점검을 받고 있는 것 같아.
여 수리공이 몇 년 동안 잘 작동할 거라 했는데.
남 그러면, 우리가 뭔가 잘못하고 있는 것일 수도 있어.
여 그에게 전화해서 물어보자.

Q. 대화에 따르면 옳은 것은?
(a) 수리공이 문제를 해결하지 않았었다.
(b) 보일러가 켜지지 않는다.
(c) 보일러는 1년 전에 점검을 받았다.
(d) 남자와 여자는 새로운 보일러를 구매할 것이다.

해설 보일러를 매년 점검 받고 작년에도 받았다고 했으므로 **(c)**가 정답이다.

⚠ 오답 피하기
(a)는 수리공이 점검을 했지만 문제가 생긴 것이므로 오답이다.
(b)는 not turn on이라 하여 오답이다. 켜지는데 자꾸 꺼지는 것이 문제이다.
(d)는 will buy라 하여 오답이다. 새로운 보일러를 사겠다는 언급은 없다.

■ furnace 보일러 freezing 추운 repairman 수리공 turn on 켜다

02.

1st	태블릿 케이스, 남자 생일 선물, like
	tablet case, wife → man, birthday, like, new brand
2nd	(a) w, purchased ✗
	(b) m, predilection ○
	(c) w, worked, Cambridge ✗
	(d) m, case, innovative ✗

W I really like that tablet case.
M It's new. My wife gave it to me for my birthday.
W She has really nice taste.
M [의견] I think so, too. I like it.
W Is that a new brand by chance?
M Yes, it's from Cambridge Satchel Company.

Q. Which is correct according to the conversation?
(a) The woman has just purchased a new tablet case.
(b) **The man has a predilection for the gift.**
(c) The woman had once worked at Cambridge Satchel Company.
(d) The man thinks the case has an innovative design.

여 그 태블릿 케이스 정말 예쁘네요.
남 새 거예요. 제 생일 선물로 아내가 줬어요.
여 그녀는 좋은 안목을 가졌네요.
남 나도 그렇게 생각해요. 마음에 들어요.
여 그거 혹시 새로운 브랜드인가요?
남 네, Cambridge Satchel 사의 제품이에요.

Q. 대화에 따르면 옳은 것은?
(a) 여자는 새로운 태블릿 케이스를 막 구매했다.
(b) 남자는 선물을 좋아한다.
(c) 여자는 한때 Cambridge Satchel 사에서 일했었다.
(d) 남자는 케이스가 혁신적인 디자인을 가졌다고 생각한다.

[해설] 남자가 선물로 받은 태블릿 케이스가 마음에 든다고 했으므로 **(b)가 정답**이다.

⚠ 오답 피하기
(a)는 여자가 아니라 남자가 태블릿 케이스를 선물 받은 것이므로 오답이다.
(c)의 Cambridge Satchel Company는 태블릿 케이스의 제조사라고만 언급되었으므로 오답이다.
(d)는 남자가 케이스가 마음에 든다고 했지만 디자인이 혁신적이라고 하지는 않았으므로 오답이다.

■ taste 취향 by chance 혹시; 우연히 predilection 매우 좋아함 innovative 혁신적인

03.

1st	여자, 약속, 어제, missed sales call	
2nd	w, 어제 missed sales call, 매니저에게 말하러	
	(a) m, missed	✗
	(b) m, calling the client	✗
	(c) w, 실수로 missed	○
	(d) w, told the manager	✗

M Jenny, I'm surprised to see you here this morning.
W [문제점] I thought I had an appointment, but it was actually yesterday.
M You mean you missed your sales call?
W [문제점] Yes. I called to apologize, but the client wouldn't take my call.
M Does the sales manager know about this?
W I'm reluctantly on my way to his office to tell him.

Q. Which is correct according to the conversation?
(a) The man missed an important sales meeting.
(b) The man suggests calling the client on another day.
(c) **The woman mistakenly missed an engagement.**
(d) The woman told the manager about the mix-up.

남 Jenny, 오늘 아침에 너를 여기서 보다니 놀라운데.
여 오늘 약속이 있다고 생각했는데, 알고 보니 그게 어제였어.
남 영업 상담을 놓친 거야?
여 응. 사과하려고 전화했는데, 고객이 내 전화를 받지 않았어.
남 판매 부장님은 이거에 대해 아셔?
여 말해드리려 마지못해 사무실로 가는 중이야.

Q. 대화에 따르면 옳은 것은?
(a) 남자는 중요한 판매 회의를 놓쳤다.
(b) 남자는 다른 날에 고객에게 연락하는 것을 제안한다.
(c) 여자는 실수로 약속에 가지 못했다.
(d) 여자는 부장에게 혼동에 대해 말했다.

[해설] 여자가 고객과의 약속이 오늘인 줄 알았는데 알고 보니 어제여서 놓쳤다고 했으므로 **(c)가 정답**이다.

⚠ 오답 피하기
(a)는 여자가 고객과의 상담을 놓친 것이므로 오답이다.
(b)는 남자는 여자에게 제안하는 것이 없으므로 오답이다.
(d)는 여자가 지금 부장에게 말하러 가는 중이라고 했으므로 오답이다.

■ appointment 약속 sales call 영업 상담 reluctantly 마지못해, 싫어하며 engagement 약속 mix-up (실수로 인한) 혼동

04.

1st	outing, food, blanket, drink 사자	
	outing, 남자 준비, food, blanket, blue, drink 잊음	
	(a) w, 음료 pack 못함	✗
2nd	(b) m, forgot, basket	✗
	(c) w, 음식 준비	✗
	(d) w, 남자에게 blue blanket	○

W Tom, what did you pack for the outing?
M Well, I prepared all the food in the basket.
W Are you bringing a blanket for us to sit on?
M [수락] Yes, I have that blue one you asked me to put in.
W Wait. Why do I feel like we're missing something?
M Oh, I forgot to bring something to drink. Let's get something on the way.

Q. Which is correct according to the conversation?

(a) The woman failed to pack some drinks.
(b) The man forgot to bring the picnic basket.
(c) The woman prepared the food for the picnic.
(d) The woman requested the man to pack a blue blanket.

여 Tom, 소풍을 위해 무엇을 챙겼어?
남 음, 바구니에 음식을 모두 준비했지.
여 우리가 앉을 담요도 가져가니?
남 응, 네가 넣으라고 했던 파란색으로 챙겼어.
여 잠깐만. 왜 뭔가 빠진 것처럼 느껴지지?
남 아, 마실 것을 챙기는 것을 잊었네. 가는 길에 사자.

Q. 대화에 따르면 옳은 것은?
(a) 여자는 마실 것을 챙기지 못했다.
(b) 남자가 소풍 바구니를 가져오는 것을 잊어버렸다.
(c) 여자가 소풍 음식을 준비했다.
(d) 여자가 남자에게 파란 담요를 챙기라고 요청했었다.

해설 남자는 여자가 넣으라고 한 파란색 담요를 챙겼다고 했으므로 **(d)가 정답**이다.

⚠ 오답 피하기
(a)는 여자가 아니라 남자가 마실 것을 챙기지 못했다고 했으므로 오답이다.
(b)는 남자가 바구니를 챙겼다고 했으므로 오답이다.
(c)는 여자가 아니라 남자가 음식을 준비했으므로 오답이다.

▪ outing 소풍 prepare 준비하다 blanket 담요 put in 넣다 on the way 가는 길에 fail to ~하지 못하다

05.

1st	여자, 커피머신 삼, 비쌈, fresh coffee
2nd	w, 커피머신, 400, taking fresh coffee, juicer last time
	(a) m, cheaper ✗
	(b) drinks, juice, 매일 아침 ✗
	(c) m, paid $400 ✗
	(d) w, bought juicer, 커피머신 전에 ○

W I picked up that coffee machine I've had my eye on.
M Really? You mean the 400 dollar one?
W Yes, I know it's expensive, but I plan to use it regularly.
M I sure hope so for that kind of money.
W I'll be taking fresh coffee to work every day.
M [의견, 비교] Well, that's what you said when you bought the juicer last time.

Q. Which is correct according to the conversation?
(a) The man owns a cheaper coffee machine at home.
(b) The woman drinks freshly squeezed juice every morning.
(c) The man paid $400 for a new coffee machine.
(d) The woman bought the juicer before the coffee machine.

여 내가 눈여겨 봐왔던 그 커피머신을 샀어.
남 진짜? 그 400달러짜리 말하는 거야?
여 응. 비싸다는 걸 알지만 나는 그것을 주기적으로 사용할 거야.
남 그 비용을 들였으면 꼭 그러길 바란다.
여 매일 직장에 신선한 커피를 가져갈 거야.
남 음, 지난번에 주스기를 살 때도 네가 그렇게 말했었지.

Q. 대화에 따르면 옳은 것은?
(a) 남자는 집에 더 저렴한 커피머신을 가지고 있다.
(b) 여자는 신선하게 짠 주스를 매일 마신다.
(c) 남자는 새로운 커피머신에 400달러를 지불했다.
(d) 여자는 주스기를 커피머신 보다 먼저 구매했다.

해설 남자가 여자에게 지난번에 주스기를 살 때도 주기적으로 사용할 것이라고 말했다고 했으므로 주스기를 커피머신보다 먼저 구매했다는 것을 알 수 있다. 따라서 **(d)가 정답**이다.

⚠ 오답 피하기
(a)는 man, cheaper라 하여 오답이다. 남자에게 커피머신이 있다는 근거가 없다.
(b)는 drinks, juice라 하여 오답이다. 남자는 뒤에서 여자가 주스기를 매일 사용하지 않는 듯 말을 한다.
(c)는 man paid $400라 하여 오답이다. 남자가 아닌 여자가 400달러를 지불했다고 말한다.

▪ pick up 구매하다 juicer 주스기 have one's eye on ~을 눈여겨 보다 squeeze 짜다

2. Correct about 문제

✎ Check-Up   본문 p. 156

01 (b)   02 (c)   03 (c)   04 (d)   05 (b)

01.

1st	항공사 라운지, new, 위층, 10시 닫음, 카드
2nd	w, 라운지, new, 음료와 과자 무료, 카드 있어야
	(a) does not have ✗
	(b) first time visiting ○
	(c) one story down ✗
	(d) delayed ✗

W [요청] Pardon me. Where's the airline lounge? I'm new here.
M Take the escalator upstairs and you'll see it on your left. You can't miss it.
W Thanks. Is it still open?
M It doesn't close until 10 p.m.
W Are the beverages and snacks free for members?

M Yes, but you need to have a valid frequent flier card in your possession.

Q. Which is correct about the woman according to the conversation?
(a) She does not have a frequent flier card with her.
(b) It is her first time visiting the airline lounge.
(c) She has to go one story down to get to the airline lounge.
(d) Her flight has been delayed to 10 p.m.

여 실례합니다. 항공사 라운지가 어디에 있나요? 저는 여기가 처음입니다.
남 에스컬레이터를 타고 위층으로 가면 왼편에 보일 것입니다. 바로 찾으실 수 있어요.
여 감사합니다. 아직 영업을 하나요?
남 밤 10시까지 영업합니다.
여 음료수와 과자는 회원에게 무료인가요?
남 네, 하지만 유효한 항공사 고객 카드를 가지고 있어야 합니다.

Q. 대화에 따르면 여자에 대해서 옳은 것은?
(a) 그녀는 항공사 고객 카드를 가지고 있지 않다.
(b) 그녀는 항공사 라운지를 처음 방문하는 것이다.
(c) 그녀는 항공사 라운지에 가기 위해 한층 내려가야 한다.
(d) 그녀의 비행은 밤 10시로 지연되었다.

해설 여자가 처음 온다고 하며 항공사 라운지의 위치를 묻고 있으므로 **(b)가 정답**이다.

⚠ 오답 피하기
(a)는 does not have라 하여 오답이다. 항공사 고객 카드를 가지고 있는지 없는지 알 수 없다.
(c)는 one story down이라 하여 오답이다. 올라가야 한다고 남자가 설명한다.
(d)는 delayed라 하여 오답이다. 비행기가 지연되었다는 언급은 없다.

■ upstairs 위층 expired 만료된 valid 유효한, 정당한 frequent flier card 항공사 고객 카드 in possession 소유하는 story 층

02.

1st	job fair, 이력서 줌, 명함 5개, 인터뷰 요청해
	w, 이력서 줌, 5 군데, 인터뷰 요청, hurry
2nd	(a) just graduated ✗
	(b) forgot to bring ✗
	(c) get in touch, 고용주 ○
	(d) she will interview ✗

M How did the job fair go at your university?
W I spoke with several recruiters and gave them my résumé, but I need to follow up.
M How many contact numbers did you get?
W I got five business cards from different companies.
M [제안] Well, send some letters soon and ask for an interview.

W [수락, 이유] You're right. I had better hurry before they hire someone else.

Q. Which is correct about the woman according to the conversation?
(a) She just graduated from university.
(b) She forgot to bring an updated résumé to the job fair.
(c) She is planning to get in touch with potential employers.
(d) She will interview five prospective employees.

남 오늘 대학교에서 열렸던 채용 박람회 어땠어?
여 몇 명의 채용 담당자와 이야기하고 내 이력서를 줬는데, 더 알아 봐야 해.
남 몇 개의 연락처를 받았어?
여 5개 회사의 명함을 받았어.
남 그럼, 곧 편지를 써서 인터뷰를 요청해.
여 맞아. 그들이 다른 사람을 고용하기 전에 서둘러야겠어.

Q. 대화에 따르면 여자에 대해서 옳은 것은?
(a) 그녀는 이제 막 대학을 졸업했다.
(b) 그녀는 가장 최근의 이력서를 채용 박람회에 가져가는 것을 잊었다.
(c) 그녀는 잠재적인 고용주와 연락할 계획을 하고 있다.
(d) 그녀는 다섯 명의 장래의 직원과 인터뷰를 할 것이다.

해설 대화 마지막에서 여자는 다른 사람이 고용되기 전에 회사들에 연락을 해야겠다고 했으므로 **(c)가 정답**이다.

⚠ 오답 피하기
(a)는 just graduated from university라 하여 오답이다. 채용 박람회에 참석했다고는 했지만 이제 갓 졸업한 것인지 졸업한 지 어느 정도 되었는지는 알 수 없다.
(b)는 forgot to bring이라 하여 오답이다. 이력서를 가지고 가서 나눠 줬다고 설명한다.
(d)는 she will interview라 하여 오답이다. 여자는 인터뷰를 받는 대상이 될 것이므로 관계 오답이다.

■ job fair 채용 박람회 recruiter 채용 담당자 follow up 더 알아 보다 contact number 연락처 hire 고용하다 get in touch with ~와 연락하다 potential 잠재적인 prospective 장래의 résumé 이력서

03.

1st	신청서, green 폴더, 1시간 전에 봄, 다시 써
	w, find 신청서, 남자 1시간 전에 봄, help redo
2nd	(a) wrong application ✗
	(b) kept them safely ✗
	(c) w, fill out again ○
	(d) on top of a green folder ✗

W Andrew, can you help me find the loan applications?
M They were in a green file folder on one of those

chairs.
W There's nothing here. When did you last see them?
M That's odd. Less than an hour ago. Maybe someone picked them up.
W [문제점] I should've held on to them.
M [방법] Let me help you redo them.

Q. Which is correct about the loan applications according to the conversation?
(a) The woman filled out the wrong application.
(b) The man kept them safely for the woman.
(c) **The woman will probably fill them out again.**
(d) The man saw them on top of a green folder.

여 Andrew, 대출 신청서를 찾는 것을 도와줄 수 있어요?
남 저기 의자 중 하나의 초록색 폴더 안에 있었어요.
여 여기 아무것도 없는데요. 언제 마지막으로 봤나요?
남 이상하네요. 한 시간도 안 되었는데요. 누가 가져갔나 봐요.
여 그것을 제가 가지고 있었어야 했는데.
남 제가 다시 작성하는 것을 도와줄게요.

Q. 대화에 따르면 대출 신청서에 대해서 옳은 것은?
(a) 여자는 잘못된 지원서를 작성했다.
(b) 남자는 여자를 위해 그것을 안전하게 보관하고 있었다.
(c) 여자는 그것을 아마도 다시 작성할 것이다.
(d) 남자는 그것이 초록색 폴더 위에 있는 것을 봤다.

해설 대출 신청서를 찾지 못한 여자에게 대화 마지막에 남자가 다시 작성하는 것을 도와주겠다고 했으므로 **(c)가 정답**이다.

⚠️ 오답 피하기
(a)는 wrong application이라 하여 오답이다. 잘못된 지원서를 작성한 것이 아니라 잃어버린 것이다.
(b)는 kept them safely라 하여 오답이다. 남자도 어디에 있는지 모른다고 한다.
(d)는 on top of a green folder이므로. 위가 아니라 안에 있었다고 한다.

■ loan application 대출 신청서 odd 이상한 redo 다시 하다 fill out 작성하다 on top of ~의 위에

04.

1st	complain, next room, 소음
	m, 잠 못자, 512호에서 소음
2nd	(a) staying at room 512 ✗
	(b) hotel service ✗
	(c) sleeping disorder ✗
	(d) unable, fall asleep O

M Hi, I'd like to complain about the people in the next room.
W What's the problem, sir?
M [문제점] They're making a lot of noise so I can't go to sleep.

W We'll have someone up to check on them. May I have the room number, please?
M I believe it's coming from Room 512.
W Okay. We apologize for your inconvenience.

Q. Which is correct about the man according to the conversation?
(a) He is staying at Room 512.
(b) He is disappointed with the hotel service.
(c) He has a sleeping disorder.
(d) **He is unable to fall asleep.**

남 안녕하세요, 옆방에 있는 사람들에 대해서 항의하고 싶습니다.
여 무엇이 문제인가요?
남 그들이 너무 시끄러워서 잠을 잘 수가 없습니다.
여 저희가 사람을 올려 보내서 그들이 어떤지 확인하겠습니다. 방 번호를 알려주시겠습니까?
남 512호 방이 소음의 원인인 것 같습니다.
여 알겠습니다. 불편을 드려 죄송합니다.

Q. 대화에 따르면 남자에 대해서 옳은 것은?
(a) 그는 512호 방에서 머무르고 있다.
(b) 그는 호텔 서비스에 불만족스러워 한다.
(c) 그는 수면장애를 앓고 있다.
(d) 그는 잠을 이루지 못하고 있다.

해설 옆방이 너무 시끄러워서 잠을 잘 수 없다고 했으므로 **(d)가 정답**이다.

⚠️ 오답 피하기
(a)는 staying at Room 512라 하여 오답이다. 512호는 남자가 머무르는 방이 아니라 소음이 나오는 방이다.
(b)는 hotel service라 하여 오답이다. 호텔 서비스에 대해서 항의하고 있는 것이 아니라 옆방에서 나오는 소음을 항의하고 있는 것이다.
(c)는 sleeping disorder라 하여 오답이다. 옆방이 시끄러워서 잠을 못 이루는 것이다.

■ inconvenience 불편 disappointed 실망한 sleeping disorder 수면장애 fall asleep 잠들다

05.

1st	남자, unimpressed, 늦게 나옴, cold, 시간 X
	m, food slow, cold, request heat up, 시간 X
2nd	(a) could not finish ✗
	(b) cold meal O
	(c) misplaced ✗
	(d) denied ✗

W I hope you enjoyed your meal.
M Actually, we were unimpressed with the service and the food.
W Really, what exactly didn't you like about them?
M [문제점] The food was very slow to arrive and it was cold when it did show up.

W Did you request for your waiter to heat it up?
M We didn't have time to wait for the food to be recooked.

Q. Which is correct about the man according to the conversation?
(a) He could not finish his meal.
(b) He had to eat a cold meal.
(c) His order was misplaced.
(d) His request was denied by the waiter.

여 식사가 마음에 드셨길 바랍니다.
남 사실, 저희는 서비스와 음식에 감명받지 못했어요.
여 그러신가요, 정확히 무엇이 마음에 안 드셨나요?
남 음식이 너무 늦게 나왔고, 나왔을 땐 너무 식어 있었어요.
여 웨이터에게 음식을 데워 달라고 요청하셨나요?
남 다시 요리를 받을 만큼 충분한 시간이 없었네요.

Q. 대화에 따르면 남자에 대해서 옳은 것은?
(a) 그는 음식을 다 먹을 수가 없었다.
(b) 그는 식은 음식을 먹어야 했다.
(c) 그의 주문이 잘못 왔다.
(d) 그의 요청을 웨이터가 거절했다.

해설 남자는 음식이 식어서 나왔고 다시 데워달라고 요청하기에는 시간이 없었다고 했으므로 **(b)가 정답**이다.

⚠ 오답 피하기
(a)는 음식을 다 먹었는지 안 먹었는지는 알 수 없으므로 오답이다.
(c)는 misplaced라 하여 오답이다. 주문이 잘못 온 것이 아니라 제때 좋은 상태로 오지 않은 것이다.
(d)는 denied라 하여 오답이다. 남자는 시간이 없어서 웨이터에게 요청하지 않았다고 했다.

■ unimpressed 감명받지 않는 show up 나타나다 heat up 데우다
recook 다시 요리하다 deny 거절하다

Unit Test
본문 p. 158

01 (a)	02 (d)	03 (d)	04 (d)	05 (c)
06 (c)	07 (b)	08 (b)	09 (a)	10 (c)
11 (a)	12 (b)	13 (b)	14 (c)	15 (b)

01.

W Ralph, did you hear the news about Lucy?
M [과정] No, but I know she applied for the transfer.
W [결과] I saw her today, and she said she was accepted.
M That's wonderful. [결과] Now she'll be working in London.
W Yes, and she is thrilled.
M I think I'll go stop by her office later on.

Q. Which is correct according to the conversation?
(a) Lucy requested to work in London.
(b) The woman will visit Lucy's office later.
(c) The woman is excited to work in London.
(d) Lucy was offered a new job in London.

여 Ralph, Lucy에 대한 소식 들었어?
남 아니, 근데 난 그녀가 전근 신청한 건 알고 있어.
여 나 오늘 그녀를 봤는데, 그녀가 합격되었다고 그랬어.
남 잘되었네. 그럼 이제 그녀는 런던에서 일하겠네.
여 응, 그녀가 기뻐하고 있어.
남 그녀의 사무실에 이따 잠깐 들려야겠어.

Q. 대화에 따르면 옳은 것은?
(a) Lucy가 런던에서 일하는 것을 요청했다.
(b) 여자는 나중에 Lucy의 사무실을 방문할 것이다.
(c) 여자는 런던에서 일하는 것을 신나 하고 있다.
(d) Lucy는 런던에 있는 새로운 직장을 제의 받았다.

해설 남자는 Lucy가 전근 신청했다는 것을 알고 있다고 했으므로 **(a)가 정답**이다.

⚠ 오답 피하기
(b)는 woman, visit라 하여 오답이다. 여자가 아닌 남자가 방문한다고 한다.
(c)는 woman, excited라 하여 오답이다. 여자가 아닌 Lucy가 런던에서 일한다고 한다.
(d)는 new job이라 하여 오답이다. 새로운 회사가 아니라 같은 회사이다.

■ apply 신청하다, 지원하다 transfer 전근, 이전 thrilled 기뻐하는
stop by 들르다

02.

M Want to get something to eat before our next presentation?
W Sure, but do we have time?
M [이유] Yes, fifteen minutes is enough time to grab a sandwich.
W From where? The bakery is two blocks from here.
M Yeah, so I was thinking of going to the diner downstairs for take-out.
W They take a long time to prepare.

Q. Which is correct according to the conversation?
(a) The bakery is on the first floor of the office.
(b) The man is not attending the next presentation.
(c) The woman has never been to the diner downstairs.
(d) The next presentation is in 15 minutes.

남 다음 발표 전에 뭘 좀 먹으러 갈까?
여 좋아, 근데 우리 시간이 있어?
남 응, 샌드위치 먹는 데 15분이면 충분하지.
여 어디서? 빵집은 여기서 두 블록 가야 해.

남 응, 그래서 테이크아웃 할 수 있도록 아래 식당으로 가려고 생각하고 있었어.
여 그들은 준비하는 데 오래 걸려.

Q. 대화에 따르면 옳은 것은?
(a) 빵집은 회사의 1층에 있다.
(b) 남자는 다음 발표에 참가하지 않을 것이다.
(c) 여자는 아래층의 식당에 가본 적이 없다.
(d) 다음 발표는 15분 후에 있다.

해설 다음 발표 전에 뭘 좀 먹으러 가자고 했고 샌드위치 먹는 데 15분이면 된다고 했으므로 다음 발표가 15분 후에 있을 것임을 알 수 있다. 따라서 **(d)가 정답**이다.

⚠ **오답 피하기**
(a)는 bakery, first floor라 하여 오답이다. 빵집은 두 블록 가야 한다.
(b)는 not attending이라 하여 오답이다. 남자도 15분만에 돌아와야 한다고 한다.
(c)는 never been이라 하여 오답이다. 여자가 준비하는 데 오래 걸린다고 말할 수 있는 것은 가본 경험이 있기 때문이다.

■ grab a sandwich 샌드위치를 먹다 diner 식당 downstairs 아래층

03.

W Hi, Brent. You're back in town! I thought you were in school.
M Well, I finished my master's degree early.
W That must've been tough.
M I took extra classes so I could get out faster and get a job.
W Good for you. So what's your plan?
M [이유] I'm considering two offers now with local companies.

Q. Which is correct about the man according to the conversation?
(a) He left school to pursue a career.
(b) He is taking classes in a local school.
(c) He has been offered a position at the school.
(d) He plans to accept a job with a local company.

여 안녕, Brent. 다시 돌아왔네! 난 네가 아직 학교를 다니는 줄 알았는데.
남 석사 학위를 일찍 끝냈어.
여 힘들었겠다.
남 더 빨리 졸업하고 구직을 하기 위해 추가 수업을 들었어.
여 잘됐다. 그래서 이제 계획이 뭐야?
남 지역 회사에서 2개의 제의를 받아서 지금 고려 중이야.

Q. 대화에 따르면 남자에 대해서 옳은 것은?
(a) 그는 일을 하려고 학교를 그만두었다.
(b) 그는 지역 학교에서 수업을 듣고 있다.
(c) 그는 학교에서 취업 제의를 받았다.
(d) 그는 한 지역 회사의 일자리 제의를 수락할 계획이다.

해설 남자가 2개의 일자리 제의를 받아서 고려 중이라고 했으므로 그 중 하나를 선택할 것임을 알 수 있다. 따라서 **(d)가 정답**이다.

⚠ **오답 피하기**
(a)는 left school이라 하여 오답이다. 학교를 그만둔 것이 아니라 졸업한 것이다.
(b)는 taking classes라 하여 오답이다. 이미 졸업을 한 상태이기 때문에 시제 오답이다.
(c)는 at the school이라 하여 오답이다. 학교가 아니라 현지 회사에서 제의를 받은 것이다.

■ master's degree 석사 학위 tough 힘든, 어려운 pursue 추구하다

04.

M Hi, I slept through my alarm and missed the airport shuttle.
W Are you a guest here at the hotel?
M Yes, Room 2122.
W Okay. What time is your departing flight today?
M At 9:30 this morning.
W [방법] We'll have one of our hotel taxis to take you there. You'll get there in time.

Q. Which is correct about the man according to the conversation?
(a) He missed his flight because he overslept.
(b) He will take a shuttle to the airport.
(c) He will stay a night at the hotel.
(d) He will take transportation arranged by the hotel.

남 안녕하세요, 제가 알람을 못 듣고 그냥 잠을 자서 공항 버스를 놓쳤어요.
여 호텔 투숙객이신가요?
남 네, 2122호에요.
여 알겠습니다. 오늘 비행기 출발 시간이 언제인가요?
남 오늘 아침 9시 30분이요.
여 저희 호텔 택시를 불러서 모셔다 드리겠습니다. 제시간에 도착할 겁니다.

Q. 대화에 따르면 남자에 대해 옳은 것은?
(a) 그는 늦잠을 자서 비행기를 놓쳤다.
(b) 그는 셔틀을 타고 공항으로 갈 것이다.
(c) 그는 호텔에서 하룻밤 묵을 것이다.
(d) 그는 호텔에서 마련한 교통편을 이용할 것이다.

해설 호텔에서 택시로 공항까지 데려다 준다고 했으므로 **(d)가 정답**이다.

⚠ **오답 피하기**
(a)는 missed his flight라 하여 오답이다. 남자는 비행기를 놓친 것이 아니라 공항 셔틀을 놓친 것이다.
(b)는 take a shuttle이라 하여 오답이다. 여자는 셔틀이 아니라 택시를 불러준다고 한다.

(c)는 stay a night이라 하여 오답이다. 하루 밤을 잔 것은 맞지만 또 잘 지는 알 수 없다.
■ sleep through 잠을 자고 있어 ~을 깨닫지 못하다   in time 제시간에   oversleep 늦잠자다

05.

W So, how did you enjoy the concert this evening?
M Overall, I thought the city orchestra gave a lovely first performance.
W I was impressed myself, but the acoustics weren't very good.
M True, the sound could have been better.
W [의견] But the talent of the individual musicians was extraordinary.

Q. Which is correct according to the conversation?
(a) The man thinks the acoustics were exceptional.
(b) The man attends the city orchestra concert monthly.
(c) The woman felt the skills of the performers were remarkable.
(d) The woman did not enjoy the performance.

여 오늘 저녁 콘서트 어땠어요?
남 전체적으로 보면, 시립 오케스트라가 아주 좋은 첫 번째 무대를 선보인 거 같아요.
여 저도 좋았어요. 그런데 음향시설이 별로였어요.
남 맞아요, 음향이 좀 더 괜찮았으면 좋을 거예요.
여 하지만 각 연주자들의 재능은 정말 대단했어요.

Q. 대화에 따르면 옳은 것은?
(a) 남자는 음향시설이 아주 우수했다고 생각한다.
(b) 남자는 시립 오케스트라에 매달 참석한다.
(c) 여자는 연주자들의 실력이 아주 좋다고 생각했다.
(d) 여자는 오케스트라 연주를 즐기지 않았다.

해설 여자가 마지막 대사에서 연주자들의 재능이 대단했다고 했으므로 **(c)가 정답**이다.

⚠ 오답 피하기
(a)는 exceptional이라 하여 오답이다. 남자는 음향시설이 별로였다고 말한다.
(b)는 attends, monthly라 하여 오답이다. 남자가 얼마나 자주 가는지는 언급하지 않는다.
(d)는 did not enjoy라 하여 오답이다. 여자는 공연이 좋았다고 말한다.
■ overall 종합적으로, 전체적으로   impressed 감명을 받은   acoustics 음향시설   talent 재능   extraordinary 놀라운, 대단한   exceptional 아주 우수한   remarkable 놀랄 만한

06.

M What are you planning for the holiday weekend?
W A trip to the mountains with my extended family.
M That sounds demanding. Have you done that before?
W Oh, sure. [공통점] We're all avid hikers.
M Are you planning to spend the whole weekend hiking?
W Yeah, the course we have in mind is a two-day course.

Q. Which is correct according to the conversation?
(a) The woman enjoyed hiking with extended family.
(b) The man feels awkward being in the outdoors.
(c) The woman frequently goes mountain hiking.
(d) The man does not have any plans for the holiday weekend.

남 휴일 주말에 무엇을 계획하고 계세요?
여 저의 대가족이랑 산으로 놀러 가려고요.
남 힘들 것 같이 들리는데요. 예전에 해본 적이 있나요?
여 물론이죠. 우리는 모두 열렬한 등산가들이에요.
남 주말 내내 등산할 계획인가요?
여 네, 우리가 계획한 코스는 이틀 코스입니다.

Q. 대화에 따르면 옳은 것은?
(a) 여자는 확대가족과의 등산을 즐겼다.
(b) 남자는 야외에 있는 것을 어색하게 생각한다.
(c) 여자는 등산을 자주 간다.
(d) 남자는 휴일 주말 동안 계획이 전혀 없다.

해설 여자가 자신의 가족들은 모두 열렬한 등산가들이라고 했으므로 **(c)가 정답**이다.

⚠ 오답 피하기
(a)는 enjoyed라 하여 오답이다. 앞으로 갈 계획이지 이미 갔다 온 것이 아니므로 시제 오답이다.
(b)는 man, awkward, outdoors라 하여 오답이다. 등산이 힘들 것 같다고는 했지만 야외활동을 어색하게 생각한다고 볼 수 없다.
(d)는 man, not have any plans라 하여 오답이다. 남자의 계획에 대해서는 언급되지 않았다.
■ extended family 대가족, 확대 가족   demanding 힘든   avid 열렬한   awkward 어색한   outdoors 야외에(서)   frequently 자주

07.

W This spider infestation is taking a huge toll on me.
M You should try spraying some insecticides.
W I did, but they keep coming back. Besides, I don't really like using chemicals.
M [제안] You could call a professional if you want to get rid of them once and for all.
W [수락] I'll try that. I've got nothing to lose.
M I'll go online and find out where to call.

Q. Which is correct about the woman according to the conversation?
(a) Her spider problem is getting worse by the day.
(b) She is willing to accept the man's suggestion.

(c) Her insecticides have no effect on the spiders.
(d) She dislikes using chemicals because it harms the environment.

여 이 거미떼 때문에 피해가 막심해.
남 살충제를 뿌려봐.
여 해봤는데 다시 계속 돌아와. 게다가, 난 화학물질을 사용하는 것을 별로 안 좋아해.
남 완전히 없애고 싶으면 전문가를 불러볼 수도 있지.
여 시도해 봐야겠어. 시도해봐서 나쁠 건 없지.
남 인터넷에서 들어가서 어디에 연락해야 하는지 알아볼게.

Q. 대화에 따르면 여자에 대해서 옳은 것은?
(a) 그녀의 거미 문제는 나날이 더 심해지고 있다.
(b) 그녀는 남자의 제안을 받아들일 의향이 있다.
(c) 그녀의 살충제는 거미 박멸에 효과가 없다.
(d) 그녀는 화학물질이 환경에 피해를 주기 때문에 사용하는 것을 싫어한다.

해설 남자가 거미를 완전히 없애고 싶으면 전문가를 불러보라고 했고 여자는 시도해보겠다고 했으므로 **(b)가 정답**이다.

⚠ 오답 피하기
(a)는 getting worse라 하여 오답이다. 거미가 계속 돌아온다고는 했지만 더 심각해진다고 하지는 않는다.
(c)는 no effect라 하여 오답이다. 살충제를 뿌리면 없어졌다 돌아온다고 했기 때문에 아예 효과가 없다고 볼 수는 없다.
(d)는 because it harms the environment라 하여 오답이다. 여자는 살충제를 쓰는 것을 싫어하는 이유를 말하지 않는다.

■ infestation 습격 take a toll on ~에 피해를 주다 insecticide 살충제 once and for all 완전히 by the day 나날이

08.

M Mrs. Adams, we're done with your car and it's ready to go.
W Great. I'm happy that the air conditioning is finally working properly.
M Yes, but please don't turn it on full blast.
W Anything else I should be aware of?
M [조건] It's an old car, so keep your engine running for a little bit before turning the air conditioning on.
W No wonder the engine didn't start.

Q. Which is correct about Mrs. Adams according to the conversation?
(a) She must turn off her engine after the air conditioning.
(b) She cannot turn her air conditioning on before her engine.
(c) She needs to keep her air conditioning on high.
(d) She could not drive her car.

남 Adams 씨, 차를 다 고쳤으니 타고 가셔도 됩니다.
여 좋네요. 이제 에어컨이 제대로 작동해서 기쁩니다.
남 네, 하지만 최대로는 틀지 마세요.
여 알아두어야 할 다른 사항은 없나요?
남 오래된 차라서 엔진을 조금 돌린 다음에 에어컨을 트세요.
여 어쩐지 엔진이 시작하지 않더라고요.

Q. 대화에 따르면 Adams 씨에 대해서 옳은 것은?
(a) 그녀는 에어컨을 끈 후에 시동을 꺼야 한다.
(b) 그녀는 시동을 켠 후에 에어컨을 틀 수 있다.
(c) 그녀는 에어컨을 최대로 틀어놓아야 한다.
(d) 그녀는 자동차를 운전할 수 없었다.

해설 남자가 엔진을 조금 돌린 후 에어컨을 켜라고 했으므로 **(b)가 정답**이다.

⚠ 오답 피하기
(a)는 turn off her engine after the air conditioning이라 하여 오답이다. 남자는 끄는 순서를 설명하지 않는다.
(c)는 keep, on high라 하여 오답이다. 오히려 남자는 에어컨을 강하게 틀지 말라고 한다.
(d)는 could not drive라 하여 오답이다. 에어컨이 고장 났다고는 했지만 아예 운전할 수 없었던 것인지는 알 수 없다.

■ properly 제대로 full blast 최대한으로 no wonder 어쩐지

09.

W The restaurant doors are closed.
M I think they are not operating.
W [이유] But all the lights inside are on.
M Really? All of them? It looks lavish. Maybe they're still getting ready.
W [이유] It's already lunchtime and I see no one inside.
M Let's just go somewhere else. We're almost out of time.

Q. Which is correct according to the conversation?
(a) The woman does not know why the restaurant is closed.
(b) The man wants to eat at the restaurant.
(c) The woman wants to wait until the restaurant opens.
(d) The man does not find the restaurant interesting.

여 식당 문이 잠겨 있어.
남 영업을 안 하는 것 같아.
여 그런데 안에 불은 모두 켜져 있어.
남 정말? 전부다? 호화스러워 보이는데. 준비 중일 수도 있어.
여 이미 점심시간인데 안에 아무도 없어.
남 그냥 다른데 가자. 우리는 거의 시간이 다 갔어.

Q. 대화에 따르면 옳은 것은?
(a) 여자는 식당이 왜 문을 닫았는지 모른다.
(b) 남자는 그 식당에서 식사를 하고 싶어 한다.
(c) 여자는 식당이 열 때까지 기다리고 싶어 한다.
(d) 남자는 식당이 특별하다고 생각하지 않는다.

해설 여자는 식당 안에 불이 켜져 있는데도 문이 잠겨 있다고 하고 왜 문을 닫았는지 의문스러워하고 있으므로 **(a)가 정답**이다.

⚠️ **오답 피하기**

(b)는 wants to eat이라 하여 오답이다. 남자는 마지막에 여자에게 다른 곳으로 가자고 한다.

(c)는 wants to wait이라 하여 오답이다. 여자는 남자에게 기다리자고 말하지 않는다.

(d)는 not, interesting이라 하여 오답이다. 남자는 식당이 호화스럽다고 말한다.

■ lavish 호화로운

10.

M Oh no! The elevator has stopped moving.
W Maybe there's a switch to get it moving again.
M No, I don't see any.
W Can you open the doors then?
M They're not budging. [제안] Try hitting the floor button again. It could help.
W I already tried that. I see the alarm button. I'll just press that.

Q. Which is correct according to the conversation?
(a) The man and woman cannot use the elevator because it is being serviced.
(b) The woman tried to open the elevator doors forcibly.
(c) The man suggests pressing the floor button.
(d) The woman cannot find the alarm button in the elevator.

남 어 이런! 엘리베이터가 멈췄어.
여 다시 작동시키는 스위치가 있을 거야.
남 아니, 아무것도 보이지 않아.
여 그럼 문을 그냥 열 수 있어?
남 전혀 움직이지 않아. 1층 버튼을 다시 눌러봐. 도움이 될 수 있어.
여 이미 해봤어. 알람 버튼이 보이네. 그냥 그걸 누를게.

Q. 대화에 따르면 옳은 것은?
(a) 엘리베이터가 점검을 받고 있기 때문에 남자와 여자는 엘리베이터를 사용할 수 없다.
(b) 여자는 엘리베이터 문을 강제로 열려고 했다.
(c) 남자는 1층 버튼을 눌러보는 것을 제안했다.
(d) 여자는 엘리베이터 안에 있는 알람 버튼을 찾을 수 없다.

해설 남자는 1층 버튼을 눌러보라고 여자에게 제안했으므로 **(c)가 정답**이다.

⚠️ **오답 피하기**

(a)는 being serviced라 하여 오답이다. 남자와 여자가 타고 있는 상태에서 엘리베이터가 갑자기 멈춘 것이다.

(b)는 woman, open, doors forcibly라 하여 오답이다. 여자가 아니라 남자가 강제로 열어보려고 한다.

(d)는 cannot find라 하여 오답이다. 여자는 마지막에 알람 버튼을 누르겠다고 한다.

■ budge 꼼짝하다, 약간 움직이다 forcibly 강제로

11.

W We're going to the cabin for the weekend, right?
M Yeah, but I'd suggest leaving a bit early.
W Why is that?
M [이유] Traffic will be really bad. A lot of people will be on the road.
W [수락] You're right. It's a long weekend. I'll try to get out of the office by two.
M That should let us avoid the worst of the traffic.

Q. Which is correct according to the conversation?
(a) The man believes traffic conditions are worse on long weekends.
(b) The man and woman are going to the cabin separately.
(c) The man suggests leaving the office before two.
(d) The woman wants the man to pick her up at two.

여 우리 주말에 오두막집에 가는 거지, 맞지?
남 응, 하지만 조금 일찍 출발하는 것이 좋을 것 같아.
여 왜?
남 교통이 아주 안 좋을 거야. 많은 사람들이 차를 몰고 도로에 나올 거야.
여 맞아. 긴 주말이지. 내가 2시까지 퇴근하도록 할게.
남 그러면 최악의 교통혼잡은 피할 수 있을 거야.

Q. 대화에 따르면 옳은 것은?
(a) 남자는 긴 주말에는 교통상황이 더 안 좋다고 생각한다.
(b) 남자와 여자는 오두막집에 따로 갈 것이다.
(c) 남자는 사무실에서 2시 전에 떠나는 것을 제안한다.
(d) 여자는 남자가 자신을 2시까지 데리러 오기를 원한다.

해설 남자가 조금 일찍 출발하자고 했고, 그 이유로 긴 주말이라 교통이 안 좋을 거라고 했으므로 **(a)가 정답**이다.

⚠️ **오답 피하기**

(b)는 separately라 하여 오답이다. 앞에서 여자는 같이 간다고 말한다.
(c)는 man suggests라 하여 오답이다. 남자가 제안한 것이 아니라 여자가 스스로 생각한 것이다.
(d)는 pick her up이라 하여 오답이다. 여자가 사무실을 나오겠다고 한 것이지 남자에게 데리러 오라고 하지 않는다.

■ cabin 오두막집 a bit 조금 traffic 교통 (흐름) separately 따로

12.

M It's such a drain talking to money managers.
W I guess you didn't figure out what to do with your money.
M [문제점, 이유] There are so many options to invest in that I don't know which one to pick.
W Just make sure you understand all the fees with

each option.

M That adds one more thing for me to think about. I just wish things were simpler.
W I think they like to make everything harder so it looks like they are earning their keep.

Q. Which is correct according to the conversation?
(a) The man has made his decision about his money.
(b) The man is unsure what to do with his money.
(c) The woman did not consider fees with each option before.
(d) The woman is explaining an investment option to the man.

남 자산 관리자들과 대화하는 것은 엄청난 에너지의 고갈이야.
여 네 돈으로 뭘 할지 결정하지 못했나 보네.
남 투자할 곳이 너무 많아서 어떤 것을 선택해야 할지 모르겠어.
여 그냥 각각의 옵션에 대해 수수료를 잘 이해하면 돼.
남 그 말은 내가 생각해야 할 게 하나 더 추가된다는 소리네. 그냥 모든 것이 더 단순했으면 좋겠어.
여 내 생각에는 그들이 모든 것을 어렵게 해서 그들이 밥값을 제대로 하는 것처럼 보이게 하려는 것 같은데.

Q. 대화에 따르면 옳은 것은?
(a) 남자는 자신의 돈에 대해서 결정을 내렸다.
(b) 남자는 자신의 돈으로 무엇을 해야 할지 확실치 않다.
(c) 여자는 전에 각 옵션에 대한 수수료를 고려하지 않았다.
(d) 여자는 남자에게 투자 옵션을 설명하고 있다.

해설 남자는 투자할 곳이 너무 많아서 무엇을 선택해야 할지 모르겠다고 했으므로 (b)가 정답이다.

⚠ 오답 피하기

(a)는 has made his decision이라 하여 오답이다. 남자는 아직 결정을 내리지 못했다고 설명한다.
(c)는 woman, not consider라 하여 오답이다. 여자는 남자에게 수수료를 고려하라고 조언을 하기 때문에 반대 오답이다.
(d)는 investment option이라 하여 오답이다. 여자는 수수료에 대해서만 언급하지 투자 선택에 대해서 설명하지 않는다.

▫ drain 에너지의 고갈, 지치는 일 figure out 알아내다 fee 수수료 earn one's keep 밥값을 하다 unsure 불확실한 investment 투자

13.

W I really need to buy a new car. Any idea where I should go?
M I usually go to Wild Bill's Cars, but a new place called Beatles Auto opened last week.
W Maybe I'll go there. Since they're new, they might have some good deals.
M [조언] I'd check out both places and see which one has the best prices.
W Good idea. I still want to try Beatles Auto first.
M Just be prudent when choosing the right model for you.

Q. Which is correct according to the conversation?
(a) The woman wants to visit Wild Bill's Cars first.
(b) The man advises the woman to compare the deals offered by the two dealerships.
(c) The man has never been to Beatles Auto.
(d) The woman suggests buying a used car instead of a new one.

여 난 정말 새로운 자동차를 구매해야 해. 어디를 가면 좋을까?
남 난 보통 Wild Bill's Cars를 가는데 지난주에 Beatles Auto라는 새로운 곳이 열었어.
여 어쩌면 거기를 가야겠어. 새로운 곳이니까 할인을 많이 해줄지도 몰라.
남 나라면 둘 다 가보고 어느 곳이 더 좋은 가격을 제시하는지 확인해볼 것 같아.
여 좋은 생각이야. 그래도 Beatles Auto를 먼저 확인해보고 싶어.
남 그냥 너에게 맞는 적절한 모델을 고르는 데 신중해 해.

Q. 대화에 따르면 옳은 것은?
(a) 여자는 Wild Bill's Cars를 먼저 방문하고 싶어 한다.
(b) 남자는 두 자동차 판매처의 가격 조건을 비교해 보라고 여자에게 조언한다.
(c) 남자는 Beatles Auto에 가본 적이 없다.
(d) 여자는 새로운 자동차를 구매하는 것보다는 중고차를 구매하는 것을 제안한다.

해설 남자는 두 군데의 판매처를 모두 가보고 더 나은 가격을 제시하는 곳이 있는지 확인해보라고 했으므로 (b)가 정답이다.

⚠ 오답 피하기

(a)는 Wild Bill's Cars first라 하여 오답이다. 여자는 Wild Bill's Cars가 아니라 Beatles Auto를 먼저 방문하고 싶어 한다.
(c)는 never been to Beatles Auto라 하여 오답이다. 남자가 갔다는 말도 없지만 가지 않았다는 말도 없기 때문에 근거가 없다.
(d)는 used car라 하여 오답이다. 여자는 중고차 구매에 대해서 언급하지 않는다.

▫ good deals 좋은 가격, 할인 prudent 신중한 dealership 자동차 판매처

14.

M Do you know any good Chinese restaurants around here?
W How about Western China?
M What is the menu like? I like traditional dishes.
W [장점, 조건] They're famous for their variety of menu, choices but I'm only going by what others have told me.
M So, you've yet to go there yourself?
W Not yet. I usually go to Chinese Express, but I was thinking of going there sometime this week.

Q. Which is correct about the woman according to the conversation?
(a) She typically eats at Western China.
(b) She has never been to Chinese Express.
(c) **She has heard good remarks about Western China.**
(d) She has no intention of going to Western China.

남 주변에 괜찮은 중식당 알아?
여 Western China 어때?
남 메뉴는 어때? 나는 전통 요리를 좋아해.
여 그들은 다양한 메뉴로 유명하지만, 나는 다른 사람들이 말해준 것을 따르는 것일 뿐이야.
남 그럼, 넌 거기에 직접 가본 적이 없는 거야?
여 아직. 난 보통 Chinese Express를 가, 하지만 이번 주 중에 한번 가보려고 했어.

Q. 대화에 따르면 여자에 대해서 옳은 것은?
(a) 그녀는 보통 Western China에서 식사를 한다.
(b) 그녀는 Chinese Express에 가본 적이 없다.
(c) 그녀는 Western China에 대해서 좋은 말을 들었다.
(d) 그녀는 Western China에 갈 계획이 없다.

해설 여자는 Western China의 메뉴가 다양하다고 들었다고 했으므로 **(c)가 정답**이다.

⚠ 오답 피하기
(a)는 typically eats at Western China라 하여 오답이다. 여자는 보통 Chinese Express에서 먹는다고 한다.
(b)는 never been to Chinese Express라 하여 오답이다. 여자는 Chinese Express가 아니라 Western China를 가본 적이 없다.
(d)는 no intention이라 하여 오답이다. 여자는 대화 마지막에서 Western China를 가볼 계획이라고 한다.

■ go by ~를 따르다, ~에 의거해서 판단하다 good remarks 좋은 말 intention 의도

15.

W [요청] Hi, I'm looking to purchase a color laser printer for home use.
M Sure. I recommend the S model. It's top of the line.
W That's actually the one I had in mind. What about the print quality?
M It's on par with other models, but the ink runs out faster than in regular laser printers.
W Do you sell ink cartridges separately?
M Of course. But we're offering a promotion that includes five additional color ink cartridges for free.
W In that case, I'll take it.

Q. Which is correct according to the conversation?
(a) The S model uses less ink than other laser printers.
(b) **The woman is buying the printer for personal use.**
(c) The S model has a higher print resolution than other models.
(d) The man is offering a discount on black ink cartridges.

여 안녕하세요. 저는 가정용 컬러 레이저 프린터를 구매하려고 해요.
남 그러시군요. 저는 S 제품을 추천합니다. 제품군 중 최고입니다.
여 그것이 사실 내가 생각했던 것이에요. 인쇄 품질은 어떤가요?
남 다른 제품들과 동일합니다. 하지만 보통 레이저 프린터에 비해 잉크가 빨리 닳습니다.
여 잉크 카트리지를 따로 파나요?
남 당연하죠. 하지만 저희는 다섯 개의 추가적인 컬러 잉크 카트리지를 무료로 드리는 행사를 진행하고 있습니다.
여 그렇다면, 그걸 살게요.

Q. 대화에 따르면 옳은 것은?
(a) S 제품은 다른 레이저 프린터보다 잉크를 적게 사용한다.
(b) 여자는 개인적 사용을 위하여 프린터를 사려고 한다.
(c) S 제품은 다른 제품들보다 더 높은 인쇄 해상도를 지녔다.
(d) 남자는 검정 잉크 카트리지를 할인해주고 있다.

해설 여자가 가정에서 사용할 프린터를 구매하고 싶다고 하므로 **(b)가 정답**이다.

⚠ 오답 피하기
(a)는 less라 하여 오답이다. 잉크가 더 빨리 닳는다고 했다.
(c)는 higher print resolution이라 하여 오답이다. 인쇄 품질은 다른 제품들과 똑같다고 했다.
(d)는 discount, black ink라 하여 오답이다. 컬러 잉크 카트리지는 무료 행사를 진행하고 있지만 검정 잉크 할인에 대해서는 언급되지 않았다.

■ top of the line 최고의 제품군 on par with ~와 동일한 run out 다 쓰다, 다 떨어지다 print resolution 인쇄 해상도

Unit 03 추론 문제

1. Infer 문제

Check-Up 본문 p. 162

01 (c)   02 (b)   03 (d)   04 (b)   05 (a)

01.

1st	재정, tight, 여자 find a job, 집 담보? X
	hard to pay the bills, 저축 있어, 집 담보 wait
2nd	(a) run up a lot of bills X
	(b) w, low paying job X
	(c) 대출 받은 적 있음 O
	(d) m, mismanaging budget X

W Honey, how are we doing financially this month?
M Things are a little bit tight but we should make it through.
W I hope I find a job soon. It's too hard to pay all the bills.
M Don't worry. We have enough saved up.
W Still, it shouldn't be enough. [제안] How about remortgaging our house?
M Hold off for now. Let's wait until it's absolutely necessary.

Q. What can be inferred from the conversation?
(a) The couple has run up a lot of bills this month.
(b) The woman has a low paying job.
(c) **The couple has taken out a loan before.**
(d) The man has a history of mismanaging the household budget.

여 여보, 우리 이번 달 경제 상황이 어때요?
남 약간 빠듯하지만 무사히 넘길 것 같아요.
여 내가 직장을 곧 찾았으면 좋겠어요. 모든 비용을 내는 것이 너무 힘들어요.
남 걱정 마요. 우리는 충분히 저축해놨어요.
여 그래도, 충분하지 않을 거예요. 우리 집을 2차 담보 설정하는 것은 어때요?
남 일단 기다려봐요. 정말로 필요할 때까지 기다려봅시다.

Q. 대화에서 추론할 수 있는 것은?
(a) 부부는 이번 달에 고지서가 많이 쌓았다.
(b) 여자는 급여가 낮은 직업을 가지고 있다.
(c) 부부는 전에 대출을 받은 적이 있다.
(d) 남자는 가계 예산을 잘못 관리한 역사가 있다.

해설 대화 후반부에서 여자가 집을 2차 담보로 설정하는 게 어떻냐고 했으므로 이전에 이미 집을 담보로 대출한 경험이 있다는 것을 유추할 수 있다. 따라서 **(c)가 정답**이다.

⚠️ 오답 피하기
(a)는 run up a lot of bills라 하여 오답이다. 이번 달은 무사히 넘길 것 같다고 했다.
(b)는 low paying job이라 하여 오답이다. 여자는 직장을 찾아야 한다고 하기 때문에 현재 직업이 없다.
(d)는 이 부부의 경제 문제가 어떻게 발생했는지 유추할 수 있는 근거가 없으므로 오답이다.

financially 경제적으로 tight 빠듯한 make it through 무사히 넘기다 remortgage 2차 담보를 설정하다 hold off 기다리다 run up (공과금·부채 등이) ~만큼 쌓이도록 두다 low paying job 급여가 낮은 직장 take out a loan 대출을 받다 mismanage 잘못 관리하다 household budget 가계 예산

02.

1st	춤 공연, 여자 갔었음, 좋았음
2nd	w, doubts, free ticket 생겨서 감, better than 기대
	(a) see, together ✕
	(b) w, initially reluctant 〇
	(c) w, better than the modern dance performance ✕
	(d) w, had trouble following ✕

M Did you go to the modern dance performance last night?
W [인과, 이유] I had my doubts but decided to go because I got a free ticket.
M Well, what did you think?
W It was a lot better than I expected.
M See, I told you you would enjoy it.
W Yeah, I was just worried I wouldn't understand what was going on.

Q. What can be inferred from the conversation?
(a) The woman and man went to see the performance together.
(b) **The woman was initially reluctant to go watch the show.**
(c) The woman thought the show was better than the modern dance performance.
(d) The woman had trouble following the show.

남 어젯밤에 현대 춤 공연에 갔었어?
여 나는 회의적이었는데 무료 티켓을 얻어서 가기로 결정했어.
남 음, 어땠어?
여 기대했던 것보다 훨씬 좋았어.
남 거봐, 네가 좋아할 거라고 내가 말했잖아.
여 그래, 나는 단지 무슨 일이 일어나고 있는지 이해하지 못할까봐 걱정했었어.

Q. 대화에서 추론할 수 있는 것은?
(a) 여자와 남자는 공연을 함께 보러 갔다.
(b) 여자는 처음에는 공연을 보러 가는 것을 주저했었다.
(c) 여자는 공연이 현대 춤 공연보다 더 좋았다고 생각했다.
(d) 여자는 공연을 이해하는 것을 어려워했다.

해설 여자가 공연에 회의적이었는데 무료 티켓을 얻어서 갔다고 했으므로 처음에는 공연을 보러 가는 것을 주저했었다는 것을 유추할 수 있다. 따라서 **(b)가 정답**이다.

⚠️ 오답 피하기
(a)는 see, together라 하여 오답이다. 함께 갔다는 근거가 없다.
(c)는 better than the modern dance performance라 하여 오답이다. 같은 공연을 비교하고 있다.
(d)는 had trouble following이라 하여 오답이다. 여자는 이해하지 못할까봐 걱정했는데 좋았다고 했기 때문에 이해를 잘했다고 볼 수 있다.

■ doubt 의심 initially 처음에 reluctant 주저하는 follow 이해하다

03.

1st	여자 길 물음, 남자 my job
	w, 쇼핑 센터?, 남자 지도 보여줄게, my job, city
2nd	(a) lost ✗
	(b) employee ✗
	(c) w, has a map ✗
	(d) m, local guide ○

W Excuse me. Do you know which way the underground shopping center is?
M It's not far from here. Let me show you on the map.
W Thanks, but I don't want to inconvenience you.
M [이유] It's part of my job anyway.
W That's really kind of you, thanks.
M No problem. [제안] If you have any questions about the city, just ask me.

Q. What can be inferred from the conversation?
(a) The woman is lost in the city.
(b) The man is an employee of the shopping center.
(c) The woman has a map of the shopping center.
(d) The man is a local guide for the city.

여 실례합니다. 지하 쇼핑센터가 어느 방향인지 아시나요?
남 여기서 멀지 않아요. 제가 지도에서 보여 드릴게요.
여 고맙지만 불편을 드리고 싶지는 않은데요.
남 어차피 제 일인 걸요.
여 너무 친절하시네요, 고마워요.
남 별말씀을요. 도시에 대해서 궁금한 점이 있으시면 제게 물어보세요.

Q. 대화에서 추론할 수 있는 것은?
(a) 여자는 도시에서 길을 잃었다.
(b) 남자는 쇼핑센터 직원이다.
(c) 여자는 쇼핑센터의 지도를 가지고 있다.
(d) 남자는 도시의 현지 가이드이다.

해설 여자에게 길을 알려주면서 길 안내가 자신의 일이라고 언급한 남자의 말을 통해 남자가 가이드라는 것을 유추할 수 있다. 따라서 **(d)가 정답이다.**

⚠ 오답 피하기
(a)는 lost라 하여 과장 오답이다. 여자가 길안내를 받는다고 해서 길을 잃었다고 볼 수 없다.
(b)는 employee라 하여 오답이다. 남자가 쇼핑센터의 직원이라는 근거가 없다.
(c)는 woman has a map이라 하여 오답이다. 여자가 지도를 가지고 있는지 남자가 가지고 있는지 알 수 없다.

■ underground 지하의 inconvenience 불편하게 하다 lost 길을 잃은 employee 직원 local guide 현지 가이드

04.

1st	여자 teaching 별로, artist 되고 싶어, teach art
	w, artist at heart, bills ✗, 대신 teach art
2nd	(a) w, dislikes ✗
	(b) w, 교육자보다 artist ○
	(c) m, art teacher 되고 싶어 ✗
	(d) m, encourages ✗

M Are you genuinely excited about teaching?
W Well, I wouldn't say I'm excited.
M But you still plan to pursue your education degree?
W [의견, 이유] I'm an artist at heart, but that will never pay the bills.
M So, instead of following your dream, you're going to settle for teaching?
W Well, if I can teach others art then I'll be satisfied.

Q. What can be inferred from the conversation?
(a) The woman dislikes teaching others.
(b) The woman would rather be an artist instead of an educator.
(c) The man aspires to become an art teacher for young children.
(d) The man encourages the woman to follow her dream of becoming a teacher.

남 가르치는 것에 대해 진정으로 기대되시나요?
여 음, 그렇게 기대된다고는 할 수 없을 것 같아요.
남 그런데도 교육학을 계속 하실 계획인가요?
여 저는 마음 속으로는 예술가가 되고 싶은데 그렇게 하면 비용을 충당할 수 없을 거예요.
남 그래서, 꿈을 따라가는 대신에 가르치는 것에 만족할 건가요?
여 음, 제가 다른 사람들에게 미술을 가르칠 수 있다면 만족할 것 같아요.

Q. 대화에서 유추할 수 있는 것은?
(a) 여자는 다른 사람들을 가르치는 것을 싫어한다.
(b) 여자는 교육자 대신 예술가가 되고 싶어 한다.
(c) 남자는 어린 아이들을 가르치는 선생님이 되기를 열망한다.
(d) 남자는 여자가 선생님이 되는 꿈을 따르도록 장려한다.

해설 여자는 속으로는 예술가가 되고 싶다고 했으므로 **(b)가 정답**이다.

⚠ 오답 피하기
(a)는 dislikes라 하여 과장 오답이다. 예술가가 더 되고 싶다고는 했지만 가르치는 것을 싫어한다고 하지는 않았다.
(c)는 남자가 무엇이 되고 싶어하는지에 대해서는 언급되지 않았으므로 오답이다.
(d)는 encourages라 하여 오답이다. 남자는 여자의 계획에 대해 질문을 하며 확인하고 있는 것이지 선생님이 되라고 권하고 있지는 않다.

■ genuinely 진정으로 pursue 추구하다 education degree 교육학 at heart 마음 속으로는 pay the bills 비용을 충당하다

settle for ~로 만족하다 dislike 싫어하다 aspire 열망하다 encourage 권장하다, 장려하다

05.

1st	남자 지갑 못 찾음, 버스에서 마지막
	m, wallet lost, 버스에서 카드 꺼냄, understatement
2nd	(a) m, 걱정, lost property ○
	(b) w, has experience of losing ×
	(c) m, could not take the bus ×
	(d) w, little understanding ×

W Did you figure out where you left your wallet?
M I wish I could say I had. I can't find it anywhere.
W When was the last time you saw it?
M I opened it to take out my transit card on the bus earlier.
W Oh no. A lot must be going through your head.
M [의견] That's an understatement.

Q. What can be inferred from the conversation?
(a) The man is very concerned about his lost property.
(b) The woman has experienced losing her wallet.
(c) The man could not take the bus because he lost his wallet.
(d) The woman has little understanding of the man's situation.

여 어디에 네 지갑을 뒀는지 알아냈어?
남 그랬으면 좋겠다고 말하고 싶어. 어디서도 찾을 수가 없어.
여 언제 마지막으로 봤는데?
남 아까 교통카드를 꺼낸다고 버스에서 열었어.
여 저런. 머릿속에 생각이 많겠다.
남 그 말로는 부족해.

Q. 대화에서 추론할 수 있는 것은?
(a) 남자는 그의 잃어버린 소유물에 대한 걱정이 많다.
(b) 여자는 지갑을 잃어버린 경험이 있다.
(c) 남자는 지갑을 잃어버렸기 때문에 버스를 타지 못했다.
(d) 여자가 남자의 상황에 대해서 이해를 거의 못하고 있다.

해설 생각이 많겠다는 여자의 말에 그 말로는 부족하다는 남자의 마지막 말을 통해 걱정을 많이 하고 있다는 것을 유추할 수 있으므로 **(a)가 정답**이다.

⚠ 오답 피하기
(b)는 has experienced losing이라 하여 오답이다. 여자가 지갑을 잃어버린 경험이 있다고 말해주는 정확한 근거가 없다.
(c)는 could not take the bus라 하여 오답이다. 버스에서 지갑을 열었다고 했으므로 버스를 탔을 가능성이 더 높다.
(d)는 little understanding이라 하여 오답이다. 여자는 오히려 남자의 상황을 더 잘 이해해주고 있다.

■ figure out 알아내다 wallet 지갑 take out 꺼내다 transit card 교통카드 That's an understatement. 그 말로는 부족해 lost property 분실된 소유물

2. Infer about 문제

Check-Up 본문 p. 166

01 (a)   02 (d)   03 (c)   04 (a)   05 (d)

01.

1st	여자 lawsuit, not well, 운전자 맞고소, 돈
	driver, countersuing, 과속카메라에 찍힘, settle for less money
2nd	(a) minimize, responsibility ○
	(b) driving within the speed limit ×
	(c) willing to 보상 ×
	(d) sued the woman first ×

M How's your lawsuit going?
W Not well. The other driver now claims that he's not at fault and is countersuing.
M But he was the one speeding.
W I know. The speed camera on the corner even caught him speeding.
M I wonder what he hopes to gain with the countersuit.
W [이유, 의견] I think he's hoping I'll settle for less money.

Q. What can be inferred about the other driver?
(a) He wants to minimize his responsibility.
(b) He was driving within the speed limit.
(c) He is willing to compensate the woman.
(d) He sued the woman first.

남 고소는 어떻게 진행되고 있어?
여 안 좋아. 상대방 운전자가 이제 와서 자신의 잘못이 없다고 주장하면서 맞고소 했어.
남 하지만 과속을 한 건 그 사람이잖아.
여 맞아. 심지어 모퉁이에 있는 과속 카메라도 그가 과속하는 것을 잡았어.
남 맞고소로 무엇을 얻으려고 하는지 궁금한데.
여 내 생각에는 더 낮은 금액으로 합의할 거라고 기대하는 것 같아.

Q. 대화에서 상대방 운전자에 관해 유추할 수 있는 것은?
(a) 그는 그의 책임을 최소화하기를 원한다.
(b) 그는 제한 속도 내에서 운전했다.
(c) 그는 기꺼이 여자에게 보상하고자 한다.
(d) 그는 여자를 먼저 고소했다.

해설 상대방 운전자가 맞고소를 했고 합의 금액을 낮추려고 한 것 같

다는 말을 통해 그 사람은 책임을 최소화하려는 의도를 가지고 있음을 유추할 수 있으므로 **(a)가 정답**이다.

⚠️ 오답 피하기
(b)는 driving within the speed limit라 하여 오답이다. 과속을 한 증거가 있다.
(c)는 willing to compensate라 하여 오답이다. 상대 운전자는 자신이 잘못이 없다고 주장하고 있는 상황이다.
(d)는 sued the woman first라 하여 오답이다. 맞고소라고 했기 때문에 처음에는 여자가 먼저 고소를 한 것임을 알 수 있다.

■ lawsuit 고소   claim 주장하다   not at fault 잘못이 없는
countersue 맞고소하다   speeding 과속   settle for ~에 합의하다
minimize 최소화하다   responsibility 책임   speed limit 제한 속도   compensate 보상하다   sue 고소하다

02.

1st	예약 X, 12명, 테이블 2개, 같이 앉으려면 1시간, 그냥 앉게
	m, 함께 앉고 싶어 함 → 1시간, 그 자리로 할게
2nd	(a) reservation for next time ✗
	(b) wait, separate 테이블 ✗
	(c) has waited ✗
	(d) sit separately ○

W Welcome to Sunset Grill. Do you have a reservation?
M No, but we would like a table for 12, please.
W Well, I can seat you immediately at two separate tables in the same dining room.
M But, we'd really rather all sit together.
W In that case, you have to wait about an hour.
M [의견, 이유] That's too long. We'll just take what you have now.

Q. What can be inferred about the man from the conversation?
(a) He will probably make a reservation for next time.
(b) He has to wait for the next available separate tables.
(c) He has waited an hour for a table for 12.
(d) He would rather sit separately than wait.

여 Sunset Grill에 오신 것을 환영합니다. 예약하셨나요?
남 아니요. 하지만 12명이 앉을 수 있는 테이블을 원합니다.
여 음, 지금 바로 같은 식사 공간에 2개의 떨어진 테이블로는 준비해 드릴 수 있어요.
남 하지만, 저희는 모두 함께 앉고 싶습니다.
여 그럴 경우에는, 1시간 정도 기다리셔야 합니다.
남 너무 오래 걸리네요. 그냥 지금 있는 자리로 하겠습니다.

Q. 대화에서 남자에 관해 유추할 수 있는 것은?
(a) 그는 아마도 다음 방문을 위한 예약을 할 것이다.
(b) 그는 다음에 자리가 날 떨어진 테이블을 위해 기다려야 한다.
(c) 그는 12명을 위한 테이블을 1시간 동안 기다렸다.
(d) 그는 기다리는 것보다는 차라리 따로 앉을 것이다.

해설 1시간 기다려야 한다고 하자 그냥 지금 이용할 수 있는 자리인 따로 떨어진 테이블로 하겠다고 했으므로 **(d)가 정답**이다.

⚠️ 오답 피하기
(a)는 reservation for next time이라 하여 오답이다. 그냥 지금 있는 자리에 앉겠다고 했다.
(b)는 has to wait이라 하여 오답이다. 떨어진 자리는 바로 자리로 안내가 가능하다.
(c)는 has waited라 하여 오답이다. 기다린 것이 아니라 지금 와서 바로 앉으려고 하고 있다.

■ reservation 예약   immediately 즉시   in that case 그럴 경우에는

03.

1st	w, 남자들 intimated, attractive
	w, 만나는 사람 X, amazing, 남자들 intimated
2nd	(a) hopes to meet, older ✗
	(b) incompetent ✗
	(c) appeal, obstacle ○
	(d) plans, 박사 학위 ✗

M Sarah, are you seeing someone these days?
W Well, I wish I were. It's not that easy anymore.
M For a person of your caliber? No way! You're an amazing woman.
W [의견, 이유] Maybe that's the problem. Most guys are intimidated by me.
M Not if they are as attractive and astute as you are.
W You're right. I should try to meet someone with more confidence.

Q. What can be inferred about the woman from the conversation?
(a) She hopes to meet someone who is older than her.
(b) She believes that most men she's met are incompetent.
(c) She thinks her appeal has become an obstacle in finding a date.
(d) She plans to earn a doctor's degree.

남 Sarah, 너 요즘 사귀는 사람 있니?
여 음, 나도 그랬으면 좋겠다. 이제 더 이상 쉽지 않아.
남 너 같은 수완가에게? 말도 안 돼! 너는 엄청난 여자야.
여 그것이 문제일 수도 있어. 대부분의 남자들이 나한테 지레 겁 먹어.
남 그들이 너만큼 매력적이고 명민하다면 그렇지 않을 거야.
여 네가 맞아. 나는 더 자신감 있는 사람을 만나도록 해야겠어.

Q. 대화에서 여자에 관해 유추할 수 있는 것은?
(a) 그녀보다 더 나이가 많은 사람을 만나길 희망한다.
(b) 그녀가 만났던 대부분의 남자들이 무능하다고 믿는다.

(c) 그녀의 매력이 이성 친구를 찾는 것에 장애물이 된다고 생각한다.
(d) 그녀는 박사 학위를 취득할 계획이다.

해설 여자의 amazing한 부분이 남성을 만날 때 오히려 방해가 된다고 생각하는 것을 유추할 수 있다. 따라서 **(c)가 정답**이다.

⚠️ **오답 피하기**
(a)는 hopes to meet, older라 하여 오답이다. 근거가 없다.
(b)는 incompetent라 하여 오답이다. 자신감이 없다고 했지 능력이 없다고 하지 않기 때문에 키워드 오답이다.
(d)는 earn, degree라 하여 오답이다. 여자의 학업 계획에 대해서는 언급되지 않았다.

■ see someone 사귀다   caliber 능력, 수완   intimidated 무서워하는   astute 통찰력 있는, 두뇌가 명민한   incompetent 무능력한   appeal 매력   obstacle 장애물   earn 얻다, 획득하다

04.

1st	m, 철학 수업 trouble, final essay 제시간에 X, 3번째
	m, essay 시간 더 요청, 3번째, won't accept
2nd	(a) received extensions, before ○
	(b) will submit, late ✗
	(c) taken the same philosophy class before ✗
	(d) was rejected ✗

M I'm in big trouble in my philosophy class.
W What's wrong?
M I don't think I can get the final essay finished on time.
W Can't you ask the professor for more time?
M [이유, 의견] This would be my third time missing a due date. She won't accept my plea again.
W Just work on it and not on other things and see how much you can finish.

Q. What can be inferred about the man from the conversation?
(a) **He received extensions on his assignments before.**
(b) He will submit his work late for the third time.
(c) He had taken the same philosophy class before.
(d) He was rejected for an extension for the third time.

남 난 내 철학 수업에서 큰 곤경에 빠졌어.
여 뭐가 문제야?
남 나는 마지막 에세이를 제시간에 끝낼 수 없을 것 같아.
여 교수님께 시간을 더 달라고 요청하면 안 돼?
남 마감기한을 맞추지 못하는 것이 이번이 세 번째가 될 거야. 교수님은 또 나의 부탁을 들어주시지는 않을 거야.
여 그냥 다른 것 말고 그것만 작업해서 얼마나 끝낼 수 있는지 해봐.

Q. 대화에서 남자에 관해 유추할 수 있는 것은?
(a) 전에 에세이 연장을 받은 적이 있다.

(b) 그의 과제를 세 번째로 또 늦게 제출할 것이다.
(c) 전에 동일한 철학 수업을 수강한 적이 있다.
(d) 연장을 세 번째로 거절당했다.

해설 남자가 에세이 마감기한을 맞추지 못하는 것이 이번이 세 번째고 교수님이 또 다시 연장을 해주시지는 않을 거라고 했으므로 전에 기한 연장을 받은 적이 있다는 것을 알 수 있다. 따라서 **(a)가 정답**이다.

⚠️ **오답 피하기**
(b)는 will submit, late이라 하여 과장 오답이다. 남자는 늦을 수도 있다고 했지만 확실히 늦게 제출할 것인지는 아직 알 수 없다.
(c)는 taken the same philosophy class before이다. 똑같은 수업을 또 수강하고 있다는 근거가 없다.
(d)는 was rejected라 하여 오답이다. 남자는 세 번째 기한 연장 요청이 될 것이기 때문에 거절할 수도 있다는 예감이지 이미 거절을 받은 것은 아니다.

■ in big trouble 큰 곤경에 빠져다   on time 제시간에   due date 마감기한   plea 간청   extension 연장   submit 제출하다

05.

1st	여자 post X, 악성 댓글, 남자 interesting, 여자 X
	w, getting tired of, attack, hate
2nd	(a) takes pleasure ✗
	(b) man's posts ✗
	(c) attempts to join ✗
	(d) harassed, 글 올려서 ○

M I haven't read any of your posts on the forum lately.
W [의견] Yeah, I'm just getting tired of all the flame wars.
M I know what you mean.
W [원인] It seems that if anybody writes anything, someone will go on the attack.
M I actually find reading some of those attacks interesting.
W Not me. I hate the holier-than-thou attitude of some of the posters.

Q. What can be inferred about the woman from the conversation?
(a) She takes pleasure in writing sardonic comments.
(b) She is displeased with the man's posts.
(c) She has made numerous attempts to join the forum.
(d) **She had been harassed by others for posting her views.**

남 난 최근에 포럼에서 네 글을 하나도 보지 못했어.
여 응, 나는 악성 댓글에 지쳐가고 있어.
남 무슨 말인지 알아.
여 누군가 글을 쓰면, 누군가는 공격을 하는 것 같아.

남 난 사실 어떤 공격 글을 읽는 것이 흥미로워.
여 난 아니야. 몇몇 글 쓰는 사람들의 고결한 척하는 태도가 싫어.

Q. 대화에서 여자에 관해 유추할 수 있는 것은?
(a) 그녀는 냉소적인 의견을 쓰는 것에서 기쁨을 얻는다.
(b) 그녀는 남자의 글에 불쾌해 한다.
(c) 그녀는 포럼에 들어가려고 많은 시도를 해왔다.
(d) 그녀는 그녀의 의견을 올려서 다른 사람들로부터 괴롭힘을 받았었다.

해설 여자가 악성 댓글에 지쳐가고 있다고 했으므로 여자는 포럼에서 공격을 받은 적이 있다는 것을 유추할 수 있다. 따라서 **(d)가 정답**이다.

⚠️ **오답 피하기**
(a)는 takes pleasure라 하여 오답이다. 여자는 공격적인 글들이 싫다고 말하기 때문에 냉소적인 말이나 글을 좋아한다고 볼 수 없다.
(b)는 man's posts라 하여 오답이다. 여자는 남자의 글에 대해 언급하지 않는다.
(c)는 attempts to join이라 하여 오답이다. 여자는 최근에 포럼에 글을 올리지 않고 있다고 했다.

■ forum 포럼, 토론회 get tired of ~에 지치다 flame war 악성 댓글, 상호 공격 go on the attack 공격을 하다 holier-than-thou 고결한 척하는 take pleasure in ~에서 기쁨을 얻다 sardonic 냉소적인 be displeased with ~에 대해 불쾌하게 느끼다 attempt 시도 harass 괴롭히다 view 의견

Unit Test   본문 p. 168

01 (b)	02 (a)	03 (c)	04 (a)	05 (d)
06 (c)	07 (d)	08 (d)	09 (d)	10 (c)
11 (d)	12 (b)	13 (c)	14 (d)	15 (d)

01.

W Hey, I have to apologize to you.
M For what?
W Do you remember that book I borrowed from you?
M Yes, *Brain Rules*. What about it?
W [문제점, 방법] My dog got ahold of it and ripped it to shreds. I can pay you back.
M Oh, that's not necessary. I finished reading it anyway.

Q. What can be inferred about the woman from the conversation?
(a) She will buy a new book for the man.
(b) She did not expect her pet dog to ruin the book.
(c) She finished reading the book.
(d) She regrets borrowing the book from the man.

여 있잖아, 네게 사과를 해야 할 것 같아.
남 무엇 때문에?
여 내가 네게 빌린 그 책 기억나?
남 응, <Brain Rules>. 근데?
여 내 개가 그것을 잡아서 갈가리 찢었어. 내가 보상할게.
남 아, 그럴 필요 없어. 그거 어차피 다 읽었어.

Q. 대화에서 여자에 대해 유추할 수 있는 것은?
(a) 남자에게 새 책을 사줄 것이다.
(b) 자신의 애완견이 그 책을 못쓰게 만들 줄 몰랐다.
(c) 책을 다 읽었다.
(d) 남자에게 책을 빌린 것을 후회한다.

해설 여자가 사과하며 개가 책을 찢었다고 했고 보상하겠다고 했으므로 예상치 못했다는 것을 유추할 수 있다. 따라서 **(b)가 정답**이다.

⚠️ **오답 피하기**
(a)는 will buy라 하여 오답이다. 남자가 책을 보상해주지 않아도 된다고 했으므로 여자는 구매할 가능성이 낮다.
(c)는 finished reading the book이라 하여 오답이다. 남자가 책을 다 읽었다는 것은 알지만 여자가 다 읽었는지는 알 수 없다.
(d)는 regrets라 하여 오답이다. 책이 파손된 것에 대해 안타깝게 생각하는 건 맞지만 책을 빌린 것에 대해서 후회하고 있는지는 알 수 없다.

■ borrow 빌리다 get ahold of ~ 잡다 rip 찢다 shred 조각, 파편 ruin 못쓰게 만들다, 망치다 regret 후회하다

02.

M I have no idea what today's lecture was all about.
W Yeah, it was way over my head.
M I don't understand why the professor wouldn't answer any questions either.
W I know. [문제점] It's obvious that no one understood the lecture.
M Maybe he just doesn't care.
W [방법] We could talk to his teaching assistant to see if he will help.

Q. What can be inferred from the conversation?
(a) The class is most likely an upper-level course.
(b) The professor answers questions only after class.
(c) The students were unresponsive to the professor's queries.
(d) The professor is good at managing his class.

남 나는 오늘 강의가 무엇에 대한 것이었는지 모르겠어.
여 응, 나한테 너무 어려웠어.
남 나는 교수님이 왜 질문에 답변하지도 않으시는지 모르겠어.
여 알아. 누구도 강의를 이해하지 못했다는 것이 명백했는데.
남 어쩌면 그는 그냥 관심이 없나 봐.
여 그의 조교한테 가서 도와줄 수 있는지 물어볼 수 있을 것 같아.

Q. 대화에서 유추할 수 있는 것은?
(a) 수업은 아마도 상급 과정일 것이다.

(b) 교수는 수업 후에만 질문을 받는다.
(c) 학생들은 교수의 질문에 묵묵부답이었다.
(d) 교수는 그의 수업을 잘 운영한다.

해설 누구도 강의를 이해하지 못했다고 했으므로 수업이 상급 과정일 가능성을 유추할 수 있다. 따라서 (a)가 정답이다.

⚠ 오답 피하기
(b)는 answers questions, after class라 하여 오답이다. 교수가 수업 중에는 질문을 받지 않는다고 하여 수업 후에 받는다고 볼 수 없다.
(c)는 students were unresponsive라 하여 오답이다. 학생들이 반응이 없었던 것이 아니라 교수가 질문에 반응하지 않은 것이다.
(d)는 good at managing이라 하여 오답이다. 교수는 질문에 답변을 하지 않는다고 했으므로 운영을 잘 한다고 볼 수 없다.

■ over one's head 어려운   obvious 명백한   teaching assistant 조교   upper-level course 상급 과정   unresponsive 묵묵부답인   query 질문

03.

W Writing an essay in my politics class is frustrating.
M Don't you know how to write one?
W I do, but it's hard to structure everything so that it flows well.
M Oh, I see what you mean. Why don't you try an outline first?
W [이유] But it takes such a long time.
M [장점] Yeah, but it helps when you want a well-organized essay.

Q. What can be inferred about the woman from the conversation?
(a) Her politics class has many essay assignments.
(b) She does not know how to write an essay.
(c) Her essays tend not to be well-organized.
(d) She has never made an outline before writing her essays.

여 정치학 수업에서 에세이를 쓰는 것은 좌절스러워.
남 에세이를 어떻게 쓰는지 모르니?
여 알지, 하지만 매끄럽게 읽히도록 모든 것을 구조화하는 게 어려워.
남 아, 무슨 말인지 알겠다. 개요를 먼저 써보는 게 어때?
여 하지만 그건 시간이 너무 많이 들어.
남 그렇지, 하지만 잘 정리된 에세이를 원할 때는 도움이 돼.

Q. 대화에서 여자와 관련해 유추할 수 있는 것은?
(a) 그녀의 정치학 수업은 에세이 과제가 많다.
(b) 그녀는 에세이를 어떻게 쓰는지 모른다.
(c) 그녀의 에세이는 잘 정리되어 있지 않은 경향이 있다.
(d) 그녀는 에세이를 쓰기 전에 개요를 작성해 본 적이 없다.

해설 여자가 개요를 작성하는 것을 꺼리기 때문에 에세이가 잘 정리되어 있지 않을 가능성을 유추할 수 있으므로 (c)가 정답이다.

⚠ 오답 피하기
(a)는 many essay assignments라 하여 오답이다. 에세이 과제가 있다는 것은 알지만 많은지는 알 수 없다.
(b)는 does not know라 하여 오답이다. 여자는 에세이를 쓸 줄 안다고 한다.
(d)는 never made an outline이라 하여 오답이다. 여자는 개요를 작성하면 시간이 많이 걸린다고 했기 때문에 개요를 써본 경험이 있을 것이다.

■ frustrating 좌절스러운   structure 구조화하다, 조직하다   flow 읽히다, 흘러가다   outline 개요   tend not to ~가 아닌 경향이 있다

04.

M I can't stick around any longer. Let's get out of here.
W I need a bit more time to finish my work and then we can go.
M You're working too much. You really need to slow down.
W I know. I'm exhausted all the time, but I have so much work to do.
M You really need to delegate some of your work, or you're going to burn out.
W [이유] But explaining to others what to do is time-consuming.

Q. What can be inferred from the conversation?
(a) The woman believes she can get more work done by working alone.
(b) The woman thinks training others is a waste of time.
(c) The man has difficulty finishing his tasks on time.
(d) The man passes most of his work on to his subordinates.

남 더 이상 여기에 있을 수가 없어요. 퇴근합시다.
여 저는 일을 끝내는 데 시간이 좀 더 필요해요. 그리고 나서 나갑시다.
남 당신은 일을 너무 많이 해요. 당신은 정말 느긋해질 필요가 있어요.
여 알아요. 저는 항상 피곤하지만 할 일이 너무 많아요.
남 당신은 당신의 일을 위임할 필요가 있어요, 그렇지 않으면 완전히 에너지가 소진될 거예요.
여 하지만 다른 사람에게 무엇을 해야 하는지 설명하는 것은 시간이 많이 걸려요.

Q. 대화로부터 유추할 수 있는 것은?
(a) 여자는 혼자서 일함으로써 일을 더 많이 할 수 있다고 믿는다.
(b) 여자는 다른 사람들을 교육하는 것은 시간 낭비라고 생각한다.
(c) 남자는 그의 업무를 제시간에 끝내는 데 어려움을 겪고 있다.
(d) 남자는 그의 대부분의 업무를 그의 부하직원에게 넘긴다.

해설 여자의 마지막 말을 통해 다른 사람에게 업무를 분담시킬 때 설명하는 시간이 많이 소요되기 때문에 차라리 혼자 맡을 때 일을 더 빨리 많이 할 수 있다고 생각한다는 것을 유추할 수 있으므로

(a)가 정답이다.

⚠️ 오답 피하기
(b)는 waste of time이라 하여 오답이다. 시간이 많이 걸린다고는 했지만 시간 낭비라고 부정적으로 말하지는 않았다.
(c)는 difficulty finishing his tasks라 하여 오답이다. 남자가 업무상 어떤 어려움을 겪고 있는지는 알 수 없다.
(d)는 man passes most of his work on이라 하여 오답이다. 남자가 여자에게 업무를 위임하라는 조언을 하는 것으로 보아 남자는 업무 위임에 대해 긍정적인 입장이지만 남자가 그의 업무를 대부분 위임하는지는 알 수 없다.

■ stick around 머무르다 exhausted 지친 delegate 위임하다 burn out 지치다 time-consuming 많은 시간이 소요되는 a waste of time 시간 낭비 on time 제시간에 pass on 넘겨주다 subordinate 부하직원

05.

W Have you been to the new restaurant that opened across from the office?
M My girlfriend and I were just there last week.
W Was the food any good?
M It wasn't bad. The lasagna was good. [조언] I can't recommend the pizza, though.
W Did anything else look good on the menu?
M The pastas. I wanted to try one, but went for the pizza instead.

Q. What can be inferred from the conversation?
(a) The man wanted to try the pizza instead of the pasta.
(b) The woman does not plan to go to the restaurant.
(c) The man's favorite menu item was the pasta.
(d) The woman will probably avoid ordering the pizza.

여 회사 건너편에 문을 연 새로운 식당에 가본 적 있어요?
남 저는 여자친구와 지난 주에 갔었어요.
여 음식이 맛있었나요?
남 나쁘지 않았어요. 라자냐는 맛있었어요. 그렇지만 피자는 추천할 수가 없네요.
여 메뉴에 다른 좋아 보였던 것이 있었어요?
남 파스타요. 먹어보고 싶었지만 대신 피자를 선택했네요.

Q. 대화로부터 유추할 수 있는 것은?
(a) 남자는 파스타 대신에 피자를 먹어보고 싶어 했다.
(b) 여자는 그 식당에 갈 계획이 없다.
(c) 남자가 가장 좋아했던 메뉴는 파스타이다.
(d) 여자는 아마도 피자를 주문하는 것을 피할 것이다.

해설 남자는 라자냐와 파스타를 추천하고 피자는 추천하지 않는다고 말하기 때문에 여자가 피자를 주문하지 않을 것이라 유추할 수 있다. 따라서 **(d)가 정답**이다.

⚠️ 오답 피하기
(a)는 try the pizza instead of the pasta라 하여 오답이다. 남자는 반대로 파스타를 주문하고 싶었다고 말한다.
(b)는 not plan to go라 하여 오답이다. 여자가 그 식당에 갈지 안 갈지는 알 수 없다.
(c)는 favorite, pasta라 하여 오답이다. 남자가 가장 좋아했던 메뉴를 말하지 않았을뿐더러 파스타는 먹어 보지도 못했다.

■ go for 선택하다

06.

M Excuse me, do you have a handicap parking permit?
W Yes, it is a temporary permit though.
M It's not displayed in your car window. [조건] We're strict about permits.
W Oh, you're right. I have it in the glove compartment. Here it is.
M [문제점] It appears that the permit you have has been expired.
W Oh, I'm sorry. I didn't know that.

Q. What can be inferred from the conversation?
(a) The man will still allow the woman to park in the handicap parking space.
(b) The woman will be escorted to an empty parking lot.
(c) The woman will move her car to another space.
(d) The man will write the woman a ticket.

남 실례합니다. 장애인 주차증이 있으신가요?
여 네, 그렇지만 임시 허가증이에요.
남 차의 창문에 붙어 있지 않네요. 저희는 주차증에 대해서 엄격합니다.
여 아, 그렇네요. 자동차 앞좌석의 사물함에 있어요. 여기 있습니다.
남 당신이 가지고 있는 주차증은 만료된 것 같습니다.
여 아, 죄송합니다. 몰랐습니다.

Q. 대화에서 유추할 수 있는 것은?
(a) 남자는 그럼에도 여자가 장애인 자리에 주차하는 것을 허용할 것이다.
(b) 여자는 빈 주차장으로 안내 받을 것이다.
(c) 여자는 다른 곳으로 차를 옮길 것이다.
(d) 남자는 여자에게 딱지를 끊어줄 것이다.

해설 만료된 주차증으로는 주차가 불가능하기 때문에 다른 곳으로 차를 이동할 거라는 것을 유추할 수 있다. 따라서 **(c)가 정답**이다.

⚠️ 오답 피하기
(a)는 still allow the man이라 하여 오답이다. 남자가 엄격하다고 했기 때문에 허용하지 않을 것이다.
(b)는 be escorted, empty parking lot이라 하여 오답이다. 남자는 여자를 안내해준다고 말하지 않을 뿐더러 빈 주차장이 있는지도 알 수가 없다.
(d)는 write the man a ticket이라 하여 오답이다. 남자가 딱지를 뗄 것이라는 근거가 없다.

■ handicap parking permit 장애인 주차 허가증 temporary permit 임시 허가증 display 보이게 하다 strict 엄격한 glove compartment 자동차 사물함 expired 만료된, 기한이 지난 escort 안내하다 write a ticket 딱지를 끊다

07.

W Your parents' golden anniversary is next month.
M That's right. Thanks for reminding me.
W Do you think we should have a party for them?
M [의견, 이유] That would be nice, but our apartment is not spacious enough.
W What about having it at a restaurant downtown?
M That's a good idea, and let's make it a surprise this time.

Q. What can be inferred from the conversation?
(a) The woman held her parents' golden anniversary at her previous apartment.
(b) The woman's parents especially like surprise parties.
(c) The man forgot about his wedding anniversary.
(d) **The man thinks a lot of people will show up for the party.**

여 네 부모님의 금혼식이 다음달이야.
남 맞아. 상기시켜줘서 고마워.
여 우리가 부모님 위해서 파티를 열어야 할까?
남 좋지. 하지만 우리 아파트는 넓지가 않아.
여 시내 식당에서 하는 것은 어떨까?
남 그거 좋은 생각이고 이번에는 깜짝 파티로 하자.

Q. 대화에서 유추할 수 있는 것은?
(a) 여자는 그녀의 부모의 금혼식을 그녀의 전 아파트에서 했다.
(b) 여자의 부모들은 깜짝 파티를 특별히 좋아한다.
(c) 남자는 자신의 결혼 기념일을 잊고 있었다.
(d) 남자는 많은 사람들이 파티에 올 것이라고 생각한다.

해설 남자가 아파트가 넓지 않다고 한 것을 통해 사람들이 많이 올 것이라고 생각하는데 아파트가 넓지 않아서 다른 장소를 생각하고 있음을 유추할 수 있다. 따라서 **(d)가 정답**이다.

⚠ 오답 피하기
(a)는 her parents' golden anniversary라 하여 오답이다. 여자의 부모의 금혼식에 대한 내용은 알 수 없다.
(b)는 especially like surprise parties라 하여 오답이다. 깜짝 파티를 하자고 했지만 부모님이 깜짝 파티를 특별히 더 좋아하는지는 알 수 없다.
(c)는 his wedding anniversary라 하여 오답이다. 남자의 결혼 기념일이 아닌 부모님의 결혼 기념일을 축하하는 것이다.

■ golden anniversary 금혼식(결혼 50주년 기념일) remind 상기시키다 spacious 넓은 show up 오다, 나타나다

08.

M What time is your interview this afternoon?
W It's at 2 o'clock.
M That's less than an hour from now. You need to scurry.
W Don't worry. I have everything set and ready to go.
M But aren't you taking the bus to the industrial park?
W [방법] Yeah. It only takes 20 minutes to get there.

Q. What can be inferred from the conversation?
(a) The woman will be taking a cab to the interview.
(b) The man has never taken the bus to the industrial park.
(c) The man will go to the interview with the woman.
(d) **The woman has previously been to the industrial park by bus.**

남 오늘 오후에 네 면접이 몇 시야?
여 2시야.
남 1시간도 안 남았네. 너 빨리 가야겠다.
여 걱정하지마. 모든 준비가 완료되었고 나가기만 하면 돼.
남 하지만 넌 공업단지까지 버스로 가는 거 아니야?
여 응. 가는 데 20분밖에 안 걸려.

Q. 대화에서 유추할 수 있는 것은?
(a) 여자는 택시를 타고 면접에 갈 것이다.
(b) 남자는 버스를 타고 공업단지까지 가본 적이 없다.
(c) 남자는 여자와 함께 면접에 갈 것이다.
(d) 여자는 전에 공업단지까지 버스로 가본 적이 있다.

해설 여자가 버스로 공업단지까지 이동하는 데 소요되는 시간을 정확히 알고 있기 때문에 전에 가본 경험이 있다는 것을 유추할 수 있다. 따라서 **(d)가 정답**이다.

⚠ 오답 피하기
(a)는 taking a cab이라 하여 오답이다. 여자는 버스를 타고 갈 것이라고 말한다.
(b)는 never taken the bus to the industrial park라 하여 오답이다. 남자가 버스를 타고 가봤다고 말하지는 않지만 전혀 가보지 못했다는 근거가 없기 때문에 유추할 수가 없다.
(c)는 go, with the woman이라 하여 오답이다. 남자는 여자가 서둘러야 한다고 말하고 여자가 버스를 타고 갈 거라고 말하기 때문에 같이 가는 것이 아니라 여자 혼자 간다는 것을 알 수 있다.

■ scurry 급하게 가다, 종종 걸음으로 달리다 industrial park 공업단지 cab 택시 previously 전에

09.

W Will you take this down to the mailroom for me?
M Sure. Is it all right to send it by regular mail?
W [조건] No, actually, it needs to go international overnight.
M [방법] In that case, it has to be taken to the main post office.

W Oh, really? That's inconvenient for me today.
M Don't worry about it. I'll take it over there for you.

Q. What can be inferred from the conversation?
(a) The woman's schedule is more hectic than the man's.
(b) The mailroom is in a remote location.
(c) The man has not been to the post office before.
(d) The mailroom is only for local regular mail.

여 우편물실로 이것을 가져가 주시겠어요?
남 네. 보통 우편으로 보내도 되나요?
여 아니요. 국제 우편인데 익일 배송으로 해주세요.
남 그러면, 큰 우체국으로 가져가야 해요.
여 아, 그래요? 오늘 번거롭겠네요.
남 걱정하지 마세요. 제가 가져갈게요.

Q. 대화에서 유추할 수 있는 것은?
(a) 남자는 여자보다 더 바쁘다.
(b) 우편물실은 외딴 위치에 있다.
(c) 남자는 우체국에 가본 적이 없다.
(d) 우편물실은 국내 일반 우편만 취급하는 곳이다.

[해설] 빠른 국제 우편을 보내려면 큰 우체국으로 가야 한다고 했으므로 우편물실에서는 국내 일반 우편만 보낼 수 있다는 것을 유추할 수 있다. 따라서 **(d)가 정답**이다.

⚠ 오답 피하기
(a)는 more hectic이라 하여 오답이다. 남자가 대신 우체국에 간다고 해서 여자가 더 바쁘다고 단정지을 수 없다.
(b)는 remote location이라 하여 오답이다. 우편물실은 오히려 우체국보다 더 가까운 곳에 있다.
(c)는 has not been이라 하여 오답이다. 남자는 여자 대신 우체국에 간다고 했으므로 위치를 알고 있을 것이다.

■ mailroom 우편물실 regular mail 보통우편 overnight (우편물이) 익일 배송인, 다음날에 도착하는 inconvenient 불편한 take over 가지고 가다 hectic 바쁜 remote 외딴

10.

M Do you believe all the hype around the dangers of consuming corn syrup?
W I'm sure some of it is founded.
M A friend of mine told me that corn syrup causes obesity.
W Really? Is your friend also a medical doctor?
M Well, no, but she reads a lot of journals.
W [의견] I still think it's better to take advice from a trained professional.

Q. What can be inferred from the conversation?
(a) The man trusts his friend more than a physician.
(b) The man is conscious about his weight.
(c) The woman finds the man's claim about corn syrup and obesity unsubstantiated.
(d) The woman reads various medical journals.

남 옥수수 시럽 섭취의 위험성을 알리는 모든 광고를 믿어?
여 분명 어떤 부분은 근거가 있을 거야.
남 내 친구가 그러는데 옥수수 시럽이 비만을 초래한대.
여 정말? 네 친구가 의사이기도 해?
남 아니, 하지만 그녀는 많은 잡지를 읽어.
여 그래도 교육을 받은 의사의 조언을 얻는 것이 더 좋을 것 같아.

Q. 대화에서 유추할 수 있는 것은?
(a) 남자는 의사보다 그의 친구를 더 믿는다.
(b) 남자는 자신의 몸무게에 대해서 의식하고 있다.
(c) 여자는 옥수수 시럽과 비만에 대한 남자의 주장이 입증되지 않았다고 생각한다.
(d) 여자는 다양한 의학 잡지를 읽는다.

[해설] 여자는 전문가의 말을 듣는 편이 낫다고 했으므로 남자의 주장을 믿지 않고 있다는 것을 유추할 수 있다. 따라서 **(c)가 정답**이다.

⚠ 오답 피하기
(a)는 trusts, more than a physician이라 하여 오답이다. 남자는 친구와 의사의 주장을 비교하지 않는다.
(b)는 man is conscious, weight이라 하여 오답이다. 남자는 자신의 몸무게에 대해서 언급하지 않는다.
(d)는 woman reads, journals라 하여 오답이다. 여자가 아닌 남자의 친구가 잡지를 많이 읽는다고 말한다.

■ hype 광고, 선전 consume 섭취하다 corn syrup 옥수수 시럽 founded 근거 있는 obesity 비만 journal 잡지 conscious 의식하는 unsubstantiated 입증되지 않은 various 다양한

11.

W Jake, do you have the article ready for the newsletter?
M [문제점] No, I forgot about it.
W The deadline is always the last day of the month. You should know that by now.
M [원인, 이유] It's just that I had some personal matters to take care of.
W You always have an excuse. When will you get it to me?
M First thing tomorrow morning, I promise.

Q. What can be inferred about the man from the conversation?
(a) He is always prompt with his articles.
(b) He is writing for the newsletter for the first time.
(c) He does not appreciate the woman's tone.
(d) He has not yet started writing the article.

여 Jake, 소식지에 넣을 기사는 준비되었나요?
남 아니요. 깜빡 잊고 있었습니다.
여 마감기한은 항상 월 마지막 날이에요. 지금쯤은 알아야죠.
남 그게 제가 처리해야 할 개인적인 일이 있었어요.

여 당신은 항상 핑계가 있는 것 같아요. 제게 언제 줄 수 있나요?
남 내일 아침 바로요, 약속해요.

Q. 대화에서 남자에 대해 유추할 수 있는 것은?
(a) 그는 기사와 관련하여 시간을 항상 엄수한다.
(b) 그는 소식지에 처음 글을 쓰는 것이다.
(c) 그는 여자의 말투를 좋아하지 않는다.
(d) 그는 아직 기사를 쓰는 것을 시작하지 않았다.

해설 남자가 기사를 쓰는 것에 대해 잊고 있었다고 했으므로 아예 시작하지도 않았음을 유추할 수 있다. 따라서 (d)가 정답이다.

⚠ 오답 피하기
(a)는 always prompt라 하여 오답이다. 남자가 항상 기한을 지키지 않는 것이므로 반대 오답이다.
(b)는 first time이라 하여 오답이다. 여자가 남자에게 이제 언제 마감인지 알아야 한다고 말한 것을 보면 처음은 아닌 것을 알 수 있다.
(c)는 woman's tone이라 하여 오답이다. 남자는 여자의 말투나 태도에 대해서 언급하지 않는다.

■ newsletter 소식지, 화보   deadline 마감기한   by now 지금쯤은
personal matter 개인적인 일   take care of ~을 처리하다
excuse 핑계, 변명   prompt 즉각적인, 지체 없는   appreciate 좋아하다   tone 말투

12.

M I'm going to our Japan branch. I've been exchanging farewells with everyone.
W Well, you will certainly be missed.
M [의견] It's only for a year, but that seems like a long time.
W Are you nervous about the transition?
M Yes, I've never even been out of the country before.
W I'm sure you'll be able to handle it.

Q. What can be inferred about the man from the conversation?
(a) He is switching his job to a global company.
(b) He will most likely return after some time.
(c) He will be given additional responsibilities abroad.
(d) He has worked in his position for many years.

남 저 일본 지사에 가요. 모든 사람과 작별인사를 주고받고 있어요.
여 그리울 거예요.
남 1년 동안만인데 길게 느껴지네요.
여 환경이 변하는 것에 대해 긴장되나요?
남 네, 다른 나라에 간 적이 한 번도 없어요.
여 잘 할 수 있을 거라 믿어요.

Q. 대화에서 남자에 대해 유추할 수 있는 것은?
(a) 그는 세계적 기업으로 직장을 옮길 것이다.
(b) 그는 얼마 간의 기간 후에 돌아올 가능성이 높다.
(c) 그는 해외에서 추가적인 업무를 받을 것이다.
(d) 그는 그의 직책에서 여러 해 동안 일했다.

해설 남자가 일본에 가는 것이 1년 동안만인데 그것도 길게 느껴질 것이라고 한 것을 통해 얼마 간의 기간 후에 돌아올 가능성이 있다는 것을 유추할 수 있다. 따라서 (b)가 정답이다.

⚠ 오답 피하기
(a)는 switching his job이라 하여 오답이다. 남자는 잠시 일본 지사에 가는 것이지 새로운 직장으로 옮기는 것이 아니다.
(c)는 given additional responsibilities라 하여 오답이다. 남자가 다른 곳에 가는 것은 맞지만 업무가 어떻게 변할 것인지에 대해서는 알 수 없다.
(d)는 for many years라 하여 오답이다. 남자가 회사에서 얼마나 오래 있었는지 알 수 없다.

■ branch 지사   exchange farewells 작별인사를 주고받다
transition 변화   handle 다루다   switch one's job 직장을 옮기다
additional responsibilities 추가적인 업무   abroad 해외에서
position 직책

13.

W Hi, Frank. Did you pick up the pizzas yet?
M I'm at the restaurant now. They said another five minutes.
W [이유] Well, hurry up, the kick-off is at 7 o'clock sharp.
M Okay, I'll ask the manager again about the order.
W Half of our office staff is already here – starving.
M Got it. I'll be there as quickly as I can.

Q. What can be inferred from the conversation?
(a) The woman is going to pick up the man.
(b) The man is uninterested in watching sports.
(c) The woman wants the man to see the start of the game.
(d) The man cannot make it back before the kick-off.

여 여보세요, Frank. 피자 샀어요?
남 지금 식당에 있어요. 5분 더 걸린대요.
여 빨리 와요. 시합의 시작이 정확히 7시에요.
남 네. 매니저에게 주문에 대해 한 번 더 물어볼게요.
여 사무실 직원 반이 이미 여기 있어요 – 배고픈 상태로.
남 알겠어요. 최대한 빨리 갈게요.

Q. 대화에서 유추할 수 있는 것은?
(a) 여자는 남자를 데리러 갈 것이다.
(b) 남자는 스포츠를 관람하는 것에 관심이 없다.
(c) 여자는 남자가 시합의 시작을 보기를 원한다.
(d) 남자는 시합 시작 전에 돌아오지 못한다.

해설 여자가 남자에게 시합의 시작이 7시 정각이기 때문에 빨리 오라고 말한 것을 토대로 남자가 시합의 시작을 놓치지 않기를 원한다는 것을 유추할 수 있다. 따라서 (c)가 정답이다.

⚠ 오답 피하기
(a)는 pick up the man이라 하여 오답이다. 여자가 재촉하고 있긴 하지만 남자를 데리러 갈지 알 수 없다.

(b)는 uninterested라 하여 오답이다. 남자도 빨리 피자를 가지고 가겠다고 하기 때문에 시합을 보고 싶어 한다.
(d)는 cannot make it back이라 하여 오답이다. 여자도 남자도 아직 시간이 남아 있는 듯이 말을 하고 있기 때문에 시합 시작 전에 돌아오지 못할 것이라고 단정지을 수 없다.

■ pick up 가지러 가다   kick-off (럭비·축구 시합의) 시작, 개시   sharp 정확히   starving 배고픈   uninterested 관심이 없는

14.

M [제안] What would you like for dessert?
W [요청] I've never tried your cheesecake before.
M [비교] Well, it's what makes us so attractive compared to other restaurants.
W Right. But I am not sure which one to order.
M The most sought-after one this time of year is the strawberry.
W Well, I'm sick of strawberries. I'll take the chocolate instead.

Q. What can be inferred from the conversation?
(a) The restaurant is a newly opened venue.
(b) The woman is allergic to strawberries.
(c) The man thinks their cheesecakes are fine-looking.
(d) The restaurant serves desserts other than cheesecakes.

남 후식으로는 무엇을 드릴까요?
여 여기 치즈 케이크를 한 번도 안 먹어 봤어요.
남 음, 그게 저희를 다른 식당들과 비교해서 매력적으로 만드는 걸요.
여 맞아요. 그런데 어떤 것을 주문해야 할지 모르겠어요.
남 이맘때에는 딸기가 들어간 게 수요가 많아요.
여 글쎄요, 전 딸기가 질렸어요. 대신 초콜릿으로 할게요.

Q. 대화에서 유추할 수 있는 것은?
(a) 식당은 새로 문을 연 곳이다.
(b) 여자는 딸기 알레르기가 있다.
(c) 남자는 자신들의 치즈 케이크가 모양이 예쁘다고 생각한다.
(d) 식당은 치즈 케이크가 아닌 다른 디저트도 제공한다.

해설 남자가 어떤 디저트를 원하는지 물었고 여자는 치즈 케이크를 안 먹어 봤다고 했으므로 치즈 케이크 말고도 다른 디저트를 판매하고 있다는 것을 유추할 수 있다. 따라서 **(d)가 정답**이다.

⚠ 오답 피하기
(a)는 newly opened venue라 하여 오답이다. 새로 열렸다는 근거가 없다.
(b)는 allergic이라 하여 오답이다. 여자는 딸기가 질렸다고 한 것이지 딸기 알레르기가 있다는 것이 아니다.
(c)는 fine-looking이라 하여 오답이다. 남자는 치즈 케이크가 인기 있다고는 했지만 모양 때문에 그런 것인지는 알 수 없다.

■ sought-after 수요가 많은   sick of 질린   venue 장소   allergic 알레르기가 있는   fine-looking 잘 생긴, 보기에 좋은

15.

W Why can't I see you in the cafeteria at noon anymore?
M [이유] My department altered the lunch schedule to stagger staffing.
W Oh, so everyone isn't gone at the same time?
M Right. It's better for customers, but it means I have lunch at 11 in the morning.
W That's really early for lunch.
M I know. I'm not even hungry at that time.

Q. What can be inferred from the conversation?
(a) The man has an early morning shift.
(b) The man and woman work in different departments.
(c) The man skips lunch to get off from work early.
(d) The woman used to eat lunch with the man at 11.

여 왜 12시에 구내식당에서 더 이상 당신을 볼 수 없는 거예요?
남 내 부서가 점심 스케줄을 시차제로 바꿨어요.
여 사람들이 다 같이 가는 게 아닌 거예요?
남 맞아요. 손님들 입장에서는 좋은데, 난 이제 오전 11시에 점심식사를 해야 해요.
여 점심 먹기에는 너무 이르네요.
남 맞아요. 심지어 나는 그때 배고프지도 않아요.

Q. 대화에서 유추할 수 있는 것은?
(a) 남자의 근무 시간은 이른 아침이다.
(b) 남자와 여자는 서로 다른 부서에서 일한다.
(c) 남자는 일찍 퇴근하기 위해서 점심식사를 거른다.
(d) 여자는 한때 남자와 11시에 점심을 먹었다.

해설 여자와 남자가 이제 구내식당에서 볼 수 없는 이유로 남자의 부서가 점심 스케줄을 바꾸었다고 했으므로 이 둘은 서로 다른 부서에서 일한다는 것을 추론할 수 있다. 따라서 **(b)가 정답**이다.

⚠ 오답 피하기
(a)는 early morning shift라 하여 오답이다. 남자의 점심시간이 앞으로 당겨진 것은 맞지만 근무시간 자체가 이른 아침으로 당겨진 것인지는 알 수 없다.
(c)는 man skips라 하여 오답이다. 남자가 점심식사를 거른다는 것을 유추할 근거가 없다.
(d)는 at 11이라 하여 오답이다. 여자와 남자는 정오에 점심을 같이 먹곤 했었다.

■ alter 바꾸다   stagger staffing 근무시간을 시차제로 하다(일률적으로 근무·점심·퇴근 시간을 갖지 않고 탄력적으로 시간을 운영하는 근무 방식)   morning shift 아침 근무 시간   skip 거르다

Part 3 대화 주제별 학습

Unit 01 일상 생활

Unit Test
본문 p. 176

01 (b) 02 (a) 03 (c) 04 (c) 05 (d)
06 (b) 07 (d) 08 (d)

01.

M Honey, did you talk to the neighbor about our plants?
W No. We are only going to be away for a week.
M Yeah, but they need to be watered every three days.
W You're right. Some of them withered last time.
M So, are you going to ask the neighbor to look after them?
W Okay, I'll do it now.

Q. What is the man mainly trying to do?
(a) Water the plants more frequently
(b) Have someone else look after the plants
(c) Explain the effects of not watering the plants
(d) Contact the neighbor to visit his home

남 여보, 우리의 식물에 관해서 이웃에게 말했어요?
여 안 했어요. 우리는 1주일만 집을 비울 거잖아요.
남 그래요. 하지만 식물에 3일에 한 번씩은 물을 주어야 해요.
여 당신이 옳아요. 저번에 몇몇은 시들어 죽었었죠.
남 그럼, 우리 이웃에게 돌봐달라고 부탁할 거예요?
여 그래요. 내가 지금 할게요.

Q. 남자가 주로 하려는 것은?
(a) 식물에 물을 더 자주 주는 것
(b) 다른 사람이 식물을 돌봐주게 하려는 것
(c) 식물에 물을 안 주는 것의 영향을 설명하는 것
(d) 이웃에게 연락해서 그의 집을 방문하도록 하는 것

해설 남자의 목적은 집에 없는 동안 식물을 돌봐줄 수 있는 사람을 찾는 것이므로 (b)가 정답이다.

⚠ 오답 피하기
(a)는 more frequently라 하여 오답이다. 물을 더 자주 줘야 한다고 말하지 않았다.
(c)는 effects of not watering이라 하여 오답이다. 물을 안 주면 식물이 시들어 죽는다고 말은 했지만 그 영향을 설명하려는 것이 주요 목적은 아니다.
(d)는 visit his home이라 하여 오답이다. 이웃에게 연락해서 식물을 돌봐줄 수 있는지 확인하려는 것이지 단순히 방문을 요청하는 것은 아니다.

■ neighbor 이웃 be away 없다; 떠나 있다 wither 시들다, 말라 죽다 look after 돌보다 frequently 자주

02.

W I just read that the Mavericks signed Rodriguez!
M Really? That deal could make the team financially unstable.
W Still, he's been the league MVP for three years running.
M Yeah, that's why he's worth millions more than others.
W I'm just surprised he was willing to leave his fans in Dallas.
M Not me. In fact, many sports stars are quite loyal to money.

Q. What are the man and woman mainly discussing?
(a) An outstanding player's recent move to another team
(b) A disloyal player who bankrupted his team
(c) A stable play by the team Mavericks
(d) A highly successful career of a renowned player

여 나는 방금 Mavericks가 Rodriguez와 계약을 체결한 것을 읽었어!
남 정말? 그 계약으로 팀이 재정적으로 불안정해질 수도 있어.
여 그래도, 그는 3년 연속으로 리그의 MVP야.
남 맞아. 그게 바로 다른 사람들보다 그의 몸값이 수백만이 나가는 이유지.
여 나는 그가 Dallas의 팬들을 기꺼이 떠나는 것이 놀라워.
남 난 아니야. 사실, 많은 스포츠 스타들은 돈에 충성을 다하지.

Q. 남자와 여자는 주로 무엇에 대해 논의하고 있는가?
(a) 뛰어난 선수의 최근 다른 팀으로의 이전
(b) 자신의 팀을 부도낸 불성실한 선수
(c) 팀 Mavericks의 안정적인 경기
(d) 유명한 선수의 매우 성공적인 커리어

해설 대화의 목적은 Rodriguez가 Mavericks라는 팀으로 이전한 것에 대해 말하는 것이기 때문에 (a)가 정답이다.

⚠ 오답 피하기
(b)는 bankrupted his team이라 하여 오답이다. Rodriguez는 몸값이 비싼 선수지만 팀을 부도냈다고 하지는 않았다.
(c)는 stable play라 하여 오답이다. 대화의 주 내용은 팀의 성적이 아니라 선수의 이전이다.
(d)는 successful career라 하여 오답이다. Rodriguez의 이전에 대해서만 대화를 하고 있으며 그의 커리어 전반에 대한 내용이 아니다.

■ deal 계약 financially 재정적으로 unstable 불안정한 running ~ 연속 worth 가치가 있는 loyal 충실한, 충성스러운 outstanding 훌륭한, 뛰어난 move 이전 disloyal 불성실한 bankrupt 부도를 내다 stable 안정적인 renowned 유명한

03.

M Are you thinking of moving to the downtown area?
W My commute is awful, but still the apartments in the city are ridiculously expensive.
M Yeah, but look on the bright side. You'll save on gas.
W I take public transportation, so I don't spend money on gas.
M Then, the problem is the time you're wasting.
W Right, and saving just a few hours doesn't justify the high rent.

Q. What is the woman mainly doing in the conversation?
(a) Complaining about her commute to work downtown
(b) Explaining the benefits of using public transportation
(c) Giving reasons why she prefers not to live in the city
(d) Looking for an affordable apartment in the city

남 너 시내로 이사 갈 생각 중이니?
여 통근이 너무 힘들지만 도시의 아파트들은 여전히 정말 터무니없이 비싸.
남 맞아. 하지만 긍정적으로 생각해. 너는 기름값을 절약할 거야.
여 나는 대중교통을 이용하기 때문에 연료에 돈을 쓰지 않아.
남 그럼, 문제는 네가 낭비하는 시간이구나.
여 맞아. 그리고 고작 몇 시간을 아끼는 건 비싼 비용을 정당화시키지 못해.

Q. 대화에서 여자가 주로 하는 것은?
(a) 시내로의 출근에 대해 불평하는 것
(b) 대중교통을 이용하는 것의 장점을 설명하는 것
(c) 도시에서 살지 않는 것을 선호하는 이유를 제시하는 것
(d) 도시에서 가격이 적당한 아파트를 찾는 것

[해설] 여자의 목적은 여자가 도시에 살지 않는 이유에 대해 말하는 것이므로 **(c)**가 정답이다.

⚠ 오답 피하기
(a)는 complaining이라 하여 오답이다. 통근이 힘들다고는 했지만 주로 말하는 것은 시내보다 외곽이 좋다는 것이다.
(b)는 benefits라 하여 오답이다. 대중교통을 이용한다고는 했지만 장점을 말하고 있지는 않다.
(d)는 looking for라 하여 오답이다. 도시의 아파트가 비싸다고는 했지만 대화에서 저렴한 아파트를 찾고 있지는 않다.

■ commute 통근 awful 끔찍한 ridiculously 터무니없이 look on the bright side 긍정적으로 보다 save on 절약하다; 아끼다 justify 정당화하다 affordable (가격이) 적당한

04.

W Did you hear about the allegations of voter fraud?
M Yeah, but polling stations are strictly regulated.
W I know. My identification was verified three times before I could vote.
M It could be a ploy, causing voters to question the system.
W I hope it's not true because it could dissuade people from voting.
M That would be terrible.

Q. What are the man and woman mainly doing in the conversation?
(a) Verifying the identifications of voters at a polling station
(b) Rationalizing why they should accept the allegations of voter fraud
(c) Discussing the implausible claims of vote tampering
(d) Suggesting signing a petition against voter fraud

여 선거가 조작되었다는 주장에 대해 들어봤어?
남 응, 하지만 투표소는 엄격하게 규제되어 있어.
여 알아. 내가 투표하기 전에 내 신원을 세 번이나 확인했어.
남 이건 투표자들이 시스템에 관하여 의문을 갖게 하는 계책일 수 있어.
여 사람들의 투표 의지를 꺾을 수 있으니 사실이 아니길 바라.
남 그건 정말 끔찍할 거야.

Q. 여자와 남자가 대화에서 주로 하는 것은?
(a) 투표소에서 투표자들의 신원을 확인하는 것
(b) 왜 선거 조작 주장을 받아들여야 하는지 정당화하는 것
(c) 투표 조작 의혹의 믿기 어려운 주장을 논의하는 것
(d) 선거 조작을 반대하는 청원서에 서명을 제안하는 것

[해설] 대화의 목적은 선거 조작의 가능성이 적은 이유를 말하는 것이므로 **(c)**가 정답이다.

⚠ 오답 피하기
(a)는 verifying the identifications라 하여 오답이다. 남자와 여자는 투표자들의 신원을 확인하고 있지 않다.
(b)는 accept the allegations라 하여 오답이다. 선거가 조작이라는 주장을 인정하고 있지 않다.
(d)는 signing a petition이라 하여 오답이다. 청원서에 서명한다는 내용은 언급되지 않았다.

■ allegation 주장, 혐의 voter fraud 선거 조작(= vote tampering) polling station 투표소 strictly 엄격하게 regulate 규제하다 identification 신원 verify 확인하다 ploy 계책 dissuade from ~을 단념하게 하다 rationalize 정당화하다, 합리화하다 implausible 믿기 어려운 petition 청원서

05.

M Honey, we should buy a minivan.
W But didn't you say it would be unnecessary?
M Yeah I did, but now we have two kids.
W You may be right. We do need a bigger car.
M Why don't we go to one of the dealerships this afternoon?
W [이유, 원인] I'm working late today, so it'll be better to go on the weekend.

Q. Which is correct according to the conversation?
(a) The man and woman do not own a car.
(b) The woman wants to visit two dealerships on separate dates.
(c) The man has to work late on the weekend.
(d) **The woman is unable to leave the office early today.**

남 여보, 우리 미니밴을 사야 해요.
여 하지만 그게 불필요하다고 말하지 않았어요?
남 그랬죠. 하지만 이제 우리는 아이가 두 명이에요.
여 당신이 맞을 수도 있어요. 우리는 더 큰 차가 필요하긴 해요.
남 오늘 오후에 대리점들 중 한 곳에 가보는 게 어때요?
여 오늘 제가 늦게까지 일해야 하니 주말에 가는 게 나을 것 같아요.

Q. 대화에 따르면 옳은 것은?
(a) 남자와 여자는 자동차를 소유하고 있지 않다.
(b) 여자는 각각 다른 날에 두 곳의 대리점을 방문하고 싶어 한다.
(c) 남자는 주말에 늦게까지 일을 해야 한다.
(d) 여자는 오늘 일찍 퇴근할 수 없다.

해설 마지막에 여자는 오늘 늦게까지 일한다고 했으므로 (d)가 정답이다.

⚠ 오답 피하기
(a)는 not own a car이라 하여 오답이다. 더 큰 자동차를 사야 한다고 했지 차가 없으니 사자고 하지는 않았다.
(b)는 two dealerships on separate dates이다. 여자는 두 군데의 대리점을 가자고 하지 않는다.
(c)는 여자가 오늘 늦게까지 일을 한다고 한 것과 혼동하도록 만든 오답이다.

▪ minivan 미니밴, 승합차   dealership 대리점

06.

W Are you taking all these books with you when you move?
M Of course not. The shipping would be outrageous.
W Then, what are planning to take?
M [의견, 비교] I guess the newer titles will go with me, the older ones I'll get rid of somehow.
W The public library is having a book drive.
M Really? I'll have to look into that option.

Q. Which is correct about the man according to the conversation?
(a) He is disposing most of the books in his collection.
(b) **He wants to take books that were published recently.**
(c) He thinks the shipping companies charge too much.
(d) He has been to the public library recently.

여 너 이사할 때 이 모든 책을 가져가니?
남 당연히 아니지. 운송이 터무니없을 거야.
여 그러면 무엇을 가져갈 생각이니?
남 신간 책들은 가져 가고, 오래된 것들은 어떻게든 버려야지.
여 공공 도서관이 책 모집 행사를 하고 있어.
남 정말? 그것에 관하여 좀 알아봐야겠어.

Q. 대화에 따르면 남자에 대해 옳은 것은?
(a) 그는 그가 수집한 대부분의 책을 버리고 있다.
(b) 그는 최근에 출판된 책을 가져가고 싶어 한다.
(c) 그는 운송회사가 너무 비싸게 청구한다고 생각한다.
(d) 그는 최근에 공립 도서관에 간 적이 있다.

해설 남자가 신간 책들은 가져갈 것이라고 했으므로 (b)가 정답이다.

⚠ 오답 피하기
(a)는 most of the books라 하여 오답이다. 오래된 책은 버릴 것이라 했지만 대부분인지는 확인이 안 된다.
(c)는 shipping companies charge라 하여 오답이다. 운송회사가 비싸게 청구한다는 것이 아니라 운송할 것이 많으면 운송비가 비싸진다는 내용이다.
(d)는 been to the public library recently라 하여 오답이다. 남자가 최근에 도서관에 갔었는지는 언급되지 않았다.

▪ shipping 운송   outrageous 터무니없는; 너무나 충격적인   newer title 신간 서적   get rid of 버리다   somehow 어떻게든   book drive 책 모집 행사   look into 고려하다; 알아보다   dispose 버리다   publish 출판하다   charge 청구하다

07.

M This is your last week here, right?
W Yeah, finally! It was a tough four years of school.
M Will you still be staying in town or moving away?
W [인과] Actually, I took a job in a computer industry in another state.
M Good for you! When do you start?
W Next week. It's a big change, but I'm looking forward to it.

Q. What can be inferred about the woman from the conversation?
(a) She wants to apply for a position in the computer industry.
(b) She has recently moved to another state.

(c) She lived in the same place for four consecutive years.
(d) **She will be relocating after she graduates from school.**

남 이번 주가 여기서 너의 마지막 주네, 그렇지?
여 응, 마침내! 힘든 4년간의 학교 생활이었어.
남 동네에 계속 머물 거야, 아니면 이사 갈 거야?
여 사실, 다른 주의 컴퓨터 업종에 직장을 구했어.
남 잘됐네! 언제 시작해?
여 다음 주에. 큰 변화지만 기대하고 있어.

Q. 대화에 따르면 여자에 대해 유추할 수 있는 것은?
(a) 그녀는 컴퓨터 산업에 있는 자리에 지원하고 싶어 한다.
(b) 그녀는 최근에 다른 주로 이사를 했다.
(c) 그녀는 같은 장소에서 4년 연속으로 살았다.
(d) 그녀는 학교를 졸업한 후에 이사를 갈 것이다.

해설 여자가 다른 주에 직장을 구했다고 했으므로 이사를 갈 것임을 유추할 수 있다. 따라서 (d)가 정답이다.

⚠ 오답 피하기
(a)는 wants to apply라 하여 오답이다. 여자는 이미 취업이 된 상태이다.
(b)는 has recently moved라 하여 오답이다. 여자는 앞으로 이사를 간다는 것이지 벌써 이사를 했다고 말하지 않았다.
(c)는 lived in the same place라 하여 오답이다. 여자가 같은 학교를 4년 다닌 것은 맞지만 같은 장소에서 4년동안 살아왔는지는 알 수 없다.

■ industry 산업 state 주 apply for 지원하다 consecutive 연속의 relocate 이사하다

08.

W The furniture store next door is having a sale.
M Can you afford another big purchase now?
W Not really, but it would be nice to have a new sofa.
M [이유] But with your new vehicle payment, you'll have a tight budget.
W Right. But the sofas are half off their regular price.
M I know it's hard to pass up, but you need to be realistic.

Q. Which is correct according to the conversation?
(a) The man is paying the car payment for the woman.
(b) The woman does not have a sofa at her place.
(c) The man is encouraging the woman to buy the sofa.
(d) **The woman recently bought an automobile.**

여 옆집의 가구점이 할인을 하고 있어.
남 지금 또 큰 돈을 쓸 여유가 있어?
여 그렇진 않지만 새로운 소파를 사면 좋을 것 같아.
남 하지만 넌 새 차를 샀기 때문에 예산이 빠듯할텐데.
여 맞아. 하지만 소파가 정가의 50%야.
남 그냥 지나치기 어려운 걸 알지만 너는 현실적일 필요가 있어.

Q. 대화에 따르면 옳은 것은 무엇인가?
(a) 남자는 여자를 대신해서 자동차비를 내고 있다.
(b) 여자의 집에는 소파가 없다.
(c) 남자는 여자에게 소파를 사라고 권하고 있다.
(d) 여자는 최근에 자동차를 구입했다.

해설 남자가 여자에게 새로운 차를 사서 예산이 빠듯할 거라고 했으므로 (d)가 정답이다.

⚠ 오답 피하기
(a)는 man is paying이라 하여 오답이다. 남자가 여자를 위해서 돈을 낸다는 말은 없다.
(b)는 not have a sofa라 하여 오답이다. 여자가 새로운 소파를 사고 싶다는 뜻은 이미 헌 소파가 있다는 뜻이다.
(c)는 man is encouraging이라 하여 오답이다. 남자가 꼭 반대하는 것은 아니지만 권하고 있는 것도 아니다.

■ furniture store 가구점 purchase 구매 vehicle payment 자동차 비용 tight budget 빠듯한 예산 half off 50% 할인 pass up 지나치다, 넘어가다 realistic 현실적인 place 집 encourage 권하다 automobile 자동차

Unit 02 여가 활동

Unit Test
본문 p. 182

01 (c) 02 (b) 03 (a) 04 (b) 05 (d)
06 (c) 07 (a) 08 (b)

01.

M Let's invest in some warmer hiking gear for this fall.
W Like some of those new ultra-lightweight jackets?
M Yes, and new hats and boots, too.
W Good idea, especially since we're now in the hiking club.
M I'll meet you at the sporting goods shop after work.
W I have a discount coupon that will save us money.

Q. What is the man mainly doing in the conversation?
(a) Citing reasons to buy new lightweight jackets
(b) Offering ideas on purchasing hiking gear at a low price
(c) **Suggesting that they upgrade their hiking gear**
(d) Investing more money in the sporting equipment business

남 이번 가을에는 더 따뜻한 등산 용품에 돈을 좀 쓰자.
여 새로운 아주 가벼운 재킷 같은 거?
남 응. 그리고 새로운 모자와 등산화도.
여 좋은 생각이야. 특히 우리가 이제 등산 동호회에 들어왔으니까.

남 퇴근 후에 스포츠 용품 가게에서 만나자.
여 돈을 절약할 수 있는 할인 쿠폰이 내게 있어.

Q. 대화에서 남자가 주로 하는 것은?
(a) 새로운 가벼운 재킷을 사야 하는 이유를 제시하는 것
(b) 낮은 가격으로 등산 용품을 구매하는 것에 대한 아이디어를 주는 것
(c) 그들의 등산 용품을 새롭게 장만하는 것을 제안하는 것
(d) 등산 장비 사업에 더 많은 돈을 투자하는 것

[해설] 남자의 목적은 그들의 등산용품을 더 따뜻한 것으로 사자고 제안하는 것이므로 (c)가 정답이다.

⚠ 오답 피하기
(a)는 jackets이라 하여 오답이다. 재킷뿐만 아니라 다른 용품도 구매를 하자고 했기 때문에 세부 내용이다.
(b)는 offering ideas라 하여 오답이다. 남자는 새로운 등산용품을 사자고 제안하고 있고 돈을 절약할 수 있는 쿠폰 아이디어는 여자가 내고 있다.
(d)는 sporting equipment business라 하여 오답이다. 사업에 대해서 대화하고 있지는 않다.

■ invest 투자하다 hiking gear 등산용품 ultra-lightweight 아주 가벼운 sporting goods 스포츠 용품 cite (이유, 예를) 들다

02.

W The sequel to *The Story in the Clouds* movie is coming out Friday.
M Great! Let's go see it together.
W Sure. I really enjoyed the first one.
M Let's not get our hopes up too high, though.
W Why? Everything's the same, from producers to cast.
M Sometimes sequels can turn out to be disastrous.

Q. What are the man and woman mainly discussing?
(a) The turnout at the new movie screening on Friday
(b) The release of another series to the movie they liked
(c) Their opinions of *The Story in the Clouds* movie prequel
(d) The shared aspects between sequel movies

여 <The Story in the Clouds> 영화의 속편이 금요일에 개봉한대.
남 좋아! 우리 같이 보러 가자.
여 당연하지. 나 1편을 정말 재미있게 봤어.
남 그래도 우리 너무 기대를 많이 하진 말자.
여 왜? 감독부터 배우들까지 모든 것이 똑같아.
남 가끔 속편들은 엉망일 때가 있어.

Q. 남자와 여자가 주로 이야기하는 것은?
(a) 금요일 새 영화 상영에서의 참석자 수
(b) 그들이 좋아했던 영화의 다른 시리즈의 개봉
(c) <The Story in the Clouds>의 전편에 대한 그들의 의견
(d) 속편 영화들의 공통점들

[해설] 대화의 목적은 새로 개봉하는 속편 영화에 대해서 말하는 것이기 때문에 (b)가 정답이다.

⚠ 오답 피하기
(a)는 turnout이라 하여 오답이다. 남자의 마지막 대사의 turn out과 혼동하도록 유도한 오답이다.
(c)는 prequel이라 하여 오답이다. 전편에 대해서 말하고 있는 것이 아니라 속편에 대해서 말하고 있다.
(d)는 between sequel movies라 하여 오답이다. 다른 속편 영화들과 비교하고 있지 않다.

■ sequel 속편 get one's hopes up 기대하다 cast 배우들, 출연진 turn out ~인 것으로 드러나다 disastrous 엉망진창인 turnout 참석자 수 movie screening 영화 상영 release 개봉 prequel 전편 shared aspect 공통점

03.

M Did you enjoy your cruise to the Caribbean?
W I really did! The ship offered so many amenities.
M What did you do mostly?
W I stayed on board most of the time enjoying food and swimming.
M You didn't get off and go sightseeing?
W The cruise ship had it all, including designer boutiques.

Q. What is the main topic of the conversation?
(a) What the woman did while on board a cruise line
(b) How convenient it is to purchase goods on board a cruise ship
(c) Where the woman went on a cruise ship
(d) What the woman enjoyed most about going on a trip

남 캐리비안으로의 크루즈 여행은 재밌었니?
여 정말 즐거웠어! 배에 많은 생활 편의 시설이 있었어.
남 주로 무엇을 했니?
여 음식을 즐기고 수영을 하면서 대부분의 시간을 배에서 보냈어.
남 내려서 관광하지 않았어?
여 디자이너 부티크를 포함해서 유람선에 모든 것이 다 있었어.

Q. 대화의 주제는?
(a) 유람선에 탑승한 동안 여자가 무엇을 했는지
(b) 유람선에서 물건을 구매하는 것이 얼마나 편리한지
(c) 유람선을 타고 여자가 어디를 갔는지
(d) 여행을 가는 것에 대해 여자가 무엇을 가장 즐겼는지

[해설] 대화의 목적은 여자가 크루즈에서 무엇을 했는지 말하는 것이기 때문에 (a)가 정답이다.

⚠ 오답 피하기
(b)는 convenient라 하여 오답이다. 여자가 크루즈에서 주로 무엇을 했는지를 말하고 있지 얼마나 물건 구매가 편리했는지를 말하고 있지 않다.

(c)는 where이라 하여 오답이다. 여자가 크루즈를 타고 Caribbean에 갔다 왔다고 하지만 세부 내용이다.
(d)는 most라 하여 오답이다. 여자가 무엇을 했는지 설명하지만 무엇이 가장 좋았는지 비교하지는 않는다.

■ amenities 편의 시설   go sightseeing 관광하다   convenient 편리한

04.

W Did you sign up for tennis lessons?
M Yes, but I'm a little nervous.
W Once you begin, you'll get the hang of it.
M You're probably right, but I'm really out of shape.
W [의견] Tennis is not nearly as strenuous as other sports.
M I sure hope so because I really need to do something to lose weight.

Q. Which is correct according to the conversation?
(a) The man has never played tennis before.
(b) The woman thinks tennis is a doable sport.
(c) The man has lost a lot of weight playing tennis.
(d) The woman will teach the man how to play tennis.

여 너 테니스 수업 신청했어?
남 응, 하지만 좀 긴장돼.
여 일단 시작하면 적응을 잘 할 수 있을 거야.
남 네가 맞을지도 몰라. 하지만 나는 정말 살이 쪘어.
여 테니스는 다른 운동처럼 힘이 많이 드는 운동이 아니야.
남 정말 그러길 바라. 왜냐하면 나는 정말 살을 빼기 위해 무언가를 해야 하거든.

Q. 대화에 따르면 옳은 것은?
(a) 남자는 테니스를 전에 쳐본 적이 없다.
(b) 여자는 테니스가 할 만한 스포츠라 생각한다.
(c) 남자는 테니스를 치면서 몸무게를 많이 뺐다.
(d) 여자는 남자에게 테니스 치는 방법을 가르쳐줄 것이다.

해설 여자는 테니스가 힘이 많이 드는 운동은 아니라고 했으므로 **(b)**가 정답이다.

⚠ 오답 피하기

(a)는 never played라 하여 오답이다. 남자가 테니스 수업에 앞서 긴장된다고 했지만 전에 쳐본 적이 없는지는 알 수 없다.
(c)는 has lost a lot of weight라 하여 오답이다. 남자는 아직 시작을 하지 않았기 때문에 이미 몸무게를 많이 뺐다고 할 수 없다.
(d)는 teach the man이라 하여 오답이다. 여자가 남자를 가르쳐줄 수도 있지만 근거가 없다.

■ sign up for ~을 신청하다   get the hang of it 적응하다, 익숙해지다   out of shape 몸매가 엉망인   strenuous 힘이 많이 드는   doable 할 수 있는

05.

M Are you going to the beach this Saturday?
W A storm is expected to go through the area.
M Oh, I thought it was going to be clear skies.
W A cold front is likely to bring heavy rainfall.
M No wonder there were a lot of vacancies.
W That's why I booked a room for next Saturday instead.

Q. What is the woman mainly doing in the conversation?
(a) Encouraging the man to reconsider traveling to the beach
(b) Cancelling her vacation to the beach this weekend
(c) Finding rooms in a beachfront hotel on weekends
(d) Giving reasons for moving her trip to next weekend

남 너 이번 토요일에 해변에 갈 거니?
여 폭풍이 그 지역을 지나갈 것으로 예상되고 있어.
남 저런, 날씨가 맑을 줄 알았는데.
여 한랭 전선이 폭우를 몰고 올 거래.
남 빈 방이 왜 많았는지 이제야 알겠다.
여 그래서 내가 대신 다음 주 토요일에 방을 예약한 거야.

Q. 대화에서 여자가 주로 하는 것은?
(a) 해변으로 여행가는 것을 남자가 다시 고려할 것을 권하는 것
(b) 이번 주말에 여자의 바다로의 여행을 취소하는 것
(c) 주말에 해변가 호텔에 방을 찾는 것
(d) 다음 주말로 여자의 여행을 옮긴 이유를 제시하는 것

해설 여자의 목적은 다음 주말로 여행을 옮긴 이유를 말하는 것이기 때문에 **(d)**가 정답이다.

⚠ 오답 피하기

(a)는 encouraging the man이라 하여 오답이다. 여자는 왜 자신이 여행 날짜를 옮겼는지 설명하고 있지 남자가 날짜를 바꿀 것을 권하고 있지 않다.
(b)는 cancelling이라 하여 오답이다. 여자는 이번 주에 예약을 한 적이 없기 때문에 취소할 것이 없다.
(c)는 finding rooms라 하여 오답이다. 여자는 방을 찾는 것에 대해서 남자한테 설명하지 않는다.

■ storm 폭풍   go through 지나가다   cold front 한랭 전선   vacancy 빈 방   reconsider 다시 고려하다   beachfront hotel 해변가 호텔

06.

W I'm planning to work on a novel next year.
M What about your office job?
W I'm going to quit and just focus on writing.
M How are you going to support yourself then?
W [방법] I have some savings, and somebody will help if I'm strapped.
M Sounds like a poor plan to me.

Q. Which is correct according to the conversation?

(a) The woman expects the man will help her financially.
(b) The man and woman will write a novel together.
(c) **The woman can afford to take some time off from work.**
(d) The man does not think the woman is a decent writer.

여 나는 내년에 소설을 하나 써보려고 해.
남 너의 사무실 일은 어떻게 하고?
여 그만 두고 글 쓰는 것에 집중할 거야.
남 그럼 생활비는 어떻게 감당하려고 하니?
여 저축해 둔 돈이 있어. 그리고 내가 돈이 없으면 누군가가 도와주겠지.
남 내가 듣기엔 정말 안 좋은 계획 같아.

Q. 대화에 따르면 옳은 것은?
(a) 여자는 남자가 금전적으로 도와줄 것을 기대한다.
(b) 남자와 여자는 함께 책을 쓸 것이다.
(c) 여자는 당분간 일을 안 해도 될 여유가 있다.
(d) 남자는 여자가 괜찮은 작가라고 생각하지 않는다.

해설 여자가 저축해 둔 돈이 있다고 했으므로 (c)가 정답이다.

⚠ 오답 피하기
(a)는 man will help her financially라 하여 오답이다. 여자는 자신이 저축한 돈으로 생활을 할 것이라고 했다.
(b)는 write a novel together라 하여 오답이다. 함께 책을 쓴다는 근거가 없다.
(d)는 not think … decent writer라 하여 오답이다. 남자는 여자의 글 쓰는 능력에 대해 의견을 주지 않는다.

focus on 집중하다　support oneself 스스로 돈을 벌고 살다　strapped 돈에 쪼들리는　afford 여유가 있다　take some time off 쉬다　decent 괜찮은

07.

M I'm on my way to get a massage. Would you like to come along?
W I'll pass. But do you go regularly?
M Yes, it really helps alleviate the pain in my lower back.
W [이유] Massages always seem to hurt me more than they help.
M My masseuse is excellent. You should give her a shot.
W Thanks, but it's not really my kind of thing.

Q. What can be inferred from the conversation?
(a) **The woman has not had success with massage in the past.**
(b) The man wants the woman to try his massage.
(c) The woman hurt her lower back while getting a massage.
(d) The man has bad posture.

남 나 마사지를 받으러 가는 길이야. 같이 갈래?
여 난 사양할게. 그런데 너는 그곳을 자주 가니?
남 응. 내 허리 아래 쪽의 통증을 완화시키는 데 정말 도움이 돼.
여 나는 마사지가 도움이 되기보다 항상 더 아팠던 것 같아.
남 날 마사지 해주시는 분은 정말 잘하셔. 그녀의 마사지를 한 번 받아봐.
여 고마워. 하지만 마사지는 진짜 내 취향이 아니야.

Q. 대화에서 유추할 수 있는 것은?
(a) 여자는 과거에 마시지 경험이 좋지 않았다.
(b) 남자는 여자가 그의 마사지를 받아 보기를 원한다.
(c) 여자는 마사지를 받다가 허리 아래 부분을 다쳤다.
(d) 남자는 자세가 안 좋다.

해설 여자는 마사지가 항상 아팠던 것 같다고 말하고 있으므로 (a)가 정답이다.

⚠ 오답 피하기
(b)는 try his massage라 하여 오답이다. 남자는 자신이 마사지를 해주겠다는 것이 아니라 자신이 받는 사람에게 받아보라고 제안하는 것이다.
(c)는 hurt her lower back이라 하여 오답이다. 여자가 아니라 남자가 허리 아래 부분이 안 좋다고 하고 마사지를 받다가 다쳤다는 내용은 없다.
(d)는 bad posture라 하여 오답이다. 남자가 허리 아래 부분이 안 좋은 것은 다양한 이유로 가능하기 때문에 자세 때문이라고 단정지을 수 없다.

alleviate 완화시키다　masseuse 마사지를 해주는 사람　shot 시도, 기회　one's kind of thing 취향　posture 자세

08.

W I need a break. The hectic pace of life is taking a toll on me.
M My brother has a great log house up in the mountains.
W That sounds like a place I could relax.
M [제안] Let me ask him if you can use it for the weekend.
W Really? Wouldn't he mind?
M No, he barely uses it anyway.

Q. Which is correct according to the conversation?
(a) The man owns a log house that he seldom uses.
(b) **The man will talk to his brother about using his house.**
(c) The woman is looking for a place to live in.
(d) The woman is too busy to unwind on weekends.

여 난 휴식이 필요해. 너무 바쁜 인생이 나를 너무 힘들게 해.
남 내 형이 산에 정말 좋은 통나무 집을 가지고 있어.
여 내가 쉴 수 있는 정말 좋은 장소 같다.
남 형에게 네가 주말 동안 사용해도 되는지 물어볼게.
여 정말? 불편해하지 않을까?
남 아니야. 어차피 그는 거의 사용하지 않아.

Q. 대화에 따르면 옳은 것은?

(a) 남자는 자주 쓰지 않는 통나무 집을 소유하고 있다.
(b) 남자는 형의 집을 사용하는 것에 대해서 그의 형과 대화를 할 것이다.
(c) 여자는 살 곳을 찾고 있는 중이다.
(d) 여자는 주말에 너무 바빠서 쉴 수가 없다

해설 남자가 형의 통나무 집을 사용할 수 있을지 물어보겠다고 했으므로 **(b)가 정답**이다.

⚠️ 오답 피하기
(a)는 man owns라 하여 오답이다. 남자가 소유하고 있는 것이 아니라 남자의 형이 소유하고 있는 것이다.
(c)는 looking for a place to live in이라 하여 오답이다. 여자는 쉬고 싶어 하는 것이지 살 곳을 찾는 것은 아니다.
(d)는 on weekends라 하여 오답이다. 바쁘다고는 했지만 주말에 바쁜 것인지는 언급되지 않았다.

■ hectic 바쁜   take a toll 타격을 주다, 힘들게 하다   log house 통나무집   barely 거의 ~않는   seldom 거의 ~않는   unwind 쉬다

Unit 03 주거/가정

Unit Test   본문 p.188

01 (a)   02 (c)   03 (b)   04 (a)   05 (c)
06 (c)   07 (b)   08 (a)

01.

W The dishwasher is leaking again.
M Maybe it's time that we replace it.
W After we spent so much to have it fixed?
M That's the thing. Maybe it's unrepairable.
W There should be a warranty for service calls.
M All right. I'll ask the company to send someone over.

Q. What is the main topic of the conversation?
(a) A faulty household appliance
(b) A limited service call warranty
(c) A dishwasher company policy
(d) An ineffective repair process

여 식기세척기가 또 새고 있어.
남 바꿀 때가 된 것 같아.
여 수리비로 많은 돈을 썼는데도?
남 그게 문제지. 고칠 수 없는 상태일 수도 있어.
여 수리 서비스를 요청할 수 있는 품질보증서가 있을 거야.
남 그래. 누구 좀 보내달라고 회사에 전화해 볼게.

Q. 대화의 주제는 무엇인가?
(a) 결함이 있는 가전 제품
(b) 제한된 서비스 요청 보증
(c) 식기세척기 회사 정책
(d) 효과가 없는 수리 과정

해설 물이 새는 식기세척기에 대한 대화이므로 **(a)가 정답**이다.

⚠️ 오답 피하기
(b)는 warranty라 하여 오답이다. 보증이 아닌 고장 난 가전 제품에 대해서 말한다.
(c)는 policy라 하여 오답이다. 정책이 아닌 고장 난 가전 제품에 대해서 말한다.
(d)는 repair process라 하여 오답이다. 수리 과정이 아닌 가전 제품에 대해서 말한다.

■ dishwasher 식기세척기   leak 새다   replace 바꾸다; 대체하다   unrepairable 수리가 불가능한; 고칠 수 없는   warranty 보증   service call 서비스 요청   faulty 결함이 있는   household appliance 가전 제품   policy 정책   ineffective 효과가 없는   repair process 수리 과정

02.

M It looks like the problem is the gas pipe. It's not connected correctly.
W Is that why the dryer machine isn't getting hot?
M Probably. What I can do is to take it apart and then reconnect the pipe.
W Might as well do it now while you're here.
M Okay. Where's the valve for the gas in this house?
W It's over in the back. Here, let me show you.

Q. What are the man and woman mainly talking about?
(a) Where the man can turn off the gas
(b) How to operate a dryer machine
(c) Why a home appliance is not working properly
(d) How the gas pipe should have been connected

남 가스관이 문제인 것 같습니다. 제대로 연결되어 있지 않네요.
여 그래서 드라이어기가 뜨거워지지 않는 건가요?
남 아마도요. 제가 관을 분리한 뒤에 다시 연결해 드릴 수 있습니다.
여 당신이 지금 여기 있는 동안 하는 것이 나을 것 같습니다.
남 알겠습니다. 이 집에 가스 밸브가 어디에 있나요?
여 뒤에 있습니다. 제가 보여 드리겠습니다.

Q. 남자와 여자는 주로 무엇에 대해 대화하고 있는가?
(a) 어디서 남자가 가스를 끌 수 있는지
(b) 어떻게 드라이어기를 작동하는지
(c) 왜 가전제품이 제대로 작동하지 않는지
(d) 어떻게 가스관이 연결되어 있어야 하는지

해설 드라이어기가 제대로 작동하지 않아 고치는 것에 대해서 말하고 있으므로 **(c)가 정답**이다.

⚠️ 오답 피하기
(a)는 turn off the gas라 하여 오답이다. 가스를 끄는 것에 관한 대화가 아니다.

(b)는 operate라 하여 오답이다. 드라이어기를 어떻게 사용해야 하는지를 설명하는 것이 아니라 왜 작동이 잘 안 되는지를 설명하고 수리하는 것이 주제이다.
(d)는 how … connected라 하여 오답이다. 가스관을 다시 연결하겠다는 것은 맞지만 연결 방법에 대해서는 언급하지 않는다.

■ **gas pipe** 가스관 **dryer machine** 드라이어기 **take apart** 분리하다 **reconnect** 다시 연결하다 **valve** 밸브 **operate** 작동하다 **home appliance** 가전제품

03.

W Honey, we don't have enough to pay all our bills this month.
M What do you mean? It's only been a day since I got paid!
W I know, but my salary was cut, so it's not enough.
M Maybe I should look for a second job.
W In the future, maybe. But what about this month's bills?
M I can ask my parents for another loan.

Q. What are the man and woman mainly discussing?
(a) What they need to do to pay back the loan
(b) How to raise money to make ends meet
(c) Why they are running short on money this month
(d) How they should manage their modest budget

여 여보, 우리 이번 달에 모든 고지서를 낼 돈이 충분치 않아요.
남 무슨 소리예요? 내가 월급 받은 지 하루밖에 안됐어요!
여 알아요. 하지만 내 월급이 삭감되어서 충분치 않아요.
남 아마도 내가 또 다른 직업을 알아봐야 할 것 같네요.
여 나중에는 그럴 수 있겠죠. 하지만 이번 달의 요금은 어떻게 해요?
남 우리 부모님께 빌려달라고 부탁할 수 있어요.

Q. 남자와 여자가 주로 논의하는 것은?
(a) 대출을 갚기 위해서 그들이 무엇을 해야 하는지
(b) 먹고 살기 위해서 어떻게 돈을 마련해야 하는지
(c) 왜 그들이 이번 달에 돈이 부족한지
(d) 어떻게 그들이 부족한 예산을 관리해야 하는지

■해설■ 대화의 목적은 돈을 어떻게 마련할지에 대해서 말하는 것이기 때문에 **(b)가 정답**이다.

⚠ **오답 피하기**

(a)는 pay back the loan이라 하여 오답이다. 대출을 갚아야 한다는 내용은 없다.
(c)는 why라 하여 오답이다. 왜 돈이 부족한지, 어디에 돈을 썼는지 설명하지 않기 때문에 오답이다.
(d)는 manage … modest budget이라 하여 오답이다. 돈이 부족하기 때문에 절약해서 사용하자는 내용이 아니라 부족한 부분을 어떻게 채울지에 대한 내용이다.

■ **bill** 비용, 고지서 **salary** 급여 **loan** 대출 **raise money** 돈을 마련하다 **make ends meet** 먹고 살다 **run short on** ~이 부족하다 **modest** 그리 많지 않은

04.

M Can you take the car to be inspected?
W Again? Seems like we're taking it in quite often.
M We had it serviced a year ago.
W Really? It feels like last month.
M Maybe because you rarely drive it.
W Probably, but neither do you. Maybe we should get rid of it.

Q. What is the conversation mainly about?
(a) Who should take the car to the service center
(b) When the car was inspected last time
(c) How frequently the car is being serviced
(d) Why they should put the car up for sale

남 차 점검 좀 받으러 가줄 수 있어요?
여 또요? 우리 너무 자주 맡기는 것 같아요.
남 일 년 전에 검사 받았는걸요.
여 정말요? 한 달 전처럼 느껴지네요.
남 그건 아마도 당신이 차를 거의 사용하지 않아서 그럴 거예요.
여 그럴지도요. 하지만 당신도 별로 사용을 안 하잖아요. 그냥 차를 없애도 될 것 같아요.

Q. 대화는 주로 무엇에 관한 것인가?
(a) 누가 자동차를 가지고 서비스 센터에 가야 하는지
(b) 마지막으로 자동차를 점검 받은 게 언제인지
(c) 얼마나 자주 자동차 점검을 받고 있는지
(d) 왜 그들이 자동차를 팔아야 하는지

■해설■ 대화의 목적은 자동차를 얼마나 자주 점검 받는지에 대해서 말하는 것이기 때문에 **(c)가 정답**이다.

⚠ **오답 피하기**

(a)는 who should take the car라 하여 오답이다. 누가 차를 서비스 센터에 가져가는 것이 좋은지에 대한 내용이 아니라 서비스를 받는 횟수에 대해서 주로 대화를 하는 것이다.
(b)는 inspected last time이라 하여 오답이다. 점검을 받은 시점은 세부 내용이다.
(d)는 put the car up for sale이라 하여 오답이다. 자동차를 팔아야 하는 이유가 대화의 주요 내용은 아니다.

■ **inspect** 점검하다 **quite** 꽤 **rarely** 드물게 **get rid of** ~을 없애다, 버리다 **frequently** 자주 **put the car up for sale** 자동차를 팔다

05.

W Mr. Thompson, have you decided what flooring you want?
M [의견] Tile in the kitchen and wood for the rest of the apartment.
W Lighter colors will make the space appear larger.
M Anything is better than carpet. Can I see the samples?
W Of course. We have a wide range of selections.
M Thanks. I bet I can find something I like here.

Q. Which is correct about the man according to the conversation?
(a) He wants carpet only in the bedrooms.
(b) He asks to use both wood and tile for the kitchen.
(c) He has a clear inclination for the apartment flooring.
(d) He wants to see carpet samples to choose from.

여 Thompson 씨, 원하시는 바닥재를 결정하셨나요?
남 부엌은 타일로 하고 아파트의 다른 부분은 목재로 할게요.
여 밝은 색상이 공간을 조금 더 넓어 보이게 할 거예요.
남 어떤 것이든 카펫보다는 낫겠죠. 샘플 좀 볼 수 있을까요?
여 당연하죠. 저희는 다양한 선택권이 있습니다.
남 감사합니다. 여기서 제가 좋아하는 것을 찾을 수 있을 거라 믿어요.
Q. 대화에 따르면 남자에 대해서 옳은 것은?
(a) 그는 침실에만 카펫을 원한다.
(b) 그는 부엌에 목재와 타일 둘 다 사용할 것을 요청한다.
(c) 그는 아파트 바닥재에 대한 명백한 선호를 가지고 있다.
(d) 그는 선택할 수 있는 카펫 샘플을 보고 싶어 한다.

해설 남자는 부엌은 타일로 하고 다른 부분은 목재로 하겠다고 했으므로 (c)가 정답이다.

⚠ 오답 피하기
(a)는 wants carpet이라 하여 오답이다. 남자는 카펫을 싫어한다고 언급했다.
(b)는 both wood and tile이라 하여 오답이다. 남자는 부엌에만 타일을 쓰라고 요청한다.
(d)는 see carpet samples라 하여 오답이다. 카펫이 아니라 타일과 목재 샘플을 보고 싶어한다.

■ flooring 바닥재 a wide range of 다양한 inclination 선호

06.

M I just bought my first condo!
W That's great news. Was it affordable?
M [방법] I poured all my savings into it, but the neighborhood is fantastic.
W How many rooms?
M Only one bedroom. I'm thinking that I'll move when I get married.
W Well, I guess it's better than wasting money on rent.

Q. Which is correct about the man according to the conversation?
(a) He took out a mortgage to pay for his condominium.
(b) He plans to rent out the place to save money.
(c) He spent all his money to buy a real estate property.
(d) He will move into the condominium when he gets married.

남 나는 방금 내 첫 아파트를 샀어!
여 좋은 소식이네. 살 비용이 있었어?
남 내 모든 저축 자금을 쏟아붓긴 했지만, 그 동네가 정말 좋아.
여 방이 몇 개야?
남 1개 밖에 없어. 내가 결혼하면 이사할 생각이야.
여 음, 임대해서 돈을 낭비하는 것보단 낫지.
Q. 대화에 따르면 남자에 대해서 옳은 것은?
(a) 그는 아파트를 사기 위해서 담보대출을 받았다.
(b) 그는 돈을 모으기 위해서 아파트를 세를 놓을 계획이다.
(c) 그는 부동산을 사기 위해서 가지고 있는 돈을 다 썼다.
(d) 그는 결혼을 하면 아파트로 이사갈 것이다.

해설 남자는 아파트를 사는 데 모든 저축 자금을 쏟아부었다고 했으므로 (c)가 정답이다.

⚠ 오답 피하기
(a)는 took out a mortgage라 하여 오답이다. 저축해둔 돈으로 가지고 샀다고 설명한다.
(b)는 rent out the place라 하여 오답이다. 여자가 세주는 것보다는 집을 사는 것이 낫다고 하기 때문에 틀린 내용이다.
(d)는 move into … gets married라 하여 오답이다. 남자는 결혼을 하면 아파트로 이사를 가는 것이 아니라 다른 곳으로 이사를 한다고 한다.

■ condo(condominium) 콘도(아파트) affordable 여유가 있는 pour 부어 넣다 savings 저축 rent 집세 mortgage 담보대출 rent out 세를 내주다 real estate property 부동산 move into 이사를 들어가다

07.

W We need to cut back on our household expenses.
M Where specifically should we spend less on?
W Well, our grocery bill has been over 200 dollars a week.
M Okay, that's a little high. Maybe we should plan better for our meals.
W I was thinking we could go vegetarian for a while.
M [의견] We could have a healthier diet, but I doubt we'll save money.

Q. Which is correct according to the conversation?
(a) The woman wants to be a vegetarian to be healthy.
(b) The man does not agree that becoming vegetarian will cut expenses.
(c) The woman thinks spending $200 a month on groceries is too high.
(d) The man suggests spending less by having a healthier diet.

여 우리 가사비용을 좀 줄여야 해요.
남 어떤 것에서 우리가 좀 절약해야 할까요?
여 음, 우리 식료품 비용이 일주일에 200달러 넘어요.
남 그래요. 좀 높네요. 우리의 식비 계획을 좀 더 잘 세워야 할 것 같아요.
여 한동안 채식을 하는 것도 생각해봤어요.

남 더 건강한 식단을 짤 수 있겠지만 돈을 절약할 수 있을지는 모르겠네요.

Q. 대화에 따르면 옳은 것은?
(a) 여자는 건강해지기 위해 채식주의가 되기를 원한다.
(b) 남자는 채식주의자가 되는 것이 비용 절감에 도움이 된다고 믿지 않는다.
(c) 여자는 매달 음식값에 200달러를 쓰는 것은 너무 많다고 생각한다.
(d) 남자는 건강식을 먹음으로써 비용을 줄이자고 제안한다.

해설 마지막에서 남자가 건강한 식단으로 먹는다고 해서 돈을 절약할 수 있을지는 모르겠다고 했으므로 **(b)**가 정답이다.

⚠ 오답 피하기
(a)는 to be healthy라 하여 오답이다. 여자는 돈을 절약하기 위해서 채식주의가 좋을 것 같다고 한다.
(c)는 $200 a month라 하여 오답이다. 여자는 한 달이 아니라 한 주에 $200을 쓰는 것이 많다고 한다.
(d)는 spending less라 하여 오답이다. 남자는 채식주의가 돈을 절약시켜주지 않을 것 같다고 한다.

■ cut back on ~을 줄이다   household expense 가사비용   specifically 구체적으로   grocery 식료품   vegetarian 채식주의   doubt 의심하다

08.

W Don't you think we need a better alarm system for our house?
M But we already have a decent one.
W [의견] It's old and not as sophisticated as the ones that are coming out now.
M Still, we live in a safe neighborhood. There's no need to spend more on security.
W Yeah, but what if something happens?
M Don't worry. Besides, it's not like we don't have neighbors.

Q. What can be inferred about the woman from the conversation?
(a) She does not fully trust the old security system.
(b) She is not very close to her neighbors.
(c) She has been robbed by a neighbor before.
(d) She wants to save money by installing a new security system.

여 당신은 우리 집에 더 좋은 경보 시스템을 갖춰야 한다고 생각하지 않나요?
남 하지만 우리는 이미 좋은 것을 갖고 있어요.
여 그것은 오래됐고 요즘 나오는 제품들처럼 정교하지도 않아요.
남 그렇다고 해도, 우리는 안전한 동네에서 살고 있어요. 보안에 더 많은 돈을 쓸 필요가 없어요.
여 맞아요. 하지만 무슨 일이 일어나면 어쩌죠?
남 걱정 마요. 게다가 우리가 이웃이 없는 것도 아니잖아요.

Q. 대화에서 여자에 대해 유추할 수 있는 것은?
(a) 그녀는 오래된 경보 시스템을 완전히 신뢰하지는 않는다.
(b) 그녀는 이웃들과 그다지 친하지 않다.
(c) 그녀는 전에 이웃으로부터 도둑맞은 경험이 있다.
(d) 그녀는 새로운 경보 시스템을 설치함으로써 돈을 절약하고 싶어 한다.

해설 여자는 경보 시스템을 바꾸고 싶어 하고, 그 이유로 지금 사용중인 것이 오래되었고 요즘 나오는 것처럼 정교하지 않다고 했으므로 **(a)**가 정답이다.

⚠ 오답 피하기
(b)는 not very close to her neighbors라 하여 오답이다. 경보 시스템을 설치한 이유가 이웃 때문이라는 근거가 없기 때문에 이웃들과의 사이가 어떤지 알 수 없다.
(c)는 has been robbed by a neighbor라 하여 오답이다. 경보 시스템을 설치한 이유로 언급되지 않았기 때문에 근거가 없다.
(d)는 save money라 하여 오답이다. 여자는 돈을 절약할 수 있다고 생각하는 것이 아니라 더 안전할 것이라 생각하고 있다.

■ alarm system 경보 장치   decent 좋은   sophisticated 정교한   come out (제품이) 출시되다, 시판되다   be robbed by 도둑맞다   security 보안, 안전   install 설치하다

Unit 04 여행/교통

Unit Test
본문 p. 194

01 (c)   02 (d)   03 (b)   04 (b)   05 (a)
06 (b)   07 (d)   08 (d)

01.

M Excuse me, could you tell me where the baggage claim area is?
W Sure, what's your flight number?
M It's AF115.
W It's G15, then.
M Right, but I'm not sure where that is. This is my first time using this airport.
W No worries. Just follow the blue line on the floor all the way to the end.

Q. What is the conversation mainly about?
(a) The floor plan of the airport
(b) The gate number of the man's flight
(c) The place where luggage can be retrieved
(d) The check-in area for luggage

남 실례합니다. 수하물을 찾는 곳이 어디에 있는지 가르쳐 주시겠습니까?
여 물론이죠, 항공편 번호가 어떻게 되죠?

남 AF115입니다.
여 그럼, G15입니다.
남 네, 하지만 거기가 어디인지 잘 모르겠습니다. 이 공항을 이용하는 게 처음이라서요.
여 걱정하지 마세요. 바닥에 있는 파란 선을 끝까지 따라가면 됩니다.

Q. 대화는 주로 무엇에 관한 것인가?
(a) 공항의 평면도
(b) 남자의 비행기의 탑승구 번호
(c) 수하물을 찾을 수 있는 곳
(d) 수하물 체크인 구역

■해설 대화의 목적은 공항에서 수하물 찾는 곳의 위치를 묻고 파악하는 것이므로 **(c)가 정답**이다.

⚠ 오답 피하기
(a)는 floor plan이라 하여 오답이다. 공항이 어떤 구조로 되어 있는지 말하는 것이 아니라 수하물을 어디서 찾을 수 있는지에 대해 말하고 있다.
(b)는 gate number라 하여 오답이다. 비행기를 탑승하는 장소가 아니라 수하물을 찾을 수 있는 장소에 대해 말하고 있다.
(d)는 check-in area라 하여 오답이다. 체크인을 하는 곳이 아니라 수하물을 찾는 곳에 대해 말하고 있다.

■ baggage claim area 수하물을 찾는 곳   floor plan 평면도
retrieve 회수하다

02.

W How are you enjoying your first stay with us?
M The hotel is lovely, but the breakfast staff is inattentive.
W I'm sorry to hear that our customer service is unsatisfactory.
M My coffee cup was empty, but no one came to fill it up.
W We apologize. Let us offer you a free meal coupon as a gesture of our apology.
M I just thought you should know, but thanks for the coupon.

Q. What is the man mainly talking about in the conversation?
(a) Ways to improve the overall customer experience
(b) An appropriate compensation for poor service
(c) The unsavory meals served by the hotel
(d) The inadequate service provided by the hotel staff

여 저희와 함께하신 첫 날이 어떠신가요?
남 호텔은 너무 좋지만, 아침식사 직원이 부주의한 것 같군요.
여 저희의 고객 서비스가 불만족스러우셨다니 죄송합니다.
남 제 커피잔이 비어 있었는데 아무도 채우려고 오지 않더군요.
여 죄송합니다. 사과의 의미로 무료 식사권을 드리겠습니다.
남 그저 아셔야 할 것 같다고 생각한 건데, 쿠폰은 감사합니다.

Q. 대화에서 남자는 주로 무엇에 대해 말하고 있는가?
(a) 전반적인 고객 경험을 개선시키는 방법
(b) 안 좋은 서비스에 대한 적절한 보상
(c) 호텔에서 제공하는 맛없는 음식
(d) 호텔 직원의 부적절한 서비스

■해설 남자의 목적은 호텔에서 아침식사 당시 직원의 서비스가 좋지 않았다고 말하는 것이기 때문에 **(d)가 정답**이다.

⚠ 오답 피하기
(a)는 ways to improve라 하여 오답이다. 서비스를 어떻게 개선시킬 수 있는지 말하지 않는다.
(b)는 compensation이라 하여 오답이다. 무료 식사권을 받지만 그것에 대해서 주로 말한 것이 아니기 때문에 세부 내용이다.
(c)는 unsavory meals라 하여 오답이다. 음식의 맛에 대해서는 언급하지 않는다.

■ inattentive 부주의한   unsatisfactory 불만족스러운   empty 비어 있는   free meal coupon 무료 식사권   gesture 의미, 표시   improve 개선시키다   overall 전반적인   appropriate 적절한   compensation 보상   unsavory 맛없는   inadequate 부적절한

03.

W I'm going to drive up to Mount Hood for a hike this Saturday morning.
M Whatever you do, don't take the Parkway.
W Why is that? It's the most scenic route.
M There was a rockslide last week and debris is still falling.
W Oh, thanks for the heads up. So, should I take Durbin Road instead?
M Yeah, I think that's a better choice.

Q. What is the man mainly doing in the conversation?
(a) Encouraging the woman to go hiking on another day
(b) Advising the woman to use a safer route
(c) Informing the woman of a more scenic route
(d) Dissuading the woman from taking Durbin Road

여 나 이번 주 토요일 아침에 등산하기 위해 Mount Hood로 운전해 갈 거야.
남 네가 무엇을 하든, Parkway로 가지는 마.
여 왜? 거기가 경관이 가장 좋은 길이야.
남 저번 주에 낙석이 있었고 아직도 잔해들이 떨어지고 있어.
여 오, 귀띔해줘서 고마워. 그럼, 대신에 Durbin Road로 가야 할까?
남 응. 그게 더 나은 선택 같아.

Q. 대화에서 남자가 주로 하는 것은?
(a) 여자에게 다른 날에 등산을 가도록 권하는 것
(b) 여자에게 더 안전한 길을 이용하도록 조언하는 것
(c) 여자에게 더 경치가 좋은 길을 알려주는 것
(d) 여자가 Durbin Road로 가지 않도록 만류하는 것

해설 남자의 목적은 여자가 Parkway가 아닌 더 안전한 길로 가도록 말해주는 것이므로 (b)가 정답이다.

⚠️ 오답 피하기
(a)는 another day라 하여 오답이다. 다른 날이 아니라 다른 길로 가라고 하고 있다.
(c)는 more scenic route라 하여 오답이다. 더 경치가 좋은 길이 아니라 안전한 길에 대해 말하고 있다.
(d)는 dissusading이라 하여 오답이다. 남자는 여자에게 Durbin Road로 가라고 한다.

■ scenic 경관이 좋은 route 길 rockslide 낙석 debris 잔해 heads up 귀띔, 경고 encourage 권하다 advise 조언하다 dissuade 만류하다

04.

M Hello, I'm Dave Sanders, I reserved a room last week.
W Welcome to Lakeside Inn. We've prepared your garden view room.
M Actually, can I switch to a room with a view of the lake?
W [조건] Sure, but it won't be ready for check-in for another hour.
M No problem. I can wait in the bar.
W We will notify you when it's available.

Q. Which is correct about the man according to the conversation?
(a) He wants to stay in the garden view room rather than the lake view room.
(b) **He cannot check into the room he wants right away.**
(c) He failed to make a reservation in advance.
(d) He will wait in his room until the woman contacts him.

남 안녕하세요. 저는 Dave Sanders입니다. 지난주에 방을 예약했습니다.
여 Lakeside 호텔에 오신 것을 환영합니다. 정원이 보이는 방을 준비했습니다.
남 사실, 호수가 보이는 방으로 바꿀 수 있을까요?
여 물론이죠. 하지만 체크인을 하시려면 한 시간은 더 있어야 합니다.
남 문제 없어요. 바에서 기다릴게요.
여 방이 준비되면 알려드리겠습니다.

Q. 대화에 따르면 남자에 대해서 옳은 것은?
(a) 그는 호수가 보이는 방보다 정원이 보이는 방에서 묵고 싶어 한다.
(b) 그는 그가 원하는 방에 바로 투숙할 수 없다.
(c) 그는 미리 예약을 하지 못했다.
(d) 그는 여자가 연락을 줄 때까지 그의 방에서 기다릴 것이다.

해설 호수가 보이는 방으로 체크인 하려면 한 시간은 더 있어야 한다고 했으므로 (b)가 정답이다.

⚠️ 오답 피하기
(a)는 wants to stay in the garden view room이라 하여 반대 오답이다. 남자는 garden view room이 아니라 lake view room을 원한다고 말한다.
(c)는 failed to라 하여 오답이다. 남자는 지난주에 방을 예약했다고 한다.
(d)는 wait in his room이라 하여 오답이다. 남자는 바에서 기다리겠다고 한다.

■ reserve 예약하다 switch 바꾸다, 교체하다 notify 통보하다, 알리다 right away 즉시 in advance 미리 contact ~에게 연락하다

05.

W How do you plan to get to work during the bus drivers' strike?
M Maybe I can take the subway.
W It'll be crowded. Besides, the closest station is a twenty-minute walk from the office.
M I suppose a taxi isn't a feasible solution.
W [제안] We could share a cab if you want.
M That's a good idea! I'll arrange a cab service then.

Q. Which is correct according to the conversation?
(a) **The woman suggests taking a taxi together to work.**
(b) The man planned to go to his office on foot.
(c) The woman asks the man to call a taxi to pick them up.
(d) The man did not know about the bus drivers' strike.

여 버스 기사들의 파업 동안 너는 어떻게 출근할 계획이니?
남 아마도 지하철을 탈 수 있겠지.
여 사람이 많을 거야. 게다가, 가장 가까운 지하철 역은 사무실에서 20분 걸어야 하잖아.
남 택시는 적절한 해결책은 아닌 것 같아.
여 만약 네가 원한다면 우리가 택시를 같이 탈 수도 있어.
남 좋은 생각이야! 그럼 내가 택시 서비스를 예약할게.

Q. 대화에 따르면 옳은 것은?
(a) 여자는 함께 택시를 타고 출근할 것을 제안한다.
(b) 남자는 회사까지 걸어서 갈 계획이었다.
(c) 여자는 남자에게 자신들을 데리러 올 택시를 부르라고 요청한다.
(d) 남자는 버스 기사들의 파업에 대해서 모르고 있었다.

해설 대화 후반부에서 여자가 택시를 같이 타고 출근하자고 제안하고 있으므로 (a)가 정답이다.

⚠️ 오답 피하기
(b)는 on foot이라 하여 오답이다. 남자는 지하철을 탈 수도 있겠다고 했다.
(c)는 asks the man to call a taxi라 하여 오답이다. 여자가 요청한 것이 아니라 남자가 스스로 부르겠다고 한다.
(d)는 did not know라 하여 오답이다. 남자가 파업에 대해 알았는지

몰랐는지는 대화를 통해 알 수 없다.

■ strike 파업 crowded (사람들이) 붐비는 besides 게다가 feasible 적절한 share 공유하다 arrange 예약하다 on foot 걸어서

06.

M I'll be away for a couple of weeks visiting my family in Spain.
W Great! You are finally taking some time out to go.
M Yeah. I'm looking forward to it.
W So, are you taking your dogs with you?
M No. Actually, [제안] I wanted to ask you if you could look after them while I'm away.
W Sure, my pleasure. [수락, 제안] I'll take good care of them and collect your mail while I'm at it.

Q. Which is correct according to the conversation?
(a) The man's family is visiting in a couple of weeks.
(b) The woman offers to hold on to the man's mail.
(c) The man owns a dog that needs special attention.
(d) The man and woman live in the same apartment.

남 나 스페인에 있는 가족들을 보러 몇 주간 가 있을 거야.
여 좋겠다! 잠시 나가 있을 시간을 이제 좀 갖는구나.
남 응. 기대하고 있어.
여 그럼, 너의 개들을 데리고 가니?
남 아니. 사실, 내가 나가 있는 동안 네가 그들을 돌봐줄 수 있을지 물어보려고 했어.
여 물론이지, 그렇게 하게 되어 기뻐. 그들을 잘 돌보고 이왕 하는 김에 네 우편물도 챙겨둘게.

Q. 대화에 따르면 옳은 것은?
(a) 남자의 가족은 몇 주 안에 방문할 것이다.
(b) 여자는 남자의 우편물을 보관하겠다고 제안한다.
(c) 남자에게는 특별한 보살핌을 필요로 하는 개가 있다.
(d) 남자와 여자는 같은 아파트에 산다.

해설 대화 후반부에서 남자가 여자에게 스페인에 가 있는 동안 자신의 개를 돌봐줄 수 있는지 물어봤고 여자가 수락하며 우편물도 챙기겠다고 했으므로 **(b)가 정답**이다.

⚠ 오답 피하기
(a)는 family is visiting이라 하여 오답이다. 남자가 가족을 보러 가는 것이지 가족이 오는 것이 아니다.
(c)는 needs special attention이라 하여 오답이다. 남자의 애완견이 특별한 보살핌을 필요로 하는지는 알 수 없다.
(d)는 live in the same apartment라 하여 오답이다. 남자와 여자가 같은 아파트 건물에 살고 있는지는 알 수 없다.

■ look after 돌보다 while I'm at it 하는 김에 hold on to 보관하다, 간직하다

07.

W Can you recommend a tour company to me for Singapore?
M Conway Tours is pretty famous.
W Have you done a tour package with them before?
M Not yet, but my friends had only good things to say, so I plan to use them for my next vacation.
W Okay, I'll give them a call. How are the prices?
M They should be in line with the value of the tour.

Q. What is the conversation mainly about?
(a) The tour prices offered by Conway Tours
(b) A comparison between celebrated tour companies
(c) The best package tour company for Singapore
(d) A tour company highly praised by others

여 내게 싱가포르를 위한 여행사를 추천해줄 수 있니?
남 Conway Tours가 꽤 유명해.
여 전에 그 여행사를 통해 여행 패키지를 가 본 적이 있니?
남 아니 아직, 하지만 친구들이 좋은 말만 해서 나는 다음 방학 때 이용해 볼 생각이야.
여 그래. 전화해 볼게. 가격은 어때?
남 여행의 가치에 걸맞을 거야.

Q. 대화는 주로 무엇에 관한 것인가?
(a) Conway Tours가 제공하는 투어 가격
(b) 유명한 투어 회사들 간의 비교
(c) 싱가포르를 위한 가장 좋은 패키지 투어 회사
(d) 다른 사람들로부터 높게 평가받는 투어 회사

해설 여자의 싱가포르 여행을 위한 유명한 투어 회사에 대해 말하고 있으므로 **(d)가 정답**이다.

⚠ 오답 피하기
(a)는 tour prices라 하여 오답이다. 가격은 세부적인 사항으로 말했을 뿐 전체적인 대화는 여행사에 대한 것이다.
(b)는 comparison이라 하여 오답이다. 다양한 투어 회사들을 비교하지 않는다.
(c)는 best package tour company라 하여 오답이다. Conway Tours가 좋은 회사는 맞지만 최고라고 하지는 않았으므로 과장 오답이다.

■ in line with ~와 비슷한 comparison 비교 celebrated 유명한 highly praised 높게 평가받는

08.

W The traffic congestion is worse than any usual morning. Let's take a different route.
M But this is the only way I know.
W Really? You know, there's a shortcut with fewer traffic signals.
M [문제점] Well, I'm just following my car navigation.
W [문제점] Well, it doesn't always tell you the shortest route. You'd be surprised how much time you can save.
M Okay, lead the way.

Q. What can be inferred about the man from the conversation?
(a) He rarely uses his navigation when moving short distances.
(b) He usually drives early in the morning to avoid traffic.
(c) He suggests that the woman should obey traffic signals.
(d) He is well accustomed to following his navigation system's directions.

여 교통 체증이 여느 아침보다 더 심하다. 다른 길로 가자.
남 하지만 이게 내가 아는 유일한 길이야.
여 정말? 있잖아, 신호등이 더 적은 지름길이 있어.
남 나는 그냥 내 차 네비게이션을 따라가고 있어.
여 음, 그게 항상 너에게 가장 짧은 길을 알려주지는 않아. 네가 시간을 얼마나 절약할 수 있는지 놀랄 거야.
남 알겠어, 네가 길을 안내해.

Q. 대화에서 남자에 대해 유추할 수 있는 것은?
(a) 그는 짧은 거리를 이동할 때는 네비게이션을 거의 이용하지 않는다.
(b) 그는 교통체증을 피하기 위해 보통 아침 일찍 운전한다.
(c) 그는 여자가 교통 신호를 준수해야 한다고 말한다.
(d) 그는 네비게이션이 방향을 주는 것을 따라가는 것에 익숙해져 있다.

해설 대화 중반부에서 남자가 네비게이션을 따라가고 있다고 했으므로 **(d)가 정답**이다.

⚠️ 오답 피하기
(a)는 rarely uses … short distances라 하여 오답이다. 남자가 어떤 상황에서 네비게이션을 이용하고 또 이용하지 않는지 언급이 없다.
(b)는 drives early in the morning이라 하여 오답이다. 대화에서 언급되지 않은 내용이다.
(c)는 obey traffic signals라 하여 오답이다. 교통 신호를 지키라는 말을 하고 있지 않다.

■ traffic congestion 교통 체증 route 길 shortcut 지름길
traffic signal 교통 신호 rarely 거의 ~하지 않는 obey 준수하다
be accustomed to 익숙하다

Unit 05 회사/학교

Unit Test
본문 p. 200

01 (d)   02 (b)   03 (c)   04 (a)   05 (c)
06 (b)   07 (d)   08 (c)

01.

M I was wondering if I'm eligible for a space in the student parking lot.
W What year are you in?
M I'm a sophomore.
W Sorry, but only students in their third year or later are qualified.
M Yeah, I know, but I'm a research assistant for Professor Kim.
W In that case, bring a signed letter from your professor.

Q. What is the main topic of the conversation?
(a) The availability of parking spaces
(b) The reason for limited parking
(c) The allocation of parking space for assistants
(d) The parking eligibility of students

남 제가 학생 주차장 공간을 이용할 수 있는 자격이 되는지 궁금합니다.
여 몇 학년이신가요?
남 2학년이에요.
여 죄송하지만 3학년 이상만 자격이 있습니다.
남 네, 알고 있습니다. 하지만 저는 김교수님의 연구 조교입니다.
여 그렇다면 교수님의 서명을 받은 편지를 가져오세요.

Q. 대화의 주제는?
(a) 주차 공간의 이용 가능성
(b) 제한된 주차의 이유
(c) 조교들을 위한 주차 공간의 할당
(d) 학생들의 주차 자격

해설 대화의 목적은 남학생이 주차 공간을 받을 자격이 있는지에 대해 말하는 것이기 때문에 **(d)가 정답**이다.

⚠️ 오답 피하기
(a)는 availability라 하여 오답이다. 주차 공간이 얼마나 남았는지를 말하고 있는 것이 아니라 주차 공간을 받을 자격이 되는지에 대해 말하고 있다.
(b)는 reason, limited라 하여 오답이다. 주차 공간이 많이 없다고 설명하지도 않을 뿐더러 이유는 더욱 언급하지 않는다.
(c)는 allocation, for assistants라 하여 오답이다. 조교들에게 할당된 주차 공간에 대해서 말하지 않는다.

■ eligible 자격이 있는 sophomore 2학년생 qualify 자격이 되다
allocation 할당 eligibility 자격

02.

W I haven't seen you in the foreign language building lately.
M Yeah, I withdrew from my class.
W But I thought you were going to sign up for a study abroad program.
M I was, but it's cost prohibitive for me.
W So, you're going to give up French just like that?
M Of course not. It's not the language that I'm having problems with.

Q. What is the main topic of the conversation?

(a) The steep price of the study abroad program
(b) **The decision to withdraw from a foreign language class**
(c) The importance of continuing studying French
(d) The difficulty of getting accepted to the study abroad program

여 난 너를 최근에 외국어 관에서 못 본 거 같아.
남 응. 나 수업 취소했어.
여 하지만 나는 네가 유학 프로그램을 신청하는 줄 알았는데.
남 그랬어. 하지만 나한테는 너무 비싸.
여 그래서 프랑스어를 그냥 그렇게 포기하는 거야?
남 당연히 아니지. 내가 문제가 있는 건 언어가 아니야.

Q. 대화의 주제는?
(a) 유학 프로그램의 높은 가격
(b) 외국어 수업을 취소한 결정
(c) 프랑스어 공부를 지속하는 것의 중요성
(d) 유학 프로그램에 합격하는 것의 어려움

해설 대화의 목적은 남자가 외국어 수업을 취소한 이유에 대해서 말하는 것이기 때문에 **(b)가 정답**이다.

⚠️ 오답 피하기
(a)는 steep price라 하여 오답이다. 유학 프로그램이 비싸다는 것은 세부 내용이며 남자가 왜 외국어 수업을 그만두었는지를 설명하기 위해서 언급이 된 내용이다.
(c)는 importance, studying French라 하여 오답이다. 남자는 지속적으로 공부를 하겠다고 하지만 대화의 목적이 아니고 그 중요성은 언급하지 않는다.
(d)는 difficulty, accepted라 하여 오답이다. 합격의 기준에 대해서 말하지 않고 비용이 많이 든다고만 했기 때문에 근거가 없다.

■ withdraw 철회하다, 취소하다 sign up for ~에 등록하다 study abroad program 유학 프로그램 cost prohibitive 비용이 비싼 give up 그만두다 steep price 높은 가격

03.

M Sarah, did you get your paycheck in full for last week?
W Yeah. There's nothing wrong with my paycheck. Why?
M Well, I didn't get paid enough. Maybe they made a mistake.
W But you took medical leave to have surgery, didn't you?
M Right, but it should have been paid leave.
W Actually, you're not entitled to that benefit because you work part-time.

Q. What are the man and woman mainly discussing?
(a) Whether the company should change its leave policy
(b) Why the man was paid less than the woman
(c) **Whether the man should have been paid for his leave**
(d) What the company has decided to do with medical leaves

남 Sarah, 저번 주 급료를 다 받았나요?
여 네. 제 급료에 아무런 이상이 없어요. 왜요?
남 음. 저는 다 받지 못했어요. 아마도 그들이 실수를 한 것 같아요.
여 하지만 당신은 수술 때문에 병가를 냈었잖아요, 그렇지 않나요?
남 맞아요. 하지만 그건 유급휴가로 처리됐어야 해요.
여 사실, 당신은 파트타임으로 일해서 그 혜택을 받을 수 없어요.

Q. 남자와 여자가 주로 말하는 것은?
(a) 회사가 휴가 정책을 바꿔야 할지 말아야 할지 여부
(b) 왜 남자가 여자보다 급여를 덜 받았는지
(c) 남자가 그의 병가에 대해서 급여를 받았어야 했는지 아닌지 여부
(d) 회사가 병가와 관련해 무엇을 결정했는지

해설 대화의 목적은 남자가 병가에 대한 급여를 받아야 하는지에 대해서 말하는 것이기 때문에 **(c)가 정답**이다.

⚠️ 오답 피하기
(a)는 change its leave policy라 하여 오답이다. 남자가 병가로 안 나온 날도 급여를 받아야 하는지 대화를 하는 것이지 회사가 정책을 바꿔야 한다고 말하지 않는다.
(b)는 paid less than the woman이라 하여 오답이다. 남자가 병가 때문에 급여를 덜 받은 건 사실이지만 여자보다 급여가 적은 것인지는 알 수 없다.
(d)는 company has decided라 하여 오답이다. 병가에 대한 회사의 결정이 주요 내용이 아니라 남자가 병가에 대한 급여를 받아야 하는지를 말하는 것이 주요 내용이다.

■ paycheck 급여 in full 전부 medical leave 병가 surgery 수술 paid leave 유급휴가 be entitled to ~에 권리가 있다 benefit 혜택 leave policy 휴가 정책

04.

M So, do you think you got the position?
W I would be very surprised if I did.
M Really? Why is that?
W My answers to the interview questions weren't succinct enough.
M Oh. It's always better to be more elaborate.
W Yeah, but the problem is that I was just unprepared.

Q. What is the woman mainly doing in the conversation?
(a) **Lamenting over how she responded in the interview**
(b) Complaining about the short interview questions
(c) Chastising the man for not preparing thoroughly
(d) Criticizing the interview process for being too short

남 그래서, 너는 취업이 된 것 같아?

여 만약 그랬다면 오히려 이상한 일이지.
남 정말? 왜?
여 면접 질문에 대한 내 대답이 충분히 간결하지 못했어.
남 더 자세하게 말하는 것이 항상 더 나아.
여 맞아. 하지만 문제는 내가 그저 준비가 안 되어 있었다는 거야.

Q. 대화에서 여자가 주로 하고 있는 것은?
(a) 면접에서 답변한 방식에 대해 한탄하는 것
(b) 짧은 면접 질문에 대해 불평하는 것
(c) 철저하게 준비하지 않은 것에 대해 남자를 꾸짖는 것
(d) 면접 과정이 너무 짧다고 비판하는 것

해설 여자의 목적은 면접에서 자신이 대답을 잘 하지 못했다고 말하는 것이기 때문에 (a)가 정답이다.

⚠ 오답 피하기
(b)는 short interview questions라 하여 오답이다. 면접 질문이 어땠는지는 언급되지 않았다.
(c)는 chastising the man이라 하여 오답이다. 여자는 남자를 혼내고 있지 않다.
(d)는 process, too short라 하여 오답이다. 면접 과정에 대해서 말하고 있지 않다.

■ get the position 취업이 되다, 직장을 얻다   succinct 간결한   elaborate 자세한   unprepared 준비가 안 된   lament 슬퍼하다   chastise 꾸짖다   thoroughly 철저하게   criticize 비판하다

05.

W Has your wife found a job yet?
M [의견] No, and she doesn't seem to be very concerned about it.
W Maybe she has something up her sleeves.
M [이유] I hope so because the cost of living in London is too high for my salary alone.
W I'm sure she knows that, too.
M We don't have savings, but everything's still up in the air.

Q. Which is correct according to the conversation?
(a) The man is against living in London.
(b) The woman is looking for a job outside London.
(c) **The man is concerned about household finances.**
(d) The woman talked to the man's wife recently.

여 너의 아내는 직장을 구했니?
남 못 구했어. 그리고 그녀는 그것을 그다지 걱정하고 있는 것 같지 않아.
여 아마도 그녀는 뭔가 방법이 있겠지.
남 그러길 바라. 왜냐하면 런던에서 사는 것은 내 월급으로는 너무 비싸.
여 그녀도 그걸 알고 있을 거야.
남 우리는 저축한 돈도 없는데 모든 것이 여전히 불확실해.

Q. 대화에 따르면 옳은 것은?
(a) 남자는 런던에서 사는 것에 반대한다.
(b) 여자는 런던 외곽에 있는 직장을 구하고 있다.
(c) 남자는 가계에 대해서 걱정을 한다.
(d) 여자는 최근에 남자의 부인과 얘기를 했다.

해설 남자는 런던에서 사는 것이 자신의 월급만으로는 감당하기 힘든데 아내가 직장을 구하고 있지 못하고 있다고 했으므로 (c)가 정답이다.

⚠ 오답 피하기
(a)는 against living in London이라 하여 오답이다. 남자는 비용이 많이 든다고는 하지만 런던에서 사는 것을 반대하지는 않는다.
(b)는 a job outside London이라 하여 오답이다. 남자의 부인이 런던 외곽에서 구직활동을 하고 있는지 여부를 알 수 없다.
(d)는 talked to the man's wife라 하여 오답이다. 여자가 남자의 부인과 얘기를 했는지 알 수 없다.

■ concerned 걱정하는   have something up one's sleeves 뭔가 좋은 방법이 있다   cost of living 생활비   salary 봉급   up in the air 막연한, 결정되지 않은   household finances 가계

06.

M What's the topic for your term paper?
W I have a couple of ideas, but I still haven't decided.
M But the paper is due next week.
W I know, but I'm having a hard time narrowing them down to one.
M Well, since you don't have time, opt for the one that's easier to write about.
W Good idea! [의견] I already know which one to go for then.

Q. Which is correct according to the conversation?
(a) The man helped select the topic for the woman's paper.
(b) **The woman is already partial towards a particular topic.**
(c) The man is taking the same class as the woman.
(d) The woman had been assigned several papers to write.

남 너의 학기 리포트의 주제는 뭐야?
여 몇 개의 아이디어가 있는데 아직 결정하지 못했어.
남 하지만 리포트는 다음 주까지야.
여 알아. 하지만 나는 주제들을 하나로 좁히는 것에서 어려움을 겪고 있어.
남 음, 시간이 없으니까, 쓰기 쉬운 하나를 선택해.
여 좋은 생각이야! 그럼 무엇으로 할지 이미 알 것 같아.

Q. 대화에 따르면 옳은 것은?
(a) 남자는 여자의 리포트의 주제를 고르는 것을 도와주었다.
(b) 여자는 이미 특정 주제로 마음을 정했다.
(c) 남자는 여자와 같은 수업을 듣고 있다.
(d) 여자는 써야 할 리포트가 여러 개 주어졌다.

해설 여자가 마지막 대사에서 어떤 주제로 할지 이미 생각해 놓은 것

이 있다고 했으므로 (b)가 정답이다.

⚠️ 오답 피하기

(a)는 man helped select라 하여 오답이다. 남자가 골라준 것이 아니라 여자가 이미 생각해둔 것이 있었다.
(c)는 same class라 하여 오답이다. 남자와 여자가 같은 수업을 듣고 있는지 아닌지 명확한 근거가 없다.
(d)는 assigned several papers라 하여 오답이다. 여자는 주제에 대한 다양한 아이디어가 있다고 하지 써야 할 리포트가 여러 개 있다고 하지 않는다.

■ term paper 학기 리포트 narrow down 좁히다 opt for ~을 선택하다 go for ~을 선택하다 partial 치우친 assign 주어지다, 배정하다

07.

W Steve, how would you like to work for us?
M [의견] I like my work here and the benefits are nice.
W How about if we give you a 20% higher salary?
M [이유] That would be nice, but I've grown accustomed to the people here.
W I understand. What if we offer you other perks, such as a car and an apartment?
M Well, I'll have to get back to you on that.

Q. Which is correct about the man according to the conversation?
(a) He wants more than 20% salary increase.
(b) He does not own a car or an apartment.
(c) He is contractually bound to his current company.
(d) He has reservations about the woman's proposals

여 Steve, 우리 회사에서 일해보겠어요?
남 여기에서의 제 일이 좋고 혜택도 괜찮아요.
여 저희가 급여를 20퍼센트 더 준다면 어떨까요?
남 좋겠지만, 저는 이곳의 사람들에 익숙해졌어요.
여 이해합니다. 자동차와 아파트와 같은 다른 특전을 제시한다면요?
남 글쎄요, 나중에 다시 연락을 드리겠습니다.

Q. 대화에 따르면 남자에 대해서 옳은 것은?
(a) 그는 20퍼센트 이상의 급여 인상을 원한다.
(b) 그는 자동차와 아파트를 소유하고 있지 않다.
(c) 그는 그의 현재 회사에 계약상으로 묶여 있다.
(d) 그는 여자의 제안에 대해서 의구심을 갖고 있다.

해설 여자의 이직 제안에 남자는 현재 직장에서의 일과 혜택이 더 좋다고 하며 제안을 받아들이고 있지 않으므로 **(d)가 정답**이다.

⚠️ 오답 피하기

(a)는 more than 20%라 하여 오답이다. 급여를 더 많이 원한다고 말하지는 않는다.
(b)는 not own a car라 하여 오답이다. 여자가 자동차와 아파트를 제시하지만 지금 현재 남자가 자동차와 아파트가 있는지 없는지 알 수 없다.

(c)는 contractually bound라 하여 오답이다. 남자가 지금 회사에 계약상으로 묶여 있다는 근거가 없다.

■ grow[be, get] accustomed to ~에 익숙해지다 perks 특전 be contractually bound to 계약상으로 묶여 있다 reservation 의구심 proposal 제안

08.

W Do you have the final numbers we need for the monthly report?
M Not yet, but they will be on your desk in the morning.
W Are you going to stay late to finish up?
M That's what I was planning to do.
W Why didn't you work on it this morning?
M [원인] The sales department was late in giving me their figures.

Q. What can be inferred about the man from the conversation?
(a) He has a tendency to defer his tasks.
(b) He will be working on the report all night.
(c) He works intimately with the sales department.
(d) He did not do any work in the morning.

여 월말 보고서를 위해 필요한 최종 수치가 있나요?
남 아직이요. 하지만 아침까지 책상에 두겠습니다.
여 끝내기 위해 늦게까지 있을 건가요?
남 그럴 계획이었습니다.
여 아침에 그 일을 하지 그랬어요?
남 판매부가 그들의 수치를 늦게 주었습니다.

Q. 대화에서 남자와 관련해 유추할 수 있는 것은?
(a) 그는 그의 업무를 미루는 경향이 있다.
(b) 그는 밤새 보고서를 작성할 것이다.
(c) 그는 판매부서와 밀접하게 일한다.
(d) 그는 아침에 아무 일도 하지 않았다.

해설 보고서가 늦어지는 것에 대해 대화 마지막에서 남자가 판매부서에서 수치를 늦게 주었다고 했으므로 판매부서와 협업하여 일한다는 것을 알 수 있다. 따라서 **(c)가 정답**이다.

⚠️ 오답 피하기

(a)는 defer his tasks라 하여 오답이다. 남자 때문에 업무가 밀린 것이 아니라 판매부서에서 자료를 늦게 넘겨줘서 밀린 것이다.
(b)는 all night이라 하여 오답이다. 늦게까지 남아 있을 거라고는 했지만 밤새 있을 거라고 하지는 않는다.
(d)는 did not do any work라 하여 오답이다. 아침에 다른 일을 했을 수도 있기 때문에 과장 오답이다.

■ figures 수치 tendency 경향 defer 미루다 intimately 긴밀히, 밀접하게

Unit 06 건강/병원

Unit Test
본문 p. 206

01 (b) 02 (c) 03 (b) 04 (c) 05 (d)
06 (a) 07 (b) 08 (c)

01.

W When do you want to come in for your follow-up examination?
M Wednesday at 4 will work for me.
W Let me see. I'm sorry, someone has that slot. Will 3 be okay?
M I don't think I can make it by then. What about Tuesday at 4?
W We have an opening. Do you want to come in then?
M Sure. I'll see you on Tuesday then.

Q. What are the man and woman mainly discussing?
(a) The result of the follow-up examination
(b) The scheduling of the next examination
(c) The business hours of the clinic
(d) The change to the appointment schedule

여 추가 검사를 위해서 언제 오시겠습니까?
남 수요일 4시가 좋을 것 같습니다.
여 잠시만요. 죄송하지만 다른 사람이 그 시간에 있습니다. 3시는 괜찮으실까요?
남 그때는 시간을 낼 수 없을 것 같습니다. 화요일 4시는 어떻습니까?
여 빈자리가 있습니다. 그때 오시겠습니까?
남 네, 그럼 화요일에 뵙겠습니다.

Q. 남자와 여자가 주로 논의하고 있는 것은?
(a) 추가 검사의 결과
(b) 다음 검진 일정을 잡는 것
(c) 병원의 업무시간
(d) 예약 일정의 변경

해설 대화의 목적은 남자의 추가 검사 날짜를 결정하는 것이기 때문에 (b)가 정답이다.

⚠ 오답 피하기

(a)는 result라 하여 오답이다. 다음 검사를 언제 할지를 결정하는 것이지 결과를 논의하는 것이 아니다.
(c)는 business hours라 하여 오답이다. 병원 업무시간에 대해서는 언급이 없다.
(d)는 change라 하여 오답이다. 이미 정해진 시간을 변경하는 것이 아니라 검사 시간을 정하는 것이다.

■ follow-up 추가의   slot 자리   make it 가다, 도착하다   opening 빈자리   business hours 업무시간   clinic 병원

02.

M Why are you limping? Did you injure your leg?
W Yeah. I sprained my right ankle playing basketball.
M Ouch! That must have hurt.
W It was as bad as last time when I sprained my left ankle during a marathon last year.
M So, did you go see a doctor?
W Not yet. But I think I should. It's badly swollen.

Q. What is the main topic of conversation?
(a) How the woman should treat her sprained ankle
(b) Where the woman was injured while playing basketball
(c) Why the woman is unable to walk properly
(d) How good the woman is at marathon running

남 왜 다리를 저니? 다리 다쳤어?
여 응. 농구하다가 오른쪽 발목을 삐었어.
남 이런! 아팠겠다.
여 작년에 마라톤 하면서 왼쪽 발목을 삐었던 때처럼 안 좋았어.
남 그래서, 병원 갔어?
여 아직 안 갔어. 하지만 가야 할 거 같아. 심하게 부었어.

Q. 대화의 주제는 무엇인가?
(a) 여자가 어떻게 그녀의 삔 발목을 치료해야 하는지
(b) 여자는 농구를 하는 동안 어디를 다쳤는지
(c) 여자가 왜 제대로 걸을 수 없는지
(d) 여자가 마라톤을 얼마나 잘 하는지

해설 대화의 목적은 여자가 다리를 저는 이유에 대해서 설명하는 것이기 때문에 (c)가 정답이다.

⚠ 오답 피하기

(a)는 how, treat이라 하여 오답이다. 치료할 방법에 대해서 설명하지 않는다.
(b)는 where, was injured라 하여 오답이다. 여자는 발목을 삐었다고 말하지만 부상 당한 신체 부위가 대화의 주제가 아니라 다리를 절고 있는 여자의 상태에 대화의 초점이 있다.
(d)는 good, at marathon이라 하여 오답이다. 여자가 마라톤을 했다고만 언급했을 뿐이다.

■ limp 다리를 절다   sprain 삐다   ankle 발목   badly 심하게   swollen 부어오른   treat 치료하다

03.

W Is your arm getting any better?
M I think so. I have a lot more mobility now.
W I'm glad to hear that. We can't wait to have you back.
M Well, the therapist told me that I can play in about two to three days.
W That's wonderful. [의견] I was worried you might not recover fully.
M I'll be okay. It's not like this is my first time.

Q. Which is correct according to the conversation?
(a) The man is currently hospitalized for his injury.
(b) The woman thought the man's injury was serious.
(c) The man could not walk due to his injury.
(d) The woman suggests resting a couple of days.

여 팔은 좀 괜찮아지고 있니?
남 그런 것 같아. 이제 더 많이 움직일 수 있어.
여 괜찮아진다니 기쁘다. 우리는 네가 다시 오길 정말 기다리고 있어.
남 음, 물리 치료사가 이틀이나 3일 정도 후에는 경기를 할 수 있을 거라고 했어.
여 잘됐다. 완전히 회복되지 않을까봐 걱정했는데.
남 괜찮을 거야. 처음 다친 것도 아니고.

Q. 대화에 따르면 옳은 것은?
(a) 남자는 현재 그의 부상 때문에 병원에 입원했다.
(b) 여자는 남자의 부상이 심각한 줄 알았다.
(c) 남자는 부상 때문에 걸을 수가 없었다.
(d) 여자는 며칠 휴식하는 것을 제안한다.

해설 여자는 남자가 완전히 회복되지 않을까봐 걱정했다고 했으므로 **(b)가 정답**이다.

⚠ 오답 피하기
(a)는 currently hospitalized라 하여 오답이다. 남자가 병원에 입원했는지 언급되지 않았으므로 알 수 없다.
(c)는 could not walk라 하여 오답이다. 남자는 팔을 다쳤기 때문에 걷는 데 아무 문제가 없다.
(d)는 suggest resting이라 하여 오답이다. 여자가 쉬라고 한 것이 아니라 물리 치료사가 며칠 쉬라고 한 것이다.

■ mobility 움직임 therapist 물리치료사 recover 회복하다 fully 완전히 hospitalize 병원에 입원하다

04.

M My migraines seem to be getting progressively worse.
W [조언] Have you gotten it checked out?
M No, I thought I could tough it out.
W What about taking over-the-counter medication?
M I took a couple of pain relievers, but they don't seem to work anymore.
W It could be something serious. [조언] I wouldn't leave it unattended.

Q. What is the woman mainly advising the man to do?
(a) Take over-the-counter drugs to soothe the pain
(b) Go talk to someone with the same condition
(c) Consult with a medical specialist at once
(d) Use home remedies to relieve the headaches

남 내 편두통이 계속해서 나빠지고 있어.
여 진찰을 받아봤니?
남 아니, 참고 견디려고 생각했었지.
여 그냥 일반 의약품을 먹어보는 건 어때?
남 진통제를 몇 개 먹었는데, 더 이상 효과가 없어.
여 좀 심각한 거일 수도 있어. 나라면 그냥 두지 않을 거야.

Q. 여자가 남자에게 주로 조언하고 있는 것은?
(a) 고통을 완화하기 위해서 일반 의약품을 섭취하는 것
(b) 같은 질환을 가지고 있는 사람과 말하는 것
(c) 의학 전문가에게 즉시 진찰을 받는 것
(d) 두통을 완화시키기 위해 민간 요법을 사용하는 것

해설 편두통이 심해지고 있다는 남자에게 여자는 진찰을 받아보라고 조언하고 있으므로 **(c)가 정답**이다.

⚠ 오답 피하기
(a)는 over-the-counter drugs라 하여 오답이다. 전문의를 찾아가 보라고 하지 일반 약을 먹으라고 하지 않는다.
(b)는 with the same condition이라 하여 오답이다. 같은 질환을 앓고 있는 사람을 만나라고 하는 것이 아니라 의사를 만나라고 하는 것이다.
(d)는 use home remedies라 하여 오답이다. 민간 요법을 활용하라고 하지 않는다.

■ migraine 편두통 progressively 계속해서 tough it out 참고 견디다 over-the-counter medication (처방전이 없이 살 수 있는) 일반 의약품 pain reliever 진통제 soothe 완화시키다 consult 진찰을 받다 at once 즉시 home remedy 민간 요법 relieve 완화시키다

05.

W Did you visit Lisa yet?
M No, I thought I would wait until she got released from the hospital.
W [제안] You should drop by and see her. She could use your support.
M Is it that serious? How much longer will she have to be there?
W The doctors said it could be weeks.
M That long? [수락] I'd better stop by tomorrow then.

Q. Which is correct according to the conversation?
(a) The woman went to see Lisa the day before yesterday.
(b) The man will see Lisa when she gets released from the hospital.
(c) The woman advises the man to help Lisa walk.
(d) The man has yet to see Lisa in the hospital.

여 너 Lisa에게 다녀왔어?
남 아니, 그녀가 퇴원할 때까지 기다릴 생각이었어.
여 한번 들러서 그녀를 보는 게 좋을 것 같아. 네 격려를 필요로 할 수 있어.
남 그렇게 심각해? 그녀가 거기에 얼마나 더 입원해 있어야 해?
여 의사들은 몇 주가 될 수도 있다고 했어.
남 그렇게 오래? 그럼 내일 가봐야겠다.

Q. 대화에 따르면 옳은 것은?
(a) 여자는 그저께 Lisa를 만나러 갔었다.
(b) 남자는 Lisa가 병원에서 퇴원하면 만날 것이다.
(c) 여자는 남자가 Lisa가 걸을 수 있도록 도와줄 것을 조언한다.
(d) **남자는 병원에 있는 Lisa를 아직 만나지 않았다.**

해설 남자는 병원에 있는 Lisa의 병문안을 아직 다녀오지 않았다고 했고 내일 가야겠다고 했으므로 **(d)가 정답**이다.

⚠ 오답 피하기

(a)는 woman, see Lisa the day before yesterday라 하여 오답이다. 정황상 여자는 Lisa를 만난 것은 맞지만 그저께인지 알 수 있는 근거가 없다.
(b)는 when she gets released라 하여 오답이다. 남자는 내일 병문안을 갈 것이라고 말한다.
(c)는 help Lisa walk라 하여 오답이다. 여자는 격려를 하라는 것이지 걷는 것을 도와주라고 하지 않는다.

■ get released from the hospital 병원에서 퇴원하다   drop by 들르다   the day before yesterday 그저께

06.

M My wife, Cindy, just found out she is allergic to gluten.
W The stuff found in flour?
M Yes, so she can't eat bread or pasta – or even pizza.
W That's awful. Her meal options are really restrictive then.
M Right, and going out to eat is pretty much out of the question.
W I can't imagine how difficult it must be for her.

Q. What is the main topic of the conversation?
(a) **The man's wife's recently unveiled condition**
(b) Cindy's inability to digest food made of flour
(c) The man's concern for his wife's unhealthy diet
(d) A rare eating disorder people are suffering from

남 내 아내 Cindy가 글루텐에 알레르기가 있다는 걸 요즘 알았어.
여 밀가루에 있는 그 물질?
남 응. 그래서 그녀는 빵이나 파스타를 못 먹어. 심지어 피자도.
여 끔찍하다. 그럼 그녀의 식사 선택권들이 정말 제한적이겠다.
남 맞아. 그리고 외식도 못 할 거야.
여 그녀가 얼마나 힘들어 할지 상상을 못 하겠다.

Q. 대화의 주제는 무엇인가?
(a) 남자의 부인의 최근에 밝혀진 질환
(b) 밀로 만든 음식을 소화 못하는 Cindy의 불능
(c) 부인의 건강하지 않은 식습관에 대한 남자의 걱정
(d) 사람들이 겪는 희귀한 식이 장애

해설 대화의 목적은 남자의 부인의 질환(글루텐에 알레르기가 있는 것)에 대해서 말하는 것이기 때문에 **정답은 (a)**이다.

⚠ 오답 피하기

(b)는 digest라 하여 오답이다. Cindy는 소화를 못하는 것이 아니라 알레르기가 있다는 것이다.
(c)는 unhealthy diet라 하여 오답이다. 남자의 부인 Cindy가 안 좋은 식습관을 갖고 있다는 것이 아니다.
(d)는 people이라 하여 오답이다. 사람들에 대해서 말하는 것이 아니라 Cindy에 대해서 말하고 있다.

■ allergic 알레르기가 있는   gluten 글루텐   flour 밀가루   restrictive 제한적인   out of the question 불가능한   unveiled 밝혀진   inability 불능   digest 소화시키다   concern 걱정   rare 희귀한   eating disorder 식이 장애

07.

W So, what brings you to the clinic today?
M Well, I have a sore throat. It's been tender for three days.
W It looks like you have a bad cold. [문제점] Do you have a fever as well?
M [문제점] No, but I do have a mild headache.
W Okay, let me write you a prescription. It should take care of your pain.
M Thanks so much.

Q. Which is correct about the man according to the conversation?
(a) He has a sore throat with a severe headache.
(b) **He is experiencing some pain but not high temperatures.**
(c) He is suffering from a neck and head injury.
(d) He has been taking medication for three days.

여 오늘 무슨 일로 병원에 오셨나요?
남 목이 아픕니다. 3일 동안 따가웠어요.
여 심한 감기가 있는 것 같네요. 열도 있나요?
남 아니요, 하지만 약한 두통은 있어요.
여 알겠습니다. 처방전을 써 드리겠습니다. 통증을 완화시켜줄 겁니다.
남 감사합니다.

Q. 대화에 따르면 남자에 대해서 옳은 것은?
(a) 그는 목이 아프고 심한 두통이 있다.
(b) 그는 통증이 있지만 고열은 없다.
(c) 그는 목과 머리 부상으로 아파하고 있다.
(d) 그는 3일 동안 약을 복용해왔다.

해설 목이 아파 병원에 온 남자에게 여자가 열이 있는지 물어보자 남자는 열은 없고 두통만 있다고 했으므로 **(b)가 정답**이다.

⚠ 오답 피하기

(a)는 severe headache라 하여 오답이다. 심각한 두통이 아니라 약한 두통이 있다고 설명한다.
(c)는 injury라 하여 오답이다. 부상이 아니라 감기이다.
(d)는 taking medication이라 하여 오답이다. 3일 동안 목이 아팠다고 하지 3일 동안 약을 복용해왔다고 하지는 않는다.

■ sore throat 목이 아픈 상태   tender (몸의 일부가) 따가운, 쓰린   fever 열   mild 약한   headache 두통   prescription 처방전   pain 통증   severe 심각한   injury 부상   medication 약

08.

M [문제점] I wish my grandmother would take better care of herself.
W Does she still eat a lot of sugary foods?
M [문제점] Yes, and she refuses to exercise.
W You know, it's possible to control diabetes with a good diet.
M I keep trying to encourage her to make some changes.
W Maybe she will be willing to listen to me. I'll go talk to her.

Q. What can be inferred from the conversation?
(a) The man refuses to give his grandmother sweets.
(b) The woman thinks good diet can cure diabetes.
(c) The man is upset about his grandmother's tenacity.
(d) The woman is closer to the man's grandmother than the man.

남 나는 우리 할머니가 스스로의 건강을 더 잘 챙기셨으면 좋겠어.
여 할머니께서 여전히 단 음식들을 많이 드시니?
남 응, 그리고 운동을 안 하시려고 해.
여 있잖아, 좋은 식습관으로 당뇨를 조절할 수 있어.
남 좀 변화를 주도록 할머니를 격려하려고 노력하고 있어.
여 할머니께서 내 말은 들으실 거야. 내가 얘기해볼게.

Q. 대화에서 유추할 수 있는 것은?
(a) 남자는 그의 할머니에게 단 것을 드리지 않는다.
(b) 여자는 좋은 식습관이 당뇨병을 낫게할 수 있을 거라고 생각한다.
(c) 남자는 그의 할머니의 고집에 대해서 속상해 하고 있다.
(d) 여자는 남자보다 남자의 할머니와 더 가깝다.

해설 남자는 할머니가 여전히 단 것을 드시고 운동을 안 하려고 하신다고 말하므로 할머니의 고집에 속상해 하고 있다는 것을 유추할 수 있다. 따라서 **(c)가 정답**이다.

⚠ 오답 피하기
(a)는 refuses to give, sweets라 하여 오답이다. 남자는 할머니에게 단 음식을 드시지 말라고 조언을 하는 것이지 실제로 단 음식을 주는지 안 주는지는 알 수 없다.
(b)는 cure라 하여 오답이다. 당뇨를 조절할 수 있다는 것이지 치료를 해준다고 한 것은 아니다.
(d)는 woman is closer라 하여 오답이다. 할머니가 여자의 말을 들을 거라고 한 것 만으로는 사이가 더 가까운지 아닌지를 확인할 수 없다.

■ sugary food 단 음식   refuse 거부하다   diabetes 당뇨   sweets 단 음식   cure 낫게 하다   upset 속상해 하는   tenacity 고집

Unit 07 쇼핑/식당

Unit Test
본문 p. 212

01 (a)   02 (c)   03 (b)   04 (d)   05 (b)
06 (c)   07 (d)   08 (b)

01.

W I don't think we should buy any genetically modified food.
M Do you think it's harmful to our health?
W Nobody knows what it'll do to you in the long run.
M But most foods are genetically modified.
W Yeah, so I'm going to start my own garden.
M I don't think it's worth the trouble, though.

Q. What is the woman mainly trying to do?
(a) Get around eating genetically modified food
(b) Start cooking her own organic meals
(c) Grow her own genetically modified plants
(d) Encourage the man to start his own garden

여 나는 우리가 유전자 조작 식품을 구입해서는 안 된다고 생각해.
남 너는 그것이 우리의 건강에 해롭다고 생각하니?
여 그것이 장기적으로 우리에게 어떤 영향을 끼칠지 아무도 모르는 거야.
남 하지만 대부분의 음식들은 유전자 조작이 되었는 걸.
여 맞아. 그래서 나는 나만의 정원을 만들 생각이야.
남 그럴 필요가 있는지 잘 모르겠다.

Q. 여자가 주로 하려는 것은?
(a) 유전자 조작 식품의 섭취를 피하는 것
(b) 스스로 유기농 식사 준비를 시작하는 것
(c) 그녀만의 유전자 조작 식품을 기르는 것
(d) 남자에게 개인 정원을 가꾸는 것을 시작하라고 권장하는 것

해설 여자의 목적은 유전자 조작 식품을 먹지 말아야 한다고 주장하는 것이므로 **(a)가 정답**이다.

⚠ 오답 피하기
(b)는 cooking, organic meals라 하여 오답이다. 여자가 직접 유기농 식사를 준비하겠다는 언급은 없다.
(c)는 genetically modified plants라 하여 오답이다. 여자는 식물을 정원에서 기른다고 말했지만 유전자 조작 식품을 기르겠다고 하는 것이 아니다.
(d)는 man, his own garden이라 하여 오답이다. 여자는 남자에게 정원을 가꾸라고 권하지 않는다.

■ genetically modified food 유전자 조작 식품   harmful 해로운   in the long run 장기적으로   get around 피하다   encourage 권하다

02.

W I'll order pizza from that new place around the corner.
M Get two so that we'll have enough.
W I have a coupon where I can buy two for the price of one.
M Do they deliver?
W Not if you use the coupon.
M Then, I can go pick them up.

Q. What is the main topic of conversation?
(a) The delivery service of a pizza place
(b) The amount of discount with a coupon
(c) **The purchase of pizza at a new venue**
(d) The number of pizzas that needs to be ordered

여 길모퉁이를 돌면 있는 그 새로운 피자 가게에서 피자를 주문할 거야.
남 우리 충분히 먹게 두 개를 사.
여 나는 두 개를 한 개의 가격에 살 수 있는 쿠폰이 있어.
남 그들은 배달을 해주니?
여 쿠폰을 사용하면 안 해줘.
남 그럼, 내가 가지러 갈게.

Q. 대화의 주제는 무엇인가?
(a) 피자 가게의 배달 서비스
(b) 쿠폰으로 받는 할인 금액
(c) 새로운 장소에서 피자 구매
(d) 주문해야 할 피자의 개수

해설 대화의 목적은 새로 생긴 피자 가게에서 피자를 주문하는 것에 대해 말하는 것이므로 (c)가 정답이다.

⚠ 오답 피하기
(a)는 delivery service라 하여 오답이다. 배달에 관련된 것은 세부 내용이다.
(b)는 discount, coupon이라 하여 오답이다. 쿠폰 할인에 대한 것은 세부 내용이다.
(d)는 number of pizzas라 하여 오답이다. 피자를 몇 개 살지 언급한 것은 세부 내용이다.
■ order 주문하다 venue 장소

03.

M Hi, I purchased this digital clock last week, but I don't think I can use it.
W What's the problem?
M Well, it blinks every so often, and it's quite annoying.
W Okay, I guess the product is defective. Do you want to exchange it?
M No, I'd rather return it if that's possible.
W Sure, but we can only give store credit. That's our policy.

Q. What is the man mainly doing in the conversation?
(a) Attempting to exchange a defective product for a new one
(b) **Trying to get reimbursement for a malfunctioning product**
(c) Explaining what is wrong with the product he purchased last week
(d) Asking the clerk for store credit for returning the digital clock

남 안녕하세요, 지난주에 이 전자시계를 구매했는데 쓸 수가 없을 것 같아요.
여 무엇이 문제인가요?
남 종종 깜박거리는데 꽤 거슬리네요.
여 알겠습니다. 제품에 결함이 있는 것 같습니다. 교환하시겠습니까?
남 아니요, 가능하다면 환불하고 싶습니다.
여 알겠습니다, 하지만 가게 신용으로 드릴 수 밖에 없습니다. 그것이 저희 정책입니다.

Q. 남자가 대화에서 주로 하고 있는 것은?
(a) 결함이 있는 제품을 새 제품으로 교환하려고 시도하는 것
(b) 제대로 작동하지 않는 제품에 대해 배상 받기를 시도하는 것
(c) 지난주에 구매한 제품의 문제점을 설명하는 것
(d) 전자시계를 반품하는 것에 대해 직원에게 가게 신용을 요청하는 것

해설 남자는 구매한 전자시계에 결함이 있어 반품하려고 하므로 (b)가 정답이다.

⚠ 오답 피하기
(a)는 exchange, new one이라 하여 오답이다. 새 제품으로 변경하려는 것이 아니라 반품하려고 한다.
(c)는 explaining, wrong이라 하여 오답이다. 제품에 어떤 문제가 있는지 설명을 하지만 주된 목적이 아닌 세부 내용이다.
(d)는 asking, store credit이라 하여 오답이다. 남자가 가게 신용을 요구하는 것이 아니라 직원이 가게 신용으로 줄 수 밖에 없다고 한다.
■ blink 깜박거리다 defective 결함이 있는 exchange 교환하다 store credit 가게 신용(반환하는 물건 값이 적힌 표, 물건 값을 상점의 채무로 처리하는 것) reimbursement 배상 malfunctioning 제대로 작동하지 않는

04.

W I didn't realize the portions would be this big. I'm already full.
M Yeah, it's more than I expected.
W Do you think we should ask them to pack the leftovers?
M No, it's not going to taste good when we take it home.
W But I don't think I can eat any more.
M There's not much left anyway.

Q. What is the main topic of the conversation?
(a) How they should pack the leftovers

(b) What their meals tasted like
(c) How much food they had eaten
(d) **What they should do with excess food**

여 1인분이 이렇게 많을 거라고 생각하지 못했어. 벌써 배가 불러.
남 맞아, 예상했던 것보다 많아.
여 남은 음식을 포장해 달라고 요청할까?
남 아니, 집에 가져가면 맛이 없을 거야.
여 하지만 난 더 이상 먹을 수 없을 것 같은데.
남 어차피 많이 남아 있지도 않아.

Q. 대화의 주제는?
(a) 남은 음식을 어떻게 포장해야 할지
(b) 그들의 음식 맛이 어땠는지
(c) 그들이 얼마나 많은 음식을 먹었는지
(d) 남은 음식을 어떻게 해야 할지

해설 대화의 목적은 남은 음식을 어떻게 해야 할지에 대해 말하는 것이므로 (d)가 정답이다.

⚠ 오답 피하기
(a)는 how, pack이라 하여 오답이다. 포장해 가는 방법이 아니라 포장해갈지 말지를 말하고 있는 것이다.
(b)는 meals tasted like라 하여 오답이다. 음식 맛에 대해 말하고 있지 않다.
(c)는 how much food, eaten이라 하여 오답이다. 배가 부르다고는 했지만 그들이 얼마나 많이 먹었는지에 대해 말하고 있지는 않다.

■ portion 1인분 leftover 남은 음식 excess 남은, 초과의

05.

M I don't think we should return to this restaurant.
W Yeah, the service was a bit slow.
M [의견] It's not just the wait staff, my meal was completely unappetizing.
W [의견, 비교] Well, my burger and fries were pretty good.
M Good thing you didn't order the salmon.
W It did look a bit dry.

Q. Which is correct according to the conversation?
(a) The man's order was too leathery to eat.
(b) **The man ordered a different menu item from the woman.**
(c) The woman tasted a piece of the man's order.
(d) The woman's meal came out faster than the man's.

남 우리 이 식당에 다시 오지 말자.
여 응. 서비스가 좀 느렸어.
남 웨이터들뿐만 아니라, 내 식사는 정말 맛이 없었어.
여 음, 내 햄버거랑 감자튀김은 꽤 괜찮았어.
남 네가 연어를 시키지 않아서 다행이다.
여 그거 좀 퍽퍽해 보이긴 했어.

Q. 대화에 따르면 옳은 것은?
(a) 남자의 음식은 먹기에 너무 질겼다.
(b) 남자는 여자와 다른 메뉴를 주문했다.
(c) 여자는 남자의 음식을 조금 먹어봤다.
(d) 여자의 음식은 남자의 것보다 더 빨리 나왔다.

해설 남자가 자신의 식사는 맛이 없었다고 말하자 여자는 자신이 시킨 햄버거와 감자튀김은 괜찮았다고 했으므로 둘이 서로 다른 메뉴를 시켰다는 것을 알 수 있다. 따라서 (b)가 정답이다.

⚠ 오답 피하기
(a)는 leathery라 하여 오답이다. 남자는 맛이 없었다고 했지만 질겼는지는 알 수 없다.
(c)는 tasted라 하여 오답이다. 여자는 남자의 음식이 퍽퍽해 보였다고 했지 실제로 먹어보지는 않았다.
(d)는 faster than이라 하여 오답이다. 누구의 음식이 먼저 나왔는지 비교하지 않는다.

■ wait staff 웨이터들 unappetizing 맛 없는 leathery 질긴

06.

W Nice jacket! I think my husband would look great in that.
M [장점] I just picked it up on sale at the airport shop.
W Really? I'm leaving town on a business trip tomorrow.
M You should have a look. There were only a few left.
W [장점] If I buy it at the duty-free shop, it'll be tax free, too!
M [의견] Right, it'll be like killing two birds with one stone.

Q. Which is correct according to the conversation?
(a) The woman is going to the airport to buy a jacket.
(b) The man suggests buying the jacket from him.
(c) **The jacket is offered at a reduced price at the duty-free shop.**
(d) The duty-free shop is always having a sale.

여 외투 멋졌다! 내 남편이 그것을 입으면 잘 어울릴 것 같아.
남 공항의 판매점에서 세일해서 샀어.
여 정말? 나는 내일 출장을 가.
남 한 번 봐봐. 얼마 안 남았었어.
여 면세점에서 사면 세금도 안 붙을 거 아냐!
남 맞아. 일석이조지.

Q. 대화에 따르면 옳은 것은?
(a) 여자는 외투를 구매하기 위해서 공항에 갈 것이다.
(b) 남자는 외투를 자신에게 구매하라고 제안한다.
(c) 외투는 면세점에서 할인된 가격에 판매되고 있다.
(d) 면세점은 항상 할인을 한다.

해설 남자가 외투를 공항 면세점에서 할인을 받아 샀다고 했으므로 (c)가 정답이다.

⚠️ 오답 피하기
(a)는 to buy a jacket이라 하여 오답이다. 여자는 출장을 위해서 공항에 가는 것이다.
(b)는 from him이라 하여 오답이다. 남자는 면세점에서 외투를 구매하라고 제안한다.
(d)는 always라 하여 오답이다. 남자가 할인해서 샀다고는 했지만 면세점에서 항상 할인을 하는지는 알 수 없다.
▪ business trip 출장 duty-free shop 면세점 killing two birds with one stone 일석이조

07.

M Have you been to Calhoun's Grill?
W [이유] It's near my house, so I go there on a regular basis.
M Oh, then what do you recommend?
W I like their ribs and grilled chicken.
M I love ribs. What about desserts?
W You should definitely try their apple pie with ice cream. It's stunning!

Q. Which is correct about the woman according to the conversation?
(a) She has tried most of the menu at Calhoun's Grill.
(b) She prefers ribs over grilled chicken.
(c) She always orders the apple pie with ice cream for dessert.
(d) She lives fairly close to Calhoun's Grill.

남 너 Calhoun's Grill에 가봤어?
여 우리 집 가까이에 있어서 그곳에 자주 가.
남 오, 그럼 무엇을 추천하니?
여 나는 그곳의 립이랑 구운 치킨을 좋아해.
남 나 립 좋아해. 디저트는 어때?
여 너는 꼭 아이스크림과 함께 나오는 그들의 사과파이를 먹어봐야 해. 정말 훌륭해!

Q. 대화에 따르면 여자에 대해서 옳은 것은?
(a) 그녀는 Calhoun's Grill의 대부분의 메뉴를 먹어보았다.
(b) 그녀는 구운 치킨보다 립을 선호한다.
(c) 그녀는 항상 아이스크림과 함께 나오는 사과파이를 디저트로 주문한다.
(d) 그녀는 Calhoun's Grill에서 꽤 가까이 산다.

해설 여자의 첫 번째 말에서 Calhoun's Grill이 집 가까이에 있어서 자주 간다고 했으므로 **(d)가 정답**이다.

⚠️ 오답 피하기
(a)는 tried most of the menu라 하여 오답이다. 집에서 가깝기 때문에 자주 가는 것은 맞지만 메뉴의 대부분을 먹어봤는지 알 수 없다.
(b)는 ribs over grilled chicken이라 하여 오답이다. 여자는 둘 다 추천하지만 어느 것이 더 좋다고 말하지는 않는다.
(c)는 always orders라 하여 오답이다. 여자는 아이스크림과 함께 나오는 사과파이를 추천하지만 본인이 항상 주문하는지는 알 수 없다.

▪ on a regular basis 자주 stunning 훌륭한 fairly 꽤 close 가까이의

08.

W Any suggestions on where to shop for a new desktop computer?
M I find the best deals on most selections on the Internet.
W But I want to be able to see it before buying one.
M Well, I wouldn't recommend going to Good Buy.
W Why's that?
M [비교] They only have a few items on display. Give Marshall's a try.

Q. What can be inferred from the conversation?
(a) Good Buy has better deals but fewer selections.
(b) Marshall's has more items on display than Good Buy.
(c) The man usually goes to Marshall's to buy electronics.
(d) The woman is more sensitive to price than the man.

여 새 데스크톱 컴퓨터를 사려면 어디로 쇼핑을 가야 하는지 제안해줄래?
남 나는 인터넷에서 대부분의 물건을 사는 것이 가장 좋더라고.
여 하지만 나는 사기 전에 볼 수 있었으면 해.
남 음, 나는 Good Buy에 가는 것은 추천하지 않아.
여 왜?
남 진열해 놓은 물품들이 너무 적어. Marshall's에 한번 가봐.

Q. 대화에서 유추할 수 있는 것은?
(a) Good Buy는 가격은 좋지만 종류가 많지 않다.
(b) Marshall's는 Good Buy보다 더 많은 제품이 진열되어 있다.
(c) 남자는 전자제품을 구매하기 위해서 보통 Marshall's에 간다.
(d) 여자는 남자보다 가격에 더 민감하다.

해설 Good Buy에는 진열해 놓은 물품들이 별로 없기 때문에 Marshall's를 추천한다는 것은 Marshall's에 더 많은 제품이 진열되어 있다는 의미이므로 **(b)가 정답**이다.

⚠️ 오답 피하기
(a)는 better deals라 하여 오답이다. Good Buy와 Marshall's의 가격은 비교하지 않는다.
(c)는 man usually goes to Marshall's라 하여 오답이다. 남자는 인터넷에서 사는 게 가장 좋다고 한다.
(d)는 more sensitive to price라 하여 오답이다. 여자는 가격이 아니라 제품을 구매하기 전에 볼 수 있는지 없는지에 더 민감하다.

▪ best deal 가장 좋은 가격 selection 물건의 종류 on display 진열된, 전시된 electronics 전자제품 sensitive 민감한

Part Test

본문 p. 214

01 (c)	02 (b)	03 (b)	04 (a)	05 (d)
06 (d)	07 (c)	08 (d)	09 (b)	10 (c)
11 (d)	12 (c)	13 (a)	14 (c)	15 (a)

01.

W Hey! You're back. How was the trip?
M Terrible. My mother lost her passport.
W Really? How did that happen?
M I'm not sure, but someone might have stolen it from her bag.
W Losing a passport abroad can be frustrating.
M Yeah, we couldn't do anything we had planned to do.

Q. What is the topic of the conversation?
(a) How the man lost his passport
(b) What the man's mother had lost
(c) **How the man feels about his trip**
(d) What the man had planned for his trip

여 안녕! 너 돌아왔구나. 여행은 어땠어?
남 끔찍했어. 어머니께서 여권을 잃어버리셨었어.
여 정말? 어떻게 그런 일이 발생했니?
남 확실하진 않지만 누군가가 어머니의 가방에서 훔쳐간 것 같아.
여 해외에서 여권을 잃어버리면 좌절감이 들 수 있지.
남 맞아. 우리는 계획했던 것을 아무것도 할 수 없었어.

Q. 대화의 주제는 무엇인가?
(a) 남자가 어떻게 여권을 잃어버렸는지
(b) 남자의 어머니가 무엇을 잃어버렸는지
(c) 남자가 그의 여행에 대해서 어떻게 느끼는지
(d) 남자가 그의 여행을 위해 무엇을 계획했었는지

■ 해설 대화의 목적은 남자의 여행이 어땠는지 의견을 공유하는 것이기 때문에 **(c)**가 정답이다.

⚠ 오답 피하기

(a)는 lost his passport라 하여 오답이다. 남자가 여권을 잃어버린 것이 아니라 남자의 어머니가 잃어버린 것이다.
(b)는 what이라 하여 오답이다. 여권을 잃어버린 것은 맞지만 잃어버린 여권이 주요 내용은 아니다.
(d)는 planned라 하여 오답이다. 남자가 계획한 것이 있지만 언급은 하지 않으며 주요 내용도 아니다.

■ steal 훔치다 abroad 해외에서 frustrating 좌절스러운

02.

M Have you made all your plans for your trip to Paris?
W I booked a room at a hotel, but that's about it.
M You didn't care to plan out what you want to see?
W I like to play things by ear. I'll figure it out as I go.
M Maybe you should buy a guidebook?
W Maybe, but I would rather ask the locals about the best tourist attractions.

Q. What is the main topic of the conversation?
(a) What the woman should see while in Paris
(b) **Why the woman refused to make fixed plans**
(c) How the woman feels about guidebooks
(d) Where the woman plans to stay in Paris

남 파리로 여행갈 계획을 모두 세웠니?
여 호텔 방은 예약했지만 그게 다야.
남 네가 보고 싶은 것들을 찾아보지는 않았어?
여 나는 사전 준비 없이 하는 것을 좋아해. 경험하면서 알아낼 거야.
남 가이드북을 사야 하지 않을까?
여 아마도. 하지만 차라리 현지인들에게 가장 좋은 관광지를 물어볼래.

Q. 대화의 주제는 무엇인가?
(a) 여자가 파리에 있는 동안 무엇을 봐야 할지
(b) 여자가 왜 정해진 계획을 세우려 하지 않는지
(c) 여자가 가이드북에 대해서 어떻게 생각하는지
(d) 여자가 파리 어디에 머무를 계획인지

■ 해설 대화의 목적은 여자가 파리 여행을 왜 구체적인 계획 없이 가는지 말하는 것이기 때문에 **(b)**가 정답이다.

⚠ 오답 피하기

(a)는 what, should see라 하여 오답이다. 여자가 파리에 가서 무엇을 봐야 하는지 말하지 않는다.
(c)는 feels about guidebooks라 하여 오답이다. 여자는 가이드북에 대한 의견을 말하지 않을뿐더러 주요 내용이 아니다.
(d)는 where, stay라 하여 오답이다. 파리에 있는 호텔을 예약했다고 하지만 세부 내용이다.

■ book 예약하다 play things by ear 사전 준비 없이 하다 local 현지인, 주민 fixed 정해진, 확고한

03.

W What's your stance on the plan to reduce absenteeism in school?
M Getting more truant officers may not be such a good idea.
W You don't think more kids will show up for school?
M Probably not. Intimidation can only go so far.
W I agree. They should approach it from a different angle.
M Precisely. There needs to be a more comprehensive strategy.

Q. What are the man and woman discussing?
(a) The effectiveness of hiring more truant officers
(b) **An alternative way to combat absenteeism**
(c) The growing problem of school absenteeism
(d) Various approaches to reducing absenteeism

여 학교에서의 잦은 결석을 줄이기 위한 계획에 당신은 어떤 입장인가요?
남 무단결석생 지도원을 늘리는 것이 좋은 생각이 아닌 것 같아요.
여 더 많은 학생들이 학교에 올 것이라고 생각하진 않으세요?
남 아마도 아닐 거예요. 협박은 효과가 제한적일 수밖에 없어요.
여 동의합니다. 그들은 다른 측면에서 접근해야 해요.
남 정확합니다. 더 종합적인 전략이 필요합니다.

Q. 남자와 여자가 논의하고 있는 것은?
(a) 더 많은 무단결석생 지도원을 고용하는 것의 효과
(b) 잦은 결석을 방지할 대안이 되는 방법
(c) 학교의 잦은 결석의 커지는 문제
(d) 잦은 결석을 줄이는 다양한 접근법

해설 대화의 목적은 잦은 결석을 해결하기 위해 더욱 포괄적인 전략이 필요하다는 것을 말하는 것이기 때문에 (b)가 정답이다.

⚠ 오답 피하기
(a)는 effectiveness라 하여 오답이다. 무단결석생 지도원은 효과가 없다고 말한다.
(c)는 growing problem이라 하여 오답이다. 잦은 결석 문제가 더욱 심각해지고 있다는 근거가 없다.
(d)는 various approaches라 하여 오답이다. 다양한 접근법들이 언급되지 않으며 오히려 더 포괄적인 전략이 필요하다고 언급한다.

stance 입장 absenteeism 잦은 결석 truant officer 무단결석생 지도원 intimidation 협박 can only go so far 효과가 제한적일 수밖에 없다 approach 접근하다 comprehensive 종합적인, 포괄적인 effectiveness 효과 alternative 대안이 되는 combat 방지하다

04.

M You were smart to hire Jason as our new sales rep.
W I agree. He's already contributed so much. Sales are up by 10 percent.
M Even without formal training, he seems to know what he's doing.
W His probation period is up next week, so what should we do?
M We should definitely keep him on.
W Okay, let's inform him about our decision.

Q. What is the conversation mainly about?
(a) The attitude toward a new employee
(b) The short probation period for sales reps
(c) The recent increase in sales
(d) The decision to waive formal training

남 새로운 영업사원으로 Jason을 고용한 것은 정말 현명했어요.
여 동의해요. 그는 이미 많이 기여했어요. 판매 실적이 10퍼센트 상승했어요.
남 정식 교육도 없었는데 그는 업무 파악이 된 것 같아요.
여 그의 수습 기간은 다음 주에 끝나는데 우리 어떻게 할까요?
남 우리는 당연히 그를 데리고 있어야 해요.
여 그래요. 우리의 결정에 대해서 알려줍시다.

Q. 대화는 주로 무엇에 대한 것인가?
(a) 새로운 직원에 대한 판단
(b) 영업직원을 위한 짧은 수습 기간
(c) 최근 판매 실적의 향상
(d) 정식 교육을 생략하자는 결정

해설 대화의 목적은 새로운 직원에 대한 의견을 공유하는 것이기 때문에 (a)가 정답이다.

⚠ 오답 피하기
(b)는 short probation period라 하여 오답이다. 수습 기간이 언급되긴 했지만 주요 내용이 아니다.
(c)는 increase in sales라 하여 오답이다. 판매 실적에 대한 언급이 있지만 세부 내용이다.
(d)는 waive라 하여 오답이다. 정식 교육을 아직 안 받은 것은 맞지만 그것을 생략하기로 했는지는 알 수 없다.

sales rep 영업사원 contribute 기여하다 formal training 정식 교육 probation period 수습 기간 attitude 판단, 태도 waive 생략하다

05.

W This restaurant is nowhere near as good as the reviews imply.
M I know. It's not as sanitary as I expected.
W I was really looking forward to it.
M I guess you can't always trust online reviews.
W Well, at least we can write an honest review based on our first-hand experience.
M I pretty much have what I want to write about.

Q. What are the man and woman mainly discussing?
(a) Writing a review about the restaurant's food
(b) Sharing their disappointment with an employee
(c) Verifying online reviews before choosing a restaurant
(d) Posting their opinions about the restaurant

여 이 식당은 후기에서 암시했던 것만큼 좋지 않아.
남 맞아. 내가 기대했던 것처럼 깨끗하지 않아.
여 난 정말 기대를 많이 했었는데.
남 온라인 후기를 항상 믿을 수는 없는 것 같아.
여 음. 최소한 우리는 우리의 직접적인 경험을 토대로 정직한 후기를 쓸 수 있겠다.
남 나는 내가 쓰고 싶은 것이 꽤 생긴 것 같아.

Q. 남자와 여자가 주로 논의하고 있는 것은?
(a) 식당 음식에 대해서 후기를 쓰는 것
(b) 직원에게 받은 그들의 실망을 공유하는 것
(c) 식당을 선택하기 전에 온라인 후기를 확인하는 것
(d) 식당에 대한 그들의 의견을 게시하는 것

해설 대화의 목적은 식당에 대한 솔직한 후기를 쓰는 것에 대한 의견 공유이므로 (d)가 정답이다.

⚠ 오답 피하기

(a)는 restaurant's food라 하여 오답이다. 음식이 아닌 식당 자체에 대한 내용이다.
(b)는 sharing, with an employee라 하여 오답이다. 직원과 대화를 했다는 근거가 없다.
(c)는 verifying online reviews라 하여 오답이다. 온라인 후기를 항상 믿을 수 없는 것 같다고 했다.

■ nowhere near ~이 아닌, 도저히 미치지 못하는   imply 암시하다, 시사하다   sanitary 깨끗한   first-hand 직접적인   verify 확인하다

06.

M Hi, I'm phoning for Mrs. Thompson. Is she in?
W She just left, and I don't expect her back today.
M Could you tell me where she went?
W I'm sorry. That information is confidential.
M Actually, I'm David Thompson, her husband.
W Oh, I'm sorry. Mrs. Thompson went to see her doctor.

Q. What is the man mainly doing in the conversation?
(a) Inquiring about the whereabouts of David Thompson
(b) Requesting personal information about the woman
(c) Making a doctor's appointment for Mrs. Thompson
(d) **Attempting to get in touch with Mrs. Thompson**

남 안녕하세요, Thompson 씨와 통화하고 싶습니다. 그녀가 거기 있나요?
여 그녀는 방금 나갔고 오늘은 돌아오지 않으실 겁니다.
남 그녀가 어디에 갔는지 말해주실 수 있습니까?
여 미안해요. 그 정보는 기밀입니다.
남 사실 저는 그녀의 남편인 David Thompson입니다.
여 아, 죄송합니다. Thompson 씨는 병원에 갔습니다.

Q. 대화에서 남자가 주로 하고 있는 것은?
(a) David Thompson의 행방을 물어보는 것
(b) 여자에 대한 개인적인 정보를 요청하는 것
(c) Thompson 씨 대신 병원 예약을 하는 것
(d) Thompson 씨와 연락을 시도하는 것

해설 남자의 목적은 그의 부인인 Mrs. Thompson과 통화하려는 것이기 때문에 (d)가 정답이다.

⚠ 오답 피하기

(a)는 David Thompson이라 하여 오답이다. David Thompson은 남자의 이름이고 그는 그의 부인을 찾고 있다.
(b)는 personal information이라 하여 오답이다. 여자의 개인 정보가 아니라 어디에 있는지 알고 싶어하는 것이다.
(c)는 making a doctor's appointment라 하여 오답이다. 남자는 그의 부인을 찾고 있는 것이지 대신 예약을 잡고 있는 것이 아니다.

■ expect 기대하다   confidential 기밀의, 비밀의   inquire 물어보다   whereabouts 소재, 행방   personal information 개인 정보   attempt 시도하다   get in touch with ~와 연락하다

07.

W You're getting married next month, right?
M Yeah, so I'm shopping for stuff for our new house.
W I'd wait until after the wedding.
M What's the benefit of that?
W You'll probably receive a lot of household gifts from friends and family.
M Oh! I guess I can look around now and make purchases later.

Q. What is the woman mainly doing in the conversation?
(a) Complaining about the price of items
(b) Helping the man choose which items to purchase
(c) **Suggesting the man put off making any purchases**
(d) Stating her preference for household gifts

여 너 다음 달에 결혼하지, 그렇지?
남 응, 그래서 신혼 집에 필요한 물건들을 사고 있는 중이야.
여 나라면 결혼한 후까지 기다리겠어.
남 그러면 왜 좋은데?
여 너는 아마도 친구들과 가족들에게 많은 가정용품을 받을 거야.
남 아! 그럼 지금은 둘러보고 나중에 사야겠다.

Q. 대화에서 여자가 주로 하고 있는 것은?
(a) 제품의 가격에 대해 불평하는 것
(b) 남자가 어떤 제품을 구매해야 하는지 돕는 것
(c) 남자에게 구매를 미루라고 제안하는 것
(d) 가정용품 선물에 대한 그녀의 선호를 말하는 것

해설 여자가 대화하는 목적은 남자에게 신혼 집에 필요한 물건 구매를 미루도록 조언하는 것이기 때문에 (c)가 정답이다.

⚠ 오답 피하기

(a)는 the price of items라 하여 오답이다. 제품의 가격에 대해서는 언급되지 않았다.
(b)는 choose라 하여 오답이다. 남자에게 지금 물건을 사지 말라고 한다.
(d)는 her preference라 하여 오답이다. 여자는 그녀의 취향[선호도]에 대해 말하지 않는다.

■ household 가정   purchase 구매하다; 구매   put off 미루다   state 말하다   preference for ~에 대한 선호

08.

M [문제점] I've been on a diet for a month now, but there's no change in my weight.
W Do you work out as well?
M Yeah, two times a week for at least an hour each time.
W Maybe you're just building up a lot of muscle.
M But shouldn't my weight drop even a little bit?

W You do know that muscle weighs a lot more than fat, right?

Q. Which is correct about the man according to the conversation?
(a) He has gained more weight.
(b) He goes to the gym two times a day.
(c) He has been on a diet for a week.
(d) **He has neither gained nor lost weight.**

남 이제 다이어트 한 지 한 달이 되었지만 몸무게에는 변함이 없어.
여 운동도 하니?
남 응, 일주일에 두 번 최소한 한 시간씩 해.
여 아마도 근육만 많이 키우고 있는 것일 수도 있어.
남 하지만 내 몸무게도 조금은 줄여야 하는 거 아니야?
여 너 근육이 지방보다 무게가 많이 나가는 거 알지, 그렇지?

Q. 대화에 따르면 남자에 대하여 옳은 것은?
(a) 몸무게가 더 증가했다.
(b) 헬스장에 하루에 두 번씩 간다.
(c) 일주일 동안 다이어트를 했다.
(d) 그는 몸무게가 늘지도 줄지도 않았다.

해설 남자의 첫 대사에서 몸무게에 변함이 없다고 했으므로 (d)가 정답이다.

⚠ 오답 피하기
(a)는 gained more weight이라 하여 오답이다. 몸무게에 변화가 없다고 말한다.
(b)는 two times a day라 하여 오답이다. 하루에 두 번이 아니라 일주일에 두 번 간다고 말한다.
(c)는 for a week라 하여 오답이다. 일주일이 아니라 한 달 동안 다이어트를 하고 있다고 말한다.

■ work out 운동하다　build up 키우다　muscle 근육　gain 증가하다

09.

W Would you like to come to my housewarming party next Saturday?
M I'd love to. What time does it start?
W At eight. It's not going to be fancy, just some light food and drinks.
M And what's the best way to get to your place?
W [제안] If you're not driving, it's better to use the subway.
M No, I'll be driving. See you then.

Q. Which is correct according to the conversation?
(a) The man has never been to a housewarming party.
(b) **The woman suggests using public transport to come to her place.**
(c) The man will take the subway to the woman's place.
(d) The woman has prepared some food for the man.

여 다음 주 토요일에 내 집들이에 올래?
남 그러고 싶어. 몇 시에 시작하니?
여 8시에. 호화스럽지는 않을 거야, 약간의 음식과 술이 있을 거야.
남 너희 집에 가는 가장 좋은 방법은 뭐야?
여 운전하지 않을 거라면, 지하철을 타는 것이 좋아.
남 아니. 운전할 거야. 그럼 그때 봐.

Q. 대화에 따르면 옳은 것은?
(a) 남자는 집들이를 가본적이 없다.
(b) 여자는 그녀의 집에 올 때 대중교통을 이용하는 것을 제안한다.
(c) 남자는 여자의 집에 갈 때 지하철을 이용할 것이다.
(d) 여자는 남자를 위해서 음식을 준비했다.

해설 여자가 집들이에 오려는 남자에게 지하철을 타라고 제안했으므로 (b)가 정답이다.

⚠ 오답 피하기
(a)는 never been이라 하여 오답이다. 여자의 집들이는 처음이지만 집들이 자체를 한 번도 가보지 못했다는 근거가 없으므로 과장 오답이다.
(c)는 take the subway라 하여 오답이다. 남자는 운전해서 갈 것이라고 말한다.
(d)는 has prepared some food라 하여 오답이다. 여자가 벌써 음식을 준비해 놓은 것은 아니므로 시제 오답이다.

■ housewarming party 집들이　fancy 호화스러운　public transport 대중교통

10.

M Excuse me, are there any good hotels around here?
W There're several. What kind of hotel are you looking for?
M A clean and reasonably priced one.
W Do you care much about the location?
M I don't want to be too far out from the city center.
W [의견, 비교] Your best bet would be Hotel Fairmont then.

Q. Which is correct according to the conversation?
(a) The woman is looking for a hotel in the city center.
(b) The man thinks Hotel Fairmont is the best hotel in town.
(c) **The woman thinks Hotel Fairmont's prices are not prohibitive.**
(d) The man wants to stay in a remote location.

남 실례합니다, 이 주변에 좋은 호텔이 있나요?
여 몇 개 있습니다. 어떤 종류의 호텔을 찾고 계신가요?
남 깨끗하고 합리적인 가격의 호텔이요.
여 위치에 관하여 신경을 많이 쓰시나요?
남 도심에서 멀리 떨어지지 않았으면 좋겠어요.
여 그럼 Hotel Fairmont가 가장 좋겠네요.

Q. 대화에 따르면 옳은 것은?
(a) 여자는 도심에 있는 호텔을 찾고 있다.
(b) 남자는 Hotel Fairmont가 지역에서 가장 좋은 호텔이라고 생각한다.
(c) 여자는 Hotel Fairmont의 가격이 아주 비싸지는 않다고 생각한다.
(d) 남자는 외딴곳에서 머물고 싶어 한다.

해설 남자가 합리적인 가격의 호텔을 찾고 있다고 했고 여자가 Hotel Fairmont를 추천했으므로 여자는 이 호텔이 비싸지 않다고 생각한다는 것을 알 수 있다. 따라서 **(c)가 정답**이다.

⚠ 오답 피하기
(a)는 woman is looking for라 하여 오답이다. 여자가 아니라 남자가 호텔을 찾고 있다.
(b)는 man, best hotel이라 하여 오답이다. 남자는 호텔을 찾고 있는 입장이다.
(d)는 remote location이라 하여 오답이다. 도심에서 멀리 떨어지지 않은 곳에 머무르고 싶다고 한다.

■ reasonably 합리적으로 prohibitive 아주 비싼 remote 외딴

11.

W Is there a shuttle to the airport?
M [비교, 조언] Yes, but it goes around. I advise taking a taxi for shorter travel.
W Do you know how much the fare will be?
M Well, it should be around $75, but it really depends on traffic.
W Fair enough. Could you have a cab ready in the morning at 8 then?
M Sure. I'll arrange one for you right away.

Q. Which is correct according to the conversation?
(a) The woman wants the man to pick her up from the airport.
(b) The hotel does not offer shuttle service to the airport.
(c) The traffic to the airport is worst in the morning.
(d) The shuttle takes longer than a taxi to get to the airport.

여 공항으로 가는 셔틀버스가 있나요?
남 네, 하지만 돌아가요. 더 빠른 이동을 위해서 택시를 타는 것을 권장드립니다.
여 요금이 얼마가 나올지 아시나요?
남 음. 75달러 정도일 겁니다. 하지만 교통 상황에 따라서 달라요.
여 좋아요. 그럼 아침 8시에 택시를 대기시켜 주시겠어요?
남 네. 바로 준비하겠습니다.

Q. 대화에 따르면 옳은 것은?
(a) 여자는 남자가 그녀를 공항으로 데리러 오기를 원한다.
(b) 호텔은 공항으로 가는 셔틀 서비스를 제공하지 않는다.
(c) 공항으로 가는 교통은 아침에 가장 안 좋다.
(d) 셔틀버스가 택시보다 공항으로 가는 데 더 오래 걸린다.

해설 남자가 택시를 타는 것이 셔틀버스를 타는 것보다 더 빠를 것이라고 했으므로 **(d)가 정답**이다.

⚠ 오답 피하기
(a)는 pick her up from the airport이다. 여자는 공항에 가는 이동 수단에 대해서 말하는 것이다.
(b)는 does not offer shuttle service이다. 셔틀이 없는 것이 아니라 느리다고 설명하는 것이다.
(c)는 traffic이다. 교통이 안 좋은 것이 아니라 돌아가서 시간이 많이 걸린다고 하는 것이다.

■ go around 돌다 fare 요금 arrange 준비하다 offer 제공하다

12.

M Are you still working at the furniture store?
W [이유] No, I quit. I wanted to focus on my music.
M Really? Are you in a band?
W Yeah, we just started one last week.
M My brother is a drummer and he's searching for a band to join.
W What a coincidence! We're in need of a drummer. You should tell him to join our band.

Q. Which is correct according to the conversation?
(a) The woman's brother is looking for a new member.
(b) The man has just started his own music band.
(c) The woman quit her job to concentrate on her music.
(d) The man wants to be a drummer.

남 너 아직도 가구점에서 일하니?
여 아니. 그만뒀어. 음악에 매진하고 싶었어.
남 정말? 너 밴드에 속해 있니?
여 응. 우리는 지난주에 막 시작했어.
남 내 남동생이 드럼 연주자이고 그는 들어갈 밴드를 찾고 있어.
여 이런 우연이! 우리는 드럼 연주자가 필요했어. 그에게 우리의 밴드에 들어오라고 해.

Q. 대화에 따르면 옳은 것은?
(a) 여자의 남동생은 새로운 멤버를 찾고 있다.
(b) 남자는 자신의 음악밴드를 이제 막 시작했다.
(c) 여자는 음악에 전념하기 위해서 직장을 그만두었다.
(d) 남자는 드럼 연주자가 되고 싶어 한다.

해설 여자는 음악에 매진하고 싶어서 가구점에서 일하는 것을 그만뒀다고 했으므로 **(c)가 정답**이다.

⚠ 오답 피하기
(a)는 woman's brother is looking for라 하여 오답이다. 여자가 아니라 남자의 동생이 드럼 연주가를 찾고 있다고 말한다.
(b)는 started his own music band라 하여 오답이다. 남자가 아니라 여자가 음악밴드를 시작했다고 말한다.
(d)는 be a drummer라 하여 오답이다. 남자의 동생이 드럼 연주자라고 한 것을 토대로 혼동하게 만든 오답이다.

■ coincidence 우연의 일치 concentrate 전념하다, 집중하다

13.

W The party was great. Thanks for the invite.
M No problem. [문제점] I'm glad you came, although, I wish you had more to eat.
W Don't worry about it. [의견] There were enough options for me.
M I would have made other dishes if I had known you were a vegetarian.
W That would have been too much trouble.
M Next time we'll have an all-vegetarian party.

Q. What can be inferred from the conversation?
(a) The man prepared more non-vegetarian dishes.
(b) The woman did not eat any food at the party.
(c) The man did not expect the woman to show up.
(d) The woman is leaving the party early.

여 파티는 정말 좋았어. 초대해줘서 고마워.
남 아니야. 네가 와줘서 고마웠어. 그래도 네가 먹을 만한 음식이 더 많았으면 좋았을 텐데.
여 걱정 마. 내가 선택해서 먹을 만한 음식이 충분히 많았는 걸.
남 네가 채식주의자라는 것을 알았다면 다른 음식들을 좀 만들었을 거야.
여 그건 너무 번거로웠을 거야.
남 다음에는 우리 채식주의 파티를 갖자.

Q. 대화에서 유추할 수 있는 것은?
(a) 남자는 채식 음식이 아닌 음식을 더 준비했다.
(b) 여자는 파티에서 음식을 전혀 먹지 않았다.
(c) 남자는 여자가 참석할 거라고 예상하지 못했다.
(d) 여자는 파티를 일찍 떠나고 있다.

■해설 남자는 여자를 위한 채식 음식을 많이 준비하지 못한 것을 안타까워하기 때문에 채식 음식이 아닌 일반 음식을 더 많이 준비했다는 것을 유추할 수 있다. 따라서 **(a)가 정답**이다.

⚠ 오답 피하기
(b)는 did not eat any food라 하여 오답이다. 여자는 몇 가지 음식을 먹었다고 말한다.
(c)는 did not expect, show up이라 하여 오답이다. 여자가 초대를 해줘서 고맙다고 한다.
(d)는 leaving, early라 하여 오답이다. 일찍 떠나고 있는 것인지 근거가 없기 때문에 알 수 없다.

■ vegetarian 채식주의자 trouble 귀찮음, 수고 show up 참석하다

14.

M Pulse Clinic. How can I help you?
W [요청] Hi, can I see Doctor Smith later today?
M I'm sorry, but he's fully booked this afternoon.
W [문제점] Really? But it's quite urgent and I don't know anybody else. What should I do?
M How about Doctor Marlin? He's open at two and four.
W Okay. I'll be there at four then.

Q. What can be inferred from the conversation?
(a) Doctor Smith is more experienced than Doctor Marlin.
(b) There are only two doctors working at the clinic.
(c) The woman had visited the clinic before.
(d) Doctor Smith sees patients only in the afternoons.

남 Pulse 병원입니다. 무엇을 도와드릴까요?
여 안녕하세요. 오늘 Smith 의사 선생님을 뵐 수 있을까요?
남 죄송하지만, 선생님께서는 오늘 오후 예약이 꽉 차 있습니다.
여 정말요? 하지만 꽤 긴급한 일이고 다른 사람은 아무도 모르는데요. 어쩌죠?
남 Marlin 의사 선생님은 어떠신가요? 그는 2시와 4시에 시간이 있으십니다.
여 알겠습니다. 그럼 4시에 가도록 하겠습니다.

Q. 대화에서 유추할 수 있는 것은?
(a) Smith 선생님이 Marlin 선생님보다 경력이 더 많다.
(b) 병원에는 오직 두 명의 의사만 일하고 있다.
(c) 여자는 전에도 병원을 방문한 적이 있다.
(d) Smith 선생님은 오후에만 환자들을 본다.

■해설 여자가 Smith 선생님에게 진료받을 것을 요청하고 다른 선생님은 모른다고 말하는 것을 통해 전에 방문한 경험이 있다는 것을 유추할 수 있다. 따라서 **(c)가 정답**이다.

⚠ 오답 피하기
(a)는 more experienced라 하여 오답이다. 두 의사의 경력에 대해서 비교하지 않기 때문에 알 수 없다.
(b)는 only two doctors라 하여 오답이다. 의사가 두 명이 있다는 것은 알 수 있지만 오직 두 명만 있는지는 알 수 없다.
(d)는 only in the afternoons라 하여 오답이다. Smith 의사의 진료시간은 언급되지 않았다.

■ fully booked 예약이 꽉 찬 urgent 긴급의 patient 환자

15.

W Be careful at the next turn. The police are always sitting there.
M How do you know that?
W [이유, 문제점] Trust me. I've had my share of bad luck.
M They probably think it's a great place to catch speeders and write off tickets.
W I couldn't agree with you more.
M Okay, I'll stay alert. Thanks for letting me know.

Q. What can be inferred from the conversation?
(a) The woman was ticketed for speeding at the intersection.

(b) There are usually many speeders at the next intersection.
(c) It is the man's first time driving in the area.
(d) There is a police station situated at the next corner.

여 다음 모퉁이에서 조심해. 경찰이 항상 그곳에 있어.
남 그걸 어떻게 아니?
여 날 믿어. 내가 안 좋았던 경험이 있었어.
남 그들은 아마 그곳이 과속 운전자를 잡고 위반 딱지를 떼기에 좋은 곳이라고 생각할 거야.
여 정말 맞는 말이야.
남 그래. 주의할게. 알려줘서 고마워.

Q. 대화에서 유추할 수 있는 것은?
(a) 여자는 교차로에서 과속으로 딱지를 받았었다.
(b) 다음 교차로에는 특히 많은 과속 운전자들이 있다.
(c) 남자는 이 지역에서 처음 운전한다.
(d) 다음 모퉁이에 경찰서가 위치하고 있다.

해설 여자가 경찰이 있을 거라고 생각하는 이유가 안 좋은 경험이 있었기 때문이라고 하는 것을 토대로 전에 속도 위반으로 딱지를 떼인 경험이 있다는 것을 유추할 수 있다. 따라서 (a)가 정답이다.

⚠ 오답 피하기
(b)는 usually many speeders라 하여 오답이다. 경찰이 항상 그곳에 있다고는 했지만 과속 운전자들이 많아서 그런 것인지는 단정지을 수 없다.
(c)는 first time이라 하여 오답이다. 여자가 남자에게 조심하라고 당부하는 것은 맞지만 남자가 그 지역을 처음으로 운전하는지는 알 수 없다.
(d)는 police station이라 하여 오답이다. 경찰이 대기하고 있을 거라고는 했지만 경찰서가 있는지는 알 수 없다.

■ share of bad luck 안 좋았던 경험 catch 붙잡다 speeder 과속 운전자 write off ticket 위반 딱지를 떼다 stay alert 주의하다 intersection 교차로

Part 4 문제 유형별 학습

Unit 01 중심 내용 문제

1. 주제 문제

Check-Up 본문 p. 228

01 (c)   02 (d)   03 (b)   04 (a)   05 (b)

01.

1st	rote 암기, 짧은 시간 지속, 장기 기억은 X, repetition 필요
2nd	rote 암기 효과적 → 짧은 시간 유지, 보카 시험, X 장기 retention, remembering later X, 반복
	(a) benefits, all ages ✗
	(b) avoid, all together ✗
	(c) X effective, extended time ○
	(d) prefer ✗

Many people believe that the most effective way to learn vocabulary words is rote memorization. This allows students to retain newly learned words for a short period of time. For those taking a vocabulary test tomorrow, for example, this method can be very promising, but it is not suitable for those who want long-term retention. Despite its short-term effectiveness, rote memorization leaves much to be desired when it comes to remembering words later on down the road. Therefore, consistent repetition might be a better method of learning vocabulary words.

Q. What is the speaker's main point?
(a) Rote memorization presents numerous benefits to test takers of all ages.
(b) People should avoid rote memorization all together, as it is always ineffective.
(c) Rote memorization is not effective in retaining words for an extended time.
(d) People prefer different methods of learning vocabulary words.

많은 사람들이 어휘를 배우는 가장 효율적인 방법은 기계적인 암기라고 믿습니다. 이것은 학생들이 새로 배운 단어를 단기간 동안 보유하도록 합니다. 예를 들어, 내일 어휘 시험을 보는 아이들에게 이 방법은 매우 도움이 되겠지만 장기간의 기억을 원하는 사람들에겐 적절하지 않습니다. 단기간의 효율성에도 불구하고, 기계적인 암기는 어휘를 장래에 기억하는 면에 있어서는 아쉬운 점이 많습니다. 그러므로 지속적인 반복이 어휘를 배우는 더 좋은 방법일 수 있습니다.

Q. 화자의 요지는 무엇인가?
(a) 기계적인 암기는 시험을 치르는 모든 연령대의 사람들에게 많은 이익을 가져다 준다.
(b) 기계적 암기는 항상 비효율적이기 때문에 사람들은 그것을 피해야 한다.
(c) 기계적 암기는 오랜 시간 동안 어휘를 기억하기에 효율적이지 않다.
(d) 사람들은 어휘를 배우는 데 서로 다른 방법들을 선호한다.

해설 중심 소재는 rote memorization이고 소주제는 기계적인 암기 방식이 장기적인 관점으로 볼 때는 효과적이지 않다는 것이기 때문에 **(c)가 정답**이다.

⚠️ 오답 피하기
(a)는 benefits, all ages라 하여 오답이다. 장점만 언급한 것이 아니다.
(b)는 avoid, all together라 하여 오답이다. 과장된 오답이다.
(d)는 prefer라 하여 오답이다. 사람들의 선호와 관련 있는 것이 아니라 효과와 관련이 있는 내용이다.

▪ rote memorization 기계적인 암기 retain 보유하다, 유지하다 promising 기대할 수 있는, 가망 있는 suitable 적절한 long-term retention 장기적인 기억력 leave much to be desired 미흡한 [아쉬운] 점이 많다 when it comes to ~와 관련해서는 down the road 미래에 consistent 지속적인 repetition 반복 all together 일제히, 모두 extended time 오랜 시간, 장기간

02.

1st	clock, renovation, closed next month, reopen 6개월 후
2nd	clock, renovation, mayor allocate, 돌 조각 위험, closed next month, reopen 6개월 후 (a) safety issues ✗ (b) solicit funds ✗ (c) building a new ✗ (d) restore, clock tower ○

The clock tower has finally been approved for renovation after years of unsuccessful attempts by the owner of the building. The mayor decided to allocate 10 million dollars to repairing the malfunctioning clock and the deteriorating foundation, which has accumulated many small and medium cracks over time. The 120-year-old clock tower has been standing since its construction without a single renovation or repair, and its falling fragments of stone have become a hazard to both pedestrians and vehicles. It will be closed next month and reopen after six months of repair.

Q. What is mainly being reported?
(a) The clock tower's safety issues
(b) Attempts to solicit funds for a renovation project
(c) Approval for building a new clock tower
(d) The decision to restore an old clock tower

시계탑은 건물 소유자가 몇 년 동안 거듭한 시도 끝에 보수를 승인받았습니다. 시장은 고장 난 시계와 오랫동안 작고 큰 금이 생긴 무너져 가는 기반을 수리하고 바로잡는 데에 1,000만 달러를 할당하기로 결정하였습니다. 120년이 된 시계탑은 건설 후에 단 한번의 보수나 수리도 없이 우뚝 서 있었고, 낙하 파편으로 인해 보행자와 차량들에게 위험 요소가 되었습니다. 시계탑은 다음 달에 닫을 것이고, 6개월의 보수 후에 다시 열 것입니다.

Q. 주로 보도되고 있는 것은 무엇인가?
(a) 시계탑의 안전 문제
(b) 보수 작업을 위해 자금을 얻으려는 노력
(c) 새로운 시계탑 건설에 대한 승인
(d) 오래된 시계탑을 복원하기 위한 결정

해설 중심 소재는 clock tower이고 소주제는 시계탑을 보수하기로 승인받았다는 것이므로 **(d)가 정답**이다.

⚠️ 오답 피하기
(a)는 safety issues라 하여 오답이다. 시계탑에 작고 큰 금이 갔다고 언급되긴 했지만 지엽적인 내용이다.
(b)는 solicit funds라 하여 오답이다. 이미 시장의 지원을 받기로 결정되었다고 한다.
(c)는 new라 하여 오답이다. 보수 작업을 하는 것이지 새롭게 짓는 것은 아니다.

▪ approve 승인하다 unsuccessful 성과 없는 attempt 시도 mayor 시장 allocate 할당하다 malfunctioning 고장 난 deteriorating 악화되는 foundation 기반 accumulate 축적하다 crack 금 fragment 파편 hazard 위험 pedestrian 보행자 safety issue 안전문제 solicit 얻으려고 하다

03.

1st	sales ↑, update 포장 디자인, competitor 같은 가격, 포장 더 좋음
2nd	sales 2배 ↑, update 포장 디자인, competitor 보다 더 좋은 거 develop (a) competitor is beating ✗ (b) new package, sales ↑ ○ (c) analysts are evaluating ✗ (d) price points ✗

Good morning. Today, our focus is recent data that suggests our sales would increase two-fold if we only update our packaging design. Our closest product competitor offers the same technology at the same price point, but their packaging is sleeker and flashier. We need the same, but even better. I challenge you to develop, within a week, an eye-catching, yet cost-effective solution to this issue.

Q. What is the main point of the talk?
(a) The competitor is beating them by twice the sales.
(b) A new package design is needed to boost sales.

(c) Analysts are evaluating multiple sales data.
(d) Their price points are not competitive.

좋은 아침입니다. 오늘 우리의 주안점은 포장 디자인만 바꾸면 판매량이 2배 증가할 것이라는 최근의 자료입니다. 우리와 가장 상품이 비슷한 경쟁사는 우리와 같은 기술을 같은 가격에 제공하지만 포장이 더 매끄럽고 화려합니다. 우리도 같지만 훨씬 더 좋은 포장이 필요합니다. 이 문제를 해결하기 위해 일주일 안에 눈길을 끄는 효율이 높은 포장 방법을 개발해 오시기 바랍니다.

Q. 담화의 요지는 무엇인가?
(a) 경쟁사는 판매율 2배로 그들을 이기고 있다.
(b) 판매를 높이기 위해 새로운 포장 디자인이 필요하다.
(c) 분석가들은 다양한 매출 자료를 평가하고 있다.
(d) 그들의 가격은 경쟁력이 없다.

해설 중심 소재는 sales increase이고 소주제는 새로운 포장 디자인을 개발해야 한다는 것이므로 **(b)**가 정답이다.

⚠️ 오답 피하기
(a)는 competitor is beating이라 하여 오답이다. 경쟁사에게 지고 있다고 말하지 않는다.
(c)는 analysts are evaluating이라 하여 오답이다. 분석가들이 평가한 자료를 바탕으로 매출을 올릴 수 있는 방안을 설명하는 것이지 분석을 하고 있다는 것은 세부 내용이다.
(d)는 price points라 하여 오답이다. 가격은 세부 내용이고 price points를 고려해서 더 좋은 packaging을 만들어야 한다는 것이 주된 내용이다.

▪ two-fold 2배의 competitor 경쟁사 sleek 매끄러운 eye-catching 눈길을 끄는 cost-effective 효율적인 boost 높이다 analyst 분석가 evaluate 평가하다 competitive 경쟁력이 있는

04.

1st	환경, cut down paper towels, 미라클 스폰지, 2개 사면 1개 무료
2nd	스폰지, patented, soak up within seconds, third for free
	(a) pros ○
	(b) limited, offer ×
	(c) environmental ×
	(d) predecessors ×

The environment needs your help. One of the best ways to help the environment is to cut down on the amount of paper towels that we use. That's why we created the Miracle Sponge. The patented technology behind Miracle Sponge allows the sponge to soak up any liquid within seconds. Buy two Miracle Sponges and we'll throw in a third for free. Help save the planet and clean up spills quickly and efficiently.

Q. What does the speaker mainly discuss about the Miracle Sponge?

(a) The pros of owning one
(b) A limited time special offer
(c) Its environmental benefits
(d) The improvements from its predecessors

환경은 여러분의 도움을 필요로 합니다. 환경을 돕는 가장 좋은 방법 중 하나는 우리가 사용하는 종이 타월의 양을 줄이는 것입니다. 그것이 바로 우리가 Miracle Sponge를 만든 이유입니다. Miracle Sponge의 특허 받은 기술을 통해 스펀지는 아주 짧은 시간에 그 어떠한 액체도 흡수합니다. 2개의 Miracle Sponge를 사시면 하나를 무료로 드립니다. 지구를 구하면서 엎지른 액체도 빠르고 효과적으로 치우세요.

Q. Miracle Sponge에 대해서 화자가 주로 말하는 것은?
(a) 그것을 소유하는 것의 장점
(b) 한시적인 특가 제공
(c) 그것의 환경적 장점
(d) 그것의 이전 모델보다 개선된 특징

해설 중심 소재는 Miracle Sponge이고 소주제는 상품의 특장점을 홍보하고 구매를 유도하는 것이므로 **(a)**가 정답이다.

⚠️ 오답 피하기
(b)는 limited, offer라 하여 오답이다. 2개 사면 하나를 무료로 준다고는 했지만 한시적인 것인지는 알 수 없고, 세부적인 내용이다.
(c)는 environmental이라 하여 오답이다. 환경적인 장점도 있지만 흡수력이 뛰어난 점도 있기 때문에 세부 내용이다.
(d)는 predecessors라 하여 오답이다. 전 모델에 대한 설명도 없을뿐더러 전보다 더 좋아졌다고 비교하지 않는다.

▪ cut down on ~을 줄이다 paper towel 종이 타월 patented 특허 받은 soak up 흡수하다 spill 엎지른 것 efficiently 효과적으로 pros 장점 predecessor 이전 것[모델]

05.

1st	Indian food, traditional dish, produce grown locally
2nd	recipes from south of India, 재료 straight from India, authentic
	(a) excellent service ×
	(b) true Indian cuisine ○
	(c) ingredients and spices ×
	(d) discounted ×

Come downtown for lunch to try the best Indian food in the area. Indian Express offers delicious traditional dishes with recipes originally from the south of India. All produce is grown locally and the spices and staple ingredients are sourced straight from India. It's an authentic dining experience. We invite you to come by soon and have a taste of India.

Q. What is the advertisement mainly about?
(a) The excellent service at Indian Express
(b) True Indian cuisine at a local restaurant

(c) Organically grown ingredients and spices
(d) Discounted luncheon specials

이 지역 최고의 인도 음식을 먹기 위해 점심식사를 하러 시내로 오세요. Indian Express는 인도 남부에서 온 전통 조리법으로 만든 맛있는 전통요리를 선사합니다. 모든 농작물은 현지에서 재배된 것이고 주된 재료는 인도에서 바로 공급된 것입니다. 제대로 된 식사를 하실 수 있습니다. 저희 식당에 조만간 오셔서 인도의 맛을 느껴보세요.

Q. 광고는 주로 무엇에 관한 것인가?
(a) Indian Express의 훌륭한 서비스
(b) 지역 식당의 진정한 인도 요리
(c) 유기농으로 재배한 재료와 향신료
(d) 할인된 점심 스페셜

해설 중심 소재는 Indian Express라는 레스토랑이고 소주제는 그곳의 요리에 대해 홍보하는 것이므로 **(b)가 정답**이다.

⚠️ 오답 피하기
(a)는 excellent service라 하여 오답이다. 서비스에 대해서는 언급되지 않았다.
(c)는 ingredients and spices라 하여 오답이다. 요리에 대한 내용이지 재료는 세부 내용이다.
(d)는 discounted라 하여 오답이다. 할인에 대해서는 전혀 언급되지 않았다.

■ dish 요리 produce 농작물 staple ingredient 주된 재료 source 공급하다 cuisine 요리 luncheon 점심, 오찬

2. 목적 문제

Check-Up　　　　　　　　　　　　　　　　본문 p. 232

01 (c)　02 (d)　03 (b)　04 (d)　05 (c)

01.

1st	education at home, disturbs, untrained, 같은 수준 X
2nd	학부모 untrained, curriculum, peer에서 떨어져, demands of 보통 학교, 동등한 수준 unfair
	(a) superiority　✕
	(b) emphasize, benefits　✕
	(c) question, validity　○
	(d) how to start　✕

The idea that parents are electing to provide education at home for their children disturbs me. Most of these parents are untrained teachers administering a curriculum of their own choosing. Children are separated from peer socialization and the rigors and demands of regular day schools. The idea that these students are considered to be at the equivalent level of academic standards of those of traditional schooling is unfair and biased.

Q. What is the main purpose of the talk?
(a) To describe the superiority of traditional schooling
(b) To emphasize the benefits of home schooling
(c) To question the validity of home school education
(d) To explain how to start education at home

저는 부모들이 가정에서 아이들을 교육하기로 선택하는 것이 마음에 안 듭니다. 대다수의 이 부모들은 자신들이 고른 교육과정으로 교육을 진행하는 훈련되지 않은 선생님들입니다. 아이들은 또래의 사회생활과 일반학교가 요구하는 엄함과 요구에서 멀어지게 됩니다. 이런 교육을 받은 학생들의 학문 수준과 전통적인 학교에서 공부한 학생들의 학문 수준이 같은 수준으로 논해진다는 것은 불공평하고 편향된 생각입니다.

Q. 담화의 주된 목적은 무엇인가?
(a) 전통 학교의 우월함을 설명하는 것
(b) 홈스쿨링의 이점을 강조하는 것
(c) 홈스쿨 교육의 타당성에 이의를 제기하는 것
(d) 홈스쿨 교육을 시작하는 방법을 설명하는 것

해설 중심 소재는 education at home이고 소주제는 홈스쿨링의 부정적인 측면이므로 홈스쿨 교육의 타당성에 이의를 제기한다고 하는 **(c)가 정답**이다.

⚠️ 오답 피하기
(a)는 superiority라 하여 오답이다. 홈스쿨 교육의 부정적인 면을 설명하지 전통적인 학교 교육의 장점을 설명하지 않는다.
(b)는 emphasize, benefits라 하여 오답이다. 홈스쿨 교육의 부정적인 측면에 대해 말하고 있다.
(d)는 how to start라 하여 오답이다. 홈스쿨 교육을 시작하는 것에 대해 말하고 있지 않다.

■ elect 선택하다 disturb 신경을 건드리다 administer 관리하다, 운영하다 curriculum 교육과정 peer socialization 또래의 사회생활 rigor 엄함, 고생 biased 편향된 superiority 우수함, 우월함 emphasize 강조하다 validity 타당성

02.

1st	trail tours, hike challenging mountain, Internet, filming
2nd	experienced guides, hike challenging 산, 인터넷 접속, 촬영, documented for 지인
	(a) different terrains　✕
	(b) service, Internet access　✕
	(c) benefits, with friends and family　✕
	(d) join, Internet, filming　○

Book a once-in-a-lifetime experience with Trail Tours. Our experienced guides offer the chance to hike through challenging mountain terrain during a five-day trek. Guides provide reliable Internet access and filming capabilities, so that basically every step of your trip is documented for your friends and family to enjoy with you. It's as if you are trekking with all those in your social circle.

Q. What is the main purpose of the advertisement?
(a) To promote a five-day trek through different terrains
(b) To describe a service offering a stable Internet access
(c) To explain the benefits of mountain hiking with friends and family
(d) To urge people to join a tour providing Internet access and filming

Trail Tours와 인생에 한 번 밖에 없을 경험을 예약하세요. 저희의 노련한 가이드들은 5일 간의 등산 동안 도전적인 산악 지형을 등산할 기회를 선사합니다. 가이드는 인터넷을 연결하여 영상 찍는 것을 도와주어 당신의 친구들과 가족들도 당신의 모든 여정을 즐길 수 있습니다. 그것은 마치 당신이 교제하는 모든 사람들과 함께 등산하는 것과 같은 느낌일 것입니다.

Q. 광고의 주된 목적은 무엇인가?
(a) 다양한 지형을 통과하는 5일간의 여행을 홍보하는 것
(b) 안정적인 인터넷 접속을 제공하는 서비스를 설명하는 것
(c) 친구와 가족과 함께 하는 등산의 장점을 설명하는 것
(d) 사람들이 인터넷 연결과 촬영을 제공하는 투어에 참여하도록 권하는 것

해설 중심 소재는 Trail Tours이고 소주제는 인터넷에 연결하여 촬영을 해주는 등산 여행을 홍보하는 것이므로 **(d)가 정답**이다.

⚠ 오답 피하기
(a)는 different terrains라 하여 오답이다. 다양한 지형이라고 하지 않았다.
(b)는 service, Internet access라 하여 오답이다. 인터넷 서비스는 tour의 일부이기 때문에 세부 내용이다.
(c)는 benefits, with friends and family라 하여 오답이다. 친구와 가족이 실제로 동행하는 것은 아니다.

■ hike 등산하다   terrain 지형, 지역   reliable 믿을 수 있는
document 기록하다   social circle 교제하는 사람   stable 안정적인   urge 권하다

03.

1st	졸업 파티 → 호텔, school board, say in their own 졸업 행사, high entry fee	
2nd	이전 해, 졸업 파티 → 학교에서, new decision from school board, offer a say, 비용 ↑	
	(a) conduct a survey	✗
	(b) decision, party's location	O
	(c) change of schedule	✗
	(d) expenses	✗

Based on a survey of students, our school has decided to hold this year's graduation party at a local hotel. In previous years, graduation parties were held at the school for safety reasons. This new decision comes largely from the school board's desire to offer students a say in their own graduation celebration. However, the cost of holding a large event at a hotel is significant, which may necessitate a high entry fee, burdening students. We hope this will not affect student participation.

Q. What is the main purpose of the talk?
(a) To conduct a survey concerning this year's graduation party
(b) To explain the school's decision about a party's location
(c) To inform students of the change of schedule
(d) To explain the expenses of holding an event at a hotel

학생들의 설문조사에 근거하여, 우리 학교는 올해의 졸업 파티를 지역 호텔에서 열기로 결정했습니다. 이전 해에는, 안전 문제로 인해 졸업 파티가 학교에서 열렸습니다. 이 새로운 결정은 학생들에게 자신의 졸업 축하에 관한 발언권을 제공하고자 하는 학교 이사회의 바람으로부터 나왔습니다. 그러나 호텔에서 큰 행사를 진행하는 것의 비용은 상당하고, 이는 학생들에게 부담을 주는 비싼 참가비를 필요로 할 수 있습니다. 우리는 이것이 학생들의 참여에 영향을 끼치지 않기를 바랍니다.

Q. 담화의 주된 목적은 무엇인가?
(a) 올해 졸업 파티와 관련된 설문조사를 실시하는 것
(b) 파티의 장소에 관한 학교의 결정을 설명하는 것
(c) 일정 변경에 관해 학생들에게 알리는 것
(d) 호텔에서 행사를 여는 것의 비용을 설명하는 것

해설 중심 소재는 graduation party이고 소주제는 올해는 파티를 호텔에서 열기로 했다는 결정사항을 알리는 것이므로 **(b)가 정답**이다.

⚠ 오답 피하기
(a)는 conduct a survey라 하여 오답이다. 설문조사를 하겠다는 것이 아니다.
(c)는 change of schedule이라 하여 오답이다. 시간이 아니라 장소의 변화이다.
(d)는 expenses라 하여 오답이다. 비용은 지엽적인 내용이다.

■ school board 학교 이사회   desire 바라는 것   a say 의견을 말할 수 있는 권리, 발언권   significant 엄청난   necessitate 필요로 하다   entry fee 참가비   burden 부담을 주다   affect 영향을 주다   conduct a survey 설문조사를 실시하다   expense 비용

04.

1st	problems, 이민 증가 to 미국, but positive 변화, progressive era, lobbying for 사회 변화

	positive changes in policy, 시민들 lobbying for change, reforms in slums, X 근무환경	
2nd	(a) negatively affected	X
	(b) social changes contribute to increased immigration	X
	(c) how difficult it is	X
	(d) how 사회 변화 came about	O

We've discussed some of the problems brought about by the increased immigration to America toward the end of the 19th century. But there were multiple positive changes in policy that these problems brought about. Known as the Progressive Era, private citizens began lobbying for social change for the first time. Reforms were made in the slums, poor working conditions and the sale of unsafe food.

Q. What is the main purpose of the talk?
(a) To illustrate how the immigrants negatively affected America
(b) To debunk the idea that social changes contributed to increased immigration
(c) To elucidate how difficult it is to make reforms for the poor
(d) To describe how social changes came about in the Progressive Era

우리는 19세기 말에 미국으로 온 이민의 증가가 초래한 문제에 대해서 이야기 해왔습니다. 하지만 이 문제가 가져온 정책에서의 많은 긍정적인 변화도 있었습니다. 혁신주의 시대로 알려진 이 시기에 개인 시민들이 처음으로 사회적 변화를 위해 의안 통과 활동을 시작했습니다. 빈민가, 열악했던 근로 환경 그리고 안전하지 못한 음식의 판매에서 개혁이 이루어 졌습니다.

Q. 담화의 주된 목적은 무엇인가?
(a) 어떻게 이민자들이 미국에 안 좋은 영향을 끼쳤는지를 설명하는 것
(b) 사회적 변화가 이민의 증가에 기여했다는 생각이 틀렸음을 밝히는 것
(c) 가난한 사람들을 위해 개혁하는 것이 얼마나 어려운지를 설명하는 것
(d) 혁신주의 시대에 어떻게 사회적 변화가 이루어졌는지를 설명하는 것

해설 중심 소재는 immigration(Progressive Era)이고 소주제는 긍정적인 사회적 변화가 어떻게 나타나게 되었는지를 설명하는 것이므로 **(d)가 정답**이다.

⚠️ 오답 피하기
(a)는 negatively affected라 하여 오답이다. 부정적인 영향이 아니라 긍정적인 영향에 대해서 말한다.
(b)는 social changes contribute to increased immigration이라 하여 오답이다. 사회적인 변화로 살기 좋아졌다고만 말하지 사회적 변화가 더 많은 이민을 초래했다는 것을 반박하지 않는다.
(c)는 how difficult it is라 하여 오답이다. 개혁이 얼마나 어려웠는지는 설명하지 않는다.

■ immigration 이민 policy 정책 social change 사회적 변화 reform 개혁 slum 빈민가 debunk 틀렸음을 밝히다 contribute 기여하다 elucidate 설명하다 the poor 가난한 사람들

05.

	westward, motivation changed, 처음에는 직업, gold 캘리포니아 → true rush	
1st		
2nd	westward expansion, 동기, 처음에는 직업, cash incentives to 이전, gold 캘리포니아 → true rush	
	(a) emphasize, government's involvement	X
	(b) California	X
	(c) give, underlying motivations	O
	(d) undermine	X

Last week we briefly discussed westward expansion in the United States during the mid-1800s. But the motivations for this move changed over time. Initially immigrants moved west when they could not find jobs in the crowded cities. Land was plentiful out west and the government offered cash incentives to relocate. But it was when gold was discovered in California that the true rush to the west began.

Q. What is the main purpose of the lecture?
(a) To emphasize the government's involvement in the westward expansion in the mid-1800s
(b) To explain the initial reason people moved to California in droves
(c) To give several underlying motivations for moving out west in the mid-1800s
(d) To undermine the United States government's effort to provide immigrants with employment

지난 주에 우리는 1800년대 중반 미국에서 일어났던 서쪽을 향한 확장에 대해서 간단히 이야기했습니다. 하지만 이 이주의 동기는 시간이 지남에 따라 변했습니다. 처음에 이민자들은 복잡한 도시에서 일을 찾지 못해서 서쪽으로 이주했습니다. 서쪽에는 땅이 많았고, 정부도 사람들을 이주시키기 위해 장려금을 제공하였습니다. 하지만 캘리포니아에서 금이 발견되었을 때가 진정한 서쪽으로의 몰림이 시작되었던 때입니다.

Q. 강의의 주된 목적은?
(a) 1800년대 중반 서쪽으로의 이주에 있어 정부의 개입을 강조하는 것
(b) 사람들이 무리를 지어 캘리포니아로 이주한 최초의 이유를 설명하는 것
(c) 1800년대 중반 서쪽으로 이주한 여러가지 근본적인 동기를 제시하는 것
(d) 이민자들에게 직업을 제공하기 위한 미국 정부의 노력을 깎아내리는 것

해설 중심 소재는 westward expansion in the United States이고 소주제는 이주를 야기시킨 여러 이유이기 때문에 담화의 주요 목적은 서쪽으로 이동한 동기를 설명한다는 **(c)가 정답**이다.

⚠ 오답 피하기

(a)는 emphasize, government's involvement라 하여 오답이다. 정부의 개입뿐만 아니라 금의 발견도 이유이기 때문에 정부의 개입은 세부 내용이다.
(b)는 California라 하여 오답이다. California뿐만 아니라 서쪽 방향 전체를 말하고 있기 때문에 세부 내용이다.
(d)는 undermine이라 하여 오답이다. 정부가 이민자를 위해서 일자리를 제공했다는 내용도 없으며 그 노력을 깎아내리려는 화자의 의도도 없다.

■ westward 서쪽 방향으로의 expansion 확장 motivation 동기 initially 처음에 immigrant 이민자 plentiful 많은 incentive 장려책, 우대조치 relocate 이주하다 rush 몰림 involvement 개입 in droves 무리를 지어 underlying 근본적인 undermine 약화시키다, 깎아내리다

Unit Test
본문 p. 234

01 (d)	02 (b)	03 (c)	04 (b)	05 (d)
06 (b)	07 (a)	08 (c)	09 (b)	10 (d)
11 (b)	12 (d)	13 (c)	14 (b)	15 (d)

01.

An area egg distributor announced a recall of all eggs sold over the past three days under its flagship brand, Happy Egg. This includes all wholesale and retail sales. The reason for the recall wasn't specifically released, but large factory farms often face cleanliness challenges, primarily during collection and packaging. Another distributor had a similar recall last year for a salmonella outbreak that sickened hundreds.

Q. What is the main idea of the news report?
(a) The reason for an egg recall
(b) A salmonella outbreak in the egg industry
(c) A common challenge of egg distributors
(d) A recall of recently sold eggs

지역 달걀 배급회사가 주력 브랜드 Happy Egg의 이름으로 지난 3일 동안 판매된 모든 달걀을 회수하겠다고 발표했습니다. 이것은 도매와 소매로 판매된 제품을 모두 포함합니다. 회수하는 이유는 구체적으로 알려지지 않았지만, 큰 공장식의 농장은 종종 달걀을 모으고 포장할 때 위생상의 어려움을 겪습니다. 다른 배급회사도 작년에 많은 사람들을 병 나게 한 살모넬라균 발발 때 비슷한 회수 절차를 진행했습니다.

Q. 뉴스 보도의 주제는 무엇인가?
(a) 달걀 회수의 이유
(b) 달걀 산업에서의 살모넬라균 발발
(c) 달걀 배급회사들의 공통적인 어려움
(d) 최근에 판매된 달걀의 회수

[해설] 중심 소재는 recall이고 소주제는 최근에 판매된 달걀의 회수이므로 **(d)가 정답**이다.

⚠ 오답 피하기

(a)는 reason이라 하여 오답이다. 이유를 추측하는 말을 하긴 하지만 세부 내용이다.
(b)는 salmonella라 하여 오답이다. 살모넬라균은 이전에 다른 회사에서 발생한 것이고 세부 내용이다.
(c)는 common challenge라 하여 오답이다. 다른 회사도 작년에 달걀을 회수했다고 했지만 이것이 달걀 회사의 공통적인 어려움이라고 일반화할 수는 없다.

■ distributor 배급자 recall 회수 flagship brand 주력 브랜드 wholesale 도매의 retail 소매의 release 발표하다 face 직면하다 primarily 주로 salmonella 사모넬라균 outbreak 발발 industry 산업

02.

Today, let's take a look at the changes the Uzbek alphabet has experienced. It was originally written in an Arabic script. But because of the difficulty of Arabic, the Uzbek alphabet was changed to Latin. The rise of Stalin then led the Latin letters to be translated into Cyrillic. In 1992, the Latin script was reintroduced, though Cyrillic is still present.

Q. What is the speaker mainly talking about?
(a) The difficulty of writing Arabic script
(b) Changes in the written Uzbek language
(c) Why the Latin script was reintroduced
(d) Russian influences on the Uzbek alphabet

오늘은 우즈베크의 알파벳이 겪었던 변화에 대해서 알아봅시다. 그것은 원래 아랍어 문자로 적혀 있었습니다. 하지만 아랍어의 어려움 때문에, 우즈베크의 문자는 라틴어로 바뀌었습니다. 스탈린의 집권 이후 라틴어 문자는 카릴 문자로 번역되었죠. 1992년에 라틴어가 재도입되었지만, 카릴 문자도 여전히 존재합니다.

Q. 화자는 주로 무엇에 대해 이야기 하는가?
(a) 아랍어 문자를 쓰는 것의 어려움
(b) 서면 우즈베크 언어의 변화
(c) 라틴어가 재도입된 이유
(d) 우즈베크 알파벳에 대한 러시아의 영향

[해설] 중심 소재는 Uzbek 언어이고 소주제는 이 언어가 겪은 변화이므로 **(b)가 정답**이다.

⚠ 오답 피하기

(a)는 difficulty, Arabic script라 하여 오답이다. Arabic script가 어렵다는 언급이 있지만 Uzbek 언어가 왜 변했는지 설명하기 위해서 나온 세부 내용이다.
(c)는 Latin script, reintroduced라 하여 오답이다. Latin script에 대한 언급은 있지만 Uzbek 언어의 변화의 일부이기 때문에 주제가 아닌 세부 내용이다.
(d)는 Russian influences라 하여 오답이다. 스탈린이 Cyrillic으로 번

역하도록 했다는 언급이 있지만 러시아의 영향력이라고 볼 수도 없을 뿐만 아니라 Uzbek 언어의 변화의 전반적인 내용이 아닌 세부 내용이다.

■ Cyrillic 카릴문자 script 문자 translate 번역하다 reintroduce 재도입되다

03.

Social media has given customers the power to make or break small companies. Reviews of such companies are now easier than ever to access, so they need to find ways to ensure that they get positive reviews. They can't just sit back and wait for reviews and hope for the best. One way to do this is to reach out to customers after a sale to see how they felt about the service they received. Ask them to identify areas where the company can improve so that the company addresses issues before they become a problem.

Q. What is the main purpose of the talk?
(a) To advise listeners to steer clear of social media outlets
(b) To explain how to respond to negative customer reviews
(c) To offer a proactive approach to receiving positive feedback
(d) To express frustration at poor customer service

소셜 미디어는 고객들에게 작은 회사를 만들거나 실패하게 할 힘을 주었습니다. 그러한 회사에 관한 후기들은 이제 더욱 접근하기 쉬워졌기 때문에 그 회사들은 그들이 긍정적인 후기를 확실히 받기 위해서 방법을 찾아야 합니다. 그들은 낙관하며 후기를 편히 기다릴 수 없습니다. 이것을 할 수 있는 한 가지 방법은 판매 후에 고객에게 연락해서 그들이 받은 서비스에 관하여 어떻게 느꼈는지를 살피는 것입니다. 회사가 개선시킬 수 있는 방면이 어떤 점인지를 확인하여 회사가 그것이 문제가 되기 전에 이를 해결해야 합니다.

Q. 담화의 주요 목적은 무엇인가?
(a) 청자들에게 소셜 미디어에 나온 판매섬을 피하라고 조언하는 것
(b) 부정적인 고객 후기에 어떻게 대응해야 하는지 설명하는 것
(c) 긍정적인 피드백을 받을 수 있는 사전 대책을 제공하는 것
(d) 안 좋은 고객 서비스에 대한 불만을 표현하는 것

해설 중심 소재는 small companies에 대한 후기이고 소주제는 긍정적인 후기를 받기 위해서 적극적으로 나서야 한다는 것이므로 **(c)가 정답**이다.

⚠ 오답 피하기
(a)는 steer clear of social media라 하여 오답이다. 소셜 미디어를 피하라는 것이 아니라 적극 활용하라는 내용이다.
(b)는 respond to negative customer reviews라 하여 오답이다. 부정적인 후기를 어떻게 대응할지를 설명하는 것이 아니라 긍정적인 고객 후기를 위해서 적극적으로 나서야 한다는 내용이다.
(d)는 express frustration이라 하여 오답이다. 불만을 표현하는 것이 아니라 대책을 제시하고 있다.

■ access 접근하다 ensure 확실히 하다 sit back 편히 있다 hope for the best 낙관하다 reach out 접근하다, 연락을 취하려 하다 steer clear of 피하다 outlet 판매점 proactive 사전 대책을 강구하는

04.

Many teachers continue to load their students down with excessive homework. These teachers seem to fear that if the students don't have a lot of homework, they will waste their time playing video games. Setting aside the arguments that can be made for the benefits of computer play, this position insults many parents who ensure that their children are involved in extracurricular activities. Excessive homework stops children from being able to take part in these activities, which has a negative effect on the social development of the child. While some homework may be necessary, it should be kept within acceptable limits.

Q. What is the talk mainly about?
(a) Eliminating school homework altogether
(b) Assigning a suitable amount of homework
(c) Allowing children to play games at home
(d) Setting higher expectations in school

많은 선생님들은 그들의 학생들에게 계속 과도한 양의 숙제를 내줍니다. 이러한 선생님들은 학생들이 해야 할 숙제가 많지 않다면 게임을 하는 데 그들의 시간을 허비할까봐 우려합니다. 컴퓨터 게임을 하여 얻는 이득에 관한 논쟁은 차치하고 이 견해는 아이들이 반드시 교과 외 활동에 참여해야 한다고 생각하는 많은 학부모들에 대한 모욕입니다. 지나친 양의 숙제로 인해 아이들은 이러한 활동에 참여할 수 없게 되어 결과적으로 아이의 사회성 발달에 부정적인 영향을 끼칩니다. 몇몇 숙제들은 필요한 것일지 몰라도 적정한 양을 지켜야 합니다.

Q. 담화는 주로 무엇에 관한 것인가?
(a) 학교 숙제를 완전히 없애는 것
(b) 적절한 양의 숙제를 내주는 것
(c) 아이들이 집에서 게임하는 것을 허용하는 것
(d) 학교에서 더 높은 기대치를 설정하는 것

해설 중심 소재는 excessive homework이고 소주제는 지나치게 많은 숙제를 내주는 것이 좋지 않다는 견해이므로 **(b)가 정답**이다.

⚠ 오답 피하기
(a)는 eliminating이라 하여 오답이다. 아예 숙제를 없애자는 것은 아니다.
(c)는 allowing, play games라 하여 오답이다. 게임이 주제가 아니라 숙제의 양에 대한 내용이다.
(d)는 higher expectations라 하여 오답이다. 기대치에 관한 것은 전혀 언급되지 않았다.

■ load 많이 주다 excessive 과도한, 지나친 fear 우려하다

set aside 한쪽을 치워 놓다, 차치하다　insult 모욕하다
extracurricular activity 교과 외 활동　take part in ~에 참여하다
social development 사회성 발달

05.

Monarch butterflies fly to California and Mexico every winter. Millions of the butterflies take part in this migration but only the fourth generation of monarchs that are born every year make the trek. Most monarch butterflies have a lifespan of only a few weeks but the fourth generation of monarchs live much longer. They live for more than six months. This allows the monarchs to fly south where they migrate to the same trees used by monarchs over the years.

Q. What is the main purpose of the lecture?
(a) To provide details about the lifespan of monarchs
(b) To describe the migration pattern of monarch butterflies
(c) To explain the key physical attributes of monarch butterflies
(d) To show the distinguishing feature of the fourth generation of monarchs

모나크 나비들은 매년 겨울 캘리포니아와 멕시코로 날아갑니다. 수백만 마리의 나비들이 이 이주에 동참하지만 오직 매년 태어나는 4세대 모나크 나비들만이 이에 성공합니다. 대부분의 모나크 나비들은 불과 몇 주 간의 수명만 지녔지만 4세대 모나크 나비들은 더 오래 삽니다. 그들은 6개월 이상 삽니다. 이로 인해 모나크 나비들은 몇 년 동안 모나크 나비들이 사용한 똑같은 나무가 있는 남쪽으로 날아서 이동할 수 있습니다.

Q. 강의의 주요 목적은 무엇인가?
(a) 모나크 나비의 수명에 대한 세부사항을 제공하는 것
(b) 모나크 나비의 이주 패턴을 설명하는 것
(c) 모나크 나비의 주요 신체적 특징을 설명하는 것
(d) 4세대 모나크 나비의 구별되는 특징을 보여주는 것

해설　중심 소재는 monarch butterflies이고 소주제는 4세대 모나크 나비들의 특징이기 때문에 **(d)가 정답**이다.

⚠ 오답 피하기
(a)는 lifespan이라 하여 오답이다. 수명에 대한 언급이 있긴 하지만 이주에 대해서도 설명하기 때문에 주제가 아닌 세부 내용이다.
(b)는 migration pattern이라 하여 오답이다. 이동 패턴뿐만 아니라 수명에 대해서도 설명하기 때문에 세부 내용이다.
(c)는 physical attributes라 하여 오답이다. 신체적 특징은 언급하지 않는다.

■ generation 세대　trek 이주, 이동　lifespan 수명　migrate 이주하다, 이동하다　physical 신체의　attribute 특징　distinguishing 구별되는　feature 특징

06.

The search is continuing for three hikers in the Westwood Forest Nature Preserve. The hikers had been expected to return two days ago, but when they didn't, the family contacted search and rescue. Officers from search and rescue say that their efforts are hampered by the fact that the trio did not leave any information as to which part of the nature preserve they were going to hike.

Q. What is the report mainly about?
(a) The extensive search for credible witnesses
(b) The unsuccessful effort to locate missing hikers
(c) The incompetent search and rescue personnel
(d) The perils of hiking in the Westwood Forest Nature Preserve

Westwood 산림 자연보호구역의 세 명의 등산가들을 위한 수색은 진행 중입니다. 등산객들은 이틀 전에 돌아왔어야 했지만 돌아오지 않았고, 가족들은 수색구조단에 연락을 했습니다. 수색구조단에 있는 담당자는 3인조가 어떤 자연 보호구역을 등산할지에 관한 정보를 하나도 남겨두지 않은 사실에 그들의 노력을 애먹이고 있다고 말합니다.

Q. 보도는 주로 무엇에 관한 것인가?
(a) 신뢰할 수 있는 목격자를 위한 광범위한 탐색
(b) 실종된 등산가들을 찾는 것에 있어 성공하지 못한 노력
(c) 무능력한 수색구조 인원
(d) Westwood 산림 자연보호구역에서 등산하는 것의 위험

해설　중심 소재는 three hikers이고 소주제는 실종된 등산가들의 수색이 어려움을 겪고 있다는 것이므로 **(b)가 정답**이다.

⚠ 오답 피하기
(a)는 credible witnesses라 하여 오답이다. 목격자를 찾고 있는 것이 아니라 실종된 등산가들을 찾고 있는 것이다.
(c)는 search and rescue personnel이라 하여 오답이다. 수색구조단이 찾고 있다는 것은 사실이지만 수색구조단의 능력에 대해서 말하는 것이 아니기 때문에 세부 내용이다.
(d)는 perils라 하여 오답이다. Westwood Forest Nature Preserve에서 등산하는 것이 위험하다고 설명하는 것이 아니라 실종된 사람들을 찾고 있다는 것이다.

■ search and rescue 수색구조단　hamper 훼방하다, 제한하다　trio 3인조　nature preserve 자연보호구역　extensive 광범위한　credible witnesses 신뢰할 수 있는 목격자　locate 찾다　incompetent 무능력한　personnel 인원　peril 위험

07.

Although the air pressure and temperature that can be found on Venus's surface may, at first glance, seem to preclude it from human colonization, if we move above the surface by approximately fifty kilometers, temperatures and air pressure become much more Earth-like. Therefore, to colonize Venus, scientists would need to look at developing a colony that could be suspended over the surface of Venus via balloons.

And since the air pressure inside and outside of the balloons would be almost the same, if a balloon was punctured, it would only end up with a slow leak. This would give residents of the colony more time to repair the balloon before the colony fully descends to the surface.

Q. What is mainly being stated about Venus colonization?
(a) The viability of establishing a human settlement in Venus
(b) The appropriate conditions for human survival
(c) The possible colonization of other planets
(d) The applicability of using balloons to explore Venus

금성의 표면의 공기압과 온도가 처음 보기에는 인간의 정착을 불가능하게 할 것처럼 보여도, 만약 우리가 표면에서 약 50킬로미터 위로 움직인다면 기압과 온도는 훨씬 더 지구 같아 집니다. 그러므로 금성에 정착하기 위해서 과학자들은 공기 중에서 떠있는 거주지를 개발하는 것을 모색해야 합니다. 예를 들어, 풍선을 통해 금성의 표면 위에 거주지를 개척할 수 있을 것입니다. 또한 풍선의 안과 밖의 기압이 거의 같을 것이기 때문에 만약 풍선에 구멍이 나도 가스가 적게 새어나올 것입니다. 이것은 거주지에 사는 거주자들이 거주지가 표면으로 완전히 내려가기 전에 풍선을 고칠 시간을 벌어줄 것입니다.

Q. 금성 정착에 대해 주로 무엇이 논의되고 있는가?
(a) 금성에 인간의 거주지를 세우는 것의 실현 가능성
(b) 인간의 생존을 위한 적절한 조건
(c) 다른 행성에서 가능한 인간의 정착
(d) 금성을 탐사하기 위해 풍선을 활용하는 것의 적용 가능성

해설 중심 소재는 Venus이고 소주제는 colonization의 가능성이기 때문에 (a)가 정답이다.

⚠ **오답 피하기**
(b)는 conditions, human survival이라 하여 오답이다. 인간이 생존하기 위한 전반적인 조건들을 설명하는 것이 아니라 금성에서 어떻게 하면 colonization이 가능한지를 설명하고 있다.
(c)는 other planets라 하여 오답이다. 다른 행성에 대해서는 전혀 언급하지 않는다.
(d)는 applicability, balloons라 하여 오답이다. 풍선을 이용해서 colonization을 한다는 것은 하나의 예시이기 때문에 세부 내용이다.

■ **air pressure** 공기압 **Venus** 금성 **at first glace** 언뜻 보기에, 처음 보기에 **preclude** 못하게 하다 **human colonization** 인간의 정착 **colony** 거주지 **suspended** 떠 있는 **via** ~을 통해 **puncture** 구멍 나다 **leak** 새어 나오는 가스[증기] **resident** 거주자 **descend** 하락하다, 내려가다 **viability** 실현 가능성 **human settlement** 인간의 거주지 **applicability** 적용 가능성

08.

We are pleased you could join us for today's symposium. New tax laws are always daunting, but especially this tax season. The majority of the recent modifications affect families with children. Childcare credits and higher health care deductions will both be addressed in this morning's session. This afternoon we will turn our focus to small business owners and the implications of tax code 2172B. So let's get started and remember to hold your questions until the end of the class.

Q. What is the main purpose of the talk?
(a) To complain about the frequent adjustments to the tax laws
(b) To give details about the adverse implication of a new tax code
(c) To explain the program schedule for the tax seminar
(d) To encourage people to attend the follow-up assemblies

오늘 학술 토론회에 와주셔서 감사합니다. 새로운 세법들은 항상 벅차지만, 특히나 이번이 더 그런 것 같습니다. 최근의 변경들의 대부분은 아이들이 있는 가정에 영향을 끼칩니다. 보육 세금 공제와 더 높은 보건 관리 공제들은 모두 오늘 아침의 회의 동안 다루어질 것입니다. 오늘 오후에는 소기업 기업주들과 세법 2172B의 영향에 관하여 주로 다루겠습니다. 자 시작을 한 번 해보겠습니다. 수업이 끝나기 전까지 질문을 삼가는 것을 기억해주세요.

Q. 담화의 주된 목적은 무엇인가?
(a) 세법의 빈번한 변경에 대해 불평하는 것
(b) 새로운 세법의 부정적 영향에 대한 세부 내용을 주는 것
(c) 세금 교육을 위한 프로그램 일정을 설명하는 것
(d) 사람들에게 후속 회의에 참석하라고 권하는 것

해설 중심 소재는 tax에 대한 symposium이고 소주제는 일정에 대해 말하는 것이므로 (c)가 정답이다.

⚠ **오답 피하기**
(a)는 complain이라 하여 오답이다. 불평하고 있지 않다.
(b)는 a new tax code라 하여 오답이다. 어떤 특정 세법 하나에 대해서 설명하는 것은 세부 내용이다.
(d)는 follow-up assemblies라 하여 오답이다. 다른 후속 회의들에 참석하라고 하는 것이 아니라 토론 일정에 대해 말하고 있다.

■ **symposium** 토론회 **tax** 세금 **daunting** 벅찬 **modification** 변경 **deduction** 공제 **address** 다루다 **implication** 영향 **frequent** 빈번한 **adverse** 부정적인 **follow-up** 후속의

09.

Now let's talk about the importance of presentation at a job interview. I'm not only referring to clothing choice, but also posture and voice control. Practicing the handshake is also an excellent idea. Sit tall in the chair and look the interviewer directly in the eyes when listening and responding to questions. Looking away gives the impression of disinterest or insecurity.

Speak firmly and confidently, eliminating filler words. The best advice is to rehearse with a friend. It is impossible to be over prepared for a job interview.

Q. What is the main purpose of the talk?
(a) To offer tips for conducting an interview
(b) To illustrate how to carry oneself in an interview
(c) To show how to give a presentation in an interview
(d) To explain the benefits of questioning in an interview

자, 이제 면접에서 보여지는 모습의 중요성에 관하여 이야기해 봅시다. 저는 옷을 고르는 것뿐 아니라 자세와 목소리 조절에 대해서도 말하는 겁니다. 악수를 연습하는 것 또한 아주 좋은 생각입니다. 의자에 똑바로 앉고, 질문을 듣고 대답할 때 질문자를 똑바로 쳐다보아야 합니다. 다른 곳을 쳐다보는 것은 무관심이나 불안함의 느낌을 줍니다. 의미 없는 말은 배제하고, 확고하고 자신 있게 말해야 합니다. 가장 중요한 충고는 친구와 리허설 하는 것입니다. 면접을 과도하게 준비하는 일이란 있을 수 없습니다.

Q. 담화의 주요 목적은?
(a) 면접을 실시하는 것에 대한 조언을 제공하는 것
(b) 면접에서 어떻게 행동해야 하는지를 설명하는 것
(c) 면접에서 어떻게 발표를 해야 하는지를 보여주는 것
(d) 면접에서 질문하는 것의 장점을 설명하는 것

[해설] 중심 소재는 presentation at a job interview이고 소주제는 면접에서 어떻게 해야 하는지 설명하는 것이므로 **(b)가 정답**이다.

⚠️ 오답 피하기
(a)는 conducting이라 하여 오답이다. 면접을 받는 것에 대한 내용이지 실시하는 것에 대한 내용이 아니다.
(c)는 give a presentation이라 하여 오답이다. 면접에서 발표하는 것인지는 알 수 없다.
(d)는 benefits, questioning이라 하여 오답이다. 반응을 어떻게 해야 하는지 설명을 하지만 질문을 하는 것에 대한 장점은 언급하지 않는다.

■ **refer to** ~에 대해서 말하다 **handshake** 악수 **sit tall** 똑바로 앉다 **impression** 느낌 **disinterest** 무관심 **insecurity** 불안함 **firmly** 단호하게 **eliminate** 배제하다 **filler words** 의미 없는 말 **carry oneself** 행동하다

10.

Most of us would agree that it is prudent to avoid office gossip at all costs. But researchers have found that listening in at the water cooler may actually be beneficial to job performance. Overall, positive and negative gossip can have motivating effects on employees. Hearing positive gossip about a coworker can push you towards self-improvement, while negative gossip can alert you to behaviors that are unacceptable.

Q. What is the speaker's main point about office gossip?
(a) It spreads unhinged rumors about employees.
(b) It helps foster effective teamwork.
(c) It warns employees of undesirable behaviors.
(d) It can boost the performance of employees.

대부분의 사람들은 어떤 경우에서도 사무실에서 험담을 피하는 것이 현명하다는 것에 동의할 것입니다. 하지만 연구자들은 직원들이 음료를 마시며 엿듣는 것이 사실 직무 수행에 이점을 가져올 수 있다는 것을 알아냈습니다. 전반적으로, 긍정적인 험담과 부정적인 험담들은 직원들에게 동기 부여를 해주는 효과를 가져올 수 있습니다. 같이 일하는 직원에 관한 긍정적인 험담을 듣는 것은 자기 계발을 할 수 있도록 합니다. 반면, 부정적인 험담은 용인될 수 없는 행동에 대해 각성 효과가 있습니다.

Q. 사무실 험담에 관한 화자의 요지는?
(a) 직원들에 대해서 혼란스러운 소문을 퍼뜨린다.
(b) 효과적인 팀워크를 조성하는 것을 도와준다.
(c) 직원들에게 바람직하지 않은 행동에 대해서 경고한다.
(d) 직원들의 업무 성과를 향상시킬 수 있다.

[해설] 중심 소재는 office gossip이고 소주제는 사무실에서의 험담에 장점도 있다는 것이므로 **(d)가 정답**이다.

⚠️ 오답 피하기
(a)는 spreads unhinged rumors라 하여 오답이다. 험담의 부정적인 부분보다는 좋은 점을 설명한다.
(b)는 effective teamwork라 하여 오답이다. 험담이 좋은 결과를 가져올 수도 있다고 하지만 효과적인 팀워크를 가능케 하는지는 설명하지 않는다.
(c)는 warns, undesirable behaviors라 하여 오답이다. 마지막에 언급이 있지만 job performance에 대한 내용이 빠져 있기 때문에 세부 내용이다.

■ **prudent** 신중한, 현명한 **gossip** 험담 **at all costs** 어떤 경우에서도 **listen in** 엿듣다 **water cooler** 사무실 직원들이 음료를 마시며 격의 없이 이야기를 나누는 곳 **motivating effect** 동기를 주는 효과 **self-improvement** 자기 계발 **alert** 경고하다 **unacceptable** 적절하지 않은 **unhinged** 혼란스러운 **foster** 조성하다 **undesirable** 바람직하지 않은 **boost** 향상시키다

11.

In foreign language classes, making time for conversation practice is essential to gain mastery of the language. Yet, this remains challenging for teachers. Classes rarely provide time for speaking individually. One solution is to provide small group conversation classes that meet regularly, possibly outside of classroom hours. The class need not be mandatory. But by offering the chance to speak, those students truly interested in language acquisition will take advantage of it.

Q. What is the talk mainly about?
(a) Promoting students' regular attendance

(b) Offering smaller classes for effective language practice
(c) Encouraging students to talk more in a foreign language
(d) Making conversation classes optional

외국어 수업에서 시간을 내어 대화 연습을 하는 것은 언어를 완벽히 숙달하기 위해서 필수입니다. 하지만 그것은 선생님들에게는 어려움으로 남습니다. 수업은 각각 따로 말할 수 있는 시간을 거의 주지 않죠. 하나의 해결 방법은 할 수 있다면 수업시간 외에 정기적으로 만나는 작은 그룹의 대화 수업을 만들어 주는 것입니다. 이 수업들은 의무적일 필요는 없습니다. 하지만 말할 수 있는 기회를 제공함으로써 정말로 언어를 습득하고 싶은 사람들에게는 기회가 될 것입니다.

Q. 담화는 주로 무엇에 관한 것인가?
(a) 학생들의 정기적인 출석을 장려하는 것
(b) 효과적인 언어 연습을 위해 소규모 수업을 제공하는 것
(c) 학생들이 외국어로 더 말하도록 권하는 것
(d) 회화 수업을 선택적인 것으로 만드는 것

해설 중심 소재는 foreign language classes이고 소주제는 작은 단위의 수업을 제공하는 것이므로 (b)가 정답이다.

⚠ 오답 피하기
(a)는 attendance라 하여 오답이다. 출석률에 대해서 언급하지 않는다.
(c)는 encouraging, talk more라 하여 오답이다. 말을 더 하기 위해서는 수업 크기를 줄여야 한다고 하기 때문에 단순하게 말을 많이 하도록 권한다는 것은 오답이다.
(d)는 optional이라 하여 오답이다. 소규모 수업이 의무적일 필요가 없다고 한 것이다.

■ gain mastery 숙달되다 rarely 드물게 individually 개별적으로 mandatory 의무적인 acquisition 습득 take advantage of 이익을 얻다 promote 촉진하다 optional 선택적인

12.

I am here today to encourage you to adopt a vegetarian diet. Surely you must be aware of the impact that the world's rapidly growing herds of livestock brings on our planet. Livestock alone is responsible for more than 18 percent of greenhouse gases. This is more than cars, planes and all other forms of transportation combined. By reducing the demand for meat, the amount of carbon dioxide emitting livestock will be lowered. Meatless Mondays are a good place to start.

Q. What is the main idea of the talk?
(a) The amount of carbon dioxide released by livestock
(b) The increasing number of livestock due to increasing meat consumption
(c) The contribution of greenhouse gases to global warming
(d) The benefits associated with a reduced consumption for meat

오늘 저는 채식 식단의 채택을 권장하기 위해 여기 왔습니다. 빠르게 증가하는 가축의 떼가 지구에 얼마나 큰 영향을 미치는지는 잘 아실 겁니다. 가축만 해도 온실가스의 18퍼센트 이상을 발생시킵니다. 이것은 차, 비행기, 그리고 다른 형태의 운송 수단이 만들어 내는 온실가스를 다 더한 것보다 많은 양입니다. 고기의 수요를 줄임으로써 가축이 뿜어내는 이산화탄소 양은 줄어들 것입니다. 고기를 먹지 않는 월요일은 아주 좋은 시작입니다.

Q. 대화의 주요 내용은 무엇인가?
(a) 가축으로부터 방출되는 이산화탄소의 양
(b) 고기 섭취의 증가로 가축 수의 증가
(c) 온실가스가 지구 온난화에 미치는 기여
(d) 더 적은 고기 섭취와 관련된 이익

해설 중심 소재는 vegetarian diet이고 소주제는 고기 섭취를 줄이는 것의 장점이기 때문에 (d)가 정답이다.

⚠ 오답 피하기
(a)는 amount of carbon dioxide라 하여 오답이다. 이산화탄소의 배출량은 세부 내용이다.
(b)는 increasing, livestock이라 하여 오답이다. 가축 수가 증가하고 있는 것에 대한 내용이 아니라 채식주의의 장점이 주요 내용이다.
(c)는 contribution of greenhouse gases라 하여 오답이다. 온실가스와 온난화에 대한 내용이 아니라 고기를 덜 먹는 것의 장점에 대한 내용이다.

■ adopt 채택하다 vegetarian 채식주의 impact 영향 herd of livestock 가축 무리[떼] greenhouse gas 온실가스 demand 수요 carbon dioxide 이산화탄소 emit 내뿜다 consumption 섭취 contribution 기여 global warming 온난화 associated with ~와 관련하여

13.

Good afternoon, class. Today, we will be talking about the influences of Franz Joseph Hayden and his fourth movement in the Kaiser String Quartet. Hayden's life was spent in Austria, mostly as the court musician for a wealthy family in a remote estate. Hayden credits his originality with his forced seclusion from the musical trends of his day. This is obvious in the unique construction of his composition of the Kaiser String Quartet.

Q. What is the main point about the Kaiser String Quartet?
(a) It was primarily appreciated by wealthy patrons.
(b) It was highly influenced by his musical counterparts.
(c) Its innovation was attributed to Hayden's isolation.

(d) It was written to influence other classical composers.

안녕하세요, 학생들. 오늘 우리는 Franz Joseph Hayden(하이든)이라는 인물과 그의 Kaiser 현악 4중주의 4악장의 영향력에 대해서 얘기할 것입니다. 하이든은 오스트리아에서 외진 사유지에서 살고 있는 부자 가족을 위해 연주하는 악공으로 살았습니다. 그는 자신의 독창성에 대해 시대적 음악 흐름에서 강제적으로 격리되었기 때문에 구축할 수 있었다고 말합니다. 이것은 Kaiser 현악 4중주의 독특한 작곡 구성을 보면 확실히 알 수 있습니다.

Q. Kaiser 현악 4중주에 대한 요지는?
(a) 주로 부유한 후원자들이 좋아했었다.
(b) 그의 음악적 경쟁자로부터 많은 영향을 받았다.
(c) 하이든의 고립 생활이 혁신에 도움이 되었다.
(d) 다른 클래식 작곡가들에게 영향을 주기 위해 작곡되었다.

해설 중심 소재는 Kaiser String Quartet이고 소주제는 그것의 독창성에 대한 것이므로 **(c)**가 정답이다.

⚠️ 오답 피하기
(a)는 wealthy patrons라 하여 오답이다. 주로 누가 좋아했는지 언급되지 않았다.
(b)는 musical counterparts라 하여 오답이다. 다른 작품의 영향을 많이 받았다고 설명하지 않는다.
(d)는 to influence라 하여 오답이다. 그것이 왜 쓰여졌는지는 말하지 않는다.

■ influence 영향력 String Quartet 현악 4중주 estate 사유지 credit ~의 공으로 하다 originality 독창성 seclusion 은둔 obvious 분명한, 명백한 construction 구성 composition 작곡 patron 후원자 counterpart 상대 be attributed to ~의 결과로 보다 isolation 고립 composer 작곡가

14.

Get ready for the greatest space adventure on earth today at our space center. Our astronaut encounter will no doubt be a highlight of your visit, so get your questions about human spaceflight ready. The weightless simulator is where you will meet the astronaut and experience what it feels like to travel through space. Remember maps of the complex are on the back of your ticket and we close at 6 o'clock. Have a terrific time.

Q. What is the speaker mainly doing in the announcement?
(a) Elucidating the training an astronaut goes through
(b) Providing guidance to visitors of a space center
(c) Explaining the role of an astronaut to students
(d) Describing the purpose of the weightless simulator

오늘 우주 센터에서 지상 최고의 모험을 기대하세요. 우리가 우주비행사와 만나는 것은 틀림없이 우리의 방문의 하이라이트일 것입니다. 그러니 인간 우주비행에 관한 질문들을 준비하세요. 우주비행사를 만날 무중력 모의실험 장치에서는 우주를 여행하는 것 같은 경험을 할 수 있을 겁니다. 건물의 지도는 당신의 티켓 뒷면에 있다는 걸 잊지 마시고 우리는 6시에 문을 닫습니다. 좋은 시간 보내세요.

Q. 화자는 안내문에서 주로 무엇을 하고 있는가?
(a) 우주비행사가 거치는 훈련을 설명하는 것
(b) 우주센터에 온 방문자들에게 안내를 하는 것
(c) 학생들에게 우주비행사의 역할에 대해 설명하는 것
(d) 무중력 모의실험 장치의 목적을 설명하는 것

해설 중심 소재는 space center이고 소주제는 모의 우주 여행에 대해 설명하는 것이므로 **(b)**가 정답이다.

⚠️ 오답 피하기
(a)는 training이라 하여 오답이다. 우주비행사가 거치는 훈련에 대해 말하지 않는다.
(c)는 role이라 하여 오답이다. 우주비행사의 역할에 대해서 설명하지 않는다.
(d)는 purpose, simulator라 하여 오답이다. Weightless simulator의 역할에 대해서 설명은 하지만 세부 내용이다.

■ astronaut 우주비행사 no doubt 틀림없이 spaceflight 우주비행 weightless simulator 무중력 모의실험 장치 elucidate 설명하다 guidance 안내 role 역할

15.

The power of word of mouth cannot be underestimated. As members of our marketing department, you are responsible for responding to each and every online comment that this resort receives. Consumers are watching and making reservations based on the ratings of previous guests. If we are to remain a successful five-star earner, then we must be responsive to both positive and negative comments.

Q. What is the speaker's main point about online comments?
(a) They are rather appealing to consumers.
(b) They consist of both positive and negative comments.
(c) They tend to be underestimated by consumers.
(d) They are vital to business survival today.

입소문의 힘은 과소평가되어서는 안 됩니다. 마케팅부의 구성원으로서 여러분들은 이 리조트가 받는 인터넷 후기 각각에 답변을 해야 할 책임이 있습니다. 소비자들은 이전 손님이 남긴 점수를 보고 예약을 합니다. 우리가 성공적인 5성급 호텔로 남으려면, 우리는 긍정적 그리고 부정적인 의견 모두에 즉각 반응해야 합니다.

Q. 온라인 의견에 대한 화자의 요점은?
(a) 고객들에게 꽤 호소력이 있다.
(b) 긍정적인 의견과 부정적인 의견 둘 다로 구성되어 있다.
(c) 고객들로부터 과소평가되는 경향이 있다.
(d) 오늘날 비즈니스의 생존에 필수적이다.

해설 중심 소재는 고객 후기이고 소주제는 고객들의 모든 의견에 대응을 잘해야 한다는 것이므로 **(d)가 정답**이다.

⚠️ **오답 피하기**
(a)는 appealing이라 하여 오답이다. 고객들이 온라인 의견을 잘 본다고 말하지만 고객에게 호소력이 있다는 언급은 없다.
(b)는 positive and negative comments라 하여 오답이다. 긍정적인 의견과 부정적 의견 둘 다 있다고 하지만 적절하게 잘 반응을 해야 한다는 내용이 빠져 있다.
(c)는 by consumers라 하여 오답이다. 고객이 과소평가를 한다는 것이 아니라 회사들이 과소평가를 한다고 설명하며, 전체적인 내용이 아니다.

■ word of mouth 입소문   underestimate 과소평가하다   responsible for ~에 책임이 있는   resort 휴양지   based on ~을 토대로   responsive 즉각 반응하는   appealing 매력적인, 호소력이 있는   consumer 소비자   consist of ~으로 구성되어 있다   tend to ~하는 경향이 있다   vital 필수적인

Unit 02 세부 내용 문제

1. correct 문제

📖 Check-Up   본문 p. 238

| 01 (d) | 02 (c) | 03 (c) | 04 (b) | 05 (d) |

01.

1st	Saturn, great white spot, 온도 증가
2nd	storm → 80도 이상 온도 상승, coincides with supply of rare gas
	(a) under high temperature ✕
	(b) result, low ✕
	(c) highest concentration ✕
	(d) rise 토성 온도 related to white spot ○

Saturn, the second biggest planet in our solar system, shows off a spectacular storm known as the Great White Spot every once in a while. [인과] During this event, which often lasts several months, the upper atmosphere of Saturn experiences a sudden elevation in temperature of more than 80 degrees Celsius. What's interesting is that this rise in temperature often coincides with an increase in Saturn's supply of a rare gas, ethylene, which is an organic compound found in petroleum and natural gas.

Q. Which is correct according to the lecture?
(a) Ethylene is formed when petroleum and natural gas are mixed together under high temperature.
(b) The Great White Spot is a result of a low ethylene concentration.
(c) Saturn has the highest concentration of ethylene in the solar system.
(d) The rise in Saturn's temperature is related to the occurrence of the Great White Spot.

태양계에서 두 번째로 큰 행성인 토성은 때때로 대백점이라고 알려진 장관을 이루는 폭풍을 보여줍니다. 몇 개월 정도 지속되는 폭풍이 발생하는 동안에 토성의 상층 대기는 80도 이상으로 온도가 갑자기 상승하는 것을 경험합니다. 흥미로운 것은 이러한 온도의 증가가 종종 토성의 희귀가스인 에틸렌 제공의 증가와 동시에 일어난다는 것인데, 에틸렌은 석유와 천연 가스에서 발견되는 유기화합물입니다.

Q. 강의에 따르면 옳은 것은 무엇인가?
(a) 에틸렌은 석유와 천연 가스가 높은 온도에서 섞이면 만들어진다.
(b) 대백점은 낮은 에틸렌 농도의 결과물이다.
(c) 토성은 태양계에서 가장 높은 농도의 에틸렌을 가지고 있다.
(d) 토성의 온도 증가는 대백점의 발생과 관련이 있다.

해설 대백점이 발생하는 동안 토성의 대기가 80도 이상으로 증가한다고 했으므로 **(d)가 정답**이다.

⚠️ **오답 피하기**
(a)는 under high temperature라 하여 오답이다. 에틸렌이 만들어지는 것과 관련해서 온도에 대해서는 언급되지 않았다.
(b)는 result, low라 하여 오답이다. 높은 ethylene concentration과 관련이 있다.
(c)는 highest concentration이라 하여 오답이다. 에틸렌의 농도 수준에 대해서는 언급되지 않았다.

■ Saturn 토성   planet 행성   solar system 태양계   spectacular 장대한, 장엄한   every once in a while 때때로   sudden 갑작스러운   elevation 증가   coincide with ~와 일치하다   rare 희귀한   ethylene 에틸렌   organic compound 유기 화합물   petroleum 석유   natural gas 천연가스   concentration 농도   related to ~와 관련 있는

02.

1st	florist, 월-토 10시~7시, 일요일 웨딩, funeral only, designers 15년 경력
	assistance → leave a message
2nd	(a) hiring ✕
	(b) need to be certified ✕
	(c) open throughout weekdays ○
	(d) several ✕

Thank you for calling Ray's Florist. [조건, 비교] We are located downtown and are open Monday through Saturday from 10:00 a.m. to 7:00 p.m. On Sundays, we are open for wedding and funeral services only. If you require assistance after business hours, please leave a detailed message at the beep and your call will be returned as soon as possible. Our floral designers have over 15 years of experience and will exceed your expectations.

Q. Which is correct according to the message?
(a) Ray's Florist is currently hiring assistants.
(b) Floral designers need to be certified through training.
(c) Ray's Florist is open throughout the week.
(d) There are several floral shops in the downtown area.

Ray's Florist에 전화 주셔서 감사합니다. 저희 꽃집은 시내에 위치하고 있고 월요일부터 토요일까지 오전 10시부터 저녁 7시까지 운영합니다. 일요일은 결혼식이나 장례식이 있을 때만 엽니다. 영업 시간 이외에 도움이 필요하시다면 삐 소리 후에 상세한 메시지를 남겨주세요. 저희가 최대한 빨리 답하겠습니다. 저희 꽃 디자이너들은 15년이 넘는 경험을 가지고 있으며 고객의 기대를 초월하는 서비스를 제공하겠습니다.

Q. 메시지에 의하면 옳은 것은 무엇인가?
(a) Ray's Florist는 현재 보조원을 고용하고 있는 중이다.
(b) 꽃 디자이너들은 교육을 통해서 자격증을 따야 한다.
(c) Ray's Florist는 주중 내내 문을 연다.
(d) 시내 지역에 여러 꽃가게가 있다.

해설 월요일부터 토요일까지 운영한다고 했으므로 주중에는 매일 문을 연다는 것을 알 수 있다. 따라서 **(c)가 정답**이다.

⚠ 오답 피하기
(a)는 hiring이라 하여 오답이다. 직원을 채용하고 있지 않다.
(b)는 need to be certified라 하여 오답이다. 경험이 많다고 하지만 자격증을 따야 하는 것인지는 알 수 없다.
(d)는 several이라 하여 오답이다. 여러 꽃가게가 있는지 알 수 없다.

■ funeral 장례식 assistance 도움 beep 삐 소리 exceed 능가하다 throughout ~동안 내내

03.

1st	고혈압, force↑ → hypertension, strain, cause: smoking, stress, genetics
2nd	blood pressure: force of blood, 고혈압 → strain on organs, health issue, exact cause unknown
	(a) hypertension is caused by ✕
	(b) exclusively ✕
	(c) smoking 고혈압 가능성↑ O
	(d) unequivocally identified ✕

Today, we will take a closer look at high blood pressure. Blood pressure is the force of blood pushing against the walls of the arteries as the heart pumps blood. When this force becomes too high, it causes a disease called hypertension, commonly known as high blood pressure. This excessive pumping leads to strain on other organs and acerbates more health issues within the body. [인과] The exact causes of high blood pressure are unknown, but experts are sure of several contributing factors such as smoking, stress, and genetics.

Q. Which is correct according to the talk?
(a) Hypertension is caused by the weakening of artery walls.
(b) The rate the blood pumps exclusively affects the respiratory organs.
(c) Smoking increases the likelihood of hypertension.
(d) The causes of high blood pressure are unequivocally identified.

오늘은 고혈압에 대해서 더 자세히 보도록 하겠습니다. 혈압은 심장이 혈액을 내보냄에 따라 동맥의 벽에 가해지는 피의 압력입니다. 이 힘이 너무 높으면 흔히 높은 혈압이라고 알려져 있는 고혈압 같은 질병이 생깁니다. 이런 과도한 혈액의 펌핑은 다른 기관에 부담을 줘서 신체에 많은 건강 문제를 일으킵니다. 고혈압의 정확한 원인은 밝혀지지 않았지만 전문가들은 흡연, 스트레스, 유전 등이 기여하는 요소라고 확신하고 있습니다.

Q. 담화에 따르면 옳은 것은 무엇인가?
(a) 고혈압은 동맥벽의 약화로 일어난다.
(b) 혈액을 내보내는 속도는 오로지 호흡기관의 장기에만 영향을 준다.
(c) 흡연이 고혈압의 가능성을 높인다.
(d) 고혈압의 원인은 명백히 확인되었다.

해설 흡연, 스트레스, 유전 등이 고혈압에 기여하는 요소 중 하나라고 했으므로 **(c)가 정답**이다.

⚠ 오답 피하기
(a)는 hypertension is caused by라 하여 오답이다. 고혈압이 동맥벽을 약화시키는 것이지 약화된 동맥벽이 고혈압을 야기시키는 것이 아니다.
(b)는 exclusively라 하여 오답이다. 장기에 영향을 준다고 하지 오로지 호흡기관에만 영향을 준다고 하지는 않는다.
(d)는 causes, unequivocally identified라 하여 오답이다. 고혈압의 정확한 원인은 밝혀지지 않았다고 한다.

■ high blood pressure 고혈압 artery 동맥 hypertension 고혈압 excessive 지나친, 과도한 acerbate 더 안 좋게 하다 strain 부담을 주다 organ 장기 contributing 기여하는 factor 요소 likelihood 가능성 exclusively 오로지 respiratory 호흡기관의 unequivocally 명백히

04.

1st	고대 이집트 물건, 아이라이너, for protection from sunrays, 미용
2nd	10,000 BCE, 예술, men & women heavily lined eyes, kohl from 서아시아
	(a) strictly, for sun protection ✕
	(b) both men and women O
	(c) ingredients, mined locally ✕
	(d) beauty, not a motivation ✕

In today's class, we will discuss an ancient Egyptian product that is probably very familiar to most of you, eyeliner. As early as 10,000 BCE, the Egyptians wore eyeliner and other cosmetics for both protection from the harsh sunrays and for aesthetic purposes. [이론-증거] Egyptian art is full of faces of men and women with heavily lined eyes. Kohl made of galena was imported for the eyeliner from as far away as Western Asia.

Q. Which is correct according to the lecture?
(a) Eyeliner was strictly used for sun protection.
(b) Both men and women wore eyeliner.
(c) The ingredients for the eyeliner were mined locally.
(d) Beauty was not a motivation for applying eyeliner.

오늘 수업에서는 우리는 아마도 대부분의 학생 여러분들에게 매우 친숙할 고대 이집트인의 물건인 아이라이너에 대해 논의할 겁니다. 이미 기원전 1만 년부터 이집트 사람들은 아이라이너와 다른 화장품을 가혹한 태양 광선으로부터 피부를 보호하거나, 아름답게 꾸미기 위한 목적으로 사용했습니다. 이집트 예술품에는 아이라이너를 짙게 한 남자와 여자의 얼굴들로 가득합니다. 방연석으로 만들어진 콜(검은 가루)은 멀리는 서아시아로부터 수입되었습니다.

Q. 강의에 따르면 옳은 것은 무엇인가?
(a) 아이라이너는 태양으로부터 보호하려는 용도로만 쓰였다.
(b) 남자와 여자 모두 아이라이너를 사용했다.
(c) 아이라이너에 쓰인 재료는 현지에서 채굴되었다.
(d) 아름다움은 아이라이너를 바르는 동기가 아니었다.

해설 이집트 예술품에 아이라이너를 짙게 한 남자와 여자가 있다고 했으므로 **(b)**가 정답이다.

⚠️ 오답 피하기
(a)는 strictly, for sun protection이라 하여 오답이다. 보호뿐만 아니라 아름다워 보이기 위해서도 사용했다고 한다.
(c)는 ingredients, mined locally라 하여 오답이다. 먼 곳에서 채굴하여 수입했다고 한다.
(d)는 beauty, not a motivation이라 하여 오답이다. 아름다움을 위해서도 발랐다고 한다.

■ ancient 고대 familiar 익숙한 BCE 기원전 harsh 혹독한 sunray 태양광선 aesthetic 미의 galena 방연석 import 수입하다 strictly 엄격하게 ingredient 재료 mine 채굴하다

05.

1st	reporter accusing 운동선수, recanted, admitted falsifying, athletes denied
2nd	accusing 선수들 taking banned 물질, recanted, 거짓말 자백, 선수들 seek legal compensation
	(a) openly interviewed ✗
	(b) admitted ✗
	(c) reporter, lied to ✗
	(d) athletes, not consume drugs ○

On to the latest sports news. In a shocking turn of events, the reporter accusing several prominent professional athletes of taking banned substances has recanted his statements. [입증] In an online video that appears to be self-recorded, the undercover reporter admitted to falsifying his statements. "It was all just a fabulous lie," the reporter confessed. The athletes accused in his report vehemently denied his charges and are expected to seek legal compensation for his malicious claims.

Q. Which is correct according to the sports news?
(a) The reporter openly interviewed the athletes.
(b) The athletes admitted to taking the banned substances.
(c) The reporter acknowledged that he was lied to.
(d) The athletes did not consume prohibited drugs.

최근의 스포츠 뉴스를 보시겠습니다. 놀라운 사태 전환으로, 몇 명의 유명한 프로선수들이 금지된 약물을 복용했다고 비난한 기자가 그의 진술을 공식적으로 철회했습니다. 그가 직접 찍은 것으로 보여지는 온라인 비디오에서 그 비밀리에 활동하는 기자는 그의 진술이 조작된 것이라고 인정했습니다. "그것은 모두 기가 막히는 거짓말이었다"라고 자백했습니다. 그의 보도에서 고발된 선수들은 격렬하게 부인했고, 그의 악의적인 주장에 대한 법적인 보상을 모색하고 있습니다.

Q. 스포츠 뉴스에 따르면 옳은 것은 무엇인가?
(a) 그 기자는 공개적으로 운동선수들을 인터뷰했다.
(b) 선수들은 금지된 약물을 복용했다고 인정했다.
(c) 기자는 그가 속았다고 인정했다.
(d) 선수들은 금지된 마약을 복용하지 않았다.

해설 선수들이 금지된 약물을 복용했다고 비난한 기자가 그것이 거짓말이었다고 실토했으므로 선수들은 마약을 복용하지 않았다는 것을 알 수 있다. 따라서 **(d)**가 정답이다.

⚠️ 오답 피하기
(a)는 openly interviewed라 하여 오답이다. 기자가 운동선수들을 인터뷰했는지는 알 수 없다.
(b)는 admitted라 하여 오답이다. 운동선수들은 금지된 약물을 복용했다는 혐의를 인정하지 않고 부인했다고 한다.
(c)는 reporter, lied to라 하여 오답이다. 다른 누군가가 기자에게 거짓말을 하라고 시킨 것인지는 알 수 없다.

■ shocking turn of events 놀라운 사태 전환 accuse 비난하다 prominent 유명한 banned 금지된 substance 물질, 약물 recant 철회하다 undercover 비밀리에 하는 statement 진술 admit 시인하다 falsify 위조하다 confess 자백하다 vehemently 격렬하게 deny 부정하다 charge 비난 legal 법적인 compensation 보상 malicious 악의적인 acknowledge 인정하다 consume 먹다, 복용하다

2. correct about 문제

Check-Up 본문 p. 242

| 01 (d) | 02 (d) | 03 (a) | 04 (b) | 05 (d) |

01.

1st	saving money 여행, determine own best price
	가격이 within the range → book, price increase 날짜 다가올수록
2nd	(a) compare prices ✕
	(b) investigate, changes in price ✕
	(c) should wait ✕
	(d) decide, optimal price ○

This evening, I offered several pointers on saving money on travel. But the one thing I want you to remember is that above all, you must determine your own best price. It doesn't matter what your friend or relative paid. [방법] If the price is within the range that you expected or hoped to pay, book it. It's true that the price may plummet, but more likely it will increase as your trip date approaches.

Q. Which is correct about booking a travel reservation according to the talk?
(a) One should compare prices with those of friends and relatives.
(b) One should investigate the changes in price as travel time approaches.
(c) One should wait until the day prior to departure to book.
(d) One should decide the optimal price for travel.

오늘 저녁에 저는 여행하면서 돈을 절약할 수 있는 여러 조언을 제시했어요. 하지만 무엇보다 더 중요한 것은 자신에게 맞는 가장 좋은 가격을 정하는 것입니다. 당신의 친구나 친척이 얼마를 썼느냐가 중요한 것이 아니에요. 가격이 당신이 생각했던 범위 내에 있다면 예약하세요. 가격이 갑자기 내려갈 수도 있지만, 여행 날짜에 가까이 올수록 가격이 올라갈 가능성이 더 많습니다.

Q. 여행 예약을 하는 것에 대해서 옳은 것은?
(a) 친구나 친척의 가격과 비교해야 한다.
(b) 여행 날짜가 가까울수록 가격의 변화를 확인해야 한다.
(c) 출발하기 하루 전까지 예약하는 것을 기다려야 한다.
(d) 여행을 위한 최적의 가격을 결정해야 한다.

해설 여행 상품의 가격이 자신이 생각했던 범위 내에 있다면 예약하라고 했으므로, 여행을 가려는 사람들은 여행을 위한 최적의 가격을 결정해 놓아야 한다는 것을 알 수 있다. 따라서 **(d)가 정답**이다.

⚠ **오답 피하기**
(a)는 compare prices라 하여 오답이다. 친구나 친척이 얼마를 썼는지는 중요하지 않다고 설명한다.
(b)는 investigate, changes in price라 하여 오답이다. 여행 날짜가 가까워 올수록 가격이 올라갈 가능성이 더 많다고 했지만 그것을 확인해야 한다고 하지는 않는다.
(c)는 should wait이라 하여 오답이다. 화자는 기다려야 한다는 것이 아니라 가격이 맞다고 생각한다면 바로 예약하라고 한다.

■ **pointer** 조언 **above all** 무엇보다도 **determine** 결정하다 **relative** 친척 **plummet** 갑자기 내려가다 **approach** 다가가다 **compare** 비교하다 **investigate** 조사하다 **prior to** ~전에 **optimal** 최상의

02.

1st	health for life → healthy life choices, 4주 프로그램, menu 계획, grocery, dieticians & expert → 3시간 biweekly
2nd	community sponsored, 식료품 쇼핑 전략, recipe 선택, fully equipped facility → cooking 시연, exercise next quarter
	(a) upscale ✕
	(b) includes exercise section ✕
	(c) sponsored, university professors ✕
	(d) taught, every other week ○

The purpose of the community-sponsored program Health for Life is to promote sustainable healthy life choices. During our four-week program, students will learn tips for proper menu planning, grocery shopping strategies, and recipe selection. Our fully equipped facility will allow for cooking demonstrations as well as recipe testing. [장점] Dieticians from the university and a nutritional expert from a local health magazine will lead the 3-hour biweekly sessions. Plans are underway to add an exercise component in next quarter's program.

Q. Which is correct about the Health for Life program?
(a) It is an upscale cooking class for home chefs.
(b) It includes an exercise section for each class.
(c) It is sponsored by local university professors.
(d) It is taught by professionals every other week.

지역사회가 후원하는 Health for Life의 목표는 건강한 인생을 위해 지속 가능한 선택을 할 수 있도록 홍보하는 것입니다. 이 4주 동안의 프로그램 중 학생들은 알맞은 음식 메뉴를 계획하는 것, 식료품 쇼핑 전략, 그리고 조리법을 고르는 것에 대해서 배울 것입니다. 완벽하게 구비된 시설을 통해 조리 시범과 조리법 테스트가 가능합니다. 대학교에서 나온 영양사분들과 지역의 건강 잡지에서 나온 영양 전문가님들이 2주일에 한 번 3시간의 수업을 진행하실 겁니다. 다음 분기 프로그램에서는 운동 부분을 추가하는 계획을 진행 중입니다.

> **Q.** Health for Life프로그램에 대해 옳은 것은 무엇인가?
> (a) 가정집의 요리사를 위한 고급 요리 수업이다.
> (b) 각 수업마다 운동 부분을 포함한다.
> (c) 지역 대학 교수가 후원하고 있다.
> (d) 격주로 전문가들이 가르친다.

해설 영양 전문가들이 2주에 한 번 수업을 진행한다고 했으므로 **(d)가 정답**이다.

⚠ **오답 피하기**

(a)는 upscale이라 하여 오답이다. 고급 수업이라고 할 수 있는 근거가 없다.
(b)는 includes exercise section이라 하여 오답이다. 앞으로 추가할 계획이라고 하지 이미 포함되었다고 하지 않는다.
(c)는 sponsored, university professors라 하여 오답이다. 교수가 후원하는 것이 아니라 community가 후원한 것이다.

■ promote 촉진하다 sustainable 지속 가능한 proper 바람직한, 알맞은 grocery shopping 식료품 쇼핑 recipe 조리법 fully equipped 완벽하게 구비된 facility 시설 dietician 영양사 nutritional expert 영양 전문가 lead 진행하다 underway 진행중인 quarter 분기 upscale 고급의 every other week 격주로

03.

1st	lineup of speakers, Jake Bard, 10월 10일 7시, advancements in tech, free
2nd	First, tech guru and presenter of show, main auditorium, 기술 발전, inspire students & community
	(a) how tech has progressed O
	(b) once hosted ×
	(c) two lectures ×
	(d) giving lecture, for 50 years ×

Attention, please. The university has announced its exciting lineup of speakers for this year's Great Minds Series. First up will be technology guru and presenter of Channel 8's *The Gadget Show*, Jake Bard, who will be in the main auditorium on the 10th of October at 7 p.m. for a talk entitled 'Return to Your Future.' [목적] Mr. Bard will describe the advancements in technology over the past 50 years. These free public events are designed to entertain and inspire our students and the community.

> **Q.** Which is correct about Jake Bard according to the announcement?
> **(a) He will discuss how technology has progressed over the years.**
> (b) He once hosted a television show on Channel 8.
> (c) He will offer two lectures in the auditorium on October 10.
> (d) He has been giving lectures at universities for 50 years.

집중해 주세요. 대학교에서는 올해의 위대한 인물들 시리즈를 위한 흥미진진한 연설자의 구성을 발표하였습니다. 첫 번째로는 과학기술의 권위자이자 8번 채널의 <The Gadget Show>의 진행자, Jake Bard입니다. 그는 10월 10일 저녁 7시에 대강당에서 '당신의 미래로 돌아가라'라는 주제로 연설을 할 것입니다. Bard 씨는 지난 50년 동안 일어났던 과학 기술의 발전에 대해 설명할 것입니다. 이 무료 공개 행사는 학생들과 지역사회에 재미를 주고 영감을 주기 위해 계획되었습니다.

> **Q.** 발표에 의하면 Jake Bard에 대해서 옳은 것은?
> (a) 기술이 어떻게 진보했는지에 대해서 말할 것이다.
> (b) 한때 8번 채널의 텔레비전 쇼를 진행했다.
> (c) 10월 10일에 두 번의 강의를 할 것이다.
> (d) 50년 동안 대학에서 강의를 해왔다.

해설 Bard 씨는 과학 기술의 발전에 대해 설명할 것이라고 했으므로 **(a)가 정답**이다.

⚠ **오답 피하기**

(b)는 once hosted라 하여 오답이다. Jake Bard는 한때가 아니라 현재도 8번 채널의 쇼를 진행한다.
(c)는 two lectures라 하여 오답이다. 두 번이 아니라 한 번이다.
(d)는 giving lecture, for 50 years라 하여 오답이다. 50년 동안 강의를 해왔던 것이 아니라 50년 동안의 과학 기술의 발전에 대해서 설명한다는 것이다.

■ lineup 구성 guru 전문가, 권위자 examine 확인하다 advancement 발전, 진보 public event 공개 행사 entertain 즐겁게 해주다 inspire 영감을 주다 progress 진보하다

04.

1st	silk road, trans유라시안, numerous → 1개로, set the stage for present
2nd	originally numerous trade routes → unified into a single whole, 오늘날 institutions의 기반
	(a) connected China, Americas ×
	(b) model for today's institutions O
	(c) later branched out ×
	(d) heavily guarded roads ×

As we have already discussed, one of the greatest achievements of the ancient Orient is what is now known as the Silk Road. Civilization knows no other road as famous as this trans-Eurasian system that linked together China and Western Europe. Originally a network of numerous trade routes existed before they were unified into a single whole. [인과] This perilous yearlong journey set the stage for present-day institutions such as international trade, commerce, and banking.

Q. Which is correct about the Silk Road according to the lecture?
(a) It once connected China and the Americas.
(b) It became the model for many of today's institutions.
(c) It started out as a single road that later branched out.
(d) It was one of the heavily guarded roads of ancient times.

우리가 이미 논의한 것과 같이, 고대 동양의 가장 큰 업적 중 하나는 현재 실크로드라고 알려진 것입니다. 문명은 중국과 서유럽을 이어준 이 유라시아 시스템보다 더 유명한 다른 길을 알지 못합니다. 원래는 하나로 통일되기 전에 수많은 무역 도로망이 있었습니다. 이 위험했던 1년간의 여정이 현대의 국제 무역, 상업, 은행과 같은 기관의 기반을 마련했습니다.

Q. 강의에 의하면 실크로드에 대해서 옳은 것은?
(a) 한때 중국과 미 대륙을 연결했었다.
(b) 많은 오늘날의 기관의 모델이 되었다.
(c) 하나의 도로로 시작해서 나중에 뻗어 나간 것이다.
(d) 이것은 고대시대의 경비가 삼엄했던 도로 중 하나였다.

🔍 **해설** 실크로드가 현대의 국제 무역, 상업, 은행과 같은 기관의 기반을 마련했다고 했으므로 **(b)가 정답**이다.

⚠️ **오답 피하기**
(a)는 connected China, Americas라 하여 오답이다. 중국과 서유럽을 이어주었다고 한다.
(c)는 later branched out이라 하여 오답이다. 처음에 여러 개에서 나중에 하나로 변했다고 하지 하나의 길에서 나중에 여러 개로 나누어졌다고 하지 않는다.
(d)는 heavily guarded roads라 하여 오답이다. 경비가 삼엄했다는 근거가 없다.

▪ achievement 업적 civilization 문명 route 길 unify 통합하다 perilous 위험한 yearlong 1년간의 set the stage 기반을 마련하다 institution 제도 commerce 상업 journey 여정, 여행 branch out 뻗어 나가다 heavily guarded 경비가 삼엄한

05.

1st	win a chance, cruise, opening checking and savings account → drawing for cruise 참가
2nd	30일간 계좌 오픈 → 당첨 기회, 이탈리아, 그리스, 터키 12일, roundtrip 비행기 to 로마 포함, new bank location에서 등록
	(a) cruise product, purchased ✗
	(b) one-way ticket ✗
	(c) of his/her choice ✗
	(d) register within the month ○

Register today to win a chance at an all-expense paid Mediterranean cruise for yourself and three guests! [조건] All customers opening both a checking and savings account at First National Bank over the next 30 days will have the opportunity to enter in the drawing for the fabulous cruise. Visit ports in Italy, Greece, and Turkey during your 12 days on board. Roundtrip airfare to Rome is also included. Register at the new bank location downtown after opening your new accounts.

Q. Which is correct about the sweepstake according to the advertisement?
(a) A cruise product must be purchased to enter.
(b) A one-way ticket to Rome is included.
(c) A winner will visit a country of his or her choice.
(d) A person must register within the month.

당신과 3명의 게스트가 갈 수 있는 모든 비용이 포함된 지중해 크루즈를 갈 기회를 잡기 위해 오늘 등록하세요! First National 은행에서 앞으로 30일 동안 당좌 예금 계좌와 보통 예금 계좌를 둘 다 개설하시는 손님에 한하여 멋진 크루즈에 당첨 대상이 될 수 있는 기회를 드립니다. 12일간의 항해 동안 이탈리아, 그리스와 터키의 항구를 방문하세요. 로마로 가는 왕복 비행기표도 제공합니다. 새 계좌를 개설하신 뒤 시내에 새로 생긴 은행 지점에서 신청하세요.

Q. 광고에 의하면 이 경품행사에 관해서 옳은 것은?
(a) 참가하려면 크루즈 제품을 꼭 구매해야 한다.
(b) 로마로 가는 편도 비행기표가 포함되어 있다.
(c) 우승자는 원하는 나라를 방문할 수 있다.
(d) 이번 달 내에 등록해야 한다.

🔍 **해설** 이벤트가 앞으로 30일 동안 진행된다고 했으므로 **(d)가 정답**이다.

⚠️ **오답 피하기**
(a)는 cruise product, purchased라 하여 오답이다. 계좌를 개설하는 조건이지 크루즈 제품을 구매해야 한다는 조건은 없다.
(b)는 one-way ticket이라 하여 오답이다. 편도가 아닌 왕복 비행기표가 포함되어 있다.
(c)는 of his or her choice라 하여 오답이다. 우승자가 원하는 나라를 갈 수 있는 것이 아니라 이미 지정된 나라를 방문하는 것이다.

▪ register 등록하다 all-expense paid 모든 비용이 포함된 checking and savings account 당좌와 보통 예금 계좌 enter in ~에 참가하다 drawing 뽑기 fabulous 멋진 port 항구 roundtrip 왕복 여행 airfare 항공료 sweepstake 경품행사 one-way ticket 편도 표

Unit Test

본문 p. 244

01 (b)	02 (c)	03 (b)	04 (c)	05 (d)
06 (b)	07 (b)	08 (c)	09 (a)	10 (d)
11 (b)	12 (c)	13 (c)	14 (b)	15 (a)

01.

Would you like to be a pop star? At Learn to Sing Like a Pro we can turn that passion into a paying career. The vast majority of our clients go on to become professional singers and you can too. [역할] By learning our professional singing method and techniques, you will rapidly improve your singing voice. But you must follow our guidelines to enjoy real results and meet your goals to be famous.

Q. Which is correct according to the advertisement?
(a) All the students have become professional singers.
(b) Students will learn to enhance their singing voice.
(c) The course is taught by previous students.
(d) Students must follow the guidelines to enroll.

팝스타가 되고 싶나요? Learn to Sing Like a Pro에서 우리는 그 열정을 돈을 버는 직업으로 바꾸어 드릴 수 있습니다. 우리의 고객 중 대부분은 전문적인 가수가 되며 여러분도 그렇게 될 수 있습니다. 우리의 전문적인 노래 방법과 기술을 배워 여러분은 여러분의 가창력을 빨리 향상시킬 것입니다. 하지만 여러분이 진정한 결과를 즐기고 유명해지고자 하는 목적을 이루기 위해서는 우리의 가이드라인을 따라야 합니다.

Q. 광고에 따르면 옳은 것은?
(a) 모든 학생들이 전문 가수가 되었다.
(b) 학생들은 그들의 가창력을 향상시키는 것을 배울 것이다.
(c) 수업은 이전 학생들이 가르칠 것이다.
(d) 학생들은 등록하기 위해서 가이드라인을 따라야 한다.

해설 전문적인 노래 방법과 기술을 배워 가창력을 빠르게 향상시킬 수 있다고 하였으므로 **(b)가 정답**이다.

⚠ 오답 피하기
(a)는 all이라 하여 오답이다. 전부가 아니라 대부분 전문 가수가 되었다고 한다.
(c)는 taught by previous students라 하여 오답이다. 정확하게 누가 가르치는지는 설명하지 않기 때문에 근거가 없다.
(d)는 to enroll이라 하여 오답이다. 효과를 얻기 위해서 가이드라인을 따르라고 했지 등록을 위해서 가이드라인을 따르라고 하지 않는다.

■ paying career 돈을 버는 직업 vast majority of 대부분의 rapidly 빨리 singing voice 가창력 enhance 향상시키다

02.

For the past several decades, the U.S. has consistently attracted doctoral candidates from overseas in startling numbers. In fact, over half of the PhD degrees awarded from U.S. universities in engineering, physics, and computer science are to residents with student visas. [연구-입증] The 'brain drain' of the past seems to be on the decline, as foreign PhD recipients are now more likely to return to their home countries after earning their degrees and seeking employment there.

Q. Which is correct according to the news report?
(a) Student visa issues make higher degrees difficult to earn in the U.S.
(b) More U.S. citizens receive PhD degrees than foreign students.
(c) Foreign students remaining in the U.S. after graduation has recently dropped.
(d) Employment opportunities in the U.S. is worse than in other countries.

지난 수십 년 동안, 미국은 해외로부터 놀라운 숫자의 박사 과정 학생들을 지속적으로 끌어모았습니다. 사실, 미국 대학에서 공학, 물리학, 그리고 컴퓨터 공학의 박사 학위를 받은 학생들의 반 이상이 학생 비자를 가진 거주민들이었습니다. 박사 학위를 받은 외국인들이 현재는 학위를 받은 후에 모국으로 돌아가 일자리를 찾는 경우가 많아졌기 때문에, 과거의 두뇌 유출 현상은 감소하고 있는 것 같습니다.

Q. 뉴스 보도에 의하면 옳은 것은?
(a) 학생 비자 문제가 미국에서 고등 학위를 받는 것을 어렵게 만든다.
(b) 미국 시민들이 외국 학생들보다 박사 학위를 더 많이 받는다.
(c) 졸업 후 미국에 남아있는 외국인 학생들이 최근에 줄어들었다.
(d) 미국에서의 취업 기회는 다른 나라들보다 취약하다.

해설 박사 학위를 받은 외국인들이 현재는 학위를 받은 후에 모국으로 돌아간다고 했으므로 **(c)가 정답**이다.

⚠ 오답 피하기
(a)는 visa, difficult라 하여 오답이다. 학생 비자 문제에 대해 언급되지 않았다.
(b)는 more U.S. citizens, than foreign students라 하여 오답이다. 미국 시민보다 외국 학생이 더 많다고 한다.
(d)는 employment opportunities, worse라 하여 오답이다. 학위를 받은 학생들이 일자리를 찾기 위해 모국으로 돌아간다고는 했지만 현재 미국에서의 취업 기회가 많지 않은 것이라고 단정지을 수는 없다.

■ consistently 지속적으로 doctoral candidate 박사 과정 학생 startling 놀라운 resident 거주민 brain drain 두뇌 유출(우수한 기술과 자격을 가진 사람들이 더 나은 보수와 근무 조건을 찾아 다른 나라로 빠져나가는 것) decline 감소, 하락 recipient 받는 사람 employment 취업

03.

Hi, and thanks for calling Good Skin mail order services. Please pay close attention to the following menu. If you are ordering facial cleansers and creams, please press 1. For body scrubs and bath products, press 2. For all herbal remedies and oils, press 3. [방법] If you require a personal consultation, please remain on the line and a trained professional will assist you. Remember, orders are delivered within 48 hours free of charge, and new customers receive a 10 percent discount on their first orders.

Q. Which is correct according to the message?
(a) All orders are delivered at a discounted rate.
(b) To speak to an employee, customers must stay on the line.
(c) Herbal remedies and oils require special packaging.
(d) Customers must press 3 for facial cleansers and body scrubs.

안녕하세요. Good Skin 우편 주문 서비스에 전화 주셔서 감사합니다. 다음의 메뉴에 주의를 기울여 주세요. 얼굴용 클렌저와 크림을 주문하신다면 1번을 누르세요. 바디 스크럽과 목욕 용품을 주문하신다면 2번을 누르세요. 한방 치료 제품과 오일을 주문하고 싶으시면 3번을 눌러주세요. 개인적인 상담이 필요하시면 잠시 기다리시면 전문 상담원이 도와드릴 겁니다. 주문은 무료로 48시간 안에 도착하고, 신규 고객은 첫 주문에 10퍼센트 할인을 해 드린다는 것을 기억하세요.

Q. 메시지에 따르면 옳은 것은?
(a) 모든 주문은 할인된 가격에 배달된다.
(b) 직원과 통화하려면 고객은 전화를 끊지 않고 기다려야 한다.
(c) 한방 치료 제품이나 오일 제품은 특별 포장이 필요하다.
(d) 얼굴용 클렌저와 바디 스크럽을 주문하려면 고객들은 3번을 눌러야 한다.

■해설 개인적 상담이 필요하면 잠시 기다리라고 했으므로 **(b)**가 정답이다.

⚠ 오답 피하기
(a)는 all orders, discounted rate라 하여 오답이다. 신규 고객에게만 10퍼센트 할인을 해준다고 한다.
(c)는 special packaging이라 하여 오답이다. 어떤 제품도 특별 포장이 필요하다는 조건을 제시하지 않는다.
(d)는 press 3, facial cleansers라 하여 오답이다. 3번은 herbal remedies와 oils을 주문할 사람들이 눌러야 한다.

■ herbal remedy 한방 치료   personal consultation 개인 상담   assist 돕다   free of charge 무료로   discounted rate 할인된 금액   stay on the line 전화를 끊지 않고 기다리다

04.

Good evening everyone, and thank you for attending the recognition dinner in honor of one of the earth's great protectors, Danny Featon. Twenty years ago, his environmental struggles began with a logging company determined to clear-cut part of his native Canada. Since then he has battled hydroelectric dam projects causing flooding to destroy natural habitats and other companies damaging the environment. [역할] Danny Featon has fought environmentally destructive businesses and helped preserve the earth and its creatures, particularly the caribou, from extinction.

Q. Which is correct about Danny Featon according to the talk?
(a) He has relocated many endangered species to save them from extinction.
(b) He promoted the use of hydroelectric dam energy in Canada.
(c) He has been instrumental in safeguarding the natural environment of Canada.
(d) He is recognized for fighting against global warming.

안녕하세요 여러분. 지구환경 보호의 권위자들 중 한 분인 Danny Featon에게 경의를 표하기 위한 축하 만찬에 와주셔서 감사합니다. 20년 전에, 그의 환경 투쟁은 그의 모국인 캐나다의 일부를 개발하기로 결심한 벌목 회사에서 시작되었습니다. 그때부터 그는 홍수의 원인이 되고 자연 서식지를 파괴하는 수력 발전 댐 프로젝트와 환경을 훼손하는 다른 회사들과 싸워왔습니다. Danny Featon은 환경을 파괴하는 기업체들과 싸웠고, 지구와 지구의 생물, 특히 카리부를 멸종되는 것으로부터 보호했습니다.

Q. 담화에 따르면 Danny Featon에 대해 옳은 것은?
(a) 그는 많은 멸종 위기의 동물들을 멸종으로부터 구하기 위해 그들을 이전시켰다.
(b) 그는 캐나다의 수력 발전 댐 에너지의 사용을 지지했다.
(c) 그는 캐나다의 자연 환경을 보호하는 데 아주 중요한 역할을 했다.
(d) 그는 지구 온난화에 맞서 싸운 것으로 인정을 받고 있다.

■해설 Danny Featon이 자연 서식지를 파괴하는 수력 댐 발전 프로젝트 및 환경을 훼손하는 기업체들과 싸우고 카리부를 멸종으로부터 보호했다고 했으므로 **(c)**가 정답이다.

⚠ 오답 피하기
(a)는 relocated라 하여 오답이다. 멸종 위기의 동물들을 보호한 것은 맞지만 이전시켰다고 하지는 않는다.
(b)는 promoted, hydroelectric dam이라 하여 오답이다. 그는 수력 발전 댐 프로젝트에 반대했다고 했다.
(d)는 global warming이라 하여 오답이다. 지구 온난화 현상을 막기 위해 노력했다는 내용은 언급되지 않았다.

■ recognition dinner 축하 만찬   struggle 투쟁   logging

company 벌목 회사   determine 결심하다   clear-cut 개벌하다
battle 싸우다   hydroelectric dam 수력 발전 댐   flood
홍수   habitat 서식지   preserve 보존하다   creature 생물
caribou 카리부(순록)   extinction 멸종   relocate 이전시키다
endangered species 멸종 위기의 동식물   instrumental 중요한
safeguard 보호하다   global warming 지구 온난화

05.

Today let me begin by reviewing the three zones of the ocean. All the layers are classified by the amount of light that enters them. The top of the ocean, which has enough light for plants to photosynthesize, is known as the photic zone. [비교] Below the photic lies the bathyl zone, which allows some light to enter, but not enough for photosynthesis to occur. The deepest section of the ocean is the abyssal or aphotic zone, which has no light penetration whatsoever.

Q. Which is correct according to the lecture?
(a) Photosynthesis can occur in two of the three layers of the ocean.
(b) The photic zone is the second deepest layer of the ocean.
(c) More plants grow in the bathyl than the photic zone.
(d) Bathyl zone is the deepest ocean zone after aphotic zone.

오늘은 바다의 세 구역에 대해 복습하는 것으로 시작하겠습니다. 모든 층은 빛이 들어오는 양에 의해 분류됩니다. 식물들이 광합성을 할 수 있을 만큼의 충분한 빛이 들어오는 바다의 가장 위층은 투광대라고 알려져 있습니다. 투광대 아래로는 베이틀대가 있는데, 이 층은 빛이 어느 정도는 들어오지만 광합성이 일어날 만큼 충분하지는 않습니다. 바다에서 가장 깊은 층은 심해저대 또는 무광대인데, 이 층은 빛이 전혀 침투하지 않습니다.

Q. 강의에 따르면 옳은 것은?
(a) 광합성은 바다의 3개 층 중 2개의 층에서 일어날 수 있다.
(b) 투광대는 바다에서 두 번째로 깊은 층이다.
(c) 투광대보다 베이틀대에서 더 많은 식물이 자란다.
(d) 베이틀대가 무광대 다음으로 바다에서 가장 깊은 층이다.

해설 투광대-베이틀대-심해저대(무광대) 순으로 깊어진다고 했으므로 **(d)**가 정답이다.

⚠ 오답 피하기
(a)는 two of the three layers라 하여 오답이다. 광합성은 가장 위에 있는 층에서만 가능하다고 한다.
(b)는 photic zone, second라 하여 오답이다. Photic zone은 두 번째가 아니라 첫 번째 층이다.
(c)는 more plants, bathyl이라 하여 오답이다. 광합성 작용 때문에 photic zone에서 더 많은 식물이 자란다고 한다.

■ classify 분류하다   layer 층   photosynthesize 광합성하다   penetration 침투

06.

On top of a high arid plateau in the Nazca Desert in southern Peru is a series of ancient geoglyphs. Shallow lines were carved into the earth into massive shapes of plants or animals by pushing aside the red pebbles to reveal the white colored dirt underneath. The Nazca people created these as early as 500 BCE. [인과] Since the area is basically windless, the mysterious designs have remained intact and are still visible from nearby foothills.

Q. Which is correct about the geoglyphs according to the lecture?
(a) They are prevalent throughout Peru.
(b) They have lasted centuries because of the lack of wind.
(c) They are difficult to discern from up close.
(d) They were created to describe the plants and animals of the past.

남 페루의 나즈카 사막의 높고 매우 건조한 고원 위에 일련의 고대 지상 그림이 있습니다. 빨간색 자갈들을 밀어서 밑의 하얀색 모래가 보이게 하는 방식으로 얕은 선이 새겨져서 땅 위에 행성과 동물들을 아주 큰 모양으로 표현합니다. 나즈카 사람들은 이것을 기원전 500년에 창조했습니다. 이곳은 기본적으로 바람이 전혀 없기 때문에 이 기이한 디자인들은 온전히 유지되었고, 여전히 가까운 작은 언덕에서 볼 수 있습니다.

Q. 강의에 따르면 지상 그림에 대해 옳은 것은?
(a) 페루 전역에 널리 퍼져 있다.
(b) 바람이 없어서 수백 년 동안 지속되어왔다.
(c) 가까이서 알아보기 힘들다.
(d) 과거의 동식물을 묘사하기 위해서 만들어졌다.

해설 나즈카 사막에 바람이 전혀 없어서 지상 그림이 온전히 유지되고 있다고 했으므로 **(b)**가 정답이다.

⚠ 오답 피하기
(a)는 throughout Peru라 하여 오답이다. 남 페루의 Nazca Desert에서 발견된다고 한다.
(c)는 반대 오답이다. 가까운 언덕에서 보인다고 한다.
(d)는 created to describe라 하여 오답이다. 그들이 무엇을 묘사하는지는 알지만 만든 목적은 알 수 없다.

■ arid 매우 건조한   plateau 고원   geoglyph 지상 그림   shallow 얕은   carve 새기다   massive 거대한   pebble 자갈   dirt 흙   underneath 밑에   windless 바람이 없는   intact 온전히   foothill 작은 언덕   prevalent 널리 퍼져 있는   discern 알아보다

07.

[목적] To increase the tax revenue of Lake City, the mayor has approved the construction of a downtown convention hotel. The abandoned warehouse occupying the future Lakeview Convention Center site will be demolished later this month, with the mayor appropriating the funds for that expense and the land itself. Plans featuring 500,000 square feet of meeting and exhibition space and 700 hotel rooms will make it the largest hotel of its kind in the tristate area. The projected completion date is just under two years, poising the city to begin attracting conventions and large-scale meetings.

Q. Which is correct about Lakeview Convention Center?
(a) It is expected to be open to the public later this month.
(b) It is a city-run project anticipated to increase tax revenue.
(c) It is currently accepting reservations for the hotel rooms.
(d) It is approved to be built at the old city hall site.

Lake City의 세입을 늘리기 위해 시장은 시내 컨벤션 호텔의 건설을 승인하였습니다. 미래의 Lakeview Convention Center의 자리를 차지하고 있는 버려진 창고는 시장이 그 비용과 부지 자체를 위한 자금을 책정하면서 이번 달 말에 철거될 것입니다. 50만 제곱 피트에 달할 회의 및 전시 공간과 700개의 호텔 방들은 그 호텔을 3개 주에 인접한 지역에서 가장 큰 호텔로 만들 것입니다. 예상되는 완공일은 2년 안이며, 시가 컨벤션과 대규모 회의들을 끌어들일 수 있게 할 것입니다.

Q. Lakeview Convention Center에 관하여 옳은 것은?
(a) 이번 달 말에 문을 열 것으로 예상된다.
(b) 세입을 늘려줄 것으로 예상되는, 시에서 진행하는 프로젝트이다.
(c) 현재 호텔 방을 위한 예약을 받고 있다.
(d) 구 시청 부지에 세워지도록 승인을 받았다.

해설 시의 세입을 늘리기 위해 컨벤션 호텔의 건설을 승인했다고 했으므로 (b)가 정답이다.

⚠ **오답 피하기**

(a)는 open, later this month라 하여 오답이다. 완공일은 2년 안이라고 했다.
(c)는 currently accepting reservations라 하여 오답이다. 현재 예약을 받고 있다고 하지 않는다.
(d)는 at the old city hall site라 하여 오답이다. 버려진 창고 부지에 건설한다고 한다.

   tax revenue 세입   mayor 시장   approve 승인하다
   abandoned 버려진   warehouse 창고   occupy 차지하다
   demolish 철거하다   appropriate 책정하다   tristate area 3개 주에 인접하는 지역   completion date 완공일   poise ~을 어떤 상태로 있게 하다

08.

When considering purchasing a family pet, be advised that turtles may not be the wisest choice. While their colorful shells and slow movements make them seem like the perfect pet for young children, they actually may carry dangerous bacteria called salmonella. Reptiles, including turtles, transmit over 74,000 cases of salmonella to humans each year. Severe illness, hospitalization and even death in susceptible people, especially the elderly and those under five are possible. [비교] In fact, some states prohibit the sale of turtles less than four inches in diameter, as they are more prone to disease.

Q. Which is correct according to the talk?
(a) Children tend to be more exposed to salmonella than adults.
(b) Older turtles are more likely to host deadly germs.
(c) Smaller turtles have a higher chance of transmitting diseases.
(d) More than 74,000 turtles are infected with salmonella each year.

애완동물을 구매하는 것을 고려할 때, 거북이가 가장 현명한 선택이 아니라는 것을 알아두세요. 그들의 다채로운 등껍질과 느린 움직임이 어린 아이들에게 완벽한 애완동물처럼 보일지라도, 그들은 사실 살모넬라균이라고 불리는 아주 위험한 박테리아를 가지고 있을 수 있습니다. 거북이를 포함한 파충류들은 매년 사람에게 7만 4천 번 이상의 살모넬라균을 옮깁니다. 특히 노인과 5세 이하의 아이들과 같은 취약한 사람은 심각한 질병과 입원 그리고 죽음까지 갈 가능성이 있습니다. 사실, 몇몇 주들은 지름이 4인치가 되지 않는 거북이가 더 질병에 잘 걸리는 경향이 있어, 이것들을 판매하는 것을 금지합니다.

Q. 담화에 따르면 옳은 것은?
(a) 아이들은 성인들보다 살모넬라균에 더 노출되어 있는 경향이 있다.
(b) 나이든 거북이가 치명적인 균을 보유할 가능성이 더 높다.
(c) 작은 거북이들이 병을 옮길 가능성이 더 높다.
(d) 매년 7만 4천 마리 이상의 거북이가 살모넬라균에 감염된다.

해설 지름이 4인치가 되지 않는 거북이들이 질병에 더 잘 걸리기 때문에 이 거북이들을 판매하는 것을 금지했다고 했으므로 (c)가 정답이다.

⚠ **오답 피하기**

(a)는 children, more exposed라 하여 오답이다. 아이들이 살모넬라균에 더 노출이 되어있는 것이 아니라 더 쉽게 감염될 수 있다는 것이다.
(b)는 older turtles라 하여 오답이다. 작은 거북이가 살모넬라균을 보유하고 있을 확률이 높다는 것이지 나이와는 상관이 없다.
(d)는 74,000 turtles라 하여 오답이다. 거북이가 아니라 사람이 살모넬라균에 감염되는 것이다.

   salmonella 살모넬라균   reptile 파충류   transmit 전염시키다
   hospitalization 입원   susceptible 민감한, 감염되기 쉬운
   diameter 지름   prone to ~의 경향이 있는   exposed to ~에 노출이 된   deadly 치명적인   germ 균   infect 감염시키다

09.

Students, it may surprise you to learn that the establishment of communism in Russia was initially intended to be put in place through the electoral process and not by force. [오해-반전] Of course, Lenin was a Marxist dedicated to destroying capitalism, but it was actually the Petrograd Soviets in 1917, which urged the people to reject the czar and adopt communism by vote. However, Lenin's Bolshevik forces called Red Guards rooted out the Petrograd Soviets. Lenin then instituted a reign of terror lasting five years, killing one hundred thousand Russians and driving two million to emigrate, thus firmly establishing communism in the Soviet Union.

Q. Which is correct according to the lecture?
(a) Petrograd Soviets were the first to propose communism through an electoral process.
(b) Lenin founded communism in the Soviet Union through a democratic process.
(c) Petrograd Soviets were responsible for killing thousands of Russians.
(d) Lenin's Bolshevik forces battled the Red Guards to overthrow the czar.

학생 여러분, 러시아에서 공산주의의 수립이 처음에는 강제가 아닌 투표 과정을 통하여 시행할 의도가 있었다는 것을 알게 된다면 놀랄 수 있습니다. 물론 Lenin은 자본주의를 파괴하는 것에 헌신한 마르크스주의자였지만, 사실 사람들이 러시아 황제를 거부하고 투표를 통해 공산주의를 채택하는 것을 강하게 주장한 것은 1917년에 페트로그라드(러시아 상트페테르부르크의 옛 이름)의 소련 국민들이었습니다. 그러나 홍위병이라 불리는 Lenin의 Bolshevik 군대는 페트로그라드의 소련 국민들을 뿌리뽑았습니다. Lenin은 이후에 5년 동안 십만 명의 러시아 사람들을 죽이고 200만 명을 이주가게 하며 공포의 통치를 시작했고, 그에 따라 소련에서 공산주의가 강하게 자리잡았습니다.

Q. 강의에 따르면 옳은 것은?
(a) 페트로그라드의 소련 국민들이 처음으로 선거 과정을 통한 공산주의를 제안한 사람들이었다.
(b) Lenin은 민주적인 과정을 통해 소련에 공산주의를 설립했다.
(c) 페트로그라드의 소련 국민들이 수천 명의 러시아인을 죽인 책임이 있다.
(d) Lenin의 Bolshevik 군대는 러시아의 황제를 타도하기 위해 홍위병과 싸웠다.

해설 페트로그라드의 소련 국민들이 러시아 황제를 거부하고 투표를 통해 공산주의를 채택할 것을 주장했다고 했으므로 **(a)가 정답**이다.

⚠ 오답 피하기
(b)는 Lenin, democratic process라 하여 오답이다. Lenin은 민주적 과정이 아닌 무력으로 공산주의를 세웠다고 한다.
(c)는 Petrograd Soviets, killing이라 하여 오답이다. 소련 국민들이 아닌 Lenin의 군대가 많은 사람을 죽였다고 한다.
(d)는 Bolshevik forces battled the Red Guards라 하여 오답이다. Bolshevik forces와 Red Guards는 같은 것이라고 설명한다.

■ establishment 수립 communism 공산주의 intend 의도하다 put in place 시행되다 electoral process 선거 과정 capitalism 자본주의 urge 강하게 주장하다 czar 러시아 황제 adopt 채택하다 root out 뿌리뽑다 institute 시작하다 reign 통치, 지배 emigrate 이주하다 firmly 강하게 democratic 민주적인, 민주주의의 overthrow 타도하다

10.

While the queue is synonymous with imperial China, it didn't actually originate in China. After the 1644 defeat of the Ming Han Chinese by the Manchu or Qing, men were required to shave the front and sides of their heads every ten days. The rest of the hair was gathered in back and plaited into a long braid. Traditionally, Han men and women grew their hair long and tied it up in a variety of styles. [목적] But with the Qing came the braided hairstyle, which represented submission to the new regime. Noncompliance meant death. Only Buddhist monks who shaved their entire heads were exempt.

Q. Which is correct about the queue in China?
(a) Everyone was required to wear it by shaving their front and sides of their heads.
(b) The Buddhist monks were oppressed because they were opposed to it.
(c) It was one of many hairstyles worn by the Ming Han Chinese.
(d) It was enforced by the Qing Chinese as a symbol of obedience.

변발은 중국 제국과 같은 의미를 갖는데, 그것은 사실 중국에서 유래되지 않았습니다. 만주 혹은 청나라에 의해 명 한 중국이 1644년 패배한 이후, 사람들은 매 10일마다 머리의 앞과 측면을 깎도록 강요받았습니다. 나머지 머리는 뒤로 모아 길게 땋아야 했습니다. 전통적으로 한나라 남자와 여자들은 머리를 길게 기르고 다양한 스타일로 묶었습니다. 하지만 새로운 정권에 복종을 표현하는 땋은 머리스타일이 청나라와 함께 들어왔습니다. 불복종은 죽음을 의미했습니다. 머리 전체를 깎았던 불교 수도승만이 면제되었습니다.

Q. 중국의 변발에 관하여 옳은 것은?
(a) 모두가 그들의 앞과 옆 머리를 깎아 변발을 하도록 요구되었다.
(b) 불교 수도승은 그것에 반대했기 때문에 탄압을 받았다.
(c) 명 한 중국인들이 하던 여러 머리 스타일 중 하나였다.
(d) 복종의 상징으로 청나라로부터 강요되었다.

해설 청나라가 집권하면서 변발이 함께 들어왔고 불복종은 죽음을 의미했다고 했으므로 **(d)가 정답**이다.

⚠ 오답 피하기
(a)는 everyone이라 하여 오답이다. 불교 수도승은 면제되었다고 설명한다.
(b)는 Buddhist monks were oppressed라 하여 오답이다. 불교 수도승이 불이익을 받았다고 하지는 않았다.
(c)는 one of the many hairstyles라 하여 오답이다. 명 한 중국인의 머리 스타일 중 하나였던 게 아니라 만주와 청나라의 지배를 받으면서 해야만 했던 머리 스타일이었다고 설명한다.

■ queue 변발 synonymous 의미가 같은 defeat 패배 shave 면도; 깎다 plait 땋다 braid 딴 머리 submission 복종 regime 정권 noncompliance 불복종 Buddhist monk 불교 수도승 exempt 면제되는 oppress 탄압하다 oppose 반대하다 enforce 강요하다 obedience 복종

11.

[비교] The life-size portrait of Louis XIV of France is probably Hyacinthe Rigaud's best-known work. It's overall composition and detail reveal the Sun King's absolutist conception of the monarchy. Louis stands erect at the precise center of the picture, wearing his blue coronation robes embroidered with the fleur-de-lis. His position of power is reflected in his pose with his left leg extended and his right arm supported by the scepter, his unflinching gaze directed at the viewer. The sword in its golden scabbard and the crown on its cushion of honor round out the contrived scene.

Q. Which is correct about the painting according to the lecture?
(a) Louis XIV is holding his sword and wearing his crown.
(b) It is a full-scale depiction of Louis XIV of France.
(c) Louis XIV is standing in the center looking at his subjects.
(d) It is an honest representation of Louis XIV of France.

프랑스의 루이 14세의 실물 크기의 초상화는 아마도 Hyacinthe Rigaud의 가장 잘 알려진 작품일 것입니다. 그것의 전체적인 구성과 세부 묘사들은 태양왕(루이 14세의 통칭)의 군주제에 대한 절대주의 개념을 보여줍니다. 루이는 백합 문장의 파란 대관식 예복을 입고 정확히 그림의 중간에 똑바로 서있습니다. 그의 왼쪽 다리가 쭉 펴져 있는 자세, 홀에 기대어진 그의 오른 팔, 보고 있는 사람을 직접적으로 쳐다보는 당당한 시선에 그의 권력이 반영되어 있습니다. 금으로 이루어진 칼집에 담긴 칼과 명예의 의자에 있는 왕관이 억지로 꾸민 듯한 장면을 보여주고 있습니다.

Q. 강의에 따르면 그림에 대해 옳은 것은?
(a) 루이 14세는 자신의 칼을 쥐고 왕관을 쓰고 있다.
(b) 프랑스 루이 14세의 실물 크기의 묘사이다.
(c) 루이 14세는 중앙에 서서 그의 백성을 바라보고 있다.
(d) 프랑스의 루이 14세를 솔직하게 보여준다.

해설 루이 14세의 실물 크기 초상화라고 했으므로 **(b)가 정답**이다. Life-size portrait이 full-scale depiction으로 패러프레이징 되었다.

⚠ 오답 피하기
(a)는 holding his sword, wearing his crown이라 하여 오답이다. 칼은 칼집에 있고 왕관은 의자에 놓여있다고 한다.
(c)는 looking at his subjects라 하여 오답이다. 그는 정면을 바라본다고 하지 백성을 보고 있다고 하지 않는다.
(d)는 honest representation이라 하여 오답이다. 오히려 억지로 꾸민 듯한 장면을 보여준다고 설명한다.

■ life-size 실물 크기의 portrait 초상화 composition 구성 reveal 보여주다 absolutist conception 절대주의 개념 monarchy 군주제, 왕가 erect 똑바로 선 coronation robe 대관식 예복 embroidered 수를 놓은 fleur-de-lis 백합 문장 scepter (왕권의 상징으로 임금이 갖는) 홀 unflinching 당당한 gaze 시선 scabbard 칼집 round out 보여주다, 설명하다 contrived 억지로 꾸민 듯한 full-scale 실물 크기 depiction 묘사 subject 국민, 신하

12.

Good morning, catering team. [역할] I'd like to introduce Lauren Watson who joins us from A Moveable Feast, one of the top restaurants in the city. Ms. Watson has over fifteen years' experience across all aspects of food service. As your new general manager, she will oversee daily operations as well as all group bookings and sales. We have been in negotiation with her for over six months and are excited to finally welcome her to our staff.

Q. Which is correct about Lauren Watson?
(a) She has extensive experience in the hotel industry.
(b) She has been with the company for more than six months.
(c) She worked for a prominent restaurant before joining.
(d) She will be in charge of the overseas operations.

음식을 공급하는 부서 여러분, 좋은 아침입니다. 시의 최고 레스토랑 중 하나인 A Moveable Feast에서 와서 우리와 함께 하게 된 Lauren Watson을 소개해드리겠습니다. Watson 씨는 식품 서비스의 모든 방면에서 15년 이상의 경력을 가지고 있습니다. 여러분들의 새로운 총지배인으로서, 그녀는 모든 단체의 예약과 판매와 함께 일상적인 사업을 관리할 것입니다. 우리는 그녀와 6개월이 넘도록 협상을 했고, 마침내 우리의 직원으로 맞이하게 되어 매우 기쁩니다.

Q. Lauren Watson에 관하여 옳은 것은?
(a) 호텔 산업에서 폭넓은 경험을 갖고 있다.
(b) 회사와 6개월 이상 함께 했다.
(c) 합류하기 전에 유명한 식당에서 일했었다.
(d) 해외 사업을 담당할 것이다.

해설 Lauren Watson이 시의 최고 레스토랑 중 한 곳에서 왔다고 했

으므로 (c)가 정답이다.

⚠️ 오답 피하기
(a)는 in the hotel industry라 하여 오답이다. 호텔이 아닌 식당에서 일을 했었다고 한다.
(b)는 with the company, six months라 하여 오답이다. 6개월 동안 일을 한 것이 아니라 협상을 했다고 한다.
(d)는 overseas operations라 하여 오답이다. 해외 사업이 아니라 식당의 예약과 판매 등을 총 관리할 것이라고 한다.

■ catering 음식 공급을 하는 aspect 방면 general manager 총지배인 oversee 관리하다 operation 사업, 영업 negotiation 협상 extensive 광범위한 prominent 유명한 overseas operation 해외 사업

13.

Snakes hear with their jawbones and mosquitoes use antennae, but humans rely on their ears to carry waves in the air to the brain. The smallest bones of the ear are located in an area about the size of a pencil eraser. Interestingly, hearing is also dependent on tiny hairs located deep inside the ear; [인과] without these, hearing loss is inevitable. Though hearing loss is most frequently caused by exposure to sounds over 85 decibels, such as a gunshot or an explosion, even a single experience can result in irreparable damage.

Q. Which is correct about hearing loss according to the talk?
(a) It is often caused by the damage to the jawbones.
(b) Humans are more prone to hearing loss than other animals.
(c) Its cause can be traced to a number of sources.
(d) People can recover from it by removing tiny blockages in the ear.

뱀들은 그들의 턱뼈로 듣고 모기들은 더듬이를 사용하지만, 인간은 공기를 통해 파장이 그들의 뇌에 들어오게 하기 위해 귀에 의존합니다. 귀의 가장 작은 뼈는 연필에 달린 지우개의 크기만한 곳에 위치해 있습니다. 흥미롭게도, 청각은 귀 깊숙이 있는 작은 털에도 의존합니다. 이것들이 없으면, 청각 손실은 불가피합니다. 비록 청각 손실은 총소리 또는 폭발과 같은 85 데시벨 이상의 소리에 노출되어야 발생하긴 하지만, 단 한 번의 경험으로도 회복할 수 없는 손상을 초래할 수 있습니다.

Q. 담화에 따르면 청력 손실에 대해서 옳은 것은?
(a) 그것은 주로 턱뼈 손상으로 인하여 일어난다.
(b) 인간은 다른 동물보다 청력 손실이 더 잘 일어난다.
(c) 그것의 원인은 많은 근원으로 거슬러 올라갈 수 있다.
(d) 사람은 귀 안에 있는 작은 장애물들을 제거함으로써 회복할 수 있다.

■ 해설 귀에 있는 작은 털이 없거나, 총소리나 폭발과 같은 큰 소리에 노출되거나, 단 한 번의 특정 경험으로도 청력을 잃을 수 있다고 했으므로 **(c)가 정답**이다.

⚠️ 오답 피하기
(a)는 often caused by, jawbones라 하여 오답이다. 일반적으로는 85 데시벨 이상의 큰 소리 때문에 청력 손실이 발생한다고 한다.
(b)는 humans, more prone이라 하여 오답이다. 인간과 다른 동물과 청력 손실에 대해서 비교하지 않는다.
(d)는 recover, removing tiny blockages라 하여 오답이다. 청력 손실로부터 회복하는 것에 대해서는 말하지 않는다.

■ jawbone 턱뼈 mosquito 모기 antennae 더듬이 rely on ~에 의존하다 dependent on ~에 의존하는 inevitable 불가피한 exposure to ~에의 노출 irreparable 회복할 수 없는 prone to ~의 경향이 있는 blockage 막는 것, 장애(물)

14.

Transit officials confirmed a power outage that is currently stranding thousands of subway passengers on three different lines. Obviously, this is affecting the morning commute and employers should be aware of the cause of late arriving workers. All trains have been stopped on their tracks until power is restored, at which point conductors are permitted to resume service. A team of electricians is on the scene with expectations of resolving the issue within the hour. [결과] Residual delays are expected to last throughout the day.

Q. Which is correct according to the report?
(a) Some trains have resumed their service as power has been partially returned.
(b) Train schedules will probably continue to be affected all day.
(c) All the subway lines have been affected by the power outage.
(d) Electricians are having difficulty pinpointing the source of the problem.

교통부 관리자는 정전이 현재 3개 노선의 지하철 승객들의 발을 묶어 놓고 있다고 공식적으로 확인하였습니다. 명백하게도 이것은 아침 통근에 영향을 주고 있으며, 고용주들은 직원들이 늦게 도착하는 것이 이유를 알고 계셔야 합니다. 모든 열차들은 전력이 복원될 때까지 멈춰 있었으며, 차장들이 전력이 들어오는 시점에 서비스를 재개하는 것이 허락되었습니다. 전기 기술자들이 현장에 있고 한 시간 안에 문제를 해결할 것으로 기대되고 있습니다. 남아 있는 지연이 하루 종일 지속될 것으로 보입니다.

Q. 보도에 따르면 옳은 것은?
(a) 몇몇 열차는 전기가 부분적으로 들어오면서 서비스를 재개하였다.
(b) 기차 시간은 지속적으로 하루종일 영향을 받을 가능성이 있다.
(c) 모든 지하철 노선이 정전으로부터 영향을 받았다.
(d) 전기 기술자들은 문제의 근원을 정확하게 찾아내는 데 어려움을 겪고 있다.

■ 해설 남아 있는 지연이 하루 종일 지속될 것 같다고 했으므로 **(b)가 정답**이다.

⚠️ 오답 피하기

(a)는 some trains have resumed their service라 하여 오답이다. 아직도 고치고 있는 중이고 1시간 내로 문제가 해결될 것으로 기대되고 있다고 한다.
(c)는 all the subway lines라 하여 오답이다. 3개 노선이 영향을 받았다고 한다.
(d)는 having difficulty pinpointing the source라 하여 오답이다. 전기 기술자들은 문제를 곧 해결할 수 있을 것 같다고 설명하기 때문에 어려움을 겪고 있다고 볼 수 없다.

■ transit official 교통부 관리자 power outage 정전 strand 발을 묶다, 오도 가도 못 하게 하다 obviously 명백하게도 restore 복원하다 conductor 차장 resume 재개하다 electrician 전기 기술자 scene 현장 resolve 해결하다 residual 남은, 잔류의 partially 부분적으로 pinpoint 정확하게 찾다

15.

During the early 1800s, tens of millions of wild bison roamed the prairies and plains of North America. Nomadic grazers, they traveled in herds, rarely moving alone, making them easy prey for hunters. This fact combined with their sheer size led them to be hunted heavily for their meat and fur. Towards the end of the century, their population dwindled to the thousands. [이유] By the 20th century, the species was hunted close to extinction, but a handful of ranchers joined together to save the species, and numbers have since rebounded significantly.

Q. Which is correct about wild bison?
(a) They were saved from near extinction by the efforts of a few ranchers.
(b) Their numbers had reduced to a few thousand because of predators.
(c) They are mostly domesticated by the ranchers in North America.
(d) Their habitats have shrunken significantly due to human development.

1800년대 초반 동안 수백만 마리의 야생 들소들은 북미의 초원과 평야를 돌아다녔습니다. 이 유목하는 방목 가축들은 무리를 지어 이동하였고, 드물게 혼자 움직여, 사냥꾼들의 쉬운 사냥감이 되도록 하였습니다. 순전히 그들의 크기와 함께 이 사실이 결부되어 고기와 털을 위해 사냥되는 경우가 많았습니다. 세기 말이 되자, 그들의 개체 수는 수천 마리 대로 감소하였습니다. 20세기 즈음에는 그들은 멸종 위기에 처할 만큼 사냥되었지만, 많은 목장주들이 그들을 보존하기 위해 모였고 개체 수는 다시 상당히 반등하였습니다.

Q. 야생 들소에 관하여 옳은 것은?
(a) 그들은 몇몇 목장의 노력으로 가까운 멸종으로부터 구해졌다.
(b) 그들의 개체 수는 포식동물 때문에 몇 천 마리로 줄어들었다.
(c) 그들은 대부분 북미에 있는 목장에서 사육되었다.
(d) 그들의 서식지는 인간의 개발 때문에 상당히 줄어들었다.

해설 20세기 즈음에 멸종 위기에 처했지만 많은 목장주들이 들소의 보존을 위해 노력하여 개체 수가 증가했다고 했으므로 (a)가 정답이다.

⚠️ 오답 피하기

(b)는 because of predators라 하여 오답이다. 포식동물이 아니라 인간의 사냥으로 인해 개체 수가 감소했다.
(c)는 mostly domesticated라 하여 오답이다. 목장에서 사육되지 않고 초원과 평야를 돌아다녔다고 했다.
(d)는 habitats have shrunken이라 하여 오답이다. 인간이 사냥을 해서 문제가 되었다고 하지 개발 때문에 서식지가 줄어들었다는 내용은 근거가 없다.

■ bison 들소 roam 돌아다니다 prairie 초원 plain 평야 nomadic 유목의 grazer 방목자 herd 무리 prey 사냥감, 먹이 sheer 순전히 dwindle 감소하다 rancher 목장 rebound 반등하다 predator 포식동물 domesticate 길들이다, 사육하다 habitat 서식지 shrink 줄어들다

Unit 03 추론 문제

1. Infer about 문제

Check-Up 본문 p. 248

01 (d)   02 (c)   03 (b)   04 (c)   05 (d)

01.

1st	chef, born 미국, 3개 레스토랑, native country 레스토랑 오픈
2nd	이탈리아 시작 X, 고등학교 마드리드 자퇴, 런던 요리학교, native country로 돌아옴
	(a) never, 요리학교 ✕
	(b) English, limited ✕
	(c) most of his life ✕
	(d) 레스토랑, 미국 ○

Celebrity chef Mario Batali is no stranger to the spotlight. Born in the United States, he is recognized around the world and owns three very popular Italian restaurants. But he didn't get his start in Italy. After attending high school in Madrid and dropping out of culinary school in London, [과정] he returned to his native country, where he opened his esteemed restaurants. Guests are willing to wait three months for a seat at one of his renowned establishments.

Q. What can be inferred about Mario Batali from the talk?
(a) He never attended a cooking school.
(b) His proficiency in English is limited.

(c) He spent most of his life in Madrid and London.
(d) His restaurants are located in the United States.

유명 셰프인 Mario Batali는 더 이상 세간의 이목이 낯선 사람이 아닙니다. 미국에서 태어난 그는 전세계가 인정하며, 세 곳의 매우 유명한 이탈리안 식당을 소유하고 있습니다. 하지만 그는 이탈리아에서 시작하지 않았습니다. 마드리드에서 고등학교를 다닌 후에 런던의 요리 학교를 자퇴한 뒤, 그는 그의 본국으로 돌아갔고 호평 받는 레스토랑을 차렸습니다. 손님들은 그의 유명한 식당들 중 한 곳에서 자리를 예약하는 데 세 달씩이나 기꺼이 기다립니다.

Q. 담화로부터 Mario Batali에 관하여 유추할 수 있는 것은?
(a) 그는 요리 학교를 다닌 적이 없다.
(b) 그는 영어가 그다지 유창하지 않다.
(c) 그는 그의 대부분의 인생을 마드리드와 런던에서 보냈다.
(d) 그의 레스토랑은 미국에 있다.

해설 마드리드에서 고등학교를 자퇴한 뒤 본국으로 돌아가 레스토랑을 차렸다고 했는데, 그는 미국에서 태어났다고 했으므로 (d)가 정답이다.

⚠ 오답 피하기
(a)는 never라 하여 오답이다. 요리 학교를 다녔다고 했으므로 반대 오답이다.
(b)는 limited라 하여 오답이다. 그의 영어 실력에 대해서는 언급되지 않았다.
(c)는 most of his life라 하여 오답이다. 마드리드와 런던에서 얼마나 있었는지 설명하는 근거가 없다.

■ spotlight 세상의 주목 drop out of ~에서 중도하차하다, 자퇴하다 culinary school 요리학교 native country 고향 esteemed 존경받는 be willing to ~할 의향이 있다 renowned 유명한 proficiency 숙련, 능숙

02.

1st	concern, 유전자 변형 maize, chronic kidney 결함, tumor 증가-암컷 쥐
2nd	뇌하수체 두번째로 많이 영향, rapid tumor 증가-암컷 쥐
	(a) common ✗
	(b) within a year ✗
	(c) 여자, GMO에 더 민감 ○
	(d) only the kidneys ✗

I would like to bring up a public food safety concern that has been reported in a recent study of organ toxicity after the ingestion of genetically modified maize. This 90-day study is arguably the most comprehensive independent review process that any GMO product has undergone. Biochemical analyses confirmed significant chronic kidney deficiencies in the rats ingesting the maize, with the pituitary gland being the second most affected organ. [연구-입증] Rapid-growth tumors emerged as well, particularly in the female rats.

Q. What can be inferred from the lecture?
(a) Studies on GMO foods are relatively common.
(b) Most scientific testing is completed within a year.
(c) Human females may have higher sensitivity to GMO foods.
(d) GMO products negatively affects only the kidneys.

저는 유전자 변형 옥수수를 먹고 난 후의 신체 기관 독성에 대한 최근의 조사에서 발표된 공공 식품 안전 우려에 대해서 이야기하고자 합니다. 90일 동안 이루어진 이 조사는 거의 틀림없이 유전자 변형 제품이 거친 가장 포괄적이고 독립적인 검토 과정입니다. 생화학적 분석들은 해당 옥수수를 먹은 시험용 쥐들이 두드러질 정도로 만성 신장 결함을 보였고, 두 번째로 큰 결함을 보인 것은 뇌하수체였다는 것을 밝혔습니다. 특히 암컷 쥐에서는 빨리 자라는 종양도 생겼습니다.

Q. 강의로부터 유추할 수 있는 것은?
(a) 유전자 변형 식품에 관한 연구는 비교적 흔하다.
(b) 대부분의 과학적 실험은 1년 안에 마무리된다.
(c) 인간 여성이 유전자 변형 식품에 더 민감할 수 있다.
(d) 유전자 변형 식품은 신장에만 부정적으로 영향을 준다.

해설 암컷 쥐에서 종양이 빨리 자란다는 것은 인간 여성에게도 암 발생률이 높을 수 있다는 것을 시사하는 것이므로 (c)가 정답이다.

⚠ 오답 피하기
(a)는 common이라 하여 오답이다. 연구를 자주 한다는 근거가 없다.
(b)는 within a year라 하여 오답이다. 조사가 90일 동안 이루어졌다고 했지만 대부분의 실험이 1년 안에 마무리되는지는 알 수 없다.
(d)는 only the kidneys라 하여 오답이다. 다른 장기에도 부정적인 영향을 미친다고 한다.

■ bring up 말하다, 이야기 하다 genetically modified 유전자 변형의 maize 옥수수 organ 신체기관, 장기 toxicity 독성 arguably 거의 틀림없이 comprehensive 포괄적인 undergo 거치다 biochemical 생화학적인 analyses(analysis의 복수형) 분석 chronic 만성의 kidney 신장 deficiency 결함 ingest 먹다 pituitary gland 뇌하수체 tumor 종양 emerge 생기다 relatively 비교적

03.

1st	child 보호, intervention, not exceed 필요 수준, culturally appropriate-원주민 아이들
2nd	intervention-involve family, caretaker, 어린이 보호법 1999
	(a) not legally protected ✗
	(b) 원주민 아이들, X treated sensitively ○
	(c) answerable to various agencies ✗
	(d) pay for protection services ✗

Now our focus will turn to child protection, which is primarily concerned with the welfare of a child. Coordination of any intervention must involve the family or caretaker of the child and is not to exceed the necessary level to protect a child. [예시] All services are required to be culturally appropriate, particularly in cases involving aboriginal children. Agencies are accountable to the Department of Child Safety, which adheres to these directives found in the Child Protection Act passed in 1999.

Q. What can be inferred from the talk?
(a) Children were not legally protected prior to 1999.
(b) Aboriginal children have not always been treated sensitively.
(c) The Department of Child Safety is answerable to various agencies.
(d) Parents are now legally bound to pay for protection services.

이제 우리는 아동 복지와 주로 관련된 아동 보호에 집중하겠습니다. 중재를 조정하는 것은 가족이나 돌보는 사람이 관여해야 하고 꼭 필요한 수준의 아동 보호를 넘지 말아야 합니다. 모든 도움은 문화적으로 적절해야 하며, 특히 원주민 아이들의 경우일 때 그러합니다. 기관들은 1999년에 통과된 이 어린이 보호법을 지키고 있는 아동안전부의 지시에 따라야 합니다.

Q. 담화로부터 유추할 수 있는 것은?
(a) 아이들은 1999년 전에는 법적으로 보호받지 않았다.
(b) 원주민 아이들이 항상 세심하게 대해진 것은 아니다.
(c) 아동안전부는 다양한 기관의 지시에 따라야 한다.
(d) 부모들은 이제 보호 서비스 비용을 의무적으로 지불해야 한다.

해설 아동 복지가 문화적으로 적절해야 하며 특히 원주민 아이들을 다룰 때 적절하게 해야 한다고 했기 때문에 원주민 아이들이 항상 잘 대해진 것은 아니라는 것을 유추할 수 있다. 따라서 **(b)가 정답**이다.

⚠️ **오답 피하기**
(a)는 not legally protected라 하여 오답이다. 1999년 이전에 다른 법으로 보호받았는지 여부는 알 수 없다.
(c)는 answerable to various agencies라 하여 오답이다. 아동안전부가 지시를 받는 것이 아니라 지시를 하는 것이다.
(d)는 pay for protection services라 하여 오답이다. 비용에 대해서는 전혀 언급되지 않았다.

■ primarily 주로 welfare 복지 coordination 조직화 intervention 중재 caretaker 관리인 exceed 넘다, 초과하다 appropriate 알맞은 aboriginal 원주민의 accountable to ~에 책임이 있는 adhere to ~을 지키다 directive 지시 legally 법적으로 sensitively 세심하게 answerable to 책임을 지는 be bound to ~에 묶여 있다

04.

1st	특정 드레스 코드 X, contact w/clients → professional look, 공식적 변화 soon
2nd	writing 특정 드레스 코드 X, 플랫폼 변화, 고객 → professional look, 유니폼 제안? (a) complained ✗ (b) longstanding dress code policy ✗ (c) not accustomed, sales calls ○ (d) lift ✗

This morning, we will first address a new issue that has come to my attention. To this point, we have not had in writing a definitive dress code for any of our employees. [비교, 이유] However, the platform of our business has changed over the last year and many of you now have regular contact with clients on sales calls. This obviously calls for a more professional look. Several people have suggested that we invest in uniforms, which is certainly an option. But regardless, expect an official change to be announced soon.

Q. What can be inferred about the company from the talk?
(a) Some clients complained about the way employees dress.
(b) It plans to enforce its longstanding dress code policy.
(c) Many employees may not be accustomed to making sales calls.
(d) It will lift the mandatory requirement for uniforms.

오늘 아침 우리는 저의 주의를 끈 새로운 새로운 문제를 먼저 다룰 것입니다. 현재까지는 우리 직원들의 특정 복장 규정에 대해 문서로 써두지 않았습니다. 하지만, 우리 사업의 환경이 작년에 바뀌었고, 여러분 중 많은 분들이 이제 방문판매 할 고객들과 정기적으로 연락을 하고 있습니다. 이것은 분명히 더 전문적인 모습을 요구합니다. 몇몇 사람들이 우리가 유니폼에 투자하기를 제의해 왔고, 그것은 분명히 하나의 옵션입니다. 하지만 그것에 상관 없이 공식적인 변화가 곧 발표될 예정입니다.

Q. 담화에서 회사에 대해 유추할 수 있는 것은?
(a) 어떤 고객은 직원들의 복장에 대해 불평을 했다.
(b) 오래 지속된 복장 규정을 시행할 계획이다.
(c) 많은 직원들은 방문판매를 하는 것에 익숙하지 않을 수 있다.
(d) 유니폼에 대한 의무 요건을 없앨 것이다.

해설 사업 환경이 변해서 이제 직원들이 방문판매를 해야 한다고 하므로 직원들은 방문판매에 익숙하지 않을 수도 있다는 점을 유추할 수 있다. 따라서 **(c)가 정답**이다.

⚠️ **오답 피하기**
(a)는 complained라 하여 오답이다. 고객이 직원들의 복장에 대해서 불평을 했다고 하지 않는다.

(b)는 longstanding dress code policy라 하여 오답이다. 전에 복장 규정을 그대로 실시한다는 내용이 아니라 새로운 복장 규정을 만드는 것에 대해서 말하는 것이다.
(d)는 lift라 하여 오답이다. 복장 규정을 없앤다는 내용이 아니다.

■ to this point 현재까지는 definitive 확정적인 dress code 복장 규정 sales call 방문판매 obviously 분명히 professional 전문적인 invest in ~에 투자하다 enforce 시행하다 longstanding 오래 지속된 be accustomed to ~에 익숙하다 lift 폐지하다 mandatory 의무적인

05.

1st	awareness, 환경 이슈, 30%가 18세 이하, young students mindful
2nd	young students mindful, choices on 환경, foster 책임감, 시민의식
	(a) nonchalant ✗
	(b) more effective ✗
	(c) most teenagers, attentive ✗
	(d) 10대 인구, enough, harm 환경 ○

Join with me to accept the challenge of our science department and raise awareness of our classrooms about environmental issues. [의견] Thirty percent of the world's population is under the age of eighteen, and it is imperative to the survival of our planet that all young students be made mindful of the effects their choices have on the environment. We want to foster a sense of responsibility and proactive citizenship so that they can make good decisions to help the Earth and not harm it.

Q. What can be inferred from the speech?
(a) Young people are nonchalant about environmental issues.
(b) Educating those closer to age eighteen is more effective.
(c) Most teenagers are attentive to current environmental issues.
(d) The teenage population is significant enough to harm the environment.

우리 과학부의 도전을 받아들이고, 우리 학급의 환경 문제에 대한 인식을 높이도록 저와 함께 해주세요. 세계 인구의 30퍼센트는 18세 이하이고, 모든 젊은 학생들이 그들의 선택들이 환경에 미치는 영향을 유념하는 것은 지구의 생존을 위해 필수적입니다. 우리는 그들이 지구를 돕고 피해를 끼치지 않는 좋은 선택을 할 수 있게 하기 위해 책임감과 적극적인 시민성을 조성하고자 합니다.

Q. 연설에서 유추할 수 있는 것은?
(a) 젊은 사람들은 환경 문제에 대해 무심하다.
(b) 18세에 가까운 사람들을 교육시키는 것이 더 효과적이다.
(c) 대부분의 10대들은 현재의 환경 문제에 주의를 기울이고 있다.
(d) 10대 인구는 환경에 해를 끼칠 수 있을 정도로 상당하다.

해설 인구의 30퍼센트를 차지하는 10대가 환경을 보호해야 한다는 생각을 가지고 있어야 한다고 주장하므로 그들이 환경보호를 안 하면 문제가 될 수 있다는 것을 유추할 수 있다. 따라서 (d)가 정답이다.

⚠ 오답 피하기
(a)는 nonchalant라 하여 오답이다. 10대 학생들이 환경 문제에 대해 무심하다고는 말하지 않는다.
(b)는 more effective라 하여 오답이다. 어떤 연령대를 교육시키는 것이 더 효과적이라고 비교하지 않는다.
(c)는 most teenagers, attentive라 하여 오답이다. 대부분 10대들이 환경문제에 주의를 기울이고 있는지 여부는 알 수 없다.

■ challenge 도전 raise awareness 인식을 높이다 imperative 필수적인 mindful ~에 유념하는 foster 조성하다 proactive 적극적인 nonchalant 무심한 attentive 주의를 기울이는 significant 상당한

2. Agree 문제

Check-Up 본문 p. 252

01 (b) 02 (d) 03 (b) 04 (d) 05 (d)

01.

1st	optional 백신 → reckless 부모 행동, 의사들은 safe and effective, 부작용 rare
2nd	optional 백신 → 안 하는 것은 reckless. 의사들은 safe and effective, eliminated 질병
	(a) resulted in autism ✗
	(b) prevention benefit > risk ○
	(c) overwhelms ✗
	(d) not needed ✗

Today, I will address the controversial issue of optional vaccinations in young children. In my opinion, this is reckless parental behavior akin to child abuse. Not only are you willfully subjecting your own children to possible life threatening diseases, but you are subjecting my children as well. Medical professionals have proven time and again that vaccinations are safe and effective. Serious side effects are incredibly rare. [연구-입증] Vaccines have prevented and in some cases, eliminated many diseases that killed or debilitated people.

Q. Which statement would the speaker most likely agree with?
(a) Vaccinations have resulted in autism in children.
(b) Disease prevention benefits outweigh any possible risks.
(c) Getting vaccines overwhelms a child's immune system.

(d) Vaccines are not needed, as the threat of disease is minimal.

오늘 저는 논란이 되고 있는 어린 아이들의 선택적인 예방접종에 대해서 다룰 것입니다. 제 생각에 이것은 부모의 무모한 행동이고, 아동학대와 유사하다고 봅니다. 고의로 당신의 아이들을 생명을 위협하는 질병에 걸릴 수 있게 하는 것 뿐만 아니라, 나의 아이들까지 걸릴 수 있게 하는 것입니다. 의학 전문가들은 예방접종은 안전하고 효과적이라고 되풀이해서 입증해왔습니다. 심각한 부작용은 아주 드뭅니다. 예방접종을 통해 사람의 생명을 빼앗거나 심신을 쇠약하게 만들었던 많은 질병들을 예방했고, 어떤 경우에는 질병들을 제거하기도 했습니다.

Q. 화자가 가장 동의할 법한 주장은 무엇인가?
(a) 예방접종이 아이들에게 자폐증을 야기했다.
(b) 질병 예방의 이점이 어떤 가능한 위험보다 더 크다.
(c) 예방접종을 받는 것은 아이의 면역 체계를 파괴한다.
(d) 질병의 위험이 적기 때문에 예방접종은 필요 없다.

해설 논란이 되고 있는 예방접종에 대해 장점이 단점보다 더 많다는 주장이므로 (b)가 정답이다.

⚠ 오답 피하기
(a)는 resulted in autism이라 하여 오답이다. 자폐증에 대한 언급이 없다.
(c)는 overwhelms라 하여 오답이다. 예방접종이 아이들의 면역력에 피해를 입힌다고 설명하지 않는다.
(d)는 not needed라 하여 오답이다. 예방접종을 하지 않는 것은 아이를 학대하는 것과 같다고 말하며 꼭 해야 한다고 말하고 있다.

■ controversial 논란이 많은 vaccination 예방접종 reckless 무모한 akin to ~와 유사한 child abuse 아동학대 willfully 고의로 subject 걸릴 수 있는 time and again 되풀이해서 side effect 부작용 rare 드문 eliminate 제거하다 debilitate (심신을) 쇠약하게 하다 autism 자폐증 outweigh 능가하다 overwhelm 파괴하다, 압도하다 immune system 면역 체계 threat 위협

02.

1st	biological interactions, commensalism, beneficial for one, neutral for 다른, noninvasive 관계 → not much known
2nd	공생하는 이익을 오래 → commensalism, lives in or on the other, X harm its host, define interactions, but not much is known
	(a) less is known ✗
	(b) both commensalism and symbiosis ✗
	(c) found between noninvasive organisms ✗
	(d) more research 필요 ○

Now, I will go into more detail about the common biological interactions between organisms. Beyond the symbiotic relationship that benefits both organisms that live together long term, is commensalism. Now unlike symbiosis, commensalism is beneficial for one organism but neutral for the other. One organism lives in or on the other but does not in any way harm its host. In contrast, some relationships have no effect whatsoever on either organism. [문제점] These noninvasive relationships define most interactions between organisms in an ecosystem, but not much is known of them.

Q. Which statement would the speaker most likely agree with?
(a) Less is known about noninvasive relationships than other kinds of biological relationships.
(b) Some organisms exhibit both commensalism and symbiosis depending on the host.
(c) Commensalism is mostly found between noninvasive organisms.
(d) More research on noninvasive relationships needs to be conducted.

이제부터는 생물체 간의 흔한 생물학적 상호작용에 대해서 더 자세하게 말하겠습니다. 오랜 기간 동안 같이 살고 생물체 간의 공생의 이익이 많을 때 그것을 공서 관계라고 부릅니다. 공생 관계와는 다르게, 공서 관계는 하나의 생물에게는 이익이고, 다른 하나의 생물에게는 중립적입니다. 하나의 생물은 다른 하나의 생물에 의존해서 살지만, 그것은 숙주(기생 생물에게 영양을 공급하는 식물)에게 전혀 해를 끼치지 않습니다. 반대로, 어떤 관계는 서로에게 아무런 영향을 끼치지 않습니다. 이런 비침입성 관계는 생태계 대부분의 생물학적 상호 작용에 해당되지만 알려져 있는 것이 많지 않습니다.

Q. 화자가 가장 동의할 법한 주장은 무엇인가?
(a) 다른 종류의 생물학적 관계보다 비침입성 관계에 대해서는 덜 자세하게 알려져 있다.
(b) 어떤 생명체는 숙주에 따라서 공서와 공생 관계 둘 다 발휘한다.
(c) 공서 관계는 대부분 비침입성 생명체 사이에서 발견된다.
(d) 비침입성 관계에 대한 더 많은 연구가 진행될 필요가 있다.

해설 비침입성 관계에 대해 알려진 게 많지 않다는 것은 더 연구를 해야 한다는 것이므로 (d)가 정답이다.

⚠ 오답 피하기
(a)는 less is known이라 하여 오답이다. 비침입성 관계에 대해 알려져 있는 것이 많지 않다고는 했지만 다른 생물학적 관계에 비해 어떤지는 비교하고 있지 않다.
(b)는 both commensalism and symbiosis라 하여 오답이다. 어떤 생명체는 둘 다 가질 수는 있겠지만 언급이 없다.
(c)는 found between noninvasive organisms라 하여 오답이다. Commensalism과 noninvasive relationship은 서로 다른 종류의 관계이다.

■ organism 생물체 biological interaction 생물학적 상호작용 symbiotic 공생의 commensalism 공서 symbiosis 공생 neutral 중립적인 harm 해를 끼치다 interaction 상호 작용 ecosystem 생태계 exhibit 발휘하다 conduct 진행하다

03.

1st	아이비리그대학, free tuition → 더 qualified 지원자들 → student body 인구 대표할 것, broader range of students
2nd	free tuition for all 학부생, 높은 학비 상관없이 apply 할 것, representative state and nation 인구
	(a) skewed, lower economic students ✗
	(b) 현재 student body → small of 인구 ○
	(c) dissuading ethnic minorities ✗
	(d) little financial support ✗

Now a look at local news. A university system official announced that our state's top ivy league universities are considering operating free tuition for all undergraduate students. [의견, 인과] The universities contend that more qualified applicants, undaunted by high tuition, would apply. This would then result in a student body more representative of the demographics of the state and nation. No longer would just the rich fill the hallways of the academic standard bearer, but a broader range of students would round out their graduating classes.

Q. Which statement about top universities would the speaker most likely agree with?
(a) Their demographic is skewed towards lower economic students.
(b) Their current student body reflects only a small section of the nation's demographics.
(c) Their high tuition is dissuading ethnic minorities from applying.
(d) They offer little financial support to qualified students.

이제 지역 뉴스를 보겠습니다. 한 대학 시스템 담당자의 발표에 따르면 우리 주의 최고 아이비 리그 대학이 모든 학부생들을 위한 무료 수업 운영을 고려하고 있다고 합니다. 대학교는 좀 더 자격이 있는 학생들이 더 이상 높은 학비에 겁내지 않고 지원할 것이라고 주장합니다. 이것은 학생들이 우리 주와 나라의 인구통계를 더욱 대표하는 결과를 낳을 것입니다. 더 이상 부자들만이 학문적 표준의 받침이 되는 복도를 채우는 것이 아니라 더 폭넓은 학생들이 졸업반을 완성할 것입니다.

Q. 화자가 최고의 대학들에 대해 가장 동의할 법한 주장은 무엇인가?
(a) 대학들의 인구통계는 저소득층 학생들에게 편향되어 있다.
(b) 대학들의 현재 학생 수는 나라의 인구통계의 일부만 반영하고 있다.
(c) 대학들의 높은 학비는 소수 민족이 지원하지 못하게 한다.
(d) 대학들은 자격이 있는 학생들에게 재정 지원을 거의 하지 않는다.

해설 무료 수업을 운영하면 더 많은 학생들이 지원할 것이고, 이는 나라의 인구 통계를 더욱 대표하는 결과를 낳을 것이라고 했으므로 현재 학생 수는 한정적이라는 것을 유추할 수 있다. 따라서 **(b)**가 정답이다.

⚠ **오답 피하기**
(a)는 skewed towards lower economic students라 하여 오답이다. 저소득층이 아닌 부유한 학생들이 많다고 한다.
(c)는 dissuading ethnic minorities라 하여 오답이다. 소수 민족에 대해서는 전혀 언급되지 않았다.
(d)는 little financial support라 하여 오답이다. 대학이 학생들에게 재정 지원을 하는지는 알 수 없다.

■ undergraduate student 학부생 contend 주장하다 undaunted 겁내지 않는 tuition 학비 representative 나타내는 demographics 인구통계 hallway 복도 student body 학생 총수 representative 대표하는 academic standard bearer 학문적 표준의 받침 round out 완성하다 skew 치우치다 lower economic student 저소득층 학생 dissuade 단념하게 하다 ethnic minority 소수 민족

04.

1st	telescope, history of the name, 미국인 Hubble galaxy 발견, 우주 expanding, speed 측정
2nd	galaxy beyond Milky Way, calculated formula hubble's constant → speed, 이름 딴 망원경 launched 90, clear images than 이전 것
	(a) design, inspired by Edwin ✗
	(b) used to calculate the speed ✗
	(c) mostly used, Milky Way Galaxy ✗
	(d) resolution, lower than successor ○

Most are familiar with the powerful Hubble Space Telescope, but few know the history of the name behind it. During the 1920s, American astronomer Edwin Hubble discovered galaxies that exist beyond our Milky Way. Hubble also observed that the universe appears to be expanding at a steady rate and calculated a formula known as Hubble's constant, which measures the speed of the expansion. [비교] The telescope named for him was launched in 1990 and remains in low orbit, capable of capturing clearer images than its predecessors at this point.

Q. Which statement about the Hubble Space Telescope would the speaker most likely agree with?
(a) Its design was inspired by an American astronomer, Edwin Hubble.
(b) It was used to calculate the speed at which space is expanding.
(c) It is mostly used to study celestial objects in the Milky Way Galaxy.
(d) Its resolution will probably be lower than that of its successor.

많은 사람들이 강력한 허블 우주 망원경에 대해 익숙하지만, 그 이름의 역사를 아는 사람은 적습니다. 1920년대에, 미국인 천문학자 Edwin Hubble은 우리 은하계 너머에 존재하는 은하계를 발견했습니다. Hubble은 또한 지구가 일정한 속도로 확장하고 있다는 것을 목격했고 허블상수라고 불리는 공식을 사용하여 확장의 속도를 계산했습니다. 그의 이름을 딴 망원경이 1990년에 발사되어 저궤도에 있고, 현 시점에서는 전에 나왔던 것보다 더 선명한 이미지를 찍을 수 있습니다.

Q. 화자가 Hubble Space Telescope에 대해 가장 동의할 법한 주장은 무엇인가?
(a) 그것의 디자인은 Edwin Hubble이라는 미국 천문학자로부터 영감을 받았다.
(b) 그것은 우주가 확장하는 속도를 계산하는 데 쓰였다.
(c) 그것은 주로 우리의 은하수에 있는 천체를 연구하는 데 쓰인다.
(d) 그것의 해상도는 아마도 나중에 나오는 것보다는 낮을 것이다.

해설 전에 나왔던 것보다 선명한 이미지를 찍을 수 있다는 뜻은 앞으로 더 좋은 해상도의 망원경이 나올 수 있다는 것이므로 **(d)가 정답**이다.

⚠ 오답 피하기
(a)는 design이라 하여 오답이다. Edwin Hubble의 이름을 딴 망원경이라 하지 그가 설계를 했다고 하지 않는다.
(b)는 used to calculate the speed라 하여 오답이다. 우주가 확장하는 속도를 계산한 사람은 Edwin Hubble이며 Hubble 망원경은 은하수와 우주를 관찰하기 위해서 쓰인다고 설명한다.
(c)는 mostly used, Milky Way Galaxy라 하여 오답이다. 망원경이 주로 어디에 쓰이는지는 구체적으로 언급되지 않았다.

■ telescope 망원경 astronomer 천문학자 galaxy 은하계 Milky Way 은하계 observe 목격하다 expand 확장하다 steady 일정한 rate 속도 calculate 계산하다 formula 공식 measure 측정하다 launch 발사하다 orbit 궤도 predecessor 전에 온 것들; 전임자 celestial object 천체 resolution 해상도 successor 나중에 온 것; 후임자

05.

1st	all postal boxes removed, security mandate, posted at 우체국에서만
2nd	removed from public places, 정부에서 발표, 역 1층 우체국, ensure safety (a) vandalized ✗ (b) stolen ✗ (c) only train stations ✗ **(d) misused, safety hazard ○**

[이유] Effective immediately, all postal boxes will be removed from public places, such as this train station. This is a security mandate issued by the national government. All packages and letters can only be posted at an official post office location. There is a post office available in the station on the first level near the main entrance. [목적] We apologize for the inconvenience, but please support these efforts to ensure your safety.

Q. Which statement about postal boxes would the speaker most likely agree with?
(a) They were often vandalized by random users.
(b) Many packages and letters in them have been stolen.
(c) Only train stations will no longer provide them.
(d) They can be misused to create a public safety hazard.

지금부터 이 기차역과 같은 모든 공공장소에서 우편함을 제거할 것입니다. 이것은 중앙 정부에서 발표한 안전 지시입니다. 모든 소포와 편지는 공식적인 우체국에서만 보낼 수 있습니다. 이 기차역의 1층 정문 가까이에 우체국이 있습니다. 불편을 드려 사과드립니다. 하지만 여러분의 안전을 확립하기 위해서 하는 이 노력을 지지해 주세요

Q. 화자가 우편함에 대해 가장 동의할 법한 주장은 무엇인가?
(a) 불특정 이용자들로부터 자주 파손되었다.
(b) 안에 있는 많은 소포와 편지들이 도난 당했다.
(c) 기차역에만 더 이상 우편함을 놓지 않을 것이다.
(d) 공공 안전에 위험을 가하도록 잘못 쓰여질 수 있다.

해설 안전을 위해서 우편함을 제거한다는 뜻은 안전에 위협이 될 수도 있다는 것이므로 **(d)가 정답**이다.

⚠ 오답 피하기
(a)는 vandalized라 하여 오답이다. 이용자들이 파손한다는 내용은 언급되지 않았다.
(b)는 stolen이라 하여 오답이다. 우편함 안에 있는 소포와 편지들이 도난 당했는지는 알 수 없다.
(c)는 only train stations라 하여 오답이다. 기차역과 같은 공공장소에서 우편함을 제거한다는 뜻은 기차역이 아닌 다른 공공장소에서도 우편함을 제거하겠다는 의미이다.

■ effective immediately 즉시 시행하는 postal box 우편함 security mandate 안전 지시 ensure 확립하다 vandalize 기물을 파손하다 misuse 잘못 쓰이다 public safety 공공 안전 hazard 위험

Unit Test 본문 p.254

01 (c)	02 (c)	03 (b)	04 (a)	05 (d)
06 (b)	07 (c)	08 (b)	09 (c)	10 (a)
11 (d)	12 (b)	13 (c)	14 (a)	15 (d)

01.

This afternoon we will talk about technology and children. If you are questioning how much screen time is safe for your children, then they may already be getting too much. A generation ago, all the concern was about the amount of time kids spent in front of a television. Today's children now have free access to smartphones, tablets, and video games. [장점] But what about the value of educational games? Creating a healthy media diet for your children is what we will address today.

Q. What can be inferred from the talk?
(a) Children no longer watch television as much as before.
(b) All screen time is detrimental to children.
(c) Children should not be barred from technological exposure.
(d) Technology can stimulate children's appetite.

오늘 오후에 우리는 기술과 아이들에 대해 이야기하겠습니다. 당신의 자녀들에게 알맞은 시청 시간이 어느 정도인지 궁금하시다면 아이들은 이미 너무 많은 시간을 그것에 쓰고 있는 것입니다. 한 세대 전에는, 모든 염려는 아이들이 텔레비전 앞에서 보내는 시간에 관한 것이었습니다. 오늘날의 아이들은 스마트폰, 태블릿, 비디오 게임에 자유로운 접근을 할 수 있습니다. 하지만 교육용 게임의 가치는 어떨까요? 당신의 아이들을 위해 건강한 미디어 습관을 만드는 것이 오늘 다룰 내용입니다.

Q. 담화에서 유추할 수 있는 것은?
(a) 아이들은 더 이상 예전만큼 텔레비전을 보지 않는다.
(b) 모든 시청 시간은 아이들에게 해롭다.
(c) 아이들을 기술에 대한 노출로부터 막아서는 안 된다.
(d) 기술은 아이들의 욕구를 자극할 수 있다.

해설 스마트폰, 태블릿, 비디오 게임에 학습 가치가 있다는 것이 화자의 주장이므로 미디어에 대한 노출을 완전히 막으면 안 된다는 것을 유추할 수 있다. 따라서 **(c)가 정답**이다.

⚠ 오답 피하기
(a)는 no longer watch, as before라 하여 오답이다. TV 시청을 얼마나 하는지 비교하고 있지는 않다.
(b)는 all screen time is detrimental이라 하여 오답이다. 교육용 게임은 가치가 있다는 입장이다.
(d)는 appetite라 하여 오답이다. 욕구와 상관없는 내용이다.

■ screen time 시청 시간 generation 세대 concern 염려 free access 자유로운 접근 diet 습관적인 것 detrimental 해로운 bar from ~로부터 막다 exposure 노출 stimulate 자극하다 appetite 욕구, 식욕

02.

The election rhetoric is escalating with less than a month to go before residents cast their ballots for mayor. The incumbent, Todd Richardson, continues to appeal to many older voters with his vows to continue funneling tax dollars into senior services. [원인] Yet by ignoring the obvious educational improvements needed in the community, he is polling poorly with families and college-educated constituents. Richardson's opponent, Pamela Stanley, offers a fresh approach to the county budget with a more equitable appropriation for both infrastructure and school improvements. Her plans are clearly set on future growth for our city and its youth.

Q. Which statement about Todd Richardson will the speaker most likely agree with?
(a) He promises to satisfy the needs of poor families.
(b) His campaign strategy is used against by his opponent.
(c) He needs to address school improvements to secure more supporters.
(d) His support base has always been the educated constituents.

주민들이 시장을 선발하기 위한 투표를 하기까지 한 달도 안 남은 상황에서 선거 발언은 증가하고 있습니다. 재임자인 Todd Richardson은 노인층을 위한 복지에 세금을 지속적으로 집중하는 공약으로 노인 투표자들에게 호소하고 있습니다. 하지만, 지역 사회에 필요한 명백한 교육적 개선은 무시하여, 그는 가족들과 대학 교육을 받은 유권자들에게는 여론이 형편없이 나오고 있습니다. Richardson의 경쟁자인 Pamela Stanley는 사회 기반 시설과 교육 개선을 위한 공정한 책정으로 자치 예산에 대한 신선한 접근을 주장합니다. 그녀의 계획들은 우리 시와 젊은이들의 미래 성장을 위해 분명히 맞춰져 있습니다.

Q. 화자가 Todd Richardson에 관한 주장에 가장 동의할 만한 것은?
(a) 그는 가난한 가족의 필요를 만족시켜 주기로 약속한다.
(b) 그의 정치운동 전략은 그의 경쟁자에 의해 불리하게 작용하고 있다.
(c) 그는 더 많은 지지자를 확보하기 위해 학교 개선에 대해 다루어야 한다.
(d) 그의 지지층은 항상 교육을 받은 유권자들이었다.

해설 지역 사회에 필요한 교육을 무시한 공약으로 여론이 좋지 않다고 했으므로, 더 많은 지지층을 얻기 위해서는 교육 관련 정책을 다뤄야 한다는 것을 유추할 수 있다. 따라서 **(c)가 정답**이다.

⚠ 오답 피하기
(a)는 promises, poor families라 하여 오답이다. 가난한 사람들을 위해서 일하겠다는 것이 아니라 나이든 사람들을 위해서 일을 하겠다고 한 것이다.
(b)는 used against라 하여 오답이다. 상대방이 Todd Richardson의 전략을 이용하여 공격하고 있다고 하지 않고 다른 전략을 쓰고 있다고, 하고 있다.
(d)는 educated constituents라 하여 오답이다. 교육을 받은 사람들이 아니라 노인층이라고 한다.

■ election rhetoric 선거 발언 escalate 증가하다 resident 주민 cast one's ballots 투표를 하다 mayor 시장 incumbent 재임자 appeal to ~에 호소하다 vow 공약, 약속, 맹세 funnel (자금을) 집중하다 obvious 명백한 constituent 유권자 opponent 상대 budget 예산 equitable 공정한 appropriation 책정 be set on ~에 맞춰져 있다 secure 확보하다 support base 지지층

03.

William Brandon is an English writer who published an opinion piece in *the Daily News* lamenting our dependence on hand-held technological devices. [의견] His column bemoans not only the loss of human interaction, but also literal absences of books and the effects this has on a culture. By reducing our mental capacity to quick headlines—or better yet, a two-minute entertaining video—we are left unable to critically think and analyze materials. [의견] Brandon repeatedly calls for a rejection of new technology and a return to the basics of the slow, yet informed life of years ago.

Q. What can be inferred about William Brandon from the talk?
(a) His writing attracted harsh criticism from tech companies.
(b) He is concerned about people distancing themselves from written works.
(c) His column was absent of any factual base.
(d) He is bothered by people's lack of knowledge.

William Brandon은 우리가 손에 들고 쓰는 기기에 의존하는 세태를 한탄하며 <Daily News>에 사설을 올린 영국 작가입니다. 그의 칼럼은 인간의 상호작용의 상실뿐만 아니라, 문자 그대로 책의 부재와 그것이 문화에 미치는 영향에 대해 비탄합니다. 짧은 헤드라인으로 지능을 약화시킴으로써, 아니면 2분의 재미있는 영상을 봄으로써 우리는 비판적으로 사고하는 것과 자료의 분석을 하지 못하게 되었습니다. Brandon은 지속적으로 새로운 기술에 대한 거부와 느리지만 이전의 많은 정보가 있던 기본으로 돌아가는 것을 촉구하고 있습니다.

Q. 담화로부터 William Brandon에 관하여 유추할 수 있는 것은?
(a) 그의 글은 기술 회사로부터 혹평을 끌었다.
(b) 그는 사람들이 글에서 멀어지는 것을 걱정하고 있다.
(c) 그의 칼럼은 사실 기반이 전혀 없었다.
(d) 그는 사람들의 무지를 거슬려하고 있다.

해설 사람들이 전자 기기 때문에 글을 잘 읽지 않는 실태에 대해 안타까워하고 있으므로 William Brandon이 걱정을 하고 있다는 것을 유추할 수 있다. 따라서 **(b)가 정답**이다.

⚠ 오답 피하기
(a)는 attracted harsh criticism이라 하여 오답이다. 그가 혹평을 받았다는 내용은 없다.
(c)는 absent, factual base라 하여 오답이다. 사실에 입각했는지 안 했는지에 대한 내용이 없다.
(d)는 bothered, lack of knowledge라 하여 오답이다. 사람들이 비판적인 사고를 못하게 된다고는 하지만 지식이 없다고 말하지는 않는다.

■ piece 글   lament 한탄하다   dependence 의존   hand-held 손에 들고 쓰는   bemoan 비탄하다   interaction 상호작용   absence 부재   analyze 분석하다   call for 촉구하다

04.

Rumors dominated the national media this week that the campaign of Larry Thompson is considering suspending his run for president due to serious health issues. [결과, 방법] Yesterday a spokeswoman for Larry Thompson finally came forward in a press conference to denounce the statements by the media as falsehoods. While recognizing that Thompson battled cancer several years ago, she insisted that his health is currently strong and indicated that medical information corroborating that claim would be forthcoming. It's unlikely that any signed documents will override the damage done by Thompson's two-week absence from the campaign trail.

Q. Which statement about Larry Thompson will the speaker most likely agree with?
(a) He has no intention of withdrawing from the race.
(b) His rivals started the rumors about his health.
(c) He has made little effort to win the election.
(d) His medical information will prove to be valuable.

Larry Thompson이 심각한 건강 문제로 인하여 그의 대통령 선거 운동을 유예하는 안건을 고려한다는 소문이 이번 주 온 국내 매체들의 보도를 장악하였습니다. 어제 Larry Thompson의 대변인은 보도되고 있는 주장들은 거짓임을 맹렬히 비난하기 위해 마침내 기자회견을 가졌습니다. Thompson이 몇 년 전 암 투병을 했지만, 그녀는 그가 현재 매우 건강하다고 주장하였고 이 주장을 입증하는 의학적 자료가 곧 마련될 것이라고 말하였습니다. Thompson이 2주 간의 선거 유세 행로에서 보인 부재로 인한 피해는 그 어떤 문서로도 없었던 것으로 하지는 못할 것 같습니다.

Q. 화자가 Larry Thompson에 관한 어떤 주장을 가장 동의하겠는가?
(a) 그는 선거에서 물러날 의도가 없다.
(b) 그의 경쟁상대는 그의 건강에 대한 소문을 퍼뜨렸다.
(c) 그는 선거를 이기기 위한 노력을 거의 하지 않았다.
(d) 그의 의료 정보는 가치가 있는 것으로 입증될 것이다.

해설 Larry Thompson이 선거운동을 그만둘 것이라는 소문에 대해 비난하는 발표를 했으므로 그는 선거에서 물러나지 않을 것이라는 점을 유추할 수 있다. 따라서 **(a)가 정답**이다.

⚠ 오답 피하기
(b)는 rivals started the rumors라 하여 오답이다. 누가 소문을 시작했는지 언급이 없다.
(c)는 made little effort라 하여 오답이다. 잠시 쉬고 있다고 해서 노력을 많이 하지 않았다고 할 수 없다.
(d)는 medical information, valuable이라 하여 오답이다. 그 어떤 문서도 부재로 발생된 피해에 큰 도움이 되지 않을 것이라 한다.

■ dominate 지배하다   suspend 유예하다   press conference 기자회견   denounce 맹렬히 비난하다   falsehood 거짓임   battle 투병하다, 싸우다   insist 주장하다   corroborate 입증하다

forthcoming 마련된 override 없었던 것으로 하다 intention 의도 withdraw 물러나다 race 선거

05.

During the early 1900s, serving elaborate ice cream desserts became the height of refinement. Pressed into elegant molds, ice cream 'bombes' were covered with meringue and then baked in an oven until golden brown. [의견] Chef Charles Ranhofer of Delmenico's Restaurant in New York City is thought to have first coined the name Baked Alaska in 1867 in celebration of the U.S. purchase of Alaska from the Russian Federation. But others claim that is inaccurate and refer to the same concoction today as Norwegian Pancake in Norway and as Flame on the Iceberg in Hong Kong.

Q. What can be inferred about Baked Alaska from the talk?
(a) It is thought to have come from Russia.
(b) The term was first used when Alaska was purchased from Russia.
(c) It came from a Flame on the Iceberg in Hong Kong.
(d) The origin of the name is still being disputed.

1900년대 초, 정교한 아이스크림 디저트를 판매하는 것은 우아함의 절정을 보여주는 것이었습니다. 멋진 틀에 눌러서 만드는 아이스크림 '덩어리'들은 머랭으로 덮여지고, 황금 빛이 나도록 구워졌습니다. 뉴욕에서 Delmenico's 식당을 하는 셰프 Charles Ranhofer가 미국이 러시아 연방으로부터 알래스카를 구매한 것을 축하하는 기념으로 1867년 Baked Alaska의 이름을 처음으로 만든 것으로 여겨집니다. 하지만 다른 사람들은 그것이 부정확하다고 주장하며, 오늘날 홍콩의 Flame on the Iceberg나 노르웨이의 Norwegian 팬케이크와 같은 혼합물과 같다고 주장하기도 합니다.

Q. 담화로부터 Baked Alaska에 관하여 유추할 수 있는 것은?
(a) 러시아에서 유래되었다고 여겨진다.
(b) 그 용어는 러시아로부터 알래스카를 구매했을 때 처음 사용되었다.
(c) 홍콩의 Flame on the Iceberg에서 비롯되었다.
(d) 그 이름의 근원은 아직도 논쟁이 되고 있다.

해설 Baked Alaska의 이름에 대해 여러 의견이 있기 때문에 이름의 근원이 논쟁되고 있다는 것을 유추할 수 있다. 따라서 **(d)가 정답**이다.

⚠ 오답 피하기
(a)는 come from Russia라 하여 오답이다. 러시아가 언급된 이유는 미국이 러시아로부터 알래스카를 구매했기 때문이다.
(b)는 was first used라 하여 오답이다. 처음 사용했다고 단정지을 수 있는 것이 아니라 그렇게 생각하는 사람도 있다는 것이다.
(c)는 came from, in Hong Kong이라 하여 오답이다. 홍콩의 Flame on the Iceberg와 비슷한 것이라는 의미이지 그것이 근원이 되었다는 것은 아니다.

elaborate 정교한 height of refinement 우아함의 절정 mold 틀 meringue 머랭 coin 새로 만들다 inaccurate 부정확한 concoction 혼합물 term 용어

06.

The most devastating pandemic in recorded history was undoubtedly the Spanish Flu that killed between 20 and 40 million people over the course of two short years. Just as World War I was winding down in 1918 and peace was within sight, what appeared to be a common cold began passing through the last of the war trenches in Europe. The disease ravaged the seemingly healthy aged individuals. This pattern of morbidity was highly unusual for influenza, which usually targets the very young and elderly. [인과] As soldiers returned to their homes and heavily populated celebrations, the disease spread quickly. Eventually, 28 percent of Americans would die of the world's deadliest pandemic.

Q. What can be inferred from the talk?
(a) Cases of the Spanish Flu diminished after the World War I.
(b) Returning soldiers did not suspect that they were infected.
(c) The Spanish Flu is no longer a threat in the world.
(d) Healthy people were more susceptible to the disease.

기록된 역사에서 가장 파괴적인 유행병은 틀림없이 단 2년 만에 2,000만 명에서 4,000만 명의 사람들의 목숨을 앗아간 Spanish Flu였습니다. 1918년에 1차 세계대전이 서서히 끝나가고 평화가 가까웠을 때쯤, 통상적인 감기처럼 보였던 것이 유럽의 마지막 전장의 참호 위주로 관통하기 시작하였습니다. 그 질병은 건강해 보이는 사람들을 죽였습니다. 아주 어린 사람들이나 노인들을 표적으로 삼는 인플루엔자치고는 매우 특이한 사망률을 보였습니다. 군인들이 그들의 집과 많은 인구가 아주 밀집된 축하 행사에 돌아오면서 질병은 급속도로 퍼졌습니다. 결국 미국인의 28퍼센트가 세계의 가장 치명적인 전염병에 의해 죽었습니다.

Q. 담화로부터 유추할 수 있는 것은?
(a) Spanish Flu의 사례가 1차 세계대전 이후로 감소했다.
(b) 귀환하는 군인들은 그들이 감염되었다고 생각하지 않았다.
(c) Spanish Flu는 세계에서 더 이상 위협이 아니다.
(d) 건강한 사람들이 그 병에 더 잘 걸렸다.

해설 군인들이 고향으로 돌아오면서 병이 확산되었다는 내용을 통해 그들은 사실 병에 걸려 있었지만 그 증상을 인식하지 못하고 있었다는 것을 유추할 수 있다. 따라서 **(b)가 정답**이다.

⚠ 오답 피하기
(a)는 diminished after라 하여 오답이다. 1차 세계대전 이후 문제가 되었다고 설명한다.
(c)는 no longer a threat라 하여 오답이다. 현재 아예 없어졌는지 아

닌지 근거가 없다.
(d)는 healthy people, more susceptible이라 하여 오답이다. 더 잘 걸렸다는 것이 아니라 건강한 사람도 죽었다고 했다.

■ devastating 파괴적인 pandemic 유행병 undoubtedly 틀림없이 wind down 서서히 끝나다 within sight 가까운 pass through 관통하다 trench 참호 ravage 황폐하게 만들다 morbidity 사망률 heavily populated 인구가 아주 밀집된 diminish 감소하다 suspect 생각하다, 의심하다 infect 감염시키다 threat 위협 susceptible to ~에 걸리기 쉬운

07.

Last week, we began discussing the social development of singletons or those raised in homes without siblings. Most sibling researchers agree that there certainly are consequences to being raised as singleton. Psychological studies are replete with negatives inherent to being an only child, including being socially maladjusted, narcissistic, and spoiled. [입증] Yet other studies suggest that singletons perform better in school, are more motivated, and have higher self-esteem than those with siblings who contend with sibling rivalry and often sibling bullying.

Q. What can be inferred about children from the lecture?
(a) Singletons suffer more in life compared with those with siblings.
(b) Sociability is unaffected by being raised as singletons.
(c) Having a sibling may not be advantageous in all cases.
(d) Those with siblings matriculate in better schools.

지난 주에 우리는 외동 즉, 형제 자매 없이 혼자 키워진 사람들의 사회적 발달에 대해서 토의하기 시작했습니다. 형제 자매를 연구하는 대부분의 연구원들은 외동으로 키워지면 분명히 그에 따른 결과가 있다고 동의합니다. 심리학 연구는 외동이 사회에 적응하지 못하고, 자신에 도취되어 있으며, 버릇이 없다는 등 내재되어 있는 부정적인 측면들로 가득합니다. 하지만 다른 연구는 외동이 학교에서 공부를 더 잘하고, 더 의욕을 가졌고, 형제 자매가 있어 형제 자매간의 경쟁과 괴롭힘과 씨름해야 하는 사람들 보다 더 높은 자존감을 가졌다고 주장합니다.

Q. 강의에서 아이들에 대해 유추할 수 있는 것은?
(a) 외동은 형제 자매가 있는 아이들보다 인생에서 더 고통받는다.
(b) 사교성은 외동으로 길러지는 것에 영향을 받지 않는다.
(c) 형제 자매가 있는 것은 모든 상황에서 득이 되지는 않을 수도 있다.
(d) 형제 자매가 있는 사람들이 더 좋은 학교에 입학한다.

해설 외동 아이의 긍정적인 측면으로 공부를 더 잘하고 더 의욕이 있고 형제 자매와 싸우는 아이들보다 더 높은 자존감이 있다고 했으므로, 형제 자매가 있는 것이 항상 좋은 것이 아닐 수도 있다는 것을 유추할 수 있다. 따라서 **(c)가 정답**이다.

⚠️ 오답 피하기
(a)는 suffer more라 하여 오답이다. 더 고생한다는 것이 아니라 단순히 장단점이 있다는 것이다.
(b)는 sociability is unaffected라 하여 오답이다. 사회에 적응하지 못할 수 있다고 했으므로 영향을 받는다는 것을 알 수 있다.
(d)는 matriculate in better schools라 하여 오답이다. 형제 자매가 있는 아이들이 더 좋은 학교에 진학하는지 알 수 없다.

■ social development 사회적 발달 singleton 외동 sibling 형제 자매 consequence 결과 replete 풍부한 inherent 내재하는 socially maladjusted 사회에 적응하지 못하는 narcissistic 자기 도취증에 빠진 spoiled 버릇없는 self-esteem 자존감 contend with (곤란한 문제나 상황과) 씨름하다 sibling rivalry 형제 자매간의 경쟁 sibling bullying 형제 자매간의 괴롭힘 sociability 사회성 advantageous 유리한 matriculate in ~에 입학하다

08.

Welcome all our handcraft contributors to Crafty Creations' first meeting this year. After our website redesign, which improved our photographic quality, accessibility, and service, we exceeded our previous year's sales by over fifty percent. [역할] I want to thank each of you for your continued support of our online community and your commitment to producing creative products in your online shops that draw consumers from around the globe. Tonight, we introduce the leader in sales for last year, Cathy Woodlawn. We salute you, Cathy!

Q. What can be inferred about Crafty Creations?
(a) It has been in operation for only a year.
(b) It offers a platform for others to sell their products.
(c) It gives a monetary reward to the sales leader.
(d) Its sales will increase by fifty percent next year.

Crafty Creations의 올해 첫 회의에 오신 모든 수공예 공헌자 여러분을 환영합니다. 사진의 해상도, 접근성, 그리고 서비스가 개선된 저희 홈페이지의 재설계 이후에 저희는 작년 판매량의 50퍼센트나 초과했습니다. 저는 우리 온라인 커뮤니티를 위해 계속적인 지지를 해주시고, 저희 온라인 샵에서 창의적인 제품을 만드는 데 헌신하셔서 세계 곳곳에서 소비자를 끌어온 여러분 한 분 한 분께 감사드립니다. 오늘밤, 우리는 작년의 판매왕 Cathy Woodlawn을 소개합니다. 축하합니다, Cathy!

Q. Crafty Creations에 대해 유추할 수 있는 것은?
(a) 겨우 1년 동안 운영되어 왔다.
(b) 다른 업체들이 자신들의 제품을 판매할 수 있는 환경을 제공한다.
(c) 판매를 가장 많이 한 사람에게 금전적 보상을 준다.
(d) 내년에 판매량이 50퍼센트 오를 것이다.

해설 다른 업체들이 홈페이지에서 그들의 제품을 판매하여 매출이 올랐다는 내용을 토대로 판매 환경을 제공하는 회사라는 것을 유추할 수 있다. 따라서 **(b)가 정답**이다.

⚠ 오답 피하기

(a)는 only a year라 하여 오답이다. 회사가 운영되어 온 기간은 언급되지 않았다.
(c)는 monetary reward라 하여 오답이다. 돈을 준다고 말하지 않는다.
(d)는 sales, fifty percent next year라 하여 오답이다. 작년 대비 올해 50퍼센트 상승했다고 했지만 내년은 알 수 없다.

■ handcraft 수공예   contributor 공헌자, 기여자   accessibility 접근성   exceed 초과하다   sales 판매량   commitment 헌신   draw 끌다   salute 경의를 표하다   in operation 운영되는   monetary 금전적인

09.

Have you ever heard the adage, "Show me your friends and I will show you your future"? Who do you surround yourself with? [비교, 방법] While the right people will likely improve their potential in school or in the workplace, the reverse is also true. The world shrouds us in negativity. It's imperative to find positive people to stimulate your energy and creativity.

Q. What is implied about negativity?
(a) It does not affect you if you have a positive attitude.
(b) It is not as powerful as positive thinking.
(c) It requires vigilance because it is pervasive.
(d) It stimulates positive energy within people.

"당신의 친구를 보여주면 내가 당신의 미래를 보여주겠다"는 속담을 들어보셨나요? 당신의 주위에 누가 둘러싸고 있나요? 바른 사람들은 학교나 직장에서 그들의 잠재력을 발전시킬 가능성이 높은 반면, 그 반대도 사실이죠. 세계는 우리를 부정적인 성향으로 우리를 뒤덮습니다. 긍정적인 사람들을 찾아서 자신의 에너지와 창의력을 자극하는 것이 매우 중요합니다.

Q. 부정적인 성향에 대해 암시되는 것은?
(a) 긍정적인 태도를 가지고 있으면 영향을 주지 않는다.
(b) 긍정적인 생각만큼 강력하지 않다.
(c) 만연하기 때문에 경계가 필요하다.
(d) 사람들 안에 있는 긍정적 에너지를 자극시킨다.

해설 긍정적인 에너지가 확산되듯이 부정적인 에너지도 그렇기 때문에 긍정적인 사람들과 함께 해야 한다고 말한 것을 토대로 부정적인 에너지의 만연을 경계해야 한다는 것을 유추할 수 있다. 따라서 **(c)가 정답**이다.

⚠ 오답 피하기

(a)는 not affect, positive attitude라 하여 오답이다. 내가 긍정적인 태도를 가지고 있다고 하여 부정적인 성향에 영향을 받지 않는 것인지는 알 수 없다.
(b)는 not as powerful이라 하여 오답이다. 어떤 것이 더 강력한지는 비교하지 않는다.
(d)는 stimulates positive energy라 하여 오답이다. 부정적인 성향이 긍정적 에너지를 자극시키는지는 전혀 언급되지 않았다.

■ adage 속담   surround 둘러싸다   potential 가능성, 잠재력

reverse 반대   shroud 뒤덮다   imperative 매우 중요한   stimulate 자극하다   affect 영향을 주다   vigilance 경계   pervasive 만연하는

10.

Examples of contrast and symbolism in Ernest Hemingway's *A Farewell to Arms* abound, as he succeeds in combining the two contradictory states of love and war. It's a tragic love story, doomed to fail, while at the same time being a thrilling war drama set in the beauty of Italy and Switzerland. [인과] Depending on the perspective of the reader and the symbolism selected to be either relevant or irrelevant, it creates a completely different outcome for the reader. "Why, darling, I don't live at all when I am not with you," can be emotional sap to one and endearing sentiment to another.

Q. What can inferred from the lecture?
(a) Readers often form their own subjective impressions of literary works.
(b) War and love are eternally entwined in literature.
(c) Relevance of symbolism is crucial to understanding conflicts.
(d) People often view the world in a one-dimensional way.

어니스트 헤밍웨이의 <A Farewell to Arms(무기여 잘 있거라)>에는 그가 사랑과 전쟁의 두 상반되는 상태를 잘 결합했기 때문에 대조와 상징주의의 예시들이 아주 많습니다. 그것은 실패할 수밖에 없는 운명인 비극적인 사랑이야기이지만, 그와 동시에 이탈리아와 스위스의 아름다움이 있는 흥미 진진한 전쟁 드라마 배경이기도 합니다. 독자의 관점과 관련이 있는지 없는지로 선택된 상징성에 따라서 그것은 독자에게 완전히 다른 결과를 만들어냅니다. "왜, 내 사랑이여, 나는 당신 곁에 없으면 사는 게 사는 것이 아닌가요"가 누구에게는 감성적인 얼간이일 수 있지만, 다른 사람에게는 사랑스러운 감정이 될 수 있는 것이죠.

Q. 강의에서 유추할 수 있는 것은?
(a) 독자들은 문학 작품에 대해 종종 자신들의 주관적인 인상을 형성한다.
(b) 문학에서 전쟁과 사랑은 영원히 얽혀 있다.
(c) 상징주의의 타당성은 갈등을 이해하는 데 중요하다.
(d) 사람들은 종종 세계를 일차원적으로 본다.

해설 사람들의 관점에 따라 문학 작품에 대해 느끼는 감성이 다를 수 있다고 했으므로 주관적인 인상을 받는다는 것을 유추할 수 있다. 따라서 **(a)가 정답**이다.

⚠ 오답 피하기

(b)는 entwined라 하여 오답이다. 문학에서 사랑과 전쟁이 항상 나온다는 근거가 없다.
(c)는 understanding conflicts라 하여 오답이다. 갈등을 이해하는 것에 대한 내용이 없다.
(d)는 one-dimensional이라 하여 오답이다. 관점에 따라 문학 작품을

다르게 본다고 했지, 세계를 어떻게 보는지는 언급되지 않았다.
- contrast 대조 symbolism 상징주의 abound 많은 contradictory 상반되는 state 상태 tragic 비극의 doomed 할 수밖에 없는 운명 perspective 관점 relevant 관련이 있는 irrelevant 관련이 없는 outcome 결과 emotional sap 감성적인 얼간이 endearing 사랑스러운 sentiment 감정 eternally 영원히 entwine 얽히다 relevance 타당성 crucial 아주 중요한

11.

A new policy regarding vacation day requests will be implemented effective immediately. Submissions for a day off must be received by the human resources department either electronically or in person, at least 12 hours prior to the requested day off. The director of HR will email approval to both the employee and the immediate supervisor of the employee. [인과] If less than 12 hours' notice is given, then pay will be docked for the day or days missed from work.

Q. What can be inferred from the announcement?
(a) Employees are advised to use up their vacation days.
(b) Vacation requests must be made to the supervisor.
(c) Employees will not be paid for sick leave.
(d) The company frowns on taking unannounced leaves.

휴가일 요청에 대한 새로운 정책이 즉시 실행될 것입니다. 휴가 신청서는 최소한 휴가일 12시간 전에 인사부에 전산으로 또는 직접 전달되어야 합니다. 인사부장은 직원과 직원의 직속 상사에게 모두 승인 이메일을 보낼 것입니다. 12시간도 남지 않은 상황에서 통보가 이루어진다면, 휴가를 낸 날의 임금은 삭감될 것입니다.

Q. 공지로부터 유추할 수 있는 것은?
(a) 직원들은 휴가를 다 사용하도록 권고받는다.
(b) 휴가 요청은 상사에게 해야 한다.
(c) 직원들은 병가를 쓰면 임금을 받지 않을 것이다.
(d) 회사는 예고 없는 휴가를 좋아하지 않는다.

해설 미리 승인을 받지 않고 병가를 낼 경우 임금 삭감이 있을 것이라는 내용을 통해 회사가 예고 없는 병가를 싫어한다는 것을 유추할 수 있다. 따라서 **(d)가 정답**이다.

⚠ 오답 피하기
(a)는 use up their vacation days라 하여 오답이다. 휴가를 다 쓰라고 말하는 것이 아니라 미리 승인을 받으라는 것이다.
(b)는 made to the supervisor라 하여 오답이다. 상사가 아니라 인사부장에게 요청을 하는 것이다.
(c)는 not be paid, sick leave라 하여 오답이다. 미리 승인을 받으면 임금을 삭감하지 않을 것이다.

- policy 정책 regarding ~와 관련해서 implement 실행하다 effective immediately 즉시 시행되는 submission 제출 day off 휴가 human resources 인사부 electronically 전산으로 in person 직접 director 책임자 approval 승인 immediate supervisor 직속 상사 dock (임금에서) 공제하다 use up 모두 사용하다 sick leave 병가 frown on 좋아하지 않는다 unannounced 예고 없는

12.

Despite a forty-four-million-dollar budget that included big ticket actors, Tim Kransky's latest historical drama falls short of spectacular. *Until Forever* opened last weekend with record-breaking sales, thanks to months of advance publicity and countless hints at Oscar-caliber performances. [단점] Over a million moviegoers across the country sat through three hours of a senseless plot that ultimately went nowhere. While the production companies must be thrilled, critics doubt the interest will continue beyond the holidays.

Q. Which statement about *Until Forever* would the speaker most likely agree with?
(a) It has been nominated for Oscars despite its cold reception.
(b) Its sales would remain high if it had a compelling storyline.
(c) It compensates its historical inaccuracies with a finely woven plot.
(d) The performance by the cast was well received by the critics.

흥행 배우를 포함한 4,400만 달러의 예산에도 불구하고 Tim Kransky의 최근 사극은 흥행에 실패하였습니다. 몇 달 전부터의 사전 홍보와 오스카상급 우수성을 가진 연기의 수많은 암시 덕에 지난 주에 개봉한 <Until Forever>는 전례 없는 판매로 개봉하였습니다. 전국의 100만 명 이상의 영화 관객들은 궁극적으로 아무런 결론이 없는 세시간의 의미 없는 줄거리를 앉아서 봐야 했습니다. 제작자들은 흥분했을지 모르나, 비평가들은 휴일이 지나도 흥행에 성공할 수 없을 것이라 예상합니다.

Q. 화자가 <Until Forever>에 관한 주장 중 동의할 만한 것은?
(a) 그것은 푸대접을 받았음에도 불구하고 오스카상 후보로 지명되었다.
(b) 강력한 줄거리가 있었더라면 그것의 매출은 상승세를 유지했을 것이다.
(c) 그것은 잘 짜여진 줄거리로 역사적 오류를 상쇄해준다.
(d) 배우들의 연기는 평론가로부터 호평을 받았다.

해설 <Until Forever>의 흥행이 실패했는데, 관객들이 아무런 결론이 없는 의미 없는 줄거리를 앉아서 봐야 했다고 했으므로 줄거리가 좋았더라면 매출이 좋았을 것이라고 유추할 수 있다. 따라서 **(b)가 정답**이다.

⚠ 오답 피하기
(a)는 nominated for Oscars라 하여 오답이다. 언급되지 않은 내용이다.
(c)는 with a finely woven plot이라 하여 오답이다. 줄거리가 좋지 않았다고 했다.

(d)는 performance, well received라 하여 오답이다. 배우들이 연기를 실제로 잘했다고 하는 것이 아니라 잘했다고 홍보를 한 것이다.

■ budget 예산   fall short of 부족하다   spectacular 사람들의 시선을 집중시키는   record-breaking 전례 없는   publicity 홍보   caliber 우수성   moviegoer 영화 관객   senseless plot 의미 없는 줄거리   nominate 지명하다   cold reception 푸대접   compelling 강력한   compensate 상쇄시키다   inaccuracy 오류   finely woven 잘 짜여진   well received 호평을 받다

13.

I'd like for you to consider supporting the removal of a harmful small square box from standardized job applications. Applicants are currently required to check the box to indicate if they have ever been convicted of a felony. Typically, no additional space is provided for an explanation. It doesn't matter if the crime occurred last month or three decades ago. [의견, 문제점] One checkmark is preventing those who have paid their debt to society from fully integrating back into the community. So please help our city join the other 150 cities across the country that have already banned the box.

Q. Which statement would the speaker most likely agree with?
(a) Convicted felons have a better chance of employment in other counties.
(b) The box should be larger to be more noticeable for employers.
(c) Even convicted felons should have equal employment opportunities.
(d) Standardized job application forms should do away with all check boxes.

저는 여러분이 표준 입사 지원서에서 아주 위험한 네모 칸을 삭제하는 건에 대해 지지해 주시기를 부탁드립니다. 지원자들은 현재 그들이 중죄를 저질렀는지에 관한 표시를 하도록 요청받습니다. 일반적으로, 설명을 할 수 있는 추가적인 지면 공간은 없습니다. 그 범죄가 지난 달에 발생하였는지 30년 전에 발생하였는지는 중요하지 않습니다. 하나의 체크 표시가 사회에 진 빚을 갚은 사람들이 다시 사회 구성원으로 완전히 통합되는 것을 막고 있습니다. 그러므로 우리 시도 이미 네모 칸을 금지한 다른 150개의 시와 함께 할 수 있도록 도와주십시오.

Q. 화자가 가장 동의할 만한 주장은 무엇인가?
(a) 유죄 판결을 받은 중죄인들은 다른 자치주에서 더 나은 고용 기회를 가진다.
(b) 네모칸은 고용주에게 더 잘 보이도록 커야 한다.
(c) 유죄 판결을 받은 중죄인들도 동일한 고용 기회를 가져야 한다.
(d) 표준 입사 지원서 양식은 모든 체크 박스를 없애야 한다.

■해설 화자는 범죄를 저질렀는지 유무를 묻는 방식의 입사 지원서로 인해 이미 범죄의 댓가를 치른 후에라도 범죄 기록 때문에 입사 기회에서 배제될 수 있다며 부정적인 입장을 취하고 있으므로, 유죄 판결을 받은 중범죄자들도 취업을 할 수 있어야 한다고 생각한다는 것을 유추할 수 있다. 따라서 (c)가 정답이다.

△ 오답 피하기
(a)는 other counties라 하여 오답이다. 언급되지 않은 내용이다.
(b)는 box should be larger라 하여 오답이다. 체크 박스가 커져야 한다는 것이 아니라 없어져야 한다는 주장이다.
(d)는 all check boxes라 하여 오답이다. 모든 체크 박스가 아니라 범죄 사실을 물어보는 체크 박스이다.

■ removal 제거   standardized job application 표준 구직 지원서   applicant 지원자   indicate 표시하다   convicted 유죄 판결이 난   felony 중죄   checkmark 체크 표시   pay one's debt 빚을 갚다   integrate 통합되다   ban 금지하다   noticeable 잘 보이는   equal 동일한   employment opportunity 고용 기회   do away with ~을 없애다

14.

[인과] Since the global financial crisis of 2007, the banking sector has been hit with unprecedented regulatory changes that have fundamentally transformed operating procedures. Stringent rules designed to offer greater scrutiny over all major areas of investment banking have severely dampened profitability. Revenues have abated thirty percent according to some sources, with the top 15 investment banks earning a mere seven percent last year. These dismal returns are expected to only decrease as the rest of Dodd-Frank's regulation rules are met during the upcoming fiscal year.

Q. Which statement would the speaker most likely agree with?
(a) Operations of banks before the financial crisis were mostly fixed on profitability.
(b) Profit margin of smaller banks is expected to be less than seven percent.
(c) Some banks are refusing to abide by the new financial regulation rules.
(d) The new regulation is harsher towards the top 15 investment banks.

2007년의 국제 금융위기 이후로 금융 분야는 운영 체제를 근본적으로 바꾼 전례 없는 규제적 변화로 인하여 타격을 입었습니다. 투자 금융의 주된 영역 전반에 걸친 정밀한 검토를 제공하기 위해 고안된 엄중한 규칙들은 수익성을 심하게 약화시켰습니다. 몇몇 자료에 따르면 상위 15개의 투자 은행만이 작년에 불과 7퍼센트의 수익을 얻었을 뿐, 수익이 30퍼센트 감소했습니다. 이러한 형편없는 수익은 다가오는 회계 연도 동안 Dodd-Frank의 제재 규칙들(오바마 정부가 2010년 7월 발표한 금융감독개혁안)이 시행됨에 따라 감소하기만 할 것으로 예상됩니다.

Q. 화자가 가장 동의할 만한 주장은?
(a) 금융위기 전에 은행의 운영은 대부분 수익성에 고정되어 있었다.

(b) 소규모 은행의 이윤폭은 7퍼센트보다 낮을 것으로 예상된다.
(c) 어떤 은행은 아직도 새로운 금융 규제 규칙을 따르는 것을 거부하고 있다.
(d) 새로운 규정은 상위 15개 투자 은행에 대해 더 가혹하다.

해설 금융위기 이후의 규제 때문에 이윤이 많이 감소했다고 하는 내용을 통해 전에는 이윤을 내기 위한 운영을 해왔다는 것을 유추할 수 있다. 따라서 **(a)가 정답**이다.

⚠️ **오답 피하기**
(b)는 less than seven percent라 하여 오답이다. 앞으로 소규모 은행은 어떤 이윤폭이 있을지 알 수 없다.
(c)는 refusing to abide by라 하여 오답이다. 은행들의 반응은 알 수 없다.
(d)는 harsher towards the top 15이라 하여 오답이다. 더 가혹하다고 비교하지 않는다.

■ global financial crisis 국제 금융위기 be hit 타격을 입다 unprecedented 전례 없는 fundamentally 근본적으로 transform 바꾸다 operation procedure 운영 체제 stringent 엄중한 scrutiny 정밀한 검토 severely 심하게 dampen 꺾다, 약화시키다 profitability 수익성 revenue 매출 abate 약화시키다 mere 단지 dismal 형편없는, 참담한 upcoming 다가오는 fiscal year 회계연도 profit margin 이윤 폭 abide by 따르다 harsh 가혹한

15.

Before we continue our discussion about the Vietnam War, let's look closer at the actual makeup of the troops. It's a misconception that the demographics of the military did not reflect the U.S. population during the 1960s. Of those deployed to Vietnam, 88 percent were Caucasian, 10 percent were African-American, and one percent were of other races. The estimated African-American population of the U.S. according to the 1970 census was 11 percent. This debunks the idea that African-Americans were disproportionately represented in the conflict in Vietnam. [비교] Also, keep in mind that of the eight million troops that served, the U.S. government drafted less than two million. The rest enlisted, with thirty percent of the deaths being draftees.

Q. What can be inferred about the U.S. troops of the Vietnam War from the lecture?
(a) Fewer African-Americans were killed in action than previously thought.
(b) Today's U.S. military does not reflect the demographics of the population.
(c) Most of the African-Americans who served in the war were draftees.
(d) The death toll of drafted soldiers closely corresponds to their demographics in the military.

베트남 전쟁에 관한 토의를 계속하기 전에, 군대의 실제 구성에 대해서 더 자세히 살펴보겠습니다. 군대의 인구 통계가 1960년대 미국의 인구를 반영하지 않았다는 것은 오해입니다. 베트남에 배치된 사람들 중 88퍼센트는 백인이었고 10퍼센트는 흑인이었으며 1퍼센트는 다른 인종이었습니다. 추산된 미국 흑인 비율은 1970년의 인구 조사에 따르면 11퍼센트였습니다. 이것은 베트남 전쟁에서 흑인들이 불균형적으로 대변되었다는 것이 틀렸음을 보여줍니다. 또한 복무한 800만 병력 중에서, 미국 정부는 200만 명 이하를 선발했다는 것을 알아두어야 합니다. 나머지는 입대를 지원했고, 사망자의 30퍼센트가 징집병들이었습니다.

Q. 강의로부터 베트남 전쟁의 미국 군대에 관하여 유추할 수 있는 것은?
(a) 전에 생각했던 것보다 더 적은 수의 흑인들이 전사했다.
(b) 오늘날의 미국 군대는 인구 통계를 반영하지 않는다.
(c) 참전했던 대부분의 흑인들은 징집된 사람들이었다.
(d) 징집된 군인들의 사망률은 군대에서 그들의 인구 통계와 가깝게 일치한다.

해설 참전자 전체 800만 명 중에서 징집병들이 200만 명이었고 전사한 사람도 약 30%이라는 것을 통해서 징집병들의 사망률이 그들의 참전 비율과 가깝다는 것을 유추할 수 있다. 따라서 **(d)가 정답**이다.

⚠️ **오답 피하기**
(a)는 fewer African-Americans were killed라 하여 오답이다. 전에 생각했던 전사자 수와 실제 전사자 수를 비교하지 않는다.
(b)는 today's U.S. military라 하여 오답이다. 오늘날의 미군에 대해서 말하지 않는다.
(c)는 African-Americans, draftees라 하여 오답이다. 대부분의 흑인이 징집자였는지 아닌지 설명하는 근거가 없다.

■ makeup 구성 troop 군대 misconception 오해 demographics 인구 통계 reflect 반영하다 deploy 배치시키다 Caucasian 백인 census 인구 조사 estimated 추산된 debunk 틀렸음을 보여주다 disproportionately 불균형적으로 represent 대변하다 serve 복무하다 draft 선발하다 enlist 입대하다 draftee 징집병 killed in action 전사하다 correspond to ~와 일치하다 proportion 비율

Part 4 담화 유형별 학습

Unit 01 안내/공지

Unit Test
본문 p. 262

01 (b) 02 (d) 03 (c) 04 (b) 05 (d)
06 (d) 07 (a) 08 (d)

01.

Good morning, everyone. During today's meeting, we need to address the need for more workers at the head office. I realize that the commute to the head office is longer, but you will be at the nerve center of the operation, which will offer more chances for promotion. The pay will remain the same, but anyone who agrees to the transfer will be eligible for a salary review six months earlier than the regular planned reviews.

Q. What is the announcement mainly about?
(a) The possibility of a salary raise six months in advance
(b) The pros and cons of agreeing to the transfer
(c) The mandatory transfer to the head office
(d) The advantages of having reviews sooner

좋은 아침입니다, 여러분. 오늘 회의 동안 우리는 본사의 직원 수를 증원해야 하는 필요성에 관하여 다루어야 합니다. 저는 본사까지의 통근 시간이 더 걸리는 것을 압니다만, 여러분은 경영의 중심에 있게 될 것이고 이것은 승진의 기회를 더 제공할 것입니다. 임금은 동일하게 유지될 것이지만 전근하고 싶은 분들은 주기적인 평가 기간보다 6개월 먼저 급여 수준 검토의 자격이 주어질 것입니다.

Q. 공지는 주로 무엇에 관한 것인가?
(a) 6개월 앞선 급여 인상의 가능성
(b) 전근에 동의하는 것의 장단점
(c) 본사로의 의무적인 전근
(d) 평가를 더 일찍 받는 것의 장점

해설 중심 소재는 need for more workers at the head office이고 본사로 전근했을 때 장점과 단점을 설명하고 있으므로 (b)가 정답이다.

⚠ 오답 피하기
(a)는 raise, in advance라 하여 오답이다. 급여 인상이 주된 내용은 아니다.
(c)는 mandatory라 하여 오답이다. 의무적인 전근이 아니다.
(d)는 reviews라 하여 오답이다. 평가에 대한 내용이 아니라 본사로 전근 가는 것에 대한 내용이다.

■ address 다루다 head office 본사 realize 인식하다 commute 통근 nerve center 중추부 promotion 승진 remain 유지되다 transfer 전근하다 eligible 자격이 있는 salary review 급여 수준 검토 pros and cons 장단점 mandatory 의무적인

02.

Okay, everyone. It's time to get to business. We have some difficult decisions to make during this meeting. As you all know, the company is experiencing a number of financial difficulties. We don't want to lay anyone off, so we are hoping that all employees will agree to extra days off without pay. This will allow us to retain all current employees. If this is not agreeable, I'm afraid some of the people at this table will need to start looking for another job.

Q. What is mainly being discussed?
(a) The financial risks involved in downsizing the workforce
(b) The decision to halt promotions until profits increase
(c) The importance of letting employees go to cut costs
(d) The solution to minimize spending to retain employees

그래요, 여러분. 다시 사업 이야기로 돌아가 봅시다. 이번 회의 동안 어려운 결정을 좀 해야 합니다. 여러분 모두가 알다시피, 회사는 많은 재정난을 겪고 있습니다. 우리는 누구도 해고하고 싶지 않기 때문에 모든 직원들이 추가적인 무급 휴가에 동의해 주기를 바랍니다. 이것은 우리가 현재의 모든 직원들을 유지할 수 있도록 할 것입니다. 만약 이것에 선뜻 동의하지 못하신다면, 어쩔 수 없이 여기 있는 몇몇 사람들은 다른 회사를 찾아봐야 할 것 같습니다.

Q. 주로 논의되는 것은?
(a) 인력을 삭감하는 것과 관련된 재무 리스크
(b) 이윤이 증가할 때까지 승진을 중단하기로 한 결정
(c) 비용 삭감을 위해 직원을 해고하는 것의 중요성
(d) 직원을 유지하기 위해 지출을 최소화 할 해결책

해설 중심 소재는 decisions이고 소주제는 비용을 줄여 현재의 직원들을 모두 유지하는 방안에 대한 내용이므로 (d)가 정답이다.

⚠ 오답 피하기
(a)는 risks, downsizing이라 하여 오답이다. 인원을 삭감하는 것에 대한 내용이 아니다.
(b)는 halt promotions라 하여 오답이다. 승진을 중단하겠다는 것이 아니라 무급으로 휴일을 가져야 한다는 것이다.
(c)는 letting employees go라 하여 오답이다. 직원을 해고해야 한다는 내용이 아니라 해고하지 않도록 조치를 취한다는 내용이다.

■ financial difficulty 재정난 lay off 해고하다 retain 유지하다, 보유하다 agreeable 선뜻 동의하는 downsize 인원 삭감하다 workforce 인력(전 직원) halt 중단시키다 let go 해고하다 cut costs 비용을 줄이다 minimize 최소화하다

03.

The Harborview City Museum requests the honor of your presence on April 22nd for the annual Spring Benefactors Gala. A symphony orchestra from Boston will provide the evening's entertainment along with dancing. A six-course catered dinner will be served in the garden and the governor is expected to attend. Hope to see you there!

Q. What is mainly being announced?
(a) A successful opening of a new city museum
(b) A reminder of an upcoming event for the people in Boston
(c) A chance to attend a musical performance at a museum
(d) A recent initiative to promote the local music industry

Harborview 시 박물관은 4월 22일 연례 Spring Benefactors Gala에 여러분의 참석의 영광을 요청합니다. 보스턴에서 오는 교향악단은 춤과 함께 여러분께 여흥을 제공할 것입니다. 준비된 여섯 코스의 저녁식사는 정원에서 제공될 것이며, 주지사가 방문할 계획입니다. 그곳에서 만나 뵙기를 바랍니다!

Q. 주로 공지되는 것은?
(a) 새로운 도시 박물관의 성공적인 개관
(b) 보스턴에 있는 사람들을 위해 다가오는 행사를 상기시켜주는 것
(c) 박물관에서 음악 공연을 참석할 수 있는 기회
(d) 지역 음악 산업을 촉진시키기 위한 최근 계획

해설 중심 소재는 Harborview City Museum이며 소주제는 음악 행사를 개최하는 것이므로 (c)가 정답이다.

⚠ 오답 피하기
(a)는 opening이라 하여 오답이다. 박물관을 새롭게 개관한 것이 아니다.
(b)는 reminder, Boston이라 하여 오답이다. 전에 말한 것을 상기시켜주는 것인지 알 수 없고, Boston에서 연주가들이 온다는 것이지 Boston에서 공연이 있다는 것이 아니다.
(d)는 promote the local music industry라 하여 오답이다. 지역의 음악 산업에 대해서는 전혀 언급되지 않았다.

■ annual 연례의 along with ~와 함께 reminder 상기시켜주는 것 upcoming 다가오는 initiative 계획 promote 촉진시키다

04.

Good evening and welcome to the first class. We will begin with an introduction to meditation and take you through your first guided meditation. One thing to keep in mind is that many beginners believe that the goal of meditation is to learn how to resist distracting thoughts. This is not true. The goal is to learn to build awareness, not control. Be aware of what is happening in your mind, recognize it for what it is, and then move on without dwelling on the thought.

Q. What is the main topic of the talk?
(a) Learning to regulate unwanted thoughts through meditation
(b) Coping with distracting thoughts while meditating
(c) Introducing ways to maintain peace of mind
(d) Keeping stress at bay when trying to relax

안녕하세요. 첫 번째 수업에 오신 것을 환영합니다. 우리는 명상에 대한 소개로 시작하여 여러분의 첫 번째 명상으로 안내해드리겠습니다. 기억해야 할 것은 많은 입문자들이 명상의 목적이 정신을 산만하게 하는 생각을 저항하는 것이라고 생각합니다. 이것은 사실이 아닙니다. 목표는 깨달음을 쌓는 것이지 통제를 하는 것이 아닙니다. 여러분의 마음 속에서 무슨 일이 일어나는지 깨달으시고, 그것을 그 자체로 인정하고, 그리고 그 생각에 머무르지 않고 넘어가면 됩니다.

Q. 담화의 주제는?
(a) 명상을 통해 원치 않는 생각을 통제하는 것을 배우는 것
(b) 명상을 하는 동안 방해되는 생각에 대처하는 것
(c) 마음의 평안을 유지하는 방법을 소개하는 것
(d) 휴식을 취하려고 할 때 스트레스를 저지하는 것

해설 중심 소재는 meditation이고 소주제는 명상을 하는 동안 정신을 산만하게 하는 생각에 어떻게 대처해야 하는지에 대한 안내이므로 (b)가 정답이다.

⚠ 오답 피하기
(a)는 regulate라 하여 오답이다. 조절을 하는 것이 아니라 인지를 해야 한다고 설명한다.
(c)는 ways라 하여 오답이다. 명상 외에 다른 다양한 방법을 제시하지 않는다.
(d)는 명상에 대한 보기가 아니라 일반적인 휴식에 대한 보기이므로 오답이다.

■ meditation 명상 resist 저항하다 distracting thought 정신을 산만하게 하는 생각 awareness 깨달음 recognize 인지하다 dwell 머무르다 regulate 통제하다 cope with ~에 대처하다 peace of mind 마음의 평안 keep A at bay A를 저지하다

05.

Can I have everyone's attention, please? We just want to remind everyone that photography is prohibited during the tournament. [이유, 문제점] People moving around to get the best photo can distract the competitors as well as block the view of other spectators. We hope that everyone will accept this prohibition and if anyone is caught taking photos, that person will be asked to leave.

Q. Which is correct according to the announcement?
(a) Spectators are not allowed to own cameras.
(b) Camera flashes distract competitors the most.
(c) People can take photos if they stay in their seats.

(d) **Picture taking tends to obstruct the view of others.**

모두 집중해주시겠습니까? 저희는 여러분께 경기 중에는 사진 촬영이 금지되어 있다는 것을 다시 한번 알려드리고자 합니다. 가장 좋은 사진을 찍기 위해 돌아다니는 사람들은 선수들을 방해할뿐 아니라 다른 관중들의 시야를 막습니다. 저희는 모두가 이 금지 사항을 준수하시길 바라며, 만약 누군가 사진을 찍다 걸리신다면 그 분은 퇴장을 요청받게 됩니다.

Q. 공지에서 따르면 다음 중 옳은 것은?
(a) 관중들은 카메라를 소유하는 것이 허용이 안 된다.
(b) 카메라 플래시는 선수들에게 가장 방해가 된다.
(c) 사람들은 제 자리에 있을 경우에는 사진을 촬영할 수 있다.
(d) 사진 촬영은 다른 사람들의 시야를 막는 경향이 있다.

해설 사진을 찍기 위해 돌아다니면 다른 관중들의 시야를 막는다고 했으므로 (d)가 정답이다.

⚠ 오답 피하기
(a)는 own이라 하여 오답이다. 사진을 찍으면 안 된다고 했지만 카메라 자체를 들고 들어올 수 없다고 하지는 않았다.
(b)는 camera flashes라 하여 오답이다. 플래시에 대해서는 언급되지 않았다.
(c)는 if they stay라 하여 오답이다. 사진 촬영이 가능한 특정 조건은 언급되지 않았다.

■ remind 다시 한번 알려주다 prohibit 금지하다 tournament 경기 distract 방해하다 competitor 선수 spectator 관중 prohibition 금지 possess 소지하다 tend to ~하는 경향이 있다 obstruct 막다

06.

Today's show is hosted by restaurateur Lucy Lin and will challenge three promising young chefs to turn a basket of everyday ingredients into a four-course meal. The chefs are also given access to a refrigerator and a pantry for additional ingredients. [역할] Lucy Lin, an acclaimed culinary chef by education and profession, will be the final judge and a prize of $5,000 will be awarded to the creator of the most innovative meal.

Q. Which is correct according to the announcement?
(a) Lucy Lin will compete with three other professional chefs.
(b) The participants must arrange their own ingredients for the competition.
(c) Each contestant will be required to prepare a meal with four ingredients.
(d) **One of the chefs will be given a cash award.**

오늘의 행사는 식당 경영자 Lucy Lin이 진행을 맡으며, 세 명의 유망한 젊은 요리사들에게 일상 재료들을 4코스 요리로 바꾸는 도전을 시킬 것입니다. 요리사들은 추가적인 재료들을 위해 냉장고와 식품품 저장실에 들어갈 수 있습니다. 학력과 직업으로 호평을 받고 있는 요리사인 Lucy Lin은 최종 심사위원이 될 것이며, 5,000달러의 상금이 가장 혁신적인 요리를 만든 요리사에게 주어질 것입니다.

Q. 공지에 따르면 옳은 것은?
(a) Lucy Lin은 3명의 전문 요리사와 경쟁할 것이다.
(b) 참가자들은 대회를 위해 그들 자신의 재료를 준비해야 한다.
(c) 각 참가자는 4개의 재료로 식사를 준비하도록 요구될 것이다.
(d) 요리사들 중 한 명은 상금을 받을 것이다.

해설 요리 대회의 우승자는 5,000달러의 상금을 받을 것이라고 했으므로 (d)가 정답이다.

⚠ 오답 피하기
(a)는 Lucy Lin will compete라 하여 오답이다. Lucy Lin은 심사위원이다.
(b)는 must arrange their own ingredients라 하여 오답이다. 재료를 꼭 준비해야 한다는 근거가 없으며 오히려 추가 재료가 제공된다고 설명한다.
(c)는 prepare a meal with four ingredients라 하여 오답이다. 4개의 코스로 구성된 식사를 준비하는 것이지 4개의 재료만 사용해야 한다는 것이 아니다.

■ restaurateur 식당 경영자 promising 유망한 chef 요리사 ingredient 재료 four-course meal 4코스 요리 pantry 식품품 저장실 acclaimed 호평을 받는 judge 심사위원 arrange 준비하다

07.

This announcement is to inform all staff that Country Grocery has just purchased Stella's Groceries. [결과] This gives us access to a number of new markets across the country. We plan on keeping the original name for now but will make several changes to the new stores, such as improving the selection of produce. As customers become comfortable with the change in product selection, we will drop the name Stella's Groceries and change the name to Country Grocery.

Q. Which is correct according to the announcement?
(a) **The acquisition expands Country Grocery's business reach.**
(b) The name of the stores will be switched to Stella's Groceries.
(c) Stella's Groceries has more stores than Country Grocery.
(d) Some customers are uncomfortable with the name change.

이 공지는 Country Grocery가 Stella's Groceries를 인수하였음을 모든 직원들에게 알리기 위한 공지입니다. 이번 인수로 우리는 전국의 많은 새로운 시장들에 접근할 수 있습니다. 우리는 현재로서는 원래의 상호명을 유지하고자 하지만 새로운 상점에 상품의 선택권을 향상시키는 것을 포함하여 많은 변화를 줄 것입니다. 고객들이 상품 선택의 변화에 편안해지면,

우리는 Stella's Groceries의 이름을 버리고 Country Grocery로 이름을 바꿀 것입니다.

Q. 공지에 따르면 다음 중 옳은 것은?
(a) 인수는 Country Grocery의 사업 영역 범위를 확대시킨다.
(b) 매장들의 이름은 Stella's Groceries로 바뀔 것이다.
(c) Stella's Groceries는 Country Grocery보다 더 많은 매장이 있다.
(d) 어떤 고객들은 이름 변경에 불편해하고 있다.

해설 인수를 통해 전국의 새로운 시장에 접근할 수 있게 되었다고 했으므로 **(a)**가 정답이다.

⚠️ 오답 피하기
(b)는 Stella's Groceries라 하여 오답이다. Country Grocery로 변경할 계획이라고 했다.
(c)는 more stores라 하여 오답이다. 어느 회사가 매장을 더 많이 보유하고 있는지 알 수 없다.
(d)는 are uncomfortable with라 하여 오답이다. 이름 변경에 대한 고객들의 반응은 언급되지 않았다.

■ access 접근 drop 버리다 acquisition 인수 expand 확대하다
  reach 미치는 범위 switch 바뀌다 uncomfortable 불편한

08.

Good morning, class. [조건] Just a reminder, 50 percent of your mark is on class participation. You are expected to read the material and share your thoughts with the class. We will be covering a number of interesting topics, so it should be easy to get a lively discussion going. The class is fairly small, so don't expect to hide in the background. I understand that some people may feel uncomfortable with speaking in class, but it is very important to ensure a valuable learning experience for everyone. [조건] And remember, you need more than 60 percent to pass the class.

Q. What can be inferred from the announcement?
(a) The classroom is too small for the number of students enrolled.
(b) Students can choose topics of their choice in class discussions.
(c) The professor expects students to be speaking for more than half of the class time.
(d) Students who do not participate in class discussions will fail the course.

좋은 아침이에요 여러분. 다시 말하지만, 여러분의 성적의 50퍼센트는 수업 참여도로 결정됩니다. 여러분은 자료를 읽고 반에서 여러분의 생각을 수업에서 나눠야 합니다. 우리는 재미있는 주제들을 다룰 것이므로 활발한 토의를 거치는 것이 쉬울 것입니다. 우리 반이 상당히 규모가 작기 때문에 뒤에 숨을 생각은 하지 마세요. 몇몇 사람들은 반에서 이야기하는 것이 불편할 수 있다는 것을 이해합니다만, 여러분 모두에게 가치 있는 배움을 보장해 주는 것이 더 중요합니다. 그리고 명심하세요, 60퍼센트 이

상이 되어야 수업을 통과할 수 있습니다.

Q. 공지로부터 유추할 수 있는 것은?
(a) 교실은 등록한 학생 수에 비해 너무 작다.
(b) 학생들은 수업 토론에서 그들이 선호하는 주제를 선택할 수 있다.
(c) 교수는 학생들이 수업 시간의 반 이상을 말하기에 할애할 것을 기대하고 있다.
(d) 수업 토론에 참여하지 않는 학생은 수업에서 낙제할 것이다.

해설 수업 참여가 60퍼센트 이상이 되어야 통과할 수 있다고 했으므로 **(d)**가 정답이다.

⚠️ 오답 피하기
(a)는 too small이라 하여 오답이다. 반의 규모가 작다고는 하지만 교실 자체가 작은 것인지는 알 수 없다.
(b)는 can choose topics라 하여 오답이다. 다양한 주제를 다룬다고 하지만 학생이 선택할 수 있다고 하지 않는다.
(c)는 speaking for more than half of the class time이라 하여 오답이다. 수업의 절반 이상을 말하라고 하지 않고 성적의 절반이 참여율이라고 하는 것이다.

■ reminder 다시 말해주다 mark 성적 material 자료 fairly 상당히
  ensure 보장해주다 valuable 가치 있는 enroll 등록하다 fail 낙제하다

Unit 02 방송/뉴스/일기예보

Unit Test
본문 p. 268

01 (d) 02 (c) 03 (b) 04 (c) 05 (a)
06 (b) 07 (b) 08 (b)

01.

Once again, CP Rail is in the news because of a train accident. The train, loaded with various chemicals, derailed as it was entering the town of Bakersfield. While no one was hurt in the accident, a number of Bakersfield residents needed to be evacuated over concerns about the chemical spill. Investigators state that the train was travelling at excessive speeds and the conductor did not apply the brake soon enough as the train entered town. Police are still investigating as to whether charges against the conductor and company will be laid.

Q. What is the news report mainly about?
(a) The growing concerns regarding the chemical spill
(b) Possible legal action by the Bakersfield residents
(c) Tragic accidents involving chemical spills from trains

(d) A train accident that led to the evacuation of residents

또 다시 CP 철도가 기차 사고로 인해 뉴스에 보도되었습니다. 다양한 화학 물품을 가득 실은 열차는 Bakersfield 마을에 진입하면서 철로를 이탈하였습니다. 사고로 인해 다친 사람은 없었지만, 많은 Bakersfield의 주민들이 화학 물질의 유출 우려로 대피해야 했습니다. 수사관들은 열차가 과속으로 달리고 있었으며, 열차가 마을에 들어설 때 기관사가 브레이크를 빨리 밟지 않았다고 명시하였습니다. 경찰은 여전히 기관사와 회사에 혐의가 있는지 조사하고 있습니다.

Q. 뉴스 보도는 주로 무엇에 관한 것인가?
(a) 화학 물질 유출과 관련하여 높아지는 우려
(b) Bakersfield 주민에 의한 가능한 법적 조치
(c) 기차에서 나온 화학 물질 유출과 관련된 비극적인 사고들
(d) 주민들의 대피로 이어진 기차 사고

[해설] 중심 소재는 train accident이고 소주제는 사고로 인한 피해와 대피 상황에 대한 보도이므로 (d)가 정답이다.

⚠ 오답 피하기

(a)는 concerns, chemical spill이라 하여 오답이다. 화학 물질이 유출된 것은 맞지만 주요 내용은 기차 사고와 관련된 보도이므로 '기차 사고'가 언급되어야 한다.
(b)는 legal action이라 하여 오답이다. 기차 사고로 인한 결과이기는 하지만 세부 내용이다.
(c)는 accidents라 하여 오답이다. 하나의 특정 기차 사고를 말하고 있지 다양한 사고들에 대해 말하고 있지 않다.

■ loaded 가득 실은 derail 철로를 이탈하다 resident 주민 evacuate 대피하다 concern 우려 spill 유출 investigator 수사관 state 명시하다 excessive 과도한, 지나친 conductor 기관사 charge 혐의 lawsuit 고소 legal action 법적 조치 tragic 비극적인

02.

The Manic Motion dance company has dismissed its artistic director, Bill Stanton, after the company's latest show failed to generate any positive reviews. The flop cost the company millions that it can ill afford to lose after the company's last two previous productions failed to break even. The company had placed all its hopes on the new production, but once it failed, Stanton's tenure as artistic director came to an end. The dance company is now looking for a replacement.

Q. What is the main topic of the news report?
(a) The poor decisions made by the Manic Motion company
(b) The escalating costs of failed productions by Bill Stanton
(c) The dismissal of an underperforming artistic director
(d) The disappointing result of a new production

Manic Motion 춤 회사는 가장 최근의 쇼가 아무런 긍정적인 반응을 일으키지 못하자 예술 감독 Bill Stanton을 해고하였습니다. 이 실패작은 회사의 두 개의 전 작품들이 본전치기도 실패한 후에 여유가 없을 때 회사에 수백만의 손해를 입혔습니다. 회사는 그들의 모든 기대를 새로운 작품에 걸었지만 이것이 실패한 후 Stanton의 예술 감독으로의 재임이 끝났습니다. 이 춤 회사는 대체할 사람을 찾고 있습니다.

Q. 뉴스 보도의 주제는?
(a) Manic Motion 사가 내린 현명하지 못한 결정들
(b) Bill Stanton의 실패한 제작물의 상승하는 비용
(c) 기량 발휘를 못하는 예술 감독의 해고
(d) 새로운 제작물의 실망스러운 결과

[해설] 중심 소재는 Bill Stanton이고 소주제는 그를 해고하기로 한 회사의 결정이므로 (c)가 정답이다.

⚠ 오답 피하기

(a)는 poor decisions라 하여 오답이다. 해고 결정이 잘못되었다는 것이 아니라 회사의 예술 감독을 해고한 이유에 대한 내용이다.
(b)는 costs라 하여 오답이다. 제작물의 비용에 대해서는 언급되지 않았다.
(d)는 disappointing result라 하여 오답이다. 실망스러운 결과로 인한 Bill Stanton의 해고가 주제이지 실망스러운 결과 자체는 세부 내용이다.

■ dismiss 해고하다 artistic director 예술 감독 generate 일으키다 flop 실패작 ill afford to ~할 여유가 없다 production 작품 break even 본전치기를 하다 tenure 재임 replacement 대체 escalating 상승하는 underperform 기량 발휘를 못하다

03.

A potential agreement has been reached in the two-month-old strike by teachers within the province. The teacher's union has recommended that their members accept the new deal proposed by the province. Some members are lobbying for a rejection of the deal given that it does not address their main concern of stopping the continuing increase in class size. Even with some teachers voting against the deal, the deal is expected to be ratified by the teachers when the vote is called.

Q. What is the speaker's main point about the labor agreement?
(a) It is being supported by the teacher's union unanimously.
(b) It has more support despite its major flaw.
(c) It only addresses the problem of growing class sizes.
(d) It is expected to be rectified to meet the concerns of everyone.

주의 교사들은 2달 동안 지속된 파업 끝에 잠재적인 합의에 도달했습니다. 교직원 노동조합은 그들의 조합원들에게 주에서 제안한 새로운 협약에 동의하라고 권장하였습니다. 몇몇의 조합원들은 계속되는 학급 규모의 증가를 멈추는 것에 대한 주된 우려를 다루지 않는다며 이 합의안에 거절하라는 압력을 가하고 있습니다. 몇몇의 교사들은 이 합의에 반대하지만, 이 합의는 투표가 요구될 때 교사들에 의해 승인될 것으로 예상됩니다.

Q. 노동 협약에 대한 화자의 요지는 무엇인가?
(a) 교직원 노동조합에 의해 만장일치로 지지를 받고 있다.
(b) 주요 결점에도 불구하고 더 많은 지지를 얻고 있다.
(c) 커지는 학급 크기의 문제만 다루고 있다.
(d) 모두의 이해관계를 만족시키기 위해 시정될 예정이다.

해설 중심 소재는 labor agreement이고 소주제는 문제는 있지만 지지를 받고 있다는 것이기 때문에 (b)가 정답이다.

⚠ 오답 피하기
(a)는 unanimously라 하여 오답이다. 모두가 지지하지 않고 있다.
(c)는 only address, class sizes라 하여 오답이다. 학급 규모에 대한 우려를 다루지 않는다고 설명한다.
(d)는 expected to be rectified라 하여 오답이다. 시정될 것이라고 설명하지 않는다.

■ potential agreement 잠재적인 합의   strike 파업   province 주   teacher's union 교직원 노동조합   accept 받아들이다   rejection 거절   address 다루다   vote 투표하다   ratify 승인하다   unanimously 만장일치로   flaw 결점   rectify 시정하다, 바로잡다

04.

A weather warning has been issued today for the east coast of the island with a typhoon expected to make landfall by noon the following day. The typhoon has been classified as a Category 5 typhoon and both schools and businesses have been ordered to close. The typhoon is expected to hover over the island for most of the day tomorrow before moving on. All island residents will need to stockpile fresh water and food as well as take all necessary measures to ensure their safety during the typhoon.

Q. What is the weather report mainly about?
(a) The classification of an approaching storm
(b) The aftermath of a Category 5 typhoon
(c) The alert of a potentially devastating storm
(d) The safety measures in place for dealing with storms

태풍이 섬의 동쪽 해안에 내일 정오 즈음에 상륙할 것이라는 기상 경보가 오늘 발효되었습니다. 이번 태풍은 5등급의 태풍 세기로 확인되었으며, 학교와 회사들은 문을 닫도록 지시 받았습니다. 태풍은 이동하기 전까지 내일 낮 동안 계속 섬 위를 맴돌 것으로 예상됩니다. 모든 섬의 거주자들은 태풍의 이동 경로 동안 그들의 안전을 지키기 위해 필요한 조치를 취할 뿐만 아니라 신선한 물과 음식을 비축해 두어야 할 것입니다.

Q. 기상 보도는 주로 무엇에 관한 것인가?
(a) 다가오는 폭풍의 유형
(b) 5등급 태풍의 여파
(c) 잠재적으로 파괴적인 폭풍에 대한 경고
(d) 폭풍에 대처하기 위해 준비된 안전 조치들

해설 중심 소재는 typhoon이고 소주제는 태풍의 피해가 클 것을 예상하고 대비하라고 알리는 보도이므로 (c)가 정답이다.

⚠ 오답 피하기
(a)는 classification이라 하여 오답이다. 폭풍의 유형에 대해 설명하고 있지 않다.
(b)는 aftermath라 하여 오답이다. 여파에 대해서는 설명이 없다.
(d)는 in place라 하여 오답이다. 이미 준비된 안전 조치들에 대해서 설명하는 것이 아니라 안전 조치를 취해야 한다고 말한다.

■ typhoon 태풍   landfall 상륙   hover (허공을) 맴돌다   stockpile 비축하다   measure 조치   ensure 확실하게 하다   classification 유형, 분류   aftermath 여파   alert 경고   potentially 잠재적으로   devastating 파괴적인

05.

In sports news, Wilson Pickett has been injured once again. [인과] The third baseman suffered a strained hamstring attempting to throw a runner out at second. Pickett left the field under his own power although he did need help from the team trainer. Pickett will undergo an MRI tomorrow and the team will assess whether Pickett can play in the rest of the series.

Q. Which is correct about Wilson Pickett according to the news report?
(a) He hurt himself while throwing a ball.
(b) He was injured for the third time this season.
(c) He will not be able to play for the remainder of the series.
(d) He was supported off the field by his opponents.

스포츠 뉴스입니다. Wilson Pickett이 또 다시 부상을 당했습니다. 3루수는 2루에서 달리는 선수를 아웃시키기 위해 공을 던지다가 오금줄이 결렸습니다. Pickett은 그의 팀 트레이너의 도움이 필요했지만 스스로 경기장을 나섰습니다. Pickett은 내일 MRI를 찍을 것이고, 팀은 Pickett이 나머지 경기를 뛸 수 있을지 가늠할 것입니다.

Q. 뉴스 보도에 따르면 Wilson Pickett에 대해 옳은 것은?
(a) 그는 공을 던지다가 다쳤다.
(b) 그는 이번 시즌에 세 번째로 다쳤다.
(c) 그는 남은 경기를 뛸 수 없을 것이다.
(d) 그는 필드에서 그의 상대 선수들의 도움을 받아 나갔다.

해설 Pickett이 공을 던지다가 다쳤다고 했으므로 (a)가 정답이다.

⚠ 오답 피하기
(b)는 third time이라 하여 오답이다. 처음은 아니라고 설명하지만 세 번째라고 설명하지는 않는다.

(c)는 not able to play라 하여 오답이다. 다시 경기에 뛸 수 있을지 MRI를 찍은 후에 확인할 것이라고 했다.
(d)는 supported out, his opponents라 하여 오답이다. Pickett은 스스로 경기장을 나섰다고 했다.

■ injure 부상을 입히다 strain (힘줄을) 결리게 하다 hamstring 오금줄 throw 던지다 undergo 받다 assess 가늠하다 opponent 상대

06.

Now for financial news. The Japanese consortium, Norisco, has decided not to buy communications giant Satlite. [인과] Norisco claimed that new financial information about Satlite has come to light that has forced the company to reassess the impact of acquiring the company. Norisco executives did not claim that Satlite tried to hide the information but company insiders claim that Satlite tried to paint the company in a better financial light than it was actually in. Shares of Satlite dropped five percent due to the news.

Q. Which is correct about Norisco according to the news report?
(a) Its executives attempted to acquire Satlite despite having financial problems.
(b) It is apprehensive about the ramifications of acquiring Satlite.
(c) Its stock prices fell five percent after the acquisition deal went sour.
(d) It is by far the largest communications company in Japan.

경제 뉴스입니다. 일본의 합작 기업인 Norisco는 거대 정보 통신사 Satlite를 인수하지 않기로 결정했습니다. Norisco는 Satlite에 관한 새로운 재정 정보가 밝혀졌으며, 이는 회사로 하여금 Satlite를 인수하는 것의 영향을 재평가하도록 하였다고 밝혔습니다. Norisco의 간부들은 Satlite가 그 정보를 숨기려고 했다고는 하지 않지만, 회사 내부자들은 Satlite가 실제 재정적 상황보다 더 좋게 보이게 했다고 주장합니다. Satlite는 이 소식으로 인해 주식이 5퍼센트 떨어졌습니다.

Q. 뉴스 보도에 따르면 Norisco에 대해 옳은 것은?
(a) 경영진은 재정적 문제가 있음에도 불구하고 Satlite를 인수하려고 시도하였다.
(b) 회사는 Satlite를 인수하는 결과에 대해서 불안해하고 있다.
(c) 회사의 주식 가격은 인수 거래가 틀어진 후에 5퍼센트 떨어졌다.
(d) 일본에서 가장 큰 통신 회사이다.

해설 Satlite에 관한 재정 정보가 밝혀진 후로 인수에 대해 재평가하기로 했다고 했으므로 **(b)가 정답**이다.

⚠ 오답 피하기
(a)는 despite, financial problems라 하여 오답이다. Norisco의 재정 상태에 대해서는 언급되지 않았다.

(c)는 its stock prices fell five percent라 하여 오답이다. Norisco의 주식이 떨어진 것이 아니라 Satlite의 주식이 5% 떨어졌다고 설명한다.
(d)는 largest라 하여 오답이다. 가장 큰 통신사인지 알 수 없다.

■ consortium 합작 기업 come to light 밝혀지다 reassess 재평가하다 impact 영향 acquire 인수하다 paint in a better light 좋게 보이게 하다 attempt 시도하다 apprehensive 걱정되는, 불안한 ramification 결과, 영향 acquisition 인수 go sour 잘못되다, 틀어지다

07.

[원인] The company Lollypop Fashions was not prepared for the massive response to its upcoming sale. People were lining up outside the store hours before opening in an effort to get the advertised deals. Once the doors opened, customers stampeded through the store resulting in injuries to both staff personnel and customers. One customer, Sally Winfield, has threatened the store with a lawsuit for not taking adequate precautions against possible injury.

Q. Which is correct about Lollypop Fashions according to the news report?
(a) It had to cut the discount event short because of injuries.
(b) It was ill-equipped to handle the large influx of customers.
(c) It opened its store earlier than it was supposed to.
(d) It faced several lawsuits from both employees and customers.

Lollypop Fashions 사는 다가오는 할인 판매에 대한 거대한 반응에 준비가 되어 있지 않았습니다. 사람들은 광고된 물품을 사기 위해 상점이 열기 몇 시간 전에 밖에서 줄을 섰습니다. 문이 열리자마자 고객들은 상점에 우르르 몰려 고객이나 직원들이 다치기도 하였습니다. 한 고객인 Sally Winfield는 가능한 부상에 관하여 적절한 예방조치를 하지 않은 것에 관하여 고소할 것이라고 상점을 위협했습니다.

Q. 뉴스 보도에 따르면 Lollypop Fashions에 대해 옳은 것은?
(a) 부상 때문에 할인 행사를 단축해야 했다.
(b) 고객의 많은 쇄도를 다루기 위한 준비가 안 되어 있었다.
(c) 예정된 매장 오픈 시간보다 더 일찍 열었다.
(d) 직원들과 고객들 양측으로부터 여러 고소를 당했다.

해설 Lollypop Fashions 사가 사람들이 많이 몰릴 것에 대비하지 못하여 문제가 되었다고 했으므로 **(b)가 정답**이다.

⚠ 오답 피하기
(a)는 cut, event short라 하여 오답이다. 행사를 진행하는 데 문제가 있었다고 하지만 시간을 단축시켰다는 내용은 없다.
(c)는 opened, earlier라 하여 오답이다. 가게를 더 일찍 열었다고 설명하지 않는다.
(d)는 several lawsuits라 하여 오답이다. 한 고객이 고소를 할 것이라고

했지 직원들과 고객들로부터 고소를 당했다고 하지 않는다.
- upcoming 다가오는 line up 줄을 서다 stampede 우르르 몰리다 personnel 직원 threaten 위협하다 lawsuit 고소 adequate 적절한 precautions 예방조치 ill-equipped 준비가 안 된 handle 다루다 influx 쇄도

08.

Local TV channel WKPR has begun showing a new current affairs program. The program will be hosted by Sam Caufield. Caufield will be joined by different guests each week. [목적] The panel will discuss issues relevant to our city, such as housing, poverty, and police brutality, and will also take phone calls from city residents. So, tune in for a live and vibrant discussion on what's happening around you.

Q. What can be inferred from the talk?
(a) Sam Caufield will answer questions by a panel of guests.
(b) Issues related to other countries will not be covered in the discussion.
(c) The guest panel will consist mostly of local residents.
(d) Sam Caufield has prior experience in hosting a current affairs program.

지역 TV 채널인 WKPR은 새로운 시사 프로그램을 방영하기 시작하였습니다. 이 프로그램은 Sam Caufield가 진행할 것입니다. Caufield와 함께 매주 다른 게스트들이 출연할 것입니다. 패널들은 부동산, 가난, 경찰 폭력과 같은 우리 시와 관련된 문제들을 논의하고 시 거주자들과 전화 연결도 진행할 것입니다. 그러므로, 여러분의 뉴스거리에 대한 생기 있고 활기 찬 토의를 위해 시청하세요.

Q. 담화로부터 유추할 수 있는 것은?
(a) Sam Caufield는 게스트들의 질문에 답할 것이다.
(b) 다른 나라들에 대한 문제들은 토론에서 다뤄지지 않을 것이다.
(c) 게스트들은 대부분 지역 주민들로 구성될 것이다.
(d) Sam Caufield는 시사 프로그램에서 사회를 본 이전 경험이 있다.

해설 우리 시와 관련된 내용에 대해서 논의한다고 했으므로 다른 나라에 대한 내용은 다루지 않을 것이라는 점을 유추할 수 있다. 따라서 (b)가 정답이다.

⚠ 오답 피하기
(a)는 questions by a panel of guests라 하여 오답이다. 게스트의 질문에 답하는 프로그램이 아니라 특정 주제에 대해서 논의하는 형식이라고 설명한다.
(c)는 mostly of local residents라 하여 오답이다. 지역에 대해서 논의하는 것은 맞지만 게스트들이 대부분 지역 주민인지는 알 수 없다.
(d)는 prior experience in hosting이라 하여 오답이다. Sam Caufield에 대한 정보는 주어지지 않았다.

- current affairs 시사 poverty 가난 police brutality 경찰 폭력 resident 주민 tune in 시청하다 vibrant 활기찬

Unit 03 광고

Unit Test
본문 p. 274

01 (c)   02 (b)   03 (d)   04 (a)   05 (c)
06 (b)   07 (d)   08 (c)

01.

You just found the exact item you were looking for but there's one big problem. Its retailer doesn't ship internationally. Well, don't worry. International Transport can solve your problem. All you need to do is buy your product, check our list of warehouse drop-off points for the drop-off point closest to you, and then send your package to that address. We'll check to make sure the item is okay and then mail the package on to you.

Q. What is mainly being advertised?
(a) A warehouse space for storing products before shipping
(b) An online retailer offering free international shipping
(c) A package delivery service for international residents
(d) A packaging service for customers mailing overseas

당신은 방금 당신이 원하던 바로 그 상품을 찾았지만 큰 문제가 하나 있습니다. 그것의 판매처는 국제 배송을 하지 않는다는 것입니다. 걱정하지 마세요. International Transport가 당신의 문제를 해결해 드릴 수 있습니다. 당신은 물품을 사고 당신과 가장 가까운 전달 장소를 저희의 창고 배달품 전달 장소 리스트에서 확인하시고, 그 주소로 여러분의 상품을 보내시기만 하면 됩니다. 저희가 그 물품이 괜찮은지 확인하고 고객님께 보내 드리겠습니다.

Q. 주로 광고되고 있는 것은 무엇인가?
(a) 배송 전에 제품을 보관하기 위한 창고 공간
(b) 무료 국제 배송을 제공하는 온라인 판매처
(c) 해외 거주민을 위한 물품 배달 서비스
(d) 해외에 우편을 보내는 고객을 위한 포장 서비스

해설 중심 소재는 국제 배송이고 소주제는 해외 배송을 해 줄 수 있는 업체에 대한 홍보이므로 (c)가 정답이다.

⚠ 오답 피하기
(a)는 space, storing이라 하여 오답이다. 보관하는 장소를 광고하고 있지 않다.
(b)는 retailer라 하여 오답이다. 판매를 하는 곳이 아니라 해외 배송을 해주는 업체이다.

(d)는 packaging service라 하여 오답이다. 포장 서비스가 아니라 해외 배송을 하는 업체에 대한 광고이다.

■ retailer 판매처, 소매점 ship 배송하다 warehouse 창고 drop-off point 배달품 전달 장소 mail 보내다 packaging service 포장 서비스 overseas 해외에, 해외의

02.

Traditional Chinese music is one of the most beautiful aspects of Chinese culture. Now, you can learn all about traditional Chinese music, including the various instruments. You can get introductory lessons on the instrument you think you will like the best or you can try all of them to see which one fits you the best. The cost for the twelve-week program is $112. Enroll now and learn a lot more about Chinese traditional music.

Q. What is mainly being advertised?
(a) A demonstration of traditional Chinese instruments
(b) A class for learning traditional Chinese music
(c) A music course on the history of Chinese instruments
(d) An interesting aspect of traditional Chinese music

전통적인 중국 음악은 중국 문화의 가장 아름다운 측면 중 하나입니다. 이제, 여러분은 다양한 악기를 포함하여 전통적 중국 음악의 모든 것에 관하여 배울 수 있습니다. 여러분은 여러분이 생각하기에 가장 좋을 것 같은 악기를 선택하여 입문 수업을 받거나 어떤 악기가 가장 잘 맞는지를 알기 위해 모든 수업을 받아볼 수 있습니다. 12주 프로그램의 가격은 112달러입니다. 지금 등록하시고 중국 전통 음악에 관하여 더 배워보세요.

Q. 주로 광고되고 있는 것은 무엇인가?
(a) 전통 중국 악기의 시범
(b) 전통 중국 음악을 배우는 수업
(c) 중국 악기의 역사에 대한 음악 수업
(d) 전통 중국 음악의 흥미로운 부분

해설 중심 소재는 중국 음악 수업이고 소주제는 중국 전통 악기를 배우는 것이므로 (b)가 정답이다.

⚠ 오답 피하기

(a)는 demonstration이라 하여 오답이다. 시범을 보여준다는 설명은 없다.
(c)는 history라 하여 오답이다. 역사에 대해서 배우는 수업이 아니라 악기를 배우는 수업이다.
(d)는 interesting aspect라 하여 오답이다. 중국 전통 음악의 흥미로운 부분을 홍보하는 것이 아니라 수업에 대해서 홍보를 하는 것이다.

■ aspect 측면 instrument 악기 enroll 등록하다 demonstration 시범 performance 공연

03.

Do you enjoy reading a variety of magazines and newspapers while traveling out of the country? With Newsstand Co, you can select all your favorite publications and have them arrive at your international hotel when you do. There are over a thousand single-issue magazines and periodicals to choose from with reasonable shipping rates. Check out our easy-to-use website and leave home without getting behind in the latest news.

Q. What is mainly being advertised?
(a) An online publication service for international customers
(b) An extended shipping service to remote countries
(c) A complimentary subscription to magazines and newspapers
(d) A subscription service for customers traveling overseas

당신은 해외로 여행할 때 다양한 잡지와 신문 읽기를 즐기나요? Newsstand 사와 함께 여러분은 여러분이 가장 좋아하는 발행물을 고르고 여러분이 해외에서 머무는 호텔에 도착했을 때 받아볼 수 있습니다. 합리적인 배송 가격으로 고를 수 있는 1,000개 이상의 단행본 잡지와 정기 간행물이 있습니다. 이용하기 쉬운 저희의 웹사이트를 방문하시고 최근 소식에 뒤처지지 않은 상태로 집을 떠나세요.

Q. 주로 광고되고 있는 것은 무엇인가?
(a) 해외 고객을 위한 온라인 출판 서비스
(b) 먼 나라로 확대된 배송 서비스
(c) 잡지와 신문의 무료 정기 구독
(d) 해외로 여행하는 고객을 위한 구독 서비스

해설 중심 소재는 구독 서비스이고 소주제는 해외에서 머무르는 호텔로 잡지와 신문을 배송한다는 것이므로 (d)가 정답이다.

⚠ 오답 피하기

(a)는 online publication service라 하여 오답이다. 출판을 해주는 서비스가 아니라 구독하면 배송을 해주는 서비스다.
(b)는 extended, remote countries라 하여 오답이다. 배송 서비스가 확대된 것인지 알 수 없다.
(c)는 complimentary라 하여 오답이다. 합리적인 배송 가격이라고 했지 무료라고 하지는 않았다.

■ a variety of 다양한 publication 발행물, 출판물 single-issue magazine 단행본 잡지 periodical 정기간행물 reasonable 합리적인 rate 가격 complimentary 무료 subscription 구독

04.

Tablet computer owners enjoy watching movies and TV dramas on their devices, but the screen is often difficult to view. But a newly developed cover will soon be available to limit that glare, especially during outdoor use. The YouView cover is affordable and available for all models of tablets. Manufactured in Japan, it will be for sale at larger computer stores throughout the U.S. and Canada beginning next month.

Q. What is mainly being advertised?

(a) **An impending release of a new product line**
(b) A new glare-free tablet computer
(c) An innovative cover to protect tablet computers
(d) An affordable latest model of computer monitors

태블릿 컴퓨터를 가지고 있는 사람들은 그들의 기기로 영화와 TV 드라마를 보는 것을 즐기지만 화면이 종종 보기에 어렵습니다. 하지만 새롭게 발명된 커버는 특히 실외에서 사용할 때 그 눈부심을 방지할 수 있도록 곧 사용 가능할 것입니다. YouView 커버는 저렴하고 모든 태블릿에 사용이 가능합니다. 일본에서 생산되었으며, 다음 달부터 미국과 캐나다 전역에 걸쳐 대형 컴퓨터 상점에서 판매될 것입니다.

Q. 주로 광고되고 있는 것은 무엇인가?
(a) 새로운 제품 라인의 임박한 출시
(b) 새로운 눈부심 방지 태블릿 컴퓨터
(c) 태블릿 컴퓨터를 보호해주는 혁신적인 커버
(d) 컴퓨터 모니터의 최신 모델

해설 중심 소재는 태블릿 컴퓨터 커버이고 소주제는 눈부심을 방지하는 새로운 제품이므로 **(a)가 정답**이다.

⚠ 오답 피하기
(b)는 tablet이라 하여 오답이다. 눈부심을 방지하는 screen이지 태블릿이 아니다.
(c)는 to protect tablet computers라 하여 오답이다. 컴퓨터를 보호하는 것이 아니라 컴퓨터 화면을 잘 보이도록 해주는 것이다.
(d)는 monitors라 하여 오답이다. 모니터 자체가 아니라 모니터에 부착시키는 제품이다.

■ glare 눈부심 affordable 저렴하다 manufacture 생산하다 throughout ~에 걸쳐 impending 임박한 release 출시 glare-free 눈부심 방지 innovative 혁신적인

05.

The Westchester Library is pleased to invite you and your friends to participate in our poetry night next Saturday evening at 5 o'clock for two hours. Several poets will be on hand to share aloud their own poems, but community participation is also encouraged. [조건] A drawing to win a collection of poetry books will be held at 7 and you must be present to win. Seats are limited, so plan to come early.

Q. Which is correct according to the advertisement?
(a) A drawing competition will be held at the event.
(b) Poetry books will be given away to attendees.
(c) People must be at the event to win any prizes.
(d) The poetry night will be held for two days in a row.

Westchester 도서관은 다음 주 토요일 오후 5시에 두 시간 동안 여러분과 여러분의 친구들이 우리의 시의 밤에 참석하도록 초대하는 것을 기쁘게 생각합니다. 여러 시인들이 그들의 시를 낭송하기 위해 출석할 예정이지만 지역 사회의 참여도 권장됩니다. 시 모음집을 얻기 위한 뽑기는 7시에 개최되며 여러분이 획득하기 위해서는 현장에 있어야 합니다. 좌석이 한정되어 있으니 일찍 오시기 바랍니다.

Q. 광고에 따르면 옳은 것은?
(a) 행사에서 그림 대회가 개최될 것이다.
(b) 시집이 참석자들에게 선물로 주어질 것이다.
(c) 사람들은 상품을 획득하기 위해서는 행사에 참석해야 한다.
(d) 시의 밤은 이틀 연속으로 진행될 것이다.

해설 담화 후반부에서 시 모음집을 획득하기 위해서는 현장에 있어야 한다는 조건이 언급되었으므로 **(c)가 정답**이다.

⚠ 오답 피하기
(a)는 drawing competition이라 하여 오답이다. 그림 대회가 아니라 뽑기가 있을 거라고 설명한다.
(b)는 given away to attendees라 하여 오답이다. 선물로 제공되는 것이 아니라 당첨된 사람들에게만 준다고 한다.
(d)는 two days in a row라 하여 오답이다. 토요일 5시부터 7시까지 2시간만 진행한다고 한다.

■ participate in ~에 참석하다 poetry 시 poet 시인 on hand 출석한 share aloud 낭송하다 drawing 뽑기 competition 대회 be given away 선물로 주어지다 attendee 참석자 in a row 연속으로

06.

To increase digital literacy and mathematical fluency in middle school age girls, Cal Tech is offering a special course for four weeks in July. [목적, 인과] Over the first five-day camp, girls will learn to design, create, and animate computer graphics. This 30-hour computer-coding unit sparks interest in math in these young girls who otherwise wouldn't have the exposure. Call today to sign up to make a reservation for your daughter.

Q. Which is correct according to the advertisement?
(a) The camp is open to girls of any age group.
(b) The computer graphics course will inspire students in math.
(c) The special course will last for five days in July.
(d) A minimum math requirement must be satisfied to join.

중학교 나이의 여자아이들의 디지털 능력과 수학적 능숙함을 향상시키기 위해서 Cal Tech는 7월에 4주 코스의 특별한 수업을 제공합니다. 첫 5일의 캠프 기간 동안 소녀들은 컴퓨터 그래픽을 설계하고 생성하고 움직이게 하는 과정을 배울 것입니다. 이 30시간의 컴퓨터 코드 수업은 이것이 아니었다면 접해보지 못했을 어린 소녀들에게 수학에 관한 관심을 불러일으킬 것입니다. 여러분의 딸을 위해 오늘 전화해서 예약하세요.

Q. 광고에 따르면 옳은 것은?
(a) 캠프는 모든 연령대의 소녀들이 참가할 수 있다.
(b) 컴퓨터 그래픽 수업은 학생들이 수학에 흥미를 갖도록 할 것이다.
(c) 특별 수업은 7월에 5일 동안 지속될 것이다.
(d) 참여하기 위해서는 최소한의 수학 조건이 충족되어야 한다.

해설 컴퓨터 그래픽 수업이 소녀들의 수학에 대한 관심을 불러 일으킬 것이라고 했으므로 (b)가 정답이다.

⚠️ 오답 피하기
(a)는 any age group이라 하여 오답이다. 중학교 여학생에게만 제공한다고 설명한다.
(c)는 last for five days라 하여 오답이다. 첫 5일은 컴퓨터 그래픽을 배우고 총 4주 동안 진행된다고 한다.
(d)는 minimum math requirement라 하여 오답이다. 참여하기 위해 요구되는 능력은 없다.

■ digital literacy 디지털 능력 mathematical fluency 수학적 능숙함 animate 움직이게 하다 spark 관심을 불러 일으키다 exposure 접함 sign up 등록하다 inspire 흥미를 갖게 하다 requirement 조건

07.

It can be tough to find the time to cook a well-balanced, nutritious meal after a hard day of work. You know you need to feed your family healthy food but sometimes you're just too exhausted. Well, the Happy Chef catering company can solve your problems. We will prepare delicious, well-balanced meals at our facility and deliver them to your home. You just pick the meals you want and we will take care of the rest. [역할, 장점] We will even prepare meals to take into account any dietary restrictions.

Q. Which is correct about Happy Chef?
(a) It provides specific instructions for preparing meals.
(b) It delivers healthy ingredients for cooking at home.
(c) It prepares well-balanced meals at any location.
(d) It offers specifically catered meals upon request.

고된 일 후에 균형이 잘 잡히고, 영양가 높은 식사를 할 시간을 내는 것은 어려울지도 모릅니다. 당신은 당신의 가족들에게 건강한 음식을 제공해야 한다는 것을 알지만 가끔 너무 피곤할 때가 있습니다. Happy Chef 음식 공급 업체는 당신의 문제를 해결해 줄 수 있습니다. 저희는 맛있고, 균형이 잘 잡힌 식사를 저희 시설에서 준비한 후 당신의 집까지 배달해드립니다. 당신이 원하는 식사를 고르면 나머지는 저희들이 처리하겠습니다. 심지어 저희는 여러분의 식단 제한까지 고려하여 식사를 준비할 것입니다.

Q. Happy Chef에 관하여 옳은 것은?
(a) 음식을 준비하기 위한 구체적인 설명을 제공한다.
(b) 집에서 요리하기 위한 건강한 재료를 배달해준다.
(c) 어떤 장소에서나 균형이 잡힌 식사를 만들어준다.
(d) 고객 요청 시 특별히 제공되는 음식을 공급한다.

해설 식단을 제한하는 사람들까지 고려하여 식사를 준비해준다고 했으므로 특별 요청을 하면 요구조건에 맞춰준다는 사실을 알 수 있다. 따라서 (d)가 정답이다.

⚠️ 오답 피하기
(a)는 instructions라 하여 오답이다. 설명을 제공하는 것이 아니라 준비한 음식을 제공한다고 한다.
(b)는 ingredients라 하여 오답이다. 음식을 배달하는 것이지 재료를 배달하는 것이 아니다.
(c)는 prepares, any location이라 하여 오답이다. 준비된 음식을 배달하는 것이지 어떤 곳에서든 음식을 해주는 것이 아니다.

■ tough 어려운 well-balanced 균형이 잡힌 nutritious 영양가 높은 catering company 음식 공급 업체 facility 시설 deliver 배달하다 take care 처리하다 take into account 고려하다 dietary restriction 식품 제한 instruction 설명 ingredient 재료 upon request 요청에 의해

08.

This Spring, Nautilus Inn is offering a special weekend package for returning guests. So come to the beach and enjoy our newly renovated pool and spa. Rack rates are discounted by 50 percent for ocean view rooms and 25 percent for all other rooms. [비교] Our daily continental breakfast is free of charge as always, as well as our evening cocktail hour from 6 to 7 p.m. Live karaoke is available on Friday night. See you there!

Q. What can be inferred from the advertisement?
(a) Rooms are discounted by 50% for all returning guests.
(b) Dinner is free of charge for hotel guests visiting between 6 and 7 p.m.
(c) The breakfast is complimentary even for non-returning guests.
(d) The special offer is limited to newcomers to the hotel.

이번 봄에 Nautilus 호텔은 다시 찾는 손님들을 위해 특별한 주말 패키지를 제공합니다. 그러므로 해변에 오셔서 새롭게 인테리어를 한 저희의 수영장과 스파를 즐기세요. 바다가 보이는 객실의 표준 객실료는 50퍼센트 할인되고, 다른 모든 방들은 25퍼센트 할인됩니다. 저희의 유럽식 아침 식사와 6시에서 7시의 저녁 칵테일은 언제나 그렇듯이 무료입니다. 라이브 노래방은 금요일 저녁에 사용 가능합니다. 거기에서 만나요!

Q. 광고에서 유추할 수 있는 것은?
(a) 모든 재방문 고객에게 객실이 50퍼센트 할인된다.
(b) 오후 6시와 7시 사이에 방문하는 호텔 고객들에게 저녁 식사가 무료이다.
(c) 아침 식사는 재방문 고객이 아니더라도 무료이다.
(d) 특별 행사는 호텔에 새롭게 오는 고객에게만 국한된다.

해설 아침 식사는 항상 무료로 제공된다고 말하기 때문에 다시 찾는 손님이든 새로운 손님이든 조건 없이 무료라는 것을 유추할 수 있다. 따라서 (c)가 정답이다.

⚠️ 오답 피하기
(a)는 rooms, 50%라 하여 오답이다. 바다가 보이는 객실만 50% 할인된다고 했다.
(b)는 dinner, free라 하여 오답이다. 저녁 식사가 아니라 칵테일이 무료로 제공된다.
(d)는 limited to newcomers라 하여 오답이다. 특별 행사는 새로운 고객이 아니라 다시 찾는 고객에게 제공되는 혜택이다.

■ returning guest 다시 찾는 손님 rack rate 표준 객실료 as always 언제나 그렇듯이 complimentary 무료의 newcomer 새로 온 사람

Unit 04 설명

Unit Test   본문 p. 280
01 (c)   02 (a)   03 (d)   04 (c)   05 (b)
06 (c)   07 (c)   08 (b)

01.

There are several different over-the-counter medicines and you need to be sure that you are taking the correct one. Each one has its own benefits and its own risks. For example, acetaminophen is good for dealing with fevers and headaches, but constant use can result in an increased risk of liver damage. Other pain relievers, such as aspirin and ibuprofen, are better at dealing with inflammation. This is because these pain relievers are both anti-inflammatory and non-steroidal. Taking these pain relievers incessantly can lead to kidney damage, although this is not universal. This risk of kidney damage increases when the people taking the pain relievers are over sixty years old.

Q. What is the main point of the talk?
(a) The common side effects of non-prescription medications
(b) The risks of using aspirin and ibuprofen for a prolonged time
(c) The varying effects of over-the-counter pain relievers
(d) The relative effectiveness of different prescription drugs

처방전 없이 살 수 있는 많은 다양한 약품들이 있고, 여러분은 여러분이 적절한 것을 복용하는지 확실히 알고 있어야 합니다. 각각의 약은 그것 만의 효과와 위험이 있습니다. 예를 들어, 아세트아미노펜은 해열과 두통에 좋지만 지속적인 복용은 간 손상의 위험을 증가시킬 수 있습니다. 아스피린과 이부프로펜과 같은 다른 진통제들은 염증에 좋습니다. 이것은 이러한 진통제들이 소염제와 비스테로이드성 약품이기 때문입니다. 이 진통제들을 지속적으로 섭취하는 것은 영구적이진 않을지라도 신장 손상을 가져올 수 있습니다. 이러한 신장 손상의 위험은 60세가 넘는 사람들이 복용할 때 증가합니다.

Q. 담화의 주제는?
(a) 처방전 없이 살 수 있는 약의 일반적인 부작용
(b) 아스피린과 이부프로펜의 장기적인 사용의 위험
(c) 처방전 없이 살 수 있는 진통제의 다양한 효과
(d) 다양한 처방전 약의 상대적인 효과

해설 중심 소재는 over-the-counter medicines이고 소주제는 다양한 약들의 약효에 대한 설명이므로 (c)가 정답이다.

⚠️ 오답 피하기
(a)는 side effects라 하여 오답이다. 처방전이 필요하지 않은 약의 부작용만 설명하는 것이 아니라 긍정적 효과에 대해서도 설명하기 때문에 세부 내용이다.
(b)는 aspirin and ibuprofen이라 하여 오답이다. 아스피린과 이부프로펜은 예시이기 때문에 세부 내용이다.
(d)는 prescription drugs라 하여 오답이다. 처방전 약이 아닌 처방전이 필요 없는 진통제에 대한 내용이다.

■ over-the-counter medicine 처방전 없이 살 수 있는 약 risk 위험 acetaminophen 아세트아미노펜 fever 열 constant 지속적인 liver 간 pain reliever 진통제 aspirin 아스피린 ibuprofen 이부프로펜 inflammation 염증 anti-inflammatory 소염제인 non-steroidal 비 스테로이드성의 result in ~을 야기하다 incessantly 계속적으로 kidney 신장 side effect 부작용 prolonged 장기적인 varying 서로 다른 relative 상대적인 prescription 처방전

02.

Witchcraft in Africa continued under colonial rule even after British authorities banned the practice. The reason behind the continued practice of witchcraft is that the ban did not take into account the social and cultural practices in Africa—practices in which witchcraft played an important part. African natives truly believed that the supernatural had an effect, both positive and negative, on their lives. Witchcraft was the only way to address the supernatural forces that affected them. For this reason, even when faced with legal repercussions from the British authorities, African natives continued to practice witchcraft.

Q. What is the speaker's main point about witchcraft?
(a) Its persistence even under persecution
(b) Its historical origin in Africa
(c) Its far-reaching effects on people's lives
(d) Its complete eradication by British authorities

아프리카에서 주술은 영국 당국이 그 관습을 금지한 이후에도 식민지 통치 동안 계속되었습니다. 주술이 계속 성행했던 이유는 금지령이 주술을

중요하게 여겼던 아프리카의 사회적, 문화적 관습을 고려하지 않았기 때문입니다. 아프리카 원주민들은 실제로 초자연적인 힘이 긍정적이든 부정적이든 그들의 인생에 영향을 끼친다고 믿었습니다. 주술은 그들에게 영향을 끼치는 초자연적인 힘을 감당할 수 있는 단 하나의 방법이었습니다. 이러한 이유로, 영국 당국의 법적 제재에 직면했을 때 조차 아프리카 원주민들은 주술적 관습을 계속 했습니다.

Q. 주술에 관한 화자의 주된 논점은?
(a) 그것의 박해에도 불구하고 성행하는 지속성
(b) 그것의 아프리카에서의 역사적 근원
(c) 그것이 사람들의 삶에 광범위하게 미치는 영향
(d) 영국 당국에 의한 완전한 종식

해설 중심 소재는 witchcraft이고 소주제는 영국의 박해에도 계속 주술 행위가 이어졌다는 내용이기 때문에 **(a)**가 정답이다.

⚠️ **오답 피하기**
(b)는 origin이라 하여 오답이다. 주술의 근원에 대해서 설명하지 않는다.
(c)는 far-reaching effects라 하여 오답이다. 사람들에게 미치는 영향에 대해서 설명하는 것이 아니라 사람들이 관습적으로 계속 했다는 내용이다.
(d)는 complete eradication이라 하여 오답이다. 주술은 영국이 없앨 수 없었다고 설명한다.

witchcraft 주술, 마법 colonial rule 식민지 통치 ban 금지하다 practice 관습 take into account ~을 고려하다 supernatural 초자연적인 repercussion 법적 영향 persistence 지속성 persecution 박해 far-reaching 광범위한 eradication 종식

03.

Public opinion of Otto von Bismarck's legacy in Germany is sharply divided. Some view the German chancellor as a hero. They believe that he led Germany to an unparalleled period of economic growth as well as extended the country's influence across Europe. On the other hand, Bismarck's detractors claim that he was nothing but a right-wing militarist. Of course, this view may be colored more by the fact that the Nazis often used Bismarck in their propaganda causing critics to link the two together than to any historical proof.

Q. What is the speaker mainly saying about Otto von Bismarck?
(a) His direct involvement in the Nazi propaganda
(b) The major German achievements while he was in office
(c) His numerous agendas for advancing Germany
(d) The conflicting assessments of his role

독일에서 Otto von Bismarck의 유산에 대한 여론은 선명하게 분열됩니다. 어떤 사람들은 그 독일 수상을 영웅으로 봅니다. 그들은 그가 독일을 유례 없는 경제적 전성기를 맞게 했고 독일이 유럽 전역에 미치는 영향력을 확대시켰다고 믿습니다. 반면에, Bismarck의 반대자들은 그가 우익 군

국주의자였을 뿐이라고 주장합니다. 물론 이 관점은 나치가 종종 Bismarck를 그들의 선전에 사용했다는 사실을 뒷받침하고 이는 그 어떤 역사적 증거보다 비평가들이 그 둘을 연결짓도록 합니다.

Q. Otto von Bismarck에 관하여 화자가 주로 말하는 것은?
(a) 그의 나치 선전에 대한 직접적인 개입
(b) 그가 관직에 있을 당시 독일의 주요 업적
(c) 독일을 진보시키기 위한 그의 수많은 의제들
(d) 그의 역할에 대한 상반되는 평가

해설 중심 소재는 Otto von Bismarck이고 소주제는 역사가 그를 상반되게 평가하고 있다는 내용이기 때문에 **(d)**가 정답이다.

⚠️ **오답 피하기**
(a)는 direct involvement라 하여 오답이다. 그가 나치 선전에 직접적으로 관여했다고 언급하지 않는다.
(b)는 major German achievements라 하여 오답이다. 그의 주요 업적에 대한 언급이 있었지만 세부 내용이다. 주요 내용은 그가 어떻게 평가되고 있는지를 말하는 것이다.
(c)는 agendas라 하여 오답이다. 그가 제시한 의제들을 주요 내용으로 설명하지 않는다.

legacy 유산 sharply 선명하게 divide 분열시키다 chancellor 수상 unparalleled 유래가 없는 detractor 반대자 right-wing 우익 militarist 군국주의자 propaganda 선전 critic 비평가 proof 증거 involvement 개입 contradicting 상반되는 assessment 평가 role 역할

04.

Ralph Baer, the famous video game pioneer, fled his native Germany and immigrated to the United States shortly before the start of World War II. While in the United States, Baer studied electrical engineering and developed the world's first video game console. The console, which became known as the Odyssey, was licensed and marketed to Magnavox, a television manufacturing company. The Odyssey became a major success for the company and led to the development of a number of other game consoles. Even after his success, Baer continued to invent other simple video games.

Q. What does the speaker mainly discuss about Ralph Baer?
(a) His inadvertent success in pioneering video players
(b) His tacit endorsement for video game consoles
(c) His invaluable contribution to the growth of the gaming industry
(d) His profitable business ventures in the manufacturing industry

유명한 비디오 게임 선구자인 Ralph Baer는 모국인 독일로부터 도망가 2차 세계대전 직전에 미국으로 이주했습니다. 미국에 있는 동안 Baer는 전기 공학을 공부했고, 세계에서 처음으로 비디오 게임 제어 장치를 개발하였습니다. Odyssey로 알려진 그 제어 장치는 허가를 받았고, 텔레비전 제

작 회사인 Magnavox에 판매되었습니다. Odyssey는 그 회사에 큰 성공을 가져다 주었고 더 많은 다른 게임 제어 장치의 개발로 이어졌습니다. 그의 성공 후로도, Baer는 계속해서 다른 간단한 비디오 게임을 발명하였습니다.

Q. Ralph Baer에 대해 화자가 주로 말하는 것은?
(a) 비디오 재생기를 개척하는 것에 있어 그의 우연한 성공
(b) 비디오 게임 제어 장치에 대한 그의 무언의 지지
(c) 게임 산업 성장에 있어 그의 소중한 기여
(d) 제조업에서 수익성이 있는 그의 벤처 사업

해설 중심 소재는 Ralph Baer이고 소주제는 console 개발로 게임 산업에 미친 기여도에 대한 설명이므로 **(c)가 정답**이다.

⚠ 오답 피하기
(a)는 video players라 하여 오답이다. 게임기를 만들었다는 내용이지 비디오 재생기를 만든 내용이 아니다.
(b)는 tacit endorsement라 하여 오답이다. 무언의 지지를 한 것이 아니라 직접 개발했다고 한다.
(d)는 manufacturing industry라 하여 오답이다. 제어 장치가 텔레비전 제작 회사에 성공을 가져다 주었다고는 했지만 제조업 전반적으로 수익성이 있는 것이라고 단정지을 수는 없다.

■ pioneer 선구자 flee 도망가다, 달아나다 immigrate 이주하다 console 제어 장치 manufacture 제조하다 inadvertent 의도하지 않은 tacit 무언의 endorsement 지지 contribution 기여 profitable 수익성이 있는

05.

You can increase your skill of persuading people to agree with you by doing this one simple thing—don't try to win every battle. Recognize which battles are important and which ones are safe to concede, even if you don't wholly agree with them. If you are always on the attack, people will always be prepared to fight you. [의견, 인과] But, if you give in on minor points, and pick and choose your battles, people will be more inclined to give in on your points. They will recognize when something is important to you and will be more willing to give in if you have given in to them in the past.

Q. Which is correct according to the talk?
(a) Battles should be avoided when there is a disagreement.
(b) Others tend to agree with those who make concessions.
(c) People recognize those who appreciate minor points.
(d) Concessions must be made only when the other gives in.

여러분은 이 단순한 한 가지를 함으로써 사람들이 여러분에게 동의하도록 설득하는 기술을 향상시킬 수 있습니다. 모든 싸움에서 이기려고 하지 마세요. 여러분이 상대와 완전히 동의하지 않을지라도, 어떤 싸움이 중요하고 어떤 싸움이 양보해도 되는 것인지 인식해야 합니다. 만약 여러분이 항상 공격한다면, 사람들은 항상 여러분과 싸울 준비가 되어 있을 것입니다. 하지만 만약 여러분이 사소한 문제들은 받아들이고 당신의 싸움을 선택한다면, 사람들은 여러분의 관점을 더욱 받아들일 의향이 있을 것입니다. 여러분이 무엇이 중요하다고 생각하는지 그들은 깨닫게 되어 만약 여러분이 그들을 인정한 적이 있다면 그들도 여러분을 더욱 인정할 수 있을 것입니다.

Q. 담화에 따르면 옳은 것은?
(a) 의견 충돌이 있을 때 싸움은 피해야 한다.
(b) 사람들은 양보를 하는 사람에게 동의를 하는 경향이 있다.
(c) 사람들은 사소한 의견을 제대로 인식하는 사람을 인정한다.
(d) 양보는 상대방이 양보했을 때만 해야 한다.

해설 사소한 것들은 양보하면 사람들이 나의 관점을 더 잘 받아들이는 결과를 낼 수 있다는 설명이므로 **(b)가 정답**이다.

⚠ 오답 피하기
(a)는 avoided라 하여 오답이다. 양보를 하는 것이 좋다는 것이지 싸움을 아예 피해야 한다는 내용이 아니다.
(c)는 appreciate minor points라 하여 오답이다. 사소한 것을 인식하는 사람을 인정한다는 것이 아니라 양보를 할 줄 아는 사람을 인정한다는 내용이다.
(d)는 only when이라 하여 오답이다. 상대방이 양보를 했을 때 양보하라는 내용이 아니라 상관없이 양보를 먼저 하면 말을 더 잘 듣는다는 것이다.

■ persuade 설득하다 battle 싸움 recognize 인식하다 concede 양보하다 wholly 완전히 minor 사소한 be inclined to ~할 의향이 있다 give in 받아들이다 be willing to ~할 의향이 있다 disagreement 의견 차이 concession 양보 appreciate 인정하다

06.

Everyone has been amazed at a child's ability to pick up another language. Children seem to absorb a language just by being in an environment where that language is used. [비교] Unfortunately, the same process does not seem to work for adults. In order for adults to learn a language, they cannot simply rely on immersion the way children can. Adults will need a lot more structure in the learning process and will need to utilize lectures and grammar books to gain proficiency in a new language.

Q. Which is correct according to the talk?
(a) A rigid learning structure makes language acquisition arduous.
(b) Children can pick up multiple foreign languages at once.
(c) Age is a major variable for immersion to be effective.
(d) Adults take a longer time to develop fluency in a new language.

모든 사람들이 아이가 다른 언어를 습득하는 능력에 놀랐습니다. 아이들은 그 언어가 사용되는 환경에 존재하는 것만으로 언어를 흡수하는 듯이 보입니다. 안타깝게도 어른들에게는 그 동일한 과정이 효과 있어 보이지 않습니다. 어른들이 언어를 배우기 위해서 그들은 단순히 아이들의 몰입 방법에 의존할 수 없습니다. 어른들은 배움의 과정에 있어서 더 많은 구조를 필요로 할 것이고, 새로운 언어에 능통하기 위해 강의와 문법책들을 활용해야 할 것입니다.

Q. 담화에 따르면 옳은 것은?
(a) 엄격한 학습 구조는 언어 습득을 벅차게 만든다.
(b) 아이들은 한 번에 여러 외국어를 습득할 수 있다.
(c) 몰입이 효과적이기 위한 주요 변수는 연령이다.
(d) 성인은 새로운 언어에 유창성을 형성하기 위한 시간이 더 오래 걸린다.

해설 아이들은 언어를 잘 흡수하지만 어른들은 아이들과 같은 환경에 있어도 언어를 잘 배울 수 없다고 했으므로 **(c)가 정답**이다.

⚠️ 오답 피하기
(a)는 rigid learning structure, arduous라 하여 오답이다. 어른들은 언어를 배울 때 오히려 더 많은 구조를 필요로 한다고 했다.
(b)는 multiple foreign languages라 하여 오답이다. 한 번에 여러 외국어를 배우는 것에 대한 언급은 없다.
(d)는 longer time이라 하여 오답이다. 기간은 비교하지 않기 때문에 알 수 없다.

■ pick up 습득하다 absorb 흡수하다 process 과정 rely on 의존하다 immersion 몰입 structure 구조 utilize 활용하다 gain 얻다 proficiency 능숙 rigid 엄격한 acquisition 습득 arduous 벅찬 at once 한 번에 variable 변수 fluency 유창성

07.

Internships are a good way to gain experience but there is a concern that companies are taking advantage of the concept. Companies looking for an intern are criticized for simply looking for free labor. An internship can be a valuable learning experience but you need to take a couple of steps to protect yourself. [조건] You need to ensure that you understand what will be expected of you as an intern and that your duties will provide you with valuable experience. You don't want to spend the day filing and answering the phone if you want to learn management techniques.

Q. Which is correct about interns according to the talk?
(a) They need to prepare to take on labor-intensive positions.
(b) There are no managerial positions for them.
(c) They should be aware of what they will be doing.
(d) Most of them gain valuable learning experience.

인턴쉽은 경험을 얻기에 좋은 방법이지만 회사들이 그 개념을 악용하고 있다는 우려도 있습니다. 인턴을 찾는 회사들은 단순히 무료 노동력을 찾는 것이라고 비판을 받습니다. 인턴쉽은 가치 있는 배움의 경험이 될 수 있지만 당신은 당신을 지키기 위해 몇 가지 과정을 거쳐야 합니다. 당신이 인턴으로서 무엇이 기대되는지를 이해하는 것과 당신의 직무가 당신에게 가치 있는 경험을 제공할 것이라는 것을 분명히 해야 합니다. 당신이 경영 기술을 배우고 싶은데 서류 정리나 전화를 받는 일을 하며 하루를 보내고 싶지는 않을 것입니다.

Q. 담화에 따르면 인턴에 대해 옳은 것은?
(a) 그들은 많은 노동력을 요하는 직업을 맡을 수 있도록 준비를 해야 한다.
(b) 그들을 위한 경영직 자리는 없다.
(c) 그들은 무엇을 할 것인지에 대해서 인지하고 있어야 한다.
(d) 그들의 대부분은 소중한 학습 경험을 얻는다.

해설 화자는 인턴쉽을 하려는 사람들이 인턴으로서의 의무를 이해하고 직무가 가치 있는 경험을 제공하는지 고려해 봐야 한다고 했으므로 **(c)가 정답**이다.

⚠️ 오답 피하기
(a)는 prepare, labor-intensive positions라 하여 오답이다. 많은 노동력이 필요한 직업에서 일을 할 준비를 해야 한다는 것이 아니라 인턴으로서 무엇을 할 것인지를 미리 알아야 한다는 것이다.
(b)는 no managerial positions라 하여 오답이다. 인턴들에게 경영직이 주어지는지 여부는 언급되지 않았다.
(d)는 most라 하여 오답이다. 대부분이 좋은 경험을 갖는지 알 수 없다.

■ gain 얻다 concern 우려 take advantage of ~을 이용하다 free labor 무료 노동 valuable 가치 있는 ensure 분명히 하다, 확실히 하다 duty 직무 management technique 경영 기술 labor-intensive 많은 노동력을 요하는 managerial position 경영직

08.

When thinking of medieval sword fights, many people picture two antagonists clashing their swords against one another as they fight for an advantage. [이유, 목적] In reality, few swordsmen used their swords to block their opponent's blows. Instead, the swordsmen would sidestep to avoid a slashing sword or block it with a shield. This is because two swords hitting one another could lead to one of the swords being dulled or broken. In fact, most medieval books on sword fighting rarely mention blocking with a sword.

Q. What can be inferred about medieval swords?
(a) They were used rather haphazardly than previously thought.
(b) They had to be handled with vigilance while in use.
(c) They had numerous functions during a fight.
(d) They were primarily a status symbol for the swordsmen.

중세 검투를 생각해보면, 많은 사람들은 두 경쟁 상대가 우위를 얻기 위해서 싸우면서 그들의 칼을 서로 부딪치는 모습을 생각할 것입니다. 현실에서는 몇몇의 검투사만 상대방의 일격을 막기 위해 검을 사용했습니다. 대

신, 검투사들은 날카로운 검의 부딪침을 피하기 위해 옆으로 피하거나 방패로 이를 막았습니다. 이는 두 검이 서로 부딪히면 하나의 검이 무디어지거나 부러질 수 있기 때문입니다. 사실, 검투에 관한 대부분의 중세 책들은 칼로 막는다는 사실을 좀처럼 기재하지 않았습니다.

Q. 중세 검에 대해 유추할 수 있는 것은?
(a) 전에 생각했던 것보다 다소 계획성 없이 사용되었다.
(b) 사용할 때 조심스럽게 다루어져야 했다.
(c) 싸움에서 다양한 기능을 했다.
(d) 주로 검객의 신분의 상징이었다.

해설 검이 무디어 질 수 있어서 상대방을 검으로 막지 않았다고 했으므로 검을 다룰 때 조심해야 했다는 것을 유추할 수 있다. 따라서 **(b)가 정답**이다.

⚠ **오답 피하기**
(a)는 used rather haphazardly라 하여 오답이다. 생각없이 검을 쓴 것이 아니라 계획적으로 쓴 것이다.
(c)는 numerous functions라 하여 오답이다. 검이 다양한 기능을 했다는 것이 아니라 검투사들이 어떻게 사용했는지 말하고 있다.
(d)는 status symbol이라 하여 오답이다. 검이 어떤 상징을 가졌었는지는 언급되지 않았다.

■ medieval 중세의 sword fight 검투 antagonist 경쟁 상대 clash (칼 등이) 부딪치다 swordsmen 검투사 blow 일격 sidestep 옆으로 피하다 slashing 날카로운 shield 방패 dull 무디게 하다 haphazardly 계획성 없이 vigilance 조심 primarily 주로 status symbol 신분의 상징

Unit 05 의견/주장

Unit Test 본문 p. 286

01 (b)   02 (c)   03 (a)   04 (b)   05 (d)
06 (b)   07 (c)   08 (d)

01.

Earthquakes cannot be predicted and often take people by surprise. The only way to deal with an earthquake is to be prepared by upgrading existing buildings to withstand the effects of an earthquake. Unfortunately, in many of the poorer countries which are in earthquake zones, these upgrades are too expensive and there always seem to be other problems that take precedence. As a result, many developing countries can only react after an earthquake occurs instead of taking preventative measures to limit the damage.

Q. What is the talk mainly about?
(a) The proper measures of dealing with earthquake damage
(b) The importance of implementing preparatory measures for earthquakes
(c) The high cost of modernizing buildings and infrastructure
(d) The functional significance of a novel approach to earthquake predictions

지진은 예측할 수 없으며 예상치 못하게 사람들을 강타합니다. 지진에 대비할 수 있는 유일한 방법은 현존하는 건물들이 지진의 영향을 버티도록 개선함으로써 대비하는 것입니다. 안타깝게도, 지진 위험 지역에 있는 많은 가난한 국가들에서는 이러한 개선이 너무 비싸고 진전시키기에 우선 순위에 있는 다른 문제들이 항상 존재하는 듯 합니다. 결과적으로, 많은 개발도상국들은 피해를 제한시키기 위한 예방 조치를 취하는 대신 지진이 일어난 후에 대응할 수 밖에 없습니다.

Q. 담화의 주로 무엇에 관한 것인가?
(a) 지진 피해를 다루는 적절한 조치들
(b) 지진을 위한 대비책을 시행하는 것의 중요성
(c) 건물과 사회 기반 시설을 현대화 하는 것의 높은 비용
(d) 새로운 접근법으로 지진을 예측하는 것의 기능적 중요성

해설 중심 소재는 earthquakes이고 소주제는 지진에 대비하기 위해 건물을 개선하는 것이 중요한데 가난한 국가들에서는 그렇게 하지 못하고 있다는 것이므로 **(b)가 정답**이다.

⚠ **오답 피하기**
(a)는 measures, damage라 하여 오답이다. 지진 피해에 관한 것이 아니라 피해를 최소화하기 위해 미리 적절한 조치를 취해야 한다는 것이다.
(c)는 modernizing buildings라 하여 오답이다. 현대화 하는 것이 아니라 지진을 버티도록 개선하는 것이다.
(d)는 approach to earthquake predictions라 하여 오답이다. 지진을 예측하는 것에 대해 말하지 않는다.

■ earthquake 지진 predict 예측하다 deal with 대처하다, 처리하다 withstand 버티다, 견디다 take precedence 우선 순위에 있다 react 대응하다 preventative measure 예방 조치 proper 적절한 implement 시행하다 preparatory 대비하는 infrastructure 사회 기반 시설 novel 새로운

02.

The estate tax, the tax levied on a person's wealth after death, is a politically contentious issue. Advocates for the tax claim that it reduces income inequality and helps ensure the rich pay their fair share. People against the estate tax claim that it taxes people twice on the same income and actually hurts both businesses and savers. But when one actually looks at the numbers, one can see that the estate tax does not generate a lot of income for the government nor does it affect a majority of the population.

Q. What is the main point about the estate tax?
(a) It should be imposed on more people.
(b) It carries a heavy burden on society.
(c) It is controversial despite serving little function.
(d) It is arguably the most unpleasant form of tax.

한 사람이 죽은 뒤 부과되는 세금인 유산세는 정치적으로 논쟁이 되는 사안입니다. 유산세의 지지자들은 이것이 소득의 불균형을 감소시키고 부자들이 공정한 몫을 지출하도록 만들 수 있는 기반이 된다고 주장합니다. 유산세에 반대하는 사람들은 이것이 같은 수입에 대해 사람들에게 세금을 두 번씩 부과하게 되어 사실상 사업체들과 저축인들 모두에게 상처를 준다고 주장합니다. 하지만 통계를 보면, 유산세가 정부에게 엄청난 수입을 발생시키지 않을 뿐 아니라 인구의 대부분에게 영향을 끼치지 않는 다는 것을 알 수 있습니다.

Q. 유산세에 대한 요지는?
(a) 더 많은 사람들에게 부과되어야 한다.
(b) 사회에 무거운 짐이다.
(c) 작은 역할 수행에도 불구하고 논란이 있다.
(d) 거의 틀림없이 가장 불쾌한 세금의 형태이다.

해설 중심 소재는 estate tax이고 소주제는 지지자들과 반대자들의 의견에 대한 내용이므로 **(c)가 정답**이다.

⚠️ 오답 피하기
(a)는 imposed on more people라 하여 오답이다. 더 많은 사람이 유산세를 내야 한다는 것이 아니라 유산세를 내는 것에 논쟁이 있다는 내용이다.
(b)는 heavy burden on society라 하여 오답이다. 사회에 부정적인 영향을 주는 것에 대해서 주로 설명하는 것이 아니라 유산세의 효과에 대한 논쟁을 말한다.
(d)는 most unpleasant라 하여 오답이다. 사람들이 가장 불쾌하게 생각하는 세금이라고 설명하지 않는다.

■ estate tax 유산세 levy 부과하다 contentious 논쟁이 되는 advocate 지지자 claim 주장하다 income 소득 inequality 불균형 ensure 확실히 하다 fair share 공정한 몫 generate 발생시키다 impose 부과하다 burden 짐, 부담 controversial 논란이 되는 despite ~에도 불구하고 arguably 거의 틀림없이 unpleasant 불쾌한

03.

A résumé is your first introduction to prospective employers so it is important that you do it right. This can be a problem if you have had a number of short-term jobs. If you list all of these jobs on your résumé, you may come across as a job hopper. A job hopper is a person who has had numerous jobs that only lasted a short while. To avoid being tarred with this brush, you should only include one or two jobs on your résumé and exclude the rest. If you do decide to list all of your jobs, you need to prepare a good explanation for the continual job changes.

Q. What is the talk mainly about?
(a) A practical tip for résumé writing
(b) The job prospect of short-term workers
(c) The desirable number of previous jobs on a résumé
(d) Distinct ways to write a résumé

이력서는 장래의 고용주들에게 당신에 대한 첫 소개를 하는 것이므로 올바른 이력서 작성이 중요합니다. 당신이 단기 직업이 많았다면 문제가 될 것입니다. 이러한 직장들을 당신의 이력서에 모두 쓴다면 당신은 직장을 전전하는 사람이라는 인상을 줄 수 있습니다. 직장을 전전하는 사람은 단기간 동안만 지속된 직장이 많았던 사람입니다. 이러한 사소한 문제로 흠이 생기는 것을 피하기 위해서는 당신은 한 개 또는 두 개의 이력만 표기하고, 나머지는 제외하여야 합니다. 만약 당신이 모든 이력 내용을 쓰기로 결정한다면, 당신은 지속적으로 직장을 바꾼 상황에 대해서 합당한 설명을 준비해야 할 것입니다.

Q. 담화는 주로 무엇에 관한 것인가?
(a) 이력서를 작성하는 실용적인 조언
(b) 단기 직원들의 일자리 전망
(c) 이력서에 작성하는 이전 직장의 바람직한 수
(d) 이력서를 작성하는 독특한 방법

해설 중심 소재는 résumé이고 소주제는 어떻게 작성하는 것이 좋은지를 설명하는 것이기 때문에 **(a)가 정답**이다.

⚠️ 오답 피하기
(b)는 job prospect, short-term workers라 하여 오답이다. 단기 직원의 일자리 전망에 대해서 말하고 있지 않다.
(c)는 desirable number라 하여 오답이다. 이전 직장은 한 개나 두 개만 표기하라고 하긴 했지만 세부 내용이다.
(d)는 distinct ways라 하여 오답이다. 독특한 방법이 있다는 것이 아니라 이력서를 쓸 때 고려해야 할 사항을 알려주는 것이 핵심 내용이다.

■ résumé 이력서 prospective 장래의 short-term job 단기 직업 come across 인상을 주다 job hopper 직장을 전전하는 사람 numerous 매우 많은 tarred with ~로 흠이 있는 brush 사소한 문제 exclude 제외하다 continual 지속적인 job prospect 일자리 전망 desirable 바람직한 distinct 독특한

04.

People often think about changing their careers when they feel the need to shake up their lives. Unfortunately, many people hesitate to make the leap into a new career because they feel they lack the necessary skills for it. One way to deal with this concern is to identify the skills you used in your old job and see how they can be applied to a new setting. For example, an English teacher could look at editing or writing for a new career.

Q. What is the talk mainly about?
(a) The key skills for a successful transition to a new job

(b) The application of existing abilities when changing jobs
(c) The frequent career changes people should expect
(d) The unintended consequences of lacking English skills

사람들은 종종 그들의 인생을 개편해야 한다고 느낄 때 직업을 바꾸는 것에 대해서 생각합니다. 안타깝게도, 많은 사람들은 새로운 직장을 위한 필수적인 기술이 부족하다고 느끼기 때문에 새로운 직장으로 뛰어 들어가는 것을 망설입니다. 이러한 걱정을 다룰 수 있는 하나의 방법은 당신이 이전의 직업에서 사용한 기술을 확인하고, 그것들이 새로운 환경에서 어떻게 적용할 수 있을지 보는 것입니다. 예를 들어, 영어 선생님은 새로운 직업으로 편집을 하거나 글을 쓰는 직업을 찾아볼 수 있습니다.

Q. 담화는 주로 무엇에 관한 것인가?
(a) 새로운 직업으로 성공적으로 전환하기 위한 주요 능력들
(b) 직업을 바꿀 때 가지고 있는 능력의 적용
(c) 사람들이 예상해야 하는 빈번한 직업 변경
(d) 영어 능력의 부족으로 인한 의도치 않은 결과들

해설 중심 소재는 changing careers이고 소주제는 이미 갖추고 있는 능력을 활용할 수 있는 일을 찾는 것이므로 (b)가 정답이다.

⚠ 오답 피하기
(a)는 key skills, successful transition이라 하여 오답이다. 특정 능력을 주제로 설명하지 않고 예시로 설명하고 있다.
(c)는 frequent career changes라 하여 오답이다. 사람들이 직장을 자주 바꾼다는 내용을 주로 다루지 않고 이미 갖추고 있는 능력을 활용할 수 있는 직장을 찾는 것에 대해서 설명한다.
(d)는 English skills라 하여 오답이다. 영어 능력은 세부 내용으로 제시된 것이다.

■ shake up 개편하다   hesitate 망설이다   make a leap into ~로 뛰어 들어가다   lack 부족한   deal with 다루다   concern 걱정   transition 전환   application 적용   frequent 빈번한   unintended 의도치 않은   consequence 결과

05.

Conflicts within the workplace can turn an enjoyable work environment into a nightmare. This is particularly true if the conflict is with your supervisor. If at all possible, you should address the causes for this conflict with your supervisor but many people will find this difficult to do. [방법] If you feel you are unable to address your concerns with your supervisor directly, you might as well schedule a meeting with the human resources department to address the issue.

Q. Which is correct according to the talk?
(a) Conflicts in the office must be dealt with swiftly by the department head.
(b) Supervisors are reluctant to refuse requests from employees.
(c) The personnel department is apathetic in resolving workplace conflicts.
(d) Seeking the help of others is important in sorting out workplace conflicts.

직장 내의 갈등은 즐거운 직장 환경을 악몽으로 만들 수 있습니다. 만약 갈등이 당신의 상사와 있는 것이라면 이것은 특별히 사실이 됩니다. 만약 조금이라도 가능하다면, 당신은 당신의 상사와 함께 이 갈등에 관한 원인을 파악해야 하지만 많은 사람들이 이를 어려워합니다. 당신의 상사와 직접 당신의 걱정을 짚고 넘어가는 과정을 진행할 수 없다고 느낀다면, 당신은 인사부와 시간을 잡아서 문제를 해결하는 편이 나을 것입니다.

Q. 담화에 따르면 옳은 것은?
(a) 회사에서의 갈등은 부서장에 의해 신속히 처리되어야 한다.
(b) 상사는 직원들의 요청을 거절하는 것을 꺼린다.
(c) 인사부는 직장 갈등을 해결하는 것에 무관심하다.
(d) 다른 사람들의 도움을 구하는 것은 직장 갈등을 해결하는 데 중요하다.

해설 상사와 갈등을 직접 해결하는 것이 어렵다면 인사부의 도움을 받으라고 했으므로 (d)가 정답이다.

⚠ 오답 피하기
(a)는 by the department head라 하여 오답이다. 갈등이 상사와 있는 것이라면 상사와 함께 해결하거나 인사부와 함께 해결하라고 했지, 부서장이 해결해야 한다는 것은 아니다.
(b)는 reluctant라 하여 오답이다. 상사들이 도움을 주는 것을 꺼린다고 설명하지 않는다.
(c)는 apathetic이라 하여 오답이다. 인사부가 어떤 태도를 갖고 있는지 알 수 없다.

■ conflict 갈등   workplace 직장   particularly 특별히   supervisor 상사   swiftly 신속히   reluctant 꺼리는   refuse 거절하다   personnel department 인사부   apathetic 무관심한   sort out 해결하다

06.

Governments like to talk about saving the world's oceans, and these same governments have even held a number of forums to discuss the issue. [문제점] Unfortunately, the problems are never resolved even though these countries have signed multilateral agreements to address the issues facing the oceans. Most governments agree that, if implemented, the solutions highlighted in these agreements will result in better oceans. However, the political will to implement the agreements, mainly because of concerns around cost, is lacking.

Q. Which is correct according to the speaker?
(a) The oceans will remain pristine even if the agreements are unheeded.

(b) The joint agreements have been reached but have yet to be fully implemented.
(c) Governments are planning to hold several forums to reach an agreement.
(d) The cost of enforcing the agreements is trivial to most governments.

정부들은 세계의 바다를 구하는 것에 관하여 이야기하는 것을 좋아하고 이 정부들은 이 문제를 토의하기 위해 많은 포럼을 개최했습니다. 안타깝게도, 바다와 직면하는 문제를 해결하기 위해 국가들은 다국간의 협상에 서명했음에도 불구하고 문제는 결코 해결되지 않았습니다. 대부분의 정부들은 이것이 시행된다면 협의안에 강조되어 있는 해결책들로 인해 더 깨끗한 바다가 될 거라고 동의합니다. 하지만, 주로 비용과 관련된 걱정으로 인하여 협의안을 시행할 정치적인 의지가 부족합니다.

Q. 화자에 따르면 옳은 것은?
(a) 바다는 비록 협약이 무시되어도 아주 깨끗하게 유지될 것이다.
(b) 공동 협약은 체결이 되었지만 아직 완전히 시행되고 있지 않다.
(c) 정부는 협약을 체결하기 위해 여러 포럼을 개최할 계획이다.
(d) 협약을 시행하는 비용은 대부분의 정부에게 사소하다.

해설 여러 국가들이 협상에 서명을 했지만 바다와 관련된 문제들이 해결되지 않았고 협의안을 시행할 정치적 의지가 부족하다고 했으므로 **(b)가 정답**이다.

⚠️ 오답 피하기
(a)는 remain pristine, unheeded라 하여 오답이다. 협약을 따르지 않을 경우 바다와 관련한 문제가 계속 이어질 것이므로 오답이다.
(c)는 to reach an agreement라 하여 오답이다. 합의는 이미 되었다고 했다.
(d)는 cost, trivial이라 하여 오답이다. 비용에 대한 우려로 협의안이 시행되지 못하고 있다고 했으므로 비용이 사소하다고 한 것은 담화의 내용과 맞지 않는다.

■ resolve 해결하다   multi-lateral agreement 다국간의 협정   address the issue 문제를 해결하다   face 직면하다   implement 시행하다   will 의지   lack 부족하다   pristine 아주 깨끗한   unheeded 무시된   enforce 시행하다   trivial 사소한

07.

The Granville Elementary School is in desperate need of renovations, and yet the city government refuses to allocate funds for them. The classrooms are too dark because of poor lighting and too few windows. [문제점] Teachers are forced to use out-of-date equipment and to make do with limited resources. And yet, class sizes continue to increase. The city needs to take a serious look at providing the necessary funds for this school to upgrade its facilities and equipment.

Q. Which is correct according to the talk?
(a) Granville Elementary School's windows are too small.
(b) The city government is short on funds for its schools.
(c) **The situation in Granville is getting worse with time.**
(d) Teachers at Granville are discontent with their students' performance.

Granville 초등학교는 수리가 꼭 필요하지만 시 정부가 그들의 수리에 자금을 할당하는 것을 거부하고 있습니다. 조명이 좋지 않고 창문이 별로 없어 교실들은 너무 어둡습니다. 교사들은 오래된 장비를 억지로 사용해야 하고, 한정된 자원으로 만족하도록 강요받았습니다. 그리고 여전히 학급의 규모는 계속해서 커지고 있습니다. 시는 이 학교가 시설과 장비를 개선하도록 필수적인 자금을 제공하는 것을 심각하게 고려해 보아야 합니다.

Q. 담화에 따르면 옳은 것은?
(a) Granville 초등학교의 창문은 너무 작다.
(b) 시 정부는 그들의 학교를 위한 자금이 부족하다.
(c) 시간이 흐름에 따라 Granville의 상황이 더 악화되고 있다.
(d) Granville의 교사들은 학생의 성취도에 만족하지 않는다.

해설 학급의 규모가 계속해서 커지고 있는데 교사들은 오래된 장비와 한정된 자원으로 만족하도록 강요받는다고 했으므로 **(c)가 정답**이다.

⚠️ 오답 피하기
(a)는 windows are too small이라 하여 오답이다. 창문의 크기가 작은 것이 아니라 개수가 적은 것이다.
(b)는 city government is short on funds라 하여 오답이다. 시 정부가 자금을 대지 않는다고는 했지만 자금이 부족해서 그런 것인지는 알 수 없다.
(d)는 discontent with, students' performance라 하여 오답이다. 학생들의 성취도에 대해서는 언급이 없다.

■ desperate 꼭 필요한   allocate 할당하다   out-of-date 오래된   make do with ~으로 견디다   facility 시설   short on ~이 부족한   discontent 만족하지 않는

08.

Some jobs need to be regulated to ensure public safety. [예시] For example, the public needs to license dentists and doctors to ensure that they have the proper skill and knowledge to perform their jobs.
But this does not mean that every job needs to be regulated. Forcing wait staff, hairdressers, and clerks to be licensed will just create barriers to people taking those jobs. [의견] Licensing should only occur when it is to ensure the public's safety.

Q. Which statement will the speaker most likely agree with?
(a) Dentists and doctors are more intelligent than wait staff and hairdressers.
(b) Requiring licenses will increase the national unemployment rate.

(c) Public safety jobs should be made difficult to land.
(d) **Licensing should be limited to jobs related to public safety workers.**

몇몇의 직업들은 대중의 안전을 확실히 하기 위해 규제되어야 합니다. 예를 들어, 치과 의사들과 의사들이 자신들의 직업을 수행하기 위해 적절한 기술과 지식이 있는지 확실히 하기 위해 대중이 그들에게 인가하는 것이 필요합니다. 하지만 이것은 모든 직업이 규제되어야 한다는 것을 의미하지는 않습니다. 식당 종업원, 미용사들, 그리고 점원들에게 허가증을 받도록 강요하는 것은 그 직업을 추구하는 사람들에게 장벽을 만들 뿐입니다. 허가를 하는 것은 오직 그것이 대중의 안전을 확실히 해야 하는 것일 때 시행되어야 합니다.

Q. 화자가 가장 동의할 만한 진술은?
(a) 치과 의사와 의사는 식당 종업원과 미용사보다 더 지능이 높다.
(b) 허가증을 요구하는 것은 국가 실업률을 높일 것이다.
(c) 치안 관련 직업은 얻기 어렵게 되어야 한다.
(d) 허가증을 주는 것은 공공안전에 관련된 직업으로 한정되어야 한다.

해설 대중의 안전에 관련된 업종에 종사하는 사람들에게만 허가증이 주어져야 한다고 주장하므로 **(d)가 정답**이다.

⚠️ **오답 피하기**
(a)는 more intelligent라 하여 오답이다. 지능은 비교하지 않는다.
(b)는 will increase, unemployment rate라 하여 오답이다. 실업률과 허가증의 인과 관계를 설명하지 않는다.
(c)는 difficult라 하여 오답이다. 허가증을 수여해야 한다고 하여 치안 관련 직업이 얻기 어렵게 되는 것이라고 유추할 수 있는 근거는 없다.

■ regulate 규제하다 ensure 분명히 하다, 확실히 하다 license 허가하다 dentist 치과의사 proper 적절한 perform 수행하다 wait staff 식당 종업원 hairdresser 미용사 barrier 장벽 unemployment rate 실업률

Unit 06 강의-인문학/예술

Unit Test   본문 p. 292

01 (d) 02 (b) 03 (c) 04 (b) 05 (c)
06 (a) 07 (b) 08 (c)

01.

John Keats was heavily criticized by other poets after he published his book *Endymion*. Unfortunately, this criticism focused more on Keats' background than on the literary merits of his works. Keats did not attend an upper-class school and, as a result, was viewed as not having the proper background to be a poet. Most of Keats' critics were from the upper class, and this was the main motivation behind their criticism of his work.

Q. What is the speaker's main point about John Keats?
(a) His undeserved recognition by the public
(b) The underlying motivation behind his creativity
(c) His ascent from an underprivileged background
(d) **The hostile response against his work by critics**

John Keats는 그의 책 <Endymion>을 출간한 후에 다른 시인들에 의해 매우 비판받았습니다. 안타깝게도, 이 비판들은 Keats 작품의 문학적 가치보다 그의 배경에 중점을 두었습니다. Keats는 상류층 학교를 다니지 않았고, 결과적으로 시인이 되기에 적절한 배경을 지니지 못한 것으로 보여졌습니다. Keats에 대한 대부분의 비판들은 상류층으로부터 나왔고, 이것이 그의 작품의 비판에 이면에 있는 주된 동기가 되었습니다.

Q. John Keats에 관한 화자의 요지는?
(a) 대중에 의한 그의 과분한 인정
(b) 그의 창의력 이면에 있는 근본적인 동기 부여
(c) 혜택을 받지 못한 배경에서부터 그의 (신분) 상승
(d) 그의 작품에 대한 비평가들의 적대적 반응

해설 중심 소재는 John Keats이고 소주제는 비평가들이 그의 부유하지 않은 배경에 중점을 두어 비판을 했다는 것이므로 **(d)가 정답**이다.

⚠️ **오답 피하기**
(a)는 undeserved recognition이라 하여 오답이다. 그가 불필요하게 사람들로부터 인정을 받았다는 내용이 아니라 비평가들로 비판을 받았다는 것이다.
(b)는 motivation, his creativity라 하여 오답이다. 그의 창의력의 원천에 대해서 설명하지 않는다.
(c)는 ascent라 하여 오답이다. 그가 신분 상승을 했다는 내용은 없다.

■ poet 시인 publish 출간하다 criticism 비판 background 배경 literary merit 문학적 가치 upper-class 상류층 proper 적절한 critic 비평가 motivation 동기 undeserved recognition 과분한 인정 public 대중 underlying 근본적인 ascent 상승 underprivileged 혜택을 받지 못한 hostile 적대적인

02.

Before we begin our discussion on Martin Heidegger's work, I want to say a few things. Many people have a problem reconciling Heidegger's philosophical work with his political opinions. It is obvious that Heidegger was involved with the Nazi Party and held a number of anti-Semitic beliefs. These beliefs were evident in a number of texts and can seem at odds with his other philosophical writings. Don't be taken aback by your encounter with those texts if you come across them during your research into Heidegger's philosophy.

Q. What is the main topic of the talk?
(a) The philosophical foundation of Martin Heidegger's works
(b) The unfamiliar aspect of Martin Heidegger's values
(c) The conflicting evidences of Martin Heidegger's beliefs
(d) The common misunderstanding of Martin Heidegger's philosophy

Martin Heidegger의 작품에 관하여 논의를 시작하기 전에 몇 가지를 말씀 드리고 싶습니다. 많은 사람들은 Heidegger의 철학적 작품들과 그의 정치적 발언들을 조화시키는 것에 어려움을 느낍니다. Heidegger가 나치당에 관여했으며 많은 반유대주의적 신념을 지니고 있었다는 것은 명백합니다. 이러한 신념들은 많은 글에서 명백했고 그의 다른 철학적 글과 일치하지 못하는 것처럼 보일 수 있습니다. 만약 여러분이 Heidegger의 철학에 관하여 연구할 때 그 글들을 맞닥뜨리게 된다면 그것과의 마주침에 깜짝 놀라지 않길 바랍니다.

Q. 담화의 주제는?
(a) Martin Heidegger의 작품의 철학적 기반
(b) Martin Heidegger의 가치관의 낯선 측면들
(c) Martin Heidegger의 신념의 모순된 증거
(d) Martin Heidegger의 철학에 대한 일반적인 오해

■해설 중심 소재는 Heidegger(하이데거)의 belief이고 소주제는 그의 반유대주의적 신념에 대한 내용이므로 **(b)가 정답**이다.

⚠ 오답 피하기
(a)는 foundation이라 하여 오답이다. Heidegger의 철학의 기반에 대해서는 설명하지 않는다.
(c)는 conflicting evidences라 하여 오답이다. 증거가 주요 내용이 아니며 모순된다고 하지도 않는다.
(d)는 misunderstanding이라 하여 오답이다. 일반적으로 사람들이 오해하는 내용에 대한 것이 아니라 새로운 사실에 대한 것이다.

■ reconcile 조화시키다   philosophical 철학적인   obvious 명백한   involve 관여하다   belief 신념   evident 분명한   at odds with ~와 일치하지 못하는   taken aback 깜짝 놀라다   encounter 맞닥뜨리다   foundation 기반   unfamiliar 낯선   aspect 측면   conflicting 모순된   evidence 증거   misunderstanding 오해

03.

Ok, today's topic is Minimalism. Minimalism is a modern art form that seeks to bring art back to its basic, or minimal, components. It arose as a backlash against abstract expressionists whom minimalists thought were being too expressive in their art and infusing their pictures with the artists' personality. Minimalists wanted people viewing their art to focus on the basic form of the work instead of on the symbolism and emotion found in other art forms.

Q. What is the lecture mainly about?
(a) The contrast between minimalism and expressionism
(b) The way in which minimalists view the world
(c) The origin and principles of minimalism
(d) The relative importance of symbolism and emotion

자, 오늘의 주제는 미니멀리즘입니다. 미니멀리즘은 미술을 그것의 기본, 즉 최소한의 구성 요소로 다시 돌아오게 하고자 하는 현대 미술의 형태입니다. 이는 미니멀리스트들이 보기에 예술에 있어서 과도하게 표현적이고 그림에 예술가의 개성을 불어넣는다고 생각한 추상적인 표현주의자에 대한 반발로 생겨났습니다. 미니멀리스트들은 그들의 그림을 보는 사람들이 다른 예술 형태에서 발견되는 상징과 감정 대신에 그들의 미술 작품에서 보여지는 작품의 기본적인 형태에 초점을 맞추길 바랐습니다.

Q. 강의는 주로 무엇에 관한 것인가?
(a) 미니멀리즘과 표현주의의 대조
(b) 미니멀리스트들이 세상을 바라보는 방법
(c) 미니멀리즘의 근원과 원칙
(d) 상징주의와 감정의 상대적 중요성

■해설 중심 소재는 minimalism이고 소주제는 미니멀리즘의 개념과 근원에 대한 내용이므로 **(c)가 정답**이다.

⚠ 오답 피하기
(a)는 contrast라 하여 오답이다. Minimalism과 expressionism의 차이점을 다루고 있는 것이 아니라 minimalism에 대해 주로 설명하고 있다.
(b)는 way, view the world라 하여 오답이다. 미니멀리스트들이 세상을 보는 관점이 아니라 그들이 미술을 어떻게 생각했는지 설명하고 있다.
(d)는 symbolism and emotion이라 하여 오답이다. 상징주의와 감정은 미니멀리즘과 관련이 없다.

■ minimalism 미니멀리즘(최소한 표현주의)   modern art 현대 미술   component 구성 요소, 성분   arise 생겨나다   backlash 반발   abstract 추상적인   expressionist 표현주의자   infuse 불어넣다   personality 개성   symbolism 상징   contrast 대조   relative 상대적인

04.

Chuck Close is an artist who is known for creating photorealistic art. One of his most famous pieces is entitled *Big Self-Portrait*, which he created in New York in 1967. To create this artwork, Close took a photograph of himself and then placed the photograph on a grid. Using the grid as a reference, he then painted the same image on canvas but on a much larger scale. Close included all aspects of the photograph into his painting, including the out-of-focus parts of the photograph, making his painting look exactly like the photograph of himself.

Q. What is the main point about *Big Self-Portrait*?
(a) It made Close a famous artist for the photorealistic appearance.

(b) It is a lifelike portrait made using a grid as a guide.
(c) It created a new art movement called photorealistic art.
(d) It was first to be painted on top of a large-scale photograph.

Chuck Close는 사진적 현실주의 예술을 창조한 예술가로 알려져 있습니다. 그의 가장 잘 알려진 작품 중 하나는 그가 1967년에 뉴욕에서 창작한 <Big Self-Portrait>이라는 제목의 작품입니다. 이 작품을 만들기 위하여 Close는 자신의 사진을 찍고 그 사진을 격자 위에 놓았습니다. 격자를 참조로 활용하여, 그는 이후 똑같은 이미지를 훨씬 더 큰 규모로 캔버스에 그렸습니다. Close는 그의 그림에 사진에서 초점이 맞지 않은 부분을 포함한 사진의 모든 측면을 담아, 그의 그림은 그 자신의 사진과 정확히 똑같이 그려졌습니다.

Q. <Big Self-Portrait>에 대한 요지는?
(a) 사진처럼 현실적인 모습 때문에 Close를 유명한 예술가로 만들었다.
(b) 격자판을 가이드로 이용한 실물과 똑같은 초상화이다.
(c) 사진적 현실주의라고 불리는 새로운 미술 운동을 만들었다.
(d) 큰 사진 위에 그려진 첫 그림이다.

해설 중심 소재는 <Big Self-Portrait>이고 소주제는 사진과 똑같은 그림을 그렸다는 것이므로 (b)가 정답이다.

⚠ 오답 피하기
(a)는 made Close a famous artist라 하여 오답이다. 그의 가장 유명한 작품이지 그를 유명하게 만든 작품이라고 설명하지 않는다.
(c)는 new art movement라 하여 오답이다. <Big Self-Portrait>으로 인해 사진적 현실주의가 생겨난 것은 아니다.
(d)는 painted on top of, photograph라 하여 오답이다. 사진 위에 직접 그려진 것이 아니라 사진을 참고해서 그려졌다고 설명한다.

■ photorealistic art 사진적 현실주의 예술(사물을 사진처럼 정확하고 상세하게 묘사하는 예술 기법) entitle 제목을 붙이다 grid 격자 reference 참조 scale 규모 aspect 측면 out-of-focus 초점이 맞지 않은 appearance 모습 lifelike 실물과 똑같은 large-scale 큰

05.

[평가] Henry Matisse was a versatile artist who experimented with various art forms. During World War II, in his piece of art titled *The Fall of Icarus*, Matisse used white paper to make a cutout of a male figure. He then placed this figure on a blue background accompanied with yellow streaks. [비교] This was the first time he had used paper cutouts to create art. Eventually, this art form became the main focus of his work for the rest of his life.

Q. Which is correct about Henry Matisse according to the talk?
(a) *The Fall of Icarus* was the first of his work.
(b) His latter works were marked by the absence of cutouts.
(c) The use of paper cutouts continued in his later life.
(d) He grew tired of painting towards the end of his life.

Henry Matisse는 다양한 예술 형태로 실험을 한 다재다능한 예술가였습니다. 제 2차 세계대전 중에 그의 <The Fall of Icarus>라고 불리우는 작품에서 Matisse는 남성 모습의 오려낸 것을 만들기 위해 하얀 종이를 사용하였습니다. 그는 그러고 나서 이 형태를 노란색 선이 있는 파란색 배경 위에 놓았습니다. 이것은 그가 예술을 창조하기 위해 종이를 자른 첫 번째 시도였습니다. 결국, 이 미술의 형태는 그의 여생동안 작품들의 주안점이 되었습니다.

Q. 담화에 따르면 Henry Matisse에 대해 옳은 것은?
(a) <The Fall of Icarus>는 그의 첫 작품이었다.
(b) 그의 후기 작품은 오려낸 종이의 부재로 특징지어 졌다.
(c) 오려낸 종이의 사용은 그의 남은 생에서 계속되었다.
(d) 그는 생의 후반부로 가면서 그림을 그리는 것에 싫증이 났다.

해설 종이를 자른 기법은 마티스의 여생 동안 작품의 주안점이 되었다고 했으므로 (c)가 정답이다.

⚠ 오답 피하기
(a)는 first라 하여 오답이다. 가장 첫 작품이 아니라 오려낸 종이를 활용한 가장 첫 작품이다.
(b)는 latter works, absence of cutouts라 하여 오답이다. 오려낸 종이를 활용한 이후로는 그것이 그의 작품의 주안점이 되었다고 설명한다.
(d)는 tired of painting, end of his life라 하여 오답이다. 나중에까지 작품을 만들었다고 설명한다.

■ versatile 다재다능한 experiment 실험을 하다; 실험 cutout 오려낸 것 figure 모습 accompany with ~와 수반되다 streak 선 latter 후반의 absence 부재 preceded by ~에 이어 grow tired of ~에 싫증이 나다

06.

The Black Pearl, the new book by author Steven Sindenheim, will be a bit of a shock for fans of the Dr. Torch series. In this new book, Sindenheim does not focus on the protagonist of Dr. Torch and instead presents the story through the eyes of a minor character, Glenn Leewood. [공통점] Leewood was first introduced in Sindenheim's previous book, *The Black Opal*. Fans may be disappointed in the new perspective, but if given a chance, they will realize that it gives a fresh feel to a series that was in danger of growing a bit stale.

Q. Which is correct according to the lecture?
(a) The character Glenn Leewood appears in both of Sindenheim's books.
(b) *The Black Pearl* has two main characters while *The Black Opal* has one.

(c) *The Black Opal* is scheduled to be released in the near future.
(d) Fans of the Dr. Torch series were flabbergasted by changes in *The Black Pearl*.

Steven Sindenheim의 새로운 책 <The Black Pearl>은 Dr. Torch 시리즈의 팬들에게는 약간 충격이 될 수 있습니다. 이 새로운 책에서, Sindenheim은 Dr. Torch의 주인공에 초점을 맞추지 않고, 대신에 조연인 Glenn Leewood의 시각에서 이야기를 소개합니다. Leewood는 Sindenheim의 이전의 책인 <The Black Opal>에서 처음 소개되었습니다. 팬들은 새로운 관점에 실망할지도 모르지만 만약 기회가 주어진다면 그들은 그것이 오래되어 보이는 위험에 있던 시리즈에 신선한 느낌을 준다는 것을 깨달을 것입니다.

Q. 강의에 따르면 옳은 것은?
(a) Glenn Leewood라는 인물은 Sindenheim의 책 두 권에서 모두 등장한다.
(b) <The Black Pearl>은 2명의 주인공이 있는 반면 <The Black Opal>은 1명밖에 없다.
(c) <The Black Opal>은 곧 출간될 예정이다.
(d) Dr. Torch 시리즈의 팬은 <The Black Pearl>의 변화에 크게 놀랐다.

해설 Leewood는 작가의 이전 책인 <The Black Opal>의 등장 인물이었고, 이번 새로운 책에서는 그의 시각에서 이야기를 소개한다고 했으므로 두 책에 모두 나온다는 것을 알 수 있다. 따라서 **(a)**가 정답이다.

⚠ 오답 피하기
(b)는 two main characters라 하여 오답이다. 주인공이 두 명이 아니라 주인공이 바뀌었다는 것이다.
(c)는 scheduled to be released라 하여 오답이다. <The Black Opal>이 아니라 <The Black Pearl>이 출시될 계획이다.
(d)는 were flabbergasted라 하여 오답이다. 아직 출시가 되지 않았기 때문에 반응을 알 수 없다.

■ protagonist 주인공 present 소개하다 minor character 조연 perspective 관점 stale 오래된 release 출시하다 flabbergast 깜짝 놀라게 하다

07.

As seems to happen with most adaptations of excellent books, the book is much better than the movie. This is the case with the movie adaptation of the book *The Rugged Mountain*. [단점] The complex narrative and character development that are present in the book all seem to be missing from the movie. Although the movie's actors did an admirable job, they were not able to salvage the movie. The script relegates complex characters into one-dimensional beings that the audience neither likes nor cares for.

Q. Which is correct according to the talk?
(a) The book contains too few characters for an intricate storyline.
(b) The adaptation of the book is less appealing.
(c) The actors in the movie are unsophisticated and unimpressive.
(d) The movie is confounding because of numerous gaps between scenes.

훌륭한 책들을 각색할 때 대부분의 경우 책이 영화보다 훨씬 좋습니다. <The Rugged Mountain> 책의 영화로의 각색이 이러한 경우입니다. 책에서 존재했던 복잡한 이야기와 인물 발전이 영화에선 보이지 않습니다. 영화의 배우들이 훌륭하게 했음에도 불구하고 그들은 이 영화를 구조할 수 없었습니다. 대본은 복잡한 인물 설정을 시청자들이 좋아하지 않거나 소중히 여기지 않는 일차원적인 존재로 격하시켰습니다.

Q. 담화에 따르면 옳은 것은?
(a) 그 책은 복잡한 줄거리치고는 등장 인물이 너무 적다.
(b) 책의 각색은 덜 매력적이다.
(c) 영화의 연기자들은 정교하지 않고 인상적이지 않다.
(d) 그 영화는 장면 간의 많은 공백 때문에 혼란스럽다.

해설 영화가 등장인물을 제대로 묘사하지 못했다고 했으므로 **(b)**가 정답이다.

⚠ 오답 피하기
(a)는 too few characters라 하여 오답이다. 등장 인물이 많지 않아서 문제가 있다는 것이 아니라 character development에 문제가 있다는 것이다.
(c)는 unsophisticated라 하여 오답이다. 연기자들은 훌륭하게 연기했다고 한다.
(d)는 gaps between scenes라 하여 오답이다. 영화 장면에 문제가 있다는 것이 아니라 이야기와 인물 묘사에 문제가 있다고 설명한다.

■ adaptation 각색, 번안 complex narrative 복잡한 이야기 character development 인물 발전 admirable 훌륭한 salvage 구조하다 relegate 격하시키다 care for 소중히 여기다 intricate 복잡한 storyline 줄거리 appealing 매력적인 unimpressive 인상적이지 않은 confounding 혼란스러운 gap 공백

08.

Paul Cezanne's *The Large Bathers* is recognized as being one of his most famous works although it was not exhibited until after his death. The painting is part of a series of works Cezanne did on people taking a bath. Parts of the canvas have been left blank and the right and left sides of the painting have different levels of detail. [의견] Most critics agree that Cezanne did not intend for this to happen and that it is the result of his sudden death.

Q. What can be inferred about *The Large Bathers* from the lecture?
(a) It was displayed after Cezanne's death because it was incomplete.
(b) It is considered the best work of Paul Cezanne by most critics.

(c) It is one of the last paintings done by Paul Cezanne.
(d) It lacks details unlike the other works by Paul Cezanne.

Paul Cezanne의 <The Large Bathers>는 그가 죽기까지 사람들에게 전시되지 않았음에도 불구하고 그의 매우 유명한 작품 중 하나로 알려져 있습니다. 그 그림은 Cezanne이 사람들이 목욕을 하는 그림을 그린 시리즈 중 하나입니다. 캔버스의 어떤 부분은 백지로 남겨져 있고, 그림의 오른쪽과 왼쪽 측면이 서로 다른 수준의 세세함을 지니고 있습니다. 대부분의 비평가들은 Cezanne이 이것을 의도하지 않았고 그의 갑작스러운 죽음의 결과라는 것에 동의합니다.

Q. 강의로부터 <The Large Bathers>에 관하여 유추할 수 있는 것은?
(a) 그것은 미완성이기 때문에 Cezanne의 죽음 후에 전시되었다.
(b) 그것은 대부분의 평론가에 의해 Paul Cezanne의 최고의 작품으로 여겨지고 있다.
(c) 그것은 Paul Cezanne이 그린 마지막 그림 중 하나이다.
(d) 그것은 Paul Cezanne의 다른 작품과 달리 세세한 부분이 없다.

해설 갑작스러운 죽음 때문에 미완성된 부분이 많다는 뜻은 그의 마지막 작품 중에 하나라는 것을 유추할 수 있으므로 (c)가 정답이다.

⚠ 오답 피하기
(a)는 because it was incomplete라 하여 오답이다. 죽은 후에 전시한 이유가 미완성이기 때문이라는 내용을 뒷받침할 근거가 없다.
(b)는 best work라 하여 오답이다. 유명하다고는 했지만 가장 높게 평가 받는다고는 언급되지 않았다.
(d)는 lacks details이다. 그림의 오른쪽과 왼쪽의 세세함의 수준이 서로 다르다고 했지 세세하지 않다고 하지 않았다.

■ be recognized as ~로 인정되다 exhibit 전시하다 left blank 백지로 남겨져 있다 intend 의도하다 sudden 갑작스러운 display 전시하다 lack 없다

Unit 07 강의-물리학/기술과학

Unit Test
본문 p. 298

01 (a) 02 (c) 03 (b) 04 (c) 05 (c)
06 (a) 07 (d) 08 (c)

01.

In today's class, we are going to look at Incan stone masonry. Incan stone masonry is characterized by its precision as well as its beauty. One question that remains is whether the Incans developed their masonry techniques on their own or if they copied the methods of an earlier people, the Tiwanaku, who lived in the same area. While both civilizations produced architecture that had some similarities, there were also a number of major differences. As a result, it is difficult to come to a conclusion regarding Tiwanaku influence on Incan masonry.

Q. What is the main idea of the talk?
(a) The relationship between Incan and Tiwanaku masonry techniques
(b) The stark differences between Incan and Tiwanaku stone masonry
(c) The proliferation of stone masonry techniques from the Tiwanaku
(d) The architectural designs of two civilizations

오늘 수업에서는, 잉카의 돌쌓기를 살펴볼 것입니다. 잉카의 돌쌓기는 아름다움뿐만 아니라 정교함으로 특징짓습니다. 여전히 남아 있는 질문은 잉카인들 자신이 이 돌쌓기 기술을 스스로 발전시킨 것인지 그들이 같은 지역에 살았던 Tiwanaku라 불리는 이전의 사람들의 방법을 모방한 것인지에 관한 것입니다. 두 문명이 비슷한 점이 있었던 건축을 만들었지만, 많은 큰 차이점도 존재했었습니다. 결과적으로, 잉카의 돌쌓기에 Tiwanaku의 영향과 관련하여 결론 짓는 것은 어렵습니다.

Q. 담화의 주제는?
(a) 잉카와 Tiwanaku의 돌쌓기 기술의 관계
(b) 잉카와 Tiwanaku의 돌쌓기의 극명한 차이
(c) Tiwanaku에서부터 돌쌓기 기술의 확산
(d) 두 문명의 건축 다자인

해설 중심 소재는 Incan stone masonry이고 소주제는 잉카인들이 Tiwanaku 사람들의 기술을 모방한 것인지에 대한 내용이므로 **(a)가 정답**이다.

⚠ 오답 피하기
(b)는 stark differences라 하여 오답이다. Incan과 Tiwanaku의 돌쌓기 기술의 차이점을 주로 설명하지 않는다.
(c)는 proliferation이라 하여 오답이다. 돌쌓기 기술이 Tiwanaku에 근원을 두고 있는 것인지 알 수 없다.
(d)는 architectural designs라 하여 오답이다. 건축 디자인이 아니라 돌쌓기 방법에 대해서 설명하고 있다.

■ stone masonry 돌쌓기 precision 정교함 remain 여전히 ~이다 architecture 건축 relationship 관계 stark 극명한 proliferation 확산 architectural 건축의

02.

Mars, just like Earth, has distinct seasons, but there are other interesting aspects. Mars' elliptical orbit results in extreme temperature changes between the seasons, particularly in the southern hemisphere. Summer in the southern hemisphere is much hotter than in the northern hemisphere because the southern hemisphere is tilted towards the Sun. In the winter, the opposite occurs and the southern hemisphere is tilted away from the Sun. This results in much colder winters than the ones that occur in the northern hemisphere.

Q. What is the main topic of the talk?
(a) The comparison of seasons between Mars and Earth
(b) The effect of Mars' tilt on its winter temperatures
(c) The seasonal changes due to Mars' motions
(d) The temperature differences between northern and southern hemispheres

화성은 지구와 같이 구별되는 계절이 있지만 다른 흥미로운 측면도 있습니다. 화성의 타원형 궤도는 특히 남반구에 계절 간 극심한 기온 변화를 야기합니다. 남반구의 여름은 북반구의 여름보다 더 뜨거운데, 왜냐하면 남반구는 태양 쪽으로 기울어져 있기 때문입니다. 겨울에는, 그 반대가 발생하며 남반구는 태양의 반대로 기울어져 있습니다. 이것은 북반구보다 더 추운 겨울을 야기합니다.

Q. 담화의 주제는?
(a) 화성과 지구의 계절 비교
(b) 화성의 기울기가 겨울 기온에 미치는 영향
(c) 화성의 움직임에 의한 계절 변화
(d) 북반구와 남반구의 기온 차이

해설 중심 소재는 seasons on Mars이고 소주제는 화성의 타원형 궤도 때문에 나타나는 계절 변화이므로 **(c)가 정답**이다.

⚠️ 오답 피하기
(a)는 comparison이라 하여 오답이다. 화성과 지구의 계절 비교가 주요 내용이 아니라 화성의 움직임에 의하여 화성의 기후가 어떻게 변하는지가 주요 내용이다.
(b)는 winter temperatures라 하여 오답이다. 겨울 기온은 세부 내용이다.
(d)는 temperature differences라 하여 오답이다. 북반구와 남반구의 기온 차이가 있다고 설명하지만 기온 차이만 설명하지 않기 때문에 세부 내용이다.

▪ distinct 뚜렷한 aspect 측면 elliptical 타원형의 orbit 궤도 extreme 극심한 particularly 특히 hemisphere 반구 tilt 기울어져 있다; 기울기 opposite 반대의 comparison 비교

03.

When designers began to develop rovers to navigate the surface of Mars, they realized that the rovers needed to be able to act independently. Given the distances between Mars and the Earth, it would take too great an effort to send instructions to a rover on Mars regarding direction, speed, and so on. Instead, the rover needed to be designed so that once it received a target destination, the rover would work out how to get to that destination on its own. To do this, the rover needed to be equipped with computers powerful enough to direct the rover during its journey.

Q. What is the speaker's main point about the rover?
(a) It had the capacity to perform multiple tasks at once.
(b) It was required to have the distinct ability to accomplish missions autonomously.
(c) It was equipped with a system designating destinations without human intervention.
(d) Its limited communication system was inapt for long distances.

설계자들이 화성의 표면을 항해하는 탐사선을 개발하기 시작하였을 때, 그들은 탐사선들이 독자적으로 작동될 수 있어야 함을 깨달았습니다. 화성과 지구 간의 거리를 보았을 때, 방향, 속도 등과 관련하여 화성에 있는 탐사선에 지시를 보내는 것은 너무 오래 걸렸습니다. 대신에, 탐사선은 한 목표 지점을 전달 받았을 때 그 지점까지 어떻게 갈지를 스스로 계산하는 식으로 고안될 필요가 있었습니다. 이것을 하기 위해서, 탐사선은 탐험하는 동안 차의 방향을 지정해주기에 충분한 강력한 컴퓨터를 갖추는 것이 필요했습니다.

Q. 탐사선에 관한 화자의 요지는 무엇인가?
(a) 한 번에 여러 임무를 수행할 수 있는 능력이 있었다.
(b) 독자적으로 임무를 해낼 수 있는 뚜렷한 능력이 요구되었다.
(c) 인간의 개입 없이 목적지를 지정할 수 있는 시스템을 갖추고 있었다.
(d) 미흡한 통신 시스템은 장거리에 적절하지 않았다.

해설 중심 소재는 rover이고 소주제는 탐사선이 독자적으로 임무를 수행하기 위해 필요한 것에 대한 내용이므로 **(b)가 정답**이다.

⚠️ 오답 피하기
(a)는 multiple tasks라 하여 오답이다. 다양한 임무를 수행할 수 있다는 것이 주요 내용이 아니라 지구와 화성의 거리를 감안하여 탐사선이 임무를 수행하기 위해 필요한 것에 대한 내용이다.
(c)는 designating destinations라 하여 오답이다. 스스로 목적지를 지정하는 것이 아니라 목적지는 인간이 정하고 가는 방법을 스스로 정한다고 한다.
(d)는 limited communication system이라 하여 오답이다. 미흡한 통신 시스템은 세부 내용이다.

▪ rover 탐사선 navigate 항해하다 independently 독립적으로 instruction 지시 target destination 목표 지점 work out 계산하다 equipped with ~을 갖추다 journey 탐험 capacity 능력 autonomously 독자적으로 designate 지정하다 intervention 개입 inapt for ~에 적절하지 않은

04.

Hydroelectric dams are often controversial to build because of concerns over their effect on the neighboring environment. Hydroelectric dams create reservoirs which may force people to move from their homes. Also, the dams have a negative effect on the river itself. Dams block the migratory routes of fish and can cause sediment to accumulate in the water. These changes can have a negative impact on communities around the dam that rely on the rivers for their economic livelihood.

Q. What is the speaker's main point about hydroelectric dams?
(a) The ominous implications for the local energy supply
(b) Their negative influence on indigenous wildlife
(c) The dire consequences of erecting them
(d) Their impediment to biodiversity conservation

수력 발전 댐들은 주변 환경에 미치는 영향에 대한 우려로 인해 건설에 대한 논란이 종종 있습니다. 수력 발전 댐들은 사람들이 그들의 고향을 떠나도록 하는 저수지를 형성합니다. 또한, 댐들은 강 자체에 부정적인 영향을 끼칩니다. 댐들은 물고기들의 이동 경로를 막고, 물에 퇴적물이 축적되게 합니다. 이러한 변화들은 경제적인 생계를 강에 의존하는 댐 주변의 지역 사회에 부정적인 영향을 끼칠 수 있습니다.

Q. 수력 발전 댐에 관한 화자의 주된 논점은?
(a) 지역 에너지 공급에 미치는 불길한 영향
(b) 토종 야생 생물에 미치는 부정적 영향
(c) 수력 발전 댐을 짓는 것에 대한 비관적인 결과
(d) 수력 발전 댐이 생물다양성 보전에 주는 지장

해설 중심 소재는 hydroelectric dam이고 소주제는 댐을 짓는 것의 부정적인 영향이므로 **(c)가 정답**이다.

⚠ **오답 피하기**

(a)는 ominous implications, energy supply라 하여 오답이다. 에너지 공급에 미치는 영향이 아니라 생태계에 미치는 영향에 대해서 설명한다.
(b)는 negative influence, wildlife라 하여 오답이다. 댐이 토종 야생 생물에만 부정적인 영향을 미치는 것뿐만 아니라 경제와 환경에도 영향을 미친다고 했으므로 세부 내용이다.
(d)는 impediment, conservation이라 하여 오답이다. 생물 다양성에 대해서는 언급하지 않는다.

■ hydroelectric dam 수력 발전 댐 controversial 논란이 많은 reservoir 저수지 migratory route 이동 경로 sediment 퇴적물 accumulate 축적하다 rely on 의존하다 economic 경제적인 livelihood 생계 ominous 불길한 implication 영향 indigenous wildlife 토종 야생 생물 dire 비관적인 erect 짓다 impediment 지장, 장애 biodiversity 생물다양성 conservation 보전

05.

The effects of gravity are counteracted much more by water than by air. This is because water is more buoyant than air and helps to reduce the stress placed on the body. As a result, [인과] aquatic animals need much less bone support compared to their weight than land animals. Since there is less stress put on an animal's body, aquatic animals can grow much bigger than animals living on land.

Q. Which is correct according to the lecture?
(a) Bones of most aquatic animals are frailer than those of land animals.
(b) More gravitational force is exerted on aquatic animals than on land animals.
(c) Aquatic animals can attain massive size due to the lessened effect of gravity.
(d) Land animals have larger bones than aquatic animals do.

중력의 영향은 공기보다 물에 의해서 더 상쇄됩니다. 이는 물이 공기보다 더 부력이 있고, 신체에 가해지는 압력을 감소시키는 것을 돕기 때문입니다. 결과적으로, 수중 동물들은 그들의 무게에 비해 육지 동물들보다 그들을 지지할 뼈가 훨씬 덜 필요합니다. 동물들의 신체에 가해지는 압력이 더 적기 때문에 수중 동물들은 육지 동물들보다 더 크게 자랄 수 있습니다.

Q. 강의에 따르면 옳은 것은?
(a) 대부분의 수중 동물의 뼈는 육지 동물의 뼈보다 약하다.
(b) 육지 동물보다 수중 동물에 더 많은 중력이 가해지고 있다.
(c) 수중 동물은 중력의 적은 영향 때문에 엄청나게 큰 크기에 이를 수 있다.
(d) 육지 동물은 수중 동물보다 더 큰 뼈를 갖고 있다.

해설 수중 동물은 신체에 가해지는 중력이 더 적기 때문에 더 크게 자랄 수 있다고 했으므로 **(c)가 정답**이다.

⚠ **오답 피하기**

(a)는 frailer라 하여 오답이다. 수중 동물의 뼈가 더 약하다고 하는 것이 아니라 뼈에 덜 의지한다고 하는 것이다.
(b)는 more gravitational force라 하여 오답이다. 수중 동물에 중력이 더 가해지는 것이 아니라 육지 동물에 더 가해진다고 한다.
(d)는 larger bones라 하여 오답이다. 육지 동물의 뼈가 더 크다고 말하지 않는다.

■ gravity 중력 counteract 상쇄되다 buoyant 부력이 있는 stress 압력 aquatic animal 수중 동물 frail 약한, 무른 exert 가하다 attain 이르다, 달하다 massive 엄청나게 큰

06.

Many scientists are hoping that travel to a distant star will one day become a reality. Even though technological advances in propulsion technology are constantly occurring, this very improvement can cause difficulties. [예시, 인과, 의견] For example, a spaceship using technology that will be developed in the future will quickly overtake any spaceship launched now using present propulsion technology. As a result, we should wait for better technology before sending out a spaceship. The problem arises when attempting to know just how long we should wait. Things will always get better, so at what point does it make sense to launch a spaceship?

Q. Which is correct according to the lecture?
(a) **Innovations in propulsion technology could lead to delays in spaceship launches.**
(b) Obsolete technologies will hinder the development of new propulsion systems.
(c) Spaceship launches are often replete with problems and delays.
(d) Current propulsion technology can send spaceships to other stars.

많은 과학자들은 먼 별로 떠나는 것이 언젠가는 현실이 될 것이라고 바라고 있습니다. 추진 기술의 기술적인 발전이 계속해서 일어나고 있긴 하지만, 바로 이 개선 자체가 어려움을 야기할 수 있습니다. 예를 들어, 미래에 개발될 기술을 사용하는 우주선은 현재의 추진 기술을 사용하여 발사된 우주선들을 재빨리 앞지를 것입니다. 결과적으로, 우리는 우주선을 발사하기 전에 더 나은 기술을 기다려야 합니다. 문제는 우리가 얼마나 기다려야 하는지를 알아내려고 시도할 때 나타납니다. 모든 것이 항상 좋아질 것인데, 그럼 우주선을 발사할 가장 좋은 때는 언제일까요?

Q. 강의에 따르면 옳은 것은?
(a) 추진 기술의 혁신은 우주선 발사에 있어 지연을 초래할 수 있다.
(b) 시대에 뒤떨어진 기술은 새로운 추진 장치의 개발을 방해할 것이다.
(c) 우주선 발사는 주로 문제점과 지연으로 가득하다.
(d) 현재의 추진 기술은 우주선을 다른 별로 보낼 수 있다.

해설 추진 기술 발전이 오히려 우주선 발사에 필요한 미래 기술의 개발을 지연시키는 결과를 초래한다고 했으므로 **(a)가 정답**이다.

⚠ 오답 피하기
(b)는 obsolete technologies라 하여 오답이다. 뒤떨어진 기술이 문제가 된다는 것이 아니라 새롭게 나오는 기술이 문제가 된다고 설명한다.
(c)는 replete with problems라 하여 오답이다. 우주선 발사가 많은 문제가 있다는 것이 아니라 새로운 추진력 장치의 개발로 인해 우주선 발사가 지연될 수 있다는 것이다.
(d)는 current, send spaceships라 하여 오답이다 현재 추진 기술로 별에 갈 수 있다고 하지 않는다.

■ advance 발전 propulsion technology 추진 기술 constantly 계속해서 improvement 향상 spaceship 우주선 overtake 앞지르다, 추월하다 launch 발사하다 arise 나타나다 attempt 시도하다 innovation 혁신 effect 초래하다 obsolete 시대에 뒤떨어진 hinder 방해하다 replete with ~로 가득한

07.

[원인] The last ice age began to melt approximately 20,000 years ago. At this time, the oceans began to dump a considerable amount of carbon dioxide into the atmosphere. The carbon dioxide was then trapped in the Earth's atmosphere, which resulted in less solar heat escaping. [인과] As Earth's temperature began to ascend rapidly, the glaciers that covered the Earth began to melt, which in turn raised the level of the world's oceans.

Q. Which is correct according to the lecture?
(a) The rising ocean level has caused the glaciers to melt.
(b) More carbon dioxide was released from the oceans than from land.
(c) Earth's temperature rose because the glaciers started to melt.
(d) **The Earth's ocean levels were lower before 20,000 years ago.**

마지막 빙하기는 약 2만 년 전에 녹기 시작하였습니다. 이때, 바다들은 엄청난 양의 이산화탄소를 대기에 버리기 시작하였습니다. 그러고 나서 이산화탄소는 지구의 대기에 갇히게 되었고, 이는 태양열이 적게 벗어나게 했습니다. 지구의 온도가 급격하게 올라감에 따라, 지구를 덮은 빙하들은 녹기 시작하였고, 그것은 결과적으로 세계의 해수면을 높였습니다.

Q. 강의에 따르면 옳은 것은?
(a) 상승하는 해수면은 빙하가 녹는 것을 야기했다.
(b) 육지보다 바다에서 더 많은 이산화탄소가 방출되었다.
(c) 빙하가 녹기 시작했기 때문에 지구의 온도가 올라갔다.
(d) 지구의 해수면은 2만 년 전에 더 낮았다.

해설 약 2만 년 전에 빙하가 녹기 시작하여 세계의 해수면을 높였다고 했으므로 **(d)가 정답**이다.

⚠ 오답 피하기
(a)는 rising ocean level, caused라 하여 오답이다. 해수면의 상승이 빙하를 녹인 것이 아니라 빙하가 녹아서 해수면이 상승한 것이다.
(b)는 more, from the oceans라 하여 오답이다. 바다에서 이산화탄소가 더 많이 방출되었다고 비교하지 않는다.
(c)는 because the glaciers started to melt라 하여 오답이다. 빙하가 녹았기 때문에 지구의 온도가 오른 것이 아니라 지구의 온도가 올라서 빙하가 녹았다고 한다.

■ ice age 빙하기 melt 녹다 dump 버리다 considerable 상당한, 많은 trap 가두다 solar heat 태양열 escape 벗어나다 ascend 올라가다 glacier 빙하 in turn 결과적으로 ocean level 해수면

08.

Venus' planetary surface is the result of volcanic activity on the planet. Instead of having tectonic plates making up the outer crust of the planet, Venus' outer crust is one solid crust. [방법] This means that pressure and heat cannot escape from the inner layers of the planet except through planet-wide volcanic eruptions. Once the eruptions occur, the lava reshapes the planet's surface. [비교] One interesting fact is that Earth has more volcanic eruptions than Venus even though Venus has more volcanoes. This is because most of the volcanoes on Venus are dormant.

Q. What can be inferred about Venus from the lecture?

(a) Venus has fewer volcanoes than Earth but more eruptions.
(b) Tectonic plate movements cause more volcanoes to erupt.
(c) Less pressure and heat is built up in Venus than in Earth.
(d) The outer layer of Venus consists of several large plates.

금성의 행성 표면은 행성의 화산 활동의 결과입니다. 행성의 바깥 지각을 구성하는 지질 구조판을 가지는 대신에 금성의 바깥 지각은 하나의 단단한 지각입니다. 이것은 행성 전체의 화산 폭발을 제외하고 압력과 열이 행성의 내부 층으로부터 새어 나올 수 없음을 의미합니다. 폭발이 발생하면, 용암이 행성의 표면의 모습을 다시 바꿉니다. 한 가지 흥미로운 점은, 금성에 더 많은 화산이 있음에도 불구하고 금성보다 지구에서 화산 활동이 더 많다는 것입니다. 이는 금성의 화산들이 보통 휴지 상태이기 때문입니다.

Q. 강의에서 금성에 대해 유추할 수 있는 것은?
(a) 금성은 지구보다 화산이 더 적지만 분화는 더 많다.
(b) 지각판의 움직임은 더 많은 화산들이 분화하게 한다.
(c) 지구보다 더 적은 압력과 열이 금성에 축적되어 있다.
(d) 금성의 표층은 여러 개의 큰 판으로 이루어져 있다.

해설 금성은 화산 분화를 통해 안에 쌓인 압력을 해소할 수 있다고 했는데 현재 화산 분화는 지구가 더 많다고 했으므로 금성에는 압력과 열이 덜 쌓였다고 유추할 수 있다. 따라서 **(c)가 정답**이다.

⚠ 오답 피하기
(a)는 Venus has fewer volcanoes라 하여 오답이다. 금성에 더 많은 화산이 있다고 했다.
(b)는 tectonic plate movements, more volcanoes라 하여 오답이다. 지각판의 움직임과 화산 분화의 직접적인 인과 관계를 설명하지 않는다.
(d)는 large plates라 하여 오답이다. 금성의 표면은 판이 아니라 하나의 단단한 지각이라고 한다.

■ **Venus** 금성   **planetary surface** 행성 표면   **volcanic activity** 화산 활동   **tectonic plate** 지질 구조판   **make up** 구성하다   **outer crust** 바깥 지각   **solid** 단단한, 고체의   **escape** 새어 나오다   **except** ~을 제외하고   **planet-wide** 행성 전체의   **volcanic eruption** 화산 폭발   **lava** 용암   **reshape** 모습을 다시 바꾸다   **dormant** 휴지 상태의, (화산이) 활동하고 있지 않은

Unit 08 강의-자연과학/의학/보건

Unit Test   본문 p. 304

| 01 (c) | 02 (b) | 03 (d) | 04 (a) | 05 (c) |
| 06 (b) | 07 (c) | 08 (b) |

01.

Many people hold the belief that a person's intellectual ability will begin to decline after early adulthood. While some abilities will decline, the situation is a bit more complicated than this. Some skills, such as information recall, will decline when people reach their twenties, but other abilities, such as the ability to read emotions, will continue to improve until the age of thirty. Also, skills like vocabulary and math skills continue to improve far into middle age before beginning to decline.

Q. What is the speaker's main point?
(a) The underlying causes of deteriorating abilities
(b) The skill sets that are least affected by age
(c) The variance between declining abilities at different ages
(d) The countermeasures for delaying the decline of abilities

많은 사람들은 한 사람의 지적 능력이 성인기 초반 이후로 감퇴할 것이라고 믿습니다. 어떤 능력들은 쇠퇴할지 몰라도 이는 그렇게 간단하지 않습니다. 정보를 기억하는 것과 같은 능력들은 사람들이 20대에 이르렀을 때 감퇴하지만, 감정을 읽는 것과 같은 다른 능력들은 30대까지 지속적으로 향상될 것입니다. 또한, 어휘력과 수학 능력과 같은 능력들은 능력이 감퇴하기 전인 중년기까지 계속해서 향상될 것입니다.

Q. 화자의 주된 논점은?
(a) 쇠퇴하는 능력의 근본적인 원인
(b) 나이에 의해 가장 적게 영향을 받는 능력
(c) 다른 나이대에 감퇴되는 능력들 간의 차이
(d) 능력의 쇠퇴를 늦추기 위한 대책

해설 중심 소재는 intellectual abilities이고 소주제는 나이대에 따라 쇠퇴하는 능력이 다르다는 것이므로 **(c)가 정답**이다.

⚠ 오답 피하기
(a)는 causes라 하여 오답이다. 능력이 쇠퇴하는 이유를 설명하고 있지는 않다.
(b)는 least affected라 하여 오답이다. 가장 적게 영향을 받는 능력에 대해서 비교하며 설명하지 않는다.
(d)는 countermeasures라 하여 오답이다. 대책에 대해서 설명하지 않는다.

■ **intellectual ability** 지적 능력   **decline** 쇠퇴하다   **adulthood** 성인   **information recall** 정보 불러들이기   **middle age** 중년기   **underlying** 근본적인   **deteriorating** 쇠퇴하는   **variance** 차이   **countermeasure** 대책

02.

Organic gardening is all the rage these days as people become more careful about what they eat. One method of organic gardening is companion planting. Companion planting is simply planting two different species of plants next to one another. Each plant has different characteristics that are beneficial to both plants. For example, plants that release beneficial nutrients into the soil can be planted together to help promote growth in both plants, thereby minimizing the need for fertilizers.

Q. What is the main topic of the talk?
(a) The various methods of organic gardening
(b) The desirable qualities of planting unrelated species
(c) The positive features of planting similar plant species
(d) The environmental risk associated with using fertilizers

친환경적 정원 가꾸기는 사람들이 그들의 먹거리에 더욱 조심스러워 하면서 요즘 엄청나게 유행하고 있습니다. 친환경적 정원을 가꾸는 방법 중 하나는 섞어 심기입니다. 섞어 심기는 단순히 두 종류의 식물을 서로 옆에 심는 것입니다. 각각의 식물은 서로에게 이득이 되는 서로 다른 특성을 지닙니다. 예를 들어, 좋은 영양분을 토양으로 뿜어내는 식물들은 두 식물의 성장을 촉진시키기 위해 함께 심을 수 있고, 그렇게 함으로써 비료의 필요성을 최소화합니다.

Q. 담화의 주제는 무엇인가?
(a) 친환경적 정원 가꾸기의 다양한 방법들
(b) 서로 관련 없는 종 심기의 가치 있는 특성
(c) 비슷한 식물 종을 심는 것의 긍정적인 측면
(d) 비료를 사용하는 것과 관련된 환경적 위험

해설 중심 소재는 companion planting이고 소주제는 그것의 장점이므로 **(b)**가 정답이다.

⚠ **오답 피하기**
(a)는 various methods라 하여 오답이다. 정원 가꾸기의 다양한 방법을 설명하는 것이 아니라 companion planting에 대해서만 설명한다.
(c)는 similar plant species라 하여 오답이다. 비슷한 식물을 심는 것이 아니라 다른 식물을 심는 것에 대해서 설명한다.
(d)는 environmental risk, fertilizers라 하여 오답이다. 비료의 사용이 환경에 미치는 악영향은 세부 내용이다.

■ organic gardening 친환경적 정원 가꾸기 all the rage 엄청나게 유행하다 method 방법 companion planting 혼식(섞어 심기) characteristic 특성 beneficial 이득이 되는 release 뿜어내다 soil 토양 promote 촉진시키다 thereby 그렇게 함으로써 fertilizer 비료 desirable 가치 있는 unrelated 관계없는 risk 위험 associated with ~와 관련된

03.

The first day at school can be a traumatic experience for any child. To lessen any anxiety the child might feel, the parents should present going to school as a normal experience and nothing for the child to be overly concerned about. The child will read any anxiety the parents might feel about the child going to school, so it is important that the parents don't feed into this anxiety.

Q. What is the main topic of the talk?
(a) The benefits of reading before going to school for the first time
(b) The negative reactions of a child to anxious parents
(c) The anxiety emerging from the traumatic experience of going to school
(d) The importance of parents maintaining composure

학교에서의 첫 날은 모든 아이들에게 충격적인 경험일 수 있습니다. 아이가 느끼는 어떤 불안이든 줄이기 위해서 부모들은 학교에 가는 것이 평범한 경험이고 너무 걱정할 필요가 없다는 것을 보여줘야 합니다. 아이는 아이가 학교가 가는 것에 관한 부모의 그 어떤 걱정도 알아차리기 때문에 부모가 이 불안에 들어가지 않는 것이 중요합니다.

Q. 담화의 주제는 무엇인가?
(a) 처음으로 학교를 가기 전에 읽기를 하는 것의 이점
(b) 걱정하는 부모를 향한 아이의 부정적 반응
(c) 학교를 가는 것의 충격적인 경험으로부터 나타나는 불안
(d) 부모가 평정을 유지하는 것의 중요성

해설 중심 소재는 parents' reaction이고 소주제는 아이들이 학교 첫 날 잘 갈 수 있도록 부모가 불안한 모습을 보이지 않는 것의 중요성을 말하기 때문에 **(d)**가 정답이다.

⚠ **오답 피하기**
(a)는 benefits of reading이라 하여 오답이다. 읽기에 대해서 언급하지 않는다.
(b)는 negative reactions라 하여 오답이다. 부모가 불안해하면 아이가 인지한다는 것이지 아이들이 어떤 부정적 반응을 보이는지에 대해서 주로 설명하지 않는다.
(c)는 anxiety, traumatic experience라 하여 오답이다. 과거에 충격적인 경험으로부터 나오는 불안에 대해서 설명하지 않는다.

■ traumatic 충격적인 lessen 줄이다 anxiety 불안 present 보이다 feed into 들어가다 negative reaction 부정적 반응 anxious 걱정하는 emerge from ~로부터 나타나다 composure 평정

04.

Antibiotics have been a boon to society but some of the bacteria previously treated with antibiotics are becoming resistant; some antibiotics are no longer effective. To deal with antibiotic-resistant bacteria, researchers are studying phages. Phages are bacteria-killing viruses that researchers hope to inject into the body of an infected person. The phages would then kill off the bacteria. One caveat to the treatment is that phages themselves can pose a risk to a person's health if they evolve into a malignant virus. If this difficulty can be overcome, then phage therapy may be the answer to drug resistance.

Q. What is the speaker's main point?
(a) **The prospects of using a novel approach to killing bacteria**
(b) The perils of emerging bacteria that are resistant to antibiotics
(c) The growing concern for the diminishing effectiveness of antibiotics
(d) The unconventional method of abating a nuisance through bacteria

항생제는 사회에 요긴한 것이었지만 이전에 항생제로 치유되었던 어떤 박테리아들은 저항력이 생기고 있습니다. 몇몇 항생제들이 더 이상 효과가 없는 것이죠. 항생 물질 내성균을 다루기 위해서, 연구자들은 박테리오 페이지를 연구하고 있습니다. 페이지는 박테리아를 죽이는 바이러스로, 연구자들은 감염된 사람의 신체에 이를 주입하기를 희망합니다. 페이지는 그렇게 되면 박테리아를 괴멸시킬 것입니다. 이 치유 방법의 한 가지 주의 사항은 만약 그들이 악성 바이러스로 진화한다면, 페이지 그 자체가 사람의 건강에 위험을 끼칠 수 있다는 것입니다. 만약 이 어려움이 극복될 수 있다면, 페이지 치료는 내성에 관한 해답이 될 것입니다.

Q. 화자의 주된 논점은?
(a) 박테리아를 죽이는 새로운 접근법을 사용하는 것의 전망
(b) 항생제에 내성이 생긴 신흥 박테리아의 위험
(c) 항생제의 약해지는 효과에 대해 커지는 우려
(d) 박테리아를 통한 골칫거리를 제거하는 색다른 방법

[해설] 중심 소재는 bacteria이고 소주제는 phage를 통해 박테리아를 없애는 것에 대해 말하고 있기 때문에 **(a)가 정답**이다.

⚠ 오답 피하기
(b)는 perils of emerging bacteria, resistant라 하여 오답이다. 내성을 가진 신흥 박테리아 때문의 위험이 아니라 내성을 가진 신흥 박테리아를 죽이는 효과적인 방법의 개발에 대해서 설명하는 것이다.
(c)는 concern, diminishing effectiveness라 하여 오답이다. 항생제의 약해지는 효과의 우려가 아니라 항생제 없이 박테리아를 죽이는 방법에 대해서 설명한다.
(d)는 through bacteria라 하여 오답이다. 박테리아를 통해서 무언가를 해결한다는 것이 아니라 phage를 통해서 내성이 있는 박테리아를 죽인다는 것이다.

antibiotics 항생제 boon 요긴한 것 resistant 저항력이 있는 antibiotic-resistant bacteria 항생 물질 내성균 phage 박테리오 페이지(살균 바이러스) inject 주입하다 infected 감염된 caveat 주의 pose a risk 위험을 끼치다, 해가 되다 evolve 진화하다 malignant 악성 overcome 극복하다 drug resistance 약제 내성 prospect 전망 peril 위험 emerging bacteria 신흥 박테리아 diminish 약해지다 unconventional 색다른 abate 약화시키다, 줄이다 nuisance 골칫거리

05.

Today, we are going to take a look at an unusual animal called the sengi. The sengi is a small mammal that mainly eats ants and termites. [비교] Unlike similar small mammals, the sengi does not eat plants. Another peculiarity about the sengi is that it hibernates overnight, which is something most small mammals do not undertake. Furthermore, the sengi does not build a nest even though many other mammals do so.

Q. Which is correct about sengi according to the lecture?
(a) It is the smallest mammal in the animal kingdom.
(b) It is characterized by building a nest.
(c) **It does not subsist on vegetation.**
(d) It is unique because it hibernates for days at a time.

오늘 우리는 셍기라 불리는 특이한 동물에 관하여 살펴보겠습니다. 셍기는 개미와 흰개미를 주로 먹는 작은 포유류입니다. 다른 비슷한 작은 포유류들과 달리, 셍기는 식물을 먹지 않습니다. 셍기에 관한 또 다른 특이한 점은 하룻밤 동안 동면을 취한다는 것인데, 이는 대부분의 작은 포유류들이 하지 않는 것입니다. 또한, 셍기는 다른 포유류가 둥지를 만들더라도, 둥지를 만들지 않습니다.

Q. 강의에 따르면 셍기에 대해 옳은 것은?
(a) 그것은 동물계에 있는 가장 작은 포유동물이다.
(b) 그것은 둥지를 짓는 것으로 특징짓는다.
(c) 그것은 식물을 먹으면서 생존하지 않는다.
(d) 그것은 여러 날 동안 동면을 하기 때문에 특이하다.

[해설] 셍기는 식물을 먹지 않는다고 했으므로 **(c)가 정답**이다.

⚠ 오답 피하기
(a)는 smallest mammals라 하여 오답이다. 가장 작은 포유동물이라고 하지 않는다.
(b)는 building a nest라 하여 오답이다. 둥지를 짓지 않는다고 한다.
(d)는 days at a time이라 하여 오답이다. 하룻밤 동안 동면을 한다고 한다.

unusual 특이한 sengi 셍기 mammal 포유류 termite 흰개미 peculiarity 특이한 점 hibernate 동면하다 undertake 착수하다 furthermore 또한 subsist on ~을 먹고 살다

06.

Seahorses use camouflage to their advantage in order to hide from predators. [예시, 장점] Seahorses not only change their color, but they can also change the pattern on their skin. For example, seahorses can change their color from bright red to black to match the coral or sea grass around them. The colors can also be presented as spots or stripes to add to the camouflage. Other camouflage skills seahorses can use is to grow spines, bumps, and other growths for texture to blend in with their surroundings perfectly.

Q. Which is correct about seahorses according to the lecture?
(a) They stay concealed in small crevices most of their time.
(b) They can manipulate their appearance to match their surroundings.
(c) They are capable of accurately mimicking their prey.
(d) They can only change their skin color to hide from an approaching predator.

해마들은 포식자들로부터 숨기 위해 위장술을 사용합니다. 해마들은 그들의 색을 바꿀 뿐 아니라, 그들의 피부 무늬까지도 바꿀 수 있습니다. 예를 들어, 해마들은 그들 주위의 산호나 해양 식물에 맞추기 위하여 밝은 빨간 색에서 검은색으로 변할 수 있습니다. 색상은 위장술에 더해지기 위하여 줄무늬나 점으로도 보여질 수 있습니다. 해마가 사용하는 다른 위장술들에는 그들의 주변 환경과 완벽하게 섞이기 위하여 가시, 돌출부, 그리고 질감을 위해 자라난 것들이 있습니다.

Q. 강의에 따르면 해마에 대해 옳은 것은?
(a) 그들의 대부분 시간을 작은 갈라진 틈 안에 숨어 있다.
(b) 그들의 환경에 조화되기 위해서 그들의 외모를 조작할 수 있다.
(c) 그들의 먹이를 정확하게 흉내내는 능력을 갖고 있다.
(d) 접근하는 포식자로부터 숨기 위해서 그들의 피부색만 바꿀 수 있다.

해설 해마들은 주위의 산호나 해양 식물의 색상과 맞추기 위해 그들의 피부 색을 변하게 할 수 있다고 했으므로 **(b)가 정답**이다.

⚠ 오답 피하기
(a)는 concealed, most of their time이라 하여 오답이다. 대부분 숨어서 지낸다고 하지 않고 위장술을 쓴다고 한다.
(c)는 mimicking their prey라 하여 오답이다. 그들의 먹이가 아니라 환경을 흉내를 낸다고 한다.
(d)는 only change their skin color라 하여 오답이다. 가시, 돌출부, 질감을 위해 자라난 것들도 있다고 했다.

■ seahorse 해마 camouflage 위장 predator 포식자 coral 산호초 texture 질감 blend in 잘 섞이다 surroundings 주변 환경 concealed 숨겨진 crevice 갈라진 틈 manipulate 조작하다 accurately 정확하게 mimic 흉내내다

07.

There may be a new weapon in a doctor's arsenal to fight Alzheimer's disease. A recent study showed that vitamin E decreases the development of the disease in elderly males. [문제점] While the results showed improvement in patients taking vitamin E, there are a few issues with the research. The subjects were already taking dementia medicine and the study only focused on elderly males. Further research will need to be conducted to isolate all the variables that could be affecting a subject's Alzheimer's disease so that vitamin E's efficacy can be determined.

Q. Which is correct about the study according to the lecture?
(a) Most subjects were not diagnosed with Alzheimer's disease.
(b) Vitamin E has been proven to prevent the onset of Alzheimer's disease.
(c) It was revealed to have several shortcomings that need to be addressed.
(d) It shows that females are impervious to the presence of vitamin E.

알츠하이머와 싸우기 위한 의사의 해결책 중에는 새로운 무기가 있을지 모릅니다. 최근의 연구는 비타민 E가 노인 남성한테서 질병의 발달을 감소시킨다는 것을 밝혔습니다. 비타민 E를 섭취한 환자들에게서 상태가 호전되는 결과가 나오긴 했지만, 연구에는 몇몇 문제들이 있습니다. 피험자들은 이미 치매 의약품을 복용하고 있었고 연구는 오직 노인 남성에만 초점을 맞추었습니다. 비타민 E의 유효성을 확인할 수 있도록 피험자의 알츠하이머 질병에 영향을 주는 모든 변수들을 분리할 수 있도록 더 많은 연구들이 진행되어야 할 것입니다.

Q. 강의에 따르면 연구에 대해 옳은 것은?
(a) 대부분의 피험자는 알츠하이머 병을 진단받지 않았었다.
(b) 비타민 E는 알츠하이머 병의 발생을 예방한다는 것이 증명되었다.
(c) 집고 넘어가야 할 여러가지 결점들이 있다는 것이 드러났다.
(d) 여성들이 비타민 E의 존재에 영향을 받지 않는다는 것을 보여준다.

해설 실험에서 피험자들은 이미 치매 약품을 복용하고 있었고 연구가 노인 남성에게만 초점을 맞추었다는 문제점이 밝혀졌다고 했으므로 **(c)가 정답**이다.

⚠ 오답 피하기
(a)는 most, not diagnosed라 하여 오답이다. 피험자들은 알츠하이머 환자가 맞지만 다른 요소가 영향을 주고 있는 것이라고 설명한다.
(b)는 proven이라 하여 오답이다. 증명된 것이 아직 아니라고 설명한다.
(d)는 females are impervious라 하여 오답이다. 비타민 E가 여성들에게 미치는 영향에 대해서는 알 수 없다.

■ weapon 무기 arsenal 무기 Alzheimer's disease 알츠하이머 elderly 노인 subject 피험자 dementia 치매 conduct 진행하다 isolate 분리하다 variable 변수 efficacy 유효성 determine 확인하다 diagnose 진단하다 onset 시작 reveal 드러나다 shortcoming 결점 impervious 영향을 받지 않는 presence 존재

08.

While many people do not like vultures, they are actually a very important part of the ecosystem. Unfortunately, in India, the vulture population is in decline, plummeting over 99% for some species. [인과] Vultures can digest a variety of deadly toxins produced by dead rotting animals because of the corrosive acid found in their stomachs, but one substance they cannot digest is the veterinary drug diclofenac. Researchers are pointing to the accumulation of this drug as being the culprit behind the declining vulture population in India. The drug causes kidney failure and then death in vultures.

Q. What can be inferred from the lecture?
(a) Many vultures are being treated with diclofenac in India.
(b) The use of diclofenac in livestock is widespread in India.
(c) Some species of vultures have been eradicated by diclofenac.
(d) Decaying animal carcasses naturally produce diclofenac.

많은 사람들이 독수리를 좋아하지 않지만 그들은 사실 생태계에서 매우 중요합니다. 안타깝게도, 인도에서 독수리의 개체 수는 감소하고 있고, 어떤 종의 경우 99퍼센트 이상 급락했습니다. 독수리들은 그들의 배에서 나오는 부식성이 강한 산으로 인하여 죽어서 부패하는 동물에서 생산되는 다양한 치명적인 독성들을 소화시킬 수 있지만, 그들이 소화시킬 수 없는 하나의 물질은 바로 동물용 약인 디클로페낙입니다. 연구자들은 바로 이 약품의 축적이 인도에서 독수리의 개체 수가 줄어드는 주범이라고 이야기합니다. 이 약품은 독수리에게 신장 부전을 일으키며 그 후에 죽음을 야기시킵니다.

Q. 강의에서 유추할 수 있는 것은?
(a) 많은 독수리가 인도에서 디클로페낙으로 치료를 받고 있다.
(b) 가축에 대한 디클로페낙의 사용이 인도에서 광범위하다.
(c) 독수리의 어떤 종은 디클로페낙에 의해서 몰살되었다.
(d) 부패하는 동물 시체는 디클로페낙을 자연적으로 생산한다.

해설 많은 디클로페낙이 독수리에게 치명적인데, 인도에서 독수리의 개체 수가 줄어들고 있다고 했으므로 인도에서는 디클로페낙을 흔히 쓴다는 것을 유추할 수 있다. 따라서 **(b)가 정답**이다.

⚠ **오답 피하기**
(a)는 vultures, treated with diclofenac이라 하여 오답이다. 독수리가 디클로페낙으로 치료를 받는다는 근거가 없다.
(c)는 some species, eradicated라 하여 오답이다. 많은 독수리가 죽었다고 설명하지만 멸종된 독수리의 종류는 언급되지 않았다.
(d)는 carcasses, produce diclofenac이라 하여 오답이다. 죽은 동물 시체가 자연적으로 디클로페낙을 만든다고 설명하지 않고 인간이 veterinary drug으로 활용했다고 설명한다.

■ vulture 독수리 ecosystem 생태계 plummet 급락하다 digest 소화하다 toxin 독성 rotting 부패하는 corrosive 부식성이 강한 acid 산 substance 물질 veterinary drug 동물용 약 diclofenac 디클로페낙(동물용 의약품) accumulation 축적 culprit 주범 kidney 신장 failure 부전 livestock 가축 widespread 광범위한 eradicate 근절하다, 박멸하다 decay 부패하다 carcass 시체

Part Test
본문 p. 306

01 (c)	02 (c)	03 (a)	04 (b)	05 (b)
06 (d)	07 (c)	08 (c)	09 (c)	10 (a)
11 (b)	12 (b)	13 (c)	14 (b)	15 (d)

01.

In 1921, Gertrude Bell drew the boundaries for what is now the country of Iraq. A powerful official for the British government, Bell ensured that the Arab state was founded from the three Ottoman provinces of Mosul, Bagdad, and Basra. Yet by her design, it could not function independent of Britain and its influence. Known as a charismatic archeologist and linguist during her days at Oxford, she wielded her remarkable abilities abroad in ways she could not have at home.

Q. What is the speaker mainly saying about Gertrude Bell?
(a) Her prowess as a public speaker
(b) Her expertise in Middle Eastern culture
(c) Her cleverness in exerting influence overseas
(d) Her influence on British government

1921년에 Gertrude Bell은 현재 이라크의 분계선을 그었습니다. 영국 정부의 권위 있는 관료였던 Bell은 아랍 국가가 Mosul, Bagdad, 그리고 Basra라는 3개의 오토만 제국들로부터 건국되도록 했습니다. 하지만 그녀의 계획에 의하면 그 나라는 영국과 영국의 영향으로부터 독립적으로 기능할 수 없었습니다. 옥스퍼드를 다니는 동안 카리스마 있는 고고학자이자 언어학자로 알려졌던 그녀는 고향에서 펼칠 수 없었던 놀라운 능력을 국제적으로 행사하였습니다.

Q. 화자가 Gertrude Bell에 관하여 주로 말하는 것은?
(a) 연설가로서 그녀의 기량
(b) 중동 문화에 대한 그녀의 전문성
(c) 해외에 영향력을 가하는 것에 있어서 그녀의 영리함
(d) 영국 정부에 대한 그녀의 영향력

해설 중심 소재는 Gertrude Bell이고 소주제는 그녀의 업적이기 때문에 **(c)가 정답**이다.

⚠ **오답 피하기**
(a)는 public speaker라 하여 오답이다. 그녀는 연설가가 아닌 관료였다.
(b)는 culture라 하여 오답이다. 중동 문화에 대해서 많은 것을 안다는 것이 주된 내용이 아니다.
(d)는 influence on British government라 하여 오답이다. 영국 정부에 영향을 미쳤다고 하지 않는다.

■ boundary 분계선 official 관료 independent of ~에 독립적으로 influence 영향 charismatic 카리스마 있는 archeologist 고고학자 linguist 언어학자 wield 행사하다 remarkable 놀라운 prowess 기량 cleverness 영리함 exert 가하다, 행사하다

02.

Ethos is happy to announce that our lunchbox is back by popular demand for the summer months. Each meal comes with a choice of a vegan bean burrito, a hummus pita, or a vegetarian mini pizza. A piece of seasonal fruit is included in the box, along with a freshly baked cookie and a bottle of organic lemonade. So, on your way to the beach or office, stop by Ethos to grab your lunchbox!

Q. What is mainly being advertised?
(a) A special lunch discount
(b) A venue for exotic dishes
(c) A packaged takeout meal
(d) A course menu for families

저희 Ethos는 여름 동안 큰 수요를 끌었던 점심 도시락이 돌아온 것을 알리게 되어 기쁩니다. 모든 식사들은 채식 콩 부리또, 후무스 빵 또는 채식 미니 피자를 선택할 수 있도록 되어 있습니다. 제철 과일 조각이 도시락에 포함되어 있으며, 갓 구운 쿠키와 유기농 레모네이드 한 병이 같이 들어 있습니다. 그러므로 해변이나 사무실을 갈 때, Ethos에 들러 점심 도시락을 챙겨가세요.

Q. 주로 광고되는 것은 무엇인가?
(a) 특별 점심 할인
(b) 이국적인 요리를 위한 장소
(c) 포장된 테이크아웃 식사
(d) 가족을 위한 코스 메뉴

해설 중심 소재는 Ethos의 점심 도시락이고 도시락의 구성 요소에 대해 광고하고 있으므로 (c)가 정답이다.

⚠ 오답 피하기
(a)는 discount라 하여 오답이다. 할인을 한다고 하지 않는다.
(b)는 venue라 하여 오답이다. 식당이 아니라 메뉴를 광고하는 것이다.
(d)는 course menu라 하여 오답이다. 코스가 아니라 포장 음식이다.

■ demand 수요 along with ~와 함께 grab 챙기다, 잡다 venue 장소 exotic 이국적인

03.

In sports news, the Rangers are celebrating the recovery of one of its most promising players after an unexpected elbow surgery. Stan Baker was sidelined for the last two games after he took a hard fall during a routine team practice. The Rangers staff predicted Baker would return to the lineup quickly and well in time for the playoffs, which start in six weeks. Fans will be pleased to know that Baker is on the roster for Saturday's game, though it's still unsure if he will start or not.

Q. What is the news report mainly about?
(a) The possible comeback of Stan Baker
(b) The complete recovery of a celebrated player
(c) The players participating in the playoffs
(d) The duration of Stan Baker's absence

스포츠 뉴스입니다. Rangers가 예기치 않은 팔꿈치 수술을 받은 유망한 선수의 회복을 축하하고 있다고 합니다. Stan Baker은 정기 훈련 도중 심하게 넘어진 후로 두 경기에 출전하지 못했습니다. Rangers의 관계자들은 Baker가 재빨리 팀에 합류하여 6주 뒤에 시작하는 플레이오프 경기에 참여할 수 있을 거라 예상했습니다. 그가 출전할지 하지 않을지는 여전히 불확실하지만, Baker가 토요일 경기의 선수 명단에 있는 것을 알게 된다면 기뻐할 것입니다.

Q. 뉴스 보도는 주로 무엇에 관한 것인가?
(a) Stan Baker의 가능성 있는 복귀
(b) 유명한 선수의 완전한 회복
(c) 플레이오프에 참여하는 선수들
(d) Stan Baker의 부재 기간

해설 중심 소재는 Stan Baker이고 소주제는 그의 복귀 가능성이기 때문에 (a)가 정답이다.

⚠ 오답 피하기
(b)는 complete recovery라 하여 오답이다. 완전히 나았다고 하지 않는다.
(c)는 players라 하여 오답이다. 참여하는 선수들 모두에 대해 설명하지 않고 Stan Baker에 대해서만 설명한다.
(d)는 duration이라 하여 오답이다. 부재 기간에 대한 언급이 있긴 하지만 세부 내용이다.

■ recovery 회복 promising 유망한 unexpected 예기치 않은 elbow 팔꿈치 be sidelined 출전을 못 하게 되다 routine 정기적인 playoff 플레이오프(우승 결정전) roster 선수 명단 duration 기간 absence 부재

04.

All those cars on famously gridlocked highways may soon provide a sustainable energy source. At least that is what a state-funded energy commission is hoping for with its research investment of $2 million. It is theorized that piezoelectric crystals can be used to produce electricity from the mechanical energy created by vehicles driving on roads. If these crystals that produce energy when compressed can be deposited under the asphalt on highways at a nominal cost, it would undoubtedly revolutionize the thinking surrounding renewable energy.

Q. What is the main purpose of the talk?
(a) To introduce the unique characteristics of piezoelectric crystals
(b) To explain the promise of a new method of producing energy
(c) To discuss the cost limitations of utilizing renewable energy

(d) To laud a novel method of relieving traffic congestion on highways

정체되는 것으로 유명한 고속도로를 다니는 모든 차들이 곧 지속 가능한 에너지원을 공급할 수도 있습니다. 적어도 그것이 정부가 지원하는 에너지 위원회가 200만 달러의 연구 투자비와 함께 희망하고 있는 바입니다. 압전결정체가 길가에 다니는 차들에 의해 발생되는 역학적 에너지로부터 전기를 생산하는 데에 사용될 수 있을 것이라는 이론이 제시되었습니다. 만약 압축되었을 때 에너지를 생산하는 이러한 결정체들을 적은 비용으로 고속도로의 아스팔트 아래에 넣는다면, 그것은 재생 가능한 에너지를 둘러싼 관념을 의심할 여지 없이 개혁할 수 있을 것입니다.

Q. 담화의 주요 목적은 무엇인가?
(a) 압전결정체의 독특한 특징을 소개하는 것
(b) 에너지를 생산하는 새로운 방법의 가능성을 설명하는 것
(c) 재생에너지를 활용하는 것의 비용 제약을 의논하는 것
(d) 고속도로 교통체증을 해소하는 새로운 방법을 칭찬하는 것

해설 중심 소재는 sustainable energy source이고 소주제는 압전결정체의 가능성이기 때문에 **(b)가 정답**이다.

⚠ 오답 피하기
(a)는 characteristics라 하여 오답이다. 압전결정체의 특징이 아닌 새로운 에너지 공급원으로서의 가능성에 대해서 주로 설명한다.
(c)는 cost limitations라 하여 오답이다. 단점이 아닌 긍정적 가능성에 대해서 주로 말한다.
(d)는 traffic congestions라 하여 오답이다. 교통체증을 해소하는 것에 대해 말하고 있지 않다.

■ infamously 악명높게 gridlock 정체시키다 sustainable energy source 지속 가능한 에너지원 state-funded energy 정부가 지원하는 investment 투자 theorize 이론을 제시하다 piezoelectric crystal 압전결정체 mechanical energy 역학적 에너지 compress 압축하다 deposit 넣다 asphalt 아스팔트 nominal 아주 적은 promise 가능성 renewable energy 재생에너지 laud 칭찬하다 relieve 해소하다 traffic congestion 교통체증

05.

To successfully market your brand, you must combine a powerful, meaningful, inspirational message delivered in a way that touches your audience. Price points are not what this is about. It's positive, inclusive messages that resonate with buyers today. They want to be part of something larger that impacts them and the community. By narrowing your message, you increase the odds that your ad will be transmitted virtually by your brand fans, which add further credibility and awareness.

Q. What is the talk mainly about?
(a) What messages turn consumers away from a product
(b) How to make a product appeal to potential buyers
(c) What product features help buyers and the community
(d) How consumers make their decisions to buy a product

당신의 브랜드를 성공적으로 홍보하기 위해서 당신은 아주 강하고, 의미 있고, 영감을 주는 메시지를 합쳐 당신의 고객들이 감동받을 수 있도록 제시해야 합니다. 이것은 기준 소매 가격에 관한 내용이 아닙니다. 이것은 오늘날 고객들에게 상기되는 긍정적인, 포괄적인 메시지들입니다. 그들은 그들과 지역 사회에 영향을 미치는 어떤 더 큰 부분에 속하고 싶어 합니다. 당신의 메시지를 좁힘으로써, 당신은 당신의 광고가 실질적으로 브랜드 팬들에 의하여 전해지는 가능성을 높일 수 있고, 그것은 추후에 신뢰도와 인지도를 높일 것입니다.

Q. 담화는 주로 무엇에 관한 것인가?
(a) 어떤 메시지가 제품으로부터 고객의 외면을 받게 하는지
(b) 어떻게 잠재적인 구매자에게 제품의 호감도를 높일지
(c) 어떤 제품 특징이 구매자와 지역 사회에 도움이 되는지
(d) 어떻게 소비자가 제품의 구매 결정을 내리는지

해설 중심 소재는 marketing이고 소주제는 브랜드 홍보의 효과적인 방법에 대해서 설명하는 것이므로 **(b)가 정답**이다.

⚠ 오답 피하기
(a)는 turn consumers away라 하여 오답이다. 어떻게 하면 고객을 끌 수 있는지에 대한 내용이지 외면하게 하는 내용이 아니다.
(c)는 product features라 하여 오답이다. 제품의 특징에 대한 내용이 아니라 어떻게 홍보를 해야 고객의 관심을 끌 수 있는지에 대한 내용이다.
(d)는 consumers make their decisions라 하여 오답이다. 소비자들에 대한 내용이 아니다.

■ combine 합치다 inspirational 영감을 주는 touch 감동을 주다 price point 기준 소매 가격 inclusive 포괄적인, 폭넓은 resonate with ~에게 상기되다 impact 영향을 미치다 narrow 좁히다 odds 가능성 transmit 전하다 virtually 실질적으로 credibility 신뢰도 awareness 인지도 turn away 외면하다 appeal to ~에게 매력적으로 하다 potential 잠재적인

06.

Let's take a closer look at censorship. Now as you know, censorship is generally viewed as the suppression of free speech, public communication, or other information that may be considered objectionable. Depending on the type, direct censorship may or may not be illegal, and many countries provide protection against censorship. But is censorship always negative? In cases surrounding national security, controlling obscenities, and hate speech, it may be necessary. Preventing slander and libel is another example of engaging in censorship that is in the name of protection rather than oppression.

Q. What is the speaker's main point about censorship?

(a) It violates people's rights to free speech.
(b) It has more positive effects than negative ones.
(c) It helps to protect the interest of national security.
(d) It should be imposed on a selective basis.

검열에 관하여 더 자세히 알아봅시다. 이제 여러분들이 알다시피, 검열은 일반적으로 자유 발언, 대중적인 의사소통, 또는 불쾌하다고 여겨질 수 있는 다른 정보의 억제로 여겨집니다. 종류에 따라 직접적인 검열은 불법적일 수도, 불법적이지 않을 수도 있으며, 많은 국가들은 검열 방지법을 제공합니다. 하지만 검열이 항상 부정적일까요? 국가 안보, 외설 통제, 혐오 발언과 관련된 상황에서는 필수적일지도 모릅니다. 비방과 명예훼손을 방지하는 것은 억압이라기보다 보호의 명목으로 검열에 관여하는 또 다른 예시입니다.

Q. 검열에 관한 화자의 요점은 무엇인가?
(a) 사람들의 언론의 자유를 침해한다.
(b) 부정적인 영향보다 긍정적인 영향이 더 많다.
(c) 국가의 안보의 이익을 보호하는 것을 도와준다.
(d) 선별적으로 도입되어야 한다.

해설 중심 소재는 censorship이고 소주제는 검열이 특정 상황에서는 시행되어야 한다는 내용이므로 **(d)가 정답**이다.

⚠ 오답 피하기
(a)는 violates, free speech라 하여 오답이다. Censorship이 특정 권리를 훼손시킨다는 내용은 주요 내용이 아니다.
(b)는 more positive effects라 하여 오답이다. Censorship의 긍정적, 부정적 영향을 비교하지 않는다.
(c)는 protect, national security라 하여 오답이다. 국가의 안보에 대해서 언급하지 않는다.

■ censorship 검열 suppression 억제 objectionable 불쾌한 illegal 불법적인 surrounding 관련된 national security 국가 보안 obscenities 외설 hate speech 혐오 발언 slander 비방 libel 명예훼손 engage in ~에 관여하다 oppression 억압 violate 훼손하다 impose 도입되다 selective basis 선별적으로

07.

Jackson State Community College offers the most options for working students. Advisors individually design class schedules to suit the needs of students new to academics as well as for returning students. Early and late classes are available, staffed with professors who genuinely care about each student's progress and development. Class size is smaller than traditional college settings, creating a more relaxed environment. So visit our campus on Spring Street or on our Web site, jscc.org, to learn more about how Jackson State can meet your educational needs.

Q. What is mainly being advertised about Jackson State?
(a) The improved service compared with last year
(b) The benefits offered to returning students
(c) The features that students can take advantage of
(d) The high academic standards it upholds

Jackson State Community College는 직장인 학생들을 위해 가장 많은 옵션을 제공합니다. 지도 교사들은 학문에 새로 입문한 학생들뿐만 아니라 복학생들의 필요에도 맞추어 개인적으로 수업 시간표를 짜줍니다. 각각의 학생들의 향상과 발전을 진정으로 생각하는 교수님들로 배치되어 있는 아침과 야간 수업이 있습니다. 수업의 규모는 전통적인 대학 환경보다 작아, 더욱 편안한 분위기를 조성합니다. 그러므로 Spring Street에 있는 저희 학교를 방문하시거나 저희 홈페이지 jscc.org에 오셔서 Jackson State가 당신의 학업적 수요를 어떻게 충족시킬 수 있을지 더 알아보세요.

Q. Jackson State에 관하여 주로 홍보되는 것은?
(a) 작년과 비교하여 개선된 서비스
(b) 복학생들에게 제공되는 혜택
(c) 학생들이 이용할 수 있는 특징들
(d) 그것이 유지하는 높은 학문적 수준

해설 중심 소재는 Jackson State Community College이고 소주제는 학생들에게 제공하는 수업과 서비스이므로 **(c)가 정답**이다.

⚠ 오답 피하기
(a)는 compared with last year라 하여 오답이다. 작년과 비교하지 않는다.
(b)는 returning students라 하여 오답이다. 복학생들에게 국한된 내용이 아니므로 주요 내용이라고 볼 수 없다.
(d)는 high academic standards라 하여 오답이다. 학교의 학문적 수준에 대해서는 언급하지 않는다.

■ advisor 지도 교사 suit 맞추다 academics 학업 returning student 복학생 genuinely 진정으로 progress 진전 setting 환경 meet 충족시키다 uphold 유지하다

08.

An oil rig in the North Bering Sea has been shut down after a leak was discovered. The company claims that the leak was discovered quickly and only around 50 barrels of oil leaked into the sea. Environmentalists claim that the actual leak is much bigger than claimed and is closer to 500 barrels. [결과] The oil leak will be monitored and cleanup is ongoing. The company states they plan to reopen the oil rig within the week but environmentalists are seeking a court injunction to stop this from happening.

Q. Which is correct according to the news report?
(a) The second leak from the oil rig is much larger than the first leak.
(b) The environmentalists have shut down the oil rig indefinitely.
(c) The investigation into the precise amount of oil leaked is continuing.

(d) The leak has led the government to close several beaches.

북부 베링 해협의 석유 굴착 장치는 누출이 감지된 뒤로 폐쇄되었습니다. 회사는 유출이 빨리 발견되어 단지 50배럴의 석유만 바다로 흘러 들어갔다고 주장합니다. 환경 운동가들은 실제로 유출된 양은 주장된 바보다 훨씬 많으며, 500배럴 가까이 된다고 주장합니다. 석유 누출은 감시될 것이며 청소가 진행 중입니다. 회사는 석유 굴착 장치를 이번 주에 다시 작동시킬 것이라고 하지만 환경학자들은 이것의 발생을 막기 위해 법원의 금지 명령을 촉구하고 있습니다.

Q. 뉴스 보도에 따르면 옳은 것은?
(a) 석유 굴착 장치로 부터의 두 번째 유출은 첫 번째 유출보다 훨씬 더 크다.
(b) 환경 운동가들은 석유 굴착 장치를 무기한으로 폐쇄시켰다.
(c) 석유 누출의 정확한 양에 대한 조사는 아직도 진행 중이다.
(d) 누출은 정부가 여러 해변을 폐쇄하게 하였다.

해설 회사가 주장하는 석유 누출량과 환경 운동가들이 주장하는 누출량이 다르다고 했고, 이것이 감시되고 있다고 했으므로 **(c)가 정답**이다.

⚠️ **오답 피하기**
(a)는 second leak이라 하여 오답이다. 누출이 두 번 있었는지 언급되지 않았다.
(b)는 have shut down이라 하여 오답이다. 환경 운동가들이 법원의 금지 명령을 촉구하고 있다고는 했지만 그들이 유전 굴착 장치를 폐쇄시키지는 않았다.
(d)는 close, beaches라 하여 오답이다. 해변을 폐쇄시켰는지 알 수 없다.

■ oil rig 석유 굴착 장치 leak 누출 claim 주장하다 environmentalist 환경 운동가 monitor 감시하다 cleanup 청소 ongoing 계속 진행 중인 court injunction 법원의 금지 명령 indefinitely 무기한으로 precise 정확한

09.

During the 1960s, the superstring theory was developed with the input of numerous mathematicians and scientists. [방법] Often called the M-theory, the superstring theory harmonizes general relativity with how it applies to large-scale structures, such as stars and galaxies, by combining quantum mechanics. Superstring theory conjectures that all particles and fundamental forces are just vibrations of miniscule super-symmetric strings. These one-dimensional objects propagate through space and interact with each other. [비교] Superstring theory was originally proposed as an explanation between mass and spin for certain objects, but later quantum mechanics was added to it.

Q. Which is correct according to the lecture?
(a) The superstring theory was developed to explain quantum mechanics.
(b) Movement of large-scale structures can only be explained with quantum mechanics.
(c) The superstring theory incorporates various theories to explain natural phenomena.
(d) General relativity does not apply to the behaviors of particles at the atomic level.

1960년대 동안 초현 이론은 많은 수학자들과 과학자들의 조언으로 발전했습니다. M 이론이라고 자주 불리우는 초현 이론은 상대성 이론과 양자 역학을 결합시킴으로써 그것이 별과 은하수와 같은 큰 구조물에 어떻게 적용되는지를 조화시킵니다. 초현 이론은 모든 입자들과 기본적인 물리력이 단지 극소의 초대칭 현의 진동일 뿐이라고 추측합니다. 이러한 1차원적 물체는 우주를 통해서 퍼지고 서로 상호 작용을 합니다. 초현 이론은 원래 특정 물체의 질량과 회전을 설명하기 위해 제안되었지만 후에 양자 역학이 그것에 추가되었습니다.

Q. 강의에 따르면 옳은 것은?
(a) 초현 이론은 양자 역학을 설명하기 위해 만들어졌다.
(b) 큰 구조물의 움직임은 오직 양자 역학으로만 설명할 수 있다.
(c) 초현 이론은 자연현상을 설명하기 위해 다양한 이론들을 결합한다.
(d) 상대성 이론은 원자 수준의 크기 입자의 운동에는 적용되지 않는다.

해설 초현 이론은 상대성 이론과 양자 역학을 결합시켰다고 했으므로 **(c)가 정답**이다.

⚠️ **오답 피하기**
(a)는 to explain quantum mechanics라 하여 오답이다. 양자 역학을 설명하기 위해서 만들어진 것이 아니라 양자 역학을 활용한다고 설명한다.
(b)는 only be explained라 하여 오답이다. 상대성 이론과 양자 역학을 결합시켜 확인할 수 있다고 설명한다.
(d)는 does not apply to라 하여 오답이다. 초현 이론을 통해 작은 입자의 행동을 확인한다고 설명은 하지만 상대성 이론이 작은 입자의 행동을 설명하는 데 적용이 안 된다고 설명하지 않는다.

■ input 조언 mathematician 수학자 harmonize 조화시키다 general relativity 일반 상대성 원리 large-scale structure 큰 구조물 galaxy 은하수 combine 결합하다 quantum mechanics 양자 역학 conjecture 추측하다 fundamental 기본적인 vibration 진동 miniscule 극소의 propagate 퍼지다 interact 상호 작용을 하다 mass 질량 spin 회전 incorporate 결합하다, 포함하다 natural phenomena 자연현상 atomic level 원자 수준의 크기

10.

You and your buddy have just come up with a great business opportunity and you can't wait to start. But before you start, you may want to take a good hard look at your new business partner. Good friends do not necessarily make good business partners. [조건] Before going into a partnership, you need to highlight the duties and expectations of each partner as well as delineate a vision regarding the direction of the business. This will help avoid problems in the future.

Q. Which is correct according to the talk?
(a) **Responsibilities of parties involved must be clear.**
(b) Friends are usually difficult to work with.
(c) A business partnership often fails due to self-interests.
(d) A good rapport is an indicator of business acumen.

당신과 당신의 친구는 정말 좋은 사업 기회를 만들어냈고, 당신은 그것을 정말 시작하고 싶어합니다. 하지만 시작하기 전에, 당신은 당신의 사업 파트너에 관하여 면밀히 살펴보고 싶을 것입니다. 좋은 친구라 해도 반드시 좋은 동업자가 되진 않습니다. 동업을 하기 전에 사업의 방향에 관한 비전을 그리며 각 동업자의 임무와 기대를 확인할 필요가 있습니다. 이는 미래의 문제들을 피할 수 있도록 도울 것입니다.

Q. 담화에 따르면 옳은 것은?
(a) 관련된 당사자들의 책무가 명확해야 한다.
(b) 친구는 보통 함께 일하기가 힘들다.
(c) 사업 동업은 사리 추구 때문에 보통 실패한다.
(d) 좋은 관계는 사업 수완의 좋은 지표이다.

[해설] 동업을 하기 전에 각 동업자의 임무와 기대를 확인해야 한다고 했으므로 **(a)**가 정답이다.

⚠ 오답 피하기
(b)는 difficult to work with라 하여 오답이다. 친구들과 일하는 것이 어렵다는 것이 아니라 동업을 하기 위해서는 필요한 조건들이 있다는 것이다.
(c)는 often fails라 하여 오답이다. 동업이 실패한다고 말하지 않는다.
(d)는 good rapport라 하여 오답이다. 동업자와의 관계보다 확인하고 넘어가야 할 다른 부분들이 있다고 한다.

■ buddy 친구 come up with 생각해내다 partnership 동업
  duty 의무 expectation 기대 delineate 묘사하다 party 당사자
  self-interest 사리사욕 rapport 관계 indicator 지표 acumen 통찰력, 감각

11.

Until two years ago, modern science was unaware of a species of large-eared rodent living on the Indonesian island of Sulawesi. But one day, two separate university researchers in different areas of a remote forest discovered the rats in their traps. [비교] The mammal has ears that are one-fifth of its body size, the largest of any rodent, and a large, flat, pink nose with forward-facing nostrils. With its protruding bottom teeth and long tail, the hog-nosed rat is a carnivore feeding on smaller animals.

Q. Which is correct about the hog-nosed rat?
(a) It was first discovered dead by two researchers.
(b) **Its large ears are a conspicuous feature of the species.**
(c) It thrives in two different islands of Indonesia.
(d) Its diet consists of both small insects and seeds.

2년 전까지, 현대 과학은 인도네시아 섬의 Sulawesi에 사는 큰 귀 설치류 종에 관하여 알지 못하고 있었습니다. 하지만 어느 날, 외딴 숲의 다른 지역에서 두 명의 다른 대학 연구자들이 덫에 걸린 쥐들을 발견했습니다. 그 포유동물은 설치류 중에서 가장 큰, 자신의 몸의 5분의 1 정도 크기의 귀를 가지고 있었고, 콧구멍이 앞을 향하는 크고 납작한 분홍 코를 가지고 있었습니다. 아래 쪽의 튀어나온 이빨과 긴 꼬리를 갖고 있는 이 돼지 코 쥐는 더 작은 동물들을 먹고 사는 육식 동물입니다.

Q. 돼지 코 쥐에 관하여 옳은 것은?
(a) 두 명의 연구자들로부터 죽은 채로 처음 발견되었다.
(b) 큰 귀는 그 종의 뚜렷한 특징이다.
(c) 인도네시아의 두 개의 다른 섬에서 번성한다.
(d) 먹이는 작은 곤충과 씨로 구성된다.

[해설] 돼지 코 쥐의 귀는 설치류 중에서 가장 크다고 했고 몸의 5분의 1 크기라고 했으므로 뚜렷한 특징이 됨을 알 수 있다. 따라서 **(b)**가 정답이다.

⚠ 오답 피하기
(a)는 first discovered dead라 하여 오답이다. 덫에 걸린 쥐를 발견했다고 했지만 죽은 상태였는지 알 수 없다.
(c)는 two different islands라 하여 오답이다. 섬의 다른 부분에서 서식한다고 하지 아예 다른 섬에서 서식한다고 하지 않는다.
(d)는 seeds라 하여 오답이다. 씨는 먹는다고 하지 않았다.

■ unaware 알지 못하는 rodent 설치류 remote 외딴 trap 함정, 덫 mammal 포유동물 forward-facing 앞을 향하는 nostril 콧구멍 protruding 튀어나온 carnivore 육식 동물 feed 먹다 conspicuous 뚜렷한 feature 특징 thrive 번성하다 seed 씨

12.

Most of you are aware that after a five-year voyage through space, the NASA spacecraft Juno reached the largest planet in the solar system, Jupiter. Both navigational facilities, one in California and the other in Colorado, confirmed Juno entered Jupiter's orbit during a 35-minute engine burn on July 4th. Reaching the milestone on a national holiday held significance for the NASA team. [역할] After traveling 1.7 billion miles to its destination, Juno performed as anticipated, gathering information about the chemical composition of Jupiter.

Q. Which is correct about the Juno spacecraft?
(a) It originally set course for Saturn.
(b) **It garnered crucial data about Jupiter's makeup.**
(c) It took approximately 35 years to reach its destination.
(d) It was fraught with problems that affected its mission.

여러분들 중 대부분은 우주에서 5년 동안의 항해 후, NASA 우주선 Juno가 태양계의 가장 큰 행성인 목성에 도달한 것을 알고 있을 것입니다. 캘리포니아와 콜로라도에 각각 있는 두 항해 시설들이 모두 Juno가 목성의 궤도에 7월 4일 35분의 엔진 연소 동안 진입했음을 확인하였습니다. 공휴일에 이 중요한 단계에 도달한 것은 NASA팀에게 큰 의미였습니다. 목적지를 향해 17억 마일을 항해한 뒤, Juno는 기대했던 만큼 임무를 수행했는데, 목성의 화학적 구성에 대한 정보를 수집하였습니다.

Q. Juno 우주선에 관하여 옳은 것은?
(a) 처음에 토성으로 진로가 잡혀 있었다.
(b) 목성의 구성에 대해서 중요한 정보를 입수했다.
(c) 목적지에 도달하는 데 약 35년이 걸렸다.
(d) 우주선의 임무에 영향을 주는 문제점들로 가득했다.

해설 Juno가 목성의 화학적 구성에 대한 정보를 수집했다고 하였으므로 (b)가 정답이다.

⚠ 오답 피하기
(a)는 Saturn이라 하여 오답이다. 토성에 대한 언급은 없다.
(c)는 35 years라 하여 오답이다. 5년 동안 항해했다고 했다.
(d)는 problems라 하여 오답이다. 우주선이 겪은 문제점은 언급되지 않았다.

■ voyage 항해 orbit 궤도 milestone 중요한 단계 significance 의미, 중요성 composition 구성 set course to ~로 진로를 잡다 garner 입수하다 crucial 중요한 makeup 구성 approximately 약 be fraught with ~로 가득하다

13.

[문제점] A poisonous political state has developed in this country over the past ten years, which is impeding both economic and social growth. Negative attitudes need to change about reforms that must happen before we can tackle more monumental issues. How can we deal effectively with any of the challenges such as climate change, race relations, economic equality and underfunded infrastructure when we cannot have an open dialogue with community and national leaders? [인과, 의견] The larger the number of citizens that lose their trust in the government, the further away we move from sustainable change.

Q. Which statement will the speaker most likely agree with?
(a) Most of the political leaders are nowhere near trustworthy.
(b) The current reforms are being opposed for their limitations.
(c) The lack of trust in the government is hindering the reform process.
(d) Most citizens are against any sort of change.

지난 10년 동안 독이 있는 정치가 이 나라에서 지속되었고, 이는 경제와 사회적 성장을 모두 저해하고 있습니다. 우리가 더 엄청난 문제들과 씨름하기 전에 일어나야만 하는 개혁에 대한 부정적인 태도들은 변해야 합니다. 지역 사회와 국가 원수들과 자유롭게 대화를 나누지 못하는데 어떻게 기후 변화, 인종 간의 관계, 경제적 평등과 재정이 부족한 인프라와 같은 문제를 효과적으로 다룰 수 있겠습니까? 더 많은 시민들이 정부에 대한 신뢰를 잃을수록, 우리는 지속 가능한 변화에서 더 멀어집니다.

Q. 화자가 가장 동의할 만한 주장은?
(a) 대부분의 정치 지도자들은 신뢰할 수 있는 수준이 아니다.
(b) 현재의 개혁안은 그것의 한계 때문에 반대되고 있다.
(c) 정부에 대한 신뢰의 부족은 개혁 과정을 저해하고 있다.
(d) 대부분의 시민들은 그 어떤 변화에도 반대하고 있다.

해설 정부에 대한 신뢰가 없으면 개혁이 제대로 이루어지지 않을 것이라는 주장이므로 (c)가 정답이다.

⚠ 오답 피하기
(a)는 nowhere near trustworthy라 하여 오답이다. 지도자들이 신뢰할 수 없을 정도로 문제가 있다는 것이 아니라 지도자들을 더 신뢰해야 한다는 내용이다.
(b)는 for their limitations라 하여 오답이다. 개혁안 자체의 문제가 아니라 신뢰 부족의 문제라고 설명한다.
(d)는 any sort of change라 하여 오답이다. 모든 변화를 반대한다고 설명하지 않는다.

■ poisonous 독이 있는 impede 저해하다 reform 개혁(안) tackle 씨름하다, 다루다 monumental 엄청난 race 인종 relation 관계 equality 평등 underfunded 재정이 부족한 infrastructure 인프라 sustainable 지속 가능한 trustworthy 신뢰할 수 있는 oppose 반대하다 lack 부족 hinder 저해하다

14.

The phrase 'publish or perish' has long been a tongue in cheek phrase to pressure university professors to continually write academic work to maintain or further their careers. It's one of the few tangible resources academia has for validating talent. [이유, 인과] Successful publications and newly written research books draw attention to the contributing professor, which leads to more acclaim for his or her employer, the university. Professors who spend more time on other pursuits often face reprimand and may not be awarded a coveted tenured position.

Q. What can be inferred about university professors from the talk?
(a) Publishing academic works is not in their job descriptions.
(b) Tenured professors have made great efforts to conduct academic research.
(c) They are evaluated solely on their number of submitted publications.
(d) Most of them spend more time teaching students than writing academic works.

'논문을 쓰거나 짐을 싸거나'라는 문구는 오랫동안 교수들이 지속적으로 학술적 글을 쓰고 그들의 커리어를 유지하거나 발전시키도록 압력을 가하기 위한 문구였습니다. 이것은 학계가 재능을 입증하기 위한 가지고 있는 몇 개 안 되는 구체적인 재원 중 하나입니다. 성공적인 출판과 새롭게 쓰여진 연구 교재들은 기여한 교수들에게 관심을 끌게 하고 그것은 그 또는 그녀의 고용주인 대학교가 찬사를 받도록 이어집니다. 다른 일에 더 많은 시간을 보내는 교수들은 자주 질책을 직면하고 갈망하는 종신직을 받지 못할 수도 있습니다.

Q. 담화에서 대학 교수들에 대해 유추할 수 있는 것은?
(a) 학술적 글을 출판하는 것은 그들의 직무에 포함되어 있지 않다.
(b) 종신 교수는 학술적 연구에 많은 노력을 해왔다.
(c) 그들은 오직 제출된 출판물의 수에 의해 평가된다.
(d) 그들의 대부분은 학술적 글을 쓰는 것보다는 학생들을 가르치는 데 더 많은 시간을 보낸다.

해설 academic research를 하지 않을 경우 종신 교수직을 받지 못한다는 뜻은 종신 교수들은 academic research에 많은 기여를 했다는 것을 유추할 수 있다. 따라서 **(b)가 정답**이다.

⚠️ 오답 피하기
(a)는 not in their job descriptions라 하여 오답이다. 직무에 포함되어 있는지 아닌지 언급되지 않았다.
(c)는 solely라 하여 오답이다. 출판물의 수만으로 평가한다고 하지 않고 몇 가지 중 하나라고 설명한다.
(d)는 most of them이라 하여 오답이다. 대부분이 그런지 아닌지 비교하지 않는다.

■ phrase 문구   perish 죽다   a tongue in cheek 농담   pressure 압력   maintain 유지하다   further 발전시키다   tangible 구체적인   validate 입증하다   publication 출판   lead to ~로 이어지다   face 직면하다   reprimand 질책   tenured position 종신직   job descriptions 직무   solely 오직

15.

Angus Lane defies most comedians with his engaging and unusual use of language that seems to instantly resonate with audiences. [이유] Wordy, but accessibly so; he uses one-liners and puns so creatively that the attentive listener is well rewarded. While only on the comedy circuit for less than two years, Lane has headlined at clubs that most veteran comedians with years more experience still can't secure. Club owners around the city equate Angus Lane on the marquis to a sold-out house.

Q. What can be inferred about Angus Lane from the talk?
(a) He coins new words to keep his listeners engaged.
(b) He has attracted a full house on only one occasion.
(c) He has maintained a steady flow of income for the past two years.
(d) He has a knack for identifying with his audience.

Angus Lane은 관객들에게 즉시 공명을 불러일으키는 듯한 매력적이고 독특한 언어의 사용으로 대부분의 코미디언들과 비교가 안 됩니다. 장황하지만 이해하기 쉽습니다. 그는 짤막한 농담과 말장난을 창의적으로 사용하기 때문에 주의를 기울이는 관객들은 잘 보답받을 수 있습니다. 코미디 순회에 2년도 있지 않았지만, Lane은 수년을 더 오래한 대부분의 베테랑 코미디언들도 여전히 확보할 수 없는 클럽의 인기 배우가 되었습니다. 도시 주변에 있는 클럽 소유주들은 후작인 Angus Lane을 매진과 동등하게 봅니다.

Q. Angus Lane에 대해 담화에서 유추할 수 있는 것은?
(a) 그는 청자들의 관심을 계속 끌어들이기 위해 새로운 단어를 만든다.
(b) 그는 오직 한 번만 대만원 관객을 끌어들였다.
(c) 그는 지난 2년간 안정된 수입을 유지했다.
(d) 그는 그의 관객과 동일시하는 요령을 갖고 있다.

해설 관중들의 공명을 불러일으키는 능력이 있다는 뜻은 관객과 동일시할 수 있는 능력이 있다는 것이므로 **(d)가 정답**이다.

⚠️ 오답 피하기
(a)는 coins new words라 하여 오답이다. 그가 독특한 언어를 사용한다고는 했지만 신조어를 만드는 것인지는 알 수 없다.
(b)는 on only one occasion이라 하여 오답이다. 대만원이 Angus Lane의 대명사라고 하기 때문에 오직 한 번만 매진을 시켰다고 보기 힘들다.
(c)는 steady flow of income이라 하여 오답이다. 경력이 2년 밖에 안 되었다는 내용은 있지만 수입에 대해서는 언급을 하지 않기 때문에 안정된 수입을 벌었는지 알 수 없다.

■ engaged 즐거운   resonate with ~에게 공명을 불러일으키다   wordy 장황한   accessibly 이해하기 쉬운   pun 말장난   attentive 주목하는   comedy circuit 코미디 순회 (공연)   veteran 베테랑   secure 확보하다   equate 동등하게 보다   marquis 후작   sold-out house 매진   coin (낱말·어구를) 만들다   full house 객석이 다 참   knack 요령

ACTUAL TEST 1

본문 p. 309

01 (a)	02 (b)	03 (b)	04 (c)	05 (c)
06 (b)	07 (a)	08 (b)	09 (c)	10 (a)
11 (c)	12 (c)	13 (d)	14 (c)	15 (b)
16 (c)	17 (b)	18 (a)	19 (c)	20 (d)
21 (b)	22 (c)	23 (a)	24 (b)	25 (d)
26 (b)	27 (c)	28 (d)	29 (b)	30 (d)
31 (a)	32 (c)	33 (c)	34 (d)	35 (c)
36 (a)	37 (a)	38 (a)	39 (c)	40 (b)
41 (b)	42 (a)	43 (c)	44 (d)	45 (b)
46 (c)	47 (d)	48 (c)	49 (b)	50 (c)
51 (b)	52 (b)	53 (d)	54 (b)	55 (b)
56 (d)	57 (a)	58 (b)	59 (a)	60 (d)

01.

W I like your glasses. Are they new?

(a) Yes, I got them today.
(b) I like your glasses, too.
(c) No, I don't like how they fit.
(d) Sure, you can give them a try.

여 나 네 안경이 마음에 든다. 새 거니?
(a) 응, 오늘 샀어.
(b) 나도 너의 안경이 마음에 들어.
(c) 아니, 나는 그게 마음에 들지 않아.
(d) 물론이지, 네가 한 번 써봐도 돼.

해설 안경이 새 것인지 물어보는 상황에서 오늘 구매했다고 답변하는 것이 가장 적절하므로 **(a)가 정답**이다.

⚠ 오답 피하기
(b)는 사실을 묻는 질문에 의견으로 답하여 질문 오답이다.
(c)는 앞에서 no라고 하여 적절하게 응답하지만 뒤에서 마음에 들지 않는다고 하여 앞뒤 문맥 불일치 오답이다.
(d)는 사실을 묻는 질문에 sure라고 하여 제안을 수락할 때 하는 답을 하여 질문 오답이다.

■ fit 어울리다, 맞다

02.

M Hi. I'm Sam, the new security guard. Are you Ms. Simmons?

(a) Of course. I know her very well.
(b) Yes. It's a pleasure to meet you.
(c) That's right. Let me get her for you.
(d) Yeah. Ms. Simmons will be here soon.

남 안녕하세요. 저는 새로 온 안전요원, Sam입니다. 당신이 Simmons 씨인가요?
(a) 당연하죠. 저는 그녀를 아주 잘 알아요.
(b) 네. 만나서 기쁩니다.
(c) 맞아요. 그녀를 데리고 올게요.
(d) 네. Simmons 씨는 곧 여기로 오실 거예요.

해설 남자가 여자에게 Simmons 씨인지 물어보는 상황에서 그렇다고 하고 반갑다고 인사하는 것이 가장 적절하므로 **(b)가 정답**이다.

⚠ 오답 피하기
(a)는 여자에게 Simmons가 맞냐고 직접 묻는 상황에서 I know her이라 하여 대상 오답이다.
(c)는 앞에서 자신이 Simmons가 맞다고 하여 정답 같지만 뒤에서는 get her라 하여 앞뒤 문맥 불일치 오답이다.
(d)는 앞에서 yeah라고 하고 뒤에서는 Simmons 씨가 제3자인 것처럼 말하여 앞뒤 문맥 불일치 오답이다.

■ security guard 보안요원 pleasure 기쁨

03.

W I'd like a table for a party of six, please.

(a) Yes, the party is at six.
(b) We only have a table for two right now.
(c) I'm sorry, that's not on our menu today.
(d) Unfortunately, that table is reserved.

여 6명 자리를 예약하고 싶습니다.
(a) 네, 파티는 6시입니다.
(b) 지금은 두 분이 앉을 수 있는 자리만 있습니다.
(c) 죄송합니다만, 그것은 오늘 저희 메뉴에 없습니다.
(d) 안타깝게도, 그 테이블은 예약되었습니다.

해설 여자가 6명이 앉을 자리를 요청하는 상황에서 2명 자리 밖에 없다고 답변하는 것이 가장 적절하므로 **(b)가 정답**이다.

⚠ 오답 피하기
(a)는 여자가 언급한 party(일행)를 반복 사용하여 혼동을 주었고, six(6명)를 at six(6시)로 시간으로 답한 소재 오답이다.
(c)는 앞에서 죄송하다고 하여 정답 같지만 뒤에서 not on our menu라 하여 앞뒤 문맥 불일치 오답이다.
(d)는 that table이 지칭하는 것이 필요하므로 the table이라 하여 앞에서 특정 자리가 나와야 하는데 없으므로 오답이다.

■ a party of six 여섯 명 모임 reserved 예약된

04.

M Can I treat you to dinner this weekend?

(a) Okay, but I only have enough money for myself.
(b) Sure. The food's on me.
(c) I'm all for a free meal.
(d) Yeah, let's split the cost.

남 내가 이번 주말에 네게 저녁을 대접해도 될까?
(a) 그래, 하지만 나는 내 몫을 낼 만큼의 돈만 있어.
(b) 물론이지. 음식은 내가 살게.
(c) 공짜 식사는 언제나 좋지.
(d) 응, 각자 내자.

해설 남자가 여자에게 저녁을 사주고 싶다고 말하는 상황에서 공짜 식사가 좋다고 답변하는 것이 가장 적절하므로 (c)가 정답이다.

⚠ 오답 피하기
(a)는 have enough money for myself라 하여 남자가 사주겠다고 말한 제안에 어색한 오답이다.
(b)는 남자가 밥을 사겠다고 했는데 여자가 on me라 하여 대상 오답이다.
(d)는 앞에서 yeah라고 하고 뒤에서 각자 내자고 하여 앞뒤 문맥 불일치 오답이다.
■ treat 대접하다, 한턱 내다 all for ~에 대찬성인 split (비용을) 나누다

05.

W Watch your step going in and out of the restroom.
(a) I appreciate the offer.
(b) Okay. I'll use the other one instead.
(c) **Thanks for the heads up.**
(d) All right. I'll let you know if I see it.

여 화장실에서 들어오고 나갈 때 발 밑 조심하세요.
(a) 제안해 주셔서 감사합니다.
(b) 알겠습니다. 저는 대신에 다른 것을 사용할게요.
(c) 조심하라고 해주셔서 감사합니다.
(d) 알겠습니다. 보게 되면 알려드릴게요.

해설 여자가 조심하라고 조언하는 상황에서 남자는 말해줘서 고맙다고 답변하는 것이 가장 적절하므로 (c)가 정답이다.

⚠ 오답 피하기
(a)는 offer라 하여 소재 오답이다. 여자는 남자에게 '제안'이 아니라 '조언'을 하고 있는 상황이다.
(b)는 use the other one이라 하여 여자가 '조심하라'고 말한 것과 맞지 않는 동사 오답이다.
(d)는 see it이라 하여 여자가 '조심하라'고 말한 것과 맞지 않는 동사 오답이다.
■ watch one's step 조심하다 appreciate 감사하다 offer 제안, 제의 instead 대신에 heads up 조심하라는 말, 주의

06.

M Hi, Jessica. I didn't see you in class today.
(a) I was sick yesterday.
(b) **I overslept this morning.**
(c) Make sure to come next time.
(d) Okay. I'll see you in class then.

남 안녕, Jessica. 오늘 수업에서 널 못 봤네.
(a) 나 어제 아팠어.
(b) 나 오늘 아침에 늦잠 잤어.
(c) 다음 번에 꼭 오도록 해.
(d) 그래. 그럼 수업에서 보자.

해설 남자가 수업시간에 여자를 못 봤다고 말하는 상황에서 여자가 늦잠을 잤다고 답변하는 것이 가장 적절하므로 (b)가 정답이다.

⚠ 오답 피하기
(a)는 yesterday라 하여 시제 오답이다.
(c)는 남자가 수업을 빠진 여자에게 할 법한 말이므로 대상 오답이다.
(d)는 I'll see you라 하여 시제 오답이다.
■ oversleep 늦잠 자다 make sure ~하도록 하다

07.

W John, we missed you while you were on your leave of absence.
(a) **It's good to finally be back.**
(b) I visited two countries this time.
(c) Don't worry. I'll be back in a week.
(d) You'll have a wonderful trip.

여 John, 당신이 휴가를 간 동안 우리는 당신이 보고 싶었어요.
(a) 마침내 돌아와서 잘 됐네요.
(b) 이번에는 2개국을 방문했어요.
(c) 걱정 마세요. 일주일 후에 돌아올 거예요.
(d) 당신은 멋진 여행을 하게 될 거예요.

해설 여자가 남자가 없는 동안 보고 싶었다고 말하는 상황에서 남자는 돌아와서 잘 됐다고 답변하는 것이 가장 적절하므로 (a)가 정답이다.

⚠ 오답 피하기
(b)는 몇 개국을 방문했는지 물어보지 않은 상황이기 때문에 visited two countries라 하여 오답이다.
(c)는 I'll be back이라 하여 시제 오답이다.
(d)는 대상(you)과 시제(will have)가 모두 맞지 않는 오답이다.
■ leave of absence 휴가

08.

M I think we ought to make adjustments to our budget proposal.
(a) Even so, we should modify a part of it.
(b) **All right. Let's put our heads together.**
(c) Yeah, the proposal seems feasible.
(d) But our budget is grossly limited.

남 저는 우리의 예산 제안서를 수정해야 한다고 생각해요.
(a) 그렇기는 하지만, 우리는 그것의 일부분을 수정해야 해요.
(b) 맞아요. 우리 같이 고민해 봅시다.
(c) 네, 그 제안서는 실현 가능해 보여요.
(d) 하지만 우리의 예산은 극도로 한정되어 있어요.

해설 남자가 예산 제안서를 수정해야 할 것 같다고 말하는 상황에서 여자가 이를 수락하며 같이 고민해보자고 답변하는 것이 가장 적절하므로 (b)가 정답이다.

⚠ 오답 피하기
(a)는 앞에서는 even so라고 해서 반대하는 말을 할 것 같지만 뒤에서 should modify라고 하여 앞과 뒤가 맞지 않는 앞뒤 문맥 불일치 오답이다.

(c)는 앞에서는 yeah라고 하여 정답 같지만 뒤에서는 seems feasible 이라 하여 앞과 뒤가 맞지 않는 앞뒤 문맥 불일치 오답이다.
(d)는 남자의 말에 나온 budget을 동일하게 반복하여 혼동을 준 오답이다.

■ make adjustments to ~을 수정하다, 조정하다   budget proposal 예산 제안서   even so 그렇기는 하지만   modify 수정하다   put heads together 머리를 맞대고 상의하다   feasible 실현 가능한   grossly 극도로, 엄청나게

09.

W Matt's unsure whether he should come to Australia or not.
(a) See if you can get anything out of him.
(b) I know. He's eager to come.
(c) Well, our opinions won't help him decide.
(d) I don't see what's taking you so long.

여 Matt는 그가 호주로 와야 할지 말아야 할지 확신이 없어.
(a) 네가 그에게서 뭔가 얻어낼 수 있는지 봐봐.
(b) 맞아. 그는 정말 오고 싶어 해.
(c) 음, 우리의 의견은 그가 결정하는 데 도움이 되지 않을 거야.
(d) 나는 무엇 때문에 네가 시간을 오래 끄는지 이해할 수 없어.

해설 Matt가 확신이 없다고 전달하는 상황에서 남자는 우리의 의견이 도움이 되지 않을 것이라고 답변하는 것이 가장 적절하므로 **(c)가 정답**이다.

⚠ 오답 피하기
(a)는 get anything out of him이라 하여 동사 오답이다.
(b)는 앞에서는 I know라고 하여 정답 같지만 뒤에서는 eager to come이라 하여 앞뒤 문맥 불일치 오답이다.
(d)는 you라 하여 대상 오답이다.

■ unsure 확실하지 않은   be eager to ~을 하고 싶어 하다

10.

M Long time no see. What brings you here?
(a) I'm here to see my parents.
(b) Oh, I didn't bring anything.
(c) I took the train here.
(d) It only took me thirty minutes.

남 오랜만이네요. 무슨 일로 여기 오셨나요?
(a) 저는 저희 부모님을 뵈러 왔어요.
(b) 아, 저는 아무것도 안 가져왔어요.
(c) 저는 여기까지 기차를 타고 왔어요.
(d) 30분 밖에 걸리지 않았어요.

해설 남자가 여기 왜 왔냐고 질문하는 상황에서 여자는 부모님을 만나러 왔다고 답변하는 것이 가장 적절하므로 **(a)가 정답**이다.

⚠ 오답 피하기
(b)는 bring이라 하여 질문에서 사용된 동사와 같지만 다른 의미(가져오다)로 쓰여 동사 오답이다.

(c)는 이유를 묻는 질문에 took the train이라 하여 질문 오답이다.
(d)는 이유를 묻는 질문에 took me thirty minutes라 하여 질문 오답이다.

■ bring 가져오다

11.

W Welcome to the party. You must be a friend of Kelly's.
(a) Thanks for having me, Kelly.
(b) If you insist, I'll go see her.
(c) Yes. Thanks for the invite!
(d) It's my pleasure to host you.

여 파티에 오신 것을 환영합니다. 당신은 Kelly의 친구겠군요.
(a) 초대해줘서 고마워요, Kelly.
(b) 정 그렇다면, 저는 그녀를 보러 갈게요.
(c) 네. 초대해 주셔서 감사합니다!
(d) 당신을 접대하게 되어 기쁩니다.

해설 여자가 파티에 온 남자에게 Kelly의 친구인지 확인하는 상황에서 남자가 그렇다고 하고 초대해줘서 감사하다고 답변하는 것이 가장 적절하므로 **(c)가 정답**이다.

⚠ 오답 피하기
(a)는 여자에게 Kelly라고 하여 대상 오답이다.
(b)는 여자가 must be a friend라고 말하는 상황에서 see her라고 답하여 동사가 맞지 않는 동사 오답이다.
(d)는 남자는 초대받는 입장이므로 host you라 하여 대상 오답이다. 여자가 할 수 있을 법한 말이다.

■ if you insist 정 그렇다면, 굳이 원하신다면   invite 초대; 초대하다   host 접대하다

12.

M Did you hear that Peter was caught in a blatant, brazen lie today?
(a) But he was already apprehended by the authorities.
(b) I'm sure you'll hear about it from Peter tomorrow.
(c) Yes. Word seems to get around really fast here.
(d) Yeah, he was stuck in the middle of heavy traffic.

남 너 오늘 Peter가 노골적이고 뻔뻔한 거짓말을 하다가 들켰다는 얘기 들었니?
(a) 하지만 그는 이미 당국에 의해 체포되었잖아.
(b) 너는 내일 Peter로부터 그것에 대해 듣게 될 거라 확신해.
(c) 응. 여기서는 소문이 정말 빠른 것 같아.
(d) 응. 그는 교통체증이 심한 데서 꼼짝도 못 했대.

해설 남자가 여자에게 Peter가 거짓말을 하다 걸린 것을 알고 있는지 물어보는 상황에서 여자는 들었다고 하며 소문이 빠른 것 같다고 답변하는 것이 가장 적절하므로 **(c)가 정답**이다.

⚠ 오답 피하기
(a)는 앞에서 but이라고 했으므로 뒤이어 caught와 반대되는 의미의

동사가 나와야 하는데, apprehended가 나와 앞뒤 문맥 불일치 오답이다.
(b)는 여자가 아니라 남자가 Peter의 소식을 전해주며 할 수 있을 법한 말이므로 you'll이라 하여 대상 오답이다.
(d)는 stuck ~ heavy traffic이라 하여 질문의 내용과 다른 소재 오답이다.

■ catch 걸리다, 잡다, 체포하다 blatant 노골적인 brazen 뻔뻔스러운 lie 거짓말 apprehend 체포하다 authorities 당국 get around 돌다 heavy traffic 교통체증

13.

W Do you think Dan would think ill of us for not inviting him?
(a) He didn't look unwell to me.
(b) Definitely. He's known for being discreet.
(c) Only if we send him an invitation.
(d) I don't think he would, but you never know.

여 너는 Dan이 우리가 그를 초대하지 않아서 우리를 나쁘게 생각할 것 같니?
(a) 내가 보기에 그는 안 좋아 보이지 않았어.
(b) 당연하지. 그는 신중한 것으로 유명해.
(c) 우리가 그에게 초대장을 보낸다면야.
(d) 나는 그가 그럴 거라고 생각하지는 않지만 모르는 일이지.

해설 Dan을 초대하지 않아 우리를 나쁘게 생각할 것 같은지 물어보는 상황에서 남자가 아닐 것 같지만 모르는 일이라고 답변하는 것이 가장 적절하므로 **(d)가 정답**이다.

⚠ 오답 피하기
(a)는 didn't look unwell이라 하여 시제와 형용사 오답이다.
(b)는 앞에서 definitely라고 하여 정답 같지만 뒤에서 discreet이라 하여 상관없는 말을 한 앞뒤 문맥 불일치 오답이다.
(c)는 이미 Dan을 초대하지 않은 상황이므로 if we send him an invitation이라 하여 시제 오답이다.

■ think ill of ~을 나쁘게 생각하다 look unwell 안 좋아 보이다 discreet 신중한

14.

M So, was the restaurant's grand opening packed with people?
(a) I rarely ask for a doggy bag for leftovers.
(b) Not now, but we should go and check it out.
(c) You wouldn't believe how big the crowd was.
(d) Yeah, it was my first time going there, too.

남 그래서, 그 레스토랑의 개업식은 사람들로 꽉 찼니?
(a) 나는 남은 음식을 싸 가는 봉지를 거의 요청하지 않아.
(b) 지금은 아니지만 우리는 가서 확인해 봐야 해.
(c) 사람들이 얼마나 많았는지 너는 믿지 못할 거야.
(d) 응. 나도 그곳에 간 건 처음이야.

해설 남자가 레스토랑의 개업식에 사람이 많았는지 물어보는 상황에서 여자는 사람들이 정말 많았다고 답변하는 것이 가장 적절하

므로 **(c)가 정답**이다.

⚠ 오답 피하기
(a)는 레스토랑과 관련 있는 단어인 doggy bag, leftovers를 사용한 오답이다.
(b)는 과거 시제로 묻는 질문에 미래 시제로 답한 시제 오답이다.
(d)는 앞에서는 yeah라고 하여 정답 같지만 뒤에서 first time going이라 하여 상관없는 말을 한 앞뒤 문맥 불일치 오답이다.

■ grand opening 개업식 packed 꽉 찬 rarely 드물게 doggy bag 남은 음식을 싸 가는 봉지 leftover 남은 음식 crowd 사람들

15.

W I made several serious mistakes during my presentation in front of my clients.
(a) I know. Your presentation was impeccable in every way.
(b) It wasn't that obvious from where I was sitting.
(c) Don't worry. We still have a few more days to prepare.
(d) Yeah, I think it went perfectly.

여 나는 고객들 앞에서 발표하는 동안 중대한 실수들을 몇 번 했어.
(a) 알아. 너의 발표는 모든 면에서 흠 잡을 데 없었어.
(b) 내가 앉아 있던 곳에서는 실수가 그다지 명확히 느껴지지 않았어.
(c) 걱정 마. 우리는 준비할 수 있는 날이 아직 며칠 남았어.
(d) 응. 나는 완벽하게 진행되었다고 생각해.

해설 여자가 실수를 했다고 말하는 상황에서 남자는 잘 못 느꼈다고 위로하는 답변을 하는 것이 가장 적절하므로 **(b)가 정답**이다.

⚠ 오답 피하기
(a)는 앞에서 I know라 하여 정답 같지만 뒤에서 impeccable이라 하여 앞뒤 문맥 불일치 오답이다.
(c)는 이미 발표가 끝난 상황이므로 have a few more days to prepare라 하여 시제 오답이다.
(d)는 앞에서 yeah라고 하여 정답 같지만 뒤에서 perfectly라 하여 앞뒤 문맥 불일치 오답이다.

■ impeccable 결점이 없는 in every way 모든 면에서 obvious 명백한 prepare 준비하다

16.

M Do you know where Joe is?
W He took a sick day.
M Is it something serious?

(a) I don't know where he is.
(b) No, it's really serious.
(c) I heard he just has a mild fever.
(d) I'm feeling better. Thanks.

남 Joe가 어디 있는지 아세요?
여 그는 병가를 냈어요.

남 심각한 건가요?
(a) 저는 그가 어디에 있는지 몰라요.
(b) 아뇨, 정말 심각해요.
(c) 그가 단지 미열이 있다고 들었어요.
(d) 저는 나아졌어요. 고마워요.

해설 Joe의 병가에 대해서 말하고 남자가 심각한 상태인지 물어보는 상황에서 미열이 있다고 들었다고 답변하는 것이 가장 적절하므로 (c)가 정답이다.

⚠️ 오답 피하기
(a)는 이미 대화에서 Joe가 병가를 냈다고 했는데 don't know where라 하여 일관성 오답이다.
(b)는 앞에서 no라 하여 정답 같지만 뒤에서 serious라 하여 앞뒤 문맥 불일치 오답이다.
(d)는 Joe에 대해 묻는 질문에 I'm이라 답하여 대상 오답이다.

▪ sick day 병가   mild fever 미열

17.

W How about going to a theme park tomorrow?
M Wouldn't there be a lot of people?
W Yes, but it'd be fun.
(a) We should wait until more people show up.
(b) I guess it'd be better than staying home.
(c) Come on. It'll help us relieve stress.
(d) Okay. A stroll in the park sounds perfect.

여 내일 놀이공원에 가는 게 어때?
남 사람이 많지 않을까?
여 맞아, 하지만 재미있을 거야.
(a) 우리는 더 많은 사람들이 나타날 때까지 기다려야 해.
(b) 집에 있는 것보단 나을 것 같아.
(c) 어서. 우리가 스트레스 푸는 것을 도와줄 거야.
(d) 그래. 공원에서 걷는 건 좋을 것 같아.

해설 여자가 놀이공원에 가자고 제안하고 있는 상황에서 남자가 사람이 많긴 하겠지만 집에 있는 것보단 나을 것 같다고 답변하는 것이 가장 적절하므로 (b)가 정답이다.

⚠️ 오답 피하기
(a)는 사람들을 기다려야 한다고 했으므로 대화의 내용과 관련 없는 상황 오답이다.
(c)는 여자가 남자를 설득하기 위해 할 수 있을 법한 말이므로 대상 오답이다.
(d)는 a stroll in the park라 하여 대화의 소재와 다른 소재 오답이다.

▪ theme park 놀이공원   show up 나타나다   relieve stress 스트레스를 해소하다   stroll 거닐기, 산책

18.

M Did you find the book you were looking for?
W Yes, but it's in another bookstore.
M Are you going to go there and buy it?
(a) Maybe sometime tomorrow.
(b) I would, but it's not there.
(c) Go ahead. I'll wait here.
(d) It's got to be here somewhere.

남 네가 찾고 있던 책을 찾았니?
여 응, 하지만 다른 서점에 있어.
남 너는 거기에 가서 그것을 살거니?
(a) 아마도 내일 언젠가.
(b) 그럴 거야, 하지만 그것은 거기에 없어.
(c) 그렇게 해. 난 여기서 기다릴게.
(d) 그건 여기 어딘가에 있어야만 해.

해설 여자가 사려고 하는 책을 찾았다고 했고 남자가 가서 책을 살 것인지 물어보는 상황에서 내일 갈 거라고 답변하는 것이 가장 적절하므로 (a)가 정답이다.

⚠️ 오답 피하기
(b)는 책이 다른 서점에 있다고 앞서 말했는데 it's not there라 하여 일관성 오답이다.
(c)의 go ahead는 남자가 여자에게 할 법한 말이므로 대상 오답이다.
(d)는 찾고 있던 책이 다른 서점에 있다는 것을 알게 된 상황이므로 일관성 오답이다.

▪ go ahead 그렇게 해

19.

W Your store is always crowded with customers.
M Weekends are even more hectic.
W That's great! Your company is now a thriving business.
(a) It's just a matter of time.
(b) I'm really happy for you.
(c) It's about time.
(d) Yeah, we barely break even.

여 너의 가게는 항상 고객들로 넘쳐나는구나.
남 주말은 심지어 더 분주해.
여 잘됐네! 너희 회사는 이제 번창하는 사업체네.
(a) 그저 시간 문제일 뿐이야.
(b) 네가 잘 되어서 정말 기쁘다.
(c) 이제 그럴 때가 되었지.
(d) 응, 우리는 간신히 본전이야.

해설 여자가 남자의 가게가 잘된다고 말하며 축하하는 상황에서 남자가 이제 그럴 때가 되었다고 답변하는 것이 가장 적절하므로 (c)가 정답이다.

⚠️ 오답 피하기
(a)는 이미 가게가 번창했다고 하였으므로 일관성 오답이다.
(b)는 여자가 남자에게 할 법한 말이므로 for you라 하여 대상 오답이다.
(d)는 이미 가게가 번창했는데 barely break even이라 하여 일관성 오답이다.

▪ hectic 바쁜   thriving 번성하는, 번창하는   just a matter of time 그저 시간 문제이다   it's about time 그럴 때가 되다   barely 간신히

break even 이익도 손해도 없다

20.

M Want to come join us and watch a movie this Saturday?
W Sure. What time?
M Why don't we meet up at 6 p.m.?

(a) But I'm unavailable this weekend.
(b) Let me get back to you next week.
(c) Actually, 6 p.m. is a better time for me.
(d) Great! I don't see why not.

남 이번 토요일에 와서 우리와 함께 영화 볼래?
여 좋아. 몇 시에?
남 오후 6시에 만나는 게 어때?
(a) 하지만 나는 이번 주말에 시간이 안 돼.
(b) 다음 주에 너에게 다시 연락할게.
(c) 사실, 나에게는 오후 6시가 더 나아.
(d) 좋아! 안될 이유는 없지.

해설 대화 초반에 영화 관람에 대해서 말하고 남자가 6시에 만나자고 제안하는 상황에서 여자가 좋다고 수락하며 답변하는 것이 가장 적절하므로 **(d)가 정답**이다.

⚠ 오답 피하기
(a)는 여자가 이미 토요일에 영화 보는 것을 수락했는데 unavailable이라 하여 일관성 오답이다.
(b)는 이번 토요일에 영화를 보기로 했는데 다음 주에 연락한다고 하여 상황 오답이다.
(c)는 앞에서 actually라 하고 뒤에서는 6시가 더 좋다고 하여 앞뒤 문맥 불일치 오답이다. 6 p.m.이 아닌 다른 시간으로 답변하면 답이 될 수 있다.

■ unavailable 부재의, 만날 수 없는   get back to ~에게 나중에 다시 연락하다   I don't see why not 안될 이유는 없지

21.

W Mike, do you know if I can register for classes online?
M Sure, as long as you have your approval number.
W What if I don't have it?

(a) Well, I already registered for the course.
(b) I'm not sure. You'll have to ask someone else.
(c) You don't have much time.
(d) Just look it up in the Yellow Pages.

여 Mike, 너 혹시 강의를 온라인으로 신청할 수 있는지 아니?
남 물론이지, 네가 승인번호가 있다면 가능해.
여 만약 없으면 어떻게 해?
(a) 음, 나는 이미 그 수업에 등록했어.
(b) 잘 모르겠어. 다른 사람에게 물어봐야 할 거야.
(c) 너는 시간이 많이 없어.
(d) 그냥 전화번호부를 찾아봐.

해설 여자가 강의를 신청할 때 승인번호가 없으면 어떻게 해야 하는지 물어보는 상황에서 남자가 다른 사람에게 문의해보라고 답변하는 것이 가장 적절하므로 **(b)가 정답**이다.

⚠ 오답 피하기
(a)는 방법을 묻는 질문에 대한 답변으로 적절하지 않으므로 질문 오답이다.
(c)는 온라인 강의의 신청과 approval number에 대한 대화인데 time이라 하여 소재 오답이다.
(d)는 Yellow Pages라 하여 approval number와 아무 관련이 없기 때문에 소재 오답이다.

■ register 등록하다   approval number 승인번호   look A up A를 찾아보다   Yellow Pages 전화번호부

22.

M My stomach has been aching on and off since yesterday evening.
W It could be the Chinese food we had last night.
M You think so? It didn't taste funny, though.

(a) Then we should order something else.
(b) It takes time to get used to it.
(c) Still, I wouldn't rule it out.
(d) Of course not. I feel fine.

남 어제 저녁부터 배가 아팠다 안 아팠다 해.
여 우리가 어제 저녁에 먹은 중국 음식 때문일 수도 있어.
남 그렇게 생각하니? 맛이 이상하지는 않았는데.
(a) 그럼 우리 다른 것을 주문해야겠다.
(b) 그것에 적응하는 데 시간이 좀 걸려.
(c) 그래도, 나라면 그것을 배제시키지는 않을 거야.
(d) 당연히 아니지. 나는 괜찮아.

해설 남자가 배가 아픈 것이 중국 음식 때문은 아닐 것이라고 말하는 상황에서 여자는 그래도 그 가능성을 배제할 수 없다고 말하는 것이 가장 적절하므로 **(c)가 정답**이다.

⚠ 오답 피하기
(a)는 should order라 하여 미래 시제로 말하고 있으므로 시제 오답이다.
(b)는 get used to it이라 하여 대화 내용과 관련 없는 행동이므로 동사 오답이다.
(d)는 여자가 앞에서 중국 음식 때문에 배가 아픈 것일 수도 있다고 했으므로 of course not이라 하여 일관성 오답이다.

■ aching on and off 아팠다 안 아팠다 하는   taste funny 맛이 이상하다   get used to ~에 익숙해지다   rule A out A를 배제하다

23.

W You have a small flower garden, right?
M Yeah. I've had it for years now.
W Really? How should I start one of my own?

(a) First, you should decide what to plant.
(b) You can use it to grow anything you want.
(c) You did a great job with your garden.

(d) Actually, gardening is not really my thing.

여 너 작은 꽃 정원이 있지, 그렇지?
남 응. 정원이 있은 지 몇 년 됐어.
여 정말? 내 정원을 가지려면 어떻게 시작해야 해?
(a) 우선, 너는 무엇을 심을지 결정해야 해.
(b) 네가 원하는 어떤 것이든 기르기 위해서 정원을 사용할 수 있어.
(c) 너는 네 정원을 잘 가꿨더라.
(d) 사실, 정원 가꾸기는 나랑 맞지 않아.

해설 여자가 정원을 가지려면 어떻게 시작해야 하는지 물어보는 상황에서 남자는 먼저 무엇을 심을지 결정해야 한다고 답변하는 것이 가장 적절하므로 **(a)가 정답**이다.

⚠ 오답 피하기
(b)는 grow anything이라 하여 동사 오답이다.
(c)는 여자가 남자에게 할 수 있을 법한 말이므로 대상 오답이다.
(d)는 남자는 이미 정원을 가꾸고 있으므로 not이라 하여 일관성 오답이다.

■ plant 심다 gardening 정원 가꾸기 not (really) my thing 나랑 맞지 않아

24.

M I've always wanted to be a painter.
W What's stopping you? You should take some painting classes.
M But what if I can't find work after that?
(a) I don't mind changing careers.
(b) Everything comes with a risk.
(c) Don't concern yourself with what others think.
(d) Then you should apply now.

남 나는 항상 화가가 되고 싶었어.
여 뭘 망설이는 거야? 미술 수업을 듣도록 해.
남 하지만 그 후에 직업을 구할 수 없으면 어쩌지?
(a) 나는 직업을 바꾸는 것을 별로 개의치 않아.
(b) 모든 것에는 위험이 뒤따르지.
(c) 다른 사람들이 뭐라고 생각할지 걱정하지 마.
(d) 그렇다면 너는 지금 지원해야 해.

해설 화가가 되고 싶어 하는 남자가 취업 전망에 대해 걱정하는 상황에서 여자는 모든 것에는 위험이 뒤따른다고 격려하는 답변을 하는 것이 가장 적절하므로 **(b)가 정답**이다.

⚠ 오답 피하기
(a)는 질문의 find work와 관련된 표현인 changing careers를 사용한 오답이다.
(c)는 대화에서 다른 사람들이 무슨 생각을 하는지에 대한 언급이 없기 때문에 오답이다.
(d)는 앞에서 then이라 하여 정답으로 이어질 것 같지만 뒤에서 apply now라 하여 앞뒤 문맥 불일치 오답이다.

■ career 직업, 경력 risk 위험 apply 지원하다

25.

W Why were there paramedics in front of the building today?
M I guess someone called an ambulance.
W Was somebody hurt or something?
(a) Yeah, it was just a practice drill.
(b) Several people reported the incident.
(c) No, I think someone fell down the stairs.
(d) I think someone made a prank call.

여 오늘 건물 앞에 왜 응급 의료원들이 있었나요?
남 누군가 구급차를 부른 것 같아요.
여 누가 다치거나 그랬나요?
(a) 네, 그냥 연습 훈련하는 것이었어요.
(b) 여러 사람들이 그 사건을 보고했어요.
(c) 아뇨, 누군가가 계단에서 넘어진 것 같아요.
(d) 제 생각에는 누군가가 장난 전화를 한 것 같아요.

해설 구급차가 왜 왔는지 묻는 상황에서 남자가 누군가 장난 전화를 한 것 같다고 답변하는 것이 가장 적절하므로 **(d)가 정답**이다.

⚠ 오답 피하기
(a)는 앞에서 yeah라고 하여 적절한 응답 같지만 뒤에서 practice drill이라 하여 내용이 맞지 않는 앞뒤 문맥 불일치 오답이다.
(b)는 reported the incident라 하여 동사와 소재 오답이다.
(c)는 앞에서 no라 하여 적절한 응답 같지만 뒤에서 someone fell down이라 하여 내용이 맞지 않는 앞뒤 문맥 불일치 오답이다.

■ paramedic 응급 의료원 practice drill 연습 훈련 incident 사건 fall down 넘어지다 prank call 장난 전화

26.

M You don't look so well today.
W Yeah, I think I'm coming down with something.
M You'd better take the day off then.
(a) Maybe not. It's really unbearable.
(b) I thought I'd just tough it out.
(c) Thanks, but I'm not sick.
(d) Okay. I'll drive you to the clinic.

남 너 오늘 안 좋아 보인다.
여 응. 나 몸이 안 좋은 것 같아.
남 그럼 하루 쉬는 게 낫겠다.
(a) 아마도 아닐 거야. 정말 견딜 수 없어.
(b) 그냥 견뎌 보려고 했어.
(c) 고마워. 하지만 나 안 아파.
(d) 좋아. 내가 차로 병원까지 태워 줄게.

해설 여자가 몸이 안 좋다고 말하자 남자가 하루 쉬라고 말하는 상황에서 여자는 그냥 견뎌 보겠다고 답변하는 것이 가장 적절하므로 **(b)가 정답**이다.

⚠ 오답 피하기
(a)는 앞에서 maybe not이라고 하여 정답이 될 수 있지만 뒤에서

unbearable이라고 하여 내용이 맞지 않는 앞뒤 문맥 불일치 오답이다.
(c)는 not sick이라 하여 앞에서 아프다고 한 것과 맞지 않는 일관성 오답이다.
(d)는 drive you to the clinic이라 하여 대상 오답이다. 여자가 아니라 남자가 할 수 있을 법한 말이다.

■ come down with something 몸이 안 좋다 take the day off 하루 쉬다 unbearable 견딜 수 없는 tough out 견디다

27.

W So, when's your brother getting married?
M In June after he finishes law school.
W That soon? How is he managing everything on top of schoolwork?
(a) Well, now that he's done with school, he has plenty of time.
(b) That's why they're postponing the marriage until August.
(c) Oh, the wedding planner takes care of everything.
(d) As a lawyer, he's too busy to plan a wedding.

여 그래서, 너희 형은 언제 결혼하시니?
남 로스쿨을 끝내고 나서 6월에 해.
여 그렇게 빨리? 학교 공부 외의 모든 것을 어떻게 다 하시지?
(a) 음, 그는 이제 졸업을 해서 시간이 많아.
(b) 그래서 그들이 결혼을 8월까지 미루는 거야.
(c) 아, 웨딩 플래너가 다 알아서 해줘.
(d) 변호사여서 그는 결혼 계획을 세우기에 너무 바빠.

해설 남자의 형의 결혼 시기에 대해서 말하고 있고, 여자는 남자의 형이 어떻게 다 준비를 하고 있는지 물어보는 상황에서 남자는 플래너가 관리를 해준다고 답변하는 것이 가장 적절하므로 **(c)가 정답**이다.

⚠ 오답 피하기

(a)는 now that he's done with school이라 하여 일관성 오답이다. 남자의 형은 아직 졸업을 하지 않았다.
(b)는 August라 하여 일관성 오답이다. 6월에 결혼을 할 것이라고 했다.
(d)는 law school과 관련된 lawyer를 사용한 오답이다.

■ manage 해내다, 관리하다 on top of ~외에 postpone 미루다 lawyer 변호사

28.

M It looks like the copier is still out of order.
W You just need to replace the toner.
M I thought we did that the other day.
(a) I'll say. We're running low on paper.
(b) You might be right. We do need a new toner.
(c) That wouldn't have worked anyway.
(d) We just shook it a few times and it was fine.

남 복사기가 아직도 고장인 것 같아.
여 토너를 교체하기만 하면 돼.
남 며칠 전에 교체한 것 같은데.
(a) 그러네. 종이가 부족해.
(b) 네가 맞을지도 몰라. 우리는 새 토너가 필요해.
(c) 그래도 효과가 없었을 거야.
(d) 토너를 몇 번 흔들었더니 괜찮았어.

해설 토너를 교체했는데도 복사기가 작동이 되지 않는다면서 의아해 하는 남자에게 여자가 그냥 몇 번 흔들었더니 잘 되어서 교체하지 않았었다고 답변하는 것이 가장 적절하므로 **(d)가 정답**이다.

⚠ 오답 피하기

(a)는 low on paper라 하여 소재 오답이다.
(b)는 앞에서 you might be right라 하여 정답이 될 수 있지만 뒤에서 need a new toner라 하여 내용이 맞지 않는 앞뒤 문맥 불일치 오답이다.
(c)는 여자는 토너를 교체하기만 하면 된다고 했으므로 wouldn't have worked라 하여 일관성 오답이다.

■ copier 복사기 out of order 고장 난 replace 교체하다 the other day 며칠 전에 run low on ~이 부족한 work 효과가 있다

29.

W Let's take the train to Shanghai instead of flying.
M That would take longer, wouldn't it?
W Yeah, but we'd save a ton of money by traveling that way.
(a) That's fine. I'm just happy that we're flying.
(b) Probably, but I don't think it's worth the trouble.
(c) Still, I wish we could take the train instead.
(d) Good thing we brought enough money.

여 상하이까지 비행기 대신 기차를 타자.
남 그게 더 오래 걸릴 거야, 그렇지 않을까?
여 맞아, 하지만 우리는 그렇게 여행하면 돈을 많이 아낄 수 있어.
(a) 괜찮아. 나는 그냥 우리가 비행기를 탄다는 것이 기뻐.
(b) 아마도, 하지만 그렇게 고생할 만한 가치가 없다고 생각해.
(c) 그래도 나는 우리가 대신 기차를 탔으면 좋겠어.
(d) 우리가 충분한 돈을 가져왔으니 다행이야.

해설 상하이까지 기차를 타면 돈을 절약할 수 있다고 말하는 상황에서 남자는 그렇게 고생할 만한 가치가 없다고 답변하는 것이 적절하므로 **(b)가 정답**이다.

⚠ 오답 피하기

(a)는 앞에서 that's fine이라 하고 뒤에서는 flying이라 하여 앞뒤 문맥 불일치 오답이다.
(c)는 앞에서 still이라 하고 뒤에서 take the train instead라 하여 앞뒤 문맥 불일치 오답이다.
(d)는 brought enough money라 하여 동사 오답이다.

■ a ton of money 많은 돈 still 그래도, 여전히

30.

M I've been requested to sing the national anthem.
W At the Seattle game? That's wonderful!
M I don't know. I really don't see myself as a singer.

(a) Cheer up! There's always next time.
(b) No, not necessarily. It could be effortless.
(c) You're right! I shouldn't give up so easily.
(d) But you're so talented.

남 나 국가를 불러달라고 요청을 받았어.
여 시애틀 경기에서? 정말 멋지다!
남 모르겠어. 나는 내가 전혀 가수가 아닌 것 같은데.
(a) 기운 내! 항상 다음이 있어.
(b) 아니야, 반드시 그렇지는 않아. 수월할 수도 있어.
(c) 네가 맞아! 나는 너무 쉽게 포기하면 안 돼.
(d) 하지만 너는 정말 재능 있어.

해설 남자가 경기에서 국가를 부르는 것에 자신 없어하는 상황에서 여자는 재능이 있다고 격려하는 답변을 하는 것이 적절하므로 **(d)**가 정답이다.

⚠ 오답 피하기
(a)는 cheer up이라 하여 상대방이 슬퍼할 때 해줄 수 있는 말이므로 상황 오답이다.
(b)는 effortless라 하여 재능과 상관 없기 때문에 형용사 오답이다.
(c)는 I shouldn't라 하여 남자가 할 수 있을 법한 말이므로 대상 오답이다.

■ national anthem 국가 necessarily 반드시 effortless 쉬운 give up 포기하다 talented 재능이 있는

31.

W We used to eat a lot of unhealthy foods in college.
M Yeah, I know. We especially enjoyed eating hamburgers and chips.
W Not to mention all the soda we drank.
M Yeah, we sure didn't think much about what we were eating.
W I know. It never occurred to me that it was unhealthy.
M I wonder if it took a toll on our health.

Q. What are the man and woman mainly discussing?
(a) Their unhealthy eating habits in college
(b) How much strain their diet had on their health
(c) What made them eat unhealthy foods frequently
(d) How their food preference has changed

여 우리는 대학교 때 건강에 안 좋은 음식들을 많이 먹곤 했어.
남 맞아, 나도 알아. 우리는 특히 햄버거와 감자칩을 많이 먹었지.
여 그 많은 탄산음료를 마신 것은 말할 것도 없고.
남 맞아, 우리는 확실히 우리가 먹는 것에 대해 많이 생각하지 않았어.
여 알아. 난 그게 건강하지 않은 것이라는 생각은 전혀 들지 않았어.
남 그게 우리의 건강에 피해를 주었을지 궁금해.

Q. 남자와 여자가 주로 논의하는 것은?
(a) 대학교를 다닐 때 그들의 안 좋은 식습관
(b) 그들의 식습관이 건강에 얼마큼 부담을 주었는지
(c) 그들이 건강하지 않은 음식을 자주 먹은 이유가 무엇인지
(d) 그들의 음식 선호가 어떻게 변했는지

해설 대화의 중심 소재는 대학 시절의 안 좋았던 식습관에 대해 말하는 것이므로 **(a)**가 정답이다.

⚠ 오답 피하기
(b)는 how much strain이라 하여 오답이다. 얼마나 건강에 부담을 주었는지는 말하지 않는다.
(c)는 what made them이라 하여 오답이다. 왜 그런 안 좋은 음식을 먹었는지는 설명하지 않는다.
(d)는 has changed라 하여 오답이다. 남자와 여자의 식습관이 어떻게 변했는지는 설명하지 않는다.

■ college 대학 not to mention 말할 것도 없고 occur to ~에게 생각이 떠오르다 take a toll on ~에 피해를 주다 eating habit 식습관 strain 부담, 긴장 frequently 자주 preference 선호(도)

32.

M Aren't your parents visiting us this weekend?
W Yeah. On Saturday afternoon. Why?
M Shouldn't we be taking them out or something?
W It's really not necessary unless you want to.
M Why don't we take them out for a nice dinner and maybe a show afterwards?
W Okay. That sounds like fun.

Q. What are the man and woman mainly discussing?
(a) What time the woman's parents will arrive
(b) Which venues they should go to for dinner and a show
(c) What they should do while the woman's parents are visiting
(d) How they should behave in front of the woman's parents

남 당신 부모님께서 이번 주말에 우리를 방문하지 않나요?
여 맞아요. 토요일 오후에요. 왜요?
남 우리 그분들을 모시고 어디 가거나 해야 하지 않을까요?
여 당신이 원하지 않으면 꼭 그럴 필요는 없어요.
남 우리 그분들을 모시고 근사한 외식을 하고 나서 연극을 보는 건 어때요?
여 그래요. 재미있겠네요.

Q. 남자와 여자가 주로 논의하는 것은?
(a) 여자의 부모님이 몇 시에 도착하실지
(b) 그들이 저녁식사를 하고 연극을 보기 위해 어디로 가야 할지
(c) 여자의 부모님이 방문했을 때 그들이 무엇을 해야 할지
(d) 여자의 부모님 앞에서 그들이 어떻게 행동해야 하는지

해설 대화의 중심 소재는 여자의 부모가 주말에 방문했을 때 무엇을

하는 것이 좋을지 의논하는 것이므로 (c)가 **정답**이다.

⚠ **오답 피하기**

(a)는 time이라 하여 오답이다. 시간에 관한 언급은 없다.
(b)는 venues라 하여 오답이다. 특정 장소를 언급하지 않는다.
(d)는 behave라 하여 오답이다. 어떻게 행동해야 하는지 말하지 않는다.

■ unless ~이 아니면 afterwards 이후에 venue 장소 behave 행동하다

33.

W How's your online shopping mall doing?
M Sadly, it's not really taking off.
W Have you tried advertising it on other major sites?
M Yeah, and more! I even tried blogging, but nothing seems to be working.
W Maybe you should hire a professional marketer.
M I should, but I can't afford one.

Q. What is the main topic of the conversation?
(a) Difficulties of managing a business without any employees
(b) Ways to encourage customers to spend more money
(c) **The lackluster performance of an online business**
(d) The rising costs of hiring online professionals

여 너의 온라인 쇼핑몰은 요즘 어떠니?
남 슬프게도 그다지 잘 되고 있지 않아.
여 다른 주요 사이트에 광고하는 것을 시도해 봤니?
남 응, 그리고 다른 것도! 나는 심지어 블로그 하는 것도 해봤지만 어떤 것도 효과가 없는 것 같아.
여 전문적인 마케팅 담당자를 고용해야 할지도 몰라.
남 그래야 하는데 그럴 돈이 없어.

Q. 대화의 주제는?
(a) 아무 직원 없이 사업을 관리하는 것의 어려움
(b) 고객들이 돈을 더 쓰도록 장려하는 방법
(c) 온라인 사업의 부진한 실적
(d) 온라인 전문직 고용 비용의 상승

해설 대화의 중심 소재는 남자의 온라인 쇼핑몰 운영이 어떻게 되어가고 있는지 말하는 것이므로 (c)가 **정답**이다.

⚠ **오답 피하기**

(a)는 without any employee라 하여 오답이다. 직원이 있는지 없는지는 대화에서 알 수 없다.
(b)는 spend more money라 하여 오답이다. 사업이 잘 안 된다고는 했지만 고객들이 돈을 쓰게 하는 방법에 대해서는 말하지 않았다.
(d)는 rising costs라 하여 오답이다. 인건비가 상승했다는 내용은 없다.

■ take off 인기를 얻다 professional 전문적인 marketer 마케팅 담당자 afford (금전적) 여유가 되다, 형편이 되다 encourage 장려하다 lackluster 신통치 않은, 약한

34.

M Congratulations on landing the job! I'm sure you'll do great!
W Thanks, but I don't know if I'm up to the task.
M Well, I think you're very well qualified.
W I appreciate your support, but I don't have much experience.
M Still, you have a strong work ethic.
W Okay then, I'll try my best.

Q. What is the man mainly doing?
(a) Advising the woman to work harder
(b) Commending the woman for finishing a task
(c) Thanking the woman for recommending a new job
(d) **Reassuring the woman of her competence**

남 취업을 축하해! 나는 네가 잘 할 거라고 믿어!
여 고마워. 그런데 나는 내가 일을 감당할 수 있을지 모르겠어.
남 음, 나는 네가 충분히 자격이 있다고 생각해.
여 지지해 줘서 고맙지만 나는 경험이 많지 않잖아.
남 그래도 넌 정말 성실하잖아.
여 그래 그럼 최선을 다해볼게.

Q. 남자가 주로 하고 있는 것은?
(a) 여자에게 더 열심히 일하라고 충고하는 것
(b) 여자가 일을 끝낸 것을 칭찬하는 것
(c) 새 직업을 추천한 것에 대해 여자에게 고마워 하는 것
(d) 여자의 역량에 대해 힘을 북돋아주는 것

해설 남자는 대화 전반에 거쳐 여자의 재능을 인정하고 격려하고 있으므로 (d)가 **정답**이다.

⚠ **오답 피하기**

(a)는 work harder라 하여 오답이다. 여자가 일을 잘 할 것이라고 격려하는 것이지 더 열심히 하라고 하지는 않았다.
(b)는 finishing a task라 하여 오답이다. 업무에 대해서는 언급되지 않았다.
(c)는 thanking the woman for recommending이라 하여 오답이다. 남자가 취업한 것이 아니라 여자가 취업한 것이다.

■ land a job 직장을 구하다 up to the task 일을 할 수 있는 qualified 자격이 있는 appreciate 감사하다 support 지지 work ethic 성실함 commend 칭찬하다 reassure ~에게 힘을 북돋우다, 안심시키다 competence 역량

35.

W Have you finished going over my thesis paper yet?
M Almost. But it looks like your sources aren't cited properly.
W Really? I have all my sources listed in the back of my paper under references.
M Yeah, I know. But you should also make citations within sentences.
W I thought I didn't have to unless I used quotations.

M You have to do it for any ideas from outside sources.

Q. What is the man mainly doing in the conversation?
(a) Asking the woman to make citations inside every sentence
(b) Advising the woman to use sources relevant to her topic
(c) **Instructing the woman to cite sources on her paper properly**
(d) Informing the woman to use quotations for all outside sources

여 너 내 논문 검토하는 것을 끝냈니?
남 거의. 그런데 네 자료의 출처가 적절하게 표기가 되어 있지 않은 것 같아.
여 정말? 내 모든 자료의 출처를 내 논문 뒤의 참고문헌에 나열해 놨는데.
남 응, 알아. 하지만 문장에도 인용 표시를 해야 해.
여 나는 내가 인용구를 쓰지 않는 이상 안 해도 되는 줄 알았어.
남 외부 자료에서 얻은 모든 견해에는 해야 해.

Q. 남자는 대화에서 주로 무엇을 하고 있는가?
(a) 여자에게 모든 문장 안에 인용 표기를 하라고 요청하는 것
(b) 여자에게 주제와 관련된 자료를 사용하라고 조언하는 것
(c) 여자에게 논문에 있는 자료의 출처를 적절하게 인용하라고 지시하는 것
(d) 여자에게 모든 외부 자료들에 따옴표를 사용하라고 알려주는 것

[해설] 남자는 여자에게 논문 자료의 출처를 적절히 표기하는 방법에 대해 말해주고 있으므로 **(c)가 정답**이다.

⚠️ 오답 피하기
(a)는 every sentence라 하여 오답이다. 모든 문장마다 인용 표기를 하라고 하지는 않았으므로 과장 오답이다.
(b)는 use sources relevant라 하여 오답이다. 관련성의 문제가 아니라 인용하는 방법에 대해 말하고 있다.
(d)는 use quotations라 하여 오답이다. Quotations를 써야 하는 것이 아니라 citations을 써야 하는 것이다.

▪ thesis paper 논문 source 자료, 자료의 출처 cite 인용하다 properly 적절하게 reference 참고문헌 citation 인용구 relevant 관련 있는

36.

M It's becoming harder to afford gas these days.
W Yeah, I'm feeling the pinch, too. Who would've guessed prices would soar like this?
M Do you happen to know what's causing the hike?
W I heard from the news that it's because gas companies need to make a profit.
M That means it could go on for some time then.
W Yeah. It could even get worse.

Q. What is the main topic of the conversation?
(a) **Why the price of gas has increased**
(b) How to adjust to rising gas prices
(c) Why the price of gas has plummeted
(d) How to reduce the cost of gas

남 요즘 들어 석유 값을 지불하는 게 더 힘들어지고 있어.
여 맞아. 나도 경제적으로 힘들어. 이렇게 석유 값이 오를 거라고 누가 생각했겠어?
남 너 왜 이렇게 값이 오르는지 아니?
여 뉴스에서 들었는데 석유 회사들이 수익을 만들기 위해서래.
남 그 말은 이게 어느 정도 지속될 수 있다는 거네.
여 맞아. 심지어 더 악화될 수도 있어.

Q. 대화의 주제는?
(a) 석유 값이 증가한 이유
(b) 석유 값 상승에 적응하는 방법
(c) 석유 값이 급락한 이유
(d) 석유 값을 감소시키는 방법

[해설] 대화의 목적은 왜 석유 가격이 상승하고 있는지를 말하는 것이기 때문에 **(a)가 정답**이다.

⚠️ 오답 피하기
(b)는 adjust to라 하여 오답이다. 어떻게 적응해야 하는지 말하지 않는다.
(c)는 plummeted라 하여 오답이다. 대화에서는 석유 값이 오른다고 한다.
(d)는 reduce the cost라 하여 오답이다. 비용을 감소시키는 방법에 대해서 언급하지 않는다.

▪ afford 구매할 여유가 있다 feel the pinch 경제적으로 힘들다 soar 오르다 hike 인상 go on 지속되다 plummet 급락하다 adjust to 적응하다 reduce 줄어들다

37.

W Did you hear? Joe Burnie is being accused of vandalizing company property.
M Really? He doesn't seem like that kind of guy.
W I know, but several of his coworkers have made strong claims against him.
M But I've worked with him before, and I've never noticed such behavior.
W Maybe it's a recent thing.
M Until I see hard evidence, I'm giving him the benefit of the doubt.

Q. What is the man mainly doing?
(a) **Questioning an accusation of Joe's alleged behavior**
(b) Defending Joe's act of destroying company property
(c) Extolling the woman for sharing the news about Joe
(d) Expressing concern about Joe's inappropriate behavior

여 너 들었니? Joe Burnie가 회사 자산을 파손한 것으로 고소를 당했어.
남 정말? 그는 그런 사람으로 보이진 않는데.
여 알아. 하지만 그의 동료 여러 명이 그를 상대로 반론하는 강한 주장들을 했어.
남 하지만 나는 그와 전에 같이 일한 적이 있었는데, 그런 행동을 한 번도 알아차리지 못했어.
여 아마도 최근 일인가 봐.
남 분명한 증거를 보기 전까지, 나는 그를 믿어 볼래.

Q. 남자는 주로 무엇을 하고 있는가?
(a) Joe의 이른바 비행 행동에 대한 비난을 의문스러워 하는 것
(b) 회사 자산을 망가뜨린 Joe의 행동을 옹호하는 것
(c) Joe에 관한 소식을 공유한 여자를 칭찬하는 것
(d) Joe의 부적절한 행동에 관해 걱정을 표하는 것

해설 남자는 Joe Burnie의 일탈 행동이 믿기지 않는다고 계속 말하고 있으므로 **(a)가 정답**이다.

⚠ 오답 피하기
(b)는 defending, act of destroying이라 하여 오답이다. Joe가 실제로 물건을 망가뜨렸는지 명확히 알 수 없는 상황이다.
(c)는 extolling이라 하여 오답이다. 여자를 칭찬하고 있지 않다.
(d)는 concern이라 하여 오답이다. Joe Burnie의 행동에 대해서 걱정하는 것이 아니라 그런 행동을 안 했을 거라 믿는 것이다.

■ accuse 고소하다 vandalize 파손하다 property 재산, 자산 coworker 동료 evidence 증거 give A the benefit of the doubt A의 말을 믿어 주다 question 의심하다 alleged ~이라고들 말하는, 주장된 defend 옹호하다 extol 칭찬하다 inappropriate 부적절한

38.

M You should consider Liberty High School for your son.
W I've already visited there and looked into it.
M That's great. The teachers come highly recommended.
W [의견, 이유] Yeah. I also like the student-teacher ratio.
M That too. So, are you going to send your son there?
W It's definitely a strong candidate.

Q. Which is correct about Liberty High School according to the conversation?
(a) The woman favors its proportion of teachers to students.
(b) Most of its teachers have advanced educational degrees.
(c) The woman has yet to visit the school.
(d) It has far more teachers than students.

남 네 아들을 Liberty 고등학교에 보내는 것을 고려해 봐.
여 이미 그곳을 방문하고 살펴봤어.
남 잘 했네. 사람들이 선생님들을 적극 추천하더라고.
여 맞아. 나는 그곳의 학생과 선생님의 비율도 괜찮은 것 같아.
남 맞아 그것도. 그래서 너희 아들을 그곳에 보낼 거니?
여 가장 유력한 후보지.

Q. 대화에 따르면 Liberty 고등학교에 관한 것으로 옳은 것은?
(a) 여자는 그 학교의 학생들에 대한 교사 비율을 마음에 들어 한다.
(b) 그 학교의 교사들 중 대부분은 고등 학위가 있다.
(c) 여자는 아직 학교를 방문하지 않았다.
(d) 학생들보다 선생님들이 훨씬 더 많다.

해설 여자가 Liberty 고등학교의 학생 대 선생님 비율이 괜찮다고 했으므로 **(a)가 정답**이다.

⚠ 오답 피하기
(b)는 advanced educational degrees라 하여 오답이다. 교사들의 학위에 대한 언급은 없다.
(c)는 yet to visit라 하여 오답이다. 여자는 이미 학교를 방문했다고 했다.
(d)는 far more teachers라 하여 오답이다. 비율이 괜찮다고는 했지만 선생님이 훨씬 더 많다고 하지는 않았다.

■ look into 살펴보다 ratio 비율 candidate 후보 proportion 비율 advanced educational degree 고등 학위

39.

W Oh hi, Martin. I didn't expect to bump into you here at the conference.
M Well, I come here every year. It's my third time.
W Really? I don't remember seeing you last year, though.
M Last year, I stayed for only one day because of an emergency at home.
W [차이점] So, are you going to stay for all three days of the conference this time?
M [차이점] That's what I'm planning to do.

Q. Which is correct according to the conversation?
(a) The woman came to the conference with the man.
(b) The woman is in her third year attending the conference.
(c) The man intends to attend the entire conference.
(d) The man plans to stay only for one day.

여 Martin, 안녕. 여기 콘퍼런스에서 널 마주칠 줄은 몰랐어.
남 음, 나는 여기에 매년 와. 이번이 세 번째야.
여 정말? 난 널 작년에 본 기억이 없는데.
남 작년에는 집에 급한 일이 생겨서 하루만 머물렀어.
여 그럼 이번에는 콘퍼런스 3일 내내 머무를 계획이니?
남 그것이 내가 계획하는 바야.

Q. 대화에 따르면 옳은 것은?
(a) 남자는 여자와 함께 콘퍼런스에 왔다.
(b) 여자는 콘퍼런스에 세 번째로 참석했다.
(c) 남자는 모든 콘퍼런스에 참석하고자 한다.
(d) 남자는 하루만 머무를 계획이다.

해설 남자가 작년과 달리 콘퍼런스 3일 내내 있을 것이라고 했으므로 (c)가 정답이다.

⚠ 오답 피하기

(a)는 with the man이라 하여 오답이다. 대화 초반에서 남자와 여자가 우연히 만났다는 것을 알 수 있다.
(b)는 woman is in her third year라 하여 오답이다. 여자가 아니라 남자가 회의에 세 번째로 참석한 것이다.
(d)는 man, one day라 하여 오답이다. 남자는 작년 콘퍼런스는 사정상 하루만 머물렀지만 올해는 3일 내내 참석할 계획이라고 한다.

■ bump into 우연히 ~와 마주치다   intend to ~을 의도하다

40.

M Hi, I'm calling about a flight to Hong Kong.
W Sure. What day do you plan to depart?
M December 1st if possible, but if not the 2nd is fine.
W [제안] Sorry, but there are no seats available on the 1st, so you'll have to travel on the 2nd.
M So, what seats are available on that day?
W We have two business class seats and one economy.
M [수락] Okay. I would like to book two business class seats, please.

Q. Which is correct according to the conversation?
(a) The woman suggests departing on the 1st.
(b) The man will fly business class on the 2nd.
(c) There's only one economy class seat available on the 1st.
(d) There are only two seats available on the 2nd.

남 안녕하세요. 저는 홍콩으로 가는 항공편 때문에 전화했습니다.
여 네. 며칠에 출국하실 계획인가요?
남 가능하다면 12월 1일이요. 하지만 안 된다면 2일도 괜찮아요.
여 죄송하지만, 1일에는 좌석이 없어서 2일에 가셔야 할 것 같습니다.
남 그러면 그 날에는 어떤 좌석이 남아 있나요?
여 비즈니스석 두 자리와 이코노미석 한 자리가 있습니다.
남 알겠습니다. 비즈니스석 두 자리를 예약할게요.

Q. 대화에 따르면 옳은 것은?
(a) 여자는 1일에 출국하는 것을 제안한다.
(b) 남자는 2일에 비즈니스석을 타고 비행을 할 것이다.
(c) 1일에는 이코노미석이 하나만 이용이 가능하다.
(d) 2일에는 오직 두 좌석만 남아 있다.

해설 여자가 2일에 자리가 있다고 했고 남자가 마지막에 좌석을 예약하겠다고 했으므로 (b)가 정답이다.

⚠ 오답 피하기

(a)는 1st라 하여 오답이다. 여자는 2일에 출발하는 것을 제안했다.
(c)는 one economy, on the 1st라 하여 오답이다. 여자는 1일에는 자리가 하나도 없다고 했다.
(d)는 two seat, on the 2nd라 하여 오답이다. 여자는 2일에는 비즈니스석 두 자리와 이코노미석 한 자리가 있다고 했다.

■ depart 출발하다   seat 좌석   suggest 제안하다

41.

W Have you tried the new steakhouse downtown?
M I had their lunch special a couple of days ago.
W How did you like it? Wasn't it amazing?
M [의견] Their steaks are impressive, but too small to make me feel full.
W But the salad bar is free of charge with a membership.
M I know. Even so, they should serve larger cuts.

Q. Which is correct about the man according to the conversation?
(a) He is unimpressed with the quality of the steakhouse's dishes.
(b) He finds the serving size at the steakhouse to be inadequate.
(c) He does not have a membership with the steakhouse.
(d) He thinks the steakhouse serves a too-limited menu.

여 너 시내에 있는 새로운 스테이크 식당 가봤어?
남 며칠 전에 런치 스페셜을 먹었어.
여 어땠어? 훌륭하지 않았니?
남 그들의 스테이크 맛은 인상적이지만 양이 너무 조금이라서 배부르지가 않아.
여 하지만 멤버십이 있으면 샐러드 바가 무료잖아.
남 알아. 그렇다 해도, 그들은 더 큰 덩어리를 제공해야 해.

Q. 대화에 따르면 남자에 관해 옳은 것은?
(a) 그는 스테이크 식당의 음식이 별로라고 느꼈다.
(b) 그는 스테이크 식당의 1인분의 양이 적절하지 않다고 생각한다.
(c) 그는 스테이크 식당의 멤버십이 없다.
(d) 그는 스테이크 식당이 너무 한정된 메뉴를 제공한다고 생각한다.

해설 남자가 새로운 스테이크 식당의 스테이크가 맛은 있지만 양이 너무 적었다고 했으므로 (b)가 정답이다.

⚠ 오답 피하기

(a)는 unimpressed with the quality라 하여 오답이다. 남자는 스테이크는 impressive하다고 했다.
(c)는 not have a membership이라 하여 오답이다. 남자가 멤버십이 있는지는 구체적으로 언급되지 않았다.
(d)는 too-limited menu라 하여 오답이다. 메뉴가 적은 것이 아니라 1인 분의 양이 적다고 했다.

■ downtown 시내에   impressive 인상적인, 감동적인   feel full 배부르게 느끼다   free of charge 무료로, 무료의   dish 요리   serving size 1인분의 양

42.

M Excuse me. I reserved a non-smoking room, but my room has a smoky smell to it.

W We apologize. Actually, our entire facility is non-smoking.
M Can I have a different room?
W [비교] Sure, but it doesn't have a Jacuzzi tub, which you paid extra for.
M So, will the difference be reimbursed?
W Yes. Let me process your request right away.

Q. Which is correct according to the conversation?
(a) The Jacuzzi is unavailable in the new room.
(b) The man will receive a full refund for the room.
(c) The hotel currently has no vacant rooms available.
(d) The woman suggests a room with a Jacuzzi.

남 실례합니다. 저는 금연 객실을 예약했는데 제 방에서 담배 냄새가 나요.
여 죄송합니다. 사실, 저희 모든 시설은 금연입니다.
남 다른 방을 써도 될까요?
여 그럼요. 하지만 손님께서 추가 금액을 지불하신 자쿠지 욕조가 없습니다.
남 그러면 차액은 배상이 되나요?
여 네. 손님의 요청 사항을 바로 처리해 드리겠습니다.

Q. 대화에 따르면 옳은 것은?
(a) 새 방에는 자쿠지가 없다.
(b) 남자는 객실 요금을 전액 환불 받을 것이다.
(c) 호텔은 현재 이용 가능한 빈 방이 없다.
(d) 여자는 자쿠지가 있는 방을 제안한다.

해설 방을 바꾸어 달라는 남자의 요청에 대해 여자가 다른 방은 자쿠지 욕조가 없다고 했으므로 **정답은 (a)**이다.

⚠️ 오답 피하기
(b)는 full refund라 하여 오답이다. 차액을 환불해 준다고 했다.
(c)는 no vacant rooms라 하여 오답이다. 다른 방이 있다고 했다.
(d)는 with a Jacuzzi라 하여 오답이다. 여자는 남자가 새로 옮길 방에 자쿠지가 없다고 했다.

■ smoky smell 담배 냄새   facility 시설   Jacuzzi 자쿠지(물에서 기포가 생기게 만든 욕조)   reimburse 배상하다   process one's request ~의 요청을 처리하다   vacant 빈

43.

W Have you decided on what to study?
M [차이점] Well, I'm certain of what I want to pursue, but my parents think otherwise.
W Didn't you say you wanted to major in English Literature?
M [차이점] Yeah, but they think the job prospects are dim for literature majors.
W Does that mean you're going to study business?
M Well, I didn't say I'm going to listen to my parents.

Q. What can be inferred about the man from the conversation?

(a) He has little interest in studying English literature.
(b) His parents have considerable influence on his decision.
(c) His parents hope he will find a job after college.
(d) His decision has strained the relationship with his parents.

여 너 무엇을 공부할지 결정했니?
남 음, 나는 내가 추구하고 싶은 것이 무엇인지 확고하지만 우리 부모님은 다르게 생각하셔.
여 너는 영문학을 전공하고 싶다고 말하지 않았었니?
남 맞아. 하지만 부모님은 문학 전공의 취업 전망이 좋지 않을 거라고 생각하셔.
여 그것은 네가 경영을 공부할 것이란 의미니?
남 음, 나는 우리 부모님 말을 들을 거라고 하진 않았어.

Q. 대화로부터 남자에 대해 추론할 수 있는 것은?
(a) 그는 영문학을 공부하는 것에 관심이 거의 없다.
(b) 그의 부모님은 그가 결정을 내리는 데 상당한 영향력을 미친다.
(c) 그의 부모님은 그가 졸업 후 취직하기를 바란다.
(d) 그의 결정은 그의 부모님과의 관계를 긴장시켰다.

해설 남자의 부모는 영문학을 전공했을 때 취업 전망에 대해 걱정하고 있으므로 남자가 졸업 후 취직을 하기를 희망한다는 것을 추론할 수 있다. 따라서 **(c)가 정답**이다.

⚠️ 오답 피하기
(a)는 little interest라 하여 오답이다. 남자는 영문학을 전공하고 싶다고 했다.
(b)는 considerable influence라 하여 오답이다. 남자가 부모님 말을 듣겠다고 한 것은 아니므로 반대 오답이다.
(d)는 strained the relationship이라 하여 오답이다. 관계에 문제가 있다는 근거가 없다.

■ pursue 추구하다   otherwise 다르게   major in ~을 전공하다   job prospect 취업 전망   considerable 상당한   strain 긴장시키다

44.

M Kristen, where are you sending your kids for violin lessons?
W I'm sending them to Cameron's Violin near Union Station.
M Isn't that a little far away for you to drive every day?
W Maybe. I think it's worth it, though.
M I don't think I could send my kids that far.
W [제안] Then, you should consider Chelsie's Violin in your neighborhood.

Q. What can be inferred from the conversation?
(a) The man does not own a car at the moment.
(b) The woman sends her kids to Chelsie's Violin.
(c) The man's kids are taking violin lessons at Cameron's Violin.

(d) The woman does not live in the same neighborhood as the man.

남 Kristen, 너희 아이들 바이올린 수업을 어디로 보내니?
여 나는 Union 역 근처에 있는 Cameron's Violin에 보내고 있어.
남 네가 매일 운전하고 가기에는 약간 멀지 않아?
여 글쎄. 그래도 가치가 있다고 생각해.
남 나는 내 아이들을 그렇게 멀리 보낼 수는 없을 것 같아.
여 그럼, 너희 동네에 있는 Chelsie's Violin을 고려해봐.

Q. 대화로부터 추론할 수 있는 것은?
(a) 남자는 현재 차를 소유하고 있지 않다.
(b) 여자는 그녀의 아이들을 Chelsie's Violin에 보낸다.
(c) 남자의 아이들은 Cameron's Violin에서 바이올린 수업을 받고 있다.
(d) 여자는 남자와 같은 동네에서 살지 않는다.

해설 여자가 남자의 동네에 있는 바이올린 학원을 추천해주고 있으므로 둘은 서로 다른 동네에서 산다는 것을 추론할 수 있다. 따라서 (d)가 정답이다.

⚠ 오답 피하기
(a)는 not own a car라 하여 오답이다. 남자가 Cameron's Violin이 멀다고 했지만 그렇다고 해서 차가 없다는 뜻은 아니다.
(b)는 woman sends, Chelsie's Violin이라 하여 오답이다. 여자는 아이들을 Cameron's Violin에 보내고 있다.
(c)는 man's kids are taking violin lessons라 하여 오답이다. 남자는 아이들을 아직 바이올린 학원에 보내고 있지 않다.

■ worth 가치가 있는 consider 고려하다 at the moment 현재 neighborhood 동네

45.

W How are your swim practices going?
M [문제점] Everything's fine except that the coach isn't giving much input.
W That's peculiar. But he's not like that with all swimmers, is he?
M [의견, 문제점] Actually, he is like that with everyone. It feels like we're left in the dark.
W Maybe everything's fine, so there isn't much to comment on.
M I hope so.

Q. What can be inferred about the man from the conversation?
(a) He is currently not on speaking terms with his coach.
(b) He feels perturbed about his coach's lack of instructions.
(c) He has difficulty understanding his coach's instructions.
(d) He is dissatisfied with his present performance.

여 너의 수영 연습은 어떻게 진행되고 있니?
남 코치가 많은 조언을 해주지 않는 것 외에는 모든 게 괜찮아.
여 그것 참 이상하다. 하지만 그가 모든 수영 선수들에게 그렇게 하는 건 아니잖아, 그렇지?
남 사실, 그는 모두에게 그렇게 대해. 우리가 아무것도 모르는 채로 남겨져 있는 것 같아.
여 아마 모든 것이 괜찮아서 지적할 게 없는 것일 거야.
남 그러길 바래.

Q. 대화로부터 남자에 대해 추론할 수 있는 것은?
(a) 그는 현재 그의 코치와 말을 하지 않는다.
(b) 그는 코치의 지도교육이 부족해서 걱정스럽다.
(c) 그는 지시사항을 이해하는 데 어려움이 있다.
(d) 그는 그의 현재의 실력에 불만족스럽다.

해설 남자가 피드백을 많이 주지 않는 코치의 훈련 방식을 불편하게 느끼고 있다는 것을 유추할 수 있으므로 (b)가 정답이다.

⚠ 오답 피하기
(a)는 not on speaking terms라 하여 오답이다. 코치가 지적을 잘 해주지 않는다고 해서 말하지 않는 사이라고 볼 수는 없다.
(c)는 difficulty understanding이라 하여 오답이다. 언급되지 않은 내용이다.
(d)는 dissatisfied, performance라 하여 오답이다. 자신의 실력에 실망하고 있는 것이 아니라 코치에 대해 불만족스럽게 느끼는 것이다.

■ input 조언 peculiar 독특한 in the dark 아무 것도 모르는 on speaking terms with ~와 말하는 사이인 perturbed 혼란스러운, 걱정되는 instructions 지시사항 dissatisfied 불만족스러운

46.

After nearly a decade of renovations, the Metropolitan Museum of Art recently unveiled two new galleries dedicated to Islamic Art. Fourteen centuries of rich and varied artwork focusing on intricate geometric designs transports viewers to a world that captivates their imagination. A Fez craftsman was commissioned to create an inner-courtyard gallery similar to those found in Morocco during the 14th and 15th centuries, allowing the architecture of the gallery to complement its vast collection. In a way, the museum has succeeded in preserving an important piece of history.

Q. What is mainly being reported about the Metropolitan Museum of Art?
(a) Its extensive renovation project
(b) Two new additions to its collections
(c) The opening of Islamic Art galleries
(d) Its similarity to an inner courtyard in Morocco

약 십 년간의 보수 끝에 메트로폴리탄 미술관은 이슬람 미술 전용의 두 곳의 새로운 갤러리를 최근에 공개했습니다. 복잡한 기하학적 디자인에 초점을 둔 14세기의 풍요롭고 다양한 작품을 통해 관객들을 그들의 상상력을 사로잡는 세계에 있는 것 같은 느낌을 받을 수 있습니다. Fez(모로코 북부의 도시)의 한 기술공은 모로코에서 14세기와 15세기에 발견된 것들과 비슷한 안뜰 갤러리를 제작해달라고 의뢰 받았는데, 이것은 갤러리의

건축 양식이 그것의 방대한 소장품을 보완하도록 했습니다. 어느 면에서는, 박물관은 역사의 중요한 부분을 보존하는 데 성공하였습니다.

Q. 메트로폴리탄 미술관에 대해 주로 보도되고 있는 것은?
(a) 미술관의 대규모 보수 프로젝트
(b) 기존 소장품에 추가되는 새로운 두 품목
(c) 이슬람 미술 갤러리의 개관
(d) 미술관과 모로코의 안뜰과의 유사성

해설 중심 소재는 Metropolitan Museum of Art이고 소주제는 Islamic Art galleries의 개관이므로 **(c)가 정답**이다.

⚠️ **오답 피하기**

(a)는 renovation이라 하여 오답이다. 보수가 끝난 뒤 갤러리의 개관에 대한 내용이 주 내용이다.
(b)는 additions to its collections라 하여 오답이다. 작품 두 개가 늘어나는 것이 아니다.
(d)는 similarity라 하여 오답이다. 모로코의 안뜰과 비슷하다는 것은 지엽적인 내용이다.

■ unveil 공개하다, 발표하다 intricate 복잡한 geometric 기하학적인 transport 다른 장소·시간·상황에 있는 것 같은 느낌이 들게 하다 captivate ~의 마음을 사로잡다 commission 의뢰하다 inner-courtyard 안쪽 마당 complement 보완하다 in a way 어느 면에서는 preserve 보존하다 extensive 광범위한 addition 추가된 것

47.

The Great Barrier Reef is the most diverse ecosystem in the world. However, its biodiversity is at risk due to the ever-growing pollution levels in the ocean, specifically the rise in the amount of microplastics. Microplastics are small plastic particles less than one millimeter in size that have made their way into the environment from a variety of human sources. Scientific testing of the water samples around the Great Barrier Reef has found that small microplastics, including polystyrene and polyethylene, up to two millimeters in size are ingested by coral reefs.

Q. What is the speaker's main point?
(a) Microplastics are small but deadly to humans.
(b) The Great Barrier Reef has a diverse ecosystem.
(c) The pollution levels have increased sharply in recent years.
(d) Microplastics are detrimental to coral reefs.

그레이트 배리어 리프는 세계에서 가장 다양한 생태계입니다. 하지만 그것의 생물 다양성은 바다의 계속 늘어나는 오염 수준, 구체적으로 말하면 마이크로플라스틱의 양이 증가해서 위험에 처해 있습니다. 마이크로플라스틱은 1mm보다 작은 플라스틱 분자로 인간이 만들어낸 다양한 근원들이 환경으로 침투했습니다. 그레이트 배리어 리프 주변의 물 샘플에 대한 과학적 실험은 폴리스티렌과 폴리에틸렌을 포함한 2mm가 넘는 작은 마이크로 플라스틱을 산호초들이 섭취하고 있다는 것을 발견했습니다.

Q. 화자의 요지는 무엇인가?
(a) 마이크로플라스틱은 작지만 인간에게 치명적이다.
(b) 그레이트 배리어 리프는 다양한 생태계를 가지고 있다.
(c) 최근 몇 년간 오염 수준이 급격히 증가하였다.
(d) 마이크로플라스틱은 산호초에 치명적이다.

해설 중심 소재는 그레이트 배리어 리프이고 소주제는 microplastics가 바다의 생태계에 미치는 치명적인 영향이므로 **(d)가 정답**이다.

⚠️ **오답 피하기**

(a)는 to humans라 하여 오답이다. 인간에게도 치명적인지에 대한 근거가 없다.
(b)는 diverse ecosystem이라 하여 오답이다. 다양한 생태계라고는 했지만 담화 전반적인 내용은 아니므로 답이 될 수 없다.
(c)는 pollution levels라 하여 오답이다. 오염 수준에 대한 것은 지엽적인 내용이다.

■ diverse 다양한 ecosystem 생태계 biodiversity 생물 다양성 at risk 위험에 처한 ever-growing 계속 늘어나는 particle 아주 작은 입자 ingest 섭취하다 deadly 치명적인 sharply 급격히 detrimental 치명적인

48.

In my opinion, the federal bureau of taxes should be overhauled. People will have an easier time filing for taxes by reforming the tax code, thereby improving the overall tax revenue for the government. This will allow the government to spend more tax money on social welfare projects, benefiting the people. Therefore, the government should implement a flat tax and minimize the tax form to a single postcard-sized document, which will allow taxpayers to complete their tax papers easily and quickly and get on with their daily lives.

Q. What is the speaker's main point about the federal bureau of taxes?
(a) It should lower taxes for middle-income families.
(b) It lacks a strong central leadership.
(c) It should streamline its tax filing process.
(d) It has changed various practices for the better.

제 의견으로는, 연방 국세청은 정비되어야 합니다. 세법을 개정함으로써 사람들은 세금 신고를 더 쉽게 할 수 있을 것이고, 이로 인해 정부를 위한 전반적인 세수가 좋아질 것입니다. 이것은 정부가 사람들에게 혜택을 주면서 사회적 복지 문제에 세금을 더 많이 소비할 수 있도록 할 것입니다. 그러므로 정부는 일률 과세를 시행하고 납세 신고서를 한 장의 엽서 크기의 문서로 최소화해야 하는데, 이것은 세금 납부자들이 그들의 납세 신고서를 쉽고 빠르게 처리하고 그들의 일상 생활을 계속 할 수 있도록 할 것입니다.

Q. 연방 국세청에 관한 화자의 요지는?
(a) 중산층 가구를 위해 세금을 내려야 한다.

(b) 중심이 되는 리더십이 부족하다.
(c) 세금 신고 과정을 간소화해야 한다.
(d) 더 나아지기 위해 다양한 관습들을 변화시켰다.

해설 중심 소재는 federal bureau of taxes이고 소주제는 세법을 더 쉽게 개정하고 양식을 간소화해야 한다는 것이므로 **(c)가 정답**이다.

⚠ 오답 피하기
(a)는 for middle-income families라 하여 오답이다. 특정 사람들의 세금을 줄여야 한다고 말하지 않았다.
(b)는 leadership이라 하여 오답이다. 리더십에 관해서는 말하지 않았다.
(d)는 changed라 하여 오답이다. 앞으로 변해야 한다는 것이지 이미 변했다고 하지 않았다.

■ federal bureau of taxes 연방 국세청 overhaul 정비하다, 점검하다 file 제출하다 reform 개정하다, 개선하다 tax code 세법 thereby 그것에 의하여 tax revenue 세금 수입 social welfare 사회 복지 implement 실행하다 flat tax 일률 과세 get on with 이어서 하다 streamline 간소화하다 practice 관습

49.

Welcome to the opening of the Charleston Library. This three-year project would not have been possible without the contribution of Robert Schwartz. It is due to his generous financial support that we were able to build this state-of-the-art library and stock it with books from all genres. We extend our gratitude to him for funding the project, which has provided our community with a place to enjoy reading books.

Q. What is the speaker mainly doing in the announcement?
(a) Encouraging people to contribute to the library
(b) Appreciating the financial backing by Robert Schwartz
(c) Complimenting the facility for being modern
(d) Acknowledging the need for a new library

Charleston 도서관의 개관식에 오신 것을 환영합니다. 이 3년간의 프로젝트는 Robert Schwartz님의 기부가 없었다면 가능하지 않았을 것입니다. 이 최신식 도서관을 짓고 모든 장르의 책을 갖출 수 있었던 것은 그분의 후한 재정적 지원 덕분이었습니다. 저희는 프로젝트에 자금을 대주신 것에 대해 그분께 진심으로 감사드리며, 그의 지원은 우리 지역 사회에 책 읽기를 즐길 수 있는 장소를 제공하였습니다.

Q. 안내에서 화자가 주로 하고 있는 것은?
(a) 사람들이 도서관에 기부하도록 권장하는 것
(b) Robert Schwartz의 재정적 지원에 감사를 전하는 것
(c) 시설이 현대적인 것에 대해 칭찬하는 것
(d) 새로운 도서관의 필요성을 인정하는 것

해설 중심 소재는 Robert Schwartz의 기부이고 소주제는 지원에 감사하는 것이므로 **(b)가 정답**이다.

⚠ 오답 피하기
(a)는 people, contribute라 하여 오답이다. 사람들에게 기부하라고 하는 것이 아니라 Robert Schwartz의 기부에 감사 인사를 하고 있는 것이다.
(c)는 facility, modern이라 하여 오답이다. 지엽적인 내용이다.
(d)는 need, new library라 하여 오답이다. 도서관이 이미 문을 연 상황이다.

■ contribution 기부, 기여 generous 후한 financial support 재정적 지원 state-of-the-art 최신식의 stock 갖추다 extend 주다 gratitude 감사 backing 지원 compliment 칭찬하다 acknowledge 인정하다

50.

Spacing out the releases of certain works of media in different formats or even places has long been observed in industries like movies and television. This kind of marketing strategy is called windowing. In the film industry, the release of movies is staggered, beginning in theaters and progressing to other formats such as DVDs once they have been viewed by a sufficient number of people. This practice offers entertainment companies greater profits for each film as fans often purchase their favorite movies in multiple formats, thereby spending additional money.

Q. What is the lecture mainly about?
(a) A marketing strategy that appeases moviegoers
(b) The unanticipated drawback of the marketing scheme known as windowing
(c) A common business practice employed to maximize profits
(d) The application of public sentiment in marketing

매체의 특정한 작품을 다른 형식 또는 장소에 일정 간격을 두고 내보내는 것은 영화와 텔레비전과 같은 산업에서 오랫동안 관찰되었습니다. 이러한 종류의 마케팅 전략은 윈도잉이라고 불립니다. 영화 산업에서는, 영화들의 개봉이 시간차를 두고 이루어지는데, 극장에서 시작해서 충분히 많은 사람들에게 보여진 후에는 DVD와 같은 다른 형식으로 나오는 것입니다. 이러한 관습은 팬들이 종종 그들이 가장 좋아하는 영화들을 다양한 형식으로 구매하여 추가적인 돈을 쓰기 때문에, 엔터테인먼트 회사들에게 각 영화에 있어 더 큰 이익을 제공합니다.

Q. 강의는 주로 무엇에 관한 것인가?
(a) 영화를 보러 가는 사람들을 만족시키는 마케팅 전략
(b) 윈도잉이라고 알려져 있는 마케팅 제도의 예상치 못한 단점
(c) 이익을 최대화하기 위해 적용되는 흔한 상업적 관습
(d) 마케팅에 있어서 대중의 감정의 적용

해설 중심 소재는 windowing이고 소주제는 엔터테인먼트 회사들이 더 큰 이익을 얻기 위해 윈도잉이라는 전략을 쓴다는 것이므로 **(c)가 정답**이다.

⚠ 오답 피하기
(a)는 appeases moviegoers라 하여 오답이다. 영화 관람자들을 만족

시켜주는 것은 아니다.
(b)는 unanticipated drawback이라 하여 오답이다. 단점에 대해서 설명하지 않는다.
(d)는 application of public sentiment라 하여 오답이다. 좋아하는 영화를 다양한 형식으로 구매하게 하는 마케팅 기법이라고는 했지만 대화의 세부 내용이다.

■ space out 일정 간격을 두다 release 공개, 발표 stagger 시간차를 두다 progress 진행하다 profit 이익 appease 만족시키다 moviegoer 영화 관람자 unanticipated 예상치 못한 drawback 단점 marketing scheme 마케팅 방법 maximize 극대화 하다 application 적용 public sentiment 대중의 감정

51.

The interest in the game of Go has risen sharply after the defeat of grandmaster Lee Sedol by Google's artificial intelligence AlphaGo. Originating in China more than 2,500 years ago, this ancient game is played by two players who sit opposite each other and take turns placing either white or black stones. The purpose of the game is to acquire as much area as possible, unlike that of chess, in which players want to capture as many chess pieces as possible from the opponent.

Q. What is the talk mainly about?
(a) Why the interest in the game of Go has waned
(b) How the game of Go is played
(c) Why the game of Go is better than the Western game of chess
(d) How Lee Sedol lost Go to Google's artificial intelligence AlphaGo

바둑에 대한 흥미는 구글의 인공 지능 알파고에 의해 그랜드 마스터 이세돌이 패배한 이후에 급격히 증가하였습니다. 2,500년보다 더 이전에 중국에서 유래한 이 고전 게임은 서로 반대편에 앉아서 흰색 또는 검정색 돌을 놓는 두 명의 선수들에 의해 진행됩니다. 이 게임의 목적은 상대로부터 가능한 한 많은 체스의 말을 가져와야 하는 체스와 달리 가능한 한 많은 영역을 차지하는 것입니다.

Q. 담화는 주로 무엇에 관한 것인가?
(a) 바둑에 대한 흥미가 줄어든 이유
(b) 바둑 경기가 이루어지는 방법
(c) 바둑이 서양의 체스보다 나은 이유
(d) 이세돌이 구글의 인공 지능에 어떻게 패배하였는지

해설 중심 소재는 Go이고 소주제는 바둑을 두는 방법을 설명하는 것이므로 **(b)가 정답**이다.

⚠ 오답 피하기
(a)는 waned라 하여 오답이다. 관심이 줄어든 것이 아니라 증가했다고 한다.
(c)는 better than이라 하여 오답이다. 어떤 것이 더 좋은지 비교하지 않는다.

(d)는 Lee Sedol lost라 하여 오답이다. 지엽적인 내용이다.

■ Go 바둑 sharply 급격하게 defeat 패배 take turns 번갈아 가며 하다 acquire 획득하다 capture 잡다 opponent 상대방 wane 줄어들다, 약해지다

52.

As you all know, recent climate change has drastically altered weather patterns, which has had widespread impacts on humans and other natural life alike. Because of major shifts in weather systems, certain places around the globe are battling desertification as the regions are progressively becoming arid due to prolonged drought, while other places are experiencing record amounts of precipitation, causing devastating floods. If we allow this to continue, the future looks increasingly bleak for life on this planet.

Q. What is the speaker's main point about climate change?
(a) It is causing the sea level to rise in lowland areas.
(b) It has significantly altered weather patterns in parts of the world.
(c) It is being fueled by desertification and intermittent rainfall.
(d) Its destructive effects are felt all over the world.

여러분 모두 아시다시피, 최근의 기후 변화는 기후 패턴을 극적으로 변화시켰고, 이것은 인간과 다른 생물들에 광범위하게 영향을 끼쳤습니다. 기후 체계의 주된 변화로 인하여 세계의 특정 장소들은 다른 장소들이 파괴적인 홍수를 야기하는 기록인 양의 강수량을 경험하는 와중에, 장기적인 가뭄으로 인해 점진적으로 건조해져서 사막화와 싸우고 있습니다. 이것이 계속되도록 놔둔다면, 미래는 이 행성에 사는 생명에게 매우 절망적일 것입니다.

Q. 기후 변화에 관한 화자의 요지는?
(a) 저지대 지역의 해수면이 상승하는 것을 야기하고 있다.
(b) 세계 곳곳의 기후 패턴을 상당히 변화시켰다.
(c) 사막화와 간헐적인 강수로 인해 자극되고 있다.
(d) 파괴적 영향이 전세계에 미치고 있다.

해설 중심 소재는 climate change이고 소주제는 기후 변화가 미치는 영향이므로 **(b)가 정답**이다.

⚠ 오답 피하기
(a)는 sea level이라 하여 오답이다. 해수면에 대해서는 언급되지 않았다.
(c)는 fueled by desertification이라 하여 오답이다. 사막화가 기후 변화를 야기하는 것이 아니라 기후 변화가 사막화를 야기하는 것이다.
(d)는 all over the world라 하여 오답이다. 전세계 모든 곳에 영향을 주고 있다고 언급되지 않았으므로 과장 오답이다.

■ climate change 기후 변화 drastically 급격하게 alter 변경하다, 변하다 widespread 광범위한 alike 마찬가지로 shift 변화

battle 싸우다 desertification 사막화 progressively 점진적으로
arid 건조한 prolonged 장기적인 drought 가뭄 precipitation
강수량 devastating 치명적인 flood 홍수 bleak 절망적인
lowland area 저지대 fuel 자극하다, 부채질하다 intermittent
간헐적인 destructive 파괴적인

influx 유입 immigrant 이민자 ignore 무시하다 policy 정책
demand 요구하다 welfare 복지 consequently 결과적으로
reform 개혁 flow 유입

53.

So far, we've discussed some of the problems brought about by the huge influx of immigrants to America towards the end of the 19th century. [인과] However, we should not ignore the fact that there were several positive changes in policy that were a direct result of such problems. Known as the Progressive Era, private citizens began lobbying for social change for the first time, demanding better working conditions and welfare. Consequently, many significant reforms were passed to improve the poor working conditions of factories and limit the sale of unsafe food.

Q. Which is correct according to the talk?
(a) The immigrants were responsible for the poor working conditions.
(b) Most of the immigrants came to America in the 19th century.
(c) Some reforms during the Progressive Era became a problem.
(d) **The flow of immigrants had a positive effect on American lives.**

지금까지, 우리는 19세기 말 미국으로의 이주민들의 상당한 유입으로 인한 몇몇 문제들을 논의했습니다. 그러나 우리는 그 문제들의 직접적인 결과였던 정책에 여러 긍정적인 변화가 있었다는 사실을 무시해서는 안 됩니다. 혁신주의 시대라고 알려지며, 시민들은 처음으로 더 나은 노동환경과 복지를 요구하며 사회적 변화를 위해 영향력을 행사했습니다. 결과적으로 많은 상당한 개혁들이 열악한 공장의 노동 환경을 개선시키고 안전하지 않은 식품의 판매를 제한할 수 있도록 통과되었습니다.

Q. 담화에 따르면 옳은 것은?
(a) 이주자들이 열악한 노동 환경을 만든 원인이 되었다.
(b) 대부분의 이주자들은 19세기에 미국에 왔다.
(c) 혁신주의 시대의 몇몇 개혁들은 문제가 되었다.
(d) 이주자들의 유입은 미국인들의 삶에 긍정적인 효과를 미쳤다.

해설 미국으로 이주민들이 유입된 것으로 인해 노동 환경이 개선되고 개혁이 이루어지는 등 긍정적인 변화가 있었다고 했으므로 **(d)가 정답**이다.

⚠ 오답 피하기
(a)는 responsible for라 하여 오답이다. 이주자들이 야기시킨 것이 아니다.
(b)는 most라 하여 오답이다. 대부분인지 근거가 없다.
(c)는 reforms, problem이라 하여 오답이다. 문제가 되었다고 언급하지 않는다.

54.

[평가] Hockey player Chris Johnson has been reprimanded with a month-long ban for the second time this year for punching a referee during the championship match. The disciplinary committee has banned Johnson from taking part in all matches for two years. Rumor has it that the team will most likely terminate his contract by the end of the season and find a replacement. Johnson's future in hockey now seems dismal as a result of his misconduct.

Q. Which is correct about Chris Johnson according to the news report?
(a) He is banned from playing hockey for hitting another player.
(b) **He has a history of unsportsmanlike behavior in the rink.**
(c) He cannot play in any games until the end of the season.
(d) His contract has been terminated due to his misbehavior.

하키 선수인 Chris Johnson은 올해에 챔피언십 경기에서 심판을 때린 것으로 올해 두 번째로 한 달간 출전 금지와 함께 질책을 받고 있습니다. 징계 위원회는 Johnson이 모든 경기에서 2년 동안 출전하는 것을 금지시켰습니다. 그 팀은 시즌이 끝나면 그와의 계약을 종료시키고 대체 선수를 찾을 것이라는 소문이 있습니다. Johnson의 이후 하키 인생은 그의 위법 행위의 결과로 우울할 것으로 보입니다.

Q. 뉴스 보도에 따르면 Chris Johnson에 대해 옳은 것은?
(a) 그는 다른 선수를 때려 하키를 하는 것이 금지되었다.
(b) 그는 링크에서 스포츠맨답지 못한 행동을 한 적이 있다.
(c) 그는 시즌이 끝날 때까지 그 어떤 게임도 뛰지 못한다.
(d) 그의 계약은 그의 나쁜 품행으로 인해 종료되었다.

해설 Chris Johnson은 올해 두 번째로 출전 금지를 당했다고 했으므로 **(b)가 정답**이다.

⚠ 오답 피하기
(a)는 another player라 하여 오답이다. 심판을 때렸다고 한다.
(c)는 end of the season이라 하여 오답이다. 2년 동안 경기에 참여를 못한다고 한다.
(d)는 has been terminated라 하여 오답이다. 아직 계약이 종료되지 않았다.

reprimand 징계를 받다 referee 심판 disciplinary committee 징계 위원회 terminate 종료되다 replacement 대신할 사람, 후임자 dismal 우울한 unsportsmanlike 스포츠맨 답지 못한, 정정당당하지 않은 misbehavior 나쁜 품행

55.

The Judean date palm is famous for having a long-lasting orthodox seed. The seed is capable of withstanding extremely harsh, dry, frigid climates. The date palm seed has been successfully germinated after being stored for 2,000 years. [비교] Actually, the seed was claimed to be the oldest mature seed that has been germinated into a viable plant. However, in 2007, a seed of the flowering plant Silene stenophylla dating to be more than 30,000 years old was found under permafrost and successfully germinated, making it the oldest seed ever to do so.

Q. Which is correct about the Judean date palm seed according to the lecture?
(a) It was found under permafrost.
(b) It is not the only ancient seed that has grown.
(c) It survived for more than 30,000 years.
(d) It was successfully germinated into an infertile plant.

고대 유대의 대추야자는 오래 지속되는 정통의 씨앗이 있는 것으로 유명합니다. 그 씨앗은 극도로 혹독하고, 건조하고, 추운 기후를 견딜 수 있습니다. 대추야자 씨앗은 2,000년 동안 저장된 후에 성공적으로 싹이 텄습니다. 사실, 그 씨앗은 생육할 수 있는 식물로 싹튼 가장 오래된 성숙한 종자로 주장되었습니다. 그러나 2007년에 3만 년도 더 된 Silene stenophylla라는 꽃식물의 씨앗이 영구 동토층 아래에서 발견되고 성공적으로 싹을 트면서, 가장 오래된 씨앗이 되었습니다.

Q. 강의에 따르면 고대 유대의 대추야자에 대해 옳은 것은?
(a) 영구 동토층 아래에서 발견되었다.
(b) 식물로 자란 유일한 고대의 씨앗이 아니다.
(c) 3만 년 넘게 살아 남았다.
(d) 성공적으로 생식력 없는 식물로 싹을 텄다.

해설 Silene Stenophylla가 추가적으로 발견되었고 싹이 텄다고 했으므로 **(b)가 정답**이다.

⚠ 오답 피하기
(a)는 permafrost라 하여 오답이다. 대추야자 씨가 아니라 Silene stenophylla가 permafrost에서 발견된 것이다.
(c)는 30,000 years라 하여 오답이다. Silene stenophylla에 해당하는 내용이다.
(d)는 infertile이라 하여 오답이다. Viable plant라고 했다.

■ orthodox 정통의, 전통적인 withstand 견디다 harsh 가혹한 frigid 몹시 추운 germinate 발아하다, 싹트다 mature 충분히 성장한 viable 생육할 수 있는 permafrost 영구 동토층 infertile 생식력이 없는

56.

Abandoned dogs have become a serious nuisance in Detroit. As many as 50,000 dogs roam the streets and vacant neighborhoods of now-bankrupt Detroit, menacing humans and pets alike. Most of Detroit's stray population consists of aggressive pit bulls and breeds mixed with pit bulls. These dogs have bitten numerous mail carriers, forcing the U.S. Postal Service to temporarily halt mail delivery in some neighborhoods. [인과, 이유] However, because of Detroit's falling revenue, there wasn't much the city could do, forcing cutbacks in funding for dog control.

Q. Which is correct about stray dogs in Detroit according to the report?
(a) They tend to attack when they are provoked.
(b) They have contributed to Detroit's bankruptcy.
(c) Their aggressive nature is due to cutbacks in dog control.
(d) Little is being done to keep their numbers down.

버려진 개들은 디트로이트에서 심각하게 성가신 문제가 되었습니다. 약 5만 마리에 달하는 개들이 사람들과 애완동물들을 위협하면서 현재 파산한 디트로이트의 거리와 빈 이웃집들을 돌아다니고 있습니다. 대부분의 디트로이트의 길 잃은 개들은 공격적인 핏불테리어와 핏불테리어 잡종으로 이루어져 있습니다. 이 개들은 많은 우편 배달부들을 물어 미국의 우편국이 몇몇 동네에는 우편 배달을 잠시 멈추도록 하였습니다. 그러나 디트로이트의 감소하는 세수로 인해 시가 할 수 있는것은 많지 않으며, 개들을 제어하는 데에 자금을 삭감할 것을 강요하고 있습니다.

Q. 보도에 따르면 디트로이트의 길을 잃은 개들에 대해 옳은 것은?
(a) 그들은 자극을 받으면 공격하는 경향이 있다.
(b) 그들 때문에 디트로이트가 파산했다.
(c) 그들의 공격적인 본성은 개를 통제하는 데 드는 비용을 삭감했기 때문이다.
(d) 그들의 개체수를 줄이는 데 손을 쓰지 못하고 있다.

해설 디트로이트의 세금이 줄어들어 개들을 제어하는 데 많은 돈을 쓸 수 없다고 했으므로 **(d)가 정답**이다.

⚠ 오답 피하기
(a)는 when they are provoked라 하여 오답이다. 자극이 없어도 공격한다고 한다.
(b)는 contributed to라 하여 오답이다. 파산의 원인이 아니라 결과이다.
(c)는 due to cutbacks라 하여 오답이다. 공격적인 성향의 원인을 설명하지 않는다.

■ abandoned 버려진 nuisance 귀찮은 존재 roam 돌아다니다 vacant 비어 있는 bankrupt 파산한 menace 위협하다 alike 마찬가지로 stray 길을 잃은, 버려진 aggressive 공격적인 breed 품종 mail carrier 우편 배달원 temporarily 일시적으로 halt 멈추다 revenue 세입 cutback 삭감 tend to ~하는 경향이 있다 provoke 자극하다

57.

One of Shakespeare's most beloved characters is undoubtedly Sir John Falstaff. [공통점] Appearing in three plays, *Henry IV Part I*, *Henry IV Part II*, and *Merry Wives of Windsor*, Falstaff always plays the role of a wayward, buffoonish character full of comical lines. Typical of Shakespeare's characters, Falstaff embodies a depth of character that continues to endear him to audiences. Mistress Quickly mentions his death briefly in *Henry V* in terms that reference the death of Socrates, but Falstaff has no lines nor is he seen on stage during the play.

Q. Which is correct about Falstaff according to the lecture?
(a) **He exhibits the same personalities in three different plays.**
(b) He does not actually appear in any of Shakespeare's plays.
(c) He makes a witty comment about Socrates before his death.
(d) He is a popular character who is polite yet funny.

셰익스피어의 가장 사랑 받는 캐릭터들 중 하나는 의심할 여지없이 John Falstaff 경입니다. <Henry 4세 파트 1>, <Henry 4세 파트 2>, 그리고 <Merry Wives of Windsor>라는 3개의 희곡에 등장하는 Falstaff는 항상 웃긴 대사들로 가득 찬 다루기 힘든, 익살스러운 역할을 합니다. 셰익스피어의 캐릭터들의 전형적인 요소로 Falstaff는 관객들이 그를 지속적으로 사랑 받게 하는 캐릭터의 깊이를 구체화합니다. Mistress Quickly는 <Henry 5세>에서 소크라테스의 죽음을 참조하는 용어로 그의 죽음을 잠시 언급하지만, Falstaff는 희곡에서 대사도 없을뿐더러 무대에 나오지도 않습니다.

Q. 강의에 따르면 Falstaff에 대해 옳은 것은?
(a) 그는 서로 다른 세 개의 연극에서 같은 성격을 표현한다.
(b) 그는 셰익스피어의 그 어떤 희곡에서 실제로 등장하지 않는다.
(c) 그는 그의 죽음 직전에 소크라테스에 대해서 재치 있는 지적을 한다.
(d) 그는 공손하지만 웃긴 인기 있는 등장 인물이다.

해설 Falstaff가 3개 희곡에서 항상 익살스러운 역할을 한다고 했으므로 **(a)가 정답**이다.

⚠ 오답 피하기
(b)는 not actually appear라 하여 오답이다. 등장한다고 한다.
(c)는 comment about Socrates라 하여 오답이다. 그가 소크라테스에 대해서 언급하는 것이 아니라 Mistress Quickly가 그의 죽음을 소크라테스의 죽음과 비교했다고 한다.
(d)는 polite라 하여 오답이다. 공손하다는 언급은 없다.

▪ beloved 사랑 받는 undoubtedly 의심할 여지없이 appear 등장하다 wayward 다루기 힘든 comical 웃긴 embody 구체화하다 depth 깊이 endear 사랑 받게 하다 briefly 잠시 reference 참조하다 witty 재치 있는 comment 지적 polite 공손한

58.

Cryotherapy, currently available in several large cities, is a recent health trend touted for healing injuries and even slowing the signs of aging. Ice has long been used to reduce swelling and inflammation in joints and improve circulation. Therefore, some patients visit so-called "cryosaunas," where they are blasted with super-cold air set at negative 140 to 160 degrees Celsius, offering immediate effects. [비교] Still, while this chilling experience is gaining popularity, some medical professionals doubt its long-term benefits.

Q. What can be inferred from the talk?
(a) Doctors regularly prescribe cryotherapy to patients with joint problems.
(b) **Cryotherapy is not endorsed by some medical professionals.**
(c) The benefits of cryotherapy progress over phases of treatment.
(d) The patients are not directly exposed to the freezing temperatures.

몇몇의 대도시에서 최근 행해지고 있는 한냉요법은 상처를 치료하거나 심지어는 노화를 늦추기 위해 사람들에게 알려지고 있는 최근의 건강 관련 트렌드입니다. 얼음은 오랫동안 관절의 염증과 붓기를 감소시키고, 순환을 향상시키는 데 사용되었습니다. 그러므로 몇몇의 환자들은 약 영하 140~160도의 아주 차가운 공기를 뿌려 즉각적인 효과를 제공하는 한냉 사우나를 방문합니다. 아직까지도 이러한 차가운 경험이 유명세를 타고 있기는 하지만 몇몇의 의학 전문가들은 이것의 장기적인 이점을 확신하지 못하고 있습니다.

Q. 담화로부터 유추할 수 있는 것은?
(a) 의사들은 관절에 문제가 있는 환자들에게 한냉요법을 주기적으로 처방한다.
(b) 한냉요법은 몇몇의 의학적 전문가들에 의해 승인받고 있지 않다.
(c) 한냉요법은 치료의 단계를 통해 진보해왔다.
(d) 환자들은 매우 차가운 온도에 직접적으로 노출되지 않는다.

해설 몇몇의 의학 전문가들은 한냉요법의 이점을 확신하지 못한다고 했으므로 모두가 cryotherapy의 효과에 동의하지 않는다는 것을 유추할 수 있다. 따라서 **(b)가 정답**이다.

⚠ 오답 피하기
(a)는 regularly라 하여 오답이다. 주기적으로 처방한다고 하지 않는다.
(c)는 benefits, progress라 하여 오답이다. 효과가 더 좋아진다는 내용이 없다.
(d)는 not directly라 하여 오답이다. 차가운 공기를 뿌린다고 했다.

▪ tout 광고하다, 홍보하다 swelling 붓기 inflammation 염증 joint 관절 circulation 순환 so-called 소위, 이른바 blast 확 뿌리다 chilling 추운 prescribe 처방하다 endorse 승인하다, 지지하다 progress 진척되다 phase 단계 patient 환자

59.

In an unexpected turn of events, Brighton's spokesperson has announced that the deadline for the contract negotiations has expired and a citywide strike of government employees will begin tomorrow morning. [차이점] While emergency services including ambulance, fire, and police will still be staffed, other city services will be suspended indefinitely.
Both parties will return to the negotiating table at 9 a.m. on Thursday.

Q. What can be inferred from the news report?
(a) **Some government employees will not take part in the strike.**
(b) City and county services will resume on Thursday.
(c) The strike will have a huge effect on emergency services.
(d) Government employees were unaware of the contract negotiations.

예기치 않은 사태의 격변에서, 브라이튼의 대변인은 계약 협상의 마감 기한이 지났고, 전 도시의 정부 공무원들의 파업은 내일 아침부터 시작될 것이라고 공지했습니다. 구급차, 소방, 경찰을 포함한 긴급한 서비스들은 직원들이 있는 반면에 다른 시 주도의 서비스들은 무기한으로 중단될 것입니다. 두 정당들은 목요일 아침 9시에 협상을 다시 시작할 것입니다.

Q. 뉴스 보도로부터 유추할 수 있는 것은?
(a) 몇몇 정부 직원들은 파업에 참여하지 않을 것이다.
(b) 시와 자치주 서비스는 목요일에 다시 시작될 것이다.
(c) 파업은 긴급한 서비스들에 큰 영향을 끼칠 것이다.
(d) 정부의 직원들은 계약 협상에 대해 몰랐다.

해설 구급차, 소방, 경찰과 같은 서비스들은 직원들이 근무를 할 것이라고 했으므로 파업에 동참하지 않는 기관들도 있다는 것을 유추할 수 있다. 따라서 **(a)가 정답**이다.

⚠️ **오답 피하기**
(b)는 resume on Thursday라 하여 오답이다. 목요일에 협상을 다시 한다는 것이지 파업을 목요일에 끝낸다는 것이 아니다.
(c)는 effect on emergency services라 하여 오답이다. Emergency services는 파업에 동참하지 않는다.
(d)는 unaware라 하여 오답이다. 협상이 무산되면서 파업에 들어가기 간다고 설명했기 때문에 인과 관계가 뚜렷하다.

■ **unexpected** 예상치 못한 **spokesperson** 대변인 **negotiation** 협상 **expire** 만료되다 **suspend** 중지하다 **indefinitely** 무기한으로 **strike** 파업 **resume** 다시 시작하다, 재개하다

60.

Tomorrow, I will be discussing the new novel *The Secret Document* from aspiring novelist Shawn Perry. The novel comes six months after the success of Perry's previous novel, *Under the Paper*, which sold more than 100,000 copies worldwide. However, his newest book has been panned by literary critics for mediocre writing and poor character development. [이유] Despite the initial tumultuous reception and a tepid response from experts, the general public has been ecstatic to own *The Secret Document*, which was made apparent by its sheer volume of sales.

Q. What can be inferred from the talk?
(a) *The Secret Document* has sold more than *Under the Paper*.
(b) Literary critics have extolled the new book by Shawn Perry.
(c) Shawn Perry wrote *The Secret Document* in six months.
(d) ***The Secret Document*'s success had little to do with the writing.**

내일 저는 야심이 있는 소설가 Shawn Perry의 <The Secret Document>라는 새로운 소설에 관하여 논의해 볼 것입니다. 이 소설은 전세계적으로 10만부 이상이 팔린 Perry의 이전 소설인 <Under the Paper>의 성공 이후 여섯 달 후에 나오는 것입니다. 하지만 그의 최신 소설은 그의 썩 좋지 않은 글과 형편없는 등장인물 형성으로 문학 비평가들에 의해 혹평을 받았습니다. 초반의 떠들썩한 환영과 전문가들의 뜨뜻미지근한 반응에도 불구하고, 대중들은 <The Secret Document>를 소유하는 데 열광해 왔고, 그것은 많은 판매량으로 인해 명백해졌습니다.

Q. 담화로부터 추론할 수 있는 것은?
(a) <The Secret Document>는 <Under the Paper> 보다 많이 팔렸다.
(b) 문학 비평가들은 Shawn Perry의 새로운 책을 극찬해왔다.
(c) Shawn Perry는 <The Secret Document>를 6달 만에 썼다.
(d) <The Secret Document>의 성공은 글과 연관성이 별로 없다.

해설 글이 썩 좋지 않고 형편없는 등장인물의 형성에도 불구하고 책이 많이 팔렸다고 했으므로 **(d)가 정답**이다.

⚠️ **오답 피하기**
(a)는 more than이라 하여 오답이다. 판매량을 비교하지 않는다.
(b)는 extolled라 하여 오답이다. 칭찬이 아니라 비판했다고 한다.
(c)는 in six month라 하여 오답이다. 6개월 후에 출판되었다는 뜻은 6개월만에 썼다는 뜻은 아니다.

■ **aspiring** 상승하는, 높이 치솟는 **pan** 혹평하다 **literary critic** 문학 비평가 **mediocre** 평범한 **tumultuous** 떠들썩한 **reception** 환영 **tepid** 뜨뜻미지근한, 열의 없는 **ecstatic** 황홀한 **apparent** 명백한 **sheer** 완전한, 엄청난 **extol** 칭찬하다 **have little to do with** ~와 거의 관련이 없다

ACTUAL TEST 2

본문 p. 313

01 (b)	02 (c)	03 (d)	04 (c)	05 (a)
06 (b)	07 (c)	08 (c)	09 (d)	10 (b)
11 (b)	12 (b)	13 (b)	14 (a)	15 (a)
16 (c)	17 (c)	18 (b)	19 (b)	20 (d)
21 (b)	22 (c)	23 (b)	24 (b)	25 (c)
26 (a)	27 (c)	28 (c)	29 (b)	30 (d)
31 (b)	32 (c)	33 (d)	34 (c)	35 (a)
36 (b)	37 (b)	38 (a)	39 (b)	40 (b)
41 (d)	42 (b)	43 (b)	44 (b)	45 (b)
46 (b)	47 (c)	48 (a)	49 (c)	50 (b)
51 (c)	52 (d)	53 (b)	54 (b)	55 (b)
56 (a)	57 (b)	58 (a)	59 (d)	60 (b)

01.

W Could you proofread my English essay?
(a) I think you skipped the proofreading part.
(b) I have enough time to look over it.
(c) As soon as I'm finished with it.
(d) Let me take another look at it instead.

여 제 영어 에세이 교정을 봐 주실 수 있나요?
(a) 당신이 교정하는 것을 빼먹은 것 같습니다.
(b) 저는 그것을 검토할 충분한 시간이 있습니다.
(c) 제가 그것을 다 끝내고 나서요.
(d) 제가 대신 다시 한번 보겠습니다.

해설 여자가 자신의 에세이를 교정해 달라고 부탁하는 상황에서 남자는 검토할 시간이 있다며 긍정의 답변을 하는 것이 적절하므로 **(b)가 정답**이다.

⚠ 오답 피하기
(a)는 skipped the proofreading part라 하여 교정을 부탁하는 상황에서 빼먹은 것 같다고 말하고 있으므로 동사 오답이다.
(c)는 I'm finished with it이라 하여 교정이 아닌 다른 것을 말하고 있기 때문에 소재 오답이다.
(d)는 another look, instead라 하여 마치 교정을 이미 끝낸 것처럼 말하고 있기 때문에 상황 오답이다.

■ proofread 교정을 보다 skip 빼먹다, 생략하다 look over 검토하다

02.

M Does this glassware go in the cupboard?
(a) Yes, you should take it out.
(b) You can find some cups in it.
(c) Yes, on the bottom shelf.
(d) No, it's not for sale.

남 이 유리 그릇은 찬장에 들어가나요?
(a) 네. 당신은 그것을 꺼내야 해요.
(b) 찬장 안을 보면 컵이 몇 개 있을 거예요.
(c) 네. 맨 아래 칸에요.
(d) 아니요. 그것은 판매용이 아닙니다.

해설 남자가 유리 그릇을 찬장에 넣어야 하는지 물어보는 상황에서 여자는 맨 아래 칸에 넣으라고 답변하는 것이 가장 적절하므로 **(c)가 정답**이다.

⚠ 오답 피하기
(a)는 앞에서 yes라고 적절하게 응답하지만 뒤에서 take it out이라 하여 앞뒤 문맥 불일치 오답이다.
(b)는 find라 하여 동사가 어울리지 않는 동사 오답이다.
(d)는 앞에서 no라 하여 적절하게 응답하지만 뒤에서 not for sale이라 하여 앞뒤 문맥 불일치 오답이다.

■ glassware 유리 그릇 cupboard 찬장 shelf 선반, 칸 for sale 팔려고 내 놓은

03.

W It looks like Sharon and Mike have something going on.
(a) I knew them in college.
(b) No, they're not going with us.
(c) They used to go there often.
(d) They were once a couple.

여 Sharon과 Mike 사이에 뭔가 있는 것 같아.
(a) 나는 그들을 대학교 때 알게 되었어.
(b) 아니. 그들은 우리와 같이 가지 않을 거야.
(c) 그들은 거기에 자주 가곤 했어.
(d) 그들은 한때 커플이었어.

해설 여자가 Sharon과 Mike 사이에 뭔가 있는 것 같다고 하는 상황에서 남자는 둘이 한때 사귀었다고 답변하는 것이 적절하므로 **(d)가 정답**이다.

⚠ 오답 피하기
(a)는 knew them이라 하여 여자가 말한 내용과 무관한 동사 오답이다.
(b)는 going을 반복 사용하지만 의미가 다른 동사 오답이다.
(c)는 there라 하여 여자가 장소를 언급한 것처럼 말하여 상황 오답이다.

■ college 대학

04.

M Nothing Pam does surprises me anymore.
(a) She did seem rather surprised.
(b) That's not true. I'd better talk to her about it.
(c) Yeah, her antics are getting old.
(d) She's taken aback by us.

남 Pam이 하는 것은 날 더 이상 놀라게 하지 않아.
(a) 그녀는 정말 놀란 것 같아 보이더라.
(b) 그렇지 않아. 그것에 대해서 그녀와 말해봐야 겠어.
(c) 맞아. 그녀의 장난은 유행이 지났어.

(d) 그녀는 우리 때문에 당황했어.

해설 남자는 Pam이 뭘 하든 놀랍지 않다는 상황에서 여자는 그녀(Pam)의 장난이 이제 재미없다고 답변하는 것이 적절하므로 **(c)가 정답**이다.

⚠️ **오답 피하기**
(a)는 she, surprised라 하여 대상이 맞지 않는 대상 오답이다.
(b)는 that's not true라 하여 상대방이 특정 사실에 대해 말할 때 할 수 있는 답변인데, 남자는 Pam에 대한 자신의 의견을 말하고 있으므로 오답이다.
(d)는 she's taken aback이라 하여 그녀(Pam)에 대해서 말하고 있기 때문에 대상 오답이다.

■ antics 장난, 익살스러운 행동 take aback 당황하게 하다

05.

W Which way is the registrar's office?
(a) Go down the hallway, then turn right.
(b) That's okay. I don't need directions.
(c) It should be next to the registrar's office.
(d) I was just coming from there.

여 교무처가 어느 쪽인가요?
(a) 복도를 따라 쭉 가고 나서 오른쪽으로 도세요.
(b) 괜찮아요. 저는 길 안내가 필요 없어요.
(c) 교무실 옆에 있을 거예요.
(d) 제가 거기서 오는 길이었어요.

해설 여자가 교무처의 위치를 물어보는 상황에서 남자는 방향을 가르쳐주는 것이 적절하므로 **(a)가 정답**이다.

⚠️ **오답 피하기**
(b)는 I don't need directions라 하여 어딘가를 찾아가는 사람이 할 수 있을 법한 말이므로 대상 오답이다.
(c)는 next to the registrar's office라 하여 registrar's office가 아닌 다른 장소에 대해서 말하고 있기 때문에 소재가 일치하지 않는 소재 오답이다.
(d)는 coming from there라 하여 방향이 아닌 본인이 어디서 왔는지를 말하고 있기 때문에 오답이다.

■ registrar's office 교무처 hallway 복도 directions 길 안내

06.

M Is it all right if I change the TV channel?
(a) No, here's the remote control.
(b) Sure. Be my guest.
(c) Okay, I'll do that.
(d) Yeah, I like the channel that's on.

남 내가 TV 채널을 바꿔도 괜찮니?
(a) 아니. 리모컨 여기 있어.
(b) 물론이지. 편할 대로 해.
(c) 그래. 그렇게 할게.
(d) 응. 난 지금 켜져 있는 채널이 좋아.

해설 남자가 TV 채널을 변경해도 되는지 물어보는 상황에서 여자는 그렇게 해도 된다고 답변하는 것이 적절하므로 **(b)가 정답**이다.

⚠️ **오답 피하기**
(a)는 앞에서 no라고 하고 뒤에서 here's the remote control이라 하여 앞뒤 문맥 불일치 오답이다.
(c)는 I'll이라 하여 대상 오답이다.
(d)는 앞에서 yeah라 하고 뒤에서 I like the channel이라 하여 앞뒤 문맥 불일치 오답이다.

■ remote control 리모컨 be my guest 편할 대로 해

07.

W Should we buy a new sofa for the living room?
(a) You can leave it there.
(b) Yeah, let's get it fixed.
(c) Why not? The one we have is old.
(d) I know. It's worth every penny.

여 우리 거실에 새로운 소파를 사야 할까?
(a) 거기에 놓으면 돼.
(b) 응. 그것을 고치자.
(c) 그래. 우리가 가지고 있는 것은 오래 됐어.
(d) 알아. 그건 그만한 가치가 있어.

해설 여자가 거실에 새로운 소파를 사야 할지 물어보는 상황에서 남자는 그렇게 하자고 답변하는 것이 가장 적절하므로 **(c)가 정답**이다.

⚠️ **오답 피하기**
(a)는 leave라 하여 동사가 일치하지 않아 오답이다.
(b)는 앞에서 yeah라 하고 뒤에서는 get it fixed라 하여 앞뒤 문맥 불일치 오답이다.
(d)는 it's worth every penny라 하여 이미 소파를 구매한 것처럼 말하고 있기 때문에 오답이다.

■ living room 거실 fix 고치다 worth every penny 그만한 가치가 있는

08.

M We'll have to move the meeting to tomorrow because there aren't any available rooms.
(a) Yeah, the meeting was moved up a day.
(b) But I was just in that room with another group.
(c) Okay. Just make sure tomorrow works for everyone.
(d) At least we have a room we can hold the meeting in.

남 사용 가능한 방이 없기 때문에 우리는 회의를 내일로 옮겨야 할 것 같아요.
(a) 네, 회의가 하루 앞당겨 졌어요.
(b) 하지만 저는 지금 막 그 방에 다른 그룹과 있었어요.
(c) 알겠어요. 모두 내일이 괜찮은지만 확인해주세요.
(d) 적어도 우리는 회의할 수 있는 방이 있어요.

해설 남자가 회의실이 없어 회의를 내일로 옮겨야 할 것 같다고 말하는 상황에서 여자는 일정을 변경해도 모두 괜찮은지 확인하라고 답변하는 것이 적절하므로 (c)가 정답이다.

⚠️ 오답 피하기
(a)는 앞에서는 yeah라고 하지만 뒤에서 moved up a day라 하여 관련 없는 말을 한 앞뒤 문맥 불일치 오답이다.
(b)는 that room이라 하여 특정 방에 대해 말하고 있으므로 소재 오답이다.
(d)는 at least we have a room이라 하여 회의실이 없다는 남자의 말과 맞지 않는 상황 오답이다.

■ move up 앞당기다 work for everyone 모두에게 괜찮다

09.

W You did a great job introducing the keynote speaker.
(a) I'll try my best.
(b) Thanks for introducing me.
(c) Yeah, you were impressive.
(d) I'm just glad it's finally over.

여 너는 기조 연설자를 소개하는 것을 참 잘했어.
(a) 나는 최선을 다할게.
(b) 나를 소개해줘서 고마워.
(c) 맞아. 너는 인상적이었어.
(d) 나는 마침내 끝나서 기뻐.

해설 여자가 남자에게 연설자 소개를 잘했다고 칭찬하는 상황에서 남자는 마침내 끝나서 기쁘다고 답변하는 것이 적절하므로 (d)가 정답이다.

⚠️ 오답 피하기
(a)는 I'll try라 하여 미래 시제로 답하고 있으므로 시점이 틀린 시제 오답이다.
(b)는 introducing me라 하여 남자를 소개한 것이 아니므로 대상이 맞지 않는 대상 오답이다.
(c)는 you라 하여 여자가 할 수 있을 법한 말이므로 대상 오답이다.

■ keynote speaker 기조 연설자 impressive 인상적인

10.

M I think I'm coming down with the flu.
(a) Even so, you don't look so good.
(b) You should go home and get some rest.
(c) Okay, I'll go see a doctor then.
(d) Fortunately, it's cool in here.

남 나 감기에 걸린 거 같아.
(a) 그럴지라도, 너는 별로 안 좋아 보여.
(b) 너 집에 가서 좀 쉬어야겠다.
(c) 그래. 그럼 난 병원에 가 볼게.
(d) 다행히도, 여기 안은 시원해.

해설 남자가 감기에 걸린 것 같다고 하는 상황에서 여자는 집에 가서 쉬라고 답변하는 것이 가장 적절하므로 (b)가 정답이다.

⚠️ 오답 피하기
(a)는 앞에서 even so라고 했기 때문에 뒤에 역접 관계의 내용이 나와야 하는데, don't look so good이라 하여 앞뒤 문맥 불일치 오답이다.
(c)는 I'll go see a doctor라 하여 남자가 할 수 있을 법한 말이므로 대상 오답이다.
(d)는 it's cool in here라 하여 남자에 대한 내용이 아닌 장소에 대한 내용으로 소재 오답이다.

■ come down with (별로 심각하지 않은 병에) 걸리다 flu 감기
even so 그럴지라도

11.

W Do you get along with your new team members?
(a) Well, I just transferred to a new branch.
(b) My impression is that we're fairly like-minded.
(c) I understand. Only time will tell.
(d) Actually, there are nine of us on our team.

여 너는 너의 새로운 팀원들과 잘 어울리니?
(a) 음, 나는 이제 막 새로운 지점으로 전근 갔어.
(b) 내가 보기엔 우리는 꽤 마음이 통하는 것 같아.
(c) 나는 이해해. 오직 시간이 말해줄 거야.
(d) 사실, 우리 팀에는 9명이 있어.

해설 여자가 남자에게 새 팀원들과 잘 어울리는지 물어보는 상황에서 남자는 마음이 통하는 것 같다고 답변하는 것이 적절하므로 (b)가 정답이다.

⚠️ 오답 피하기
(a)는 just transferred라 하여 질문에서 get along with로 묻는 것과 맞지 않는 동사 오답이다.
(c)는 I understand라 하여 동의하는 답변을 하고 있으므로 질문에 맞지 않다.
(d)는 nine of us라 하여 인원수로 답하고 있어 오답이다.

■ get along with ~와 잘 어울리다 transfer 전근가다 impression 인상 fairly 꽤 like-minded 마음이 맞는 only time will tell 오직 시간이 말해줄 거야

12.

M It's taking me a long time to get used to Korean food.
(a) I've lived in Korea for a long time, too.
(b) It's hard to grow accustomed to such spicy food.
(c) No, I'm already quite comfortable with Asian food.
(d) Yeah, Korean dishes usually take a lot of time to prepare.

남 나는 한국 음식에 적응하는 것이 너무 오래 걸려.
(a) 나도 한국에서 지낸 지 오래 됐어.
(b) 그렇게 매운 음식에 적응하기가 힘들지.
(c) 아니야. 나는 이미 아시아 음식이 꽤 편해.
(d) 맞아. 한국 음식들은 보통 준비하는 데 오래 걸려.

해설 남자가 한식에 익숙해지는 데 시간이 걸린다는 상황에서 여자는 매운 음식에 익숙해지는 게 어렵다고 공감하는 것이 가장 적절하므로 (b)가 정답이다.

⚠️ 오답 피하기
(a)는 lived라 하여 질문에 어울리지 않는 동사 오답이다.
(c)는 의견을 말하는 평서문에 No라고 답하여 오답이다.
(d)는 prepare라 하여 동사가 맞지 않는 동사 오답이다.

■ **get used to** ~에 익숙해지다 **grow accustomed to** ~에 익숙해지다 **quite** 꽤

13.

W John's tardiness is spoiling our relationship.
(a) No wonder he's mindful of you.
(b) I'd take it up with him face-to-face.
(c) That's because I consider him a dear friend.
(d) You owe him a long-due apology then.

여 John의 늦장 부리는 성격이 우리의 관계를 망치고 있어.
(a) 왜 그가 너를 의식하는지 알겠다.
(b) 나라면 그와 얼굴을 보고 직접 이야기를 할 것 같아.
(c) 그건 내가 그를 아주 좋은 친구라고 생각하기 때문이야.
(d) 그럼 너는 그에게 오래 전에 했어야 할 사과가 있는 거네.

해설 여자가 John이 늦는 것이 문제가 된다고 하는 상황에서 남자는 그와 직접 얘기하라고 조언하는 것이 가장 적절하므로 (b)가 정답이다.

⚠️ 오답 피하기
(a)는 앞에서 no wonder라 하고 뒤에서 mindful이라 하여 앞뒤 문맥 불일치 오답이다.
(c)는 consider him a dear friend라 하여 여자가 말한 내용에 대한 부적절한 이유를 제시하기 때문에 오답이다.
(d)는 you, apology라 하여 John이 늦는 것이 아니라 여자가 늦는 것처럼 말하기 때문에 오답이다.

■ **tardiness** 늦장 부림 **spoil** 망치다 **mindful** ~을 의식하는, 염두에 두는 **take A up with B** A에 대해 B에게 이야기를 하다 **face-to-face** 얼굴을 보고 **dear friend** 좋은 친구 **long-due** 오래 전에 했어야 할

14.

M Have the critics' comments been constructive?
(a) No, most left scathing critiques and no suggestions.
(b) Yeah, I left some constructive ideas for them.
(c) I get by with the help of my friends and family.
(d) Actually, there were more critics than I anticipated.

남 비평가들의 평가가 건설적이었니?
(a) 아니, 대부분이 냉혹한 비평만 남기고 제안은 하지 않았어.
(b) 응. 나는 그들을 위해 건설적인 생각들을 좀 남겨놨어.
(c) 나는 내 친구들과 가족들의 도움으로 그럭저럭 살아갈 만해.
(d) 사실, 내가 예상했던 것 보다 비평가들이 더 많았어.

해설 남자가 비평가들의 평가가 건설적이었는지 물어보는 상황에서 여자는 그렇지 않았다고 답변하는 것이 가장 적절하므로 (a)가 정답이다.

⚠️ 오답 피하기
(b)는 앞에서 yeah라고 적절하게 응답하지만 뒤에서 I left, idea라 하여 관련 없는 말을 한 앞뒤 문맥 불일치 오답이다.
(c)는 I get by라 하여 constructive와 무관한 동사 오답이다.
(d)는 more critics라 하여 comments와 상관없는 소재 오답이다.

■ **critic** 비평가 **constructive** 건설적인 **scathing** 냉혹한, 가차 없는 **critique** 비평, 평론 **get by with** 그럭저럭 지내다 **anticipated** 예상한

15.

W You should never condone fraudulent business activities.
(a) Never have I endorsed such behaviors.
(b) But our business is suffering from unlawful practices.
(c) You're right. I've been too strict about following rules.
(d) Well, you should admit your mistakes.

여 너는 절대 부정적인 사업 활동들을 용납해서는 안 돼.
(a) 나는 그런 행동들을 지지한 적이 결코 없어.
(b) 하지만 우리의 사업은 불법적인 관행들에 시달리고 있어.
(c) 네가 맞아. 나는 규칙을 따르는 것에 너무 엄격했어.
(d) 음, 너는 너의 실수를 인정해야 해.

해설 여자가 잘못된 사업 활동을 용납하지 말라고 말하는 상황에서 남자는 그런 적이 없다고 답변하는 것이 가장 적절하므로 (a)가 정답이다.

⚠️ 오답 피하기
(b)는 앞에서 but이라 하였지만 뒤에서 대조되는 내용이 아니라 suffering from unlawful practices라 하여 앞뒤 문맥 불일치 오답이다.
(c)는 앞에서 you're right라 하고 뒤에서 too strict라 하여 앞뒤가 맞지 않는 앞뒤 문맥 불일치 오답이다. '관대했다'고 할 경우 답이 될 수 있다.
(d)는 admit your mistakes라 하여 전혀 관련 없는 말을 하고 있으므로 소재 오답이다.

■ **condone** 용납하다 **fraudulent** 부정적인 **endorse** 지지하다 **unlawful** 불법적인 **practice** 관행 **admit** 인정하다

16.

W Did you get a private tutor for your daughter?
M Not yet, but I'd better find one soon.
W So, are you teaching her for the moment?

(a) Yeah, private lessons are much more effective.
(b) Well, she doesn't really charge that much.
(c) I don't really have a choice.
(d) Yes, there's an academy across from the school.

여 너는 너의 딸을 지도해줄 개인 과외 선생님을 구했니?
남 아직 안 구했어. 하지만 곧 찾아야 해.
여 그래서 너는 잠시 동안 그녀를 가르치고 있니?
(a) 응, 과외 수업이 훨씬 더 효과적이야.
(b) 음, 그녀는 그렇게 돈을 많이 받지 않아.
(c) 다른 방안이 없어.
(d) 응. 학교 맞은 편에 학원이 있어.

[해설] 딸을 지도해줄 개인 교사를 구하지 못한 남자에게 직접 가르치고 있는지 묻는 상황에서 남자는 다른 방안이 없다고 답변하는 것이 적절하므로 **(c)가 정답**이다.

⚠️ 오답 피하기

(a)는 앞에서 yeah라고 했는데 뒤에서 과외 수업이 더 효율적이라고 하여 내용이 맞지 않는 앞뒤 문맥 불일치 오답이다.
(b)는 charge라 하여 비용에 대해 말하고 있으므로 질문에 맞지 않는 오답이다.
(d)는 yes라고 말한 뒤에 학원이 있다고 하여 앞뒤 문맥 불일치 오답이다.

■ private tutor 개인 과외 선생님 private lesson 과외

17.

M Is the art department this way?
W No, it's actually over there.
M Oh, you mean the building next to the Student Union.
(a) No, you're on the school campus.
(b) I'm not sure where to find it.
(c) Yeah, that's the one.
(d) Okay. Consider it done.

남 미술 학부가 이쪽인가요?
여 아니요. 저쪽에 있어요.
남 아, 학생회관 옆에 있는 건물을 말씀하시는 거군요.
(a) 아니요. 당신은 학교 캠퍼스에 있어요.
(b) 저는 어디서 그것을 찾아야 할지 모르겠어요.
(c) 네, 그거예요.
(d) 알겠어요. 즉시 처리할게요.

[해설] 미술 학부의 위치를 찾고 있는 남자가 학생회관 옆 건물인지를 확인하는 상황에서 여자는 그렇다고 답변하는 것이 가장 적절하므로 **(c)가 정답**이다.

⚠️ 오답 피하기

(a)는 앞에서 no라 했지만 뒤에서 미술 학부의 위치를 말해주지 않고 on the school campus라 하여 앞뒤 문맥 불일치 오답이다.
(b)는 not sure라 하여 여자가 이미 위치를 가르쳐 주었으므로 일관성 오답이다.
(d)는 consider it done이라 하여 위치와 관련 없는 말을 하므로 오답이다.

■ consider it done 즉시 처리할게요, 맡겨만 주세요

18.

W Are you ready to order?
M Yes. I'll have the morning special, please.
W Would you like anything else?
(a) You can finish it for me.
(b) No, that's all for now.
(c) Okay. Take your time.
(d) I'll have the same order, please.

여 주문하시겠습니까?
남 네. 모닝 스페셜 먹을게요.
여 다른 것 더 필요하신 것 없으신가요?
(a) 그거 당신이 다 먹어도 돼요.
(b) 아니요. 지금은 그게 다예요.
(c) 알겠어요. 천천히 하세요.
(d) 똑같은 메뉴로 주문할게요.

[해설] 남자가 음식을 주문하고 종업원인 여자가 더 주문할 것이 없는지 물어보는 상황에서 남자는 없다고 답변하는 것이 적절하므로 **(b)가 정답**이다.

⚠️ 오답 피하기

(a)는 you can finish it이라 하여 it이 지칭하는 것이 나와 있지 않고 종업원의 질문에 적절하지 않은 답변이므로 오답이다.
(c)는 would you like로 묻는 질문에 okay로 답하여 질문 오답이다.
(d)는 the same order라고 하여 같은 것을 주문하기 때문에 상황 오답이다.

■ take your time 천천히 하세요

19.

M Can I reserve a boat tour from here?
W Yes, for what time?
M Do you have any that starts at 2 p.m.?
(a) Let's do it later – I have to work until then.
(b) It leaves every hour on the hour.
(c) Actually, we offer three daily tours.
(d) Yeah, we'll take two of them then.

남 여기서 보트 투어를 예약할 수 있나요?
여 네. 몇 시로 원하세요?
남 오후 2시에 시작하는 것이 있나요?
(a) 나중에 합시다. 저는 그 때까지 일해야 해요.
(b) 매시 정각에 출항합니다.
(c) 사실, 저희는 세 개의 당일 여행을 제공합니다.
(d) 네. 그럼 저희는 두 개를 살게요.

[해설] 남자가 오후 2시에 시작하는 보트 투어가 있는지 문의하는 상황에서 여자는 매시 정각에 배가 출발한다고 답변하는 것이 적절하므로 **(b)가 정답**이다.

⚠️ 오답 피하기

(a)는 let's do it later라 하여 Do you have로 시간대를 묻는 질문의 동

사와 맞지 않기 때문에 동사 오답이다.
(c)는 three daily tours라 하여 시간이 아닌 개수로 답변하고 있으므로 오답이다.
(d)는 we'll take two라 하여 남자가 할 수 있을 법한 말이므로 대상 오답이다.

■ every hour on the hour 매시 정각

20.

W Is it possible to return these pants?
M Sure. Did you bring the receipt with you?
W Is it required? I don't have it on me.
(a) Okay. I'll come back with the receipt then.
(b) We'll put them in a bag for you.
(c) Just take your time looking for them.
(d) Without a receipt, you can only exchange items.

여 이 바지를 반품할 수 있나요?
남 물론입니다. 영수증 가져오셨나요?
여 영수증이 필요한가요? 영수증은 없어요.
(a) 알겠어요. 그럼 영수증을 가지고 다시 오겠습니다.
(b) 저희가 가방에 넣어 드릴게요.
(c) 천천히 그것들을 찾아보세요.
(d) 영수증이 없으면, 교환만 하실 수 있습니다.

해설 여자가 바지를 반품할 때 영수증이 꼭 필요한지 문의하는 상황에서 남자는 영수증 없이는 교환만 할 수 있다고 답변하는 것이 가장 적절하므로 **(d)가 정답**이다.

⚠ 오답 피하기
(a)는 I'll come back with the receipt라 하여 여자가 할 수 있을 법한 말이므로 대상 오답이다.
(b)는 put them in a bag이라 하여 영수증이 아닌 바지에 대해서 말하고 있기 때문에 소재 오답이다.
(c)는 looking for them이라 하여 영수증(it)을 지칭하는 질문에 them으로 답변한 오답이다.

■ return 반품하다 receipt 영수증 exchange 교환하다

21.

M Oh no! I just missed our exit.
W Now, that's going to cost us some time.
M Should we tell Sarah that we're going to be behind schedule?
(a) Believe me when I say she knows.
(b) I don't think that's necessary.
(c) Only if you think we're on schedule.
(d) I'd check with Sarah first.

남 안돼! 출구를 방금 지나쳤어.
여 그럼 이제 시간이 좀 걸리겠네.
남 Sarah에게 우리가 늦을 거라고 말해야 할까?
(a) 내가 그녀가 안다고 말하면 나를 믿어.
(b) 꼭 그래야 할 것 같진 않아.
(c) 네가 우리가 예정대로 갈 것 같다고 생각한다면.
(d) 내가 Sarah와 먼저 확인할게.

해설 차를 타고 가는 상황에서 출구를 지나친 남자가 Sarah에게 늦을 거라고 미리 말해야 할지 물어보는 상황에서 여자는 말하지 않아도 될 것 같다고 답변하는 것이 가장 적절하므로 **(b)가 정답**이다.

⚠ 오답 피하기
(a)는 she knows라 하여 대화 내용과 전혀 관련없는 오답이다.
(c)는 on schedule이라 하여 앞에서 여자가 시간이 좀 걸리겠다고 한 것과 맞지 않는 일관성 오답이다.
(d)는 check with Sarah first라 하여 남자의 질문에 맞지 않는 답변을 하여 오답이다.

■ behind schedule 예정보다 늦은

22.

W Honey, could you pick up some milk on your way home?
M Didn't we go grocery shopping the other day?
W We did, but we didn't get any milk.
(a) Okay. Hold on. I'll get you a glass of milk.
(b) It's because you drank all the milk.
(c) All right. Good thing the store's still open.
(d) And I don't think you'll find any in the fridge either.

여 여보, 집에 오는 길에 우유를 사올 수 있어요?
남 우리 며칠 전에 식료품 사러 갔다 오지 않았어요?
여 그랬는데, 우리는 우유를 사지 않았어요.
(a) 알겠어요. 잠깐만요. 우유 한 잔 가져다 줄게요.
(b) 그건 당신이 우유를 다 마셨기 때문이에요.
(c) 알겠어요. 상점이 아직 열었으니 다행이네요.
(d) 그리고 나는 당신도 냉장고에서 어떤 것도 발견할 것 같지 않아요.

해설 우유를 사오라고 부탁하는 여자의 말에 대해 남자는 알겠다고 답변하는 것이 가장 적절하므로 **(c)가 정답**이다.

⚠ 오답 피하기
(a)는 glass of milk라 하여 우유 구매가 아닌 마실 우유로 답한 소재 오답이디.
(b)는 drank라 하여 didn't get이라고 한 것과 맞지 않는 동사 오답이다.
(d)는 find any in the fridge라 하여 식료품을 사는 것과 관련 없는 상황 오답이다.

■ pick up 사다 grocery shopping 식료품 쇼핑 the other day 며칠 전에 fridge 냉장고

23.

M I just had the best cheesecake ever.
W Was it really that good? Where did you get it?
M At Dario and Cake. Have you been there before?
(a) Yes, I've been meaning to go there.
(b) No, not yet, but I intend to.

(c) You should definitely try it out.
(d) Yes! I'll go for the first time tomorrow.

남 나는 방금 지금까지 먹은 것 중에 가장 맛있는 치즈케이크를 먹었어.
여 그 정도로 맛있었니? 어디서 샀어?
남 Dario and Cake에서. 너 거기 가본 적 있니?
(a) 응. 나는 거기에 가려고 했었어.
(b) 아니 아직. 하지만 가보려고 해.
(c) 너는 꼭 먹어 봐야 해.
(d) 응! 내일 처음으로 갈 거야.

해설 남자가 케이크 가게 이름을 말해주며 여자에게 가본 적이 있는지 물어보는 상황에서 여자는 아직 안 가봤지만 갈 생각이라고 답변하는 것이 가장 적절하므로 (b)가 정답이다.

⚠ 오답 피하기
(a)는 앞에서 yes라고 하고 뒤에서 meaning to go라 하여 앞뒤 문맥 불일치 오답이다.
(c)는 you should라 하여 남자가 할 수 있을 법한 말이므로 대상 오답이다.
(d)는 앞에서 yes라 하고 뒤에서 first time이라 하여 앞뒤 문맥 불일치 오답이다.

■ mean to ~할 생각이다 intend to ~할 의도이다 definitely 틀림없이, 꼭

24.

W I thought you quit smoking.
M I tried, but it's hard to let go of all this pressure at work.
W Don't tell me you're giving up.
(a) Trust me. I haven't had any in months.
(b) I never imagined it would be this difficult.
(c) You really shouldn't pick it up again.
(d) That's why I stay away from cigarettes.

여 나는 네가 담배를 끊은 줄 알았어.
남 시도했지만 회사에서의 스트레스를 푸는 것이 어려워.
여 포기한다고 하지 마.
(a) 나를 믿어. 나는 몇 달 동안 한 개도 피지 않았어.
(b) 나는 그게 이렇게까지 어려울 거라고 상상도 못했어.
(c) 너 절대 다신 시작해선 안 돼.
(d) 그게 내가 담배를 멀리 하는 이유야.

해설 여자가 남자에게 금연을 포기하지 말라고 하는 상황에서 남자는 금연이 이렇게 힘든 일인지 몰랐다고 답변하는 것이 적절하므로 (b)가 정답이다.

⚠ 오답 피하기
(a)는 haven't had any라 하여 앞에서 금연을 시도했지만 실패했다고 한 것과 맞지 않기 때문에 일관성 오답이다.
(c)는 you라 하여 여자가 할 수 있을 법한 말이므로 대상 오답이다.
(d)는 I stay away라 하여 앞에서 금연을 시도했지만 어렵다고 한 것과 맞지 않는 일관성 오답이다.

■ quit 그만두다 let go 버리다, 놓다 pressure 스트레스, 압박(감)

give up 포기하다 pick up 시작하다

25.

M My friends and I went to see the movie *Savages* last night.
W Didn't you say we were going to watch it together?
M You have to understand. They practically forced me to go.
(a) It's okay. I don't mind seeing it with your friends.
(b) Then we can watch *Savages* instead.
(c) I guess I'll go see it with someone else, then.
(d) I'll make it up to you somehow.

남 내 친구들과 나는 어제 밤에 영화 <Savages>를 보러 갔었어.
여 우리 같이 볼 거라고 너가 말하지 않았니?
남 이해해 줘. 그들이 내게 가자고 하도 졸라대서 그랬어.
(a) 괜찮아. 나는 너의 친구들과 함께 봐도 상관 없어.
(b) 그럼 우리 대신에 <Savages>를 보면 되겠다.
(c) 그럼 나는 다른 사람과 보러 가야겠네.
(d) 내가 어떻게든 네게 만회할게.

해설 남자가 다른 친구들과 어쩔 수 없이 영화를 보러 갔다고 하는 상황에서 여자는 그럼 자신은 다른 사람들과 봐야겠다고 답변하는 것이 가장 적절하므로 (c)가 정답이다.

⚠ 오답 피하기
(a)는 don't mind seeing it이라 하여 앞으로 같이 볼 것처럼 말하기 때문에 시제 오답이다.
(b)는 watch *Savages* instead라 하여 *Savages*가 아닌 다른 영화를 보러 가자고 해야 하는 상황에 맞지 않는 상황 오답이다.
(d)는 make it up to you라 하여 마치 여자가 잘못한 것처럼 말하고 있기 때문에 대상 오답이다.

■ practically 사실상, 거의 force 강요하다 make it up to ~에게 만회하다, 보상하다

26.

W Justin just proposed to me.
M That's great news! Congratulations!
W But don't you think we're too young to get married?
(a) It only really matters what the two of you think.
(b) Oh, I thought Justin was older than you.
(c) No, I'm older than my parents were when they married.
(d) Don't worry. I'm sure he'll propose.

여 Justin이 나에게 프로포즈 했어.
남 정말 좋은 소식이다! 축하해!
여 하지만 우리가 결혼하기에는 너무 어리다고 생각하지 않니?
(a) 너희 둘이 어떻게 생각하느냐가 중요한 거지.
(b) 아. 나는 너보다 Justin이 나이가 많다고 생각했어.
(c) 아니. 나는 부모님께서 결혼하셨을 때의 나이보다 많아.
(d) 걱정 마. 나는 그가 프로포즈할 거라고 확신해.

해설 청혼 받은 여자가 결혼하기에 나이가 너무 어린 것이 아닌지 물어보는 상황에서 남자는 둘이 어떻게 생각하는지가 중요하다고 답변하는 것이 가장 적절하므로 (a)가 정답이다.

⚠ 오답 피하기
(b)는 Justin, older라 하여 여자가 물어보는 질문과 무관한 오답이다.
(c)는 앞에서 no라고 적절하게 답하지만 뒤에서 여자의 나이가 어린지 아닌지에 대해 말하지 않고 본인이 older라고 말하고 있기 때문에 오답이다.
(d)는 이미 청혼을 했다고 했으므로 일관성 오답이다.

▪ matter 중요하다

27.

M Have you gotten your visa extended yet?
W No, I'm still waiting on receiving my security clearance.
M Still? What's taking so long?
(a) There's no more to do after getting my security clearance.
(b) I don't blame you. Things have been hectic with work.
(c) **You just can't expect speed from bureaucracy.**
(d) The person at the embassy was very obliging.

남 너 비자 연장 시켰니?
여 아니. 나는 아직 보안 허가를 받는 것을 기다리고 있어.
남 아직도? 왜 그렇게 오래 걸리니?
(a) 보안 허가를 받은 이후에는 더 이상 할 게 없어.
(b) 나는 널 탓하지 않아. 일로 인해 여러모로 바빴어.
(c) 관료 집단에게 빠른 걸 바라지 마.
(d) 대사관에 있는 사람이 매우 친절했어.

해설 남자가 비자 연장이 왜 오래 걸리는지 물어보는 상황에서 여자는 관료 집단에게 빠른 일처리를 기대하지 말라고 답변하는 것이 가장 적절하므로 (c)가 정답이다.

⚠ 오답 피하기
(a)는 no more to do라 하여 늦어지고 있는 이유로 답하지 않으므로 오답이다.
(b)는 blame you라고 하여 마치 남자 때문에 늦는 것처럼 말하기 때문에 오답이다.
(d)는 person, very obliging이라 하여 남자가 물어보는 질문과 관련 없이 대사관 직원에 대해 말하므로 오답이다.

▪ extend 연장하다 security clearance 보안 허가 blame 탓으로 돌리다 hectic 바쁜 bureaucracy 관료 집단, 관료 제도 embassy 대사관 obliging 친절한

28.

W Rumor has it that there may be a company merger.
M What would that mean for us?
W It's hard to tell, but downsizing is a possibility.
(a) That could potentially lead to employee complacency.
(b) But I was never told of any contract renegotiation.
(c) **I hope veterans like us aren't affected.**
(d) I'm just glad the merger was consummated.

여 회사 합병이 있을 수도 있다는 소문이 있어요.
남 우리에게 그건 무엇을 의미할까요?
여 말하기 어렵지만, 인원 감축의 가능성이 있죠.
(a) 어쩌면 직원을 그대로 가는 것으로 할 수 있겠네요.
(b) 하지만 저는 계약 재협상에 대해 들어본 적 없어요.
(c) 저는 우리와 같은 경험 많은 사람들이 영향을 받지 않았으면 좋겠어요.
(d) 저는 그저 합병이 완벽하게 끝났다는 것이 기뻐요.

해설 회사 합병이 어떤 영향을 줄지 말하고 있고 여자는 인원 감축이 있을 수 있다고 말하는 상황에서 남자는 자신들과 같은 경험이 많은 사람들은 영향을 안 받기를 희망한다고 답변하는 것이 가장 적절하므로 (c)가 정답이다.

⚠ 오답 피하기
(a)는 employee complacency라 하여 앞에서 인원 감축을 언급한 것과 맞지 않는 일관성 오답이다.
(b)는 contract renegotiation이라 하여 앞에서 인원 감축과 소재가 일치하지 않는 소재 오답이다.
(d)는 consummated라 하여 합병이 이미 끝난 것처럼 말하고 있기 때문에 오답이다.

▪ rumor has it that 소문에 의하면 merger 합병 downsizing 인원 감축 complacency (부정적 의미로) 안주, 현 상태에 만족함 renegotiation 재협상 veteran 경험이 풍부한 사람, 베테랑 affect 영향을 주다 consummate 완벽하게 끝나다

29.

M Why don't you wear dress shoes in the office?
W Because they are uncomfortable.
M Still, you'd look more professional wearing them.
(a) Thanks. You look professional in them, too.
(b) **I change into them when I meet with clients.**
(c) Actually, I prefer wearing pants.
(d) But comfort is not what is called for in the office.

남 당신은 왜 사무실에서 구두를 신지 않나요?
여 구두가 불편하기 때문이에요.
남 그래도 당신은 구두를 신으면 더 전문적으로 보일 거예요.
(a) 고마워요. 당신도 구두를 신으면 전문적으로 보여요.
(b) 저는 고객들을 만날 때 구두로 바꿔 신어요.
(c) 사실, 저는 바지를 입는 것을 선호해요.
(d) 하지만 편안함이 사무실에서 필요한 것은 아니에요.

해설 남자가 구두를 신으면 더 전문적으로 보일 것 같다고 제안하는 상황에서 여자는 고객을 만날 때는 구두를 신는다고 답변하는 것이 가장 적절하므로 (b)가 정답이다.

⚠ 오답 피하기
(a)는 thanks라 하여 앞에서 칭찬을 했을 경우 나올 수 있는 답변이기 때문에 오답이다.

(c)는 pants라 하여 구두와 관련이 없는 바지에 대해서 말하고 있기 때문에 소재 오답이다.
(d)는 comfort is not what is called for라 하여 앞에서 여자가 편안함을 추구하는 것과 맞지 않는 일관성 오답이다.

■ dress shoes 정장 구두 uncomfortable 불편한 call for 필요로 하다

30.

W I'm going to another charity auction tomorrow.
M Can I join you?
W But you never bid on anything.
(a) I'll just observe this time for a change.
(b) I'll reconsider selling it if you go tomorrow.
(c) That's why I end up buying things at auctions.
(d) Regardless, it's fun seeing what's on the auction block.

여 난 내일 또 다른 자선 경매에 갈 거야.
남 나도 같이 가도 돼?
여 하지만 넌 어떤 것에도 입찰하지 않잖아.
(a) 난 전과 달리 이번에는 그냥 보기만 할게.
(b) 네가 내일 간다면 내가 판매하는 것을 재고해볼게.
(c) 그래서 내가 경매에서 결국 구매를 하게 되는 거야.
(d) 그럼에도 불구하고, 경매에 무엇이 있는지 보는 것이 재미있어.

해설 경매에 같이 가는 남자에게 여자가 따라가도 입찰을 하지 않냐고 말하는 상황에서 남자는 보는 것만으로도 재미있다고 답변하는 것이 가장 적절하므로 (d)가 정답이다.

⚠ 오답 피하기
(a)는 just observe, for a change라 하여 마치 전에는 입찰을 많이 한 것처럼 말하고 있기 때문에 오답이다.
(b)는 reconsider selling it이라 하여 입찰을 하지 않는다고 말한 내용과 맞지 않기 때문에 동사 오답이다.
(c)는 why I end up buying things라 하여 never bid라고 말한 것과 맞지 않는 오답이다.

■ charity auction 자선 경매 bid 입찰하다; 입찰금 observe 보다 for a change 전과 다르게 reconsider 재고하다 end up 결국 ~하게 되다 regardless 그럼에도 불구하고

31.

W Bruce's birthday is coming up, and I'm not sure what to get him.
M What did you get him last year?
W Well, I think I got him cologne.
M Why don't you get him cologne again?
W I don't want to buy the same gift twice.
M Let's go to the mall together and look for a gift.
W Okay. That would help a lot.

Q. What are the man and woman mainly discussing?
(a) Choosing a birthday present for the man
(b) Buying a gift for a friend
(c) Driving the woman to a gift shop
(d) Suggesting to Bruce what to buy

여 Bruce의 생일이 다가오고 있는데, 그에게 무엇을 사줄지 모르겠어.
남 작년에는 무엇을 사줬니?
여 음, 향수를 사줬던 것 같아.
남 또 향수를 사주지 그러니?
여 같은 선물을 두 번 사고 싶지 않아.
남 같이 쇼핑몰에 가서 선물 살 것을 찾아보자.
여 그래. 정말 많은 도움이 될 것 같아.

Q. 남자와 여자가 주로 논의하고 있는 것은?
(a) 남자를 위해 생일 선물을 고르는 것
(b) 친구를 위한 선물을 사는 것
(c) 여자를 선물 가게까지 태워다 주는 것
(d) Bruce에게 무엇을 살지 제안하는 것

해설 대화의 목적은 친구인 Bruce에게 어떤 선물을 사줄지를 논의하는 것이므로 (b)가 정답이다.

⚠ 오답 피하기
(a)는 the man이라 하여 오답이다. Bruce라는 친구의 선물을 고르는 내용이다.
(c)는 driving, gift shop이라 하여 오답이다. 운전을 해준다는 근거가 없다.
(d)는 suggesting to Bruce라 하여 오답이다. Bruce한테 제안을 하는 것이 아니라 선물을 사주는 것에 대한 대화이다.

■ cologne 향수

32.

M I just heard that the city approved of several high rises.
W I heard about it, too. Do we really need them, though?
M That's what I'm saying. All these tall buildings are obstructing the view.
W And having more will simply make it worse.
M And what about traffic? It's going to be bumper-to-bumper.
W Maybe it's time for us to move to a quiet suburb.

Q. What is the main topic of the conversation?
(a) The drawbacks of having an obstructed view
(b) The reasons for the decision to move to a city
(c) The disadvantages of a new building project
(d) The recent upsurge in traffic congestion

남 나는 방금 시가 여러 고층 건물을 승인해주었다고 들었어.
여 나도 들었어. 그런데 우리 정말 그것들이 필요할까?
남 내 말이 그 말이야. 모든 높은 건물들이 경관을 막고 있어.
여 그리고 높은 건물들이 많을 수록 경관이 더욱 나빠지겠지.
남 교통은 어떻고? 교통체증이 심해질 거야.
여 이제 조용한 교외로 이사해야 할 것 같아.

Q. 대화의 주제는?
(a) 전망이 가려지는 것의 단점
(b) 도시로 이사하려고 결정한 이유들
(c) 새로운 건설 계획안의 단점들
(d) 최근 증가하는 교통 혼잡

해설 대화의 목적은 고층 건물을 짓는 것의 안 좋은 점에 대해서 말하는 것이기 때문에 **(c)가 정답**이다.

⚠ 오답 피하기
(a)는 obstructed view라 하여 오답이다. 세부 내용이다.
(b)는 move to a city라 하여 오답이다. 도시가 아니라 교외로 이사해야 할 것 같다고 한다.
(d)는 traffic congestion이라 하여 오답이다. 세부 내용이다.
  ■ high rise 고층 건물 obstruct 막다 bumper-to-bumper 교통체증 suburb 교외 drawback 단점 upsurge 증가

33.

W I picked up a brochure about an exhibit at the local art gallery.
M I got one for myself, too.
W It looks like some pieces by Van Gogh are going to be displayed.
M I love Van Gogh.
W We ought to make a visit this weekend, then!
M Okay. I'm all for it.

Q. What is the woman mainly doing?
(a) Describing the paintings on display at an art gallery
(b) Asking the man for a brochure to an exhibit
(c) Sharing her views about the artwork of Van Gogh
(d) Suggesting to the man they go see a special exhibit

여 내가 지역 미술관의 전시에 관한 안내책자를 가져왔어.
남 나도 하나 가져왔어.
여 반 고흐의 몇몇 작품들이 전시될 것 같아.
남 나는 반 고흐를 정말 좋아해.
여 그럼 우리 이번 주말에 꼭 가야겠다!
남 그래. 나는 대찬성이야.

Q. 여자는 주로 무엇을 하고 있는가?
(a) 미술관에 전시된 그림들을 묘사하는 것
(b) 남자에게 전시회의 안내책자를 부탁하는 것
(c) 반 고흐의 작품들에 관한 그녀의 의견을 공유하는 것
(d) 남자에게 특별한 전시를 보러 가자고 제안하는 것

해설 여자는 미술관 전시에 관한 안내책자를 가져왔고, 반 고흐 작품을 함께 보러 가자고 제안하고 있으므로 **(d)가 정답**이다.

⚠ 오답 피하기
(a)는 describing the paintings라 하여 오답이다. 고흐의 그림에 대한 구체적인 설명을 하지 않는다.
(b)는 asking, for a brochure라 하여 오답이다. 전시에 대한 내용이 brochure에 대한 내용이 아니다.
(c)는 sharing her views라 하여 오답이다. 아직 전시를 가지 않았다.
  ■ brochure 안내책자, 팸플릿 exhibit 전시 view 의견

34.

M What time are you getting off today?
W The usual. I'll be finished at around 9 p.m.
M That late again? Why do you always get off so late?
W Well, I have a lot of responsibilities as a manager.
M But you have practically no personal time.
W Yeah. But it's a sacrifice I'm willing to make.

Q. What is the woman mainly explaining?
(a) Her desire to have more personal time
(b) Her typical obligations as a manager
(c) The reason she has long working hours
(d) Her frustration with her working hours

남 너 오늘 몇 시에 퇴근하니?
여 평소처럼. 밤 9시 정도에 끝날 거야.
남 또 그렇게 늦게? 왜 항상 그렇게 늦게 퇴근하니?
여 음, 매니저로서 맡은 업무가 많아.
남 하지만 너는 사실상 개인 시간이 전혀 없잖아.
여 맞아. 하지만 그건 내가 기꺼이 감수하는 일종의 희생이야.

Q. 여자가 주로 설명하는 것은?
(a) 자신만의 시간을 더 갖고 싶은 바람
(b) 매니저로서 그녀의 전형적인 의무들
(c) 그녀의 긴 근무 시간의 이유
(d) 근무 시간에 관한 그녀의 좌절

해설 여자의 목적은 자신이 매니저로서 일이 많기 때문에 늦게까지 일해야 한다고 말하는 것이므로 **(c)가 정답**이다.

⚠ 오답 피하기
(a)는 desire, personal time이라 하여 오답이다. 개인 시간을 기꺼이 희생하여 일을 더 많이 하는 것이라고 했다.
(b)는 typical obligations라 하여 오답이다. 주로 무슨 업무를 하는지 말하지 않았다.
(d)는 frustration이라 하여 오답이다. 여자 입장에서는 특별히 문제가 된다고 하지 않는다.
  ■ get off 퇴근하다 responsibility 책임, 임무 practically 사실상, 실질적으로 sacrifice 희생하다 desire 희망 obligation 의무 frustration 좌절, 실망

35.

W I received a letter saying that I have to take a test to renew my driver's license.
M Oh, I had to do that last year. There's no way around it.
W So, everyone has to take it? No exceptions whatsoever?
M Yeah. But don't worry. It's really easy.

W It's not easy for me.
M Well, they provide you with a refresher course right before the test.

Q. What is the man mainly doing?
(a) **Reassuring the woman about a mandatory test**
(b) Encouraging the woman to take a driver's license test
(c) Offering information about a refresher course
(d) Explaining ways the woman can renew her driver's license

여 나는 내 운전면허증을 갱신시키려면 시험을 봐야 한다는 편지를 받았어.
남 아, 나는 작년에 그것을 해야 했었어. 할 수 없지.
여 그래서 모두가 시험을 보는 거야? 어쨌든 예외는 없는 거고?
남 응. 하지만 걱정 마. 정말 쉬워.
여 나에겐 쉽지 않아.
남 음, 그들은 네게 시험 전에 단기 재교육을 시켜줄 거야.

Q. 남자는 주로 무엇을 하고 있는가?
(a) 의무적인 시험에 관하여 여자를 안심시키는 것
(b) 여자가 운전면허 시험을 보도록 권장하는 것
(c) 단기 재교육에 관하여 정보를 제공하는 것
(d) 여자가 운전면허증을 갱신할 수 있는 방법을 설명하는 것

해설 남자의 목적은 여자가 봐야 하는 면허 시험에 대해서 시험이 쉽고 그 전에 교육이 있을 거라고 안심시켜 주는 것이므로 (a)가 정답이다.

⚠ 오답 피하기
(b)는 encourage라 하여 오답이다. 남자는 면허시험을 권하는 것이 아니다.
(c)는 refresher course라 하여 오답이다. 지엽적인 내용이기 때문에 주제가 될 수 없다.
(d)는 ways라 하여 오답이다. 면허를 갱신할 수 있는 다양한 방법을 제시하고 있지 않다.

■ renew 갱신하다   no way around it 피해갈 수 없다   exception 예외   whatsoever 어떻든 간에   refresher course 단기 재교육   reassure 안심시키다   mandatory 의무적인

36.

M Have I told you that my son is getting married next month?
W No, but congratulations! What's the exact date?
M Oh, it's on the 14th of February. Can you come?
W Of course! I wouldn't miss it for the world.
M Thanks. I'll send you the invitation this afternoon.
W Sure. Just send it to my office address.

Q. What is the man mainly doing?
(a) Congratulating the woman's son for getting married
(b) **Informing the woman of an upcoming celebration**
(c) Inviting the woman to his wedding next month
(d) Reminding the woman of his son's wedding

남 우리 아들이 다음 달에 결혼한다는 것을 내가 말했나요?
여 아뇨, 하지만 축하해요! 정확한 날짜가 언제예요?
남 아, 2월 14일입니다. 오실 수 있나요?
여 당연하죠! 무슨 일이 있어도 놓치지 않을 거예요!
남 고마워요. 오늘 오후에 초대장을 보낼게요.
여 그래요. 제 사무실 주소로 보내주세요.

Q. 남자는 주로 무엇을 하고 있는가?
(a) 여자의 아들이 결혼하는 것을 축하하는 것
(b) 여자에게 다가오는 기념행사에 관하여 알려주는 것
(c) 다음 달 그의 결혼식에 여자를 초대하는 것
(d) 여자에게 그의 아들 결혼식에 관해 상기시키는 것

해설 남자의 목적은 그의 아들의 결혼에 대해서 말해주는 것이므로 (b)가 정답이다.

⚠ 오답 피하기
(a)는 woman's son이라 하여 오답이다. 자신의 아들 결혼식에 대해 말하고 있다.
(c)는 his wedding이라 하여 오답이다. 아들의 결혼식이라고 말한다.
(d)는 reminding이라 하여 오답이다. 상기시켜주는 것이 목적이 아니다.

■ not for the world 무슨 일이 있어도 ~하지 않을 것이다   invitation 초대장   upcoming 다가오는   remind 상기시켜주다

37.

W Hello. I'm calling to remind you of an appointment tomorrow at 2 p.m. with Dr. Jameson.
M Thanks. I have it written down on my calendar.
W That's great. We'll expect to see you then. Do you have any questions?
M Yes. Is it going to take long? I have a meeting later that afternoon.
W No, Dr. Jameson will just go over your blood test results with you.
M Okay. Thanks for the reminder.

Q. What is the main topic of the conversation?
(a) The inconclusive result of the man's recent blood test
(b) **The man's follow-up appointment for discussing a test result**
(c) The sudden change in the man's appointment schedule
(d) The reason the man wishes to see Dr. Jameson tomorrow

여 안녕하세요. 저는 Jameson 의사 선생님과의 내일 오후 2시 예약을 상기시켜드리려고 전화했습니다.
남 감사합니다. 제 달력에 적어 놓았어요.
여 잘 됐네요. 그럼 그때 뵙겠습니다. 문의사항이 있으신가요?
남 네. 오래 걸릴까요? 그날 오후에 회의가 있어서요.
여 아니요. Jameson 의사 선생님은 혈액 검사 결과만 알려드릴 거예요.
남 알겠습니다. 상기시켜주셔서 감사합니다.

Q. 대화의 주제는 무엇인가?
(a) 남자의 최근 혈액 검사의 확실하지 않은 결과
(b) 남자의 검사 결과를 논의하기 위한 다가오는 예약
(c) 남자의 예약 일정의 갑작스러운 변화
(d) 남자가 Jameson 의사 선생님을 내일 보고자 하는 이유

해설 대화의 목적은 남자의 혈액 검사 결과와 관련한 병원 예약에 대해 말하기 위한 것이므로 (b)가 정답이다.

⚠ 오답 피하기
(a)는 inconclusive라 하여 오답이다. 검사 결과가 나왔다고 했다.
(c)는 change라 하여 오답이다. 병원 예약이 변경되지 않았다.
(d)는 reason the man wishes to see라 하여 오답이다. 남자가 의사를 보고 싶어 하는 이유는 언급되지 않았다.

appointment 예약   expect 예상하다   inconclusive 확실하지 않은   follow-up 추가의, 이어지는   sudden 갑작스러운

38.

M Excuse me. I have a complaint about my order.
W What seems to be the problem, sir?
M My beef curry does not have any beef in it.
W Oh! We apologize. [제안] We'll prepare you another one right away.
M Actually, that's okay. I don't have time to wait, so I'll just cancel the order.
W We're terribly sorry. As an apology, we'll give you a free meal coupon for your next visit.

Q. Which is correct according to the conversation?
(a) **The woman offers to replace the flawed dish.**
(b) The man's order was placed inaccurately.
(c) The woman finds no problem with the meal.
(d) The man solicits the woman to give him a free meal coupon.

남 실례합니다. 제 주문에 관하여 불만이 있는데요.
여 무엇이 문제인가요, 손님?
남 제 소고기 카레에 소고기가 전혀 없어요.
여 아! 죄송합니다. 다른 것을 바로 준비해 드리겠습니다.
남 사실, 괜찮습니다. 기다릴 시간이 없어요. 그러니 그냥 주문을 취소할게요.
여 정말로 죄송합니다. 사과의 뜻으로 다음 방문에 사용하실 수 있는 무료 식사 쿠폰을 드리겠습니다.

Q. 대화에 따르면 옳은 것은?
(a) 여자는 잘못된 메뉴를 교체해주겠다고 제안한다.
(b) 남자의 주문은 잘못 들어갔다.
(c) 여자는 음식에 있어 문제점을 찾지 못한다.
(d) 남자는 여자에게 무료 식사 쿠폰을 달라고 요구한다.

해설 여자가 잘못 나온 음식에 대해 다른 것을 바로 준비해 주겠다고 했으므로 (a)가 정답이다.

⚠ 오답 피하기
(b)는 placed inaccurately라 하여 오답이다. 주문이 잘못된 것이 아니라 음식에 재료가 빠진 것이다.
(c)는 finds no problem이라 하여 오답이다. 여자가 잘못을 인정하고 사과했다.
(d)는 man solicits, free meal coupon이라 하여 오답이다. 남자는 요청하지 않았다.

free meal coupon 무료 식사 쿠폰   replace 대체하다   flawed 잘못된, 결함이 있는   inaccurately 부정확하게   solicit 요구하다

39.

W I heard your business proposal was rejected by the client.
M Yeah. [이유] They thought it was too ambitious and risky.
W Maybe you should've consulted with others before submitting it.
M Now that I think about it, that's what I should've done.
W But don't take it too hard. You still have the Powell account, right?
M That's right. This time, I'll have you look over the proposal beforehand.

Q. Which is correct about the man?
(a) He is working on a new proposal with the woman.
(b) His proposal was considered too uncertain by the client.
(c) He turned in several proposals to his client.
(d) His client has not scrutinized the proposal yet.

여 너의 사업 제안이 고객에 의해 거절당했다고 들었어.
남 맞아. 그들은 이것이 너무 의욕적이고 위험하다고 생각했어.
여 너는 제출하기 전에 다른 사람들과 상담을 해야 했었어.
남 지금 생각해보니, 그것이 내가 해야 했던 것이네.
여 하지만 너무 마음 아파하지마. 너는 아직 Powell 거래처가 있잖아, 그렇지?
남 맞아. 이번에는 네가 제안서를 미리 검토하게 할게.

Q. 남자에 대해 옳은 것은?
(a) 그는 여자와 새로운 제안서를 작성하고 있다.
(b) 남자의 제안서는 고객에 의해 너무 불확실하게 여겨졌다.
(c) 남사는 그의 고객에게 몇 가지의 제안서를 제출했다.
(d) 남자의 고객은 제안서를 아직 살펴보지 않았다.

해설 남자의 고객이 그의 제안서가 너무 위험하다고 했다고 했으므로

(b)가 정답이다.

⚠️ 오답 피하기
(a)는 with the woman이라 하여 오답이다. 현재 같이 준비하고 있지 않다.
(c)는 several proposals라 하여 오답이다. 남자가 고객에게 여러 제안서를 제시했는지 알 수 없다.
(d)는 not scrutinized라 하여 오답이다. 검토 후 거절했다고 했다.

■ business proposal 사업 제안서　reject 거절하다　ambitious 의욕적인　risky 위험한　submit 제출하다　account 거래처　beforehand 미리　uncertain 불확실한　turn in 제출하다　scrutinize 세심히 살피다

40.

M Hi, is it possible to upgrade my seat to business class?
W I'm sorry, but all business class seats are fully booked on the flight from Seoul to New York.
M Then, what about my flight back on Friday?
W We have some available then. [방법] Would you like to upgrade your seat to business with your frequent flier miles?
M [방법] Sure, but I think I'm a bit short.
W [방법] That's okay. You can just pay the difference.

Q. Which is correct according to the conversation?
(a) The man does not have enough money to fly business class.
(b) The upgrade can be paid for with a combination of flier miles and cash.
(c) The man will fly business class from Seoul to New York.
(d) The man will miss his flight from Seoul to New York.

남 안녕하세요. 제 좌석을 비즈니스석으로 업그레이드하는 것이 가능한가요?
여 죄송하지만, 서울에서 뉴욕으로 가는 항공의 모든 비즈니스석이 예약되었습니다.
남 그럼, 금요일에 돌아오는 항공편은 어떤가요?
여 그때는 몇 좌석 있습니다. 항공 마일리지로 비즈니스석으로 업그레이드 하시겠어요?
남 물론이죠. 하지만 제 생각에 조금 모자랄 것 같네요.
여 괜찮습니다. 차액을 지불하시면 돼요.

Q. 대화에 따르면 옳은 것은?
(a) 남자는 비즈니스석에 탈 돈이 충분하지 않다.
(b) 업그레이드는 마일리지와 현금을 섞어서 지불할 수 있다.
(c) 남자는 서울에서 뉴욕으로 비즈니스석에 타고 갈 것이다.
(d) 남자는 서울에서 뉴욕으로 가는 비행기를 놓칠 것이다.

해설 남자가 좌석을 업그레이드 하기에 마일리지가 부족할 것 같다고 하자 여자가 차액을 지불하면 된다고 했으므로 **(b)가 정답**이다.

⚠️ 오답 피하기
(a)는 not have enough money라 하여 오답이다. 돈이 아니라 마일리지가 부족한 것이다.
(c)는 from Seoul to New York이라 하여 오답이다. 뉴욕에서 서울로 올 때 비즈니스석에 탈 것이다.
(d)는 miss라 하여 오답이다. 비행기를 놓치는 것에 관해서 말하고 있지 않다.

■ pay the difference 차액을 지불하다

41.

W I couldn't care less about the recent reports about Josh Campbell.
M So, you don't think he has anything to do with the scandal?
W Of course not! He's one of the most honest people I know!
M But they say there is tangible evidence that puts him at the scene.
W I think the media is just making a huge fuss over unconfirmed rumors.
M You're right. [문제점] There are just a lot of unsubstantiated accusations of him being a fraud.

Q. Which is correct about Josh Campbell?
(a) He's currently being held in custody for fraud.
(b) He has previously been involved in a scandal.
(c) He is on amicable terms with the press.
(d) His reputation has been tarnished by the recent reports.

여 나는 Josh Campbell에 관한 최근의 보도를 전혀 신경쓰지 않아.
남 그래서, 너는 그가 스캔들과 전혀 관련이 없다고 생각해?
여 당연히 아니지! 그는 내가 아는 사람들 중에서 가장 정직한 사람들 중 한 명이야!
남 하지만 그들은 그가 현장에 있었다고 하는 물질적인 증거가 있대.
여 내 생각에는 언론이 확인되지 않은 루머를 가지고 큰 소란을 만들고 있는 것 같아.
남 네가 맞아. 그가 사기꾼이라는 증명되지 않은 비난들이 많지.

Q. Josh Campbell에 관하여 옳은 것은?
(a) 그는 현재 사기로 수감되어 있다.
(b) 그는 이전에 스캔들에 휘말린 적이 있다.
(c) 그는 언론과 우호적인 관계에 있다.
(d) 그의 명성은 최근의 보도에 의해 손상되었다.

해설 Josh Campbell이 최근 스캔들에 연루되었다는 보도가 있었고 여자와 남자는 확인되지 않은 루머와 비난이 많다고 했으므로 **(d)가 정답**이다.

⚠️ 오답 피하기
(a)는 held in custody라 하여 오답이다. 수감되어 있다고 하지 않는다.
(b)는 previously라 하여 오답이다. 전에 어떤 일이 있었는지 언급이 없다.

(c)는 amicable terms라 하여 오답이다. 언론이 확인되지 않은 루머로 보도를 하는 것 같다고 했다.

■ tangible 명백한, 실제로 있는 evidence 증거 scene 현장 fuss 소란 unconfirmed 검증되지 않은 unsubstantiated 증거가 없는 accusation 비난 fraud 사기 custody 수감 amicable terms with ~와 좋은 관계인 reputation 평판, 명성 tarnish 손상시키다

42.

W Did you see the movie *Battle Stars*?
M Yeah, but I thought it was only good for killing time.
W I agree. [비교] The trailer was much better than the actual film.
M Honestly, other than the special effects, the movie was pretty disappointing.
W The story line was absurd, which was made even worse by the actors' lackluster performances.
M I hope they do a better job with the sequel if it ever comes out.

Q. Which is correct according to the conversation?
(a) The acting in *Battle Stars* was more tolerable than anticipated.
(b) The quality of the preview didn't match that of the movie itself.
(c) Most of the movie's production costs went into special effects.
(d) The man expects that the sequel will be better.

여 너 영화 <Battle Stars> 봤니?
남 응. 하지만 나는 시간 때우기 용으로만 좋다고 생각했어.
여 동의해. 예고편이 영화보다 훨씬 더 좋았어.
남 솔직히 특수 효과를 제외하고는, 영화 자체는 실망스러웠어.
여 줄거리는 부족했고 연기자들의 활기 없는 연기는 더 재미없게 만들었어.
남 만약 후속편이 나온다면, 그들이 더 잘 찍었으면 좋겠어.

Q. 대화에 따르면 옳은 것은?
(a) <Battle Stars>에서의 연기는 예상했던 것보다 괜찮았다.
(b) 예고편의 품질은 실제 영화와 맞지 않았다.
(c) 영화의 제작 비용의 대부분은 특수 효과에 들어갔다.
(d) 남자는 후속편이 더 좋기를 기대한다.

해설 예고편이 영화보다 더 좋았다고 했으므로 (b)가 정답이다.

⚠ 오답 피하기
(a)는 tolerable이라 하여 오답이다. 실망스러웠다고 했다.
(c)는 costs, special effects라 하여 오답이다. Special effects가 좋았다고 했지만 비용에 대해서는 언급이 없다.
(d)는 expects, better라 하여 오답이다. 남자는 후속편이 나올 것을 가정하고 말하고 있는 것이지, 후속편이 나오는 것이 확정적인 것은 아니므로 오답이다.

■ good for killing time 시간 때우기에 좋은 story line 줄거리 absurd 부족한, 불합리한 lackluster 활기가 없는 sequel 후속편

tolerable 괜찮은, 견딜만한

43.

M Were you able to fix the problems with your Web site?
W Yeah, finally, after several weeks of trial and error.
M Still, I'm glad you got it up and running.
W Well, actually there are still some issues, but nothing serious.
M Really? You should never turn a blind eye to problems. They'll just get worse.
W Okay. [방법] I'll have someone look into it again this afternoon.

Q. What can be inferred about the woman?
(a) Her Web site is still down because of ongoing problems.
(b) She does not maintain her Web site on her own.
(c) Her initial problems have not been fixed.
(d) She has a history of overlooking problems with her Web site.

남 너의 웹사이트 문제들을 해결할 수 있었니?
여 응. 몇 주 간의 시도와 실패 끝에 드디어.
남 그래도 네가 그것들을 고쳤다니 기쁘다.
여 음, 사실 몇 가지 문제들이 있지만 심각하진 않아.
남 정말? 문제를 그냥 넘겨선 안 돼. 그것들은 더 심해지기만 할 거야.
여 알겠어. 누군가 그 문제들을 오후에 다시 확인하라고 할게.

Q. 여자에 관하여 유추할 수 있는 것은?
(a) 그녀의 웹사이트는 계속되는 문제들로 여전히 작동하지 않는다.
(b) 그녀는 그녀의 웹사이트를 혼자서 유지하지 않는다.
(c) 그녀의 초기 문제들은 해결되지 않았다.
(d) 그녀는 그녀의 웹사이트의 문제들을 간과한 적이 있다.

해설 마지막에서 여자가 문제점을 누군가에게 확인하라고 하겠다고 했으므로 (b)가 정답이다.

⚠ 오답 피하기
(a)는 still down이라 하여 오답이다. 사이트는 돌아가지만 아직 사소한 문제가 남아 있다고 하는 것이다.
(c)는 not been fixed라 하여 오답이다. 고쳤다고 했다.
(d)는 history of overlooking problems라 하여 오답이다. 전에도 이런 문제가 있었는지는 알 수 없다.

■ trial and error 시행착오 up and running 작동 중인 turn a blind eye to 무시하다, 넘기다 look into 확인하다 ongoing 계속되는 overlook 간과하다

44.

M Did you see the last episode of *The Island* yesterday?
W No. I plan to watch it later.

M I thought you were an avid follower of the series? How come you missed it?
W [이유] Some of my friends came over to my place unplanned.
M Oh. But the rerun won't air until next weekend.
W I know. That's why I recorded it so I can watch it tonight.

Q. What can be inferred from the conversation?
(a) *The Island* is broadcast once a month.
(b) **The woman's friends are not ardent followers of *The Island*.**
(c) The man missed the last episode of the series *The Island*.
(d) The woman plans to watch the last episode of *The Island* next weekend.

남 너 어제 <The Island>의 마지막 편을 봤니?
여 아니. 나중에 보려고 해.
남 나는 네가 이 시리즈의 엄청난 팬이라고 생각했는데? 왜 놓쳤어?
여 내 친구들이 계획 없이 우리 집에 놀러 왔어어.
남 아. 하지만 재방송은 다음 주까지는 방송되지 않을 거야.
여 알아. 그래서 내가 오늘 밤에 보기 위해 녹화를 했어.

Q. 대화로부터 유추할 수 있는 것은?
(a) <The Island>는 한 달에 한 번 방송된다.
(b) 여자의 친구들은 <The Island>의 열렬한 시청자가 아니다.
(c) 남자는 <The Island>의 마지막 편을 보지 못했다.
(d) 여자는 다음 주말에 <The Island>의 마지막 편을 볼 계획이다.

[해설] 여자가 친구들이 놀러 와서 <The Island>를 못 봤다는 뜻은 친구들이 <The Island>를 여자처럼 열심히 보지 않는다는 것이므로 **(b)가 정답**이다.

⚠️ 오답 피하기
(a)는 once a month라 하여 오답이다. 근거가 없다.
(c)는 the man missed라 하여 오답이다. 남자가 아니라 여자가 방송을 놓친 것이다.
(d)는 next weekend라 하여 오답이다. 여자는 오늘 밤에 볼 것이라고 했다.

▪ avid follower 열렬한 시청자   rerun 재방송   broadcast 방송하다   ardent follower 열렬한 시청자

45.

W I can't believe this. My brother Jonathan crashed his car again.
M Again? Isn't this his third time this year already?
W It is! And guess who's going to have to pay for the repairs? Me!
M You shouldn't help him every single time. It's just making him a less responsible person.
W [이유] But without his car, he'll never be able to go to work.
M Okay. But at least tell him that this is the last time.

Q. What can be inferred about the woman from the conversation?
(a) She will not help fix Jonathan's car this time.
(b) She had already paid for repairs to Jonathan's car three times this year.
(c) She lent Jonathan some money so that he could get a new car.
(d) **She thinks she is the only person Jonathan can turn to for assistance.**

여 나는 이것을 믿을 수 없어. 내 남동생 Jonathan이 또 차를 박았어.
남 또? 올해만 벌써 세 번째 아니야?
여 맞아! 그리고 수리에 관하여 누가 비용을 지불해야 하는지 맞춰봐. 나야!
남 너는 매번 그를 도와줘선 안 돼. 그것은 그를 덜 책임감 있는 사람으로 만들 뿐이야.
여 하지만 그는 차가 없으면 절대 일하러 가지 못할 거야.
남 그래. 하지만 최소한 그에게 이것이 마지막이라고 말해.

Q. 대화로부터 여자에 관해 유추할 수 있는 것은?
(a) 여자는 Jonathan의 차 수리를 이번에는 도와주지 않을 것이다.
(b) 여자는 올해 Jonathan의 차 수리로 이미 세 번이나 비용을 지불했다.
(c) 그녀는 Jonathan이 새로운 차를 살 수 있도록 돈을 빌려주었다.
(d) 그녀는 그녀가 Jonathan이 도움을 청할 수 있는 유일한 사람이라고 믿는다.

[해설] 여자가 도와주지 않을 경우 Jonathan은 일하러 갈 수 없을 것이라고 했고 남자도 그것을 인정했으므로 남동생이 그녀에게 의지한다는 것을 알 수 있다. 따라서 **(d)가 정답**이다.

⚠️ 오답 피하기
(a)는 not help라 하여 오답이다. 대화 마지막 부분에서는 도와줄 것처럼 말한다.
(b)는 already paid for라 하여 오답이다. 아직 돈을 주지는 않았다.
(c)는 new car라 하여 오답이다. 수리에 대해서 말하고 있다.

▪ crash 충돌하다   turn to ~에게 의지하다   assistance 도움

46.

Now on to business news. Bank chiefs continue to defy political and public pressure by blatantly awarding hefty bonuses to themselves. This time, it looks grim for them as public tolerance has waned. Now, a mere public apology like the ones given before will likely not be sufficient to convince people to overlook the appalling behavior of bank executives. In turn, improving bank bonus transparency for executives is now gaining much headway.

Q. What is the speaker mainly saying about bank executives?
(a) They are in agreement with the bonus transparency.

(b) **They continue to take large bonuses despite criticism.**
(c) They have awarded large bonuses to their employees.
(d) They are frustrated with the new bonus scheme.

이제 비즈니스 소식으로 넘어가겠습니다. 은행장들은 자신들에게 뻔뻔하게도 많은 보너스를 준 것에 의한 정치적 그리고 대중의 압박을 계속해서 받아들이지 않고 있습니다. 이번에는 대중의 인내가 약해져 그들에게 좋은 상황이 아닌 것 같습니다. 이제, 이전처럼 단지 대중에게 사과하는 것은 사람들이 은행 고위관계자들의 형편없는 행동들을 봐주도록 설득하는 데 충분하지 않을 것으로 보입니다. 결국, 고위관계자를 위한 은행 보너스의 투명성을 향상시키는 것이 나은 방향을 얻는 것입니다.

Q. 은행 고위관계자들에 관해 화자가 주로 말하는 것은?
(a) 그들은 보너스 투명성에 관하여 합의하였다.
(b) 그들은 비판에도 불구하고 큰 금액의 보너스를 계속해서 받는다.
(c) 그들은 그들의 직원들에게 큰 금액의 보너스를 주었다.
(d) 그들은 새로운 보너스 제도에 답답해 한다.

해설 중심 소재는 bank chiefs이고 소주제는 은행장들이 bonuses에 대한 비판을 받는다는 것이기 때문에 **(b)가 정답**이다.

⚠️ **오답 피하기**
(a)는 in agreement라 하여 오답이다. 보너스를 투명하게 운영하는 것에 대해 동의했다는 내용이 없다.
(c)는 awarded, to employees라 하여 오답이다. 직원들에게 나누어 준 것이 아니다.
(d)는 frustrated, new bonus scheme이라 하여 오답이다. 새로운 보너스 제도가 있다고 하지 않았다.

■ bank chief 은행장 defy 무시하다 blatantly 뻔뻔스럽게 hefty 많은 grim 냉혹한, 안 좋은 public tolerance 대중의 인내심 wane 약해지다 mere apology 단순 사과 sufficient 충분한 convince 설득시키다 overlook 무시하다, 지나치다 appalling 놀랄 만한, 무서운 transparency 투명성 headway 진행 속도 criticism 비판 frustrate 좌절감을 주다 bonus scheme 보너스 제도

47.

Today, we'll be discussing two types of drama — comedy and tragedy. Both of these genres are found in literature and owe their origins to Ancient Greece. One aspect of the resemblance between the two is that they both have protagonists who are placed in conflict as a result of human idiosyncrasies and character. However, unlike those in a comedy, characters in a tragedy face inevitable doom as a result of their own weaknesses. On the other hand, comedy culminates in restoration and reconciliation, which delivers a jovial ending.

Q. What is the main purpose of the lecture?
(a) To describe the two types of comedy in Ancient Greece
(b) To distinguish between various ancient dramas
(c) **To make a comparison between the two genres of drama**
(d) To explain the similar aspects of comedy and tragedy

오늘날, 우리는 두 종류의 연극 — 희극과 비극에 관하여 이야기할 겁니다. 이 두 장르들은 문학에서 발견할 수 있고, 고대 그리스에서 유래되었습니다. 그 둘의 유사성의 한 가지 측면은 인간의 특이한 성격과 인물로 인한 갈등에 놓여진 주인공이 있다는 것입니다. 그러나 희극과 다르게 비극에 있는 인물들은 그들 자신의 약점으로 인하여 피할 수 없는 파멸에 직면합니다. 반대로, 희극은 기쁜 결말을 제공하는 복원과 화해로 끝이 납니다.

Q. 강의의 주된 목적은?
(a) 고대 그리스의 희극의 두 종류를 묘사하는 것
(b) 다양한 고대 연극을 구분하는 것
(c) 연극의 두 장르를 비교하는 것
(d) 희극과 비극의 비슷한 측면을 설명하는 것

해설 중심 소재는 drama이고 소주제는 comedy와 tragedy의 비교이므로 **(c)가 정답**이다.

⚠️ **오답 피하기**
(a)는 two types of comedy라 하여 오답이다. Comedy의 종류가 아니라 drama의 종류에 대해서 설명한다.
(b)는 various ancient dramas라 하여 오답이다. 연극의 종류에 대해 말하는 것이지 다양한 연극을 구분하고 있지는 않다.
(d)는 similar aspects라 하여 오답이다. 차이점도 설명한다.

■ literature 문학 resemblance 유사, 닮은 것 protagonist 주인공 conflict 모순, 불일치 idiosyncrasy 특이한 성격 inevitable 피할 수 없는 doom 파멸 weaknesses 약점 culminate 최고점에 달하다 restoration 회복, 복구 reconciliation 화해, 조화 jovial 즐거운

48.

I firmly believe that our district's municipal law concerning minor offenses by juveniles is in dire need of revision. Having a punitive law for petty infractions appears to be an apt measure to halt the current increase in crime rates among juveniles in our district. However, extensive analysis has unequivocally revealed that sending children to serve time may actually lead to their committing felonies later on. The study pointed out that their contact with those convicted of more serious crimes adversely influences them.

Q. What is the speaker mainly saying about the municipal law?
(a) **It can lead juveniles to engage in more serious crimes.**
(b) It falls short of protecting children from being harmed.
(c) It offers no merits in terms of arresting children committing felonies.
(d) It has both positive and negative effects on children's behavior.

저는 청소년의 경범죄에 관한 우리 지역의 지자체 법은 심각하게 개정이 필요하다고 굳게 믿습니다. 가벼운 법규 위반에 무거운 법을 가하는 것은 우리 지역의 청소년 간의 최근 범죄 발생률 증가를 멈출 수 있는 적절한 조치인 것으로 보입니다. 그러나 광범위한 분석은 아이들을 복역하도록 하는 것이 이후에 아이들을 중죄로 이끌지도 모른다고 명백히 밝혔습니다. 연구는 더 심각한 범죄로 유죄를 선고 받은 아이들과의 교류가 역으로 그들에 영향을 미칠 것이라고 주장했습니다.

Q. 지자체 법에 관하여 화자가 주로 말하는 것은?
(a) 청소년들이 더 심각한 범죄에 연관되도록 할 수 있다.
(b) 아이들이 다치는 것을 막는 데는 부족하다.
(c) 중죄를 저지른 아이들을 체포하는 데 있어서 이익이 없다.
(d) 아이들의 행동에 긍정적이고 부정적인 영향을 모두 미친다.

해설 중심 소재는 municipal law이고 소주제는 청소년 경범죄 법이 아이들이 더 심각한 범죄를 저지르게 할 수 있다는 것이므로 **(a)가 정답**이다.

⚠️ 오답 피하기
(b)는 falls short of protecting이라 하여 오답이다. 아이들이 다치지 않게 보호하는 것에 대해서 말하고 있지 않다.
(c)는 committing felonies라 하여 오답이다. 중죄를 저지르는 아이들을 체포하는 데 도움이 되는지 안 되는지 언급이 없다.
(d)는 positive라 하여 오답이다. 아이들의 행동에 어떤 긍정적인 영향을 주는지는 알 수 없다.

■ district's municipal law 지자체 법 concerning 관련하여 minor offense 수위가 낮은 범죄 juvenile 청소년 dire 불행을 가져오는 punitive 가혹한 petty 하찮은 apt 적절한 halt 멈추게 하다 extensive analysis 광범위한 조사 unequivocally 명백하게, 분명하게 serve time 감옥에서 시간을 보내다 lead to ~로 이어지다 commit a felony 중죄를 저지르다 convicted 유죄 선고를 받은 adversely 부정적으로 engage in ~에 관여하다 fall short of ~못 미치다 merit 장점 in terms of ~와 관련하여 arrest 체포하다

49.

I'm formally announcing my withdrawal from the presidential race today. My decision comes in light of the poll results following last week's debate, which failed to show even a marginally positive approval rating. I genuinely believe that my leaving the race will help concentrate the votes and build momentum for our prime candidate. For our party to have any chance of winning a national election, it is imperative that we minimize vote splitting.

Q. What is the speaker mainly announcing?
(a) The unexpected outcome of a presidential debate
(b) The impetus for remaining in the presidential race
(c) **The reasons for dropping out of the presidential race**
(d) The decision to nominate the next presidential candidate

저는 오늘 공식적으로 대통령 선거전에서 물러날 것을 발표합니다. 저의 결정은 아주 미미한 긍정적인 지지율도 보여주지 못했던 지난 주의 토론에 따른 투표 결과를 고려한 것입니다. 저는 제가 선거전에서 물러나는 것이 우리의 주요 후보자들에 투표가 집중되고 가속도가 붙게 하는 데 도움이 될 것이라 진실로 믿습니다. 국가 대선에서 우리 당이 이기는 기회를 잡으려면, 우리는 표가 나뉘는 것을 최소화 해야 합니다.

Q. 화자가 주로 발표하는 것은?
(a) 대통령 후보 토론의 예상치 못한 결과
(b) 대통령 후보 선거에서 남게 된 동기
(c) 대통령 선거에서 물러나는 이유
(d) 다음 대통령 후보 지명에 관한 결정

해설 중심 소재는 decision이고 소주제는 선거전에서 물러나려고 하는 이유이므로 **(c)가 정답**이다.

⚠️ 오답 피하기
(a)는 outcome, debate라 하여 오답이다. 지엽적인 내용이다.
(b)는 remaining이라 하여 오답이다. 남는 게 아니라 물러나겠다고 한다.
(d)는 nominate라 하여 오답이다. 다른 후보를 지명하는 것이 아니라 자신이 물러나는 이유를 설명하는 것이 포인트이다.

■ withdrawal 철회; 그만두다 presidential race 대통령 선거전 in light of ~을 고려하여, ~에 비추어 debate 논쟁 marginally 불충분하게 approval rating 지지율 genuinely 진실로 momentum 기세 prime candidate 선두 후보자 imperative 필수적인 vote splitting 표 갈림 outcome 결과 impetus 동기 drop out of ~을 그만두다

50.

Today, we'll be discussing the structure of the Milky Way galaxy, the galaxy our solar system is a part of. Now, most of what we know about our galaxy is speculative. It is challenging to study the galaxy empirically because we are in it. This may sound counterintuitive, but to observe what the galaxy looks like, we have to travel billions of miles away from it. But unfortunately, we lack the technology to do so now. So astronomers have devised an ingenious way to get around this by gleaning insights from a neighbor galaxy.

Q. What is the speaker's main point about the Milky Way Galaxy?
(a) Astronomers know less about it than the Andromeda galaxy.
(b) Its structure can only be deduced by studying other galaxies.
(c) Learning more about it helps astronomers better understand nearby galaxies.
(d) It is obscured by nearby galaxies like the Andromeda galaxy.

오늘 우리는 Milky Way 은하, 즉 우리의 태양계가 한 부분을 차지하는 은하에 관하여 이야기해보겠습니다. 현재, 우리의 은하에 관하여 우리가 아는 대부분은 추측에 근거한 것입니다. 우리는 은하 안에 있기 때문에 은하를 경험적으로 연구하는 것은 어렵습니다. 이것이 직관적이지 않게 들릴 수 있겠지만, 은하수가 어떻게 생겼는지 관찰하기 위해서는 우리는 그것으로부터 수십억 마일 바깥으로 가야 합니다. 하지만 안타깝게도, 우리는 현재 그렇게 하기에는 기술이 부족합니다. 그래서 천문학자들은 이웃 은하수에서 통찰력을 얻는 방법으로 이 문제를 해결할 수 있는 기발한 방법을 고안하였습니다.

Q. Milky Way 은하에 관한 화자의 요점은?
(a) 천문학자들은 그것에 관하여 안드로메다 은하보다 덜 알고 있다.
(b) 그것의 구조는 다른 은하를 연구하여 추론될 수 밖에 없다.
(c) 그것에 관하여 더 배우는 것은 천문학자들이 가까운 은하를 더 잘 이해하는 데에 도움을 준다.
(d) 그것은 안드로메다 은하와 같은 주변의 은하수에 의해 가려져 있다.

해설 중심 소재는 Milky Way Galaxy이고 소주제는 은하의 모습을 연구하는 것의 어려움이므로 **(b)가 정답**이다.

⚠ **오답 피하기**
(a)는 know less, than the Andromeda galaxy라 하여 오답이다. Milky Way를 얼만큼 아는지 모르는지를 설명하는 것이 아니다.
(c)는 better understand nearby galaxies라 하여 오답이다. 주변 은하수를 연구함으로써 Milky Way를 더 잘 알 수 있다고 설명한다.
(d)는 obscured by nearby galaxies라 하여 오답이다. 다른 은하수에 의해 가려진 것이 아니라 지구가 안에 있기 때문에 어떻게 생겼는지 안 보이는 것이다.

■ structure 구조 galaxy 은하수 solar system 태양계 speculative 추측에 근거한 empirically 확실하게 counterintuitive 반직관적인 astronomer 천문학자 devise 고안하다 ingenious 영리한 get around 해결하다 glean 얻다 모으다 deduce 추정하다 obscure 가리다

51.

The recent tax hike has drawn my attention to the rising number of government agencies created to support the myriad services they offer. I am very supportive of the various social services offered, but the growing number of agencies that overlook such services has brought about inefficiency due to overlapping responsibilities, which is driving up the cost and our tax rate. So, I suggest that we boldly restructure these agencies by consolidating their responsibilities under a few necessary centralized agencies.

Q. What is the speaker mainly saying about government agencies?
(a) They should be audited frequently to improve efficiency.
(b) Their overlapping responsibilities are seldom acknowledged.
(c) They need to be amalgamated to avoid redundancy.
(d) Their services should be drastically overhauled until they reach adequacy.

최근 세금의 급격한 인상은 정부가 제공하는 무수한 서비스를 지지하기 위해 만들어진 정부 기관의 증가하는 수에 제가 주의를 기울이도록 하였습니다. 저는 제공되는 다양한 사회적 서비스에 매우 우호적입니다만, 이러한 서비스들을 간과하는 늘어나는 기관들은 겹치는 책무로 인한 비효율성을 초래했습니다. 그리고 이것은 비용과 우리의 세율을 인상시키고 있습니다. 그러므로 저는 우리가 이러한 기관들을 몇 개의 아주 필요한 핵심적인 기관들 하에 그들의 책무들을 통합시켜 대담하게 재조정하는 것을 제안합니다.

Q. 정부 기관들에 관해 화자가 주로 말하는 것은?
(a) 그들은 효율성을 향상시키기 위해 자주 회계 감사를 받아야 한다.
(b) 그들의 겹치는 책무들은 거의 알아차리지 못한다.
(c) 그들은 중복되는 부분을 피하기 위해 합병되어야 한다.
(d) 그들의 서비스는 타당성에 이를 때까지 철저하게 점검받아야 한다.

해설 중심 소재는 government agencies이고 소주제는 기관들이 통합되어야 한다는 것이므로 **(c)가 정답**이다.

⚠ **오답 피하기**
(a)는 audited frequently라 하여 오답이다. 감사를 받는 것에 대해서는 언급되지 않았다.
(b)는 seldom acknowledged라 하여 오답이다. 자주 인정되는지 아니면 드물게 인정되는지 근거가 없다.
(d)는 services, overhauled라 하여 오답이다. 서비스는 좋은데 운영하는 기관이 비효율적이기 때문에 기관 정비가 필요하다고 한다.

■ tax hike 세금 인상 myriad 무수한 supportive 지지하는 overlook 감독하다, 관리하다 inefficiency 비효율성 overlapping 겹치는 boldly 대담하게 restructure 구조를 개혁하다 consolidate 통합하다 centralize 집중하다 audit 감사를 진행하다 seldom 가끔 amalgamate 합치다 redundancy 중복성 drastically 과감하게 overhaul 정비하다 adequacy 타당성, 정당함

52.

People engage in many forms of dieting to lose weight. One of them is called fruitarianism. Those who adopt fruitarianism stick to a strict diet that consists almost entirely of fruits and occasionally nuts and seeds. They abstain from meat altogether. In fact, fruitarianism is considered to be a subdivision of veganism. However, it is highly restrictive compared with veganism in terms of consuming adequate nutrition, making it dangerous for those who maintain the diet for an extended period of time.

Q. What is the speaker's main point?
(a) Dieting is effective only when it is done properly.
(b) Fruitarianism is similar to veganism in many respects.
(c) The frequent consumption of fruits, nuts, and seeds is perilous.
(d) Fruitarianism can be a precarious method of losing weight.

사람들은 살을 빼기 위해 많은 형태의 다이어트를 합니다. 그것들 중 하나는 과일만 먹는 것입니다. 과일만 먹는 사람들은 거의 모든 것이 과일로 이루어진 엄격한 식이요법을 고수하고 때때로 견과류를 먹습니다. 그들은 육류를 전적으로 자제합니다. 사실, 과일만 먹는 것은 완전 채식주의의 한 부분으로 여겨집니다. 하지만 적절한 영양을 섭취하는 것의 관점에서 완전 채식주의와 비교했을 때 훨씬 엄격하고, 이것은 그 식단을 장기간 유지하는 사람들을 위험하게 합니다.

Q. 화자의 요점은 무엇인가?
(a) 다이어트를 하는 것은 적절하게 행해졌을 때 효과적이다.
(b) 과일만 먹는 것은 완전 채식주의와 여러 면에서 유사하다.
(c) 과일과 견과류를 자주 섭취하는 것은 위험하다.
(d) 과일만 먹는 것은 살을 빼는 위험한 방법이 될 수 있다.

해설 중심 소재는 fruitarianism이고 소주제는 과일만 장기간 섭취할 경우 위험할 수도 있다는 것이기 때문에 **(d)가 정답**이다.

⚠ 오답 피하기
(a)는 dieting is effective라 하여 오답이다. 다이어트의 효과에 대한 내용이 아니다.
(b)는 similar, many aspects라 하여 오답이다. 비슷하다고 언급하지만 전반적으로 비슷한 방식의 다이어트라고 설명하지 않기 때문에 지엽적인 내용이다.
(c)는 과일과 견과류를 자주 섭취하는 것이 위험한 것이 아니라 fruitarianism이 위험할 수도 있다는 것이므로 오답이다.

■ **engage in** ~에 참여하다 **stick to** 고수하다 **abstain** 자제하다 **altogether** 전적으로 **subdivision** 세분된 한 부분 **veganism** 채식주의 **restrictive** 제한적인 **adequate** 적절한 **properly** 적절히 **perilous** 위험한

53.

Imagine over 17,000 children gathering in a single space to collectively brush their teeth. That dream became a reality for Dr. Girish Rao from My Dental Plan in Bangalore, India and earned the event a place in the Guinness Book of World Records. [목적] But that wasn't Dr. Rao's true motivation for arranging participation of the children from 20 area schools. Raising awareness of the importance of good oral hygiene was his purpose. Undoubtedly the region's excitement around the two-minute event did exactly that.

Q. Which is correct according to the talk?
(a) More than 17,000 children in India are suffering from dental caries.
(b) Dr. Rao's real intention was to stress the importance of oral cleanliness.
(c) The event took place in 20 different schools in India.
(d) Dentistry services in India improved soon after the event.

17,000명의 아이들이 한 곳에 모여서 다 같이 양치질을 하는 것을 상상해 보세요. 그 꿈은 인도 방갈로르 My Dental Plan의 Girish Rao라는 의사에게 현실이 되었고, 기네스북에 올랐습니다. 하지만 그것이 Rao 의사가 20개 구역의 학교들의 참여를 주선한 진정한 동기는 아니었습니다. 구강 청결의 중요성의 인식을 높이는 것이 그의 목표였습니다. 2분 간 열린 그 행사에서 보인 그 지역의 즐거운 모습은 그 목표를 달성했음에 여지가 없어 보였습니다.

Q. 담화에 따르면 옳은 것은?
(a) 인도의 17,000명 이상의 아이들이 충치로 고통 받고 있다.
(b) Rao 의사의 진정한 의도는 구강 청결의 중요성을 강조하는 것이었다.
(c) 행사는 인도에 있는 20개의 다른 학교에서 진행되었다.
(d) 행사 직후 인도의 치과 서비스는 향상되었다.

해설 Rao 의사가 행사를 주최한 이유는 구강 청결의 중요성을 알리기 위해서였다고 했으므로 **(b)가 정답**이다.

⚠ 오답 피하기
(a)는 suffering from dental caries라 하여 오답이다. 아이들이 한 곳에 모여서 양치질을 했지만 그들이 충치가 있는지는 알 수 없다.
(c)는 20 different schools라 하여 오답이다. 행사는 한 곳에서 진행되었다.
(d)는 dentistry service, improved라 하여 오답이다. 인도의 치과 서비스가 향상되었는지는 언급되지 않았다.

■ **gather** 모이다 **raise awareness** 인식을 높이다 **oral hygiene** 구강 청결 **undoubtedly** 확실히 **region** 지역 **intention** 의도 **stress** 강조하다 **cleanliness** 청결 **dental caries** 충치 **dentistry services** 치과 서비스

54.

In today's class, we will take a closer look at a government worker who seized control during the Middle Kingdom of Egypt and declared himself king. Though not of royal blood, Amenemhet I founded the Twelfth Dynasty and established a strong army, invading the neighboring country. [역할] Strong forts were later built to resist any invasions, providing Egypt with border security. Trade and culture flourished as he ruled over thirty years of prosperity. Amenehet I ruled for the last ten years of his life before an Egyptian prince named Ahmose eventually overthrew him.

Q. Which is correct about Amenemhet I?
(a) He was removed from power by his own son Ahmose.
(b) **He secured the borders of Egypt by erecting forts.**
(c) He invaded countries for precious metal and land.
(d) He reigned as king of Egypt for ten years.

오늘 수업에서는 이집트의 중왕국 시대 동안 통제권을 거머쥐고 자신을 왕이라 선언했던 관료에 대해 더 자세히 알아볼 것입니다. 왕족의 혈통은 아니었지만, Amenemhet 1세는 12번째 제국을 건국하고 강력한 군대를 수립하여 이웃 나라를 침략하였습니다. 이후에 강력한 요새들이 그 어떤 침략으로부터 저항하기 위해 지어졌고, 그것은 이집트에 국경 보안을 가져다 주었습니다. 30년의 번영 동안 그가 통치를 하면서 무역과 문화가 번창하였습니다. Ahmose라고 불리는 이집트 왕자가 그를 결국 끌어내리기까지 Amenemhet 1세는 그의 인생의 마지막 10년 동안 통치했습니다.

Q. Amenemhet 1세에 관하여 옳은 것은?
(a) 그는 Ahmose라는 아들로 인하여 권력에서 제거되었다.
(b) 그는 요새를 세움으로써 이집트의 국경을 안전하게 지켰다.
(c) 그는 귀한 금속과 땅을 위해서 나라를 침범했다.
(d) 그는 10년 동안 이집트의 왕으로 군림했다.

해설 아메넴헤드는 요새를 지어 국경을 지켰다고 했으므로 (b)가 정답이다.

⚠ 오답 피하기

(a)는 by his own son이라 하여 오답이다. Ahmose는 Amenemhet I 의 아들이 아니다.
(c)는 for precious metal and land라 하여 오답이다. 이웃 나라를 침범했다고 하지만 이유는 언급되지 않았다.
(d)는 for ten years라 하여 오답이다. 10년이 아니라 30년의 번영기 동안 그가 통치했다고 한다.

■ seize 쥐다, (주도권 등을) 잡다 declare 선언하다 royal blood 왕족의 혈통 invade 침략하다 fort 요새 flourish 번창하다 overthrow 끌어내리다 erect 세우다, 만들다 reign 군림하다, 통치하다

55.

Class, as I mentioned at the beginning of the semester, your final grades will be determined mostly by the final research paper that you'll turn in a month from now and by a follow-up presentation. You should be at a point where you can put together a rough draft from your research, so be sure to have it ready in two weeks. [과정] The final paper will be due two weeks after that, and you'll have to deliver a presentation regarding your research the following day. There isn't much time, so let's get busy.

Q. Which is correct according to the announcement?
(a) Everyone must submit a rough draft within a month.
(b) **Each student's presentation is the day after they hand in their final paper.**
(c) Students must give a presentation two weeks from today.
(d) The final paper must be turned in after the presentation.

학생 여러분, 제가 학기 초에 언급했듯이, 여러분의 최종 성적은 여러분이 지금부터 한 달 뒤에 제출할 마지막 논문과 그에 뒤이은 발표에 의해서 주로 결정될 것입니다. 여러분은 연구 자료를 바탕으로 초안을 만들 수 있는 상태에 있어야 하니, 2주 내에 준비할 수 있도록 하세요. 마지막 논문은 그로부터 2주 뒤에 있을 것이고, 여러분은 그 다음 날 여러분의 연구에 관한 발표를 해야 할 것입니다. 시간이 별로 없으니 서둘러 합시다.

Q. 공지에 따르면 옳은 것은?
(a) 모두가 한 달 안에 초안을 내야 한다.
(b) 각각의 학생들의 발표는 그들이 마지막 논문을 낸 다음 날이다.
(c) 학생들은 오늘로부터 2주 뒤에 발표를 해야 한다.
(d) 마지막 논문은 발표 뒤에 제출해야 한다.

해설 논문을 제출한 다음 날 연구에 관해 발표를 해야 한다고 했으므로 (b)가 정답이다.

⚠ 오답 피하기

(a)는 within a month라 하여 오답이다. 초안을 2주 안에 제출하라고 한다.
(c)는 two weeks from today라 하여 오답이다. 마지막 논문은 초안을 제출한 시점에서 2주 후라고 했다.
(d)는 after라 하여 오답이다. Presentation 전에 제출해야 한다.

■ determine 결정하다 research paper 연구 논문 follow-up 이어지는 rough draft 초안 the following day 다음 날 turn in 제출하다

56.

For today's class, let's discuss the plight of flora and fauna in the Amazon rainforest. As you know, the Amazon rainforest is estimated to shelter more than 50 percent of the likely 10 million species of animals, plants, and insects that live on the planet. [인과] However, experts claim that approximately 137 animal, plant, and insect species are wiped not just out of the Amazon, but off the face of the planet every single day as a result of habitat loss attributed to rainforest deforestation and pollution. When you consider that the deforestation rate is not abated, you know that the loss may be greater down the road.

Q. Which is correct according to the lecture?
(a) **Human-induced problems are eradicating its wildlife.**
(b) Most of the wildlife species in the Amazon rainforest are in danger of extinction.
(c) The effects of deforestation far outweigh the effects of pollution.
(d) More than 10 million species live in the Amazon rainforest alone.

오늘 수업에서는, 아마존 우림에서 동식물군의 역경에 관하여 토론해봅시다. 여러분이 알다시피, 아마존 우림에는 우리 행성에 사는 약 1,000만 종의 동물, 식물, 그리고 곤충의 50퍼센트 이상이 살고 있는 것으로 추정됩니다. 그러나 전문가들은 우림 벌채와 오염으로 인해 서식지를 잃은 결과로 약 137종류의 동물, 식물 그리고 곤충들이 아마존에서 없어졌을 뿐 아니라 매일 지구에서 완전히 멸종하고 있다고 주장합니다. 벌채 정도가 약화되지 않는다고 고려한다면, 앞으로는 그 감소가 더 심각해질 것이 예상되실 겁니다.

Q. 강의에 따르면 옳은 것은?
(a) 인간이 초래한 문제들은 야생 동물들을 근절하고 있다.
(b) 아마존 우림에 있는 야생 동물의 대부분의 종들은 멸종 위기에 처해있다.
(c) 벌채의 효과는 오염의 효과보다 더 심각하다.
(d) 1,000만 이상의 종들이 아마존 우림에서 홀로 살아간다.

해설 우림 벌채와 오염으로 동식물들이 서식지를 잃어, 점점 더 멸종하고 있다고 했으므로 **(a)가 정답**이다.

⚠️ **오답 피하기**
(b)는 most라 하여 오답이다. 많이 사라지고 있다는 것은 사실이지만 대부분인지 아닌지는 알 수 없다.
(c)는 far outweigh라 하여 오답이다. Deforestation이 더 심각한지 pollution이 더 심각한지 비교를 하지 않기 때문에 알 수 없다.
(d)는 more than, live in이라 하여 오답이다. 전 세계가 10 million이고, 그 중에서 50퍼센트가 아마존에 서식한다고 한 것이다.

■ plight 곤경 flora and fauna 식물과 동물 shelter 수용하다, 피난처를 주다 wipe out 완전히 없애다 face of the planet 지구상에 habitat 서식지 loss 손실 attributed to ~의 결과로 [덕분으로] 인한 deforestation 벌목 abate 감소하다 down the road 결과적으로 human-induced 인간에 의해 발생한 eradicate 전멸시키다 extinction 멸종 outweigh 능가하다

57.

Presidents of many countries are able to exercise their legal authority to pardon people who have been convicted of a crime. [이론] A pardon is a government executive order that basically absolves an offender from a conviction, which includes releasing the person from imprisonment and erasing their criminal record as if no criminal conviction or arrest had ever occurred. However, not all crimes can be pardoned by the president of a country. In the case of the United States, only federal crimes can be pardoned by the president. For state crimes, the governor or another legal body has the authority.

Q. Which is correct about the presidential pardon according to the lecture?
(a) It is used only in Western countries.
(b) It renders state laws unenforceable.
(c) It grants prisoners conditional discharge.
(d) **It expunges any record of a prior federal conviction.**

많은 국가들의 대통령들은 그들의 합법적 권위를 행사하여 이미 죄로 기소된 사람들을 사면해 줄 수 있습니다. 사면은 기본적으로 범죄자를 유죄선고로부터 사면해주는 정부 고위 관계자의 명령이고, 이것은 그 사람을 감옥에서 석방시킨 후 범죄를 저지르거나 체포된 것이 없었던 것처럼 범죄 기록을 삭제해줍니다. 하지만 모든 범죄가 한 나라의 대통령에 의해 사면될 수는 없습니다. 미국의 경우에는 오직 국가 범죄만이 대통령에 의해 사면될 수 있습니다. 주의 범죄는 정부 관계자나 다른 합법적인 사람이 그 권한을 가지고 있습니다.

Q. 강의에 따르면 대통령의 사면에 관하여 옳은 것은?
(a) 서양 국가에서만 사용된다.
(b) 주의 법이 집행될 수 없도록 만든다.
(c) 수감자들의 조건적 석방을 승인한다.
(d) 이전 연방 범죄의 모든 기록을 지워준다.

해설 사면이 범죄 기록을 삭제해준다고 하였으므로 **(d)가 정답**이다.

⚠️ **오답 피하기**
(a)는 only라 하여 오답이다. 서양에서만 활용된다고 설명하지 않는다.
(b)는 unenforceable이라 하여 오답이다. 주법과 연방법의 관할권이 다르다고 설명하지만 서로 막는다고 하지는 않는다.
(c)는 conditional discharge라 하여 오답이다. 조건이 없다고 한다.

■ exercise 사용하다 legal authority 법적 권한 pardon 사면 convicted 유죄선고 받은 executive order 행정지시 absolve 면제를 선고하다 offender 위반자, 범죄자 conviction 유죄 판결 imprisonment 구속 federal 연방정부의 render 만들다 grant 승인하다 discharge 석방 expunge 지우다, 삭제하다

58.

We are launching the latest product in personal mobility for today's busy people who navigate crowded metropolises. [평가] Crossfire has been heralded as a top pick of the new electric scooters to hit the market this year. Capable of speeds of almost 20 kilometers per hour and ringing in at just under $1,100, Crossfire allows riders to travel hands-free through congested streets. Lightweight and easy to store, it can be moved as effortlessly as it moves you.

Q. What can be inferred about Crossfire from the advertisement?
(a) It is not one of a kind in the market today.
(b) It is more expensive than its competition.
(c) It can run on both gasoline and electricity.
(d) It travels faster than other products on the market.

저희는 인구가 많은 대도시를 다니는 오늘날의 바쁜 사람들을 위해 개인 이동을 위한 최신 제품을 출시합니다. Crossfire는 올해 시장에서 가장 좋은 새로운 전동 스쿠터가 될 것이라고 보도되었습니다. 시속 20Km의 스피드가 가능하고 1,100달러 이하에 가격이 맞춰진 Crossfire는 운전자들이 혼잡한 거리를 손을 쓰지 않고 다닐 수 있도록 합니다. 가볍고 보관하기 쉽기 때문에 그것은 그것이 당신을 움직이게 하는 만큼 손쉽게 운반할 수 있습니다.

Q. 광고로부터 Crossfire에 관하여 유추할 수 있는 것은?
(a) 오늘날 시장에 있는 단 하나의 상품이 아니다.
(b) 경쟁 상품보다 더 비싸다.
(c) 휘발유와 전기 모두로 운행될 수 있다.
(d) 시판되는 다른 제품들보다 더 빨리 이동한다.

해설 다른 경쟁제품이 있다는 것은 유일하지 않다는 의미이므로 **(a)가 정답**이다.

⚠️ **오답 피하기**
(b)는 more expensive라 하여 오답이다. 가격을 언급하지만 비교는 하지 않기 때문에 더 저렴한지 비싼지 알 수가 없다.
(c)는 both라 하여 오답이나. 선동 스쿠터라고 하기 때문에 둘 다 활용할 수 없다.
(d)는 faster라 하여 오답이다. 속도 비교를 하지 않는다.

■ launch 시작하다, 내놓다 navigate 다니다 herald 보도하다 top pick 최고의 상품 congested 차들이 많은 lightweight 가벼운

59.

Many companies are turning to profit sharing as a method of instilling a sense of commitment and increasing employee motivation. While this works well in large companies, a smaller company's revenue may fluctuate a lot depending on the year. [문제점, 결과] This can lead to a number of problems since payments will change year to year as well as limit the money available for funding company growth. Small companies might be better off offering different incentives such as bonuses and stock options.

Q. What can be inferred about profit sharing from the talk?
(a) It poses a number of problems during profitable times.
(b) It is mostly used in larger companies with a stable revenue.
(c) It hampers employees from receiving stock options.
(d) It can reduce a company's profit margin to some degree.

많은 회사들은 헌신적 정신을 심어주고 직원들의 동기 부여를 향상시키기 위한 방법으로 이익 공유제에 눈을 돌리고 있습니다. 이것은 대기업에서는 효과가 있을지 모르나 소기업들의 매출은 그 해에 따라 다를 것입니다. 이는 회사 성장에 필요한 자금을 제한할 뿐 아니라 매년 임금이 바뀌기 때문에 많은 문제를 야기할 수 있습니다. 소기업들은 보너스나 스톡옵션과 같은 다른 장려금을 제공하는 것이 더 나을지도 모릅니다.

Q. 담화로부터 이익 공유제에 대해 유추할 수 있는 것은?
(a) 수익이 있는 시기에 많은 문제를 제기한다.
(b) 안정적인 매출을 가지고 있는 대기업에서 대부분 활용된다.
(c) 직원들이 스톡 옵션을 받는 것을 막는다.
(d) 회사의 이윤을 어느 정도는 감소시킬 수 있다.

해설 이익 공유제가 회사 매출과 연결되어 있다는 점과 회사 성장에 필요한 자금의 흐름을 제한한다는 내용을 통해서 회사의 이윤을 감소시킬 수 있다는 것을 유추할 수 있다. 따라서 **(d)가 정답**이다.

⚠️ **오답 피하기**
(a)는 during profitable times라 하여 오답이다. 수익이 나는 시기가 아니라 수익이 낮은 상황에서 문제가 된다고 한다.
(b)는 mostly라 하여 오답이다. 이익 공유제가 주로 어디에서 더 많이 활용되는지는 비교하지 않는다.
(c)는 prevents, stock options라 하여 오답이다. 이익 공유제와 스톡옵션은 직접적인 인과 관계가 없다.

■ turn to ~에 의지하다, ~로 관심을 돌리다 profit sharing 이익 공유제 instill 스며들게 하다, 주입하다 commitment 헌신 revenue 매출 fluctuate 변동하다 incentive 장려금 stock option 스톡옵션 pose 제기하다 stable 안정적인 revenue 매출 hamper 막다 profit margin 이윤 to some degree 어느 정도는

60.

We've gathered you here today to reiterate the university's commitment to a code of conduct emphasizing our academic integrity. [문제점] Plagiarism is a pressing problem on most college campuses and it has increased by 55% in the past ten years. This is likely due to easy access to material on the Internet. The student handbook clearly defines plagiarism and unequivocally outlines the penalties for it. The main point is that all sources must be properly cited in academic writings that students turn in to be graded.

Q. Which statement would the speaker most likely agree with?
(a) Plagiarism was not a problem before the advent of the Internet.
(b) Many students are simply copying materials from the Internet.
(c) Senior students are the intended audience for the talk.
(d) The school needs to develop strict guidelines regarding plagiarism.

저희는 학문적 진실성을 강조하는 행동강령으로 대학교의 약속을 다시 설명하기 위해 여러분을 오늘 모이게 했습니다. 표절은 대부분의 대학교에서 긴급한 문제이고 지난 10년간 55퍼센트 증가하였습니다. 이 현상은 인터넷을 통해 자료를 너무 쉽게 접할 수 있는 것 때문입니다. 학생 안내서는 명백히 표절을 규정해 놓았고, 명백하게 표절에 관한 처벌을 명시하였습니다. 주된 요점은 모든 자료들이 학점을 위해 학생들이 제출하는 학문적 글쓰기에서는 제대로 인용되어야 한다는 것입니다.

Q. 화자가 가장 동의할 법한 진술은 무엇이겠는가?
(a) 인터넷의 출현 전에는 표절이 문제가 아니었다.
(b) 많은 학생들은 인터넷으로부터 그저 자료들을 베끼고 있다.
(c) 3, 4학년 학생들이 담화의 목표가 되는 청중이다.
(d) 학교는 표절과 관련하여 엄격한 가이드라인을 발전시켜야 한다.

해설 표절이 55퍼센트나 증가했다는 뜻은 많은 학생이 표절을 하고 있다는 것을 유추할 수 있다. 따라서 **(b)가 정답**이다.

⚠ 오답 피하기
(a)는 not a problem이라 하여 오답이다. 증가를 했다는 뜻은 전에도 표절이 있기는 했다는 의미이다.
(c)는 senior라 하여 오답이다. 학생 전체에게 전달하는 안내이다.
(d)는 needs to develop이라 하여 오답이다. 이미 guideline은 있지만 지켜지지 않고 있다는 것이다.

■ reiterate 다시 설명하다 emphasize 강조하다 integrity 진실성 plagiarism 표절 access 접근 define 정의하다 unequivocally 분명하게 outline 설명하다 penalty 처벌 cite 인용하다 advent 출현 strict 엄격한

영역별 학습에 최적화된 텝스 기본서

파트별 오답을 유형화하여 오답을 피해 정답을 고르는 전략 제시
- 모든 문제에 오답 해설을 제공하여 텝스에 자주 출제되는 오답을 피할 수 있도록 한다.

텝스 정기 시험 실제 성우 목소리의 MP3 제공
- 텝스 정기 시험 성우들이 녹음한 MP3를 통해 실전에 완벽 대비할 수 있게 한다.

최신 기출 경향을 완벽 분석한 실전모의고사 2회분
- 실전보다 더 실전다운 모의고사로 TEPS 실전에 대비한다.